【唐】魏徵等 ◎ 原撰

群書治要

邹建平 主编

导读

【上】

红旗出版社

版权所有　翻印必究

红旗出版社 HONGQI PRESS
推动进步的力量

图书在版编目（CIP）数据

《群书治要》导读：全二册／邹建平主编 .—北京：红旗出版社，2019.6
ISBN 978-7-5051-4832-1

Ⅰ.①群　Ⅱ.①邹　Ⅲ.①政书—中国—唐代　Ⅳ.① D691.5

中国版本图书馆 CIP 数据核字 (2019) 第 000780 号

书　　名	《群书治要》导读（全二册）		
主　　编	邹建平		
出 品 人	唐中祥		
总 监 制	褚定华	责任编辑	张佳彬
特约编审	沈锡麟	封面设计	李　妍
出版发行	红旗出版社	地　　址	北京市沙滩北街 2 号
邮政编码	100727	编 辑 部	010-57270347
E - mail	hongqi1608@126.com	发 行 部	010-57270296
印　　刷	北京卓诚恒信彩色印刷有限公司		
开　　本	710 毫米 ×1000 毫米	1/16	
字　　数	1180 千字	印　张	59
版　　次	2019 年 6 月北京第 1 版	印　次	2019 年 6 月北京第 1 次印刷
ISBN 978-7-5051-4832-1		定　价	168.00 元（全二册）

欢迎品牌畅销图书项目合作　　联系电话：010-57270347
凡购本书，如有缺页、倒页、脱页，本社发行部负责调换

编委会

主　编

邹建平

副主编

王建元　卢国庆　黄大为

编　委

董　泽　徐文睫　东方白
钱　超　谭　凯　罗　菁
李　芳　荆冠凯　遇　芳
黄光伟　白祥虎　田云波
王荆楠　张　放　张　凯

前言

《群书治要》一书是魏徵等奉旨从时存的一万四千多部、八万九千多卷先人著作中选辑而成。其特色为"上始五帝,下迄晋年"、"务乎政术,存乎劝戒"、内容广博的文集。其中录有经十二部、史六部、诸子四十七部的精华,计五十多万字,涉及儒、道、墨、法、兵、杂、史等学术流派。实为文明之瑰宝,修身之金鉴,治国之要典。"用之当今,足以鉴览前古;传之来叶,可以贻厥孙谋"(魏徵《〈群书治要〉序》),实乃确论。

唐太宗得此书后,"手不释卷,知风化之本,见政理之源"(《贞观政要》)。他在《答魏徵上〈群书治要〉手诏》中道:"朕少尚威武,不精学业,先王之道,茫若涉海。观所撰书,见所未见,闻所未闻,使朕致治稽古,临事不惑。其为劳也,不亦大哉。"并刊印分赐太子及诸侯王,作为治国理政、个人修身的理论依据和历史借鉴。显而易见,贞观盛世的形成,《群书治要》起了很大的作用。

然而,此书在唐末五代天下动乱时亡佚,故《宋史》不载。所幸日本遣唐使将此书带回,被其政界奉为治国圭臬。但亦因当时刊发数量有限，加之流传又多历坎坷，至十七世纪初被德川家康发现时已佚三卷。在重印过程中，因德川家康突亡而未流传，仅为其后裔两家藩主所得。至日本天明元年（1781），得书的尾张藩主家的大纳言宗睦依"金泽文库"手抄本，历时六年印成，使此书重见天日。我们今天所见，即是此本归国后的重印本。

《群书治要》以"天行健，君子以自强不息""地势坤，君子以厚德载物"为主线，以"知所以修身则知所以治人"为目的编辑而成。

何以修身？修身有"三纲领"："在明明德，在亲民，在止于至善"；"八条目"："格物、致知、诚意、正心、修身、齐家、治国、平天下"（《礼记·大学》）。

何以治人？治人即治国。

首先，要在亲民。"民为邦本，本固邦宁"（《尚书·五子之歌》）。"君者，舟也；庶人者，水也。水则载舟，水则覆舟。""故君人者，欲安，则莫若平政爱民矣"（《荀子·王制》）。唐太宗深受这种思想的影响，以"君依于国，国依于民。刻民以奉君，犹刈肉以充腹。腹饱而身毙，君富而国亡"（《资治通鉴》）警醒群臣，同时他自警："舟所以比人君，水所以比黎庶。水能载舟，亦能覆舟。"在具体政策上，"去奢省费，轻徭薄赋，选用廉吏，使民衣食有余。"（《资治通鉴》）开创了初唐"贞观之治"的一代盛世。

第二，选贤任能。《群书治要》所选，不论是何流派，多有选贤任能、利国利民的论述。由此可见，能否选贤任能，是关乎国运的一大关键。如何选贤任能？其要有五：一是"辟四门，明四目，达四听"（《尚书·舜典》），广选博采德才兼备的人担任要职。其标准是能做到礼、义、廉、耻、修、齐、治、平。二是一秉大公，不因亲而重用，不因疏而贬斥。用与不用的标准是"六正""六邪"（刘向《说苑》）。所以，唐太宗不仅能重用房玄龄、杜如晦、李靖这一班自己集团的人才，也能使用原非自己集团的李勣（农民义军）、裴寂（隋朝官员）、岑文本（其他武装集团)、史那都尔(少数民族)、马周(平民)等人才。尤其是魏徵、薛万彻等人,原是太子李建成的部下,他们曾极力劝说并策划杀掉李世民,后来都得到了唐太宗推心置腹的重用。三是远奸佞。有关奸佞害国的理论和事例,《群书治要》中多处可见,唐太宗以此为鉴,贬斥了溜须拍马的蒲州刺史赵元楷和殿中监宇文士及(事见《资治通鉴》)。他说:"君为暗主,臣为谀臣;君暗臣谀,危亡立至。"(《贞观政要》)四是赏罚分明。凌烟阁表彰的二十四位功臣,除秦琼因为态度暧昧、未积极参与"玄武门之变"而排名在后,受了委屈外,其他各人,包括曾是他的仇人魏徵等在内,基本上位当其功;至于惩罚,也确实做到了罚不避宗亲,惩办了犯法的弟弟李元昌并赐死,杀了女婿杜荷、外甥赵节。由于唐太宗对臣下基本能做到赏罚分明,致使群臣大多能兢兢业业,恪尽职守。五是用贤不疑。"亲仁而不固,殆也"(《管子·法法》)。太宗一朝,来源各异的文臣武将都有,但他信之有加,用之不疑,故屡遇危难,皆能得臣下死力而化险为夷。

第三,纳谏纠错。《群书治要》中多处论及君主纳谏纠错之事。晏婴拒齐景公夜游,无盐谏齐宣王远佞理政,等等。唐太宗从中汲取了"纳谏则国治,杜谏则政乱"的有益经验,认识到:"人欲自照,必须明镜;主欲知过,必藉忠臣。主若自贤,臣不匡正,欲不危败,岂可得哉?"君主处于权力最高峰,为各种人、各种欲望、各种事情和矛盾所包围,互相牵制甚至争斗。必须集众人之力,匡正纠错,消除隐患,调和冲突,缓和矛盾,天下才能大治。因此,他仅接受魏徵一个人的进谏就达二百多次。唐太宗善于求谏、纳谏,使群臣敢讲真话,形成了"共相匡辅"的局面。这当是"贞观之治"留给其后当政者的宝贵经验。

第四,修身正己。《群书治要》所收各种流派的典籍,大多倡导正己修身,反对淫靡奢侈。唐太宗从中汲取了治国理政多种营养,洁身自奉、反腐倡廉是其中极其重要的一种。他平时不仅以前贤的有关教导约束自己的言行,还在有享乐苗头的时候,接受了魏徵的劝谏,改正错误。并谆谆叮嘱臣下:"君贪必丧其国,臣贪必亡其身。"据《贞观政要》记载,他在要求臣下清廉时,引用了《群书治要》中的许多理论和事例,从正、反两方面告诫群臣记取教训,避免重蹈覆辙。这对于一千三百多年前的帝王来说,实属难能可贵。

《群书治要》中还保存了一些散佚的古籍经典,我们从中可以更清楚地看到中华民族的伦理、道德、思想、传统、文化发展的轨迹。这是该书的另一个突出贡献。

以上所论,可以看出《群书治要》在贞观君臣治国理政和传承中国优秀传统文化中所起的巨大作用。这也是习近平总书记多次引用该书及相关书籍中的经典名句以教育全党、全军、全国人民的真意所在。

显而易见,《群书治要》并不仅仅是政治家治国理政和各级公务人员的施政宝典,它也是企业、事业单位和社会机构等众多管理者的管理全书,更是普罗大众实用的国学学习用书。为了能够将《群书治要》的精华发扬光大,我们推出《〈群书治要〉导读》一书。版本以1786年日本天明本为底本,参照《十三经注疏》《史记》《汉书》《后汉书》《三国志》等通行版本,以及兄弟出版社所出的《群书治要》诸多读本,择善而从。根据"新颖、简洁、实用"的原则,《〈群书治要〉导读》内容增补导读、生僻字注音、重点句解读、《易经》中的八卦符号及个别缺字漏字等,希望能为广大读者阅读经典并能够学以致用提供些许帮助。古典文献专家、国务院古籍整理出版规划小组原办公室主任、中华书局原副总经理沈锡麟编审认真审读了书稿,改正了诸多谬误,提出了不少有益的意见和建议,为本书增色良多。在此我们深表感谢。

因本书内容浩繁,编者水平有限,错讹在所难免,敬请大家批评指正。

本社编辑部
二〇一九年五月

《〈群书治要〉导读》序

唐太宗创贞观盛世，魏徵等人奉旨编撰的《群书治要》一书功不可没。这部书辑录了唐以前经、史及诸子典籍中的精华。紧要处，魏徵以微言大义予以夹注，目的在于使唐太宗读此书后能"致治稽古，临事不惑"（唐太宗《答魏徵上〈群书治要〉手诏》），而"知风化之本，见政理之源"（《贞观政要》）。

《群书治要》从正、反两方面论证了治国安邦的路线、策略和措施，说明了"为君之难"和"为臣不易"（魏徵《〈群书治要〉序》）之所在。

"为君之难"有十道：

一是用贤。"为政之要，惟在得人"（《贞观政要》）。得人者有两方面：其一是得人心，其二是得人才。汉高祖入关，废秦苛法而得到百姓拥护，致建大汉政权；得人才是得有德行、有才能的贤人。孔子有"举贤才"之议，墨子有"尚贤"之论。举凡欲国运长安者，莫不如此。"尚贤者，政之本也"（《墨子·尚贤》）。贤者的标准是"宽而栗、柔而立、愿而恭、乱而敬、扰而毅、直而温、简而廉、刚而实、强而义，彰厥有常"（《尚书·皋陶谟》），"能用人，故人无不为己用也。"（《政论·政务》)周得姜尚而周兴，齐得管仲而齐霸，汉有"三杰"而胜强楚。然则何以知其人贤或不肖？《周书》有规定，把被考察者放在各种不同的环境中，与各类人接触，做不同的事，以观测考察其做法及效果。如尧嫁二女、遣七子、分庶务于舜，全方位考察他的言行与能力（事见《史记·五帝本纪》）。而贤者并非无因自至。"泽及人民，则贤归之；泽及昆虫，则圣归之。贤人所归，则其国强；圣人所归，则六合同。"（《三略·下略》）

二是爱民。"为君之道，必须先存百姓"（《贞观政要》），"民为邦本，本固邦宁"（《尚书·五子之歌》）。唐太宗君臣深刻认识到人民和国家政权之间的关系，多次提到水为人民舟为君主，水能载舟，亦能覆舟。为政者须朝乾夕惕，兢兢业业，使"百姓内不乏食，外不患寒"（《韩诗外传》卷五），轻徭薄赋，扶危济困，以至"水旱不能扰，凶年不能累"（《盐铁论·水旱》）。这样做，不仅可使人民知礼义，遵法度，还可移风易俗，为国效力（见《管子》《六韬》《晏子》《孟子》等典籍）。

三是治事。国家之政，纷繁复杂，千头万绪，需分类管理，分司治事。《周礼》分司政为"六官"，至隋变为"六部"，吏、礼、户、兵、刑、工，由宰相总领，中书、门下、尚书三省管理。其他还有内史（类似皇帝助理）和九卿（各代不同，并不统一。汉中叶后为分管中央事务的二级政府机构，随需而设）；地方政权自秦实行郡县制后，历朝名称、区划虽有调整，但所有事情的处理都有明设的层级、程序、规范、任务、职权、标准，有效地运转国家这部庞大的机器。

四是立法。"法令者，民之命也，为治之本也。"（《商子·定分》）"惟作五虐之刑曰法。"（《尚书·吕刑》）国家立法目的并不是为"淫邪之人，不可无刑"，而在于制止犯罪，教化人民，维护道德传统、贯彻国家政令和维护社会安定。为此，执法要平，无所偏颇。"患之巨者，狡猾之狱焉。"（《万机论·刑论》）所以，要"不以私善害公法。赏赐不加于无功，刑罚不施于无罪；不因喜以赏，不因怒以诛；害民者有罪，进贤

者有赏。"(《六韬·文韬》)才能做到"刑罚中,民不怨。"(《盐铁论·周秦》)

五是纳谏。"纳谏则国治,杜谏则政乱。"(《贞观政要》)唐太宗认为个人的才智是有限的,即使帝王也不例外。他提倡集思广益,"好自矜夸,护短拒谏"被视为亡国之道,因而多次向群臣发出警示:"观古之帝王,有兴有衰,犹朝之有暮。皆为蔽其耳目,不知时政之得失。忠正不言,邪谄者日进。既不见过,所以至于灭亡。"(以上均见《贞观政要》)为此,他认真践行,虚心求谏、纳谏,形成了相对安定的政治局面。

六是正身。"君子不可以不修身","未尝闻身治而国乱者也,又未尝闻身乱而国治者也。故本在身。"(《列子·说符》)要正身就须做到"六守":"德行广大,而守以恭者荣;土地博裕,而守以俭者安;禄位尊盛,而守以卑者贵;人众兵强,而守以畏者胜;聪明睿智,而守以愚者益;博闻多记,而守以浅者广。为政之务,务在正身,身正于此,而民应于彼。"(《政要论·政务》)唐太宗一生,执政二十三年,大体上能践行这为君"六守"的原则。

七是远佞。"亲贤臣,远小人,此前汉之所以兴隆也;亲小人,远贤臣,此后汉之所以倾颓也。"(诸葛亮《出师表》)唐太宗对奸佞的危害深恶痛绝,他反对臣子"阿旨顺情,唯唯苟过",认为"谗佞之徒,皆国之蟊贼也"。如果臣下"苟在阿顺,事皆称美",则"君为暗主,臣为谀臣;君暗臣谀,危亡立至"(《贞观政要》)。事实亦是如此,曹丕在他的《典论·奸谗》中,指出奸佞之徒的危害:"何进灭于吴匡、张璋;袁绍亡于审配、郭图;刘表昏于蔡瑁、张允。孔子曰:'佞人殆',信矣。古事已列于载籍,聊复论此数子,以为后之监诫。"

八是公正。"先圣王之治天下也,必先公,公则天下平。"(《吕氏春秋·贵公》)公,体现在赏、罚分明上。"政之大纲有二,赏、罚之谓也。"(《申论·赏罚》)赏,可激励人心,知有可为;罚,可使人有所规避,有不可为。赏罚还要做到"赏不逾时,裕民速得为善之利也;罚不迁列,裕民速得睹为不善之害也"(《司马法·天子之仪》)。这就是楚汉相争时,弱汉所以能胜强楚的一个重要原因(事见《史记·淮阴侯列传》)。

九是教化。"圣人之教,非仁则义。"(《列子·天瑞》)我国传承数千年"礼"的文明,此二者为核心,衍生出五伦八德。"教明于上,化行于下。"(《列子·说符》)加之乐启迪内心,清、和、远、静,"故乐行而伦清,耳目聪明,血气和平,如移风易俗,天下皆宁。"(《礼记·乐记》)与礼表里共偕,互相促进,提升人的品格操守,构成中华民族独具特色的礼乐文明。而中华民族的礼乐文明之所以能绵延不绝、历久弥新,与一以贯之的重视教育分不开。"古之图国家者,必先教百姓而亲万民。"(《吴子·图国》)"一年之计,莫如树谷;十年之计,莫如树木;终身之计,莫如树人。"(《管子·牧民》)这些理念已深植在民族精神之中,不断发扬光大。

十是强国。治国者要"安不忘危,存不忘亡,治不忘乱,是以身安而国家可保"(《易经·系辞下》)。为此,需做五件事:其一是举国团结。"治乱安危、存亡荣辱之施,非一人之力也。"(《慎子·知忠》)抗日战争,国共合作,举国一致,同仇敌忾,终于取得胜利,即是明证。其二是得民心。"夫兵之要,在于修政,修政之要,在于得民心。得民心在于利之,利之要,在于仁以爱之、义以理之也。"(《世要论·兵要》)是以抗日一倡,举世华人云合响应。有力出力,有钱出钱,不怕牺牲,以数千万人的生命,换取了抗日战争的伟大胜利。其三是富国。"足国之道,节用裕民,而善藏其余也。节用以礼,裕民以政。""国得百姓之力者富;得百姓之死者强;得百姓之誉者荣。三得者具,而天下归之。"(《荀子·富国》)任何战争,都需要强有力的后勤保障和充裕的物资供应。官渡之战,曹操不烧袁绍乌巢之粮,鹿死谁手,恐怕很难说;第一次海湾战争,联军如不打瘫伊拉克的后勤补给线,伊拉克百万共和国卫队就不可能放下武器投降。其四是常备不懈。"天下虽安,忘战必危"(《司马法·仁本》)。晋一统天下后,欲裁州、郡所统之兵,武将从政。杜预上书剖析要害,极力反对,使西晋保持了一段相对稳定时期。杜预死后，人亡政息，五个少数民族入侵、十六国纷争，西晋灭亡，放弃武备是主因之一（事见《晋书·杜预传》）。所以，我们要建设一支足以捍卫国家领土安全、世界一流、强大的现代化军队。"明犯强汉者，虽远必诛"（《汉书·傅常郑甘陈段传》）。其五是睦邻。"故国虽大，好战必亡"（《司马法·仁本》）。春秋末期，晋大夫中智伯势力最强，不断侵夺赵、魏、韩三家领地，最终自取灭亡（事见《左传》《史记》），就是一个著名的例子。我国长期实行"和平共处五项原则"，"以邻为友""以邻为伴""睦邻友好"，通过和平协商解决国家之间存在的问题，为我们的发展营造了一个安全的外部环境。

为臣不易之要有六：

一是公。"治国之道万端，所以行之在一。一者何？曰：公而已矣。"（《袁子正书·贵公》）公有三类：一为魏徵在《〈群书治要〉序》中所说的"委质策名，立功树惠，贞心直道，忘躯殉国"，一心为国，万死不辞。如王嫱舍身漠北，换来边境百年和平；苏武牧羊穷荒，不堕汉使威仪。二为"不任所爱之谓公"（《申鉴·杂言》）。如祁黄羊举解狐，而解狐又荐邢伯柳（事见《吕氏春秋》），赵括母亲辞儿军队统帅之职，等等（事见《史记》）。三为"忠良虑治益国之臣，必竭诚纳谋恳恻而不隐者，欲以究尽治乱之数，舒展安危之策耳"（《时务论·断忠臣国》）以荐贤。鲍叔牙荐管仲，萧何荐韩信，等等（事见《史记》）。

二是忠。"鞠躬尽瘁，死而后已。"（诸葛亮《出师表》）诸葛亮有经天纬地之才，辅佐庸碌无能的刘禅而无二心，殉身职事（事见《三国志·蜀志》），成为千古表率。"夫忠臣之事主也，尊其父以重其子，奉其兄以敬其弟，故曰：'爱其人者，及其屋乌'，况乎骨肉之间哉！"（《典论·奸谗》）周公旦辅佐武王、护佑成王之举，晁错削藩、实边之议，忠心不二，堪为楷模。

三是廉。"天下之福，莫大于无欲；天下之祸，莫大于不知足。"（《傅子·曲制》）晏子食无重味，杨震"四知"之说，黄霸倡行教化，羊续悬鱼拒妻之举，等等。这些清官廉吏，垂范当世，启迪来者，为史书赞美，得后世仰慕。至于奸贪之徒，脏污之辈，则生遭显戮，死留骂名。东汉梁冀贵为国戚，手握权柄，但羊狠狼贪，终致灭族（事见《后汉书》）；明武宗时奸阉刘瑾，号称"立皇帝"，贪贿无已，被剐了三天共三千多刀才气绝身死（事见《明史》）；清朝大贪官和珅，身为内阁首席大学士，军机领班大臣，欲壑难填，最后被抄家赐死，年仅四十九岁（见《清史稿》）。这些遗臭万年的贪官污吏，印证了唐太宗的一句话："君贪必丧其国，臣贪必亡其身"（《贞观政要》）。

四是仁。"故为政者，不可以不知民之情，知民然后民乃从令。己所不欲，不施之于人，令安得不从乎！"（《体论·政体》）孙叔敖任楚令尹时一个建议，使楚国市场繁荣兴旺；子产相郑，教化大行，死时国人皆哭；公仪休任鲁国相时，烧掉自家织机和拔掉园里蔬菜，让利于民，被司马迁录入《史记·循吏列传》，成为千古美谈。后代官修正史，皆为循吏立传，树为实施仁政，有利国家，造福人民的官员楷模。与之相反的是，各史所载《酷吏传》《佞臣传》《贰臣传》则是反面教材，存为炯戒。

五是直。直臣特点有四：其一为贤。端品正行，为人表率，史载如商之伊尹、傅说、比干，周之吕尚（姜太公）、姬旦（周公）、管仲、子产、晏婴、孙叔敖、段干木，等等。其二为穷通如一。"进不失忠，退不失行。"（《晏子春秋》）这就是范仲淹"居庙堂之高，则忧其民；处江湖之远，则忧其君"（《岳阳楼记》）始终如一不改初心的精神。其三是敢于进谏。魏徵一生进谏二百多次；西晋刘毅当面指责晋武帝不如东汉两个最下作的桓帝、灵帝，弹劾太子及其从官违礼越制（见《晋书》）。其四是胸襟开阔。管仲不荐鲍叔牙，而鲍叔牙认为管仲是公忠体国；萧何与曹参矛盾很深，但萧何临终前向刘邦推荐曹参继其相位（均见《史记》）；三国时吴将徐盛杀了另一将领蒋钦的部下，两人结怨，但蒋钦统率徐盛等与魏军在濡须作战时，多次向孙权说徐盛好话。这些人才是真正的公忠体国的大臣。

六是谋。"处其任者,必荷其责;在其任者,必知所职。"(《典语·臣职》)太公《六韬》,谈兵论政;《孟子》《韩子》,议儒说法。商鞅攻取西河之地,韩信布垓下之阵,陈平解平城之围,郭嘉进十胜之说,诸葛亮作隆中一对,吕蒙白衣渡江,陆逊火烧连营,司马懿平孟达之叛,等等,无一不是殚精竭虑,忠心谋国。

研读《群书治要》一书,可知天地玄微,道义蕴奥,往圣绝学,中华文明的源头,绵延不绝的根本;治国者依此理政,可开太平盛世;学习者依此修身,定启本性良心。是以唐太宗得此书后,万机之余手不释卷,并刊印分送太子、诸王。日本人得此书,奉为治国圣典,行动圭臬。

我们编《〈群书治要〉导读》一书,一是对收入各书做了提要,多有内容、版本以及魏徵选取标准和用意的说明;二是生僻字注音;三是重点语句的解读,基本上在今译之后,阐明其告诫借鉴意义,且多联系习近平总书记讲话精神,古为今用,有指导启迪作用。本书提纲挈领,勾玄提要,广大读者若能从中不断汲取营养,定然涓滴可成江海而至于至善。

至于为君之难,为臣不易,只是全书要点之一。所论"十道""六要",挂一漏万,观点难免偏颇,欢迎方家指正。

本书编委会
二〇一九年五月

目录

序 / 001

经部

卷一 《周易》治要 / 003
卷二 《尚书》治要 / 029
卷三 《毛诗》治要 / 056
卷四 《春秋左氏传》治要（上）/ 080
卷五 《春秋左氏传》治要（中）/ 081
卷六 《春秋左氏传》治要（下）/ 099
卷七 《礼记》治要 / 114
卷八 《周礼》治要 / 138
《周书》治要 / 146

《国语》治要 / 150
《韩诗外传》治要 / 157
《孝经》治要 / 165
《论语》治要 / 173
卷十 《孔子家语》治要 / 201

史部

卷十一 《史记》治要（上）/ 223
卷十二 《史记》治要（下）/ 241
《吴越春秋》治要 / 255
卷十三 《汉书》治要（一）/ 258
卷十四 《汉书》治要（二）/ 259
卷十五 《汉书》治要（三）/ 274
卷十六 《汉书》治要（四）/ 288

卷十七 《汉书》治要（五）／ 303
卷十八 《汉书》治要（六）／ 320
卷十九 《汉书》治要（七）／ 333
卷二十 《汉书》治要（八）／ 347
卷二十一 《后汉书》治要（一）／ 348
卷二十二 《后汉书》治要（二）／ 364
卷二十三 《后汉书》治要（三）／ 380
卷二十四 《后汉书》治要（四）／ 396
卷二十五 《魏志》治要（上）／ 412
卷二十六 《魏志》治要（下）／ 431
卷二十七 《蜀志》治要／ 451
卷二十八 《吴志》治要（上）／ 458
卷二十九 《吴志》治要（下）／ 467
卷二十九 《晋书》治要（上）／ 480
卷三十 《晋书》治要（下）／ 497

子部

卷三十一 《六韬》治要／ 517
《阴谋》治要／ 530
《鬻子》治要／ 534
卷三十二 《管子》治要／ 538
卷三十三 《晏子》治要／ 555
《司马法》治要／ 568
《孙子兵法》治要／ 572
卷三十四 《老子》治要／ 576
《鹖冠子》治要／ 589
《列子》治要／ 593
《墨子》治要／ 598
卷三十五 《文子》治要／ 606
《曾子》治要／ 620
卷三十六 《吴子》治要／ 625
《商君子》治要／ 630

- 卷三十七 《尸子》治要 / 635
- 《申子》治要 / 646
- 《孟子》治要 / 650
- 《慎子》治要 / 657
- 《尹文子》治要 / 664
- 卷三十八 《庄子》治要 / 670
- 《尉缭子》治要 / 677
- 卷三十九 《孙卿子》治要 / 682
- 卷四十 《吕氏春秋》治要 / 697
- 卷四十一 《韩子》治要 / 714
- 卷四十二 《三略》治要 / 722
- 卷四十三 《新语》治要 / 728
- 《贾子》治要 / 735
- 《淮南子》治要 / 742
- 《盐铁论》治要 / 757
- 《新序》治要 / 763
- 《说苑》治要 / 774

- 卷四十四 《桓子新论》治要 / 787
- 《潜夫论》治要 / 795
- 卷四十五 《崔寔政论》治要 / 803
- 卷四十六 《昌言》治要 / 812
- 《申鉴》治要 / 821
- 《中论》治要 / 828
- 卷四十七 《典论》治要 / 838
- 《刘廙政论》治要 / 843
- 《蒋子万机论》治要 / 850
- 卷四十八 《政要论》治要 / 854
- 《体论》治要 / 865
- 《典语》治要 / 876
- 卷四十九 《傅子》治要 / 883
- 卷五十 《袁子正书》治要 / 898
- 《抱朴子》治要 / 911

序

窃惟载籍之兴,其来尚矣。左史右史记事记言,皆所以昭德塞违,劝善惩恶。故作而可纪,薰风扬乎百代;动而不法,炯戒垂乎千祀。是以历观前圣,抚运膺期,莫不懔乎御朽,自强不息,朝乾夕惕,意在兹乎?

近古皇王,时有撰述,并皆包括天地,牢笼群有。竞采浮艳之词,争驰迂诞之说,骋末学之博闻,饰雕虫之小伎,流宕忘反,殊途同致。虽辩周万物,愈失司契之源;术总百端,乖得一之旨。

皇上以天纵之多才,运生知之睿思,性与道合,动妙几神。玄德潜通,化前王之所未化;损己利物,行列圣之所不能行。翰海龙庭之野,并为郡国;扶桑若木之域,咸袭缨冕。天地成平,外内禔福,犹且为而不恃,虽休勿休;俯协尧舜,式遵稽古,不察貌于止水,将取鉴乎哲人。以为六籍纷纶,百家踳(chuǎn)驳,穷理尽性,则劳而少功;周览泛观,则博而寡要。故爰命臣等采摭(zhí)群书,翦截淫放,光昭训典。

圣思所存,务乎政术,缀叙大略,咸发神衷;雅致钩深,规摹宏远,网罗治体,事非一目。若乃钦明之后,屈己以救时；无道之君，乐身以亡国。或临难而知惧、在危而获安，或得志而骄居、业成以致败者，莫不备其得失，以著为君之难。

其委质策名，立功树惠，贞心直道，忘躯殉国，身殒百年之中，声驰千载之外。或大奸巨猾，转日回天，社鼠城狐，反白仰黑，忠良由其放逐，邦国因以危亡者，咸亦述其终始，以显为臣不易。

其立德立言，作训垂范，为纲为纪，经天纬地，金声玉振，腾实飞英，雅论徽猷，嘉言美事，可以弘奖名教，崇太平之基者，固亦片善不遗，将以丕显皇极。至于母仪嫔则，懿后良妃，参徽猷于十乱，著深诫于辞辇。或倾城哲妇，亡国艳妻，候晨鸡以先鸣，待举烽而后笑者，时有所存，以备劝戒。爰自六经，讫乎诸子；上始五帝，下尽晋年。凡为五帙，合五十卷，本求治要，故以"治要"为名。

但皇览遍略，随方类聚，名目互显，首尾淆乱，文义断绝，寻究为难。今之所撰，异乎先作，总立新名，各全旧体，欲令见本知末，原始要终，并弃彼春华，采兹秋实。一书之内，牙角无遗；一事之中，羽毛咸尽。用之当今，足以鉴览前古；传之来叶，可以贻厥孙谋。引而申之，触类而长，盖亦言之者无罪，闻之者足以自戒。庶弘兹九德，简而易从。观彼百王，不疾而速。崇巍巍之盛业，开荡荡之王道。可久可大之功，并天地之贞观；日用日新之德，将金镜以长悬。

　　　　　　　　秘书监钜鹿男臣魏徵等奉敕撰

经部

卷一 《周易》治要

【导读】

《易经》为五经之首。《周礼》"太卜"记载：《连山》《归藏》《周易》三部筮书合称为"三易"。史传，《连山易》为伏羲所著，《归藏易》为黄帝所著，《周易》为周文王姬昌所著。《周易》又称《易经》，分为经部和传部。经部之原名就为《周易》，是对四百五十个易卦典型象义的揭示和相应吉凶的判断。而传部的《文言》、《彖传》上下、《象传》上下、《系辞传》上下、《说卦传》《序卦传》《杂卦传》，共七种十篇，称之为"十翼"，是孔门弟子对《周易》经文的注解和对筮占原理、功用等方面的论述。

《周易》是中国传统思想文化中自然哲学与人文实践的理论根源，是古代中国人思想、智慧的结晶，被誉为"大道之源"，内容极其丰富。对中国几千年来的政治、经济、文化等各个领域都产生了极其深刻的影响。历代学术思想发展之契机亦多建基于《易经》。

魏徵等人编撰《群书治要》，着眼于为君之道与为臣之道，选录了《周易》六十四卦中关于为君为臣之道的四十五卦的部分内容和《系辞传》的部分内容。"天地革而四时成，汤武革命，顺乎天而应乎人"，是用以肯定政权的更替是合理的。英明的君主"知进退存亡而不失其正"，做到"安不忘危，存不忘亡，治不忘乱，是以身安而国家可保"。而要国家安全，为上者必须谨言慎行："君子居其室，出其言，善则千里之外应之……不善则千里之外违之"，"言出乎身，加乎民；行发乎迩，见乎远"，"言语，君子之枢机。枢机之发，荣辱之主也"。唐太宗读《易经》时获益良多。贞观八年（634），他引用《周易》的话向侍臣说："言语者，君子之枢机。一言不善，则人记之，成其耻累。"从隋炀帝命令百姓捉萤火虫给宫中夜晚照明的故事，他领悟到"万乘之主，出言不可有所乖失"的有益教训。魏徵即答对说："人君居四海之尊，若有亏失，古人以为如日月之蚀，人皆见之，实如陛下所戒慎。"事实上，《周易》这些理论，此后就成为魏徵辅佐唐太宗创建"贞观"盛世政治主张的总纲领。

☰乾上
☰乾下 <u>《乾》元、亨、利、贞。</u>〔《文言》备也。〕<u>《象》曰：天行健，君子以自强不息。九三：君子终日乾乾，夕惕若厉，无咎。</u>〔处下体之极，居上体之下。纯修下道，则居上之德废；纯修上道，则处下之礼旷。故终日乾乾，至于夕惕。犹若厉也。〕九五：飞龙在天，利见大人。〔不行不跃而在乎天，故曰飞龙也。龙德在天，则大人之路亨也。夫位以德兴，德以位叙，以至德而处盛位，万物之睹，不亦宜乎。〕上九：亢龙有悔。《彖》（tuàn）曰：大哉乾元，万物资始，乃统天。云行雨施，品物流形，大明终始，六位时成，时乘六龙以御天。乾道变化，各正性命。〔大明乎终始之道，故六位不失其时而成也。升降无常，随时而用。处则乘潜龙，出则乘飞龙，故曰"时乘六龙"也。〕保合大和，乃利贞。〔不和而刚暴也。〕首出庶物，万国咸宁。〔万物所以宁，各以有君也。〕《文言》曰："元"者，善之长也。"亨"者，嘉之会也。"利"者，义之和也。"贞"者，事之干也。君子体仁足以长人，嘉会足以合礼，利物足以和义，贞固足以干事。君子行此四德者，故曰"乾：元、亨、利、贞"。"君子终日乾乾，夕惕若厉，无咎"，何谓也？子曰："君子进德修业。忠信，所以进德也；修辞立其诚，所以居业也。是故居上位而不骄，在下位而不忧。〔居下体之上，在上体之下，明夫终敝，故不骄也。知夫至至，故不忧也。〕故乾乾，因其时而惕，虽危无咎矣。"〔惕，怵惕之谓也。〕"飞龙在天，利见大人"，何谓也？子曰："同声相应，同气相求。水流湿，火就燥，云从龙，风从虎，圣人作而万物睹。""亢龙有悔"，何谓也？子曰："贵而无位，高而无民，〔下无阴也。〕贤人在下位而无辅，〔贤人虽在下而当位，不为之助。〕是以动而有悔也。"<u>君子学以聚之，问以辨之，</u>〔以君德而处下体，资纳于物者也。〕<u>宽以居之，仁以行之。夫大人者与天地合其德，与日月合其明，与</u>

四时合其序，与鬼神合其吉凶，先天而天弗违，后天而奉天时。天且弗违，而况于人乎？况于鬼神乎？"亢"之为言也，知进而不知退，知存而不知亡，知得而不知丧。其唯圣人乎！知进退存亡而不失其正者，其唯圣人乎！

【重点句解读】

《象》曰：天行健，君子以自强不息。

《象传》说：自然运动，是为阴阳变化，日月转换，四季轮替，不止不息，恒律永节沛然不可阻挡。品学兼优的人首先应效法自然的运行，不断地进步努力，以臻于至善。

习近平主席在《在布鲁日欧洲学院的演讲》中引用了这句话，深刻地阐述论证了中华民族这种刚毅坚强的精神和特性，"明知山有虎，偏向虎山行"的大无畏气概，敢于担当，勇于创新，有所作为，一往无前，开创民族复兴的伟大事业。

九三：君子终日乾乾，夕惕若厉，无咎。

阳数九，五居其中，象征有远大抱负又有所作为的人的德、行、功、言的顶端。要达此境界，需自"初九，潜龙勿用"的筹划准备阶段至"九三"学业有成、可为社会作贡献阶段。至此，尤需谦虚谨慎，一日三省，如临危境，不能有一丝怠惰。这样，即便遇到危难，也不会有灾祸和过失。

习近平总书记在不同文章中多次引用这句话，谆谆告诫党员干部要加强自身修养，立党为公，在工作和生活中不断自省培德，戒慎戒惧，抵御诱惑，经受考验，始终保持清正廉洁，不负国家所托和民众厚望。

君子学以聚之，问以辨之，宽以居之，仁以行之。

敦品砺行、情操高尚、为国为民的人要通过学习，格物致知，不耻下问，要有孔子能拜七岁的项橐（tuó）为师的精神（《史记·樗里子甘茂列传》），才能具有广博的知识，宽厚待人，成为有道德的榜样。

明末清初学者黄宗羲指出："学则智，不学则愚；学则治，不学则乱。自古圣贤，盛德大业，未有不由学而成者也。学则可以守身，可以治民，可以立教。"（《明儒学案》）其意亦是如此。习近平主席在《青年要自觉践行社会主义核心价值观——在北京大学师生座谈会上的讲话》中，引用《礼记·中庸》中的"博学之，审问之，慎思之，明辨之，笃行之"，勉励青年人学以修身、学以创业，把学习的成果体现在工作和生活中。

> **夫大人者与天地合其德，与日月合其明，与四时合其序，与鬼神合其吉凶，先天而天弗违，后天而奉天时。天且弗违，而况于人乎？况于鬼神乎？**

有崇高道德品行的人，他的行为与天地的运行相一致，像日月的光辉照明四方，如四季一样有规律，掌握顺利和危险的辩证关系。先于自然时节到来之前谋划，时节变化的情况就会符合预期的情况；在天时出现之后实施计划，天时就符合他的要求。他已达到天人合一的境界，何况对待普通人呢？何况处理祸福的事呢？

由此可见，我们应该尊重自然，敬畏自然，保护自然，按自然规律办事。增强"绿水青山就是金山银山"的意识，为后世子孙留下洁净的生存环境。

坤上
坤下 **《坤》**《象》曰：地势坤，君子以厚德载物。《彖》曰：至哉坤元，万物资生，乃顺承天。坤厚载物，德合无疆，含弘光大，品物咸亨。《文言》曰：坤至柔而动也刚，至静而德方。含万物而化光。坤道其顺乎？承天而时行。积善之家，必有余庆；积不善之家，必有余殃。君子敬以直内，义以方外，敬义立而德不孤。

【重点句解读】

《象》曰：地势坤，君子以厚德载物。

《象传》说：大地容载万物。君子之心胸度量应如大地一样，包容万物，承载一切，布仁行义，自然会得到大众的拥戴与支持，进而取得巨大成功。

梁启超在清华大学任教时，把《乾》卦中的"自强不息"和《坤》卦中的"厚德载物"合在其《论君子》演讲中，希望清华学子都能继承中华传统美德。这代表天地的八个字后演变成为清华校训。我们现在正值改革开放、民族复兴的关键时刻，世界形势瞬息万变，尤要我们立足本职，胸怀全局，显示出中国人的泱泱大度，接受新事物，汲取新经验，引进新技术，采用新方法，创建新机制，把习近平中国特色社会主义新思想落在实处。

坎上
震下《屯》《象》曰：云雷，屯。君子以经纶。〔君子经纶之时。〕《彖》曰：天造草昧，宜建侯而不宁。〔屯体不宁，故利建诸侯也。屯者，天地造始之时也。造物之始，始于冥昧，故曰"草昧"也。处造始之时，所宜之善，莫善于建侯。〕

艮上
坎下《蒙》《象》曰：山下出泉，蒙。君子以果行育德。《彖》曰：匪我求童蒙，童蒙求我，志应也。〔我谓非童蒙者。暗者求明者，明者不咨暗。故蒙之为义，匪我求童蒙，童蒙求我也。童蒙之来求我，志应故也。〕蒙以养正，圣功也。

【重点句解读】

《象》曰：山下出泉，蒙。君子以果行育德。

《象传》说：高山下流出泉水，象征着"蒙稚"渐启。君子效法《蒙》卦的精神，行动时果决不疑，修德时不自彰显。

蒙，如昧，初始，尚未明朗。如高山泉水，开始流出，尚未汇成江河，聚成汪洋，但已有端倪。如一个人将成栋梁之材时，认知尚处于幼稚状态，需要对事物进行更多的了解，吸收更多的知识，这正是《蒙》卦要表达的意思：启蒙。所以，君子要行为果断地对新生的事物进行探索、"言必信，行必果"，勇于前行，敢于实践，善于发现和创造，培养出纯正高尚的品质，以达兼善天下的目的。

坤上
坎下《师》《象》曰：地中有水，师。君子以容民畜众。初六：师出以律，否臧，凶。〔为师之始，齐师者也。失令有功，法所不赦，故师出不以律，否臧皆凶也。〕上六：大君有命，开国承家，小人勿用。〔处师之极，师之终也。大君之命，不失功也。开国承家，以宁邦也。小人勿用，非其道也。〕《象》曰：大君有命，以正功也。小人勿用，必乱邦也。

坎上
坤下《比》《象》曰：地上有水，比，先王以建万国，亲诸侯。〔万国以比建，诸侯以比亲。〕

乾上
兑下《履》《象》曰：上天下泽，履。君子以辨上下，定民志。

坤上
乾下《泰》《象》曰：天地交，泰。后以财成天地之道，辅相天地之宜，以左右民。〔上下大通，则物失其节，故财成而辅相，以左右民也。〕《彖》曰：天地交而万物通也，上下交而其志同也。内君子而外小人，君子道长，小人道消也。

【重点句解读】

> 《象》曰：天地交，泰。后以财成天地之道，辅相天地之宜，以左右民。

《象传》说：天地交合，象征"通泰"；君主因此裁节成就天地交通之道，辅佐赞助天地化生之宜，以此保佑天下百姓。

泰。王弼注："泰者，物大通之时也。"言天地之气融通，则万物各遂其生，故谓之泰。王符《潜夫论·班禄》："是以天地交泰，阴阳和平。"下乾上坤相叠，乾为天，为阳；坤为地，为阴，阴阳互通，天地相交，万物繁孳。

一个国家，如能举国上下同心，一致努力，建设美好家园，人民就可得到很好的福祉；一个国家如此，全世界也当如此。习近平主席为我国对外交往所制定的战略就是构筑"人类命运共同体"，各国、各族人民能和平共处，相互交往，相互学习，取长补短，这个世界就会成为人类的美好家园。

> 《象》曰：天地交而万物通也，上下交而其志同也。内君子而外小人，君子道长，小人道消也。

《象传》说：天地阴阳交流通畅，上下齐心、志同道合、内部团结、自强不息。对外则谦虚谨慎，恭良逊让；对内则胸怀广大，德高品端，表现则如一般百姓。这样，礼义仁爱之道就会不断扩大影响，普通百姓的不良习气就会逐渐消失。

清初号称"天下第一廉吏"，谥号"清端"、外号"于青菜"的于成龙，曾任职于广西、福建、四川、湖北、直隶（河北）、江苏等地。以县令起家，直至两江总督。他每到一地，每赴一任，首重访贫问苦，推广教化。官至从一品的封疆大吏两江总督时，"无从得蔬茗，则日采衙后槐叶啖之，树为之秃。"江南民间亦不再迷信祭祀"五通神"，淫风为之一变。他去世时遗产仅有一木箱，旧官衣一袭。但公道自在人心，"卒之日，金陵人为之巷哭。相率香灯祭与寝。日几千百人，衙舍至不能容。远近闻之，皆辍市，如丧其亲。"在出殡当日，"士民数万人步二十里外，伏地哭，江水声如不闻。公之得吏民之心，江宁人谓数百年来无能如此者"（《清史稿·于成龙传》）。面对"于青菜"这面镜子，我们党员干部是不是能悟出点什么来？

☰ 乾上
☷ 坤下《否》《象》曰：天地不交，否。君子以俭德避难，不可荣以禄。《彖》曰：天地不交而万物不通，上下不交而天下无邦也。内阴而外阳，内柔而外刚，内小人而外君子。小人道长，君子道消也。九五：休否，大人吉。其亡其亡，系于苞桑。〔居否之世，能全其身者，唯大人耳。巽（xùn）为木，木莫善于桑，人虽欲有亡之者，众根坚固，弗能拔之也。〕

☰乾上
☲离下《**同人**》《象》曰：天与火，同人。〔天体于上，而火炎上，同人之义。〕君子以类族辨物。〔君子小人，各得所同。〕《彖》曰：<u>文明以健，中正而应，君子正也</u>。〔行健不以武，而以文明用之。相应不以邪，而以中正应之，君子正也。〕唯君子为能通天下之志。〔君子以文明为德者也。〕

【重点句解读】

《彖》曰：文明以健，中正而应，君子正也。

《彖传》说：禀性既文采光明而又刚直强劲，行动中庸合礼而又和谐呼应，这就是品德高尚、胸怀宽广的人的正道。只有品德高尚、胸怀宽广的人才能和天下人心心相印，通达无阻。

孔颖达疏："天下文明者，阳气在田，始生万物，故天下有文章而光明也。"文明、正直、宽容，"富贵不能淫，贫贱不能移，威武不能屈"（《孟子·滕文公下》），正是我们中华民族品格的写照。

☲离上
☰乾下《**大有**》《象》曰：火在天上，大有。君子以遏恶扬善，顺天休命。〔大有，包容之象也。故遏恶扬善，成物之美，顺奉天德，休物之命也。〕《彖》曰：柔得尊位，大中，而上下应之，曰大有。〔处尊以柔，居中以大，上下应之，靡所不纳，大有之义也。〕其德刚健而文明，应乎天而时行，是以"元亨"。〔德应于天，则行不失时矣。则健不滞，文明不犯，应天则大，时行无违，是以元亨也。〕上九：自天佑之，吉，无不利。〔居大有之上，而不累于位，志尚于贤者也。〕

☷坤上
☶艮下《**谦**》《象》曰：地中有山，谦。君子以裒（póu）多益寡，称物平施。〔多者用谦以为裒，少者用谦以为益，随物而与，施不失平也。〕《彖》曰：谦，亨。天道下济而光明，地道卑而上行；天道亏盈而益谦，地道变盈而流谦；鬼神害盈而福谦，人道恶盈而好谦。谦，尊而光，卑而不可逾，君子之终也。初六：谦谦君子，用涉大难，吉。〔能体谦谦，其唯君子，用涉大难，物无害也。〕《象》曰：谦谦君子，卑以自牧也。〔牧，养也。〕九三：劳谦，君子有终，吉。〔劳谦匪懈，是以吉也。〕《象》曰：劳谦君子，万民服也。

【重点句解读】

《象》曰：谦谦君子，卑以自牧也。

《象传》说：有高尚情操的人的人品就是谦虚谨慎，不骄不躁，自守道德底线，看护自己，把持自己，支配自己，严格要求自己。

谦谦，王弼注："处谦之下，谦之又谦者也。能体'谦谦'，其唯君子。用涉大难，物无害也。"谦之又谦，宽厚容让而不虚伪懦弱，实是品德高尚，襟怀坦荡的人的品格体现。

震上
坤下《豫》《象》曰：雷出地奋，豫。《彖》曰：豫，顺以动，故天地如之。天地以顺动，故日月不过而四时不忒。圣人以顺动，则刑罚清而民服。豫之时义大矣哉。

兑上
震下《随》《象》曰：泽中有雷，随。君子以向晦入宴息。〔泽中有雷，动悦之象也。物皆悦随，可以无为，不劳明鉴，故君子向晦入宴息也。〕《彖》曰：随时之义大矣哉。〔得时则天下随之矣。随之所施，唯在于时，时异而不随，否之道也。故随时之义大矣哉。〕

巽上
坤下《观》《象》曰：风行地上，观。先王以省方，观民设教。《彖》曰：顺而巽，中正以观天下。观天之神道，而四时不忒。圣人以神道设教，而天下服。六四：观国之光，利用宾于王。〔居观之时，最近至尊，观国之光者也。居近得位，明习国仪者也。故曰"利用宾于王"也。〕九五：观我生，君子无咎。〔上之化下，犹风靡草，故观民之俗，以察己道。百姓有罪，在余一人，君子风著，己乃无咎。上为化主，将欲自观，乃观民也。〕

☷ 离上
☳ 震下《**噬嗑**》《象》曰：雷电，噬嗑。先王以明罚整法。《彖》曰：刚柔分，动而明，雷电合而彰。〔刚柔分动，不溷(hùn)乃明；雷电并合，不乱乃章。皆利用狱之义也。〕

☶ 艮上
☲ 离下《**贲**》《象》曰：山下有火，贲(bì)。君子以明庶政，无敢折狱。〔处贲之时，止物以文明，不可以威刑，故君子以明庶政，而无敢折狱也。〕《彖》曰：观乎天文，以察时变，观乎人文，以化成天下。六五：贲于丘园，束帛戋(jiān)戋。吝，终吉。〔为饰之主，饰之盛者也。施饰于物，其道害矣；施饰丘园，盛莫大焉。故曰"贲于丘园"，束帛乃戋戋。用莫过俭，泰而能约，故必吝焉，乃得终吉也。〕

【重点句解读】

《彖》曰：观乎天文，以察时变，观乎人文，以化成天下。

《彖传》说：研究看到的天象变化，去推断时令的规律；研究、考察、总结因时代变迁，社会上伦理、道德、文化、艺术、习俗的发展、变化，与时俱进，用以教化百姓。

习近平总书记在诸多场合引用《周易》中的这句话，来说明中国传统文化的博大精深和论述我们的文化自信。

☶ 艮上
☰ 乾下《**大畜**》《象》曰：天在山中，大畜。君子以多识前言往行，以畜其德。〔物之可畜于怀，令德不散，尽于此也。〕《彖》曰：大畜，<u>刚健笃实，晖光日新其德</u>。〔凡物能晖光日新其德者，唯刚健笃实者也。〕

【重点句解读】

刚健笃实，晖光日新其德。

脚踏实地，一心不二，努力拼搏，坚持不懈地修身自省，心境更加光明磊落，不断提高自己的品行情操。

　　范晔在《后汉书·郎颉传》中曾引用了该句的前半句："岂不可刚健笃实，矜矜栗栗，以守天功盛德大业乎？"

　　习近平总书记对广大青年学生寄予了厚望，曾题赠八个字："勤学、修德、明辨、笃实。"一如几千年前《周易》中这句鼓舞人心的话语——"刚健笃实，晖光日新其德"。

艮上
震下《**颐**》《象》曰：山下有雷，颐。君子以慎言语，节饮食。〔言语饮食，犹慎而节之，而况其余乎。〕《彖》曰：颐，贞吉，养正则吉也。天地养万物，圣人养贤，以及万民，颐之时大矣哉！

坎上
坎下《**习坎**》《象》曰：水洊(jiàn)至，习坎。君子以常德行，习教事。〔至险未夷，教不可废，故以常德行而习教事也。习于坎，然后能不以险难为困，而德行不失常。〕《彖》曰：习坎，重险也。天险，不可升也。〔不可得升，故得保其威尊。〕地险，山川丘陵也。〔有山川丘陵，故物得以保全也。〕王公设险以守其国。〔国之为卫，恃于险也。言自天地以下，莫不须险也。〕险之时用大矣哉。〔非用之常，用有时也。〕

离上
离下《**离**》《象》曰：明两作，离。大人以继明，照于四方。〔继，谓不绝。〕《彖》曰：离，丽也。〔丽，犹著也，各得所著之宜者也。〕日月丽乎天，百谷草木丽乎土，重明以丽乎正，乃化成天下。

兑上
艮下《**咸**》《象》曰：山上有泽，咸。君子以虚受人。〔以虚受人，物乃感应也。〕《彖》曰：咸，感也。柔上而刚下，二气感应以相与。天地感而万物化生，〔二气相与，乃化生也。〕圣人感人心而天下和平。观其所感，而天地万物之情可见矣。〔天地万物之情，见于所感也。〕

震上
巽下《**恒**》《象》曰：雷风，恒。〔长阳长阴，合而相与，可久之道也。〕君子以立不易方。〔得其所久，故不易也。〕《彖》曰：天地之道，恒久而不已也。〔得其所久，故不已也。〕日月得天而能久照，四时变化而能久成，圣人久于其道而天下化成。〔言各得所恒，故皆能久长也。〕观其所恒，而天地万物之情可见矣。〔天地万物之情，见于所恒也。〕九三：不恒其德，或承之羞。〔德行无恒，自相违错，不可致诘，故"或承之羞"也。〕不恒其德，无所容也。

☰乾上
☶艮下《遁》《象》曰：天下有山，遁。〔天下有山，阴长之象也。〕君子以远小人，不恶而严。九五：嘉遁，贞吉。〔遁而得正，反制于内，小人应命，率正其志。不恶而严，得正之吉，遁之嘉者也。〕《象》曰：嘉遁，贞吉，以正志也。上九：肥遁，无不利。〔最处外极，无应于内，超然绝志，心无疑顾。忧患不能累，矰（zēng）缴不能及，是以"肥遁，无不利"也。〕《象》曰：肥遁，无不利，无所疑也。

☳震上
☰乾下《大壮》《象》曰：雷在天上，大壮。君子以非礼弗履。〔壮而违礼则凶，凶则失壮矣。故君子以大壮而顺礼也。〕《彖》曰：大壮利贞，大者正也。正大，而天地之情可见矣。〔天地之情，正大而已矣。弘正极大，则天地之情可见矣。〕

☲离上
☷坤下《晋》《象》曰：明出地上，晋。君子以自昭明德。〔以顺著明，自显之道。〕

【重点句解读】

《象》曰：明出地上，晋。君子以自昭明德。

《象传》说：太阳从东方地平线上出现，不断向上升起，照耀山川万物。有理想、有抱负、道德高尚的人，要如上升旭日一样，光照万物，造福四方。

正人君子看出"晋"的美好景象，既加强自我的修为，来显现光明的盛德，又施恩德于众，造福人民。

☷坤上
☲离下《明夷》《象》曰：明入地中，明夷。君子以莅众，〔莅众显明，蔽伪百姓者也，故以蒙养正，以明夷莅众矣。〕用晦而明。〔藏明于内，乃得明也；显明于外，乃所避也。〕《彖》曰：内文明而外柔顺，以蒙大难，文王以之。利艰贞，晦其明也。内难而能正其志，箕子以之。

☴ 巽上
☲ 离下《**家人**》《象》曰：风自火出，家人。〔由内相成，炽也。〕君子以言有物而行有恒。〔家人之道，修于近小而不妄者也。故君子言必有物，而口无择言；行必有恒，而身无择行也。〕《彖》曰：家人，女正位乎内，男正位乎外，天地之大义也。家人有严君焉，父母之谓也。父父、子子、兄兄、弟弟、夫夫、妇妇，而家道正。正家而天下定矣。

【重点句解读】

> 君子以言有物而行有恒。

道德高尚的人言之有物，不尚空谈，行动有准头，又能持之以恒。

空谈不仅误人，更是误国。历史上，导致西晋灭亡、东晋衰弱，不能不说"空谈"是一大诱因。所以，为国为民者定要摒弃空谈，"空谈误国，实干兴邦"正是抓住了这一要害。

> 父父、子子、兄兄、弟弟、夫夫、妇妇，而家道正。正家而天下定矣。

家庭中人们之间关系的标准是：父慈、子孝、兄友、弟恭、夫爱、妇敬。家庭健康了，社会便能和谐，国家也就安定稳固了。

人正、家风正，社会安、国家稳。家庭作为社会的细胞，对于社会和谐、国家稳定至关重要。这就是《礼记》中"三纲""八目"（参见《〈礼记〉导读》）的由来。

☲ 离上
☱ 兑下《**睽**》《象》曰：上火下泽，睽。君子以同而异。〔同于通理，异于职事。〕《彖》曰：睽，火动而上，泽动而下。天地睽而其事同也，男女睽

而其志通也，万物睽而其事类也。睽之时用大矣哉。〔睽离之时，非小人之所能用也。〕

☵坎上
☶艮下《**蹇**》《象》曰：山上有水，蹇。君子以反身修德。〔除难莫若反身修德也。〕《彖》曰：蹇，难也，险在前也。见险而能止，智矣哉！六二：王臣蹇蹇，匪躬之故。〔处难之时，履当其位，执心不回，志匡王室者也，故曰"王臣蹇蹇，匪躬之故"也。履中行义，以存其上，处蹇以此，未见其尤也。〕《象》曰：王臣蹇蹇，终无尤也。

【重点句解读】

君子以反身修德。

能修齐治平的人在面对挫折、困难、危难时，一事当前，不推诿于客观原因，首先反躬自问，寻找自己的不足之处，进一步修养品德，吸纳知识，再接再厉，以期取得成功。

中国传统文化中，特别重视人的反省能力。曾子曰："吾日三省吾身。"（《论语·学而》）孟子要人们"反求诸己"。毋庸置疑，一个有着健全人格的现代人，必然是具有自我反省的精神和能力。

☳震上
☵坎下《**解**》《象》曰：雷雨作，解。君子以赦过宥罪。《彖》曰：天地解而雷雨作，雷雨作而百果草木皆甲坼(chè)。〔天地否结，则雷雨不作；交通感散，雷雨乃作也。雷雨之作，则险厄者亨，否结者散，故百果草木皆甲坼也。〕解之时大矣哉。〔无所而不释也。〕六三：负且乘，致寇至，贞吝。〔处非其位，履非其正，以附于四，用夫柔邪以自媚者也。乘二负四，以容其身。寇之来也，自己所致矣，虽幸而免，正之所贱也。〕

☶艮上
☱兑下《**损**》《象》曰：山下有泽，损。君子以惩忿窒欲。〔可损之善，莫善损忿、欲。〕《彖》曰：损益盈虚，与时偕行。〔自然之质，各定其分，损益将何加焉！非道之常，故必与时偕行也。〕

【重点句解读】

君子以惩忿窒欲。

品德高尚、胸怀博大的人遇到不如意、不顺心，甚至有辱声名之事，一定要泰然处之。不要让愤怒蒙蔽了智慧；而面对诱惑，更要坚持操守。

刘备要不是一意孤行，为报关羽之仇而糊涂得放弃兴复汉室的大计，就不会有夷陵之败；洪承畴如能拒绝皇太极的引诱，也不至于母子兄弟情绝，还堕入《清史列传·贰臣传甲编》中而落得千古骂名。

巽上
震下《益》《象》曰：风雷，益。<u>君子以见善则迁，有过则改矣。</u>〔从善改过，益莫大焉。〕《彖》曰：益，损上益下，民悦无疆。自上下下，其道大光。利有攸往，中正有庆。〔五处中正，自上下下，故有庆也。以中正有庆之德，有攸往也，何适而不利哉。〕

【重点句解读】

君子以见善则迁，有过则改矣。

品德越是高尚的人，越是觉得自己有所不足，还要攀登更高的层次，学习更多的知识，见贤思齐；不讳疾忌医，不文过饰非，严格审视自己，改正自己的错误，弥补自身的不足。

习近平总书记曾在与北京大学师生座谈时引用此语。他说："要修德，加强道德修养，注重道德实践，要'见善则迁，有过则改'。"

坤上
巽下《升》《象》曰：地中生木，升。<u>君子以慎德，积小以成高大。</u>

【重点句解读】

> 君子以慎德，积小以成高大。

心存高洁的人要踏踏实实、自小处做起，逐步积累，积涓滴成江海，聚尘土为高山，循序渐进地把自己培养成具有高尚品格的人。

现实生活中，个别领导干部之所以工作上没有实绩，主要在于没有"慎德"意识，不能够哈下腰来踏踏实实做事，最终得不到群众和组织上的认可。

兑上
离下《革》《象》曰：泽中有火，革。《彖》曰：革，水火相息。〔凡不合而后变生。火欲上，泽欲下，水火相战，而后变生者也。〕天地革而四时成，汤武革命，顺乎天而应乎人。革之时大矣哉。上六：君子豹变，小人革面。〔居变之终，变道已成。君子处之，能成其文。小人乐成，则变面以顺上也。〕

离上
巽下《鼎》《象》曰：木上有火，鼎。《彖》曰：鼎，象也。以木巽火，亨饪也。圣人以享上帝，而大亨以养圣贤。〔亨者，鼎之所为也。<u>革去故而鼎成新</u>，故为亨饪调和之器也。去故取新，圣贤不可失也。饪，熟也。天下莫不用之，而圣人用之，乃上以享上帝，下以大亨养圣贤焉。〕

【重点句解读】

> 革去故而鼎成新。

改革旧制度，建立新制度。

这是成语"革故鼎新"的由来。革，除去、改变。鼎，树立。鼎，原为烹饪之器，后演变为政权、制度之象征。当下我国的改革开放，面向世界，跟上国际发展的新潮流，建立和完善市场经济新秩序就是最好的注释和例证。

☰震上
☷震下《震》震惊百里，不丧匕鬯(chàng)。〔威震惊乎百里，则足可以不丧匕鬯矣。匕，所以载鼎实。鬯，香酒，奉宗庙之盛者也。〕《象》曰：洊雷，震。君子以恐惧修省。《彖》曰：震，亨。震来虩(xì)虩，恐致福也。震惊百里，惊远而惧迩也。〔威震惊乎百里，则惰者惧于近矣。〕出，可以守宗庙社稷，以为祭主也。〔明所以堪长子之义也。不丧匕鬯，则己出可以守宗庙也。〕

☶艮上
☶艮下《艮》《象》曰：兼山，艮。君子以思不出其位。〔各止其所，不侵官也。〕《彖》曰：艮，止也。<u>时止则止，时行则行，动静不失其时，其道光明。</u>〔止道不可常用，必施于不可以行，适于其时，道乃光明。〕

【重点句解读】

时止则止，时行则行，动静不失其时，其道光明。

把控形势，号准脉动，张弛适度，该行则行，当止则止，抓住机遇，跟上潮流，不躁不馁，稳妥进取，道路就宽广，前途就光明。

这一古老的原则，对于大到治国理政，中到公司治理，小到家庭管理和个人计划安排，都有着切实的指导意义。

☳震上
☲离下《丰》亨，王假之。〔大而亨者，王之所至也。〕勿忧，宜日中。〔丰之为义，阐弘微细，通夫隐滞者也。为天下之主，而令微隐者不亨，忧未已也。故至丰亨，乃得勿忧也。用夫丰亨不忧之德，宜处天中以遍照者也，故曰"宜日中"也。〕《象》曰：雷电皆至，丰。君子以折狱致刑。〔文明以动，不失情理。〕《彖》曰：<u>日中则昃，月盈则食。天地盈虚，与时消息。而况于人乎？况于鬼神乎？</u>〔丰之为用，困于昃食者也。施于未足则尚丰，施于已盈则方溢，不可以为常，故具陈消息之道也。〕

【重点句解读】

> 《彖》曰：日中则昃，月盈则食，天地盈虚，与时消息，而况于人乎？况于鬼神乎？

《彖传》说：日至中午后必然倾斜，月亮过了每月十五，一定会亏缺。天地运行盛衰转换，随时间推移而变化。天地日月如此，不要说人了，不要说鬼神了。

事物的发展有其恒定的物极必反的规律。自然界中，没有不枯竭的资源；生意场上，没有不衰退的产品。为了长期兴旺发达，人们就要有忧患意识，未雨绸缪。

☱兑上
☱兑下《兑》《象》曰：丽泽，兑。君子以朋友讲习。《彖》曰：兑，悦也。刚中而柔外，悦以利贞。〔悦而违刚则谄，刚而违悦则暴。刚中而柔外，所以悦以利贞也。〕是以顺乎天而应乎人。〔天，刚而不失悦者也。〕悦以先民，民忘其劳；悦以犯难，民忘其死。悦之大，民劝矣哉。

【重点句解读】

> 《象》曰：丽泽，兑。君子以朋友讲习。

《象传》说：两个湖泊相连，可互相补水，共同受益。兑者，喜悦也。敦品砺行之人也要和朋友探讨学问，互相学习，取长补短。

习近平总书记在《从小积极培育和践行社会主义核心价值观——在北京市海淀区民族小学主持召开座谈会时的讲话》等文章中，引用《礼记·学记》中"独学而无友，则孤陋而寡闻"，强调学习应该注重相互交流和讨论。只有这样，读书才有成效，修业才能成大器。个人如此，国家亦如此。华夏文明若不是海纳百川，吸收希腊、埃及、两河流域、印度及欧美等文明，择善而从，取长补短，就不会有今天举世瞩目的辉煌成就。

☴上
☵下《涣》《象》曰：风行水上，涣。九五：涣汗其大号。涣王居，无咎。〔处尊履正，居巽之中，散汗大号，以荡险厄者也。为涣之主，唯王居之，乃得无咎也。〕

☵上
☱下《节》《象》曰：泽上有水，节。君子以制度数，议德行。《彖》曰：苦节不可贞，其道穷。〔为节过苦，则物不能堪也。物不能堪，则不可复正也。〕悦以行险，当位以节，中正以通。〔无悦而行险，过中而为节，则道穷也。〕天地节而四时成。节以制度，不伤财，不害民。

【重点句解读】

天地节而四时成，节以制度，不伤财，不害民。

天地运行有一定的规律，春夏秋冬无反常而循环流转，才能使万物滋生繁衍。国家以典章制度为约束准则，就能做到不浪费财物，不伤害百姓。

农谚有云"当冷不冷，人畜不稳；当热不热，五谷不结"，即是此理。自然界如此，一个国家、一个民族也是如此。有好的体制机制、好的律法，国家就富强，人民就富裕，生活就幸福。

☴上
☱下《中孚》《象》曰：泽上有风，中孚。君子以议狱缓死。〔信发于中，虽过可亮。〕《彖》曰：中孚，柔在内而刚得中，悦而巽孚，〔有上四德，然后乃孚。〕乃化邦也。〔信立而后邦乃化也。柔在内而刚得中，各当其所也。刚得中，则直而正；柔在内，则静而顺。悦而以巽，则乖争不作。如此，则物无巧竞。敦实之行著，而笃信发乎其中矣。〕豚鱼吉，信及豚鱼。〔鱼者，虫之潜隐者也。豚者，兽之微贱者也。争竞之道不兴，忠信之德淳著，则虽微隐之物，信皆及之也。〕中孚以利贞，乃应天。〔盛之至也。〕

☳上
☶下《小过》《象》曰：山上有雷，小过。君子以行过乎恭，丧过乎哀，用过乎俭。《彖》曰：小过，小者过而亨也。〔小者，谓凡诸小事也。过于小事而通者也。〕过以利贞，与时行也。〔过而得以利贞，应时宜也。施过于恭俭，利贞者也。〕柔得中，是以小事吉；刚失位而不中，是以不可大事。〔成大事者，必在刚也。柔而侵大，剥之道也。〕

☷坎上
☲离下《既济》《象》曰：水在火上，既济。君子以思患而豫防之。〔存不忘亡，既济不忘未济也。〕《彖》曰：既济，亨，利贞。刚柔正而位当。〔刚柔正而位当，则邪不可以行矣。故唯正乃利贞也。〕九五：东邻之杀牛，不如西邻之禴(yuè)祭，实受其福。〔牛，祭之盛者也。禴，祭之薄者也。居既济之时，而处尊位，物皆济矣，将何为焉？其所务者，祭祀而已。祭祀之盛，莫盛修德。故沼沚之毛、蘋蘩之菜，可羞之于鬼神。"黍稷非馨，明德惟馨"。是以"东邻杀牛，不如西邻之禴祭，实受其福"也。〕

　　天尊地卑，乾坤定矣。卑高以陈，贵贱位矣。动静有常，刚柔断矣。〔刚动而柔止也。动止得其常体，则刚柔之分著矣。〕方以类聚，物以群分，吉凶生矣。〔方有类，物有群，则有同有异，有聚有分也。顺其所同则吉，乖其所趣则凶，故"吉凶生矣"。〕在天成象，在地成形，变化见矣。〔象，况日月星辰；形，况山川草木也。悬象运转以成昏明，山泽通气而云行雨施，故"变化见也"。〕是故，鼓之以雷霆，润之以风雨。日月运行，一寒一暑。乾知大始，坤作成物。乾以易知，坤以简能。〔天地之道，不为而善始，不劳而善成，故曰"易简"。〕易则易知，简则易从。易知则有亲，易从则有功。有亲则可久，有功则可大。〔有易简之德，则能成可久可大之功。〕可久则贤人之德，可大则贤人之业。〔天地易简，万物久载其形；圣人不为，群方各遂其业。德业既成，则入于形器，故以贤人目其德业也。〕易简而天下之理得矣。

　　易与天地准，〔作易以准天地也。〕故能弥纶天地之道。仰以观于天文，俯以察于地理。知幽明之故，知死生之说也。〔幽明者，有形无形之象；死生者，始终之数也。〕

【重点句解读】

> 仰以观于天文，俯以察于地理。知幽明之故，知生死之说也。

上察天体日月星辰、风云雷电雨雪的运行变化，下究山川河流、原野江海的险易，探讨阴阳变化的规律，明白生死的道理。

我们要破解一个问题，研究一个对象，把握一件事情，就必须掌握与这个问题、对象、事情相关的一切因素，以及这些因素的内在联系，所起的正反两方面的作用、益处和危害。只有这样，我们在前进的道路上才能踏平坎坷，克艰除难，到达胜利的终点。

知鬼神之情状，与天地相似。〔德合天地，故曰"相似"也。〕知周乎万物而道济天下。〔知周万物，则能以道济天下也。〕乐天知命，故不忧。〔顺天之化，故曰乐也。〕范围天地之化而不过，〔范围者，拟范天地而周备其理也。〕曲成万物而不遗，〔曲成者，乘变应物，不系一方者也，则物得宜矣。〕故神无方而易无体。〔神则阴阳不测，易则唯变所适，不可以一方一体明也。〕仁者见之谓之仁，智者见之谓之智，百姓日用而不知，故君子之道鲜矣。〔君子体道以为用者也，体斯道者，不亦鲜乎。〕

显诸仁，藏诸用，〔衣被万物，故曰"显诸仁"；日用而不知，故曰"藏诸用"也。〕盛德大业至矣哉！富有之谓大业，〔广大悉备，故曰"富有"。〕日新之谓盛德。〔体化合变，故曰"日新"。〕生生之谓易，〔阴阳转易，以成化生。〕阴阳不测之谓神。〔神也者，变化之极也，妙万物而为言，不可以形诘者也，故曰"阴阳不测"也。〕

【重点句解读】

> 富有之谓大业，日新之谓盛德。

国库充盈、人民幸福，资源不竭，发展有后劲，这才是真正的大业；不固步自封，更不抱残守缺。适应形势，跟上潮流，更新理念，事业不断发展，这才是卓越的无量功德。

党的十八次、十九次全国代表大会，均将"全面建成小康社会"放在了重要的位置上。这切实地体现了党执政为民之"大业"。

夫易，广矣大矣，以言乎天地之间则备矣。广大配天地，变通配四时，阴阳之义配日月，易简之善配至德。〔易之所载，配此四义也。〕子曰："《易》其至矣乎！夫《易》，圣人所以崇德而广业也。〔穷理入神，其德崇也；兼济万物，其业广也。〕天地设位，而易行乎其中矣。"圣人有以见天下之赜(zé)，而拟诸其形容，象其物宜。〔乾刚坤柔，各有其体，故曰"拟诸其形容"也。〕拟之而后言，议之而后动，拟议以成其变化。〔拟议以动，则尽变化之道也。〕"鸣鹤在阴，其子和之。我有好爵，吾与尔靡之。"〔鹤鸣则子和，修诚则物应；我有好爵，与物散之，物亦以善应也。鹤鸣乎阴，气同则和，出言户庭，千里应之。出言犹然，况其大者乎？千里或应，况其迩者乎？〕子曰："君子居其室，出其言善，则千里之外应之，况其迩者乎？居其室，出其言不善，则千里之外违之，况其迩者乎？言出乎身，加乎民；行发乎迩，见乎远。言行，君子之枢机。〔枢机，制动之主。〕枢机之发，荣辱之主也。言行，君子之所以动天地，可不慎乎！"《同人》："先号咷(táo)而后笑。"子曰："君子之道，或出或处，或默或语。<u>二人同心，其利断金。</u>〔同人终获后笑者，以有同心之应也。夫所况同者，岂系乎一方哉？君子出处默语，不违其中，则其迹虽异，道同则应也。〕<u>同心之言，其臭如兰。</u>""藉用白茅，无咎。"子曰："苟错诸地而可矣，藉之用白茅，何咎之有？慎之至也。""劳谦，君子有终，吉。"子曰："劳而不伐，有功而不德，厚之至也。语以其功下人者也。德言盛，礼言恭。谦也者，致恭以存其位者也。""不出户庭，无咎。"子曰："乱之所生也，则言语为之阶。君不密则失臣，臣不密则失身，机事不密则害成。是以君子慎密而不出也。"子曰："为易者，其知盗乎？〔言盗亦乘衅而至也。〕《易》曰：'负且乘，致寇至。'负也者，小人之事也。乘也者，君子之器也。小人而乘君子之器，盗思夺之矣；上慢下暴，盗思伐之矣。慢藏诲盗，冶容诲淫。《易》曰：'负且乘，致寇至。'盗之招也。"

【重点句解读】

二人同心，其利断金。同心之言，其臭如兰。

两人团结一致，合力做事，就能像削铁如泥的刀剑一样锋利，切断一切金属；有一共同目标而又团结一致的人在一起论事，其言语就好像兰花发出的清香，沁人心脾，身心俱泰。

臭，是"嗅"的通假字。二字虽异，而音、义皆同。

我们正在从事前人从未做过的事业，在建设好中国特色社会主义、实现中华民族伟大复兴中国梦的同时，还要和全世界人民一道构建"人类命运共同体"。要完成这一伟业，就需更加紧密地团结在以习近平同志为核心的党中央周围，以习近平新时代中国特色社会主义思想为指导，携手并肩，同心同德，披荆斩棘，一往无前地去实现既定的目标。

子曰："《易》有圣人之道四焉：以言者尚其辞，以动者尚其变，以制器者尚其象，以卜筮者尚其占。"〔此四存乎器象，可得而用者也。〕是以君子将有为也，将有行也，问焉而以言，其受命也如响，无有远近幽深，遂知来物。非天下之至精，其孰能与于此？参伍以变，错综其数。通其变，遂成天下之文；极其数，遂定天下之象。非天下之至变，其孰能与于此？《易》无思也，无为也，寂然不动，感而遂通天下之故。非天下之至神，其孰能与于此？夫《易》，圣人之所以极深而研几也。唯深也，故能通天下之志；唯几也，故能成天下之务；〔极未形之理则曰"深"，适动微之会则几也。〕唯神也，故不疾而速，不行而至。子曰："《易》有圣人之道四焉者，此之谓也。"〔四者由圣道以成，故曰"圣人之道"也。〕夫《易》，开物成务，冒天下之道，如斯而已者也。〔冒，覆也。言易通万物之志，成天下之务，其道可以覆冒天下也。〕是故圣人以通天下之志，以定天下之业，以断天下之疑。其孰能与于此哉？古之聪明睿智神武而不杀者夫！〔服万物而不以威刑者也。〕是以明于天之道，而察于民之故，以神明其德。一阖一辟谓之变，往来不穷谓之通。见乃谓之象，〔兆见曰"象"。〕形乃谓之器，〔成形曰"器"。〕制而用之谓之法，利用出入，民咸用之谓之神。

法象莫大乎天地，变通莫大乎四时，悬象著明莫大乎日月，崇高莫大乎富贵。〔位，所以一天下之动而济万物也。〕备物致用，立成器以为天下利，莫大乎圣人。探赜索隐，钩深致远，以定天下之吉凶，成天下之亹(wěi)亹，莫善乎蓍(shī)龟。子曰："天之所助者，顺也；人之所助者，信也。履信思乎顺，是以自天佑之，吉，无不利。"

天地之道，贞观者也；〔明夫天地万物，莫不保其贞以全其用也。〕日月之道，贞明者也；天下之动，贞夫一者也。<u>天地之大德曰生，圣人之大宝曰位。</u>何以守位？曰仁。何以聚人？曰财。〔财所以资物生也。〕理财正辞，禁民为非，曰义。

【重点句解读】

> 天地之大德曰生，圣人之大宝曰位。

　　天地最大的德行是能生养万物，以天下为己任的人最宝贵的东西是他在人民心中至高无上的地位。

　　《易》曰："困于石，据于蒺藜。"子曰："非所困而困焉，名必辱；非所据而据焉，身必危。"子曰："小人不耻不仁，不畏不义，不见利不劝，不威不惩。小惩而大诫，此小人之福也。《易》曰：'屦(jù)校灭趾，无咎。'此之谓也。善不积，不足以成名；恶不积，不足以灭身。小人以小善为无益而弗为也，以小恶为无伤而弗去也，故恶积而不可掩，罪大而不可解也。《易》曰：'荷校灭耳，凶。'"子曰："危者，安其位者也；亡者，保其存者也；乱者，有其治者也。<u>是故君子安不忘危，存不忘亡，治不忘乱，是以身安而国家可保也。</u>《易》曰：'其亡其亡，系于苞桑。'"子曰："德薄而位尊，知小而谋大，力少而任重，鲜不及矣。《易》曰：'鼎折足，覆公𫗧(sù)，其形渥(wò)，凶。'言不胜其任也。"

【重点句解读】

> 是故君子安不忘危，存不忘亡，治不忘乱，是以身安而国家可保也。

胸怀全局、坦荡磊落做大事业的人，平安时不忘危险，存在时不忘灭亡，太平时不忘祸乱。要处处谨慎，事事小心，如临深渊，如履薄冰，避免灾害。只有这样，人身才能安全，国运才能长久。

这也是成语"居安思危"的由来。

习近平主席在亚太经合组织领导人会议上指出："人无远虑，必有近忧。长远发展的关键，在于改革创新。改革之路从无坦途……惟其艰难，才更显勇毅；惟其笃行，才弥足珍贵。"个人要想取得长足发展，国家要想长治久安，忧患意识和战略眼光显得尤为重要。

子曰："知几，其神乎？君子上交不谄，下交不渎，其知几乎？几者，动之微。君子见几而作，不俟终日。《易》曰：'介于石，不终日，贞吉。'〔定之于始，故不待终日。〕君子知微知彰，知柔知刚，万夫之望。"〔此知几其神者也。〕子曰："颜氏之子，其殆庶几乎！有不善未尝不知，知之未尝复行也。《易》曰：'不远复，无祇（zhī）悔，元吉。'"子曰："君子安其身而后动，易其心而后语，定其交而后求。君子修此三者，故全也。危以动，则民不与也；惧以语，则民不应也。无交而求，则民不与。莫之与，则伤之者至矣。"

子曰："《履》，德之基也。〔基，所蹈也。〕《谦》，德之柄也。《复》，德之本也。《恒》，德之固也。〔固，不倾移也。〕《损》，德之修也。《益》，德之裕也。〔能益物者，其德宽大也。〕《困》，德之辨也。"〔困而益明〕

夫乾，天下之至健也，德行恒易以知险；夫坤，天下之至顺也，德行恒简以知阻。能悦诸心，能研诸侯之虑，〔诸侯，物主有为者也。能悦万物之心，能精为者之务也。〕定天下之吉凶，成天下之亹亹者。凡《易》之情，近而不相得，则凶。〔近况比爻也。〕将叛者其辞惭，中心疑者其辞枝，吉人之辞寡，躁人之辞多，诬善之人其辞游，失其守者其辞屈。

昔者圣人之作《易》也，将以顺性命之理也。是以<u>立天之道曰阴与阳，立地之道曰柔与刚，立人之道曰仁与义</u>。

【重点句解读】

> 立天之道曰阴与阳，立地之道曰柔与刚，立人之道曰仁与义。

天的法则是阴阳转换，覆庇万物；地的作用是刚柔兼济，承载万物；做人的根本是施仁布义，为他人、为社会作出无私奉献。立天、立地、立人，阴阳调和，三才合一，五行运转，八德充盈，人类从此同呼吸，共命运，共享太平盛世。

习近平总书记提出"绿水青山就是金山银山"的观点，主张经济发展不能妨碍环境保护，生态保护应该与经济发展互惠互利，共同推进。这是对于"天人合一"理念的直观体现和切实实践。

卷二 《尚书》治要

【春秋】相传由孔子 编选

【导读】

《尚书》是中国最古老的王室文集,是中国第一部上古历史文件和古代事迹著作的汇编,一直被视为儒家的核心经典之一,既是帝王的教科书,又是贵族子弟及士大夫必修的"大经大法"。它保存了商周特别是西周初期的一些重要史料。书中的"典"是记重要史实;"谟"是君臣的谋略;"训"是臣子劝谏君主;"诰"是勉励的文告;"誓"是君主训诫士众的誓词;"命"是君主的命令。另有《盘庚》《微子》以人名为题;《高宗肜日》《西伯戡黎》以事为题;《洪范》《无逸》《顾命》《尧典》以叙事为题。《禹贡》实为古地理志。

《尚书》相传由孔子编撰而成。其中《尚书·大禹谟》:"人心惟危,道心惟微;惟精惟一,允执厥中。"是中国传统思想中著名的"十六字心传",中华民族思想、文化的核心与灵魂。

魏徵在编撰《群书治要》时,节录其中的三十四章节,基本内容可用"务乎政术,存乎劝戒"来概括,是他进谏的重要的理论依据。

魏徵在《十渐不克终疏》中引《尚书》"人为邦本,本固邦宁,为人上者,奈何不敬"的古训,针对太宗意在奢纵,轻用人力,却还意得自满的错误倾向,毫不客气地指出:"自古以来,未有由百姓逸乐而致倾败者也,何有逆畏其骄逸,而故欲劳役者哉?恐非兴邦之至言,岂安人之长算?"太宗读后,"深加奖叹"。为了"反复寻研,朝夕瞻仰",把这篇奏疏陈列在皇宫的屏障上,以示"闻过能改"。太宗深切懂得"人为邦本,本固邦宁"的道理。如太宗曾多次向群臣说:"为君之道,必须先存百姓,若损百姓奉其身,犹割股以啖腹,腹饱而身毙。"唐代王方庆(武则天时任过宰相,著名藏书家。著文二百余部、篇,新旧《唐书》皆有传)在《魏郑公谏录》中记载:"太宗曰:《书》云'可爱非君,可畏非民'。天子者,有道则人推而为主,无道则主弃而不用,诚可畏也!公(指魏徵)对曰:古语云:'君,舟也;人,水也。水能载舟,亦能覆舟。'陛下以为可畏,诚如圣旨。"唐太宗和魏徵这段对话,证明《尚书》不仅是魏徵谏言的理论依据,而且也是唐太宗"稽古致治"的龟鉴。

昔在帝尧,聪明文思,光宅天下。〔言圣德之远著。〕作《尧典》。〔典者,常也。言可为百代常行之道。〕曰若稽古帝尧,〔言能顺考古道而行之者,帝尧也。〕曰放勋,<u>钦明文思安安</u>,〔勋,功也。言尧放上世之功化,而以敬、明、文、思之四德,安天下之当安者也。〕<u>允恭克让,光被四表,格于上下</u>。〔既有四德,又信恭能让,故其名闻充溢四外,至于天地也。〕<u>克明俊德,以亲九族</u>。〔能明俊德之士任用之,以睦高祖、玄孙之亲也。〕<u>九族既睦,平章百姓</u>。〔百姓,百官。〕<u>百姓昭明,协和万邦,黎民于变时雍</u>。〔时,是也。雍,和也。言天下众人皆变化从上,是以风俗大和也。〕

【重点句解读】

> 钦明文思安安。允恭克让,光被四表,格于上下。克明俊德,以亲九族。九族既睦,平章百姓。百姓昭明,协和万邦,黎民于变时雍。

(尧)有经天纬地之才,博大仁爱之性,敬事明察之能,深谋远虑之功,诚信不二,恪尽职守,办事恭敬,明察四方。施政宽厚,光耀四海之外,充满天地之间。他所树立出来的崇高的道德榜样,可使家庭九代人(自高祖至玄孙)和睦。九代人和睦了,可使百姓明辨是非,通晓礼义。百姓明白了和睦、是非之礼义,诸侯国间便可友好和平相处,天下的人民就能享太平盛世之福。

需要指出的是,当时的百姓概念与现在的不同。当时的"姓"为一族共有或贵族所有,平民无姓。《史记·五帝本纪》载:黄帝二十五子,有姓的只有十四人十二姓。

这部分内容是在褒扬尧帝的圣德，与"修、齐、治、平"的理念基本一致。先将自己的宗族治理好，再把国家治理好，然后使各国团结起来，这就是"协和万邦"。这对于当下中国如何发展自身与处理国际关系有着极其重要的借鉴作用。

虞舜侧微，尧闻之聪明，〔侧，侧陋。微，微贱。〕将使嗣位，历试诸难。〔历试之以难事。〕慎徽五典，五典克从；〔五典，五常之教也，谓父义、母慈、兄友、弟恭、子孝。舜举八元，使布五教于四方，五教能从，无违命也。〕纳于百揆（kuí），百揆时叙；〔揆，度也。舜举八凯以度百事，百事时叙也。〕宾于四门，四门穆穆；〔宾，迎也。四门，宫四门也。舜流四凶族，诸侯来朝者，舜宾迎之，皆有美德，无凶人也。〕纳于大麓，烈风雷雨弗迷。〔纳舜于尊显之官，使大录万机之政，于是阴阳清和，烈风雷雨，各以期应，不有迷错愆（qiān）伏，明舜之行合于天心也。〕正月上日受终于文祖，〔尧天禄永终，舜受之也。文祖，是五庙之大名也。〕五载一巡狩，群后四朝；敷奏以言，明试以功，车服以庸。〔敷奏，犹遍进也。诸侯每见，皆以次序遍进而问焉，以观其才。既则效试其居国为政，以著其功。赐之车服，以旌其所用任也。〕象以典刑，〔典，常也。象用之者，谓上刑赭衣不纯，中刑杂屦，下刑墨幪，以居州里，而民耻之，而反于礼。〕流宥五刑；〔流，放也。宥，三宥也。言所流宥，皆犯五刑之罪也。〕眚（shěng）灾肆赦，〔眚，过也。灾，害也。肆，失也。言罪过误失，以为当赦之也。〕怙终贼刑。〔怙，谓怙赦宥而为者也。终为残贼，当刑之也。〕流共工于幽州，〔共工，穷奇也。幽州，北裔也。〕放驩（huān）兜于崇山，〔驩兜，浑敦，崇山，南裔也。〕窜三苗于三危，〔三苗，国名也，缙云氏之后，为诸侯，号饕餮也。三危，西裔也。〕殛（jí）鲧于羽山。〔鲧，梼杌（táo wù）也。殛，诛也。羽山，东裔也。〕四罪而天下咸服。〔美舜之行，故本其征用之功也。〕二十有八载，放勋乃殂落。百姓如丧考妣，三载，四海遏密八音。〔遏，绝也。密，止也。尧崩，百姓如丧父母，绝止金石八音之乐也。〕舜格于文祖，询于四岳，辟四门，〔开辟四方之门，广致众贤也。〕明四目，〔明视四方也。〕达四听；〔听达于四方也。〕柔远能迩，〔能安远者，则能安近也。不能安近，则不能安远也。〕敦德允元，〔所厚而尊者德也,所信而行者善也。〕而难任人,〔任,佞也。辩给之言,易悦耳目,以理难之也。〕蛮夷率服。〔远无不服,迩无不安。〕三载考绩,三考,黜陟(chù zhì)幽明,〔黜,退也。陟,升也。三岁考功,九载三考;退其幽暗无功者,升其昭明有功者也。〕庶绩咸熙。〔九载三考,众功皆兴也。〕

【重点句解读】

辟四门,明四目,达四听。

打开招贤纳谏的所有通道,能清楚地看到天下政务的得失,倾听、接纳各方意见和建议。

班固在《汉书·梅福传》中说:"除不急之法,下亡讳之诏,博览兼听,谋及疏贱,令深者不隐,远者不塞,所谓辟四门,明四目也。"招贤纳士,为建国之基;知民疾苦,为立国之本;广开言路,为治国之要;兴利除弊,为兴国之策。此事此理,古今一辙,概莫能外。

曰若稽古大禹,曰:"后克艰厥后,臣克艰厥臣,政乃乂,黎民敏德。"〔敏,疾也。能知为君之难,为臣不易,则其政治,而众民皆疾修德也。〕帝曰:"俞!允若兹,嘉言罔攸伏,野无遗贤,万邦咸宁。〔攸,所也。嘉言无所伏,言必用也。如此,则贤材在位,天下安也。〕稽于众,舍己从人,弗虐无告,弗废困穷,惟帝时克。"〔帝谓尧也。舜因嘉言无所伏,遂称尧德以成其义。考众从人,矜孤悯穷,凡人所轻,圣人所重也。〕益曰:"都!帝德广运,乃圣乃神,乃武乃文。〔益因舜言,又美尧也。广谓所覆者大,运谓所及者远,圣无不通,神妙无方,文经纬天地,武定祸乱也。〕皇天眷命,奄有四海,为天下君。"〔言尧有此德,故为天所命,所以勉舜也。〕禹曰:"惠迪吉,从逆凶,惟影响。"〔迪,道也。顺道吉,从逆凶。吉凶之报,若影之随形、响之应声,言不虚。〕益曰:"吁,戒哉!儆戒无虞,罔失法度,罔游于逸,罔淫于乐;〔淫,过也。游逸过乐,败德之源,富贵所忽,故特以为戒也。〕任贤勿贰,去邪勿疑,疑谋勿成,百志惟熙;〔一意任贤,果于去邪,疑则勿行,道义所存于心者,日以广也。〕罔违道以干百姓之誉,〔干,求也。失道求名,古人贱之也。〕罔咈百姓以从己之欲。〔咈，戾也。专欲难成，犯众兴祸，故戒也。〕无怠无荒，四夷来王。"〔言天子常戒慎，无怠惰荒废，则四夷归往之也。〕禹曰："於！帝念哉！<u>德惟善政，政在养民。</u>水、火、金、木、土、谷惟修，〔言养民之本在先修六府也。〕正德、利用、厚生惟和。〔正德以率下，利用以阜财，厚生以养民，三者和，所谓善政也。〕九功惟叙，九叙惟歌。〔言六府三事之功有次序，皆可歌乐，乃德政之致。〕戒之用休，董之用威，劝之以《九歌》，俾勿坏。"〔休，美也。董，督也。言善政之道，美以戒之，威以督之，歌以劝之，使政勿坏，在此三者也。〕帝曰："俞！地平天成，六府三事允治，万世永赖，时乃功。"〔水土治曰平，五行叙曰成，因禹陈九功而叹美之，言是汝之功也。〕帝曰："咎繇，惟兹臣庶，罔或干予正。〔或，有也。无有干我正，言顺命也。〕汝作士，明于五刑，以弼五教，期于予治。〔欲其能以刑辅教，当于治体也。〕刑期于无刑，民协于中，时乃功，懋哉！"〔虽或行刑，以杀止杀，终无犯者，刑期于无所刑，民皆合于大中，是汝之功，勉之也。〕咎繇曰："帝德罔愆。临下以简，御众以宽；〔愆，过也。善则归君，人臣之义也。〕罚弗及嗣，赏延于世；〔嗣，亦世也。延，及也。父子罪不相及也，而及其赏，道德之政也。〕宥过无大，刑故无小；〔过误所犯，虽大必宥，不忌故犯，虽小必刑也。〕罪疑惟轻，功疑惟重；〔刑疑附轻，赏疑从重，忠厚至也。〕与其杀弗辜，宁失不经。好生之德，洽于民心，兹用弗犯于有司。"〔咎繇因帝勉己，遂称帝之德，所以明民不犯上也。宁失不常之罪，不枉不辜之善，仁爱之道也。〕帝曰："来，禹！汝惟弗矜，天下莫与汝争能；汝惟弗伐，天下莫与汝争功。〔自贤曰矜，自功曰伐。言禹推善让人而不失其能，不有其劳而不失其功，所以能绝众人也。〕人心惟危，道心惟微；惟精惟一，允执厥中。〔危则难安，微则难明，故戒以精一，信执其中也。〕无稽之言勿听，弗询之谋勿庸。〔无考，无信验也。不询，专独也。终必无成，故戒勿听用也。〕可爱非君？可畏非民？众非元后何戴？后非众罔与守邦。〔庶民以君为命，故可爱。君失道，民叛之，故可畏。言众戴君以自存，君恃众以守国，相须而成也。〕惟口出好兴戎，朕言弗再。"〔好谓赏善，戎谓伐恶。言口荣辱之主，虑而宣之，成于一也。〕帝曰："咨，禹！惟时有苗弗率，汝徂征。"〔三苗之民，数干王诛。率，循也。徂，往也。不循帝道，言乱逆也。命禹讨之。〕禹乃会群后，誓于师曰："济济有众，咸听朕命。〔会诸侯共伐有苗也。军旅曰誓。济济，众盛之貌也。〕蠢兹有苗，昏迷弗恭；〔蠢，动也。昏，暗也。言其所以宜讨也。〕侮嫚自贤，反道败德；〔狎侮先王，轻嫚典教，反正道，败德义也。〕君子在野，小人在位；〔废仁贤，任奸佞。〕民弃弗保，天降之咎。〔言民叛之，天灾之也。〕肆予以尔众士，奉辞伐罪。〔肆，故也。〕尔尚一乃心力，其克有勋。"三旬，有苗民逆命，益赞于禹曰："惟德动天，无远弗届。<u>满招损，谦受益</u>，时乃天道。〔自满者人损之，自谦者人益之，是天道之常。〕至诚感神，矧兹有苗。"〔至和感神，况有苗也。言易感也。〕禹拜昌言曰："俞！"班师振旅。〔以益言为当，故拜受，遂班师。兵入曰振旅，言整众也。〕帝乃诞敷文德，〔远人不服，大布文德以来之也。〕舞干羽于两阶。七旬，有苗格。〔讨而不服，不讨自来，明御之必有道也。〕

【重点句解读】

德惟善政，政在养民。

体现领导人有高尚品行情操、宽柔敦厚的是他制定的政策，衡量这政策好坏的标准在于能否造福民众。

"善政"，与儒家所主张的"德政""仁政"意思基本相同。当下，党员干部带领民众脱贫致富，以及"全面建设小康社会"就是最大的"善政"。

满招损，谦受益。

骄傲自满会招致损害，谦虚谨慎会得到益处。

水满则溢，月盈则亏，自然之常理，不变之规律。意得志满，定受意外之损；谨慎谦虚，可获愈常之益。张良不纳圯下之履，不会成为一代帝师；关羽若与孙权联姻，岂有荆州之失、麦城之败？古事凿凿，今之殷鉴。

毛泽东同志曾说过"谦虚使人进步，骄傲使人落后"，跟"满招损，谦受益"意思基本一致。习近平主席在同外国专家代表座谈时曾引用"满招损，谦受益"这句话。我们既不妄自尊大，也不妄自菲薄。我们要吸收人类共同创造的这些文明，借鉴各国优秀的文化。

皋陶曰："允迪厥德，谟明弼谐。"〔迪，蹈。厥，其也。其古人。谟，谋也。言人君当信蹈行古人之德，谋广聪明，以辅谐其政也。〕禹曰："俞，如何？"〔然其言，问所以行也。〕皋陶曰："都！慎厥身修，思永。〔叹美之重也。慎修其身，思为长久之道也。〕惇叙九族，庶明厉翼，迩可远在兹。"〔言慎修其身，厚次叙九族，则众庶皆明其教，而自勉厉，翼戴上命，迩可推而远者在此道也。〕禹拜昌言曰："俞！"〔以皋陶言为当，故拜受而然之。〕皋陶曰："都！在知人，在安民。"〔叹修身亲亲之道在知人，所信任在能安民也。〕禹曰："吁！咸若时，惟帝其难之。〔言帝尧亦以知人安民为难也。〕知人则哲，能官人；安民则惠，黎民怀之。〔哲，知也，无所不知，故能官人。惠，爱也，爱则民归之也。〕能哲而惠，何忧乎驩兜？何迁乎有苗？何畏乎巧言令色孔壬。"〔孔，甚也。壬，佞也。巧言，静言庸违也。令色，象恭滔天也。禹言有苗、驩兜之徒，其佞如此，尧畏其乱政，故迁放之也。〕皋陶曰："都！亦行有九德。〔言人性行有九德，以考察真伪，则可知也。〕宽而栗，〔性宽弘而能庄栗也。〕柔而立，〔和柔而能立事。〕愿而恭，〔悫（què）愿而恭恪也。〕乱而敬，〔乱，治也。有治而能谨敬也。〕扰而毅，〔扰，顺也，致果为毅也。〕直而温，〔行正直而气温和也。〕简而廉，〔性简大而有廉隅也。〕刚而塞，〔刚断而实塞也。〕强而义。〔无所屈挠，动必合义。〕彰厥有常，吉哉！〔彰，明也。吉，善也。明九德之常，以择人而官之，则政之善也。〕九德咸事，俊乂在官。〔使九德之人皆用事，则俊德治能之士并在官也。〕百僚师师，百工惟时，〔僚工，皆官也。师师，相师法也。百官皆是，言政无非也。〕庶绩其凝。〔凝，成也，言百事功皆成也。〕无教逸欲有邦，〔不为逸豫贪欲之教，是有国者之常也。〕兢兢业业，一日二日万几。〔兢兢，戒慎。业业，危惧。戒慎万事，微也。〕无旷庶官，天工，人其代之。〔旷，空也。位非其人为空官。言人代天理官，不可以天官私非其才也。〕政事懋哉。"〔言无非天意者，故人君居天官，听政治事，不可以不自勉也。〕

【重点句解读】

慎厥身修，思永。

修身要慎之又慎，要从长计议、长期坚持。

修其身要慎重选择方向、性质，朝秦暮楚不可，一曝十寒亦误，要作长期坚持不懈的打算。要做到慎欲、慎权、慎独、慎微。习近平总书记在对党员干部的要求中就说到这句话。对党员干部来说，纪律、规矩、底线都是思想和行为应遵循的准则。希望党员干部能够不断约束自己，要摆正自己的位置，谨言慎行，不做失德失范之事，坚守党性原则和做人操守。

兢兢业业。

做事小心谨慎，认真踏实。

该语出自《诗经·大雅·云汉》："兢兢业业，如霆如雷。""兢兢"又见《诗·小雅·小旻》："战战兢兢，如临深渊，如履薄冰。"《毛传》："兢兢，戒也。"业业：《三国志·吴志·朱桓传》："时朱桓手下及所部兵，在者五千人，诸将业业，各有惧心。"兢兢业业，后来逐渐演化为成语。

社会主义核心价值观中，"敬业"的价值观与其一脉相承。兢兢业业，更表现了人的责任与担当，这应当成为人们日常的工作态度和做人做事的准则。

帝曰："吁！臣哉邻哉！邻哉臣哉！"〔邻，近也。言君臣道近，相须而成也。〕禹曰："俞！"帝曰："臣作朕股肱耳目，〔言大体若身也。〕予欲左右有民，汝翼。〔左右，助也，助我所有之民，富而教之，汝翼成我也。〕予欲观古人之象，〔欲观示法象之服制也。〕以五采彰施于五色作服，汝明。〔天子服日月以下，诸侯自龙衮以下，上得兼下，下不得僭上。以五采明施于五色，作尊卑之服，汝明制之也。〕予欲闻六律五声八音，以出纳五言，汝听。〔言欲以六律和声音，出纳仁义礼智信五德之言，施于民以成化，汝当听审之。〕予违，汝弼。汝无面从，退有后言。"〔我违道，汝当以义辅正我。无得面从我违，退后言我不可弼也。〕禹曰："俞哉！万邦黎献，共惟帝臣，惟帝时举，敷纳以言，明庶以功，车服以庸，〔献，贤也。万国众贤，共为帝臣，帝举是而用之，使陈布其言，明之皆以功大小为差，以车服旌其能用之。〕谁敢弗让？敢弗敬应？〔上唯贤是用，则下皆敬应上命而让善也。〕帝弗时，敷同日奏，罔功。〔帝用臣不是，则远近布同，而日进于无功，以贤愚并位、优劣共流故也。〕无若丹朱傲，惟慢游是好，〔丹朱，尧子，举以戒也。〕傲虐是作，罔昼夜頟頟。〔傲戏而为虐，无昼夜常頟頟，肆恶不休息也。〕罔水行舟，朋淫于家，用殄厥世。〔朋，群也。丹朱习于无水陆地行舟，言无度也。群淫于家，妻妾乱也。用是绝其世，不得嗣也。〕帝其念哉！"夔曰："於！予击石拊石，百兽率舞，庶尹允谐。"〔尹，正也。众正官之长，信皆和谐，言神人洽也，始于任贤，立政以礼，治成以乐，所以致太平也。〕帝庸作歌，曰："敕天之命，惟时惟几。"〔敕，正也。奉正天命以临民，惟在顺时、惟在慎微也。〕乃歌曰："股肱喜哉！元首起哉！百工熙哉！"〔元首，君也。股肱之臣，喜乐尽忠。君之治功乃起，百官之业乃广也。〕皋陶拜手稽首，乃赓载歌曰："元首明哉！股肱良哉！庶事康哉！"〔赓，续也。载，成也。帝歌归美股肱，义未足，故续歌，先君后臣，众事乃安，以成其义也。〕又歌曰："元首丛脞（cuǒ）哉！股肱惰哉！万事堕哉！"〔丛脞，细碎无大略也。君如此则臣懈惰，万事堕废，其功不成。歌以申戒也。〕帝拜曰："俞，钦哉！"〔拜受其歌，戒群臣自今已往敬职也。〕

太康尸位以逸豫，〔启子也。尸，主也。以尊位为逸豫，不勤也。〕灭厥德。黎民咸贰，〔君丧其德，则众民二心也。〕乃盘游无度，〔盘乐游逸，无法度也。〕畋于有洛之表，十旬弗反。〔洛水表也。〕有穷后羿，因民弗忍，拒于河。〔有穷，国名。羿，诸侯名也。拒太康于河，遂废之也。〕厥弟五人，御其母以从，〔御，侍，言从畋也。〕俟于洛之汭（ruì）。五子咸怨，〔待太康，怨其久畋失国也。〕述大禹之戒以作歌。〔述，循也。〕其一曰："<u>民惟邦本，本固邦宁</u>。〔言人君当固民以安国也。〕予视天下愚夫愚妇，一能胜予。〔言能敬畏小民，所以得众心也。〕怨岂在明？不见是图。〔不见是谋，备其微也。〕予临兆民，懔乎若朽索之驭六马。〔懔，危貌也。朽，腐也。腐索御马，言危惧甚也。〕为人上者，奈何弗敬？"〔能敬则不骄，在上不骄，则高而不危也。〕其二曰："训有之：内作色荒，外作禽荒，〔迷乱曰荒。〕甘酒嗜音，峻宇雕墙。有一于此，未或弗亡。"〔此六者，有一必亡，况兼有乎。〕其三曰："惟彼陶唐，有此冀方。〔陶唐，帝尧氏，都冀州也。〕今失厥道，乱其纪纲，乃底灭亡。"〔言失尧之道，乱其法制，自致亡灭也。〕其四曰："明明我祖，万邦之君。有典有则，贻厥子孙。〔典，谓经籍也。则，法也。〕荒堕厥绪，覆宗绝祀！"〔言古制存，而太康失其业以亡也。〕其五曰："呜乎曷归？予怀之悲。〔曷，何也，言思而悲也。〕万姓仇予，予将畴依？〔仇，怨也，言当依谁以复国乎。〕郁陶乎予心，颜厚有忸怩。〔郁陶，言哀思也。颜厚，色愧。忸怩，心惭也。惭愧于仁人贤士也。〕弗慎厥德，虽悔可追？"〔言人君行己，不慎其德，以速灭败。虽欲改悔，其可追及乎？言无益也。〕

【重点句解读】

民惟邦本，本固邦宁。

民众是国家的根本，民众生活优裕、安然无忧就能使社会稳定、国家安宁。

这一民本的政治思想，在向人们解释了政治权力的来源和影响政治稳定的重要因素时，指出了民众的极端重要性。

成汤放桀于南巢，惟有惭德，〔有惭德，惭德不及古也。〕曰："予恐来世，以台为口实。"〔恐来世论道，我放天子，常不去口也。〕仲虺（huǐ）乃作诰，〔陈义告汤可无惭也。〕曰："呜乎！惟天生民有欲，无主乃乱，〔民无君主，则恣情欲，必致祸乱也。〕惟天生聪明时乂。〔言天生聪明，是治民乱也。〕有夏昏德，民坠涂炭。〔夏桀暗乱，不恤下民，民之危险，若陷泥坠火，无救之者。〕惟王弗迩声色，弗殖货利；〔迩，近也。〕德懋懋官，功懋懋赏；用人惟己，改过弗吝。〔勉于德者，则勉之以官，勉于功者，亦勉之以赏。用人之言，若自己出。有过则改，无所吝惜。所以能成王业者也。〕克宽克仁，彰信兆民。〔言汤宽仁之德，明信于天下也。〕乃葛伯仇饷，初征自葛，东征、西夷怨，南征、北狄怨，〔葛伯游行，见农民之饷于田者，杀其人，夺其饷，故谓之仇饷。仇，怨也。〕曰：'奚独后予？'〔怨者辞也。〕攸徂之民，室家相庆，曰：'徯予后，后来其苏。'〔汤所往之民，皆喜曰："待我君，君来其可苏息也。"〕佑贤辅德，显忠遂良。〔贤则助之，德则辅之，忠则显之，良则进之，明王之道。〕推亡固存，邦乃其昌。〔有亡道则推而亡之，有存道则辅而固之。王者如此，国乃昌盛也。〕德日新，万邦惟怀；志自满，九族乃离。〔日新，不懈怠也。自满，志盈溢也。〕王懋昭大德，建中于民，以义制事，以礼制心，垂裕后昆。〔欲王自勉，明大德，立大中之道于民。率义奉礼，垂优足之道示后世也。〕予闻曰：'能自得师者王，〔求圣贤而事之。〕谓人莫己若者亡。〔自多足，人莫之益，己亡之道。〕好问则裕，自用则小。'〔问则有得，所以足也。不问专固，所以小也。〕乌乎！慎厥终，惟其始。〔靡不有初，鲜克有终，故戒慎终如其始也。〕殖有礼，覆昏暴。〔有礼者封殖之，昏暴者覆亡之。〕钦崇天道，永保天命。"〔王者如此上事，则敬天安命之道也。〕

【重点句解读】

慎厥终，惟其始。

要想一辈子平安度过，开始就要慎之又慎地选择目标。

一个人要想一生一世平安度过，能为国为民做出一些贡献，报答"四重恩"（父母、老师、国家、大众之恩。参见《法苑珠林》），开始就要慎之又慎地选择目标。唯有这样，才能达到预期目的，收到好的效果。

习近平总书记多次告诫全党，要不忘初心，牢记使命。要求全党要永远保持建党时中国共产党人的奋斗精神，永远保持对人民的赤子之心，继续以革命者的精神和气节，积极面对并努力解决各种困难和问题。

王归自克夏，至于亳，诞告万方。〔诞，大也，以天命大义告万方之众。〕曰："夏王灭德作威，以敷虐于尔万方百姓。〔夏桀灭道德，作威刑，以布行虐政于天下百官，言残酷也。〕肆台小子，将天命明威，弗敢赦。其尔万方有罪，在予一人；〔自责化不至也。〕予一人有罪，无以尔万方。〔无用汝万方，言非所及也。〕乌乎！尚克时忱，乃亦有终。"〔忱，诚也，庶几能是诚道，乃亦有终世之美也。〕成汤既殁，伊尹作《伊训》，〔作训以教道太甲也。〕曰："乌乎！古有夏先后，方懋厥德，罔有天灾。〔先君，谓禹以下、少康以上贤王，言能以德禳（ráng）灾也。〕于其子孙弗率，皇天降灾，假手于我有命。〔言桀不循其祖道，天下祸灾，借手于我，有命商王诛讨之也。〕惟我商王，布昭圣武，代虐以宽，兆民允怀。〔言汤布明武德，以宽政代桀虐政，兆民以此皆信怀我商王之德也。〕今王嗣厥德，罔弗在初。〔言善恶之由，无不在初，欲其慎始也。〕立爱惟亲，立敬惟长，始于家邦，终于四海。〔言立爱敬之道，始于亲长，则家国并化，终洽四海也。〕乌乎！敷求哲人，俾辅于尔后嗣，〔敷求贤智，使师辅于尔嗣王，言仁及后世也。〕制官刑，儆于有位。〔言汤制治官刑法，儆戒百官也。〕曰：'敢有恒舞于宫，酣歌于室，时谓巫风；〔常舞则荒淫也。乐酒曰酣，事鬼神曰巫也。〕敢有徇于货色，恒于游畋，时谓淫风；〔徇，求也，昧求财货美色，常游戏田猎，是淫过之风俗。〕敢有侮圣言，逆忠直，远耆德，比顽童，时谓乱风。〔狎侮圣人之言而不行，拒逆忠直之规而不纳，耆年有德，疏远之；童稚顽嚚，亲比之，是谓荒乱之风俗也。〕惟兹三风十愆，卿士有一于身，家必丧；〔有一过则德义废，失位亡家之道也。〕邦君有一于身，国必亡。〔诸侯犯此，国亡之道也。〕臣下弗匡，其刑墨。'〔邦君卿士，则以争臣自匡正。臣不正君，服墨刑，凿其额，涅以墨也。〕乌乎！嗣王祗厥身，念哉！〔言当敬身，念祖德也。〕惟上帝弗常。作善，降之百祥；作不善，降之百殃。〔祥，善也。天之祸福，唯善恶所在，不常在一家也。〕尔惟德罔小，万邦惟庆。〔修德无小，则天下赖庆也。〕尔惟弗德罔大，坠厥宗。"〔苟为不德无大，必坠失宗庙，此伊尹至忠之训也。〕

【重点句解读】

立爱惟亲，立敬惟长，始于家邦，终于四海。

  为亲人安排重要的职务，为长辈制定尊崇的礼仪。由此自家庭、邦、国开始，推广到四海八荒，天下便成一家，和和睦睦，融融泄泄，成为太平盛世。

  立，此处意为设立、制定、任命。此句与《礼记》中的"修、齐、治、平"为同一意思，只不过《礼记》说得更具体些。但是，这里体现了当时以家族血缘为纽带的政治关系。

  这里有一点值得注意，当时的执政者使用亲人，虽有任人唯亲之嫌，但并不是没有原则——这值得后人记取。比如：尧摈儿子丹朱而禅位于舜，舜弃弟䴢而传位于禹，尧、舜、禹之间并无血缘关系。

太甲既立，弗明。〔不用伊尹之训，不明居丧之礼。〕伊尹放诸桐。〔汤葬地也。〕王徂桐宫居忧，〔往入桐宫居忧位也。〕克终允德。〔言能思念其祖，终其信德也。〕

惟三祀，伊尹奉嗣王归于亳，王拜稽首，曰："予小子弗明于德，自底弗类。〔类，善也。暗于德，故自致不善也。〕欲败度，纵败礼，以速戾于厥躬。〔速，召也。言己放纵情欲，毁败礼仪法度，以召罪于其身也。〕<u>天作孽，犹可违；自作孽，弗可逭</u>（huàn）。〔孽，灾也。逭，逃也。言天灾可避，自作灾不可逃也。〕既往背师保之训，弗克于厥初。尚赖匡救之德，图惟厥终。"〔言己已往之前，不能言修德于其初，今庶几赖教训之德，谋终于善。悔过之辞也。〕伊尹拜手稽首，〔拜手，首至手也。〕曰："修厥身，允德协于下，惟明后。〔言修其身，使信德合于群下，惟乃明君。〕先王子惠困穷，民服厥命，罔有弗悦。〔言汤子爱困穷之人，使皆得其所，故民心服其教令，无有不欣喜也。〕奉先思孝，接下思恭。〔以念祖德为孝，以不骄慢为恭也。〕视远惟明，听德惟聪。〔言当以明视远，以聪听德。〕朕承王之休无斁（yì）。"〔王所行如此，则我承王之美无厌也。〕

【重点句解读】

天作孽，犹可违；自作孽，弗可逭。

自然灾害是可以通过抵抗化险为夷的；自身所作的罪过，是避免不了被惩罚的。

尧、舜时全国遭到了历时九年的大水灾，被禹治服。为官做吏，如果不贪污腐败，何至于入狱服刑？明武宗时大太监刘谨若不图谋不轨，何至于受凌迟碎剐三千多刀的酷刑！

伊尹申诰于王曰："乌乎！惟天无亲，克敬惟亲；〔言天于人无所亲疏，唯亲能敬身者。〕民无常怀，怀于有仁。〔民所归无常，以仁政为常也。〕鬼神无常享,享于克诚。〔言鬼神不保一人,能诚信者,则享其祀。〕天位难哉!〔言居天子之位难,以此三者。〕德惟治,否德乱。〔为政以德则治,不以德则乱也。〕与治同道,罔弗兴;与乱同事,罔弗亡。〔言安危在所任,治乱在所法也。〕若升高,必自下;若陟遐,必自迩。〔言善政有渐,如登高升远,必用下近为始,然后致高远也。〕无轻民事,惟难;〔无轻为力役之事,必重难之乃可也。〕无安厥位,惟危。〔言当常自危惧,以保其位也。〕慎终于始。〔于始虑终,于终虑始。〕有言逆于汝心,必求诸道;〔人以言咈违汝心,必以道义求其意,勿拒逆之也。〕有言逊于汝志,必求诸非道。〔逊,顺也。言顺汝心,必以非道察之,勿以自臧也。〕乌乎!弗虑胡获?弗为胡成?一人元良,万邦以贞。〔胡,何也。贞,正也。言常念虑道德,则得道德,念为善政,则成善政也。一人,天子也。天子有大善,则天下得正也。〕君罔以辩言乱旧政,〔利口覆国家,故特慎焉。〕臣罔以宠利居成功,〔成功不退,其志无限,故为之极以安之也。〕邦其永孚于休。"〔言君臣各以其道,则国长信保于美也。〕

伊尹既复政厥辟,〔还政太甲。〕将告归,乃陈戒于德,〔告老归邑,陈德以戒。〕曰:"乌乎!天难谌,命靡常。〔以其无常,故难信也。〕常厥德,保厥位。厥德匪常,九有以亡。〔人能常其德,则安其位。九有,诸侯也。〕夏王弗克庸德,慢神虐民。〔言桀不能常其德,不敬神明,不恤下民。〕皇民弗保,〔言天不安桀所为。〕眷求一德,俾作神主。〔天求一德使代桀,为天地神祇(qí)之主。〕惟尹躬暨汤,咸有一德,克享天心,受天明命。〔享,当也。〕非天私我有商,惟天佑于一德;〔非天私商而王之也,佑助一德,所以王也。〕非商求于下民,惟民归于一德。〔非商以力求民,民自归于一德。〕德惟一,动罔弗吉;德二三,动罔弗凶。惟吉凶不僭,在人;惟天降灾祥,在德。〔行善则吉,行恶则凶,是不差也。德一,天降之福;不一,天降之灾。是在德也。〕今嗣王新服厥命,惟新厥德;〔其命,王命也。新其德,戒勿怠也。〕终始惟一,时乃日新。〔言德行终始不衰杀,是乃日新之义也。〕任官惟贤材,左右惟其人。〔官贤才而任之,非贤才不可任也。选左右必忠良,不忠良非其人也。〕其难其慎,惟和惟一。〔其难,无以为易也。其慎,无以轻之也。群臣当和,一心事君,政乃善也。〕后非民罔使,民非后罔事。〔君以使民自尊,民以事君自生。〕无自广以狭人,匹夫匹妇弗获自尽,民主罔与成厥功。"〔上有狭人之心,则下无

所自尽矣。言先尽其心，然后乃能尽其力，人君所以成功也。〕

高宗梦得说，〔小乙子也，名武丁，梦得贤相，其名曰说也。〕使百工营求诸野，得诸傅岩。〔使百官以所梦之形象，经营求之于外野，得之于傅岩之溪也。〕曰："朝夕纳诲，以辅台德！〔言当纳谏诲直辞以辅我。〕若金，用汝作砺；若济巨川，用汝作舟楫；若岁大旱，用汝作霖雨。启乃心，沃朕心！若药弗瞑眩，厥疾弗瘳；〔开汝心以沃我心，如服药，必瞑眩极，其病乃除。欲其出切言以自警也。〕若跣弗视地，厥足用伤。〔跣必视地，足乃无害。言欲使为己视听也。〕惟暨乃僚，罔弗同心，以匡乃辟。"〔与汝并官，皆当倡率，无不同心，以匡正汝君也。〕说复于王曰："惟木从绳则正，后从谏则圣。〔言木以绳直，君以谏明也。〕后克圣，臣弗命其承。〔君能受谏，则臣不待命，其承意而谏也。〕谁敢弗祇若王之休命？"〔言如此，谁敢不敬顺王之美命而谏也。〕

惟说命总百官，〔在冢宰之任也。〕乃进于王曰："呜乎！明王奉若天道，建邦设都；〔天有日月五星，皆有尊卑相正之法，言明王奉顺此道，以立国设都也。〕树后王君公，承以大夫师长；〔言立君臣上下也。将陈为治之本，故先举其始也。〕弗惟逸豫，惟以乱民，〔不使有位者，逸豫于民上也。言立之主使治民也。〕惟口起羞，惟甲胄起戎；〔言不可轻教令，易用兵也。〕惟衣裳在笥(sì)，惟干戈省厥躬。〔言服不可加非其人，兵不可任非其才也。〕王惟戒兹！允兹克明，乃罔弗休。〔言王戒慎四惟之事，信能明政，乃无不美也。〕惟治乱在庶官。〔所官得人则治，失人则乱也。〕官弗及私昵，惟其能；〔不加私昵，唯能是官也。〕爵弗及恶德，惟其贤。〔言非贤不爵也。〕虑善以动，动惟厥时。〔非善非时，不可动也。〕有其善，丧厥善；矜其能，丧厥功。〔虽天子亦必让以得之。〕无启宠纳侮，〔开宠非其人，则纳侮之道也。〕无耻过作非。"〔耻过误而文之，遂成大非。〕王曰："旨哉！说，乃言惟服。〔旨，美也。美其所言，皆可服行也。〕乃弗良于言，予罔闻于行。"〔汝若不善于所言，则我无闻于所行之事。〕说拜稽首，曰："<u>非知之艰，行之惟艰。</u>"〔言知之易，而行之难，以勉高宗也。〕

【重点句解读】

非知之艰，行之惟艰。

懂得事情的道理并不难，实际做起来就难了。

后来逐渐演化为成语："知之非艰，行之惟艰"和"知易行难"。

历史上，赵括的"纸上谈兵"和马谡的"失街亭"是有力的佐证。

"知"和"行"的关系，一直是中国思想史、哲学史上的重要论题。《左传·昭公十年》所说"行知之难事，将在行之"，南宋诗人陆游所说"纸上得来终觉浅，绝知此事要躬行"，推崇的都是"知易行难"。但也有人认为"行之非艰，而知之惟艰"（孙中山《民族主义》）。不过，比较中肯的观点当是"知行合一"："知者行之始，行者知之成"（王阳明《传习录上·陆澄录》）。

王曰："来，汝说！尔惟训于朕志。〔言汝当教训于我，使我志通达也。〕若作酒醴（lǐ），尔惟曲糵；〔酒醴须曲糵以成，亦我须汝以成也。〕若作和羹，尔惟盐梅。"〔盐咸，梅酢，羹须咸酢以和之。〕说曰："王！人求多闻，时惟建事。学于古训乃有获。〔王者求多闻以立事，学古训乃有所得也。〕事弗师古，以克永世，匪说攸闻。"〔事不法古训，而以能长世，非所闻。〕王曰："乌乎，说！四海之内，咸仰朕德，时乃风。〔风，教也。使天下皆仰我德，是汝教也。〕股肱惟人，良臣惟圣。〔手足具乃成人，有良臣乃成圣也。〕昔先正保衡，作我先王，〔保衡，伊尹也。作，起也。正，长也。言先世长官之臣。〕乃曰：'予弗克俾厥后惟尧舜，其心愧耻，若挞于市。'〔言伊尹不能使其君如尧舜，则心耻之，若见挞于市也。〕一夫弗获，则曰：'时予之辜。'〔伊尹见一夫不得其所，则以为己罪也。〕佑我烈祖，格于皇天。〔言以此道左右成汤，功至大天。〕尔尚明保予，罔俾阿衡专美有商。〔汝庶几明安我事，与伊尹同美也。〕惟后非贤弗乂，惟贤非后弗食。〔言君须贤以治，贤须君以食也。〕其尔克绍乃辟于先王，永绥民。"〔能继汝君于先王，长安民，则汝亦有保衡之功也。〕说拜稽首，曰："敢对扬天子之休命！"〔受美命而称扬之也。〕

武王伐殷，师渡盟津。王曰："今商王受，弗敬上天，降灾下民；沉湎冒色，敢行暴虐；〔沉湎嗜酒，冒乱女色，敢行酷暴，虐杀无辜也。〕罪人以族，官人以世；〔一人有罪，刑及父母兄弟妻子，言淫滥也。官人不以贤才而以父兄，所以政乱也。〕焚炙忠良，刳（kū）剔孕妇。〔忠良无罪，焚炙之;怀子之妇,刳剔视之,言暴虐也。]皇天震怒。惟受罔有悛心,乃夷居,弗事上帝神祇,遗厥先宗庙弗祀。〔悛,改也。言纣纵恶无改心,平居无故废天地百神宗庙之祀,慢甚也。〕乃曰:'吾有民有命!'罔惩其侮。〔纣言吾所以有兆民,有天命故也。群臣畏罪不争,无能止其慢心。〕同力度德,同德度义。〔力钧则有德者胜,德钧则秉义者强。揆度优劣,胜负可见。〕受有臣亿万,惟亿万心;〔人执异心,不和谐也。〕予有臣三千,惟一心。〔三千一心,言同欲也。〕商罪贯盈,天命诛之;予弗顺天,厥罪惟钧。〔纣之为恶,一以贯之。恶贯已满,天毕其命。今不诛纣,则为逆天,与纣同罪。〕天矜于民,民之所欲,天必从之。〔矜,怜也。言天除恶树善,与民同也。〕时哉不可失!"〔言今我伐纣,正是天人合同之时,不可违失也。〕

王次于河朔,〔次,止。〕群后以师毕会。王乃徇师而誓,曰:"我闻吉人为善,惟日弗足;凶人为不善,亦惟日弗足。〔言吉人竭日以为善,凶人亦竭日以行恶者也。〕今商王受,力行无度,播弃犁老,昵比罪人,〔鲐背之耇(gǒu)称犁老。播弃,不礼敬也。昵,近也。罪人,谓天下逋逃小人也。〕剥丧元良,贼虐谏辅,〔剥,伤害也。贼,杀也。元善之长,良善也。以谏辅纣,纣反杀之。〕谓己有天命,谓敬弗足行,谓祭无益,谓暴无伤。天其以予乂民。〔用我治民,当除恶也。〕受有亿兆夷人,离心离德;〔平人,凡人也。虽多而执心用德不同也。〕予有乱臣十人,同心同德。〔我治理之臣虽少,而心德同也。〕今朕必往。百姓懔懔,若崩厥角。〔言民畏纣之虐,危惧不安,若崩摧其角,无所容头也。〕乌乎!乃一德一心,立定厥功,惟克永世。"〔汝同心立功,则能长世以安也。〕

王曰:"商王受,自绝于天,结怨于民。〔不敬天,自绝之也;酷虐民,结怨也。〕斮(zhuó)朝涉之胫,剖贤人之心;崇信奸回,放黜师保;屏弃典刑,囚奴正士;〔屏弃常法而不顾也,箕子正谏,而以为囚奴也。〕郊社弗修,宗庙弗享;作奇伎淫巧,以悦妇人。古人有言曰:'抚我则后,虐我则仇。'〔武王述古言以明义,言非唯今恶纣也。〕独夫受,洪惟作威,乃汝世仇。〔言独夫失君道也,大作威,杀无辜,乃是汝累世仇。明不可不讨也。〕树德务滋,除恶务本。〔立德务滋长,除恶务除本,言纣为天下恶本也。〕肆予小子,诞以尔众士,殄(tiǎn)歼乃雠(chóu)。"〔言欲行除恶之义,绝尽纣也。〕

武王与受战于牧野。王曰："古人有言：'牝鸡无晨。〔言无晨鸣之道。〕牝鸡之晨，惟家之索。'〔索，尽也。喻妇知外事，雌代雄鸣则家尽，妇夺夫政则国亡也。〕今商王受，惟妇言是用。〔妲己惑纣，纣信用之。〕乃惟四方之多罪逋逃，是崇是长，〔言纣弃其忠臣，而尊长逃亡，罪人信用之。〕是信是使，是以为大夫卿士，俾暴虐于百姓，以奸宄于商邑。〔使四方罪人、暴虐奸宄（guǐ）于都邑也。〕今予发，惟恭行天之罚。"

王来自商，至于丰。乃偃武修文，〔倒载干戈，示不复用也。行礼射，设庠序，修文教也。〕归马于华山之阳，放牛于桃林之野，示天下弗服。〔示天下不复乘用也。〕王若曰："今商王为天下逋逃主，肆予东征，陈于商郊，受率其旅若林，会于牧野，罔有敌于我师，前徒倒戈，攻于后以北，血流漂杵。一戎衣，天下大定。〔一著戎服而灭纣，言与众同心，动有成功也。〕释箕子囚，封比干墓，式商容闾。〔封，益其土也。商容，贤人，纣所黜退。〕散鹿台之财，发巨桥之粟，〔纣所积之府仓也，皆散发以赈贫民也。〕大赉于四海，而万姓悦服。"〔施舍己责，救乏赒（zhōu）无，所谓周有大赉也。天下皆悦仁服德也。〕

西旅献獒，〔西旅，远国也，贡大犬。〕太保乃作《旅獒》，用训于王。〔陈贡獒之义，以训谏也。〕曰："乌乎！明王慎德，四夷咸宾〔言明王慎德以怀远，故四夷皆宾服。〕无有远近，毕献方物，惟服食器用。〔天下万国，尽贡方土所生之物，惟可以供服食器用者，言不为耳目华侈。〕王乃昭德之致于异姓之邦，无替厥服，〔德之所致，谓远夷之贡也，以分赐异姓诸侯，使无废其职也。〕分宝玉于伯叔之国，时庸展亲。〔以宝玉分同姓之国，是用诚信其亲亲之道也。〕人弗易物，惟德其物。〔言物贵由人也。有德则物贵，无德则物贱，所贵在德也。〕德盛弗狎侮。〔盛德必自敬，何狎易侮慢之有也。〕狎侮君子，罔以尽人心；〔以虚受人，则人尽其心矣。〕狎侮小人，罔以尽其力。〔以悦使民，民忘其劳则尽力矣。〕玩人丧德，玩物丧志。〔以人为戏弄，则丧其德矣；以器物为戏弄，则丧其志矣。〕弗作无益害有益，功乃成；弗贵异物贱用物，民乃足。〔游观为无益，奇巧为异物。言明王之道，以德义为益，器用为贵，所比化俗生民。〕犬马非其土生弗畜。〔非此土所生不畜，以不习其用也。〕珍禽奇兽弗育于国。〔皆非所用，有所损害故也。〕弗宝远物，则远人格；〔不侵夺其利，则来服。〕所宝惟贤，则迩人安。〔宝贤任能，则近人安。近人安，则远人安矣。〕乌乎！夙夜罔或弗勤。〔言当常勤于德。〕弗务细行，终累大德。〔轻忽小物，积害毁大，故君子慎其微也。〕为山九仞，功亏一篑。〔谕向成也，未成一篑，犹不为山，故曰功亏一篑。是以圣人乾乾日侧，慎终如始也。〕允迪兹，生民保厥居，惟乃世王。"〔言其能信蹈行此诫，则生民安其居，天子乃世世王天下也。武王虽圣，犹设此诫，况其非圣，可以无诫乎？其不免于过，则亦宜矣。〕

王若曰："小子封！〔封，康叔名。〕惟乃丕显考文王，克明德慎罚，弗敢侮鳏寡，庸庸、祗祗、威威、显民。〔惠恤穷民，不慢鳏夫寡妇。用可用、敬可敬、刑可刑，明此道以示民也。〕天乃大命文王，殪(yì)戎殷，诞受厥命。〔天美文王，乃大命之杀兵殷，大受其王命。〕往尽乃心，无康好逸豫。〔往当尽汝心为政，无自安好逸豫也。〕我闻曰：'怨弗在大，亦弗在小。惠弗惠，懋弗懋。'〔不在大，起于小也。不在小，小至于大也。言怨不可为，故当使不顺者顺、不勉者勉也。〕若保赤子，惟民其康乂。〔爱养民如赤子，不失其欲，惟民其皆安治也。〕非汝封刑人杀人，〔言得刑杀人也。〕无或刑人杀人；〔无以得刑杀人，而有妄刑杀也。〕非汝封劓(yì)刵(èr)人，〔劓，截鼻也。刵，截耳也。〕无或劓刵人。"〔所以举轻刑以戒，为人轻行之也。〕王曰："封！元恶大憝(duì)，矧(shěn)惟弗孝弗友。〔言人之罪恶，莫大于不孝不友。〕乃其速由文王作罚，刑兹无赦。〔言当亦速用文王所作违教之罚，刑此无得赦也。〕敬哉！无作怨，勿用非谋非彝。〔言当修己以敬，无为可怨之事，勿用非善之谋，非常之法。〕小子封！惟命弗于常。"〔当念天命之不于常也。行善则得之，行恶则失之。〕

王若曰："乃穆考文王，诰庶邦御事，朝夕曰：'祀兹酒。'〔文王所告众国治事吏，朝夕敕之，唯祭祀而用此酒，不常饮也。〕曰：'小大邦用丧，亦罔非酒惟辜。〔于小大之国所用丧，无不以酒为罪也。〕饮惟祀，德将无醉。'〔饮酒惟当因祭祀，以德自将，无至醉。〕在昔殷先哲王，惟御事，弗敢自暇自逸。〔惟殷御治事之臣，不敢自宽暇、自逸豫。〕矧曰其敢崇饮，〔崇，聚也。自逸暇犹不敢，况敢聚会饮酒乎。〕弗惟弗敢，亦弗暇。〔非徒不敢，志在助君敬法，亦不暇饮。〕在今后嗣王酣身，〔嗣王，纣也。酣乐其身，不忧政也。〕惟荒腆于酒，弗惟自息。〔言纣大厚于酒，昼夜不念自息。〕庶群嗜酒，腥闻在上。故天降丧于殷。〔纣众群臣，用酒耽荒，腥秽闻在天，故下丧亡于殷也。〕天非虐，惟人自速辜。〔言凡为天所亡，天非虐人，惟人所行恶，自召罪。〕古人有言曰：'人无于水鉴，当于民鉴。'

〔古贤圣有言,人无于水鉴,当于民鉴也。视水见己形,视民行事见吉凶。〕今惟殷坠命,我其可弗大鉴。"〔今惟殷纣无道,坠失天命,我其可不大视为戒也。〕

周公作《无逸》。〔中人之性,好逸豫。成王即政,恐其逸豫,故以所戒名篇。〕周公曰:"乌乎!君子所,其无逸。〔叹美君子之道,所在念德,其无逸豫也。君子且犹然,况王者乎。〕先知稼穑之艰难,乃逸;则知小人之依。〔稼穑,农夫之艰难事。先知之,乃谋逸豫,则知小民所依怙。〕我闻曰:昔在殷王中宗,〔大戊也。〕治民祗惧,弗敢荒宁,〔为政敬,身畏惧,不敢荒怠自安。〕享国七十有五年。〔以敬畏之故,得寿考之福也。〕其在高宗,嘉靖殷邦,至于小大,无时或怨,〔善谋殷国,至于小大之政,民无时有怨也。〕享国五十有九年。其在祖甲,〔汤孙太甲。〕爰知小人之依,能保惠于庶民,弗侮鳏寡,〔知小人以所依,依仁政也,故能安顺于众民,不敢侮慢茕独也。〕享国三十有三年。自时厥后立王,生则逸,〔从是三王,各承其后而立者,生则逸豫,无法度也。〕弗知稼穑之艰难,弗闻小人之劳,惟耽乐之从,〔过乐谓之耽。惟耽乐之从,言荒淫。〕亦罔或克寿。〔以耽乐之故,无有能寿者也。〕或十年,或七八年,或四三年。〔高者十年,下者三年,言逸乐之损寿也。〕惟我周大王、王季,克自抑畏。〔大王,周公曾祖。王季,即祖也。言皆能以义自抑,畏敬天命也。〕文王卑服,〔文王节俭,卑其衣服。〕自朝至于日中昃,弗皇暇食,用咸和万民,〔从朝至日昳(dié),不暇食,思虑政事,用皆协和万民者也。〕厥享国五十年。自殷王中宗,及我周文王,兹四人迪哲。〔言此四人皆蹈智明德以临下也。〕厥或告之曰:'小人怨汝詈(lì)汝。'则皇自敬德。〔其有告之,言小人怨詈者,则大自敬德,增修善政也。〕此厥弗听,人乃或诪(zhōu)张为幻,曰:'小人怨汝詈汝。'则信之,〔此其不听中正之君,有人诪惑之,言小人怨憝櫅(zhā)诅詈汝,则信受之也。〕乱罚无罪,杀无辜。怨有同,是丛于厥身。〔信谗舍怒,罚杀无罪,则天下同怨仇之,丛聚于其身也。〕乌乎!嗣王其监于兹!"〔视此乱罚之祸,以为戒也。〕

蔡叔既没,〔以罪放而卒也。〕王命蔡仲践诸侯位。〔王,成王也。父卒命子,罪不相及。〕王若曰:"小子胡!〔胡仲,名也。〕皇天无亲,惟德是辅;民心无常,惟惠之怀。〔天之于人,无有亲疏,惟有德者,则辅佐之。民心于上,无有常主,惟爱己者,则归往之。〕为善弗同,同归于治;

为恶弗同，同归于乱。尔其戒哉！慎厥初，惟厥终，康济小民。率自中，无作聪明乱旧章；〔汝为政，当安小民之业，循用大中之道，无敢为小聪明，作异辩，以变乱旧典文章也。〕详乃视听，罔以侧言改厥度。则予一人汝嘉。〔详审汝视听，非礼义勿视听也。无以邪巧之言易其常度，必断之以义，则我一人善汝矣。〕小子胡，汝往哉！无荒弃朕命。"〔汝往之国，无废我命。欲其终身奉行之。〕

王若曰："猷！告尔四国多方：〔顺大道，告四方。〕惟圣罔念作狂，惟狂克念作圣。〔惟圣人无念于善，则为狂人；惟狂人能念善，则为圣人。言桀、纣非实狂愚，以不念善故灭亡也。〕<u>自作不和，尔惟和哉！尔室弗睦，尔惟和哉！尔邑克明，尔惟克勤乃事。</u>"〔小大众官，自为不和，汝有方多士，当和之哉。汝亲近室家不睦，汝亦当和之。汝邑中能明，是汝惟能勤职事也。〕

【重点句解读】

> 自作不和，尔惟和哉！尔室弗睦，尔惟和哉！尔邑克明，尔惟克勤乃事。

你们有自己造成不安动荡的，就要进行调和！你们家中有矛盾冲突的，就要赶快解决问题，使家人和睦相处！你们所辖地方能得到很好治理，百业兴盛，就是因为你们能忠于职守，勤政廉政，作出榜样。

这句话中的核心是个"和"字。天地有"和"而阴阳相调，五行有序；世有"和"而致太平；乐有"和"而成天籁；家有"和"则诸事兴旺。中国人一贯倡导"和为贵"，价值观中的"仁、义、礼、智、信、忠、勇、廉"等无一不与"和"有关。中国人善于把"和"的理念运用到人与人之间的关系协调、家庭管理、社会治理和国家统治当中。"弘敷五典，式和民则"（《周书·君牙》），强调要颁布君臣有义、父子有仁、夫妇有别、长幼有序、朋友有信的典则，以"和"作为人们生活的基本理念和要求。"庶政惟和，万国咸宁"（《周书·周官》），明确指出用"和"的理念来协调不同国家之间的政治事务。

中华文化"和为贵"的包容精神，在当下构建世界新秩序与全球治理过程中必将发挥巨大作用。

周公戒于王曰："文王罔攸兼于庶言，庶狱庶慎，惟有司之牧夫，〔文王无所兼知于毁誉众言，及众刑狱，众所当慎之事，惟慎择有司牧夫而已。劳于求才，逸于任贤。〕是训用违。庶狱庶慎，文王罔敢知于兹。〔是万民顺法。用违法，众狱众慎之事，文王一无敢自知于此，委任贤能而已也。〕武王率惟敉（mǐ）功，弗敢替厥义德。〔武王循惟文王抚安天下之功，不敢废其义德，奉遵父道也。〕孺子王矣，〔稚子今已为王矣，不可不勤法祖考也。〕继自今文子文孙，其勿误于庶狱庶慎，惟正是乂之。"〔文子文孙，文王之子孙也。从今以往，惟以正是之道，治众狱众慎，其勿误也。〕

王曰："若昔大猷，制治于未乱，保邦于未危。〔言当顺古大道，制治安国，必于未乱未危之前，思患豫防之。〕曰：'唐虞稽古，建官惟百。内有百揆四岳，外有州牧侯伯。〔道尧舜考古以建百官，上下相维，内外咸治也。〕庶政惟和，万国咸宁。〔官职有序，故众政惟和。万国皆安，所以为至治也。〕夏商官倍，亦克用乂。〔禹汤建官二百，亦能用治，言不及唐虞之清要也。〕明王立政，弗惟其官，惟其人。〔言圣帝明王，立政修教也，不惟多其官，惟在得其人也。〕立太师、太傅、太保，兹惟三公。论道经邦，燮理阴阳。〔师，天子所师法。傅，傅相天子。保，保安天子于德义者也。此惟三公之任，佐王论道，以经纬国事，和理阴阳也。〕官弗必备，唯其人。〔三公之官，不必备员，惟其人有德乃处之也。〕少师、少傅、少保，曰三孤。〔孤，特也。卑于公，尊于卿，特置此三人也。〕二公弘化，寅亮天地，弼予一人。〔副二三公，弘大道化，敬信天地之教，辅我一人之治。〕冢宰掌邦治，统百官，均四海。〔天官卿，称太宰，主国政治，统理百官，均平四海之内邦国，言任大。〕司徒掌邦教，敷五典，扰兆民。〔地官卿，主国教化，布五常之教，安和天下众民，使小大协睦也。〕宗伯掌邦礼，治神人，和上下。〔春官卿，主宗庙天地神祇人鬼之事及国之五礼，以和上下尊卑等列也。〕司马掌邦政，统六师，平邦国。〔夏官卿，主戎马之事，掌国征伐，统正六军，平治王邦四方之乱也。〕司寇掌邦禁，诘奸慝（tè），刑暴乱。〔秋官卿，主寇贼，法禁治奸恶，刑强暴作乱者也。〕司空掌邦土，居四民，时地利。〔冬官卿，主国空土，以居士农工商四民，使顺天时、分地利，授之土。〕六卿分职，各帅其属，以倡九牧，阜成兆民。"〔六卿各率其属官大夫士，治其所分之职，以倡导九州之牧伯为政，大成兆民之性命，皆能其官，则政治矣。〕王曰："乌乎！凡我有官君子，钦乃攸司，慎乃出令。令出惟行，弗惟反。〔有官君子，大夫以上也。叹而戒之，使敬所司，慎出令，从政之本也。令出必惟行之，不惟反改。二三其令，乱之道也。〕以公灭私，民其允怀。〔从政以公平灭私情，则民其信归之。〕学古入官，议事以制，政乃弗迷。〔言当先学古训，然后入官治政。凡制事必以古义，议度终始，政乃不迷错也。〕其尔典常作师，无以利口乱厥官。〔其汝为政，当以旧典常故事为师法，无以利口辩佞乱其官也。〕弗学墙面，莅事惟烦。〔人而不学，其犹正墙面而立，临政事必烦矣。〕戒尔卿士，<u>功崇惟志，业广惟勤</u>；〔此戒凡有官位，但言卿士，举其掌事者也。功高由志，业广由勤也。〕位弗期骄，禄弗期侈；〔贵不与骄期，而骄自至。富不与侈期，而侈自来。骄侈以行己，所以速亡也。〕恭俭惟德，无载尔伪。〔言当恭俭惟以立德，无行奸伪也。〕作德，心逸日休；作伪，心劳日拙。〔为德，直道而行，于心逸豫，而名日美；为伪，饰巧百端，于心劳苦，而事日拙，不可为之也。〕居宠思危，罔弗惟畏，弗畏入畏。〔言虽居贵宠，当常思危惧，无所不畏。若乃不畏，则入不可畏之刑。〕推贤让能，庶官乃和。〔贤能相让，俊乂在官，所以和谐也。〕举能其官，惟尔之能；称匪其人，惟尔弗任。"〔所举能修其官，惟亦汝之功能也。举非其人，惟亦汝之不胜其任也。〕王曰："乌乎！三事暨大夫，敬尔有官，乱尔有政，〔难而敕公卿以下，各敬居汝所有之官，治汝所有之职也。〕以右乃辟，永康兆民，万邦惟无斁。"〔言当敬治官政以助汝君，长安天下兆民，则天下万国，惟乃无厌我周德也。〕

【重点句解读】

功崇惟志，业广惟勤。

能立大功的人一定有大的志向；事业越做越大的人，是和他的勤奋分不开的。

诸葛亮如无管仲、乐毅之志，难为一代名臣，千古流芳；吕不韦如无远大抱负，不过是一个富商而已，也就不会有彪炳千古、包罗万象的《吕氏春秋》这部宏大著作。

习近平总书记在《在第十二届全国人民代表大会第一次会议上的讲话》及其他文章中，多次引用"功崇惟志，业广惟勤"这句话，来说明立志与实干相辅相成的关系。

周公既殁，命君陈分正东郊成周。〔成王重周公所营，故命陈分居正东郊成周之邑。〕王若曰："君陈，我闻曰：'至治馨香，感于神明；<u>黍稷非馨，明德惟馨。</u>'〔所闻上古圣贤之言也。政治之至者，芬芳馨气，动于神明。所谓芬芳，非黍稷之气，乃明德之馨，厉之以德也。〕凡人未见圣，若弗克见；既见圣，亦弗克由圣。〔此言凡人有初无终也。未见圣道，如不能得见。已见圣道，亦不能用之，所以无成也。〕尔其戒哉！尔惟风，下民惟草。〔汝戒勿为凡人之行也。民从上教而变，犹草应风而偃，不可不慎也。〕无依势作威，无倚法以削。〔无乘势位，作威民上，无倚法制，以行刻削之政。〕宽而有制，从容以和。〔宽不失制，动不失和，德教之治也。〕殷民在辟，予曰辟，尔惟勿辟；予曰宥，尔惟勿宥。惟厥中。〔殷民有罪在刑法者，我曰刑之，汝勿刑也；我曰赦宥，汝勿宥也。惟其当以中正平理断也。〕有弗若于汝政，弗化于汝训，辟以止，辟乃辟。〔有不顺于汝政，不变于汝教，刑之而惩止。犯刑者，乃刑之也。〕尔无忿疾于顽，无求备于一人。"〔人有顽嚚不喻，汝当训之，无忿怒疾之。使人当器之，无责备于一夫也。〕

【重点句解读】

黍稷非馨，明德惟馨。

粮食的香气还算不上馨香，只有人的美德才是真正的馨香。

黍稷：泛指粮食。黍，即糜子，可酿酒和做糕饼。稷，谷类。明德：美德。馨：散发的香气。"明德惟馨"即由此而化出的成语。

对于一个国家来说，民众的物质富裕固然十分重要，但这毕竟只是一时的成就，国家如果想获得长治久安，各级领导干部个人的人品就显得尤为重要，这关系到国家政治是否廉洁高效，是否能够为广大民众提供优质服务，经济社会是否能够获得稳定发展。

王曰："乌乎！父师！〔毕公代周公为大师、为东伯，命之代君陈也。〕政贵有恒，辞尚体要，弗惟好异。〔政以仁义为常，辞以体实为要，故贵尚之。若异于先王，君子不好也。〕商俗靡靡，利口惟贤，余风未殄，公其念哉。〔纣以靡靡利口为贤，覆亡国家。今殷民利口，余风未绝，公其念绝之也。〕我闻曰：'世禄之家，鲜克由礼。'以荡陵德，实悖天道。〔世有禄位而无礼教，少不以放荡陵邈有德者，如此实乱天道也。〕弊化奢丽，万世同流。〔言弊俗相化，车服奢丽，虽相去万世，若同一流者也。〕兹殷庶士，骄淫矜侉，将由恶终，闲之惟艰。〔言殷士骄恣过制，矜其所能，以自侉大，将用恶自终，以礼御其心惟难也。〕惟周公克慎厥始，惟君陈克和厥中，惟公克成厥终。〔周公迁殷顽民，以消乱阶，能慎其始也。君陈弘周公之训，能和其中也。毕公阐二公之烈，能成其终也。〕钦若先王成烈，以休于前政。"〔敬顺文武成业，以美于前人之政，所以勉毕公。〕

穆王命君牙作周大司徒。〔穆王，昭王子也。〕王若曰："乌乎！惟乃祖乃父，世笃忠贞，服劳王家，厥有成绩，纪于太常。〔言汝父祖世厚忠贞，服事勤劳王家，其有成功，见纪录书于王之太常，以表显之也。〕惟予小子，嗣守文、武、成、康遗绪，亦惟先王之臣，克左右乱四方。〔惟我小子，继守先王遗业，亦惟父祖之臣，能佐助我治四方。言己无所能也。〕心之忧危，若蹈虎尾，涉于春冰。〔言祖业之大，己才之弱，故心怀危惧也。虎尾畏噬，春冰畏陷，危惧之甚也。〕今命尔予翊，作股肱心膂。〔今命汝为我辅翊，股肱心体之臣，言委任之也。〕尔身克正，罔敢弗正；民心罔中，惟尔之中。〔言汝身能正，则下无敢不正。民心无中，从汝取中。必当正身，示民以中正之道。〕夏暑雨，小民惟曰：'怨咨。'〔夏月暑雨，天之常道。小民惟怨叹咨嗟，言心无中正也。〕冬祁寒，小民亦惟曰：'怨咨。'厥惟艰哉！思其艰，以图其易，民乃宁。"〔天不可怨，民犹怨嗟，治民其惟艰哉！当思虑其艰，以谋其易，民乃安。〕

王若曰："伯冏！昔在文、武，聪明齐圣，小大之臣，咸怀忠良。〔聪明，听视远也。齐圣，无滞碍也。臣虽官有尊卑，无不忠良。〕其侍御仆从，罔匪正人，〔给侍进御，仆从从官，官虽微，无不用中正之人。〕以旦夕承弼厥辟。出入起居，罔有弗钦；〔小臣皆良，仆从皆正，以旦夕承辅其君,故君出入起居无有不敬。〕发号施令,罔有弗臧。下民祗若,万邦咸休。〔言文武发号施令,无有不善,下民敬顺其命,万国皆美其化也。〕惟予一人无良,实赖左右前后有位之士,匡其弗及,〔惟我一人无善,实恃左右前后有职位之士,匡正其不及。言此责群臣正己者也。〕绳愆纠谬,格其非心,俾克绍先烈。〔言恃左右之臣,弹正过误,检其非妄之心,使能继先王之功业也。〕今予命汝作大仆正,正于群仆侍御之臣。〔欲其教正群仆无敢佞伪也。〕懋乃后德,交修弗逮。〔言侍御之臣,无小大亲疏,皆当勉汝君为德,更代修进其所不逮也。〕慎简乃僚,无以巧言令色、便辟侧媚,其惟吉士。〔当谨慎简选汝僚属侍臣,无得用巧言无实、令色无质、便辟足恭、侧媚谄谀之人,其惟皆吉良正士也。〕仆臣正,厥后克正;仆臣谀,厥后自圣。〔言仆臣皆正,则其君乃能正;仆臣谄谀,则其君乃自谓圣。〕后德惟臣,弗德惟臣。〔君之有德,惟臣成之;君之无德,惟臣误之。言君所行善恶,专在左右也。〕尔无昵于憸(xiān)人,充耳目之官,迪上以非先王之典。"〔汝无亲近憸利小子之人,充备侍从,在视听之官,导君上以先王之法也。〕

王曰:"乌乎!伯父、伯兄、仲叔、季弟、幼子、童孙,皆听朕言:〔皆王同姓,有父兄弟子孙列者也。〕尔尚敬逆天命,以奉我一人。虽畏勿畏,虽休勿休。〔汝当庶几敬逆天命,以奉我一人之戒。行事虽见畏,勿自谓可敬畏;虽见美,勿自谓有德美。〕惟敬五刑,以成三德。一人有庆,兆民赖之。"〔先戒以劳谦之德,次教以惟敬五刑,所以成刚柔正直之三德也。天子有善,则兆民赖之。〕王曰:"吁!来,有邦有土,告尔祥刑。〔吁,叹也。有国有土,诸侯也。告汝以善用刑之道也。〕在今尔安百姓,何择,非人?何敬,非刑?〔在今汝安百官兆民之道,当何所择,非惟吉人乎?当何所敬,非惟五刑乎。〕两造具备,师听五辞。〔两,谓囚证也。造,至也。两至具备,则众狱官共听其入五刑之辞也。〕五辞简孚,正于五刑。〔五辞简核,信有罪验,则正之于五刑也。〕五刑不简,正于五罚。〔不简核,谓不应五刑,当出金赎罪也。〕五罚不服,正于五过。〔不服,不应罚也。正于五过,从赦免也。〕五刑之疑有赦,五罚之疑有赦。〔刑疑赦,从罚;罚疑赦,从免。〕刑罚世轻世重,惟齐非齐。〔言刑罚随世轻重也。刑新国,用轻典;刑乱国,用重典;刑平国,用中典。凡刑所以齐非齐。〕非佞折狱,惟良折狱,罔非在中。〔非口才可以断狱,惟平良可以断狱，无非在中正也。〕哀敬折狱，咸庶中正。〔当矜下民之犯法，敬断狱之害人，皆庶几必得中正之道也。〕其刑其罚，其审克之。"〔其所刑，其所罚，其当审能之，无失中也。〕

卷三 《毛诗》治要

【西汉】毛亨 毛苌 编撰

【导读】

《毛诗》，指西汉时，鲁国毛亨及其族侄赵国毛苌所辑和注的古文《诗》，也就是现在流行于世的《诗经》。毛亨，生卒年不详，战国末年鲁国（今山东曲阜）人，秦始皇时期为避难而从鲁国隐居于武垣县（今河北河间），入籍河间，遂成本地人。据称其诗学传自子夏，曾作《毛诗故训传》，简称《毛传》，授侄毛苌，故世人称之"大毛公"，侄称"小毛公"。

《汉书·艺文志》：《毛诗》二十九卷和《毛诗故训传》三十卷传于世。

《诗经》作为中国文学史的第一部诗歌总集，共三百零五篇。《毛诗》每一篇下都有小序，以介绍本篇内容、意旨等。而全书第一篇《关雎》，除有小序外，另有一篇总序，称为《诗大序》，概括了先秦以来儒家对于诗歌的若干重要认识，可以说是当时儒家诗论的总结。

孔子说："诗言志。"《诗经》中的诗，多是"言志"的作品，是历史的真实记录。读诗可知史，鉴往知来，莫善于诗。

《诗经》源流为：汉初搜求所得的六经旧籍，一种是靠儒生记诵下来，是为今文经；一种是从地下或孔壁中发掘，是为古文经。毛苌所传的是古文经。是由孔子的学生子夏传鲁人曾申，曾申授魏人李克，李克授鲁人孟仲子，孟仲子授根牟子，根牟子授荀子，荀子授毛亨，是为大毛公。大毛公为《诗经》做了三项基础工作：一是注释古语，曰"诂"；二是解释名物，曰"训"；三是指明诗的立意所在，曰"传"。毛亨再传族侄赵人毛苌，是为小毛公。毛苌得河间献王支持，于河间之地传授《诗经》。二毛的训诂传释，成就了《毛诗》。

东汉末年的经学大师郑玄，集今古文经学研究之大成作《毛诗传笺》。主要观点如下：

《毛诗序》揭示了诗歌抒情与言志相统一的艺术本质。"诗者，志之所之也"，与孔子"诗言志"的观点一脉相承。

《诗大序》重视以政教为核心的诗的社会作用。"经夫妇，成孝敬，厚人伦"。

序文提出的"六义"说，具有丰富的理论内涵。后人认为风、雅、颂是诗的分类，而赋、比、兴是诗的写作手法，为诗歌创作理论提供了千古不易之依据。

魏徵等人编撰《群书治要》，从《毛诗》中选录七十七首，并在每首夹注中节录郑玄所作《毛诗笺》的部分笺释。他在《隋书·经籍志》中评论说："诗者，所以导达心灵、歌咏情志者也。故曰：在心为志，发言为诗。"向唐太宗"所谏前后二百余事"，几乎每次都引用《诗经》。他节选《诗经》的目的非常明确，是为了"剪截淫放"，维护政权的巩固。而《毛诗》中所蕴涵的治国修身的道理，对我们今天仍有"救弊济时"的现实意义。

·周 南·

《关雎》，后妃之德也，《风》之始也，所以风天下而正夫妇也。故用之乡人焉，用之邦国焉。《风》，讽也，教也。风以动之，教以化之。诗者，志之所之也，在心为志，发言为诗。情动于衷而形于言，言之不足，故嗟叹之；嗟叹之不足，故咏歌之；咏歌之不足，不知手之舞之、足之蹈之也。情发于声，声成文谓之音。〔发，犹见也。声，谓宫商角徵羽。声成文者，宫商上下相应也。〕治世之音安以乐，其政和；乱世之音怨以怒，其政乖；亡国之音哀以思，其民困。故正得失，动天地，感鬼神，莫近于诗。先王以是经夫妇，成孝敬，厚人伦，美教化，移风俗。故《诗》有六义焉：一曰风，二曰赋，三曰比，四曰兴，五曰雅，六曰颂。上以风化下，下以风刺上，言之者无罪，闻之者足以自诫，故曰风。以一国之事，系一人之本，谓之《风》。言天下之事，形四方之风，谓之《雅》。《雅》者，正也，言王政之所由废兴也。政有小大，故有《小雅》焉，有《大雅》焉。《颂》者，美盛德之形容，以其成功告于神明者也。是谓四始，《诗》之至也。〔始者，王道兴衰之所由也。〕至于王道衰，礼义废，政教失，国异政，家殊俗，而《变风》《变雅》作矣。《周南》《邵南》，正始之道，王化之基。是以《关雎》乐得淑女以配君子，忧在进贤，不淫其色，哀窈窕，思贤才，而无伤善之心焉。是《关雎》之义也。

关关雎鸠，在河之洲。〔兴也。关关，和声也。雎鸠，王雎也。鸟挚而有别，后妃悦乐君子之德，无不和谐，又不淫其色，若雎鸠之有别焉，然后可以风化天下。夫妇有别，则父子亲。父子亲，则君臣敬。君臣敬，则朝廷正。朝廷正，则王化成也。〕窈窕淑女，君子好仇。〔窈窕，幽闲也。淑，善也。仇，逑也。言后妃有关雎之德，是幽闲贞专之善女，宜为君子逑也。〕参差荇菜，左右流之。〔荇，接余也。流，求也。后妃有关雎之德，乃能供荇菜、备庶物，以事宗庙也。左右助之，言三夫人九嫔以下，皆乐后妃之事也。〕窈窕淑女，寤寐求之。〔寤，觉也。寐，寝也。言后妃觉寐，则常求此贤女，欲与之共己职。〕求之不得，寤寐思服。〔服，事也。求贤女而不得，觉寐则思己职事，当与谁共之也。〕悠哉悠哉，展转反侧。〔悠，思也。言己诚思之也，卧而不周曰展也。〕

【重点句解读】

关关雎鸠，在河之洲。窈窕淑女，君子好仇。

天籁和谐鸣雎鸠，雄歌雌舞河中洲。五伦定分传千世，淑淑谦谦正好逑。

仇，古通逑，故此诗后来多有"君子好逑"的版本。仇者，匹配、配偶。《尔雅·释诂》：仇，合也。

此诗为何作为《诗经》开篇之作？《诗大序》说得很清楚："《关雎》，后妃之德也，《风》之始也，所以风天下而正夫妇也。故用之乡人焉，用之邦国焉。《风》，讽也，教也。风以动之，教以化之。……《周南》《邵南》，正始之道，王化之基。是以《关雎》乐得淑女以配君子，忧在进贤，不淫其色，哀窈窕，思贤才，而无伤善之心焉。是《关雎》之义也。"

《卷耳》，后妃之志也。又当辅佐君子，求贤审官。知臣下之勤劳，内有进贤之志，而无险诐私谒之心，朝夕思念，至于忧勤。〔谒，请也。〕

采采卷耳，不盈顷筐。〔忧者之兴也。采采，事采之也。卷耳，苓耳也。顷筐，畚属也，易盈之器也。器之易盈而不盈者，志在辅佐君子，忧思深也。〕嗟我怀人，寘(zhì)彼周行〔怀，思也。寘，置也。行，列也。思君子，官贤人，置之周之列位也。周之列位，谓朝廷之臣也。〕

·邵南·

《甘棠》，美邵伯也。邵伯之教，明于南国。〔邵伯，姬姓，名奭，作上公，为二伯。〕

蔽芾甘棠，勿翦勿伐，邵伯所茇(bá)。〔蔽芾，小貌。甘棠，杜也。茇，草舍也。邵伯听男女之讼，不重烦劳百姓，止舍小棠之下而听断焉。国人被其德，悦其化，敬其树也。〕

《何彼秾矣》，美王姬也。虽则王姬，亦下嫁于诸侯，车服不系其夫，下王后一等，犹执妇道以成肃雍之德。

何彼秾矣？唐棣之华。〔兴也。秾，犹戎戎也。唐棣，栘(yí)也。云何乎彼戎戎者，乃栘之华。兴者，喻王姬颜色之美盛也。〕曷弗肃雍，王姬之车。〔肃，敬也。雍，和也。曷，何也。之，往也。何不敬和乎？王姬往乘车。言其嫁时始乘车，则已敬和矣。〕

·邶风·

《柏舟》，言仁而不遇也。卫顷公时，仁人不遇，小人在侧。

泛彼柏舟，亦泛其流。〔兴也。泛泛，流貌也。柏木，所以宜为舟也。泛其流，不以济渡也。舟，载渡物也。今不用，而与众物泛泛然，俱流水中。兴者，喻仁人之不用，与群小人并列，亦犹是也。〕耿耿不寐，如有隐忧。〔耿耿，犹儆儆也。隐，痛也。仁人既不遇，忧在见侵害也。〕忧心悄悄，愠于群小。〔悄悄，忧貌也。愠，怒也。〕觏(gòu)闵既多，受侮不少。〔闵，病也。〕

《谷风》，刺夫妇失道也。卫人化其上，淫于新婚，而弃其旧室。夫妇离绝，国俗伤败焉。

习习谷风，以阴以雨。〔兴也。习习，和舒之貌。东风言之谷风，阴阳和而谷风至，夫妇和则室家成也。〕黾（mǐn）勉同心，不宜有怒〔言黾勉，思与君子同心也。所以黾勉者，以为见谴怒非夫妇之宜也〕。采葑采菲，无以下体。〔葑，蕦也。菲，芴也。下体，根茎也。二菜皆上下可食，然而其根有美时，有恶时。采之者不可以根恶之时，并弃其叶。喻夫妇以礼义合，以颜色亲，亦不可以颜色衰，而弃其相与之礼〕。德音莫违，及尔同死〔莫，无也。及，与也。夫妇之言，无相违者，则可长相与处至死，颜色，斯须之有也。〕

·鄘风·

《相鼠》，刺无礼也。卫文公能正其群臣，而刺在位承先君之化无礼仪也。

相鼠有皮，人而无仪。〔相，视也。仪，威仪也。视鼠有皮，虽居高显之处，偷食苟得，不知廉耻，亦与人无威仪者同也。〕人而无仪，不死胡为。〔人以有威仪为贵，今反无之，伤化败俗，不如其死无所害也。〕相鼠有体，人而无礼。〔体，支体也。〕人而无礼，胡不遄（chuán）死。

《干旄》，美好善也。卫文公之臣子多好善，贤者乐告以善道也。〔贤者，时处士也。〕

孑孑干旄（máo），在浚之郊。〔孑孑，干旄貌，注旄于干首，大夫之旗也。浚，卫邑。时有建此旄来至浚之郊，卿大夫好善者也。〕素丝纰之，良马四之。〔纰，所以织组也。总纰于此，成文于彼，愿以素丝纰组之法御四马也。〕彼姝者子，何以畀（bì）之。〔姝，顺貌。畀，予。时贤者既悦此大夫有忠顺之德，又欲以善道与之，诚爱厚之至焉。〕

·卫风·

《淇澳》，美武公之德也。有文章，又能听规谏，以礼自防，故能入相于周，美而作是诗。

<u>瞻彼淇澳，绿竹猗猗。</u>〔兴也。猗猗，美貌也。武公质美德盛，有康

叔之余烈也。〕<u>有斐君子，如切如瑳，如琢如磨</u>。〔斐，文章貌。治骨曰切，象曰瑳，玉曰琢，石曰磨，道其学而成也。听其规谏，以礼自修饰，如玉石之见琢磨。〕

【重点句解读】

瞻彼淇澳，绿竹猗猗。有斐君子，如切如瑳，如琢如磨。

　　崟崎磊落德行多，美玉良材需琢磨。斐然文采生灵福，百尺竿头一曲歌。

　　自古以来，我们中华民族一以贯之的以敦品砺行为修身养性的表现方法。何谓敦品？即是不断地培育自己的道德涵养，使自己能不断纠偏正误，操守不断完美，而成为一个有益于人民、社会、国家的人。何谓砺行？即不断地修正自己做事的方向、方法，不断进取，以达更高境界，故有成语"砺行致远"或"力行致远"。诸葛亮在《诫子书》中谆谆叮嘱他的子弟："淡泊以明志，宁静以致远。"要求自己的子弟自甘淡泊，不作非分之求，不骄不躁地达到"君子"的境界。

　　古时如此，现今更是如此。尤其是党员干部，更应不忘初心，牢记使命，不断加强自身修养，廉洁自律，全心全意为人民服务。

　　《芄兰》，刺惠公也。骄而无礼，大夫刺之。〔惠公以幼童即位，自谓有才能，而骄慢于大臣。但习威仪，不知为政以礼也。〕
　　芄兰之支，〔兴也。芄兰草，柔弱，恒延蔓于地，有所依缘则起。兴者，喻幼稚之君，任用大臣，乃能成其政也。〕童子佩觿(xī)。〔觿所以解结，成人之佩也。人君治成人事，虽童子犹佩觿，以早成其德也。〕虽则佩觿，能不我知。〔此幼稚之君，虽佩觿焉，其才能实不如我众臣之所知为也。惠公自谓有才能而骄慢，所以见刺也。〕

·王风·

　　《葛藟》，王族刺桓王也。周室道衰，弃其九族焉。

绵绵葛藟（léi），在河之浒。〔水涯曰浒。葛也藟也，生河之涯，得其润泽，以长而不绝。兴者，喻王之同姓，得王恩施，以生长其子。〕终远兄弟，谓他人父。〔兄弟，族亲也。王寡于恩施，今以远弃族亲矣，是我以他人为己父也。〕

《采葛》，惧谗也。〔桓王之时，政事不明。臣无大小，使出者，则为谗人所毁，故惧之也。〕

彼采葛兮，一日不见，如三月兮。〔兴也。葛，所以为绪绤（chī xì）也。事虽小，一日不见于君，忧惧于谗矣。兴者，以采葛喻臣，以小事使出者也。〕

·郑风·

《风雨》，思君子也。乱世则思君子不改其度焉。

风雨凄凄，鸡鸣喈（jiē）喈。〔兴也。风且雨凄凄然，鸡犹守时而鸣喈喈然。兴者，喻君子虽居乱世不改其节度也。〕既见君子，云胡不夷。〔夷，悦也。思而见之，云何不悦也。〕

《子衿》，刺学校废也。乱世则学校不修焉。

青青子衿，悠悠我心。〔青衿，青领。学子之所服，学子而俱在学校之中。己留彼去，故随而思之。〕纵我不往，子宁不嗣音。〔嗣，续也。汝曾不传声问我，我以恩责其忘己也。〕

·齐风·

《鸡鸣》，思贤妃也。哀公荒淫怠慢，故陈贤妃贞女，夙夜警戒，相成之道焉。

鸡既鸣矣，朝既盈矣。〔鸡鸣朝盈，夫人也，君也，可以起之常礼也。〕匪鸡则鸣，苍蝇之声。〔夫人以蝇声为鸡鸣，则以作早于常时，敬也。〕

《甫田》，大夫刺襄公也。无礼义而求大功，不修其德而求诸侯。志大心劳，所以求者非其道也。

无田甫田，维莠骄骄。〔兴也。甫，大也。大田过度，而无人功，终不能获。兴者，喻人君欲立功致治，必勤身修德，积小以成高大也。〕无

思远人，劳心忉（dāo）忉。〔忉忉，忧劳。此言无德而求诸侯，徒劳其心忉忉耳。〕

·魏风·

《伐檀》，刺贪也。在位贪鄙，无功而受禄。君子不得进仕尔。

坎坎伐檀兮，寘之河之干兮，河水清且涟漪。〔伐檀以俟世用，若俟河水清且涟漪，是谓君子之人不得进仕也。〕不稼不穑，胡取禾三百廛（chán）兮？不狩不猎，胡瞻尔庭有悬貆（huán）兮？〔一夫之居曰廛。貆，兽名也。〕彼君子兮，不素餐兮。〔素，空。彼君子者，斥伐檀之人。仕有功，乃肯受禄。〕

《硕鼠》，刺重敛也。国人刺其君之重敛，蚕食于民，不修其政，贪而畏人，若大鼠也。

硕鼠硕鼠，无食我黍。三岁贯汝，莫我肯顾。〔硕，大也。大鼠大鼠者，斥其君。汝无复食我黍，疾其君税敛之多，我事汝已三岁矣，曾无教令恩德来顾眷我，又疾其不修德政。〕逝将去汝，适彼乐土。〔往矣，将去汝，与之诀别之辞。乐土，有德之国也。〕

·唐风·

《杕杜》，刺时也。君不能亲其宗族，骨肉离散，独居而无兄弟，将为沃所并尔。

有杕（dì）之杜，其叶湑（xǔ）湑。〔兴也。杕，特生貌。杜，赤棠也。湑湑，枝叶不相次比之貌。〕独行踽踽，岂无他人？不如我同父。〔踽踽，无所亲也。他人，谓异姓也。言昭公远其宗族，独行国中踽踽然。此岂无异姓之臣乎？顾恩不如同姓之亲亲耳。〕

·秦风·

《晨风》，刺康公也。忘穆公之业，始弃其贤臣焉。

鴥（yù）彼晨风，郁彼北林。〔兴也。鴥，疾飞貌也。晨风，鹯（zhān）也。

郁，积也。先君招贤人，贤人归往之，驶疾如晨风之飞入北林也。〕未见君子，忧心钦钦。〔言穆公始未见君子之时，思望而忧，钦钦然也。〕如何如何？忘我实多。〔此言穆公之意，责康公如何乎？如何乎？汝忘我之事实多大也。〕

《渭阳》，康公念母也。康公之母，晋献公之女。文公遭骊姬之难，未反而秦姬卒。穆公纳文公，康公时为太子，赠送文公于渭之阳，念母之不见也。我见舅氏，如母存焉，及其即位，思而作是诗也。

我送舅氏，曰至渭阳。〔渭，水名也。〕何以赠之，路车乘黄。〔赠，送也。乘黄，驷马皆黄也。〕我送舅氏，悠悠我思。何以赠之，琼瑰玉佩。〔琼瑰，美石而次玉者也。〕

《权舆》，刺康公也。忘先君之旧臣，与贤者有始而无终也。

于我乎！夏屋渠渠。〔夏，大也。屋，具也。渠渠，犹勤勤也。言君始于我厚，设礼食大具以食我，其意勤勤然也。〕今也每食无余。〔此言君今遇我薄，其食我才足也。〕于嗟乎！不承权舆。〔承，继也。权舆，始也。〕

·曹 风·

《蜉蝣》，刺奢也。昭公国小而迫，无法以自守，好奢而任小人，将无所依焉。

蜉蝣（fú yóu）之羽，衣裳楚楚。〔兴也。蜉蝣，渠略也。朝生夕死，犹有羽翼以自修饰。楚楚，鲜明貌。兴者，喻昭公之朝，其群臣皆小人也。徒整饰其衣裳，不知国将迫胁，君臣死亡之无日，如渠略然也。〕心之忧矣，于我归处？〔归，依归也。君当于何依归？言有危亡之难，将无所就往也。〕

《候人》，刺近小人也。共公远君子，而好近小人焉。

彼候人兮，荷戈与祋。〔候人，道路送迎宾客者也。荷，揭也。祋，殳也。言贤者之官，不过候人也。〕彼其之子，三百赤芾。〔芾，韠（bì）也。大夫以上，赤芾乘轩。之子，是子也。佩赤芾者三百人。〕

·小雅·

《鹿鸣》，燕群臣嘉宾也。既饮食之，又实币帛筐篚（fěi），以将其厚意，然后忠臣嘉宾得尽其心矣。

呦呦鹿鸣，食野之苹。〔兴也。苹，大萍也。鹿得苹草，呦呦然鸣而相呼。恳诚发于中，以兴嘉乐宾客，当有恳诚相招呼以成礼也。〕我有嘉宾，鼓瑟吹笙。吹笙鼓簧，承筐是将。〔筐，篚属。所以行币帛也。承犹奉也。〕

《皇皇者华》，君遣使臣也。送之以礼乐，言远而有光华也。〔言臣出使，能扬君之美，以延其誉于四方，则为不辱君命也。〕

皇皇者华，于彼原隰（xí）。〔皇皇，犹煌煌也。忠臣奉使，能光君命，无远无近，如华不以高下易其色矣。无远无近，惟所之则然也。〕駪（shēn）駪征夫，每怀靡及。〔駪駪，众多之貌也。征夫，行人也。众行夫既受君命，当速行，每人怀其私相稽留，则于王事将无所及也。〕

《常棣》，燕兄弟也。闵管蔡之失道，故作《常棣》焉。〔周公吊二叔之不成，而使兄弟之恩疏。召公为作是诗而歌之，以亲之。〕

常棣之华，萼不韡韡。〔承华者曰萼，不当作跗。跗，萼足也。萼足得华之光明，韡韡然也。兴者，喻弟以敬事兄，兄以荣覆弟，恩义之显，亦韡韡然也。〕凡今之人，莫如兄弟。〔人之恩亲，无如兄弟之最厚。〕鹡鸰（jí líng）在原，兄弟急难。〔鹡鸰，雍渠也。飞则鸣，行则摇，不能自舍尔。急难，言兄弟之相救于急难也。〕每有良朋，况也永叹。〔况，兹也。永，长也。每，虽也。良，善也。当急难之时，虽有善同门来，兹对之长叹而已。〕兄弟阋于墙，外御其侮。〔阋，很也。御，禁也。兄弟虽内阋，外犹御侮也。〕

《伐木》，燕朋友故旧也。自天子以下至于庶人，未有不须友以成者。<u>亲亲以睦，友贤不弃，不遗故旧，则民德归厚矣。</u>

伐木丁丁，鸟鸣嘤嘤。〔丁丁，嘤嘤，相切直也。言昔日未居位，与友生于山岩伐木，为勤苦之事，犹以道德相切正也。嘤嘤，两鸟声也。其鸣之志，似于有朋友道然，故连言之。〕出自幽谷，迁于乔木。〔迁，徙也。谓向时之鸟，出从深谷，今移处高木也。〕嘤其鸣矣，求其友声。〔君子虽迁处于高位，不可以忘其朋友也。〕相彼鸟矣，犹求友声。矧伊人矣，不

求友生。〔矧，况也。相，视也。鸟尚知居高木呼其友，况是人乎？可不求乎。〕

【重点句解读】

亲亲以睦，友贤不弃，不遗故旧，则民德归厚矣。

上下和睦，同德同心；见贤思齐，永世相亲；倾盖如故，白头如新；仁义遍布，盛世太平。

不仅要上下和睦，同德同心，还要内外和睦，同德同心。睦邻友好一直是中国一以贯之的外交理念和原则。中国的发展既要有和谐的内部环境，也要有和谐的外部环境。中国政府秉持的"亲亲以睦"理念以及与邻为善、以邻为伴，必将不断地扩大自己的"朋友圈"和提升全方位的合作水平。

《天保》，下报上也。君能下下以成其政，则臣亦归美以报其上焉。

天保定尔，俾尔戬榖（jiǎn gǔ）。罄无不宜，受天百禄。〔保，安也。尔，汝也。戬，福也。榖，禄也。罄，尽也。天使汝所福禄之人，谓群臣也。其举事尽得其宜，受天之多福禄。〕如月之恒，如日之升。〔恒，弦也。升，出也。言俱进也。月上弦而就盈，日始出而就明也。〕如南山之寿，不骞不崩。〔骞，亏也。〕如松柏之茂，无不尔或承。〔或之言有也。如松柏之枝叶常茂盛，青青相承无衰落也。〕

《南山有台》，乐得贤也。得贤者则能为邦家立太平之基矣。〔人君得贤者，则其德广大坚固，如山之有基趾也。〕

南山有台，北山有莱。〔台，夫须也。兴者，山之有草木以自覆盖，成其高大，喻人君有贤臣自以尊显也。〕乐只君子，邦家之基。〔基，本也。只之言是也。人君既得贤者，置之于位，又尊敬以礼乐乐之，则能为国家之本也。〕

《蓼萧》，泽及四海也。

蓼彼萧斯，零露湑兮。〔兴也。蓼，长大貌。萧，蒿也。湑湑然，萧上露貌。兴者，萧香物之微者，喻四海之诸侯，亦国君之贱者。露，天所以润万物，喻王者恩泽，不为远国则不及之。〕既见君子，我心写兮。〔既见君子者，远国之君朝见于天子也。我心写者，舒其情意，无留恨者。〕燕笑语兮，是以有誉处兮。〔天子与之燕而笑语，则远国之君各得其所。是以称扬德美，使声誉常处天子也。〕

《湛露》，天子燕诸侯也。

湛湛露斯，匪阳不晞。〔晞，干也。露虽湛湛然，见阳则干。兴者，露之在物湛湛然，使物柯叶低垂，喻诸侯受燕爵，其威仪有似醉之貌。唯天子赐爵，则自变肃敬承命，有似露见日而晞也。〕厌厌夜饮，不醉无归。〔厌厌，安也。〕

《六月》，宣王北伐也。《鹿鸣》废，则和乐缺矣。《四牡》废，则君臣缺矣。《皇皇者华》废，则忠信缺矣。《常棣》废，则兄弟缺矣。《伐木》废，则朋友缺矣。《天保》废，则福禄缺矣。《采薇》废，则征伐缺矣。《出车》废，则功力缺矣。《杕杜》废，则师众缺矣。《鱼丽》废，则法度缺矣。《南陔》废，则孝友缺矣。《白华》废，则廉耻缺矣。《华黍》废，则畜积缺矣。《由庚》废，则阴阳失其道理矣。《南有嘉鱼》废，则贤者不安，下民不得其所矣。《崇丘》废，则万物不遂矣。《南山有台》废，则为国之基坠矣。《由仪》废，则万物失其道理矣。《蓼萧》废，则恩泽乖矣。《湛露》废，则万国离矣。《彤弓》废，则诸夏衰矣。《菁菁者莪》废，则无礼仪矣。《小雅》尽废，则四夷交侵，中国微矣。

六月栖栖，戎车既饬。〔栖栖，简阅貌。饬，正也。记六月者，盛夏出兵，明其急也。〕俨狁（yǔn）孔炽，我是用急。〔炽，盛也。孔，甚也。此序吉甫之意也。北狄来侵甚炽，故王以是急遣我也。〕

《车攻》，宣王复古也。宣王能内修政事，外攘夷狄，复文武之境土；修车马，备器械，复会诸侯于东都，因田猎而选车徒焉。〔东都，王城。〕

我车既攻，我马既同。〔攻，坚也。同，齐也。〕四牡庞庞，驾言徂东。〔庞庞，充实。东，雒邑也。〕萧萧马鸣，悠悠旆旌。〔言不喧哗也。〕之子于征，有闻无声。〔有善闻而无喧哗。〕

《鸿雁》，美宣王也。万民离散，不安其居，而能劳来，还定安集之，至乎鳏寡，无不得其所焉。〔宣王承厉王衰乱之弊而兴，复先王之道，以安集众民为始。〕

鸿雁于飞，集于中泽。〔中泽，泽中。鸿雁之性，安居泽中。今飞而又集于泽之中，犹民去其居而离散，今见还定安集之也。〕之子于垣，百堵皆作。〔侯伯卿士，又于坏灭之国，征民起屋舍、筑墙壁。百堵同时起，言趋事也。〕虽则劬（qú）劳，其究安宅。〔此劝万民之辞，汝今虽病劳，终有所安居也。〕

《白驹》，大夫刺宣王也。〔刺其不能留贤也。〕

皎皎白驹，食我场苗。絷之维之，以永今朝。〔宣王之末，不能用贤。贤者有乘白驹而去者。絷，绊也。维，系也。永，久也。愿此去者乘白驹而来，使食我场中之苗，我则绊之系之，以久今朝，爱之欲留也。〕所谓伊人，于焉逍遥。〔乘白驹而去之贤人，今于何游息乎？思之甚矣。〕

《节南山》，家父刺幽王也。〔家父，字，周大夫也。〕

节彼南山，维石岩岩。〔兴也。节，高峻貌。岩岩，积石貌。兴者，喻三公之位，人所尊严也。〕赫赫师尹，民具尔瞻。〔师，大师，周之三公。尹氏为大师。具，俱也。此言尹氏汝居三公之位，天下之民俱视汝之所为也。〕国既卒斩，何用不监。〔卒，尽也。斩，断也。监，视也。天下之诸侯，日相侵伐，其国已尽绝灭，汝何用为职，不监察之。〕

《正月》，大夫刺幽王也。

正月繁霜，我心忧伤。〔正月，夏之四月也。繁，多也。夏之四月霜多，急恒寒若之异，伤害万物，故我心为之忧伤也。〕民之讹言，亦孔之将。〔将，大也。讹，伪也。人以伪言相陷入，使王行酷暴之刑，致此灾异，故言甚大。〕谓天盖高，不敢不局。谓地盖厚，不敢不蹐（jí）。〔局，曲也。蹐，累足也。此民疾苦王政，上下皆可畏之言也。〕哀今之人，胡为虺（huǐ）蜴。〔虺蜴之性，见人则走。哀哉今之人，何为如是，伤时政也。〕燎之方扬，宁或灭（miè）之。〔灭之以水也，燎之方盛之时，炎炽熛（biāo）怒，宁有能灭息之者乎？言无有也。以无有喻有之者为甚也。〕赫赫宗周，褒姒灭之。〔宗周，镐京也。褒，国名也。姒，姓也。灭，灭也。有褒之女，幽王惑焉而以为后，诗人知其必灭周也。〕

《十月之交》，大夫刺幽王也。

十月之交，朔日辛卯。日有蚀之，亦孔之丑。〔之交，日月之交会也。丑，恶也。周十月，夏之八月也。日食，阴侵阳，臣侵君之象也。日为君，辰为臣。辛，金也。卯，木也。又以卯侵辛，故甚恶之。〕彼月而蚀，则维其常。此日而蚀，于何不臧。〔臧，善也。〕百川沸腾，山冢崒（zú）崩。

〔沸，出也。腾，乘也。山顶曰冢。崒者，崔嵬也。百川沸出，相乘凌者，由贵小人也。山顶崔嵬者崩，喻君道坏也。〕高岸为谷，深谷为陵。〔言君子居下，小人处上也。〕哀今之人，胡憯（cǎn）莫惩。〔憯，曾也。变异如此，祸乱方至。哀哉今在位之人，何曾无以道德止之。〕黾勉从事，不敢告劳。〔诗人贤者见时如是，自勉以从王事。虽劳不敢自谓劳，畏刑罚也。〕无罪无辜，谗口嚣嚣。〔嚣嚣，众多貌也。时人非有辜罪，其被谗口见椓谮（zhuó zèn）嚣嚣然。〕

《小旻》，大夫刺幽王也。

谋臧不从，不臧覆用。〔臧，善也。谋之善者不从之，其不善者反用之。〕我龟既厌，不我告犹。〔犹，图也。卜筮数而渎龟，龟灵厌之，不复告其所图之吉凶。〕谋夫孔多，是用不集。〔集，就也。谋事者众多，而非贤者，是非相夺，莫适可从，故所为不成也。〕发言盈庭，谁敢执其咎。〔谋事者众，汹汹满庭，而无能决当是非。事若不成，谁云己当受其咎责者。言小人争智而让过。〕如彼筑室于道谋，是用不溃于成。〔溃，遂也。如当路筑室，得人而与之谋所为，路人之意不同，故不得遂成也。〕不敢暴虎，不敢冯（píng）河，人知其一，莫知其他。〔冯，凌也。人皆知暴虎冯河立至之害，而无知当畏慎小人能危亡己也。〕

《小宛》，大夫刺幽王也。

温温恭人，〔温温，和柔貌。〕如集于木。〔恐坠也。〕惴惴小心，如临于谷。〔恐陨。〕战战兢兢，如履薄冰。〔衰乱之世，贤人君子，虽无罪，犹恐惧也。〕

《小弁》，刺幽王也。太子之傅作焉。

踧（cù）踧周道，鞫为茂草。〔踧踧，平易貌。周道，周室之通道也。鞫，穷也。〕我心忧伤，惄（nì）焉如捣。假寐永叹，维忧用老。心之忧矣，疢（chèn）如疾首。〔惄，思也。捣，心疾也。不脱冠衣而寐曰假寐。疢，犹病也。〕维桑与梓，必恭敬止。〔父之所树，己尚不敢不恭敬也。〕靡瞻匪父，靡依匪母。不属于毛，不离于里？〔此言人无不瞻仰其父取法则者，无不依恃其母以长大者。今我太子独不受父之皮肤之气乎？不处母之胞胎乎？何曾无恩于我也。〕无逝我梁，无发我笱。〔逝，之也。之人梁，发人笱，此必有盗鱼之罪，以言褒姒以淫色来嬖（bì）于王，盗我太子母子之宠也。〕我躬不阅，遑恤我后。〔念父孝也。念父孝者，太子念王将受谗言不

止，我死之后，惧复有被谗者。无如之何，故自决云。身尚不能得自容，何暇乃忧我死之后乎。〕

《巧言》，刺幽王也。大夫伤于谗而作是诗。

乱之初生，僭始既涵。〔僭，不信也。涵，同也。王之初生乱萌，群臣之言，信与不信，尽同之不别。〕乱之又生，君子信谗。〔君子斥在位者，信谗人言，是复乱之所生。〕君子信盗，乱是用暴。〔盗，谓小人。〕盗言孔甘，乱是用餤(tán)。〔餤，进也。〕

《巷伯》，刺幽王也。寺人伤于谗而作是诗。〔巷伯，奄官。寺人，内小臣。〕

萋兮斐兮，成是贝锦。〔兴也。萋斐，文章貌。贝锦，锦文。兴者，喻谗人集作己过，以成于罪，犹女工之集采色成锦文也。〕彼谮人者，亦已太甚。〔太甚者，谓使己得重罪。〕取彼谮人，投畀豺虎。豺虎不食，投畀有北。〔北方寒凉而不毛也。〕有北不受，投畀有昊。〔昊，昊天也。与昊天使制其罪也。〕

《谷风》，刺幽王也。天下俗薄，朋友道绝焉。

习习谷风，维风及雨。〔兴也。风雨相感，朋友相须。风而有雨，则润泽行。喻朋友同志，则恩爱成。〕将恐将惧，维予与汝。〔将，且也。恐，惧。喻遭厄难也。〕将安将乐，汝转弃予。〔汝今已志达而安乐，而弃恩忘旧，薄之甚也。〕忘我大德，思我小怨。〔大德，切磋以道，相成之谓也。〕

《蓼莪》(lù é)，刺幽王也。民人劳苦，孝子不得终养尔。

蓼蓼者莪，匪莪伊蒿。〔兴也。蓼蓼，长大貌也。莪已蓼蓼长大，我视之反谓之蒿。兴者，喻忧思心不精识其事也。〕哀哀父母，生我劬劳。〔哀哀者，恨不得终养父母，报其生长己之苦也。〕无父何怙(hù)？无母何恃？出则衔恤，入则靡至。〔恤，忧也。孝子之心，怙恃父母，依依然以为不可斯须无也。出门则思之忧，旋入门又不见，如入无所至也。〕父兮生我，母兮鞠我。拊我畜我，长我育我，顾我复我，出入腹我。〔鞠，养也。顾，旋视也。复，反覆也。腹，怀抱。〕欲报之德，昊天罔极。〔之，犹是也。我欲报父母是德，昊天乎，我心无极也。〕

《北山》，大夫刺幽王也。役使不均，己劳于从事而不得养其父母焉。

溥天之下，莫非王土。率土之滨，莫非王臣。〔此言王之土地广大矣，王之臣又众矣，何求而不得，何使而不行乎。〕大夫不均，我从事独贤。

〔贤,劳也。〕或燕燕以居息,〔燕燕,安息貌也。〕或尽瘁以事国。〔尽力劳病,以从国事。〕或息偃在床,或不已于行。〔不已,犹不止也。〕或栖迟偃仰,或王事鞅掌。〔鞅,犹荷也。掌,谓捧持之也,负荷捧持以趋走,言促遽也。〕或耽乐饮酒,或惨惨畏咎。〔咎,犹罪过。〕

《青蝇》,大夫刺幽王也。

营营青蝇,止于樊。〔兴也。营营,往来貌。樊,藩也。兴者,蝇之为虫,污白使黑,污黑使白,喻谗佞之人变乱善恶也。止于藩,欲外之,令远物也。〕恺悌君子,无信谗言。〔恺悌,乐易也。〕营营青蝇,止于棘。谗人罔极,交乱四国。〔极,犹已也。〕

《宾之初筵》,卫武公刺时也。幽王荒废,媟近小人,饮酒无度,天下化之。君臣上下,沉湎淫液。武公既入,而作是诗也。〔淫液者,饮酒时情态也。言武公入者,入为王卿士也。〕

宾之初筵,温温其恭。〔温温,和柔也。〕其未醉止,威仪反反。曰既醉止,威仪幡幡。舍其坐迁,屡舞仙仙。〔反反,言重慎也。幡幡,失威仪也。仙仙,舞也。此言宾初即筵之时,自敕戒以礼,至于旅酬,而小人之态出也。〕宾既醉止,载号载呶(náo)。乱我笾豆,屡舞僛僛。是曰既醉,不知其邮。侧弁之俄,屡舞傞(suō)傞。〔号呶,号呼欢呶也。僛僛,儛不能自正也。傞傞,不止也。邮,过也。侧,倾也。俄,倾貌也。〕

《采菽》,刺幽王也。侮慢诸侯,诸侯来朝,不能锡命以礼,数征会之,而无信义,君子见微而思古焉。

采菽采菽,筐之筥之。〔菽,所以芼大牢而待君子也。〕君子来朝,何锡与之。虽无与之,路车乘马。〔君子,谓诸侯也。赐诸侯以车马,言虽无与之,尚以为薄也。〕

《角弓》,父兄刺幽王也。不亲九族而好谗佞,骨肉相怨,故作是诗也。

骍骍角弓,翩其反矣。〔兴也。骍骍,调和也。不善绁檠(xiè qíng)巧用,则翩然而反。兴者,喻王与九族不以恩礼御待之,则使之多怨心。〕兄弟婚姻,无胥远矣。〔胥,相也。骨肉之亲,当相亲无相疏远。相疏远则以亲亲之望,易以成怨也。〕尔之远矣,民胥然矣。尔之教矣,民胥效矣。〔尔,汝。尔,幽王也。胥,皆也。言王汝不亲骨肉,则天下之人皆如斯。汝之教令,无善无恶,所尚者天下之人皆学之。言上之化下,不可不慎也。〕

《菀柳》，刺幽王也。暴虐而刑罚不中，诸侯皆不欲朝，言王者之不可朝事也。

有菀者柳，不尚息焉。〔尚，庶几也。有菀然枝叶茂盛之柳，行路之人，岂有不庶几欲就之止息乎？兴者，喻王有盛德，则天下皆庶几愿往朝焉。忧今不然也。〕俾予靖之，后予极焉〔靖，谋也。俾，使也。极，诛也。假使我朝王，王留我使我谋政事；王信逸，不察功考绩，后反诛放我。是言王刑罚不中，不可朝事。〕

《隰桑》，刺幽王也。小人在位，君子在野。思见君子，尽心以事之也。

隰桑有阿，其叶有难。〔隰中之桑，枝条阿然长美，其叶又茂盛，可以庇荫人。兴者，喻时贤人君子，不用而野处，有覆养之德也。〕既见君子，其乐如何？〔思在野之君子，而得见其在位，我喜乐无度也。〕心乎爱矣，遐不谓矣？中心藏之，何日忘之？〔遐，远也。谓，勤也。藏，善也。我心爱此君子，虽远在野，岂能不勤思之乎？我心善此君子，又诚不能忘也。〕

《白华》，周人刺幽后也。幽王娶申女以为后，又得褒姒而黜申后。故下国化之，以妾为妻，以孽代宗，而王弗能治。〔申，姜姓之国。孽，支庶也。宗，嫡子也。王不能治，己不能正故也。〕

英英白云，露彼菅茅。〔英英，白云貌。白云下露，养彼可以为菅之茅。使与白华之菅，可相乱易，犹天之下妖气生褒姒，使申后见黜也。〕天步艰难，之子不犹。〔步，行也。犹，图也。天行此艰难之妖久矣，王不图其变之所由。昔夏之衰，有二龙之妖，卜藏其漦（lí），周厉王发而观之，化为玄鼋。童女遇之，当宣王之时而生女，惧而弃之。后褒人有狱而入之幽王，幽王嬖之，是谓褒姒。〕鼓钟于宫，声闻于外。〔王失礼于内，而下国闻知而化之，王弗能治，如鸣钟鼓于宫中，而欲使外人不闻，亦不可得。〕念子懆（cǎo）懆，视我迈迈。〔迈迈，不悦也。言申后之忠于王也。念之懆懆然，欲谏正之，王反不悦于其所言。〕

《何草不黄》，下国刺幽王也。四夷交侵，中国背叛，用兵不息，视民如禽兽。君子忧之，故作是诗也。

何草不黄，何日不行。〔用兵不息，军旅自岁始草生而出，至岁晚矣，何草而不黄乎？草皆黄矣，于是间将率何日不行乎？言常行劳苦甚也。〕何人不将，经营四方。〔言万民无不从役者也。〕匪兕匪虎，率彼旷野。〔兕虎，野兽也。旷，空也。兕虎者，以比战士也。〕哀我征夫，朝夕不暇。

·大 雅·

《文王》，文王受命作周也。〔受命，受天命而王天下，制立周邦。〕

文王在上，於昭于天。〔在上，在民上也。於，叹辞也。昭，见。文王初为西伯，有功于民，其德著见于天，故天命之以为王也。〕周虽旧邦，其命惟新。〔乃新在文王也。〕济济多士，文王以宁。〔济济，多威仪也。〕商之孙子，其丽不亿。上帝既命，侯于周服。〔丽，数也。商之孙子，其数不徒亿，多言之也。至天已命文王之后，乃为君于周之九服之中，言众之不如德也。〕侯服于周，天命靡常。〔则见天命之无常也。无常者，善则就之，恶则去之。〕殷士肤敏，祼（guàn）将于京。〔殷士，殷侯也。肤，美也。敏，疾也。祼，灌鬯也。将，行也。殷之臣壮美而敏，来助周祭也。〕

《大明》，文王有明德，故天复命武王也。〔二圣相承，其明德日广大，故曰大明也。〕

明明在下，赫赫在上。〔明明，察也。文王之德，明明在于下，故赫赫然著见于天。〕天难忱斯，不易维王。天位殷嫡，使不挟四方。〔忱，信也。挟，达也。天意难信矣，不可改易者天子也。今纣居王位，而又殷之正嫡，以其为恶，乃绝弃之。使教令不行于四方，四方共叛之，是天命无常，唯德是与耳。〕维此文王，小心翼翼。昭事上帝，聿怀多福。厥德不回，以受方国。〔回，违也。小心翼翼，恭慎貌也。聿，述也。怀，思也。方国，四方来附者也。〕

《思齐》，文王所以圣也。〔言其非但天性，德有所由成也。〕

思齐大任，文王之母。思媚周姜，京室之妇。〔齐，庄也。媚，爱也。周姜，大姜。京室，王室也。常思庄敬者，太任也，乃为文王之母。又常思爱大姜之配大王之礼，以为京室之妇。言其德行纯备，以生圣子。〕大姒嗣徽音，则百斯男。〔大姒，文王之妃也。大姒十子，众妾则宜百子也。徽，美也。嗣大任之美音，谓续行其善教令。〕刑于寡妻，至于兄弟，以御于家邦。〔刑，法也。寡妻，寡有之妻，言贤也。御，治也。文王以礼法接待其妻，至于其宗族，以此又能为政，治于家邦。〕

《灵台》，民始附也。文王受命，而民乐其有灵德以及鸟兽昆虫焉。〔文王受命，而作邑于丰，立灵台也。〕

经始灵台，经之营之。庶民攻之，不日成之。〔文王应天命，度始灵台之基趾，营表其位，众民则筑作，不设期日而成之。言说文王之德，劝其事，忘己劳也。〕经始勿亟，庶民子来。〔亟，急也。经始灵台之基趾，非有急成之意，众民各以子成父事，而来攻之。〕

《行苇》，忠厚也。周家忠厚，仁及草木，故能内睦于九族，外尊事黄耇，养老乞言，以成其福禄焉。〔乞言，从求善言可以为政者也。〕

敦彼行苇，羊牛勿践履。方苞方体，维叶泥泥。〔敦，聚貌也。行，道也。叶初生泥泥然。苞，茂也。体，成形也。敦敦然道旁之苇，牧羊牛者，无使蹈履折伤之。草物方茂盛，以其终将为人用。故周之先王，为此爱之，况于其人乎。〕黄耇台背，以引以翼。〔台之言鲐也。大老，则背有鲐文也。既告老人，及其来也，以礼引之，以礼翼之。在其前曰引，在其旁曰翼也。〕寿考维祺，以介景福。〔祺，吉。介，助也。养老人而得吉，所以助大福也。〕

《假乐》，嘉成王也。

假乐君子，显显令德。宜民宜人，受禄于天。〔假，嘉也。宜民宜人，宜安民、宜官人也。天嘉乐成王有光光之善德，安民官人，皆得其宜，以受福禄于天也。〕干禄百福，子孙千亿。穆穆皇皇，宜君宜王。〔宜君王天下也。干，求也。成王行显显之令德，求禄得百福。其子孙亦勤行而求之，得禄千亿。故或为诸侯，或为天子，言皆相勖以道也。〕不愆不忘，率由旧章。〔愆，过也。率，循也。成王之令德不过误，不遗失，循用旧典之文章，谓周公之礼法。〕

《民劳》，召穆公刺厉王也。

民亦劳止，汔(qì)可小康。惠此中国，以绥四方。〔汔，几也。康、绥，皆安也。惠，爱也。今周民疲劳矣，王几可小安之乎？爱此京师之人，以安天下。京师者，诸夏之根本也。〕

《板》，凡伯刺厉王也。

上帝板板，下民卒瘅(dàn)。出话不然，为犹不远。〔板，反也。上帝，以称王者。瘅，病也。话，善言也。犹，谋也。王为政反先王与天之道，天下民尽病，其出善言而不行之也。以此为谋，不能远图，不知祸之将至也。〕犹之不远，是用大谏。〔王之谋不能图远，用是故我大谏王也。〕介人维藩，太师维垣。大邦维屏，大宗为翰。〔介，善也。藩，屏也。垣，墙也。翰，干也。太师，三公也。大邦，成国诸侯也。大宗，王之同姓，世嫡子也。王当用公卿、诸侯及宗室之贵者，为藩屏垣干，为辅弼，无疏远之也。〕怀德维宁，宗子维城。无俾城坏，无独斯畏。〔怀，和也。斯，离也。和汝德，无行酷暴之政，以安汝国，以是为宗子之城，使免于难。宗子城坏，则乖离，而汝独居而畏矣。宗子，嫡子也。〕

《荡》，召穆公伤周室大坏也。厉王无道，天下荡荡，无纲纪文章，故作是诗也。

荡荡上帝，下民之辟。〔上帝，以托君王也。辟，君也。荡荡，言法度废坏之貌也。厉王乃以此居人上，为天下之君，言其无可则像之甚也。〕疾威上帝，其命多僻。〔疾，病人矣。威，罪人矣。疾病人者，重赋敛也。威罪人者，峻刑法也。其政教又多邪僻，不由旧章也。〕天生烝民，其命匪谌。靡不有初，鲜克有终。〔天之生此众民，其教道之，非当以诚信使之忠厚乎？今则不然，民始皆庶几于善道，后更化于恶俗也。〕既愆尔止，靡明靡晦。式号式呼，俾昼作夜。〔使昼为夜也。愆，过也。汝既过于沉湎矣，又不为明晦有止息也。醉则号呼相效，用昼日作夜，不视政事也。〕文王曰咨，咨汝殷商。匪上帝不时，殷不用旧。〔此言纣之乱，非其生不得其时，乃不用先王之故法之所致也。〕虽无老成人，尚有典刑。〔老成人，谓若伊尹、伊陟、臣扈之属也，虽无此臣，犹有常事故法可案用。〕曾是莫听，大命以倾。〔莫，无也。朝廷君臣，皆任喜怒，曾无用典刑治事者，以至诛灭也。〕殷鉴不远，在夏后之世。〔此言殷之明镜不远也。近在夏后之世，谓汤诛桀也。后武王诛纣，今之王何以不用为戒乎。〕

《抑》，卫武公刺厉王也，亦以自警也。

无竞维人，四方其训之。有觉德行，四国顺之。〔无竞，竞也。训，教也。觉，直也。竞，强也。人君为政，无强于得贤人。得贤人，则天下教化于其俗。有大德行，则天下顺从其政。言在上所以倡道之。〕敬慎威仪，维民之则。〔则，法也。〕慎尔出话，敬尔威仪，无不柔嘉。〔话，善言也，谓教令也。〕白圭之玷，尚可磨也。斯言之玷，不可为也。〔玷，缺也。斯，此也。玉之玷缺尚可磨镳(㦲)而平，人君政教一失，谁能反复之也。〕

《桑柔》，芮伯刺厉王也。〔芮伯，王卿士也。〕

忧心殷殷，念我土宇。我生不辰，逢天僤（dàn）怒。自西徂东，靡所定处。〔宇，居也。僤，厚也。此士卒从军，久不息，劳苦自伤之言也。〕人亦有言，进退维谷。〔谷，穷也。前无明君，却迫罪役，故穷也。〕维此良人，弗求弗迪。维彼忍心，是顾是复。〔迪，进也。良，善也。国有善人，王不求索，不进用之。有忍为恶之心者，王反顾念而重复之，言其忽贤者爱小人也。〕大风有隧，贪人败类。听言则对，诵言如醉。〔类，犹等夷也。贪恶之人，见道听之言，则应答之。见诵诗书之言，则眠卧如醉。君居上位，而行如此，人或效之也。〕

《云汉》，仍叔美宣王也。宣王承厉王之烈，内有拨乱之志，遇灾而惧，侧身修行，欲消去之，天下喜于王化复行，百姓见忧，故作是诗也。〔仍叔，周大夫也。〕

倬（zhuō）彼云汉，昭回于天。〔云汉，谓天河也。昭，光也。倬然，天河水气也。精光转运于天，时旱渴雨，故宣王夜仰视天河，望其候也。〕王曰於乎！何辜今之人？天降丧乱，饥馑荐臻。〔荐，重也。臻，至也。辜，罪也。王忧旱而嗟叹云："何罪与今时天下之人，天仍下旱灾，亡乱之道，饥馑之害，复重至也。"〕靡神不举，靡爱斯牲。圭璧既卒，宁莫我听。〔靡、莫，皆无也。言王为旱之故，求于群神，无不祭也。无所爱于三牲也，礼神之圭璧，又已尽矣。曾无听聆我之精诚，而兴云雨者与？〕

《崧高》，尹吉甫美宣王也。天下复平，能建国，亲诸侯，褒赏申伯焉。〔尹吉甫、申伯，皆周之卿士也。〕

维岳降神，生甫及申。维申及甫，维周之翰。〔翰，干也。申，申伯也。甫，甫侯也。皆以贤知人，为周之桢干之臣也。〕申伯之德，柔惠且直。揉此万邦，闻于四国。〔揉，顺也。四国，犹言四方也。〕

《烝民》，尹吉甫美宣王也。任贤使能，周室中兴焉。

天生烝民，有物有则。〔天之生众民，莫不好有美德之人也。〕天监有周，昭假于下。保兹天子，生仲山甫。〔监，视也。假，至也。天视周室之政教，其光明乃至于下，谓及于众民也。天安爱此天子宣王，故生仲山甫使佐也。〕仲山甫之德，柔嘉维则。令仪令色，小心翼翼。〔嘉，美也。令，善也。善威仪，善颜色，容貌翼翼然，恭敬也。〕肃肃王命，仲山甫将之。邦国若否，仲山甫明之。〔将，行也。若，顺也。顺否犹臧否，谓善恶也。〕既明且哲，以保其身。夙夜匪懈，以事一人。〔夙，早也。匪，非也。一人，斥天子也。〕人亦有言，柔则茹之，刚则吐之。维仲山甫，柔亦不茹，刚亦不吐。不侮鳏寡，不畏强御。人亦有言，德輶(yóu)如毛，民鲜克举之。我仪图之，〔輶，轻也。仪，匹也。人之言云，德甚轻。然而众人寡能独举之以行者，言政事易耳。人不能行者，无其志也。我与伦匹图之，而未能为也。〕维仲山甫举之。〔仲山甫能独举是德而行之。〕衮职有阙，维仲山甫补之。〔王之职有缺，辄能补之者，仲山甫也。〕

《瞻卬》，凡伯刺幽王大坏也。

瞻卬昊天，降此大厉。〔昊天，斥王也。厉，恶也。〕邦靡有定，士民其瘵(zhài)。〔瘵，病也。〕人有土田，汝反有之。人有民人，汝覆夺之。〔此言王削黜诸侯及卿大夫无罪者也。覆，犹反也。〕此宜无罪，汝反收之。彼宜有罪，汝覆说之。〔收，拘收也。说，放赦也。〕哲夫成城，哲妇倾城。〔哲，谓多谋虑也。城，犹国也。〕懿厥哲妇，为枭为鸱(chī)。〔懿，有所痛伤之声也。枭鸱，恶声之鸟也。喻褒姒之言无善也。〕妇有长舌，维厉之阶。乱匪降自天，生自妇人。匪教匪诲，时维妇寺。〔寺，近也。长舌，喻多言语也。今王之有此乱政，非从天而下，但从妇人出耳。又非有人教王为乱，语王为恶者，是维近爱妇人，用其言，是故致乱也。〕如贾三倍，君子是识。妇无公事，休其蚕织。〔妇人无与外政，虽王后犹以蚕织为事。识，知也。贾而有三倍之利者，小人所宜知也。而君子反知之，非其宜也。今妇人休其蚕桑织纴之事，而与朝廷之事，其为非宜，亦犹是也。〕不吊不祥，威仪不类。人之云亡，邦国殄瘁。〔吊，至也。王之为政，德不能至于天矣，不能致征祥于神矣，威仪又不善于朝廷矣。贤人皆言奔亡，则天下邦国将尽困病也。〕

· 周　颂 ·

《清庙》，祀文王也。周公既成雒邑，朝诸侯，率以祀文王焉。〔清庙者，祭有清明之德者之宫也。谓祭文王也。天德清明，文王象也，故祭之而歌此诗也。〕

於穆清庙，肃雍显相。〔於，叹之辞也。穆，美也。肃，敬也。雍，和。相，助也。显，光也。於乎美哉，周公之祭清庙也，其礼敬且和，又诸侯有光明著见之德者来助祭之也。〕济济多士，秉文之德，对越在天。〔对，配也。越，于也。济济之众士，皆执行文王之德，文王精神已在天矣。犹配顺其素行，如生存焉。〕

《振鹭》，二王之后来助祭也。〔二王，夏、殷也。其后，杞、宋也。〕

振鹭于飞，于彼西雍。我客戾止，亦有斯容。〔兴也。振，群飞之貌也。鹭，白鸟也。雍，泽也。客，二王之后也。白鸟集于西雍之泽，言所集得其处也。兴者，喻杞、宋之君有洁白之德，来助祭于周之庙，得礼之宜也。其至止亦有此容，言威仪之善，如鹭鸟然也。〕

《雍》，禘(dì)大祖也。〔禘，大祭。大祖，谓文王。〕

有来雍雍，至止肃肃。相维辟公，天子穆穆。〔相，助也。雍雍，和也。肃肃，敬也。有是来时雍雍然，既至而肃肃然者，乃助王禘祭，百辟与诸侯也。天子是时穆穆然，言得天下之欢心也。〕

《有客》，微子来见于祖庙也。〔微子代殷后，既受命来朝见之也。〕

有客有客，亦白其马。〔殷尚白也。〕

《敬之》，群臣进戒嗣王也。

敬之敬之！天维显思，命不易哉！无曰高高在上，陟降厥士，日监在兹。〔显，光也。监，视也。群臣见王，谋即政之事，故因此时戒之曰：敬之哉！敬之哉！天乃光明，去恶与善，其命吉凶，不变易也。无谓天高又高，在上远人而不畏也。天上下其事，谓转运日月，施其所行，日视瞻近在此也。〕

·鲁 颂·

《閟宫》，颂僖公之能复周公之宇也。〔宇，居也。〕

王曰叔父，建尔元子，俾侯于鲁。大启尔宇，为周室辅。〔王，成王也。元，首也。宇，居也。成王告周公叔父："我立汝首子，使为君于鲁。"谓欲封伯禽也，以为周公后也。大开汝居，以为周家辅，谓封以方七百里也。〕乃命鲁公，俾侯于东。赐之山川，土田附庸。〔既告周公，乃策命伯禽，使为君于东，加赐之以山川土田及附庸，令专统之也。〕

· 商　颂 ·

《长发》，大禘也。〔大禘，郊祭天也。〕

汤降不迟，圣敬日跻。昭假迟迟，上帝是祗，帝命式于九围。〔不迟，言疾也。跻，升也。九围，九州也。降，下也。假，暇也。祗，敬也。式，用也。汤之下士尊贤甚疾，其圣敬之德日进，然而能以其聪明，宽暇天下之人迟迟然，言其急于己而缓于人也。天用是故爱敬之，天于是又命之，使用事于天下，言王之。〕不竞不绿（qiú），不刚不柔。敷政优优，百禄是遒。〔绿，急也。优优，和也。遒，聚也。〕

《殷武》，祀高宗也。

天命降监，下民有严。不僭不滥，不敢怠遑。命于下国，封建厥福。〔不僭不滥，赏不僭，刑不滥也。封，大也。遑，暇也。天命乃下视，下民有严显之君，能明德慎罚，不敢怠惰自暇于政事者，则命之于小国，以为天子。大立其福，谓命汤使由七十里王天下也〕。商邑翼翼，四方之极〔商邑，京师也。极，中也。商邑之礼俗，翼翼然可则效，乃四方之中正也。〕

卷四 《春秋左氏传》治要（上）

【春秋】 相传为左丘明 撰

【原缺】

卷五 《春秋左氏传》治要（中）

【导读】

左丘明（约公元前502—约前422），春秋末期鲁国都君庄（今山东省肥城市石横镇东衡鱼村）人，姓丘，名明，因其父任左史官，故称左丘明。

左丘明出身的家族世代为史官，据有鲁国以及其他封侯各国大量的史料，依《春秋》著成了中国古代第一部记事详细、议论精辟的编年史《左传》，又写作了现存最早的一部国别史《国语》。为历来史家所崇奉。

《左传》重记事，《国语》重记言。

《左传》与《公羊传》《穀梁传》合称"春秋三传"。全书共三十五卷，是儒家经典之一。记述范围从鲁隐公元年（公元前722）至鲁哀公二十七年（公元前468）东周前期二百五十四年间各国政治、经济、军事、外交和文化方面的重要事件和重要人物，《史记·十二诸侯年表》说："鲁君子左丘明惧弟子人人异端，各安其意，失其真，故因孔子史记具论其语，成《左氏春秋》。"

《隋书·经籍志》："《春秋》者，鲁史策书之名。昔成周微弱，典章沦废，鲁以周公之故，遗制尚存。仲尼因其旧史，裁而正之，或婉而成章，以存大顺，或直书其事，以示首恶。故有求名而亡，欲盖而彰，乱臣贼子，于是大惧。其所褒贬，不可具书，皆口授弟子。弟子退而异说，左丘明恐失其真，乃为之传。"

《左传》是研究中国先秦历史很有价值的文献，也是优秀的散文著作。

《左传》的思想观点和政治倾向是站在儒家立场上的，在叙事中或叙事结束后直接引入议论，对事件或人物作出道德评价，有明显的思想倾向。

《左传》还暴露丑恶，褒扬美善，歌颂爱国情怀。如弦高犒师，申包胥哭秦庭，齐鲁夹谷之会，等等。

魏徵在编撰《群书治要》时，依进谏需要，节录《左传》中记载有关诸侯国执政集团内部为夺权位、君臣父子兄弟之间互相火并的丑行，肯定齐桓公、晋文公因能任贤而成霸业的事迹和歌颂管仲、子产、晏婴等政治家高风亮节等内容的篇章。事实上，魏徵向太宗的谏言和奏疏反复地引用《左传》的故事去提醒唐太宗以史为鉴。

·宣 公·

二年，郑公子归生伐宋，宋华元御之。将战，华元杀羊食士，其御羊斟不与。及战，曰："畴昔之羊，子为政；〔畴昔，犹前日也。〕今日之事，我为政。"与入郑师，故败。

晋灵公不君，〔失君道。〕厚敛以雕墙，〔雕，画也。〕从台上弹人，而观其避丸也。宰夫胹（ér）熊蹯（fán）不熟，杀之，寘诸畚，使妇人载以过朝。〔畚，笤属。〕赵盾、士季患之。将谏，士季曰："谏而不入，则莫之继也。会请先，不入则子继之。"三进，及溜，而后视之，〔士季，随会也。三进，三伏，公不省而又前也。公知欲谏，故佯不视。〕曰："吾知所过矣，将改之。"稽首而对曰："人谁无过？过而能改，善莫大焉。《诗》曰：'靡不有初，鲜克有终。'夫如是，则能补过者鲜矣。君能有终，则社稷之固也，岂唯群臣赖之。"犹不改。宣子骤谏，公患之，使鉏麑（chú ní）贼之。〔鉏麑，力士。〕晨往，寝门辟矣。盛服将朝，尚早，坐而假寐。〔不解衣冠而睡。〕麑退，叹而言曰："不忘恭敬，民之主也。贼民之主，不忠；弃君之命，不信。有一于此，不如死。"触槐而死。〔槐，赵盾庭树。〕晋侯饮赵盾酒，伏甲将攻之。其右提弥明知之，〔右，车右。〕趋登曰："臣侍宴，过三爵，非礼。"遂扶以下。公嗾（sǒu）夫獒焉，明搏而杀之。〔獒，猛犬也。〕盾曰："弃人用犬，虽猛何为！"〔责公不养士，而更以犬为己用也。〕斗且出。赵穿攻灵公于桃园。〔穿，赵盾之从父昆弟子。〕宣子未出山而复。〔晋境之山也，盾出奔，闻公弑而还。〕大史书曰："赵盾杀其君。"以示于朝。宣子曰："不然。"对曰："子为正卿，亡不越境，反不讨贼，非子而谁？"孔子曰："董狐，古之良史也，书法不隐。〔不隐盾之罪。〕赵宣子，古之良大

夫也，为法受恶。"〔善其为法屈也。〕

三年，楚子伐陆浑之戎，遂至于雒，观兵于周疆。定王使王孙满劳楚子。〔王孙满，周大夫。〕楚子问鼎之大小轻重焉。〔示欲逼周取天下也。〕对曰："在德不在鼎。昔夏之方有德也，〔禹之世也。〕远方图物，〔图画山川奇异之物而献之。〕贡金九牧，〔使九州之牧贡金。〕铸鼎象物，〔象所图物。〕使民知神奸。〔图鬼神百物之形，使民逆备之。〕故民入川泽山林，魑魅罔两，〔魑，山神。魅，怪物。罔两，水神也。〕莫能逢之。〔逢，遇。〕用能协于上下，以承天休。〔民无灾害，则上下和而受天佑。〕桀有昏德，鼎迁于商。商纣暴虐，鼎迁于周。德之休明，虽小，重；〔不可迁。〕其奸回昏乱，虽大，轻也。〔言可移。〕天祚明德，有所底止。〔底，致。〕周德虽衰，天命未改，鼎之轻重，未可问也。"

四年，楚子灭若敖氏。其孙箴尹克黄〔箴尹，官名。克黄，子文孙也。〕使于齐，还，及宋，闻乱。其人曰："不可以入矣。"箴尹曰："弃君之命，独谁受之？君，天也，天可逃乎？"遂归复命，自拘于司败。王思子文之治楚国也，曰："子文无后，何以劝善？"使复其所。

十一年，楚子伐陈，〔十年，夏徵舒弑君也。〕谓陈人无动，将讨于少西氏矣。〔少西，徵舒之祖，子夏之名。〕遂入陈，杀夏徵舒，因县陈。〔灭陈以为楚县。〕申叔时使于齐，反，复命而退。王使让之曰："夏徵舒为不道，弑其君，寡人以诸侯讨而戮之，诸侯县公皆庆寡人，〔楚县大夫皆僭称公。〕汝独不庆寡人，何故？"对曰："夏徵舒弑其君，其罪大矣，讨而戮之，君之义也。抑人亦有言曰：'牵牛以蹊人之田〔抑，辞也。蹊，径也。〕而夺之牛。'牵牛以蹊者，信有罪矣，而夺之牛，罚已重矣。诸侯之从也，曰讨有罪也。今县陈，贪其富也。以讨召诸侯，而以贪归之，无乃不可乎？"王曰："善哉！吾未之闻也。反之，可乎？"对曰："可哉！吾侪小人所谓取诸其怀而与之也。"〔叔时谦言，小人意浅，谓譬如取人物于其怀而还之，为愈于不还也。〕乃复封陈。

十二年，晋师救郑，及河，闻郑既及楚平。桓子欲还，〔桓子，林父。〕随武子曰："善。〔武子，士会也。〕会闻用师，观衅而动。〔衅，罪也。〕德、刑、政、事、典、礼，不易，不可敌也。楚君讨郑，怒其贰而哀其卑，叛而伐之，服而舍之，德刑成矣。伐叛，刑也；柔服，德也。二者立矣。昔岁入陈，〔讨徵舒。〕今兹入郑，民不罢劳，君无怨讟（dú），〔讟，谤也。〕政有经矣。〔经，常也。〕商农工贾，不败其业，而卒乘辑睦，〔步曰卒，车曰乘。〕事不奸矣。〔奸，犯也。〕艿（wěi）敖为宰，择楚国之令典，〔宰，令尹。艿敖，孙叔敖。〕百官象物而动，军政不戒而备，〔物，犹类也。戒，敕令也。〕能用典矣。其君之举也，内姓选于亲，外姓选于旧，〔言亲疏并用也。〕举不失德，赏不失劳，君子小人，物有服章，〔尊卑别也。〕贵有常尊，贱有等威，〔威仪有等差也。〕礼不逆矣。德立刑行，政成事时，典从礼顺，若之何敌之？见可而进，知难而退，军之善政也。兼弱攻昧，武之善经也。〔昧，昏乱也。经，法。〕子姑整军而经武乎？〔姑，且。〕犹有弱而昧者，何必楚。"彘子曰："不可。〔彘子，先縠（hú）。〕成师以出，闻敌强而退，非夫也。"〔非丈夫。〕师遂济。楚子北师次于管。〔荥阳有管城。〕郑皇戌使如晋师，曰："楚师骤胜而骄，其师老矣，子击之，楚师必败。"栾武子〔武子，栾书。〕曰："楚自克庸以来，〔在文十六年。〕其君无日不讨国人而训之，〔讨，治也。〕于民生之不易，祸至之无日，戒惧之不可怠。〔于，曰也。〕在军，无日不讨军实而申儆之，〔军实，军器。〕于胜之不可保，纣之百克，而卒无后。箴之曰：'民生在勤，勤则不匮。'不可谓骄。〔箴，诫也。〕先大夫子犯有言，曰：'师直为壮，曲为老。'我不德而徼怨于楚，我曲楚直，不可谓老。〔不德，谓以力争诸侯也。徼，要也。〕郑不可从。"楚人遂疾进师，乘晋军。桓子不知所为，鼓于军中曰："先济者有赏。"中军、下军争舟，舟中之指可掬。潘党曰："君盍筑武军，〔筑军营以彰武功也。〕而收晋尸，以为京观？〔积尸封土其上，谓之京观。〕臣闻克敌必示子孙，以无忘武功。"楚子曰："非尔所知也。夫文，止戈为武。〔文，字也。〕武王克商，作《颂》曰：'载戢干戈，载櫜（gāo）弓矢。'〔戢，藏也。櫜，韬也。诗美武王能灭暴乱而息兵也。〕夫武，禁暴、戢兵、保大、定功、安民、和众、丰财者也，〔此武七德也。〕故使子孙无忘其章。〔著之篇章，使子孙不忘也。〕今我使二国曝骨，暴矣；观兵以威诸侯，兵不戢矣。暴而不戢，安能保大？犹有晋在，焉得定功？所违民欲犹多，民何安焉？无德而强争诸侯，何以和众？利人之几，〔几，危也。〕而安人之乱，以为己荣，何以丰财？〔兵动则年荒。〕武有七德，我无一焉，何以示子孙？其为先君宫，告成事而已。〔祀先君，告战胜。〕武，非吾功也。古者，明王伐不敬，取其鲸鲵而封之，以为大戮，于是乎有京观，以惩淫慝。〔鲸鲵，大鱼名也。以喻不义之人，吞食小国也。〕今罪无所,〔晋罪无所犯。〕而民皆尽忠以死君命,又可以为京观乎?"晋师归,桓子请死,晋侯欲许之。士贞子谏曰:"不可。〔贞子,士渥浊。〕城濮之役,晋师三日谷,〔在僖二十八年。〕文公犹有忧色。左右曰:'有喜而忧,如有忧而喜乎?'〔言忧喜失时也。〕公曰:'得臣犹在,忧未歇也。〔歇,尽也。〕困兽犹斗,况国相乎!'及楚杀子玉,〔子玉,得臣也。〕公喜而后可知也,〔喜见于颜色也。〕曰:'莫余毒也已。'是晋再克,而楚再败也。楚是以再世不竞。〔成王至穆王也。〕今天或者大警晋也,而又杀林父以重楚胜,其无乃久不竞乎?林父之事君也,进思尽忠,退思补过,社稷之卫也,若之何杀之?夫其败也,如日月之食,何损于明?"晋侯使复其位。〔言晋景所以不失霸也。〕

【重点句解读】

民生在勤,勤则不匮。

广大人民的生存条件和生活来源是通过辛勤劳动、不懈创造得到的;只有这样,生存生活的资源才能满足需要。

"勤"是我们中华民族核心的美德之一。不论官、吏、军、民,士、农、工、商各阶层,无一不崇尚勤奋。"天道酬勤"!"勤"使我们能自立于世界民族之林,创造了灿烂瑰丽、无与伦比的历史和文化。

自中华人民共和国成立以来,中国人民在中国共产党领导之下,以"勤"的精神,在千疮百孔的废墟上建立起社会主义国家,数亿人走出了极贫困境,过上了小康、富裕的生活。

"勤"是力量、是智慧、是进步、是文明、是人类达到理想王国的根本举措。

习近平总书记在多种场合和文章里引用了这句话,勉励人们在新的历史时期建设中国特色社会主义,要继承发扬中华民族这一优良传统,为实现中华民族伟大复兴而努力奋斗。

楚子伐萧,申公巫臣曰:"师人多寒。"王巡三军,拊而勉之。〔拊,抚,慰勉之。〕三军之士,皆如挟纩(kuàng)。〔纩,绵也。言悦以忘寒。〕

十五年，楚子伐宋，宋人告急于晋。晋侯欲救之。伯宗曰："不可。〔伯宗，晋大夫。〕古人有言曰：'虽鞭之长，不及马腹。'〔言非所击。〕天方授楚，未可与争。虽晋之强，能违天乎？谚曰：'高下在心，〔度时制宜也。〕川泽纳污；〔受污浊也。〕山薮藏疾，〔山之有林薮，毒害者所居。〕瑾瑜匿瑕。'〔匿，亦藏也。虽美玉之质，亦或居藏瑕秽。〕国君含垢，天之道也，〔晋侯耻不救宋，故伯宗为说小恶不损大德之喻也。〕君其待之。"〔待楚衰也。〕乃止。使解扬如宋，使无降楚，曰："晋师悉起，将至。"郑人囚而献楚，楚子厚赂之，使反其言，不许，三乃许之。登诸楼车，使呼宋人而告之。〔楼车，车上望橹。〕遂致其君命。楚子将杀之，使与之言曰："尔既许不穀而反之，何故？非我无信，汝则弃之，速即尔刑。"对曰："臣闻之，君能制命为义，臣能承命为信。义无二信，〔欲为义者，不行两信。〕信无二命。〔欲行信者，不受二命。〕君之赂臣，不知命也。受命以出，有死无陨，〔陨，废队也。〕又可赂乎？臣之许君，以成命也。〔成君命。〕死之成命，臣之禄也。寡君有信臣，〔己不废命也。〕下臣获考，〔考，成也。〕死又何求？"楚子舍之以归。

【重点句解读】

虽鞭之长，不及马腹。

即使马鞭很长，也不应该抽打到马肚子上（否则马会跳起来摔下骑马之人）。

此句后演化为成语"鞭长莫及"。意思是说，想做某事，但自力不足。或距离太远，虽有能力，受条件限制而不能做。

这一成语告诉我们，凡做事要根据实际情况，拥有的资源，自身的能力，踏踏实实，量力而行，不要好高骛远，想入非非。病樊哙敌不过楚霸王，黑旋风读不了《三字经》，就是这个道理。所以，我们奋斗的终极目标是建成共产主义社会，实现世界大同。但目前，仍处于社会主义的初级阶段，万里长征的第一步，就需要不止不歇，自力更生，艰苦奋斗，去争取更大的胜利。

潞子婴儿之夫人，晋景公之姊也。酆（fēng）舒为政而杀之，又伤潞子之目。〔酆舒，潞相。〕晋侯将伐之，诸大夫皆曰："不可。酆舒有三俊才，〔俊，绝异也。〕不如待后之人。"伯宗曰："必伐之。狄有五罪，俊才虽多，何补焉？不祀，一也；耆酒，二也；弃仲章而夺黎氏之地，三也；〔仲章，潞贤人。黎氏，黎侯国。〕虐我伯姬，四也；伤其君目，五也。怙其俊才，而不以茂德，兹益罪也。后之人或者将敬奉德义，以事神人，而申固其命，〔审政令。〕若之何待之？不讨有罪，曰'将待后'，后有辞而讨焉，无乃不可乎？夫恃才与众，亡之道也。商纣由之，故灭。天反时为灾，〔寒暑易节。〕地反物为妖，〔群物失性。〕民反德为乱。乱则妖灾生，尽在狄矣。"晋侯从之。夏，晋荀林父败赤狄于曲梁，灭潞。晋侯赏桓子狄臣千室，〔千家也。〕亦赏士伯以瓜衍之县，〔士伯，士贞子。〕曰："吾获狄土，子之功也。微子，吾丧伯氏矣。"〔伯，桓子字也。〕羊舌职悦是赏也，〔职，叔向父。〕曰："《周书》所谓'庸庸祗祗'者，谓此物也夫？〔庸，用也。祗，敬也。言文王能用可用，敬可敬也。〕士伯庸中行伯，〔言中行伯可用。〕君信之，亦庸士伯，此之谓明德矣。文王所以造周，不是过也。率是道也，其何不济？"

十六年，晋侯命士会将中军，且为太傅，于是晋国之盗逃奔于秦。羊舌职曰："吾闻之，禹称善人，〔称，举也。〕不善人远，此之谓也。夫善人在上，则国无幸民。谚曰：'民之多幸，国之不幸。'是无善人之谓也。"

·成 公·

二年，卫侯使孙良夫侵齐，与齐师遇，师败。仲叔于奚救孙桓子，桓子是以免。既，卫人赏之以邑，〔赏于奚也。〕辞，请曲县，〔轩县也。〕繁缨以朝，许之。〔繁缨，马饰，皆诸侯之服也。〕仲尼闻之，曰："惜也，不如多与之邑！唯器与名，不可以假人。〔器，车服也。名，爵号也。〕君之所司也，政之大节也，若以假人，与人政也。政亡，则国家从之，不可止也已。"

宋文公卒，始厚葬，用蜃炭，益车马，始用殉，〔烧蛤为炭，以塞圹（yì kuàng）。多埋车焉，用人从葬也。〕重器备。〔重，犹多也。〕君子谓："华元、乐举，于是乎不臣。臣，治烦去惑者也，是以伏死而争。今二子者，

君生则纵其惑,〔谓文十八年杀母弟须。〕死则益其侈,是弃君于恶也,何臣之为?"〔若言何用为臣。〕

楚之讨陈夏氏也,〔在宣十一年。〕庄王欲纳夏姬。申公巫臣谏曰:"不可。君召诸侯,以讨罪也;今纳夏姬,贪其色也。贪色为淫,淫为大罚。《周书》曰:'明德慎罚。'若兴诸侯,以取大罚,非慎之也。君其图之!"王乃止。

六年,晋栾书救郑,与楚师遇于绕角。〔绕角,郑地。〕楚师还,晋师遂侵蔡。楚公子申、公子成以申、息之师救蔡。赵同、赵括欲战,请于武子,武子将许之。知庄子、〔荀首。〕范文子、〔士燮。〕韩献子〔韩厥。〕谏曰:"不可。吾来救郑,楚师去我,吾遂至于此,〔此蔡地。〕是迁戮也。戮而不已,又怒楚师,战必不克,〔迁戮不义,怒敌难当,故不克也。〕虽克不令。成师以出,而败楚二县,何荣之有焉?〔六军悉出,故曰成师。以大胜小,不足为荣也。〕若不能败,为辱已甚,不如还也。"乃遂还。于是军帅之欲战者众。或谓栾武子曰:"圣人与众同欲,是以济事。子盍从众?〔盍,何不。〕子之佐十一人,〔六军之卿佐也。〕其不欲战者,三人而已,〔知、范、韩也。〕欲战者,可谓众矣。《商书》曰:'三人占,从二人。'众故也。"武子曰:"善钧,从众。〔钧等。〕夫善,众之主也。三卿为主,可谓众矣。〔三卿,皆晋之贤人。〕从之,不亦可乎?"〔传善栾书得从众之义也。〕

八年,晋侯使韩穿来言汶阳之田归之于齐。季文子饯之,〔饯,送行饮酒也。〕私焉,〔私与之言。〕曰:"大国制义以为盟主,是以诸侯怀德畏讨,无有贰心。谓汶阳之田,敝邑之旧也,而用师于齐,使归诸敝邑。〔用师,鞌之战也。〕今有二命,曰:'归诸齐。'信以行义,义以成命,小国所望而怀也。信不可知,义无所立,四方诸侯,其谁不解体?〔言不复肃敬于晋也。〕《诗》曰:'女也不爽,士贰其行。士也罔极,二三其德。'〔爽,差也。极,中也。妇人怨丈夫不一其行也。喻鲁事晋,犹女之事夫,不敢过差。而晋有罔极之心,反二三其德也。〕七年之中,一与一夺,二三孰甚焉!士之二三,犹丧配耦,而况霸主乎?将德是以,〔以,用也。〕而二三之,其何以长有诸侯乎?"

晋讨赵同、赵括,武从姬氏畜于公室,〔赵武,庄姬之子。庄姬,晋成公女也。畜,养也。〕以其田与祁奚。韩厥言于晋侯曰:"成季之勋,宣孟之忠，〔成季，赵衰。宣孟，赵盾。〕而无后，为善者其惧矣！三代之令王，皆数百年，保天禄。夫岂无僻王，赖前哲以免也。〔言三代亦有邪僻之君，但赖其先人以免祸耳。〕《周书》曰：'不敢侮鳏寡。'所以明德也。"〔言文王不侮鳏寡，而德益明，欲使晋侯之法文王。〕乃立武，而反其田焉。

十六年，楚子救郑，司马将中军。〔子反也。〕过申，子反入见申叔时，〔叔时老在申也。〕曰："师其何如？"对曰："德、刑、详、义、礼、信，战之器也。〔器，犹用也。〕德以施惠，刑以正邪，详以事神，义以建利，礼以顺时，信以守物。上下和睦，周旋不逆。〔动顺理也。〕是以神降之福，时无灾害。民生敦厐（páng），和同以听，〔敦，厚。厐，大。〕莫不尽力以从上命，此战之所由克也。今楚内弃其民，〔不施惠也。〕而外绝其好，〔义不建利。〕渎齐盟，〔不详事神。〕而食话言，〔信不守物。〕奸时以动，〔不顺时，妨农业。〕而疲民以逞，〔刑不正邪，而苟快意。〕民不知信，进退罪也。子其勉之！吾不复见子矣。"〔言其必败，不反也。〕

晋楚遇于鄢陵，范文子不欲战，郤至曰："韩之战，惠公不振旅；〔众散败也，在僖十五年。〕邲（bì）之师，荀伯不复从。〔荀林父奔走，不复故道也。在宣十二年。〕皆晋之耻也。子亦见先君之事矣。〔见先君成败之事。〕今我避楚，又益耻也！"文子曰："吾先君之亟战也有故。〔亟，数也。〕秦、狄、齐、楚皆强，不尽力，子孙将弱。今三强服矣，〔齐、秦、狄也。〕敌楚而已。唯圣人能外内无患，自非圣人，外宁必有内忧，〔骄亢则忧患生。〕盍释楚以为外惧乎？"

·襄 公·

三年，祁奚请老，〔老，致仕。〕晋侯问嗣焉。〔嗣，续其职者。〕称解狐，其仇也，将立之而卒。〔解狐卒也。〕又问焉，对曰："午也可。"〔午，祁奚子。〕于是羊舌职死矣，晋侯曰："孰可以代之？"对曰："赤也可。"〔赤，职之子伯华。〕于是使祁午为中军尉，羊舌赤佐之。〔各代其父。〕君子谓："祁奚于是能举善矣。称其仇，不为谄；立其子，不为比；举其偏，不为党。〔偏，属也。〕能举善也！夫唯善，故能举其类也。"

晋侯之弟扬干，乱行于曲梁，〔行，陈次也。〕魏绛戮其仆。〔仆，御。〕晋侯怒，谓羊舌赤曰："合诸侯以为荣也，扬干为戮，何辱如之？必杀魏绛，无失之也。"对曰："绛无贰志，事君不避难，有罪不逃刑，其将来辞，何辱命焉？"言终，魏绛至，授仆人书，〔仆人，晋侯御仆。〕将伏剑。士鲂（fáng）、张老止之。公读其书曰："日君乏使，使臣斯司马。〔斯，此也。〕臣闻'师众以顺为武，〔顺，莫敢违。〕军事有死无犯为敬'。〔守官行法，虽死不敢有违。〕君合诸侯，臣敢不敬乎？君师不武，执事不敬，罪莫大焉。臣惧其死，以及扬干，无所逃罪。〔惧自犯不武不敬之罪也。〕不能致训，至于用钺。〔用钺，斩扬干之仆也。〕臣之罪重，敢有不从，以怒君心？〔言不敢不从戮。〕请归死于司寇。"公跣而出，曰："寡人之言，亲爱也；吾子之讨，军礼也。寡人有弟，弗能教训，使干大命，寡人之过也。子无重寡人之过，〔听绛死，为重过。〕敢以为请。"〔请使无死。〕反役，使佐新军。

四年，无终子嘉父使孟乐如晋，〔无终，山戎国名也。〕因魏庄子纳虎豹之皮，以请和诸戎。〔欲戎与晋和。庄子，魏绛。〕晋侯曰："戎狄无亲而贪，不如伐之。"魏绛曰："诸侯新服，陈新来和，将观于我，我德则睦，否则携贰。劳师于戎，而楚伐陈，必不能救，是弃陈也，诸华必叛。〔诸华，中国。〕戎，禽兽也。获戎失华，无乃不可乎？昔周辛甲之为太史也，命百官，官箴王阙。〔辛甲，周武王太史也。阙，过也。使百官各为箴辞，戒王过也。〕于《虞人之箴》〔虞人，掌田猎者〕曰：'茫茫禹迹，画为九州，〔茫茫，远貌。画，分也。〕经启九道。〔启开九州之道。〕民有寝庙，兽有茂草。各有攸处，德用不扰。〔人神各有所归，故德不乱也。〕在帝夷羿，冒于原兽，〔冒，贪也。〕忘其国恤，而思其麀（yōu）牡。〔言但念猎。〕武不可重，〔重，犹数。〕用不恢于夏家。〔羿以好武，虽有夏家，而不能恢大之也。〕兽臣司原，敢告仆夫。'〔兽臣，虞人也。告仆夫，不敢斥尊也。〕《虞箴》如是，可不惩乎？"于是晋侯好田，故魏绛及之。〔及后羿事也。〕公曰："然则莫如和戎乎？"对曰："和戎有五利焉：戎狄荐居，贵货易土，〔荐，聚也。易，犹轻也。〕土可贾焉，一也；边鄙不耸，民狎其野，穑人成功，二也；〔耸，惧也。狎，习也。〕戎狄事晋，四邻振动，诸侯威怀，三也；以德绥戎，师徒不勤，甲兵不顿，四也；〔顿，坏也。〕鉴于后羿，而用德度，〔以后羿为鉴戒。〕远至迩安，五也。君其图之！"公悦，使魏绛盟诸戎，修民事，田以时。〔言晋侯能用善谋也。〕

九年，秦景公使乞师于楚，将以伐晋，楚子许之。子囊曰："不可。当今吾不能与晋争也。晋君类能而使之，〔随所能也。〕举不失选，〔得所选也。〕官不易方。〔方，犹宜也。〕其卿让于善，〔让胜己者。〕其大夫不失守，〔各任其职也。〕其士竞于教，〔奉上命也。〕其庶人力于农穑。〔种曰农，收曰穑。〕商工皂隶，不知迁业。〔四民不杂也。〕君明臣忠，上让下竞。〔尊官相让，劳职力竞。〕当是时也，晋不可敌，事之而后可，君其图之！"

冬，诸侯伐郑。〔郑从楚也。〕郑人行成。〔与晋成也。〕

十一年，诸侯复伐郑。郑人赂晋侯以师触、师蠲(juān)，〔触、蠲，皆乐师名。〕歌钟二肆，〔肆，列也。悬钟十六为一肆。〕女乐二八。〔十六人也。〕晋侯以乐之半赐魏绛，曰："子教寡人和诸戎狄以正诸华，〔在四年。〕八年之中，九合诸侯，如乐之和，无所不谐。〔谐亦和也。〕请与子乐之。"〔共此乐也。〕辞曰："夫和戎狄，国之福也。八年之中，九合诸侯，诸侯无慝，君之灵也，二三子之劳也，臣何力之有焉？抑臣愿君安其乐而思其终也。"公曰："子之教，敢不承命？抑微子，寡人无以待戎，〔待遇接纳。〕不能济河。〔度河南服郑。〕夫赏，国之典也，不可废也，子其受之。"魏绛于是乎始有金石之乐，礼也。〔礼，大夫有功则赐乐。〕

十三年，晋侯蒐(sōu)于绵上以治兵，〔为将命军帅也。〕使士匄(gài)将中军，辞曰："伯游长。〔伯游，荀偃。〕昔臣习于知伯，是以佐之，非能贤也，〔七年，韩厥老，知罃(yīng)代将中军，士匄佐之，匄今将让，故谓尔时之举，不以己贤也。〕请从伯游。"荀偃将中军，〔代荀罃。〕士匄佐之。〔位如故。〕使韩起将上军，辞以赵武。又使栾黡(yǎn)，〔以武位卑，故不听，更命黡也。〕辞曰："臣不如韩起，韩起愿上赵武，君其听之！"使赵武将上军，〔武自新军超四等。〕韩起佐之；〔位如故也。〕栾黡将下军，魏绛佐之。〔黡亦如故，绛自新军佐超一等。〕晋国之民，是以大和，诸侯遂睦。君子曰："让，礼之主也。范宣子让，其下皆让；栾黡为汰，弗敢违也。晋国以平，数世赖之。刑善也夫！〔刑，法也。〕一人刑善，百姓休和，可不务乎？世之治也，君子尚能而让其下，〔能者在下位，则贵尚而让之。〕小人农力以事其上，是以上下有礼，而逸慝黜远，由不争也，谓之懿德。及其乱也，君子称其功以加小人，〔加，陵也。君子，在位者也。〕小人伐其技以冯君子，〔冯，亦陵也，自称其能为伐。〕是以上下无礼，乱虐并生，由争善也，〔争自善也。〕谓之昏德。国家之弊，恒必由之。"〔传言晋之所以兴也。〕

十四年，卫献公戒孙文子、宁惠子食，〔敕戒二子，欲共宴食。〕日旰不召，〔旰，晏也。〕而射鸿于囿。二子怒。公使子蟜（jiǎo）、子伯、子皮，与孙子盟于丘宫，孙子皆杀之。〔三子，卫群公子也。〕公出奔齐，师旷侍于晋侯，〔师旷，子野。〕晋侯曰："卫人出其君，不亦甚乎？"对曰："或者其君实甚。良君养民如子，盖之如天，容之如地。民奉其君，爱之如父母，仰之如日月，敬之如神明，畏之如雷霆，其可出乎？夫君，神之主，而民之望也。若困民之主，匮神之祀，百姓绝望，社稷无主，将安用之？弗去何为？天生民而立之君，使司牧之，勿使失性。有君而为之二，〔二，卿佐。〕使师保之，勿使过度，<u>善则赏之</u>，〔赏，谓宣扬之也。〕<u>过则匡之</u>，〔匡，正。〕<u>患则救之</u>，〔救其难也。〕<u>失则革之</u>。自王以下，各有父兄子弟，以补察其政。〔补其愆过，察其得失。〕史为书，〔谓大史君举必书。〕瞽为诗，〔为诗以风刺。〕工诵箴谏，〔工，乐人也。诵箴谏之辞。〕大夫规诲，〔规正谏诲其君。〕士传言，〔闻君过失，传告大夫。〕庶人谤，〔庶人不与政，闻君过，得从而诽谤。〕商旅于市，〔旅，陈也。陈其货物以示时所贵尚也。〕百工献艺。〔献其伎艺，以喻政事也。〕天之爱民甚矣，岂其使一人肆于民上，〔肆，放也。〕以从其淫，而弃天地之性？必不然矣。"〔传言师旷能因问尽言也。〕

【重点句解读】

善则赏之，过则匡之，患则救之，失则革之。

表扬好的，纠正错误，拯救患难，改正过失。

这是一个人修身养性、惠及他人、干好事业的一大原则。我们在整个学习、工作、生活中，不仅要继承、发扬中华民族的优良传统，也要表扬、宣传好人好事，使之影响更多的人。

在纠正自己过错的同时，独善其身是不够的，还要尽力帮助其他有过错但一时还认识不到的人；对溺水之人援之以手是无量功德；救人于危难，拯之于困厄，是一个人高尚情操的体现；去误纠偏，才能使我们的事业向着正确的方向顺利、健康的发展。

十五年，宋人或得玉，献诸子罕。子罕不受。献玉者曰："以示玉人，〔玉人，能治玉者。〕玉人以为宝也，故敢献之。"子罕曰："我以不贪为宝，尔以玉为宝，若以与我，皆丧宝也，不若人有其宝。"稽首而告曰："小人怀璧，不可以越乡，〔言必为盗所害。〕纳此以请死。"〔请免死。〕子罕置诸其里，使玉人为之攻之，〔攻，治也。〕富而后使复其所。〔卖玉得富。〕

二十一年，邾（zhū）庶其以漆、闾丘来奔。〔庶其，邾大夫也。〕季武子以公姑姊妻之，皆有赐于其从者。于是鲁多盗。季孙谓臧武仲曰："子盍诘盗？"〔诘，治也。〕武仲曰："不可诘也，纥又不能。"季孙曰："子为司寇，将盗是务去，若之何不能？"武仲曰："子召外盗而大礼焉，何以止吾盗？〔吾，谓国中也。〕子为正卿，而来外盗，使纥去，将何以能？庶其窃邑于邾以来，子以姬氏妻之，而与之邑，〔使食漆、闾丘也。〕其从者皆有赐焉。若大盗，礼焉以君之姑姊，与其大邑，其次皂牧舆马，〔给其贱役，从皂至牧。〕其小者衣裳剑带，是赏盗也。赏而去之，其或难焉。纥也闻之，在上位者，洒濯其心，一以待人，轨度其信，可明征也，〔征，验也。〕而后可以治人。夫上之所为，民之归也。上所不为，而民或为之，是以加刑罚焉，而莫敢不惩。若上之所为，而民亦为之，乃其所也，又可禁乎？"

晋栾盈出奔楚，宣子杀羊舌虎，〔栾盈之党。〕囚叔向。乐王鲋见叔向曰："吾为子请！"叔向不应。〔乐王鲋（fù），晋大夫乐桓子。〕其人皆咎，叔向曰："必祁大夫。"〔祁大夫，祁奚。〕室老闻之，曰："乐王鲋言于君无不行，求救吾子，吾子不许。祁大夫所不能也，何为也？"叔向曰："祁大夫外举不弃仇，内举不失亲，其独遗我乎？《诗》曰：'有觉德行，四国顺之。'〔言德行直则天下顺也。〕夫子觉者也。"〔觉，较然正直。〕晋侯问叔向之罪于乐王鲋，对曰："不弃其亲，其有焉。"〔言叔向笃亲亲，必与叔虎同谋。〕于是祁奚老矣，〔老，去公族大夫。〕闻之，乘驲而见宣子，曰："《诗》云：'惠我无疆，子孙保之。'〔言文武有惠训之德，加于百姓，故子孙保赖之。〕夫谋而鲜过、惠训不倦者，叔向有焉，社稷之固也，犹将十世宥之，以劝能者。今一不免其身，〔一，以弟故。〕以弃社稷，不亦惑乎？鲧殛而禹兴，〔言不以父罪废其子也。〕管、蔡为戮，周公右王。〔言兄弟罪不相及也。〕若之何其以虎也弃社稷乎？子为善，谁敢不勉，多杀何为？"宣子悦，与之乘，以言诸公而免之。〔共载入见公也。〕不见叔向

而归,〔言为国,非私叔向也。〕叔向亦不告免焉而朝。〔不告谢之,明不为己。〕

二十三年,孟孙恶臧孙,季孙爱之。孟孙卒,臧孙入,哭甚哀,多涕。出,其御曰:"孟孙之恶子也,而哀如是。季孙若死,其若之何?"臧孙曰:"季孙之爱我,疾疢(chèn)也;〔志相顺从,身之害。〕孟孙之恶我,药石也。〔志相违戾,犹药石疗疾。〕美疢不如恶石。夫石犹生我,〔愈己疾也。〕疢之美,其毒滋多。孟孙死,吾亡无日矣。"

二十五年,齐棠公之妻,东郭偃之姊也。〔棠公,齐棠邑大夫。〕棠公死,武子取之。〔武子,崔杼。〕庄公通焉,骤如崔氏,崔杼杀庄公。晏子立于崔氏之门外,〔闻难而来。〕其人曰:"死乎?"曰:"独吾君也乎哉?吾死也。"〔言己与众臣无异也。〕曰:"行乎?"曰:"吾罪也乎哉?吾亡也。"〔自谓无罪。〕曰:"归乎?"曰:"君死安归?〔言安可以归也。〕君民者,岂以陵人?社稷是主;臣君者,岂为其口实?社稷是养。〔言君不徒居民上,臣不徒求禄,皆为社稷也。〕故君为社稷死,则死之;为社稷亡,则亡之。〔谓以公义死亡也。〕若为己死,而为己亡,非其私昵,谁敢任之?"〔私昵,所亲爱也。非所亲爱,无为当其祸。〕门启而入,枕尸股而哭,〔以公尸枕己股。〕兴,三踊而出。

晋程郑卒,子产始知然明。〔前年,然明谓程郑将死,今如其言,故知之。〕问为政,对曰:"视民如子,见不仁者,诛之,如鹰鹯(zhān)之逐鸟雀也。"子产喜,以语子大叔,且曰:"他日吾见蔑之面而已,〔蔑,然明名。〕今吾见其心矣。"

二十六年,初,楚伍参与蔡太师子朝友,其子伍举与声子相善。〔声子,子朝子也。伍举,椒举也。〕伍举奔晋,声子通使于晋。还如楚,令尹子木与之语,曰:"晋大夫与楚孰贤?"对曰:"晋卿不如楚,其大夫则贤,皆卿才也。如杞、梓、皮革,自楚往也。〔杞、梓,皆木名也。〕虽楚有材,晋实用之。"〔言楚亡臣多在晋。〕子木曰:"夫独无族姻乎?"〔夫,谓晋也。〕对曰:"虽有,而用楚材实多。归生闻之,〔归生,声子名也。〕曰:'善为国者,赏不僭而刑不滥。'赏僭,则惧及淫人;刑滥,则惧及善人。若不幸而过,宁僭无滥;与其失善,宁其利淫。无善人,则国从之。〔从,亡也。〕《诗》曰:'人之云亡,邦国殄瘁。'无善人之谓也。故《夏书》曰:'与其杀不辜,宁失不经。'惧失善也。〔逸书也。不经,不用常法。〕古之治民者，劝赏而畏刑，〔乐行赏，而惮用刑也。〕恤民不倦，赏以春夏，刑以秋冬。〔顺天时。〕是以将赏，为之加膳，加膳则饫（yù）赐。〔饫，厌也。酒食赐下，无不餍足，所谓加膳也。〕此以知其劝赏也；将刑，为之不举，不举则彻乐，〔不举盛馔也。〕此以知其畏刑也；夙兴夜寐，朝夕临政，此以知其恤民也。三者，礼之大节也。有礼无败。今楚多淫刑，其大夫逃死于四方，而为之谋主，以害楚国，不可救疗，所谓不能也。〔疗，治也。所谓楚人不能用其材也。〕子仪之乱，析公奔晋，〔在文十四年。〕晋人以为谋主。绕角之役，楚师宵溃。楚失华夏，则析公之为也。雍子之父兄谮雍子，君与大夫不善是也。〔不是其曲直。〕雍子奔晋，晋人以为谋主。彭城之役，楚师宵溃，晋降彭城而归诸宋。〔在元年。〕楚失东夷，则雍子之为也。〔楚东小国，见楚不能救彭城，皆叛也。〕子反与子灵争夏姬，〔子灵，巫臣。〕子灵奔晋，晋人以为谋主。通吴于晋，教吴叛楚，楚疲于奔命，至今为患，则子灵之为也。〔事见成七年。〕若敖之乱，伯贲之子贲皇奔晋，晋人以为谋主。鄢陵之役，〔在成十六年。〕楚师大败，王夷师熸（jiān）。〔夷，伤也。吴楚之间谓火灭为熸。〕郑叛吴兴，楚失诸侯，则苗贲皇之为也。"子木曰："是皆然矣。"声子曰："今又有甚于此者。椒举娶于申公子牟，子牟得戾而亡，君大夫谓椒举：'汝实遣之！'惧而奔郑，今在晋矣。晋人将与之县，以比叔向。〔以举才能比叔向。〕彼若谋害楚国，岂不为患？"子木惧，言诸王，益其禄爵而复之。

二十七年，宋向戌欲弭诸侯之兵，为会于宋。将盟于宋西门之外，楚人衷甲。〔甲在衣中，欲因会击晋。〕伯州犁曰："合诸侯之师，以为不信，无乃不可乎？夫诸侯望信于楚也，是以来服。若不信，是弃其所以服诸侯也。"固请释甲。子木曰："晋楚无信久矣，事利而已。苟得志焉，焉用有信？"大宰退，〔大宰，伯州犁。〕告人曰："令尹将死矣，不及三年。求逞志而弃信，志其逞乎？信亡，何以及三？"〔明年，子木死也。〕赵孟患楚衷甲，以告叔向。叔向曰："何害也？匹夫一为不信，犹不可也，若合诸卿，以为不信，必捷矣，非子之患也。夫以信召人，而以僭济之，〔济，成。〕必莫之与也，安能害我！子何惧焉？"

宋左师请赏，曰："请免死之邑。"〔欲宋君称功加厚赏，故谦言免死之邑。〕公与之邑六十。以示子罕，子罕曰："凡诸侯小国，晋、楚所以兵威之。畏而后上下慈和，慈和而后能安靖其国家，以事大国，所以存也。

无威则骄，骄则乱生，乱生必灭，所以亡也。天生五材，〔金、木、水、火、土也。〕民并用之，废一不可。谁能去兵？兵之设久矣，所以威不轨而昭文德。圣人以兴，〔谓汤、武。〕乱人以废。〔谓桀、纣。〕废兴存亡，昏明之术，皆兵之由也。而子求去之，不亦诬乎？以诬道蔽诸侯，罪莫大焉。纵无大讨，而又求赏，无厌之甚也！"削而投之。〔削赏左师之书。〕左师辞邑。

二十九年，吴公子札来聘，见叔孙穆子，曰："子其不得死乎？〔不得以寿死也。〕好善而不能择人。吾子为鲁宗卿，而任其大政，不慎举，何以堪之？祸必及子焉。"〔昭四年，竖牛作乱。〕

三十年，楚公子围杀大司马芳掩而取其室。申无宇曰："王子必不免。善人，国之主也。王子相楚国，将善是封殖，而虐之，是祸国也。且司马，令尹之偏，〔偏，佐也。〕而王之四体也。绝民之主，去身之偏，刈王之体，以祸其国，无不祥大焉！何以得免！"〔为昭十三年弑灵王传。〕

郑子皮授子产政，子产使都鄙有章，〔国都及边鄙、车服尊卑，各有分部也。〕上下有服，〔公卿大夫服不相逾。〕田有封洫，〔封，疆也。洫，沟也。〕庐井有伍。〔庐，舍也。九夫为井，使五家相保也。〕大人之忠俭者，〔谓卿大夫。〕从而与之；泰侈者，因而毙之。从政一年，舆人诵之曰："取我衣冠而褚之，〔褚，畜也。奢侈者畏法，故畜藏也。〕取我田畴而伍之。孰杀子产，吾其与之！"〔并畔为畴。〕及三年，又诵之曰："我有子弟，子产诲之。我有田畴，子产殖之。〔殖，生也。〕子产而死，谁其嗣之？"〔嗣，续也。〕

三十一年，郑人游于乡校，〔校，学之名也。〕以论执政。〔论其得失。〕然明谓子产曰："毁乡校，如何？"〔患人于中谤议国政。〕子产曰："何为？夫人朝夕退而游焉，以议执政之善否。其所善者，吾则行之；其所恶者，吾则改之。是吾师也，若之何毁之？我闻忠善以损怨，〔为忠善，则怨谤息也。〕不闻作威以防怨。〔欲毁乡校，即作威也。〕岂不遽止，然犹防川也。〔遽，畏惧也。〕大决所犯，伤人必多，吾不克救也。不如小决使道，〔道，通。〕不如吾闻而药之。"〔以为己药石。〕然明曰："蔑也今而后知吾子之信可事，小人实不才。若果行此，其郑国实赖之，岂唯二三臣？"仲尼闻是语也，曰："以是观之，人谓子产不仁，吾不信也。"

郑子皮欲使尹何为邑，〔为邑大夫。〕子产曰："少，未知可否？"〔尹何年少。〕子皮曰："愿，吾爱之，不吾叛也。〔愿，谨善也。〕使夫往而学焉，夫亦愈知治矣。"〔夫，谓尹何。〕子产曰："不可。人之爱人，求利之也。今吾子爱人，则以政，〔以政与之。〕犹未能操刀而使割也，其伤实多。〔多自伤。〕子之爱人，伤之而已，其谁敢求爱于子？子于郑国，栋也，栋折榱（cuī）崩，侨将厌焉，敢不尽言！子有美锦，不使人学制。〔制，裁。〕大官、大邑，身之所庇也，而使学者制焉。其为美锦，不亦多乎？〔言官邑之重，多于美锦。〕侨闻学而后入政，未闻以政学者也。若果行此，必有所害。譬如田猎，射御贯则能获禽，〔贯，习也。〕若未尝登车射御，则败绩厌覆是惧，何暇思获？"子皮曰："善哉！虎不敏。吾闻君子务知大者、远者，小人务知小者、近者。我小人也。衣服附在吾身，我知而慎之；大官、大邑，所以庇身也，吾远而慢之。〔慢，易。〕微子之言，吾不知也。他日，我曰：'子为郑国，我为吾家以庇焉，其可也。'今而后知不足。〔自知谋虑不足谋其家。〕自今，请虽吾家，听子而行。"子产曰："人心不同也，如其面焉。吾岂敢谓子面如吾面乎？抑心所谓危，亦以告也。"子皮以为忠，故委政焉。子产是以能为郑国。〔传言子产之治，乃子皮之力。〕

卫侯在楚，北宫文子见令尹围之威仪，言于卫侯曰："令尹似君矣，将有他志。〔言语瞻视，行步不常。〕虽获其志，不能终也。《诗》云：'靡不有初，鲜克有终。'终之实难，令尹其将不免乎？"公曰："何以知之？"对曰："《诗》云：'敬慎威仪，惟民之则。'令尹无威仪，民无则焉。民所不则，以在民上，不可以终。"公曰："善哉！何谓威仪？"对曰："有威而可畏谓之威，有仪而可象谓之仪。君有君之威仪，其臣畏而爱之，则而象之，故能有其国家，令闻长世。臣有臣之威仪，其下畏而爱之，故能守其官职，保族宜家。顺是以下，皆如是，是以上下能相固也。《卫诗》曰：'威仪棣棣，不可选也。'〔棣棣，富而闲也。选，犹数也。〕言君臣、上下、父子、兄弟、内外、大小皆有威仪也。《周书》数文王之德，〔逸书。〕曰：'大国畏其力，小国怀其德。'言畏而爱之也。《诗》云：'不识不知，顺帝之则。'言则而象之。〔言文王行事无所斟酌，唯在则象上天。〕纣囚文王七年，诸侯皆从之囚，可谓爱之矣。文王伐崇，再驾而降为臣，〔文王闻崇德乱而伐之，三旬不降，退修教而复伐之，因垒而降。〕蛮夷帅服，可谓畏之矣。文王之功，天下诵而歌舞之，可谓则之矣。文王之行，至今为法，可谓象之，有威仪也。故君子在位可畏，施舍可爱，进退可度，周旋可则，容止可观，作事可法，德行可象，声气可乐，动作有文，言语有章，以临其下，谓之有威仪也。"

卷六 《春秋左氏传》治要（下）

·昭 公·

元年，楚公子围会于虢，〔虢，郑邑也。〕寻宋之盟也。〔宋盟，在襄二十七年。〕晋祁午谓赵文子曰："宋之盟，楚人得志于晋。〔得志，谓先歃也。午，祁奚子也。〕今令尹之不信，诸侯之所闻也。子弗戒，惧又如宋。〔恐楚复得志也。〕楚重得志于晋，晋之耻也。吾子其不可以不戒！"文子曰："然宋之盟也，子木有祸人之心，武有仁人之心，是楚所以驾于晋也。〔驾，犹陵也。〕今武犹是心也，楚又行僭，〔僭，不信。〕非所害也。武将信以为本，循而行之。譬如农夫，是穮（biāo）是蓘（gǔn），〔穮，耘也。壅苗为蓘。〕虽有饥馑，必有丰年。〔言耕锄不以水旱息，必获丰年之收。〕且吾闻之，能信不为人下，吾未能也。〔自恐未能信也。〕《诗》曰：'不僭不贼，鲜不为则。'信也。〔僭，不信。贼，害人。〕能为人则者，不为人下矣。吾不能是难，楚不为患也。"

三年，齐侯使晏婴于晋，叔向从之宴，相与语。叔向曰："齐其何如？"〔问兴衰也。〕晏子曰："此季世也，齐其为陈氏矣！公弃其民，而归于陈氏。〔弃民，不恤之也。〕公聚朽蠹，而三老冻馁。〔三老，谓上寿、中寿、下寿，皆八十以上。〕国之诸市，屦（jù）贱踊贵。〔踊，刖足者屦也，言刖多也。〕民人痛疾，而或燠（yù）休之。〔燠休，痛念之声，谓陈氏也。〕其爱之如父母，而归之如流水，欲无获民，将焉避之？"叔向曰："然。虽吾公室，今亦季世也。庶人罢弊，而宫室滋侈。〔滋，益也。〕道殣相望，〔饿死为殣。〕而女富溢尤。〔女，嬖宠之家也。〕民闻公命，如逃寇仇。政在家门,〔大夫专政。〕民无所依。公室之卑,其何日之有?〔言今至也。〕谗鼎之铭〔谗,鼎名。〕曰:'昧旦丕显,后世犹怠。'〔昧旦,早起。丕,大也。言夙兴以务大显,后世犹懈怠。〕况日不悛(quān),〔悛,改也。〕其能久乎?晋之公族尽矣。肸(xī)闻之,公室将卑,其宗族枝叶先落,则公从之。"初,景公欲更晏子之宅,曰:"子之宅近市,湫隘嚣尘,不可以居,〔湫,下。隘,小也。嚣,声。尘,土也。〕请更诸爽垲(kǎi)者。"〔爽,明也。垲,燥也。〕辞曰:"君之先臣容焉,〔先臣,晏子之先人也。〕臣不足以嗣之,于臣侈矣。〔侈,奢也。〕且小人近市,朝夕得所求,小人之利也。"公笑曰:"子近市,识贵贱乎?"对曰:"既利之,敢不识乎?"公曰:"何贵何贱?"于是景公繁于刑,有鬻踊者,故对曰:"踊贵屦贱。"景公为是省于刑。君子曰:"仁人之言,其利博哉!晏子一言,而齐侯省刑。"

　　四年,楚子使椒举如晋求诸侯,晋侯欲勿许。司马侯曰:"不可。楚王方侈,天或者欲逞其心,以厚其毒而降之罚,未可知也。其使能终,亦未可知也。唯天所相,〔相,助也。〕不可与争。君其许之,而修德以待其归。若归于德,吾犹将事之,况诸侯乎?若适淫虐,楚将弃之,〔弃,不以为君也。〕吾又谁与争?"公曰:"晋有三不殆,其何敌之有?〔殆,危也。〕国险而多马,齐、楚多难。〔多篡弑之难也。〕有是三者,何乡而不济?"对曰:"恃险与马,虞邻国之难,是三殆也。四岳、〔岱、华、衡、常。〕三涂、阳城、太室、荆山、中南,九州之险也,是不一姓。〔虽是天下至险,无德则灭亡。〕冀之北土,〔燕、代也。〕马之所生,无兴国焉。恃险与马,不可以为固也,从古以然。是以先王务修德音,以亨神人,〔亨,通也。〕不闻其务险与马也。邻国之难,不可虞也。或多难以固其国,启其疆土;或无难以丧其国,失其守宇。〔于国则四垂为宇。〕若何虞难?齐有仲孙之难而获桓公,至今赖之;〔仲孙,公孙无知。〕晋有里、丕之难而获文公,是以为盟主;卫、邢无难,敌亦丧之。〔闵二年,狄灭卫;僖二十五年,卫灭邢。〕故人之难,不可虞也。恃此三者,而不修政德,亡于不暇,又何能济?君其许之!纣作淫虐,文王惠和,殷是以殒,周是以兴,夫岂争诸侯?"乃许楚子。合诸侯于申。椒举言于楚子曰:"臣闻诸侯无归,礼以为归。今君始得诸侯,其慎礼矣。霸之济否,在此会也。夏启有钧台之享,〔启,禹子。河南阳翟县南有钧台陂。〕商汤有景亳之命,〔亳,即偃师。〕周武有孟津之誓,成有岐阳之蒐,康有酆宫之朝,穆有涂山之会,齐桓有召陵之师,〔在僖四年。〕晋文有践土之盟。〔在僖二十八年。〕皆所以示诸侯礼也,诸侯所由用命也。夏桀为仍之会,有缗叛之。〔仍、缗,皆国名。〕商纣为黎之蒐,东夷叛之。〔黎、东夷,国名。〕周幽为大室之盟,戎狄叛之。〔大室,中岳也。〕皆所以示诸侯汏也,诸侯所由弃命也。今君以汏,无乃不济乎?"王弗听。子产见左师曰:"吾不患楚矣!汏而愎谏,不过十年。"左师曰:"然。不十年侈,其恶不远,远恶而后弃。〔恶及远方,则人弃之。〕善亦如之,德远而后兴。"〔十三年,楚弑其君。〕

五年,公如晋,自郊劳至于赠贿,〔往有郊劳,去有赠贿。〕无失礼。〔揖让之礼。〕晋侯谓汝叔齐曰:"鲁侯不亦善于礼乎?"对曰:"鲁侯焉知礼!"公曰:"何为?自郊劳及赠贿,礼无违者,何故不知?"对曰:"是仪也,不可谓礼。礼所以守其国家,行其政令,无失其民者也。今政令在家,〔在大夫。〕不能取也;有子家羁,不能用也;〔羁,庄公玄孙。〕奸大国之盟,凌虐小国;〔谓伐莒取郓。〕利人之难,〔谓往年莒乱而取鄫。〕不知其私;〔不自知有私难。〕公室四分,民食于他;〔他,谓三家。〕思莫在公,不图其终。〔无为公谋终始也。〕为国君,难将及身,不恤其所。礼之本末,将于此乎在,而屑屑焉习仪以亟。〔言以习仪为急。〕言善于礼,不亦远乎?"君子谓:"叔侯于是乎知礼。"〔时晋侯亦失政,叔齐以此讽谏。〕

晋韩宣子如楚送女,叔向为介。及楚,楚子朝其大夫曰:"晋,吾仇敌也。苟得志焉,无恤其他。今其来者,上卿、上大夫也。若吾以韩起为阍,〔刖足使守门也。〕以羊舌肸为司宫,〔加宫刑也。〕足以辱晋,吾亦得志矣,可乎?"大夫莫对。薳(wěi)启疆曰:"可。苟有其备,何故不可?耻匹夫不可以无备,况耻国乎?是以圣王务行礼,不求耻人。城濮之役,〔在僖二十八年。〕晋无楚备,以败于邲。〔在宣十二年。〕邲之役,楚无晋备,以败于鄢。〔在成十六年。〕自鄢以来,晋不失备,而加之以礼,重之以睦,〔君臣和也。〕是以楚弗能报,而求亲焉。既获姻亲,又欲耻之,以召寇仇,备之若何?〔言何以为备。〕谁其重此?〔言怨重也。〕若有其人,耻之可也。〔谓有贤人以敌晋,则可耻之。〕若其未有,君亦图之。晋之事君,臣曰可矣。求诸侯而麇(qún)至,〔麇,群也。〕求婚而荐女,〔荐,进。〕君亲送之,上卿及上大夫致之。犹欲耻之,君其亦有备矣。不然,奈何?君将以亲易怨,〔失婚姻之亲。〕实无礼以速寇,而未有其备,使群臣往遗之禽,以逞君心。何不可之有?"王曰:"不穀之过也。大夫无辱。"

〔谢蓬启疆。〕厚为韩子礼。

六年，郑人铸刑书。〔铸刑书于鼎，以为国之常法。〕叔向使诒子产书曰："昔先王议事以制，不为刑辟，惧民之有争心也。〔临事制刑，不豫设法。法豫设，则民知争端。〕犹不可禁御，是故闲之以义，〔闲，防也。〕纠之以政，行之以礼，守之以信，奉之以仁，〔奉，养也。〕制为禄位，以劝其从，〔劝从教也。〕严断刑罚以威其淫。〔淫，放也。〕惧其未也，故诲之以忠，耸之以行，〔耸，惧也。〕教之以务，〔时所急也。〕使之以和，〔悦以使民。〕临之以敬，莅之以强，〔施之于事为莅。〕断之以刚。〔义断恩也。〕犹求圣哲之上，明察之官，〔上，公王也。官，卿大夫也。〕忠信之长，慈惠之师，民于是乎可任使也，而不生祸乱。民知有辟，则不忌于上，〔权移于法，故民不畏上也。〕并有争心，以征于书，而侥幸以成之，〔因危文以生争，缘侥幸以成其巧伪也。〕弗可为矣。〔为，治也。〕夏有乱政而作《禹刑》，商有乱政而作《汤刑》，〔夏、商之乱，著禹、汤之法，言不能议事以制。〕周有乱政而作《九刑》。〔周之衰，亦为刑书，谓之九刑也。〕三辟之兴，皆叔世也。〔言刑书不起于始盛之世。〕今吾子相郑国，制参辟，铸刑书，〔制参辟，谓用三代之末法。〕将以靖民，不亦难乎？《诗》曰：'仪式刑文王之德，日靖四方。'〔言文王以德为仪式，故能日有安靖四方之功。刑，法也。〕又曰：'仪刑文王，万邦作孚。'〔言文王作仪法，为天下所信也。〕如是，何辟之有？〔言《诗》唯以德与信，不以刑。〕民知争端矣，将弃礼而征于书，〔以刑书为征。〕锥刀之末，将尽争之。〔锥刀末，喻小事。〕乱狱滋丰，贿赂并行，终子之世，郑其败乎！肸闻之：'国将亡，必多制。'〔数改法也。〕其此之谓乎！"复书〔复，报也。〕曰："若吾子之言。侨不才，不能及子孙，吾以救世也。"

晋韩宣子之适楚，楚人弗逆，公子弃疾及晋境，晋侯将亦弗逆。叔向曰："楚僻我衷，〔僻，邪。衷，正。〕若何效僻！《书》曰：'圣作则。'〔则，法也。〕无宁以善人为则，〔无宁，宁也。〕而则人之僻乎？匹夫为善，民犹则之，况国君乎？"晋侯悦，乃逆。

七年，楚子之为令尹也，为王旌以田。〔王旌，游至于轸。〕芋尹无宇断之曰："一国两君，其谁堪之？"及即位，为章华之宫，纳亡人以实之。无宇之阍入焉。〔有罪亡入章华宫。〕无宇执之，有司弗与，曰："执人于王宫，其罪大矣。"执而谒诸王。〔执无宇也。〕无宇辞曰："天子经略，〔经营天下，略有四海。〕诸侯正封，〔封疆有定分。〕古之制也。封略之内，何非君土？食土之毛，谁非君臣？〔毛，草也。〕天有十日，〔甲至癸。〕人有十等。〔王至台。〕下所以事上，上所以供神也。今有司曰'汝胡执人于王宫'，将焉执之？周文王之法曰'有亡。荒阅'，〔荒，大也。阅，搜也。有亡人，当大搜其众也。〕所以得天下也。吾先君文王，〔楚文王也。〕作《仆区》之法，〔仆区，刑书名。〕曰'盗所隐器，〔隐盗所得器。〕与盗同罪'，所以封汝也。〔行善法，故能启疆北至汝水也。〕若从有司，是无所执逃臣也。逃而舍之，王事无乃阙乎？昔武王数纣之罪以告诸侯曰：'纣为天下逋逃主，萃渊薮，〔萃，集也。天下逋逃，悉以纣为渊薮，集而归之。〕故夫致死焉。'〔人欲致死讨纣也。〕君王始求诸侯而则纣，无乃不可乎？若以二文之法取之，盗有所在矣。"〔言王亦为盗。〕王曰："取而臣以往，〔往，去也。〕盗有宠，未可得也。"〔盗有宠，王自谓也。〕遂舍之。〔赦无宇也。〕

八年，石言于晋魏榆。〔魏榆，晋地。〕晋侯问于师旷曰："石何故言？"对曰："石不能言，或凭焉。〔谓有精神凭依石而言也。〕不然，民听滥。〔滥，失也。〕抑臣又闻之，〔抑，疑辞也。〕曰：'作事不时，怨讟动于民，则有非言之物而言。'今宫室崇侈，民力雕尽，〔雕，伤也。〕怨讟并作，莫保其性。〔性，命也。民不敢自保其性命也。〕石言，不亦宜乎？"于是晋侯方筑虒(sī)祁之宫。〔虒祁，地名。〕叔向曰："子野之言，君子哉！〔子野，师旷字也。〕君子之言，信而有征，故怨远于其身；〔怨咎远其身也。〕小人之言，僭而无征，故怨咎及之。是宫也成，诸侯必叛，君必有咎，夫子知之矣。"叔弓如晋，贺虒祁也。〔贺宫成。〕游吉相郑伯以如晋，亦贺虒祁也。史赵见子大叔曰："甚哉，其相蒙！〔蒙，欺也。〕可吊也，而亦贺之。"大叔曰："若何吊也？其非唯我贺，将天下实贺。"〔言诸侯畏晋，非独郑。〕

九年，周甘人与晋阎嘉争阎田。〔甘人，甘大夫。阎嘉，阎县大夫。〕晋梁丙、张趯率阴戎伐颍。〔阴戎，陆浑之戎。颍，周邑。〕王使詹桓伯辞于晋，〔辞，责让之也。桓伯，周大夫。〕曰："文、武、成、康之建母弟，以藩屏周，亦其废坠是为。〔为后世废坠，兄弟之国当救济之也。〕先王居梼杌于四裔，以御螭魅，〔言梼杌，略举四凶之一也。〕故允姓之奸，居于瓜州。〔允姓，阴戎之祖，与三苗俱放于三危也。瓜州，今敦煌也。〕伯父惠公归自秦，而诱以来，〔僖公十五年，晋惠公自秦归。二十二年，秦晋迁陆浑之戎于伊川。〕使逼我诸姬,入我郊甸。戎有中国,谁之咎也?〔咎在晋。〕后稷封殖天下,今戎制之,不亦难乎?〔后稷修封疆,殖五谷,今戎得之,唯畜牧也。〕伯父图之。我在伯父,犹衣服之有冠冕,木水之有本源,民人之有谋主也。〔民人谋主,宗族之师长。〕伯父若裂冠毁冕,拔本塞源,专弃谋主,虽戎狄其何有余一人?"〔伯父犹然,则虽戎狄无所可责。〕叔向谓宣子曰:"文之伯也,岂能改物?〔言文公虽霸,未能改正朔、易服色。〕翼戴天子而加之以恭。〔翼,佐也。〕自文以来,世有衰德,而暴蔑宗周,〔宗周,天子。〕以宣示其侈,诸侯之二,不亦宜乎?且王辞直,子其图之。"宣子悦。使赵成如周,致阎田,反颍俘。

筑郎囿,季平子欲其速成,叔孙昭子曰:"《诗》云:'经始勿亟,庶人子来。'〔言文王始经营灵台,非急疾之。众民自以子义来劝乐为之。〕焉用速成?其以剿民也。〔剿,劳也。〕无囿犹可,无民其可乎?"

十二年,楚子次于乾谿,〔在谯国城父县南。〕仆析父从。〔楚大夫。〕右尹子革夕,〔子革,郑丹也。夕,暮见也。〕王见语曰:"今吾使人于周求鼎,其与我乎?"对曰:"与君王哉!今周服事君王,将唯命是从,岂其爱鼎!"王曰:"昔我皇祖伯父昆吾,旧许是宅。〔陆终氏生六子,长曰昆吾,少曰季连。季连,楚之祖,故谓昆吾为伯父也。昆吾尝居许,故曰旧许是宅也。〕今郑人贪赖其田,而不我与。我若求之,其与我乎?"对曰:"与君王哉!周不爱鼎,郑何敢爱田?"王曰:"昔诸侯远我而畏晋,今我大城陈、蔡、不羹,赋皆千乘,诸侯其畏我乎?"对曰:"畏君王哉!是四国者,专足畏也,〔四国,陈、蔡、二不羹也。〕又加之以楚,敢不畏君王乎?"王入,析父谓子革曰:"吾子,楚国之望也!今与王言如响,国其若之何?"〔讥其顺王心如响应声。〕子革曰:"摩厉以须,王出,吾刃将斩之矣。"〔以己喻锋刃,欲自摩厉以断王之淫慝。〕王出,复语。左史倚相趋过。〔倚相,楚史名也。〕王曰:"是良史也,能读《三坟》《五典》《八索》《九丘》。"〔皆古书名。〕对曰:"臣尝问焉。昔穆王欲肆其心,〔周穆王。肆,极也。〕周行天下,将皆必有车辙马迹焉。祭公谋父作《祈招》之诗,以止王心。〔谋父,周卿士也。祈父,司马掌甲兵之职。招,其名。〕王是以获没于祇宫。〔获没,不见篡弑。〕臣问其诗而不知也。若问远焉,其焉能知之?"王曰:"子能乎?"对曰:"能。其《诗》曰:'祈招之愔(yīn)愔,式昭德音。〔愔愔,安和貌也。式,用也。昭,明也。〕思我王度,式如玉,式如金。〔金、玉，取其坚重。〕形民之力，而无醉饱之心。'"〔言国之用民，当随其力任，如金冶之器，随器而制形。故言形民之力，去其醉饱过盈之心。〕王揖而入，馈不食、寝不寐数日。〔深感子革之言。〕不能自克，以及于难。〔克，胜也。〕仲尼曰："古也有志，克己复礼，仁也。信善哉！楚灵王若能如此，岂其辱于乾谿？"

十三年，季平子立，而不礼于南蒯。〔南蒯，季氏费邑宰也。〕南蒯以费叛，叔弓围费，弗克，败焉。〔为费人所败。〕平子怒，令见费人，执之以为囚俘。冶区夫曰："非也。〔区夫，鲁大夫。〕若见费人，寒者衣之，饥者食之，为之令主，而共其乏困，费来如归，南氏亡矣。民将叛之，谁与居邑？若惮之以威，惧之以怒，民疾而叛，为之聚也。若诸侯皆然，费人无归，不亲南氏，将焉入乎？"平子从之。费人叛南氏。

十五年，晋荀吴帅师伐鲜虞，围鼓。〔鼓，白狄之别。〕鼓人请以城叛，穆子弗许。左右曰："师徒不勤，而可以获城，何故不为？"穆子曰："吾闻之叔向曰：'好恶不愆，民知所适，事无不济。'〔愆，过也。适，归也。〕或以吾城叛，吾所甚恶也，人以城来，吾独何好焉？赏所甚恶，若所好何？〔无以复加所好。〕若其弗赏，是吾失信也，何以庇民？力能则进，否则速退，量力而行。吾不可以欲城而迩奸，所丧滋多。"使鼓人杀叛人，而缮守备。围鼓三月，鼓人或请降，使其民见，曰："犹有食色，姑修而城。"军吏曰："获城而弗取，勤民而顿兵，何以事君也？"穆子曰："吾以事君也。获一邑而教民怠，将焉用邑？邑以贾怠，不如完旧。〔完，犹保守。〕贾怠无卒，〔卒，终也。〕弃旧不祥。鼓人能事其君，我亦能事吾君。率义不爽，好恶不愆，城可获而民知义所，〔知义所在。〕有死命而无二心，不亦可乎！"鼓人告食竭力尽，而后取之。克鼓而反，不戮一人。

十八年，火始昏见。〔火，心星也。〕梓慎曰："七日，其火作乎！宋、卫、陈、郑也。"数日，皆来告火。裨灶曰："不用吾言，郑又将火。"〔前年，裨灶欲用瓘斝禳火，子产不听。〕郑人请用之，子产不可。子大叔曰："宝，以保民也。若有火，国几亡。可以救亡，子何爱焉？"子产曰："天道远，人道迩，非所及也，何以知之？灶焉知天道？是亦多言矣，岂不或信？"〔多言者或时有中也。〕遂不与，亦不复火。

十九年，楚子之在蔡也，生太子建。及即位，使伍奢为之师。费无极为少师，无宠焉，欲谮诸王，曰："建可室矣。"王为之聘于秦，无极与逆，劝王取之。楚子为舟师以伐濮,〔濮,南夷也。〕无极言于楚子曰:"晋之伯也,迩于诸夏,而楚僻陋,故弗能与争。若大城城父而寘太子,〔城父,今襄城城父县。〕以通北方,王收南方,是得天下。"王说,从之,故太子建居于城父。

郑大水,龙斗于时门之外洧渊。〔时门,郑城门也。〕国人请为禜(cè)焉,子产弗许,曰:"我斗,龙不我觌(dí);〔觌,见也。〕龙斗,我何觌焉?禳之,则彼其室也。〔渊,龙之室。〕吾无求于龙,龙亦无求我。"乃止也。〔言子产之智。〕

二十年,费无极言于楚子曰:"建与伍奢将以方城之外叛。齐、晋又交辅之,将以害楚。其事集矣。"王信之,问伍奢。奢对曰:"君一过多矣,〔一过,纳建妻。〕何信于谗?"王执伍奢。〔愆奢切言。〕使城父司马奋扬杀太子,未至,而使遣之。〔知太子冤,故遣令去。〕太子建走宋。王召奋扬,奋扬使城父人执己以至。王曰:"言出于余口,入于尔耳,谁告建也?"对曰:"臣告之。君王命臣曰:'事建如事余。'臣不佞,〔佞,才也。〕不能苟二。奉初以还,〔奉初命以周旋。〕不忍后命,故遣之。既而悔之,亦无及已。"王曰:"而敢来,何也?"对曰:"使而失命,召而不来,是再奸也,〔奸,犯也。〕逃无所入。"王曰:"归。"从政如他日。〔善其言,舍使还。〕无极曰:"奢之子才,若在吴,必忧楚国,盍以免其父召之?彼仁,必来。不然,将为患。"王使召之,曰:"来,吾免而父。"棠君尚谓其弟员〔棠君,奢之长子。〕曰:"尔适吴,我将归死。吾智不逮,〔自以智不及员。〕我能死,尔能报。闻免父之命,不可以莫之奔也;亲戚为戮,不可以莫之报也。父不可弃,〔俱去为弃父也。〕名不可废,〔俱死为废名。〕尔其勉之!"伍尚归,奢闻员不来,曰:"楚君、大夫其旰食乎!"〔将有吴患,不得早食。〕楚人皆杀之。员如吴,言伐楚之利于州于。〔州于,吴子僚也。〕

齐侯疥,遂痁(shān)。〔痁,疟疾也。〕期而不瘳,诸侯之宾问疾者多在。〔多在齐。〕梁丘据与裔款〔二子,齐嬖大夫。〕言于公曰:"吾事鬼神也丰,于先君有加矣。今君疾病,为诸侯忧,是祝史之罪,诸侯不知,其谓我不敬。君盍诛于祝固、史嚚以辞宾?"〔欲杀嚚、固以辞谢来问疾之宾。〕公悦,告晏子,晏子对曰:"日宋之盟,屈建问范会之德于赵武。武曰:'夫子之家事治,言于晋国,竭情无私。其祝史祭祀,陈信不愧。其家事无猜，其祝史不祈。'〔家无猜疑之事，故祝史无求于鬼神。〕建以语康王。〔楚王也。〕康王曰：'神人无怨，宜夫子之光辅五君，以为诸侯主也。'"〔五君，文、襄、灵、成、景也。〕公曰："据与款谓寡人能事鬼神，故欲诛于祝史。子称是语也，何故？"对曰："若有德之君，外内不废，〔无废事也。〕上下无怨，动无违事，祝史荐信，无愧心矣。〔君有功德，祝史陈说之无所愧。〕是以鬼神用飨，国受其福，祝史与焉。〔与受国福也。〕其所以蕃祉老寿者，为信君使也。其适遇淫君，外内颇邪，上下怨疾，动作辟违，斩刈民力，暴虐淫纵，肆行非度，不思谤讟言，不惮鬼神，神怒民痛，无悛于心，其祝史荐信，是言罪也，〔以实白神，是为言君之罪。〕其盖失数美，是矫诬也。〔盖，掩也。〕进退无辞，则虚以求媚，〔作虚辞以求媚于神。〕是以鬼神不飨其国以祸之，祝史与焉。所以夭昏孤疾者，为暴君使也。"公曰："然则若之何？"对曰："不可为也。〔言非诛祝史所能治。〕山林之木，衡鹿守之；泽之萑（huán）蒲，舟鲛（jiāo）守之；薮之薪蒸，虞候守之；海之盐蜃，祈望守之。〔衡鹿、舟鲛、虞候、祈望，皆官名也。言公专守山泽之利，不与民共。〕布常无艺，〔艺，法制也。言布政无法制。〕征敛无度；宫室日更，淫乐不违；〔违，去也。〕内宠之妾，肆夺于市；〔肆，放也。〕外宠之臣，僭令于鄙。〔诈为教令于边鄙也。〕民人苦病，夫妇皆诅。祝有益也，诅亦有损。聊、摄以东，〔聊、摄，齐西界也。〕姑、尤以西，〔姑、尤，齐东界也。〕其为人也多矣！虽其善祝，岂能胜亿兆人之诅耶？君若欲诛于祝史，修德而后可。"公悦，使有司宽政，毁关去禁，薄敛已责。

齐侯至自田，晏子侍于遄台。子犹驰而造焉。〔子犹，梁丘据。〕公曰："唯据与我和夫！"晏子对曰："据亦同也，焉得为和？"公曰："和与同异乎？"对曰："异。和如羹焉，水火醯醢（xī hǎi）盐梅，以烹鱼肉，宰夫和之，齐之以味，济其不及，以泄其过。〔济，益也。泄，减也。〕君子食之，以平其心。君臣亦然。〔亦如羹。〕君所谓可，而有否焉，臣献其否，以成其可。〔献君之否，以成君可。〕君所谓否，而有可焉，臣献其可，以去其否。是以政平而不奸，民无争心。今据不然。君所谓可，据亦曰可；君所谓否，据亦曰否。若以水济水，谁能食之？若琴瑟之专一，谁能听之？同之不可也如是。"

二十五年，会于黄父，郑子太叔见赵简子，简子问揖让周旋之礼焉。

对曰:"是仪也,非礼也。"简子曰:"敢问,何谓礼?"对曰:"吉也闻诸先大夫子产,曰:'夫礼,天之经,〔经者,道之常也。〕地之义,〔义者,利之宜也。〕民之行。〔行者,人所履行。〕天地之经,而民实则之。则天之明,〔日月星辰,天之明也。〕因地之性,〔高下刚柔,地之性也。〕生其六气,〔阴、阳、风、雨、晦、明。〕用其五行。〔金、木、水、火、土也。〕气为五味,〔酸、咸、辛、苦、甘。〕发为五色,〔青、黄、赤、白、黑。发,见也。〕章为五声。〔宫、商、角、徵、羽。〕淫则昏乱,民失其性,〔滋、味、声、色,过则伤性也。〕是故为礼以奉之。〔制礼以奉其性。〕民有好、恶、喜、怒、哀、乐,生于六气。〔此六者,皆禀阴、阳、风、雨、晦、明之气。〕是故审则宜类,以制六志。〔为礼以制好、恶、喜、怒、哀、乐六志,使不过节。〕哀有哭泣,乐有歌舞,喜有施舍,怒有战斗。哀乐不失,乃能协于天地之性,是以长久。'"〔协,和也。〕简子曰:"甚哉,礼之大也!"对曰:"礼,上下之纪,天地之经纬也,〔经纬,错居以相成也。〕民之所以生也,是以先王尚之。故人之能自曲直以赴礼者,谓之成人。大,不亦宜乎?"〔曲直以弱其性。〕简子曰:"鞅也,请终身守此言也。"

二十六年,齐有彗星,〔出齐之分野。〕齐侯使禳之。〔禳,除。〕晏子曰:"无益也,只取诬焉。〔诬,欺也。〕天道不谄,〔谄,疑也。〕不二其命,若之何禳之?且天之有彗,以除秽也。君无秽德,又何禳焉?若德之秽,禳之何损?《诗》曰:'惟此文王,小心翼翼。昭事上帝,聿怀多福。厥德不回,以受方国。'〔翼翼,恭也。聿,惟也。回,违也。言文王德不违天人,故四方之国归往之。〕君无违德,方国将至,何患于彗?《诗》曰:'我无所监,夏后及商。用乱之故,民卒流亡。'若德回乱,民将流亡,祝史之为,无能补也。"公悦,乃止。

齐侯与晏子坐于路寝。公叹曰:"美哉室,其谁有此乎?"〔景公自知德不能久有国,故叹也。〕晏子曰:"敢问,何谓也?"公曰:"吾以为在德。"对曰:"如君之言,其陈氏乎!陈氏虽无大德,而有施于民。公厚敛焉,陈氏厚施焉,民归之矣。《诗》曰:'虽无德与汝,式歌且舞。'〔义取虽无大德,要有喜悦之心。式,用也。〕陈氏之施,民歌舞之矣。后世若少惰,陈氏而不亡,则国其国也已。"公曰:"善哉,是可若何?"对曰:"唯礼可以已之。在礼,家施不及国,大夫不收公利。"〔不作福也。〕公曰:"善哉,我不能矣。吾今而后知礼之可以为国也。"对曰:"礼之可以为国也久矣，与天地并。君令臣恭，父慈子孝，兄爱弟敬，夫和妻柔，姑慈妇听，礼也。君令而不违，臣恭而不二，父慈而教，子孝而箴，〔箴，谏也。〕兄爱而友，弟敬而顺，夫和而义，妻柔而正，姑慈而从，〔从，不自专也。〕妇听而婉，〔婉，顺也。〕礼之善物也。"公曰："善哉。"

二十七年，楚左尹郤宛直而和，国人悦之。〔以直事君，以和接类。〕鄢将师为右领，〔右领，官名。〕与费无极比而恶之。谓子常曰："子恶欲饮子酒。"〔子恶，郤宛。〕又谓子恶："令尹欲饮酒于子氏。"子恶曰："令尹将必来辱，为惠已甚。吾无以酬之，若何？"〔酬，报献。〕无极曰："令尹好甲兵，子出之，吾择焉。"取五甲五兵，曰："寘诸门，令尹至，必观之，而从以酬之。"及飨日，帷诸门左。〔张帷陈兵甲其中。〕无极谓令尹曰："吾几祸子。子恶将为子不利，甲在门矣，子无往。"令尹使视郤氏，则有甲焉。不往，召鄢将师而告之。将师退，遂令攻郤氏，且爇（ruò）之。〔爇，烧也。〕子恶闻之，自杀。国人弗爇，令尹炮之，〔炮，燔也。〕尽灭郤氏之族党，杀阳令终与晋陈，及其子弟。〔皆郤氏党。〕国言未已，进胙（zuò）者莫不谤令尹。〔进胙，国中祭祀也。谤，诅也。〕沈尹戌言于子常曰："夫左尹与中厩尹，莫知其罪，而子杀之，以兴谤讟，至于今不已。〔左尹，郤宛也。中厩尹，阳令终。〕戌也惑之。仁者杀人以掩谤，犹弗为也，今吾子杀人以兴谤而弗图，不亦异乎？夫无极，楚之谗人也，民莫不知。去朝吴，〔在十五年。〕出蔡侯朱，〔在二十一年。〕丧太子建，杀连尹奢，〔在二十年。〕屏王之耳目，使不聪明。不然，平王之温惠恭俭，有过成、庄，所以不获诸侯，迩无极也。〔迩，近也。〕今又杀三不辜，以兴大谤，〔三不辜，郤氏、阳氏、晋陈氏。〕几及子矣。子而不图，将焉用之？夫鄢将师矫子之命，以灭三族。三族，国之良也。吴新有君，〔光新立。〕疆场日骇，楚国若有大事，子其危哉！智者除谗以自安，今子爱谗以自危，甚矣，其惑也！"子常曰："是瓦之罪，敢不良图。"子常杀费无极与鄢将师，尽灭其族，以说于国。谤言乃止。

二十八年，晋魏献子为政，〔魏舒也。〕以司马弥牟为邬大夫，贾辛为祁大夫，司马乌为平陵大夫，魏戊为梗阳大夫。〔戊，魏舒庶子。〕谓贾辛、司马乌为有力于王室，〔二十二年，辛乌帅师纳敬王。〕故举之。魏子谓成鱄（zhuān）〔鱄，晋大夫。〕："吾与戊也县，人其以我为党乎？"对曰："何也？戊之为人也，远不忘君，〔远，疏远也。〕近不偪（bī）同，〔不偪同位。〕

居利思义,〔不苟得。〕在约思纯,〔无滥心。〕虽与之县,不亦可乎?昔武王克商,光有天下。其兄弟之国者十有五人,姬姓之国者四十人,皆举亲也。夫举无他,唯善所在,亲疏一也。"

贾辛将适其县,见于魏子。魏子曰:"辛来,今汝有力于王室,吾是以举汝。行乎!敬之哉,毋堕乃力。"〔堕,损也。〕仲尼闻魏子之举也,以为义,曰:"近不失亲,〔谓举魏戊。〕远不失举,〔以贤举。〕可谓义矣。"又闻其命贾辛也,以为忠,〔先赏王室之功,故为忠也。〕曰:"魏子之举也义,其命也忠,其长有后于晋国乎!"

梗阳人有狱,魏戊不能断,以狱上。〔上魏子。〕其大宗赂以女乐,〔讼者之大宗。〕魏子将受之。魏戊谓阎没、女宽〔二人,魏子属大夫。〕曰:"主以不贿闻于诸侯,若受梗阳人,贿莫甚焉。吾子必谏!"皆许诺。退朝,待于庭。〔魏子之庭。〕馈入,召之。〔召二大夫食。〕比置,三叹。魏子曰:"吾闻诸伯叔,谚曰:'唯食忘忧。'吾子置食之间三叹,何也?"同辞而对曰:"或赐二小人酒,不夕食。〔言饥甚。〕馈之始至,恐其不足,是以叹。中置,自咎曰:'岂将军食之,而有不足?'是以再叹。及馈之毕,愿以小人腹,为君子心,属厌而已。"〔属,足也,言小人之腹饱,犹知厌足,君子心亦宜然。〕献子辞梗阳人。〔言魏氏所以兴。〕

·定 公·

四年,郑子大叔卒。晋赵简子为之临,甚哀,曰:"黄父之会,〔在昭二十五年。〕夫子语我九言,曰:'无始乱,无怙富,无恃宠,无违同,无敖礼,无骄能,〔以能骄人。〕无复怨,〔复,重也。〕无谋非德,〔非所谋。〕无犯非义。'"〔言简子能用善言,所以遂兴也。〕

吴子伐楚,陈于柏举,败之,五战及郢。楚子济江,入于云中。〔入云梦泽中。〕王寝,盗攻之,以戈击王。王孙由于以背受之,中肩。王奔郧,郧公辛之弟怀将弑王,曰:"平王杀吾父,我杀其子,不亦可乎?"〔辛,蔓成然之子斗辛也。昭十四年,楚平王杀成然也。〕辛曰:"君讨臣,谁敢仇之?君命,天也。若死天命,将谁仇?《诗》曰:'柔亦不茹,刚亦不吐。不侮鳏寡,不畏强御。'唯仁者能之。〔言仲山甫不避强凌弱也。〕违强凌弱,非勇也;乘人之约,非仁也;灭宗废祀,非孝也;〔杀君,罪应灭宗。〕动无令名，非智也。必犯是，余将杀汝！"斗辛与其弟巢，以王奔随。申包胥如秦乞师，曰："吴为封豕长蛇，以荐食上国。〔荐，数也。言吴贪害如蛇豕。〕寡君失守社稷，越在草莽，使下臣告急。"秦伯使辞焉，曰："寡人闻命矣！子姑就馆，将图而告。"对曰："寡君越在草莽，未获所伏，〔伏，犹处也。〕下臣何敢即安？"立依庭墙而哭，日夜不绝声，勺饮不入口。七日，秦师乃出。

五年，申包胥以秦师至。吴师大败，吴子乃归。楚子入于郢。初，楚王之奔随也，将涉于成臼，〔江夏竟陵县西有臼水。〕蓝尹亹（xīn）涉其帑，〔亹，楚大夫。〕不与王舟。及宁，王欲杀之。〔宁，安定也。〕子西曰："子常唯思旧怨以败，君何效焉？"王曰："善！使复其所，吾以志前恶。"〔恶，过。〕王赏斗辛、王孙由于、申包胥、斗怀。〔皆从王有大功。〕子西曰："请舍怀也！"〔以初谋杀王故。〕王曰："大德灭小怨，道也。"〔终从其兄，免王大难，是大德也。〕申包胥曰："吾为君也，非为身也。君既定矣，又何求？且吾尤子旗，其又为诸？"〔子旗，蔓成然也。以有德于平王，求无厌，平王杀之。〕遂逃赏。

九年，郑驷歂（chuǎn）杀邓析，而用其《竹刑》。〔邓析，郑大夫。欲改郑所铸之旧制，不受君命，而私造刑法，书之于竹简，故言《竹刑》也。〕君子谓："子然于是不忠。苟有可以加于国家者，弃其邪可也。〔加，犹益。弃，不责其邪恶也。〕故用其道，不弃其人。《诗》云：'蔽芾甘棠，勿剪勿伐，召伯所茇。'〔召伯决讼于甘棠之下，诗人思之，不伐其树。茇，草舍也。〕思其人，犹爱其树，况用其道而不恤其人乎？子然无以劝能矣。"

·哀公·

元年，吴王夫差败越于夫椒，遂入越。越子以甲楯五千保于会稽，〔上会稽山。〕使大夫种因吴太宰嚭以行成。吴子将许之。伍员曰："不可。臣闻之，'树德莫如滋，去疾莫如尽'。勾践能亲而务施，施不失人，〔所加惠赐，皆得其人。〕亲不弃劳。〔推亲爱之诚，则不遗小劳。〕与我同壤，而世为仇雠，于是乎克而弗取，将又存之，违天长寇仇，后虽悔之，不可食已。"〔食，消也。已，止也。〕弗听。退而告人曰："二十年之外，吴其为沼乎！"〔谓吴宫室废坏，当为污池。二十二年，越入吴。〕越及吴平。

吴之入楚，〔在定四年。〕使召陈怀公。怀公朝国人而问焉，曰："欲与楚者右，欲与吴者左。"陈人从田，无田从党。〔无田者从党而立。〕逢滑当公而进，〔不左不右。〕曰："臣闻国之兴也以福，其亡也以祸。今吴未有福，楚未有祸。楚未可弃，吴未可从也。"公曰："国胜君亡，非祸而何？"〔楚为吴所胜也。〕对曰："国之有是多矣，何必不复。小国犹复，况大国乎？臣闻国之兴也，视民如伤，是其福也；〔如伤，恐惊动。〕其亡也，以民为土芥，是其祸也。〔芥，草也。〕楚虽无德，亦不艾杀其民。吴日敝于兵，暴骨如莽，而未见德焉，祸之适吴，其何日之有？"〔言今至也。〕陈侯从之。及夫差克越，乃修旧怨。〔言吴不修德而修怨，所以亡。〕吴师在陈，楚大夫皆惧，曰："阖庐惟能用其民，以败我于柏举。今闻其嗣又甚焉，将若之何？"子西曰："二三子恤不相睦，无患吴矣。昔阖庐食不二味，居不重席，室不崇坛，〔平地作室，不起坛。〕器不彤镂，〔彤，丹也。镂，刻也。〕宫室不观，〔观，台榭也。〕舟车不饰，衣服财用，择不取费。〔选取坚厚，不尚细靡。〕在国，天有灾疠，亲巡孤寡，而供其乏困；在军，熟食者分，而后敢食，〔分，犹遍。〕其所尝者，卒乘与焉。〔所尝，甘珍非常食。〕勤恤其民，而与之劳逸。是以民不疲劳，死知不旷。〔知身死不见旷弃。〕吾先大夫子常易之，所以败我。〔易，犹反。〕今闻夫差次有台榭陂池焉，宿有妃嫱嫔御焉；〔妃嫱，贵者。嫔御，贱者。皆内官也。〕一日之行，所欲必成，玩好必从；珍异是聚，观乐是务；视民如仇，而用之日新。夫先自败也已，安能败我？"

六年，楚有云如众赤鸟，夹日而飞三日。楚子使问诸周太史，周太史曰："其当王身乎？〔日为人君，妖气守之，故为当王身。〕若禜(yíng)之，可移于令尹、司马。"〔禜，禳祭。〕王曰："除腹心之疾，而寘诸股肱，何益？不穀不有大过，天其夭诸？有罪受罚，又焉移之？"遂不禜。孔子曰："楚昭王知大道矣！其不失国也，宜哉！"

十一年，吴子将伐齐。越子率其众以朝焉，王及列士皆有馈赂。吴人皆喜，唯子胥惧，曰："是豢吴也夫！"〔豢，养也。若人养牺牲，非爱之，将杀之。〕谏曰："越在我，心腹之疾也。壤地同，而有欲于我。〔欲得吴也。〕得志于齐，犹获石田也，无所用之。〔石田不可耕。〕越不为沼，吴其泯矣。使医除病，而曰：'必遗类焉者。'未之有也。"弗听。使于齐，属其子于鲍氏，为王孙氏。〔欲以避吴祸。〕反役，王闻之，使赐之属镂以死。

〔属镂,剑名。〕将死,曰:"树吾墓槚(jiǎ)。槚可材也,吴其亡乎!三年,其始弱矣。盈必毁,天之道也。"〔越人朝之,伐齐胜之,盈之极。〕

季孙欲以田赋,〔丘赋之法,因其田财,通出马一匹,牛三头。今欲别其田及家财各为一赋,故言田赋。〕使冉有访诸仲尼。仲尼不对,〔不公答。〕而私于冉有曰:"君子之行也,〔行政事。〕度于礼,施取其厚,事举其中,敛从其薄,如是,则丘亦足矣。〔丘,十六井。〕若不度于礼,而贪冒无厌,则虽以田赋,将又不足。且子季孙若欲行而法,则周公之典在。若欲苟而行之,又何访焉。"

十四年,小邾射以句绎来奔,曰:"使季路要我,吾无盟矣。"〔子路信诚,故欲得与相要誓而不须盟也。〕使子路,子路辞。季康子使冉有谓之曰:"千乘之国,不信其盟,而信子之言,子何辱焉?"对曰:"鲁有事于小邾,不敢问故,死其城下可也。彼不臣而济其言,是义之也。由弗能。"〔济,成也。〕

二十四年,公子荆之母嬖,〔荆,哀公庶子。〕将以为夫人,使宗人衅夏献其礼。〔宗人,礼官。〕对曰:"无之。"公怒曰:"汝为宗司,立夫人,国之大礼也,何故无之?"对曰:"周公及武公娶于薛,〔武公,敖也。〕孝、惠娶于商,〔孝公称惠公弗皇也。商,宋。〕自桓以下娶于齐,〔桓公始娶文姜。〕此礼也则有。若以妾为夫人,则固无其礼也。"公卒立之,而以荆为太子。国人始恶之。〔恶公也。〕

卷七 《礼记》治要

【西汉】戴德 戴圣 编撰

【导读】

戴德，字延君，生卒年不详，汉代学者、礼学家，梁国睢阳（今河南省商丘市）人。今文礼学"大戴学"的开创者，代表作《大戴礼记》。与其族侄戴圣二人被后人合称为"大小戴"。由于二人在礼学上的重大贡献，也被后人尊称为"儒宗"。

戴圣，字次君，生卒年不详，梁国睢阳（今河南省商丘市）人。西汉时期官员、学者、礼学家、汉代今文经学的开创者。后世称其为"小戴"。汉宣帝时，戴圣以博士参与石渠阁论议，官至九江太守。

《礼记》，又名《小戴礼记》《小戴记》，据传为孔子的弟子及其学生们所作，戴圣所编，共二十卷四十九篇。《小戴礼记》因东汉著名学者郑玄为之作了精彩的注解，后来便盛行不衰，而《大戴礼记》逐渐淡出了人们的视野。

《礼记》记载了先秦的礼制，体现了儒家的哲学思想。如天道观：天为自然，人"以德配天"，"君子不可以不修身；思修身，不可以不事亲；思事亲，不可以不知人；思知人，不可以不知天。"把"知天"作为"修身"的前提；说明心身关系好比君民关系。心为身之主，身为心之体。心安则体安，心好则体好。《礼记》在说明天时生化的同时，又赞扬地利之美。"地载万物，天垂象。取财于地，取法于天。"人生哲学突出"知所以修身则知所以治人"。"修身"有"三纲领"："大学之道，在明明德，在亲民，在止于至善"；"八条目"：格物、致知、诚意、正心、修身、齐家、治国、平天下。对此，提出了应有的教育制度及其原则、方法、本质与作用、过程和步骤、途径与学校管理。同时提出治国要以刑律作为礼的补充，"淫邪之人，不可无刑"等等，是一部儒家思想的资料汇编。

《礼记》内容可分为四类：礼的条文，礼的意义，礼的内容，礼的制度。宋代理学家朱熹把《礼记·大学》与《中庸》《论语》《孟子》并称"四书"，于南宋绍熙元年（1190）刊刻成《四书章句集注》，因《论语》记载孔子言行，《大学》传为曾子辑录编撰，《中庸》为子思所作，《孟子》记载孟子言行，故又称"四子书"。元延祐年间，以《四书章句集注》试士子，"四书"便成为士子必读经典。

魏徵从《礼记》中摘选了《曲礼》等二十二篇的有关章节，希望唐太宗依此修身、养性，治理好国家。

魏徵向太宗进谏的《十渐不克终疏》中引用《礼记·曲礼》中的"傲不可长，欲不可纵，志不可满，乐不可极"来警戒太宗不要重蹈桀纣自取灭亡的覆辙。他在病危时上给太宗的遗疏中说："天下之事有善有恶，任善人则国安，用恶人则国乱。""若爱而知其恶，憎而知其善，去邪勿疑，任贤勿贰，可以兴矣。""爱而知其恶，憎而知其善"，语出《礼记·曲礼》。唐太宗基本上是按照魏徵的谏言精神择官用人，所以成就了"贞观之治"的盛世。

·曲 礼·

《曲礼》曰：<u>毋不敬</u>，〔礼主于敬。〕<u>俨若思</u>，〔言人坐思，貌必俨然。〕<u>安定辞</u>，〔审言语也。〕<u>安民哉！</u>〔此三句可以安民也。〕<u>傲不可长，欲不可从，志不可满，乐不可极。</u>〔此四者慢游之道，桀纣所以自祸也。〕<u>贤者狎而敬之</u>，〔狎，习也，近也。习其所行。〕<u>畏而爱之。</u>〔心服曰畏。〕<u>爱而知其恶，憎而知其善。</u>〔不可以己心之爱憎，诬人以善恶。〕夫礼者，所以定亲疏、决嫌疑、别同异、明是非也。道德仁义，非礼不成；教训正俗，非礼不备；分争辨讼，非礼不决；君臣上下，父子兄弟，非礼不定；宦学事师，非礼不亲；班朝治军，莅官行法，非礼，威严不行；祷祠祭祀，供给鬼神，非礼，不诚不庄。〔班，次也。莅，临也。庄，敬也。〕<u>富贵而知好礼，则不骄不淫；贫贱而知好礼，则志不慑。</u>〔慑，犹怯惑。〕国君春田不围泽，大夫不掩群，士不取麛（mí）卵。〔生乳之时，重伤其类。〕岁凶，年谷不登，〔登，成也。〕君膳不祭肺，马不食谷，驰道不除，祭事不县，大夫不食粱，士饮酒不乐。〔皆自为贬损，忧民也。礼食杀牲则祭先，不祭肺则不杀。除，治也。县，乐器，钟磬之属也。〕

【重点句解读】

毋不敬，俨若思，安定辞，安民哉！

待人接物要谦恭有礼，表现得如认真思考问题那样肃穆庄重，说话要不急不躁，言语用词要准确得体，才能使人觉得可靠、可信。

人与动物最明显的分别，是人有礼仪而动物没有。所谓礼，是社会发展过程中，用以规范人和社会的思想、行为、关系、活动、秩序、制度等一系列的原则，是处理国家安全、社会稳定、人际关系的指南和基石，体现一个国家、一个民族的特性、习俗和追求等方面的标准。我们中华民族的"礼"，体现在个人行为上，就是敬、谦、勤、慎、仁、义、忠、信；体现在目标上，就是修、齐、治、平。

傲不可长，欲不可从，志不可满，乐不可极。

人不可以滋长骄傲的情绪，不能无节制地放纵欲望，不可满足现状，不思进取，享乐不能没有底线。

中华民族的一大特性也是一大美德，就是谦虚谨慎，不骄不躁。"谦虚使人进步，骄傲使人落后""满招损，谦受益"等，既是前人对我们的有益教诲，也是历史上若干经验和教训的总结。人都是有一定的志向和欲望的，追求快乐是本性。但是，这些志向、欲望、快乐都要有个度，这个度就是"礼"的规范要求。放纵欲望，意得志满，无节制的寻欢作乐，其结果就是身败名裂，为人所不齿。

贤者狎而敬之，畏而爱之。爱而知其恶，憎而知其善。

要亲近、尊重道德崇高的人，服从并热爱他、学习他。爱一个人，要知道他的缺点、不足和错误；厌恶一个人，要知道他的长处、本领和贡献。

赵括的母亲知道自己儿子只会夸夸其谈，上书赵王要求撤销赵括三军统帅的职务；管仲和鲍叔牙是生死朋友，"管鲍之交"并不仅仅是成语，也是后世交友的典范，但管仲临终前并未因此推荐鲍叔牙接任他国相的职务；解狐举荐自己的仇人担任要职。之所以如此，这些前贤都是把国家利益放在第一位，把个人恩怨放在最次要的位置上。

富贵而知好礼，则不骄不淫；贫贱而知好礼，则志不慑。

富有而有地位，懂得培养自身道德情操，遵守礼仪规范，广布仁义教化，这个人就不会骄奢淫逸；贫穷而没有地位，但仍坚持培养自身道德情操，不做非分之事，他的志向气节就不会被击垮。

信陵君不拒鸡鸣狗盗之徒，结交小吏屠沽之辈，终使身安国泰，名垂千古；田子方"贫贱骄人"之论，段干木"干木富义"之事，是为永世佳话。"富贵不能淫，贫贱不能移，威武不能屈"，是一个人品行修养的最高境界。

·檀 弓·

知悼子卒，未葬，〔悼子，晋大夫，荀盈也。〕平公饮酒，师旷、李调侍，鼓钟。杜蒉自外来，历阶而升堂，酌，曰："旷饮斯！"又酌，曰："调饮斯！"又酌，堂上北面坐饮之，降，趋而出。〔三酌，皆罚爵。〕平公呼而进之，曰："蒉！尔饮旷何也？"曰："子卯不乐。〔纣以甲子死，桀以乙卯亡，王者谓之疾日，不以举乐，所以自戒惧也。〕知悼子之丧在堂，未葬，斯其为子卯也大矣。〔言大夫丧重于疾日。〕旷也太师也，不以诏，是以饮之。"〔诏，告也。太师，典司奏乐也。〕"尔饮调何也？"曰："调也,君之亵臣也,为一饮一食,忘君之疾,是以饮之。〔言调贪酒食也。亵,嬖也。近臣亦当规君。疾,忧也。〕"尔饮何也?"曰:"黉也宰夫也,非刀匕是供,又敢与知防,是以饮也。"〔防,禁放溢者也。〕平公曰:"寡人亦有过焉,酌而饮寡人!"〔闻义则服。〕杜蒉洗爵而扬觯(zhì)。〔举爵于君。〕公谓侍者曰:"如我死,则必无废斯爵!"〔欲后世以为戒。〕至于今,既毕献,斯扬觯,谓之杜举。〔此爵遂因杜蒉为名,毕献,献宾与君也。〕

孔子过泰山侧,有妇人哭于墓者而哀,夫子式而听之。〔怪其哀甚也。〕使子路问之,曰:"昔吾舅死于虎,吾夫又死焉,今吾子又死焉。"〔夫之父曰舅。〕夫子曰:"何为不去?"曰:"无苛政。"夫子曰:"小子识之,苛政猛于虎也!"

阳门之介夫死,〔阳门,宋国门也。介夫,甲胄卫士。〕司城子罕入而哭之哀。〔子罕,乐喜也。〕晋人之觇宋者,反报于晋侯曰:"阳门之介夫死,而子罕哭之哀,而民悦,殆不可伐也。"〔觇,窥视也。〕孔子闻之曰:"善哉,觇国乎!"〔善其知微。〕

·王 制·

凡官民材,必先论之。〔论,谓考其德行道艺也。〕论辨,然后使之;〔辨,谓考问得其定也。〕任事,然后爵之;〔爵,谓正其秩次。〕位定,然后禄之。

爵人于朝,与士共之;刑人于市,与众弃之。〔必共之者,所以审慎之。〕

獭祭鱼,然后虞人入泽梁;豺祭兽,然后田猎;鸠化为鹰,然后设罻(wèi)罗;草木零落,然后入山林;昆虫未蛰,不以火田。〔取物必顺时候也。昆虫者,得阳而生,得阴而藏也。〕

国无九年之蓄,曰不足;无六年之蓄,曰急;无三年之蓄,曰国非其国也。三年耕,必有一年之食;九年耕,必有三年之食。以三十年之通,虽有凶旱水溢,民无菜色。然后天子食,日举以乐。〔民无食菜之饥色,天子乃日举乐以食也。〕

·月 令·

孟春之月，立春之日，天子亲率三公、九卿、诸侯、大夫，以迎春于东郊。命相布德和令，行庆施惠，下及兆民。〔相，谓三公相王之事者也。德，谓善教也。令，谓时禁也。庆，谓休其善也。惠，谓恤其不足也。〕是月也，天子乃以元日，祈谷于上帝。〔谓以上辛郊祭天也。郊祀后稷以祈农事也。上帝，太微之帝也。〕乃择元辰，天子亲帅三公九卿、诸侯、大夫，躬耕帝藉。〔元辰，盖郊后吉辰也。帝藉，为天神借民力所治之田也。〕禁止伐木；〔盛德所在。〕毋覆巢，毋杀孩虫、胎夭、飞鸟，毋麛毋卵；〔为伤萌幼之类。〕毋聚大众，毋置城郭；〔为妨农之始也。〕掩骼埋胔(zì)；〔为死气逆生气也。骨枯曰骼，肉腐曰胔也。〕不可称兵，称兵必有天殃。〔逆生气也。〕

仲春之月，养幼少，存诸孤。〔助生气也。〕命有司省囹圄，去桎梏，毋肆掠；〔顺阳气也。省，减也。肆，谓死刑暴尸。〕毋竭川泽，毋漉陂池，毋焚山林。〔顺阳养物。〕

季春之月，天子布德行惠。命有司发仓廪，赐贫穷，振乏绝；〔振，犹救也。〕开府库，出币帛，聘名士，礼贤者。〔聘，问也。名士，不仕者。〕命司空曰："时雨将降，下水上腾；修利堤防，导达沟渎；开通道路，毋有部塞。〔所以除水潦便民事也。〕田猎罝罘(jū fú)，罗罔毕翳，餧兽之药，无出九门。"〔为逆天时也，天子九门也。〕命野虞毋伐桑柘。〔爱蚕食也。野虞，谓主田及山林之官。〕后妃斋戒，亲东向躬桑，禁妇女无观，省妇使以劝蚕事。〔后妃亲采桑，示帅先天下也。东向者，向时气。无观，去容饰也。妇使，缝线组紃(xún)之事。〕命工师，百工咸理，监工日号，无悖于时，毋或作为淫巧以荡上心！〔咸，皆也。于百工皆治理其事之时，工师则监。日号令戒之，以此二事。百工作器物各有时，逆之则功不善也。淫巧，谓伪饰不如法也。荡，谓动之使生奢泰。〕

孟夏之月，无起土功，毋发大众。〔为妨蚕农之事。〕命野虞劳农，命农勉作，毋休于都。〔急趣农事。〕

仲夏之月，命有司为民祈祀山川百源，大雩(yú)帝；乃命百县，雩祀百辟卿士，有益于民者，以祈谷实。〔阳气盛而恒旱，山川百原，能兴云雨者也。雩帝，谓雩五精之帝也。百辟卿士，古者上公以下，若句龙、后

稷之类。〕

季夏之月，树木方盛，无有斩伐。〔为其未坚韧也。〕毋发令而待，以妨神农之事。〔发令而待，谓出徭役之令以豫惊民。民惊则心动，是害土神之气也。土神称曰神农者，以其主于稼穑也。〕水潦盛昌，举大事则有天殃。

孟秋之月，乃命将帅选士厉兵；命大理审断刑；命百官完堤防，谨壅塞，以备水潦。

仲秋之月，养衰老，授几杖。乃命有司趣民收敛，务蓄菜，多积聚；〔为御冬之备也。〕乃劝民种麦，毋或失时。〔麦者，接绝续乏之谷，尤重之也。〕

季秋之月，命冢宰举五谷之要，〔定其租税簿。〕藏帝藉之收于神仓。霜始降，百工咸休。〔寒而胶漆作不坚好。〕

孟冬之月，赏死事，恤孤寡。〔死事，谓以国事死也。〕命百官谨盖藏，〔谓府库囷仓也。〕固封疆，备边境，完要塞，谨关梁，大饮烝。〔十月农功毕，天子、诸侯与其群臣饮酒于大学，以正齿位，谓之大饮。〕天子乃祈来年于天宗，祀于公社及门闾，腊先祖五祀，〔此周礼所谓蜡祭也。天宗，谓日月星辰也。五祀，门户中溜灶、行。〕劳农以休息之。〔党正属民饮酒。正齿位是也。〕天子乃命将帅讲武，习射御。

仲冬之月，天子乃命有司，祈祀四海、大川、山林、薮泽。有能取蔬食、田猎禽兽者，野虞教导之。〔务收敛野物也。大泽曰薮，草木之实为蔬食。〕

季冬之月，命取冰，冰已入，令告民出五种；〔命田官告民出五种，明大寒气过，农事将起。〕命农计耦耕事，修耒耜（lěi sì），具田器。天子乃与公卿大夫共饬国典，论时令，以待来岁之宜。〔饬国典者，和六典之法也。周礼，以正月为之也。〕

·文王世子·

文王之为世子，朝于王季日三。鸡初鸣而起，衣服至于寝门外，问内竖之御者曰："今日安否何如？"〔内竖，小臣之属，掌外内之通令者。御，如今小吏直日也。〕内竖曰"安"，文王乃喜。及日中又至，亦如之。及暮又至，亦如之。其有不安节，则内竖以告文王，文王色忧，行不能正履。〔节，谓居处故事也。履，蹈地也。〕王季复膳，然后亦复初。食上，必在视寒暖之节；〔在，察也。〕食下，问所膳，〔膳，所食也。〕然后退。武王帅而行之。〔帅，循也。〕文王有疾，武王不脱冠带而养；〔言常在侧。〕文王一饭，亦一饭；文王再饭，亦再饭。〔欲知气力箴药所胜。〕

凡三王教世子，必以礼乐。<u>乐所以修内也，礼所以修外也。礼乐交错于中，发形于外。</u>立太傅、少傅以养之，〔养，犹教也。言养者，积浸成长。〕太傅审父子、君臣之道以示之。〔为之行其礼也。〕少傅奉世子，以观太傅之德行而审谕之。〔为之说其义也。〕太傅在前，少傅在后，〔谓其在学时也。〕入则有保，出则有师，〔谓燕居出入时也。〕是以教谕而德成也。〔以有四人维持之。〕师也者，教之以事而谕诸德者也；保也者，慎其身以辅翼之，而归诸道者也。〔慎其身者，谨安护之。〕

【重点句解读】

乐所以修内也，礼所以修外也。礼乐交错于中，发形于外。

用音乐提升自身的修养、情操，行为举止上表现出依礼仪而动。礼和乐在心中相互影响、相互补充，就会自然地表现出来。

音乐在中华文化中之所以有崇高的地位，乃是其中有律、有节、有和、有庄敬，与"礼"的规范、目标一致，都是修、齐、治、平的途径，而缺一不可。黄钟、大吕以领阴阳，宫、商、角、徵、羽以配五行，十二律配一年十二个月。抑、扬、顿、挫，清、和、宽、厚，低昂有序是乐的特点。据此可宣发天地的奥义，净化人的心灵，是内心的修持。而礼，它具有一定的社会性、约束性，是使人的行为符合时代的要求。内心净化修持，外面规行矩步，交相融合，互为表里，这个人就是个高尚的人、纯粹的人。

是故知为人子，然后可以为人父；知为人臣，然后可以为人君；知事人，然后能使人。君之于世子也，亲则父也，尊则君也。有父之亲，有君之尊，然后兼天下而有之。是故养世子不可不慎也。〔处君父之位，览海行一物而三善皆得者，唯世子而已，其齿于学之谓也。〔物，犹事也。〕故世子齿于学，国人观之曰："将君我而与我齿让，何也？"曰："有父在则礼然。"然而众知父子之道矣。其二曰："将君我而与我齿让，何也？"曰："有君在则礼然。"然而众知君臣之义也。其三曰："将君我而与我齿让，何也？"曰："长长也。"然而众知长幼之节。故父在斯为子，君在斯谓臣，居子与臣之节，所以尊君亲亲也。故学之为父子焉，学之为君臣焉，学之为长幼焉。〔学，教也。〕父子、君臣、长幼之道，得而国治。语曰："乐正司业，父师司成。一有元良，万国以贞。"世子之谓也。〔司，主也。一，一人也。元，大也。良，善也。贞，正也。〕

·礼 运·

昔者仲尼与于蜡宾，〔蜡者，索也。岁十二月，合聚万物而索飨之，亦祭宗庙。时孔子仕鲁，而在助祭之中。〕事毕，出游于观之上，喟然而叹。〔观，阙也。〕言偃在侧，曰："君子何叹？"〔言偃，孔子弟子子游也。〕孔子曰："**大道之行也，天下为公，选贤与能**，〔公，犹共也。禅位授圣，不家之也。〕故人不独亲其亲，不独子其子，〔孝慈之道广也。〕使老有所终，幼有所长，鳏寡、孤独、废疾者皆有所养。〔无匮乏者。〕是故谋闭而不兴，盗窃乱贼而不作，是谓大同。〔同，犹和平。〕今大道既隐，〔隐，犹去也。〕天下为家，〔传位于子也。〕各亲其亲，各子其子，大人世及以为礼，城郭沟池以为固，〔乱贼繁多，为此以服之。大人，诸侯也。〕礼义以为纪，以正君臣，以笃父子，以睦兄弟，以和夫妇，以设制度，以功为己。故谋用是作，兵由此起。〔以其违大道敦朴之本，其弊则然。老子曰："法令滋章，盗贼多有也。"〕禹、汤、文、武、成王、周公，由此其选也。〔由，用也。能用礼义成治者也。〕此六君子者，未有不谨于礼者。"言偃复问曰："如此乎，礼之急也？"孔子曰："夫礼者，先王以承天之道，以治人之情，故失之者死，得之者生。《诗》云：'人而无礼，胡不遄死！'故圣人以礼示之，天下国家可得而正。"〔民知礼，则易教也。〕

【重点句解读】

大道之行也，天下为公，选贤与能。

体现终极真理，是以举世的趋利避害、造福大众的事为己任。要达此目的，就必须选拔品德高尚、精明强干的人委以重任。

习近平总书记一贯倡导的"权为民所用，利为民所谋"正是这种博大胸怀的实际体现。

"是故礼者，君之大柄，所以治政安君。故圣王修义之柄、礼之序，以治人情。〔治者，去瑕秽、养精华也。〕故人情者，圣王之田也，修礼以耕之，〔和其刚柔。〕陈义以种之，〔树以善道。〕讲学以耨(nòu)之，〔存是去非类也。〕本仁以聚之，〔合其所盛。〕播乐以安之。〔感动使之坚固。〕故治国不以礼，犹无耜而耕也；〔无以入之也。〕为礼不本于义，犹耕而不种也；〔嘉谷无由生也。〕为义而不讲以学，犹种而不耨也；〔苗不殖，草不除。〕讲之以学而不合以仁，犹耨而不获也；〔无以知收之丰荒也。〕合之以仁而不安以乐，犹获而不食也；〔不知味之甘苦。〕安之以乐而不达于顺，犹食而不肥也。〔功不见也。〕四体既正，肤革充盈，人之肥也；父子笃，兄弟睦，夫妇和，家之肥也；大臣法，小臣廉，官职相序，君臣相正，国之肥也；天子以德为车，以乐为御，诸侯以礼相与，大夫以法相序，士以信相考，百姓以睦相守，天下之肥也。是谓大顺。故无水旱昆虫之灾，民无凶饥妖孽之疾，〔言大顺之时，阴阳和也。昆虫之灾，螟螽(zhōng)之属也。〕故天不爱其道，地不爱其宝，人不爱其情；〔言嘉瑞出，人情至也。〕故天降膏露，地出醴泉，山出器车，河出马图，凤皇骐驎皆在郊棷，龟龙在宫沼，其余鸟兽之卵胎皆可俯而窥也。〔膏，犹甘也。器，谓若银瓮丹甑也。马图，龙马负图而出也。棷，丛草也。沼，池也。〕则是无故，〔非有他故使之然。〕先王能修礼以达义，体信而达顺，故此顺之实也。"

· 礼 器 ·

礼，释回，增美质，措则正，施则行。〔释，犹去也。回，邪僻也。

质，犹性也。措，犹置也。〕其在人也，如竹箭之有筠，如松柏之有心。二者居天下之大端，故贯四时，而不改柯易叶。〔箭，篠也。端，本也。四物于天下，最得气之本也。或柔韧于外，或和泽于内，以此不变易，人之得礼亦犹然。〕君子有礼，则外谐而内无怨。故物无不怀仁，鬼神飨德。〔怀，归。〕<u>先王之立礼也，有本有文。忠信，礼之本；义理，礼之文。无本不立，无文不行。</u>〔言必外内具也。〕礼也者，合于天时，设于地财，顺于鬼神，合于人心，理万物者。故天不生，地不养，君子不以为礼，鬼神弗飨。〔天不生，谓非其时物也。地不养，谓非其地所生也。〕是故昔者先王之制礼也，因其财物，而致其义焉。故作大事必顺天时，〔大事，祭祀也。〕为朝夕必放于日月，〔日出东方，月生西方也。〕为高必因丘陵，〔谓冬至祭天于圜丘之上。〕为下必因川泽。〔谓夏至祭地于方泽之中。〕是故因天事天，〔天高，因高者以事之。〕因地事地，〔地下，因下者以事之。〕因名山，升中于天，〔名，犹大也。升，犹上也。中，犹成也。谓巡狩至于方岳，燔柴祭天，告以诸侯之成功也。〕因吉土，以飨帝于郊。〔吉土，王者所卜而居之土也。飨帝于郊，以四时所兆祭于四郊者也。〕升中于天，而凤皇降，龟龙格；〔功成而太平，阴阳气和而致象物也。〕飨帝于郊，而风雨节，寒暑时。〔五帝，主五行。五行之气和，而庶征得其序。五行：木为雨，金为旸，火为燠，水为寒，土为风。〕是故圣人南面而立，而天下大治。是故先王制礼也以节事，〔动反本也。〕修乐以导志。〔劝之善也。〕故观其礼乐，而治乱可知。〔乱国礼慢而乐淫也。〕

【重点句解读】

先王之立礼也，有本有文。忠信，礼之本；义理，礼之文。无本不立，无文不行。

先王制定礼仪，既有理论根据，也有具体规定。忠诚守信的意义和道理，是礼仪的根本；对行为举止的具体要求，是礼仪的条例规定。没有根据就不能制定礼仪，没有具体条例就无法执行礼仪。

任何礼仪都是既有其本质内涵，又有其外在表现形式。中国是礼仪之邦，忠诚守信就是中国礼仪的本质内涵，具体的条例规定则是其表现形式。二者相辅相成，缺一不可。没有前者，礼仪则成了无源之水、无本之木；没有后者，礼仪则无法生存和发展。

·内 则·

子事父母，鸡初鸣，咸盥漱，冠、緌（ruí）、缨、端、韠、绅、搢笏，〔咸，皆也。緌，缨之饰也。端，玄端，士服也，庶人深衣也。绅，大带也。〕左右佩用，〔必佩者，备尊者使令也。〕以适父母、舅姑之所。及所，下气怡声，问所欲而敬进之，柔色以温之。〔温，藉也。承尊者必和颜色也。〕父母有过，下气怡色，柔声以谏，谏若不入，起敬起孝，悦则复谏。父母怒，不悦，而挞之流血，不敢疾怨，起敬起孝。〔挞，击也。〕父母虽没，将为善，思贻父母令名，必果。曾子曰："孝子之养老，乐其耳目，安其寝处，以其饮食忠养之。父母之所爱亦爱之，父母之所敬亦敬之，至于犬马尽然，而况于人乎？"

·玉 藻·

年不顺成，则天子素服，乘素车，食无乐。〔自贬损也。〕君无故不杀牛，大夫无故不杀羊，士无故不杀犬豕。〔故，谓祭祀之时。〕君子远庖厨，凡有血气之类，弗身践也。〔践当为翦，声之之误。翦，犹杀也。〕

·大 传·

圣人南面而听天下，所且先者有五，民不与焉。〔且先，言未遑余事。〕一曰治亲，二曰报功，三曰举贤，四曰使能，五曰存爱。〔功，功臣也。存，察也。察有仁爱者。〕五者一得于天下，民无不足、无不赡。五者一物纰缪，民不得其死。〔物，犹事。纰，犹错也。五事得则民足，一事失则民不得其死，明政之难也。〕圣人南面而治天下，必自人道始矣。〔人道，谓此五事也。〕是故人道亲亲，〔言先有恩。〕亲亲故尊祖，尊祖故敬宗，敬宗故收族，收族故宗庙严，宗庙严故重社稷，重社稷故爱百姓，爱百姓故刑罚中，刑罚中故庶民安，庶民安故财用足，财用足故百志成，百志成故礼俗刑，礼俗刑然后乐。〔收族，序以昭穆也。严，犹尊也。百志，人之志意所欲也。刑，犹成也。〕《诗》云："不显不承，无斁于人斯。"此之谓也。〔斁，厌也。言文王之德不显乎？不承先人之业乎？言其显且承之，乐之无厌。〕

·乐 记·

凡音之起，由人心生也。人心之动，物使之然也。感于物而动，故形于声。〔宫、商、角、徵、羽杂比曰音，单出曰声。形，犹见也。〕

乐者，音之所由生也，其本在人心之感于物。是故其哀心感者，其声噍（jiào）以杀；其乐心感者，其声啴以缓；其喜心感者，其声发以散；其怒心感者，其声粗以厉；其敬心感者，其声直以廉；其爱心感者，其声和以柔。六者非其性也，感于物而后动。〔言人声在所见，非有常也。噍，踧也。啴，宽绰貌。发，犹扬也。〕是故先王慎所以感之者，故礼以导其志，乐以和其声，政以一其行，刑以防其奸。礼乐刑政，其极一也，所以同民心而出治道。

凡音者，生人心者也。情动于中，故形于声。声成文，谓之音。是故治世之音安以乐，其政和；乱世之音怨以怒，其政乖；亡国之音哀以思，其民困。音声之道，与政通矣。〔言八音和否随政。〕宫为君，商为臣，角为民，徵为事，羽为物。五者不乱，则无怗懘（tiē chì）之音矣。〔五者，君、臣、民、事、物也。凡声浊者尊，清者卑。怗懘，弊败不和之貌也。〕宫乱则荒，其君骄；商乱则陂，其臣坏；角乱则忧，其民怨；徵乱则哀，其事勤；羽乱则危，其财匮。五者皆乱，迭相陵，谓之慢。如此则国之灭亡无日矣。〔君、臣、民、事、物，其道乱则其音应而乱也。荒，犹散也。陂，倾也。〕

郑卫之音，乱世之音，比于慢矣。〔比，犹同也。〕桑间濮上之音，亡国之音。其政散，其民流，诬上行私而不可止也。〔濮水之上地有桑间者，亡国之音于此水出也。〕是故知声而不知音者，禽兽是也；知音而不知乐者，众庶是也。唯君子为能知乐。〔禽兽知此为声耳，不知其宫商之变。八音并作，克谐曰乐。〕审声以知音，审音以知乐，审乐以知政，而治道备矣。是故不知声者，不可与言音；不知音者，不可与言乐。知乐者，则几于礼矣。礼乐皆得，谓之有德。〔几，近也。听乐而知政之得失，则能正君、臣、民、事、物之礼也。〕乐之隆，非极音；食飨之礼，非致味。〔隆，犹盛。极，犹穷。〕是故先王之制礼乐，非以极口腹耳目之欲，将以教民平好恶，而反人道之正。〔教之使知好恶。〕

先王之制礼乐，人为之节。〔言为作法度以遏其欲也。〕衰麻哭泣，所以节丧纪也；钟鼓干戚，所以和安乐也；婚姻冠笄，所以别男女也；射乡食飨，所以正交接也。〔男二十而冠，女许嫁而笄，成人之礼也。射，大射。乡，乡饮酒也。食，食礼飨。飨，礼也。〕礼节民心，乐和民声，政以行之，刑以防之。礼、乐、刑、政，四达而不悖，则王道备矣。

<u>乐由中出</u>，〔和在心也。〕<u>礼自外作</u>。〔敬在貌也。〕<u>大乐必易，大礼必简</u>。〔易简，若于清庙大飨然也。〕<u>乐至则无怨，礼至则不争。揖让而治天下者，礼乐之谓也</u>。〔至，犹达行。〕<u>大乐与天地同和，大礼与天地同节</u>。〔言顺天地之气与其数也。〕和，故百物不失；〔不失性也。〕节，故祀天祭地。〔成万物有功报焉也。〕明则有礼乐，〔教人者也。〕幽则有鬼神。〔助天地成物者也。〕如此，则四海之内，合敬同爱。

【重点句解读】

> 乐由中出，礼自外作。大乐必易，大礼必简。乐至则无怨，礼至则不争。揖让而治天下者，礼乐之谓也。大乐与天地同和，大礼与天地同节。

音乐产生于内心，可影响人的内在素质而发生变化；礼仅体现于外表，形成一定的仪轨。最好的乐必定清、和、宽、厚，最好的礼必定朴、约、庄、穆。音乐感化了人心，民众就没有怨恨；人人都按礼仪的要求做事，社会上就不会有冲突。上下互相恭敬，以礼的规矩行动、办事，天下就会太平，国家就会稳固，这就是制礼作乐的目的所在。因为最好的音乐与阴阳运行一样生生不息，最好的仪轨也如阴阳转换一样有秩序。

礼和乐，是中国古代国家治理的两种重要的手段，乐从属于礼。以礼来区别宗法远近等级秩序，同时又以乐来和同共融礼的等级秩序，二者相辅相成。礼外而显，乐内而隐，礼给人们提供一定的规矩和秩序，对人们的行为起着规范的作用。礼是人们为人处世的根本，也是人之为人的一个标准。对人与人之间的关系及交往起着调节的作用。乐对人们起着潜移默化的影响，调节人们的心理和气质，调动人们规范自身行为的意识。

王者功成作乐，治定制礼。〔功，主于王业。治，主于教民。〕五帝殊时，不相沿乐；三王异世，不相袭礼。〔言其有损益也。〕故圣人作乐以应天，制礼以配地。礼乐明备，天地官矣。〔官，犹事也，各得其事。〕地气上跻(jī)，天气下降，鼓之以雷霆，奋之以风雨，动之以四时，暖之以日月，而百化兴焉。如此则乐者天地之和也，礼者所以缀淫也。〔缀，犹止也。〕是故先王有大事，必有礼以哀之；有大福，必有礼以乐之。哀乐之分，皆以礼终。〔大事，谓死丧也。〕是故先王本之情性，稽之度数，制之礼义，合生气之和，道五常之行，使之阳而不散，阴而不密，刚气不怒，柔气不慑，四畅交于中而发作于外，皆安其位而不相夺也。〔生气，阴阳气也。五常，五行也。密之言闭也。慑，犹恐惧也。〕土弊则草木不长，水烦则鱼鳖不大，气衰则生物不遂，世乱则礼慝而乐淫。是故其声哀而不庄，乐而不安，慢易以犯节，流湎以忘本，感条畅之气而灭平和之德，是以君子贱之也。〔遂，犹成也。慝，秽也。感，动也，动人条畅之善气，使失其所也。〕凡奸声感人，而逆气应之；逆气成象，而淫乐兴焉。正声感人，而顺气应之；顺气成象，而和乐兴焉。唱和有应，回邪曲直，各归其分，而万物之理各以类相动。〔成象，谓人乐习焉。〕是故君子反情以和其志，比类以成其行，奸声乱色，不留聪明；淫乐慝礼，不接心术；惰慢邪僻之气，不设于身体，使耳目、鼻口、心智、百体皆由顺正，以行其义，〔反，犹本也。术，犹道也。〕然后发以声音，而文以琴瑟，动以干戚，饰以羽旄，从以箫管；奋至德之光，动四气之和，以著万物之理。〔奋，犹动。动至德之光，谓降天神、出地祇、格祖考也。著，犹成也。〕故<u>乐行而伦清，耳目聪明，血气和平，移风易俗，天下皆宁</u>。〔言乐用则正人理、和阴阳也。伦，谓人道也。〕

【重点句解读】

故乐行而伦清，耳目聪明，血气和平，移风易俗，天下皆宁。

正乐的节奏如人伦的秩序，低昂有律而不乱，使耳朵能觉察一切声音，眼睛看清任何细微的东西，心平气和，刚柔得中，改变了不良风气，更替了野蛮习俗，于是天下也就太平了。

正乐，是一个国家所遵循的最根本的思想道德准则，是社会秩序赖以维持的思想意识形态层面支撑。当下中国，可以将其理解成社会主义核心价值观。它是国家、集体和个人三个层面品德的概括和融合。是中国特色社会主义现代化国家的建设目标，同时也是精神层面对于人们的引领和要求。

魏文侯问于子夏曰："吾端冕而听古乐，则唯恐卧；听郑、卫之音，则不知倦。敢问古乐之如彼，何也？新乐之如此，何也？"〔古乐，先王之正乐也。〕对曰："今君之所问者乐也，所好者音也，相近而不同。"〔铿锵之类皆为音，应律乃为乐。〕文侯曰："敢问何如？"〔欲知音乐异意。〕对曰："夫古者天地顺，而四时当，民有德而五谷昌，疾疢不作而无妖祥，此之谓大当。然后圣人作，为父子君臣，以为纲纪。纲纪既正，天下大定。天下大定，然后正六律，和五声，弦歌《诗》《颂》。此之谓德音，德音之谓乐。〔当，谓乐不失其所也。〕今君之所好者，其溺音乎？郑音好滥淫志，宋音燕女溺志，卫音趋数烦志，齐音敖僻骄志。四者淫于色而害于德，是以祭祀弗用也。〔言四国出此溺音也。〕为人君者，谨其所好恶而已矣。君好之，则臣为之；上行之，则民从之。《诗》云：'诱民孔易。'此之谓也。"〔诱，进也。孔，甚也。民从君之所好恶，进之于善，无难也。〕

君子曰："礼乐不可斯须去身。"致乐以治心，〔乐由中出，故治心也。〕致礼以治躬。〔礼自外作，故治身也。〕心中斯须不和不乐，而鄙诈之心入之矣；〔鄙诈入之，谓利欲生也。〕外貌斯须不庄不敬，而易慢之心入之矣。〔易，轻易也。〕故乐也者，动于内者也；礼也者，动于外者也。乐极则和，礼极则顺。内和而外顺，则民瞻其颜色而不与争也，望其容貌而民不生易慢焉。是故，乐在宗庙之中，君臣上下同听之，则莫不和敬；在族长乡里之中，长幼同听之，则莫不和顺；在闺门之内，父子、兄弟同听之，则莫不和亲。故乐者，所以合和父子、君臣，附亲万民。是先王立乐之方也。

·祭 法·

夫圣王之制祭祀也，法施于民则祀之，以死勤事则祀之，以劳定国则祀之，能御大灾则祀之，能扞大患则祀之。是故厉山氏之有天下也，其子曰农，能殖百谷；夏后氏之衰，周弃继之，故祀以为稷；共工氏之霸九州也，其子曰后土，能平九州，故祀以为社。帝喾（kù）能序星辰，尧能赏均刑法，舜能勤众事，鲧鄣洪水，禹能修鲧之功，黄帝正名百物，颛顼（zhuān xū）能修之，契为司徒而民成，冥勤其官而水死，汤以宽治民而除其虐，文王以文治，武王以武功去民之灾，此皆有功烈于民者也。及夫日月星辰，民所瞻仰也；山林、川谷、丘陵，民所取材用也。非此族也，不在祀典。〔祀典，谓祭礼也。〕

·祭 义·

祭不欲数，数则烦，烦则不敬；祭不欲疏，疏则怠，怠则忘。是故君子合诸天道，春禘秋尝。〔忘与不敬，违礼莫大焉。合于天道，因四时之变化，孝子感时而念亲，则以此祭之也。〕霜露既降，君子履之，必有凄怆之心，非其寒之谓也。春雨露既濡，君子履之，必有怵惕之心，如将见之。〔非其寒之谓，谓凄怆及怵惕，皆为感时念亲也。〕乐以迎来，哀以送往；致斋于内，散斋于外。斋之日，思其居处，思其笑语，思其志意，思其所乐，思其所嗜；斋三日，乃见其所为斋者。〔见其所为斋，思之熟也。〕祭之日，入室，僾（ài）然必有见乎其位；周旋出户，肃然必有闻乎其容声；出户而听，忾然必有闻乎其叹息之声。是故先王之孝也，色不忘乎目，声不绝乎耳，心志嗜欲不忘乎心，安得不敬乎？君子生则敬养，死则敬享。〔享，犹祭也，飨也。〕唯圣人为能飨帝，孝子为能飨亲。〔谓祭之能使之飨之也。帝，天也。〕先王之所以治天下者五：贵有德也，贵贵也，贵老也，敬长也，慈幼也。此五者，先王之所以定天下也。贵有德，为其近于道也；贵贵，为其近于君也；贵老，为其近于亲也；敬长，为其近于兄也；慈幼，为其近于子也。〔言治国有家道也。〕

曾子曰："身也者，父母之遗体也。行父母之遗体，敢不敬乎？居处不庄，非孝也；事君不忠，非孝也；莅官不敬，非孝也；朋友不信，非孝也；战阵无勇，非孝也。五者不遂，灾及于亲，敢不敬乎？〔遂，犹成也。〕夫孝，置之而塞乎天地，敷之而横乎四海，施诸后世而无朝夕。《诗》云：'自西自东，自南自北，无思不服。'此之谓也。孝有三：小孝用力，中孝用劳，大孝不匮。〔劳，犹功。〕思慈爱忘劳，可谓用力矣；尊仁安义，可谓用劳矣；博施备物，可谓不匮矣。〔思慈爱忘劳，思父母之慈爱己，而自忘己之劳苦。〕父母爱之，喜而弗忘；父母恶之，惧而无怨；〔无怨，无怨于父母之心也。〕父母有过，谏而不逆；〔顺而谏之。〕父母既没，必求仁者之粟以祀之。此之谓礼终。"〔喻贫困犹不取恶人之物以事己亲。〕

乐正子春下堂，而伤其足，数月不出，犹有忧色。门弟子曰："夫子之足瘳（chōu）矣，数月不出，犹有忧色，何也？"曰："吾闻诸曾子，父母全而生之，子全而归之，可谓孝也；不亏其体，不辱其身，可谓全矣。故君子跬步弗敢忘孝也。今予忘孝之道，予是以有忧色也。一举足而不敢忘父母，一出言而不敢忘父母。一举足而不敢忘父母，是故道而弗径，舟而不游，不敢以先父母之遗体行危殆。一出言而不敢忘父母，是故恶言不出于口，忿言不及于身。不辱其身，不羞其亲，可谓孝矣！"〔径，步邪趋疾也。〕

虞、夏、殷、周，天下之盛王也，未有遗年者。是故天子巡狩，诸侯待于境，天子先见百年者。〔问其国君，以百年者所在，而往见之。〕

·祭 统·

凡治人之道，莫急于礼；礼有五经，莫重于祭。〔礼有五经，谓吉、凶、宾、军、嘉也。莫重于祭，谓以吉礼为首也。〕夫祭者，非物自外至也，自中出生于心也，心怵而奉之以礼。是故唯贤者能尽祭之义；是故君子之教也，外则教之以尊其君长，内则教之以孝于其亲；是故君子之事君也，必身行之。所不安于上则不以使下；所恶于下则不以事上。非诸人，行诸己，非教之道也。〔必身行之，言恕己乃行之。〕是故君子之教也，必由其本，顺之至也，祭其是与！故曰："祭者，教之本也已。〔教由孝顺生。〕祭而不敬，何以为也？"

·经解·

天子者，与天地参焉，故德配天地，兼利万物，与日月并明，明照四海，而不遗微小。其在朝廷，则道仁圣礼义之序；燕处，则听《雅》《颂》之音；行步，则有环珮之声；升车，则有鸾和之响。居处有礼，进退有度，百官得其宜，万事得其序。《诗》云："淑人君子，其仪不忒。其仪不忒，正是四国。"此之谓也。〔道，犹言也。〕发号出令而民悦，谓之和；上下相亲，谓之仁；民不求其所欲而得之，谓之信；除去天地之害，谓之义。义与信，和与仁，霸王之器也。有治民之意，而无其器则不成。〔器，谓所操以作事者。义、信、和、仁，皆存于礼也。〕夫礼之于国也，犹衡之于轻重也，绳墨之于曲直也，规矩之于方圆也。故衡诚悬，不可欺以轻重；绳墨诚陈，不可欺以曲直；规矩诚设，不可欺以方圆；君子审礼，不可诬以奸诈。〔衡，称也。悬，锤也。陈，设也。〕孔子曰："安上治民，莫善于礼。"此之谓也。故朝觐之礼，所以明君臣之义也；聘问之礼，所以使诸侯相尊敬也；丧祭之礼，所以明臣子之恩也；乡饮酒之礼，所以明长幼之序也；婚姻之礼，所以明男女之别也。夫礼，禁乱之所由生，犹防止水之所自来也。故以旧防为无所用而坏之者，必有水败；以旧礼为无所用而去之者，必有乱患。故婚姻之礼废，则夫妇之道苦，而淫僻之罪多矣；乡饮酒之礼废，则长幼之序失，而斗争之狱繁矣；丧祭之礼废，则臣子之恩薄，而背死忘生者众矣；聘觐之礼废，则君臣之位失，而背叛侵陵之败起矣。〔苦，谓不至不答之属。〕故礼之教化也微，其正邪也于未形，使人日徙善远罪而不自知也，是以先王隆之也。<u>《易》曰："君子慎始，差若毫厘，谬以千里。"</u>此之谓也。〔隆，谓尊盛之也。始，谓其微时也。〕

【重点句解读】

《易》曰："君子慎始，差若毫厘，谬以千里。"

《易经》上说："品行高洁的人做事，在开始时就小心谨慎，因为开始如有微小的差错，结果就会造成很大的错误。"

西汉时期，赵充国奉汉宣帝之命去平定西北地区的叛乱。他见叛军军心不齐，就采取招抚的办法，使得大部分叛军投诚。可汉宣帝命他出兵，结果却出师不利。后来他按皇命收集军粮，却造成叛乱。他非常感慨，叹息道："真是失之毫厘，谬以千里。"

·仲尼燕居·

子曰："礼者何也？即事之治也。治国而无礼，譬犹瞽之无相与，伥伥乎其何之？譬如终夜有求幽室之中，非烛何以见之？若无礼，则手足无所措，耳目无所加，进退揖让无所制。是故以之居处，长幼失其别，闺门三族失其和，朝廷官爵失其序，军旅武功失其制，宫室失其度量，丧纪失其哀，政事失其施，凡众之动失其宜。"

·中 庸·

天命之谓性，率性之谓道，修道之谓教。〔性者，生之质也。命者，人所禀受。率，循性行之，是曰道。修，治也。治而广之，人仿效之，是曰教。〕道也者，不可须臾离也，可离非道也。〔道，犹道路也。出入动作由之，须臾离之，恶乎从。〕是故君子戒慎乎其所不睹，恐惧乎其所不闻。莫见乎隐，莫显乎微，故君子慎其独也。〔慎其独者，慎其闲居之所为也。小人于隐者，动作言语自以为不见睹、不见闻，则必肆尽其情。若有占听之者，是为显见，甚于众人之中为之也。〕子曰："中庸其至矣乎！民鲜能久矣。"〔鲜，罕也。言中庸为道至美，故人罕能久行之者。〕子曰："无忧者，其唯文王乎！以王季为父，以武王为子，父作之，子述之。〔圣人以立法度，为大事，子能述成之，则何忧乎？尧舜之父子则有凶顽，禹汤之父子则寡令闻。父子相成，唯有文王也。〕武王缵（zuǎn）大王、王季、文王之绪，一戎衣而有天下，身不失天下之显名，尊为天子，富有四海之内，宗庙飨之，子孙保之。"〔缵，继也。绪，业也。〕子曰："武王、周公，其达孝矣乎！夫孝者，善继人之志，善述人之事者也。"

·表记·

子曰:"仁有三,与仁同功而异情。〔利仁强仁,功虽与安仁者同,本情则异也。〕与仁同功,其仁未可知也;与仁同过,然后其仁可知也。仁者安仁,智者利仁,畏罪者强仁。"〔功者,人所贪。过者,人所避。〕

子曰:"君子不以辞尽人。〔不见人之言语则以为善,言其余行,或时恶也。〕故天下有道,则行有枝叶;天下无道,则辞有枝叶。〔行有枝叶,所以益德也。言有枝叶,是众虚华也。枝叶依干而生,言行亦由礼出也。〕是故君子于有丧者之侧,不能赙(fù)焉,则不问其所费;于有病者之侧,不能馈焉,则不问其所欲;有客不能馆焉,则不问其所舍。〔皆避有其言而无其实也。〕故君子之接如水,小人之接如醴;君子淡以成,小人甘以坏。〔水相得合而已,酒醴相得则败。淡,无酸酢,少味也。〕不以口誉人,则民作忠。故君子问人之寒,则衣之;问人之饥,则食之;称人之美,则爵之。"〔皆为有言,不可以无实也。〕

【重点句解读】

故君子之接如水,小人之接如醴。君子淡以成,小人甘以坏。

君子之间的交往不用虚言藻饰,就像水那样清淡;小人之间的交往多用甜言蜜语,像甜酒那样甘甜。君子之交如同淡水相合,久成江河;小人之交好似甜酒相掺,久而败坏。

《庄子·山木》中说:"君子之交淡若水,小人之交甘若醴。"这跟《礼记》中所说的意思是一样的。"君子之交淡若水",这"淡若水"不是说君子之间的感情淡得像水一样,而是指他们的交往不含任何功利之心,他们的交往纯属友谊。小人之间的交往,包含着浓重的功利之心,表面看起来似乎"甘若醴",但要是对方满足不了其功利的需求时,就很容易恩断义绝,他们之间有的只是利益而已。

·缁 衣·

子言之曰:"为上易事也,为下易知也,则刑不烦矣。"〔言君不苛虐,臣无奸心,则刑可以措也。〕

子曰:"夫民,教之以德,齐之以礼,则民有格心;教之以政,齐之以刑,则民有遁心。〔格,来也。遁,逃也。〕故君民者,子以爱之,则民亲之;信以结之,则民不背;恭以莅之,则民有逊心。"〔莅,临也。逊,犹顺也。〕

子曰:"下之事上也,不从其所令,而从其所行。〔言民化行不拘于言也。〕上好是物,下必有甚矣。〔甚者,甚于君也。〕故上之所好恶,不可不慎也,是民之表也。"〔言民之从君如影之逐表。〕

子曰:"禹立三年,百姓以仁遂焉,岂必尽仁。"〔言百姓效禹为仁,非本性能仁也。〕

子曰:"上好仁,则下之为仁争先人。"

子曰:"王言如丝,其出如纶。王言如纶,其出如绋(fú)。〔言言出弥大也。纶今有秩,啬夫所佩也。绋,引棺索也。〕故大人不倡游言。〔游,犹浮也。不可用之言也。〕可言也,不可行,君子弗言也;可行也,弗可言,君子弗行也。则民言不危行,而行不危言矣。"〔危,犹高也。言不高于行,行不高于言,言行相应。〕

子曰:"君子道人以言,而禁人以行,〔禁,犹谨也。〕故言必虑其所终,而行必稽其所弊,则民谨于言而慎于行。〔稽,犹考也。〕《诗》云:'慎尔出话,敬尔威仪。'"〔话,善言也。〕

子曰:"为上可望而知也,为下可述而志也,则君不疑于其臣,而臣不惑于其君矣。〔志,犹知也。〕上人疑,则百姓惑;下难知,则君长劳。〔难知,有奸心也。〕故君民者,章好以示民俗,慎恶以御民之淫,则民不惑矣。"〔淫,贪侈也。《孝经》曰:"示之好恶,而民知禁也。"〕

子曰:"大臣不可以不敬也,是民之表也;迩臣不可以不慎也,是民之道也。"〔民之道,言民循从也。〕

子曰:"大人不亲其所贤,而信其所贱,民是以亲失,而教是以烦。"〔亲失,失其所当亲也。教烦,由信贱者也。贱者无一德也。〕

子曰:"民以君为心,君以民为体;心庄则体舒,心肃则容敬。心好

之，身必安之；君好之，民必欲之。心以体全，亦以体伤；君以民存，亦以民亡。"〔庄，齐庄也。〕

·大 学·

尧舜率天下以仁，而民从之；桀纣率天下以暴，而民从之。其所令反其所好，而民不从。〔言民化君行也。君好货，而禁民淫于财利，不能止也。〕是故君子有诸己，而后求诸人；无诸己，而后非诸人。所藏乎身不恕，而能喻诸人者，未之有也。故上老老而民兴孝，上长长而民兴悌，上恤孤而民不背。所恶于上，毋以使下；所恶于下，毋以事上；所恶于前，毋以先后；所恶于后，毋以从前；所恶于右，毋以交于左；所恶于左，毋以交于右。《诗》云："乐只君子，民之父母。"民之所好好之，民之所恶恶之，此之谓民之父母。〔言治民之道无他，取于己而已。〕好人之所恶，恶人之所好，是谓拂人之性，灾必逮夫身。〔拂，犹佹。逮，及也。〕

·昏 义·

昏礼者，将合二姓之好，上以事宗庙，而下以继后世也，故君子重之。男女有别，而后夫妇有义；夫妇有义，而后父子有亲；父子有亲，而后君臣有正。故曰："婚礼者，礼之本也。"夫礼，始于冠，本于婚，重于丧祭，尊于朝聘，和于乡射，此礼之大体也。古者天子后，立六宫、三夫人、九嫔、二十七世妇、八十一御女，以听天下之内治，以明章妇顺，故天下内和而家理也。天子立六官、三公、九卿、二十七大夫、八十一元士，以听天下之外治，以明章天下之男教，故外和而国治也。故曰："天子听男教，后听女顺；天子理阳道，后治阴德；天子听外治，后听内治。"教顺成俗，外内和顺，国家理治，此之谓盛德也。

是故男教不修，阳事不得，谪见于天，日为之食；妇顺不修，阴事不得，谪见于天，月为之食。是故日食则天子素服，而修六官之职，荡天下之阳事；月食，则后素服而修六宫之职，荡天下之阴事。故天子之与后，犹日之与月，阴之与阳，相须而后成者也。〔谪之言责也。荡，荡涤，去秽恶也。〕

·射 义·

古者诸侯之射也,必先行燕礼;卿、大夫、士之射也,必先行乡饮酒之礼。故燕礼者,所以明君臣之义也;乡饮酒之礼者,所以明长幼之序也。〔言别尊卑老稚,乃后射以观德行也。〕故射者,进退周还必中礼。内志正,外体直,然后持弓矢审固。持弓矢审固,然后可以言中。此可以观德行也。〔内正外直,习于礼乐,有德行者。〕其节,天子以《驺虞》,诸侯以《狸首》,大夫以《采蘋》,士以《采蘩》。故明乎其节之志,以不失其事,则功成而德行立。德行立则无暴乱之祸,功成则国安。故曰:"射者,所以观盛德也。"〔《驺虞》《采蘋》《采蘩》,今《诗》篇名也,《狸首》亡也。〕是故古者,天子以射选诸侯、卿、大夫、士。射者,男子之事,因而饰之以礼乐也。故事之尽礼乐而可数为,以立德行者,莫若射,故圣王务焉。〔选士者,先考德行,乃后决之射也。男子生而有射事,长学礼乐以饰之。〕是故古者天子之制,诸侯岁献贡士于天子,天子试之于射宫,观其容体比于礼,其节比于乐,而中多者,得与于祭;其容体不比于礼,其节不比于乐,而中少者,不得与于祭。数与于祭,而君有庆;数不与于祭,而君有让。数有庆而益地,数有让而削地。故曰:天子之大射,谓之"射侯"。射侯者,射为诸侯也。射中则得为诸侯,射不中则不得为诸侯。〔大射,谓将祭择士之射也。得为诸侯,谓有庆也;不得为诸侯,谓有让也。〕故射者,仁之道也。求正诸己,己正而后发;发而不中,则不怨胜己者,反求诸己而已矣。孔子曰:"君子无所争,必也射乎?"

卷八 《周礼》治要

【西周】 相传为周公旦 撰

【导读】

周公旦，姬姓，名旦，生卒年不详，周文王姬昌第四子。因其采邑在周，爵为上公，世称周公。中国古代卓越的政治家、军事家、思想家、教育家，后人尊其为"元圣"和儒学先驱。

《周礼》，又称《周官》，讲官制和政治制度。世传为周公旦所著。是儒家"十三经"之一。

《周礼》《仪礼》《礼记》合称"三礼"。"三礼"是古代礼乐文化的理论思想表现形态，对礼法、礼义作了最权威的记载和解释。所涉及的内容极为丰富，无所不包。大至天下九州、天文历象，小至沟洫道路、草木虫鱼，凡邦国建制，政法文教，礼乐兵刑，赋税度支，膳食衣饰，寝庙车马，农商医卜，工艺制作，各种名物、典章、制度，应有尽有。把社会生活的方方面面，都纳入"礼"的范畴。

《周礼》的基本精神是"博爱之谓仁"，原则是亲亲、尊尊、长长和男女有别的社会基本格局。

《周礼》完善了国家政体："一曰治典，以经邦国，以治官府，以纪万民；二曰教典，以安邦国，以教官府，以扰万民；三曰礼典，以和邦国，以统百官，以谐万民；四曰政典，以平邦国，以正百官，以均万民；五曰刑典，以诘邦国，以刑百官，以纠万民；六曰事典，以富邦国，以任百官，以生万民。"是为"六典"。规定了政府机构及编制："一曰天官，其属六十，掌邦治；二曰地官，其属六十，掌邦教；三曰春官，其属六十，掌邦礼；四曰夏官，其属六十，掌邦政；五曰秋官，其属六十，掌邦刑；六曰冬官，其属六十，掌邦事。"是为"六属"。从隋代开始在中央政府机构中实行的"三省六部制"，就是按《周礼》"六官"设置的。唐代将六部定名为吏、户、礼、兵、刑、工，为后世所遵循，一直沿用至清代。

《周礼》反映了儒家的"以民为本"的政治主张和"修齐治平"的思想观念。

上列这些《周礼》的内容，在魏徵等人编撰的《群书治要》所节录各条中，随处可见。如在"膳夫"一职中着重选录了"大丧则不举，大荒则不举……"一段，突出了王室的膳食饮会必须和国家、人民的灾荒祸害密切联系起来，放在重要位置上；《大司乐》"以乐德教国子（公卿大夫之子弟）中、和、祗、庸、孝、友"，突出了对学生的品德、素质教育，这也是我们今天教育新课标所追求的目标。

·天 官·

惟王建国，辩方正位，〔别四方，正君臣之位，君南面，臣北面之属。〕体国经野，〔体，犹分，邦畿之度。经野，疆理其井庐也。〕设官分职，〔置冢宰、司徒、宗伯、司马、司寇、司空，各有所职，而百官事举。〕以为民极。〔极，中也。令天下之人各得其中，不失其所也。〕乃立天官冢宰，使帅其属，而掌其邦治，以佐王均邦国。〔掌，主也。邦治，王所以治邦国者。佐，犹助也。〕建邦之六典，以佐王治邦国：一曰治典，以经邦国，以治官府，以纪万民；二曰教典，以安邦国，以教官府，以扰万民；三曰礼典，以和邦国，以统百官，以谐万民；四曰政典，以平邦国，以正百官，以均万民；五曰刑典，以诘邦国，以刑百官，以纠万民；六曰事典，以富邦国，以任百官，以生万民。〔典，常也，法也。王谓之礼经，常所秉以理天下者也。邦国官府，谓之礼法，常所守以为法式也。扰，犹驯也。统，犹合也。诘，犹禁也。任，犹倳也。生，犹养也。〕以八柄诏王驭群臣：一曰爵，以驭其贵；二曰禄，以驭其富；三曰予，以驭其幸；四曰置，以驭其行；五曰生，以驭其福；六曰夺，以驭其贫；七曰废，以驭其罪；八曰诛，以驭其过。〔柄，所秉执以起事者也。诏，告也，助也。爵，谓公侯伯子男卿大夫士也。禄，所以富臣下也。幸，谓言行偶合于善，则有以赐与之劝后也。生，犹养也，贤臣之老者，王有以养之也。夺，谓臣有大罪，没人家财者也。诛，责让也。〕以八统诏王驭万民：一曰亲亲，二曰敬故，三曰进贤，四曰使能，五曰保庸，六曰尊贵，七曰达吏，八曰礼宾。〔统，所以总物者也。亲亲，若尧亲九族也。敬故，不慢旧也。贤，有善行也。能，多才艺也。保庸，安有功也。尊贵，尊天下之贵者也。达吏，察举勤劳之小吏也。礼宾，宾客诸侯，所以示民亲仁善邻也。〕岁终，则令百官府各正其治，受其会。〔正，正处也。会，大计也。〕三岁，则大计群吏之治而诛赏。〔三载考绩也。〕

膳夫：掌王之食饮膳羞，大丧则不举，大荒则不举，大札则不举，天地有灾则不举，邦有大故则不举。〔大荒，凶年也。大札，疫疠也。天灾，日月晦食也。地灾，崩动也。大故，刑杀也。《春秋传》曰：司寇行戮，君为之不举。〕

·地 官·

大司徒之职：掌建邦之土地之图与其人民之数，以佐王安扰邦国。〔教所以亲百姓，训五品也。扰，亦安也，言饶衍也。〕而施十有二教焉：一曰以祀礼教敬，则民不苟；二曰以阳礼教让，则民不争；三曰以阴礼教亲，则民不怨；四曰以乐礼教和，则民不乖；五曰以仪辩等，则民不越；六曰以俗教安，则民不愉；七曰以刑教中，则民不虣（bào）；八曰以誓教恤，则民不怠；九曰以度教节，则民知足；十曰以世事教能，则民不失职；十有一曰以贤制爵，则民慎德；十有二曰以庸制禄，则民兴功。〔阳礼，谓乡射饮酒也。阴礼，谓男女之礼也。婚姻以时，则男不旷，女不怨也。仪，谓君南面，臣北面，父坐子伏之属也。俗，谓土地所生习也。愉，谓朝不谋夕也。恤，谓灾厄相忧也。民有凶患，忧之则民不懈怠也。度，谓宫室车服之制也。世事，谓士农工商之事，少而习焉，其心安焉，因教以能，不易其业也。慎德，谓矜其善德，劝为善也。庸，功也。爵以显贤，禄以赏功也。〕以保息六畜万民：一曰慈幼，二曰养老，三曰振穷，四曰恤贫，五曰宽疾，六曰安富。〔保息，谓安之使蕃足也。慈幼，爱少也。养老，七十养于乡，五十异粻（zhāng）之属也。振穷，救天民之穷者也。恤贫，贫无财业，禀食贷之也。宽疾，若今癃（lóng）不可事，不算卒也。安富，平徭役，不专取之也。〕以乡三物教万民而宾兴之。一曰六德：智、仁、圣、义、忠、和；二曰六行：孝、友、睦、姻、任、恤；三曰六艺：礼、乐、射、御、书、数。〔物，犹事也。兴，犹举也。民三事之教成，乡大夫举其贤者、能者，以饮酒之礼宾客之，既则献其书于王矣。智，明于事也。仁，爱人以及物也。圣，通而先识也。义，能断时宜也。忠，言以中心也。和，不刚不柔也，善于父母为孝，善于兄弟为友。睦，亲于九族也。姻，亲于外亲也。任，信于友道也。恤，振忧贫者。礼，五礼之仪也。乐，六乐之歌舞也。射，五射之法也。御，五御之节也。书，六书之品也。数，九数之计也。〕以五礼防万民之伪而教之中，〔礼，所以节止民之侈伪，使其行得中也。五礼，谓吉、凶、宾、军、嘉。〕以六乐防万民之情而教之和。〔乐，所以荡正民之情思，使其心应和也。六乐，谓《云门》《咸池》《大韶》《大夏》《大濩》《大武》也。〕

乡师以岁时巡国及野，而赒（zhōu）万民之艰厄，以王命施惠。〔岁时者，随其事之时，不必四时也。艰厄，饥乏者也。〕

师氏：掌以美诏王，〔告王以善道也。《文王世子》曰："师者，教之以事，而谕诸德者也。"〕以三德教国子：一曰至德，以为道本；二曰敏德，以为行本；三曰孝德，以知逆恶也。教三行：一曰孝行，以亲父母；二曰友行，以尊贤良；三曰顺行，以事师长。〔德行，外内之称也，在心为德，施之为行也。至德，中和之德，覆焘持载含容者也。敏德，仁义顺时者也。孝德，尊祖爱亲，守其所以生者也。孔子曰："武王周公其达孝矣乎？夫孝，善继人之志，善述人之事也。"〕

保氏：养国子以道，乃教之六艺：一曰五礼，二曰六乐，三曰五射，四曰五驭，五曰六书，六曰九数；乃教之六仪：一曰祭祀之容，二曰宾客之容，三曰朝廷之容，四曰丧纪之容，五曰军旅之容，六曰车马之容。〔养国子以道者，以师氏之德行审谕之，而后教之以艺仪也。五射，白矢、参连、剡注、襄尺、井仪也。五驭，鸣和鸾、逐水曲、过君表、舞交衢、逐禽左也。六书，象形、会意、转注、指事、假借、谐声也。九数，方田、粟米、差分、少广、商功、均输、赢不足、旁要、方程。今有重差，夕桀句股也。祭祀之容，穆穆皇皇；宾客之容，严恪矜庄；朝廷之容，跻跻跄跄；丧纪之容，累累颠颠；军旅之容，暨暨诐（è）诐；车马之容，匪

匪翼翼。〕

司救：掌凡岁时有天患民病，则以节巡国中及郊野，而以王命施惠。〔天患，谓灾害也。节，旌节也。施惠，赒恤。〕

·春官·

大司乐：以乐德教国子，中、和、祗、庸、孝、友。〔中，犹忠也。和，刚柔适也。祗，敬也。庸，有常也。〕凡日月食、四镇五岳崩、大傀异灾、诸侯薨，令去乐。〔四镇，山之重大者也，谓会稽、沂山、医无闾、霍山也。五岳，岱、衡、华、嵩、恒也。傀，犹怪也。大怪异灾，谓天地奇变，若星辰奔霣(yǔn)及震裂为害者也。去乐，藏之也。〕大札、大凶、大灾、大荒、大臣死，凡国之大忧，令弛县。〔札，疫疠。凶，凶年也。灾，水火也。弛，释下之也。〕凡建国，禁其淫声、过声、凶声、慢声。〔淫声，若郑卫也。过声，失哀乐节也。凶声，亡国之声，若桑间濮上也。慢声，惰慢不恭之声。〕

·夏官·

大司马之职：掌建邦国之九法，以佐王平邦国。〔平，成也，正也。〕制畿封国，以正邦国；〔封，谓立封于疆为界。〕设仪辩位，以等邦国；〔仪，谓诸侯诸臣之仪。〕进贤兴功，以作邦国；〔作，起也，起其进善乐业之心。〕建牧立监，以维邦国；〔维，犹连结。〕制军诘禁，以纠邦国；〔诘，穷治也。纠，正也。〕施贡分职，以任邦国；〔职，谓赋税也。任，犹事也。〕简稽乡民，以用邦国；〔稽，计也。〕均守平则，以安邦国；〔均，谓尊者守大，卑者守小也。〕比小事大，以和邦国。〔比，犹亲，使大国亲小国，小国事大国。〕以九伐之法正邦国，〔诸侯有违王命，则出兵征伐而正也。〕冯弱犯寡，则眚之；〔眚，犹人眚瘦也，四面削其地。〕贼贤害民，则伐之；〔有钟鼓曰伐，以声其罪。〕暴内陵外，则坛之；〔置之空坛之中，别立君也。〕野荒民散，则削之；〔田不治，民不附，则削其地也。〕负固不服，则侵之；〔侵，用兵浅侵之而已。〕贼杀其亲，则正之；〔正，杀也。〕放弑其君，则残之；〔残灭其为恶者。〕犯令陵政，则杜之；〔犯令，逆命也。陵政，轻法也。杜，塞，使不得与诸侯通。〕外内乱，鸟兽行，则灭之。仲春教振旅，〔师出曰治兵，入曰振旅，皆习战也。四时猎，各教民，以其一焉。〕遂以搜田；〔搜，择也，择取禽兽不孕者。〕仲夏教茇舍，〔茇舍，犹草舍。军有草止之法。〕遂以苗田；〔夏田为苗，简取禽兽不孕任，若治苗去不秀实者也。〕仲秋教治兵，遂以狝田；〔狝，犹杀也，中杀者多。〕仲冬教大阅，〔大阅，简军实，备礼不如出军时。〕遂以狩田。〔冬田为狩，言守取之无所择也。〕

司勋：掌等其功。〔等，犹差也。以功大小为差等。〕凡有功者，铭书于王之大常，祭于大烝。〔铭之言名也。生则书于王旌，以识其人与其功也，死则于烝，先王祭之。冬祭曰烝。王旌画日月为大常也。〕凡赏无常，轻重视功。〔无常者，功之大小不可豫。〕

·秋 官·

大司寇之职：掌建邦之三典，以佐王刑邦国、诘四方：<u>一曰刑新国用轻典，</u>〔新国，谓新辟地立君之国也。〕<u>二曰刑平国用中典，三曰刑乱国用重典。</u>〔乱国，谓篡杀叛逆之国也。〕以圆土聚教罢民，〔圆土，狱城也，聚罢民其中，困苦以教之为善也。民不愍作劳，有似于罢也。〕凡害人者，寘之圆土而施职事焉，以明刑耻之。〔明刑，谓明书其罪于大方板，以著背也。职事，谓役使之也。〕其能改者，反于中国，不齿三年；其不能改而出圆土者，杀。以嘉石平罢民，〔罢民，谓为邪恶者也。〕凡万民之有罪过，而未丽于法，而害于州里者，桎梏而坐诸嘉石，役诸司空州里任之，则宥而舍之。〔有罪过，谓邪恶之人所罪过者也。丽，附也。未附于法，未著于法也。役诸司空，坐日讫，使给百工之役；役月讫，使其州里之人任之，乃赦之也。〕以肺石达穷民，〔肺石，赤石也。穷民，天民之穷而无告者。〕凡远近茕独老幼之欲有复于上而其长弗达者，立于肺石三日，士听其辞，以告于上而罪其长。〔复，白也。长，谓诸侯及所属吏。〕

【重点句解读】

一曰刑新国用轻典，二曰刑平国用中典，三曰刑乱国用重典。

第一对新建立的国家施行刑政时要用轻典,第二对承平的国家用中典,第三对混乱的国家用重典。

早在西周初期,统治者就在总结前代经验的基础上,提出了"三国三典"立法原则,根据社会治安状况决定刑罚的轻重,强调适用法律的灵活性。这一原则综合了"明德慎罚"与"刑兹无赦"的法律思想,受到历代统治者的普遍重视。《宋书·明帝纪》中说:"夫愆有大小,宪随宽猛,故五刑殊用,三典异施。"就是这个意思。

纵观历史,各朝统治者似乎更加青睐"重典治国",但过犹不及,秦朝在新建国时使用重典,以严刑酷法为治国之道,以致民不聊生,二世而亡。这正是不能正确认识"刑罚世轻世重"所造成的结果。

党的十八大以来实施的"依法治国"方针,就是因时因地制宜,针对新时期新形势,因应世界发展大势而提出的。习近平总书记多次强调,当前我国正处于实现"两个一百年"奋斗目标的历史交汇期,坚持和发展中国特色社会主义更加需要依靠法治,要坚定不移走中国特色社会主义法治道路。

小司寇:凡命夫命妇,不躬坐狱讼;〔命夫,谓大夫也。命妇,谓大夫妻也。若有罪,不自身坐,使其属及子弟也。〕凡王同族有罪,不即市。〔刑于甸师氏也。〕以五声听狱讼,求民情:一曰辞听,〔辞不直则烦也。〕二曰色听,〔色不直则赧也。〕三曰气听,〔气不直则喘也。〕四曰耳听,〔耳不直则惑也。〕五曰目听。〔目不直则眊然。〕以八辟丽邦法,附于刑罚:〔辟,法也。丽,附也。〕一曰议亲之辟,〔若今时宗室有罪先请是也。〕二曰议故之辟,〔故,谓旧知。〕三曰议贤之辟,〔若今时廉吏有罪先请是也。〕四曰议能之辟,〔能谓有道艺者。〕五曰议功之辟,〔谓有大勋力、立功者也。〕六曰议贵之辟,〔若今时吏墨绶有罪先请是也。〕七曰议勤之辟,〔谓憔悴事国者。〕八曰议宾之辟。〔谓所不臣者,三恪二代之后与。〕

【重点句解读】

> 以五声听狱讼，求民情：一曰辞听，二曰色听，三曰气听，四曰耳听，五曰目听。

审判案件要注意观察当事人五种反应，并探询民众意见：一是就其辩辞来判断，二是就其神色来判断，三是就其呼吸平缓来判断，四是就其听力表现来判断，五是就其眼神来判断。

"五听"的断狱方法始于西周。司法官吏在审理案件时，通过观察当事人的心理活动，从言辞、神色、呼吸、听力、眼神等方面综合考量，从而做出正确的判断。"五听"断案的方法，对后世影响较大。历朝历代的司法制度基本上予以采纳，《唐六典》中就有记载："凡察狱之官，先备五听。"

"五听"看起来虽然简单，但在当时刑侦技术手段落后的情况下，是非常必要的审理手段。西周时期人们已经把心理学运用到司法实践之中了。这是非常难能可贵的。

"五听"其实反映了古人对于案件审理的重视程度。司法公正，这是从古至今都在探讨的问题，如何避免冤假错案，"五听"给了我们有益的启示。

司刺：掌三刺、三宥、三赦之法，以赞司寇，听狱讼。〔刺，杀也。致三问之，然后杀。〕一刺曰讯群臣，再刺曰讯群吏，三刺曰讯万民。〔讯，言问也。〕一宥曰不识，再宥曰过失，三宥曰遗忘。〔不识，谓愚民无所识也。宥，宽也。〕一赦曰幼弱，再赦曰老耄，三赦曰蠢愚。〔蠢愚，生而痴呆也。赦，谓免其罪也。〕以此三法者求民情，然后刑杀。

小行人：若国札丧，则令赙补之；〔赙丧家，补其不足。〕若国凶荒，则令赒委之；〔委，输也。〕若国师役，则令犒禬（guì）之；〔犒，劳也。合助相振为禬。〕若国有福事，则令庆贺之；若国有祸灾，则令哀吊之。

掌客：凡礼宾客，国新杀礼，凶荒杀礼，札丧杀礼，祸灾杀礼，在野在外杀礼。〔杀，减也。国新，新建国也。凶荒，无年也。札丧，疫疠也。祸灾，新有兵寇及水火也。在野，行军在外也。〕

《周书》治要

【战国】 战国人所编，作者不详

【导读】

《周书》，是先秦史籍，又名《逸周书》，隋唐以后亦称《汲冢周书》。《左传》《国语》《墨子》《战国策》引用《周书》多次。该书主要记载从周文王、周武王、周公、成王、康王、穆王、厉王到景王年间的时事。

今本全书十卷，正文七十篇，其中十一篇有目无文，四十二篇有晋五经博士孔晁注。各篇篇名均赘"解"字。又有序一篇，各本或在卷端，或附卷尾。序与《尚书》序相类，分言各篇之所由作。正文基本上按所记之事时代早晚编次。

对于《逸周书》的来源有上古三代说、后世伪作说、旧本合汲冢书说，等等，聚讼纷纭，莫衷一是。这些考据，不过是自矜淹博而已，于后世求知者有何教益？而对该书思想倾向缺乏研究，对其所载史实较少考证，对所见衍、缺罕见校勘。故今之所见，缺乏精校本，且脱误严重，为经籍中罕见。

实际上，此书与《尚书》相类，多载周时诰誓辞命，所记多为战国时我国边境各族和中原在政治、经济上联系的史实。作为一部古籍，《逸周书》不失为研究周代历史较有价值的文献资料。但一些内容与儒家道德理论相悖，这也是受到主流文化冷落的重要原因之一。

魏徵等人在《群书治要》中，从《逸周书》的《文传》《官人》《芮良夫》三篇中节录部分章节。《文传》《芮良夫》篇名后均加有"解"字，为孔晁原注，文内夹注是魏徵所加。《文传解》说，因"水、旱、饥、荒，其至无时"，如无储蓄粮食，遇到"天饥"，农民的"妻子非其有也"，官吏的"臣妾舆马非其有也"；国家的"百姓非其百姓也"；《官人》篇提出官吏的行为标准以及考核方法；《芮良夫解》主要警告执政者如何做民之"父母"，如何用贤，如果"偷生苟安，爵以贿成"，就会造成"贤智箝口，小人鼓舌"的恶果。这些理论，对今天的治国理政，领导干部的修养自律，无疑有着重要的参考价值。

·文传解·

天有四殃：水、旱、饥、荒，其至无时，非务积聚，何以备之？《夏箴》曰："小人无兼年之食，遇天饥，妻子非其有也；大夫无兼年之食，遇天饥，臣妾舆马非其有也；国无兼年之食，遇天饥，百姓非其百姓也。戒之哉，不思祸咎无日矣。〔言不远也。〕明开塞禁舍者，其取天下如化；〔变化之顿，谓其疾。〕不明开塞禁舍者，其失天下如化。〔不明，谓失其机。〕兵强胜人，人强胜天。〔胜天，胜有天命。〕能制其有者，能制人；不能制其有者，人制之。令行禁止，王之始也。"

·官 人·

富贵者，观其有礼施；贫穷者，观其有德守；嬖宠者，观其不骄奢；隐约者，观其不慑惧。其少者，观其恭敬好学而能弟；其壮者，观其洁廉务行而胜其私；其老者，观其思慎强其所不足而不逾；父子之间，观其慈孝；兄弟之间，观其和友；君臣之间，观其忠惠；乡党之间，观其信诚。设之以谋，以观其智；示之以难，以观其勇；烦之以事，以观其治；临之以利，以观其不贪；滥之以乐，以观其不荒；喜之，以观其轻；怒之，以观其重；醉之，以观其失；纵之，以观其常；远之，以观其不二；昵之，以观其不狎。复征其言，以观其精；曲省其行，以观其备。此之谓观诚。

【重点句解读】

观诚。

所谓观诚，就是观察、验证一个人的真实情况。父子之间，要看他是否孝顺双亲，关心子女；兄弟之间，要看他是否能和乐友爱；君臣之间，要看他是否对君王忠贞，对下属仁惠；乡亲之间，要看他对人是否信任和敬畏。考察他平时的居家生活，看待人处世的态度；考察他身处哀伤时的表现，看他是否忠贞和善；考察他在社会上的交际，看他所结交的朋友怎样；考察他交友时的情形，看他是否以信实和廉洁待人。考验他来看他的信用，疑惑他来看他的智慧，向他展示困难来看他的勇气，考察他在外的表现和内心的想法以观察他的诚实程度，审察他的细微言语以看他是否守信用，仔细观察他的行为以看他是否完美无缺。

"观诚"不仅是看一个人是否能够成为朋友，更能以此来看出党员干部是否胜任他所在的职位，能否禁得住考验的重要标准，对于保持党员队伍的纯洁性与先进性具有重大意义。

·芮良夫解·

厉王失道，芮伯陈诰，作《芮良夫解》。芮伯若曰："余小臣良夫，稽首谨诰：天子唯民父母。致厥道，无远不服；无道，左右臣妾乃违。〔道，谓德政。违，叛之。〕民归于德，德则民戴，否德民仇，兹允效于前，斯不远。〔信验于前世，不远也。〕商纣弗改夏桀之虐，肆我有周有家。〔举桀行恶灭亡，以为戒也。〕呜呼！唯尔天子，嗣文武之业；唯尔执政小子，同先王之臣。昏行内顾，道王不若，〔同，谓位同也。昏，暗也，言教王为不顺。〕专利作威，佐乱进祸，民将弗堪。〔专利侵乱，进不善也。〕治乱信于其行，唯王暨尔执政小子攸闻。〔行善则治，行恶则乱，皆所闻知也。〕<u>古人求多闻以鉴戒，弗闻是惟弗知。</u>〔言古人患不闻，故有所不知也。〕尔闻尔知，弗改厥度，亦惟艰哉！〔知而不改，无可如何，故曰难也。〕夫后除民害，不唯民害，害民乃非后，唯其仇。〔是与民为怨仇。〕民至亿兆，后一而已，寡弗敌众，后其殆哉！〔言上下无义，对共相怨，则寡者危已。〕呜呼！野禽驯服于人，家畜见人而奔，非禽畜之性，实惟人民亦如之。〔人养之，故扰服，虽家畜，不养则畏人，治民亦然也。〕今尔执政小子，惟以贪谀事王，〔专利为贪，面从为谀。〕不对以备难，下民胥怨，财单力竭，手足靡措，弗龛戴上，不其乱而？〔言民相与怨上，上加之罪，民不堪命，必作乱也。〕惟祸发于人之攸忽，咎起于人之攸轻。心不存焉，变之攸伏。〔言人所轻忽，则祸之所起。〕尔执政小子，弗图大艰，偷生苟安，爵以贿成。〔苟安，无远虑。贿成，不任德。〕贤智拑口，小人鼓舌，逃害要利，并得其求，唯曰哀哉！〔贤者隐黜以逃害，小人佞谄以要利，各得其求，故君子为之哀也。〕我闻曰：'以言取人，人饰其言；以行取人，人竭其行。饰言无庸，竭行有成。'唯尔小子，饰言事王，实蕃有徒。尔自谓有余，余谓尔不足，敬思以明德，备乃祸难。〔言其不足于道义也。以，用。乃，汝。〕难至而悔，悔将安及？"

【重点句解读】

古人求多闻以鉴戒，弗闻是惟弗知。

古人治理国家，总是力求多多了解历代君王，作为当世的借鉴。不能多听谏言，就不知道如何治理国家。

纳谏与劝谏，是古代君臣治国中最常见的现象。

一个人的才智是有限的，即使帝王也不例外。因此，要做一个明君，就一定要听取众人的意见，要广纳谏言。如果为君者行为偏失正道，又不能听从臣下的谏言，则会有身灭国亡的危险。

从道理上来说，人人都知道谏言的重要性，但是，在现实中却难以做到。在中国历史上，很多君主就是如此，因为君主常常喜欢听赞美的话，而不喜欢听忠直的谏言，结果常常被奸佞小人所迷惑。因此，在治国时，为君者要亲近谏臣，远离谀臣。

为君者要听取谏臣的建议，为臣者也要敢于向君主忠直进谏，并采用巧妙手段让为君者更容易接受可贵的建议。

《国语》治要

【春秋】相传为左丘明 撰

【导读】

《国语》,又名《春秋外传》《左氏外传》。司马迁说:"左丘失明,厥有《国语》。"指出《国语》作者是左丘明,是中国最早的一部国别体历史著作。记录范围上起周穆王十二年(公元前990),下至智伯被灭,赵、魏、韩三家分晋(公元前453)。全书二十一卷:《周语》三卷,记载了西周"邦国成败"的部分重大政治事件;《鲁语》二卷,反映了春秋时期这个礼义之邦的社会面貌;《齐语》一卷,记载管仲辅佐齐桓公称霸采取的内政外交措施及其主导思想;《晋语》九卷,记载了从武公代晋为诸侯,献公之子的君权之争,文公称霸,到战国初年赵、魏、韩三家灭智氏的历史。时间跨度从公元前678到前453年,共二百二十五年。时间长,分量重;《郑语》一卷,记周太史伯论西周末年天下兴衰继替的大局势;《楚语》二卷,记灵王、昭王时的历史事件;《吴语》一卷、《越语》二卷,记春秋末期吴、越争霸的历史。

《国语》显示的历史面貌,有明显儒家的思想倾向,弘德的精神,尊礼的规范,忠君的作为。

《国语》反对专制和腐败,重视民意,选贤任能,具有很强的民本思想。

《国语》重在记实,其思想也随所记之人不同而各异。如《鲁语》记孔子语则含有儒家思想;《齐语》记管仲语则谈霸术;《越语》写范蠡尚阴柔、持盈定倾、功成身退,带有道家色彩。

《国语》中反映了西周以来的敬天保民思想。在神与人的关系上，人神并重，以民心的向背为施政的依据。

魏徵等人在《群书治要》中所录的内容，突出了君主如以一己之欲，不急之务，"以私利废人道"，肯定会导致"国民疲焉，财用尽焉，年谷败焉，百官烦也"的恶果，必然会出现"民离财匮，灾至备亡"的严重后果。

言虽少而寓含劝诫的思想极深，以作为从政者的借鉴。

·周 语·

景王二十一年，将铸大钱。单穆公曰："不可。古者天灾降戾，〔降，下也。戾，至也。灾，谓水、旱、蝗、螟之属。〕于是乎量资币，权轻重，以振救民。〔量，犹度也。资，财也。权，称也。振，拯也。〕民患轻则为之作重币以行之。〔民患币轻而物贵，则作重以行其轻。〕于是乎，有母权子而行，民皆得焉。〔重曰母，轻曰子。贸物，物轻则子独行，物重则以母权而行之也。子母相通，民皆得其欲也。〕若不堪重，则多作轻而行之，亦不废重。于是乎有子权母而行，小大利之。〔堪，任也。不任之者，币重物轻，妨其用也，故作轻币杂而用之，以重者贸其贵，以轻者贸其贱也。子权母者，母不足则以子平之而行之也。故钱小大民皆以为利也。〕今王废轻而作重，民失其资，能无匮乎？〔废轻而作重，则本竭而末寡也，故民失其资。〕若匮，王用将有所乏，〔民财匮无以供上，故王用将乏也。〕乏则将厚取于民。〔厚取，厚敛也。〕民不给，将有远志，是离民也。〔给，共也。远志，逋逃也。〕且夫备，有未至而设之，〔备，国备也。未至而设之，谓豫备不虞，安不忘危。〕有至而后救之，〔至而后救之，谓若救火疗疾，量资币平轻重之属。〕是不相入也。〔二者前后各有宜。不相入，不相为用。〕可先而不备，谓之怠；〔怠，缓也。〕可后而先之，谓之召灾。〔谓民未患轻而重之，离民匮财，是为召灾。〕周固羸国也，天未厌祸焉，而又离民以佐灾，无乃不可乎！〔言周故已为羸病之国，天降祸灾未厌已。〕将民之与处而离之，将灾是备御而召之，则何以经国？〔君以善政为经，臣奉而成之为纬也。〕国无经，何以出令？令之不从，上之患也。故圣王树德于民以除之。〔树，立也。除，除令不从之患也。〕绝民用，以实王府，〔绝民用，谓废小钱，敛而铸大也。〕犹塞川原为潢污也，其竭也无日矣。〔大曰潢，小曰污。竭，尽也。无日，无日数也。〕若民离财匮，灾至备亡，王其若之何？"〔备亡，无救灾之备也。〕王弗听。

二十三年，王将铸无射。〔无射，钟名。律中无射。〕单穆公曰："不可。作重币以绝民资，又铸大钟以鲜其继。〔鲜，寡也。寡其继者，用物过度，妨于财也。〕若积聚既丧，又鲜其继，生何以殖？〔积聚既丧，谓废小钱也。生，财也。殖，长也。〕今王作钟也，无益于乐，而鲜民财，将焉用之？夫乐不过以听耳，而美不过以观目。若听乐而震，观美而眩，患莫甚焉！夫耳目，心之枢机也，〔枢机，发动也。心有所欲，耳目发动也。〕故必听和而视正。<u>听和则聪，视正则明。</u>〔习于和正，则不眩惑也。〕<u>聪则言听，明则德昭。听言昭德，民歆而德之，则归心焉，</u>〔歆，犹欣歆，喜服也。言发德教。〕<u>是以作无不济，求无不获，然则能乐。</u>夫耳纳和声，而口出美言，〔耳闻和声，则口有美言，此感于物也。〕以为宪令，〔宪，法也。〕而布诸民，民以心力，行之不倦，成事不二，乐之至也。〔二，变也。〕若视听不和，而有震眩，于是乎有狂悖之言，有眩惑之明，出令不信，〔有转易也。〕刑政放纷，动不顺时，民无据依，不知所力，各有离心。〔不知所为尽力。〕上失其民，作则不济，求则不获，其何以能乐？三年之中，而有离民之器二焉，〔二，谓作大钱、铸大钟。〕国其危哉！"王弗听，问之伶州鸠，〔伶，司乐官。州鸠，名也。〕对曰："夫匮财用、疲民力，以逞淫心，〔逞，快也。〕听之不和，比之不度，无益于教，而离民怒神，非臣之所闻也。"王不听，卒铸大钟。〔财匮，故民离。乐不和，故神怒也。〕二十四年钟成，伶人告和。〔伶人，乐人。〕王谓伶州鸠曰："钟果和矣。"对曰："未可知也。"〔州鸠以为钟实不和，伶人媚王谓之和，故曰未可知。〕王曰："何故？"对曰："上作器，民备乐之，则为和。〔言声音之道，与政通也。〕今财亡民疲，莫不怨恨，臣不知其和也。〔乱世之音怨以怒，故曰不知其和。〕且民所曹好，鲜其不济；〔曹，群也。〕其所曹恶，鲜其不废。谚曰：'众心成城，〔众心所好，莫之能败，其固如城。〕众口铄金。'〔铄，消也。众口所毁，虽金石犹可消。〕今三年之中，而害金再兴焉，〔害金，害民之金，谓钱、钟也。〕惧一之废也。"〔二金中，其一必废也。〕王曰："尔老耄矣，何知？"二十五年王崩，钟不和。〔王崩而言不和，明乐人之谀。〕

【重点句解读】

> 听和则聪，视正则明。聪则言听，明则德昭。听言昭德，民歆而德之，则归心焉。是以作无不济，求无不获，然则能乐。

所听和谐才能耳聪，所看正当才能目明。耳聪能够听从忠言，目明可以显扬美德。能听信忠言、显扬德行，百姓就会欣喜而心悦诚服，因此，君主做事无不成功，需求无不得到，这样就能快乐。

"听和""视正"是每个人都应该遵守的道德规范，对于手握权柄的领导阶层，更是理政箴言。

"夫耳目，心之枢机也"。听和看，是一个人采集信息的主要渠道，是对外界事物作出判断、采取行动的依据。作为领导者能够听到百姓真实的声音，能够看到社会真实的情况，所制定的政策就会符合国情、民情，顺民心，合民意，制度、法规的推行就会顺畅，社会就会安定和谐。纵观历朝历代的衰亡，大多和当权者偏听偏信，不能"听和""视正"有关。这是后人应该牢记的警示。

·晋 语·

武公伐翼弑哀侯，止栾共子，曰："苟无死，〔共子，晋大夫共叔成也。〕吾以子为上卿，制晋国之政。"辞曰："成闻之，民生于三，事之如一。〔三，君、父、师也。如一，服勤至死也。〕父生之，师教之，君食之。〔食，谓禄也。〕唯其所在，则致死焉，〔在君父，为君父；在师，为师也。〕人之道也。臣敢以私利废人道乎？〔私利，谓不死为上卿也。〕君何以训矣？〔无以教为忠也。〕从君而二，君焉用臣？"〔二，二心也。〕遂斗而死。

文公问于郭偃〔郭偃，卜偃。〕曰："始也吾以国为易。"〔易，易治也〕今也难。"对曰："君以为易，其难也将至矣；君以为难，其易也将至矣。"〔以为难而勤修之，故其易将至。〕

赵宣子言韩献子于灵公，为司马。〔宣子，赵宣孟也。献子，韩厥也。

司马，掌军大夫也。〕河曲之役，赵孟使人以其乘车干行，〔干，犯也。行，军列也。〕献子执而戮之。宣子召而礼之，曰："吾闻事君者，比而不党。〔比，比义也。阿私曰党。〕夫周以举义，比也；〔忠信曰周。〕举以其私，党也。夫军事有死无犯，犯而不隐，义也。〔在公为义。〕吾言汝于君，惧汝不能也。举而不能，党孰大焉！事君而党，吾何以从政？勉之！苟从是行也，〔勉之，劝修其志。是行，今所行也。〕临长晋国者，非汝其谁。"〔临，监也。长，帅也。〕皆告诸大夫曰："二三子可以贺我矣，吾举厥也而中，吾乃今知免于罪矣。"

叔向见司马侯之子，抚而泣之，曰："自其父之死，吾莫与比而事君矣。昔者其父始之，我终之，〔谓有所造为，及谏争，相为终始成其事也。〕我始之，夫子终之，无不可。"〔无不可，言皆从。〕籍偃在侧，曰："君子有比乎？"〔君子周而不比，故偃问之。〕叔向曰："君子比而不别。比德以赞事，比也；〔赞，佐。〕引党以封己，〔引，取也。封，厚也。〕利己而忘君，别也。"〔别，为朋党。〕

·楚 语·

灵王为章华之台，〔章华，地名。〕与伍举升焉，曰："美夫？"对曰："臣闻国君服宠以为美，〔服宠，谓以贤受宠服，以是为美。〕安民以为乐，〔以能安民为乐。〕听德以为聪，〔听用有德也。〕致远以为明，〔能致远人。〕不闻其以土木之崇高彤镂为美。〔彤，谓丹楹。镂，谓刻桷也。〕先君庄王为匏居之台，〔匏居，台名。〕高不过望国氛，〔氛，祲气也。〕大不过容宴豆，〔言宴有折俎笾豆之陈。〕木不防守备，〔不妨城郭守备之材。〕用不烦官府，〔财用不出府藏也。〕民不废时务，官不易朝常，先君是以除乱克敌，向无恶于诸侯。今君为此台也，国民疲焉，财用尽焉，年谷败焉，〔败，废其时务也。〕百官烦也，〔为之征发。〕数年乃成，臣不知其美也。<u>夫美也者，上下外内，小大远迩，皆无害焉，故曰美也。</u>若于目观则美，〔于目则美，德则不也。〕财用则匮，是聚民利，以自封而瘠民也，胡美之为？〔封，厚也。胡，何。何以为美。〕夫君国者，将民之与处，民实瘠，君安得肥？〔安得独肥，言将有患。〕故先王之为台榭也，〔积土为台，无室曰榭。〕榭不过讲军实，〔讲，习也。军实，戎士也。〕台不过望氛祥。〔凶气为氛，吉气为祥。〕其所不夺穑地，〔稼穑之地。〕其为不匮财用，〔为，作也。〕其事不烦官业，〔业，事也。〕其日不废时务。〔以农隙也。〕瘠硗（qiāo）之地，于是乎为之；〔不害谷土也。硗，确。〕城守之木，于是乎用之；〔城守之余，然后用之。〕官寮之暇，于是乎临之；〔暇，闲也。〕四时之隙，于是乎成之。〔隙，空闲时。〕夫为台榭，将以教民利也，〔台，所以望氛祥，而备灾害。榭，所以讲军实，而御寇乱，皆所以利民也。〕不知其以匮之也。〔知，犹闻。〕若君谓此美，而为之正，〔以为得事之正也。〕楚其殆矣。"〔殆，危也。〕

【重点句解读】

夫美也者，上下外内，小大远迩，皆无害焉，故曰美也。

所谓美，就是对上对下、对内对外、对大对小、对远对近都无害处，这才叫美。

"爱美之心，人皆有之。"那么，究竟什么叫美？对此却因人而异，可能一千个人，可以看出一千种美来。

尽管审美的标准千差万别，追求美的方式各不相同，但要以不妨害别人为原则。楚灵王建造了章华台，当然自以为美，但伍举却说："你的楼台的华丽是以百姓的痛苦为基础的，怎么可以称为美呢？"

有一个时期，各地建楼堂馆所成风，造成当地财政负担加重。在地方官员眼中，这些无疑是美的，但在老百姓看来，这只能加重其负担，助长官员奢侈之风。

中央多次强调"不得以任何形式和理由新建楼堂馆所"。在十二届全国人大一次会议闭幕后的记者见面会上，国务院总理李克强提出了新一届政府的"约法三章"，其中一条就是本届政府内，政府性的楼堂馆所一律不得新建。

习近平总书记在湖北调研时强调："为老百姓服务的场所、便民利民的场所搞得好一点，我看着心里舒服。如果是'官衙'搞得堂皇富丽，我看着不舒服。"

看来，美学也是领导干部必修的一门课程。

斗且廷见令尹子常，〔斗且，楚大夫。子常，囊瓦。〕子常与之语，问畜货聚马。归以语其弟曰："楚其亡乎！不然，令尹其不免乎！吾见令尹，问畜聚积实，如饿豺狼，〔实，财也。〕殆必亡者。昔斗子文三舍令尹，无一日之积，恤民之故也。〔积，储也。〕成王每出子文之禄，必逃，王止而后复。人谓子文曰：'人生求富，而子逃之，何也？'对曰：'夫从政者，以庇民也。〔庇，覆也。〕民多旷者，而我取富焉，〔旷，空也。〕是勤民以自封也，〔勤，劳也。封，厚也。〕死无日矣。我逃死，非恶富也。'故庄王之世，灭若敖氏，唯子文之后在，至于今为楚良臣，是不先恤民而后己之富乎？今子常先大夫之后，〔先大夫，子囊也。〕而相楚君，无令名于四方，四境盈垒，〔盈，满也。垒，壁也。言垒壁满四境之内。〕道殣相望，〔道冢曰殣。〕是之不恤，而畜聚不厌，其速怨于民多矣。〔速，召也。〕积货滋多，蓄怨滋厚，不亡何待？"期年，子常奔郑。

王孙圉（yǔ）聘于晋，〔王孙圉，楚大夫也。〕定公飨之，赵简子相，问于王孙圉曰："楚之白珩犹在乎？"〔珩，佩上之横者。〕对曰："然。"简子曰："其为宝也几何矣？"〔几何世也。〕曰："未尝为宝。楚之所宝者观射父〔言以贤为宝也。〕能作训辞，以行事于诸侯，〔言以训辞交结诸侯也。〕使无以寡君为口实。〔口实，毁弄也。〕又有左史倚相，能道训典，以叙百物，〔叙，次也。物，事也。〕以朝夕献善败于寡君，无忘先王之业，又能上下悦于鬼神，〔悦，媚也。〕使神无有怨痛于楚国。〔痛，疾也。〕又有薮曰云，金木竹箭之为生也，〔楚有云梦之薮泽也。〕龟珠齿角皮革羽毛，所以备赋以戒不虞者也，〔龟，所以备吉凶。珠，所以卫火灾。角，所以为弓弩。齿，所以为弭。赋，兵赋也。〕所以供币帛，以亨于诸侯。〔亨，献也。〕寡君其可以免罪于诸侯，而国民保焉。〔保，安也。〕此楚国之宝也。若夫白珩，先王之玩也，何宝焉？"〔玩，玩弄之物也。〕

《韩诗外传》治要

【西汉】 韩婴 撰

【导读】

韩婴（约公元前200—前130），燕（今属河北）人。治《诗》兼治《易》，"韩诗学"的创始人，与周秦诸子相论诘，多引《诗》以证事，而非引事以明《诗》。

《汉书·儒林传》云："韩婴，燕人也，孝文时为博士，景帝时至常山太傅。婴推诗人之意而作《外传》数万言，其语颇与齐鲁间殊，然归一也……武帝时，婴尝与董仲舒论于上前，其人精悍，处事分明，仲舒不能难也。后其孙商为博士，孝宣时，涿郡韩生其后也。"

《韩诗外传》是一部记述中国古代史实、传闻的著作。共十卷，有《内传》《外传》，着力于传，而非训诂。由三百六十条轶事、道德说教、伦理规范以及实际忠告等不同内容杂编而成。一般每条以一句恰当的《诗经》引文作结论，以支持政事或论辩中的观点。就其书与《诗经》联系的程度而论，是实际运用《诗经》的示范性著作。

《外传》的思想，大致以荀子思想为主，反复强调隆礼重法，尊士养民。全书引用《荀子》多达四十四条，而其中《荀子·非十二子》里则删除子思、孟子，也可见其并不菲薄孟子，而是有所取舍。

《韩诗外传》尽管在名义上依附于《诗经》，但它使用的材料却来自几个哲学学派的著述，道德说教为其主要基调，也杂有一些缺乏明显道德意义的遗闻轶事。因此，与其说它是一部创作，还不如说是一部编作。

魏徵等人编撰《群书治要》，从中节录了《韩诗外传》二十二段文字。这二十二段文字自成段落，均无标题或篇目，亦未注明出处，且其先后次序不同原作。由此可见，魏徵等人选录的目的是劝谏君王如何为君，如何用人、教民，加强思想修养等。如教民方面，为使"民从命也速"，必须以礼义教之，"因其情而节之以礼，从其欲而制之以义"。主张先养后教，使"百姓内不乏食，外不患寒，乃可御以礼矣"；在思想修养方面，强调了"君子之道，忠恕而已"，"福生于无为，而患生于多欲"，"贵爵而贱德者，虽为天子不尊矣；贪物而不知止者，虽有天下不富矣"等。他认为君王以身作则，才能治理天下，"君欲治，从身始"。这些内容直到今天，仍不失其重要价值。

楚庄王听朝罢晏。樊姬下堂而迎之，曰："何罢之晏乎？"庄王曰："今者听忠贤之言，不知饥倦也。"姬曰："王之所谓忠贤者，诸侯之客与？中国之士与？"庄王曰："则沈令尹也。"樊姬掩口而笑。王曰："姬之所笑者何等也？"姬曰："妾得侍于王十有一年矣，然妾未尝不遣人求美人而进于王也，与妾同列者十人，贤于妾者二人。妾岂不欲擅王之爱、专王之宠哉？不敢以私愿蔽众美也。今沈令尹相楚数年矣，未尝见进贤而退不肖也，又焉得为忠贤乎？"庄王以樊姬之言告沈令尹，令尹进孙叔敖。叔敖治楚三年，而楚国霸，樊姬之力也。

高墙丰上激下，未必崩也；降雨兴，流潦至，则崩必先矣。草木根荄浅，未必橛也；飘风兴，暴雨坠，则橛必先矣。君子居是国也，不崇仁义，尊其贤臣，以理万物，未必亡也；一旦有非常之变，诸侯交争，人趋车驰，迫然祸至，乃始愁忧，干喉焦唇，仰天而叹，庶几乎望天之救也，不亦晚乎！

田饶事鲁哀公，而不见察，谓哀公曰："臣将去君，黄鹄举矣！"哀公曰："何谓也？"田饶曰："君独不见夫鸡乎？头戴冠者，文也；足傅距者，武也；敌在前敢斗者，勇也；见食相告者，仁也；守夜不失时者，信也。鸡虽有此五德，君犹烹而食之者，何也？则以其所从来者近也。夫黄鹄一举千里，止君园池，食君鱼鳖，啄君黍粱，无此五者，君犹贵之者，何也？以其所从来者远也。臣将去君，黄鹄举矣！"哀公曰："止，吾书子之言也。"田饶曰："臣闻，食其食者，不毁其器；荫其树者，不折其枝。有臣不用，何书其言为？"遂去之燕，燕以为相，三年燕政大平。哀公喟然大息，为之避寝三月，曰："<u>不慎其前，而悔其后，何可复得？</u>"

【重点句解读】

不慎其前，而悔其后，何可复得？

在事前不小心谨慎，而事后却悔恨，又怎么能够弥补呢？

俗话说，一失足成千古恨！有些错误一旦犯下就永远难以弥补。党的十八大以来，反腐倡廉新常态逐渐显现，加强党风廉政建设和反腐败工作，进一步深入推进全面从严治党成为重点工作，而众多落马官员的"不慎其前，而悔其后"让人深刻地认识到这一点。许许多多的案例已经一再证明，罔顾党纪国法而被严惩的腐败分子，受到千夫所指，然而他们感悟到这个浅显的道理却往往是在忏悔时，可谓为时已晚。

要想不"悔其后"，必须要"慎其前"。习近平总书记在《在十八届中央纪委第五次全体会议上的讲话》中说，领导干部在日常的工作生活中面临着种种诱惑，凡事必须慎之又慎。在面对诱惑时，要站在多个不同的角度进行思考，全面地看待事物，认清利害关系，提升对诱惑的防御能力。

孔子曰："士有五：有势尊贵者，有家富厚者，有资勇悍者，有心智慧者，有貌美好者。势尊贵，不以爱民行义理，而反以暴傲；家富厚，不以振穷救不足，而反以侈靡无度；资勇悍，不以卫上攻战，而反以侵凌私斗；心智慧，不以端计数，而反以事奸饰诈；貌美好，不以统朝莅民，而反以蛊女从欲。此五者，所谓士失其美质也！"

<u>原天命，治心术，理好恶，适情性，而治道毕矣。</u>原天命，则不惑祸福，不惑祸福，则动静修理矣；治心术，则不妄喜怒，不妄喜怒，则赏罚不阿矣；理好恶，则不贪无用，不贪无用，则不害物性；适情性，则欲不过节，欲不过节，则养性知足矣。四者不求于外，不假于人，反诸己而已！

【重点句解读】

原天命，治心术，理好恶，适情性，而治道毕矣。

察究天道自然的规律，修正自己的心思，调理自己的好恶，使自己的情感秉性保持适度，修身之道就完备了。

修身，指修养身心，努力提高自身的思想道德修养水平。修身之道，是传统文化精粹之一，先贤论述甚多。《颜氏家训·名实》中说："不修身而求令名于世者，犹貌甚恶而责妍影于镜也。"欧阳修也说："不修其身，虽君子而为小人。"

修身，不仅是为人之道，更是立国之本。《大学》中说："自天子以至于庶人，壹是皆以修身为本。"修身是一个长期的过程，我们应该时时以"原天命，治心术，理好恶，适情性"为参照，规范自己的言行，完善自己的人格修养。

天设其高，而日月成明；地设其厚，而山陵成居；上设其道，而百事得序。

<u>人有六情，失之则乱，从之则睦</u>。故圣王之教其民也，因其情，而节之以礼；必从其欲，而制之以义。义简而备，礼易而法，去情不远，故民之从命也速。

【重点句解读】

人有六情，失之则乱，从之则睦。

人有喜、怒、哀、乐、爱、憎六种情感。放纵这六种情感，国家就会混乱；理顺这六种情感，国家就能够得到治理。

六情，指人的六种情欲。《韩诗外传》中说："人有六情，目欲视好色，耳欲听宫商，鼻欲嗅芬香，口欲嗜甘旨，其身体四肢欲安而不作，衣欲被文绣而轻暖。此六者，民之六情也。"《荀子·正名篇》中说："性之好、恶、喜、怒、哀、乐，谓之情。"是"六情"的另一种解释。

这两种解释大同小异，其实就是我们平时所说的"七情六欲"。人的情绪、欲望，关系到社会风气的好坏，关系到国家的安定和谐，这是古人治国的宝贵经验。

习近平总书记指出，要把培育文明道德风尚作为重要着力点，坚持正确的价值取向、舆论导向，坚持以文化人、以文育人，弘扬真善美、贬斥假恶丑，推动形成知荣辱、讲正气、作奉献、促和谐的社会风尚。

智如原泉，行可以为表仪者，人师也；智可以砥砺，行可以为辅檠者，人友也；据法守职，而不敢为非者，人吏也；当前快意，一呼再诺者，人隶也。故上主以师为佐，中主以友为佐，下主以吏为佐，危亡之主以隶为佐。欲观其亡，必由其下。故同明者相见，同听者相闻，同志者相从。非贤者莫能用贤。故辅佐左右所任使，有存亡之机、得失之要也，可无慎乎！

昔者不出户而知天下，不窥牖而知天道者，非目能见乎千里之前，非耳能闻乎万里之外，以己之度度之也，以己之情量之也。己欲衣食焉，亦知天下之欲衣食也；己欲安逸焉，亦知天下之欲安逸也；己有好恶焉，亦知天下之有好恶也。此三者，圣王之所以不降席而匡天下者也。故君子之道，忠恕而已矣！夫饥渴苦血气，寒暑动肌肤，此四者民之大害也。大害不除，未可敢御也。四体不掩，则鲜仁人；五藏空虚，则无立士。百姓内不乏食，外不患寒，乃可御以礼矣。

蓝有青，而丝假之青于蓝；地有黄，而丝假之黄于地。蓝青地黄，犹可假也，仁义之士，可不假乎哉！东海之鱼，名曰鲽，比目而行；北方有兽，名曰娄，更食更候；南方有鸟，名曰鹣，比翼而飞。夫鸟兽鱼犹知假，而况万乘之主乎？而独不知比假天下之英雄俊士，与之为伍，则岂不痛哉！故曰："以明扶明，则升于天；以明扶暗，则归其人；两瞽相扶，不触墙木，不陷井阱，则其幸也。"

福生于无为，而患生于多欲。故知足，然后富从之；德宜君人，然后贵从之。故贵爵而贱德者，虽为天子不贵矣；贪物而不知止者，虽有天下不富矣。<u>夫土地之生物不益，山泽之出财有尽。怀不富之心，而求不益之物，挟百倍之欲，而求有尽之财，是桀、纣之所以失其位也。</u>

【重点句解读】

> 夫土地之生物不益，山泽之出财有尽。怀不富之心，而求不益之物，挟百倍之欲，而求有尽之财，是桀、纣之所以失其位也。

土地生长的物产有限，山地水泽出产的财富也是有限的。怀着不知足之心，去追求不能增多的物产，怀着百倍的欲望，去追求会穷尽的钱财，这就是夏桀、商纣丧失天子地位的原因。

节制自己的欲望，做到"知足""不贪"，这是全身保国之道。

"节制"和"取之有度"是中国古代重要的思想和智慧，不管是自然资源还是财富地位，对它们的获取都应该有所节制，过分的贪心和不满足会导致灾祸的发生。时至今日，"节制"对于我们而言仍然是一种非常重要的理念和思想，其中，在对于自然资源的开采方面表现得尤为明显。

习近平总书记强调："节约资源是保护生态环境的根本之策，要大力节约利用资源，推动资源利用方式根本转变。只有实行最严格的制度、最严密的法治，才能为生态文明建设提供可靠保障。"对于自然资源，特别是很多不可再生或者是需要耗费千百年才能再生的资源，开发性的开采远比掠夺性的开采来得长远。对于资源有节制的开采，不仅有利于生态环境的保护，更有利于我国经济持续、健康、长远的发展。

古者必有命民。民有能敬长怜孤、取舍好让、居事力者，命于其君。命然后得乘饰车并马，未得命者不得乘，乘皆有罚。故其民虽有余财侈物，而无礼义功德，则无所用其余财物。故其民皆兴仁义而贱财利。贱财利则不争；不争则强不凌弱、众不暴寡。是唐虞之所以象典刑，而民莫犯法。民莫犯法，而乱斯止矣！

赵王使人于楚，鼓瑟而遣之，曰："必如吾言，慎无失吾言。"使者受命，伏而不起，曰："大王鼓瑟未尝若今日之悲也。"王曰："然，瑟固方调。"使者曰："调则可记其柱。"王曰："不可。天有燥湿，弦有缓急，柱有推移，不可记也。"使者曰："臣请借此以喻。楚之去赵也，千有余里，且有凶则吊之，吉则贺之，犹柱之有推移，不可记也。故明王之使人也，必慎其所使。既使之，任之以心，不任以辞也。"

赵简子有臣曰周舍，立于门下三日三夜。简子使问之曰："子欲见寡人何事？"周舍对曰："愿为谔谔之臣，墨笔操牍，从君之过，而日有记也，月有成也，岁有效也。"简子居则与之居，出则与之出。居无几何，而周舍死。简子后与诸大夫饮于洪波之台，酒酣，简子涕泣，诸大夫皆出走曰："臣有罪而不自知也！"简子曰："大夫无罪。昔者吾友周舍有言，曰：'千羊之皮，不若一狐之腋；众人之唯唯，不若直士之谔谔。'昔者纣默默而亡，武王谔谔而昌。今自周舍之死，吾未尝闻吾过也，吾亡无日矣，是以寡人泣也。"

晋平公游于河而乐，曰："安得贤士与之乐此也。"船人盖胥跪而对曰："主君亦不好士耳。夫珠出于江海，玉出于昆山，无足而至者，犹主之好之也。士有足而不至者，盖主君无好士之意耳，何患于无士乎？"平公曰："吾食客，门左千人，门右千人，朝食不足，夕收市赋，暮食不足，朝收市赋，吾可谓不好士乎？"盖胥对曰："夫鸿鹄一举千里，所恃者六翮耳。背上之毛，腹下之毳（cuì），益一把飞不为加高，损一把不为加下。今君之食客，将皆背上之毛、腹下之毳耳！诗曰：'谋夫孔多，是用不就。'此之谓也。"

宋燕相齐见逐，罢归之舍，召门尉陈饶等二十六人曰："诸大夫有能与我赴诸侯者乎？"陈饶等皆伏而不对。燕曰："悲乎哉！何士大夫易得而难用也。"陈饶对曰："非士大夫易得而难用，君弗能用也。君不能用，则有不平之心，是失之己，而责诸人也。"燕曰："其说云何？"对曰："三斗之稷，不足于士，而君雁鹜有余粟，是君之一过也；果园梨栗，后宫妇女以相提掷，而士曾不得一尝，是君之二过也；绫纨绮縠（hú），靡丽于堂，从风而弊，士曾不得以为缘，是君之三过也。且夫财者，君之所轻也；死者，士之所重也。君不能行君之所轻，而欲使士致其所重，譬犹铅刀畜之，干将用之，不亦难乎？"宋燕曰："是燕之过也。"

魏文侯问狐卷子曰："父贤足恃乎？"对曰："不足。""子贤足恃乎？"对曰："不足。""兄贤足恃乎？"对曰："不足。""弟贤足恃乎？"对曰："不足。""臣贤足恃乎？"对曰："不足。"文侯勃然作色而怒曰："何也？"对曰："父贤不过尧，而丹朱放；子贤不过舜，而瞽叟顽；兄贤不过舜，而象敖；弟贤不过周公，而管叔诛；臣贤不过汤、武，而桀、纣伐。望人者不至，恃人者不久，君欲治，亦从身始。人何可恃乎？《诗》云'自求伊佑'，此之谓也。"

昔者田子方出,见老马于道,喟然有志焉,以问于御曰:"此何马?"御曰:"故公家畜也,疲而不为用,故出放之。"田子方曰:"少尽其力,而老弃其身,仁者不为也。"束帛而赎之。穷士闻之,知所归心矣。

魏文侯问李克曰:"人有恶乎?"对曰:"有。夫贵者则贱者恶之,富者则贫者恶之,智者则愚者恶之。"文侯曰:"行此三者,使人勿恶,可乎?"对曰:"可。臣闻贵而下贱,则众弗恶也;富能分贫,则穷乏士弗恶也;智而教愚,则童蒙者不恶也。"文侯曰:"善!"

人主之疾十有二发,非有贤医,莫能治也。何谓十二发?曰:痿、蹶、逆、胀、满、支、膈、肓、烦、喘、痹、风,此之谓也。贤医治之者若何?曰:省事轻刑,则痿不作;无使小民饥寒,则蹶不作;无令财货上流,则逆不作;无使仓廪积腐,则胀不作;无使府库充实,则满不作;无使群臣纵恣,则支不作;无使下情不上通,则膈不作;上振恤下,则肓不作;法令奉用,则烦不作;无使下怨,则喘不作;无使贤人伏匿,则痹不作;无使百姓歌吟诽谤,则风不作。夫重臣群下者,人主之心腹支体也。心腹支体无害,则人主无疾矣!故非有贤医,莫能治也。人主皆有此十二疾,而不用贤医,则国非其国也。

齐景公使使于楚,楚王与之上九重之台,顾使者曰:"齐亦有台若此者乎?"使者曰:"吾君有治位之堂,土阶三尺,茅茨不剪,采椽(jué)不斫,犹以为为之者劳,居之者泰。吾君恶有若此者乎?"于是楚王怉(bǎo)如也。

卷九 《孝经》治要

【春秋】 相传为孔子 编撰

【导读】

《孝经》，中国古代的伦理著作，儒家"十三经"之一，相传是孔子为曾子传授孝道之书。成书约在周敬王三十九年至四十一年（公元前481—前479）之间，共十八章。现在流行的是唐玄宗李隆基注，邢昺（北宋学者、教育家，历任国子博士、国子祭酒、礼部尚书等）所撰《孝经注疏》这一为后来理学家广泛采纳的疏注版本。

《隋书·经籍志》："夫孝者，天之经，地之义，人之行。自天子达于庶人，虽尊卑有差，及乎行孝，其义一也。先王因之以治国家，化天下，故能不严而顺，不肃而成。斯实生灵之至德，王者之要道。孔子既叙六经，题目不同，指意差别，恐斯道离散，故作《孝经》，以总会之。"指出孝是诸德之本，"人之行，莫大于孝"，国君可以用孝治理国家，臣民能够用孝立身理家。《孝经》将孝与忠联系起来，揭示出"忠"是"孝"的发展和扩大。主张把"孝"贯穿于人的一切行为之中，"始于事亲，中于事君，终于立身"，"居则致其敬，养则致其乐，病则致其忧，丧则致其哀，祭则致其诚"。《孝经》还根据不同人的身份规定了行"孝"的不同内容：天子之"孝"："爱敬尽于其事亲，而德教加于百姓，刑于四海"；诸侯之"孝"："在上不骄，高而不危，制节谨度，满而不溢"；卿大夫之"孝"："非法不言，非道不行，口无择言，身无择行"；士阶层之"孝"："忠顺事上，保禄位，守祭祀"；庶人之"孝"："用天之道，分地之利，谨身节用，以养父母"。

《礼记·祭义》："居处不庄，非孝也。朋友不信，非孝也。战阵无勇，非孝也。"孝，成了修齐治平的"至德要道"。魏徵辅佐唐太宗，主张"偃武修文"、施行"教化"的同时，对以孝治天下更是有力地推崇。

《孝经》还把"孝道"与法律联系起来，认为"五刑之属三千，而罪莫大于不孝"。

我国现在继承和发扬了中华民族"孝"的伦理道德观念，把个人行为的"孝"，扩大到全社会各个领域，爱国、爱家、爱事业，尊老、敬老、爱老，并从法律层面上保障孝道的推行。先后于1996年和2012年颁布了两个维护老年人权益的法律。维护、倡导、推行有现代化特色的"孝"道，是中华民族伟大复兴的一个重要组成部分。

仲尼居，〔仲尼，孔子字。〕曾子侍。〔曾子，孔子弟子也。〕子曰："先王有至德要道，〔子者，孔子。〕以顺天下，民用和睦，上下无怨。〔以，用也。睦，亲也。至德以教之，要道以化之，是以民用和睦，上下无怨也。〕汝知之乎？"

曾子避席曰："参不敏，何足以知之？"〔参，名也。参不达。〕子曰："夫孝，德之本也，〔人之行，莫大于孝，故曰德之本也。〕教之所由生也。〔教人亲爱，莫善于孝，故言教之所由生。〕复坐，吾语汝。身体发肤，受之父母，不敢毁伤，孝之始也；立身行道，扬名于后世，以显父母，孝之终也。夫孝，始于事亲，中于事君，终于立身。《大雅》云：'无念尔祖，聿修厥德。'"〔《大雅》者，《诗》之篇名。无念，无忘也。聿，述也。修，治也。为孝之道，无敢忘尔先祖，当修治其德矣。〕

【重点句解读】

夫孝，始于事亲，中于事君，终于立身。

孝道，开始于侍奉双亲，然后要为国家和民众服务，最终的目的就是树立自身的德行功业。

中国传统文化中的"孝"已经提升到了"道"的高度。孝道的终极目标是要达成自身人格的升华。

百善孝为先，《孝经》首章便开宗明义，指出孝敬父母是孝道的开始。儒家讲的孝道，已不仅仅是孝顺父母，而且还是一种社会性行为。每个人都对社会公德负责，肩负着社会责任，对于今天来说，也适合我们现代社会的美德观念。

习近平总书记在《在会见第一届全国文明家庭代表时的讲话》中说："尊老爱幼、妻贤夫安、母慈子孝、兄友弟恭，耕读传家、勤俭持家，知书达礼、遵纪守法，家和万事兴等中华民族传统家庭美德，铭记在中国人的心灵中，融入中国人的血脉中，是支撑中华民族生生不息、薪火相传的重要精神力量，是家庭文明建设的宝贵精神财富。"

子曰："爱亲者，不敢恶于人；〔爱其亲者，不敢恶于他人之亲。〕敬亲者，不敢慢于人。〔己慢人之亲，人亦慢己之亲。故君子不为也。〕爱敬尽于事亲，〔尽爱于母，尽敬于父。〕而德教加于百姓，〔敬以直内，义以方外，故德教加于百姓也。〕形于四海，〔形，见也。德教流行，见四海也。〕盖天子之孝也。《吕刑》云：'一人有庆，兆民赖之。'〔《吕刑》，《尚书》篇名。一人，谓天子。天子为善，天下皆赖之。〕

"<u>在上不骄，高而不危</u>；〔诸侯在民上，故言在上。敬上爱下，谓之不骄。故居高位而不危殆也。〕<u>制节谨度，满而不溢</u>。〔费用约俭，谓之制节。奉行天子法度，谓之谨度，故能守法，而不骄逸也。〕高而不危，所以长守贵也；〔居高位能不骄，所以长守贵也。〕满而不溢，所以长守富也。〔虽有一国之财，而不奢泰，故能长守富。〕富贵不离其身，〔富能不奢，贵能不骄，故云不离其身。〕然后能保其社稷，〔上能长守富贵，然后乃能安其社稷。〕而和其民人，〔薄赋敛，省徭役，是以民人和也。〕盖诸侯之孝也。《诗》云：'战战兢兢，如临深渊，如履薄冰。'〔战战，恐惧。兢兢，戒慎。如临深渊，恐坠。如履薄冰，恐陷。〕

【重点句解读】

在上不骄，高而不危；制节谨度，满而不溢。

处在万民之上而不自高自大，即使身居高位也不会有倾覆的危险。节约费用，谨守法度，资财充足也不过度花费。

作为领导者，位高权重，所以更应当谦恭谨慎，做事有计划，懂得节制，这样才能长久保持自己的地位与财富。领导者要时时以此话对照自己的言行。一个拥有大量财富的人不爱炫富，不追求吃喝玩乐，这是很不容易的。同样，一个身居高位的人能不骄不慢，明白老子"不敢为天下先"的道理，也是难能可贵的。

习近平总书记曾说过："我们不舒服一点、不自在一点，老百姓的舒适度就好一点、满意度就高一点，对我们的感觉就好一点。《诗经》中说'战战兢兢，如临深渊，如履薄冰'，就是说官当得越大，就越要谨慎，古往今来都是如此，每一个党员、干部特别是领导干部都应该明白这个道理。"

"非先王之法服，不敢服；非先王之法言，不敢道；〔不合诗书，不敢道。〕非先王之德行，不敢行。〔不合礼乐，则不敢行。〕是故非法不言，〔非诗书，则不言。〕非道不行。〔非礼乐，则不敢行。〕口无择言，身无择行。言满天下无口过，行满天下无怨恶。三者备矣，然后能守其宗庙，〔法先王服，言先王道，行先王德，则为备矣。〕盖卿大夫之孝也。《诗》云：'夙夜匪懈，以事一人。'〔夙，早也。夜，暮也。一人，天子也。卿大夫当早起夜卧，以事天子，勿懈惰。〕

"资于事父以事母，而爱同；〔事父与母爱同，敬不同也。〕资于事父以事君，而敬同。〔事父与君敬同，爱不同。〕故母取其爱，而君取其敬，兼之者父也。〔兼，并也。爱与母同，敬与君同，并此二者，事父之道也。〕故以孝事君，则忠；〔移事父孝，以事于君，则为忠也。〕以敬事长，则顺。〔移事兄敬，以事于长，则为顺矣。〕忠顺不失，以事其上，〔事君能忠，事长能顺，二者不失，可以事上也。〕然后能保其禄位，而守其祭祀，盖士之孝也。《诗》云：'夙兴夜寐，无忝尔所生。'〔忝，辱也。所生，谓父母。士为孝，当早起夜卧，无辱其父母也。〕

"因天之道，〔春生、夏长、秋收、冬藏，顺四时以奉事天道。〕分地之利，〔分别五土，视其高下，此分地之利。〕谨身节用，以养父母，〔行不为非为谨身，富不奢泰为节用，度财为费，父母不乏也。〕此庶人之孝也。故自天子至于庶人，孝无终始，而患不及己者，未之有也。"〔总说五

孝，上从天子，下至庶人，皆当孝无终始，能行孝道，故患难不及其身。未之有者，言未之有也。〕

曾子曰："甚哉，孝之大也！"〔上从天子，下至庶人，皆当为孝无终始，曾子乃知孝之为大。〕子曰："夫孝，天之经也，〔春秋冬夏，物有死生，天之经也。〕地之义也，〔山川高下，水泉流通，地之义也。〕民之行也。〔孝悌恭敬，民之行也。〕天地之经，而民是则之。〔天有四时，地有高下，民居其间，当是而则之。〕则天之明，〔则，视也。视天四时，无失其早晚也。〕因地之利，〔因地高下，所宜何等。〕以顺天下，是以其教不肃而成，〔以，用也。用天四时地利，顺治天下，下民皆乐之，是以其教不肃而成也。〕其政不严而治。〔政不烦苛，故不严而治也。〕先王见教之可以化民也，〔见因天地教化民之易也。〕是故先之以博爱，而民莫遗其亲；〔先修人事，流化于民也。〕陈之以德义，而民兴行；〔上好义，则民莫敢不服也。〕先之以敬让，而民不争；〔若文王敬让于朝，虞、芮推畔于野，上行之，则下效法之。〕道之以礼乐，而民和睦；〔上好礼，则民莫敢不敬。〕示之以好恶，而民知禁。"〔善者赏之，恶者罚之，民知禁，不敢为非也。〕

子曰："昔者明王之以孝治天下，不敢遗小国之臣，〔古者诸侯，岁遣大夫，聘问天子，天子待之以礼，此不遗小国之臣者也。〕而况于公、侯、伯、子、男乎？〔古者诸侯，五年一朝天子，天子使世子郊迎，刍禾百车，以客礼待之。〕故得万国之欢心，以事其先王。〔诸侯五年一朝天子，各以其职来助祭宗庙，是得万国之欢心，事其先王也。〕治国者，不敢侮于鳏寡，而况于士民乎？〔治国者，诸侯也。〕故得百姓之欢心，以事其先君。治家者，不敢失于臣妾之心，而况于妻子乎？故得人之欢心，以事其亲。夫然，故生则亲安之，〔养则致其乐，故亲安之也。〕祭则鬼飨之。〔祭则致其严，故鬼飨之。〕是以天下和平，〔上下无怨，故和平。〕灾害不生，〔风雨顺时，百谷成熟。〕祸乱不作。〔君惠臣忠，父慈子孝，是以祸乱无缘得起也。〕故明王之以孝治天下也如此。〔故上明王所以灾害不生、祸乱不作，以其孝治天下，故致于此。〕《诗》云：'有觉德行，四国顺之。'"〔觉，大也。有大德行，四方之国，顺而行之也。〕

曾子曰："敢问圣人之德，无以加于孝乎？"子曰："天地之性，人为贵；〔贵其异于万物也。〕人之行，莫大于孝。〔孝者，德之本，又何加焉。〕孝莫大于严父，〔莫大尊严其父。〕严父莫大于配天，〔尊严其父，莫大于配天，生事爱敬，死为神主也。〕则周公其人也。〔尊严其父，配食天者，周公为之。〕昔者周公郊祀后稷以配天，〔郊者，祭天名。后稷者，周公始祖。〕宗祀文王于明堂以配上帝，〔文王，周公之父。明堂，天子布政之官。上帝者，天之别名。〕是以四海之内，各以其职来祭。〔周公行孝朝，越裳重译来贡，是得万国之欢心也。〕夫圣人之德，又何以加于孝乎？〔孝悌之至，通于神明，岂圣人所能加。〕圣人因严以教敬，因亲以教爱。〔因人尊严其父，教之为敬；因亲近于其父，教之为爱，顺人情也。〕圣人之教不肃而成，〔圣人因人情而教民，民皆乐之，故不肃而成也。〕其政不严而治，〔其身正，不令而行，故不严而治。〕其所因者本也。〔本，谓孝也。〕父子之道，天性也，〔性，常也。〕君臣之义也。〔君臣非有天性，但义合耳。〕父母生之，续莫大焉；〔父母生子，骨肉相连属，复何加焉。〕君亲临之，厚莫重焉。〔君亲择贤，显之以爵，宠之以禄，厚之至也。〕故不爱其亲而爱他人者，谓之悖德；〔人不能爱其亲，而爱他人亲者，谓之悖德。〕不敬其亲而敬他人者，谓之悖礼。〔不能敬其亲，而敬他人之亲者，谓之悖礼也。〕以顺则逆，〔以悖为顺，则逆乱之道也。〕民无则焉。〔则，法。〕不在于善，而皆在于凶德，〔恶人不能以礼为善，乃化为恶，若桀纣是也。〕虽得之，君子所不贵。〔不以其道，故君子不贵。〕君子则不然，言思可道，〔君子不为逆乱之道，言中诗书，故可传道也。〕行思可乐，〔动中规矩，故可乐也。〕德义可尊，〔可尊，法也。〕作事可法，〔可法，则也。〕容止可观，〔威仪中礼，故可观。〕进退可度，〔难进而尽忠，易退而补过。〕以临其民。是以其民畏而爱之，〔畏其刑罚，爱其德义。〕则而象之，故能成其德教，而行其政令。《诗》云：'淑人君子，其仪不忒。'"〔淑，善也。忒，差也。善人君子威仪不差，可法则也。〕

子曰："孝子之事亲，居则致其敬，养则致其乐，〔乐，竭欢心以事其亲。〕病则致其忧，丧则致其哀，祭则致其严。五者备矣，然后能事亲。事亲者，居上不骄，〔虽尊为君，而不骄也。〕为下不乱，〔为人臣下，不敢为乱也。〕在丑不争。〔丑，类也，以为善不忿争。〕居上而骄则亡，〔富贵不以其道，是以取亡也。〕为下而乱则刑，〔为人臣下好作乱，则刑罚及其身。〕在丑而争则兵。〔朋友中好为忿争者，惟兵刃之道。〕三者不除，虽日用三牲之养，犹为不孝。"〔夫爱亲者，不敢恶于人之亲，今反骄乱分争，虽日致三牲之养，岂得为孝子。〕

子曰："五刑之属三千，〔五刑者，谓墨、劓、膑、宫、大辟也。〕而罪莫大于不孝。要君者无上，〔事君，先事而后食禄，今反要君，此无尊上之道。〕非圣人者无法，〔非侮圣人者，不可法。〕非孝者无亲。〔己不自孝，又非他人为孝，不可亲。〕此大乱之道也。"〔事君不忠，侮圣人言，非孝者，大乱之道也。〕

子曰："教民亲爱，莫善于孝；教民礼顺，莫善于悌；移风易俗，莫善于乐；〔夫乐者，感人情，乐正则心正，乐淫则心淫也。〕安上治民，莫善于礼。〔上好礼，则民易使。〕礼者，敬而已矣。〔敬，礼之本，有何加焉。〕故敬其父则子悦，敬其兄则弟悦，敬其君则臣悦，敬一人而千万人悦。所敬者寡，悦者众，〔所敬一人，是其少。千万人悦，是其众。〕此之谓要道也。"〔孝悌以教之，礼乐以化之，此谓要道也。〕

子曰："君子之教以孝，非家至而日见之也。〔但行孝于内，流化于外也。〕教以孝，所以敬天下之为人父者也；〔天子父事三老，所以敬天下老也。〕教以悌，所以敬天下之为人兄者也；〔天子兄事五更，所以教天下悌也。〕教以臣，所以敬天下之为人君者也。〔天子郊则君事天，庙则君事尸，所以教天下臣。〕《诗》云：'恺悌君子，民之父母。'〔以上三者，教于天下，真民之父母。〕非至德，其孰能顺民如此其大者乎？"〔至德之君，能行此三者，教于天下也。〕

子曰："君子之事亲孝，故忠可移于君；〔欲求忠臣，出孝子之门，故可移于君。〕事兄悌，故顺可移于长；〔以敬事兄则顺，故可移于长也。〕居家理，故治可移于官。〔君子所居则化，所在则治，故可移于官也。〕是以行成于内，而名立于后世矣。"

曾子曰："若夫慈爱、恭敬、安亲、扬名，则闻命矣，敢问子从父之命，可谓孝乎？"子曰："是何言与！是何言与！昔者天子有争臣七人，虽无道，不失其天下；〔七人者，谓大师、大保、大傅、左辅、右弼、前疑、后丞，维持王者，使不危殆。〕诸侯有争臣五人，虽无道，不失其国；大夫有争臣三人，虽无道，不失其家；〔尊卑辅善，未闻其官。〕士有争友，则身不离于令名；〔令，善也。士卑无臣，故以贤友助己。〕父有争子，则身不陷于不义。故当不义则争之。从父之命，又焉得为孝乎？"〔委曲从父命，善亦从善，恶亦从恶，而心有隐，岂得为孝乎。〕

子曰："昔者明王，事父孝，故事天明；〔尽孝于父，则事天明。〕事母孝，故事地察；〔尽孝于母，能事地，察其高下，视其分察也。〕长幼顺，故上下治。〔卑事于尊，幼顺于长，故上下治。〕天地明察，神明彰矣。〔事天能明，事地能察，德合天地，可谓彰也。〕故虽天子，必有尊也，言有父也；〔虽贵为天子，必有所尊，事之若父，三老是也。〕必有先也，言有兄也。〔必有所先，事之若兄，五更是也。〕宗庙致敬，不忘亲也；〔设宗庙，四时斋戒以祭之，不忘其亲。〕修身慎行，恐辱先也。〔修身者，不敢毁伤；慎行者，不历危殆，常恐其辱先也。〕宗庙致敬，鬼神著矣。〔事生者易，事死者难，圣人慎之，故重其文。〕孝悌之至，通于神明，光于四海，无所不通。〔孝至于天，则风雨时；孝至于地，则万物成；孝至于人，则重译来贡。故无所不通也。〕《诗》云：'自西自东，自南自北，无思不服。'"〔孝道流行，莫敢不服。〕

　　子曰："君子之事上也，进思尽忠，退思补过，将顺其美，匡救其恶。故上下能相亲也。"〔君臣同心，故能相亲。〕

《论语》治要

【春秋】孔子门人 辑录

【导读】

　　《论语》是孔子及其弟子的语录结集,由孔子弟子及再传弟子编写而成,至战国前期成书。魏徵在《隋书·经籍志》中说:"《论语》者,孔子弟子所录。孔子既叙六经,讲于洙、泗之上,门徒三千,达者七十,其与夫子应答及私相讲肄,言合于道,或书之于绅,或事之无厌。仲尼既殁,遂辑而论之,谓之《论语》。"

　　此书集中地反映了孔子的思想,是我国儒家主要经典之一,寓有深邃的哲理。全书共二十篇、四百九十二节,与《大学》《中庸》《孟子》合称"四书"。内容涉及政治、伦理 道德、思想、修养、礼乐、教育、处世等方面,体现了以"仁"为核心的价值观。在中国思想文化发展史上,《论语》是影响最大、时间最久、程度最深的一部书。宋开国宰相赵普就有"半部《论语》治天下"的说法。中国在世界上被称为"文明古国"与"礼仪之邦",是与继承发扬《论语》的思想分不开的。具体体现在:

　　仁。孔子学说的核心是"仁"。"仁"是一种道德观念,就是"爱人"。

　　礼。"不学礼,无以立","不知礼,无以立也"。每个人如果不知道自己社会权利和义务,行为当如何,就不能自立于社会。"礼之用,和为贵,先王之道,斯为美。"提倡"非礼勿视,非礼勿听,非礼勿言,非礼勿动"。人的行为规范要做到:孝、悌、忠、信、智、勇、恕,"己所不欲,勿施于人"。

《论语》对中华民族发展的另一大贡献是创立了完整的教书育人的思想体系，提倡：一是有教无类，二是"诲人不倦"，三是因材施教，四是启发教学，五是教学相长。要求"学而时习之""温故而知新"，达到"君子食无求饱，居无求安，敏于事而慎于言，就有道而正焉"并以之为行为标准。

魏徵从《论语》各卷中节录了有利于治理国家、开创盛世的论述，作为向唐太宗进谏理论的一个重要依据。他在奏疏中多次引用孔子的"上好礼，则民莫敢不敬；上好义，则民莫敢不服；上好信，则民莫敢不用情"，"其身正，不令而行；其身不正，虽令不从"的论述。中外历史证明，这是古今不易的真理。

·学 而·

有子曰：〔孔子弟子有若也。〕"<u>君子务本，本立而道生</u>。孝悌也者，其仁之本与！"〔先能事父兄，然后仁可成。〕

【重点句解读】

君子务本，本立而道生。

君子专心致力于事物的根本，只要根本树立了，大道自会产生。

有子认为，一个孝顺父母、敬爱兄长的人，绝不会犯上作乱，因为孝悌是仁德的根本。

凡事都要抓住根本，这也是我们常说的"纲举目张""牵一发而动全身"的道理。

习近平主席在《在第三届世界互联网大会开幕式上发表视频讲话》指出："'君子务本，本立而道生。'在去年的大会上，我提出了全球互联网发展治理的'四项原则''五点主张'，得到国际社会积极响应。中国愿同国际社会一道，坚持以人类共同福祉为根本，坚持网络主权理念，推动全球互联网治理朝着更加公正合理的方向迈进，推动网络空间实现平等尊重、创新发展、开放共享、安全有序的目标。"

子曰："巧言令色，鲜矣仁！"〔子，孔子。巧言，好其言语；令色，善其颜色。皆欲令人悦之，少能有仁也。〕

曾子曰：〔孔子弟子曾参也。〕"<u>吾日三省吾身：为人谋而不忠乎？与朋友交而不信乎？传不习乎？</u>"〔言凡所传之事，得无素不讲习而传之者也。〕

【重点句解读】

吾日三省吾身：为人谋而不忠乎？与朋友交而不信乎？传不习乎？

我每天多次自我反省：替人办事，是否尽心全力？与朋友交往，是否诚实守信？老师所传授的道德学问，是否已经复习巩固了？

自省一直是中国人德行修养的标准之一，是一个人严于律己的体现。孔子提出："见贤思齐焉，见不贤而内自省也。"曾参的"吾日三省吾身"，正是他严格遵从老师教导的写照。

习近平同志曾在《之江新语·做人与做官》一文中，引用"君子检身，常若有过"一句，与曾子的观点基本一致。他告诫每一位领导干部，要时刻以"君子检身，常若有过"的虔诚态度，常修为政之德，常思贪欲之害，常怀律己之心。

子曰："导千乘之国，〔导，谓为之政教也。〕敬事而信，〔为国者，举事必敬慎，与民必诚信也。〕节用而爱人，〔节用，不奢侈也。国以民为本，故爱养之。〕使民以时。"〔不妨夺农务也。〕

子曰："<u>弟子入则孝，出则悌，谨而信，泛爱众，而亲仁，行有余力，则以学文。</u>"〔文者，古之遗文。〕

【重点句解读】

弟子入则孝，出则悌，谨而信，泛爱众，而亲仁，行有余力，

> 则以学文。

为人子弟，在家要孝顺父母，出外要尊敬兄长，行为谨慎，言而有信，博爱众人，亲近仁德之人。如此笃行实践后还有余力，就用来学习经典文献。

这是孔子的教育观。

孔子以造就一批有较高道德素养、有学问的弟子作为自己毕生努力的目标。孔子对学生最基本的要求，在于道德素养，希望他们以修德为先，做到孝、悌、谨、信；其次，孔子才希望学生努力学习，成为有真才实学的人。这对我们今天的教育模式有着很强的警示作用。北京大学钱理群教授说："我们的一些大学，正在培养一些'精致的利己主义者'，他们高智商，世俗，老到，善于表演，懂得配合，更善于利用体制达到自己的目的。这种人一旦掌握权力，比一般的贪官污吏危害更大。"这让人深以为忧。

子夏曰：〔孔子弟子卜商也。〕"事父母，能竭其力；事君，能致其身；〔尽忠节，不爱其身也。〕与朋友交，言而有信。虽曰未学，吾必谓之学矣。"

子曰："君子不重则不威，学则不固；主忠信，无友不如己者；过则勿惮改。"〔主，亲也。惮，难也。〕

【重点句解读】

> 君子不重则不威，学则不固；主忠信，无友不如己者；过则勿惮改。

君子内心不庄重，外表便没有威仪，学习也不能巩固；处世要以忠信为本，不主动和不如自己的人交朋友；有了过失，不要怕改正。

这是孔子从为人处世、交友学习方面指出的君子应当遵从的原则，主要内容包括庄重威严、认真学习、择友而交、过而能改等。一个道德完善的人从外表上应当给人以庄重大方、威严深沉的形象，使人感到稳重可靠。人不厚重，容易让人觉得轻浮，则很难获得别人的尊敬。为人处世以忠信为本。结交朋友要有智慧，不主动结交不如自己的朋友，这是为了找比自己高明的人去虚心请教。要能做到有错必改。犯了错误，不要害怕改正，不可文过饰非。

这几条原则是孔子理想中，具有完美品格的君子应该做到的。这对于今天的人们依然有着非常重要的意义。

曾子曰："慎终追远，民德归厚矣。"〔慎终者，丧尽其哀；追远者，祭尽其敬。人君行此二者，民化其德，皆归于厚也。〕

有子曰："礼之用，和为贵。先王之道，斯为美。小大由之，有所不行。知和而和，不以礼节之，亦不可行也。"〔人知礼贵和，而每事从和，不以礼为节，亦不可行也。〕

·为 政·

子曰："为政以德，譬如北辰，居其所而众星共之。"〔德者，无为，犹北辰之不移，而众星共之。〕

【重点句解读】

为政以德，譬如北辰，居其所而众星共之。

治理国家若能以德为本，那就会像北极星一样，处在固定的地方，众星都围绕在它的周围。

德，不仅是"立身"之本，而且是"立国"之基。既重视以德修身，也重视从政以德——这是中国传统文化的精华，也是古代政治思想的一个显著特点。主张以道德教化为治国的原则，正是孔子为政思想的体现。

习近平同志曾在《之江新语·多读书 修政德》等文中引用此句。"为政以德"，一是执政者要以德施政，善待民众，以赢得百姓的拥护；二是要以自身的道德行为去教育和感化百姓，"政者，正也。子帅以正，孰敢不正？"要想做到"正"，就要自省、自律、自责、克己，不断提高自己的素质。"为政之道，务于多闻"，修炼道德操守，提升从政道德境界，最好的途径就是加强学习，读书修德，并知行合一，付诸实践，广大党员干部要养成多读书、读好书的习惯，使读书学习成为加强修养的重要途径，成为净化灵魂、培养高尚情操的有效手段。

子曰："《诗》三百，〔篇之大数。〕一言以蔽之，曰：'思无邪'。"〔归于正也。〕

【重点句解读】

《诗》三百，一言以蔽之，曰："思无邪。"

《诗经》三百篇，可以用一句话来概括，就是思想纯正。

"思无邪"，是孔子对《诗经》内容的评价，也是孔子编撰《诗经》的指导思想。

孔子认为文学作品对人心教化起着重要的作用，创作的态度和创作动机都要严肃。也就是说，要"修辞立其诚"，要起到"文以载道"的作用。所以朱熹说："思无邪，乃是要使读诗人'思无邪'耳。读'三百篇'诗，善可为法，恶可为戒，故使'思无邪'也。"（《朱子语类》）

《诗经》有着强烈的艺术感染力，其名篇佳句更是耳熟能详，深入人心。李克强总理在讲话中曾经谈道："孔子说过，《诗》三百，一言以蔽之，思无邪，《诗经》开篇就谈论爱情恰恰表明了中国人对家的珍视。"这正体现了《诗经》文化对于中国人民思想观念的影响之深。

子曰："导之以政，〔政，谓法教。〕齐之以刑，民免而无耻；〔苟免。〕导之以德，〔德，谓道德。〕齐之以礼，有耻且格。"〔格，正也。〕

子曰："君子周而不比，〔忠信为周，阿党为比。〕小人比而不周。"

哀公问曰："何为则民服？"〔哀公，鲁君谥也。〕孔子对曰："举直错诸枉，则民服；〔错，置也。举正直之人用之，废置邪枉之人，则民服其上。〕举枉错诸直，则民不服。"

季康子问："使民敬、忠以劝，如之何？"〔康子，鲁卿季孙肥也。〕子曰："临之以庄，则敬；〔庄，严也。君临民以严，则民敬上也。〕孝慈，则忠；〔君能上孝于亲，下慈于民，则民忠矣。〕举善而教不能，则劝。"〔举用善人，而教不能者，则民劝。〕

子曰："人而无信，不知其可也。〔无信，其余终无可也。〕大车无輗（ní），小车无軏（yuè），其何以行之哉？"〔大车，牛车。輗，辕端横木以缚轭者。小车，驷马车，軏，辕端上曲钩衡者也。〕

· 八 佾 ·

林放问礼之本，〔林放，鲁人。〕子曰："礼，与其奢也，宁俭；丧，与其易也，宁戚。〔易，和易。言礼之本意，失于奢，不如俭也；丧失于和易，不如哀戚。〕

"祭如在，〔言事死如事生。〕祭神如神在。"〔谓祭百神。〕

定公问："君使臣，臣事君，如之何？"〔定公，鲁君谥。〕孔子对曰："君使臣以礼，臣事君以忠。"

子曰："居上不宽，为礼不敬，临丧不哀，吾何以观之哉？"

· 里 仁 ·

子曰："君子无终食之间违仁，造次必于是，颠沛必于是。"〔造次，急遽也。颠沛，僵仆也。虽急遽僵仆，不违仁也。〕

子曰："民之过也，各于其党。观过，斯知仁矣。"〔此党，谓族亲也。过厚则仁，过薄则不仁也。〕

子曰："<u>朝闻道，夕死可矣。</u>"

【重点句解读】

朝闻道，夕死可矣。

若在早晨知道真理，纵然晚上死去，也可以了。

这是人们非常熟悉的一句话，孔子用来说明"道"的重要性。"道"指的是宇宙间的一切法则、道理。也可以理解为儒家的"仁道"。孔子的意思是要学以致用。既然懂得了仁义的道理，就去实践它，去捍卫它，付出生命的代价也在所不惜。这是孔子的道德价值观，也是儒家思想的核心。

这句话在新的社会历史条件下依然有着极强的生命力，我们谈论人生观、价值观时常说的"为真理而死""为正义事业而死"，就是"朝闻道，夕死可矣"深刻内涵的具体体现。千百年来，许多先贤和仁人志士为国家民族的生死存亡不惜抛头颅洒热血，他们高尚的精神追求为这句话作出了震撼人心的阐释。

子曰："能以礼让为国乎？何有？〔何有者，言不难也。〕不能以礼让为国乎？如礼何？"〔如礼何者，言不能用礼也。〕

子曰："见贤思齐焉，见不贤而内自省也。"

【重点句解读】

见贤思齐焉，见不贤而内自省也。

看到贤人就向他学习，希望能和他一样。看到不贤的人，要从内心反省自己身上是否也存在着同样的毛病。

这是后世许多人修身养德的座右铭。贤，指的是德才兼备的人。做到"见贤思齐"不容易；能够"见不贤而内自省"就更难了。因为一般人见到不如自己的人往往会生出骄慢之心，早就忘了要提醒自己以此为戒。

要做到及时自省，首先要认识到自省的重要性，每天反省，时时刻刻地反省，及时修正自身言行。这样，做事情才会成功。

习近平总书记在河南兰考县考察时说："我们要看焦裕禄是怎么做的，对照自己，见贤思齐。我们要深入思考一个问题：焦裕禄在兰考工作时间并不长，但给我们留下这么多精神财富，我们应该给后人留下什么样的精神财富？"

子曰："以约失之者鲜矣。"〔俱不得中，奢则骄溢招祸，俭约则无忧患也。〕

子曰："君子欲讷于言，而敏于行。"〔讷，迟钝也。言欲迟，行欲疾。〕

·公冶长·

子贡问曰："孔文子何以谓之'文'？"〔孔文子，卫大夫孔圉。〕子曰："<u>敏而好学，不耻下问，是以谓之'文'。</u>"〔敏者，识之疾也。〕

【重点句解读】

敏而好学，不耻下问，是以谓之"文"。

他聪明好学，不以请教地位低下的人为耻辱，所以给他"文"的谥号。

孔文子，名圉，是卫国的大夫。聪明好学，又非常谦虚，他死后，卫国国君赐予"文"的谥号，所以后人尊称他为"孔文子"。

一个人即使天资聪明，所掌握的知识也是很有限的，不可能面面俱到。职位比自己低、学问比自己差的人也有值得学习的地方，这就叫尺有所短，寸有所长。

正如毛泽东在《党委会的工作方法》中所说：各地区党政领导干部在进行工作时，遇到不懂的和不了解的东西，要问下级，不要轻易表示赞成或反对，切不可强不知以为知；要"不耻下问"，善于倾听下面干部的意见，先做学生，然后再做先生，先向下面请教，然后再下命令。

子谓子产："有君子之道四焉：〔子产，公孙侨也。〕其行己也恭，其事上也敬，其养民也惠，其使民也义。"

子曰："巧言、令色、足恭，〔足恭，便僻貌也。〕左丘明耻之，丘亦耻之。"〔丘明，鲁大史也。〕

子曰："已矣乎！吾未见能见其过，而内自讼者也。"〔讼，犹责也。言人有过，莫能自责也。〕

·雍也·

哀公问:"弟子孰为好学?"孔子对曰:"有颜回者好学,不迁怒,不二过。不幸短命死矣。"〔颜回,孔子弟子也。迁者,移也。不二过,有不善,未尝复行也。〕

·述而·

子曰:"德之不修,学之不讲,闻义不能徙也,不善不能改也,是吾忧也。"〔夫子常以此四者为忧也。〕

子之所慎:齐,战,疾。〔慎齐,尊祖考;慎战,重民命;慎疾,爱性命也。〕

子曰:"<u>三人行,必得我师焉。择其善者而从之,其不善者而改之。</u>"〔言我三人行,本无贤愚,择善从之,不善改之,故无常师。〕

【重点句解读】

三人行,必得我师焉。择其善者而从之,其不善者而改之。

几个人同行,其中一定有可以为我所效法的人。我选择他们的长处,跟着学习,看到缺点就自我反省,加以改正。

这句话后来演化为"三人行,必有我师",已然家喻户晓。善于学习的人没有固定的老师,这体现了古人的智慧。

很多人常常拿自己的长处去和别人的短处相比,因而沾沾自喜,以为自己达到了一定的高度。殊不知"骄傲使人落后,谦虚使人进步",只有善于发现别人的优点,看到自己的缺点,才能不断进步。

习近平主席在会见外国专家代表时说:"和各位专家朋友见面,主要想听听大家的看法和建议。孔子说'三人行,必有我师',非常愿意听取大家的宝贵意见。"在《之江新语·要善于学典型》中,习近平同志也引用此语说明学习的重要性:"子曰:'三人行,必有我师焉。'学习知识是一种学问,学习他人是一种美德。""向别人学习的多寡、深浅、得失,取决于个人的学习态度和学习角度。这一点，向普通人学习如是，向先进典型学习亦如是。"

子曰："仁远乎哉？我欲仁，斯仁至矣。"〔仁道不远，行之则是。〕

·太 伯·

子曰："恭而无礼则劳，慎而无礼则葸，〔葸，畏惧之貌也。言慎而不以礼节之，则常畏惧。〕勇而无礼则乱，直而无礼则绞。〔绞，刺。〕君子笃于亲，则民兴于仁；故旧不遗，则民不偷。"〔兴，起也。能厚于亲属，不遗忘其故旧，行之美者也，则皆化之，起为仁厚之行，不偷薄。〕

曾子曰："士不可以不弘毅，任重而道远。〔弘，大也。毅，强而能断也。士弘毅，然后能负重任，致远路也。〕仁以为己任，不亦重乎？死而后已，不亦远乎？"〔仁以为己任，重莫重焉。死而后已，远莫远焉。〕

【重点句解读】

士不可以不弘毅，任重而道远。

读书人不可不器识宏大，意志坚定。因为身上的责任重大，而且道路遥远。

一个以天下为己任、以国家兴衰为己任、以人民的冷暖为己任的人，必须要有宏大的志向、坚毅的品质，才能实现自己的理想。

习近平总书记在《致全国青联十二届全委会和全国学联二十六大的贺信》中说："'士不可以不弘毅，任重而道远。'国家的前途，民族的命运，人民的幸福，是当代中国青年必须和必将承担的重任。一代青年有一代青年的历史际遇。我们的国家正在走向繁荣富强，我们的民族正在走向伟大复兴，我们的人民正在走向更加幸福美好的生活。当代中国青年要有所作为，就必须投身人民的伟大奋斗。同人民一起奋斗，青春才能亮丽；同人民一起前进，青春才能昂扬；同人民一起梦想，青春才能无悔。"

子曰："如有周公之才之美，使骄且吝，其余不足观也已。"

子曰："不在其位，不谋其政。"〔欲各专一于其职也。〕

子曰："学如不及，犹恐失之。"〔言此者，勉人学也。〕

子曰："巍巍乎，舜、禹有天下，而不与焉！"〔美其有成功，能择任贤臣。〕

子曰："大哉！尧之为君也！巍巍乎！唯天为大，唯尧则之。〔则，法也。美尧能法天而行化也。〕荡荡乎，民无能名焉。〔荡荡，广远之称也。言布其德广远，民无能识名焉。〕焕乎！其有文章也！"〔焕，明也。其立文垂制，又著明。〕

舜有臣五人，而天下治。〔禹、稷、契、皋陶、伯益也。〕武王曰："予有乱臣十人。"〔乱，治也。治官者十人，谓周公、召公、太公、毕公、荣公、大颠、闳夭、散宜生、南宫适，其一人，谓文母也。〕孔子曰："才难，不其然乎？唐、虞之际，于斯为盛，有妇人焉，九人而已。"〔斯，此也。言尧、舜交会之间，比于此周，周最盛多贤，然尚有一妇人，其余九人而已。人才难得，岂不然乎？〕

子曰："禹，吾无间然矣。菲饮食而致孝乎鬼神，恶衣服而致美于黻冕，卑宫室而尽力乎沟洫。禹，吾无间然矣。"〔间，非也。菲，薄也。致孝于鬼神，谓祭祀丰洁也。黻，祭服之衣。冕，冠名也。〕

·子罕·

子曰："譬如为山，未成一篑，止，吾止也。〔篑，土笼也。此劝人于道德也。为山者，其功虽已多，未成一篑而中道止者，我不以其前功多而善之，见其志不遂，故不与也。〕譬如平地，虽覆一篑，进，吾往也。"〔平地者，将进加功，虽始覆一篑，我不以其功少而薄之，据其欲进而与之。〕

·颜渊·

颜渊问仁。子曰："克己复礼为仁。〔克己，约身。〕一日克己复礼，天下归仁焉。〔一日犹见归，况终身乎。〕为仁由己，而由人乎哉？"〔行善在己，不在人。〕曰："请问其目。"〔知其必有条目，故请问之。〕子曰："非

礼勿视，非礼勿听，非礼勿言，非礼勿动。"〔此四者，克己复礼之目。〕曰："回虽不敏，请事斯语矣。"〔敬事此语，必行之。〕

仲弓问仁。子曰："出门如见大宾，使民如承大祭。〔仁之道，莫尚乎敬。〕己所不欲，勿施于人。在邦无怨，在家无怨。"〔在邦为诸侯，在家为卿大夫。〕

子张问明。子曰："浸润之谮，肤受之诉，不行焉，可谓明也已。〔子张，孔子弟子颛孙师也。谮人之言，如水之浸润，以渐成之。肤受，皮肤外语，非其内实也。〕浸润之谮，肤受之诉，不行焉，可谓远也已。"〔无此二者，非但为明，其德行高远，人莫之及也。〕

子贡问政。子曰："足食，足兵，民信之矣。"子贡曰："必不得已而去，于斯三者何先？"曰："去兵。"曰："必不得已而去，于斯二者何先？"曰："去食。自古皆有死，民无信不立。"〔死者，古今常道，人皆有之，治邦不可失信。〕

哀公问于有若曰："年饥，用不足，如之何？"对曰："盍彻乎？"〔盍，何不也。周法什一而税，谓之彻也。〕曰："二，吾犹不足，如之何其彻也？"〔二，谓什二而税。〕对曰："百姓足，君孰与不足？百姓不足，君孰与足？"

子张问崇德辨惑。〔辨，别。〕子曰："主忠信，徙义，崇德也。〔徙义，见义则徙意从之。〕爱之欲其生，恶之欲其死。既欲其生，又欲其死，是惑也。"〔爱恶当有常。一欲生之，一欲死之，是心惑也。〕

子曰："听讼，吾犹人。〔与人等。〕必也，使无讼乎！"〔化之在前。〕

子曰："君子成人之美，不成人之恶。小人反是。"

季康子问政孔子。孔子对曰："政者，正也。子帅而正，孰敢不正？"〔康子，鲁上卿，诸臣之帅。〕

季康子患盗，问孔子。孔子对曰："苟子之不欲，虽赏之，不窃。"〔言民化于上，不从其令，从其所好。〕

季康子问于孔子曰："如杀无道，以就有道，何如？"〔就，成也。欲多杀以止奸也。〕对曰："子为政，焉用杀？子欲善而民善矣。君子之德风也，小人之德草也。草上之风，必偃。"〔亦欲康子先自正也。偃，仆也。加草以风，无不仆者，犹民之化于上也。〕

樊迟曰："敢问崇德、修慝、辨惑。"〔孔子弟子樊须也。慝，恶也。

修，治也。治恶为善。〕子曰："先事后得，非崇德与？〔先劳于事，然后得报。〕攻其恶，毋攻人之恶，非修慝与？一朝之忿，忘其身以及其亲，非惑与？"

樊迟问智。曰："知人。"樊迟未达。子曰："举直措诸枉，能使枉者直。"〔举正直之人用之，废邪枉之人，则皆化为直也。〕樊迟退，见子夏曰："何谓也？"子夏曰："舜有天下，选于众，举皋陶，不仁者远矣；汤有天下，选于众，举伊尹，不仁者远矣。"〔言舜、汤有天下，选择于众，举皋陶、伊尹，则不仁者远，仁者至矣。〕

·子 路·

子路问政。子曰："先之劳之。"〔孔子弟子仲由也。先导之以德，使人信之，然后劳之。《易》曰：悦以使民，民忘其劳。〕请益。曰："毋倦。"〔子路嫌其少，故请益。曰"毋倦"者，行此上事无倦则可矣。〕

仲弓为季氏宰，问政。子曰："先有司，〔孔子弟子冉雍也。言为政当先任有司，而后责其事也。〕赦小过，举贤才。"曰："焉知贤才而举之？"曰："举尔所知。尔所不知，人其舍诸？"〔汝所不知者，人将自举之。各举其所知，则贤才无遗矣。〕

子路曰："卫君待子而为政，子将奚先？"〔问往将何所先行之也。〕子曰："必也正名乎！〔正百事之名也。〕名不正，则言不顺；言不顺，则事不成；事不成，则礼乐不兴；礼乐不兴，则刑罚不中；〔礼以安上，乐以移风，二者不行，则有淫刑滥罚矣。〕刑罚不中，则民无所措手足。故君子名之必可言，言之必可行也。"〔所名之事，必可得而明言也；所言之事，必可得而遵行。〕

【重点句解读】

名不正，则言不顺。

名分不正，言语就不能顺理成章。

我们常说的"名正言顺"这个成语就由此而来。孔子强调正名。正名是做任何事情的基础和起点。任何事情都要有规则，都应该"师出有名"。

"名不正"的后果是什么呢？孔子指出，如果"师出无名"，说起话来就不会理直气壮；做事就不会顺利；礼乐制度就不能建立；刑罚施行就会失当，就会使老百姓无所适从。

"正"自古就是治国之道。老子说："以正治国，以奇用兵，以无事取天下。"苏轼也说过："先王之论理财也，必继之以正辞，名正而言顺，则财可得而理，民可得而正。"（《太常少卿赵瞻可户部侍郎制》）

当今社会，我们制定规章制度、政策措施，也要"名正言顺"，尺度要把握准确，解释要清楚，要让人知道哪些能做，如何去做，便于百姓更好地遵章而行。这样，社会才会安定，政令才能畅通。

子曰："上好礼，则民莫敢不敬；上好义，则民莫敢不服；上好信，则民莫敢不用情。〔情，情实也。言民化上，各以实应也。〕夫如是，则四方之民，襁负其子而至矣。"

子曰："其身正，不令而行；其身不正，虽令不从。"〔令，教令也。〕

【重点句解读】

其身正，不令而行；其身不正，虽令不从。

领导者本身行为端正，就是不下命令，事情也会行得通；本身行为不端正，虽强行命令，下边也不会服从。

各级领导干部施政必须慎其所为，要修身养德，要行得端，走得正。历史的经验表明，如果领导者本身胡作非为，不能以身作则，就会失去民心，即使制定了严酷的法令、法规，人们依然不会听从。

此警句，在当今仍有很强的现实意义。党员干部要以此为鉴，时时对照反省自身的言行。

习近平同志曾在《之江新语·要用人格魅力管好自己》中说："人格魅力是领导干部人品、气质、能力的综合反映，也是党的干部所应具备的公正无私、以身作则、言行一致优良品质的外在表现。广大干部群众的眼睛是雪亮的，他们不但要看我们是怎么说的，更要看我们是怎么做的。'其身正，不令而行；其身不正，虽令不从'，讲的就是这个道理。有的领导干部之所以在广大干部群众中威信高、影响力大，其中一个重要方面就是自身模范作用好、人格魅力强。否则，'台上他说，台下说他'，说话办事怎么会有影响力和号召力？"

　　子适卫，冉子仆。〔冉有御也。〕子曰："庶矣哉！"〔庶，众也。言卫民多也。〕冉有曰："既庶矣，又何加焉？"曰："富之。"曰："既富矣，又何加焉？"曰："教之。"

　　子曰："'善人为邦百年，亦可以胜残去杀矣。'〔胜残，胜残暴之人，使不为恶也。去杀，不用刑杀也。〕诚哉是言也！"〔古有此言，孔子信之。〕

　　子曰："如有王者，必世而后仁。"〔三十年曰世。如有受命王者，必三十年仁政乃成。〕

　　子曰："苟正其身，于从政乎何有？不能正其身，如正人何？"

　　定公问："一言而可以兴国，有诸？"孔子对曰："言不可以若是其几也。〔以其大要，一言不能兴国也。几，近也。有近一言兴国也。〕人之言曰：'为君难，为臣不易。'如知为君之难也，不几乎一言而兴邦乎？"〔事不可一言而成知，如此则可近之。〕曰："一言而丧邦，有诸？"孔子对曰："言不可以若是其几也。人之言曰：'予无乐乎为君，唯其言而莫予违也。'〔言无乐于为君，所乐者，唯乐其言而不见违也。〕如善而莫之违也，不亦善乎？如不善而莫之违也，不几乎一言而丧邦乎？"〔人君所言善，无违之者则善也；所言不善，而无敢违之者，则近一言而丧国矣。〕

　　叶公问政。〔叶公名诸梁。〕子曰："近者悦，远者来。"

　　子夏为莒父宰，问政。〔莒父，鲁下邑也。〕子曰："毋欲速，毋见小利。<u>欲速则不达</u>，见小利则大事不成。"〔事不可以速成，而欲其速则不达矣；小利妨大，则大事不成矣。〕

【重点句解读】

欲速则不达。

急于求成反而达不到目的。

孔子此言虽针对政事而言,但反映出孔子看问题的哲学高度。在生活中每个人都会订出自己的学习目标、人生目标、事业目标并为之努力,但事物发展是有其规律的,一味主观地急于求成,违背了客观规律,往往事与愿违。所以司马光说:"夫欲速则不达,半岁之病岂一朝可愈?"(《与王乐道书》)

一个人只有踏踏实实,一步一个脚印地积极努力,才能达成自己的目的。

习近平同志在给宁德地直机关领导干部的临别赠言中说:"各级领导干部应时刻牢记'欲速则不达''过犹不及'的道理,克服经济建设中的急躁情绪和短期行为,做长期艰苦的努力。"

在《在全国科技创新大会、两院院士大会、中国科协第九次全国代表大会上的讲话》中,习近平总书记也给出了同样的提醒:"不要以出成果的名义干涉科学家的研究,不要用死板的制度约束科学家的研究活动。很多科学研究要着眼长远,不能急功近利,'欲速则不达'。"

樊迟问仁。子曰:"居处恭,执事敬,与人忠,虽之夷狄,不可弃也。"〔虽之夷狄无礼义之处,犹不可弃去而不行之。〕

子曰:"南人有言曰:'人而无恒,不可以作巫医。'〔南国之人也,言巫医不能治无常之人。〕善夫!"〔善南人之言也。〕

子曰:"君子和而不同,小人同而不和。"〔君子心和,然其所见各异,故曰不同;小人所嗜好者同,然各争利,故曰不和也。〕

子贡问曰:"乡人皆好之,何如?"子曰:"未可也。""乡人皆恶之,何如?"子曰:"未可也。不如乡人之善者好之,其不善者恶之。"〔善人善己,恶人恶己,是善善明、恶恶著也。〕

子曰:"君子易事而难悦也。〔不责备于一人,故易事也。〕悦之不以道,不悦也;及其使人也,器之。〔度才而官之。〕小人难事而易悦也。悦之虽不以道,悦也;及其使人也,求备焉。"

子曰:"君子泰而不骄,小人骄而不泰。"〔君子自纵泰,似骄而不骄;小人拘忌,而实自骄矜也。〕

【重点句解读】

君子泰而不骄,小人骄而不泰。

君子心中安静坦然,对人却不傲慢。小人对人傲慢,内心却并不坦然。

中国传统文化的所谓"君子",是与"小人"相对立的一个哲学名词。君子和小人,最初指的贵族与平民,没有道德含义。但在社会发展的过程中逐渐发生了变化,孔子所指的"君子"与"小人",是以"德行"来作区别的。

《论语》中多次提到"君子"与"小人":"君子坦荡荡,小人长戚戚。""君子周而不比,小人比而不周。""君子喻于义,小人喻于利。""君子和而不同,小人同而不和。"……表明了孔子的"君子观"。

在孔子看来,君子正是因为有平和的心态,气定神闲,他们的言谈举止流露出一种安详坦然的气质,让人觉得可亲可敬。而小人与君子相反,他们处处张扬,处处表现傲慢无礼,这正是内心狂妄和焦躁的表现,让人只能敬而远之。这就是君子和小人的区别。

我们做人要朝着君子的方向努力。在工作和生活中要近君子,远小人,以一颗平淡从容的心去做人做事。

子曰:"以不教民战,是谓弃之。"〔言用不习之民,使之战,必破败,是为弃之。〕

·宪问·

子曰:"有德者必有言,有言者不必有德;仁者必有勇,有勇者不必有仁。"

子曰:"君子而不仁者有矣夫,未有小人而仁者也。"〔虽曰君子,犹未能备也。〕

子问公叔文子于公明贾,曰:"信乎,夫子不言不笑不取?"〔公叔文子，卫大夫。〕对曰："以告者过也。夫子时然后言，人不厌其言也；乐然后笑，人不厌其笑；义然后取，人不厌其取也。"

子谓卫灵公之无道也，季康子曰："夫如是，奚而不丧？"孔子曰："仲叔圉治宾客，祝鮀(tuó)治宗庙，王孙贾治军旅。夫如是，奚其丧？"〔言虽无道，所任者各当其才，何为当亡也。〕

子路问事君。子曰："勿欺也，而犯之。"〔事君之道，义不可欺，当犯颜谏争。〕

子曰："不逆诈，不亿不信，抑亦先觉者，是贤乎！"〔有人来，不逆之以为诈；不亿疑之以为有不信。然而人有诈不信，有以先发知之，是人贤逆诈亿不信，所以恨耻之也。〕

子路问君子。子曰："修己以敬。"〔敬其身也。〕曰："如斯而已乎？"曰："修己以安百姓。修己以安百姓，尧、舜其犹病诸？"〔病，犹难也。〕

·卫灵公·

子曰："无为而治者，其舜也与？夫何为哉？恭己正南面而已矣。"〔言任官得其人，故无为也。〕

子张问行。子曰："言忠信，行笃敬，虽蛮貊(mò)之邦，行矣。言不忠信，行不笃敬，虽州里，行乎哉？"〔行乎哉，言不可行也。〕子张书诸绅。〔绅，大带也。〕

子曰："志士仁人，无求生以害仁，有杀身以成仁。"〔无求生而害仁，死而后成仁，则志士仁人不爱其身也。〕

颜渊问为邦。子曰："行夏之时，〔据见万物之生，以为四时之始；取其易知也。〕乘殷之辂(lù)，〔大辂越席，昭其俭也。〕服周之冕，〔取其黈纩(tǒu kuàng)塞耳，不任视听。〕乐则《韶》《舞》。〔《韶》，舜乐也。尽善尽美，故取之。〕放郑声，远佞人。"〔郑声淫，佞人危，俱能惑人心，使淫乱危殆，故当放远之也。〕

子曰："人而无远虑，必有近忧。"

【重点句解读】

人而无远虑，必有近忧。

一个人如果没有长远的谋划，就一定会有眼前的忧患。

人要有忧患意识。我们今天所遇到的困难，如果寻根溯源的话，往往是因为以前没有长远的谋划造成的。

忧患意识和长远的眼光是一个人的发展必不可少的，更是一个国家能够保持长治久安的重要条件。

习近平总书记在《在中共十八届四中全会第二次全体会议上的讲话》中说："从现在的情况看，只要国际国内不发生大的波折，经过努力，全面建成小康社会目标应该可以如期实现。但是，人无远虑，必有近忧。全面建成小康社会之后路该怎么走？如何跳出'历史周期率'、实现长期执政？如何实现党和国家长治久安？这些都是需要我们深入思考的重大问题。"

在出席亚太经合组织（APEC）第二十一次领导人非正式会议时，习近平主席也强调："人无远虑，必有近忧。长远发展的关键，在于改革创新。改革之路从无坦途，无论发达成员还是发展中成员，都要做好改革付出必要成本的准备。惟其艰难，才更显勇毅；惟其笃行，才弥足珍贵。"

子曰："臧文仲，其窃位者与？知柳下惠之贤，而不与立也。"〔文仲，鲁大夫也。柳下惠，展禽也。知贤不举，为窃位也。〕

子曰："<u>躬自厚而薄责于人，则远怨矣。</u>"〔责己厚，责人薄，所以远怨咎也。〕

【重点句解读】

躬自厚而薄责于人，则远怨矣。

责己从严，责人从宽，那就不会招致别人的怨恨了。

这是一个非常重要的处世态度。一个人，尤其一个以"君子"为标准的人，重要的是要严格地要求自己，而在责备和批评别人的时候应该怀着宽恕之心，尽量能够做到和颜悦色。这样才能提升自身修养，与周围的人搞好关系，避免矛盾的产生。

佛教提倡"只见己过，不见世非"，儒家主张"仁者爱人"，都是一个道理，即宽厚慈爱地对待别人，但对自己要以高标准来要求。

《尚书》中说："与人不求备，检身若不及。"只有通过学习、修身，才能有这样的胸怀，才能搞好干群关系，同事关系，做好本职工作。

在一个团体、一个政党的发展过程中，想要取得更大的成就，最重要的是能够"自省"，要能看到自身的缺点和不足，多从己方寻找缺失之处和问题发生的原因。习近平总书记指出，党员干部要严以律己，宽以待人，这样才能够坚持奉行廉洁的工作原则，从而通过自身的行为来影响他人，塑造好的政风，加强党的政治建设、作风建设，实现全面从严治党的目标。

子曰："君子求诸己，小人求诸人。"〔君子责己，小人责人。〕

子曰："君子不以言举人，〔有言者，不必有德，故不可以言举人也。〕不以人废言。"

子贡问曰："有一言而可终身行者乎？"子曰："其'恕'乎！<u>己所不欲，勿施于人。</u>"

【重点句解读】

己所不欲，勿施于人。

自己所不想要的事情，不要加在别人身上。

这也是我们平时所说的做事要考虑别人的感受，要"推己及人"，设身处地地为对方着想，无论做什么事都会顺利。只考虑自己的利益，是一种自私的行为。

不把自己所不想要的事情强加在他人身上，不依仗自身优势霸凌弱小，是个人为人处世的重要准则，也是我国在处理邦交问题上始终坚持的一项标准。

习近平主席在越南河内会见中越青年代表时强调，中国人民崇尚"己所不欲，勿施于人"，中国不认同"国强必霸"，将继续秉承亲诚惠容的理念，深化同周边国家互利合作和互联互通，永远做社会主义国家的亲密同志，永远做发展中国家的可靠朋友和真诚伙伴。

在墨西哥参议院的演讲中，习近平主席指出，中国古代思想家孔子说过："己所不欲，勿施于人。"面对复杂多变的国际形势，中墨两国应该坚持互尊互信，在涉及彼此核心利益和重大关切的问题上，在探索符合各自国情发展道路的努力中，继续相互理解、相互支持。

子曰："巧言乱德；小不忍，乱大谋。"〔巧言利口，则乱德义；小不忍，则乱大谋。〕

子曰："众恶之，必察焉；众好之，必察焉。"〔或众阿党比周；或其人特立不群，故好恶不可不察也。〕

子曰："人能弘道，非道弘人。"〔材大者，道随大；材小者，道随小，故不能弘人也。〕

子曰："过而不改，是谓过矣。"

子曰："吾尝终日不食，终夜不寝，以思，无益，不如学也。"

·季 氏·

季氏将伐颛臾。冉有、季路见于孔子，孔子曰："求！无乃尔是过与？"冉有曰："夫子欲之，吾二臣者皆不欲也。"〔归咎于季氏。〕孔子曰："求！周任有言曰：'陈力就列，不能者止。'〔周任，古之良史也。言当陈才力，度己所任，以就其位，不能则当止。〕危而不持，颠而不扶，则将焉用彼相矣？〔言辅相人者，当能持危扶颠，若不能，何用相为也。〕且尔言过矣。虎兕出于柙，龟玉毁于椟中，是谁之过与？"〔柙，槛也。椟，柜也。失虎毁玉，非典守者过耶。〕冉有曰："今夫颛臾，固而近于费。〔固，城郭完坚，兵甲利也。费，季氏邑。〕今不取，后世必为子孙忧。"孔子曰："求！君子疾夫〔疾如汝言。〕舍曰'欲之'而必为之辞。〔舍其贪利之说，而更作他辞，是所疾。〕丘也闻，有国有家者，不患寡而患不均，〔不患土地人民之寡少，患政治之不均平。〕不患贫而患不安。〔忧不能安民耳，民安国富。〕盖均无贫，和无寡，安无倾。〔政教均平，则不患贫矣；上下和同，则不患寡矣；大小安宁，不倾危矣。〕夫如是，故远人不服，则修文德以来之。既来之，则安之。今由与求也，相夫子，远人不服而不能来也，邦分崩离析而不能守也，而谋动干戈于邦内。吾恐季孙之忧，不在颛臾，而在萧墙之内也。"〔萧之言肃也。墙，谓屏也。君臣相见之礼，至屏而加肃敬焉，是以谓之萧墙。后季氏家臣阳虎，果囚季恒子也。〕

孔子曰："益者三友，损者三友。友直，友谅，友多闻，益矣；友便辟，〔便辟，巧避人所忌，以求容媚。〕友善柔，〔面柔者也。〕友便佞，损矣。"〔便，辩也。谓佞而辩。〕

【重点句解读】

> 益者三友，损者三友。友直，友谅，友多闻，益矣；友便辟，友善柔，友便佞，损矣。

有益的朋友有三种，有害的朋友有三种。与正直的人交朋友，与诚信的人交朋友，与知识广博的人交朋友，是有益的。与谄媚逢迎的人交朋友，与表面奉承而背后诽谤人的人交朋友，与善于花言巧语的人交朋友，是有害的。

交友是一门学问。这段话概括了孔子的择友标准：正直、宽容、见多识广。一个人结交好的朋友就会受到好的影响，结交不好的朋友就会受到坏的影响，这就是"近朱者赤，近墨者黑"的道理。

因此，我们在生活中交友要慎之又慎，特别是领导干部，一定要洁身自好，交往更要有原则和底线。一些干部之所以堕入腐败的深渊，与平时对自身要求不严，没有处理好自己与一些所谓"朋友"的关系，甚至以"朋友"的名义结成了"贪腐"的利益集团，最终导致身败名裂。领导干部交益友，不交损友，是自身的道德要求，也是党纪国法的要求。

交"益者三友"，这在国际关系中同样适用。习近平总书记在中国共产党与世界政党高层对话会上的主旨讲话中说："二千多年前，中国古代思想家孔子就说，益者三友，友直、友谅、友多闻。中国共产党愿广交天下朋友。长期以来，中国共产党同世界上一百六十多个国家和地区的四百多个政党和政治组织保持着经常性联系,'朋友圈'不断扩大。"

孔子曰:"益者三乐,损者三乐。乐节礼乐,〔动则得礼乐之节。〕乐道人之善,乐多贤友,益矣;乐骄乐,〔恃尊贵以自恣。〕乐佚游,〔佚游,出入不节。〕乐宴乐,损矣。"〔宴乐,沉荒淫黩也。三者,自损之道。〕

孔子曰:"侍于君子有三愆:言未及之而言,谓之躁;〔躁,不安静。〕言及之而不言,谓之隐;〔隐,匿不尽情实。〕未见颜色而言,谓之瞽。"〔未见君子颜色所趋向,而便逆先意语者,犹瞽者也。〕

孔子曰:"君子有三戒:少之时,血气未定,戒之在色;及其壮也,血气方刚,戒之在斗;及其老也,血气既衰,戒之在得。"〔得,贪得也。〕

孔子曰:"君子有三畏:畏天命,〔顺吉逆凶,天之命。〕畏大人,〔大人,即圣人,与天地合德也。〕畏圣人之言。小人不知天命而不畏,狎大人,侮圣人之言。"

孔子曰:"生而知之者,上也;学而知之者,次也;困而学之,又其次也;〔困,谓有所不通也。〕困而不学,民斯为下矣。"

孔子曰:"<u>君子有九思:视思明,听思聪,色思温,貌思恭,言思忠,事思敬,疑思问,忿思难,见得思义。</u>"

【重点句解读】

> **君子有九思:视思明,听思聪,色思温,貌思恭,言思忠,事思敬,疑思问,忿思难,见得思义。**

君子在九个方面多用心考虑:眼睛要会看;耳朵要会听;神色要温和安详;行为举止要谦恭有礼;说话要忠厚老实;做事情要尽心尽力;疑难之处要虚心请教;发怒时,要想到它的后患;面临利益得失时,要想到是否符合道义。

孔子所谈的"君子有九思",全面概括了人言行举止的各个方面,概括了个人道德修养的各种规范,如温、良、恭、俭、让、忠、孝、仁、义、礼、智等等。所有这些,综合起来说,构成了孔子的道德修养学说。人们的一言一行要以此为标准,认真思考和自我反省,才能不断地完善自己的人格，提升自己的修养水平。

习近平总书记强调，广大党员和领导干部要切实加强思想道德修养，就必须"自觉从中华优秀传统文化中汲取营养"。孔子关于君子"九思"的言论就有极强的借鉴价值和现实意义。由表及里、透过现象看本质，广纳群言、不偏激，行事大气稳妥，举止谦恭有礼、不卑不亢，以及诚信、尽心等，这些中国优秀传统文化中的精华部分，是广大党员领导干部言行举止的准则。

孔子曰："见善如不及，见不善如探汤。"

齐景公有马千驷，死之日，民无得而称焉；〔千驷，四千匹也。〕伯夷、叔齐饿于首阳之下，〔首阳，山名。〕民到于今称之。其斯之谓与！"〔此所谓以德为称。〕

·阳 货·

子曰："性相近也，习相远也。"〔君子慎所习。〕

【重点句解读】

性相近也，习相远也。

人先天具有的纯真本性比较接近，但后天养成的习性却差异很大。

人生下来以后，个体的素质基本上是相近的，并不因为贫贱富贵而有所区别。而一个人在成长过程中，常常因为周围环境不同，所受的教育不同，就有了"习于善则善，习于恶则恶"的差别。

孔子此语的本意，是说明教育的重要性和必要性，并没有说人性一定是善或一定是恶的意思。所以《三字经》中说："人之初，性本善。性相近，习相远。苟不教，性乃迁。"

子张问仁于孔子。孔子曰："能行五者于天下，为仁矣。""请问之。"曰："恭、宽、信、敏、惠。恭则不侮，〔不见侮也。〕宽则得众，信则人任焉,敏则有功,〔应事疾,则多成功。〕惠则足以使人。"

子曰:"由!汝闻六言六蔽乎?"对曰:"未。""居!吾语汝。好仁不好学,其蔽也愚;〔仁者爱物,不知所以裁之,则愚也。〕好智不好学,其蔽也荡;〔荡,无所适守。〕好信不好学,其蔽也贼;〔父子不知相为隐之辈。〕好直不好学,其蔽也绞;好勇不好学,其蔽也乱;好刚不好学,其蔽也狂。"〔狂,妄抵触人也。〕

子曰:"礼云礼云,玉帛云乎哉?〔言礼非但崇此玉帛而已,所贵者,乃贵其安上治民。〕乐云乐云,钟鼓云乎哉?"〔乐之所贵者,移风易俗也,非但谓钟鼓而已。〕

子曰:"鄙夫可与事君也哉?〔言不可与事君。〕其未得之也,患得之;〔患得之者,患不能得之。〕既得之,患失之。苟患失之,无所不至矣。"〔无所不至者,言邪媚无所不为。〕

子曰:"恶紫之夺朱也,〔恶其邪好而夺正色。〕恶郑声之乱雅乐也,〔恶其邪音而乱雅乐。〕恶利口之覆邦家也。"〔利口之人,多言少实,苟能悦媚时君,倾覆国家也。〕

子贡曰:"君子亦有恶乎?"子曰:"有恶。恶称人恶者,〔好称说人恶,所以为恶也。〕恶居下流而讪上者,〔讪,谤毁也。〕恶勇而无礼者,恶果敢而窒者。"〔窒,塞。〕曰:"赐也亦有恶乎?""恶徼以为智者,〔徼,抄也。抄人之意以为己有。〕恶不逊以为勇者,恶讦以为直者。"〔讦,谓攻发人之阴私。〕

·微 子·

柳下惠为士师,〔士师,典狱之官也。〕三黜。人曰:"子未可以去乎?"曰:"直道而事人,焉往而不三黜?〔苟直道以事人,所至之国,俱当复三黜。〕枉道而事人,何必去父母之邦?"

周公谓鲁公〔鲁公,周公之子伯禽也〕曰:"君子不施其亲,〔施,易也。不以他人之亲,易己之亲。〕不使大臣怨乎不以。〔以,用也。怨不见听用也。〕故旧无大故,则不弃也。无求备于一人!"〔大故,谓恶逆之事也。〕

·子 张·

子夏曰："小人之过也必文。"〔文饰其过，不言情实也。〕

子夏曰："君子信而后劳其民，未信，则以为厉己也；〔厉，病。〕信而后谏，未信，则以为谤己也。"

孟氏使阳肤为士师，〔阳肤，曾子弟子也。士师，典狱官也。〕问于曾子。曾子曰："上失其道，民散久矣。如得其情，则哀矜而勿喜！"〔民之离散，为轻漂犯法，乃上之所为，非民之过也。当哀矜之，勿自喜能得其情也。〕

子贡曰："纣之不善也，不如是之甚也。是以君子恶居下流，天下之恶皆归焉。"〔纣为不善，以丧天下，后世憎之甚，皆以天下之恶，归之于纣也。〕

子贡曰："君子之过也，如日月之食焉：过也，人皆见之；更也，人皆仰之。"〔更，改也。〕

【重点句解读】

君子之过也，如日月之食焉：过也，人皆见之；更也，人皆仰之。

君子的过错，就如日食、月食那样。他有过失时，人人都看得见；他改正了过失，也如日食、月食后重现光明那样，人人都仰望他。

我们常说，"人非圣贤，孰能无过"。人都会犯错，关键是犯错之后的态度。《左传》中说："人谁无过？过而能改，善莫大焉。"过而能改，更能赢得人们的尊重。

知错必改是"君子"具有的人格修养之一，是人们要努力达到的境界。《礼记·中庸》中说"知耻近乎勇"，也是这个意思。

所以，这句话在今天依然有很强的警示与鞭策意义。

习近平总书记在中国共产党第十九次全国代表大会上说："只要我们善于聆听时代声音，勇于坚持真理、修正错误，二十一世纪中国的马克思主义一定能够展现出更强大、更有说服力的真理力量！"在主持中央政治局就践行"三严三实"集体学习时强调，大家要时时铭记、事事坚持、处处上心，随时准备坚持真理、随时准备修正错误，凡是有利于党和人民事业的，就坚决干、加油干、一刻不停歇地干；凡是不利于党和人民事业的，就坚决改、彻底改、一刻不耽误地改。

·尧曰·

"朕躬有罪，无以万方；万方有罪，罪在朕躬。"〔无以万方，万方不与也；万方有罪，我身之过。〕"虽有周亲，不如仁人。〔亲而不贤不忠，则诛之，管、蔡是也；仁人箕子、微子，来则用之。〕百姓有过，在予一人。"谨权量，审法度，修废官，四方之政行焉。〔权，秤也。量，斗斛。〕兴灭国，继绝世，举逸民，天下之民归心焉。所重：民、食、丧、祭。〔重民，国之本也；重食，民之命也；重丧，所以尽哀也；重祭，所以致敬也。〕宽则得众，敏则有功，公则悦。〔言政公平则民悦矣，凡此二帝三王所以治，故传以示后世也。〕

子张问政于孔子曰："何如斯可以从政矣？"子曰："尊五美，屏四恶，斯可以从政矣。"〔屏，除也。〕子张曰："何谓五美？"子曰："君子惠而不费，劳而不怨，欲而不贪，泰而不骄，威而不猛。"子张曰："何谓惠而不费？"子曰："因人所利而利之，不亦惠而不费乎？〔利民在政，无费于财。〕择可劳而劳之，又谁怨？欲仁而得仁，又焉贪？君子无众寡，无小大，无敢慢，〔言君子不以寡小而慢之。〕斯不亦泰而不骄乎？君子正其衣冠，尊其瞻视，俨然人望而畏之，斯不亦威而不猛乎？"子张曰："何谓四恶？"子曰："不教而杀，谓之虐；不戒视成，谓之暴；〔不宿戒，而责目前成，为视成也。〕慢令致期，谓之贼；〔与民无信，而虚刻期。〕犹之与人也，出纳之吝，谓之有司。"〔谓财物俱当与人，而吝啬于出内惜难之，此有司之任耳，非人君之道。〕

卷十 《孔子家语》治要

【西汉】王肃 整理

【导读】

《孔子家语》，又名《孔氏家语》，或简称《家语》。原书二十七卷，今本为十卷，共四十四篇，是一部记录孔子及孔门弟子思想言行的著作。三国时魏王肃〔（195—256），字子雍，东海郡郯县（今山东临沂市郯城西南）人，三国时期曹魏著名经学家。唐代时作为二十二先贤配享孔庙〕注，书后附有王肃序和《后序》。

《孔子家语》详细记录了孔子与其弟子门生的诘问对答和言谈行事，对学习、研究和传承儒家学派的哲学思想、政治思想、伦理思想、教育思想，有重大的价值。由于该书保存了不少古书中的有关记载，对考证上古遗文，校勘先秦典籍，也不失为有重要参考意义的文献。书中还有孔子的一些逸闻趣事，具有较高的文学价值，使我们能更清晰地认识历史上真实的孔子。

至于此书的真伪，过去因为疑古派的非难，历代多认为是伪书，实属无谓。随着近代简帛文献的出土，证明确为先秦旧籍，《孔子家语》的真实性与文献价值越来越为学界所重视。宋儒所重视的《大学》《中庸》《论语》《孟子》，无论在规模，还是在内容上，《孔子家语》都要高出它们很多，对于全面研究和准确把握早期儒学更有价值。

魏徵从王肃注的《孔子家语》中辑录《始诛》等二十二篇收入《群书治要》，较集中地阐发了儒家的社会政治思想、礼治观、伦理观、人才观、"仁政"学说等，以及作为一个"圣主""贤君"所应具备的谦逊、虚心纳谏、居安思危、善用人才等品德，并提出了建立封建主义理想社会的措施和蓝图。从选编的内容可以看出，魏徵等人向唐太宗进谏此书的目的是十分明确的。其中"君者，舟也；民者，水也。水所以载舟，亦所以覆舟"，"良药苦于口而利于病，忠言逆于耳而利于行"，"入芝兰之室，久而不闻其香；入鲍鱼之肆，久而不闻其臭"等，都已成为脍炙人口的名言，为千古不易、广为接受之真理。

·始 诛·

孔子为鲁大司寇，朝政七日，而诛乱法大夫少正卯，戮之于两观之下，〔两观，阙也。〕尸于朝三日。子贡进曰："夫少正卯，鲁之闻人也。今夫子为政而始诛之，或者为失之乎？"孔子曰："天下有大恶者五，而盗窃不与焉。一曰心逆而险，二曰行僻而坚，三曰言伪而辨，四曰记丑而博，〔丑，谓非义。〕五曰顺非而泽。此五者，有一于人，则不免于君子之诛，而少正卯皆兼有之。其居处足以撮徒成党，〔撮，聚也。〕其谈说足以饰邪荧众，其强御足以反是独立。此乃人之奸雄也，不可以不除。"

孔子为鲁大司寇，有父子讼者，夫子同狴（bì）执之，〔狴，狱牢也。〕三月不别。其父请止，夫子赦焉。季孙闻之，不悦，曰："司寇欺余。曩告余曰：'为国家者，必先以孝。'今戮一不孝，以教民孝，不亦可乎？而又赦之，何哉？"孔子喟然叹曰："呜呼！上失其道，而杀其下，非理也；不教以孝，而听其狱，是杀不辜也。三军大败，不可斩也；狱犴不治，不可刑也。何者？上教之不行，罪不在民故也。夫慢令谨诛，贼也；征敛无时，暴也；不诫责成，虐也。政无此三者，然后刑可即也。既陈道德以先服之，而犹不可，则尚贤以劝之，又不可，则废不能以惮之。若是，百姓正矣。其有邪民不从化者，然后待之以刑，则民咸知罪矣。是以威厉而不试，刑措而不用也。今世不然，乱其教，烦其刑，使民迷惑而陷罪焉，又从而制之，故刑弥繁而盗不胜也。世俗之陵迟久矣，虽有刑法，民能勿逾乎？"

·王言·

孔子闲居，谓曾子曰："参，汝可语明王之道与？居，吾语汝。夫道者，所以明德也；德者，所以尊道也。是故非德，道不尊也；非道，德不明也。虽有国之良马，不教服乘，不可以取道里；虽有博地众民，不以其道治之，不可以致霸王。是故昔者，明王内修七教，外行三至。七教修，而可以守；三至行，而可以征。明王之道，其守也，则必折冲千里之外；其征也，还师衽席之上。故曰：内修七教而上不劳，外行三至而财不费。此之谓明王之道也。"曾子曰："不劳不费之为明王，可得而闻乎？"孔子曰："昔者帝舜左禹，右皋陶，不下席而天下治。夫如此，何上之劳乎？若乃十一而税，用民之力，岁不过三日，入山泽以其时而无征，此则生财之路也，而明王节之，何财之费乎？"

曾子曰："敢问何谓七教？"孔子曰："上敬老，则下益孝；上尊齿，则下益悌；上乐施，则下益宽；上亲贤，则下择友；上好德，则下无隐；上恶贪，则下耻争；上廉让，则下知节。此之谓七教也。七教者，治民之本也。政教定，则本正矣。凡上者，民之表也，表正则何物不正！"曾子曰："道则至矣！弟子不足以明之。"孔子曰："参，汝以为姑止此乎？昔者明王之治民也有法，必裂地而封之，分属而理之，然后贤民无所隐，暴民无所伏。使有司日省而时考之，进用贤良，退贬不肖，则贤者悦，而不肖者惧。哀鳏寡、养孤独、恤贫穷、诱孝悌、选才能。此七者修，则四海之内无刑民矣。上之亲下也，如手足之于腹心；下之亲上也，如幼子之于慈母矣。上下相亲如此，故令则从、施则行。民怀其德，近者悦服，远者来附，政之致也。田猎罩弋，〔罩，掩网也。弋，缴射也。〕非以盈宫室也；征敛百姓，非以充府库也。惨怛（dá）以补不足，礼节以损有余，多信而寡貌，其礼可守，其言可覆，其迹可履。其于信也，如四时；其博有万民也，如饥而食，如渴而饮。民之信之，如寒暑之必验也。故视远若迩，非道迩也，见明德也。是故兵革不动而威，用利不施而亲。此之谓明王之守，折冲乎千里之外者也。"

曾子曰："敢问何谓三至？"孔子曰："至礼不让而天下治，至赏不费而天下之士悦，至乐无声而天下之民和。明王笃行三至，故天下之君可得而知也，天下之士可得而臣也，天下之民可得而用也。"曾子曰："敢问此义何谓也？"孔子曰："古者明王必尽知天下良士之名。既知其名，又知其实。既知其实，然后因天下之爵以尊之，此之谓至礼不让而天下治；因天下之禄，以富天下之士，此之谓至赏不费而天下之士悦。如此则天下之明誉兴焉，此之谓至乐无声而天下之民和。故曰：所谓天下之至仁者，能合天下之至亲者也；所谓天下之至智者，能用天下之至和；所谓天下之至明者，能举天下之至贤。此三者咸通，然后可以征。是故<u>仁者莫大于爱人，智者莫大于知贤，政者莫大于官能。</u>有土之君，能修此三者，则四海之内供命而已矣。夫明王之所征，必道之所废者也。是故诛其君而改其政，吊其民而不夺其财。故曰：明王之征也，犹时雨之降也，至则民悦矣。是故行施弥博，得亲弥众，此之谓还师衽（rèn）席之上。"〔言安而无忧也。〕

【重点句解读】

仁者莫大于爱人，智者莫大于知贤，政者莫大于官能。

仁爱，没有比爱护人才更重要的；智慧，没有比了解贤才更重要的；从政，没有比任用贤才更重要的。

爱才、识才、用才，是治理国家的重要保证。曾子说："所谓天下之至仁者，能合天下之至亲者也。所谓天下之至知者，能用天下之至和者也。所谓天下之至明者，能选天下之至良者也。"就是对此最好的解释。如果能够做到爱护人才、了解人才、任用贤才，就能使人的价值及人才的作用得到充分体现，也能使得国家治理能力和治理体系现代化及早实现。

治国之要，首在用人。人才在社会主义现代化建设中具有举足轻重的作用。习近平总书记强调指出："人才是第一资源，创新是第一动力"。2014年6月，他在两院院士大会上引用了《诗经·大雅·文王》中的这段话来表达求贤若渴的心情："思皇多士，生此王国。王国克生，维周之桢；济济多士，文王以宁。"

·大 婚·

孔子侍坐于哀公，公问曰："敢问人道谁为大？"孔子对曰："夫人道，政为大。夫政者，正也。君为正，则百姓从而正矣。君之所为，百姓之所从也。君之不为，百姓何从？"公曰："敢问为政如之何？"孔子对曰："夫妇别、父子亲、君臣信，三者正，则庶物从之矣。内以治宗庙之礼，足以配天地之神也；出以治直言之礼，足以立上下之敬也。〔夫妇正，则出可以治政言礼矣；身正，乃可以正人矣。〕物耻，则足以振之；〔耻事不如，礼则足以振教之也。〕国耻，则足以兴之。〔耻国不如，礼则足以兴起之。〕故为政先乎礼，礼其政之本与。"孔子遂言曰："昔三代明王之必敬妻子也，盖有道焉。妻也者，亲之主也，子也者，亲之后也，敢不敬与？是故君子无不敬也。敬也者，敬身为大。身也者，亲之支也，敢不敬与？不敬其身，是伤其亲；伤其亲，是伤其本也；伤其本，则支从而亡。三者，百姓之象也。〔言百姓之所法而行。〕身以及身，子以及子，妃以及妃。君修此三者，则大化忾于天下。"〔忾，满也。〕公曰："敢问何谓敬身？"孔子对曰："君子过言则民作辞，过动则民作则。言不过辞，动不过则，百姓敬恭以从命。若是，则可谓能敬其身；能敬其身，则能成其亲矣。"公曰："何谓成亲？"孔子对曰："君子者，乃人之成名也。百姓与名，谓之君子，则是成其亲为君而为其子也。"孔子遂言曰："为政而不能爱人，则不能成其身；不能成其身，则不能安其土；不能安其土，则不能乐天；〔不能乐天道也。〕不能乐天，则不能成身。"公曰："敢问何谓成身？"孔子对曰："夫其行己不过于物，谓之成身。不过于物，合天道也。"

·问 礼·

哀公问于孔子曰："大礼何如？子之言礼，何其尊也？"孔子曰："丘闻之，民之所以生者，礼为大。非礼则无以节事天地之神焉，非礼则无以辨君臣、上下、长幼之位焉，非礼则无以别男女、父子、兄弟、婚姻、亲族疏数之交焉。是故君子此为之尊敬，然后以其所能教示百姓。卑其宫室，节其服御，车不雕玑，器不雕镂，食不二味，心不淫志，以与万民同利。古之明王之行礼也如此。"公曰："今之君子，胡莫之行也？"孔子对曰："今之君子，好利无厌，淫行不倦，荒怠慢游，固民是尽，以遂其心，以怨其政，以忤其众，以伐有道。求得当欲，不以其所，〔言苟求得当其情欲而已。〕虐杀刑诛，不以其理，夫昔之用民也由前，〔用上所言。〕今之用民也由后,〔用下所言。〕是即今之君子莫能为礼也。"

·五 仪·

哀公问于孔子曰:"寡人欲论鲁国之士,与之为治,敢问如何取之?"孔子曰:"人有五仪:有庸人,有士人,有君子,有贤,有圣。审此五者,则治道毕矣。所谓庸人者,心不存慎终之规,口不吐训格之言,〔格,法也。〕不择贤以托其身,不力行以自定,见小暗大,而不知所务,从物如流,而不知所执,此则庸人也。所谓士人者,心有所定,计有所守,虽不能尽道术之本,必有率也;〔率,犹述也。〕虽不能备百善之美,必有处也。是故智不务多,务审其所知;言不务多,务审其所谓;〔所谓者,谓言之要也。〕行不务多,务审其所由。智既知之,言既得之,〔得其要也。〕行既由之,则若性命形骸之不可易也。富贵不足以益,贫贱不足以损,此则士人也。所谓君子者,言必忠信,而心不怨;〔忍怨害也。〕仁义在身,而色不伐;〔无伐善之色也。〕思虑通明,而辞不专;笃行信道,自强不息;油然若将可越,而终不可及者,此君子也。〔油然,不进之貌。越,过。〕所谓贤者,德不逾闲,〔闲,犹法也。〕行中规绳;言足法于天下,而不伤于身,〔言满天下,无口过也。〕道足化于百姓,而不伤于本;〔本,亦谓身。〕富则天下无宛财,〔宛,积也。〕施则天下不病贫,此贤者也。所谓圣者,德合天地,变通无方,穷万事之终始,协庶品之自然,敷其大道,而遂成情性,明并日月,化行若神,下民不知其德,睹者不识其邻,此圣者也。"〔邻,以喻畔界也。〕

公曰:"善哉,非子之贤,则寡人不得闻此言也。虽然,寡人生于深宫之中,长于妇人之手,未尝知哀,未尝知忧,未尝知劳,未尝知惧,未尝知危,恐不足以行五仪之教,若何?"孔子曰:"君入庙而右,登自阼阶,仰视榱桷(cuī jué),俯察机筵,其器皆存,而不睹其人,君以此思哀,则哀可知矣;昧爽夙兴,正其衣冠,〔爽,明也。昧明,始明也。夙,早也。兴,起也。〕平旦视朝,虑其危难,一物失理,乱亡之端,君以此思忧,则忧可知矣;日出听政,至乎中昃(zè),〔中,日中也。昃,日昳也。〕诸侯子孙,往来为宾,行礼揖让,慎其威仪,君以此思劳,则劳可知矣;缅然长思,出乎四门,周章远望,睹亡国之墟,必将有数焉,〔言亡国故墟,非但一也。〕君以此思惧，则惧可知矣。夫君者，舟也；民者，水也。水所以载舟，亦所以覆舟。君以此思危，则危可知矣。既明此五者，而又少留意于五仪之事，则于政治乎何有失哉！"

【重点句解读】

夫君者，舟也；民者，水也。水所以载舟，亦所以覆舟。

君主如同是船，百姓就好像是水。水可以载船，也可以使船沉没。

如何处理好与百姓的关系，这是历代执政者都要面对的问题。魏徵在《谏太宗十思疏》中说："怨不在大，可畏惟人。载舟覆舟，所宜深慎。"唐太宗在《论政体》一文中也说："君，舟也；人，水也。水能载舟，亦能覆舟。"历史的发展也一再验证这一观点，可谓"得之者兴，失之者亡"。

今天中国特色社会主义进入新的时代，以民为本、以人为本的执政理念深入人心，改革发展成果正在不断惠及全体人民。这是"水能载舟，亦能覆舟"的具体体现。

习近平总书记在《在纪念红军长征胜利八十周年大会上的讲话》中说："'水能载舟，亦能覆舟。'这个道理我们必须牢记，任何时候都不能忘却。老百姓是天，老百姓是地。忘记了人民，脱离了人民，我们就会成为无源之水、无本之木，就会一事无成。我们要坚持党的群众路线，始终保持党同人民群众的血肉联系，始终接受人民群众批评和监督，心中常思百姓疾苦，脑中常谋富民之策，使我们党永远赢得人民群众信任和拥护，使我们的事业始终拥有不竭的力量源泉。"

哀公问于孔子曰："请问取人之法？"孔子对曰："事任之官，〔言各当以其所能之事，任之于官也。〕无取捷捷，无取钳钳，〔钳，妄对不谨诚。〕无取啍（zhūn）啍。〔啍啍，多言也。〕捷捷，贪也；〔捷捷而不良，所以为贪。〕钳钳，乱也；啍啍，诞也；〔诞，欺诈也。〕故弓调而后求劲焉，马服而后求良焉，士必悫而后求智能焉。不悫而多能，譬之豺狼，不可迩也。"〔迩，近也。言人无智能者，虽不悫信，不能为大恶也，不悫信而有智能者，然后乃可畏也。〕

哀公问于孔子曰："夫国家之存亡祸福，信有天命，非唯人耶？"孔子对曰："存亡祸福，皆在己而已，天灾地妖，弗能加也。昔者殷王帝辛之世，〔帝辛，纣也。〕有雀生大鸟于城隅焉，帝辛介雀之德，〔介，助也，以雀之德为助也。〕不修国政，殷国以亡。此即以己逆天时，得福反为祸者也。又其先世殷太戊之时，道缺法邪，以致夭孽，桑谷生朝，七日大拱。太戊恐骇，侧身修行，三年之后，远方慕义，重译至者，十有六国。此即以己逆天时，得祸转为福者也。故天灾地妖，所以儆人主也；寤梦征怪，所以儆人臣也。〔儆，戒也。〕灾妖不胜善政，梦怪不胜善行。能知此，至治之极也，明王达此也。"

·致 思·

季羔为卫士师，〔士师，狱官。〕刖人之足。俄而卫有乱，季羔逃之。刖者守门焉，谓季羔曰："彼有缺。"季羔曰："君子不逾。"又曰："彼有窦。"季羔曰："君子不隧。"〔隧，从窦出。〕又曰："于此有室。"季羔入焉。既而追者罢，季羔将去，谓刖者曰："吾不能亏主之法，而亲刖子之足。今吾在难，此正子报怨之时，而子逃我，何故？"刖者曰："断足故我之罪也，无可奈何。曩者君治臣以法令，先人后臣，欲臣之免也，臣知之；狱决罪定，临当论刑，君愀（qiǎo）然不乐，见于颜色，臣又知之。君岂私臣哉？天生君子，其道故然，此臣之所以悦君也。"孔子闻之，曰："善哉为吏！其用法一也，思仁恕则树德，加严暴则树怨。公以行，其子羔乎？"

子路为蒲宰，为水备，修沟渎，以民之烦苦也，人与一箪食、一壶浆，孔子止之。子路曰："由也以民多匮饿者，〔匮，乏也。〕是以与之箪食壶浆，而夫子使止之，是夫子止由之行仁也。"孔子曰："尔以民为饿，何不白于君，发仓廪以给之，而私以尔食馈之，是汝明君之无惠也。速已则可，不已，则尔之见罪必矣。"

子贡问治民于孔子，孔子曰："懔懔焉，如以腐索御奔马。"〔懔懔焉，诚惧之貌。奔马，突马也。〕子贡曰："何其畏也？"孔子曰："夫通达之属，皆人也。以道导之，则吾畜也；不以道导之，则吾仇也。若之何其无畏也！"

· 三 恕 ·

孔子曰："君子有三恕。有君弗能事，有臣而求其使，非恕也；有亲弗能孝，有子而求其报，非恕也；有兄弗能敬，有弟而求其顺，非恕也。士能明于三恕之本，则可谓端身矣。"〔端，正也。〕

孔子观于鲁桓公之庙，有欹器焉。孔子问于守庙者曰："此为何器？"对曰："此盖为宥坐之器。"孔子曰："吾闻宥坐之器，虚则欹，中则正，满则覆，明君以为诫，故置于坐侧也。"顾谓弟子曰："试注水焉。"水实之，中则正，满则覆。夫子喟然叹曰："呜呼！夫物恶有满而不覆者哉？"子路进曰："敢问持满有道乎？"子曰："**聪明睿智，守之以愚；功被天下，守之以让；勇力振世，守之以怯；富有四海，守之以谦。此所谓损之又损之之道也。**"

【重点句解读】

> **聪明睿智，守之以愚；功被天下，守之以让；勇力振世，守之以怯；富有四海，守之以谦；此所谓损之又损之之道也。**

聪明能干又有智慧，而又能保持敦厚若愚的态度；功盖天下，而又能保持礼让不争的态度；勇力绝于当世，而又能保持小心畏惧的态度；拥有四海的土地财富，而又能保持谦逊的态度。这就是古人所说的"损之又损之"的道理。

老子说："为学日益，为道日损，损之又损，以至于无为，无为而无不为。"

"满招损，谦受益，时乃天道。"《孔子家语》中的这句话主要表达了"戒满"的观念，这是自古以来中华先民圣王所一贯强调的。它来源于对"天道"的一种效法。"博哉天道，成而必变"，天道贵变，从天道的"成而必变"，可以得出人道的"凡持满而能久者，未尝有也"的教训。

同时，我们也可以从这句话中看到孔子的中庸之道，孔子的"损之又损之道"，闪烁着辩证法的光芒。在当今社会，孔子的这段话对于人们从政、做人、处世仍有借鉴意义。

· 好 生 ·

哀公问于孔子曰:"昔者舜冠何冠乎?"孔子不对。公曰:"寡人问于子,而子无言,何也?"孔子曰:"以君之问,不先其大者,故方思所以为对焉。"公曰:"其大何乎?"孔子曰:"舜之为君也,其政好生而恶杀,其任授贤而替不肖;德若天地之虚静,化若四时之变物。是以四海承风,畅于异类,〔异类,四方之夷狄也。〕凤翔麟至,鸟兽驯德。〔驯,顺也。〕无他,好生故也。君舍此道而冠冕是问,是以缓对。"

· 观 周 ·

孔子观于明堂,睹四方之墉。〔墉,墙。〕有尧舜桀纣之象,而各有善恶之状,兴废之诫焉。又有周公相成王,抱之而负斧扆(yǐ),南面以朝诸侯之图焉。孔子徘徊而望之,谓从者曰:"此则周之所以盛也。夫明镜者,所以察形;往古者,所以知今。人主不务袭迹于其所以安存,而忽怠于所以危亡,是犹未有以异于却步,而欲求及前人也,岂非惑哉?"

孔子观周,遂入大祖后稷之庙。庙堂右阶之前,有金人焉,叁缄其口,而铭其背曰:"古之慎言人也。戒之哉!无多言,多言多败;无多事,多事多患。安乐必诫,〔虽处安乐,必警诫也。〕无行所悔。〔所悔之事,不可复行。〕勿谓何伤,其祸将长;勿谓何害,其祸将大;勿谓不闻,神将伺人。焰焰不灭,炎炎若何;涓涓不壅,终为江河。绵绵不绝,或成网罗;〔绵绵微而不绝,则有成网罗者。〕豪末不扎,〔如豪之末,言微也。扎,拔也。〕将寻斧柯。〔寻,用。〕诚能慎之,福之根也;口是何伤,祸之门也。强梁者不得其死,好胜者必遇其敌。盗憎主人,民恶其上。君子知天下之不可上也,故下之;知众人之不可先也,故后之。温恭慎德,使人慕之;执雌持下,人莫逾之。人皆趣彼,我独守此;人皆惑惑,我独不徙。〔惑惑,东西转移之貌。〕内藏我智,不示人技。我虽尊高,人弗我害,唯能于此。天道无亲,常与善人,戒之哉!戒之哉!"孔子既读斯文,顾谓弟子曰:"小子志之,此言实而中、情而信。"

· 贤 君 ·

哀公问于孔子曰："当今之君，孰为最贤？"孔子对曰："丘未之见也。抑有卫灵公乎？"公曰："吾闻其闺门之内无别，而子次之贤，何也？"孔子对曰："臣语其朝廷行事，不论其私家之际也。"公曰："其事如何？"孔子曰："灵公之弟曰公子渠牟，其智足以治千乘，其信足以守之，灵公爱而任之。又有士曰王林国者，见贤必进之，而退与分其禄，是以卫国无游放之士，灵公知而尊之。又有士曰庆足者，国有大事，则必起而治之；国无事，则退而容贤，〔言其所以退，欲以容贤于朝。〕灵公悦而敬之。又有大夫史鳅，以道去卫，而灵公郊舍三日，琴瑟不御，必待史鳅之入而后敢入。臣以此取之，虽次之贤，不亦可乎？"

子贡问孔子曰："今之人臣，孰为贤乎？"子曰："齐有鲍叔，郑有子皮，则贤者矣。"子贡曰："齐无管仲、郑无子产乎？"子曰："赐，汝徒知其一，未知其二也。汝闻用力为贤乎？进贤为贤乎？"子贡曰："进贤，贤哉！"子曰："然。吾闻鲍叔达管仲，子皮达子产，未闻二子之达贤己之才者也。"

哀公问于孔子曰："寡人闻忘之甚者，徙而忘其妻，有诸？"孔子对曰："此犹未甚者，甚者乃忘其身。"公曰："可得闻乎？"孔子曰："昔夏桀贵为天子，富有四海，忘其圣祖之道，坏其典法，绝其世祀，荒乎淫乐，沉湎于酒，佞臣谄谀，窥导其心，忠士钳口，逃罪不言，〔钳口，杜口。〕天下诛桀而有其国，此之谓忘其身之甚者也。"

子路问于孔子曰："贤君治国，所先者何在？"孔子曰："在于尊贤而贱不肖。"子路曰："由闻晋中行氏尊贤而贱不肖矣，其亡何也？"子曰："中行氏尊贤而弗能用，贱不肖而不能去。贤者知其不己用而怨之，不肖者知其必己贱而仇之。怨仇并存于国，邻敌构兵于郊，中行氏虽欲无亡，岂可得乎？"

哀公问政于孔子。孔子对曰："政之急者，莫大乎使民富且寿也。"公曰："为之奈何？"孔子曰："省力役，薄赋敛，则民富矣；敦礼教，远罪疾，则民寿矣。"公曰："寡人欲行夫子之言，恐吾国贫矣。"孔子曰："《诗》不云乎？'恺悌君子，民之父母'。未有其子富而父母贫者也。"

卫灵公问孔子曰："有语寡人：'为国家者，计之于庙堂之上，则政治矣。'何如？"孔子曰："其可也。爱人者则人爱之，恶人者则人恶之；知得之己者，则知得之人。所谓不出环堵之室而知天下者，知反己之谓也。"

·辨 政·

子贡为信阳宰，将行，孔子曰："勤之慎之，奉天之时，无夺无伐，无暴无盗。"子贡曰："赐也，少而事君子，岂以盗为累哉？"孔子曰："而未之详也。夫以贤代贤，是之谓夺；以不肖代贤，是之谓伐；缓令急诛，是之谓暴；取善自与，是之谓盗。盗非窃财之谓也。吾闻之，知为吏者，奉法以利民；不知为吏者，枉法以侵民。此怨所由生也。匿人之善，斯谓蔽贤；扬人之恶，斯谓小人。内不相训而相谤，非亲睦也。言人之善，若己有之；言人之恶，若己受之。故君子无所不慎焉。"

·六 本·

孔子曰："行己有六本焉，然后为君子。立身有义矣，而孝为本；丧纪有礼矣，而哀为本；战阵有列矣，而勇为本；治政有理矣，而农为本；居国有道矣，而嗣为本；〔继嗣不立，则乱之源也。〕生财有时矣，而力为本。置本不固，无务丰末；亲戚不悦，无务外交；事不终始，无务多业。反本修迹，君子之道也。"

孔子曰："良药苦于口而利于病，忠言逆于耳而利于行。汤武以谔谔而昌，桀纣以唯唯而亡。君无争臣，父无争子，兄无争弟，士无争友，其无过者，未之有也。故曰：君失之，臣得之；父失之，子得之；兄失之，弟得之；士失之，友得之。是以国无危亡之兆，家无悖乱之恶，父子兄弟无失，而交友无绝。"

【重点句解读】

良药苦于口而利于病，忠言逆于耳而利于行。

良药虽苦口却有利于治疗疾病，忠言虽逆耳却有利于我们的言行。

批评意见，虽然不顺耳，但是如果当权者能够听取，却大有好处。若一味只是想听好话，听不得批评与指责，那就是危险和可怕的。在中国历史上，历代贤明的君王为了广开言路、更广泛地听到民众的声音，都会制定合适的政策，有作为的政治家、思想家也会极力呼吁君王要创造一种鼓励别人提意见、发表看法的环境。

纵观中国历史，凡是有所作为的人，都能够勇于接受批评意见。能够吸取众人的智慧，避免自己的失误，才有可能做出一番事业。习近平总书记在《领导干部要读点历史》的讲话中谈道："历史的兴替演进、起伏变幻，往往沉淀出许多规律，完全可以古为今用、古为今鉴。"当今社会，仍要重视提倡"知无不言，言无不尽"的风气，鼓励群众多提意见、建议，以推进我们党和国家不断进步。

孔子读《易》，至于《损》《益》，喟然而叹。子夏避席问曰："夫子何叹焉？"孔子曰："夫自损者，必有益之；自益者，必有决之。吾是以叹也。"子夏曰："然则学者不可以益乎？"子曰："非道益之谓也，道弥益而身弥损。夫学者损其自多，以虚受之。天道成而必变，凡持满而能久者，未尝有也。故曰：自贤者，则天下之善言，不得闻其耳矣。"

孔子曰："以富贵而下人，何人不与？以富贵而爱人，何人不亲？发言不逆，可谓知言矣。"

孔子曰："吾死之后，则商也日益，赐也日损。"曾子问曰："何谓也？"子曰："商也好与贤己者处，赐也好悦不如己者。不知其子，视其父；不知其人，视其友；不知其君，视其所使。故曰：与善人居，如入芝兰之室，久而不闻其香，即与之化矣；与不善人居，如入鲍鱼之肆，久而不闻其臭，亦与之化矣。是以君子必慎其所与者焉。"

·哀公问政·

哀公问政于孔子，孔子对曰："文、武之政，布在方策。其人存，则其政举；其人亡，则其政息，故为政在于得人。取人以身，修身以道，修道以仁。仁者，人也，亲亲为大；义者，宜也，尊贤为大。亲亲之杀，尊贤之等，礼所生也。是以君子不可以不修身；思修身，不可以不事亲；思事亲，不可以不知人；思知人，不可以不知天。天下之达道有五，其所以行之者三，曰：君臣也、父子也、夫妇也、昆弟也、朋友之交也，五者，天下之达道也；智、仁、勇，三者，天下之达德也。所以行之者一也。或生而知之，或学而知之，或困而知之，及其知之，一也。或安而行之，或利而行之，或勉强而行之，及其成功，一也。好学近于智，力行近于仁，知耻近于勇。知斯三者，则知所以修身；知所以修身，则知所以治人；知所以治人，则能成天下国家矣。"

公曰："政其尽此而已乎？"孔子曰："凡为天下国家者有九经焉，曰：修身也、尊贤也、亲亲也、敬大臣也、体群臣也、子庶人也、来百工也、柔远人也、怀诸侯也。修身则道立，尊贤则不惑，亲亲则诸父昆弟不怨，敬大臣则不眩，体群臣则士之报礼重，子庶民则百姓劝，来百工则财用足，柔远人则四方归之，怀诸侯则天下畏之。"

公曰："为之奈何？"孔子曰："齐庄盛服，非礼不动，所以修身也；去谗远色，贱货而贵德，所以尊贤也；爵其能，重其禄，同其好恶，所以笃亲亲也；官盛任使，所以敬大臣也；〔盛其官，任而使之也。〕忠信重禄，所以劝士也；〔忠信者，与之重禄也。〕时使薄敛，所以子百姓也；日省月考，既禀称事，所以来百工也；〔既禀食之，各当其职事也。〕送往迎来，嘉善而矜不能，所以绥远人也；〔绥，安也。〕继绝世，举废邦，朝聘以时，厚往而薄来，所以怀诸侯也。治天下国家有九经焉，其所以行之者一也。凡事豫则立，不豫则废。言前定则不跲，〔跲，踬。〕事前定则不困，行前定则不疚，〔疚，病。〕道前定则不穷。"

公曰："子之教寡人备矣，敢问行之所始？"孔子曰："立爱自亲始，教民睦也；立敬自长始，教民顺也；教以慈睦，而民贵有亲；教以敬长，而民贵用命。民既孝于亲，又顺以听命，措诸天下，无所不行。"

·颜回·

鲁定公问于颜回曰："子亦闻东冶毕之善御乎？"对曰："善则善矣！虽然，其马将必逸。"公不悦。其后三日，东冶毕之马逸。公闻之，促驾召颜回。颜回至，公曰："前日寡人问吾子以东冶毕之善御，而子曰'其马将逸'，不识吾子奚以知之？"颜回对曰："以政知之而已矣。昔者帝舜巧于使民，而造父巧于使马。舜不穷其民力，造父不穷其马力。是以舜无逸民，造父无逸马。今东冶毕之御也，历险致远，马力尽矣。然而其心犹求马不已，臣以此知之。"公曰："善哉！吾子之言，其义大矣，愿少进乎？"颜回曰："臣闻之，'鸟穷则啄（zhuó），兽穷则攫，人穷则诈，马穷则逸。'自古及今，未有穷其下而能无危者也。"公悦。

·困誓·

卫蘧伯玉贤，而灵公不用；弥子瑕不肖，而反任之。史鱼骤谏，公不从。史鱼病将卒，命其子曰："吾在公朝，不能进蘧伯玉退弥子瑕，是吾为臣不能正君也。生而不能正君，死不可以成礼矣。吾死，汝置尸牖下，于我毕矣。"〔毕，犹足也。礼，殡于客位。〕其子从之。灵公吊焉，怪而问之，其子以其父言告公，公愕然失容，曰："是寡人之过也。"于是命之殡于客位，进蘧伯玉而用之，退弥子瑕而远之。孔子闻之曰："古之烈谏者，死则已矣，未有若史鱼死而尸谏，忠感其君者也，可不谓直乎！"

·执辔·

闵子骞为费宰，问政于孔子。孔子曰："以德以法。夫德法者，御民之具，犹御马之有衔勒也。君者，人也；吏者，辔也；刑者，策也。人君之政，执其辔策而已矣。"子骞曰："敢问古之为政。"孔子曰："古者天子以内史为左右手，以德法为衔勒，以百官为辔，以刑罚为策，以万民为马，故御天下数百年而不失。善御马者，正衔勒，齐辔策，均马力，和马心，故口无声而马应辔，策不举而极千里。〔极，至也。〕善御民者，一其德法，正其百官，均齐民力，和安民心，故令不再而民顺从，刑不用而天下化治，是以天地德之，〔天地以为有德。〕而兆民怀之。〔怀，归。〕不能御民者，弃其德法，专用刑辟，譬犹御马，弃其衔勒，而专用篓策，其不可制也必矣。夫无衔勒而专用篓策，马必伤，车必败；无德法而用刑辟，民必流，国必亡。凡治国而无德法，则民无所法修；民无所法修，则迷惑失道。古之御天下者，以六官总治焉，六官在手以为辔，故曰：御四马者执六辔，御天下者正六官。是故善御马者，正身以总辔，均马力，齐马心，回旋曲折,唯其所之,故可以取长道,可以趣急疾。此圣人所以御天地与人事之法则也。天子以内史为左右手,以六官为辔,已与三公执六官、均五教、齐五法,〔仁义礼智信之法也。〕故亦唯其所引,无不如志。"

·五 刑·

冉有问于孔子曰:"先王制法,使刑不上于大夫,礼不下于庶人。然则大夫之犯罪,不可以加刑;庶人之行事,不可以治礼乎?"孔子曰:"不然。凡治君子,以礼义御其心,所以厉之以廉耻之节也。故古之大夫,其有坐不廉污秽而退放之者,则曰簠簋(fǔ guǐ)不饰;〔饰,整齐。〕有坐淫乱男女无别者,则曰帷薄不修;有坐罔上不忠者,则曰臣节未著;有坐疲软不胜任者,则曰下官不职;〔言其下官不务其职,不斥其身也。〕有坐干国之纪者,则曰行事不请。〔言不请而擅行也。〕此五者,大夫既自定有罪名矣,而犹不忍斥然正以呼之也,既而为之讳,所以愧耻之。是故大夫之罪,其在五刑之域者,谴发,则白冠牦缨,盘水加剑,造于阙而自请罪,君不使有司执缚牵掣而加之也。其有大罪者,闻命则北面再拜,跪而自裁,君不使人捽引而刑杀之也,曰:子大夫自取之耳,吾遇子有礼矣。是以刑不上大夫,而大夫亦不失其罪者,教使然也。凡所谓礼不下庶人者,以庶人遽其事而不能充礼,故不责之以备礼也。"

·刑 政·

仲弓问于孔子曰:"雍闻至刑无所用政,至政无所用刑。至刑无所用政,桀、纣之世是也;至政无所用刑,成、康之世是也。信乎?"孔子曰:"圣人之治化也,必刑政相参焉。太上以德教民而以礼齐之,其次以政导民,以刑禁之。化之弗变,导之弗从,伤义败俗,于是乎用刑矣。"仲弓曰:"古之听讼,可得闻乎?"孔子曰:"凡听五刑之讼,必原父子之亲、立君臣之义以权之;意论轻重之序、慎测浅深之量以别之;悉其聪明、致其忠爱以尽之。大司寇正刑明辟以察狱,狱必三讯焉。〔一曰讯群臣,二曰讯群吏,三曰讯万民也。〕有指无简,则不听。〔简,诚也。有其意无其诚者,不论以为罪。〕附从轻,赦从重。〔附人之罪,以轻为比;赦人之罪,以重为比。〕疑狱则泛，与众共之，众疑赦之。故爵人必于朝，与众共之也；刑人必于市，与众弃之也。古者公家不畜刑人，大夫不养也；士遇之涂，弗与之言也；屏诸四方，唯其所之，弗及以政，弗欲生之故也。"仲弓曰："听狱，狱之成，成何官？"孔子曰："狱成于吏，吏以狱之成告于正；〔吏，狱官吏也。正，狱官长。〕正既听之，乃告于大司寇；大司寇听之，乃奏于王。王命三公卿士参听棘木之下，〔外朝之法。左九棘，孤卿大夫位焉；右九棘，公侯伯子男位焉；面三槐，三公位焉。〕然后乃以狱之成报于王；王以三宥之法听之，〔君王尚宽，罪虽已定，犹三宥之，不可得轻，然后刑之也。〕而后制刑焉。所以重之也。"仲弓曰："古之禁何禁？"孔子曰："析言破律、〔巧卖法令者也。〕乱名改作、〔变易官与物名。〕执左道以乱政者，杀；〔左道，邪道。〕作淫声、〔淫逸惑乱之声。〕造异服、〔非人所常见。〕设奇伎奇器、以荡上心者，杀；〔怪异之伎，可以眩曜人心之器。荡，动也。〕行伪而坚、〔行诈伪而坚守。〕言伪而辨、学非而博、顺非而泽、〔顺其非而滑泽之。〕以惑众者，杀；假于鬼神时日、卜筮以疑民者，杀。此四诛者，不待时，不以听。"〔不听于棘木之下也。〕

· 问 玉 ·

子张问圣人之所以教。孔子曰："师乎，吾语汝。圣人明于礼乐，举而措之而已。"子张又问，孔子曰："师，尔以为必布几筵、揖让升降、酌献酬酢然后谓之礼乎？尔以为必行缀兆、执羽籥、作钟鼓然后谓之乐乎？言而可履，礼也；行而可乐，乐也。圣人力此二者，以恭己南面，是故天下太平，万国顺服，百官承事，上下有礼也。夫礼之所兴，众之所以治也；礼之所废，众之所以乱也。昔者明王圣主之辨贵贱长幼、正男女外内、序亲疏远迩而莫敢相逾越者，皆由此涂出也。"

· 屈 节 ·

宓子贱为单父宰，恐鲁君听谗人，使己不得行其政，于是辞行也，故请君之近史二人与之俱至官。宓子戒其邑吏，令二史书，方书，掣其肘，书不善，则从而怒之。二史患焉，辞请归。鲁君以问孔子，孔子曰："宓不齐，君子也，意者其以此谏乎？"公寤，大息而叹曰："此寡人之不肖也。寡人乱宓子之政，而责其善者数矣。微二史，则寡人无以知过；微夫子，则寡人无由寤。"遽使告宓子曰："自今日以往，单父非吾有也，从子之制，有便于民者，子决为之，五年一言其要。"宓子遂得行政于单父焉：<u>躬敦厚，明亲亲，尚笃敬，施至仁，加恳诚，致忠信，百姓化之。</u>

【重点句解读】

躬敦厚，明亲亲，尚笃敬，施至仁，加恳诚，致忠信，百姓化之。

躬行宽厚之道，弘扬亲爱亲人，崇尚笃厚恭敬，实施仁政，倡导勤恳诚实，做到忠诚守信，百姓普遍受到良好的教化。

宓子贱，名不齐，字子贱，是孔子的得意门生，七十二贤人之一，他有才干，足智多谋，躬行仁爱之道。鲁国君主曾任命其为单父（今山东菏泽单县）宰，派他去治理单父。于是宓子贱演出了一场"掣肘难书"的戏，巧妙地进谏鲁公，获得了鲁公的信任。经过自己的努力，最终取得了良好的政绩。

有了人才，还要善于使用人才，这就是我们常说的"知人善任"，也就是用人不疑，疑人不用。对部下给予充分的信任，给他们一定的自主权，是关乎事业成败的关键。

"掣肘"在工作中是一种常见的现象，过多的干涉，会打击人的积极性，破坏团队的凝聚力。各级领导干部和管理人员当能从中得到有益启迪。

·正 论·

哀公问于孔子："大夫皆劝寡人，使隆敬于高年，可乎？"孔子对曰："君之及此言也，将天下实赖之，岂唯鲁而已哉？"公曰："何也？"孔子曰："昔者有虞氏贵德而尚齿，夏后氏贵爵而尚齿，殷人贵富而尚齿，〔富，谓世禄之家。〕周人贵亲而尚齿。虞、夏、殷、周，天下之盛王也，未有遗年者焉。年之贵于天下久矣，次于事亲，是故朝廷同爵则尚齿。七十杖于朝，君问则席；〔君欲问之，则为之设席。〕八十不仕朝，君问则就之，而悌达于朝廷矣。其行也，肩而不并，〔不敢与长者并肩也。〕不错则随；〔错，雁行也，父党随行，兄党雁行。〕见老者，则车从避；〔见老者在道，车与步皆避之也。〕斑白者不以其任行于路，〔任，担也，少者代之也。〕而悌达于道路矣。居乡以齿，而老穷不匮，强不犯弱，众不暴寡，而悌达于州巷矣。古之道，五十不为甸役，〔五十始老，不从力役之事，不及山猎之徒也。〕颁禽隆诸长者，而悌达于蒐狩矣。军旅什伍，同爵则上齿，而悌达于军旅矣。夫圣王之教孝悌，发诸朝廷，行于道路，至于州巷，放于搜狩，修于军旅，则众同以义，死之而弗敢犯也。"公曰："善！"

哀公问于孔子曰："寡人闻之，东益不祥，〔东益，东益宅也。〕信有之乎？"孔子曰："不祥有五，而东益不与焉。夫损人而自益，身之不祥也；弃老而取幼，家之不祥也；释贤而任不肖，国之不祥也；老者不教，幼者不学，俗之不祥也；圣人伏匿，愚者擅权，天下不祥也。故不祥有五，而东益不与焉。"

·子夏问·

子夏问于孔子曰："《记》云：周公相成王，教之以世子之礼，有诸？"孔子曰："昔者成王嗣立，幼，未能莅阼，周公摄政而治，抗世子之法于伯禽，欲成王之知父子君臣之道，所以善成王也。夫知为人子者，然后可以为人父；知为人臣者，然后可以为人君；知事人者，然后可以使人。是故抗世子法于伯禽，使之与成王居，使成王知父子君臣长幼之义焉。"

史部

卷十一 《史记》治要（上）

【西汉】司马迁 撰

【导读】

司马迁（公元前145—？），字子长，夏阳（今陕西韩城南）人，史学家、散文家。继承父业，任太史令，因替李陵败降之事辩解而受宫刑，后任中书令。历时十四年，发愤著成中国第一部纪传体通史《史记》（原名《太史公书》），因此他被后世尊称为"史迁""太史公""历史之父"。

《史记》记载了上至上古传说中的黄帝时代，下至汉武帝太初四年间共三千多年的历史。全书包括十二本纪、三十世家、七十列传、十表、八书，共一百三十篇，五十二万六千五百余字。

《史记》被列为"二十四史"之首，与后来的《汉书》《后汉书》《三国志》合称"前四史"。与《资治通鉴》并称为"史学双璧"。司马迁被后世尊称为"史圣"，与司马光并称"史界两司马"，对后世史学和文学的发展都产生了深远影响。

《史记》建立杰出的通史体裁和史学独立的地位，首创的纪传体编史方法为后来历代"正史"所传承。《史记》还建立了史传文学体裁，是一部优秀的文学著作，在中国文学史上有重要地位，对古代的小说、戏剧、传记文学、散文等，都有广泛而深远的影响。

《史记》作为中国第一部以描写人物为中心的大部头作品，为后代文学的发展提供了一个重要基础和多种可能性。故鲁迅誉其为"史家之绝唱，无韵之

《离骚》"。

魏徵等人从巩固李唐王朝国基的需要出发，以史为鉴，在所编撰的《群书治要》中，从《史记》本纪中节选了五帝、夏、殷、周、秦、秦始皇、秦二世等片段；从世家中节选有齐太公、鲁周公、燕召公、宋微子、晋、赵、魏、田敬仲完世家中的片段；从列传中节选了管仲、晏平仲、韩非、司马穰苴、孙武、吴起、甘茂、白起、乐毅、廉颇、蔺相如、赵奢、李牧、屈原、豫让、李斯、田叔及部分循吏酷吏、滑稽传中的优孟、优旃、西门豹等各类人物的传记，内容广泛而全面。对唐太宗在治理国家、选官用人方面提供了正、反两方面的历史鉴证，对当今社会也有一定的启迪作用。

·本 纪·

黄帝者，少典之子，姓公孙，〔有熊国君，少典之子也。〕名曰轩辕。生而神灵，弱而能言，幼而徇齐，〔徇，疾也。齐，速也。言圣德幼而疾速也。〕长而敦敏，成而聪明。神农氏世衰，诸侯相侵伐，而神农氏弗能征。于是轩辕乃习用干戈，修德振兵，以与炎帝战于阪泉之野，〔阪泉，地名。〕三战然后得其志。蚩尤作乱，乃杀蚩尤而代神农氏，是为黄帝。东至于海，西至于空桐，〔山名也，在陇右。〕南至于江，北逐荤粥，〔猃狁也。〕邑于涿鹿之阿。迁徙往来无常处，以师兵为营卫；置左右大监，监于万国；举风后、力牧、常先、大鸿以治民；顺天地之纪，时播百谷；劳勤心力耳目，节用水火材物。有土德之瑞，故号黄帝。〔《帝王世纪》曰："神农氏衰，蚩尤氏叛，不用帝命，黄帝于是修德抚民。始垂衣裳，以班上下。刳木为舟，剡木为楫，舟楫之利，以济不通。服牛乘马，以引重致远。重门击柝，以待暴客。断木为杵，掘地为臼，杵臼之用，以利万人。弦木为弧，剡木为矢，弧矢之利，以威天下。诸侯咸叛神农而归之。讨蚩尤氏，禽之于涿鹿之野。诸侯有不服者，从而征之。凡五十二战，而天下大服。俯仰天地，置众官，故以风后配上台，天老配中台，五圣配下台，谓之三公。其余地典、力牧、常先、大鸿等，或以为师，或以为将，分掌四方，各如己视，故号曰黄帝四目。又使岐伯尝味草木，典医疾，今经方本草之书咸出焉。其史仓颉，又象鸟迹，始作文字。自黄帝以上，穴居而野处，死则厚衣以薪，葬之中野，结绳以治。及至黄帝，为筑宫室，上栋下宇，以待风雨，而易以棺椁，制以书契。百官以序，万民以察，神而化之，使民不倦。后作《云门》《咸池》之乐，《周礼》所谓《大咸》者也，于是人事毕具。黄帝在位百年而崩，年百一十岁矣。或传以为仙，或言寿三百年，故宰我疑以问孔子。孔子曰：'民赖其利，百年而崩；民畏其神，百年而亡；民用其教，百年而移。故曰三百年。'"〕

帝颛顼高阳者，黄帝之孙，昌意之子也。养材以任地，载时以象天，依鬼神以制义，治气以教化，絜诚以祭祀。北至于幽陵，南至于交趾，西济于流沙，东至于蟠木。〔东海中有山焉，名度索。上有大桃树，屈蟠三千里也。〕动静之物，大小之神，日月所照，莫不砥属。〔砥，平也，四远皆平而来服属也。《帝王世纪》曰："帝颛顼平九黎之乱，使南正重司天以属神，火正黎司地以属民。于是民神不杂，万物有序。"〕

帝喾高辛者，〔高阳、高辛，皆所兴地名也。颛顼与喾，以字为号，上古质故也。〕黄帝之曾孙也。生而神灵，聪以知远，明以察微。仁而威，惠而信，修身而天下服。取地之财而节用之，抚教万民而利诲之，历日月而迎送之，明鬼神而敬事之。其色郁郁，其德嶷嶷，其动也时，其服也士。日月所照，风雨所至，莫弗从服。〔《帝王世纪》曰："帝喾以人事纪官，故以句芒为木正，祝融为火正，蓐收为金正，玄冥为水正，后土为土正，是五行之官分职而治。"〕

帝尧放勋，其仁如天，其智如神；就之如日，望之如云。富而不骄，贵而不舒。〔《帝王世纪》曰："帝尧置欲谏之鼓，命羲和四子羲仲、羲叔、和仲、和叔，分掌四时方岳之职，故名征。天下大和，百姓无事。有五老人，击壤于道，观者叹曰：'大哉尧之德也！'老人曰：'日出而作，日入而息，凿井而饮，耕田而食，帝力何有于我哉！'墨子以为尧堂高三尺，土阶三等；茅茨不剪，采椽不斫；夏服葛衣，冬服鹿裘。"〕

虞舜，名曰重华。父瞽叟顽，母嚚，弟象傲，皆欲杀舜。舜顺适不失子道，以孝闻。于是尧乃以二女妻舜，以观其内；使九男与处，以观其外。二女不敢以贵骄，九男皆益笃。舜耕历山，历山之人皆让畔；渔雷泽，雷泽上人皆让居；陶河滨，河滨器皆不苦窳（yǔ）。〔窳，病也。〕一年而所居成聚，二年成邑，三年成都。于是尧乃试舜五典、百官，皆治；以揆百事，莫不时序。流四凶族，以御螭魅。尧乃使舜摄行天子政，尧崩，天下归舜。〔《帝王世纪》曰："舜立诽谤之木。论曰：孔子称古者三皇五帝，设防而不犯,故无陷刑之民。是以或结绳而治,或象画而化,自庖牺至于尧舜,神道设教,可谓至政,无所用刑矣。夫三载考绩,黜陟幽明,善无微不著,恶无隐不章,任自然以诛赏,委群心以就制,故能造御乎无为,运道于至和,<u>百姓日用而不知,含德若自有者也</u>。《诗》云:'上天之载,无声无臭。'其斯之谓乎?"〕

【重点句解读】

百姓日用而不知,含德若自有者也。

老百姓在生活中依道德做事自己却不自知,怀藏道德好像是自己本身具有的一样。

《周易·系辞上》:"百姓日用而不知,故君子之道鲜矣。"

这是古代思想家所认为的教化万民、治理国政的最高境界。他们的理想是"德治",主张以道德去感化教育人。使人心良善,知道耻辱而无奸邪之心。将道德教育化为人们的日常行为、日常生活,成为人们的生活方式和生存方式,成为人们的思维习惯和行为习惯。

"百姓日用而不知",也是我们今天倡导社会主义核心价值观所要达到的目标。每个人都心怀爱国、敬业、诚信、友善之心,一言一行都自觉符合道德、礼仪制度、法律的要求。

正如习近平总书记指出的那样,一种价值观要真正发挥作用,必须融入社会生活,像空气一样无所不在、无时不有。让人们在实践中感知它、领悟它,达到"百姓日用而不知"的程度。

夏禹,名曰文命。当尧之时,洪水滔天。舜登用,乃命禹平水土。劳身焦思,居外十三年,过家门不敢入。薄衣食,致孝于鬼神;卑宫室,致费于沟洫。以开九州,通九道,陂九泽,度九山,行相地宜所有以贡。东渐于海,西被于流沙,朔南暨,〔朔,北方也。〕声教讫于四海。于是帝锡禹玄圭,以告成功于天下。于是大平治,帝舜荐禹于天。舜崩,遂即天子位,国号曰夏后。十七世,帝履癸立,是为桀,不务德而武伤百姓,百姓弗堪。汤修德,诸侯皆归汤。汤遂伐桀,桀走鸣条,〔南夷地名。〕遂放而死。

汤始居亳，征诸侯。〔为夏方伯，得专征伐。〕葛伯不祀，汤始伐之。汤曰："予有言：<u>人视水视形，视民知治不</u>。"伊尹曰："明哉言！能听，道乃进。君国子民，为善者在王官。勉哉，勉哉！"汤出见野张网四面，祝曰："自天下四方，皆入吾网。"汤曰："嘻，尽之矣！"乃去其三面，祝曰："欲左，左；欲右，右；不用命，乃入吾网。"诸侯闻之，曰："汤德至矣，及禽兽。"当是时，夏桀为虐政淫荒，汤乃伐桀，践天子位。

【重点句解读】

人视水视形，视民知治不。

人们看水便可见到自己的形象，在民众中可以看出政治治理的状况。

成汤将民情状况作为衡量统治好坏的标准，这是有据可查的最早的"以民为镜"论。这一观念被历代开明统治者所接受，以此作为执政的警策。唐太宗李世民将"镜子论"进一步发扬光大："以铜为鉴，可正衣冠；以古为鉴，可知兴替；以人为鉴，可明得失。"使之成为传世名句。

镜子不会说谎，总是忠实地反映出美丑。同样不会说谎的，是群众的眼睛和话语。政策合乎实际，民众安居乐业，人民不会违心批评；反之，民众也不会粉饰。即使能用一些手段"防民之口"，人民依然会用"道路以目"的方式表达抗议。

习近平总书记曾在《在党的群众路线教育实践活动第一批总结暨第二批部署会议上的讲话》等文中引用。他一再强调，要始终把人民放在心中最高的位置，牢记为人民服务的宗旨，立党为公、执政为民。坚持植根于人民，坚持群众路线，树立群众观点，保持党同人民群众的血肉联系，始终与人民心连心、同呼吸、共命运。

帝太戊立，伊陟为相。〔伊陟，伊尹子也。〕亳有祥，桑谷共生于朝，一暮大拱。〔祥，妖怪也。二木合生，不恭之罚。〕太戊惧，问伊陟，曰："臣闻妖不胜德。帝之政，其有阙与？帝其修德。"太戊从之，而祥桑枯死。殷复兴，故称中宗。

帝辛立，天下谓之纣。帝纣资辨捷疾，闻见甚敏；材力过人，手格猛兽。智足以拒谏，饰非之端；矜人臣以声，以为皆出己之下。好酒淫乐，嬖于妇人。爱妲己，〔有苏氏美女也。〕妲己之言是从。于是使师涓作新淫声，北里之舞，靡靡之乐。厚赋税，以实鹿台之钱，〔鹿台，在朝歌城中也。〕而盈巨桥之粟；〔巨桥，鹿水之大桥也，有漕粟。〕益收狗马奇物，充仞宫室；益广沙丘苑台，〔沙丘，在钜鹿东北。〕多取野兽飞鸟置其中。慢于鬼神。以酒为池，悬肉为林，使男女裸，相逐其间，为长夜之饮。百姓怨望，而诸侯有叛者，于是纣乃重辟刑，有炮烙之法。〔膏铜柱，加之炭上，令有罪者行焉，辄堕炭中，妲己笑，名曰炮烙之刑也。〕以西伯昌、九侯、〔邺县有九侯城。〕鄂侯为三公。九侯有好女，入之纣。九侯女不喜淫，纣怒，杀之，而醢九侯。鄂侯争之强，并脯鄂侯。西伯昌闻之窃叹，纣囚西伯羑（yǒu）里。〔河内汤阴有羑里城。〕西伯之臣闳夭之徒，求美女、奇物、善马以献纣，纣乃赦西伯，用费中为政。费中善谀、好利，殷人弗亲。又用恶来，善毁谗，诸侯以此益疏，多叛纣。微子数谏不听，乃遂去。比干强谏，纣怒，剖比干，观其心。箕子惧，乃佯狂为奴，纣又囚之。周武王于是遂率诸侯伐纣，纣走，衣其宝玉衣，赴火而死。武王遂斩纣头，悬之白旗，杀妲己，殷民大悦。

周后稷，名弃，好耕农，天下得其利，有功，封于邰。曾孙公刘修后稷之业，民赖其庆。古公复修后稷、公刘之业，积德行义，国人皆戴之。古公卒，季历立。季历卒，子昌立，是为西伯。西伯遵后稷、公刘之业，则古公之法，敬老慈少，礼下贤者，日中不暇食以待士，士以此多归之，诸侯皆来决平。于是虞、芮之人有狱不能决，乃如周。入界，耕者皆让畔，民俗皆让长。虞、芮皆惭，俱让而去。诸侯闻之，曰："西伯盖受命之君也。"

武王即位，太公望为师，周公旦为辅，召公、毕公之徒左右王师，修文王绪业。闻纣昏乱暴虐滋甚，于是伐纣。纣师皆倒兵以战，武王遂入斩纣。散鹿台之钱，发巨桥之粟，以振贫弱；封诸侯，班赐殷之器物；纵马于华山之阳，放牛于桃林之墟；偃干戈，振兵释旅，〔入曰振旅也。〕示天下不复用。

成、康之际，天下安宁，刑措四十余年不用。〔措者，置也。民不犯法，无所置刑也。〕穆王即位，将征犬戎。祭公谋父谏，〔祭，畿内之国，为王卿士。谋父，字也。〕曰："不可。先王耀德不观兵。夫兵戢而时动，动则威；观则玩，玩则无震。〔震，惧也。〕先王之于民也，茂正其德，而厚其性，阜其财求，而利其器用，明利害之乡，〔乡，方也。〕以文修之，使务利而避害，怀德而畏威，故能保世以滋大。昔我先王世后稷以服事虞、夏。奕世载德，不忝前人。至于文王、武王，昭前之光明而加之以慈和，事神保民，无不欣喜。商王帝辛大恶于民，庶民不忍，欣戴武王，以致戎于商牧。非务武也，勤恤民隐而除其害也。夫先王之制，邦内甸服，邦外侯服，侯卫宾服，〔此总言之也。侯，侯圻。卫，卫圻。〕夷蛮要服，戎狄荒服。甸服者祭，〔供日祭也。〕侯服者祀，〔供月祀也。〕宾服者享，〔供时享也。〕要服者贡，〔供岁贡也。〕荒服者王。〔《诗》云："莫敢不来王也。"〕日祭，月祀，时享，岁贡，终王。先王之顺祀，〔《外传》云："先王之训也。"〕有不祭则修意，〔先修志意，以自责也。〕有不祀则修言，〔言，号令也。〕有不享则修文，〔文，典法也。〕有不贡则修名，〔名，谓尊卑职贡之名号也。〕有不王则修德，〔远人不服，则修文德以来之也。〕序成而有不至则修刑。〔序成，谓上五者次序已成，不至，则有刑罚也。〕于是有刑不祭，伐不祀，征不享，让不贡，告不王；于是有刑罚之辟，有攻伐之兵，有征讨之备，有威让之命，有文告之辞。布令陈辞而有不至，则增修于德，无勤民于远。是以近无不听，远无不服。今犬戎氏以其职来王，天子曰：'予必以不享征之，且观之兵。'无乃废先王之训而几顿乎！"王遂征之，得四白狼、四白鹿以归。自是荒服者不至，诸侯有不睦者。

厉王即位，好利，近荣夷公。芮良夫谏曰："王室其将卑乎？夫荣公好专利而不知大难。夫利，百物之所生也，天地之所载也，而有专之，其害多矣。天地百物皆将取焉，何可专也？所怒甚多，而不备大难，以是教王，王其能久乎？夫王人者，将导利而布之上下者也。使神人百物无不得极，〔极，中也。〕犹日怵惕，惧怨之来。今王学专利，其可乎？匹夫专利，犹谓之盗，王而行之，其归鲜矣。荣公若用，周必败。"王不听，卒以荣公为卿士，用事。王行暴虐侈傲，国人谤王。召公谏〔召穆公也。〕曰："民不堪命矣！"王怒，得卫巫，〔卫国之巫。〕使监谤者，以告则杀之。其谤鲜矣，诸侯不朝。王益严，国人莫敢言，道路以目。〔以目相眄而已。〕王喜，告召公曰："吾能弭谤矣，乃不敢言。"召公曰："是障之也。防民之口，甚于防水；水壅而溃，伤人必多，民亦如之。是故为水者，决之使导;为民者,宣之使言。故民之有口,犹土之有山川也,财用于是乎出;犹其有原隰衍沃也,衣食于是乎生。口之宣言也,善败于是乎兴。夫民虑之心,而宣之口,成而行之。若壅其口,其与能几何?"王不听,于是国莫敢出言。三年,乃相与叛,袭王。王出奔于彘。

宣王即位,修政,法文、武、成、康遗风,诸侯复宗周。

幽王嬖爱褒姒,欲废后,并去太子,用褒姒为后,以其子伯服为太子。褒姒不好笑,幽王欲其笑,万方,故不笑。幽王为举烽火,诸侯悉至,至而无寇,褒姒乃大笑。幽王欲悦之,为数举烽火,其后不信,益不至。王之废后去太子也,申侯怒,乃与缯、西夷犬戎共攻王,王举烽火征兵,兵莫至,遂杀幽王骊山下。

秦缪公与晋惠公合战,为晋军所围,于是岐下食善马者三百人,驰冒晋军解围,遂脱缪公,而反生得晋君。初,缪公亡善马,岐下野人共得而食之者三百余人。吏逐得,欲法之,缪公曰:"君子不以畜产害人。吾闻食善马肉不饮酒伤人。"乃皆赐酒而赦之。三百人者,闻秦击晋,皆求从。从而见缪公窘,亦皆推锋争死,以报食马之德。于是缪公虏晋君以归。

戎王使由余于秦,缪公示以宫室、积聚。由余曰:"使鬼为之,则劳神矣;使人为之,则苦民矣。"缪公怪之,问曰:"中国以诗书礼乐法度为政,然尚时乱,今戎夷无此,何以为治,不亦难乎!"由余笑曰:"此乃中国所以乱也。夫自上圣黄帝,作为礼乐法度,身以先之,仅以小治。及其后世,日以骄淫,阻法度之威,以责督于下。下疲极,则以仁义怨望于上。上下交争怨,而相篡弑,至于灭宗,皆以此类也。夫戎夷不然,上含淳德以遇其下,下怀忠信以事其上。一国之政,犹一身之治。不知所以治,此真圣人之治也。"于是缪公退而问内史廖曰:"孤闻邻国有圣人,敌国之忧也。今由余贤,寡人之害,将奈何?"廖曰:"戎王处僻匿,未闻中国之声。君试遗其女乐,以夺其志;为由余请,以疏其间。君臣有间,乃可虏也。"缪公曰:"善。"因以女乐二八遗戎王,戎王受而悦之。于是秦乃归由余。由余数谏不听,遂去降秦,缪公以客礼礼之。用由余谋伐戎王,益国十二,开地千里,遂霸西戎。

秦始皇帝,庄襄王子也,名政。二十六年,初并天下,自号曰"皇帝"。事皆决于法,刻削无仁恩。收天下兵,聚之咸阳,销以为钟镰(虡),金人十二,置廷宫中。每破诸侯,写放其宫室,作之咸阳北坂上,〔在长安西北，别名渭城。〕南临渭，自雍门〔在高陵县。〕以东至泾、渭，殿屋、复道、周阁相属。所得诸侯美人、钟鼓，以充入之。三十二年，燕人卢生奏录图书，曰："亡秦者胡也。"〔胡，胡亥，秦二世名也。秦见图书，不知此为人名，反备北胡。〕始皇乃使将军蒙恬发兵三十万人，北击胡。三十四年，始皇置酒咸阳宫，仆射周青臣曰："他时秦地不过千里，赖陛下神灵明圣，平定海内，日月所照，莫不宾服。以诸侯为郡县，人人自安乐，无战争之患，传之万世。自上古不及陛下威德。"始皇悦。博士齐人淳于越进曰："臣闻殷周之王千余岁，封子弟功臣，自为枝辅。今陛下有海内，而子弟为匹夫，卒有田常、六卿之臣，无辅弼，何以相救哉？事不师古，而能长久者，非所闻也。今青臣又面谀，以重陛下之过，非忠臣也。"始皇下其议。丞相斯曰："五帝不相复，三代不相袭，各以治，非其相反，时变异也。今陛下创大业，建万世之功，固非愚儒所知也。且越言乃三代之事，何足法也？今诸生不师今而学古，以非当世，惑乱黔首。闻令下，则各以其学议之。入则心非，出则巷议，率群下以造谤。如此弗禁，则主势降于上，党与成乎下。禁之便。臣请史官非秦记皆烧之。天下敢有藏《诗》《书》、百家语者，悉诣守、尉杂烧之；有敢偶语《诗》《书》，弃市；〔禁民聚语，畏其谤也。〕以古非今者，族；吏见知不举，与同罪；令下三十日不烧，黥为城旦。若欲有学法令，以吏为师。"

三十五年，作前殿阿房，东西五百步，南北五十丈，上可以坐万人，下可以建五丈旗。周驰为阁道，自殿下直抵南山。表南山之颠以为阙。为复道，自阿房渡渭，属之咸阳，以象天极阁道，绝汉抵营室也。隐宫徒刑者七十余万人，分作阿房宫，或作骊山。发北山石椁，乃写蜀、荆地材，皆至关中。计宫三百，关外四百余。于是立石东海上，以为秦东门。因徙三万家骊邑，五万家云阳，皆复不事十岁。卢生说始皇曰："臣等求芝、奇药、仙者，常弗遇，类物有害之者。人主所居，而人臣知之，则害于神。愿上所居宫，无令人知，然后不死之药，殆可得也。"于是始皇乃令咸阳之旁二百里内宫观二百七十，复道、甬道相连，帷帐钟鼓美人充之，案署不移徙。行所幸，有言其处者罪死。自是后，莫知行所在。侯生、卢生相与谋曰："始皇为人，天性刚戾，以为自古莫及己。专任狱吏，狱吏得亲幸。博士虽七十人，特备员弗用。乐以刑杀为威，天下畏罪持禄，莫敢尽忠。上不闻过而日骄，下慑伏谩欺以取容。天下之事，无小大，皆决于上，贪于权势至如此，未可为求仙药。"于是乃亡去。始皇闻亡，乃大怒曰："卢生等，吾尊赐之甚厚，今乃诽谤我也。诸生在咸阳者，或为訞言，以乱黔首。"于是使御史悉案问诸生，诸生传相告引，犯禁者四百六十余人，皆坑之咸阳，使天下知之，以惩后。长子扶苏谏，始皇怒，使扶苏北监蒙恬于上郡。三十六年，荧惑守心。有坠星下东郡，至地为石，黔首或刻其石曰："始皇帝死而地分。"始皇闻之，遣御史逐问，莫服，尽取石旁居人诛之。三十七年，始皇出游，丞相斯、少子胡亥从，至平原津而病。病益甚，乃为玺书，赐公子扶苏，曰："与丧会咸阳而葬。"始皇崩，赵高乃与胡亥、李斯阴谋，更诈为始皇遗诏，立子胡亥为太子，赐扶苏、蒙恬死。

二世皇帝元年，赵高为郎中令，〔掌官殿门户。〕任用事。二世与高谋曰："先帝巡行郡县以示强，威服海内。今晏然不巡行，即见弱，无以臣畜天下。"二世东行郡县，遵用赵高，乃阴与高谋曰："大臣不服，官吏尚强，及诸公子必与我争，为之奈何？"高曰："臣固愿言，而未敢也。先帝之大臣，皆天下累世名贵人也，积功劳，世以相传久矣。今高素小贱，陛下幸称举，令在上位，管中事。大臣鞅鞅，特以貌从臣，其心实不服也。今上出，不因此时案郡县守尉有罪者诛之，上以振威天下，下以除上生平所不可者。今时不师文，而决于武力，愿陛下遂从时无疑，即群臣不及谋矣。明主收举余民，贱者贵之，贫者富之，远者近之，则上下集而国安矣。"二世曰："善。"乃行诛大臣，及诸公子，以罪过连逮，无得立者，而六公子戮死于杜。群臣谏者，以为诽谤。大吏持禄取容，黔首振恐。

戍卒陈胜等反，山东郡县，皆杀其守尉令丞，反以应陈涉，不可胜数也。谒者使东方来，以反者闻。二世怒，下吏。后使者至，上问，对曰："群盗，郡守尉方逐捕，今尽得，不足忧。"上悦。

三年，章邯等围钜鹿，邯等数却，二世使人让邯，邯使长史欣请事。赵高弗见，又弗信。欣恐，亡去。欣见邯曰："赵高用事于中，将军有功亦诛，无功亦诛。"邯等遂以兵降诸侯。

赵高欲为乱，恐群臣不听，乃先设验，持鹿献于二世曰："马也。"二世笑曰："丞相误耶？谓鹿为马。"问左右，左右或言马，以阿顺赵高；或言鹿，高因阴中以法。后群臣畏高。高前数言"关东盗无能为"，及项羽虏将王离等，自关以东，大氐尽叛。高恐二世怒，诛及其身，乃谢病不朝见。二世梦白虎啮其骖马杀之，心不乐，怪问占梦，卜泾水为祟。二世乃斋望夷宫，欲祠泾，沉四白马，使使责让高以盗贼事。高惧，乃阴与其婿咸阳令阎乐、其弟赵成谋，使郎中令为内应，诈为有大贼，令乐召发吏卒追。乐将吏卒千余人至望夷宫，前即二世，数曰："足下骄恣，诛杀无道，天下叛足下，足下其自为计。"二世曰："丞相可得见否？"乐曰："不可。"二世曰："吾愿得一郡为王。"弗许。又曰："愿为万户侯。"弗许。曰："愿与妻子为黔首，比诸公子。"阎乐曰："臣受命于丞相，为天下诛足下，足下虽多言，臣不敢报。"二世自杀。

赵高乃立二世之兄子公子婴为秦王。令子婴斋，当庙见，受玉玺。斋五日，子婴称病不行，高自往曰："宗庙重事，王奈何不行？"子婴遂刺杀高于斋宫，三族高家，以徇咸阳。

子婴为秦王四十六日，沛公破秦军至霸上，子婴奉天子玺符，降轵道旁。诸侯兵至，项籍杀子婴及秦诸公子宗族，遂屠咸阳，烧其宫室，虏其子女，收其珍宝货财，诸侯共分之。

太史公曰：秦自穆公以来，稍蚕食诸侯，竟成始皇。始皇自以为功过五帝，地广三王，而羞与之侔。足己不问，遂过而不变。二世受之，因而不改，暴虐以重祸。子婴孤立无亲，危弱无辅。三主惑，而终身不悟，亡不亦宜乎？当此时也，世非无深虑知化之士也，然所以不敢尽忠拂过者，秦俗多忌讳之禁，忠言未卒于口，而身为戮没矣。故使天下之士，倾耳而听，重足而立，钳口而不言。是以三主失道，忠臣不敢谏，智士不敢谋，天下已乱，奸不上闻，岂不哀哉！先王知壅蔽之伤国也，故置公、卿、大夫、士，以饬法设刑，而天下治。其强也，禁暴诛乱，而天下服。其弱也，五伯征而诸侯从。其削也，内守外附，而社稷存。故秦之盛也，繁法严刑而天下振；及其衰也，百姓怨而海内叛矣。故周得其道，千余岁不绝。秦本末并失，故不长久。由此观之，安危之统，相去远矣。野谚曰："前事之不忘，后事之师。"是以君子为国，观之上古，验之当世，参以人事，察盛衰之理，审权势之宜，去就有序，变化应时，故旷日长久，而社稷安矣。

【重点句解读】

> 观之上古，验之当世，参以人事，察盛衰之理，审权势之宜，去就有序，变化应时，故旷日长久，而社稷安矣。

详观上古（以古为镜），用以指导当前的实践，还要通过人事加以检验，从而了解兴盛衰亡的道理，审视当前形势适宜做什么，注意取舍有序，变化顺应时势，因此国家就能长治久安。

这是《过秦论》的结语。是贾谊对于治国理政理念的精辟概述。

贾谊在《过秦论》中深刻反思了秦朝的兴起、灭亡及其原因。他告诫汉文帝要"前事不忘，后事之师"，警惕重蹈秦朝"其兴也勃焉，其亡也忽焉"的覆辙。

"以史为镜，可以知兴替。"善于从历史的成败得失中总结经验教训，还要注意"变化应时"，符合当前的"国情""民情"，从而制定出有针对性的方针、政策，这样才能得以避免再犯同样的错误。

习近平总书记曾在《在中央民族工作会议上的讲话》等文中加以引用。他说，无论历史的美好，还是历史的灾难，都需要真实。前事不忘，后事之师。我们要擦清历史的镜子，抹去灰尘，以史为鉴，走好未来的路。

秦孝公据殽、函之固，拥雍州之地，君臣固守而窥周室，有席卷天下、包举宇内、囊括四海之意，并吞八荒之心。当是时，商君佐之，内立法度，务耕织，修守战之备，外连衡而斗诸侯，于是秦人拱手而取西河之外。惠王、武王蒙故业，因遗册，南兼汉中，西举巴、蜀，东割膏腴之地，收要害之郡。诸侯恐惧，会盟而谋弱秦，不爱珍器重宝肥美之地，以致天下之士，合从缔交，〔缔，结也。〕相与为一。当是时，齐有孟尝，赵有平原，楚有春申，魏有信陵。此四君者，皆明智而忠信，宽厚而爱人，尊贤而重士，约从离衡，并韩、魏、燕、赵、宋、卫、中山之众。于是六国之士，有宁越、徐尚、苏秦、杜赫之属为之谋，陈轸、楼缓、苏厉、乐毅之徒通其意，吴起、孙膑、田忌、廉颇之朋制其兵。常以十倍之地，百万之众，叩关而攻秦。秦人开关延敌，九国之师逡巡而不敢进。秦无亡矢遗镞之费，而天下诸侯已困矣。于是从散约解，争割地而奉秦。秦有余力，而制其弊，因利乘便，宰割天下，分裂河山，强国请服，弱国入朝。

及至秦王，续六世之余烈，〔孝公、惠文王、武王、昭王、孝文王、庄襄王。〕振长策而御宇内，吞二周而亡诸侯，履至尊而制六合，执棰拊〔拊，拍也。一作槁朴。〕以鞭笞天下，威振四海。南取百越之地，北筑长城。胡人不敢南下而牧马，士不敢弯弓而报怨。于是废先王之道，焚百家之言，以愚百姓。隳名城，杀豪俊，收天下之兵，聚之咸阳，销锋铸镲，以为金人十二，以弱黔首之民。然后斩华为城，〔断华山为城也。〕因河为津，据亿丈之城，临不测之豀以为固。良将劲弩守要害之处，信臣精卒陈利兵而谁何。〔何，犹问也。〕秦王之心，自以为关中之固，金城千里，子孙帝王万世之业也。秦王既没，余威振殊俗。

陈涉，瓮牖绳枢之子，〔以绳系户枢，瓦瓮为窗也。〕甿（méng）隶之人，〔甿，民。〕才能不及中人，非有仲尼、墨翟之贤，陶朱、猗顿之富，蹑足行伍之间，而崛起什佰之中，〔首出十长、佰长中也。〕率疲散之卒，将数百之众，斩木为兵，揭竿为旗，天下云集响应，赢粮而景从，山东豪俊遂并起，而亡秦族矣。

且夫天下非小弱也，雍州之地、殽函之固自若。陈涉之位，非尊于齐、楚、韩、魏之君；锄耰（chú yōu）棘矜，〔以锄柄及棘作矛矜也。耰，椎块椎也。〕非铦于长铩矛戟；〔长刃矛也。〕适戍之众，非抗于九国之师；深谋远虑，行军用兵之道，非及向时之士也。然而成败异变，功业相反。试使山东之国与陈涉度长絜大、〔絜束之絜。〕比权量力，则不可同年而语矣。然秦以区区之地，千乘之权，招八州而朝同列，百有余年矣。然后以六合为家，殽函为宫，一夫作难，而七庙堕，身死人手，为天下笑者，仁义不施，而攻守之势异也。

秦兼诸侯，南面称帝，天下之士，斐然向风。元元之民，冀得安其性命，莫不虚心而仰上。当此之时，守威定功，安危之本，在于此矣。秦王怀贪鄙之心，行自奋之智，不信功臣，不亲士民，废王道，立私权，禁文书而酷刑法，先诈力而后仁义，以暴虐为天下始。孤独而有之，故其亡可立而待。借使秦王计上世之事，并殷周之迹，以制御其政，后虽有淫骄之主，而未有倾危之患也。故三王之建天下，名号显美，功业长久。

今秦二世立，天下莫不引领而观其政。夫寒者利短褐，〔小襦也。〕而饥者甘糟糠，天下之嗷嗷，斯新主之资也。此言劳民之易为仁也。向使二世有庸主之行,而任忠贤,臣主一心,而忧海内之患,缟素而正先帝之过,裂地分民以封功臣之后,建国立君以礼天下,虚囹圄而免刑戮,除去收帑污秽之罪,使各反其乡里,发仓廪,散财币,以振孤独穷困之士,轻赋少事,以佐百姓之急,约法省刑,以持其后,使天下之人,皆得自新,更节修行,各慎其身,塞万民之望,而以威德与天下,天下集矣。即四海之内,皆欢然各自安乐其处,唯恐有变,虽有狡猾之民,无离上之心,则不轨之臣,无以饰其智,而暴乱之奸止矣。二世不行此术,而重之以无道,更始作阿房之宫,繁刑严诛,赋敛无度,天下多事,百姓困穷,然后奸伪并起,而上下相遁,蒙罪者众,而天下苦之。自君卿以下,至于众庶,人怀自危之心,咸不安其位,故易动也。是以陈涉不用汤、武之贤,不藉公侯之尊,奋臂于大泽,而天下响应者,其民危也。故先王见始终之变,知存亡之机,是以牧民之道,务在安之而已。天下虽有逆行之臣,必无响应之助矣。故曰:"安民可与行义,而危民易与为非。"此之谓也。贵为天子,富有天下,身不免于戮杀者,正倾非也。是二世之过也。

【重点句解读】

安民可与行义,而危民易与为非。

生活安定之民能够参与做好事,处境危险之民容易参与干坏事。

这是贾谊总结秦亡的教训之一,即生活安定的百姓人心思定,安居乐业,政令才容易推广。如果百姓生活无着,惶惶不定,恐怕不能够让他们奉公守法。这与管子提出的"仓廪实而知礼节,衣食足而知荣辱"是一个道理。

民本思想源远流长。是古代中国治国理政的思想基础,其核心理念就是人民是国家存在的基础,要想社会长治久安,必须顺民意、得民心。

我们今天所提倡的坚持全心全意为人民服务,坚持以人为本的科学发展观,正是民本思想在新时代的发展和创新。习近平总书记曾在《在中央民族工作会议上的讲话》中说:"发展是解决民族地区各种问题的总钥匙。关键是实现什么样的发展?'安民可与行义,而危民易与为非。'要多办一些顺民意、惠民生的实事,多解决一些各族群众牵肠挂肚的问题。"

·世　家·

齐釐(xī)公同母弟夷仲年死。其子曰公孙无知，釐公爱之，令其秩服奉养比太子。襄公立，绌无知秩服，无知怨。数欺大臣群弟。子纠奔鲁，管仲、召忽傅之；小白奔莒，鲍叔傅之。及雍林人杀无知，高、国先阴召小白于莒。鲁亦发兵送子纠，而使管仲将兵遮莒道，射中小白带钩。小白已立，欲杀管仲。鲍叔曰："君将治齐，则高傒与叔牙足矣。君且欲霸王，非管夷吾不可。"于是桓公厚礼以为大夫，任政，齐人皆悦。于是始霸焉。

管仲病，桓公问曰："群臣谁可相者？"管仲曰："知臣莫如君。"公曰："易牙何如？"对曰："杀其子以适君，非人情也，不可。"公曰："开方何如？"对曰："背亲以适君，非人情也，难近。"〔卫公子开方也。〕公曰："竖刁何如？"对曰："自宫以适君，非人情也，难亲。"管仲死，而桓公不用管仲言，卒近用三子，三子专权。桓公卒，易牙与竖刁，因内宠杀群吏，〔群吏，诸大夫也。内宠，内官之有权宠者。〕而立公子无诡为君。太子昭奔宋。桓公病，五公子各树党争立。及桓公卒，宫中空，莫敢棺。桓公尸在床上六十七日，尸虫出于户。

周公旦者，周武王弟也，封于鲁。成王使其子伯禽代就封于鲁，周公戒伯禽曰："我文王之子、武王之弟、成王之叔父，我于天下，亦不贱也。然我一沐三捉发，一饭三吐哺，起以待士，犹恐失天下之贤人。子之鲁，慎无以国骄人。"

【重点句解读】

我一沐三捉发，一饭三吐哺，起以待士，犹恐失天下之贤人。

我常常洗一次头多次提起头发，吃一顿饭多次吐出口中的食物，频频起身接待来访的人，唯恐失掉天下的人才。

周公是懂得尊重人才的人，这句话表现了他待士的诚心和对人才的重视。

"山不厌高，海不厌深。周公吐哺，天下归心。"曹操的《短歌行》表达了同样的求贤若渴的愿望。这告诉我们只有礼贤下士,才能使天下人才心向往之。

从古至今,人才都是决定民族兴亡、国家发展的重要资源。尤其是当今世界,以经济为基础、科技为先导的竞争正变得越来越激烈。这种竞争归根结底是人才资源的竞争,谁能把人才优势转化为知识优势、科技优势、产业优势,谁就能够赢得竞争的主动权。

邓小平曾说过:"我们要实现现代化,关键是科学技术要能上去。发展科学技术,不抓教育不行。靠空讲不能实现现代化,必须有知识,有人才。"

武公与长子括、少子戏朝宣王。宣王爱戏,欲立为鲁太子。仲山父谏曰:"废长立少,不顺;不顺,必犯王命;犯王命,必诛之。故出令不可不顺也。令之不行,政之不立。〔令不行,则政不立也。〕今天子建诸侯,立其少,是教民逆也。若鲁从之,诸侯效之,王命将有所壅;〔言先王立长之命,将壅塞不行也。〕若弗从而诛之,是自诛王命也。〔先王之命立长,今鲁亦立长,若诛之,是自诛王命也。〕诛之亦失,不诛亦失,〔诛之诛王命,不诛则王命废也。〕王其图之。"弗听,卒立戏为太子,是为懿公。括之子伯御,攻弑懿公,宣王伐鲁,杀伯御。自是后,诸侯多叛王命。

燕昭王于破燕之后即位,卑身厚币,以招贤者。谓郭隗曰:"齐因孤之国乱,而袭破燕。孤极知燕小力少,不足报。然得贤士与共国,以雪先王之耻,孤之愿也。先生视可者,得身事之。"郭隗曰:"王必欲致士,先从隗始。况贤于隗者,岂远千里哉!"于是昭王为隗改筑宫而师事之。乐毅自魏往,邹衍自齐往,剧辛自赵往,士争趋燕。燕王遂以乐毅为上将军,与秦、楚、三晋合谋以伐齐。齐兵败,湣王出亡于外。燕兵独追北,入至临淄,尽取齐宝,烧其宫室宗庙。齐城之不下者,唯独聊、莒、即墨,其余皆属燕。昭王卒。惠王为太子时,与乐毅有隙,及即位,疑毅,使骑劫代将。乐毅亡走赵。齐田单以即墨击败燕军,骑劫死,燕兵引归,齐悉复得其故城。

微子开者,纣之庶兄也。纣既立,不明,淫乱于政,微子数谏。箕子者,纣亲戚也。纣为象箸,箕子叹曰:"彼为象箸,必为玉杯;为玉杯,则必思远方珍怪之物而御之矣。舆马宫室之渐自此始,不可振也。"纣为淫洙，箕子谏，不听，乃被发佯狂。王子比干见箕子谏不听，乃直言谏纣，纣怒曰："吾闻圣人之心有七窍，信有诸乎？"乃遂杀王子比干，刳视其心。微子曰："人臣三谏不听，则其义可以去矣。"于是遂行。周公诛武庚，乃命微子代殷后，奉其先祀曰宋。

唐叔虞者，周成王弟也。成王与叔虞戏，削桐叶为珪以与叔虞，曰："以此封若。"史佚因请择日立叔虞。成王曰："吾与之戏耳。"史佚曰："天子无戏言，言则史书之、礼成之、乐歌之。"于是遂封叔虞于唐。

赵烈侯好音，谓相国公仲连曰："寡人有爱，可以贵之乎？"公仲曰："富之可，贵之则否。"烈侯曰："然。夫郑歌者枪、石二人，吾赐之田，人万亩。"公仲曰："诺。"不与。居一月，烈侯从代来，问歌者田，公仲曰："求，未有可者。"有顷，烈侯复问，公仲终不与，乃称疾不朝。番吾君〔常山有番吾县。〕自代来，谓公仲曰："君实好善，未知所持。今公仲相赵，于今四年，亦有进士乎？"公仲曰："未也。"番吾君曰："牛畜、荀欣、徐越皆可。"公仲乃进三人。及朝，烈侯复问："歌者田何如？"公仲曰："方使择其善者。"牛畜侍烈侯以仁义，约以王道。明日，荀欣侍以选练举贤、任官使能。明日，徐越侍以节财俭用、察度功德。所与无不充，君悦。烈侯使使谓相国曰："歌者之田且止。"官牛畜为师，荀欣为中尉，徐越为内史，赐相国衣二袭。〔单复具为一袭也。〕

魏文侯受子夏经艺，客段干木，过其闾，未尝不轼也。秦尝欲伐魏，或曰："魏君贤人是礼，国人称仁，上下和合，未可图也。"文侯由此得誉于诸侯。文侯谓李克曰："先王尝教寡人曰：'家贫则思良妻，国乱则思良相。'今所置非成则璜，〔文侯弟名成也。〕二子何如？"对曰："君不察故也。居视其所亲，富视其所与，达视其所举，穷视其所不为，贫视其所不取，五者足以定之矣，何待克哉？"文侯曰："寡人相定矣。"李克曰："魏成子为相矣。"翟璜忿然作色曰："以耳目之所睹记，臣何负于魏成子？西河之守，臣之所进也。君内以邺为忧，臣进西门豹。君谋欲伐中山，臣进乐羊。中山已拔，无使守之，臣进先生。君之子无傅，臣进屈侯鲋。臣何以负于魏成子！"李克曰："且子之言克于子之君者，岂将比周以求大官哉？且子安得与魏成子比乎？魏成子以食禄千钟，什九在外，什一在内，是以东得卜子夏、田子方、段干木。此三人者，君皆师之。子所进五人者，君皆臣之。子恶得与魏成子比也？"翟璜逡巡再拜曰："璜，鄙人也，失对,愿卒为弟子矣。"

齐威王初即位,九年之间,诸侯并伐,国人不治。于是威王召即墨大夫,语之曰:"自子之居即墨也,毁言日至。然吾使人视即墨,田野开,民人给,官无留事,东方以宁。是子不事吾左右以求誉也。"封之万家。召阿大夫,语之曰:"自子之守阿,誉言日闻,然使使视阿,田野不开,民贫苦。昔日赵攻甄,子弗能救;卫取薛陵,而子弗知。是子以币厚吾左右以求誉也。"是日,烹阿大夫,及左右尝誉者,皆并烹之。遂起兵西击赵、卫,败魏于浊泽。于是齐国震惧,人人不敢饰非,务尽其诚,齐国大治。诸侯闻之,莫敢致兵于齐。

二十四年,与魏王会田于郊。魏王问曰:"王亦有宝乎?"威王曰:"无有。"梁王曰:"若寡人国小也,尚有径寸之珠照车前后各十二乘者十枚,奈何以万乘之国而无宝乎?"威王曰:"寡人之所以为宝与王异。吾臣有檀子者,使守南城,则楚人不敢为寇东取,泗上十二诸侯皆来朝。吾臣有盼子者,使守高唐,则赵人不敢东渔于河。吾吏有黔夫者,使守徐州,则燕人祭北门,赵人祭西门,〔齐之北门,西门也,言燕、赵之人,畏见侵伐,故祭以求福也。〕徙而从者七千余家。吾臣有种首者,使备盗贼,则道不拾遗。将以照千里,岂特十二乘哉!"梁惠王惭,不怿而去。

卷十二 《史记》治要（下）

· 列 传 ·

管仲夷吾者，颍上人也。少时常与鲍叔牙游，鲍叔知其贤。管仲贫困，常欺鲍叔，鲍叔终善遇之。已而鲍叔事齐公子小白，管仲事公子纠。及小白立，公子纠死，管仲囚焉，鲍叔遂进管仲。管仲既用，任政于齐，桓公以霸。九合诸侯，一匡天下，管仲之谋也。鲍叔既进管仲，以身下之，子孙世禄于齐，常为名大夫。世不多管仲之贤，而多鲍叔能知人也。

【重点句解读】

世不多管仲之贤，而多鲍叔能知人也。

天下人不称赞管仲的才德，而称赞鲍叔牙能够辨识人才。

知人：指能鉴察人的品行、才能。

管仲被称为"春秋第一相"，辅佐齐桓公成为春秋时期的第一霸主。管仲相齐，是经鲍叔牙力荐，所以管仲说："生我者父母，知我者鲍子也。"

治国之要，首在用人；用人之道，贵在知人。知人才能善任。但知人不是一件容易的事。王安石写过一篇《知人》，专门论述知人之难："贪人廉，淫人洁，佞人直，非终然也，规有济焉尔。"他得出的结论是："知人则哲，惟帝其难之。"

能知人者，要有智慧，更要有胸怀，才能"慧眼识人"，所以能知人者往往比人才还要难得。韩愈在《马说》中说:"世有伯乐,然后有千里马。千里马常有,而伯乐不常有。"

在实行推进"人才兴国"战略的今天,我们需要更多鲍叔牙这样的"伯乐",更重要的是要完善人才考察评价标准体系,坚持"德才兼备"的用人原则,这样才能"不拘一格降人才"。

晏平仲婴者,莱人也,〔莱者,今东莱地也。〕事齐灵公、庄公、景公,以节俭力行重于齐。其在朝,君语及之则危言,语不及则危行;国有道则顺命,无道则衡命。以此三世显名于诸侯。太史公曰:"吾读《晏子春秋》,详哉其言之也。至其谏说,犯君之颜,此所谓'进思尽忠,退思补过'者哉!"

韩非者,韩之诸公子也。作《孤愤》《五蠹》《内外储》《说林》《说难》十余万言。人或传其书至秦,秦王见之曰:"嗟乎,寡人得见此人与之游,死不恨矣!"秦因急攻韩,韩王乃遣非使秦。秦王悦之,未信用。李斯、姚贾害之,毁之曰:"韩非,韩之诸公子也。今王欲并诸侯,非终为韩不为秦,此人情也。今王不用,久留而归之,此自遗患也,不如以过法诛之。"秦王以为然,下吏治非。李斯使人遗非药,使早自杀。韩非欲自陈,不得见。王后悔,使人赦之,非已死矣。

司马穰苴(ráng jū)者,田完之苗裔也。齐景公时,晋伐阿、甄,而燕侵河上,齐师败绩,景公患之。晏婴乃荐田穰苴,景公以为将军,将兵扞燕晋之师。穰苴曰:"臣素卑贱,君擢之闾伍之中,加之大夫之上,士卒未附,百姓不信。愿得君之宠臣、国之所尊以监军,乃可。"于是景公使庄贾往。穰苴既辞,与庄贾约曰:"旦日日中会于军门。"穰苴先驰至军,立表下漏待贾。贾素骄贵,亲戚左右送之,留饮,夕时乃至。穰苴曰:"何后期为?"贾谢曰:"大夫亲戚送之,故留。"穰苴曰:"将受命之日,则忘其家;临军约束,则忘其亲;援枹鼓之急,则忘其身。今敌深侵,邦内骚动,士卒暴露于境,君寝不安席,食不甘味,百姓之命皆悬于君,何谓相送乎?"于是遂斩庄贾以徇。三军之士皆振栗,然后行。士卒次舍、井灶、饮食、问疾、医药,身自拊循之。悉取将军之资粮享士卒,平分粮食,最比其羸弱者。三日而后勒兵,病者求行,争奋赴战。晋师闻之,为罢去;燕师闻之,渡易水而解。于是追击之,遂取所亡故境而归,尊为大司马。

孙武者，齐人也，以兵法见于吴王阖庐。阖庐曰："子之十三篇，吾尽观之矣，可小试勒兵乎？"对曰："可。"阖庐曰："可试以妇人乎？"曰："可。"于是许之，出宫中美人，得百八十人。孙子分为二队，以王之宠姬二人，各为队长。令之曰："汝知而心与左右手背乎？"妇人曰："知之。"孙子曰："前，则视心；左，则视左手；右，则视右手；后，则视背。"妇人曰："诺。"乃设斧钺，三令而五申之。于是鼓之右，妇人大笑。孙子曰："约束不明，申令不熟，将之罪也。"复三令而五申之。鼓之左，妇人复大笑。孙子曰："约束不明，申令不熟，将之罪也。既已明而不如法者，吏士之罪也。"乃欲斩左、右队长。吴王从台上观，见且斩爱姬，大骇，趣使下令曰："寡人已知将军能用兵矣。寡人非此二姬，食不甘味，愿勿斩也！"孙子曰："臣已受命将，将在军，君命有所不受。"遂斩队长二人以徇。用其次为队长，于是复鼓之。妇人左右、前后、跪起，皆中规矩绳墨，无敢出声者。于是孙子使使报曰："兵已整，唯王所欲用之，虽赴水火犹可也。"吴王曰："将军罢休就舍，寡人不愿下观。"孙子曰："王徒好其言，不能用其实。"于是阖庐知孙子能用兵也，卒以为将。西破楚入郢，北威齐、晋，显名诸侯。

吴起者，卫人也。魏文侯以为将，与士卒最下者同衣食。卧不设席，行不骑乘，亲裹粮，与士卒分劳。卒有病疽者，吴起为吮之。卒母哭之，人曰："子卒也，而将军自吮其疽，何哭为？"母曰："不然也。往年吴公吮其父，其父战不旋踵，而遂死于敌。今又吮此子，妾不知其死处矣，是以哭之。"文侯既卒，事武侯。武侯浮西河而下，中流顾而谓起曰："美哉山河之固，此魏国之宝也！"起对曰："在德不在险。昔三苗氏，左洞庭而右彭蠡，德义不修，而禹灭之。夏桀之居，左河济，右太华，伊阙在其南，羊肠在其北，〔羊肠坂，在大原。〕修政不仁，而汤放之。殷纣之国，左孟门，右太行，常山在其北，大河经其南，修政不德，武王杀之。由此观之，在德不在险。若君不修德，船中之人，尽敌国也。"武侯曰："善。"

甘茂者，下蔡人也。秦武王以为左丞相，谓茂曰："寡人欲容车通三川以窥周室，而寡人死不朽矣。"茂曰："请之魏，约以伐韩，而令向寿辅行。"茂谓向寿："子归言之于王曰：'魏听臣矣，然愿王勿伐也。'"寿归以告王，王迎茂于息壤。茂至，王问其故。对曰："宜阳，大县也，虽名曰县,其实郡也。今王倍数险、行千里,攻之难。昔曾参之处费,鲁人有与曾参同姓名,杀人,人告其母曰:'曾参杀人。'其母织自若也。顷之,一人又告,其母尚织自若也。顷之,一人又告之,其母投杼下机,逾墙而走。夫以曾参之贤,与其母信之也,三人疑之,其母惧焉。今臣之贤,不若曾参,王之信臣,又不如曾参之母信曾参也,疑臣者非特三人,臣恐大王之投杼也。始张仪西并巴蜀之地,北开西河之外,南取上庸,天下不以多张子,而贤先王。魏文侯令乐羊将而攻中山,三年而拔之。乐羊返而论功,文侯示之谤书一箧(qiè)。乐羊再拜稽首曰:'此非臣功,主君之力也。'今臣羁旅之臣,樗里子、公孙奭(shì)二人者,挟韩而议,王必听之。王欺魏,而臣受公仲侈之怨也。"王曰:"寡人不听也,请与子盟。"卒使茂将兵伐宜阳。五月而不拔,樗里子、公孙奭果争之。武王召茂,欲罢兵。茂曰:"息壤在彼。"王曰:"有之。"因大悉起兵,使茂击之,遂拔宜阳。韩襄王使公仲侈入谢。

白起者,郿人也,善用兵,事秦昭王。昭王使白起为上将军,前后斩首虏四十五万人。赵人大震,使苏代厚币说秦相应侯曰:"武安君所为秦战胜攻取者七十余城,南定鄢、郢、汉中,北禽赵括之军,虽周、召、吕望之功,不益于此矣。今赵亡,秦王王,则武安君必为三公,君能为之下乎?虽无欲为之下,固不得已矣。秦尝攻韩,围邢丘,困上党,上党之人,皆反为赵,天下不乐为秦民之日久矣。今亡赵,北地入燕,东地入齐,南地入韩、魏,则君之所得民,亡几何人。故不如因而割之,无以为武安君功也。"于是应侯言秦王曰:"秦兵劳,请许韩、赵之割地以和,且休士卒。"王听之,皆罢兵。武安君由是与应侯有隙。秦复发兵,使王陵攻赵。陵战少利。秦王欲使武安君代陵将,武安君言曰:"秦虽破长平军,而秦卒死者亦过半,国内空。遂远绝河山,而争人国都,赵应其内,诸侯攻其外,破秦军必矣。不可。"秦王强起武安君,武安君遂称病笃。应侯请之,不起。于是免为士伍,迁之阴密。〔属安定。〕武安君病,未能行。秦王乃使人遣白起,不得留咸阳中。武安君既行,出咸阳西门十里,至杜邮。秦昭王与应侯群臣议,曰:"白起之迁,其意尚怏怏不服,有余言。"秦王乃使使者赐之剑自裁,武安君遂自杀。秦人怜之,乡邑皆祭祀焉。

乐毅闻燕昭王屈身下士,先礼郭隗,以招贤者。毅为魏使燕,遂委质为臣,昭王以为亚卿。时齐湣王强自矜,百姓弗堪。于是昭王使毅约赵、楚、魏以伐齐。昭王悉起兵，使毅为上将军，并护赵、楚、韩、魏、燕之兵以伐齐，破之济西。诸侯兵罢归，而毅独追入临淄，尽取齐宝财物输之燕。昭王大悦，封乐毅于昌国。齐七十余城皆为郡县以属燕，唯独莒、即墨未服。会燕昭王卒。惠王自为太子时，尝不快于毅，及即位，齐之田单闻之，乃纵反间于燕曰："齐城不下者两城耳。然所以不早下者，闻乐毅与燕新王有隙，欲连兵且留齐，南面而王齐。齐之所患，唯恐他将之来。"惠王固已疑毅，得齐间，乃使骑劫代将而召毅。毅知惠王之弗善代之，遂西降赵。齐田单遂破骑劫，尽复得齐城。

廉颇者，赵之良将也。蔺相如者，赵人也。赵王与秦王会渑池。秦王饮酒酣，曰："寡人窃闻赵王好音，请奏瑟。"赵王鼓瑟。秦御史前书曰："某年某月，秦王与赵王会饮，令赵王鼓瑟。"相如前曰："赵王窃闻秦王善为秦声，请奉盆缻（fǒu）以相乐。"秦王怒，不许。于是相如前进缻，因跪请。秦王不肯击缻。相如曰："五步之内，相如请得以颈血溅大王矣！"左右欲刃相如，相如张目叱之，左右皆靡。于是秦王不怿，为一击缻。相如顾召赵御史书曰："某月，秦王为赵王击缻。"秦之群臣曰："请以赵十五城为秦王寿。"相如亦曰："请以秦之咸阳为赵王寿。"秦王竟酒，终不能加胜于赵。既罢归国，以相如功大，拜为上卿，位在廉颇之右。颇曰："我为赵将，有攻城野战之功，而蔺相如徒以口舌为劳，而位居我上，且相如素贱人，吾羞，不忍为之下。"宣言曰："我见相如，必辱之。"相如闻，每朝常称病。已而相如出，望见廉颇，引车避匿。于是舍人相与谏曰："臣所以去亲戚而事君者，徒慕君之高义也。今君与廉君同列，廉君宣恶言，而君畏匿之，恐惧殊甚，且庸人尚羞之，况于将相乎！臣等不肖，请辞去。"相如固止之，曰："公之视廉将军，孰与秦王？"曰："不若也。"相如曰："夫以秦王之威，而相如廷叱之，辱其群臣，相如虽驽，独何畏廉将军哉？顾吾念之，强秦之所以不敢加兵于赵者，徒以吾两人在也。今两虎斗，其势不俱生。吾所以为此，<u>先公家之急，而后私仇也</u>。"颇闻之，肉袒负荆，因宾客至相如门，谢罪曰："鄙贱之人，不知将军宽之至此也。"卒相与欢，为刎颈之交。

【重点句解读】

先公家之急，而后私仇也。

把国家存亡放在前头，把个人恩怨放在后边。

在我们耳熟能详的"将相和"故事中，蔺相如这句铿锵有力的话是爱国主义的高度体现。自古以来，人们推崇的就是像蔺相如那样的顾全大局，不计私怨，深明大义，以国家利益为重。司马穰苴曰："将受命之日，则忘其家；临军约束，则忘其亲；援枹鼓之急，则忘其身。"

正确的公私观念是衡量一个官员称职与否的重要标准。习近平总书记多次就"公私"关系作出重要论述，强调作为党的干部，就是要讲大公无私、公私分明、先公后私、公而忘私，指明了如何处理公与私之间关系的方式方法以及如何做人做事做官的道理。

赵奢者，赵之田部吏也。收税，而平原君家不肯出，奢以法治之，杀平原君用事者九人。平原君怒，将杀奢，因说曰："君于赵为贵公子，今纵君家而不奉公则法削，法削则国弱，国弱则诸侯加兵，诸侯加兵，是无赵也，君安得有此富乎？以君之贵，奉公如法则上下平，上下平则国强，国强则赵固，而君为贵戚，岂轻于天下邪？"平原君以为贤，言之王。王用之治国赋，国赋大治，民富而府库实。秦伐韩，军阏与。王乃令奢将，救之，大破秦军。惠文王赐奢爵号为马服君。孝成王立。秦与赵兵相距长平，使廉颇将，固壁不战。秦之间言曰："秦之所恶，独畏赵奢之子赵括为将耳。"赵王因以括为将，代廉颇。括自少时学兵法，言兵事，以天下莫能当。尝与其父奢言兵事，奢不能难，然不谓之善。括母问其故，奢曰："兵，死地也，而括易言之。使赵不将括则已，若必将之，破赵军者必括也。"及括将行，其母上书曰："括不可使将。"王曰："何以？"对曰："始妾事其父，时为将，身所奉饭而进食者以十数，所友者以百数，大王及宗室所赏赐者，尽以与军吏士大夫，受命之日，不问家事。今括一旦为将，东向而朝，军吏无仰视之者，王所赐金帛，归藏家，而日视便利田宅可买者。王以为何如其父？父子异心，愿王勿遣。"王曰："母置之，吾已决矣。"终遣之。括既代廉颇，悉更约束，易置军吏。秦将白起闻之，纵奇兵，射杀括。数十万之众遂降秦，秦悉坑之。

【重点句解读】

不奉公则法削，法削则国弱。奉公如法则上下平，上下平则国强。

不奉公办事，那么国法就会削弱；国法削弱，国家就会衰弱。能够奉公守法，那么全国上下就会安定；上下安定，国家就会强盛。

这是赵奢劝说平原君的话。赵奢为田部吏，主管税收。他法办了平原君的管家，并说服平原君要为天下作出表率。这两句话，逻辑关系层层递进，切中了"削法"会导致"国弱"乃至国亡这一要害。又从另一面以"奉公如法"则"国强"，提醒执法者更要带头执行国家的法律。

从历史上看，历朝的衰败都是从吏治混乱、执法者肆意践踏法律底线为始。因此，管子认为："君臣上下贵贱皆从法，此谓为大治。"韩非子提出："言无二贵，法不两适。"

2013年习近平总书记首次提出"建设法治中国"的宏伟目标，党的十八届四中全会发出"为建设法治中国而奋斗"的重要号召，党的十九大进一步对法治中国建设作出战略部署。可以说，中国特色社会主义法治体系，是实现中华民族伟大复兴的重要保障。

李牧者，赵之北边良将也，常居代、雁门，备匈奴。日飨士，习骑射，谨烽火，多间谍，厚遇战士。为约曰："匈奴即入盗，急入收保，有敢捕虏者斩。"如是数岁，亦不亡失。然匈奴以李牧为怯，虽赵边兵，亦以为吾将怯。赵王让牧，牧如故。赵王怒，召之，使他人代将。岁余，匈奴每来，出战，战数不利，失亡多，边不得田畜。复请牧，牧固称疾。赵王乃复强起，使将兵。牧曰："王必用臣，如前乃敢奉令。"王许之。牧至如故约，匈奴数岁无所得，终以为怯。边士日得赐而不用，皆愿得一战。于是悉勒习战。大纵畜牧，人民满野，匈奴小入，佯北不胜，以数千人委之。单于闻之，大率众来入。牧多为奇阵，张左右翼击之，大破杀匈奴十余万骑。破东胡。单于奔走，匈奴不敢近赵边。

屈原者，名平，楚之同姓也，为楚怀王左徒。博闻强志，明于治乱，娴于辞令。入则与王图议国事,以出号令;出则接遇宾客,应对诸侯。王甚任之。上官大夫与之同列,而心害其能。怀王使平造为宪令,平属草藁未定,上官大夫见而欲夺之,平不与,因谗之曰:"王使屈平为令,众莫弗知,每一令出,屈平伐其功,以为'非我莫能为'也。"王怒而疏平。平疾王听之不聪也,谗谄之蔽明也,邪曲之害公也,方正之不容也,故忧愁幽思,而作《离骚》。平既绌,其后秦大破楚师,怀王入秦而不反。平虽放流,眷顾楚国,冀幸君之一悟、俗之一改也。令尹子兰卒使上官大夫短原于顷襄王,顷襄王怒而迁之,〔迁于江南。〕遂自投汨罗以死。〔汨水在罗,故曰汨罗。〕原既死之后,楚日以削,竟为秦所灭。

豫让者,晋人也。故尝事范氏及中行氏,而无所知名。去而事智伯,智伯甚尊宠之。及智伯伐赵,赵襄子与韩、魏合谋灭智伯,三分其地,襄子漆智伯头以为饮器。豫让遁逃山中,变名易姓,为刑人,入宫涂厕,欲以刺襄子。襄子如厕,心动,执问涂厕之刑人,豫让内持刀兵,曰:"欲为智伯报仇!"左右欲诛之。襄子曰:"彼义人也,吾谨避之耳。"释去之。居顷之,豫让又漆身为厉,吞炭为哑,行乞于市,其妻不识。行见其友,其友识之,曰:"以子之材,委质而臣事襄子,襄子必近幸子。近幸子,乃为所欲,顾不易邪?何乃残身苦形,欲以求报襄子,不亦难乎!"豫让曰:"既已委质臣事人而杀之,是怀二心以事君也。且吾所为者,极难耳!然所以为此者,将以愧天下后世之为人臣怀二心以事其君也。"顷之,襄子当出,豫让伏于所当过之桥下。襄子至桥马惊,曰:"此必是豫让也。"使人问之,果豫让也。于是赵襄子数豫让曰:"子不尝事范、中行氏乎?智伯尽灭之,而子不为报仇,反委质臣于智伯。智伯亦已死矣,而子独何以为之报仇之深也?"豫让曰:"臣事范、中行氏,范、中行氏皆众人遇我,我故众人报之。至于智伯,国士遇我,我故国士报之。"

李斯者,楚上蔡人也。为丞相。始皇出游会稽,斯及中车府令赵高皆从。始皇有二十余子,长子扶苏以数直谏,使监兵上郡,蒙恬为将,少子胡亥从。始皇帝至沙丘,疾甚,令赵高为书赐公子扶苏曰:"以兵属蒙恬,与丧会咸阳而葬。"书已封,未授使者,始皇崩。于是斯、高相与谋,诈为受始皇诏,立子胡亥为太子,更为书赐扶苏剑以自裁,将军蒙恬赐死。至咸阳发丧,太子立为二世皇帝,以赵高为郎中令,常侍中用事。

二世燕居,乃召高与谋,谓高曰:"夫人生世间也,譬犹骋六骥过决隙也。吾既已临天下矣，欲悉耳目之所好，穷心志之所乐，以安宗庙而乐万姓，长有天下，终吾年寿，其道可乎？"高曰："此贤主之所能行，而昏乱主之所禁也。臣请言之，愿陛下少留意焉。夫沙丘谋，诸公子至大臣皆疑焉，而诸公子尽帝兄，大臣又先帝之所置也。今陛下初立，此其属意怏怏，皆不服，恐为变。且蒙恬已死，蒙毅将兵居外，臣战战栗栗，唯恐不终。且陛下安得为此乐乎？"二世曰："为之奈何？"赵高曰："严法而刻刑，令有罪者相坐，诛至收族；灭大臣而远骨肉，贫者富之，贱者贵之；尽除去先帝之故臣，更置陛下之所亲信者近之。此则阴德归陛下，害除而奸谋塞，群臣莫不被润泽、蒙厚德，陛下则高枕肆志宠乐矣。计莫出于此。"二世然高之言，乃更为法律。群臣、诸公子有罪，辄下高，令治之。诛杀大臣蒙毅等。公子十二人，戮死咸阳市，十公主矺(zhé)死于杜。相连坐者不可胜数。公子高欲奔，恐收族，乃上书曰："先帝无恙时，臣入则赐食，出则乘舆；御府之衣，臣得赐之；中厩之宝马，臣得赐之。臣请从死，愿葬骊山之足。"书上，胡亥大悦，召赵高而示之，曰："此可谓急乎？"高曰："人臣当忧死不暇，何变之得谋？"胡亥可其书，赐钱十万以葬。法令诛罚，日益刻深，群臣人人自危，欲叛者众。又作阿房之宫，治直道、驰道，赋敛愈重，戍徭无已。于是楚戍卒陈胜、吴广等乃作乱。斯数欲请间谏，二世不许。而二世责问斯曰："吾有私议，而有所闻于韩子也，曰：'尧之有天下，堂高三尺，茅茨不剪，虽逆旅之宿，不勤于此矣；粢粝(zī lì)之食，藜藿之羹，饭土塯(guǐ)，啜土铏(xíng)，虽监门之养，不觳(hú)于此矣。禹凿龙门，疏九河，手足胼胝(pián zhī)，面目黎黑，臣虏之劳，不烈于此矣。'然则夫所贵于有天下者，岂欲苦形劳神，身处逆旅之宿，口食监门之养，手持臣虏之作哉？此不肖人之所勉也，非贤者之所务也。夫所谓贤人者，必将能安下而治万民也。今身且弗能利，将恶能治天下哉！故吾愿肆志广欲，长享天下而无害，为之奈何？"斯子由为三川守，群盗吴广等西略地，过去弗能禁。

李斯恐惧，不知所出，乃阿二世意，欲求容，以书对曰："夫贤主者，必且能全道，而行督责之术者。督责之，则臣不敢不竭能以徇其主矣。臣主之分定，上下之义明，则天下贤不肖，莫敢不尽力竭任，以徇其君矣。是故主独制于天下，而无所制也，能穷乐之极矣。贤明之主也，可不察耶！故申子曰'有天下而不恣睢，命之曰以天下为桎梏'者，无他焉，不能督责，而顾以其身劳于天下之民，若尧、禹然，故谓之'桎梏'也。夫不能修申、韩之明术，行督责之道，专以天下自适也，而徒务苦形劳神，以身徇百姓，则是黔首之役，非畜天下者也，何足贵哉！夫以人徇己，则己贵而人贱；以己徇人，则己贱而人贵。故徇人者贱，而所徇者贵，自古及今，未有不然者也。凡古之所为尊贤者，为其贵也，而所为恶不肖者，为其贱也。夫尧、禹以身徇天下者也，可谓大缪也。谓之为'桎梏'，不亦宜乎？不知督责之过也。故韩子曰'慈母有败子，而严家无格虏'者，何也？则能罚之加焉必也。故商君之法，刑弃灰于道者。夫弃灰，薄罪也，而被刑，重罚也。彼唯明主为能深督轻罪。夫轻罪且督深，而况有重罪乎？故民弗敢犯也。明主圣王之所以能久处尊位，长执重势，而独擅天下之利者，非有异道也，能独断而审督责，必深罚，故天下弗敢犯也。今不务所以不犯，而事慈母之所以败子也，则亦不察于圣人之论矣。凡贤主者，必将能拂世摩俗，而废其所恶，立其所欲，故生则有尊重之势，死则有贤明之谥也。是以明君独断，故权不在臣也。然后能灭仁义之涂，掩驰说之口，困烈士之行，塞聪掩明，内独视听。故外不可倾以仁义烈士之行，而内不可夺以谏说忿争之辨。故能荦然独行恣睢之心，而莫敢逆。若此，然后可谓能明申、韩之术，而修商君之法。法修术明，而天下乱者，未之有也。故督责之术设，则所欲无不得矣。群臣百姓，救过不给，何变之敢图？若此则帝道备，而可谓能明君臣之术矣。虽申、韩复生，弗能加也。"

　　书奏，二世悦。于是行督责益严，税民深者为明吏。二世曰："若此则可谓能责矣。"刑者相半于道，而死人日成积于市，杀人众者为忠臣。二世曰："若此则可谓能督矣。"初，赵高为郎中令，所杀及报私怨众多，恐大臣入朝奏事毁恶之，乃说二世曰："天子所以贵者，但以闻声，群臣莫得见其面，故号曰'朕'。且陛下富于春秋，未必尽通诸事，今坐朝廷，谴举有不当者，则见短于大臣，非所以示神明于天下。且陛下深拱禁中，与臣及侍中习法者待事，事来有以揆之。如此则大臣不敢奏疑事，天下称圣主矣。"二世用其计，乃不坐廷见大臣，居禁中。赵高常侍中用事，事皆决于高。高闻斯以为言，乃见丞相曰："关东群盗多，今上急益发繇治阿房，聚狗马无用之物。臣欲谏，为位贱。此真君侯之事，君何不谏？"斯曰："固也，吾欲言之久矣。今时上不坐朝廷，上居深宫，吾所欲言者，不可传也，欲见无间。"高谓曰："君诚能谏，请为君侯上间语君。"于是赵高待二世方宴乐，妇女居前，使人告丞相："上方间，可奏事。"丞相至宫门上谒，如此者三。二世怒曰："吾常多间日，丞相不来，吾方宴私，丞相辄来请事。丞相岂少我？且固我哉？"赵高因曰："此殆矣！夫沙丘之谋，丞相与焉。今陛下已立为帝，而丞相贵不益，此其意亦望裂地而王矣。且陛下不问臣，臣不敢言。丞相长男由为三川守，楚盗陈胜等，皆丞相傍县之子，以故楚盗公行，过三川，城守不肯击。高闻其文书相往来，未得其审，故未敢以闻。且丞相居外，权重于陛下。"二世以为然。欲案丞相，恐其不审，乃使人案验三川守与盗通状。

斯闻之，因上书言高短曰："臣闻之，臣疑其君，无不危国；妾疑其夫，无不危家。今高有邪佚之志，危反之行，陛下不图，臣恐其为变也。"二世曰："何哉？夫高故宦人也，然不为安肆志，不以危易心，洁行循善，自使至此。以忠得进，以信守位，朕实贤之，而君疑之，何也？且朕少失先人，无识不习治，而君又老，恐与天下绝矣。朕非属赵君，当谁任哉？且赵君为人，精廉强力，下知民情，上能适朕，君其勿疑。"李斯曰："不然！夫高故贱人也，无识于理，贪欲无厌，求利不止，烈势次主，求欲无穷，臣故曰殆。"二世乃私告赵高，高曰："丞相所患者独高，高已死，丞相欲为田常所为。"于是二世责斯与子由谋反状，皆收捕宗族宾客。高治斯，榜掠千余，不胜痛，自诬服。斯所以不死者，自负有功，实无反心，上书自陈，幸二世之寤。高使吏弃去弗奏，曰："囚安得上书！"使其客十余辈，诈为御史、谒者、侍中，更往覆讯斯。斯更以其实对，辄使人复榜之。后二世使人验斯，斯以为如前，终不敢更言。辞服，奏当上，二世喜曰："微赵君，几为丞相所卖。"具斯五刑，论腰斩咸阳市，遂夷三族。李斯已死，二世拜高为中丞相，事无大小，辄决于高。高自知权重，乃献鹿谓之马。二世问左右："此乃鹿也？"左右曰："马也。"二世惊，自以为惑，乃召太卜令卦之。太卜曰："陛下春秋郊祀，奉宗庙鬼神，斋戒不明，故至于此，可依盛德而明斋戒。"于是乃入上林斋戒。日游弋猎，有行人，二世自射杀之。高乃谏二世，天子无故贼杀不辜人，此上帝之禁，天且降殃，当远避宫以禳之。二世乃出居望夷之宫。留三日，高劫令自杀也。

田叔者，赵人也，赵王张敖以为郎中。高祖过赵，贯高等谋弑上，发觉。诏捕赵王，赵有敢随王者罪三族。唯孟舒、田叔等，自髡(kūn)钳，随王至长安，敖得出，叔为汉中守。文帝召叔问曰："公知天下长者乎？"叔曰："故云中守孟舒长者。"上曰："先帝置舒云中十余年矣，虏曾一入，舒不能坚守，无故士卒战死者数百人。长者固杀人乎？"叔曰："是乃孟舒所以为长者也。汉与楚相距，士卒疲弊。匈奴冒顿新服北夷，来为边害，孟舒知士卒疲弊，不忍出言，士争临城死敌，如子为父、弟为兄，以故死者数百人。孟舒岂故驱战之哉！是乃孟舒所以为长者也。"于是上曰："贤哉孟舒！"复以为云中守。景帝以田叔为鲁相。鲁王好猎，相常从入苑中，王辄休相就馆舍，相出常暴坐，待王苑外。王数使人请相曰："休。"终不休，曰："我王暴露苑中，我独何为就舍！"鲁王以故不大出游。

·循吏传·

太史公曰："法令所以导民也，刑罚所以禁奸也。文武不备，良民惧，然身修者，官未尝乱也。奉职循理，亦可以为治，何必威严哉！"

公仪休为鲁相，奉法循理，无所变更，百官自正。使食禄者不得与下民争利，受大者不得取小。客有遗相鱼者，不受也。客曰："闻君嗜鱼，遗君鱼，何故不受也？"相曰："以嗜鱼，故不受也。今为相，能自给鱼；今受鱼而免，谁复给我鱼者？吾故不受也。"食茹而美，拔其园葵而弃之；见其家织布好，而疾出其家妇，燔其机。云："欲令农士、工女安所仇其货乎？"

·酷吏传·

孔子曰："导之以政，齐之以刑，民免而无耻；导之以德，齐之以礼，有耻且格。"〔格，正。〕老氏称："法令滋章，盗贼多有。"太史公曰："信哉是言也！法令者，治之具，而非制治清浊之源也。昔天下之网尝密矣，然奸伪萌起，其极也，上下相遁，至于不振。当是之时，吏治若救火扬沸，非武健严酷，恶能胜其任而愉快乎！言道德者，溺于职矣。故曰：'听讼，吾犹人也，必也使无讼乎？''下士闻道大笑之'，非虚言也。汉兴，破觚而为圆，〔觚，方。〕斫雕而为朴，网漏于吞舟之鱼，而吏治烝烝，不至于奸，黎民艾安。由是观之，在彼不在此。"〔在道德，不在严酷也。〕

· 滑稽传 ·

优孟者，楚优人也。庄王之时，有爱马，衣以文绣，置之华屋之下，席以露床，啖以枣脯。马病肥死，使以大夫礼葬之。下令，有谏者死。优孟入门大哭曰："马者，王之所爱也，以楚国堂堂之大，何求不得，而以大夫礼葬之薄，请以人君礼葬之。以雕玉为棺，文梓为椁，发卒穿圹（kuàng），老弱负土，庙食太牢，奉以万户。诸侯闻之，皆知大王贱人而贵马。"王曰："寡人过一至此乎！为之奈何？"孟曰："请为大王六畜葬之人腹肠。"于是王乃使以马属大官，无令天下久闻也。楚相孙叔敖死，其子穷困负薪。孟即为敖衣冠，抵（zhǐ）掌谈语。〔抵掌，谈说之容则也。〕岁余，像孙叔敖。王大惊，以为叔敖复生也，欲以为相。孟曰："楚相不足为也。如孙叔敖之为楚相，尽忠为廉以治楚，楚得以霸。今死，其子无立锥之地，贫困负薪，以自饮食。楚相不足为也。"于是庄王谢优孟，乃召叔敖子，封之寝丘。

优旃（zhān）者，秦倡侏儒也。善为笑言，然合大道。秦始皇帝议欲大苑囿，东至函谷关，西至雍、陈仓。优旃曰："善。多纵禽兽于其中，寇从东方来，令麋鹿触之足矣。"始皇以故辍止。二世立，又欲漆其城。优旃曰："善。漆城虽于百姓愁费，然佳哉！漆城荡荡，寇来不能上。即欲就之，易为漆耳，顾难为荫室。"于是二世笑之，以其故止。

魏文侯时，西门豹为邺令。邺三老、廷掾（yuàn），常岁赋敛百姓，收取其钱，得数百万，用其二三十万为河伯娶妇，与祝巫共分其余钱。人家有好女者，持女逃亡。以故城中益空无人，又困贫。俗曰："不为河伯娶妇，水来漂没。"至为河伯娶妇，送女河上。豹往会之，曰："是女不好，烦大巫妪，入报，更求好女，后日送之。"即使吏卒共抱大巫妪，投之河中。有顷曰："巫妪何久也？弟子趣之！"复以弟子一人投河中。有顷曰："弟子何久也？"复使投之。凡投三弟子也。豹曰："巫妪弟子，女子也，不能白事，烦三老为入白之。"复投三老。豹曰："巫妪、三老不来奈何？"欲复使掾趣之。皆叩头，破额血流。豹曰："若皆罢归去。"吏民大惊恐，从是已后，不敢言为河伯娶妇。豹发民凿十二渠，引河水灌田。民烦苦不欲，豹曰："民可与乐成，不可与虑始。今虽患苦，然期令子孙思我。"至今皆得水利，民人以给足。故豹为邺令，泽流后世，无绝已时。子产治郑，民不能欺；子贱治单父，人不忍欺；西门豹治邺，人不敢欺。三子之才能，谁最贤哉？辨治者当能别之。〔魏文帝问群臣："三不欺，于君德孰优？"太尉钟繇、司徒华歆、司空王朗对曰："臣以为君任德，则臣感义而不忍欺；君任察，则臣畏觉而不能欺；君任刑，则臣畏罪而不敢欺。任德感义，与夫导德齐礼，有耻且格，等同归者也。孔子曰：'为政以德，譬如北辰，居其所而众星拱之。'考以斯言，论以斯义，臣等以为不忍欺、不能欺。优劣之县在权衡，非徒低昂之差，乃钧铢之觉也。且前志称：'仁者安仁，智者利仁，畏罪者强仁。'校其仁者，功则无以殊。核其为仁者，则不得不异。安仁者，性善者也；利仁者，力行者也；强仁者，不得已者也。三仁相比，则安者优矣。《易》称：'神而化，使民宜之。'若君化然也，然则安仁之化，与夫强仁之化，优劣亦不得不相悬绝也。然则三臣之不欺虽同，所以不欺异，则纯以恩义崇不欺，与以威察成不欺，既不得同概而比量，又不得错综而易处。"〕

《吴越春秋》治要

【东汉】赵晔 撰

【导读】

赵晔（？—约83），字长君，会稽山阴（今浙江绍兴）人，东汉史学家、文学家。

《吴越春秋》原书十二卷，今存十卷。此十卷本，源出宋前，系经晋代杨方（少好学，有奇才，经当时东晋名士虞喜兄弟称誉，名震一时）削繁的六卷本、皇甫遵（事无可考）合二书考定而注的本子。元大德十年（1307）的十卷，乃因袭皇甫十卷本翻刻宋本，流传至今的通行本。

《吴越春秋》是记述春秋末期吴、越二国之事的杂史。前五篇为吴事，起于吴太伯，迄于夫差；后五篇为越事，记越国自无余以至勾践称霸及其后人，注重吴、越争霸的史实。

该书钞撮古史，编年记事，以补《国语》《左传》《史记》之遗漏。如孙武为吴军之将率吴兵破楚入郢之役记载较详。但因有一些怪异传说，有学者认为此书近于小说。

《吴越春秋》在体例上兼有编年体和纪传体史书的特点，是历史演义小说的雏形。书中许多故事在正史中有记载，但并不准确，多有讹误。作者依据传说发挥了想象，增加了许多生动的细节。如书中伍子胥奔亡过程中的渡江、乞食二事，《史记·伍子胥列传》总共用了一百余字加以叙述，乞食一事尤为简略。而本书对此的记载，长达六七百字。而且情节复杂，扣人心弦，更富有小说的特征和魅力。

《吴越春秋》的许多故事具有浓郁的浪漫色彩，吸收许多神话传说和民间故事。如公孙圣因直言不讳被杀，临死前他称自己将在深山散为声响。后来吴王兵败，在秦余杭山呼唤公孙圣的名字，三呼三应；伍子胥、文种相继被杀后，"伍子胥从海上穿山，胁而持种去，与之俱浮于海。故前潮水潘侯者，伍子胥也；后重水者，大夫种也。"他们生而为英雄，死而为神灵；袁公与处女比试剑术失败，飞上树变为白猿等等，开志怪小说的先河。

魏徵等人所摘引的两则，从其内容看，属于正谏类。其"螳螂捕蝉，黄雀在后"，大体与今通行本一致，但行文略有出入。另，"白龙鱼服"则不见于通行的十卷本。

吴王夫差闻孔子与子贡游于吴，出求观其形，变服而行，为或人所戏而伤其指。夫差还，发兵索于国中，欲诛或人。子胥谏曰："臣闻昔上帝之少子，下游青泠之渊，化为鲤鱼，随流而戏，渔者豫且射而中之。上诉天帝。天帝曰：'汝方游之时，何衣而行？'少子曰：'我为鲤鱼。'上帝曰：'汝乃白龙也，而变为鱼，渔者射汝，是其宜也，又何怨焉！'今夫大王弃万乘之服，而从匹夫之礼，而为或人所刑，亦其宜也。"于是，吴王默然不言。

吴王夫差兴兵伐齐，掘为渔沟，通于商、鲁之间，北属之沂，西属之济，欲以会晋。恐群臣之谏也，乃令于邦中曰："寡人伐齐，敢有谏者死。"太子友乃讽谏，以发激吴王之心。以清朝时，怀丸挟弹，从后园而来，衣洽履濡。吴王怪而问之曰："何为如此也？"友曰："游于后园，闻秋蝉之鸣，往而观之。夫秋蝉，登高树，饮清露，其鸣悲吟，自以为安，不知螳螂超枝缘条，申要举刃，搏其形也。夫螳螂，愈心而进，志在利蝉，不知黄雀徘徊枝叶，欲啄之也。夫黄雀但知伺螳螂，不知臣飞丸之集其背也。但臣知虚心，念在黄雀，不知阱埳在于前，掩忽陷坠于深井也。"王曰："天下之愚莫过于斯。知贪前之利，不睹其后之患也。"对曰："天下之愚非但直于是也，复有甚者。"王曰："岂复有甚于是者乎？"友曰："夫鲁守文抱德，无欲于邻国，而齐伐之。齐徒知举兵伐鲁，不知吴悉境内之士、尽府库之财，暴师千里而攻之也。吴徒知逾境贪敌往伐齐，不知越王将选其死士，出三江之口，入五湖之中，屠灭吴国也。臣窃观祸之端，天下之危，莫过于斯也。"王喟然而叹，默无所言，遂往伐齐，不用太子之谏。越王勾践闻吴王北伐，乃帅军溯江以袭吴，遂入吴国，焚其姑苏之台。

【重点句解读】

> 天下之愚莫过于斯。知贪前之利，不睹其后之患也。

天下没有比这更愚蠢的了，只贪图眼前的利益，而看不到身后的祸患。

这是吴王夫差对"螳螂捕蝉，黄雀在后"这个故事的评论。"螳螂捕蝉，黄雀在后"这个成语家喻户晓，历代的思想家、文学家多有引用。讽刺了那些只顾眼前利益，不顾身后祸患的人；对鼠目寸光、利令智昏、不顾后患的这类人提出警告。

老子《道德经》第四十六章中说："祸莫大于不知足，咎莫大于欲得。"中国的老百姓十分推崇知足，常说"知足常乐"。知足即是不贪。林则徐的对联："海纳百川有容乃大，壁立千仞无欲则刚。"无欲即是不贪。古往今来，多少人常常由贪得无厌，不知足，不知止，从而"一失足成千古恨"，落得身败名裂的下场！

知足不贪在今天仍然具有现实意义。我们党员干部都应该从古人的大智慧和经验教训中获得人生的领悟。无论国事、家事，我们在考虑事情、处理问题时，要深思熟虑，考虑后果，不要只顾眼前利益，而不顾后患。

卷十三 《汉书》治要（一）

【东汉】班固 撰

【原缺】

卷十四 《汉书》治要（二）

【导读】

班固（32—92），字孟坚，扶风安陵（今陕西咸阳）人。他博览群书，笔耕不辍，著有《汉书》一百二十卷、《白虎通德论》六卷、《集》十七卷。

《汉书》，又称《前汉书》，是中国第一部纪传体断代史，"二十四史"之一，与《史记》《后汉书》《三国志》并称"前四史"。书中包括"本纪"十二篇、"表"八篇、"志"十篇、"列传"七十篇，共一百篇。记述了上起西汉的汉高祖元年（公元前206），下至新朝王莽地皇四年（23）共二百三十年的史事，开创了"包举一代"的断代史体例。

《汉书》记载的时代与《史记》有交叉，汉武帝中期以前的西汉历史，两书都有记述。新增了《刑法志》《五行志》《地理志》《艺文志》。《刑法志》，第一次系统地叙述了法律制度的沿革和一些具体的律令规定。《艺文志》记录了存世的书籍，是我国现存最早的图书目录。《食货志》由《平准书》演变而来，有上、下两卷。上卷谈"食"，记农业；下卷论"货"，记商业和货币，是经济方面的专篇。

《汉书》增载了不少重要的诏令，政治、经济、军事和文化方面的奏疏、对策、著述和书信，保存了很多重要的历史文献。

《汉书》开创断代史体例，继承而又发展《史记》的编撰形式，开创了断代叙史方法。其体例为后世官修"正史"沿袭。其中：

确立书志体，扩大历史研究的领域。十"志"对政治、经济和思想文化都有较详细的记载。后代正史的"志"，大抵以《汉书》十"志"为规范。

开创目录学。《艺文志》将古代的学术著作区分为六大类三十八小类，加以论述，是中国现存最早的一部图书目录及学术文化史，为其后的历代官修正史所继承。

《汉书》以正统的儒家思想为依归。

魏徵等人在《群书治要》中收录《汉书》最多，从纪、志到传共八卷。可惜在流传日本后，佚其首、尾两卷，不知所录内容。十志中魏徵等人录《礼乐》《刑法》《食货》《艺文》四志的精华；七十篇传中，末卷不知所录外，有韩信、萧何、曹参、张良、周勃等五十人事略。包括了国运兴衰的原由和各类经历不同、所事各异的文臣武将、谋士顾问的行为、思想，以及祸福成败的经验教训。魏徵等人这样做的目的很明显，即如何鉴往知来，为君做臣。

· 志 ·

六经之道同归，而礼乐之用为急。治身者斯须忘礼，则暴嫚入之矣；为国者一朝失礼，则荒乱及之矣。人函天地阴阳之气，有喜怒哀乐之情。天禀其性，而不能节也。圣人能为之节而不能绝也。故象天地而制礼乐，所以通神明、立人伦、正情性、节万事者也。哀有哭踊之节，乐有歌舞之容，正人足以副其诚，邪人足以防其失。故婚姻之礼废，则夫妇之道乖，而淫僻之罪多；乡饮之礼废，则长幼之序乱，而争斗之狱繁；丧祭之礼废，则骨肉之恩薄，而背死忘先者众；朝聘之礼废，则君臣之位失，而侵陵之渐起。故孔子曰："安上治民，莫善于礼；移风易俗，莫善于乐。"<u>礼节民心，乐和民声，政以行之，刑以防之。礼乐政刑，四达而不悖，则王道备矣。</u>

【重点句解读】

> 礼节民心，乐和民声，政以行之，刑以防之。礼乐政刑，四达而不悖，则王道备矣。

礼仪可以节制人们内心的欲望，音乐可以和畅民众的情志。国家通过政令加以推行，用刑罚加以约束，礼仪、音乐、政令、刑罚这四者都得到实现而不相违背，那么王道之治就完备了。

中国古代的法可以分为四大类：礼、乐、刑、政。这四种在形式上和内容上饶有差异的法所发挥的作用亦是不相同的，但四者所要达到的目的是一致的，都是要使民众的行为不邪僻，同心同德，从而达到治理之道。

"礼乐刑政，综合为治"精练地概括了我国古代两千多年的修齐治平方略。"礼治""乐治""刑治"和"政治"各具特色，蕴含着古人丰富的智慧，为我们提供了有关道德、文化艺术及行政管理等方面建设的基本经验。

管子说"仓廪实则知礼节，衣食足则知荣辱"。儒家主张"养民"，并将其视为德政、仁政之始。民众富裕之后，还必须推行教化，然后才能推行行政管理和法律处罚。历代正史所表彰的循吏，基本就是按照上述的步骤治理地方。

乐以治内而为同，〔同于和乐也。〕礼以修外而为异。〔尊卑为异。〕同则和亲，异则畏敬，和亲则无怨，畏敬则不争。揖让而天下治者，礼乐之谓也。王者必因前王之礼，顺时宜，有所损益，即民心稍稍制作，至太平而大备。周监二代，礼文尤具，事为之制，曲为之防，故称礼经三百，威仪三千。于是教化浃洽，民用和睦，灾害不生，祸乱不作，囹圄空虚，四十余年。及其衰也，诸侯逾越法度，恶礼制之害己，去其篇籍。遭秦灭学，遂以乱亡。汉兴，拨乱反正，日不暇给，犹命叔孙通制礼仪，以正君臣之位。高祖悦而叹曰："吾乃今日知为天子之贵也。"遂定仪法，未尽备而通终。至文帝时，贾谊以为："汉承秦之败俗，弃礼义，捐廉耻，而大臣特以簿书不报，期会为故，至于风俗流溢，恬而不怪。夫移风易俗，使天下回心而向道，类非俗吏之所能为也。立君臣，等上下，使纲纪有序，六亲和睦，此非天之所为，人之所设也。人之所设，不为不立，不修则坏。"乃草具其仪，天子悦焉。而大臣绛、灌之属害之，故其议遂寝。至武帝即位，议立明堂，制礼服。会窦太后不悦儒术，其事又废。后董仲舒言："王者承天意以从事，故务德教而省刑罚。今废先王之德教，独用执法之吏治民，而欲德化被四海，故难成也。是故古之王者，莫不以教化为大务，立大学以教于国，设庠序以化于邑。教化已明，习俗已成，天下尝无一人之狱矣。至周末世，大为无道。秦继其后，又益甚之。今汉继秦之后，虽欲治之，无可奈何。法出而奸生，令下而诈起，如以汤止沸，沸愈甚而无益。譬之琴瑟不调，甚者必解而更张之，乃可鼓也。为政而不行，甚者必变而更化之，乃可理也。故汉得天下以来，常欲以善治，而至今不能胜残去杀者，失之当更化而不能更化也。"是时上方征讨四夷，锐志武功，不暇留意礼文之事。

【重点句解读】

> 譬之琴瑟不调，甚者必解而更张之，乃可鼓也。为政而不行，甚者必变而更化之，乃可理也。

犹如琴和瑟的音调不协调，严重时必须解弦更张，方可以演奏。治理国家政务贯彻不下去，严重时必须变更改换它，才可以治理。

这句话留给我们两个成语：琴瑟不调和改易更化。告诉我们施政如同弹琴，需要随时调整变革。

变革、创新，是我国传统文化中最重要的经验和智慧之一。法家代表人物韩非说："世易则时移，时移则备变。"也就是说，要因时制宜，因地制宜，因事制宜，不断调整治国的指导思想和执政理念，根据实际情况对制度、政策做出改变。历史上的商鞅变法、王安石变法、张居正变法，直至晚清的戊戌变法，都是"琴瑟不调，解而更张；为政不行，变而更化"的最好例证。

从发展的角度看，这句话所蕴含的变革创新思想，在我们现代化建设和中华民族伟大复兴的进程中，依然具有很强的现实意义。

至宣帝时，琅琊王吉为谏大夫，又上疏言："欲治之主不世出，公卿幸得遭遇其时，未有建万世之长策，举明主于三代之隆者也。其务在于簿书断狱听讼而已，此非太平之基也。"上不纳其言。至成帝时，刘向说上："宜兴辟雍，设庠序，陈礼乐，隆雅颂之声，盛揖让之容，以风化天下。如此而不治，未之有也。或曰，不能具礼。礼以养人为本，如有过差，是过而养人也。刑罚之过，或至死伤。今之刑，非皋陶之法也，而有司请定法，削则削，笔则笔，救时务也。至于礼乐，则曰不敢，是敢于杀人，不敢于养人也。夫教化之比于刑法，刑法轻，是舍所重而急所轻也。且教化所恃以为治，刑法所以助治也。今废所恃而独立其所助，非所以致太平也。"成帝以向言下公卿议，丞相大司空奏请立辟雍。营表未作，遭成帝崩。世祖受命中兴，即位三十年，四夷宾服，政教清明，乃营立明堂、辟雍。明帝即位，躬行其礼，威仪既盛美矣。然德化未流洽者，以其礼乐未具，群下无所诵说，而庠序尚未设之故也。

夫人宵天地之貌，〔宵，化也，言禀天地气化而生也。〕怀五常之性，〔仁、义、礼、智、信也。〕聪明精粹，〔精，细也。粹，淳也。〕有生之最灵者也。爪牙不足以供嗜欲，趋走不足以避利害，无毛羽以御寒暑，必将役物以为养，任智而不恃力，此所以为贵也。故不仁爱则不能群，不能群则不胜物，不胜物则养不足。群而不足，争心将作，上圣卓然，先行敬让博爱之德者，众心悦而从之。从之成群，是为君矣；归而往之，是为王矣。《洪范》曰："天子作民父母，为天下王。"圣人取类以正名，而谓君为父母。明仁爱德让，王道之本也。爱待敬而不败，德须威而久立，故制礼以崇敬，作刑以明威也。圣人既躬明哲之性，必通天地之心，制礼作教，立法设刑，动缘民情而则天象地，故圣人因天秩而制五礼，因天讨而作五刑。上刑用甲兵，其次用斧钺；中刑用刀锯，其次用钻凿；薄刑用鞭扑。大者陈诸原野，小者致诸市朝，其所繇来者上矣。自黄帝有涿鹿之战，颛顼有共工之陈。〔共工主水官，秉政作虐，故颛顼伐之也。〕唐虞之际，至治之极，犹流共工，放骦（huān）兜，杀三苗，殛（jí）鲧，然后天下服。夏有甘扈之誓，殷、周以兵定天下。古人有言："天生五材，民并用之，废一不可，谁能去兵？"鞭扑不可弛于家，刑罚不可废于国，征伐不可偃于天下。用之有本末，行之有逆顺耳。

孔子曰："工欲善其事，必先利其器。"文德者，帝王之利器；威武者，文德之辅助也。夫文之所加者深，则武之所服者大；德之所施者博，则威之所制者广。三代之盛，至于刑措兵寝者，以其本末有序，帝王之极功也。春秋之时，王道浸坏，礼乐不兴，刑罚不中，陵夷至于战国。韩任申子，秦用商鞅，连相坐之法，造参夷之诛；增加肉刑，大辟有凿颠、抽胁、镬亨之刑。至于始皇，兼吞战国，遂毁先王之法，灭礼义之官，专任刑罚，躬操文墨，而奸邪并生，赭衣塞路，囹圄成市，天下愁怨，溃而叛之。<u>高祖初入关，约法三章</u>，蠲（juān）削烦苛，兆民大悦。其后四夷未附，兵革未息，三章之法，不足以御奸。于是相国萧何，捃摭秦法，取其宜于时者，作律九章。当孝惠、高后时，萧、曹为相，填以无为，是以衣食滋殖，刑罚用希。及孝文即位，躬修玄默，劝趣农桑，减省租赋。将相皆旧功臣，少文多质，惩恶亡秦之政。论议务在宽厚，耻言人之过失。化行天下，告讦之俗易。吏安其官，民乐其业，蓄积岁增，户口浸息，风流笃厚，禁罔疏阔。选张释之为廷尉，罪疑者予民。是以刑罚大省，至于断狱四百，有刑措之风。即位十三年，齐大仓令淳于公，有罪当刑。其少女缇萦上书曰："妾父为吏，齐中皆称其廉平，今坐法当刑。妾伤夫死者不可复生，刑者不可复属，虽后欲改过自新，其道无由也。妾愿没入为官婢，以赎父刑罪，使得自新。"书奏天子，天子怜悲其意，遂下令曰："盖闻有虞氏之时，画衣冠异章服以为戮，民不犯，何治之至？今法有肉刑三，〔黥劓二刖，左右趾合一，凡三也。〕而奸不止。其咎安在？非乃朕德之薄，而教不明与？吾甚自愧！故夫训道不纯，而愚民陷焉。《诗》曰：'凯悌君子，民之父母。'今人有过，教未施而刑已加焉，或欲改行为善，而道无由至，朕甚怜之。夫刑至断支体，刻肌肤，终身不息，何其刑之痛而不德也！岂称为民父母之意哉？其除肉刑，有以易之。"

善乎！孙卿之论刑也，曰："世俗之为说者，以为治古无肉刑，有象刑，是不然矣。以为治古则人莫触罪邪，岂独无肉刑哉，亦不待象刑矣。以为人或触罪矣，而直轻其刑，是杀人者不死，而伤人者不刑也。罪至重而刑至轻，民无所畏，乱莫大焉。凡制刑之本，将以禁暴恶，且惩其末也。杀人者不死，伤人者不刑，是惠暴而宽恶也。故象刑非生于治古，方起于乱今也。〔所以有象刑之言者，近起今人恶刑之重，故遂推言古之圣君，但以象刑天下自治也。〕凡爵列官职，赏庆刑罚，皆以类相从者也。一物失称，乱之端也。德不称位，能不称官，赏不当功，刑不当罪，不祥莫大焉。夫征暴诛悖，治之威也。杀人者死，伤人者刑，是百王之所同，未有知其所由来者也。故治则刑重，乱则刑轻，犯治之罪固重，犯乱之罪固轻也。《书》云'刑罚世重世轻'，此之谓也。"《书》所谓"象刑惟明"者，言象天道而作刑，安有菲屦赭衣者哉？

孙卿之言既然，又因俗说而论之曰：禹承尧、舜之后，自以德衰，而制肉刑。汤武顺而行之者，以俗薄于唐、虞故也。今汉承衰周暴秦极弊之流俗，已薄于三代，而行尧、舜之刑，是犹以鞿羁而御駻突，〔以绳系马口曰鞿。駻突，恶马也。〕违救时之宜矣。且除肉刑者，本欲以全民也，今去髡钳一等，转而入于大辟。以死罔民，失本惠矣。故死者岁以万数，刑重之所致也。至乎穿窬之盗，忿怒伤人，男女淫佚，吏为奸臧，若此之恶，髡钳之罚，又不足以惩也。故刑者岁十万数，民既不畏，又曾不耻，刑轻之所生也。故俗之能吏，公以杀盗为威，专杀者胜任，奉法者不治，乱名伤制，不可胜条。是以网密而奸不塞，刑繁而民愈嫚。必世而未仁，百年而不胜残，诚以礼乐阙而刑不正也。岂宜惟思所以清原正本之论，删定律令，撰二百章，以应大辟。其余罪次，于古当生，今触死者，皆可募行肉刑。及伤人与盗，吏受赇枉法，男女淫乱，皆复古刑，为三千章。诋欺文致，微细之法，悉蠲除。如此，则刑可畏，而禁易避，吏不专杀，法无二门，轻重当罪，民命得全，合刑罚之中，殷天人之和，顺稽古之制，成时雍之化。成康刑措，虽未可致，孝文断狱，庶几可及也。

【重点句解读】

高祖初入关，约法三章。
网密而奸不塞，刑繁而民愈嫚。

汉高祖刘邦刚进入关中的时候，与乡中父老约法三章。

法网虽严密但奸邪之事却不能得到制止，刑法虽繁多但人民却愈发轻慢。

刘邦初入关中，便以废除秦朝的严刑苛法为号召，与关中父老"约法三章"，从而极大地争取了民心，为汉朝的建立打下了基础。

秦始皇的统治非常残酷，法网严密，民不聊生，人们不堪忍受。百姓终于揭竿而起，推翻了秦朝的暴政。

这种对比应该给我们带来思考，带来启示。标准、制度、法令的制定，关键是要从实际出发，有针对性和可操作性。法不在多，重在执行。

习近平总书记曾在《在第十八届中央纪律检查委员会第五次全体会议上的讲话》等文中引用。他指出，"三大纪律、八项注意"就那么几条，很容易记，更容易执行。刘邦进入咸阳城，听从樊哙、张良的忠告，提出了"约法三章"，就两句话：杀人者死，伤人及盗抵罪。修订准则要化繁为简、突出重点、针对时弊，解决领导干部从政过程中存在的突出问题，使广大党员干部一目了然。

《洪范》八政,一曰食,二曰货。二者,生民之本,兴自神农之世。"斫木为耜,煣木为耒,耒耨之利,以教天下","日中为市,致天下之民","聚天下之货,交易而退,各得其所",而货通食足。然后国实民富,而教化成。黄帝以下"通其变,使民不倦"。殷、周之盛,《诗》《书》所述,要在安民,富而教之也。故《易》称:"天地之大德曰生,圣人之大宝曰位。何以守位曰仁?何以聚人曰财?"财者,帝王所以聚人守位、养成群生、治国安人之本也。是以圣王域民,筑城郭以居之,制井庐以均之,开市肆以通之,设庠序以教之。士农工商,四民有业。圣王量能授事,四民陈力受职,故朝无废官,邑无傲民,地无旷土。孔子曰:"导千乘之国,敬事而信,节用而爱人,使民以时。"故民皆劝功乐业,先公而后私。民三年耕,则余一年之畜,衣食足而知荣辱,廉让生而争讼息。余三年食,进业曰登,再登曰平,三登曰泰平,然后王德流洽,礼乐成焉。又曰:"籴(dí)甚贵伤民,甚贱伤农。民伤则离散,农伤则国贫。故甚贵与甚贱,其伤一也。"善为国者,使民毋伤,而农益劝。

文帝即位,躬修俭节,思安百姓。时民近战国,背本趋末,贾谊说上曰:"管子曰:'仓廪实知礼节。'民不足而可治者,自古及今,未之尝闻。古之人曰:'一夫不耕,或受之饥,一女不织,或受之寒。'生之有时,而用之无度,则物力必屈。古之治天下,至纤至悉也,故其蓄积足恃。今背本而趋末,食者甚众,是天下之大残也;淫侈之俗,日日以长,是天下之大贼也。残贼公行,莫之或止,生之者甚少,而靡之者甚多,天下财产,何得不蹶哉!世之有饥穰,天之行也,〔天之行气,不能常孰。〕禹、汤被之矣。即不幸有方二三千里之旱,国胡以相恤?卒然边境有急,数十万之众,国胡以馈之?兵旱相乘,天下屈,有勇者聚徒而横击,并举而争起矣,乃骇而图之,岂将有及乎?夫积贮者,天下之大命也,苟粟多而财有余,何为而不成?以攻则取,以守则固,以战则胜,怀敌附远,何招而不至?今殴民而归之农,皆著于本,使天下各食其力,末技游食之民,转而缘南畮,则畜积足,而人乐其所矣。可以为富安天下,而直为此禀禀也,〔禀禀,危也。〕窃为陛下惜之!"于是上感谊言,始开藉田,躬耕以劝百姓。

晁错复说上曰："圣王在上而民不冻饥者，非能耕而食之、织而衣之也，为开其资财之道也。故尧、禹有九年之水，汤有七年之旱，而国无捐瘠者，〔捐，谓民饥也。或谓贫乞者为捐也。〕以畜积多而备先具也。今海内为一，土地民人之众，不避汤、禹，加以无天灾，而畜积之未及者，何也？地有遗利，民有余力，生谷之土未尽垦，山泽之利未尽出，游食之人未尽归农也。民贫，则奸邪生。贫生于不足，不足生于不农，不农则不地著，不地著则离乡轻家。民如鸟兽，虽有高城深池，严法重刑，犹不能禁也。夫寒之于衣，不待轻暖；饥之于食，不待甘旨；饥寒至身，不顾廉耻。人情一日不再食则饥，终岁不制衣则寒。夫腹饥不得食，肤寒不得衣，虽慈母不能保其子，君安能以有民哉！明主知其然也，故务民于农桑，薄赋敛，广蓄积，以实仓廪，备水旱，故民可得而有也。

"民者，在上所以牧之，趋利如水走下，四方无择也。夫珠玉金银，饥不可食，寒不可衣，然而众贵之者，以上用之故也。其为物轻微易臧，在于把握，可以周海内而无饥寒之患。此令民易去其乡，盗贼有所劝，亡逃者得轻资也。粟米布帛生于地，长于时，聚于力，非可一日成也；数石之重，中人不胜，不为奸邪所利，一日弗得而饥寒至。是故明君贵五谷而贱金玉。今农夫，春耕夏耘，秋获冬藏，伐薪樵，给徭役，春不得避风尘，夏不得避暑热，秋不得避阴雨，冬不得避寒冻，四时之间无日休息，又私自送往迎来，吊死问疾，养孤长幼在其中，勤苦如此，尚复被水旱之灾，急政暴虐，赋敛不时，朝令而暮改，当其有者，半贾而卖，无者取倍称之息，〔取一偿二为倍称。〕于是有卖田宅、鬻子孙以偿责者矣。而商贾大者，积贮倍息，小者坐列贩卖，操其奇赢，日游都市，乘上之急，所卖必倍。故其男不耕耘，女不蚕织，衣必文采，食必粱肉，无农夫之苦，而有阡陌之得。因其富厚，交通王侯，力过吏势，以利相倾，千里游遨，冠盖相望，此商人所以兼并农人，农人所以流亡者也。今法律贱商人，商人已富贵矣；尊农夫，农夫已贫贱矣。故俗之所贵，主之所贱也；吏之所卑，法之所尊也。上下相反，好恶乖迕，而欲国富法立，不可得也。方今之务，莫若使民务农而已矣。欲民务农，在于贵粟，贵粟之道，在于使民以粟为赏罚。今募天下入粟县官，得以拜爵，得以除罪。如此，富人有爵，农民有钱，粟有所渫矣。夫能入粟以受爵，皆有余者也，取于有余，以供上用，则贫民之赋可损，所谓<u>损有余补不足，令出而民利者也</u>。"

【重点句解读】

损有余补不足，令出而民利者也。

减少富余的来补充不足的，政令一出人民就会得到利益。

《老子》第七十七章："天之道，损有余而补不足。"

贫富不均、社会财富分配不均历来是社会不稳定的因素之一。贫富差距过大，将引发阶级矛盾，造成社会动乱。

晁错在给汉文帝的奏疏中提出了缩小贫富差距的方法，提出重农抑商、入粟于官、拜爵除罪等一系列主张，以此来打破财产过于集中的状况。

习近平总书记多次强调，中国将坚定不移地走共同富裕道路，努力使全体人民学有所教、劳有所得、病有所医、老有所养、住有所居，做到发展为了人民、发展依靠人民、发展成果由人民共享。

共享理念实质就是坚持以人民为中心的发展思想，体现的是逐步实现共同富裕的要求。共同富裕，是马克思主义的一个基本目标，也是自古以来我国人民的一个基本理想。

顺于民心，所补者三：一曰主用足，二曰民赋少，三曰劝农功。爵者，上之所擅，出于口而无穷；粟者，民之所种，生于地而不乏。夫得高爵与免罪，人之所甚欲也。使天下人入粟于边，以受爵免罪，不过三岁，塞下粟必多矣。"于是文帝从错之言，令民入粟边，各以多少级数为差。至武帝之初，七十年间，国家无事，都鄙廪庾尽满，而府库余财。京师之钱累百巨万，贯朽而不可校。〔校，数也。〕太仓之粟，陈陈相因，充溢露积于外，腐败不可食。众庶街巷有马，阡陌之间成群，守闾阎者食粱肉，为吏者长子孙，居官者以为姓号，〔仓氏庾氏是也。〕人人自爱而重犯法，先行谊而黜愧辱焉。于是罔疏而民富。是后，外事四夷，内兴功利，役费并兴，而民去本。天下虚耗，人民相食。武帝末年，悔征伐之事，乃封丞相为富民侯，以赵过为搜粟都尉，教民代田，用力少而得谷多。至昭帝时，流民稍还，田野益辟，颇有蓄积。

宣帝即位，用吏多选贤良，百姓安土，岁数丰穰，谷至石五钱，农人少利。时大司农中丞耿寿昌奏言:"籴三辅、弘农、河东、上党、太原郡谷,足供京师,可以省关东漕卒过半。"天子从其计。寿昌遂白,令边郡皆以谷贱时增价而籴,谷贵时减价而粜,名曰常平仓。民便之。上乃赐寿昌爵关内侯。至元帝时,乃罢常平仓。哀帝即位,百姓訾富,虽不及文景,然天下户口最盛。平帝崩,莽遂篡位。因汉承平之业,匈奴称藩,百蛮宾服,舟车所通,尽为臣妾,府库百官之富,天下晏然。莽一朝有之,而其意未满,狭小汉家制度,以为疏阔。宣帝始赐单于印玺,与天子同。而西南夷钩町称王,莽乃遣使易单于印绶,贬钩町为侯。二方始怨,侵犯边境。莽遂兴师,发三十万众,欲同时十道并出,一举灭匈奴,海内扰矣。又动欲慕古,不度时宜,分裂州郡,改职作官。下令更名,天下田曰王田,奴婢曰私属,皆不得卖买;其男口不满八,而田过一井者,分余田与九族乡党。犯令,法至死。制又不定,吏缘为奸,天下謷謷然,陷刑者众。

凡货,金钱布帛之用,夏、殷以前,其详靡记云。太公为周立九府圆法,〔圆即钱也。〕退又行之于齐。至管仲相桓公,通轻重之权,曰:"岁有凶穰,故谷有贵贱;令有缓急,故物有轻重。〔所缓则贱,所急则贵。〕人君不理,则蓄贾游于市,乘民之不给,百倍其本矣。计本量委则足矣,然而民有饥饿者,谷有所藏也。民有余则轻之,故人君敛之以轻;民不足则重之,故人君散之以重。〔民轻之之时,为敛籴之;重之之时,官为散之。〕凡轻重敛散之以时,即准平。故大贾蓄家,不得豪夺吾民矣。"

秦兼天下,币为二等:黄金以镒为名,〔二十两为镒,秦以镒为一金。汉以一斤为一金也。〕钱质如周钱,文曰半两。汉兴,以为秦钱重难用,更令民铸荚钱。〔如榆荚也。〕孝文为钱益多而轻,更铸四铢,文为半两。除盗铸钱令。贾谊谏曰:"夫事有召祸,而法有起奸。今令细民人操造币之势,各隐屏而铸作,因欲禁其厚利微奸,虽黥罪日报,其势不止。〔报,论。〕为法若此,上何赖焉?又民用钱,郡县不同。法钱不立,吏急而一之乎,则大为烦苛,而力不能胜;纵而弗呵乎,则市肆异用,钱文大乱。苟非其术,何乡而可哉!今农事弃捐,而采铜者繁,奸钱日多,五谷不为多。〔民采铜铸钱,废其农业,故五谷不为多。〕善人怵而为奸邪,〔怵诱动心于奸邪也。〕愿民陷而之刑戮。刑戮甚不祥,奈何而忽!"上不听。是时,吴以诸侯即山铸钱,富埒(liè)天子,后卒叛逆。邓通,大夫也,以铸钱财过王者。故吴王、邓钱布天下。

武帝因文景之蓄，忿胡、越之害，即位数年，严助、朱买臣等，招来东瓯，事两粤，江淮之间萧然烦费矣。唐蒙、司马相如始开西南夷，凿山通道千余里，以广巴蜀，巴蜀之民罢焉。彭吴穿秽貊、朝鲜，置沧海郡，则燕、齐之间，靡然发动。及王恢设谋马邑，匈奴绝和亲，侵扰北边，兵连而不解，天下共其劳。干戈日滋，行者赍（jī），居者送，中外骚扰相奉，财赂衰耗而不澹。入物者补官，出货者除罪，选举陵夷，廉耻相冒，武力进用，法严令具，兴利之臣，自此而始。其后，卫青岁以数万骑，出击匈奴，遂取河南，筑朔方郡。时又通西南夷道，作者数万人，千里负担馈饷，率十余钟致一石。〔钟，六石四斗。〕置沧海郡，筑卫朔方，转漕甚远，自山东咸被其劳，费数十百巨万，府库并虚。乃募民，能入奴婢，以终身复为郎增秩，及入羊为郎，始于此。此后，卫青比岁将十余万众击胡，斩捕首虏之士，受赐黄金二十余万斤，而汉军士马死者十余万，兵甲转漕之费不与焉。于是经用赋税既竭，不足以奉战士。有司请令民得买爵及赎禁锢，免赃罪，大者封侯、卿大夫，小者郎。吏道杂而多端，官职耗废。票骑仍再出击胡，大克获。浑邪王率数万众来降，皆得厚赏。衣食仰给县官，县官不给。天子乃损膳，解乘舆驷，出御府禁藏以澹之。费以亿计，县官大空，富商贾财，或累万金，而不佐公家之急。于是天子与公卿议，更造钱币以澹用，而摧浮淫并兼之徒。于是以东郭咸阳、孔仅为大司农丞，领盐铁事，而桑弘羊贵幸侍中，故三人言利，事析秋毫矣。法既益严，吏多废免，皆谪令伐棘上林，作昆明池。其明年，大将军、票骑大出击胡，赏赐五十万金，军马死者十余万匹，转漕车甲之费不与焉。是时财匮，战士颇不得禄矣。诸贾人末作贳（shì）贷，及商以取利者，虽无市籍，各以其物自占，率缗钱二千而算一。轺（yáo）车一算，商贾人轺车二算。〔商贾人有轺车，使出二算，重其赋也。〕船五丈以上一算。匿不自占，占不悉，戍边一岁，没入缗钱。有能告者，以其半畀之。是时，豪富皆争匿财，唯卜式数求入财以助县官。天子乃超拜式为中郎，赐爵左庶长、田十顷，布告天下，以风百姓。

自造白金五铢钱，后五岁而赦，吏民之坐盗铸金钱死者数十万人。其不发觉相杀者，不可胜计。赦自出者百余万人，然不能半自出矣。犯法者众，吏不能尽诛。于是遣博士褚大、徐偃等分行郡国，举并兼之徒。而御史大夫张汤方贵用事，减宣、杜周等为中丞，义纵、尹齐、王温舒等用惨急苛刻为九卿，直指夏兰之属始出，而大农颜异诛矣。自是后有腹非之法比，而公卿大夫多谄谀取容。

天子既下缗钱令，而尊卜式，百姓终莫分财佐县官，于是告缗钱纵矣。杨可告缗遍天下，中家以上大氐皆遇告，得民财物以亿计，奴婢以千万数，田大县数百顷、小县百余顷，宅亦如之。于是商贾中家以上大氐破，民媮（tōu）甘食好衣，不事蓄藏之业，而县官以盐铁缗钱之故，用少饶矣。是时越欲与汉用船战逐，〔水战相逐。〕乃大修昆明池，列馆环之；治楼船，高十余丈；作柏梁台，高数十丈。宫室之修，由此日丽。

明年，天子始巡郡国。公卿白议封禅事，而郡国皆预治道，修缮故宫，储设共具而望幸。明年，南越反，西羌侵边。天子因南方楼船士二十余万人击越，发三河以西骑击羌，又度河筑令居。初置张掖、酒泉郡，而上郡、朔方、西河、河西开田官，斥塞卒〔塞上候斥卒也。〕六十万人戍田之。中国缮道馈粮，远者三千余里。边兵不足，乃发武库工官兵器以澹之。齐相卜式上书，愿父子死南越。天子下诏褒扬，赐爵关内侯，黄金四十斤，田十顷。布告天下，天下莫应。列侯以百数，皆莫求从军。至饮酎，少府省金，〔省视诸侯金有轻重。〕而列侯坐酎金失侯者百余人，乃拜卜式为御史大夫。式既在位，见郡国多不便县官作盐铁器，或强令民买之，而船有算，因孔仅言船算事。上不说。然兵所过县，县以为訾给，毋乏而已，不敢言轻赋法矣。

元封元年，卜式贬为太子太傅。而桑弘羊为治粟都尉，领大农。乃请置大农部丞数十人，分部主郡国，各往往置均输盐铁官，尽笼天下之货，名曰"平准"，不复告缗。民不益赋，天下用饶。于是弘羊赐爵左庶长，黄金者再百焉。是岁小旱，上令百官求雨。卜式言曰："县官当食租衣税而已，今弘羊令吏坐市列，贩物求利，烹弘羊，天乃雨。"久之，拜弘羊为御史大夫。

昭帝即位，诏郡国，举贤良文学士，问以民所疾苦、教化之要，皆对愿罢盐铁、酒榷、均输官，毋与天下争利，示以节俭，然后教化可兴。乃罢酒酤。宣、元、成、哀、平五世，亡所变改。王莽居摄，变汉制，更作金、银、龟、贝、钱、布之品，名曰"宝货"。凡宝货五物、六名、二十八品。百姓愦乱，其货不行，民私以五铢钱市买。莽患之，下诏："敢非井田、挟五铢钱者为惑众,投诸四裔,以御魑魅。"于是商农失业,食货俱废,民涕泣于市道。坐卖买田宅奴婢铸钱抵罪者,自公卿大夫至庶人,不可胜数。莽知民愁,乃但行小钱直一,与大钱五十二品并行,龟贝布属且寝。莽性躁扰,不能毋为,每有所兴造,必欲依古得经文。羲和置命士,督五均六斡,郡有数人,皆用富贾,乘传求利交错天下,因与郡县通奸,多张空簿,府藏不实,百姓愈病。莽每一斡,为设科条防禁,犯者罪至死。奸吏猾民并侵,众庶各不安生。每一易钱,民用破业,而大陷刑。莽以私铸钱死,及非沮宝货投四裔。犯法者多,不可胜计,乃更轻其法:私铸作泉布者,与妻子没入为官奴婢;吏及比伍,知而不举告与同罪;非沮宝货,民罚作一岁,吏免官。犯者俞众,及五人相坐皆没入郡国,槛车铁锁,传送长安钟官,愁苦死者十六七。匈奴侵寇甚,莽大募天下囚徒人奴,名曰猪突豨勇。〔猪性触突人,故取以喻。〕一切税吏民,訾三十而取一。又令公卿已下至郡县黄绶吏,皆保养军马,吏尽,复以与民。民摇手触禁,不得耕桑,徭役烦剧,而枯旱蝗虫相因。又用制作未定,上自公侯,下至小吏,皆不得奉禄,而私赋敛,货赂上流,狱讼不决。吏用苛暴立威,旁缘莽禁,侵刻小民。富者不得自保,贫者无以自存,起为盗贼,依阻山泽。吏不能禽,而覆蔽之,浸淫日广。于是青、徐、荆楚之地往往万数。战斗死亡,缘边四夷,所系虏陷罪,饥疫人相食。及莽未诛,而天下户口减半矣。自发猪突豨勇,后四年,而汉兵诛莽。

昔仲尼没而微言绝,〔隐微不显之言。〕七十子丧而大义乖。战国从横,真伪分争,诸子之言,纷然殽乱。至秦患之,乃焚灭文章,以愚黔首。汉兴,改秦之败,大收篇籍,广开献书之路,建藏书之策,置写书之官,书必同文,不知则阙,问诸故老。至于衰世,是非亡正,人用其私。古之学者,耕且养,三年而通一艺,存其大体,玩经文而已。是故用日约少,而蓄德多,三十而五经立也。后世经传,既已乖离,博学者,又不思多闻阙疑之义,而务碎义逃难,便辞巧说,破坏形体,说五字之文,至于二三万言。后进弥以驰逐,故幼童而守一艺,白首而后能言,以安其所习,毁所不见,终以自蔽。此学者之大患也。

儒家者流,盖出于司徒之官,助人君顺阴阳、明教化者也。游文于六经之中,留意于仁义之际,祖述尧舜,宪章文武,宗师仲尼,以重其言,于道最为高。然惑者既失精微,而辟者又随时抑扬,违离道本,苟以哗众取宠，后进循之。是以五经乖析，儒学浸衰。此辟儒之患也。

道家者流，盖出于史官，历纪成败存亡祸福古今之道，秉要执本，清虚以自守，卑弱以自持。此君人南面者之术也。合于尧之克让，《易》之嗛嗛，一谦而四益，此其所长也。及放者为之，则欲绝去礼学，兼弃仁义，曰独任清虚，可以为治。

阴阳家者流，盖出于羲和之官。敬顺昊天，历象日月星辰，敬授民时，此其所长也。及拘者为之，则牵于禁忌，泥于小数，舍人事而任鬼神。

法家者流，盖出于理官。信赏必罚，以辅礼制，此其所长也。及刻者为之，则无教化，去仁爱，专任刑法，而欲以致治，至于残害至亲，伤恩薄厚。

名家者流，盖出于礼官。古者名位不同，礼亦异数。孔子曰："必也正名乎！"此其所长也。及警（jiǎo）者为之，则苟钩鈲（pī）析乱而已。

墨家者流，盖出于清庙之守。茅屋采椽，是以贵俭；养三老五更，是以兼爱；选士大射，是以上贤；宗祀严父，是以右鬼；〔右鬼，谓信鬼神，亲鬼而右之。〕顺四时而行，是以非命；〔言无吉凶之命，但有贤不肖善恶也。〕以孝视天下，是以上同。〔言皆同可以治。〕此其所长也。及蔽者为之，见俭之利，因以非礼乐，推兼爱之意，而不知别亲疏。

纵横家者流，盖出于行人之官。孔子曰："使乎！使乎！"言当权事制宜，受命而不受辞，此其所长也。及邪人为之，则上诈谖而弃其信。

杂家者流，盖出于议官，兼儒、墨，合名、法，知国体之有此，见王治之无不贯，此其所长也。及荡者为之，则漫羡而无所归心。

农家者流，盖出于农稷之官，播百谷，劝耕桑，以足衣食。故孔子曰："所重民食。"此其所长也。及鄙者为之，以为无所事圣王，欲使君臣并耕，悖上下之序。

卷十五 《汉书》治要（三）

· 传 ·

韩信，淮阴人也。家贫无行，不得推择为吏，常从人寄食。从项羽为郎中，数以策干项羽，弗用。亡楚归汉，上未奇之也。数与萧何语，何奇之。至南郑，诸将亡者十数人。信度何已数言，上不我用，即亡。何闻信亡，不及以闻，自追之。人有言上，曰："丞相何亡。"上怒，如失左右手。居一二日，何来谒。上且怒且喜，骂何曰："若亡，何也？"曰："臣非敢亡，追亡者耳。"上曰："所追谁？"曰："韩信。"上复骂曰："诸将亡者以十数，公无所追，追信，诈也。"何曰："诸将易得，至如信，国士无双。王必欲长王汉中，无所事信；必欲争天下，非信无可与计事者。"王曰："吾亦欲东耳。"何曰："王必东，能用信，信即留；不能用信，信终亡耳。"王曰："吾以为将。"何曰："虽为将，信不留。"王曰："以为大将。"何曰："幸甚。必欲拜之，择日斋戒，设坛场，具礼乃可。"王许之。诸将皆喜，人人各以为得大将。至拜，乃韩信也，一军皆惊。

信已拜，上坐。王曰："丞相数言将军，将军何以教寡人计策？"信因问王曰："今东向争天下，岂非项王耶？"曰："然。""大王自料勇悍仁强，孰与项王？"汉王曰："弗如也。"信曰："唯。信亦以为大王弗如也。然臣尝事项王，请言项王为人也。项王意乌猝嗟，千人皆废，〔言羽一嗟，千人皆废不收也。〕然不能任属贤将，此特匹夫之勇也。项王见人恭谨，言语姁姁，人有疾病，涕泣分食饮，至使人有功当封爵，刻印刓（wán），忍不能与，此所谓妇人之仁也。又背义帝约，而以亲爱王，诸侯不平。所过无不残灭，多怨百姓，百姓不附，特劫于威强服耳。名虽为霸，实失天下心，故曰其强易弱。今大王诚能反其道，任天下武勇，何不诛？以天下城邑封功臣，何不服？以义兵从思东归之士，何不散？且大王之入武关，秋豪无所害，除秦苛法，秦民无不欲得大王。今失职之蜀，民无不恨者。今王举而东，三秦可传檄而定也。"于是汉王大喜，自以为得信晚。

汉王以信为左丞相，击魏。信问郦生："魏得无用周叔为大将乎？"曰："柏直也。"信曰："竖子耳。"遂进击魏，虏豹。定河东，使人请汉王："愿益兵三万人，臣请以北举燕、赵，东击齐，南绝楚之粮道，西与大王会于荥阳。"汉王与兵三万人，进破代，禽夏说，以兵数万，欲东下井陉击赵。赵王、成安君陈馀聚兵井陉(xíng)口，广武君李左车说成安君曰："闻汉将韩信，涉西河，虏魏王，禽夏说，议欲以下赵，此乘胜而去国远斗，其锋不可当。臣闻千里馈粮，士有饥色；樵苏后爨(cuàn)，〔樵，取薪也。苏，取草也。〕师不宿饱。今井陉之道，车不得方轨，骑不得成列，行数百里，其势粮食必在后。愿足下假臣奇兵三万人，从间路绝其辎重，足下深沟高垒勿与战。彼前不得斗，退不得还，不至十日，两将之头，可致麾下。"成安君不听。信知其不用，大喜，乃引兵遂下井陉口，斩成安君泜水，禽赵王歇。乃令军毋斩广武君。顷之，有缚而至麾下者。于是问广武君："仆欲北攻燕，东伐齐，何若有功？"广武君辞曰："臣闻之，'亡国之大夫，不可以图存；败军之将，不可以语勇'。若臣者，何足以权大事乎！"信曰："仆闻之，百里奚居虞而虞亡，之秦而秦伯，非愚于虞而智于秦也，用与不用、听与不听耳。使成安君听子计，仆亦禽矣！仆委心归计，愿子勿辞。"广武君曰："<u>臣闻'智者千虑，必有一失；愚者千虑，亦有一得'，故曰'狂夫之言，圣人择焉'</u>。顾恐臣计未足用，愿效愚忠。故成安君有百战百胜之计，一旦而失之，军败鄗下，〔今高邑是也。〕身死泜(zhǐ)水上。今足下虏魏王、禽夏说，不旬朝，破赵二十万众，诛成安君，名闻海内，威震诸侯，众庶莫不倾耳以待命者。然而众劳卒疲，其实难用也。今足下举倦弊之兵，顿之燕坚城之下，情见力屈，欲战不拔，旷日持久，粮食单竭。若燕不破，齐必拒境而自强。二国相持，则刘项之权，未有所分也。当今之计，不如按甲休兵，飨士大夫，北首燕路，然后发一乘之使，奉咫尺之书以使燕，燕必不敢不听。从燕而东临齐，虽有智者，亦不知为齐计矣。如是，则天下事可图也。兵固有先声后实者，此之谓也。"

信曰："善。"于是发使燕，燕从风而靡。遂渡河，袭历下军，破龙且。楚已亡龙且，项王恐，使武涉往[说]信，信谢曰："臣得事项王数年，官不过郎中，位不过执戟，言不听，画策不用，故背楚归汉。汉王授我上将军印、数万之众，解衣衣我，推食食我，言听计用，吾得至于此。人深亲信我，背之不祥。"武涉已去，蒯通知天下权在于信，深说以三分天下之计。信不忍背汉，又自以功大，汉不夺我齐，遂不听。

【重点句解读】

> 臣闻"智者千虑，必有一失；愚者千虑，亦有一得"，故曰"狂夫之言，圣人择焉"。

我听说"聪明人即使对问题深思熟虑，也难免会出现差错；愚钝之人的思虑中，总会有一些可取之处"，所以说"即使一个无知妄为者的话，圣人也会有选择的采纳"。

"智者千虑"这个格言，早已成为老少皆知的道理。它包含朴素的辩证法思想，说明事物的好坏、美丑、得失都不是绝对的。即使是一个无知妄为的人所说的话，也有让圣人考虑、选择的价值。

古人云："兼听则明，偏信则暗。"广泛听取和吸纳群众意见，是实施正确决策的重要环节，是现代领导者必备的内在素质。

毛泽东在其《矛盾论》中说："多方面听取意见才能辨明是非得失；只听一方面的意见，就信以为真，往往要作出错误的判断。"

项羽死，徙信为楚王。信初之国，陈兵出入。有变告信欲反，上伪游于云梦，信谒于陈。高祖令武士缚信，载后车。信曰："果若人言，狡兔死，良狗烹。"上曰："人告公反。"遂械信。至雒阳，赦以为淮阴侯。信知汉王畏恶其能，称疾不朝。

黥布，六人也。汉封为淮南王。十一年，高后诛韩信，布心恐忧。复诛彭越，盛其醢，以遍赐诸侯王。布见醢大恐，遂聚兵反。书闻，上召诸将问："布反，为之奈何？"皆曰："发兵坑竖子耳，何能为！"汝阴侯滕公，以问其客薛公，薛公曰："是固当反。"滕公曰："上裂地而封之，疏爵而贵之，〔疏，分也。〕南面而立，万乘之主，其反何也？"薛公曰："前年杀彭越，往年杀韩信，三人皆同功一体之人也。自疑祸及身，故反耳。"

楚元王交，高祖少弟也。玄孙向，字子政，本名更生。为谏大夫。向见光禄勋周堪、光禄大夫张猛二人给事中，大见信，弘恭、石显憎之，数谮毁焉。向上封事曰："臣前幸得以骨肉备九卿，奉法不谨，乃复蒙恩。窃见灾异并起，天地失常，征表为国。欲终不言，念忠臣虽在畎亩，犹不忘君，况重以骨肉之亲，又加以旧恩乎！臣闻舜命九官，〔禹作司空、弃后稷、契司徒、咎繇作士、垂共工、益朕虞、伯夷秩宗、夔典乐、龙纳言，凡九官也。〕济济相让，和之至也。<u>众贤和于朝，则万物和于野。</u>故四海之内，靡不和宁。及至周文开基西郊，杂遝（tà）众贤，罔不肃和，崇推让之风，以销分争之讼。武王、周公继政，朝臣和于内，万国欢于外，故尽得其欢心，以事其先祖。下至幽、厉之际，朝廷不和，转相非怨。君子独守正勉强，以从王事，则反见憎毒谗诉，故其诗曰：'密勿从事，不敢告劳。无罪无辜，谗口嗸（áo）嗸。'当是之时，天变见于上，地变动于下，水泉沸腾，山谷易处。由此观之，和气致祥，乖气致异，祥多者其国安，异众者其国危，天地之常经、古今之通义也。今陛下开三代之业，招文学之士，优游宽容，使得并进。今贤不肖浑淆，白黑不分，邪正杂糅，忠谗并进，朝臣更相谗诉，转相是非，文书纷纠，毁誉浑乱。所以荧惑耳目、感移心意者，不可胜载。分曹为党，将同心以陷正臣进者，治之表也；正臣陷者，乱之机也。乘治乱之机，未知孰任，而灾异数见，此臣所以寒心者也。夫乘权席势之人，子弟鳞集于朝，羽翼阴附者众，毁誉将必用，以终乖离之咎。是以日月无光，雪霜夏陨，陵谷易处，列星失行，皆怨气之所致也。夫遵衰周之轨迹，循诗人之所刺，而欲以成太平、致雅颂，犹却行而求及前人也。初元以来六年矣，按《春秋》六年之中，灾异未有稠如今。用贤人而行善政，如或谮之，则贤人退而善政还。<u>夫执狐疑之心者，来谗贼之口；持不断之意者，开群枉之门。谗邪进者，众贤退；群枉盛者，正士销。</u>

"故《易》有'否''泰'。<u>小人道长，则君子道消。</u>君子道消，则政日乱，故为否。否者，闭而乱也。<u>君子道长，则小人道消。</u>小人道消，则政日治，故为泰。泰者，通而治也。昔者鲧、共工、驩兜与舜、禹杂处尧朝，周公与管、蔡并居周位，当是时，迭进相毁，流言相谤，岂可胜道哉！帝尧、成王，能贤舜、禹、周公而销共工、管、蔡，故以大治。孔子与季、孟偕仕于鲁，李斯与叔孙俱宦于秦，定公、始皇贤季、孟、李斯而销孔子、叔孙，故以大乱。故治乱荣辱之端，在所信任。所信任既贤，在于坚固而不移。《诗》云：'我心匪石，不可转也。'言守善笃也。《易》曰：'涣汗其大号。'言号令如汗，汗出而不反者也。今出号令，未能逾时而反，是反汗也；用贤未能三旬而退，是转石也。《论语》曰：'见不善如探汤。'今二府奏，佞谄不当在位，历年而不去也。出令则如反汗，用贤则如转石，去佞则如拔山，而望阴阳之调，不亦难乎！是以群小窥见间隙，巧言丑诋，流言飞文，哗于民间。故《诗》云：'忧心悄悄，愠于群小。'小人成群，诚足愠也。昔孔子与颜渊、子贡，更相称誉，不为朋党；禹、稷与皋陶，传相汲引，不为比周。何则？忠于为国，无邪心也。故贤人在上位，则引其类而聚之朝；在下位，则思与其类俱进。故汤用伊尹，不仁者远，而众贤至，类相致也。今佞邪与贤臣，并在交戟之内，合党共谋，违善依恶，数设危险之言，欲以倾移主上。如忽然用之，此天地之所以先戒，灾异之所以重至者也。自古明圣，未有无诛而治者也，故舜有四放之罚，而孔子有两观之诛，然后圣化可得而行也。今以陛下明智，诚深思天地之心迹，察两观之诛；览否、泰之卦，历周、唐之所进以为法，原秦、鲁之所销以为戒；考祥应之福，省灾异之祸，以揆当世之变；放远佞邪之党，坏散险诐之聚，杜闭群枉之门，广开众正之路；决断狐疑，分别犹豫，使是非炳然可知，则百异销灭而众祥并至，太平之基，万世之利也。"

【重点句解读】

众贤和于朝，则万物和于野。

众多贤臣在朝廷上和睦相处，那么百姓在民间也就会和谐相处。

"和"是我国传统文化的重要组成部分，也是中华民族不懈追求的理想境界。

中国人很早就懂得运用"和"的思想来"修身、齐家、治国"。古代的思想家对"和"有精辟的定位和见解。老子曰："知和曰常，知常曰明"；孔子曰："礼之用，和为贵"；孟子曰："天时不如地利，地利不如人和"；

荀子曰："知和者天下之大道也。"

这句话指出道德的教化要自上而下，党员领导干部首先要同心同德，以国家和人民的利益为重，上行下效，党群关系、干群关系自然和睦，百姓自然安居乐业。"兄弟同心，其利断金"，全社会众志成城、团结一心才能造就国家的富强，社会的安宁。

> 夫执狐疑之心者，来谗贼之口；持不断之意者，开群枉之门。谗邪进者，众贤退；群枉盛者，正士销。
> 故《易》有"否""泰"。小人道长，则君子道消。……君子道长，则小人道消。

抱持着猜疑的心，会招奸佞小人对忠臣的攻讦陷害；持有不果断的意志，就会打开众奸邪的大门。谗佞奸邪的人被进用，众多的贤人就会离去；众奸邪兴盛的时候，正直之士就会离散。

所以，《易经》中有"否""泰"二卦。小人之道增长，君子之道就会消减。君子之道增长，小人之道就会消退。

班固引用《易经》中有"否""泰"二卦的原理，指出了小人道长，君子道消，小人之幸，君子之不幸的道理。说明贤良君子和奸佞小人不能并存，用人的贤与不肖关系着国家的治或乱，这是很有道理的。

小人与君子历来代表着两种截然相反的人格形象。因此，作为当政的君主或权臣，在任用官员时一定要选贤授能，回避、摒弃奸险小人，这样才能治理好国家。这里的关键在于当政者的用人态度。南宋学者胡宏说："治天下之乱者，必以知人为本。"

"为政之要，莫先于用人。"选人用人问题是治国理政之关键要素，关系社会的安定、民心的向背。领导者选什么人用什么人，既是党员干部工作的标准和导向，又是政治生态和社会风气的晴雨表。

向又见成帝营起昌陵，数年不成，制度泰奢，上疏谏曰："臣闻《易》曰：'安不忘危，存不忘亡，是以身安而国家可保也。'故贤圣之君，博观终始，必通三统，〔一曰天统，二曰地统，三曰人统。〕天命所授者博，非独一姓也。孔子论《诗》，至于'殷士肤敏，祼将于京'，喟然叹曰：'大哉天命！善不可不传于子孙，是以富贵无常。不如是，则王公其何以戒慎，民萌其何以劝勉？'盖伤微子之事周，而痛殷之亡也。虽有尧舜之圣，不能化丹朱之子；虽有禹、汤之德，不能训末孙之桀、纣。自古及今，未有不亡之国也。故常战栗，不敢讳亡。孔子所谓'富贵无常'，盖谓此也。孝文皇帝居霸陵，顾曰：'以北山石为椁，岂可动哉！'张释之进曰：'使其中有可欲，虽锢南山，犹有隙；使其中无可欲，虽无石椁，又何戚乎？'孝文寤焉，遂为薄葬。

"《易》曰：'古之葬者，厚衣之以薪，藏之中野，不封不树。后世圣人，易之以棺椁。'黄帝葬于桥山，尧葬济阴，丘垄皆小，葬具甚微。舜葬苍梧，二妃不从。禹葬会稽，不改其列。〔不改官里树木百物之行列也。〕殷汤无葬处。文武、周公葬于毕，秦穆公葬于雍，樗里子葬于武库，皆无丘垄之处。此圣帝明王，贤君智士，远览独虑，无穷之计也。其贤臣孝子，亦承命顺意而薄葬之，此诚奉安君父，忠孝之至也。故仲尼孝子，而延陵慈父；舜禹忠臣，周公悌弟，其葬君亲骨肉，皆微薄矣！非苟为俭，诚便于体也。宋桓司马为石椁，仲尼曰：'不如速朽。'逮至吴王阖闾，违礼厚葬，十有余年，越人发之。及秦惠、文、武、昭、严襄五王，皆大作丘垄，多其瘗藏，咸尽发掘暴露，甚足悲也。秦始皇帝葬于骊山之阿，下锢三泉，上崇山坟，棺椁之丽，宫馆之盛，不可胜原。又多杀宫人，生埋工匠，计以万数。天下苦其役而叛之，骊山之作未成，而周章百万之师，至其下矣。数年之间，外被项籍之灾，内离牧竖之祸，岂不哀哉！是故德弥厚者葬弥薄，智愈深者葬愈微，无德寡智者葬愈厚，丘垄弥高，宫庙甚丽，发掘必速。由是观之，明暗之效，葬之吉凶，昭然可见矣。陛下即位，躬亲节俭，始营初陵，其制约小，天下莫不称明。及徙昌陵，增埤为高，积土为山，发民坟墓，积以万数，营起邑居，期日迫卒，功费大万百余。〔大万，一亿也。〕死者恨于下，生者愁于上，怨气感动阴阳，因之以饥馑，物故流离，以十万数，臣甚愍焉。以死者为有知，发人之墓，其害多矣！若其无知，又安用大？谋之贤智则不悦，以示众庶则苦之。若苟以悦愚夫淫侈之人，又何为哉！陛下慈仁笃美甚厚，聪明疏达盖世，而顾与暴秦乱君，竞为奢侈，比方丘垄，悦愚夫之目，隆一时之观，违贤智之心，忘万世之安，臣窃为陛下羞之。唯陛下上览明圣黄帝、尧、舜、禹、汤、文、武、周公、仲尼之制，下观贤智穆公、延陵、樗里、张释之之意。孝文皇帝去坟薄葬，以俭安神，可以为则；秦昭、始皇增山厚葬，以侈生害，足以为戒。初陵之墓，宜从公卿大臣之议，以息众庶。"书奏，上甚感向言，而不能从其计。

向见上无继嗣，政由王氏，遂上封事极谏曰："臣闻人君莫不欲安，然而危；莫不欲存，然而亡，失御臣之术也。夫大臣操权柄，持国政，未有不为害者也。昔晋有六卿，〔智伯、范、中行、韩、赵、魏也。〕齐有田、崔，卫有孙、宁，鲁有季、孟，常掌国事，世执朝柄。后田氏取齐，六卿分晋，崔杼杀其君光，孙林父、宁殖出其君衎，弑其君剽，季氏卒逐昭公。皆阴盛而阳微，下失臣道之所致也。

"故《书》曰：'臣之有作威作福，害于而家，凶于而国。'孔子曰：'禄去公室，政逮大夫，危亡之兆也。'秦昭王舅穰侯及泾阳、叶阳君，〔皆昭王母之弟。〕专国擅势，假太后之威，三人者，权重于昭王，家富于秦国，国甚危殆，赖寤范雎之言，而秦复存。二世委任赵高，赵高专权自恣，壅蔽大臣，终有阎乐望夷之祸，秦遂以亡。近事不远，即汉所代也。汉兴，诸吕无道，擅相尊王。吕产、吕禄席太后之宠，据将相之位，欲危刘氏。赖忠正大臣绛侯、朱虚等，竭诚尽节，以诛灭之，然后刘氏复安。今王氏一姓，乘朱轮华毂者二十三人，青紫貂蝉，充盈幄内，鱼鳞左右。大将军秉事用权，五侯骄奢僭盛，并作威福，击断自恣，行污而寄治，身私而托公。依东宫之尊，假甥舅之亲，以为威重。尚书九卿，州牧郡守，皆出其门。管执枢机，朋党比周，称誉者登进，忤恨者诛伤。游谈者助之说，执政者为之言。排摈宗室，孤弱公族，其有智能者，尤非毁而不进；远绝宗室之任，不令得给事朝省，恐其与己分权。数称燕王盖主以疑上心，避讳吕、霍而弗肯称；内有管、蔡之萌，外假周公之论。兄弟据重，宗族磐牙。历上古至秦汉，外戚贵未有如王氏者也。虽周皇甫、秦穰侯、汉武安、吕、霍、上官之属，皆不及也。物盛必有非常之变先见，为其人征象。孝昭帝时，冠石立于泰山，〔有石自立，三石为足，一石在上，故曰冠石也。〕仆柳起于上林，而孝宣帝即位。今王氏先祖坟墓在济南者，其梓柱生枝叶，扶疏上出屋，根垂地中，虽立石起柳，无以过此明也。事势不两大，王氏与刘氏，亦且不并立，如下有泰山之安，则上有累卵之危。陛下为人子孙，守持宗庙，而令国祚移于外亲，降为皂隶，纵不为身，奈宗庙何！妇人内夫家，而外父母家，此亦非皇太后之福也。孝宣皇帝不与舅平昌、乐昌侯权,所以全安之也。夫明者,起福于无形,销患于未然。宜发明诏,吐德音,援近宗室,亲而纳信,黜远外戚,无授以政,以则效先帝之所行,厚安外戚,全其宗族,诚东宫之意、外家之福也。王氏永存,保其爵禄,刘氏长安,不失社稷,所以褒睦外内之姓,子子孙孙,无疆之计也。如不行此策,田氏复见于今,六卿必起于汉,为后嗣忧,昭昭甚明,不可不深图,不可不早虑也。唯陛下深留圣思,览往事之戒,居万安之实,用保宗庙,久承皇太后,天下幸甚。"书奏,天子召见向,叹息,悲伤其意,谓曰:"君且休矣,吾将思之。"

【重点句解读】

夫明者,起福于无形,销患于未然。

凡明智的人,都是造福于无形之中,消除祸患于未发生之时。

有智慧的人,总是用发展的眼光看问题,深谋远虑,就算是在安乐的环境中也常怀忧患意识,以防范未知的风险,不会只顾眼前利益。

《朱子家训》中说:"宜未雨而绸缪,毋临渴而掘井。"

无论是在工作、学习和生活中,事事都应该先做好充分的准备,明确理想和目标,才能规划好未来,才能对可能遇到的各种波折做好防范。

习近平总书记多次强调,要善于运用底线思维的方法,凡事从坏处准备,努力争取最好的结果,做到有备无患、遇事不慌,牢牢把握主动权。这就要求我们要有长远谋划和准备,切实增强工作预见性,做到从最坏处着眼,做最充分的准备,朝好的方向努力,争取最好的结果。

向每召见,数言公族者,国之枝叶,枝叶落,则本根无所庇荫;方今同姓疏远,母党专政,禄去公室,权在外家,非所以强汉宗、卑私门、保守社稷、安固后嗣也。向自见得信于上,故常显讼宗室,讥刺王氏及在位大臣,其言多痛切,发于至诚。终不能用。向卒后十三岁而王氏代汉。

季布,楚人也。项籍使将兵,数窘汉王。项籍灭,高祖购求布千金,敢舍匿,罪三族。布匿濮阳周氏,周氏乃髡钳布,衣褐,置广柳车中,〔载以丧车,欲人不知也。〕之鲁朱家卖之。朱家心知其季布也,买置田舍。乃之雒阳,见汝阴侯滕公,说曰:"季布何罪?臣各为其主用,职耳。项氏臣岂可尽诛耶?今上始得天下,而以私怨求一人,何示不广也!且以季布之贤,汉求之急如此,此不北走胡、南走越耳。夫忌壮士以资敌国,此伍子胥所以鞭荆平王之墓也。君何不从容为上言之?"滕公心知朱家大侠,意布匿其所,乃许诺。侍间,果言如朱家旨。上乃赦布。布为河东守。孝文时,人有言其贤,召欲以为御史大夫;人又言其勇,使酒难近。至留邸一月,见罢。布进曰:"臣待罪河东,陛下无故召臣,此人必有以臣欺陛下者。今臣至,无所受事罢去,此人必有毁臣者。夫以一人誉召臣、一人毁去臣,恐天下有识闻之,有以窥陛下。"〔窥见陛下深浅也。〕上默然惭曰:"河东吾股肱郡,故特召君耳。"

栾布,梁人也。为梁大夫。使于齐未还,汉召彭越,责以谋反,夷三族,枭首雒阳下,诏有收视者辄捕之。布还,奏事彭越头下,祠而哭之。吏捕以闻。上召骂曰:"若与彭越反耶?吾禁人勿收,若独祠哭之,与反明矣,趣烹之。"方提趋汤,顾曰:"愿一言而死。"上曰:"何言?"布曰:"方上之困彭城,败荥阳、成皋,项王所以不能遂西,徒以彭王居梁地,与汉合从苦楚也。当是之时,彭王一顾与楚,则汉破。且垓下之会,微彭王,项氏不亡。天下已定,彭王割符受封,亦欲传之万世。今汉一征兵于梁,彭王病不行,而疑以为反。反形未见,以苛细诛之,臣恐功臣人人自危也。今彭王已死,臣生不如死,请就烹。"上乃释布,拜为都尉。

萧何,沛人也。汉杀项羽,即皇帝位,论功行封,群臣争功,岁余不决。上以何功最盛,先封为酂侯,食邑八千户。功臣皆曰:"臣等身被坚执兵,多者百余战,少者数十合,攻城略地,大小各有差。今萧何未有汗马之劳,徒持文墨议论不战,居臣等上,何也?"上曰:"诸君知猎乎?"曰:"知之。""知猎狗乎?"曰:"知之。"上曰:"夫猎,追杀兽者,狗也;而发纵指示兽处者,人也。诸君徒能走得兽耳,功狗也。至如萧何,发纵指示,功人也。且诸君独以身从我,多者两三人,萧何举宗数十人皆随我,功不可忘也!"群臣后皆莫敢言。列侯毕已受封,奏位次,皆曰:"平阳侯曹参,身被七十创,攻城略地,功最多,宜第一。"关内侯鄂千秋,时为谒者,进曰:"群臣议皆误。夫曹参虽有野战略地之功,此特一时之事。夫上与楚相拒五岁,失军亡众,跳身遁者数矣,然萧何常从关中遣军补其处。非上所诏令召,而数万众会上乏绝者数矣。夫汉与楚相守荥阳数年，军无见粮，萧何转漕关中，给食不乏。陛下虽数亡山东，萧何常全关中待陛下，此万世功也。今虽无曹参等百数，何缺于汉？汉得之，不必待以全。奈何欲以一旦之功，而加万世之功哉！萧何当第一，曹参次之。"上曰："善。"于是乃令何第一，赐剑履上殿，入朝不趋。是日悉封何父母兄弟十余人，皆食邑。

何为民请曰："长安地狭，上林中多空地，弃，愿令民得入田，毋收稿为兽食。"上大怒曰："相国多受贾人财物，为请吾苑！"乃下何廷尉，械系之。数日，王卫尉侍，前问曰："相国胡大罪，陛下系之暴也？"上曰："吾闻李斯相秦，有善归主，有恶自予。今相国多受贾竖金，为请吾苑，以自媚于民，故系治之。"王卫尉曰："夫职事苟有便于民而请之，真宰相事也。陛下奈何乃疑相国受贾人钱乎？且陛下距楚数岁，陈豨、黥布反时，陛下自将往，当是时，相国守关中，摇足即关西非陛下有。相国不以此时为利，乃利贾人之金乎？且秦以不闻其过亡天下，夫李斯之分过，又何足法哉！陛下何疑宰相之浅也！"是日，使使持节赦出何。何年老，素恭谨，徒跣入谢。上曰："相国休矣！相国为民请吾苑不许，我不过为桀纣主，而相国为贤相。吾故系相国，欲令百姓闻吾过也。"

曹参，沛人也。为齐丞相。参闻胶西有盖公，善治黄老言，使人厚币请之。既见，盖公为言治道，贵清静而民自定，推此类具言。参于是避正堂，舍盖公焉。其治要用黄老术，齐国安集，大称贤相。萧何薨，使者召参。参去，属其后相曰："以齐狱市为寄，慎勿扰也。"后相曰："治无大于此者乎？"参曰："不然。夫狱市者，所以并容也，今君扰之，奸人安所容乎？吾是以先之。"〔夫狱市，兼受善恶，若穷极奸人，奸人无所容窜，久且为乱。秦人极刑而天下叛，孝武峻法而狱繁，此其效也。老子曰："我无为，民自化；我好静，民自正。"参欲以道化为本，不欲扰其末也。〕

始参微时，与萧何善，及为宰相，有隙。至何且死，所推贤唯参。参代何为相国，举事无所变更，一遵何之约束。择郡国吏长大、〔取年长大者。〕讷于文辞、谨厚长者，即召除为丞相史。史言文刻深欲务声名，辄斥去之。日夜饮酒。卿大夫以下吏及宾客，见参不事事，〔不事丞相之事。〕来者皆欲有言。至者参辄饮以醇酒，度之欲有言，复饮酒，醉而后去，终莫得开说。〔开，谓有所启白。〕相舍后园近吏舍，日饮歌呼。从吏患之，无如何，乃请参游后园。闻吏醉歌呼，从吏幸相国召按之。乃反取酒张坐饮，大歌呼与相和。

参见人之有细过，专掩匿覆盖之，府中无事。参子窋（kū），为中大夫。惠帝怪相国不治事，以为"岂少朕与"，乃谓窋曰："汝归，试私从容问乃父曰：'高帝新弃群臣，帝富于春秋，君为相国，日饮无所请事，何以忧天下？然无言吾告汝也。'"窋既洗沐，归谏参，参怒而笞之二百，曰："趣入侍，天下事，非乃所当言也。"至朝时，帝让参，参免冠谢曰："陛下自察圣武，孰与高皇帝？"上曰："朕乃安敢望先帝！"参曰："陛下观参，孰与萧何贤？"上曰："君似不及也。"参曰："陛下之言是也。且高皇帝与萧何定天下，法令既明具，陛下垂拱，参等守职，遵而勿失，不亦可乎？"惠帝曰："善，君休矣！"百姓歌之曰："萧何为法，讲若画一；〔讲或作较。〕曹参代之，守而勿失。载其清静，民以宁一。"

张良，字子房，韩人也。沛公欲以二万人击秦峣关下军，良曰："秦兵尚强，未可轻。臣闻，其将屠者子贾竖，易动以利，愿沛公令郦食其持重宝啖秦将。"秦将果欲连和俱西，良曰："此独其将欲叛，士卒恐不从，不如因其解击之。"沛公乃引兵击秦军，大破之，遂至咸阳。秦王子婴降沛公。沛公入，秦宫室帷帐狗马重宝妇女以千数，意欲留居之。樊哙谏，沛公不听。良曰："夫秦为无道，故沛公得至此。为天下除残去贼，宜缟素为资。今始入秦，即安其乐，此所谓助桀为虐。〔资，质也。欲令沛公反秦奢，俭素以为质也。〕且忠言逆于耳利于行，毒药苦于口利于病，愿沛公听樊哙言。"沛公乃还军霸上。

陈平，户牖人也。背楚，因魏无知见汉王，汉王拜为都尉典护军。绛、灌等或谗平曰："闻平居家时，盗其嫂；事魏王不容，亡而归楚；不中，又亡归汉。今大王尊官之，令护军。臣闻，平使诸将金多者得善处，金少者得恶处。平反覆乱臣也，愿王察之。"汉王疑之，以让无知，问曰："有之乎？"无知曰："有。"汉王曰："公言其贤人，何也？"对曰："臣之所言者能也，陛下所问者行也。今有尾生、孝己之行，〔孝己，高宗之子，有孝行也。〕而无益于胜败之数，陛下何暇用之乎？今楚汉相拒，臣进奇谋之士。"王召平而问曰："吾闻先生事魏不遂，事楚而去，今又从吾游，信者固多心乎？"平曰："臣事魏王，魏王不能用臣说，故去事项王。项王不信人，其所任爱，非诸项，即妻之昆弟，虽有奇士，不能用。臣居楚，闻汉王之能用人，故归大王。臣裸身来，不受金，无以为资。诚臣计画有可采者，愿大王用之；使无可用者，大王所赐金具在，请封输官，得请骸骨。"汉王乃谢，厚赐，拜以为护军中尉，尽护诸将。诸将乃不敢复言。

周勃，沛人也。为人木强敦厚，高帝以为可属大事。惠帝以勃为太尉。高后崩，吕禄以赵王为汉上将军，吕产以吕王为相国，秉权，欲危刘氏。勃与丞相平、朱虚侯章，共诛诸吕。遂共迎立代王，是为孝文皇帝。初即位，以勃为右丞相，后乃免丞相就国。人有上书告勃欲反，下廷尉，廷尉逮捕勃治之。勃恐，不知置辞，吏稍侵辱之。勃以千金与狱吏，乃书牍背示之，以公主为证。公主者，文帝女也，勃太子胜之尚之，故狱吏教引为证。薄太后亦以为无反事。文帝朝，太后曰："绛侯绾皇帝玺，将兵于北军，不以此时反，今居一小县，顾欲反耶？"文帝乃谢曰："吏方验而出之。"于是使使持节赦勃，复爵邑。勃既出，曰："吾尝将百万军，然安知狱吏之贵也！"

勃子亚夫，文帝封为条侯。后六年，匈奴大入边。以宗正刘礼为将军，军霸上；祝兹侯徐厉为将军，军棘门；以亚夫为将军，军细柳，以备胡。上自劳军，至霸上及棘门军，直驰入，将以下骑送迎。已而之细柳军，军士吏被甲，锐兵刃，彀（gòu）弓弩，持满。天子先驱至，不得入。先驱曰："天子且至军门！"都尉曰："将军令曰：'军中闻将军之令，不闻天子之诏。'"有顷上至，又不得入。于是上使使持节诏将军曰："吾欲劳军。"亚夫乃传言开壁门，壁门士请车骑曰："将军约军中不得驱驰。"于是乃按辔徐行至中营。将军亚夫持兵揖曰："介胄之士不拜，请以军礼见。"〔礼，介者不拜。〕天子为动，改容式车，使人称谢，成礼而去。既出军门，群臣皆惊。文帝曰："嗟乎，此真将军矣！向者霸上棘门军，如儿戏耳，其将固可袭而虏也。亚夫可得而犯耶？"称善者久之。

樊哙，沛人也。与高祖俱起。高帝尝病，恶见人卧禁中。诏户者，毋得入群臣。绛、灌等莫敢入。十余日，哙乃排闼直入，大臣随之。上独枕一宦者卧。哙等见上流涕曰："始陛下与臣等起丰沛，定天下，何其壮也！今天下已定，又何惫也！且陛下病甚，大臣震恐，不见臣等计事，顾独与一宦者绝乎？且陛下独不见赵高之事乎？"高帝笑而起。

周昌，沛人也，为御史大夫。为人强力，敢直言，自萧、曹等，皆卑下之。昌尝燕入奏事，〔以上宴时入奏事也。〕高帝方拥戚姬，昌还走。高帝逐得，骑昌项，问曰："我何如主？"昌仰曰："陛下即桀、纣之主也。"

于是上笑之，然尤惮昌。及高帝欲废太子，大臣固争，莫能得，而昌庭争之强。上问其说，昌为人吃，又盛怒，曰："臣口不能言，然臣心知其不可。陛下欲废太子，臣期期不奉诏。"上欣然而笑，太子遂定。

申屠嘉，梁人也，为丞相。是时太中大夫邓通方爱幸，赏赐累巨万。文帝常燕饮通家，其宠如是。是时嘉入朝，而通居上旁，有怠慢之礼。嘉奏事毕，因言曰："陛下幸爱群臣，则富贵之。至于朝廷之礼，不可以不肃！"上曰："君勿言，吾私之。"罢朝坐府中，为檄召通，通恐入言上。上曰："汝第往，吾今使人召若。"通至丞相府，免冠、徒跣，顿首谢。嘉责曰："夫朝廷者，高皇帝之朝廷也，通小臣，戏殿上，不大敬，当斩。"通顿首，首尽出血，不解。上使使持节召通，而谢丞相曰："此吾弄臣，君释之。"通既至，为上泣曰："丞相几杀臣。"

卷十六 《汉书》治要（四）

· 传 ·

郦食其，陈留人也。好读书，身长八尺，人皆谓之狂生，自谓我非狂。沛公至高阳传舍，使人召食其。至，入谒，沛公方踞床，令两女子洗，而见食其。食其入，即长揖不拜，曰："足下欲助秦攻诸侯乎？欲率诸侯破秦乎？"沛公骂曰："竖儒！夫天下同苦秦久矣，故诸侯相率攻秦，何谓助秦？"食其曰："必欲聚徒合义兵，诛无道秦，不宜踞见长者。"于是沛公辍洗，起衣，延食其上坐，谢之。

汉王据守敖仓，而使食其说齐王曰："王知天下之所归乎？"曰："不知也。天下何归？"曰："归汉。"齐王曰："先生何以言之？"曰："汉王与项王约，先入咸阳者王之，项王背约不与，而迁杀义帝。汉王起蜀汉之兵，击三秦出关，而责义帝之负处，收天下之兵，立诸侯之后，降城即以侯其将，得赂则以分其士，与天下同其利，豪英贤才，皆乐为之用。诸侯之兵，四面而至，蜀汉之粟，方船而下。项王有背约之名，杀义帝之负，于人之功无所记，于人之罪无所忘，战胜而不得其赏，拔城而不得其封，非项氏莫得用事。为人刻，印刓而不能授；〔刓断，无复廉锷也。〕攻城得赂，积财而不能赏。天下叛之，贤材怨之，而莫为之用。故天下之士，归于汉王，可坐而策也。夫汉王发蜀汉，定三秦，涉西河之水，援上党之兵，下井陉，破北魏，此黄帝之兵，非人之力，天之福也。今已据敖仓之粟，塞成皋之险，守白马之津，杜太行之厄，拒飞狐之口，天下后服者先亡矣。王疾下汉王，齐国社稷，可得而保也；不下汉王，危亡可立而待也。"田广乃听食其，罢历下兵守战备。

陆贾，楚人也。有口辩，常居左右，时时前说称《诗》《书》。高帝骂之曰："乃公居马上得之，安事《诗》《书》！"贾曰："<u>马上得之，宁可以马上治乎？且文武并用，长久之术也。</u>昔者吴王夫差、智伯，极武而亡；秦任刑法不变，卒灭赵氏。〔秦之先造父，封于赵城，其后曰赵氏。〕向使秦已并天下，行仁义，法先圣，陛下安得而有之？"高帝不怿，有惭色，谓贾曰："试为我著秦所以失天下，吾所以得之者，及古成败之国事。"贾凡著十二篇，每奏一篇，高帝未尝不称善，称其书曰《新语》。

【重点句解读】

马上得之，宁可以马上治乎？且文武并用，长久之术也。

在马上取得天下，难道也可以在马上治理天下吗？且文治武功并用，才是使国家长治久安的办法。

马上得天下，不能马上治之，这是历史的经验。刘邦听取了陆贾的建议，安民富民乐民，安定了汉初局势，奠定了汉朝几百年的基业。

《淮南子》中说："因时变而制宜适也。"治国理政要因时制宜，与时俱进。一成不变、墨守成规的做法只能让社会发展停滞不前。

没有继承，就没有发展；没有创新，就没有未来。习近平总书记指出："创新是一个民族进步的灵魂，是一个国家兴旺发达的不竭源泉，也是中华民族最鲜明的民族禀赋。"今天我们不但要汲取以民为本的历史经验，发扬为政以德、清廉从政、勤勉奉公的传统优秀文化，更要有创新精神来适应新时代和新的国际环境。

吕太后时，王诸吕，诸吕擅权，欲劫少主，危刘氏。右丞相陈平患之，贾曰："天下安，注意相；天下危，注意将。将相和，则士豫附；士豫附，天下虽有变，则权不分。权不分，为社稷计，在两君掌握耳。"平因结谋于太尉勃。卒诛诸吕，安刘氏，立文帝，贾之谋也。

娄敬，齐人也。汉五年，戍陇西，过雒阳，高帝在焉。敬脱挽辂，〔辂，以木当胸，挽重辇车也。〕见齐人虞将军曰："臣愿见上言便宜。"虞将军入言上,上召见问,敬说曰:"陛下都雒阳,岂欲与周室比隆哉?"上曰:"然。"敬曰:"陛下取天下与周异。周之先自后稷,积德累善十余世,及武王伐纣,不期会孟津上八百诸侯,遂灭殷。成王即位,周公之属傅相焉,乃营成周都雒,以为此天下中,诸侯四方纳贡职,道里钧矣。有德则易以王,无德则易以亡。凡居此者,欲令务以德致人,不欲阻险,令后世骄奢以虐民也。及周之衰,分而为二,天下莫朝,周不能制。非德薄,形势弱也。今陛下起丰沛,收卒三千人,卷蜀汉,定三秦,与项籍大战七十,小战四十,使天下之民,肝脑涂地,父子暴骸中野,不可胜数,哭泣之声不绝,伤痍者未起,而欲比隆成康之时,臣窃以为不侔矣。且夫秦地被山带河,四塞以为固,卒然有急,百万之众可具,因秦之故资甚美膏腴之地,此所谓天府。陛下入关而都之,山东虽乱,秦故地可全而有也。夫与人斗,不扼其亢、〔亢,喉咙也。〕拊其背,未能全胜。今陛下入关而都,按秦之故,此亦扼天下之亢,而拊其背也。"高帝即日驾,西都关中。于是赐姓刘氏,拜为郎中,号曰奉春君。

汉七年,韩王信反,高帝自往击。至晋阳,闻信与匈奴欲击汉,上使人使匈奴。匈奴匿其壮士肥牛马,徒见其老弱及羸畜。使者十辈来,皆言匈奴易击。上使敬复往,还报曰:"两国相击,此宜夸矜见所长。今臣往,徒见羸胔老弱,此必欲见短,伏奇兵以争利。愚以为匈奴不可击也。"是时汉兵三十余万众,兵已业行。上怒骂敬曰:"齐虏!以舌得官,乃今妄言沮吾军。"械系敬广武。遂往,至平城,匈奴果出奇兵,围高帝白登七日,然后得解。高帝至广武,赦敬,曰:"吾不用公言,以困平城。"乃封敬二千户,号建信侯。

叔孙通,薛人也,为太子太傅。高帝欲以赵王如意易太子,通谏曰:"昔者,晋献公以骊姬故废太子,立奚齐,晋国乱者数十年,为天下笑。秦以不早定扶苏,胡亥诈立,自使灭祀,此陛下所亲见。今太子仁孝,天下皆闻之。吕后与陛下攻苦食啖,〔食无菜茹为啖。〕其可背哉!陛下必欲废嫡而立少,臣愿先伏诛,以颈血污地。"高帝曰:"公罢矣,吾特戏耳。"通曰:"太子天下本,本一摇,天下震动,奈何以天下戏!"高帝曰:"吾听公。"

蒯通,范阳人也。韩信定齐地,自立为齐假王。通知天下权在于信,说信曰:"今刘、项分争,使人肝脑涂地,流离中野,不可胜数。非天下贤圣，其势固不能息天下之祸。当今之时，两主悬命于足下。足下为汉则汉胜，与楚则楚胜。方今为足下计，莫若两利而俱存之，叁分天下，鼎足而立，其势莫敢先动。盖闻'天与弗取，反受其咎；时至弗行，反受其殃'。愿足下孰图之。"信曰："汉王遇我厚，吾岂可见利而背恩乎！"遂谢通。通说不听，惶恐，乃阳狂为巫。

天下既定，后信以罪废为淮阴侯，谋反诛，临死叹曰："悔不用蒯通之言。"高帝闻之召通。通至，上欲烹之，曰："若教韩信反，何也？"通曰："狗各吠非其主。当彼时，臣独知齐王韩信，非知陛下也。且秦失其鹿，〔以鹿喻帝位也。〕天下共逐之，高材者先得。天下匈匈，争欲为陛下所为，顾力不能，可殚诛邪！"上乃赦之。至齐悼惠王时，曹参为相，礼下贤人，请通为客。

初，齐处士东郭先生梁石君，入深山隐居。通乃见相国曰："妇人有夫死三日而嫁者，有幽居守寡不出门者，足下即欲求妇何取？"曰："取不嫁者。"通曰："然则求臣亦犹是也。彼东郭先生梁石君，齐之俊士也，隐居不嫁，未尝卑节下意以求仕也。愿足下使人礼之。"曹相国曰："敬受命。"皆以为上宾。

贾谊，洛阳人也。孝文时，为梁怀王太傅。是时，匈奴强，侵边。天下初定，制度疏阔。诸侯王僭拟，地过古制，淮南、济北王皆为逆诛。谊数上疏陈政事，多所欲匡建，其大略曰："臣窃惟事势，可为痛哭者一，可为流涕者二，可为长太息者六，若其他背理而伤道者，难遍以疏举。进言者皆曰'天下已安已治矣'，臣独以为未也。曰安且治者，非愚则谀，皆非事实，知治乱之体者也。夫抱火厝之积薪之下，而寝其上，火未及然，因谓之安。方今之势，何以异此！陛下何不一令臣得孰数之于前，因陈治安之策，试详择焉！夫使为治，劳智虑，苦身体，乏钟鼓之乐，勿为可也。乐与今同，而加之以诸侯轨道，兵革不动，民保首领，匈奴宾服，四荒向风，百姓素朴，狱讼衰息，天下顺治，生为明帝，没为明神，名誉之美，垂于无穷。建久安之势，成长治之业，以承祖庙，以奉六亲，至孝也；以幸天下，以育群生，至仁也；立经陈纪，轻重同得，后可以为万世法程，虽有愚幼不肖之嗣，犹得蒙业而安，至明也。以陛下之明达，因使少知治体者得佐下风，致此非难也。臣谨稽之天地，验之往古，案之当今之务，日夜念之至孰也，虽使禹舜复生，为陛下计，无以易此。夫树国固，必相疑之势也。〔树国于险固，诸侯强大，则必与天子有相疑之势也。〕下数被其殃，上数爽其忧，甚非所以安上而全下。今或亲弟谋为东帝，〔淮南厉王长也。〕亲兄之子西向而击，〔谓齐悼惠王子兴居为济北王反，欲击取荥阳。〕天子春秋鼎盛，〔鼎，方。〕行义未过，德泽有加焉，犹尚如是，况莫大诸侯权力且十此者乎！然而天下少安，何也？大国之王，幼弱未壮；汉之所置傅相，方握其事。数年之后，诸侯之王，大抵皆冠，血气方刚，汉之傅相，称病而赐罢，彼自丞尉以上，遍置私人，如此有异淮南、济北之为邪？此时而欲为治安，虽尧、舜不治也。今令此道顺而全安甚易，不肯早为，已乃堕骨肉之属而抗刭（jīng）之，〔抗其头而刭之也。〕岂有异秦之季世乎？夫以天子之位，乘今之时，因天下之助，尚惮以危为安、以乱为治。假设天下如曩时，淮阴侯尚王楚，黥布王淮南，彭越王梁，韩信王韩，张敖王赵，卢绾王燕，陈豨在代，令此六七公者皆无恙，当是时，而陛下即天子位，能自安乎？臣有以知陛下之不能也。

"天下殽乱，高皇帝与诸公并起，诸公幸者乃为中涓，其次仅得舍人，材之不逮至远也。高皇帝以明圣威武，即天子位，割膏腴之地，以王诸公，多者百余城，少者三四十县，德至渥也。然其后十年之间，反者九起。陛下之与诸公，非亲角材而臣之也，又非身封王之也，自高皇帝不能以是一岁为安，故臣知陛下之不能也。臣请试言其亲者。假令悼惠王王齐，元王王楚，中子王赵，幽王王淮阳，恭王王梁，灵王王燕，厉王王淮南，六七贵人皆无恙，当是时，陛下即位，能为治乎？臣又知陛下之不能也。若此诸王，虽名为臣，实皆有布衣昆弟之心，虑无不帝制而天子自为者。擅爵人，赦死罪，甚者或戴黄屋。令之不肯听，召之安可致乎？幸而来至，法安可得加？动一亲戚，天下圜视而起，陛下之臣，虽有悍如冯敬者，〔为御史大夫，奏淮南厉王诛也。〕适启其口，匕首已陷其匈矣。陛下虽贤，谁与领此？故疏者必危，亲者必乱，已然之效也。其异姓负强而动者，汉已幸而胜之矣，又不易其所以然。同姓袭是迹而动，既有征矣，殃祸之变，未知所移，明帝处之，尚不能以安，后世将如之何？屠牛坦一朝解十二牛，而芒刃不顿者，所排击剥割，皆众理解也，至于髋髀之所，非斤则斧。夫仁义恩厚，人主之芒刃也；权势法制，人主之斤斧也。今诸侯王，皆众髋髀也，释斤斧之用，而欲婴以芒刃，臣以为不缺则折。胡不用之淮南济北？势不可也。〔二国皆反诛。何不施之仁恩？势不可故也。〕

"臣窃迹前事，大抵强者先反。淮阴王楚最强，则最先反；韩王信倚胡，则又反；贯高因赵资，则又反；陈豨兵精，则又反；彭越用梁，则又反；黥布用淮南，则又反；卢绾最弱，最后反。长沙乃在二万五千户耳，功少而最完，势疏而最忠，非独性异人，亦形势然也。曩令樊、郦、绛、灌，据数十城而王，今虽已残亡可也；令信、越之伦，列为彻侯而居，虽至今存可。然则天下之大计可知也。欲诸王之皆忠附，则莫若令如长沙王；欲臣子之勿菹醢（zū hǎi），则莫若令如樊、郦等；欲天下之治安，莫若众建诸侯而少其力。力少则易使以义，国小则无邪心。令海内之势，如身之使臂，臂之使指，莫不制从，诸侯之君，不敢有异心，虽在细民，且知其安，故天下咸知陛下之明。割地定制，令齐、赵、楚各为若干国，使其子孙各受祖之分地，地尽而止，及燕、梁他国皆然。其分地众而子孙少者，建以为国，空而置之，须其子孙生者，举使君之。天子无所利焉，诚以定治而已，故天下咸知陛下之廉。地制一定，宗室子孙，莫虑不王，下无背叛之心，上无诛伐之志，天下咸知陛下之仁。法立而不犯，令行而不逆，细民向善，大臣致顺，故天下咸知陛下之义。当时大治，后世诵圣。陛下谁惮而久不为此？

"天下之势，方病大瘇（zhǒng）。〔肿足曰瘇。〕一胫之大几如要，一指之大几如股。平居不可屈伸，失今不治，必为锢疾，后虽有扁鹊，不能为已。可痛哭者，此病是也。天下之势方倒悬。凡天子者，天下之首也；蛮夷者，天下之足也。今匈奴嫚姆侵掠，至不敬也，为天下患，至无已也，而汉岁致金絮采缯以奉之。足反居上，首顾居下，倒悬如此，莫之能解，犹为国有人乎？可为流涕者此也。今民卖僮者，〔僮，谓隶妾。〕为之绣衣丝履偏诸缘，内之闲中，〔闲，卖奴婢闲也。〕是古天子后服，所以庙而不宴者也，而庶人得以衣婢妾。白縠之表，薄纨之里，缉以偏诸，是古天子之服也，今富人大贾，嘉会召客者以被墙。古者以奉一帝一后而节适，今庶人屋壁，得为帝服，倡优下贱，得为后饰，然而天下不屈者，殆未有也。夫俗至大不敬也，至无等也，至冒上也，进计者犹曰'无为'，可为长太息者此也。商君遗礼义，弃仁恩，并心于进取，秦俗日败。故秦人家富子壮，则出分；家贫子壮，则出赘。〔出作赘婿。〕借父耰鉏，虑有德色；〔假其父钼而德之。〕母取箕帚，立而谇语。〔谇，犹责也。〕抱哺其子，与公并倨。其慈子嗜利，不同禽兽者，无几耳。然并心而赴时者，犹曰'蹶

（jué）六国，兼天下'。

"功成求得矣，终不知反廉愧之节，仁义之厚。众掩寡，知欺愚，勇威怯，壮陵衰，其乱至矣。是以大贤起之，威震海内，德从天下。曩之为秦者，今转而为汉矣。然其遗风余俗，犹尚未改。今世以侈靡相竞，而上无制度、弃礼谊、捐廉耻日甚，杀父兄。盗者剟（duō）寝户之帘，〔剟，取也。〕搴（qiān）两庙之器，〔搴，取也。两庙，高祖、惠帝庙也。〕白昼大都之中，剽吏而夺之金。矫伪者出几十万石粟，〔吏矫伪征发，盈出十万石粟。〕赋六百余万钱，乘传而行郡国。此其无行义之尤至者也。而大臣特以簿书不报期会之间以为大故。至于俗流失，世坏败，因恬而不知怪。夫移风易俗，使天下回心而向道，类非俗吏之所能为也。俗吏之所务，在于刀笔筐箧，而不知大体。陛下又不自忧，窃为陛下惜之。夫立君臣，等上下，使父子有礼，六亲有纪，〔父、母、兄、弟、妻、子。〕此非天之所为，人之所设也。人之所设，不为不立，不植则僵，不修则坏。

【重点句解读】

人之所设，不为不立，不植则僵，不修则坏。

　　人所设置的相互间的伦常关系和秩序，如果不去提倡就不能确立，不去培植就会停滞僵化，不去补充发展就要败坏。

　　中国传统社会非常重视共同的行为规范与道德标准。在古人看来，人无德不立，国无德不兴，道德人伦关系及其被承认和实行的程度，直接影响着政权的存亡。确立、培植和发展这种人伦关系和秩序，才能维护社会安定，使国治民安。管子曾经说过："礼义廉耻，是谓四维。四维不张，国乃灭亡。"

　　在当代中国，提出要倡导富强、民主、文明、和谐，倡导自由、平等、公正、法治，倡导爱国、敬业、诚信、友善，积极培育和践行社会主义核心价值观。这也是"设、立、植、修"在新时代的创新和发展。

"管子曰：'礼义廉耻，是谓四维，四维不张，国乃灭亡。'使管子愚人也则可，管子而少知治体，则是岂可不为寒心哉！秦灭四维而不张，故君臣乖乱，六亲殃戮，奸人并起，万民离叛，凡十三岁，而社稷为墟。今四维犹未备也，故奸人几幸，而众心疑惑。岂如今定经制，令君臣上下有差，父子六亲，各得其宜，奸人无所几幸。此业一定，世世常安。若夫经制不定，是犹渡江河无维楫，中流而遇风波，船必覆矣。可为长大息者此也。

"夏为天子，十有余世。殷为天子，二十余世。周为天子，三十余世。秦为天子，二世而亡。人性不甚相远也，何三代之君，有道之长，而秦无道之暴也？其故可知也。古之王者，太子乃生，固举以礼：使士负之，有司齐肃端冕，见于天也；过阙则下，过庙则趋，孝子之道也。故自为赤子，而教固已行矣。昔者成王，幼在襁褓之中，召公为太保，周公为太傅，太公为太师。保，保其身体；傅，傅之德义；师，导之教训。此三公职也。于是为置三少，少保、少傅、少师，是与太子宴者也。故乃孩提有识，三公、三少，明孝仁礼义，以导习之，逐去邪人，不使见恶行。于是皆选天下之端士，孝悌博闻有道术者，以卫翼之，使与太子居处出入。故太子乃生而见正事、闻正言、行正道，左右前后皆正人。夫习与正人居之，不能无正，犹生长楚之乡，不能不楚言也。孔子曰：'少成若天性，习惯如自然。'太子既冠成人，免于保傅之严，则有记过之史、彻膳之宰、进善之旌、诽谤之木、敢谏之鼓。瞽史诵诗，工诵箴谏，大夫进谋，士传民语。习与智长，故切而不愧；化与心成，故中道若性。春秋入学，坐国老，执酱而亲馈之，所以明有孝也；行以鸾和，〔鸾在衡，和在轼。〕步中采齐，趋中肆夏，〔乐诗也，步则歌之以中节。〕所以明有度也；其于禽兽，见其生不食其死，闻其声不食其肉，故远庖厨，所以长恩，且明有仁也。

"夫三代之所以长久者，以其辅翼太子有此具也。至秦而不然。其俗固非贵辞让也，所上者告讦也；固非贵礼义也，所上者刑罚也。使赵高傅胡亥，而教之狱，所习者，非斩劓人，则夷人之三族也。故胡亥今日即位，而明日射人，忠谏者谓之诽谤，深计者谓之妖言，其视杀人，若刈草菅。然岂唯胡亥之性恶哉？彼其所以导之者，非其理故也。鄙谚曰：'不习为吏，视已成事。'又曰：'前车覆，后车诫。'夫三代之所以长久者，其已事可知也。夫存亡之变，治乱之机，其要在是矣。夫天下之命，悬于太子。太子之善，在于早谕教，与选左右。夫心未滥而先谕教，则化易成也；开于道术智谊之指，则教之力也。若其服习积贯，〔贯，习也。〕则左右而已。臣故曰选左右、早谕教最急。夫教得而左右正，则太子正矣。太子正，而天下定矣。若夫庆赏以劝善，刑罚以惩恶，先王执此之政，坚如金石，行此之令，信如四时，据此之公，无私如天地，岂顾不用哉？孔子曰："听讼，吾犹人也，必也使无讼乎！"为人主计者，莫如先审取舍。取舍之极定于内，而安危之萌应于外矣。安者非一日而安也，危者非一日而危也，皆以积渐然，不可不察也。人主之所积，在其取舍。以礼义治之者，积礼义；以刑罚治之者，积刑罚。刑罚积而民怨背，礼义积而民和亲。故世主欲民之善同，而所以使民善者或异。或导之以德教，或驱之以法令。导之以德教，德教洽而民气乐；驱之以法令者，法令极而民风哀。哀乐之感，祸福之应也。秦王之欲尊宗庙而安子孙，与汤武同，然而汤武广大其德行，六七百岁而弗失，秦王持天下十余岁则大败。此无他故矣，汤武之定取舍审，而秦王之定取舍不审也。夫天下大器，今人之置器，置诸安处则安，置诸危处则危。天下之情与器无以异，在天子之所置之。汤武置天下于仁义礼乐，而德泽洽，禽兽草木广裕，德被子孙数十世，此天下所共闻也。秦王置天下于法令刑罚，德泽无一有，而怨毒盈于世，人憎恶之如仇雠，祸几及身，子孙诛绝，此天下之所共见也。是非其明效大验邪！

"人之言曰：'听言之道，必以其事观之，则言者莫敢妄言。'今或言'礼谊之不如法令，教化之不如刑罚'，人主胡不引殷、周、秦事以观之也？人主之尊譬如堂，群臣如陛，众庶如地。古者圣王制为等列，内有公卿、大夫、士，外有公、侯、伯、子、男，等级分明，而天子加焉，故其尊不可及也。鄙谚曰：'欲投鼠忌器。'尚惮不投，恐伤其器，况贵臣之近主乎！廉耻礼节，以治君子，故有赐死，而无戮辱。是以黥劓之罪，不及大夫，顾其离主上不远也。君之宠臣，虽或有过，刑戮之罪，不加其身者，尊君故也。所以体貌大臣，而厉其节也。

【重点句解读】

听言之道，必以其事观之，则言者莫敢妄言。

听取意见的办法，必须用事实来检验其是否可行，那么说话的人就不敢胡说了。

言有忠言，有谗言，听信谗言，祸国殃民。所以说："一言兴邦，一言丧邦。"辨别的方法其实也很简单，孔子说："听其言，观其行。"看其是否表里如一。

言行如一是做人的根本，也是党员干部的基本素质要求。言行不一，说一套做一套，当面一套背后一套，用老百姓的话来说，就是"台上大讲反腐倡廉，台下大搞贪污腐败"，如此一来必然导致种种不正之风随之产生，败坏党风政风，污染社会风气，严重损害党和政府公信力。

党员干部要时刻提醒自己，百姓自有"听言之道"。对老百姓的承诺不能停留在口头上，要落实在行动上。不搞劳民伤财的"形象工程""政绩工程"，踏踏实实做好本职工作，确实做到"为官一任，造福一方"。

"今自王侯三公之贵，皆天子之所改容而礼之，古天子之所谓伯父、伯舅也，而今与众庶同黥、劓、髡、刖、笞、傌（mà）、弃市之法，然则堂不无陛乎？被戮辱者，不泰迫乎？廉耻不行，大臣无乃握重权、大官，而有徒隶无耻之心乎？今而有过，帝令废之可也，退之可也，赐之死可也，灭之可也。若夫束缚之，系绁之，输之司寇，编之徒官，司寇小吏，詈骂而榜笞之，殆非所以令众庶见也。夫天子之所尝敬，众庶之所尝宠，死而死耳，贱人安得如此而顿辱之哉！故主上遇其大臣，如遇犬马，彼将犬马自为也；如遇官徒，彼将官徒自为也。故古者礼不及庶人，刑不至大夫，所以厉宠臣之节也。其有大罪者，闻命则北面再拜，跪而自裁，上不使人捽抑而刑之也，曰：'子大夫自有过耳，吾遇子有礼矣。'遇之有礼，故群臣自喜；婴以廉耻，故人矜以节行。上设廉耻礼义，以遇其臣，而臣不以节行报其上者，则非人类也。故<u>为人臣者，利不苟就，害不苟去，唯义所在</u>。上之化也，故父兄之臣，诚死宗庙；法度之臣，诚死社稷；辅翼之臣，诚死君上；守圉扞敌之臣，诚死城郭封疆。故曰'圣人有金城'者，比物此志也。〔比，谓比方。使忠臣以死社稷之志，比于金城。〕彼且为我死，故吾得与之俱生；彼且为我亡，故吾得与之俱存；为我危，故吾得与之皆安。顾行而忘利，守节而仗义，故可以托不御之权，可以寄六尺之孤。此厉廉耻、行礼谊之所致也，主上何丧焉！此之不为，而顾彼之久行，〔彼，亡国也。〕故曰可为长太息者此也。"

【重点句解读】

> 为人臣者，利不苟就，害不苟去，唯义所在。

做臣子的，见到利益不随便谋取，见到危害不随便逃避，只按照道义而行事。

这是历史上对为官者称职与否的评价标准。古人提倡的这种坚持原则、勇于担当的精神，与当今提倡的为人民服务、无私奉献是一脉相通的。这是值得我们继承的中华民族优秀的道德传统。

"义"指公正、合理的道德、行为或道理，是全社会应该遵从的道德规范。"义"的内涵随着社会历史发展的变化而变化，今天的"义"，就是人民的利益高于一切。因此，党员干部在工作中，要将"人民拥护不拥护""人民赞成不赞成""人民高兴不高兴""人民答应不答应"，作为制定各项方针政策的出发点和归宿，作为判断各项工作成败得失的最高标准。

爰盎，字丝，楚人也。孝文时，为中郎将。从霸陵，上欲西驰下峻阪，盎揽辔。上曰："将军怯邪？"盎曰："臣闻千金子不垂堂，百金子不骑衡，〔骑，倚也。〕圣主不乘危、不侥幸。今陛下骋六飞，〔六马之疾若飞也。〕驰不测山，有如马惊车败，陛下纵自轻，奈高庙太后何？"上乃止。

上幸上林，皇后、慎夫人从。其在禁中，常同坐。及坐郎署，盎却慎夫人坐。慎夫人怒，不肯坐。上亦怒，起。盎因前说曰："臣闻尊卑有序，则上下和。今陛下既已立后，慎夫人乃妾，妾主岂可以同坐哉！且陛下幸之，则厚赐之。陛下所以为慎夫人，适所以祸之。独不见'人彘'乎？"〔戚夫人也。〕于是上乃悦，入语慎夫人。夫人赐盎金五十斤。然盎亦以数直谏，不得久居中，调为陇西都尉。〔调，选也。〕仁爱士卒，皆争为死。

晁错，颖川人也，以文学为太子家令。是时匈奴强，数寇边，上发兵以御之。错上言兵事，曰："臣闻兵法有必胜之将，由此观之，安边境，立功名，在于良将，不可不择也。臣又闻用兵，临战合刃之急者三：一曰得地形，二曰卒服习，三曰器用利。兵法曰：'丈五之沟，渐车之水，山林积石，经川丘阜，草木所在，此步兵之地也，车骑二不当一。土山丘陵，曼衍相属，平原广野，此车骑之地也，步兵十不当一。平陵相远，川谷居间，仰高临下，此弓弩之地也，短兵百不当一。两阵相近，平地浅草，可前可后，此长戟之地也，剑盾三不当一。萑苇竹萧，草木蒙茏，支叶茂接，此矛铤（chán）之地也，长戟二不当一。曲道相伏，险厄相薄，此剑盾之地也，弓弩三不当一。士不选练，卒不服习，起居不精，动静不集，趋利弗及，避难不毕，前击后解，与金鼓之音相失，此不习勒卒之过也，百不当十。兵不完利，与空手同；甲不坚密，与袒裼同；〔袒裼，肉袒。〕弩不可以及远，与短兵同；射不能中，与无矢同；中不能入，与无镞同。此将不省兵之祸也，五不当一。'故兵法曰：'器械不利，以其卒予敌也；卒不可用，以其将与敌也；君不择将，以其国与敌也。四者，兵之至要也。'

"臣又闻'小大异形，强弱异势，险易异备'。夫卑身以事强，小国之形也；合小以攻大，敌国之形也；以蛮夷攻蛮夷，中国之形也。今匈奴地形伎艺，与中国异。上下山阪，出入溪涧，中国之马弗与也；险道倾侧，且驰且射，中国之骑弗与也；风雨罢劳，饥渴不困，中国之人弗与也。此匈奴之长技也。若夫平原易地，轻车突骑，则匈奴之众易挠乱也；劲弩长戟，射疏及远，则匈奴之弓弗能格也；坚甲利刃，长短相杂，游弩往来，什伍俱前，则匈奴之兵弗能当也；材官驺发，矢道同的，〔材官，骑射之官也。射者驺发，其用矢者，同中一的，言其工妙。〕则匈奴之革笥（sì）木荐〔革笥，以皮作，如铠也。木荐，以木板作，如盾。〕弗能支也；下马地斗，剑戟相接，去就相薄，则匈奴之足弗能给也。此中国之长技也。以此观之，匈奴之长技三，中国之长技五。陛下又兴数十万之众，以诛数万之匈奴，众寡之计，以一击十之术也。虽然，兵，凶器；战，危事也。以大为小，以强为弱，在俛仰之间耳。夫以人死争胜，蹉而不振，〔蹉跌不可复起。〕则悔之无及也。帝王之道，出于万全。今降胡义渠蛮夷之属，来归谊者，其众数千，饮食长技，与匈奴同，可赐之坚甲絮衣，劲弓利矢，益以边郡之良骑，令明将能知其习俗、和辑其心者将之。即有险阻，以此当之；平地通道，则以轻车材官制之。两军相表里，各用其长技，衡加之以众，此万全之术也。"

文帝嘉之，乃赐错玺书，宠答焉。错复言守边备塞、劝农力本，当世急务二事，曰："臣窃闻秦时，北攻胡貉，筑塞河上，南攻扬粤，〔扬州之南越也。〕置戍卒焉。其起兵而攻胡粤者，非以卫边地而救民死也，贪戾而欲广大也,故功未立而天下乱。且夫起兵而不知其势,战则为人禽,屯则卒积死。夫胡貉之地,积阴之处也,其性能寒;扬粤之地,少阴多阳,其性能暑。秦之戍卒,不能其水土,戍者死于边,输者偾于道,〔偾,仆也。〕秦民见行,如往弃市,因以谪发之,名曰'谪戍'。发之不顺,行者深怨,有背叛之心。凡民守战至死,而不降北者,以计为之也。故战胜守固,则有拜爵之赏;攻城屠邑,则得其财卤,以富家室。故能使其众,蒙矢石,赴汤火,视死如生。今秦之发卒也,有万死之害,而无铢两之报,死事之后,不得一算之复,天下明知其祸烈及己也。陈胜行戍,至于大泽,为天下先唱,天下从之如流水者,秦以威劫而行之敝也。胡人衣食之业,不著于地,其势易扰乱边境,如飞鸟走兽放于广野,美草甘水则止,草尽水竭则移。以是观之,往来转徙,时至时去,此胡人生业,而中国之所以离南亩也。今使胡人数处转牧,行猎于塞下,或当燕代,或当上郡、北地、陇西,以候备塞之卒,卒少则入。陛下不救,则边民绝望,而有降敌之心,少发则不足,多发远县才至,胡又已去。聚不罢,为费甚大;罢之,则胡复入。如此连年,则中国贫苦,而民不安矣。陛下幸忧边境,遣将吏发卒以治塞,甚大惠也。然令远方之卒守塞,一岁而更,不知胡人之能。不如选常居者,家室田作,且以备之。以便为之,高城深堑,先为室屋,具田器,乃募罪人令居之;不足,募以丁奴婢赎罪,及输奴婢欲以拜爵者;不足,乃募民之欲往者,皆赐高爵,复其家。与冬夏衣、禀食,能自给而止。其无夫若妻者,县官买与之。人情非有匹敌,不能久安其处。塞下之民,禄利不厚,不可使久居危难之地。胡人入驱,而能止其所驱者,以其半与之,〔谓胡人驱收,中国能夺得之者,以半与之也。〕县官为赎〔得汉人,官为赎也。〕其民。如是,则邑里相救助,赴胡不避死,非以德上也,欲全亲戚而利其财也。此与东方之戍卒,〔东方诸郡,次当戍边。〕不习地势而心畏胡者,功相万也。以陛下之时,徙民实边,使远方无屯戍之事,塞下之民,父子相保,无系虏之患,利施后世,名称圣明,其与秦之行怨民,相去远矣。"

上从其言,募民徙塞下。错复言:"陛下幸募民相徙,以实塞下,使屯戍之事益省,甚大惠也。使先至者安乐而不思故乡,则贫民相募而劝往矣。臣闻古之徙远方,以实广虚也。相其阴阳之和,尝其水泉之味,审其土地之宜,观其草木之饶,然后营邑立城,制里割宅,通田作之道,正阡陌之界，先为筑室家，置器物焉。民至有所居，作有所用，此民所以轻去故乡，而劝之新邑也。为置医巫，以救疾病，生死相恤，坟墓相从，此所以使民乐其处，而有长居之心也。择其邑之贤材，习地形、知民心者，居则习民于射法，出则教民于应敌。故卒伍成于内，则军正定于外。服习以成，勿令迁徙，幼则同游，长则共事。夜战声相知，则足以相救；昼战目相见，则足以相识；欢爱之心，足以相死。如此而劝以厚赏，威以重罚，则前死不还踵矣。"

文帝诏举贤良文学之士，错在选中。上亲策诏之，曰："昔者大禹，勤求贤士，施及方外，近者献其明，远者通厥聪，比善戮力，以翼天子，是以大禹能无失德。故诏有司，选贤良明于国家之大体，通于人事之终始，及能直言极谏者，将以匡朕之不逮。永惟朕之不德，吏之不平，政之不宣，民之不宁，四者之阙，悉陈其志，无有所隐。"错对诏策曰："'通于人事终始'，愚臣窃以古之三王，臣主俱贤，故合谋相辅，计安天下，莫不本于人情。人情莫不欲寿，三王生而不伤也；人情莫不欲富，三王厚而不困也；人情莫不欲安，三王扶而不危也；人情莫不欲逸，三王节其力不尽也。其为法令也，合于人情而后行之；其动众使民也，本于人事然后为之。取人以己，内恕及人。情之所恶，不以强人；情之所欲，不以禁民。是以天下乐其政而归其德，望之若父母，从之若流水，百姓和亲，国家安宁，名位不失，施及后世。此明于人情终始之功也。诏策曰'吏之不平，政之不宣，民之不宁'，愚臣窃以秦事明之。臣闻秦始并天下之时，其主不及三王，而臣不及其佐，然功力不迟者，何也？地形便，财用足，民利战。其所与并者六国。六国者，臣主皆不肖，谋不辑，民不用，故当此之时，秦最富强。夫国富强而邻国乱者，帝王之资也，故秦能兼六国，立为天子。当此之时，三王之功，不能进焉。及其末涂之衰也，任不肖而信谗贼，宫室过度，耆欲无极，民力疲尽，赋敛不节，矜奋自贤，群臣恐谀，〔恐机发陷祸，而谀以求自全。〕骄溢纵恣，不顾患祸，妄赏以随喜意，妄诛以快怒心，法令烦僭，刑罚暴酷，轻绝人命，天下寒心，莫安其处。奸邪之吏，乘其乱法，以成其威，狱官主断，生杀自恣，上下瓦解，各自为制。秦始乱之时，吏之所先侵者，贫人贱民也；至其中节，所侵者，富人吏家也；及其末涂，所侵者，宗室大臣也。是故亲疏皆危，外内咸怨，离散逋逃，人有走心。陈胜先倡，天下大溃，绝祀亡世，为异姓福。此吏不平、政不宣、民不宁之祸也。"对奏，天子善之，迁大中大夫。

【重点句解读】

取人以己，内恕及人。情之所恶，不以强人；情之所欲，不以禁民。

像要求别人那样要求自己，以原谅自己之心去原谅别人。自己心中厌恶的事，不强迫别人去做；自己心中想做的事，不禁止众人去做。

孔子说过："己所不欲，勿施于人。"晁错说了与孔子相似的话。他认为，只有设身处地为百姓着想，以百姓的利益为根本，制定政策要合乎百姓的愿望。这样才能达到百姓和睦相亲、国家安宁、社稷永固的治国目标。

纵观历史，得天下者无一不是因为得到民心。刘向《说苑·政理》中说："善为国者，爱民如父母之爱子、兄之爱弟，闻其饥寒为之哀，见其劳苦为之悲。"

民众是国家的主体，要想保证邦固国宁，就必须得民心、顺民意。想群众之所想、急群众之所急、解群众之所困，让老百姓学有所教、劳有所得、病有所医、老有所养、住有所居，这样才能把"以民为本"落到实处。

错以诸侯强大，请削之。后吴楚反，会窦婴言爰盎，诏召入见，上问曰："计安出？"盎对曰："吴楚相遗书，言高皇帝王子弟，各有分地，今贼臣晁错，擅谪诸侯，削夺之地，以故反，名为西共诛错，复故地而罢。方今计，独有斩错，发使赦吴楚七国，复其故地，则兵可无血刃而俱罢。"于是上默然良久，曰："顾诚何如，吾不爱一人谢天下也。"后十余日，乃使中尉召错，绐载行市。错衣朝衣斩东市。错已死，谒者仆射邓公为校尉，击吴楚，还，上书言军事。上问曰："闻晁错死，吴楚罢不也？"邓公曰："吴为反数十岁矣，发怒削地，以诛错为名，其意不在错也。且臣恐天下之士拑口，不敢复言矣。"上曰："何哉？"邓公曰："夫晁错患诸侯强大不可制，故请削之以尊京师，万世之利也。计画始行，卒被大戮，内杜忠臣之口，外为诸侯报仇，臣窃为陛下不取也。"于是景帝喟然长息，曰："公言善，吾亦恨之。"

卷十七 《汉书》治要（五）

· 传 ·

张释之，字季，南阳人也。以赀（zī）为郎，事文帝，十年不得调，欲免归。中郎将爰盎知其贤，惜其去，乃请徙释之补谒者。释之既朝毕，因前言便宜事。文帝称善，拜释之为谒者仆射。从行，上登虎圈，问上林尉禽兽簿，十余问，尉左右视，尽不能对。虎圈啬夫从旁代尉对，上所问禽兽簿甚悉，欲以观其能，口对响应无穷者。文帝曰："吏不当如此邪？"诏拜啬夫为上林令。释之前曰："陛下以绛侯周勃何人也？"上曰："长者。"又复问："东阳侯张相如何人也？"上复曰："长者。"释之曰："夫绛侯、东阳侯，称为长者，此两人言事，曾不能出口，岂效啬夫喋喋利口捷给哉！且秦以任刀笔之吏，争以亟疾苛察相高，其弊徒文具，无恻隐之实。以故不闻其过，陵夷至于二世，天下土崩。今陛下以啬夫口辩而超迁之，臣恐天下随风靡，争口辩无其实。且下之化上，疾于景响，举措不可不察也。"文帝曰："善。"乃止。从行至霸陵，上顾谓群臣曰："嗟乎！以北山石为椁，用纻（zhù）絮斫陈漆其间，岂可动哉！"左右皆曰："善。"释之前曰："使其中有可欲，虽锢南山犹有隙。使其中无可欲，虽无石椁，又何戚焉？"文帝称善。其后拜释之为廷尉。

顷之，上行出中渭桥，〔桥在两岸之中也。〕有一人从桥下走，乘舆马惊，于是使骑捕属廷尉。释之奏："当此人犯跸，〔跸，止行人。〕当罚金。"上怒曰："此人亲惊吾马，马赖和柔，令他马，固不败伤我乎？而廷尉乃当之罚金！"释之曰："法者，天子所与天下公共也。今法如是，更重之，是法不信于民也。且方其时，上使使诛之则已。今已下廷尉，廷尉，天下之平也，一倾，天下用法，皆为之轻重，民安所措其手足？唯陛下察之。"良久曰："廷尉当是也。"其后人有盗高庙坐前玉环，得，文帝怒，下廷尉治，奏当弃市。上大怒曰："人无道，乃盗先帝器，吾属廷尉者，欲致之族，而君以法奏之，非吾所以共承宗庙意也。"释之曰："法如是足矣。且罪等，〔俱死罪也，盗玉环，不若盗长陵土之逆也。〕然以逆顺为基。今盗宗庙器而族之，假令愚民取长陵一抔土，〔不欲指言，故以取土喻也。〕陛下且何以加其法乎？"乃许廷尉当。

冯唐，赵人也，以孝著，为郎中署长，事文帝。帝辇过，问唐曰："父老何自为郎？家安在？"具以实言。曰："吾居代时，吾尚食监高祛，数为我言赵将李齐之贤，战于钜鹿下。吾每饮食，意未尝不在钜鹿也。〔每食念监所说李齐在钜鹿时也。〕父老知之乎？"唐对曰："齐尚不如廉颇、李牧。"上曰："嗟乎！吾独不得廉颇、李牧为将，岂忧匈奴哉！"唐曰："陛下虽有颇、牧，不能用也。"上怒，起入禁中。良久，召唐复问曰："公何以言吾不能用颇、牧也？"对曰："臣闻上古王者遣将也，跪而推毂，曰：'阃（niè）以内寡人制之，阃以外将军制之。〔门中橛为阃也。〕军功爵赏，皆决于外，归而奏之。'此非空言也。李牧之为赵将居边，军市之租，皆自用飨士，赏赐决于外，不从中覆也。委任而责成功，故李牧乃得尽其知能，是以北逐单于，破东胡，灭澹林，〔胡名也。〕西抑强秦，南支韩魏。今臣窃闻，魏尚为云中守，军市租尽以给士卒，出私养钱，五日一杀牛，以飨宾客军吏舍人，是以匈奴远避，不近云中之塞。虏尝一入，尚帅车骑击之，所杀甚众。上功莫府，一言不相应，文吏以法绳之，其赏不行。愚以为陛下法太明，赏太轻，罚太重。且魏尚坐上功首虏差六级，陛下下之吏，削其爵，罚作之。由此言之，陛下虽得颇、牧，不能用也。臣诚愚，触忌讳，死罪！"文帝悦。是日，令唐持节赦魏尚，复以为云中守，而拜唐为车骑都尉。〔荀悦《纪》论曰："以孝文之明，本朝之治，百寮之贤，而贾谊见排逐，张释之十年不见省，冯唐皓首屈于郎署，岂不惜哉！夫绛侯之忠，功存社稷而由见疑，不亦痛乎！夫知贤之难，用人之不易，忠臣自固之难，在明世且由若兹，而况乱君暗主者乎！然则屈原赴于汨罗，子胥鸱夷于江，安足恨哉！周勃质朴忠诚，高祖知之，以为安刘氏者勃也。既定汉室，建立明主，眷眷之心，岂有已哉！狼狈失据，块然囚执，俛（fǔ）

首拊襟，屈于狱吏，可不悯哉！夫忠臣之于其主，由孝子之于其亲也，尽心焉，尽力焉。<u>进而喜，非贪位也；退而忧，非怀宠也。</u>忠结于心，恋慕不止，进得及时，乐行其道也。故仲尼去鲁，迟迟吾行也；孟轲去齐，三宿而后出。盖彼诚仁圣之心也。夫贾谊过湘吊屈原，恻怆恻怀，岂徒忿怨而已哉！与夫苟患失之者，异类殊意矣。及其傅梁王，哭泣而从之死，岂可谓非至忠乎！然而人主不察，岂不哀哉！及释之屈而思归，冯唐困而后达，又可悼也。此忠臣所以泣血、贤哲所以伤心也。"］

【重点句解读】

进而喜，非贪位也；退而忧，非怀宠也。

得到晋升就感到欢喜，但并不是贪图高位；遭到贬斥就感到忧愁，却不是留恋君王的恩宠。

有一颗忠心，为官者就会把国家、民族的利益摆在首位，为祖国的前途、命运分愁担忧，为人民的幸福出力，而不会斤斤计较于个人的进退得失。

中国传统文化中，"孝、悌、忠、信、礼、义、廉、耻"被称为"八德"。清末民初，孙中山、蔡元培等提出了"忠、孝、仁、爱、信、义、和、平"新"八德"，"忠"列"八德"之首。

"忠"不仅被看作是个人的"修身之要"，而且被定为"天下之纪纲""义理之所归"。无论是一个组织、一个政党，还是一个国家、一个民族，都把"忠诚"二字作为倡导和推崇的价值理念和道德规范。

习近平总书记指出，要"心中有党、对党忠诚"，把牢政治方向，强化组织意识，时刻想到自己是党的人，时刻不忘自己对党应尽的义务和责任，相信组织、依靠组织、服从组织，自觉维护党的团结统一。

汲黯，字长孺，濮阳人也。为人正直，以严见惮。武帝召为中大夫。以数切谏，不得久留内，迁为东海太守。黯学黄老言，治民好清静，责大指而不细苛。黯多病，卧阁内不出。岁余，东海大治。召为主爵都尉，治务在无为而已，引大体不拘文法。上曰："汲黯何如人也？"严助曰："使黯任职居官，亡以愈人，然至其辅少主，虽自谓贲、育，弗能夺也。"上曰："然。古有社稷之臣，至如汲黯，近之矣。"大将军青侍中，上踞厕视之。〔厕，谓床边，踞床视之。〕丞相弘宴见，上或时不冠。至如见黯，不冠不见也。尝坐武帐，黯前奏事，上不冠，望见黯，避帐中，使人可其奏。其见敬礼如此。张汤以更定律令为廷尉，黯质责汤于上前曰："公为正卿，上不能褒先帝之功业，下不能化天下之邪心，安国富民，使囹圄空虚，何空取高皇帝约束纷更之为？〔纷，乱也。〕而公以此无种矣！"黯时与汤论议，汤辩常在文深小苛，黯愤发骂曰："天下谓刀笔吏不可以为公卿，果然！必汤也，令天下重足而立、侧目而视矣！"

贾山，颍川人也。孝文时，言治乱之道，借秦为谕，名曰至言，其辞曰："夫布衣韦带之士，修身于内，成名于外，而使后世不绝息。至秦则不然。贵为天子，富有天下，赋敛重数，赭衣半道，群盗满山，使天下之人，戴目而视，倾耳而听。一夫大呼，天下响应。秦非徒如此也，又起咸阳而西至雍，离宫三百，钟鼓帷帐，不移而具。又为阿房之殿，殿高数十仞，东西五里，南北千步，从车罗骑，四马骛驰，旌旗不挠。为宫室之丽至于此，使其后世曾不得聚庐而托处焉。为驰道于天下，东穷燕齐，南极吴楚，道广五十步，厚筑其外，隐以金椎，〔作壁如甬道。隐，筑也，以铁椎筑之也。〕树以青松。为驰道之丽至于此，使其后世曾不得邪径而托足焉。死葬乎骊山，吏徒数十万人，旷日十年，下彻三泉，冶铜锢其内，漆涂其外，被以珠玉，饰以翡翠，中成观游，上成山林。为葬埋之侈至于此，使其后世曾不得蓬颗蔽冢而托葬焉。〔蓬颗，犹裸颗小冢。〕秦以熊罴之力，虎狼之心，蚕食诸侯，并吞海内，而不笃礼义，故天殃已加矣。臣昧死以闻，愿陛下少留意，而详择其中。臣闻忠臣之事君也，言切直则不用，其身危，不切直则不可以明道。故切直之言，明主所欲急闻，忠臣之所以蒙死而竭智也。地之硗者，虽有善种，不能生焉；江皋河濒，虽有恶种，无不猥大。故地之美者善养禾，君之仁者善养士。

"雷霆之所击，无不摧折者；万钧之所压，无不糜灭者。今人主之威非特雷霆，势重非特万钧也。开道而求谏，和颜色而受之，用其言而显其身，士犹恐惧，而不敢自尽，又乃况于纵欲恣行暴虐，恶闻其过乎！震之以威，压之以重，则虽有尧、舜之智，孟、贲之勇，岂有不摧折者哉？如此，则人主不得闻其过失矣，弗闻则社稷危矣。古者圣王之制，史在前书过失，工诵箴谏，庶人谤于道，商旅议于市，然后君得闻其过失也。闻其过失而改之，见义而从之，所以永有天下也。天子之尊，四海之内，其义莫不为臣，然而养三老于大学，举贤以自辅弼，求修正之士使直谏。故尊养三老，示孝也；立辅弼之臣者，恐骄也；置直谏之士者，恐不得闻其过也；学问至于乌莵（ráo）者，求善无厌也；商人庶人诽谤己而改之，从善无不听也。昔者，秦力并万国，富有天下，破六国以为郡县，筑长城以为关塞。秦地之固，大小之势，轻重之权，其与一家之富、一夫之强，胡可胜计也！然而兵破于陈涉，地夺于刘氏者，何也？秦王贪狼暴虐，残贼天下，穷困万民，以适其欲也。昔者，周盖千八百国，以九州之民，养千八百之君，用民之力，不过岁三日，什一而藉，君有余财，民有余力，而颂声作。秦皇帝以千八百国之民自养，力疲不胜其役，财尽不胜其求。一君之身，所以自养者，驰骋弋猎之娱，天下弗能供也。劳疲者不得休息，饥寒者不得衣食，无辜死刑者无所告诉，人与之为怨，家与之为仇，故天下坏也。身死才数月，天下四面而攻之，宗庙灭绝矣。秦皇帝居灭绝之中，而不自知者，何也？天下莫敢告也。其所以莫告者，何也？无养老之义，无辅弼之臣，无进谏之士，纵恣行诛，退诽谤之人，杀直谏之士，是以偷合苟容，比其德则贤于尧、舜，课其功则贤于汤、武，天下已溃，而莫之告也。

"《诗》曰：'非言不能，胡此畏忌。'此之谓也。又曰：'济济多士，文王以宁。'天下未尝无士也，然而文王独言以'宁'者，何也？文王好仁，故仁兴；得士而敬之，则士用，用之有礼义。故不致其爱敬，则不能尽其心，则不能尽其力，则不能成其功。故古之贤君于其臣也，尊其爵禄而亲之，疾则临视之无数，死则吊哭之，为之服锡衰，而三临其丧，未敛不饮酒食肉，未葬不举乐，当宗庙之祭而死，为之废乐。故古之君人者于其臣也，可谓尽礼矣。故臣下莫敢不竭力尽死，以报其上，功德立于后世，而令闻不忘也。"

【重点句解读】

古者圣王之制，史在前书过失，工诵箴谏，庶人谤于道，商旅议于市，然后君得闻其过失也。闻其过失而改之，见义而从之，

所以永有天下也。

古代圣王的制度是：史官在面前记录君主的过失，乐官诵读规劝的话，百姓在道路上指责君主的过失，商旅之人在街市上议论君主的过错。这样一来，君主便能听到自己的过失。听到自己的过失并改正它，看到正义的事就依从去做，所以才能够江山永固。

这里列举了古时候向当政者提意见的方法，并希望当政者能"闻过而改，见义而从"。也就是说，作为领导者不但要能听得到批评，而且还要听得进批评。要有"闻过则喜"的德行，要明白孔子所说的："过而不改，是谓过矣。"

毛泽东曾把有无认真的自我批评，视为"我们和其他政党互相区别的显著的标志之一"。

党的十八大以来，习近平总书记强调："批评和自我批评是一剂良药，是对同志、对自己的真正爱护"，并指出"自我批评难，相互批评更难"。明确要求：对自己的缺点错误，要敢于正视、主动改正；对别人的缺点错误，要敢于指出、帮助改进；对同志的提醒批评，要闻过则喜、虚心接受。

邹阳，齐人也。事吴王濞，濞以太子事怨望，称疾不朝，阴有邪谋。阳奏书谏，吴王不纳其言。去之梁，从孝王游。阳为人有智略，慷慨不苟合，介于羊胜、公孙诡之间。胜等疾阳，恶之于孝王。孝王怒，下阳吏，将杀之。阳乃从狱中上书曰："臣闻'忠无不报，信不见疑'，臣常以为然，徒虚语耳。昔者荆轲慕燕丹之义，白虹贯日，太子畏之。〔燕太子丹厚养荆轲，令西刺秦王。其精诚感天，白虹为之贯日也。白虹，兵象也。日，君象也。〕卫先生为秦画长平之事，太白食昴（mǎo），昭王疑之。〔白起为秦伐赵，破长平军，欲遂灭赵，遣卫先生说昭王益兵粮，为应侯所害，事不成。其精诚上达于天，故太白为之食昴。昴，赵分也。〕夫精变天地，而信不谕两主，岂不哀哉！今臣尽忠竭诚，毕议愿知，〔尽其计议，愿王知之也。〕左右不明，卒从吏讯，为世所疑。是使荆轲、卫先生复起，而燕、秦不寤也。愿大王孰察之。昔玉人献宝，楚王诛之；李斯竭忠，胡亥极刑。是以箕子阳狂,接舆避世,恐遭此患也。愿大王察玉人、李斯之意,而后楚王、胡亥之听,无使臣为箕子、接舆所笑。臣闻比干剖心,子胥鸱夷,臣始不信,乃今知之。愿大王孰察,少加怜焉!语曰:'有白头如新,倾盖如故。'何则?知与不知也。故樊於期逃秦之燕,借荆轲首,以奉丹事;〔於期为秦将,被谗走之燕。始皇灭其家,又重购之。燕遣轲刺始皇,於期自刎首,令轲赍往也。〕王奢去齐之魏,临城自刭,以却齐而存魏。〔王奢,齐臣也,亡至魏。其后齐伐魏,奢登城谓齐将曰:"今君之来,不过以奢故也,义不苟生,以为魏累也。"遂自刭。〕夫王奢、樊於期,非新于齐秦,而故于燕魏也,所以去二国死两君者,行合于志,慕义无穷也。苏秦相燕,人恶于燕王,燕王按剑而怒,食以駃騠(jué tí);〔駃騠,骏马也。敬重苏秦,虽有谗谤,而更食以珍奇之味也。〕白圭显于中山,人恶之魏文侯,文侯赐以夜光之璧。何则两主二臣,剖心析肝相信,岂移于浮辞哉?女无美恶,入宫见妒;士无贤不肖,入朝见嫉。昔司马喜膑脚于宋,卒相中山;范雎拉胁折齿于魏,卒为应侯。此二人者,皆信必然之画,捐朋党之私,故不能自免于嫉妒之人也。百里奚乞食于道路,缪公委之以政;宁戚饭牛车下,桓公任之以国。此二人者,岂素宦于朝,借誉左右,然后二主用之哉?感于心,合于行,坚如胶漆,昆弟不能离,岂惑于众口哉?故偏听生奸,独任成乱。昔鲁听季孙之说逐孔子,宋任子冉之计囚墨翟。夫以孔墨之辩,不能自免于谗谀,而二国以危。何则?众口铄金,积毁销骨。秦用戎人由余,而伯中国;齐用越人子臧,而强威宣。此二国岂系于俗、牵于世,系奇偏之辞哉?公听并观,垂明当世。故意合则胡越为兄弟,由余、子臧是矣;不合则骨肉为仇敌,朱、象、管、蔡是矣。今人主诚能用齐、秦之明,后宋、鲁之听,则五伯不足侔,而三王易为也。夫晋文亲其仇,强伯诸侯;齐桓用其仇,而匡天下。何则?慈仁殷勤,诚加于心,不可以虚辞借也。至夫秦用商鞅之法,东弱韩、魏,立强天下,卒车裂之;越用大夫种之谋,禽劲吴而伯中国,遂诛其身。是以孙叔敖三去相而不悔,於陵子仲辞三公,为人灌园也。今人主诚能去骄傲之心,怀可报之意,披心腹,见情素,堕肝胆,施德厚,无爱于士,则桀之狗可使吠尧,跖之客可使刺由,何况因万乘之权,假圣王之资乎!然则荆轲沉七族,要离燔妻子,岂足为大王道哉!臣闻明月之珠、夜光之璧,以暗投人于道,众莫不按剑相眄者。何则?无因而至前也。蟠木根柢,轮困离奇,〔根柢,下本也。轮囷离奇,委曲盘戾也。〕而为万乘器者,以左右先为之容也。故无因至前,虽出随珠和璧,只结怨而不见德;有人先游,则枯木朽株,树功而不忘。今夫天下布衣穷居之士,身在贫羸,虽蒙尧、舜之术,挟伊、管之辩,怀龙逄、比干之意,而素无根柢之容,虽竭精神,欲开忠于当世之君,则人主必袭案剑相眄之迹矣。是使布衣之士,不得为枯木朽株之资也。今人主沉谄谀之辞,牵帷墙之制,使不羁之士与牛骥同皂,此鲍焦所以愤于世也。臣闻盛饰入朝者,不以私污义;砥砺名号者,不以利伤行。故里名胜母,曾子不入;邑号朝歌,墨子回车。今欲使天下寥廓之士,笼于威重之权,胁于位势之贵,回面污行,以事谄谀之人,而求亲近于左右,则士有伏死堀穴岩薮之中耳,安有尽忠信而趋阙下者哉!"书奏,孝王立出之,卒为上客。

枚乘,字叔,淮阴人也,为吴王濞郎中。吴王之初怨望谋为逆也,乘奏书谏曰:"臣闻得全者全昌,失全者全亡。忠臣不避重诛以直谏,则事无遗策,功流万世。臣乘愿披心腹,而效愚忠,唯大王少加意念于臣乘言。夫以一缕之任,系千钧之重,上悬之无极之高,下垂之不测之深,虽甚愚之人,犹知哀其将绝也。马方骇,鼓而惊之;系方绝,又重镇之。系绝于天,不可复结;坠入深泉,难以复出。其出不出,间不容发。〔言其激切甚急也。〕能听忠臣之言,百举必脱。必若所欲为,危于累卵,难于上天;变所欲为,易于反掌,安于泰山。今欲极天命之寿,敝无穷之乐,究万乘之势,不出反掌之易,以居泰山之安,而欲乘累卵之危,走上天之难,此愚臣之所大惑也。人性有畏其影而恶其迹者,却背而走,迹逾多,影逾疾,不知就阴而止,影灭迹绝。<u>欲人勿闻,莫若勿言;欲人勿知,莫若勿为。</u>欲汤之沧,〔沧,寒也。〕一人炊之,百人扬之,无益也,不如绝薪止火而已。不绝之于彼,而救之于此,譬由抱薪而救火也。夫铢铢而称之,至石必差;寸寸而度之,至丈必过。石称丈量,径而寡失。夫十围之木,始生而如蘗(niè),足可搔而绝,手可擢而拔,据其未生,先其未形也。磨砻砥砺,不见其损,有时而尽;种树畜养,不见其益,有时而大;积德累行,不知其善,有时而用;弃义背理,不知其恶,有时而亡。臣愿大王孰计而行之,此百世不易之道也。"吴王不纳,乘去而之梁。

【重点句解读】

欲人勿闻，莫若勿言；欲人勿知，莫若勿为。

想让别人听不到，不如自己不要说；想让别人不知道，不如自己不要做。

老话说："要想人不知，除非己莫为"，"纸里包不住火"。行为正直坦白，毫无隐私暧昧不可告人之处，这是中国传统教育思想所提倡的为人处世之道。

"心底无私天地宽"。做人要坦坦荡荡、堂堂正正，一言一行都开诚布公，心存道德，敬畏法律，按照规章制度行事。话说得再私密，事情做得再机密，早晚也都会大白于天下，孰是孰非，自有公论。心存侥幸，投机取巧，耍小聪明，看似能逞一时之快，得一时之利，结果必然是聪明反被聪明误。

为官能秉公用权、廉洁清正；经商能合法经营、勤劳致富；做人能走得端、行得正，言行自然光明磊落。正如司马光对自己的评价："吾无过人者，但平生所为，未尝有不可对人言者耳。"

路温舒，字长君，钜鹿人也。宣帝初即位，温舒上书言宜尚德缓刑。其辞曰："臣闻齐有无知之祸，而桓公以兴；晋有骊姬之难，而文公用伯。近世诸吕作乱，而孝文为大宗。由是观之，祸乱之作，将以开圣人也。帝永思至德，以承天心，崇仁义，省刑罚，通关梁，一远近，敬贤如大宾，爱民如赤子，内恕情之所安，而施之海内，是以囹圄空虚，天下太平。夫继变化之后，必有异旧之德，此贤圣所以昭天命也。陛下初登至尊，宜改前世之失，涤烦文，除民疾，存亡继绝，以应天意。臣闻秦有十失，其一尚存，治狱之吏是也。秦之时，羞文学，好武勇，贱仁义之士，贵治狱之吏，正言者谓之诽谤，遏过者谓之妖言。故盛服先生不用于世，忠良切言皆郁于胸，誉谀之声日满于耳，虚美熏心，实祸蔽塞，此乃秦之所以亡天下也。方今天下，赖陛下厚恩，无金革之危、饥寒之患，然太平未洽者，狱乱之也。夫狱者，天下之大命，死者不可生，断者不可属。《书》曰：'与杀不辜，宁失不经。'今治狱吏则不然。上下相殴，以刻为明。深者获公名，平者多后患。故治狱之吏，皆欲人死，非憎人也，自安之道，在人之死。是以死人之血，流离于市；被刑之徒，比肩而立；大辟之计，岁以万数。此仁圣之所伤也。太平之未洽，凡以此也。夫人情安则乐生，痛则思死。捶楚之下，何求而不得？故囚人不胜痛，则饰辞以示之；吏治者利其然，则指道以明之；上奏畏却，则锻炼而周内之。〔精熟周悉，致之法中也。〕盖奏当之成，虽咎繇听之，犹以为死有余罪。何则？成练者众，文致之罪明也。是以狱吏专为深刻残贼，不顾国患，此世之大贼也。故俗语曰：'画地为狱，议不入；刻木为吏，期不对。'此皆疾吏之风，悲痛之辞也。故天下之患，莫深于狱；败法乱正，离亲塞道，莫甚乎治狱之吏。此所谓一尚存者也。臣闻乌鸢之卵不毁，而后凤皇集；诽谤之罪不诛，而后良言进。故古人有言曰：'山薮藏疾，川泽纳污，瑾瑜匿恶，国君含诟。'唯陛下除诽谤以招切言，开天下之口，广箴谏之路，扫亡秦之失，尊文、武之德，省法制，宽刑罚，则太平之风，可兴于世，永履和乐，与天无极，天下幸甚。"上善其言。

苏建，杜陵人也。

子武，字子卿。武帝遣武以中郎将，持节送匈奴，使与副中郎将张胜及假吏常惠等俱。会虞常等谋反匈奴中。虞常在汉时，素与副张胜相知，私候胜曰："闻汉天子甚怨卫律，常能为汉杀之。吾母与弟在汉，幸蒙其赏。"人夜亡告之。单于怒，召诸贵人议，欲杀汉使者。左伊秩訾〔胡官号也。〕曰："即谋单于，何以复加？宜皆降之。"单于使卫律召武受辞，武曰："屈节辱命，虽生，何面目以归汉！"引佩刀自刺。卫律惊，自抱持武，气绝，半日复息。单于壮其节，使使晓武。会论虞常，欲因此时降武，剑斩虞常已，律曰："单于募降者赦罪。"举剑欲击之，胜请降。律谓武曰："副有罪，当相坐。"复举剑拟之，武不动。律曰："苏君，律前负汉归匈奴，幸蒙大恩，赐号称王，拥众数万，马畜弥山，富贵如此。苏君今日降，明日复然。空以身膏草野，谁复知之！"武不应。律曰："君因我降，与君为兄弟，今不听吾计，后虽欲复见我，尚可得乎？"武骂律曰："汝为人臣子，不顾恩义，畔主背亲，为降虏于蛮夷，何以汝为见？且单于信汝，使决人死生，不平心持正，反欲斗两主，观祸败。南越杀汉使者，屠为九郡；宛王杀汉使者，头悬北阙；朝鲜杀汉使者，即时诛灭。独匈奴未耳。若知我不降，明欲令两国相攻，匈奴之祸，从我始矣。"律知武终不可胁，白单于。单于愈益欲降之，乃幽武置大窖中，绝不饮食。天雨雪，武卧啮雪与旃毛，并咽之，数日不死，匈奴以为神，乃徙武北海上无人处，使牧羝羊，曰："羝乳乃得归。"

武至海上，廪食不至，掘野鼠去草实而食之，杖汉节而牧羊，卧起操持，节旄尽落。单于使李陵至海上，为武置酒设乐，因谓武曰："单于闻陵与子卿素厚，故使陵来说足下，虚心欲相待。终不得归，空自苦无人之地，信义安所见乎？来时太夫人已不幸，子卿妇年少，闻已更嫁矣。独有女弟二人，两女一男，今复十余年，存亡不可知。人生如朝露，何久自苦如此！陵始降时，忽忽如狂，自痛负汉，加以老母系保宫，子卿不欲降，何以过陵？且陛下春秋高，法令无常，大臣无罪，夷灭者数十家，安危不可知，尚复谁为乎？愿听陵计。"武曰："武父子无功德，皆陛下所成就，位列将，爵通侯，兄弟亲近，常愿肝脑涂地。今得杀身自效，虽蒙斧钺汤镬，诚甘乐之。臣事君，犹子事父，子为父死无所恨，愿勿复再言。"陵与武饮数日，复曰："子卿一听陵言。"武曰："自分已死久矣！王必欲降武，请毕今日之欢，效死于前！"陵见其至诚，喟然叹曰："嗟乎！义士！陵与卫律之罪，上通天。"因泣下沾襟，与武决去。武留匈奴十九年，始以强壮出，及还，须发尽白。在匈奴闻上崩，南向号哭呕血，旦夕临。数月，卒得全归。宣帝甘露三年，单于始入朝。上思股肱之美，乃图画其人于麒麟阁，法其形貌，署其官爵姓名。唯霍光不名，曰大司马大将军博陆侯姓霍氏。次曰卫将军富平侯张安世，次曰车骑将军龙额侯韩增，次曰后将军营平侯赵充国，次曰丞相高平侯魏相，次曰丞相博阳侯丙吉，次曰御史大夫建平侯杜延年，次曰宗正阳成侯刘德，次曰少府梁丘贺，次曰太子太傅萧望之，次曰典属国苏武。皆有功德，知名当世，是以表而扬之，明著中兴辅佐，列于方叔、召虎、仲山甫焉。凡十一人。

韩安国，字长孺，梁人也，为御史大夫。是时匈奴请和亲，上下其议。大行王恢议曰："汉与匈奴和亲，率不过数岁即背约，不如勿许，举兵击之。"安国曰："千里而战，即兵不获利。今匈奴负戎马足，怀鸟兽心，迁徙鸟集，难得而制。得其地，不足为广；有其众，不足为强。自古弗属汉。数千里争利，则人马疲；虏以全制其弊，势必危殆。臣故以为不如和亲。"群臣议多附安国，于是上许和亲。明年，雁门马邑豪聂壹因大行王恢言："匈奴初和亲亲信，边可诱以利致之，伏兵袭击，必破之道也。"上乃召问公卿曰："朕饰子女，以配单于，币帛文锦，赂之甚厚。单于待命加嫚，侵盗无已，边境数惊，朕甚闵之。今欲举兵攻之，何如？"大行王恢对曰："陛下虽未言，臣固愿效之。臣闻全代之时，北有强胡之敌，内连中国之兵，然尚得养老长幼，仓廪常实，匈奴不轻侵也。今以陛下威，海内为一，又遣子弟乘边守塞，转粟挽输，以为之备，然匈奴侵盗不已者，无他，以不恐之故耳。臣窃以为击之便。"安国曰："不然。臣闻高皇帝尝围于平城，七日不食，天下歌之，解围反位，而无忿怒之心。夫圣人以天下为度者也，不以己私怒伤天下之功。故乃遣刘敬奉金千斤，以结和亲，至今为五世利。孝文皇帝又尝一拥天下之精兵，聚之广武常溪，然无尺寸之功，而天下黔首，无不忧者。孝文寤于兵之不可宿，故复合和亲之约。此二圣之迹，足以为效矣。臣窃以为勿击便。"恢曰："不然。臣闻五帝不相袭礼，三王不相复乐，非故相反也，各因世宜。且高帝所以不报平城之怨者，非力不能，所以休天下之心也。今边境数惊，士卒伤死，中国槥车相望，此仁人之所隐也。〔隐，痛也。〕臣故曰击之便。"安国曰："不然。臣闻利不十者不易业，功不百者不变常。且自三代之盛，夷狄不与正朔服色，非威不能制、强弗能服也，以为远方绝地不牧之臣，不足烦中国也。且匈奴轻疾悍亟之兵也，至如飙风，去如收电，逐兽随草，居处无常，难得而制。今使边郡久废耕织，以支胡之常事，其势不相权也。臣故曰勿击便。"恢曰："不然。臣闻凤鸟乘于风，圣人因于时。昔秦穆公都雍，地方三百里，知时宜之变，攻取西戎，辟地千里。及后蒙恬为秦侵胡，辟数千里，以河为境，匈奴不敢饮马于河。夫匈奴独可以威服，不可以仁畜也。今以中国之威，万倍之资，遣百分之一以攻匈奴，譬犹以强弩射且溃之痈也，必不留行矣。若是则北发月氏，可得而臣也。故曰击之便。"安国曰："不然。臣闻用兵者，以饱待饥，正治以待其乱，定舍以待其劳。故接兵覆众，伐国堕城，常坐而役敌国，此圣人之兵也。且臣闻之，冲风之衰，不能起毛羽；强弩之末，力不能入鲁缟。夫盛之有衰，犹朝之有暮也。今卷甲轻举，深入长驱，难以为功，从行则迫胁，横行则中绝，疾则粮乏，徐则后利，不至千里，人马乏食。兵法曰：'遗人获也。'意者有他缪巧以禽之，则臣不知也。不然，则未见深入之利也。臣故曰勿击便。"恢曰："不然。夫草木遭霜者，不可以风过；清水明镜，不可以形逃；通方之士，不可以文乱。今臣言击之者，固非发而深入也，将顺因单于之欲，诱而致之边。吾选骁骑壮士，审遮险阻，吾势已定，或营其左，或营其右，或当其前，或绝其后，单于可禽，百全必取。"上曰："善。"乃从恢议。阴使聂一为间，亡入匈奴，谓单于曰："吾能斩马邑令丞以城降，财物可尽得。"单于信以为然而许之。聂一乃诈斩死罪囚，悬其头马邑城下，示单于使者，于是单于穿塞，将十万骑，入武州塞。是时汉兵三十余万，匿马邑旁谷中，约单于入马邑，纵兵击之。单于入塞，未至马邑百余里，觉之还去，诸将竟无功，恢坐自杀。

董仲舒，广川人也。下帷读书，三年不窥园。举贤良，武帝制问焉，曰："盖闻五帝三王之道，改制作乐，而天下洽和，百王同之。圣王已没，钟鼓管弦之声未衰，而大道微缺陵夷，至乎桀、纣之行作，王道大坏矣。夫五百年之间，守文之君，当涂之士，欲则先王之法，以戴翼其世者甚众，然犹不能反，日以仆灭，至后王而后止，岂其所持操或悖缪而失统与？固天降命不可复反与？夙兴夜寐，法上古者，又将无补与？三代受命，其符安在？灾异之变，何缘而起？性命之情，或夭或寿，或仁或鄙，习闻其号，未烛厥理。伊欲风流而令行，刑轻而奸改，百姓和乐，政事宣昭，何修何饰，而膏露降，百谷登，德润四海，泽臻草木，三光全，寒暑平，受天之祜，享鬼神之灵，德泽洋溢，施乎方外，延及群生？士大夫其明以谕朕，靡有所隐。"

仲舒对曰："陛下发德音，下明诏，求天命与情性，皆非愚臣之所能及也。臣谨按《春秋》之中，视前世已行之事，以观天人相与之际，甚可畏也。国家将有失道之败，而天乃先出灾害，以谴告之；不知自省，又出怪异，以警惧之；尚不知变，而伤败乃至。以此见天心之仁爱人君，而欲止其乱也。自非大无道之世者，天尽欲扶持而全安之。事在强勉而已矣。强勉学问，则闻见博而智益明；强勉行道，则德日起而大有功。此皆可使还至而立有效者也。夫人君莫不欲安存而恶危亡，然而政乱国危者甚众，所任者非其人，而所由者非其道。夫周道衰于幽、厉，非道亡也，幽、厉不由也。至于宣王，思昔先王之德，周道粲然复兴，此夙夜不懈，行善之所致也。孔子曰：'人能弘道，非道弘人也。'故治乱废兴在于己，非天降命不可得反也。及至后世，淫泆衰微，诸侯背叛，废德教而任刑罚。刑罚不中，则生邪气。邪气积于下，怨恶蓄于上。上下不和，阴阳缪戾而妖孽生矣。此灾异所缘而起也。故尧、舜行德，则民仁寿；桀、纣行暴，则民鄙夭。夫上之化下，下之从上，犹泥之在钧，唯甄者之所为；〔陶人作瓦器谓之甄。〕犹金之在镕，唯冶者之所铸。'绥之斯倈，动之斯和'，此之谓也。天道之大者在阴阳。阳为德，阴为刑。刑主杀，而德主生。是故阳常居大夏，而以生育养长为事；阴常居大冬，而积于空虚不用之处。以此见天之任德不任刑也。天使阳出布施于上而主岁功，使阴入伏于下而时出佐阳。阳不得阴之助，亦不能独成岁也。王者承天意以从事，故任德教而不任刑。刑者不可任以治世，犹阴之不可任以成岁也。为政而刑，不顺于天，故先王莫之肯为也。今废先王任德教之官，而独用执法之吏治民，无乃任刑之意与！孔子曰：'不教而诛，谓之虐。'虐政用于下，而欲德教之被四海，故难成也。故为人君者，<u>正心以正朝廷，正朝廷以正百官，正百官以正万民，正万民以正四方</u>。四方正，远近莫敢不一于正，而无有邪气奸其间者。是以阴阳调而风雨时，群生和而万民殖。天地之间被润泽而大丰美，四海之内闻盛德而皆倈臣，诸福之物，可致之祥，莫不毕至，而王道终矣。

【重点句解读】

正心以正朝廷，正朝廷以正百官，正百官以正万民，正万民以正四方。

端正自己的思想才能端正朝廷，端正朝廷才能端正百官，端正百官才能端正万民，端正万民才能匡正天下。

治理天下这样一个宏大的命题，但起点却要在小小个体的修身上下功夫，这是中国人的智慧。中国古代的政治哲学的核心要义之一"修身、齐家、治国、平天下"，说的就是这个道理。

正人先正己，正己先正心。正心就是要有正确的世界观、人生观、价值观，能够判断真、善、美和假、恶、丑。由正心到正朝廷、正百官、正万民、正四方，这是一个具有内在逻辑联系的过程。成就了崇高德行和人格，才能成为经国济世的人才。能够胸怀天下，心系苍生，实行仁政德治，才能求得天下太平。

习近平同志在《之江新语》中说：俗话讲，做官先做人，做人先立德；德乃官之本，为官先修德。"修其心治其身，而后可以为政于天下"。在历史的长河中，那些帝国的崩溃、王朝的覆灭、执政党的下台，无不与其当政者不立德、不修德、不践德有关，无不与其当权者作风不正、腐败盛行、丧失人心有关。

"孔子称：'凤鸟不至，河不出图，吾已矣夫！'自悲能致此物，而身卑贱不得致也。今陛下居得致之位，操可致之势，又有能致之资，然而天地未应，而美祥莫至者，何也？凡民之从利，如水之走下，不以教化堤防之，不能止也。是故教化立，而奸邪皆止者，其堤防完也；教化废，而奸邪皆出，刑罚不能胜者，其堤防坏也。古之王者，莫不以教化为大务。立大学以教于国，设庠序以化于邑，渐民以仁，摩民以义，节民以礼，故其刑罚甚轻，而禁不犯者，教化行而习俗美也。圣王之继乱世也，扫除其迹而悉去之，复修教化而崇起之。教化已明，习俗已成，子孙循之，行五六百岁，尚未败也。至周之末世，大为无道，以失天下。秦继其后，犹不能改，又益甚之，重禁文学，弃捐礼谊，其心欲尽灭先圣之道，而专为自恣苟简之治，故立为天子，十四岁而国破亡矣。自古以来，未尝有以乱济乱，大败天下之民，如秦者也。其遗毒余烈，至今未灭。今汉继秦之后，如朽木粪墙矣，虽欲善治之，无可奈何。法出而奸生，令下而诈起，如以汤止沸、以薪救火，愈甚无益也。窃譬之琴瑟，琴瑟不调，甚者，必解而更张之，乃可鼓也；为政而不行，甚者，必变而更化之，乃可理也。当更张而不更张，虽有良工，不能善调也；当更化而不更化，虽有大贤，不能善治也。故汉得天下以来，常欲善治，而至今不可善治者，失之于当更化而不更化也。古人有言：'临川而羡鱼，不如退而结网。'今临政而愿治，七十余岁矣，不如退而更化。更化则可善治，善治则灾害日去，福禄日来。夫仁谊礼智信，五常之道，王者所当修饬也。五者修饬，故受天之祐而享鬼之灵，德施乎方外，延及群生也。"

天子览其对而异焉，制曰："盖闻虞舜之时，垂拱无为而天下太平；周文王至于日昃不暇食，而宇内亦治。夫帝王之道，岂不同条共贯与？何逸劳之殊也？殷人执五刑以督奸，伤肌肤以惩恶。成康不式，四十余年，天下不犯，囹圄空虚。秦国用之，死者甚众，刑者相望。朕夙寤晨兴，惟前帝王之宪，功烈休德，未始云获。今阴阳错谬，群生寡遂，廉耻贸乱，贤不肖浑殽，未得其真。明其指略，称朕意焉。"仲舒对曰："臣闻尧受命以天下为忧，而未闻以位为乐也，故诛逐乱臣，务求贤圣，是以教化大行，天下和洽。虞舜因尧之辅佐，继其统业，是以垂拱无为而天下治。孔子曰'韶尽善矣'，此之谓也。至殷纣，逆天暴物，杀戮贤智，天下耗乱，万民不安。文王顺天理物，悼痛而欲安之，是以日昃不暇食也。由此观之，帝王之条贯同，然而劳逸异，所遇之时异也。陛下悯世俗之靡薄，悼王道之不昭，故举贤良方正之士，论议考问，将欲兴仁谊之休德，明帝王之法制，建太平之道也。此大臣辅佐之职，三公九卿之任，非臣仲舒所及也。然而臣窃有所怪。夫古之天下，亦今之天下，共是天下，古以大治，上下和睦，不令而行，不禁而止，吏无奸邪，囹圄空虚，德润草木，泽被四海，以古准今，一何不相逮之远也！安所缪戾，而陵夷若是？意者有所失于古之道与？有所诡于天之理与？夫天亦有所分与，与上齿者去其角，傅其翼者两其足，是所受大者，不得取小也。古之所与禄者，不食于力，不动于末，是亦受大者，不得取小也。夫已受大，又取小，天不能足，而况人乎！此民之所以嚣嚣苦不足也。身宠而载高位，家温而食厚禄，因乘富贵之资力，以与民争利于下，民安能如之哉？是故博其产业，畜其积委，务此而无已，以迫蹴民，民浸以大穷。<u>富者奢侈羡溢，贫者穷急愁苦而上不救，则民不乐生。民不乐生，尚不避死，安能避罪？</u>此刑罚之所以繁而奸邪不可胜者也。故受禄之家，食禄而已，不与民争业，然后利可均布，而民可家足也。此上天之理而太古之道，天子之所宜法以为制，大夫之所当循以为行也。故公仪子怒而出其妇，愠而拔其葵，曰：'吾已食禄矣，又夺园夫工女利乎！'古之贤人君子在列位者皆如是，故下高其行而从其教，民化其廉而不贪鄙。故《诗》曰：'赫赫师尹，民具尔瞻。'由是观之，天子大夫者，下民之所视效，岂可以居贤人之位，而为庶人行哉！皇皇求财利，常恐匮乏者，庶人之意也；皇皇求仁义，常恐不能化民者，大夫之意也。《易》曰：'负且乘，致寇至。'乘车者，君子之位也；负担者，小人之事也。此言居君子之位，而为庶人之行者，其患祸必至也。"

【重点句解读】

> 富者奢侈羡溢，贫者穷急愁苦而上不救，则民不乐生。民不乐生，尚不避死，安能避罪？

富有的人奢侈富裕，贫穷的人穷困急迫、愁苦不堪，而在上位者不去救助，那么人民就会感觉到活着没有乐趣。人民如果不乐意活着，那就连死都不会躲避，又怎能惧怕犯罪呢？

几千年来，贫富差距和分配不公的问题一直困扰着历代统治者，成为影响社会稳定的一个重要因素。历史上的农民起义大多打出的也是"均贫富"的口号。春秋时期鲁国国相公仪休曾经拔葵去织，为的也是"不与民争业，然后利可均布"。

《论语》中说"不患寡而患不均，不患贫而患不安"，这也是当今不同社会制度的国家都面临的要解决的首要问题。

党的十八大以来，习近平总书记多次强调"必须让人民群众共享发展成果"，坚定不移走共同富裕的道路。在《在党的十八届五中全会第二次全体会议上的讲话》中，他提出，我们必须坚持发展为了人民、发展依靠人民、发展成果由人民共享，作出更有效的制度安排，使全体人民朝着共同富裕方向稳步前进，绝不能出现"富者累巨万，而贫者食糟糠"的现象。

卷十八 《汉书》治要（六）

· 传 ·

司马相如，字长卿，蜀郡人也。为郎。尝从上至长杨猎。是时天子方好自击熊豕，驰逐野兽，相如因上疏谏。其辞曰："臣闻物有同类而殊能者，故力称乌获，捷言庆忌，勇期贲育。臣之愚，窃以为人诚有之，兽亦宜然。今陛下好陵阻险，射猛兽，猝然遇逸材之兽，骇不存之地，犯属车之清尘，舆不及还辕，人不暇施巧，虽有乌获、逢蒙之伎，力不得施用，枯木朽株，尽为难矣。是胡越起于毂下，而羌夷接轸也，岂不殆哉！虽万全而无患，然本非天子之所宜近也。且夫清道而后行，中路而驰，犹时有衔橛之变。况乎涉丰草，骋丘墟，前有利兽之乐，而内无存变之意，其为害也不难矣！夫轻万乘之重，不以为安乐，出万有一危之涂以为娱，臣窃为陛下不取。<u>盖明者远见于未萌，知者避危于无形，祸固多藏于隐微，而发于人之所忽者也。</u>故鄙谚曰：'家累千金，坐不垂堂。'此言虽小，可以谕大。臣愿陛下留意幸察。"上善之。

【重点句解读】

> 盖明者远见于未萌，知者避危于无形，祸固多藏于隐微，而发于人之所忽者也。

因为英明的人在事故尚未萌发之前就能洞察；睿智的人在危害尚未显

露之时就能躲避。灾祸本来就多藏于隐蔽、细微之处,而发生于人所忽视的时候。

这是先哲充满睿智的思考和鞭辟入理的阐述,应该成为我们每个人的座右铭。这就是大智慧,是人们常说的先知先觉。明者(明智的人)和知者(睿智的人)告诉我们要认清事物发展的规律,及时发现隐藏的危机,尽量避免"亡羊补牢"。

欧阳修《新五代史·伶官传序》中说:"聪者听于无声,明者见于未形。"《汉书》中也说:"祸患常积于忽微,而智勇多困于所溺。"这都是古人对于规避风险、趋利避祸、全身远害的深刻总结。

公孙弘,菑川人也。家贫,牧豕海上。年四十,乃学《春秋》。武帝初即位,弘年六十,以贤良对策焉。武帝制曰:"盖闻上古至治,画衣冠,异章服,而民不犯,阴阳和,五谷登,六畜蕃,甘露降,风雨时,嘉禾兴,朱草生,山不童,〔童,无草木也。〕泽不涸;麟凤在郊薮,龟龙游于沼,河洛出图书,父不丧子,兄不哭弟;舟车所至,人迹所及,跂行喙息,咸得其宜。朕甚嘉之,今何道而臻乎?此天人之道,何所本始?吉凶之效,安所期焉?仁义礼智,四者之宜,当安设施?属统垂业,天文、地理、人事之纪,子大夫习焉,其悉意正议。"弘对曰:"臣闻上古尧舜之时,不贵爵赏而民劝善,不重刑罚而民不犯,躬率以正,遇民信也;末世贵爵厚赏而民不信也,夫厚赏重刑,未足以劝善而禁非,必信而已矣。是故因能任官,则分职治;去无用之言,则事情得;不作无用之器,即赋敛省;不夺民时,即百姓富;有德者进,无德者退,则朝廷尊;有功者上,无功者下,则群臣逡;罚当罪,则奸邪止;赏当贤,则臣下劝。凡此八者,治之本也。故民者,业之即不争,理得则不怨,有礼则不暴,爱之则亲上。此有天下之急者也。故法不远义,则民服而不离;和不远礼,则民亲而不暴。故法之所罚,义之所去也;和之所赏,礼之所取也。礼义者,民之所服也,而赏罚顺之,则民不犯禁矣。故画衣冠,异章服,而民不犯者,此道素行也。臣闻之,气同则从,声比则应。今人主和德于上,百姓和合于下,故心和则气和,气和则形和,形和则声和,声和则天地之和应矣。故阴阳和,风雨时,甘露降,五谷登,山不童,泽不涸,此和之至也。故形和则无疾,无疾则不夭,故父不丧子,兄不哭弟。德配天地,明并日月,则麟凤至，龟龙在郊，河出图，洛出书，远方之君，莫不悦义，奉币而来朝，此和之至也。臣闻之，仁者爱也，义者宜也，礼者所履也，智者术之原也。致利除害，兼爱无私，谓之仁；明是非，立可否，谓之义；进退有度，尊卑有分，谓之礼；擅杀生之柄，通壅塞之途，权轻重之数，论得失之道，使远近情伪必见于上，谓之术。凡此四者，治之本、道之用也，皆当设施，不可废也。得其要术，则天下安乐，法设而不用；不得其术，则主蔽于上，官乱于下。此事之情，属统垂业之本也。桀、纣行恶，受天之罚；禹、汤积德，以王天下。因此观之，天德无私亲，顺之和起，逆之害生。此天文、地理、人事之纪也。"太常奏弘第居下，策奏，天子擢为第一，拜为博士，待诏金马门。后为丞相。

【重点句解读】

有德者进，无德者退。

进用有德行的人，斥退无德行的人。

"人无德不立，国无德不兴。"德为做人之本，官员作为国家的管理者，责任重大，对品德的要求更加严格。《周易·系辞下》中说："德不配位，必有灾殃。"对无德者提出警告。

做人要有人品，当官要有官德。有德才能清正廉明，正直无私，全心全意为人民大众谋利益。不能指望无德贪官心里装着群众，真心实意地为人民群众做好事、办实事。

习近平总书记多次强调选拔任用干部要坚持"德才兼备、以德为先"，"政德是整个社会道德建设的风向标。立政德，就要明大德、守公德、严私德"。

卜式，河南人也。以田畜为事。时汉方事匈奴，式上书，愿输家财半助边。上使使问式："欲为官乎？"式曰："自少牧羊，不习仕宦，不愿也。"使者以闻。上乃召拜式为中郎，赐爵左庶长，田十顷，布告天下，尊显以风百姓。初式不愿为郎，上曰："吾有羊在上林中，欲令子牧之。"式既为郎，布衣草蹻（qiāo）而牧羊。岁余，羊肥息。上过其羊所，善之。

式曰："非独羊也，治民亦犹是矣。以时起居，恶者辄去，无令败群。"上奇其言，欲试使治民。拜式缑（gōu）氏令，缑氏便之。迁齐王大傅，转御史大夫。

赞曰：公孙弘、卜式、倪宽，皆以鸿渐之翼，困于燕爵，〔渐，进也。鸿一举而进千里者，羽翼之材也。弘等皆以大材，初为俗所薄，若燕爵不知鸿志也。〕远迹羊豕之间，非遇其时，焉能致此位乎？是时，汉兴六十余载，海内艾安，府库充实，而四夷未宾，制度多阙。上方欲用文武，求之如弗及，始以蒲轮迎枚生，见主父而叹息。群士慕向，异人并出。卜式拔于刍牧，弘羊擢于贾竖，卫青奋于奴仆，日磾（dī）出于降虏，斯亦曩时板筑饭牛之朋已。汉之得人，于兹为盛。儒雅则公孙弘、董仲舒、倪宽，笃行则石建、石庆，质直则汲黯、卜式，推贤则韩安国、郑当时，定令则赵禹、张汤，文章则司马迁、相如，滑稽则东方朔、枚皋，应对则严助、朱买臣，历数则唐都、洛下闳，协律则李延年，运筹则桑弘羊，奉使则张骞、苏武，将率则卫青、霍去病，受遗则霍光、金日磾。其余不可胜纪。是以兴造功业，制度遗文，后世莫及。孝宣承统，纂修洪业，亦讲论六艺，招选茂异，而萧望之、梁丘贺、夏侯胜、韦玄成、严彭祖、尹更始以儒术进，刘向、王褒以文章显，将相则张安世、赵充国、魏相、丙吉、于定国、杜延年，治民则黄霸、王成、龚遂、郑弘、召信臣、韩延寿、尹翁归、赵广汉、严延年、张敞之属，皆有功迹，见述于后世。参其名臣，亦其次也。

严助，会稽人也。建元三年，闽越举兵围东瓯，东瓯告急。太尉田蚡（fén）以为越人相攻击，其常事，又数反覆，不足烦中国往救也，自秦时弃不属。于是助诘蚡曰："特患力不能救，德不能覆，诚能，何放弃之？且秦举咸阳弃之，何但越也！"上乃遣助以节发兵，浮海救东瓯，遣两将军将兵诛闽越。淮南王安上书谏曰："今闻有司举兵，将以诛越，臣安窃为陛下重之。越，方外之地，翦发文身之民也，不可以冠带之国法度治也。三代之盛，胡越不与受正朔，非强弗能服，威弗能制也，以为不居之地、不牧之民，不足以烦中国也。自汉初定以来七十二年，吴越人相攻击者，不可胜数，然天子未尝举兵而入其地也。臣闻越非有城郭邑里也，处溪谷之间，篁竹之中，习于水斗，便于用舟，地深昧而多水险，中国之人，不知其势阻，虽百不当一。得其地，不可郡县也；攻之，不可暴取也。以地图察其山川要塞，相去不过寸数，而间独数百千里，阻险林丛，弗能尽著，视之若易，行之甚难。越人名为藩臣，贡酎之奉，不输大内；〔越国僻远，珍奇之贡，宗庙之祭，皆不与也。大内，都内也。〕一卒之用，不给上事。自相攻击，而陛下以兵救之，是反以中国而劳蛮夷也。越人愚戆（zhuàng）轻薄，负约反覆，其不用天子之法度，非一日之积也。一不奉诏，举兵诛之，臣恐后兵革无时得息也。间者数年，岁比不登，赖陛下德泽振救之，得毋转死沟壑。今发兵行数千里，资衣粮，入越地，舆轿而逾领，〔轿，竹舆车也。领，山岭也。不通车，运转皆担舆也。〕拖舟而入，水行数百千里，夹以深林丛竹，水道上下击石，林中多蝮蛇猛兽，夏月暑时，呕泄霍乱之病相随属也，曾未施兵接刃，死伤者必众矣。前时南海王反，陛下先臣使将军间忌将兵击之，〔先臣，淮南厉王长也。〕会天暑多雨，楼船卒水居击棹，未战而病死者过半。亲老哭泣，孤子啼号，破家散业，迎尸千里之外，裹骸骨而归。悲哀之气，数年不息，长老至今以为记。曾未入其地，而祸已至此矣。臣闻军旅之后，必有凶年。陛下德配天地，明象日月，恩至禽兽，泽及草木，一人有饥寒，不终其天年而死者，为之凄怆于心。今方内无狗吠之警，而使陛下甲卒死亡，暴露中原，沾渍山谷，边境之民，为之早闭晏开，朝不及夕，臣安窃为陛下重之。不习南方地形者，多以越为人众兵强，能难边城。〔为边城作难也。〕臣窃闻之，与中国异。限以高山，人迹绝，车道不通，天地所以隔外内也。且越人绵力薄材，不能陆战，又无车骑弓弩之用，然而不可入者，以保〔地〕险。而中国之人，不能服其水土也。兵未血刃，而病死者什二三，虽举越国而虏之，不足以偿所亡。臣闻道路言，闽越王弟甲弑而杀之，甲以诛死，其民未有所属。陛下使重臣临存，施德垂赏，以招致之，此必委质为藩臣，世供贡职。陛下以方寸之印，丈二之组，镇抚方外，不劳一卒，不顿一戟，而威德并行。今以兵入其地，此必震恐，以有司为欲屠灭之也，必雉兔逃入山林险阻。背而去之，则复相群聚；留而守之，历岁经年，则士卒疲倦，食粮乏绝。男子不得耕稼树种，妇人不得纺绩织纴；丁壮从军，老弱转饷，居者无食，行者无粮。民苦兵事，亡逃者必众，随而诛之，不可胜尽，盗贼必起。兵者凶事，一方有急，四面皆从。臣恐变故之生、奸邪之作，由此始也。《周易》曰：'高宗伐鬼方，三年而克之。'鬼方，小蛮夷；高宗，殷之盛天子也。以盛天子伐小蛮夷，三年而后克，言用兵之不可不重也。臣闻天子之兵，有征而无战，言莫敢校也。如使越人蒙死侥幸，以逆执事之颜行，〔在前行，故曰颜也。〕厮舆之卒，有一不备而归者，虽得越王之首，臣犹窃为大汉羞之。陛下四海为境，九州为家，八薮为囿，江汉为池，生民之属，皆为臣妾。陛下垂德惠，以覆露之，使元元之民安生乐业，则泽被万世，施之无穷，天下之安，犹泰山而四维之也。夷狄之地，何足以为一日之间，而烦汗马之劳乎？"是时，汉兵遂出逾岭，适会闽越王弟余善杀王以降。汉兵罢。上嘉淮南之意。

吾丘寿王，字子赣，赵人也。丞相公孙弘奏言："民不得挟弓弩。十贼彍（guō）弩，百吏不敢前，害寡而利多，此盗贼所以繁也。禁民不得挟弓弩，则盗贼执短兵，短兵接则众者胜。以众吏捕寡贼，其势必得盗贼。有害无利，则莫犯法。臣愚以为，禁民无得挟弓弩便。"上下其议，寿王对曰："臣闻古者作五兵，非以相害，以禁暴讨邪。安居则以制猛兽，而备非常；有事则以设守卫，而施行陈。及至周室衰微，诸侯力政，强侵弱，众暴寡，海内抗弊，巧诈并生，是以智者陷愚，勇者威怯，苟以得胜为务，不顾义理。故机变械饰，所以相贼害之具，不可胜数。秦兼天下，废王道，立私议，去仁恩，而任刑戮，堕名城，杀豪杰，销甲兵，折锋刃。其后民以櫌鉏棶梃相挞击，犯法滋众，盗贼不胜，至于赭衣塞路，群盗满山，卒以乱亡。故圣王务教化，而省禁防，知其不足恃也。今陛下昭明德，建太平，举俊材，兴学官，宇内日化，方外乡风，然而盗贼犹有者，郡国二千石之罪，非挟弓弩之过也。《礼》曰：'男子生，桑弧蓬矢以举之。'明示有事也。大射之礼，自天子降及乎庶人，三代之道也。愚闻圣王合射以明教，未闻弓矢之为禁也。且所为禁者，为盗贼之以攻夺也。攻夺之罪死，然而不止者，大奸之于重诛固不避也。臣恐邪人挟之，而吏不能止，良民以自备，而抵法禁，是擅贼威而夺民救也。窃以为无益于禁奸，而废先王之典，使学者不得习行其礼，不便。"书奏，上以难丞相弘，弘诎（qū）服焉。

主父偃，齐国人也。上书阙下。所言九事，其八事为律令，一事谏伐匈奴。曰："臣闻国虽大，好战必亡；天下虽平，忘战必危。天下既平，春蒐秋狝，所以不忘战也。且怒者逆德也，兵者凶器也，争者末节也，故圣王重之。夫务战胜，穷武事，未有不悔者也。昔秦皇帝任战胜之威，并吞战国，海内为一，功齐三代，务胜不休，欲攻匈奴。李斯谏曰：'夫匈奴，无城郭之居、委积之守，迁徙鸟举，难得而制。轻兵深入，粮食必绝；运粮以行，重不及事。得其地，不足以为利；得其民，不可调而守也。〔不可和调。〕胜必弃之，非民父母，靡弊中国，甘心匈奴，非完计也。'秦皇帝不听，遂使蒙恬将兵而攻胡，却地千里，以河为境，发天下丁男，以守北河。暴兵露师十有余年，死者不可胜数，终不逾河而北。是岂人众之不足、兵革之不备哉？其势不可也。又使天下飞刍挽粟，转输北河，率三十钟而致一石，男子疾耕，不足于粮饷，女子纺绩，不足于帷幕。百姓靡弊，孤寡老弱，不能相养，道死者相望，盖天下始叛也。及至高皇帝定天下，略地于边，闻匈奴聚代谷之外，而欲击之。御史成谏曰：'夫匈奴，兽聚而鸟散，从之如搏景，今陛下盛德攻匈奴，臣窃危之。'高帝不听，遂至代谷，果有平城之围。高帝悔之，乃使刘敬往结和亲，然后天下无干戈之事。故兵法曰：'兴师十万，日费千金。'秦常积众数十万人，虽有覆军杀将，系虏单于，适足以结怨深仇，不足以偿天下之费也。夫匈奴行盗侵驱，所以为业，天性固然。上自虞夏殷周，禽兽畜之，不比为人。夫不上观虞夏殷周之统，而下循近世之失，此臣之所以大恐，百姓所疾苦也。且夫兵久则变生，事苦则虑易。使边境之民，靡敝愁苦，将吏相疑而外市，〔与外国交市，若章邯之比也。〕故尉佗、章邯得成其私，此得失之效也。"书奏，召见，乃拜为郎中。偃数上疏言事，岁中四迁。偃说上曰："古者诸侯地不过百里，强弱之形易制。今诸侯或连城数十，地方千里，缓则骄奢，易为淫乱，急则阻其强而合从，以逆京师。今以法割削，则逆节萌起，前日晁错是也。今诸侯子弟或十数，而嫡嗣代立，余虽骨肉，毋尺地封，则仁孝之道不宣。愿陛下令诸侯得推恩分子弟，以地侯之。彼人人喜得所愿，上以德施，实分其国，必稍自销弱矣。"于是上从其计。

【重点句解读】

国虽大，好战必亡；天下虽平，忘战必危。

国家虽然强大，好战必定灭亡；天下虽然太平，忘记备战必定危险。"好战"与"忘战"，既辩证又统一，阐明了战争与国家兴衰的关系。

好战必亡，是穷兵黩武所致。而止戈忘战，走向另外一个极端，同样会因疏于戒备而导致亡国。

"治兵然后可以息兵，讲武而后可言偃武"（《筹海图编》），才是合乎时宜的明智之举。居安思危，常备不懈，而又不穷兵黩武，才能使国家、民族立于不败之地。

习近平主席曾在《在德国科尔伯基金会的演讲》等文中引用。他说，中华民族是爱好和平的民族，中国自古就提出了"国虽大，好战必亡"的箴言。"以和为贵""和而不同""化干戈为玉帛""国泰民安""睦邻友邦""天下太平""天下大同"等理念世代相传。中国历史上曾经长期是世界上最强大的国家之一，但没有留下殖民和侵略他国的记录。

徐乐，燕人也。上书曰："臣闻天下之患，在于土崩，不在瓦解，古今一也。何谓土崩？秦之末世是也。陈涉无千乘之尊，身非王公大人名族之后，非有孔、曾、墨子之贤，陶朱、猗顿之富。然起穷巷，奋棘矜，偏袒大呼，天下从风，此其故何也？由民困而主不恤，下怨而上不知，俗以乱而政不修。此三者，陈涉之所以为资也。此之谓土崩。故曰：'天下之患，在乎土崩。'何谓瓦解？吴、楚、齐、赵之兵是也。七国谋为大逆，号皆称万乘之君，带甲数十万，威足以严其境内，财足以劝其士民，然不能西攘尺寸之地，而身为禽于中原者，此其故何也？非权轻于匹夫，而兵弱于陈涉也。当是之时，先帝之德未衰，而安土乐俗之民众，诸侯无境外之助。此之谓瓦解。故曰：'天下之患，不在瓦解。'由此观之，天下诚有土崩之势，虽布衣穷处之士，或首难而危海内，况三晋之君或存乎？天下虽未治也，诚能无土崩之势，虽有强国劲兵，不得还踵，而身为禽也，况群臣百姓，能为乱乎？此二体者，安危之明要，贤主之所留意而深察也。间者，关东五谷数不登，年岁未复，民多穷困，重之以边境之事，推数循理而观之，民宜有不安其处者矣。不安故易动，易动者，土崩之势也。故贤主独观万化之原，明安危之机，修之庙堂之上，而销未形之患也。其要，期使天下无土崩之势而已矣。臣闻图王不成，其弊足以安。安则陛下何求而不得、何威而不成、奚征而不服哉？"

严安，临菑人也。以故丞相史，上书曰："臣闻邹子曰：'政教文质者，所以云救也。当时则用，过则舍之，有易则易之。故守一而不变者，未睹治之至也。'秦王并吞战国，称号皇帝，一海内之政，坏诸侯之城。民得免战国，人人自以为更生。乡使秦缓其刑罚，薄赋敛，省徭役，贵仁义，贱权利，上笃厚，下佞巧，变风易俗，化于海内，则世世必安矣。秦不行是风，循其故俗，为智巧权利者进，笃厚忠正者退，法严令苛，谄谀者众，日闻其美，意广心逸，欲威海外。当是时，秦祸北构于胡，南挂于越，宿兵无用之地，进而不得退。行十余年，丁男被甲，丁女转输，苦不聊生，自经于道树，死者相望。及秦皇帝崩，天下大叛，豪士并起，不可胜载也。然本皆非公侯之后，无尺寸之势，起闾巷，杖棘矜，应时而动，不谋而俱起，不约而同会，至乎伯王，时教使然也。秦贵为天子，富有天下，灭世绝祀，穷兵之祸也。故周失之弱，秦失之强，不变之患也。今徇南夷，朝夜郎，降羌僰（bó），略薉州，〔东夷也。〕建城邑，深入匈奴，燔其龙城，议者美之。此人臣之利，非天下之长策也。今中国无狗吠之警，而外累于远方之备，靡弊国家，非所以子民也；行无穷之欲，甘心快意，结怨于匈奴，非所以安边也；祸挐（rú）而不解，兵休而复起，近者愁苦，远者惊骇，非所以持久也。今天下锻甲磨剑，矫箭控弦，转输军粮，未见休时，此天下所共忧也。夫兵久而变起，事烦而虑生。今外郡之地，或几千里，列城数十，带胁诸侯，非宗室之利也。上观齐晋所以亡，公室卑削，六卿大盛也；下览秦之所以灭，刑严文刻，欲大无穷也。今郡守之权，非特六卿之重也；地几千里，非特闾巷之资也；甲兵器械，非特棘矜之用也。以逢万世之变，则不可胜讳也。"天子纳之。

贾捐之，字君房，贾谊之曾孙也。元帝初，珠崖又反，发兵击之，诸县更叛，连年不定。上与有司议大发军，捐之建议，以为不当击。上使侍中王商诘问捐之曰："珠崖内属为郡久矣，今背叛逆节，而云不当击，长蛮夷之乱，亏先帝功德，经义何以处之？"捐之对曰："孔子称尧曰'大哉'、《韶》曰'尽善'、禹曰'无间'。以三圣之德，地方不过数千里，欲与声教则治之，不欲与者不强治也。故君臣歌德，含气之物，各得其宜。武丁、成王，殷周之大仁也，然地东不过江、黄，西不过氐、羌，南不过蛮荆，北不过朔方。是以颂声并作，视听之类，咸乐其生，越裳氏重九译而献，此非兵革之所能致。及其衰也，南征不还。秦兴兵远攻，贪外虚内，务欲广地，不虑其害，而天下溃叛。赖圣汉初兴，平定天下。至孝文皇帝，闵中国未安，偃武行文，则断狱数百，民赋四十，丁男三年而一事。时有献千里马者，诏曰：'鸾旗在前，属车在后，吉行日五十里，师行三十里，朕乘千里之马，独先安之？'于是还马，与道里费，而下诏曰：'朕不受献也，其令四方无求来献。'当此之时，逸游之乐绝，奇丽之赂塞，故谥为孝文，庙称太宗。至孝武皇帝，太仓之粟，红腐而不可食；都内之钱，贯朽而不可校。乃探平城之事，录冒顿以来数为边害，籍兵厉马，因富民以攘服之。西连诸国，至于安息；东过碣石，以玄菟乐浪为郡；北却匈奴万里，制南海以为八郡。则天下断狱万数，民赋数百，造盐铁酒榷之利，以佐用度，犹不能足。当此之时，寇贼并起，军旅数发，父战于前，子斗于后，女子乘亭鄣，孤儿号于道，老母寡妇，饮泣巷哭，遥设虚祭，想魂乎万里之外。淮南王盗写虎符，公孙勇等诈为使者，是皆廓地泰大、征伐不休之故也。今天下独有关东，关东大者独有齐楚，民众久困，连年流离，离其城郭，相枕席于道路。人情莫亲父母，莫乐夫妇，至嫁妻卖子，法不能禁，义不能止，此社稷之忧也。今陛下不忍悁（yuān）悁之忿，欲驱士众挤之大海之中，快心幽冥之地，非所以救助饥馑，保全元元也。骆越之人，父子同川而浴，与禽兽无异，本不足郡县置也。独居一海之中，多毒草虫蛇水土之害，人未见房，战士自死。又非独珠崖有珠犀玳瑁（dài mào）也。弃之不足惜，不击不损威。其民譬犹鱼鳖，何足贪也！臣窃以往者羌军言之，暴师曾未一年，兵出不逾千里，费四十余万万，大司农钱尽，乃以少府禁钱续之。夫一隅为不善，费尚如此，况于劳师远攻，亡士无功乎！求之往古则不合，施之当今又不便。臣愚以为非冠带之国、《禹贡》所及、《春秋》所治，皆可且无以为。愿遂弃珠崖，专用恤关东为忧。"对奏，丞相于定国以为捐之议是。上乃从之。遂下诏曰："珠崖虏杀吏民，背叛为逆，今议者或言可击，或言可守，或欲弃之，其指各殊。朕日夜惟思议者之言，羞威不行，则欲诛之；狐疑避难，则守屯田；通于时变，则忧万民。夫万民之饥饿，与远蛮之不讨，危孰大焉？且宗庙之祭，凶年不备，况避不嫌之辱哉！今关东大困，仓库空虚，无以相赡，又以动兵，非特劳民，凶年随之。其罢珠崖郡。"捐之数召见，言多纳用。时中书令石显用事，捐之数短显，以故不得官，后稀复见。

东方朔，字曼倩，平原人也。武帝即位，待诏金马门。建元三年，上始微行，北猎池阳，西至黄山，南至长杨，东游宜春，夜出夕还。后上以为道远劳苦，又为百姓所患，乃使吾丘寿王举籍阿城以南，盩厔（zhōu zhì）以东，宜春以西，提封顷亩，及其价值，欲除以为上林苑，属之南山。寿王奏事，上大悦。朔进谏曰："臣闻谦逊静悫（què），天表之应，应之以福；骄溢靡丽，天表之应，应之以异。今陛下累郎台，恐其不高；弋猎之处，恐其不广。如天不为变，则三辅之地，尽可以为苑，何必盩厔、鄠（hù）、杜乎！奢侈越制，天为之变，上林虽小，臣尚以为大也。夫南山，天下之大阻也，南有江、淮，北有河、渭，其地从汧（qiān）、陇以东，商、雒以西，厥壤肥饶。汉兴，去三河之地，止霸产以西，都泾渭之南。此所谓天下陆海之地，秦之所以虏西戎、兼山东者也。其山出玉石，金、银、铜、铁、豫章、檀、柘，异类之物，不可胜原，此百工所取给，万民所仰足也。又有粳、稻、梨、栗、桑麻、竹箭之饶，贫者得以人给家足，无饥寒之忧。故酆（fēng）镐之间，号为土膏，其价亩一金。今规以为苑，绝陂池水泽之利，而取民膏腴之地，上乏国家之用，下夺农桑之业，弃成功，就败事，损耗五谷，是其不可一也。且盛荆棘之林，而长养麋鹿，广狐菟之苑，大虎狼之墟，又坏人冢墓，发人室庐，令幼弱怀土而思，耆老泣涕而悲，是其不可二也。骑驰东西，车骛南北，又有深沟大渠，夫一日之乐，不足以危无堤之舆，〔不敢斥天子，故言舆。〕是其不可三也。故务苑囿之大，不恤农时，非所以强国富人也。夫殷作九市之宫，〔纣于宫中设九市也。〕而诸侯叛；灵王起章华之台，而楚人散；秦兴阿房之殿，而天下乱。粪土愚臣，忘生触死，逆盛意，犯隆指，罪当万死。"上乃拜朔为大中大夫，给事中，赐黄金百斤，然遂起上林苑。

武帝时，公主贵人多逾礼制，天下侈靡趋末，百姓多离农亩。上从容问朔："朕欲化民，岂有道乎？"朔对曰："尧舜禹汤，文武成康，上古之事，经数千载，尚难言也，臣不敢陈。愿近述孝文皇帝之时，当世耆老，皆闻见之。贵为天子，富有四海，身衣弋绨（tí），足履革舄（xì），以韦带剑，莞蒲为席，衣缊无文，集上书囊，以为殿帷，以道德为丽，以仁义为准，于是天下望风成俗，昭然化之。今陛下以城中为小，图起建章，左凤阙，右神明，号称千门万户；木土衣绮绣，狗马被缋罽（huì jì），宫人簪瑇瑁，垂珠玑；设戏车，教驰逐，饰文采，丛珍怪；撞万石之钟，击雷霆之鼓，作俳优，舞郑女。<u>上为淫侈如此，而欲使民独不奢侈失农，事之难者也</u>。陛下诚能用臣之计，推甲乙之帐，〔甲乙，帐名。〕燔之于四通之衢，却走马，示不复用，则尧舜之隆，宜可与比治矣。《易》曰：'正其本，万事理。失之毫厘，差以千里。'愿陛下留意察之。"

【重点句解读】

上为淫侈如此，而欲使民独不奢侈失农，事之难者也。

做君王的在上边淫侈如此，却想让民间不要奢侈、不失农时，这是难以办到的事情啊！

面对汉武帝，东方朔敢于如此直言不讳，确实勇气可嘉。

《韩非子》中说："齐桓公好服紫，一国尽服紫，当是时也，五素不得一紫。"上有所好，下必甚焉。作为领导阶层，其一言一行都是百姓行为的风向标，所以一举一动都要充分考虑社会影响。要求别人做到的，自己首先要做到；要求别人不做的，自己首先不做。自己奢侈成风，却让百姓生活节俭，好比缘木求鱼，水中捞月，的确是"事之难者也"。

明代钱琦说："治人者必先自治，责人者必先自责，成人者必先自成。"无论目标多么宏伟，作为管理者都要先从自身做起，才有成功的希望。

习近平总书记曾指出，凡事都是上行下效、上率下行。有的久拖难解的问题，病症在下面，病根却在上头。上头搞形式主义，下面就会弄虚作假；上头是官僚主义，下面就会照搬照套；上头有享乐主义，下面就会投其所好；上头刮奢靡之风，下面就会铺张浪费。各级领导机关和领导干部尤其是高级领导干部要强化带头意识，时时处处严要求、作表率，以身作则、率先垂范。

朔直言切谏，上常用之。设"非有先生"之论，其辞曰："非有先生仕吴，进不称往古以厉主意，退不扬君美以显其功，默然无言者三年矣。吴王怪而问之，曰：'谈何容易！夫谈有悖于目、咈（fú）于耳、谬于心而便于身者，或有悦于目、顺于耳、快于心而毁于行者，非有明王圣主，孰能听之？'吴王曰：'何为其然也？中人以上，可以语上。先生试言，寡人将听焉。'先生对曰：'昔者，关龙逢深谏于桀，而王子比干直言于纣。此二臣皆极虑尽忠，闵主泽不下流，而万民骚动，故直言其失，切谏其邪者，将以为君之荣、除主之祸也。今则不然，反以为诽谤君之行，无人臣之礼，戮及先人，为天下笑，故曰谈何容易。是以辅弼之臣瓦解，而邪谄之人并进,遂及飞廉、恶来革等。〔二人皆纣时佞臣也。〕二人皆诈伪,巧言利口,以进其身;阴奉雕琢刻镂之好,以纳其心;务快耳目之欲,以苟容为度。遂往不戒,身没被戮,宗庙崩陁,国家为墟。故卑身贱体,悦色微辞,愉愉呴呴,终无益于主上之治,则志士仁人不忍为也。将俨然作矜严之色,深言直谏,上以拂主之邪,下以损百姓之害,则忤于邪主之心。历于衰世之法如是。邪主之行,固足畏也。故曰谈何容易。于是吴王惧然易容,捐荐去几,危坐而听。先生曰:'接舆避世,箕子阳狂。此二子者,皆避浊世以全其身者也。使遇明王圣主,得赐清燕之闲,宽和之色,发愤毕诚,图画安危,揆度得失,上以安主体,下以便万民,则五帝三王之道,可几而见也。故伊尹蒙耻辱负鼎俎以干汤,太公钓于渭之阳以见文王,心合意同,谋无不成,计无不从。深念远虑,引义以正其身,推恩以广其下,本仁祖义,裒(póu)有德,禄贤能,诛恶乱,总远方,一统类,美风俗。此帝王所由昌也。上不变天性,下不夺人伦,则天地和洽,远方怀之,故号圣王。于是裂地定封,爵为公侯,传国子孙,名显后世,民到于今称之,以遇汤与文王也。太公、伊尹以如此,龙逢、比干独如彼,岂不哀哉!故曰谈何容易!"

卷十九 《汉书》治要（七）

·传·

朱云，字游，鲁人也。成帝时，故丞相安昌侯张禹，以帝师位特进，甚尊。云上书求见，公卿在前。云曰："今朝廷大臣，上不能匡主，下无以益民，皆尸位素餐，孔子所谓'鄙夫不可与事君'、'苟患失之，亡所不至'者也。臣愿赐尚方斩马剑，断佞臣一人，以厉其余。"上问："谁也？"对曰："丞相安昌侯张禹。"上大怒，曰："小臣居下讪上，廷辱师傅，罪死不赦。"御史将云下，云攀殿槛，槛折。云呼曰："臣得下从龙逢、比干游于地下，足矣！未知圣朝何如耳？"御史遂将云去。于是左将军辛庆忌免冠解印绶，叩头殿下曰："此臣素著狂直于世。使其言是，不可诛；其言非，固当容之。臣以死争。"庆忌叩头流血。上意解，然后得已。及后当治殿槛，上曰："勿易！因而辑之，以旌直臣。"云自是之后不复仕。

梅福，字子真，九江人也。成帝委任大将军王凤，而京兆尹王章素忠直，讥凤，为凤所诛。群下莫敢正言，故福上书曰："臣闻箕子阳狂于殷，而为周陈《洪范》；叔孙通遁秦归汉，制作仪品。夫叔孙先非不忠也，箕子非疏其家而叛亲也，不可为言也。昔高祖纳善若不及，从谏若转圜，听言不求其能，举功不考其素。陈平起于亡命而为谋主，韩信拔于行阵而建上将。故天下之士云合归汉，争进奇异，智者竭其策，愚者尽其虑，勇士极其节，怯夫勉其死。合天下之智，并天下之威，是以举秦如鸿毛，取楚若拾遗。此高祖所以无敌于天下也。<u>士者，国之重器。得士则重，失士则轻</u>。《诗》云：'济济多士，文王以宁。'庙堂之议，非草茅所当言也。臣诚恐身涂野草，尸并卒伍，故数上书求见，辄报罢。臣闻齐桓之时，有以九九见者，桓公不逆，欲以致大也。今臣所言，非特九九也，陛下拒臣者三矣，此天下士所以不至也。今陛下既不纳天下之言，又加戮焉。夫鷇（kòu）鹊遭害，则仁鸟增逝；愚者蒙戮，则智士深退。间者愚民上疏，多触不急之法，或下廷尉而死者众。自阳朔以来，天下以言为讳，朝廷尤甚，群臣承顺上指，莫有执正。何以明其然也？取民所上书，陛下之所善者，试下之廷尉，廷尉必曰：'非所宜言，大不敬。'以此卜之，一矣。故京兆尹王章，资质忠直，敢面引廷争，孝元皇帝擢之，以厉具臣而矫曲朝。及至陛下，戮及妻子。恶恶止其身。王章非有反叛之辜，而殃及家。折直士之节，结谏臣之舌，群臣皆知其非，然不敢争。<u>天下以言为戒，最国家之大患也。</u>"

【重点句解读】

士者，国之重器。得士则重，失士则轻。

贤士，是国家的重要人才。得到士则国家强盛，失掉士则国家变弱。

自古以来，人才在一个国家和地区的发展中就起着举足轻重的作用。历代开明君主无一不重视人才的储备，所以才有"萧何月下追韩信""刘备三顾茅庐请孔明"等脍炙人口的故事。

扬雄说："士无常君，国无定臣，得士者富，失士者贫。"白居易也说过："观前代邦之兴，由得人也；邦之亡，由失人也。"

今天的人才即是古代所称的"士"，只不过其内涵已更为丰富，外延也更为宽泛。

习近平总书记多次强调，人才是第一资源。古往今来，人才都是富国之本、兴邦大计。要把我们的事业发展好，就要聚天下英才而用之。要树立强烈的人才意识，寻觅人才求贤若渴，发现人才如获至宝，举荐人才不拘一格，使用人才各尽其能。

> **天下以言为戒，最国家之大患也。**

天下人以进言为禁戒，这是国家最大的忧患。

在西汉的历史中，梅福算不得什么重要人物，但他在上成帝疏中说的这句话却让他名留青史。这是针对汉成帝不纳谏言甚至将直言者治罪的昏聩行为而提出的告诫。

中国历史上，几乎每个朝代都有向统治者建议广开言路，不应以言治罪的言论。《国语·周语》指出："防民之口，甚于防川，川壅而溃，伤人必多。"阻止人民进行批评的危害，比堵塞河川引起的水患还要严重。

历史的经验表明，要想长治久安，必须广开言路，让天下有识之士吐忠言，献良策，使国家稳定发展。反之，一味阻塞言路，钳民之口，造成"国人莫敢言，道路以目"的局面，其亡国的结局是不可避免的。

广开言路，必须致力于创造说真话的环境。"言之者无罪，闻之者足以戒。"这样才能听到真话和好的建议。

习近平总书记与党外人士座谈时指出，对中国共产党而言，要容得下尖锐批评，做到有则改之、无则加勉；对党外人士而言，要敢于讲真话，敢于讲逆耳之言，真实反映群众心声，做到知无不言、言无不尽。

隽不疑，字曼倩，勃海人也。为京兆尹，吏民敬其威信。始元五年，有一男子，乘黄犊车，建黄旐（zhào），衣黄襜褕（chān yú），著黄冒，诣北阙，自谓为卫太子。诏使公卿将军杂识视。长安中吏民聚观者数万人。右将军勒兵阙下，以备非常。丞相御史中二千石至者，立莫敢发言。不疑后到，叱从吏使收缚。或曰："是非未可知，且安之。"不疑曰："昔蒯聩违命出奔，辄拒而不内，《春秋》是之。卫太子得罪先帝，亡不即死，今来自诣，此罪人也。"遂送诏狱。天子与大将军霍光，闻而嘉之，曰："公卿大臣，当用经术明于大谊。"由是名声重于朝廷，在位者皆自以不及也。廷尉验治，竟得奸诈。

疏广，字仲翁，东海人也。为太子太傅，兄子受为少傅。太子外祖父平恩侯许伯以为太子幼，白使其弟中郎将舜监护太子家。上以问广，广对曰："太子国储副君，师友必于天下英俊，不宜独亲外家。且太子自有太傅、少傅，官属已备，今复使舜护太子家，示陋，非所以广太子德于天下也。"上善其言，以语丞相魏相，相免冠谢曰："此非臣等所能及。"广由是见器重。

于定国，字曼倩，东海人也。其父于公为郡决曹，决狱平。罗文法者，于公所决皆不恨。郡中为之生立祠，名曰"于公祠"。定国少学法于父，为廷尉。其决疑平法，务在哀鳏寡，罪疑从轻，加审慎之心。朝廷称之曰："张释之为廷尉，天下无冤民；于定国为廷尉，民自以为不冤。"迁御史大夫。为丞相。始定国父于公，其闾门坏，父老方共治之。于公谓曰："少高大闾门，令容驷马高盖车。我治狱，未尝有所冤，子孙必有兴者。"至定国为丞相，子永为御史大夫，封侯传世云。

薛广德，字长卿，沛郡人也，为人温雅。及为三公，直言谏争。成帝幸甘泉，郊泰畤，礼毕，因留射猎。广德上书曰："窃见关东困极，民人流离。陛下日撞亡秦之钟，听郑卫之乐，臣诚悼之。今士卒暴露，从官劳倦，愿陛下亟反宫，思与百姓同忧乐，天下幸甚。"上即日还。其秋，上酎祭宗庙，出便门，欲御楼船，广德当乘舆车，免冠顿首曰："宜从桥。"诏曰："大夫冠。"广德曰："陛下不听臣，臣自刎，以血污车轮，陛下不得入庙矣！"上不悦。先驱光禄大夫张猛进曰："臣闻主圣臣直。乘船危，就桥安，圣主不乘危。御史大夫言可听。"乃从桥。

王吉，字子阳，琅玡人也。为谏大夫。是时宣帝颇修武帝故事，宫室车服，盛于昭帝时。外戚许、史、王氏贵宠，而上躬亲政事，任用能吏。吉上疏言得失曰："陛下总万方，帝王图籍，日陈于前，惟思世务，将兴太平，诏书每下，民欣然若更生。臣伏而思之，可谓至恩，未可谓本务也。欲治之主不世出，公卿幸得遭遇其时，言听谏从，然未有建万世之长策，举明主于三代之隆者也，其务在于期会簿书、断狱听讼而已。此非太平之基也。臣闻圣王宣德流化，必自近始。朝廷不备，难以言治；左右不正，难以化远。民者弱而不可胜，愚而不可欺也。圣主独行于深宫，得则天下称诵之，失则天下咸言之。行发于近，必见于远，谨选左右，审择所使。左右所以正身也，所使所以宣德也。今俗吏所以牧民者，非有礼义科指，可世世通行者也，独设刑法以守之。其欲治者，不知所由，以意穿凿，各取一切。是以百里不同风，千里不同俗，诈伪萌生，刑罚无极，质朴日销，恩爱浸薄。孔子曰：'安上治民，莫善于礼。'非空言也。臣愿陛下承天心，发大业，与公卿大臣，延及儒生，述旧礼，明王制，驱一世之人，跻之仁寿之域，则俗何以不若成、康、寿何以不若高宗？窃见当世趋务不合于道者，谨条奏，唯陛下裁择焉。"吉意以为"汉家列侯尚公主，诸侯则国人承翁主，〔娶天子女，则曰尚公主。国人娶诸侯女，曰承翁主也。〕使男事女，夫诎于妇，逆阴阳之位，故多女乱。古者衣服车马，贵贱有章，以褒有德，而别尊卑。今上下僭差，人人自制，是故贪财趋利，不畏死亡。周之所以能致治，刑措而不用者，以其禁邪于冥冥，绝恶于未萌也"。又言："舜汤不用三公九卿之世，而举咎繇、伊尹，不仁者远。今使俗吏得任子弟，〔汉旧仪，子弟以父兄任为郎。〕率多骄傲，不通古今，至于积功治人，无益于民，此《伐檀》所为作也。宜明选求贤，除任子之令。外家及故人，可厚以财，不宜居位。去角抵，减乐府，省尚方，明视天下以俭。民见俭则归本，本立而末成。"其指如此，上以其言迂阔，不甚宠异也。吉遂谢病归。

贡禹，字少翁，琅邪人也。元帝初即位，征为谏大夫，数虚己问以政事。是时年岁不登，郡国多困，禹奏言："古者宫室有制，宫女不过九人，秣马不过八匹；墙涂而不雕，木摩而不刻，车舆器物，皆不文画；苑不过数十里，与民共之；任贤使能，什一而税，无他赋敛、繇戍之役，使民岁不过三日。故天下家给人足，颂声作。至高祖、孝文、孝景，循古节俭，宫女不过十余人，厩马百余匹。孝文皇帝衣绨履革，器无雕文金银之饰。后世争为奢，转转益甚，臣下亦相放效，衣服乱于主上，甚非宜，然非自知奢僭也。今大夫僭诸侯，诸侯僭天子，天子过天道，其日久矣。承衰救乱，矫复古化，在于陛下。臣愚以为尽如太古难，宜少放古以自节焉。方今宫室已定，无可奈何矣，其余尽可减损。故时齐三服官，输物不过十笥，方今齐三服官，一岁费数巨万。蜀广汉主金银器，岁各用五百万。三工官，官费五千万，〔河内怀蜀郡、成都、广汉，皆有工官。工官，主漆器物。〕东西织室亦然。厩马食粟，将万匹。臣禹尝从之东宫，见赐杯案，尽文画，金银饰，非当所以赐食臣下也。东宫之费，亦不可胜计。天下之民，所为大饥饿死者是也。今民大饥而死，人至相食，而厩马食粟，苦其大肥，气盛怒至，乃日步作之。王者受命于天，为民父母，固当若此乎？天不见邪？武帝时，又多取好女，至数千人，以填后宫。及弃天下，昭帝幼弱，霍光专事，不知礼正，妄多藏金钱财物，鸟兽鱼鳖，凡百九十物,尽瘗(yì)藏之,又皆取后宫女,置于园陵,大失礼,逆天心。昭帝晏驾,光复行之。至孝宣皇帝时,群臣亦随故事,甚可痛也!故使天下承化,及众庶葬埋,皆虚地上,以实地下。其过自上生,皆在大臣循故事之罪也。唯陛下深察古道,从其俭者,大减损乘舆服御器物,三分去二;审察后宫,择其贤者,留二十人,余悉归之。诸陵园女无子者,宜皆遣。厩马可无过数十匹。独舍长安城南苑地,以为田猎之囿,自城西南至鄠,皆复其田,以与贫民。方今天下饥馑,可无大自损减以救之,称天意乎?天生圣人,盖为万民,非独使自娱乐而已也。当仁不让,独可以圣心参诸天地,揆之往古,不可与臣下议也。臣禹不胜拳拳,不敢不尽愚心。"天子纳善其忠,乃下诏,令太仆减食谷马,水衡减食肉兽,省宜春下苑,以与贫民。又罢角抵诸戏及齐三服官。迁禹为光禄大夫。

禹又言:"孝文皇帝时,贵廉洁,贱贪污,赏善罚恶,不阿亲戚,罪白者伏其诛,疑者以与民,无赎罪之法。故令行禁止,海内大化,与刑措无异。武帝始临天下,尊贤用士,辟地广境数千里。自见功大威行,遂纵嗜欲。用度不足,乃行一切之变,使犯法者赎罪,入谷者补吏。是以天下奢侈,官乱民贫,盗贼并起,亡命者众。郡国恐伏诛,则择便巧史书、习于计簿、能欺上府者,以为右职;奸轨不胜,则取勇猛能操切百姓,以苛暴威服下者,使居大位。故无义而有财者显于世,欺谩而善书者尊于朝,悖逆而勇猛者贵于官。故俗皆曰:'何以孝悌为?财多而光荣。何以礼义为?史书而仕宦。何以谨慎为?勇猛而临官。'故黥劓而髡钳者,犹复攘臂,为政于世,而行虽犬彘,家富势足,目指气使,是为贤耳。谓居官而致富者为雄桀,处奸而得利者为壮士。兄劝其弟,父勉其子,俗之坏败,乃至于是!察其所以然者,皆以犯法得赎罪、求士不得真贤、相守崇财利、诛不行之所致也。今欲兴至治,致太平,宜除赎罪之法。相守选举不以实及有臧者,辄行其诛,无但免官,则争尽力为善,贵孝悌,贱贾人,进真贤,举实廉,而天下治矣。

"孔子,匹夫之人耳,以乐道正身不懈之故,四海之内,天下之君,微孔子之言,无所折中。况乎以汉地之广,陛下之德,处南面之尊,因天地之助,其于以变世易俗,调和阴阳,陶冶万物,化正天下,易于决流抑坠。〔坠,物欲坠落也。〕自成、康以来,几且千岁,欲为治者甚众,然而太平不复兴者,何也?<u>以其舍法度而任私意,奢侈行而仁义废也。</u>陛下诚深念高祖之苦，醇法太宗之治；正己以先下，选贤以自辅；开进忠正，致诛奸臣，远放谄佞；放出园陵之女，罢倡乐，绝郑声；去甲乙之帐，退伪薄之物，修节俭之化；驱天下之民，皆归于农。如此不懈，则三王可侔，五帝可及。唯陛下留意省察，天下幸甚。"上虽未尽从，嘉其质直之意，而省其半。

【重点句解读】

以其舍法度而任私意，奢侈行而仁义废也。

贡禹上书元帝指出，从周朝成王、康王以来，几乎将近一千年了，想治理好天下的君主非常之多，可是太平盛世却不能复兴的原因是什么呢？是因为他们抛开法规制度而听凭自己的心意去做，使奢侈畅行而仁义荒废的缘故。

贡禹对社会矛盾的深刻认识和睿智的见解令人叹服。他认为奢侈贪腐之风来于最高统治者，所以他在奏疏中要求皇帝以身作则，正人先正己，先从自己做起。

统治者有法不依，肆意妄为，滥用公权，乃至奢靡成风，贪腐公行，把道德、诚信、清廉这些人类尊崇的理念抛到一边。这样做的结果是，即使是太平年景，国家也不安定，百姓也不幸福。

习近平同志在不同场合多次强调，工作作风上的问题绝对不是小事，如果不坚决纠正不良风气，任其发展下去，就会像一座无形的墙把我们党和人民群众隔开，我们党就会失去根基、失去血脉、失去力量。要坚持勤俭办一切事业，坚决反对讲排场比阔气，坚决抵制享乐主义和奢靡之风。要大力弘扬中华民族勤俭节约的优秀传统，大力宣传节约光荣、浪费可耻的思想观念，努力使厉行节约、反对浪费在全社会蔚然成风。

鲍宣，字子都，渤海人也。为谏大夫。以丁、傅子弟并进，董贤贵幸，上书谏曰："窃见孝成皇帝时，外亲持权，人人牵引所私，以充塞朝廷，妨贤人路，浊乱天下，奢泰无度，穷困百姓。是以日蚀且十，彗星四起。危亡之征，陛下所亲见也，今奈何反覆剧于前乎？朝臣无有大儒骨鲵、白首者艾、魁垒之士。〔魁垒,壮貌。〕论议通古今、喟然动众心、忧国如饥渴者,臣未见也。敦外亲小童,及幸臣董贤等,在公门省户下。陛下欲与此共承天地、安海内,甚难。今俗谓不智者为能,谓智者为不能。昔尧放四罪而天下服,今除一吏而众皆惑;古刑人尚服,今赏人反惑。请寄为奸,群小日进;国家空虚,用度不足;民流亡,去城郭;盗贼并起,吏为残贼,岁增于前。凡民有七亡:阴阳不和,水旱为灾,一亡也;县官重责,更赋租税,二亡也;贪吏并公,受取不已,三亡也;豪强大姓,蚕食无厌,四亡也;苛吏繇役,失农桑时,五亡也;部落鼓鸣,男女遮列,六亡也;盗贼劫略,取民财物,七亡也。七亡尚可,又有七死:酷吏殴杀,一死也;治狱深刻,二死也;冤陷无辜,三死也;盗贼横发,四死也;怨仇相残,五死也;岁恶饥饿,六死也;时气疾疫,七死也。民有七亡而无一得,欲望国安,诚难;民有七死而无一生,欲望刑措,诚难。此非公卿守相贪残成化之所致邪?群臣幸得居尊官,食重禄,岂有肯加恻隐于细民,助陛下流教化者邪?志但在营私家,称宾客,为奸利而已。以苟容曲从为贤,以拱默尸禄为智,谓如臣宣等为愚。陛下擢臣岩穴,诚冀有益豪毛,岂徒欲使臣美食大官,重高门之地哉!〔高门,殿名。〕天下,乃皇天之天下也。陛下上为皇天子,下为黎庶父母,为天牧养元元,视之当如一,合《尸鸠》之诗。今贫民菜食不厌,衣又穿空,父子夫妇不能相保,诚可为酸鼻。陛下不救,将安所归命乎?奈何独私养外亲与幸臣董贤,多赏赐以大万数,使奴从宾客,浆酒霍肉,〔视酒如浆,视肉如霍也。〕苍头庐儿,皆用致富,非天意也。〔汉名奴为苍头,诸给殿中者,所居为庐,苍头侍从,因呼庐儿。〕及汝昌侯傅商,无功而封。夫官爵,非陛下之官爵,乃天下之官爵也。陛下取非其官,官非其人,而望天悦民服,不亦难乎!治天下者,当用天下之心为心,不得自专快意而已也。上之,皇天见谴;下之,黎庶恨怨。"上以宣名儒,优而纳之。宣复上书言:"陛下父事天,母事地,子养黎民;即位以来,父亏明,母震动,子讹言相惊恐。今日蚀于三始,〔正月一日为岁之朝,月之朝,日之朝。始,犹朝也。〕诚可畏惧。小民正月朔日,尚恐毁败器物,何况于日亏乎!"

魏相,字弱翁,济阴人也,为丞相。宣帝与后将军赵充国等议,欲因匈奴衰弱,出兵击其右地,使不敢复扰西域。相上书谏曰:"臣闻救乱诛暴,谓之义兵,兵义者王;敌加于己,不得已而起者,谓之应兵,兵应者胜；争恨小故，不胜愤怒者，谓之忿兵，兵忿者败；利人土地货宝者，谓之贪兵，兵贪者破；恃国家之大，矜民人之众，欲见威于敌者，谓之骄兵，兵骄者灭。此五者，非但人事，乃天道也。间者匈奴常有善意，所得汉民，辄奉归之，未有犯于边境，虽争屯田车师，不足致意中。今闻诸将军欲兴兵入其地，臣愚不知此兵何名者也。今边郡困乏，父子共犬羊之裘，食草莱之实，常恐不能自存，难以动兵。'军旅之后，必有凶年'，言民以其愁苦之气，伤阴阳之和也。出兵虽胜，犹有后忧，恐灾害之变，因此以生。今郡国守相，多不实选；风俗尤薄，水旱不时。案今年计，子弟杀父兄、妻杀夫者，凡二百二十二人。臣愚以为此非小变也。今左右不忧此，乃欲发兵报纤介之忿于远夷，殆孔子所谓'吾恐季孙之忧不在颛臾，而在萧墙之内'者也。愿陛下与有识者，详议乃可。"上从相言而止。

丙吉，字少卿，鲁国人也。代魏相为丞相。吉本起狱法小吏，及居相位，尚宽大，好礼让。尝出，逢清道群斗者，死伤横道，吉过之不问，掾史独怪之。吉前行，逢人逐牛，牛喘。吉止驻，使骑吏问："逐牛行几里矣？"掾史谓丞相前后失问。或以讥吉，吉曰："民斗相杀伤，长安令京兆尹，职所当禁备逐捕，岁竟丞相课其殿最，奏行赏罚而已。宰相不亲小事，非所当于道路问也。方春少阳用事，未可以热，恐牛近行用暑故喘，此时气失节，恐有所伤害也。三公典调和阴阳，职所当忧，是以问之。"掾史乃服，以吉知大体。

京房，字君明，东郡人也，以孝廉为郎。是时中书令石显专权，显友人五鹿充宗为尚书令，与房同经，论议相非。二人用事，房尝宴见，问上曰："幽、厉之君何以危？所任者何人也？"上曰："君不明，而所任巧佞。"房曰："知其巧佞而用之耶？将以为贤也？"上曰："贤之。"房曰："然则今何以知其不贤也？"上曰："以其时乱而君危知之。"房曰："若是，任贤必治，任不肖必乱，必然之道也。幽、厉何不觉寤而更求贤，曷为卒任不肖，以至于是？"上曰："临乱之君，各贤其臣。令皆觉寤，天下安得危亡之君？"房曰："齐桓公、秦二世，亦尝闻此君而非笑之，然则任竖刁、赵高，政治日乱，盗贼满山，何不以幽、厉卜之而觉寤乎？"上曰："唯有道者，能以往知来耳。"房因免冠顿首，曰：《春秋》纪二百四十二年灾异，以示万世之君。今陛下即位以来，日月失明，星辰逆行；山崩泉涌，地震石陨；夏霜冬雷，春凋秋荣；水旱螟虫，民人饥疫；盗贼不禁，刑人满市。《春秋》所记,灾异尽备。陛下视今,为治耶,乱耶?"上曰:"亦极乱耳,尚何道!"房曰:"今所任用者谁与?"上曰:"然幸其愈于彼,又以为不在此人也。"房曰:"夫前世之君,亦皆然矣。臣恐后之视今,犹今之视前也。"上良久乃曰:"今为乱者谁哉?"房曰:"明主宜自知之。"上曰:"不知也。如知之,何故用之?"房曰:"上最所信任,与图事帷幄之中,进退天下之士者是矣。"房指谓石显。上亦知之,谓房曰:"已谕。"房罢出。后石显、五鹿充宗皆疾房,欲远之,建言宜试以房为郡守。元帝于是以房为魏郡太守。显告房与张博通谋,非谤政治,归恶天子,诖(guà)误诸侯王。房、博皆弃市。

盖宽饶,字次公,魏郡人也。为司隶校尉,刺举无所回避。公卿贵戚及郡国吏繇使至长安,莫敢犯禁,京师为清。为人刚直高节,志在奉公。以言事不当意,而为文法吏所诋挫。大夫郑昌上书颂宽饶曰:"臣闻山有猛兽,藜藿为之不采;国有忠臣,奸邪为之不起。司隶校尉宽饶,居不求安,食不求饱,进有忧国之心,退有死节之义,上无许、史之属,〔许伯,宣帝后父也。史高,宣帝外家也。〕下无金、张之托,〔金日磾、张安世也。〕职在司察,直道而行,多仇少与。上书陈国事,有司劾以大辟。臣幸得从大夫之后,官以谏为名,不敢不言。"上不听,遂下宽饶吏。宽饶引佩刀,自刭北阙下,众莫不怜之。

诸葛丰,字少季,琅邪人也。为司隶校尉,刺举无所避。侍中许章奢淫不奉法度,宾客犯事,与章相连。丰按劾章,欲收之。章迫窘,驰车去,得入宫门自归。于是收丰节。丰上书谢曰:"臣丰驽怯,文不足以劝善,武不足以执邪。陛下拜为司隶校尉,未有以自效,故常愿捐一旦之命,而断奸臣之首,悬于都市,编书其罪,使四方明知为恶之罚,然后却就斧钺之诛,诚臣所甘心也。夫以布衣,尚犹有刎颈之交。今以四海之大,曾无伏节死义之臣,率尽苟合取容,阿党相为,念私门之利,忘国家之政。邪秽溷(hùn)浊之气,上感于天,是以灾变数见,百姓困乏。此臣下不忠之效也,臣诚耻之无已。凡人情莫不欲安存而恶危亡,然忠臣直士不避患害者,诚为君也。臣窃不胜愤懑,愿赐清宴,唯陛下裁幸。"上不许。是后所言益不用。丰复上书言:"臣闻伯奇孝而弃于亲,子胥忠而诛于君,隐公慈而杀于弟,叔武弟而杀于兄。夫以四子之行,屈平之材,然犹不能自显,而被刑戮,岂不足以观哉!使臣杀身以安国,蒙诛以显君,臣诚愿之。独恐未有云补，而为众邪所排。今逯夫得遂，正直之路壅塞，忠臣沮心，智士杜口，此愚臣之所惧也。"

刘辅，河间人也，为谏大夫。会成帝欲立赵婕妤为皇后，辅上封事曰："今乃触情纵欲，倾于卑贱之女，欲以母天下，不畏乎天，不愧于人，惑莫大焉。里语曰：'腐木不可以为柱，卑人不可以为主。'天人之所不与，必有祸而无福，市道皆共知之，朝臣莫肯一言，臣窃伤心。自念得以同姓拔擢，尸禄不忠，污辱谏争之官，不敢不尽死，唯陛下察焉。"书奏，上使侍御史收缚辅，系掖庭秘狱，群臣莫知其故。于是左将军辛庆忌、右将军廉褒、光禄勋师丹、太中大夫谷永俱上书曰："臣闻明主垂宽容之听，崇谏争之官，广开忠直之路，不罪狂狷之言。然后百僚在位，竭忠尽谋，不惧后患；朝廷无谄谀之士，元首无失道之愆。窃见谏大夫刘辅，前以县令求见，擢为谏大夫，此其言必有卓诡切至当圣心者，故得拔至于此。旬日之间，收下秘狱。臣等愚，以为辅幸得托公族之亲，在谏臣之列，新从下土来，未知朝廷体，独触忌讳，不足深过。小罪宜隐忍而已。如有大恶，宜暴治理官，与众共之。今天心未豫，〔豫，悦豫也。〕灾异屡降，水旱迭臻，方当隆宽广问、褒直尽下之时也。而行惨急之诛于谏争之臣，震惊群下，失忠直心。假令辅不坐直言，所坐不著，天下不可户晓。同姓近臣，本以言显，其于治亲养忠之义，诚不宜幽囚于掖庭狱。公卿以下，见陛下进用辅亟，而折伤之暴，人有惧心，莫敢尽节正言，非所以昭有虞之听，广德美之风也。臣等窃深伤之，唯陛下留神省察。"上乃减死罪。

郑崇，字子游，本高密人也。哀帝擢为尚书仆射。数求见谏争，上初纳用之。每见曳革履，上笑曰："我识郑尚书履声。"久之，上欲封祖母傅太后从弟商，崇谏曰："孝成皇帝封亲舅五侯，天为赤黄昼昏，日中有黑气。今祖母从昆弟二人已侯。孔乡侯，皇后父；高武侯以三公封，尚有因缘。今无故欲复封商，坏乱制度，逆天人心，非傅氏之福也。臣愿以身命当咎。"崇因持诏书案起。〔持当受诏书案起去。〕傅太后大怒曰："何有为天子，乃反为一臣所专制邪！"上遂下诏，封商为汝昌侯。崇又以董贤贵宠过度，数谏，由是重得罪，数以职事见责，发疾颈痛，欲乞骸骨，不敢。尚书令赵昌佞谄，素害崇，知其见疏，因奏崇与宗族通，疑有奸，请治。上责崇曰："君门如市，何以欲禁切主上？"崇对曰："臣门如市，臣心如水。愿得考覆。"上怒，下崇狱，穷治，死狱中。〔荀悦《纪》论曰："夫臣下之所以难言者何也？言出乎口，则咎悔及之矣。故举过扬非，则刺上之讥。言而当，则耻其胜己也；言而不当，则贱其愚也。先己而同，则恶其夺己之明也；后己而同，则以为顺从也。违下从上，则以为谄谀也；违上从下，则以为雷同也。与众其言，则以为顺负也；违众独言，则以为专美也。言而浅露，则简而薄之；深妙弘远，则不知而非之。特见独知，则众共盖之，虽是而不见称；与众同智，则以为附随也，虽得之，不以为功。据事尽理，则以为专必；谦让不争，则以为易穷。言而不尽，则以为怀隐进说；竭情，则谓之不知量。言而不效，则受其怨责；言而事效，则以为固当也。或利于上，不利于下；或便于右，不便于左；或合于前，而忤于后。夫能应事当理，决疑定功，发情起意，值所欲闻，不害上下，无妨于时，言立而策成，始无咎悔，若此之比，百不一遇，又智之所见，万不一及也。且犯颜冒死，下之所难言也；拂旨忤情，上之所难闻也。以难言之臣，忤难闻之主，以万不一及之智，求百不一遇之时，此下情所以常不通也。非唯君臣而已，凡言亦皆如之，是乃仲尼所以发愤嗟叹，称'予欲无言'者也。"]

萧望之，字长倩，东海人也，为谏大夫。出为平原太守，上疏曰："陛下哀悯百姓，恐德化之不究，悉出谏官，以补郡吏，所谓忧其末而忘其本者也。<u>朝无争臣，则不知过；国无达士，则不闻善</u>。愿陛下选明经术、温故知新、通于几微谋虑之士，以为内臣，与参政事。诸侯闻之，则知国家纳谏忧政，无有阙遗。若此不怠，成康之道，其庶几矣！外郡不治，岂足忧哉？"书闻，征入守少府，为御史大夫。

【重点句解读】

朝无争臣，则不知过；国无达士，则不闻善。

假使朝廷没有谏诤之臣，那么君王就不了解自己的过失；国家没有通达世理之士，君王就听不到好的治国意见。

这句话指出了贤士、争臣对于治国安邦的重要作用。争臣，也就是诤臣。古往今来，有作为的治理者都重视言论反馈渠道的畅通，善于听取不同的意见，从而知得失、明利弊、优决策。历史上最有名的诤臣应为唐朝的魏徵,以敢于犯颜直谏、不畏生死为后世称颂。

另一方面,有了魏徵这样的诤臣,还要有唐太宗这样从谏如流的领导。领导干部要有容人容事、不计恩怨的雅量,有光明磊落、胸怀坦荡的气度,才能"知过",才能"闻善"。

五凤中,匈奴大乱,议者多曰匈奴为害日久,可因其坏乱,举兵灭之。诏问望之,对曰:"春秋晋士匄帅师侵齐,闻齐侯卒而还,君子大其不伐丧,以为恩足以服孝子,谊足以动诸侯。前单于慕化乡善,遣使请求和亲,海内欣然,夷狄莫不闻。不幸为贼臣所杀,今而伐之,是乘乱而幸灾也,彼必奔走远遁。不以义动兵,恐劳而无功。宜遣使者吊问,辅其微弱,救其灾患。四夷闻之,咸贵中国之仁义,必称臣服从,此德之盛也。"上从其议。宣帝寝疾,选大臣可属者,引外属侍中史高、太子太傅望之、少傅周堪至禁中,拜高为车骑将军、望之为前将军、堪为光禄大夫,皆受遗诏辅政。孝元皇帝即位,望之、堪本以师傅见尊重,数宴见,言治乱,陈王事。望之选白宗室明经达学刘更生与金敞并拾遗左右。四人同心谋议,多所匡正。

中书令弘恭、石显久典枢机,与车骑将军高为表里,论议常持故事,不从望之等。望之以为中书政本,宜以贤明之选,自武帝游宴后庭,故用宦者,非国旧制,又违古不近刑人之义,白欲更置士人,由是大与高、恭、显忤。恭、显令郑朋、华龙二人告望之等,谋欲罢车骑将军,疏退许、史状,候望之出休日,令朋、龙上之。事下弘恭。恭、显奏:"望之、堪、更生朋党相称举,数谮大臣,毁离亲戚,欲以专擅权势。为臣不忠,诬上不道,请召致廷尉。"时上初即位,不省召致廷尉为下狱也,可其奏。后上召堪、更生,曰:"系狱。"上大惊,责恭、显,皆叩头谢。上曰:"令出视事。"恭、显因使高言:"上新即位,而先验师傅,既下狱,宜因决免。"于是望之、堪、更生皆免为庶人。后数月,赐望之爵关内侯、给事中。恭、显等知望之素高节,不诎辱,曰:"望之前辅政,欲专权擅朝;幸得不坐,复赐爵邑,与闻政事,不悔过服罪,深怀怨望,自以托师傅,怀终不坐。非颇诎望之于牢狱,塞其怏怏心,则圣朝无以施恩厚。"上曰:"萧太傅素刚,安肯就吏?"显等曰:"人命至重,望之所坐,语言薄罪,必无所忧。"上乃可其奏。显等封以付谒者,因急发车骑,驰围其第。使者至,召望之。望之仰天叹曰:"吾尝备位将相,年逾六十矣!老入牢狱,苟求生活,不亦鄙乎!"竟自杀。天子闻之惊,拊手曰:"果杀吾贤傅!"是时太官方上昼食,上乃却食,为之涕泣,哀恸左右。显等免冠谢,良久然后已。

卷二十 《汉书》治要（八）

【原缺】

卷二十一 《后汉书》治要(一)

【南朝】 范晔 编撰

【导读】

范晔(398—445),字蔚宗,顺阳(今河南南阳淅川县)人。宋文帝元嘉九年(432),范晔因为"左迁宣城太守,不得志,乃删众家《后汉书》为一家之作",开始撰写《后汉书》。至元嘉二十二年(445)因加入彭城王谋反阵营被杀止,写成了十纪、八十列传。原计划未及完成。今本《后汉书》中的八志三十卷,是南朝梁代刘昭从司马彪的《续汉书》中抽出来补进去的。

《后汉书》与《史记》《汉书》《三国志》合称"前四史"。记述了上起东汉的汉光武帝建武元年(25),下至汉献帝建安二十五年(220),共一百九十五年的史事。

《后汉书》虽沿袭了《史记》《汉书》的现成体例,但有所创新,创制了前代史书中所没有的《党锢》《宦者》《文苑》《独行》《逸民》《方术》《列女》等七种新的类传。后六种类传为后世大多数纪传体史书所承袭,具有重大的史学价值。

《后汉书》勇于暴露黑暗政治,同情和歌颂正义的行为。例如,在《王充王符仲长统传》中,范晔详细地收录了八篇抨击时政的论文。

魏徵等人编撰《群书治要》,后汉十二帝中,仅录光武、明、章、和四位皇帝的事略;二十个皇后中,仅录马、邓两皇后事略;五百四十六名人物传中,仅录冯异、岑彭、马援、宋弘、桓谭等六十三个各类人物事迹。除对侯览等五名宦者的专横予以鞭笞外，其余多属褒扬。正如清人邵晋涵所说："东汉尚气节，此书创为《独行》《党锢》《逸民》三传，表彰幽隐，搜罗迨尽。"《党锢》《独行》《逸民》三传所述的人物，对统治阶层滥用权威，表示愤怒、抗议和藐视。魏徵等人辑录冯异等数十人的"嘉言懿行"的目的，是为了巩固国家政权，劝谏唐太宗应像刘秀等明君那样尊重功臣，重视人才，勤政爱民；警惕侯览、张让一类宦官乱政误国。

·本 纪·

世祖光武皇帝，讳秀，字文叔，南阳人，高祖九世孙也。更始元年，遣世祖行大司马事，北渡河，镇慰州郡。进至邯郸，故赵缪王子林，以卜者王郎为天子，都邯郸。二年，进围邯郸，拔其城，诛王郎，收文书，得吏民与郎交关谤毁者数千章。世祖为不省，会诸将烧之，曰："令反侧子自安。"

更始立世祖为萧王。世祖击铜马、高湖、重连，悉破降之，封其渠帅为列侯。降者犹不自安，世祖敕令各归营勒兵，乃自乘轻骑，案行部陈。降者更相语曰："萧王推赤心置人腹中，安得不投死乎？"由是皆服。

即皇帝位，封功臣皆为列侯，大国四县，余各有差。博士丁恭等议曰："古帝王封诸侯，不过百里，强干弱枝，所以为治也，今封诸将四县，不合法制。"帝曰："古之亡国者，皆以无道，未尝闻封功臣地多而灭亡者也。"乃遣谒者，即授印绶。

建武十三年，诏曰："往年已敕郡国，异味不得有所献御，今犹未止，非徒有豫养导择之劳，至乃烦扰道上，疲费过所，其令大官勿复受。明敕宣下，若远方口实，可以荐宗庙，自如旧制。"时兵革既息，天下少事，文书调役，务从简寡，至乃十存一焉。

十七年，幸章陵，修园庙，祠旧宅，观田庐，置酒作乐，赏赐焉。时宗室诸母，因酣悦，相与语曰："文叔少时谨信，与人不款曲，唯直柔耳，今乃能如此！"帝闻之大笑曰："吾治天下，亦欲以柔道行之。"

二十一年，鄯善王、车师王等十六国遣子入侍，愿请都护。帝以中国初定，未遑外事，乃还其侍子，厚加赏赐。

中元二年，帝崩。遗诏曰："朕无益百姓，皆如孝文皇帝制度，务从约省。"

初，帝在兵间久，厌武事，且知天下疲耗，思乐息肩，自陇、蜀平后，非儌急，未尝复言军旅。皇太子尝问攻战之事，帝曰："昔卫灵公问陈，孔子不对，此非尔所及也。"每旦视朝，日晏乃罢。数引公卿郎将，讲经论治，夜分乃寐。皇太子见帝勤劳不怠，承间谏曰："陛下有禹、汤之明，而失黄、老养生之福，愿颐养精神，优游自宁。"帝曰："我自乐此，不为疲也。"虽身济大业，兢兢如不及。故能明慎政体，总揽权纲，量时度力，举无过事。退功臣而进文吏，戢弓矢而散马牛。虽道未方古，斯亦止戈之武焉。

孝明皇帝讳庄，世祖第四子也。永平二年春，宗祀光武皇帝于明堂，礼毕登灵台，诏曰："朕以暗陋，奉承大业，亲执珪璧，恭祀天地。仰惟先帝受命中兴，拨乱反正，以宁天下，封泰山，建明堂，立辟雍，起灵台，恢弘大道，被之八极。而胤子无成、康之质，群臣无吕、旦之谋，盥洗进爵，踧踖（cù jí）惟惭。其令天下自殊死以下，谋反大逆，皆赦除之。"冬，幸辟雍，初行养老礼，诏曰："三老李躬，年耆学明；五更桓荣，授朕《尚书》。《诗》曰：'无德不报。'其赐荣爵关内侯，食邑五千户。三老五更，皆以二千石禄，养终厥身。其赐天下三老，酒人一石，肉四十斤。有司其<u>存耆耋、恤幼孤、惠鳏寡</u>，称朕意焉。"

【重点句解读】

存耆耋、恤幼孤、惠鳏寡。

慰问七八十岁的老人，体恤幼童孤儿，善待鳏寡孤独之人。

耆耋指老人。《礼记》曰：七十曰耋，八十九十曰耄。鳏寡指老而无妻或无夫的人，引申指老弱孤苦者。

这是汉明帝刘庄下令帮扶特殊群体时所说的话，刘庄是光武帝刘秀的第四个儿子，在位期间，政治清明，国泰民安，与汉章帝刘炟被后人合称为"明章之治"。西汉刘向《说苑·政理》曰："治国之道，爱民而已。"爱民为治国之大道，为政之要务，是治国理政的根本原则和永恒追求，也是最富有中国文化特色的政治理念。

一个关心民众的领导者，必然会有无私的情怀和强烈的责任心，有饱含深情的恻隐之心，会发自内心的对人民疾苦冷暖感同身受。

《孟子》倡导："老吾老，以及人之老；幼吾幼，以及人之幼。"这是一种"推己及人"的思维方式，也隐含着群众的观点：在做事的时候，党员干部要设身处地地为群众着想，从群众需要什么、如何思考的角度来看待问题、解决问题。

六年，诏曰："先帝诏书，禁民上事言圣，而间者章奏颇多浮辞，自今若有过称虚誉，尚书皆宜抑而勿省，示不为谄子嗤也。"

八年，日有蚀之，诏曰："朕以无德奉承大业，而下贻民怨，上动三光。日蚀之变，其灾尤大。永思厥咎，在予一人。群司勉修职事，极言无讳。"于是在位者皆上封事，各陈得失。帝览章，深自引咎，乃以所上班示百官。诏曰："群寮所言，皆朕之过。人冤不能理，吏黠(xiá)不能禁，而轻用民力，缮治室宇，出入无节，喜怒过差。永览前戒，竦然兢惧。徒恐薄德，久而致怠耳。"

十二年，诏曰："昔曾闵奉亲，竭欢致养；仲尼葬子，有棺无椁。丧贵致哀，礼存宁俭。今百姓送终之制，竞为奢靡。生者无担石，而财力尽于坟土；伏腊无糟糠，而牲牢兼于一奠。糜破积世之业，以供终朝之费。子孙饥寒，终命于此，岂祖考之意哉！又车服过制，恣极耳目；田荒不耕，浮食者众。有司其申明科禁宜于今者，宣下郡国。"

十八年，帝崩。遗诏："无起寝庙，藏主于光烈皇后更衣别室。"帝遵奉建武制度，事无违者。后宫之家，不得封侯与政。馆陶公主为子求郎，不许而赐钱千万，谓群臣曰："郎官上应列宿，出宰百里，苟非其人，则民受其殃，是以难之。"故吏称其官，民安其业，远近肃服，户口滋殖焉。

论曰：明帝善刑理，法令分明，日晏坐朝，幽枉必达。外内无幸曲之私，在上无矜大之色。断狱得情，号居前世十二。故后之言事者，莫不先建武、永平之政。

孝章皇帝讳炟(dá)，明帝第五子也。少宽容，好儒术，显宗器重之。建初元年，诏曰："朕以无德，奉承大业，夙夜栗栗，不敢荒宁，而灾异仍见，与政相应。朕既不明，涉道日寡，又选举乖实，俗吏伤民，官职耗乱，刑罚不中，可不忧与！昔仲弓季氏之家臣，子游武城之小宰，孔子犹诲以贤才,问以得人。明政之小大,以人为本;乡举里选,必累功劳。今刺史、守相不明真伪,茂才、孝廉岁以百数,既非能显,而当授之政事,甚无谓也。每寻前世举人贡士,或起圳亩,不系阀阅。敷奏以言,则文章可采;明试以功,则治有异迹。文质斌斌,朕甚嘉之。其令太傅、三公、中二千石、二千石、郡国守相,举贤良方正能直言极谏之士各一人。"

四年,诏,于是下太常、将、大夫、博士、议郎、郎官及诸生、诸儒会白虎观,讲议五经同异,帝亲称制临决焉。

七年,诏曰:"车驾行秋稼,观收获,因涉郡界,皆精骑轻行,无他辎重。不得辄修道桥,远离城郭,遣吏逢迎,刺探起居,出入前后,以为烦扰也。动务省约,但患不能脱粟瓢饮耳。所过欲令贫弱有利,无违诏书。"

元和二年,诏曰:"令云:'民有产子者,复勿算三岁。'今诸怀妊者,赐胎养谷人三斛,复其夫勿算一岁,著以为令。"又诏曰:"方春生养,万物莩(fú)甲,宜助萌阳以育时物。其令有司,罪非殊死,且勿案验,及吏民条书相告,不得听受,冀以息事宁民,敬奉天气。立秋如故。夫俗吏矫饰外貌,似是而非,揆之人事则悦耳,论之阴阳则伤化,朕甚厌之、甚苦之。安静之吏,悃愊(kǔn bì)无华,日计不足,月计有余。如襄城令刘方,吏民同声,谓之不烦,虽未有他异,斯亦殆近之矣。间敕二千石,各尚宽明。而今富奸行赂于下,贪吏枉法于上,使有罪不论,而无过被刑,甚大逆也。夫以苛为察,以刻为明,以轻为德,以重为威,四者或兴,则下有怨心。吾诏书数下,冠盖接道,而吏不加治,民或失职,其咎安在?勉思旧令,称朕意焉。"又诏曰:"律,十二月立春,不以报囚。《月令》,冬至之后,有顺阳助生之文,而无鞫(jū)狱断刑之政。朕咨访儒雅,稽之典籍,以为王者生杀,宜顺时气。其定律,无以十一月、十二月报囚。"

三年春,北巡狩,敕侍御史、司空曰:"方春,所过无得有所伐杀。车可引避,引避之;骓(fēi)马可辍解,辍解之。《诗》云:'敦彼行苇,牛羊勿践履。'《礼》:人君伐一草木不时,谓之不孝。俗知顺人,莫知顺天。其明称朕意。"

论曰:魏文帝称"明帝察察,章帝长者"。章帝素知民厌明帝苛切,事从宽厚。感陈宠之议,除惨狱之科;深元元之爱,著胎养之令。割裂名都,以崇建周亲;平徭简赋,而民赖其庆。又体之以忠恕,文之以礼乐。故乃蕃辅克谐,群后德让。谓之长者,不亦宜乎!在位十三年,郡国所上符瑞，合于图书者，数百千所。呜呼懋哉！

孝和皇帝讳肇，章帝第四子也，在位十七年而崩。齐民岁增，辟土日广。每有灾异，辄延问公卿，极言得失。前后符瑞八十一所，自称德薄，皆抑而不宣。旧南海献龙眼、荔枝，十里一置，五里一候，奔腾阻险，死者继路。时临武长汝南唐羌县接南海，乃上书陈状。帝下诏曰："远国珍羞，本以奉宗庙。苟有伤害，岂爱民之本耶？其敕太官，勿复受献。"由是遂省。

·皇后纪序·

夏、殷以上，后妃之制，其文略矣。《周礼》，王者立后，三夫人，九嫔，二十七世妇，八十一女御，以备内职焉。后正位宫闱，同体天王。夫人坐论妇礼，九嫔掌教四德，世妇主知丧祭宾客，女御序于王之燕寝。颁官分务，各有典司。女史彤管，记功书过。居有保阿之训，动有环佩之响。进贤才以辅佐君子，哀窈窕而不淫其色。所以能述宣阴化，修成内则，闺房肃雍，险谒不行者也。

故康王晚朝，《关雎》作讽；宣后晏起，姜氏请愆。及周室东迁，礼序凋缺，诸侯僭纵，轨制无章。齐桓有如夫人者六人。晋献升戎女为元妃，终于五子作乱，冢嗣遘（gòu）屯。爰逮战国，风宪愈薄，适情任欲，颠倒衣裳，以至破国亡身，不可胜数。斯固轻礼弛防、先色后德者也。秦并天下，多自骄大，宫备七国，爵列八品。汉兴，因循其号，而妇制莫厘。高祖帷薄不修，孝文衽席无辨，然而选纳尚简，饰玩少华。自武、元之后，世增淫费，至乃掖庭三千，增级十四，妖幸毁政之符，外姻乱邦之迹，前史载之详矣。

及光武中兴，斫雕为朴，六宫称号，唯皇后、贵人。贵人金印紫绶，俸不过粟数十斛。又置美人、宫人、采女三等，并无爵秩，岁时赏赐充给而已。明帝聿遵先旨，宫教颇修，登建嫔后，必先令德，内无出阃之言，权无私溺之授，可谓矫其弊矣。虽御己有度，而防闲未笃，故孝章以下，渐用色授，恩隆好合，遂忘淄蠹。自古虽主幼时艰，王家多衅，必委成冢宰，简求忠贤，未有专任妇人，断割重器。唯秦芈（mǐ）太后始摄政事，故穰侯权重于昭王，家富于嬴国。汉仍其谬，知患莫改。东京皇统屡绝，权归女主，外立者四帝，临朝者六后，莫不定策帷幄（yì），委事父兄，贪孩童以久其政，抑明贤以专其威。任重道悠，利深祸速。身犯雾露于云台之上，家婴缧绁（léi xiè）于圄犴（yǔ àn）之下。湮灭连踵，倾辀（zhōu）继路。而赴蹈不息，焦烂为期，终于陵夷大运，沦亡神宝。《诗》《书》所叹，略同一揆。故考列行迹，以为《皇后本纪》云。

明德马皇后，伏波将军援之小女也。永平三年，立为皇后。既正位宫闱，愈自谦肃。能诵《易经》，好读《春秋》《楚辞》，尤善《周官》。常衣大练，裙不加缘。诸姬主朝请，望见后袍衣疏粗，反以为绮縠（hú），就视，乃笑。后辞曰："此缯特宜染色，故用之耳。"六宫莫不叹息。

时楚狱连年不断，囚相证引，坐系者甚众。后虑其多滥，乘间言及，恻然。帝感之，多有所降宥。每于侍执之际，辄言及政事，多所毗补，而未尝以家私干欲。宠敬日隆，始终无衰。自撰《显宗起居注》，削去兄防参医药事。帝请曰："黄门舅旦夕供养且一年，既无褒异，又不录勤劳，无乃过乎？"太后曰："吾不欲令后世闻先帝数亲后宫之家，故不著也。"帝欲封爵诸舅，太后不听。

明年夏，大旱，言事者以为不封外戚之故，有司因此上奏，宜依旧典。太后诏曰："凡言事者，皆欲媚朕以要福耳。昔王氏五侯，同日俱封，其时黄雾四塞，不闻澍雨之应。又，田蚡、窦婴宠贵横恣，倾覆之祸，为世所传。故先帝防慎舅氏，不令在枢机之位。诸子之封，裁令半楚、淮阳诸国。常谓：'我子不当与先帝子等。'今有司奈何欲以马氏比阴氏乎！吾为天下母，而身服大练，食不求甘，左右但著皂布，无香薰之饰者，欲身率下也。以为外亲见之，当伤心自敕，但笑言太后素好俭。前过濯龙门上，见外家问起居者，车如流水，马如游龙，苍头衣绿褠（gōu），领袖正白，顾视御者，不及远矣。故不加谴怒，但绝岁用而已，冀以默愧其心，而犹懈怠，无忧国忘家之虑。知臣莫若君，况亲属乎？吾岂可上负先帝之旨，下亏先人之德，重袭西京败亡之祸哉！"固不许。

帝省诏悲叹，复重请曰："汉兴，舅氏之封侯，犹皇子之为王也。太后诚存谦虚，奈何令臣独不得加恩三舅乎？且卫尉年尊，两校尉有大病，如令不讳，使臣长抱刻骨之恨。宜及吉时，不可稽留。"太后报曰："吾反复念之，思令两善。岂徒欲获谦让之名，而使帝受不外施之嫌哉！昔窦太后欲封王皇后之兄，丞相条侯言，受高祖约，无军功，非刘氏不侯。今马氏无功于国，岂得与阴、郭中兴之后等耶？常观富贵之家，禄位重叠，犹再实之木，其根必伤。且人所以愿封侯者，欲上奉祭祀，下求温饱耳。今祭祀则受四方之珍，衣食则蒙御府之余资，斯岂不足，而必当得一县乎？吾计之熟矣，勿有疑也。夫至孝之行，安亲为上。今数遭变异，谷价数倍，忧惶昼夜，不安坐卧，而欲先营外封，违慈母之拳拳乎！吾素刚急，有胸中气，不可不顺也。若阴阳调和，边境清静，然后行子之志。吾但当含饴弄孙，不能复关政矣。"

其外亲有谦素义行者，辄假借温言，赏以财位。如有纤介，则先见严恪之色，然后加谴。其美车服、不轨法度者，便绝属籍，遣归田里。广平、钜鹿、乐成王，车骑朴素，无金银之饰，太后即赐钱各五百万。于是内外从化，被服如一，诸家惶恐，倍于永平世。乃置织室，蚕于濯龙中，数往观视，以为娱乐。常与帝旦夕言道政事，及教授诸小王，论议经书，述叙平生，雍和终日。天下丰稔，方垂无事，帝遂封三舅廖、防、光为列侯。并辞让，愿就关内侯。太后闻之曰："圣人设教，各有其方，知人情性莫能齐也。吾日夜惕厉，思自降损，居不求安，食不念饱，冀乘此道，不负先帝，所以化导兄弟，共同斯志，欲令瞑目之日，无所复恨，何意老志复不从哉！"廖等不得已，受封爵而退位归第焉。

和熹邓皇后讳绥，太傅禹之孙也。选入宫为贵人，恭肃小心，动有法度。帝深嘉爱焉。及后有疾，特令后母兄弟入亲医药，不限以日数。后言于帝曰："宫禁至重，而使外舍久在内省，上令陛下有幸私之讥，下使贱妾获不知足之谤，上下交损，诚不愿也。"帝曰："人皆以数入为荣，贵人反以为忧，深自抑损，诚难及也。"

每有谯会，诸姬贵人，竞自修整，簪珥光彩，袿裳（guī cháng）鲜明，而后独著素，装服无饰。阴后以巫蛊事废，立为皇后。是时方国贡献，竞求珍丽之物，自后即位，悉令禁绝，岁时但供纸墨而已。

·列 传·

冯异，字公孙，颍川人也。建武三年，为征西大将军，大破赤眉，屯兵上林苑，威行关中。六年，朝京师，帝谓公卿曰："是我起兵时主簿也，为吾披荆棘、定关中。"既罢，使中黄门赐以珍宝、衣服、钱帛。诏曰：

"仓卒芜蒌亭豆粥，滹沱河麦饭，厚意久不报。"异稽首谢曰："臣闻管仲谓桓公曰：'愿君无忘射钩，臣无忘槛车。'齐国赖之。臣今亦愿国家无忘河北之难，小臣不敢忘巾车之恩。"

岑彭，字君然，南阳人也。拜廷尉，行大将军事。与大司马吴汉等围洛阳数月，朱鲔（wěi）等坚守不肯下。帝以彭尝为鲔校尉，令往说之。鲔曰："大司徒被害时，鲔与其谋。又谏更始无遣萧王北伐。诚自知罪深。"彭还具言于帝。帝曰："夫建大事者，不忌小怨，鲔今若降，官爵可保，况诛罚乎？河水在此，吾不食言。"彭复往告鲔，鲔乃面缚，与彭俱诣河阳，帝即解其缚，拜鲔为平狄将军，封扶沟侯。建武八年，彭与吴汉围隗嚣于西城。公孙述将李育守上邽，盖延、耿弇（yǎn）围之。敕彭曰："两城若下，便可将兵南击蜀虏。<u>人苦不知足，既平陇，复望蜀，每一发兵，头发为白。</u>"

【重点句解读】

人苦不知足，既平陇，复望蜀，每一发兵，头发为白。

人苦于不知足，既已平定了陇地，又想着攻取西蜀，每发一次兵，头发都白了许多。

这句话后来演变为尽人皆知的成语"得陇望蜀"，比喻得寸进尺，贪心不知满足，贪得无厌。

这其实就是人们常说的"贪心不足蛇吞象"，与之相对立的是另一句老话"知足常乐"。

中国的文化传统向来注重对自身欲望的控制，寡欲知足历来是人们追求的修身境界。老子说："祸莫大于不知足，咎莫大于欲得，故知足之足，常足矣。"

贪心一动，信仰就开始动摇，底线就逐步失守。一个手握权力的党员干部，如果没有知足之心，在利益面前得陇望蜀，必然会踏上贪腐的"不归路"。

臧宫，字君翁，颍川人也。匈奴饥疫，自相分争，帝以问宫，宫曰：

"愿得五千骑以立功。"帝笑曰:"常胜之家,难与虑敌,吾方自思之。"建武二十七年,宫与杨虚侯马武上书曰:"匈奴人畜疫死,旱蝗赤地,疫困之力,不当中国一郡。万里死命,悬在陛下,福不再来,时或易失,岂宜固守文德,而堕武事乎?"诏报曰:"《黄石公记》曰:'柔能制刚,弱能制强。'柔者德也,刚者贼也。弱者仁之助也,强者怨之归也。舍近谋远者,劳而无功;舍远谋近者,逸而有终。逸政多忠臣,劳政多乱民。故曰:务广地者荒,务广德者强;有其有者安,贪人有者残。残灭之政,虽成必败。今国无善政,灾变不息,百姓惊惶,人不自保,而复欲远事边外乎?孔子曰:'吾恐季孙之忧,不在颛臾。'且传闻之事,恒多失实。苟非其时,不如息民。"自是诸将,莫敢复言兵事者。

祭遵,字弟孙,颍川人也。从征河北,为军市令。世祖舍中儿犯法,遵格杀之。世祖怒,命收遵。时主簿陈副谏曰:"明公常欲众军整齐,今遵奉法不避,是教令行也。"世祖乃贳之,以为刺奸将军,谓诸将曰:"当备祭遵!吾舍中儿犯令尚杀之,必不私诸卿也。"河北平,拜征虏将军。

遵为人廉约小心,克己奉公,赏赐辄尽与士卒,家无私财,身衣韦裤,布被,夫人裳不加缘。帝以是重焉。及卒,愍(mǐn)悼之尤甚。遵丧至河南县,诏遣百官,先会丧所,车驾素服临之,望哭哀恸。还幸城门,过其车骑,涕泣不能已。丧礼成,复亲祠以太牢,如宣帝临霍光故事。至葬,车驾复临,赠以将军、侯印绶,朱轮容车,介士军陈送葬,谥曰成侯。既葬,车驾复临其坟,存见夫人室家。其后朝会,帝每叹曰:"安得忧国奉公之臣,如祭征虏者乎?"遵之见思若此。

马武,字子张,南阳人也,封为杨虚侯。为人嗜酒,阔达敢言,时醉在御前,面折同列,言其短长,无所避忌。帝故纵之,以为笑乐。帝虽制御功臣,而每能回容,宥其小失。远方贡珍甘,必先遍列侯,而大官无余。有功辄增邑赏,不任以吏职,故皆保其福禄,终无诛谴者。

论曰:光武中兴二十八将,前世以为上应二十八宿,未之详。然咸能感会风云,奋其智勇,称为佐命,亦各志能之士也。议者多非光武不以功臣任职,至使英姿茂绩,委而勿用。然原夫深图远算,固将有以焉尔。若乃王道既衰,降及霸德,犹能授受惟庸,勋贤兼序,如管、隰之迭升桓世,先赵之同列文朝,可谓兼通矣。降自秦、汉,世资战力,至于翼扶王运,皆武人屈起。亦有鬻缯屠狗轻猾之徒,或崇以连城之赏,或任以阿衡之地，故势疑则隙生，力侔则乱起。萧、樊且犹缧绁，信、越终见菹戮，不其然乎！自兹以降，迄于孝武，宰辅五世，莫非公侯。遂使搢绅道塞，贤能蔽壅，朝有世及之私，下多抱关之怨。其怀道无闻、委身草莽者，亦何可胜言哉！故光武鉴前事之违，存矫枉之志，虽寇、邓之高勋，耿、贾之洪烈，分土不过大县数四，所加特进朝请而已。观其治平临政，课职责咎，将所谓"导之以法，齐之以刑"者乎？若格之功臣，其伤已甚。何者？直绳则亏丧恩旧，挠情则违废禁典，选德则功不必厚，举劳则人或未贤，参任则群心难塞，并列则其蔽未远。不得不校其胜否，即以事相权。故高秩厚礼，允答元功；峻文深宪，责成吏职。建武之世，侯者百余，若夫数公者，则与参国议，分均休咎，其余并优以宽科，完其封禄，莫不终以功名延庆于后。昔留侯以为高祖悉用萧、曹故人，而郭伋亦讥南阳多显，郑兴又戒功臣专任。夫<u>崇恩偏授，易启私溺之失；至公均被，必广招贤之路</u>。意者不其然乎！

【重点句解读】

崇恩偏授，易启私溺之失；至公均被，必广招贤之路。

推崇恩泽以私情授予，容易造成偏爱的过失；公平如一，必然可以拓宽招贤之路。

公正无私是为领导者应该遵守的原则和必须奉行的准则。每一位领导干部都会有自己的"老部下"、亲戚朋友等，如果分不清权与法、情与理、公与私的关系，不能秉持公正无私之心，而是任人唯亲，掺杂个人好恶，下面的人就会投机钻营，就容易形成"小圈子"，也就是欧阳修所说的"朋党"，那么小集团的私利就会损害国家和人民的利益。

《贞观政要》中有一句话："理国要道，在于公平正直。"只有奉行公平、公正、公开的原则，"外举不避仇，内举不避子"，不偏爱自己亲近的人，不冷落关系疏远的人，任人唯贤，"人才兴国"的理念才能落到实处。

永平中，显宗追感前世功臣，乃图画二十八将于南宫云台，其外又有王常、李通、窦融、卓茂，合三十二人。故依其本第系之篇末，以志功臣之次云尔：

太傅高密侯邓禹　　　　中山太守全椒侯马成
大司马广平侯吴汉　　　河南尹阜成侯王梁
左将军胶东侯贾复　　　琅邪太守祝阿侯陈俊
建威大将军好畤侯耿弇　骠骑大将军参遽侯杜茂
执金吾雍奴侯寇恂　　　积弩将军昆阳侯傅俊
征南大将军舞阳侯岑彭　左曹合肥侯坚镡
征西大将军阳夏侯冯异　上谷太守淮阳侯王霸
建义大将军鬲侯朱祐　　信都太守阿陵侯任光
征虏将军颍阳侯祭遵　　豫章太守中水侯李忠
骠骑大将军栎阳侯景丹　右将军槐里侯万修
虎牙大将军安平侯盖延　太常灵寿侯邳彤
卫尉安成侯铫(yáo)期　骁骑将军昌成侯刘植
东郡太守东光侯耿纯　　横野大将军山桑侯王常
城门校尉朗陵侯臧宫　　大司空固始侯李通
捕虏将军杨虚侯马武　　大司空安丰侯窦融
骠骑将军慎侯刘隆　　　大傅宣德侯卓茂

马援，字文渊，扶风人也。建武九年，拜为太中大夫。十七年，交阯女子征徵侧及女弟徵二反，攻没其郡，九真、日南、合浦蛮夷皆应之，寇略岭外六十余城，侧自立为王。于是拜援伏波将军，督楼船将军段志等南击交阯，斩徵侧、徵二，传首洛阳。封援为新息侯。

援尝有疾，梁松来候之，独拜床下，援不答。松去后，诸子问曰："梁伯孙帝婿，贵重朝廷，公卿已下，莫不惮之，大人奈何独不为礼？"援曰："我松父友也。虽贵，何得失其序乎？"松由是恨之。

二十四年，武威将军刘尚击武陵五溪蛮夷，军没，援因复请行。遂遣援率中郎将马武、耿舒等征五溪。援夜与送者诀，谓友人谒者杜愔(yīn)曰："吾受厚恩，年迫余日索，常恐不得死国事，今获所愿，甘心瞑目。但畏长者家儿，或在左右，或与从事，殊难得调，独恶是耳。"初，军次下隽，有两道可入，从壶头则路近而水险，从充道则途夷而运远，帝初以为疑。及军至，耿舒欲从充道，援以为弃日费粮，不如进壶头，扼其喉咽，充贼自破。以事上之，帝从援策。进营壶头，贼乘高守隘，水疾，船不得上。会暑甚，士卒多疫死，援亦中病，遂困。乃穿岸为室，以避炎气。贼每升险鼓噪，援辄曳足以观之，左右哀其壮意，莫不为之流涕。耿舒与兄好畤侯弇书曰："前舒上言，当先击充，粮虽难运，而兵马得用，军人数万，争欲先奋。今壶头竟不得进，大众怫（fú）郁行死，诚可痛惜。"弇得书奏之。帝乃使虎贲中郎将梁松，乘驿责问援，因代监军。会援病卒，松宿怀不平，遂因事陷之。帝大怒，追收援新息侯印绶。

初，援在交阯，常饵薏苡实，用能轻身省欲，以胜瘴气。南方薏苡实大，援欲以为种，军还，载之一车。时人以为南土珍怪，权贵皆望之。援时方有宠，故莫以闻。及卒，后有上书谮之者，以为前所载还，皆明珠文犀。马武、于陵侯侯昱等，皆以章言其状，帝益怒。援妻孥惶惧，不敢以丧还旧茔，裁买城西数亩地，槁葬而已。宾客故人，莫敢吊会。援兄子严，与援妻子草索相连，诣阙请罪。帝乃出松书以示之，方知所坐，上书诉冤，前后六上，辞甚哀切，然后得葬。

又前云阳令同郡朱勃诣阙上书曰："臣闻王德圣政不忘人之功，采其一美，不求备于众。故高祖赦蒯通，而以王礼葬田横，大臣旷然，咸不自疑。夫大将在外，谗言在内，微过辄记，大功不计，诚为国之所慎也。故章邯畏口而奔楚，燕将据聊而不下，岂其甘心末规哉？悼巧言之伤类也。窃见故伏波将军马援，拔自西州，钦慕圣义，间关险难，触冒万死，孤立群贵之间，傍无一言之佐，驰深渊，入虎口，岂顾计哉！宁自知当要七郡之使，徼封侯之福耶？八年，车驾西讨隗嚣，国计狐疑，众营未集，援建宜进之策，卒破西州。及吴汉下陇，冀路断隔，唯独狄道为国坚守，士民饥困，寄命漏刻。援奉诏西使，镇慰边众，乃招集豪杰，晓诱羌戎，谋如涌泉，势如转规，遂救倒悬之急，存几亡之城，兵全师进，因粮敌人，陇冀略平，而独守空郡。兵动有功，师进辄克。诛锄先零，缘入山谷，猛怒力战，飞矢贯胫。又出征交阯，土多瘴气，援与妻子生诀，无悔吝之心，遂斩灭徵侧，克平一州。间复南讨，立陷临乡，师已有业，未竟而死。吏士虽疫，援不独存。夫战或以久而立功，或以速而致败，深入未必为得，不进未必为非。人情岂乐久屯绝地，不生归哉！惟援得事朝廷二十二年，北出塞漠，南渡江海，触冒害气，僵死军事，名灭爵绝，国土不传。海内不知其过，众庶未闻其毁，卒遇三夫之言，横被诬罔之谗，家属杜门，葬不归墓，怨隙并兴，宗亲怖栗。死者不能自列，生者莫为之讼，臣窃伤之。夫明主醲(nóng)于用赏，约于用刑。高祖尝与陈平金四万斤，以间楚军，不问出入所为，岂复疑以钱谷间哉？夫操孔父之忠，不能自免于逸，此邹阳之所悲也。惟陛下留思竖儒之言，无使功臣怀恨黄泉。臣闻《春秋》之义，罪以功除；圣王之祀，臣有五义。若援所谓以死勤事者也。愿下公卿，平援功罪，宜绝宜续，以厌海内之望。臣年已六十，常伏田里，窃感栾布哭彭越之义，冒陈悲愤，战栗阙庭。"书奏，报归田里。

子廖，字敬平，少以父任为郎，肃宗甚尊重之。时皇太后躬履节俭，事众简约。廖虑美业难终，上疏长乐宫，以劝成德政，曰："臣案前世诏令，以百姓不足，起于世尚奢靡。故元帝罢服官，成帝御浣衣，哀帝去乐府。然而侈费不息，至于衰乱者，百姓从行不从言也。夫改政移风，必有其本。传曰：'吴王好剑客，百姓多瘢疮；楚王好细腰，宫中多饿死。'长安语曰：'城中好高髻，四方高一尺；城中好广眉，四方且半额；城中好大袖，四方用匹帛。'斯言如戏，有切事实。前下制度未几，后稍不行，虽或吏不奉法，良由慢起京师。今陛下躬服厚缯，斥去华饰，素简所安，发自圣情，此诚上合天心，下顺民望，浩大之福，莫尚于此。陛下既已得之自然，犹宜加以勉勖，法大宗之隆德，戒成、哀之不终。《易》曰：'不恒其德，或承之羞。'诚令斯事一竟，则四海诵德，声熏天地，神明可通，金石可勒，而况于人心乎？况于行令乎？愿置章坐侧，以当瞽人夜诵之音。"大后深纳之。

【重点句解读】

吴王好剑客，百姓多瘢疮；楚王好细腰，宫中多饿死。

吴王喜欢精于剑术的人，老百姓就多有创伤；楚王喜欢细腰，宫女们多有饿死的。

"楚王好细腰"一事在众多古籍中都能见到它的身影，说明这个故事在古代就为人熟知了。

在上位的人喜好什么，下面的人必定会做得更过分。孟子说："上有好者，下必有甚焉者矣。"《管子·法法》中说："上好勇，则民轻死；上好仁，则民轻财。故上之所好，民必甚焉。"

从历史上看，君王的喜好就是社会时尚的坐标和指南。因此，人们历来都充分重视在上位者的德行。孔子强调，如果在上位者一心向善，"而民善矣"。在上位者贪婪成性，物欲横流，无法无天，就不能期待社会是向善的、有序的。

对于位高权重的领导干部来说，提倡什么，反对什么，须谨慎行事，否则就会带来严重后果。

卓茂，字子康，南阳人也。以儒术举，迁密令。视民如子，举善而教，口无恶言，吏民亲爱，而不忍欺之。民常有言部亭长受其米肉遗者，茂避左右问之曰："亭长为从汝求乎？为汝有事属之而受乎？将平居自以恩意遗之乎？"民曰："往遗之耳。"茂曰："遗之而受，何故言邪？"民曰："窃闻贤明之君，使民不畏吏、吏不取民。今我畏吏，是以遗之，吏既卒受，故来言耳。"茂曰："汝为弊民矣。凡人所以贵于禽兽者，以有仁爱，知相敬事也。今邻里长老尚致馈遗，此乃人道所以相亲，况吏与民乎？吏顾不当乘威力强请求耳。凡人之生，群居杂处，故有经纪礼义，以相交接。汝独不欲修之，宁能高飞远走，不在人间邪？亭长素善吏，岁时遗之，礼也。"民曰："苟如此，律何故禁之？"茂笑曰："律设大法，礼顺人情。今我以礼教汝，必无怨恶；以律治汝，何所厝其手足乎？一门之内，小者可论，大者可杀也，且归念之。"于是人纳其训，吏怀其恩。治密数年，教化大行，道不拾遗。平帝时，天下大蝗，河南二十余县，皆被其灾，独不入密界。王莽居摄，以病免归。世祖即位，乃下诏曰："前密令卓茂，束身自修，执节淳固，诚能为人所不能为，夫名冠天下，当受天下重赏。今以茂为太傅，封褒德侯，食邑二千户。"

鲁恭，字仲康，扶风人也。太傅赵熹举恭直言，拜中牟令。恭以德化为治，不任刑罚。民许伯等争田累年，守令不能决，恭为平理曲直，皆退而自责，辍耕相让。亭长从民借牛，而不肯还之，牛主讼于恭。恭召亭长，敕令归牛者再三，犹不从。恭叹曰："是教化不行也。"欲解印绶去。掾史泣涕共留之，亭长乃惭悔，还牛，诣狱受罪，恭贳不问。于是吏民信服。建初七年，郡国螟伤稼，犬牙缘界，不入中牟。河南尹袁安闻之，疑其不实，使仁恕掾肥亲往廉之。恭随行阡陌，俱坐桑下。有雉过，止其傍，傍有童儿。亲曰："儿何不捕之？"儿言雉方将雏。亲瞿然而起，与恭诀曰:"所以来者,欲察君之治迹耳。今虫不犯境,此一异也;化及鸟兽,此二异也;竖子有仁心,此三异也。久留徒扰贤者耳。"还府,具以状白安。是岁嘉禾生中牟,安上书言状,帝异之。

卷二十二 《后汉书》治要（二）

·传·

宋弘，字仲子，长安人也。世祖尝问弘通博之士，弘荐沛国桓谭，才学洽闻，几能及扬雄、刘向父子。于是召谭，拜议郎给事中。帝每宴，辄令鼓琴，好其繁声。弘闻之不悦，悔于荐举。伺谭内出，正朝服，坐府上，遣吏召之。谭至，不与席而让之曰："吾所以荐子者，欲令辅国家以道德也。而今数进郑声，以乱雅颂，非忠正者也。能自改耶？将令相举以法乎？"谭顿首辞谢，良久乃遣之。后大会群臣，帝使谭鼓琴，谭见弘，失其常度。帝怪而问之，弘乃免冠谢曰："臣所以荐桓谭者，望能以忠正导主，而令朝廷耽悦郑声，臣之罪也。"帝改容谢之，使反服。其后遂不复令谭给事中。弘推进贤士三十余人，或相及为公卿者。

弘当宴见，御坐新施屏风，图画列女，帝数顾视之。弘正容言曰："未见好德如好色者。"帝即为彻之，笑谓弘曰："闻义则服，可乎？"对曰："陛下进德，臣不胜其喜。"时帝姊湖阳公主新寡，帝与共论朝臣，微观其意。主曰："宋公威容德器，群臣莫及。"帝曰："方且图之。"后弘被引见，帝令主坐屏风后，因谓弘曰："谚言'贵易交，富易妻'，人情乎？"弘曰："臣闻'贫贱之知不可忘，糟糠之妻不下堂'。"帝顾谓主曰："事不谐矣。"

韦彪，字孟达，扶风人也。拜大鸿胪。是时陈事者，多言郡国贡举，率非功次，故守职益懈，而吏事浸疏，咎在州郡。彪上议曰："孔子曰：'事亲孝，故忠可移于君。'是以求忠臣，必于孝子之门。夫人才行，少能相兼，是以孟公绰优于赵魏老，不可以为滕薛大夫。忠孝之人，持心近厚；锻炼之吏，持心近薄。三代之所以直道而行者，在其所以磨之故也。士宜以才行为先，不可纯以阀阅。然其要归，在于选二千石。二千石贤，则贡举皆得其人矣。"帝深纳之。

【重点句解读】

孔子曰："事亲孝，故忠可移于君。"是以求忠臣，必于孝子之门。

孔子曾说过："以孝心事奉双亲，故可将忠心移于事奉君主。"所以访求忠臣，一定要去有孝子的人家。

一个人能够孝顺父母，才有可能爱国家、爱人民。对父母都不孝顺的人，必然是一个私心很重的人，缺乏起码的同情心，让他去关心帮助别人很难。

中国文化认为，大孝在于天下，忠于国家、忠于民族，那是大爱。一个人真能爱父母、爱家庭、爱社会，也一定是忠臣。

国风之本在家风，家风之本在孝道。习近平总书记多次强调，"培育和弘扬社会主义核心价值观必须立足中华优秀传统文化"。孝文化作为传统文化的精髓，为我们培育和践行社会主义核心价值观提供了良好参照。

彪以世承二帝吏治之后，多以苛刻为能，又置官选职，不必以才，上疏谏曰："农民急于务而苛吏夺其时，赋发充常调而贪吏割其财。此其巨患也。夫欲急民所务，当先除其所患。天下枢要，在于尚书。尚书之选，岂可不重？而间者多从郎官超升此位，虽晓习文法，长于应对，然察察小慧，类无大能。宜简尝历州宰素有名者，虽进退舒迟，时有不逮，然端心向公，奉职周密。宜鉴啬夫捷急之对，深思绛侯木讷之功也。往时楚狱大起，故置令史以助郎职，而类多小人，好为奸利。今者务简，可皆停省。又谏议之职，应用公直之士，通才謇正，有补益于朝者。今或从征试辈为大夫。又御史外迁，动据州郡，并宜清选其任，责以言绩。其二千石视事虽久，而为吏民所便安者，宜增秩重赏，勿妄迁徙，惟留圣心。"书奏，帝纳之。

杜林，字伯山，扶风人也。为光禄勋。建武十四年，群臣上言："古者肉刑严重,则民畏法令。今宪章轻薄,故奸轨不胜。宜增科禁,以防其源。"诏下公卿。林奏曰:"夫人情挫辱,则义节之风损;法防繁多,则苟免之行兴。孔子曰:'导之以政,齐之以刑,民免而无耻;导之以德,齐之以礼,有耻且格。'古之明王,深识远虑,动居其厚,不务多辟。周之五刑,不过三千。大汉初兴,详览失得,故破矩为圆,斫雕为朴,蠲除苛政,更立疏网,海内欢欣,人怀宽德。及至其后,渐以滋章,吹毛索疵,诋欺无限。果桃菜茹之馈,集以成赃;小事无妨于义,以为大戮。故国无廉士,家无完行。至于法不能禁,令不能止,上下相遁,为弊弥深。臣愚以为宜如旧制。"帝从之。

桓谭,字君山,沛国人也。拜议郎给事中。因上疏陈时政所宜,曰:"臣闻国家之兴废在于政事,政事得失由乎辅佐。辅佐贤明,则俊士充朝,而治合世务;辅佐不明,则论失时宜,而举多过事。夫有国之君,俱欲兴化建善,然而治道未理者,其所谓贤者异也。盖善治者,视俗而施教,察失而立防,威德更兴,文武迭用,然后政调于时,而躁人可定。昔董仲舒言:'治国譬若琴瑟,其不调者,则解而更张。'夫更张难行,而咈众者亡。是故贾谊以才逐,而晁错以智死。世虽有殊能,而终莫敢谈者,惧于前事也。且设法禁者,非能尽塞天下之奸,皆合众人之所欲也。大抵取便国利事多者,则可矣。又见法令决事,轻重不齐,或一事殊法,同罪异论,奸吏得因缘为市。所欲活,则出生议;所欲陷,则与死比。是为刑开二门也。今可令通义理、明习法律者,校定科比,一其法度,班下郡国,蠲除故条。如此,天下知方,而狱无怨滥矣。"书奏,不省。

是时帝方信谶,多以决定嫌疑。谭复上疏曰:"今诸巧慧小才伎数之人,增益图书,矫称谶记,以欺惑贪邪,诖(guà)误人主,焉可不抑远之哉!其事虽有时合,譬犹卜数只偶之类。陛下宜垂明听,发圣意,屏群小之曲说,述五经之正义,略雷同之俗语,详通人之雅谋。"帝省奏,愈不悦。其后有诏,会议灵台所处。帝谓谭曰:"吾欲以谶决之,何如?"谭默然良久曰:"臣不读谶。"帝问其故,谭复极言谶之非经。帝大怒曰:"桓谭非圣无法,将下斩之。"谭叩头流血,良久得解。出为六安郡丞,意忽忽不乐,道病卒。

冯衍,字敬通,京兆人也。更始二年,遣尚书仆射鲍永行大将军事,安集北方。乃以衍为立汉将军,与上党太守田邑等缮甲养士,捍卫并土。

及世祖即位，遣宗正刘延攻天井关，与田邑连战十余合。后邑闻更始败，乃遣使诣洛阳献璧马，即拜为上党太守。因遣使者招永、衍，永、衍等疑，不肯降，而怨邑背前约。衍乃遗邑书曰："衍闻之，委质为臣，无有二心；挈瓶之智，守不假器。是以晏婴临盟，拟以曲戟，不易其辞；谢息守郕，胁以晋鲁，不丧其邑。由是言之，内无钩颈之祸，外无桃莱之利，而被畔人之声，蒙降城之耻，窃为左右羞之。"

时讹言更始随赤眉在北地，永、衍信之，故屯兵界休，方移书上党，云皇帝在雍，以惑百姓。审知更始已殁，乃共罢兵，幅巾降于河内。帝怨衍等不时至，永以立功得赎罪，遂任用之，而衍独见黜。永谓衍曰："昔高祖赏季布之罪，诛丁固之功。今遭明主，亦何忧哉！"衍曰："记有之：人有挑其邻之妻者，挑其长者，长者詈之，挑其少者，少者报之，后其夫死，而取其长者。或谓之曰：'夫非骂尔者耶？'曰：'在人欲其报我，在我欲其骂人也。'夫天命难知，人道易守，守道之臣，何患死亡？"顷之，帝以衍为曲阳令，诛斩剧贼郭胜等，降五千余人，论功当封，以逸毁故，赏不行。

建武六年，日食，衍上书陈八事：其一曰显文德，二曰褒武烈，三曰修旧功，四曰招俊杰，五曰明好恶，六曰简法令，七曰差秩禄，八曰抚边境。书奏，帝将召见。初衍为狼孟长，以罪摧陷大姓令狐略，是时略为司空长史，逸之于尚书令王护、尚书周生丰曰："衍所以求见者，欲毁君也。"护等惧之，即共排间，衍遂不得入。后卫尉阴兴、新阳侯阴就，以外戚贵显，深敬重衍，衍遂与之交结，由是为诸王所聘请，寻为司隶从事。帝惩西京外戚宾客，故以法绳之，大者抵死徙，其余至贬黜。衍由此得罪，尝自诣狱，有诏赦不问，归故郡，闭门自保，不敢复与亲故通。

建武末，上疏自陈曰："臣伏念高祖之略，而陈平之谋，毁之则疏，誉之则亲。以文帝之明，而魏尚之忠，绳之以法则为罪，施之以德则为功。逮至晚世，董仲舒言道德，见妒于公孙弘；李广奋节于匈奴，见排于卫青。此臣之常所为流涕也。臣衍自惟微贱之臣，上无无知之荐，下无冯唐之说，乏董生之才，寡李广之势，而欲免谗口、济怨嫌，岂不难哉！臣衍之先祖，以忠贞之故，成私门之祸。而臣衍复遭扰攘之时，值兵革之际，不敢回行求世之利，事君无倾邪之谋，将帅无房掠之心。卫尉阴兴，敬慎周密，内自修敕，外远嫌疑，故与交通。兴知臣之贫，数欲本业之，臣自惟无三益之才,不敢处三损之地,固让而不受之。昔在更始,大原执货财之柄,居仓卒之间,据位食禄二十余年,而财产岁狭,居处日贫,家无布帛之积,出无舆马之饰。于今遭清明之世,敕躬力行之秋,而怨仇丛兴,讥议横世。盖富贵易为善,贫贱难为工也。疏远垅亩之臣,无望高阙之下,惶恐自陈,以救罪尤。"书奏,犹以前过不用。

论曰:冯衍之引挑妻之譬,得矣。夫纳妻,皆知取誉己者,而取士则不能,何也?岂非反妒情易,而恕义情难。光武虽得之于鲍永,犹失之于冯衍。夫然,义直所以见屈于既往,守节故亦弥阻于来情。呜呼!

申屠刚,字巨卿,扶风人也。迁尚书令。世祖尝欲出游,刚以陇、蜀未平,不宜晏安逸豫。谏不见听,遂以头轫乘舆轮,帝遂为止。时内外群官,多帝自选举,加以法理严察,职事过苦,尚书近臣,至乃捶扑牵曳于前,群臣莫敢正言。刚每辄极谏,又数言皇太子宜时就东宫,简任贤保,以成其德。

鲍永,字君长,上党人也。父宣,为王莽所杀。事后母至孝,妻尝于母前叱狗,而永即去之。莽以宣不附己,欲灭其子孙。太守苟谏拥护,召以为吏。更始二年征,再迁尚书仆射,行大将军事,持节将兵,安集河东、并州、朔部。世祖即位,遣谏议大夫储大伯持节征永,永乃收系大伯,遣使驰至长安。既知更始已亡,乃发丧,出大伯等,封上将军列侯印绶,悉罢兵,但幅巾与诸将及同心客百余人,诣河内。帝见永问曰:"卿众所在?"永离席叩头曰:"臣事更始,不能令全,诚惭以其众幸富贵,故悉罢之。"帝曰:"卿言大。"而意不悦。

为司隶校尉,行县到霸陵,路经更始墓,引车入陌。从事谏止之。永曰:"亲北面事人,宁有过墓不拜?虽以获罪,司隶所不避也。"遂下拜哭,尽哀而去。西至扶风,椎牛上谏冢。帝闻之,意不平,问公卿曰:"奉使如此何如?"太中大夫张湛对曰:"仁者行之宗,忠者义之主也。仁不遗旧,忠不忘君,行之高者也。"帝意乃释。

论曰:鲍永守义于故主,斯可以事新主矣。耻以其众受宠,斯可以受大宠矣。若乃言之者虽诚,而闻之者未譬,岂苟进之悦,易以情纳,持正之忤,难以理求乎?诚能释利以循道,居方以从义,君子之概也。

【重点句解读】

诚能释利以循道，居方以从义，君子之概也。

如果真的能够放弃私利以遵循正道，存心方正，遵从大义，这才是君子的气度啊。

君子指人格高尚、道德品行兼好之人。《论语》中也有对君子的描述："君子喻于义，小人喻于利。"

当遇到问题，或者面临选择，君子会首先以道义的标准去衡量，最后做出选择；而小人遇到事情首先想到的是如何获利，这是君子和小人思考问题或者做选择的时候的最大区别。

现代社会中，各种诱惑令人眼花缭乱，在利益面前能不能有清醒的头脑，在个人利益同人民利益相抵触时能不能"把人民群众的公共利益，摆在自己的私人利益之上"，这是每个党员干部都要回答的问题。

党员干部能坚持为人民服务的原则，坚守道德底线，不见利忘义，这是人民群众希望看到的"君子之概"。

郅恽，字君章，汝南人也。举孝廉，为上东城门候。帝常出猎，车驾夜还，恽拒关不开。帝令从者见面于门间，恽曰："火明辽远。"遂不受诏。帝乃回，从东中门入。明日，恽上书谏曰："陛下远猎山林，夜以继昼，其如社稷宗庙何？暴虎冯河，未至之诫，诚小臣所窃忧也。"书奏，赐布百匹，贬东中门候为参封尉。

郭伋，字细侯，扶风人也。王莽时，为并州牧。建武九年，拜颍川太守。十一年，调为并州刺史。引见宴语，伋因言选补众职，当简天下贤俊，不宜专用南阳人。帝纳之。伋前在并州，素结恩德，及后入界，所到县邑，老幼相携，逢迎道路。所过问民疾苦，聘求耆德雄俊，设几杖之礼，朝夕与参政事。始至行部，到西河美稷，有童儿数百，各骑竹马，于道次迎拜。伋问曰："儿曹何自远来？"对曰："闻使君到，喜，故来奉迎。"伋辞谢之。及事讫，诸儿复送至郭外，问使君何日当还，伋计日告之。既还，先期一日，伋为违信于诸儿，遂止于野亭，须期乃入。

樊宏，字靡卿，南阳人，世祖之舅也。宏为人谦柔畏慎，不求苟进。

常戒其子曰："富贵盈溢，未有能终者。吾非不喜荣势也。天道恶满而好谦。前代贵戚，皆明戒也。保身全己，岂不乐哉？"宗族染其化，未尝犯法。帝甚重之。

【重点句解读】

> 富贵盈溢，未有能终者。吾非不喜荣势也。天道恶满而好谦。前代贵戚，皆明戒也。

凡是大富大贵到了过于盈满的地步，就没有能得善终的。我不是不喜欢荣华富贵，只是天理厌恶盈满而喜好谦虚。前代无善终的皇亲国戚们的下场都是我们的明鉴。

东汉名臣樊宏，是光武帝刘秀的舅舅。樊宏总结了历史与自身人生经验，在《诫子言》中谆谆告诫晚辈：做人要以从前那些贵戚们的下场为戒。节欲修身、严于律己、清廉为官才是长久之道。不要太过张扬骄满，也不要无休止地贪图功名富贵。

《大禹谟》："满招损，谦受益，时乃天道。"这是数千年来中国人做人做事遵循的一个准则。

修身养德为做人之本。荣华富贵虽然诱人，但应该时时提醒自己理智地对待内心的欲望，做人为官都要坚持原则。不择手段地追逐名利，虽能一时得逞，最后也都会落得身败名裂的下场。

今天我们对这句话的理解，不是说在工作中不思进取，明哲保身，而应该有更高的追求，把个人的理想追求融入国家和人民的事业中，积极进取，讲求奉献。

阴识，字次伯，南阳人，光烈皇后之兄也。以征伐军功增封，识叩头让曰："天下初定，将帅有功者众，臣托属掖庭，仍加爵邑，不可以示天下。"帝甚美之。

兴，字君陵，识弟也。帝召兴，欲封之，置印绶于前。兴固让曰："臣未有先登陷陈之功，而一家数人，并蒙爵土，令天下觖（jué）望，诚为盈溢。臣蒙陛下、贵人恩泽至厚，富贵已极，不可复加。至诚不愿。"帝嘉兴之让，不夺其志。贵人问其故，兴曰："贵人不读书记耶？'亢龙有悔'。外戚家苦不知谦退，嫁女欲配侯王，取妇眄睨公主，愚心实不安也。富贵有极，人当知足。夸奢，益为观听所讥。"贵人感其言，深自降挹，卒不为宗族求位。

帝后复欲以兴代吴汉为大司马，兴叩头流涕，固让曰："臣不敢惜身，诚亏损圣德，不可苟冒。"至诚发中，感动左右，帝遂听之。

朱浮，字叔元，沛国人也。为幽州牧。渔阳太守彭宠败，后世祖以二千石长吏多不胜任，时有纤微之过者，必见斥罢，交易纷扰，百姓不宁。建武六年，有日蚀之异，浮因上疏曰："臣闻日者众阳之宗，君上之位也。凡居官治民，据郡典县，皆为阳为上、为尊为长。若阳上不明，尊长不足，则干动三光，垂示王者。陛下哀愍海内新离祸毒，保育生民，使得苏息。而今牧民之吏，多未称职，小违治实，辄见斥罢，岂不粲然黑白分明哉！然以尧舜之盛，犹加三考。大汉之兴，亦累功效，吏皆积久，养老于官，至名子孙因为氏姓。当时吏职，何能悉治？论议之徒，岂不喧哗？盖以为天地之功不可仓卒，艰难之业当累日也。间者，守宰数见换易，迎新相代，疲劳道路。寻其视事日浅，未足昭见其职，既加严切，人不自保，各相顾望，无自安之心。有司或因睚眦，以骋私怨，苟求长短，求媚上意。二千石及长吏迫于举劾，惧于刺讥，故争饰诈伪，以希虚誉。斯皆群阳骚动、日月失行之应。夫物暴长者必夭折，功卒成者必亟坏。如摧长久之业，而造速成之功，非陛下之福也。天下非一时之用也，海内非一旦之功也。愿陛下游意于经年之外，望化于一世之后，天下幸甚。"帝下其议，群臣多同于浮。自是牧守易代颇简。

旧制，州牧奏二千石长吏不任位者，事皆先下三公，三公遣掾史案验，然后黜退。帝时用明察，不复委任三府，而权归刺举之吏。浮复上疏曰："陛下清明履约，率礼无违，自宗室诸王，外家后亲，皆奉绳墨，无党势之名。斯固法令整齐，下无作威者也。求之于事，宜以和平，而灾异犹见者，而岂徒然哉？天道信诚，不可不察。窃见陛下疾往者上威不行，下专国命，即位以来，不用旧典，信刺举之官，黜鼎辅之任，至于有所劾奏，便加退免，覆案不关三府，罪谴不蒙澄察。陛下以使者为腹心，而使者以从事为耳目，是为尚书之平，决于百石之吏。故群下苛刻，各自为能，兼以私情容长，憎爱在职，皆竞张空虚，以要时利。故有罪者心不厌服,无咎者坐被空文,不可经盛衰、贻后王也。夫事积久则吏自重,吏安则民自静。传曰:'五年再闰,天道乃备。'夫以天地之灵,犹五载以成其化,况人道哉!"

陈元,字长孙,苍梧人也。以父任为郎。时大司农江冯上言,宜令司隶校尉督察三府。元上疏曰:"臣闻师臣者帝,宾臣者霸。故武王以太公为师,齐桓以夷吾为仲父。孔子曰:'百官总己,听于冢宰。'近则高帝优相国之礼,太宗假宰辅之权。及亡新王莽,遭汉中衰,专操国柄,以偷天下,况己自喻,不信群臣,夺公辅之任,损宰相之威,以刺举为明、徼讦为直。至乃陪仆告其君长,子弟变其父兄,网密法峻,大臣无所措手足。然不能禁董忠之谋,身为世戮。故人君患在自骄,不患骄臣;失在自任,不在任人。是以文王有日昃之劳,周公执吐握之恭,不闻其崇刺举、务督察也。方今四方尚扰,天下未一,百姓观听,咸张耳目。陛下宜循文武之圣典,袭祖宗之遗德,劳心下士,屈节待贤,诚不宜使有伺察公辅之名。"帝从之。

桓荣,字春卿,沛郡人也。以明经入授太子。每朝会,辄令荣于公卿前敷奏经书。帝称善曰:"得卿几晚。"建武二十八年,大会百官,诏问谁善可傅太子者,群臣承望上意,皆言太子舅执金吾阴识可。博士张佚正色曰:"今陛下立太子,为阴氏乎?为天下乎?即为阴氏,则阴侯可;为天下,则固宜用天下之贤才。"帝称善,曰:"欲置傅者,以辅太子也。今博士不难正朕,况太子乎?"即拜佚为太子太傅,而以荣为少傅,赐以辎车乘马。

第五伦,字伯鱼,京兆人也。举孝廉。帝问以政事,大悦,与语至夕。帝谓伦曰:"闻卿为吏,篣(péng)妇公,不过从兄饭,宁有之耶?"伦对曰:"臣三娶妻,皆无父母。少遭饥乱,实不敢妄过人餐。"帝大笑,拜会稽太守。会稽俗多淫祀,好卜筮,人常以牛祭神,百姓财产,以之困匮。其有自食牛肉,而不以荐祠者,发病且死,先为牛鸣,前后郡将莫敢禁。伦到官,移书属县,晓告百姓。其巫祝有依托鬼神,诈怖愚民,皆案验之;有妄屠牛者,吏辄行罚。民初恐惧,或祝诅妄言,伦案之愈急,后遂断绝,百姓以安。

肃宗初,为司空。及马防为车骑将军,当出征西羌,伦上疏曰:"臣愚以为,贵戚可封侯以富之,不当职事以任之。何者?绳以法则伤恩,私以亲则违宪。伏闻马防今当西征，臣以太后恩仁，陛下至孝，恐卒有纤介，难为意爱也。"伦虽峭直，然常疾俗吏苛刻。及为三公，值帝长者，屡有善政，乃上疏褒称盛美，因以劝成风德，曰："陛下即位，躬天然之德，体晏晏之姿，以宽弘临下，出入四年，前岁诛刺史、二千石贪残者六人。斯皆明圣所鉴，非群下所及。然诏书每下宽和而政急不解、务存节俭而奢侈不止者，咎在俗弊，群下不称故也。世祖承王莽之余，颇以严猛为治，后世因之，遂成风化。郡国所举，类多辩职俗吏，殊未有宽博之选，以应上求者也。陈留令刘豫、冠军令驷协，并以刻薄之姿，临民宰邑，专念掠杀，务为严苦，吏民愁怨，莫不疾之，而今之议者，反以为能。违天心，失经义，诚不可不慎也。非徒应坐豫协，亦当宜谴举者。务进仁贤，以任时政，不过数人，则风俗自化矣。臣尝读书记，知秦以酷急亡国，又目见王莽亦以苛法自灭，故勤勤恳恳，实在于此。又闻诸王主贵戚，骄奢逾制，京师尚然，何以示远？故曰：'其身不正，虽令不行。'<u>以身教者从，以言教者讼。</u>夫阴阳和，岁乃丰；君臣同心，化乃成也。其刺史、太守以下拜除京师，及道出洛阳者，宜皆召见，可因博问四方，兼以观察其人。诸上书言事有不合者，可但报归田里，不宜过加喜怒，以明在宽也。"

【重点句解读】

以身教者从，以言教者讼。

拿自身的行为教育别人，别人就会听从；只用言论教育别人（自己不做），就会有争论。

孔子认为身正民行，上感下化，才能施不言之教，对百姓产生潜移默化的影响。《论语》中记载他的话说："其身正，不令而行；其身不正，虽令不从。"

管理的效果不取决于管理者的说教，而在于管理者的示范行动。凡事都是上行下效、上率下行。要求别人不能做的自己带头不做，要求别人做到的自己首先做到。无论什么样的制度，只有这样才能执行下去，而不会沦为一纸空文。

习近平总书记指出："从严管理的要求能不能落到实处，领导机关和领导干部带头非常重要。领导机关和领导干部做出样子，下面就会跟着来、照着做。各级领导机关和领导干部，尤其是中央机关和中央国家机关、高级领导干部要强化带头意识，时时处处严要求、作表率。"

伦奉公尽节，言事无所依违。或问伦曰："公有私乎？"对曰："昔人有与吾千里马者，吾虽不受，每三公有所选举，心不能忘，而亦终不用也。吾兄子常病，一夜十往，退而安寝；吾子有疾，虽不省视，而竟夕不眠。若是者，岂谓无私乎？"

钟离意，字子阿，会稽人也。显宗即位，征为尚书。时交阯太守坐赃千金，征还伏法，以资物簿入大司农，诏班赐群臣。意得珠玑，悉以委地，而不拜赐。帝怪而问其故，对曰："臣闻孔子忍渴于盗泉之水，曾参回车于胜母之间，恶其名也。此赃秽之宝，诚不敢拜。"帝嗟叹曰："清乎尚书之言！"乃更以库钱三十万赐意，转为尚书仆射。

车驾数幸广成苑，意常当车，陈谏般乐游田之事，天子即时还宫。永平三年夏旱，而大起北宫。意诣阙免冠上疏曰："伏见陛下以天时小旱，忧念元元，降避正殿，躬自克责，而比日密云，遂无大润，岂政有未得应天心者耶？昔成汤遭旱，以六事自责曰：'政不节耶？使民疾耶？宫室荣耶？女谒盛耶？苞苴行耶？谗夫昌耶？'窃见北宫大作，民失农时，此所谓宫室荣也。自古非苦宫室小狭，但患民不安宁。宜且罢止，以应天心。"帝策诏报曰："汤引六事，咎在一人。其冠履勿谢。今又敕大匠止作诸宫，减省不急，庶消灾谴。"诏因谢公卿百僚，遂应时澍雨焉。时诏赐降胡子缣（jiān），尚书案事，误以十为百。帝见簿，大怒，召郎将答之。意因入叩头曰："过误之失，常人所容。若以懈慢为愆，则臣位大，罪重；郎位小，罪轻。咎皆在臣，臣当先坐。"乃解衣就格。帝意解，使复冠而贳（shì）郎。

帝性褊察，好以耳目隐发为明，故公卿大臣，数被诋毁，近臣尚书以下，至见提拽。尝以事怒郎药崧，以杖撞之。崧走入床下，帝怒甚，疾言曰："郎出！郎出！"崧曰："天子穆穆，诸侯煌煌。未闻人君，自起撞郎。"帝乃赦之。朝廷莫不悚栗，争为严切，以避诛责，唯意独敢谏争，数封还诏书。臣下过失，辄救解之。帝虽不能用，然知其至诚。亦以此故，不得久留，出为鲁相。后德阳殿成，百官大会。帝思意言，谓公卿曰："钟离尚书若在，此殿不立。"意卒，遗言上书，陈升平之世，难以急治,宜少宽假。帝感伤其意,下诏嗟叹,赐钱二十万。

宋均,字叔庠,南阳人也。迁九江太守。郡多虎暴,数为民患,常募设槛阱,而犹多伤害。均到,下记属县曰:"夫虎豹在山,鼋鼍在水,各有所托。且江淮之有猛兽,犹北土之有鸡豚也。今为人患,咎在残吏,而劳勤张捕,非忧恤之本也。其务退奸贪,思进忠善,可一去槛阱,除削课制。"其后传言,虎相与东游渡江。

中元元年,山阳、楚、沛多蝗,其飞至九江界者,辄东西散去,由是名称远近。浚遒县有唐、后二山,民共祠之,众巫遂取百姓男女以为公妪,岁岁改易,既而不敢嫁娶。前后守令,莫敢禁断。均乃下书曰:"自今以后,为山娶者,皆娶巫家,勿扰良人。"于是遂绝。征拜尚书令,尝删剪疑事,帝以为有奸,大怒,收郎,即缚格之。诸尚书惶恐,皆叩头谢罪。均顾厉色曰:"盖忠臣执义,无有二心。若畏威失正,均虽死,不易志也。"小黄门在傍,入具以闻。帝善其不挠,即令贳郎,迁均司隶校尉。

寒朗,字伯奇,鲁国人也。守侍御史,与三府掾属共考案楚狱颜忠、王平等,辞连及隧乡侯耿建、朗陵侯臧信、濩泽侯邓鲤、曲成侯刘建。建等辞未尝与忠、平相见。是时显宗怒甚,吏皆惶恐,诸所连及,率一切陷入,无敢以情恕者。朗心伤其冤,试以建等物色独问忠、平,而二人错愕不能对。朗知其诈,乃上言建等无奸,专为忠、平所诬,疑天下无辜,类多如此。帝乃召朗入,问曰:"建等即如是,忠、平何故引之?"朗对曰:"忠、平自知所犯不道,故多有虚引,冀以自明。"帝曰:"即如是,四侯无事,何不早奏,而久系至今耶?"朗对曰:"臣虽考之无事,然恐海内别有发其奸者,故未敢时上。"帝怒骂曰:"吏持两端,促提下。"左右方引去,朗曰:"愿一言而死。小臣不敢欺,欲助国耳,诚冀陛下一觉悟而已。臣见考囚在事者,咸共言妖恶大故,臣子所宜同疾,今出之,不如入之,可无后责。是以考一连十,考十连百。又,公卿朝会,陛下问以得失,皆长跪言旧制,大罪祸及九族。陛下大恩,裁止于身,天下幸甚。及其归舍,口虽不言,而仰屋窃叹,莫不知其多冤,无敢忤陛下者。臣今所陈,诚死无悔。"帝意解,诏遣朗出。后二日,车驾自幸洛阳狱,录囚徒,理出千余人。

论曰:左丘明有言,仁人之言,其利博哉!晏子一言,齐侯省刑。若钟离意之就格请过,寒朗之廷争冤狱,笃矣乎?仁者之情也!

东平王苍,显宗同母弟也。少好经书,雅有智思,显宗甚爱重之。及即位,拜骠骑将军,位在三公上。在朝数载,多所隆益,而自以至亲辅政,声望日重,意不自安。数上疏,乞上印绶,退就藩国,诏不听。其后数陈乞,辞甚恳切,乃许远国,而不听上将军印绶,加赐钱五千万、布十万匹。永平十一年,苍与诸王朝京师。月余,还国,帝临送,归宫,凄然怀思,乃遣使手诏,告诸国中傅曰:"辞别之后,独坐不乐,因就车归,伏轼而吟:瞻望永怀,实劳我心。诵及《采菽》,以增叹息。日者问东平王,处家何等最乐,王言为善最乐。其言甚大,副是腰腹矣。"

肃宗即位,尊重恩礼,逾于前世,诸王莫与为比。建初元年,地震,苍上便宜。后帝欲为原陵、显节陵起县邑,苍闻之,遽上疏谏,帝从而止。自是朝廷每有疑政,辄驿使咨问,苍悉心以对,皆见纳用。帝飨卫士于南宫,因从皇太后周行掖庭池阁,乃阅阴太后旧时器服,怆然动容。乃命留五时衣各一袭及常所御衣,余悉分布诸王主及子孙在京师者。特赐苍及琅邪王京书曰:"岁月骛过,山陵浸远,孤心凄怆,如何如何!间飨卫士于南宫,因阅视旧时衣物。闻于师曰:'其物存,其人亡,不言哀而哀自至。'信矣!惟王孝友之德,亦岂不然?今送光烈皇后假髻帛巾各一,及衣一箧,可时奉瞻,以慰《凯风》寒泉之思,又欲令后生子孙,得见先后衣服之制。愿王宝精神,加供养。苦言至戒,望之如渴。"

建初六年冬,请朝。明年正月,帝许之。后有司奏遣诸王归国,帝特留苍。八月,饮酎毕,有司复奏遣,乃许之,手诏赐苍曰:"骨肉天性,诚不以远近为亲疏,然数见颜色,情重昔时。念王久劳,思得还休,欲署大鸿胪奏,不忍下笔。顾授小黄门,中心恋恋,恻然不能言。"于是车驾祖送,流涕而诀。苍薨后,帝东巡守,幸东平宫,追感念苍,谓其诸子曰:"思其人,至其乡。其处在,其人亡。"因泣下沾襟,遂幸苍陵,祠以大牢,亲拜祠坐,哭泣尽哀,赐御剑于陵前而去。

朱晖,字文季,南阳人也。为尚书仆射。是时谷贵,县官经用不足,朝廷忧之。尚书张林上言:"谷所以贵,由钱贱故也。可尽封钱,一取布帛为租,以通天下之用。又盐,食之急者,虽贵,民不得不须,官可自鬻。又宜因交趾、益州上计吏往来市珍宝,收采其利,武帝时所谓均输者也。"帝然之,有诏施行。晖独奏曰:"《王制》,天子不言有无,诸侯不言多少,食禄之家不与百姓争利。今均输之法,与贾贩无异。盐利归官,则下人穷怨；布帛为租，则吏多奸盗。诚非明主所宜行也。"帝卒以林等言为然，得晖重议，因发怒，切责诸尚书。晖因称病笃，不肯复署议。尚书令以下惶怖，谓晖曰："今临得谴让，奈何称疾，其祸不细！"晖曰："行年八十，蒙恩得在机密，当以死报。若心知不可，而顺旨雷同，负臣子之义。今耳目无所闻见，伏待死命。"遂闭口不言。诸尚书不知所为，乃共劾奏晖。帝意解，寝其事。

袁安，字邵公，汝南人也。为司徒时，和帝幼弱，太后临朝。安以天子幼弱，外戚擅权，每朝会进见，及与公卿言国家事，未尝不噫呜流涕。自天子及大臣，皆倚赖之。章和四年薨，朝廷痛惜焉。后数月，窦氏败，帝始亲万机，追思前议者邪正之节，乃除安子赏为郎。

郭躬，字仲孙，颍川人也。明法律。有兄弟共杀人者，而罪未有所归。帝以兄不训弟，故报兄重，而减弟死。中常侍孙章宣诏，误言两报重。尚书奏章矫制，罪当腰斩。帝复召躬问之，躬对："章应罚金。"帝曰："章矫诏杀人，何谓罚金？"躬曰："法令有故误，章传命之谬，于事为误，误者其文则轻。"帝曰："章与囚同县，疑其故也。"躬曰："'周道如砥，其直如矢。''君子不逆诈。'君王法天，刑不可以委曲生意。"帝曰："善！"迁躬廷尉正。

陈宠，字昭公，沛国人也。章帝初为尚书，是时承永平故事，吏治尚严切，尚书决事，率近于重。宠乃上疏曰："臣闻先王之政，赏不僭，刑不滥，与其不得已，宁僭不滥。陛下即位，数诏群僚，弘崇晏晏。而有司执事，犹尚深刻。治狱者急于旁格酷烈之痛，执宪者烦于诋欺放滥之文。或因公行私，逞纵威福。夫为政犹张琴瑟，大弦急者小弦绝。故子贡非臧孙之猛法，而美郑乔之仁政。《诗》云：'不刚不柔，布政优优。'方今圣德充塞，假于上下，宜隆先王之道，荡涤烦苛之法，轻薄箠楚，以济群生。"帝敬纳宠言，每事务于宽厚。其后遂诏有司，绝诸惨酷之科，解妖恶之禁，除文致之，请谳（yàn）五十余事，定著于令。是后民俗和平，屡有嘉瑞。

宠子忠，字伯始，擢拜尚书。安帝始亲朝事，连有灾异，诏举有道。公卿百僚，各上封事。忠以诏书既开谏争，虑言事者必多激切，或致不能容，乃上疏豫通广帝意，曰："臣闻仁君广山薮之大，纳切直之谋，忠臣尽謇谔之节，不畏逆耳之害。是以高祖舍周昌桀、纣之譬，孝文嘉爰盎人豕之讥，世宗纳东方朔宣室之正，元帝容薛广德自刎之切。昔者晋平公问于叔向曰：'国家之患，孰为大？'对曰：'大臣重禄不极谏，小臣畏罪不敢言，下情不上通，此患之大者。'今明诏崇高宗之德，推宋景之诚，引咎克躬，咨访群吏。言事者见杜根、成翊世等，新蒙表录，显列二台，必承风响应，争为切直。若嘉谋异策，宜辄纳用。如其管穴，妄有讥刺，虽苦口逆耳，不得事实，且优游宽容，以示圣朝无讳之美。若有道之士，对问高者，宜垂省览，特迁一等，以广直言之路。"

杨终，字子山，蜀郡人。征诣兰台，拜校书郎。建初元年，大旱谷贵，终以为广陵、楚、淮阳、济南之狱，徙者万数，又远屯绝域，吏民怨旷，乃上疏曰："臣闻'善善及子孙，恶恶止其身'，百王常典，不易之道也。秦政酷烈，违忤天心，一人有罪，延及三族。高祖平乱，约法三章；太宗至仁，除去收孥。万姓廓然，蒙被更生，泽及昆虫，功垂万世。陛下圣明，德被四表。今以比年久旱，灾疫未息，躬自菲薄，广访得失。三代之隆，无以加焉。臣窃案《春秋》，水旱之变，皆应暴急，惠不下流。自永平以来，仍连大狱，有司穷考，转相牵引，掠治冤滥，家属徙边。加以北征匈奴，西开三十六国，又远屯伊吾、楼兰、车师、戊己，人怀土思，怨结边域。昔殷民近迁洛邑，且犹怨望，何况去中土之肥饶，寄不毛之荒极乎？且南方暑湿，障毒互生，愁困之民，足以感动天地、移变阴阳矣。惟陛下留念省察，以济元元。孝元弃珠崖之郡，光武绝西域之国，不以介鳞易我衣裳。今伊吾之役、楼兰之屯，久而不还，非天意也。"帝从之。听还徙者，悉罢边屯。

庞参，字仲达，河南人也。顺帝以为太尉。是时三公之中，参名忠直，数为左右所陷，以所举用忤帝旨，司隶承风案之。时会茂才孝廉，参以被奏，称疾不得会。上计掾广汉段恭，因会上疏曰："伏见道路行人，农夫织妇，皆曰：'太尉庞参，竭忠尽节，徒以直道，不能曲心，孤立群邪之间，自处中伤之地。'臣犹冀在陛下之世，当蒙安全，而复以逸佞伤毁忠正，此天地之大禁、人主之至诫。昔白起赐死，诸侯酌酒相贺；季子来归，鲁人喜其纾难。夫国以贤治，君以忠安。今天下咸欣陛下有此忠贤，愿卒宠任，以安社稷。"书奏，诏即遣小黄门视参疾，太医致羊酒。复为太尉。

崔骃，字亭伯，涿郡人也。窦太后临朝，窦宪以重戚出内诏命。骃献书戒之曰："生而富者骄，生而贵者傲。生富贵而能不骄傲者，未之有也。今宠禄初隆，百僚观行，当尧、舜之盛世，处光华之显时，岂可不'庶几夙夜，以永终誉'，弘申伯之美，致周、召之事乎？语曰：'不患无位，患所以立。'昔冯野王以外戚居位，称为贤臣；近阴卫尉克己复礼，终受多福。郊氏之宗，非不尊也；阳侯之族，非不盛也。重侯累将，建天枢，执斗柄。其所以获讥于时，垂愆于后者，何也？盖在满而不抑，位有余而仁不足也。汉兴以后，迄于哀、平，外家二十，保族全身，四人而已。《书》曰：'鉴于有殷。'可不慎哉！夫谦德之光，《周易》所美；满溢之位，道家所戒。故君子福大而愈惧，爵隆而益恭，远察近览，俯仰有则，铭诸几杖，刻诸槃杆（yú），矜矜业业，无殆无荒。如此，则百福是荷，庆流无穷矣。"及宪为车骑将军，辟骃为掾。宪擅权骄恣，骃数谏之。及出击匈奴，道路愈多不法，骃为主簿，前后奏记数十，指切长短。宪不能容，稍疏之。因察骃高第，出为长岑长。骃自以远去，不得意，遂不之官而归。卒于家。

卷二十三 《后汉书》治要（三）

· 传 ·

杨震，字伯起，弘农人也。迁东莱太守，道经昌邑，故所举茂才王密为昌邑令，谒见，至夜，怀金十斤以遗震。震曰："故人知君，君不知故人，何也？"密曰："暮夜无知者。"震曰："**天知、神知、我知、子知，何谓无知？**"密愧而出。后转涿郡太守。性公廉，子孙常蔬食步行。故旧长者，或欲令为开产业，震曰："使后世称为清白吏子孙，以此遗之，不亦厚乎？"

【重点句解读】

天知、神知、我知、子知，何谓无知？

天知，神知，我知，你知。怎么能说没人知道呢？

以"暮夜无知者"投金，是属秘密行贿，而且是故友所为，安全系数颇高，杨震却以"天知，神知，我知，子知，何谓无知？"拒绝受贿，这是非常难能可贵的，令人钦敬。杨震因"暮夜却金"的廉政故事，在历史上享有盛名，后人称其为"四知先生"。

慎独，是衡量一个人道德水准的试金石。一个人在公共场合不做坏事比较容易，而在独处时也能一样不做违反道德准则的事，则需要有很高的道德修养。所以，要想为人立身中正，为官清正廉洁，就要人前人后一个样,就要时时叩问自己良心是否有愧。

习近平同志在《追求"慎独"的高境界》中说:"约束自己的言行,才能树立起威信,保证政令的畅通。要不断加强自律,做到台上台下一个样,人前人后一个样,尤其是在私底下、无人时、细微处,更要如履薄冰、如临深渊,始终不放纵、不越轨、不逾矩。"

为司徒。安帝乳母王圣,因保养之勤,缘恩放恣。圣子女伯荣,出入宫掖,传通奸赂。震上疏曰:"臣闻政以得贤为本,理以去秽为务。是以唐虞俊乂在官,四凶流放,天下咸服,以致雍熙。方今九德未事,嬖幸充庭。阿母王圣,出自至微,得遭千载,奉养圣躬,虽有推燥居湿之勤,前后赏惠,过报劳苦,而无厌之心,不知纪极,外交属托,扰乱天下,损辱清朝,尘点日月。《书》诫牝鸡牡鸣,《诗》刺哲妇丧国。夫女子小人,实为难养。宜速出阿母,令居外舍,断绝伯荣,莫使往来,令恩德两隆,上下俱美。惟陛下绝婉娈之私,割不忍之心,留神万机,诫慎拜爵,减省献御,损节征发,令野无《鹤鸣》之叹,朝无《小明》之悔,《大东》不兴于今,'劳止'不怨于下,拟踪往古,比德哲王,岂不休哉!"

奏御,帝以示阿母等,内幸皆怀忿恚。而伯荣骄淫尤甚,与故朝阳侯刘护再从兄瓌交通,瓌遂以为妻,得袭护爵,位至侍中。震深疾之,复诣阙上疏曰:"臣闻高祖与群臣约,非功臣不得封。故经制,父死子继,兄亡弟及,以防篡也。伏见诏书,封故朝阳侯刘护再从兄瓌袭护爵为侯。护同产弟威,今犹见在。臣闻天子专封封有功,诸侯专爵爵有德。今瓌无他功行,但以配阿母女,一时之间,既奓侍中,又至封侯,不稽旧制,不合经义,行人喧哗,百姓不安。陛下宜览镜既往,顺帝之则。"书奏,不省。

时诏遣使者大为阿母治第,中常侍樊丰及侍中周广、谢恽等更相扇动,倾摇朝廷。震复上疏曰:"臣伏念方今灾害发起,百姓空虚,不能自赡。重以蝗螟,羌虏抄掠,三边震扰,兵甲军粮,不能复给。大司农帑藏匮乏,殆非社稷安宁之时。伏见诏书为阿母兴起津城门内第舍,合两为一,连里竟街,雕治缮饰,穷极巧技,转相迫促,为费巨亿。周广、谢恽兄弟,与国无肺腑枝叶之属,依倚近幸,分威共权,属托州郡,倾动大臣。宰司辟召,承望旨意,招来海内贪污之人,受其货赂,至有赃锢弃世之徒,复得显用。白黑混淆,清浊同源,天下喧哗,为朝结讥。臣闻师言：'上之所取，财尽则怨，力尽则叛。'怨叛之民，不可复使。惟陛下度之。"

丰、恽等见震连切谏不从，无所顾忌，遂诈作诏书，调发司农钱谷、大匠见徒材木，各起家舍、园、池、庐观，役费无数。震因地震，复上疏，前后所上，转有切至。帝既不平之，而樊丰等，皆侧目愤怨，俱以其大儒，未敢加害。

寻有河间男子赵腾诣阙上书，指陈得失。帝发怒，遂收考诏狱，结以罔上不道。震复上疏救之，曰："臣闻尧、舜之世，谏鼓谤木，立之于朝；殷、周哲王，小人怨詈，则洗目改听。所以达聪明，开不讳，博采负薪，尽极下情也。今赵腾所坐激讦谤语为罪，宜与手刃犯法有差。乞为亏除，全腾之命，以诱刍荛舆人之言。"帝不省，腾竟伏尸都市。会东巡岱宗，樊丰等因乘舆在外，竞治第宅。震部掾高舒召大匠，令史考校之，得丰等所诈下诏书，具奏，须行还上之。丰等闻，惶怖，遂共谮震云："自赵腾死后，深用怨怼，且邓氏故吏，有恚恨心。"及车驾行还，遣使者策收震太尉印绶，震于是柴门绝宾客。丰等复恶之，乃请大将军耿宝，奏震大臣不服罪，怀恚望，有诏遣归本郡。震行至城西几阳亭，乃慷慨谓其诸子门人曰："死者士之常分。吾蒙恩居上司，疾奸臣狡猾而不能诛，恶嬖女倾乱而不能禁，何面目复见日月！身死之日，以杂木为棺，布单被，裁足盖形，勿归冢次，勿设祭祠。"因饮鸩而卒。

震中子秉，字叔节。延熹五年，为太尉。是时宦官方炽。中常侍侯览弟参，为益州刺史，累有赃罪，暴虐一州。秉劾奏参，槛车征诣廷尉。参自杀。秉因奏览及中常侍具瑗，免览官，而削瑗国。每朝廷有得失，辄尽忠规谏，多见纳用。秉性不饮酒，尝从容言曰："<u>我有三不惑，酒、色、财也。</u>"

【重点句解读】

我有三不惑，酒、色、财也。

我不会被三种东西所迷惑，即酒、色、财。

这是杨秉的自我评价。杨秉以清白廉洁著称于世，有其父杨震遗风。

酒、色、财，其本身并没有是非善恶之分，却往往成为一些人人生道路上的"拦路虎"。由于它们能引发人的欲望，勾起人的贪心，因此，在以提倡"寡欲"来修身理政的传统文化中，能够战胜酒、色、财的诱惑，标志着一个人的道德修养达到了一定的高度。

在诱惑面前，要能坚持原则，要能正确地取舍，必须戒字记心头，防患于未然。

毛泽东说："可能有这样一些共产党人，他们是不曾被拿枪的敌人征服过的，他们在这些敌人面前不愧英雄的称号；但是经不起人们用糖衣裹着的炮弹的攻击，他们在糖弹面前要打败仗。"

习近平指出，如果经不起诱惑，违背原则，以权谋私，到头来锒铛入狱，前程尽毁，声名扫地，实在得不偿失。反之，如果能经受住各种诱惑的考验，以德润身，一身正气，便可给继任者留下好的作风，给子女留下好的名声，这是一笔宝贵的财富。

秉子赐，字伯献。为司徒。坐辟党人免。复拜光禄大夫。光和元年，有虹霓昼降于嘉德殿前。帝恶之，引赐入金商门，使中常侍曹节、王甫，问以祥异祸福所在。赐仰天而叹，谓节等曰："吾每读《张禹传》，未尝不愤恚叹息，既不能竭忠尽情，极言其要，而反留意少子、乞还女婿，至令朱游欲得尚方斩马剑以治之，固其宜也。吾以微薄之学，充师傅之末，累世见宠，无以报国，猥当大问，死而后已。"乃手书对曰："臣闻之经传，或得神以昌，或得神以亡。国家休明，则鉴其德；邪辟昏乱，则视其祸。今殿前之气，应为虹霓，皆妖邪所生，不正之象，诗人所谓'蝃蝀'（dì dōng）者也。今内多嬖幸，外任小臣，上下并怨，喧哗盈路，是以灾异屡见，前后丁宁。今复投霓，可谓孰矣。《易》曰：'天垂象，见吉凶，圣人则之。'今妾媵（yìng）、嬖人、阉尹之徒，共专国朝，欺罔日月。又鸿都门下，招会群小，造作赋说，以虫篆小技，见宠于时，如驩兜、共工，更相荐说，旬月之间，并各拔擢。乐松处常伯，任芝居纳言，郤（qiè）俭、梁鹄以便辟之性、佞辩之心，各受丰爵不次之宠。而令搢绅之徒，委伏吠亩，口诵尧舜之言，身蹈绝俗之行，弃捐沟壑，不见逮及。冠履倒易，陵谷代处，从小人之邪意，顺无知之私欲，不念《板》《荡》之作、'虺（huǐ）蜴'之诫。殆哉之危，莫过于今。幸赖皇天垂象谴告。《周书》曰：'天子见怪则修德，诸侯见怪则修政。'惟陛下慎经典之诫，图变复之道，斥远佞巧之臣，速征鹤鸣之士，内亲张仲，外任山甫，断绝尺一，抑止盘游，留思庶政，无敢怠遑。冀上天还威，众变可弭。老臣过受师傅之任，数蒙宠异之恩，岂敢爱惜垂没之年，而不尽其惓（lóu）惓之心哉！"

张皓，字叔明，犍为人也。子纲，字文纪，为侍御史。时顺帝委纵宦官，有识危心。纲常感激，慨然叹曰："秽恶满朝，不能奋身出命，扫国家之难，虽生吾不愿也。"退而上书曰："《诗》云：'不愆不忘，率由旧章。'寻大汉初隆，及中兴之世，文、明二帝，德化尤盛。观其治为，易循易见，但恭俭守节、约身尚德而已。中官常侍，不过两人，近幸赏赐，裁满数金，惜费重民，故家给人足。而顷者以来，不遵旧典，无功小人，皆有官爵，富之骄之，而复害之，非爱民重器、承天顺道者也。伏愿陛下割损左右，以奉天心。"书奏，不省。

汉安元年，选遣八使，巡行风俗，皆耆儒知名，多历显位，唯纲年少，官次最微。余人受命之部，而纲独埋其车轮于洛阳都亭，曰："豺狼当路，安问狐狸！"遂奏曰："大将军冀、河南尹不疑，蒙外戚之援，荷国厚恩，以芻荛之资，居阿衡之任，不能敬敷扬五教，翼赞日月，而专为封豕长蛇，肆其贪叨，甘心好货，纵恣无底，多树谄谀，以害忠良。诚天威所不赦，大辟所宜加也。谨条其无君之心十五事，斯皆臣子所以切齿者也。"书奏御，京师震竦。时冀妹为皇后，内宠方盛，诸梁姻族满朝，帝虽知纲言直，终不忍用。

时广陵贼张婴等众数万人，杀刺史、二千石，寇乱扬、徐间，积十余年，朝廷不能讨。冀乃讽尚书，以纲为广陵太守，因欲以事中之。前遣郡守，率多求兵马，纲独请单车之职。既到，乃将吏卒十余人，径造婴垒，申示国恩。婴初大惊，既见纲诚信，乃出拜谒。纲延置上坐，问所疾苦。乃譬之曰："前后二千石，多肆贪暴，故致公等怀愤相聚。二千石信有罪矣，然为之者又非义也。今主上仁圣，欲以文德服叛，故遣太守，思以爵禄相荣，不愿以刑罚相加，今诚转祸为福之时也。若闻义不服，天子赫然震怒，荆、扬、兖、豫大兵云合，岂不危乎？若不料强弱，非明也；弃善取恶，非智也；去顺效逆，非忠也；身绝血嗣，非孝也；背正从邪，非直也；见义不为，非勇也。六者成败之几，利害所从，公其深计之。"

婴闻之泣下，曰："荒裔愚民，不能自通朝廷，不堪侵枉，遂复相聚偷生,若鱼游釜中,喘息须臾间耳。今闻明府之言,乃婴等更生之晨也。既自陷不义,实恐投兵之日,不免孥戮。"纲约之以天地,誓之以日月,婴深感悟,乃辞还营。明日将所部万余人,与妻子面缚归降。纲乃单车入婴垒,大会,置酒为乐,散遣部众,任从所之,亲为卜居宅、相田畴,子弟欲为吏者,皆引召之。民情悦服,南州晏然。朝廷论功当封,梁冀遏绝,乃止。天子嘉美,欲擢用纲,而婴等上书乞留,乃许之。纲在郡一年卒。百姓老幼相携诣府,赴哀者不可胜数。纲自被疾,吏民咸为祠祀求福,皆言:千秋万岁,何时复见此君。张婴等五百余人,制服行丧,送到犍为,负土成坟。诏拜纲子续为郎中,赐钱百万。

种皓,字景伯,河南人也。举孝廉。顺帝擢皓,监太子于承光宫。中常侍高梵从中单驾出迎太子,时太傅杜乔等疑不欲从,惶惑不知所为。皓乃手剑当车,曰:"太子国之储副,民命所系。今常侍来无诏信,何以知非奸邪?今日有死而已。"梵辞屈,驰命奏之。诏报,太子乃得去。乔退而叹息,愧皓临事不惑。帝亦嘉其持重,称善者良久。出为益州刺史,宣恩远夷,开晓殊俗,岷山杂落,皆怀服汉德焉。

刘陶,字子奇,一名伟,颍川人也。时大将军梁冀专朝,而桓帝无子,连岁荒饥,灾异数见,陶时游大学,乃上疏陈事曰:"臣闻人非天地无以为生,天地非人无以为灵。是故帝非民不立,民非帝不宁。夫天之与帝,帝之与民,犹头之与足,相须而行也。伏惟陛下袭常存之庆,循不易之制,目不视鸣条之事,耳不闻檀车之声,天灾不有痛于肌肤,震食不即损于圣体,故蔑三光之谬,轻上天之怒。伏念高祖之起,始自布衣,合散扶伤,克成帝业,功既显矣,勤亦至矣。流福遗祚,至于陛下。陛下既不能增明烈考之轨,而忽高祖之勤,妄假利器,委授国柄,使群丑刑隶,芟刈小民,凋敝诸夏,虐流远近,故天降众异,以戒陛下。陛下不悟,而竟令虎豹窟于麑场,豺狼乳于春囿,斯岂唐咨禹稷、益典朕虞之意哉!又今牧守长吏,上下交竞,封豕长蛇,蚕食天下,货殖者为穷冤之魂,贫馁者作饥寒之鬼,高门获东观之辜,丰室罗妖叛之罪,死者悲于窀穸(zhūn xī),生者戚于朝野。是愚臣所为咨嗟长怀叹息者也。且秦之将亡,正谏者诛,谀进者赏,嘉言结于忠舌,国命出于谀口,擅阎乐于咸阳,授赵高以车府,权去己而不知,威离身而弗顾。古今一揆,成败同势。愿陛下远览强秦之倾,近察哀、平之变,得失昭然,祸福可见。臣敢吐不时之议于讳言之朝，犹冰霜见日，必至消灭。臣始悲天下之可悲，今天下亦悲臣之愚惑也。"书奏，不省。

是时天下日危，寇贼方炽，陶复上疏曰："臣闻事之急者不能安言，心之痛者不能缓声。窃见天下前遇张角之乱，后遭边章之寇，每闻羽书告急之声，心灼内热，四体惊竦。今西羌逆类，晓习战阵，变诈万端，军吏士民，悲愁相守，人有百走退死之心，而无一前斗生之计。西羌侵前，去营咫尺，胡骑分布，已至诸陵。将军张温，天性精勇，而主者旦夕迫促，军无后殿，假令失利，其败不救。臣自知言数见厌，而言不自裁者，以为<u>国安则臣蒙其庆，国危则臣亦先亡也</u>。谨复陈当今要急八事，乞须臾之间，深垂纳省。"

【重点句解读】

国安则臣蒙其庆，国危则臣亦先亡。

国家安定了，臣子就能蒙受其福泽；国家危亡了，臣子也会先遭灭亡。

这是刘陶《陈要急八事疏》中的两句话，反映了个人与国家休戚与共的密切关系，也让我们看到了刘陶对国家的耿耿忠心。

中华民族自古以来就有"天下兴亡，匹夫有责"的家国情怀和"以天下为己任"的宝贵传统。在关系国家兴衰、民族存亡的时刻，中国人从来都是舍小家为大家，因为他们知道个人的前途与国家和民族的前途息息相关，每个人的尊严和幸福都与国家、民族的尊严和幸福密切相连。

习近平主席在会见第一届全国文明家庭代表时指出："历史和现实告诉我们，家庭的前途命运同国家和民族的前途命运紧密相连。我们要认识到，千家万户都好，国家才能好，民族才能好。国家富强，民族复兴，人民幸福，不是抽象的，最终要体现在千千万万个家庭都幸福美满上，体现在亿万人民生活不断改善上。同时，我们还要认识到，国家好，民族好，家庭才能好。"

其八事，大较言大乱皆由宦官。宦官事急，共逸陶曰："前张角事发，诏书示以威恩，自此以来，各各改悔。今者四方安静，而陶疾害圣政，专言妖孽。州郡不上，陶何缘知？疑陶与贼通情。"于是收陶下狱，掠治日急。陶自知必死，对使者曰："朝廷前封臣云何？今反受邪谮。恨不与伊、吕同畴，而以三仁为辈。"遂闭气而死，天下莫不痛之。

李云，字行祖，甘陵人也。举孝廉，迁白马令。桓帝诛大将军梁冀，而中常侍单超等五人皆以诛冀功，并封列侯，专权选举。又立掖庭人女亳氏为皇后，数月间，后家封者四人，赏赐巨万。是时地数震裂，众灾频降。云素刚，忧国将危，心不能忍，乃露布上书，移副三府，曰："臣闻皇后天下之母，德配坤灵。得其人，则五氏来备；不得其人，则地动摇宫。比年灾异，可谓多矣；皇天之戒，可谓至矣。举厝至重，不可不慎；班功行赏，宜应其实。梁冀虽持权专擅，虐流天下，今以罪行诛，犹召家臣扼杀之耳。而猥封谋臣万户以上，高祖闻之得无见非？西北列将，得无解体耶？孔子曰：'帝者，谛也。'今官位错乱，小人谄进，财货公行，政治日损，尺一拜用，不经御省。是帝欲不谛乎？"

帝得奏震怒，下有司逮云送狱，使中常侍管霸与御史廷尉杂考之。时弘农五官掾杜众伤云以忠谏获罪，上书愿与云同日死。帝愈怒，遂并下廷尉。大鸿胪陈蕃上疏救云曰："李云所言，虽不识禁忌，干上逆旨，其意归于忠国而已。昔高祖忍周昌不讳之谏，成帝赦朱云腰领之诛。今杀云，臣恐剖心之讥，复议于世矣。故敢触龙鳞，冒昧以请。"太常杨秉、洛阳市长沐茂、郎中上官资并上疏请云。帝恚甚，有司皆奏以为大不敬。诏切责蕃、秉，免归田里，茂、资贬秩二等。云、众皆死狱中。

刘瑜，字季节，广陵人也。举贤良方正。及到京师，上书陈事曰："臣在下土，听闻歌谣，骄臣虐政之事，远近呼嗟之音，窃为辛楚，泣血涟如。诚愿陛下且以须臾之虑，览今往之事。民何为咨嗟？天曷为动变邪？盖诸侯之位，上法四七，关之盛衰者也。今中官邪孽，比肩裂土，皆竞立胤嗣，继体传爵，或乞子疏属，或买儿市道，殆乖开国承家之义。古者天子，一娶九女，娣侄有序。今女嬖令色，充积闱帷，皆当盛其玩饰，冗食空宫，劳散精神，生长六疾。此国之费也、性之伤也。且天地之性，阴阳正纪，隔绝其道，则水旱为灾。又常侍、黄门，亦广妻娶，怨毒之气，结成妖眚（shěng）。行路之人言，官发略人女，取而复置，转相惊惧。孰不悉然，无缘空生此谤也？邹衍匹夫，杞氏匹妇，尚有城崩霜陨之异，况乃群辈咨嗟，能无感乎！昔秦作阿房，国多刑人。今第舍增多，穷极奇巧，堀(kū)山攻石，不避时令。促以严刑，威以峻法，民无罪而覆入之，民有田而覆夺之。民愁郁结，起入贼党，官辄兴兵，诛讨其罪。贫困之民，或有卖其首级，以要酬赏。父兄相伐残身，妻孥相视分裂。穷之如彼，伐之如此，岂不痛哉！又陛下以北辰之尊，神器之宝，而微行近习之家，私幸宦官之舍。宾客市买，熏灼道路，因此暴纵，无所不容。今三公在位，皆博达道艺，而莫或匡益者，非不智也，畏死罚也。惟陛下设置七臣，以广谏道，远佞邪之人，放郑卫之声，则治致和平，德感祥风矣。"于是特诏召瑜，拜为议郎。

虞诩，字升卿，陈国人也。永建元年，为司隶校尉。时中常侍张防特用权势，每请托受取，诩辄案之，而屡寝不报。诩不胜其愤，乃自系廷尉，奏言曰："昔孝安皇帝，任用樊丰，遂交乱嫡统，几亡社稷。今者张防复弄威柄，国家之祸，将重至矣。臣不忍与防同朝，谨自系以闻，无令臣袭杨震之迹。"书奏，防流涕诉帝，诩坐论输左校。防必欲害之，二日之中，传考四狱。宦者孙程等知诩以忠获罪，乃相率奏曰："陛下始与臣等造事之时，常疾奸臣，知其倾国。今者即位，而复自为，何以非先帝乎？司隶校尉虞诩为陛下尽忠，而更被拘系；常侍张防，臧罪明正，反构忠良。今客星守羽林，其占宫中有奸臣。宜急收防送狱，以塞天变。"防坐徙边，即日赦出诩。拜议郎，迁尚书仆射。

先是宁阳主簿诣阙，诉其县令之枉，积六七岁不省。主簿乃上书曰："臣为陛下子，陛下为臣父。臣章百上，终不见省，臣岂可北诣单于以告怨乎？"帝大怒，持章示尚书，尚书遂劾以大逆。诩驳曰："主簿所讼，乃君父之怨；百上不达，是有司之过。愚蠢之民，不足多诛。"帝纳诩言，笞之而已。诩好刺举，无所回容，数忤权戚，遂九见谴考，三遭刑罚，而刚正之性，终老不屈。迁尚书令。

傅燮，字南容，北地人也。为护军司马，与左中郎皇甫嵩，俱讨贼张角。燮素疾中官，既行，因上疏曰："臣闻天下之祸，不由于外，皆兴于内。是故虞舜升朝，先除四凶，然后用十六相，明恶人不去，则善人无由进者。今张角起于赵、魏，黄巾乱于六州。此皆衅发萧墙，而祸延四海也。臣受戎任，奉辞伐罪，始到颍川，战无不克。黄巾虽盛，不足为庙堂忧也。臣之所惧，在于治水不息其源，末流弥增其广耳。陛下仁德宽容，多所不忍，故阉竖擅权，忠臣不进。诚使张角枭夷，黄巾变服，臣之所忧，愈益深耳。何者？夫邪正之人，不宜共国，亦犹冰炭不可同器。彼知正人之功显，而危亡之兆见，皆将巧辞饰说，共长虚伪。夫孝子疑于屡至，市虎成于三夫。若不详察真伪，忠臣将复有杜邮之戮矣。陛下宜思虞舜四罪之举，速行逸侫放殛之诛，则善人思进，奸凶自去矣。臣闻忠臣之事君，犹孝子之事父也。子之事父，焉得不尽其情？使臣身备铁钺之戮，陛下少用其言，国之福也。"书奏，宦者赵忠见而忿恶。及破张角，燮功多当封，忠诉谮之，竟亦不封，以为安定都尉。

顷之，赵忠为车骑将军，诏忠论讨黄巾之功，执金吾甄举等谓忠曰："傅南容前在东军，有功不侯，故天下失望。今将军当重任，宜进贤理屈，以副众心。"忠遣弟延致殷勤，延谓燮曰："南容少答我常侍，万户侯不足得也。"燮正色拒之曰："遇与不遇，命也；有功不论，时也。傅燮岂求私赏哉！"忠愈怀恨，权贵亦多疾之，是以不得留，出为汉阳太守。

贼围汉阳，城中兵少粮尽，燮犹固守。时北地胡骑数千，随贼攻郡，皆夙怀燮恩，共于城外叩头，求送燮归乡里。子干进曰："国家昏乱，遂令大人不容于朝。今天下已叛，而兵不足自守，乡里羌胡先被恩德，欲令弃郡而归，愿必许之。"言未终，燮慨然而叹曰："盖圣达节，次守节。且殷纣之暴，伯夷不食周粟而死。今朝廷不甚殷纣，吾德亦岂绝伯夷？世乱不能养浩然之志，食禄人间，欲避其难乎？吾行何之？"遂麾左右进兵，临阵战殁。谥曰"壮节侯"。

盖勋，字元固，敦煌人也。为汉阳长史。时武威太守，倚恃权势，恣行贪横，从事武都苏正和案致其罪。凉州刺史梁鹄畏惧贵戚，欲杀正和以免其负，乃访之于勋。勋素与正和有仇，乃谏鹄曰："夫蝝（xiè）食鹰鸢（yuān），欲其鸷，鸷而亨之，将何用哉？"鹄从其言。正和喜于得免，而诣勋求谢。勋不见，曰："吾为梁使君谋，不为苏正和。"怨之如初。

征拜讨虏校尉。灵帝召见，问："天下何苦，而反乱如此？"勋曰："幸臣子弟扰之。"时宦者上军校尉骞硕在坐，帝顾问硕，硕惧，不知所对，而以此恨勋。司隶校尉张温举勋为京兆尹。帝方欲延接勋，而骞硕等心惮之，并劝从温奏，遂拜京兆尹。时长安令杨党父为中常侍，恃势贪放，勋案得其赃千余万。贵戚咸为之请，勋不听，具以事闻，并连党父，有诏穷治，威震京师。时小黄门京兆高望，为尚药监，幸于皇太子。太子因骞硕属望子进为孝廉,勋不肯用。或曰:"皇太子副主,望其所爱,硕帝之宠臣,而子违之,所谓三怨成府者也。"勋曰:"选贤所以报国也。非贤不举,死亦何悔!"

董卓废少帝,杀何太后,勋与书曰:"昔伊尹、霍光,权以立功,犹可寒心。足下小丑,何以终此?贺者在门,吊者在庐,可不慎哉!"卓得书,意甚惮之。征为议郎。自公卿以下,莫不卑下于卓,唯勋长揖争礼,见者皆为失色。勋虽强直不屈,而内厌于卓,不得意,疽发背卒,遗令勿受卓赙赠。

蔡邕,字伯喈(jiē),陈留人也。灵帝时,信任阉竖,灾变数见,天子引咎,诏群臣各陈政要。邕上封事曰:"臣闻古者取士,诸侯岁贡。孝武之世,郡举孝廉,又有贤良、文学之选,于是名臣辈出,文武并兴。汉之得人,数路而已。夫书画辞赋,才之小者,匡国理政,未有其能。陛下即位之初,先涉经术,听政余日,观省篇章,聊以游意,当代博弈,非以为教化取士之本也。而诸生竞利,作者鼎沸。其高者,颇引经训风喻之言,下则连偶俗语,有类俳优,或窃成文,虚冒名氏。臣每受诏于盛化门,差次录第,其未及者,亦复随辈皆见拜擢。既加之恩,难复收改,但守奉禄,于义已弘,不可复使治民及仕州郡。昔孝宣会诸儒于石渠,章帝集学士于白虎。通经释义,其事优大;文、武之道,所宜从之。若乃小能小善,虽有可观,孔子以为'致远则泥',君子故当志其大者也。"

又特诏问曰:"比灾变互生,未知厥咎,朝廷焦心,载怀恐惧。每访群公,庶闻忠言,而各存括囊,莫肯尽心。以邕经学深奥,故密特稽问。宜披露失得,指陈政要,勿有依违,自生疑讳。"邕对曰:"臣伏思诸异,皆亡国之怪也。天于大汉,殷勤不已,故屡出妖变,以当谴责,欲令人君感悟,改危即安。今灾眚之发,不于他所,远则门垣,近在寺署,其为监戒,可谓至切。霓随鸡化,皆妇人干政之所致也。前者乳母赵娆,贵重天下,生则赀藏侔于天府,死则丘墓逾于园陵,两子受封,兄弟典郡,续以永乐门史霍玉,依阻城社,又为奸邪。今者道路纷纷,复云有程大人者,察其风声,将为国患。宜高为堤防,明设禁令,深惟赵、霍,以为至戒。今圣意勤勤,思明邪正。而闻太尉张颢,为玉所进,光禄勋伟璋,有名贪浊。又长水校尉赵玹、屯骑校尉盖升,并叨时幸,荣富优足。宜念小人在位之咎,退思引身避贤之福。伏见廷尉郭禧纯厚老成,光禄大夫桥玄聪达方直，故太尉刘宠忠实守正，并宜为谋主，数见访问。夫宰相大臣，君之四体，委任责成，优劣已分，不宜听纳小吏，雕琢大臣也。又尚方工技之作，鸿都篇赋之文，可且消息，以示惟忧。《诗》云：'畏天之怒，不敢戏豫。'天戒诚不可戏也。夫君臣不密，上有漏言之戒，下有失身之祸。愿寝臣表，无使尽忠之吏，受怨奸仇。"章奏，帝览而叹息，因起更衣，曹节于后视之，悉宣语左右，事遂漏露。其为邕所裁黜者，皆侧目思报。

初，邕与司徒刘郃素不相平，而叔父卫尉质又与将作大匠阳球有隙，球即中常侍程璜女夫也。璜遂使人飞章言，邕、质数以私事请托于郃，郃不听，邕含隐切，志欲相中伤。于是下邕、质于洛阳狱，劾以仇怨奉公，议害大臣，大不敬，弃市。事奏，中常侍吕强悯邕无罪，请之。帝亦更思其章，有诏减死一等，与家属钳徙朔方，不得以赦令除。

左雄，字伯豪，南郡人也。举孝廉，拜议郎。时顺帝新立，朝多阙政，雄数言事，其辞深切。尚书仆射虞诩以雄有忠公节，上疏荐之曰："臣见方今公卿以下，类多拱默，以树恩为贤，尽节为愚，至相戒曰：'白璧不可为，容容多后福。'伏见议郎左雄，数上封事，至引陛下身遭难厄以为警戒，实有'王臣蹇蹇'之节、周公谟成王之风，宜擢在喉舌之官，必有匡弼之益。"由是拜尚书令。

上疏陈事曰："臣闻柔远和迩，莫大宁民。<u>宁民之务，莫重用贤。用贤之道，必存考黜。</u>大汉受命，虽未复古，然至于文、景，天下康乂，诚由玄靖宽柔、克慎官人故也。降及宣帝，兴于仄陋，综核名实，知世所病，以为吏数变易，则下不安业；久于其事，则民服教化。其有治理者，辄以玺书勉励，增秩赐金。是以吏称其职，民安其业。汉世良吏，于兹为盛。故能降来仪之瑞，建中兴之功。汉初至今，三百余载，俗浸凋敝，巧伪滋萌，下饰其诈，上肆其残。典城百里，转动无常，各怀一切，莫虑长久。谓杀害不辜为威风、聚敛整辩为贤能，以修己安民为劣弱、奉法循理为不治。髡钳之戮，生于睚眦；覆尸之祸，成于喜怒。视民如寇仇，税之如豺虎。监司见非不举，闻恶不察，观政于亭传，责成于期月，言善不称德，论功不据实，虚诞者获誉，拘检者离毁。州宰不覆，竞共辟召。或考奏捕治，而亡不受罪，会赦行赂，复见洗涤。朱紫同色，清浊不分。故使奸猾枉滥，轻忽去就，拜除如流，缺动百数。特选横调，纷纷不绝，送迎烦费，损政伤民。和气未洽，灾害不消，咎皆在此。臣愚以为乡部亲民之吏，皆用儒生清白，任从政者，宽其负算，增其秩禄，吏职满岁，宰府州郡，乃得辟举。如此，威福之路塞，虚伪之端绝，送迎之役损，赋敛之源息，循理之吏得成其化，率土之民各宁其所。"

【重点句解读】

宁民之务，莫重用贤。用贤之道，必存考黜。

使人民安定的关键，没有比任用贤人更重要的了。任用贤人的办法，是一定要设立考核与罢免的制度。

左雄被称为中国科举制度的创始人。他任尚书令时针对各郡县"举孝廉"的种种弊端，多次上书汉顺帝，实行考试选官制度。他认为，举荐制度是以举荐人的好恶而定，往往出现"言善不积德，论功不据实"的恶劣现象。

从"举孝廉"到科举选士，是官吏选拔制度的创新和改革，也说明了制定、完善制度的重要性，先要有法可依，才能依法办事，让人才的选拔更加公开透明。

治国之要，首在用人。但人才选拔制度要随着时代的发展与时俱进。习近平总书记强调，要改革完善干部考核评价制度，建立系统完备、科学规范、有效管用、简便易行的干部综合考核评价体系。

怎样才是好干部？对于这个问题，习近平总书记在2013年6月28日的全国组织工作会议上的讲话中给出了明确的标准，并用二十个字予以概括：信念坚定、为民服务、勤政务实、敢于担当、清正廉洁。

帝感其言，申下有司，考其真伪。雄之所言，皆明达治体，而宦竖擅权，终不能用。雄复谏曰："臣闻人君莫不好忠正而恶谗谀，然而历世之患，莫不以忠正得罪、谗谀蒙幸者，盖听忠难，从谀易也。夫刑罪，人情之所甚恶；贵宠，人情之所甚欲。是以世俗为忠者少，而习谀者多。故令人主数闻其美，稀知其过，迷而不悟，至于危亡也。"

周举，字宣光，汝南人也。为尚书。时三辅大旱，五谷灾伤，天子亲自策问，举对曰："夫阴阳闭隔，则二气否塞。二气否塞，则人物不昌。人物不昌，则风雨不时。风雨不时，则水旱成灾。陛下处唐虞之位，未行尧、舜之政，变文帝、世祖之法，而循亡秦奢侈之欲，内积怨女，外有旷夫。今皇嗣不兴，东宫未立，伤和逆理，断绝人伦之所致也。非但陛下行此而已，竖宦之人，亦复虚以形势，威侮良家，取女闭之，至有白首殁无配偶，逆于天心。昔武王入殷，出倾宫之女；成汤遭灾，以六事克己。自枯旱以来，弥历年岁，未闻陛下改过之效，徒劳至尊，暴露风尘，诚无益也。又下州郡，祈神致请。昔齐有大旱，景公欲祀河伯，晏子谏曰：'夫河伯，以水为城国，鱼鳖为人民。水尽鱼枯，岂不欲雨？自是不能致也。'陛下所行，但务其华，不寻其实，犹缘木求鱼，却行求前也。诚宜推信革政，崇道变惑，出后宫不御之女，理天下冤枉之狱，除大官重膳之费。臣才薄智浅，不足以对，惟陛下留神裁察。"以举为司徒。

李固，字子坚，汉中人也。阳嘉二年，有地动山崩，火灾之异，公卿举固对策，诏又特问当世之敝、为政所宜。固对曰："臣闻王者，父天母地，宝有山川。王道得，则阴阳和理；政化乖，则崩震为灾。斯皆关之天心、效于成事者也。夫治以职成，官由能理。古之进者，有德有命；今之进者，唯财与力。伏闻诏书务求宽博，疾恶严暴。而今长吏多杀伐致声名者，必加迁赏；其存宽和无党援者，辄见斥逐。是以淳厚之风不宣，凋薄之俗未革。虽繁刑重禁，何能有益？前孝安皇帝变乱旧典，封爵阿母，因造妖孽，使樊丰之徒，乘权放恣，侵夺主威，改乱嫡嗣，至令圣躬狼狈，亲遇其难。既拔自困殆，龙兴即位，天下喁（yóng）喁，属望风政。积弊之后，易致中兴，诚当沛然思惟善道。而论者犹云，方今之事，复同于前。臣伏从山草，痛心伤臆。今宋阿母虽有大功勤谨之德，但加赏赐，足以酬其劳苦，至于裂土开国，实乖旧典。夫妃后之家所以少完全者，岂天性当然？但以爵位尊显，专总权柄，天道恶盈，不知自损，故至颠仆。先帝宠遇阎氏，位号太疾，故其受祸，曾不旋时。今梁氏戚为椒房，礼所不臣，尊以高爵，尚可然也。而子弟群从，荣显兼加。永平、建初故事，殆不如此。宜令步兵校尉冀及诸侍中，还居黄门之官，使权去外戚，政归国家，岂不休乎？又宜罢退宦官，去其权重，裁置常侍二人，省事左右；小黄门五人，给事殿中。如此，则论者厌塞，升平可致也。"顺帝览其对，多所纳用，即时出阿母还第舍，诸常侍悉叩头谢罪，朝廷肃然。以固为议郎。

冲帝即位，为太尉，与梁冀参录尚书事。帝崩，固以清河王蒜年长有德，欲立之。梁冀不从，乃立乐安王子缵（zuǎn），是为质帝。冀忌帝聪慧，恐为后患，遂令左右进鸩。帝崩，固伏尸号哭，推举侍医，冀虑其事泄，大恶之。因议立嗣，固与司徒胡广、司空赵戒、大鸿胪杜乔皆以为清河王蒜，明德著闻，又属最尊亲，宜立为嗣。

先是蠡吾侯志取冀妹，冀欲立之。众论既异，愤愤不得意，而未有以相夺。中常侍曹腾等闻而夜往说冀曰："将军累世有椒房之亲，秉摄万机，宾客纵横，多有过差。清河王严明，若果立，则将军受祸不久矣，不如立蠡吾侯，富贵可长保也。"冀然其言。明日重会公卿，冀意气凶凶，而言辞激切，自胡广、赵戒以下，莫不慑惮之，皆曰："惟大将军令。"而固独与杜乔坚守本议，冀厉声罢会。固复以书劝，冀愈激怒，乃说太后先策免固，竟立蠡吾侯，是为桓帝。

后岁余，甘陵刘文、魏郡刘鲔各谋立蒜为天子，梁冀因此诬固与文、鲔共为妖言，下狱。门生勃海王调贯械上书，证固之枉；河内赵承等数十人亦腰铁锧诣阙通诉。太后明之，乃赦焉。及出狱，京师市里皆称万岁。冀闻之大惊，畏固名德终为己患，乃更据奏前事，遂诛之。临终，与胡广、赵戒书曰："固受国厚恩，是以竭其股肱，不顾死亡，志欲扶持王室，比隆文、宣。何图一朝梁氏迷谬，公等曲从，以吉为凶，成事为败乎？汉家衰微从此始矣。公等受主厚禄，颠而不扶，倾覆大事，后之良史，岂有所私？固身已矣，于义得矣，夫复何言！"广、戒得书悲惭，长叹流涕。州郡收固二子基、慈，皆死狱中。

杜乔，字叔荣，河内人也。汉安元年，以乔守光禄大夫。梁冀子弟五人及中常侍等以无功并封。乔上书谏曰："陛下越从藩臣，龙飞即位，天人属心，万邦攸赖。不急忠贤之礼，而先左右之封，伤善害德，兴长佞谀。臣闻古之明君，褒罚必以功过；末代暗主，诛赏各缘其私。今梁氏一门，宦者微孽，并带无功之绂，裂劳臣之土，其为乖滥，胡可胜言！夫有功不赏，为善失其望；奸回不诘，为恶肆其凶。故陈质斧而民靡畏，班爵位而物无劝。苟遂斯道，岂伊伤政为乱而已，丧身亡国，可不慎哉！"书奏，不省。先是李固见废，内外丧气，群臣侧足而立，唯乔正色，无所回桡（ráo），由是朝野瞻望焉。冀愈怒，遂白执系之，死狱中，与李固俱暴尸于城北。

论曰：顺、桓之间，国统三绝，太后称制，贼臣虎视。李固据位持重,以争大义,确乎而不可夺。岂不知守节之触祸?耻夫覆折之伤任也。观其发正辞,及所遗梁冀书,虽机失谋乖,犹恋恋而不能已。至矣哉,社稷之心乎!其顾视胡广、赵戒,犹粪土也。

卷二十四 《后汉书》治要（四）

· 传 ·

延笃，字叔坚，南阳人也。为京兆尹。时皇子有疾，下郡县出珍药，而大将军梁冀遣客赍书诣京兆，并货牛黄。笃发书收客，曰："大将军椒房外家，而皇子有疾，必应陈进医方，岂当使客千里求利乎？"遂杀之。冀惭而不得言。有司承旨，欲求其事。笃以疾免归也。

史弼，字公谦，陈留人也。为北军中侯。是时桓帝弟渤海王悝，素行险辟，僭傲多不法。弼惧其骄悖为乱，乃上封事曰："臣闻帝王之于亲戚，爱虽隆，必示之以威；体虽贵，必禁之以度。如是和睦之道兴，骨肉之恩遂。昔周襄王恣甘昭公，孝景皇帝骄梁孝王，二弟阶宠，终用勃慢，卒周有播荡之祸，汉有爰盎之变。窃闻渤海王悝，凭至亲之属，恃偏私之爱，失奉上之节，有僭慢之心，外聚剽轻不逞之徒，内荒酒乐，出入无常，所与群居，皆有口无行，或家之弃子，或朝之斥臣，必有羊胜、伍被之变。州司不敢弹纠，傅相不能匡辅。陛下隆于友于，不忍遏绝，恐遂滋蔓，为害弥大。乞露臣奏，宣示百僚，诏公卿平处其法。法决罪定，乃下不忍之诏。如是，则圣朝无伤亲之讥，渤海有享国之庆。不然，惧大狱将兴，使者相望于路矣。不胜愤懑，谨冒死以闻。"帝以至亲，不忍下其事。后悝竟坐逆谋，贬为瘿陶王。

弼迁河东太守，当举孝廉。弼知多权贵请托，乃豫敕断绝书。属中常侍侯览，果遣诸生赍书请之，并求假盐税，积日不得通。生乃说以他事谒弼，而因达览书。弼大怒曰："太守忝荷重任，当选士报国，尔何人，而诈伪无状。"命左右引出，楚捶数百，即日考杀之。侯览大怨，遂诈作飞章，下司隶，诬弼诽谤。槛车征，下廷尉诏狱，得减死罪一等。

陈蕃。字仲举，汝南人也。为太尉时，小黄门赵津、南阳大猾张汜等奉事中官，乘势犯法。二郡太守刘瓆、成瑨，考案其罪，虽经赦令，而并竟考杀之。宦官怨恚，有司承旨，遂奏瓆、瑨罪当弃市。又山阳太守翟超没入中常侍侯览财产，东海相黄浮诛杀下邳令徐宣，超、浮并坐髡钳，输作左校。蕃与司徒刘矩、司空刘茂共谏请瓆等，帝不悦。

有司劾奏之，矩、茂不敢复言。蕃乃独上疏曰："臣闻齐桓修霸，务为内政。今寇贼在外，四支之疾；内政不理，心腹之患。臣寝不能寐，食不能饱，实忧左右日亲，忠言以疏，内患渐积，外难方深。陛下超从列侯，继承天位。小家畜产百万之资，子孙尚耻失其先业，况乃产兼天下，受之先帝，而欲懈怠以自轻忽乎？诚不爱己，不当念先帝得之勤苦邪？前梁氏五侯，毒遍海内，天启圣意，收而戮之，天下之议，冀当小平。明鉴未远，覆车如昨，而近习之权，复相扇结。小黄门赵津、大猾张汜等，肆行贪虐，奸媚左右，前太原太守刘瓆、南阳太守成瑨，纠而戮之。虽言赦后不当诛杀，原其诚心，在乎去恶。而小人道长，荧惑圣听，遂使天威为之发怒。如加刑谪，已为过甚，况乃重罚，令伏欧刀乎！又前山阳太守翟超、东海相黄浮，奉公不挠，疾恶如仇，超没侯览财物，浮诛徐宣之罪，并蒙刑坐，不逢赦恕。览之纵横，没财已幸；宣犯衅过，死有余辜。昔丞相申屠嘉召责邓通，洛阳令董宣折辱公主，而文帝从而请之，世祖加以重赏，未闻二臣有专命之诛。而今左右群竖，恶伤党类，妄相交构，致此刑谴。闻臣是言，当复啼诉陛下，深宜割塞近习豫政之源，引纳尚书朝省之事，简练清高，斥黜佞邪。如是天和于上，地洽于下，休祯符瑞，岂远乎哉！陛下虽厌毒臣言，人主有自勉强，敢以死陈。"

帝得奏愈怒，竟无所纳；朝廷众庶，莫不怨之。宦官由此疾蕃弥甚。李膺等以党事下狱考实，蕃因上疏谏曰："臣闻贤明之君，委心辅佐；亡国之主，讳闻直辞。故汤、武虽圣，而兴于伊、吕；桀、纣迷惑，亡在失人。由此言之，君为元首，臣为股肱，同体相须，共成美恶者也。伏见前司隶校尉李膺、大仆杜密、大尉掾范滂等，正身无玷，死心社稷，以忠忤旨，横加考案，或禁锢闭隔，或死徙非所。杜塞天下之口，聋盲一代之人，与秦焚书坑儒，何以为异？昔武王克殷，表闾封墓；今陛下临政，先诛忠贤。遇善何薄？待恶何优？夫逸人似实，巧言如簧，使听之者惑，视之者昏。夫吉凶之效，在乎识善；成败之机，在于察言。人君者，摄天地之政，秉四海之维，举动不可以违圣法，进退不可以离道规。谬言出口，则乱及八方，何况髡无罪于狱、杀无辜于市乎！又青、徐炎旱，五谷损伤，人物流迁，茹菽不足，而宫女积于房掖，国用尽于罗纨，外戚私门，贪财受赂。所谓禄去公室，政在大夫。昔春秋之末，周德衰微，数十年间，无复灾眚者，天所弃也。天之于汉，悢（liàng）悢无已，故殷勤示变，以悟陛下，除妖去孽，实在修德。臣位列台司，忧责深重，不敢尸禄惜生，坐观成败。如蒙采录，使身首分裂，异门而出，所不恨也。"帝讳其言切，托以蕃辟召非其人，遂策免之。

【重点句解读】

> 夫逸人似实，巧言如簧，使听之者惑，视之者昏。夫吉凶之效，在乎识善；成败之机，在于察言。

谄奸之人看起来似乎很老实，而那张巧言利口却像笙簧一般，让听的人迷惑，让看到的人昏愦。吉和凶的效应，就在于能认清善事；成或败的关键，就在于审察言论。

爱听好话是人的本性，赞美的话、奉承的话，听了让人舒服。而劝诫、忠告的语言多数是不太动听的，所以我们常说"良药苦口利于病，忠言逆耳利于行"。

爱说谄言的人，从来都是投其所好，当面一套，背后一套，把不可告人的目的，掩饰于貌似真诚的花言巧语之下。这就要求领导干部要心明眼亮，分清善恶，洞察真假，择忠言而从之，择谄言而远之。否则就会给国家和人民带来损失。

习近平总书记曾说过，用人得当，首先要知人。知人不深、识人不准，往往会出现用人不当、用人失误。

灵帝即位，窦太后临朝，以蕃为太傅录尚书事。蕃与后父大将军窦武，同心尽力，征用名贤，共参政事，天下之士，莫不延颈想望太平。而帝乳母赵娆，旦夕在太后侧，中常侍曹节、王甫等与共交构，谄事太后。太后信之，数出诏命，有所封拜，及其支类，多行贪虐。蕃常疾之，志诛中官。会窦武亦有谋，蕃乃先上疏曰："臣闻言不直而行不正，则为欺乎天而负乎人；危言极意，则群凶侧目，祸不旋踵。钧此二者，臣宁得祸，不敢欺天也。今京师嚣嚣，道路喧哗，言侯览、曹节等与赵夫人诸女尚书并乱天下，附从者升进，忤逆者中伤。方今一朝群臣，如河中木耳，泛泛东西，耽禄畏害。陛下前始摄位，顺天行诛，苏康、管霸并伏其辜。是时天地清明，人鬼欢喜。奈何数月，复纵左右。元恶大奸，莫此之甚。今不急诛，必生变乱，倾危社稷，其祸难量。"太后不纳。蕃因与窦武谋之，及事泄，曹节等矫诏诛武等。遂令收蕃，即日害之。

论曰：桓、灵之代，若陈蕃之徒，咸能树立风声，抗论愍俗，而驱驰崄厄之中，与刑人腐夫同朝争衡。终取灭亡之祸者，彼非不能絜情志、违埃雾也，悯夫世士以离俗为高，而人伦莫能相恤也。<u>以遁世为非义，故屡退而不去；以仁心为己任，虽道远而弥厉。</u>及遭值际会，协策窦武，自谓万世一遇也，懔懔乎伊、望之业矣！功虽不终，然其信义足以携持世心。汉代乱而不亡，百余年间，数公之力也。

【重点句解读】

> **以遁世为非义，故屡退而不去；以仁心为己任，虽道远而弥厉。**

（陈蕃等人）认为逃避世俗是不义之举，所以多次被贬退而不离开；以弘扬仁爱之心为己任，虽然任重道远但更加坚强。

这是范晔在《陈蕃传》的论赞中对陈蕃的评价。陈蕃说过一句千古名言："大丈夫处世，当扫除天下，安事一室乎？"

范晔说，桓、灵时期，像陈蕃这些人，都能树立好的风气，批评昏乱的不良风俗，他们奔走效力于艰难险恶的环境中，跟宦官同朝较量。汉代乱而不亡，有百余年之久，就是有赖于这样的臣子们鼎力支撑。

胸怀爱国之心，以天下为己任，"言为士则，行为世范"，在艰难险恶的环境中坚持自己的理想，"穷且益坚，不坠青云之志"，为国家兴亡，为民族大义，虽死而无悔，这种崇高的人格追求，是中华民族世代传承的宝贵精神财富。

鲁迅在《中国人失掉自信力了吗》一文中说："我们从古以来，就有埋头苦干的人，有拼命硬干的人，有为民请命的人，有舍身求法的人……虽是等于为帝王将相作家谱的所谓'正史'，也往往掩不住他们的光耀，这就是中国的脊梁。"

窦武，字游平，扶风人。拜城门校尉。清身疾恶。时国政多失，内官专宠，李膺、杜密等为党事考逮。上疏谏曰："臣闻明主不讳讥刺之言，以探幽暗之实；忠臣不恤谏争之患，以畅万端之事。是以君臣并熙，名奋百世。臣岂敢怀禄逃罪，不竭其诚！陛下初从藩国，爰登帝祚，天下逸豫，谓当中兴。自即位以来，未闻善政。梁、孙、寇、邓，虽或诛灭，而常侍黄门，续为祸虐，欺罔陛下，竞行谲诈，自造制度，妄爵非人，朝政日衰，奸臣日强。臣恐二世之难，必将复及，赵高之变，不朝则夕。近者奸臣牢修，造设党议，遂收前司隶校尉李膺、太仆杜密、御史中丞陈翔、太尉掾范滂等，逮考连及数百人，旷年拘录，事无效验。臣惟膺等建忠抗节，志经王室，此诚陛下稷、契、伊、吕之佐，而虚为奸臣贼子之所诬枉，天下寒心，海内失望。惟陛下留神澄省，时见理出，以厌人鬼喁喁之心。臣闻近臣尚书令陈蕃，仆射胡广，尚书朱宇、荀绲(gǔn)、刘祐、魏朗、刘矩、尹勋等，皆国之贞士、朝之良佐。尚书郎张陵、妫皓、范康、杨乔、边韶、戴恢等，文质彬彬，明达国典。内外之职，群才并列。而陛下委任近习，专树饕餮，外典州郡，内干心膂(lǚ)。宜以次贬黜，抑夺宦官欺国之封，案其无状诬罔之罪，信任忠良，平决臧否。使邪正毁誉，各得其所；宝爱天官，唯善是授。如此，咎征可消，天应可待。间者有嘉禾、芝草、黄龙之见，夫瑞生必于嘉士，福至实由善人，在德为瑞，无德为灾。陛下所行，不合天意，不宜称庆。"书奏，因以疾上还城门校尉、槐里侯印绶。帝不许，有诏原李膺、杜密等。

其冬，帝崩，灵帝立，拜武为大将军，常居禁中。武既辅朝政，常有诛翦宦官之计，太傅陈蕃亦素有谋。武乃白太后曰："故事，黄门、常侍但当给事省内，典门户，主近署财物耳。今乃使与政事而任权重，子弟布列，专为贪暴。天下匈匈，正以此故。宜悉诛废，以清朝廷。"长乐五官史朱瑀盗发武奏，骂曰："中官放纵者，自可诛耳。我曹何罪，而当尽见族灭？"因大呼曰："陈蕃、窦武，奏白太后废帝，为大逆。"曹节闻之，惊起白帝，请出御德阳前殿。拜王甫为黄门令，甫将虎贲、羽林追围武，武自杀，枭首洛阳都亭。收捕宗亲、宾客、姻属，悉诛之。迁太后于云台也。

·循吏传·

初，光武长于民间，颇达情伪，见稼穑艰难，百姓病害，至天下已定，务用安静，解王莽之繁密，还汉世之轻法。身衣大练，色无重彩，耳不听郑卫之音，手不持珠玉之玩，宫房无私爱，左右无偏恩。建武十三年，异国有献名马者，日行千里，又进宝剑，价兼百金，诏以马驾鼓车、剑赐骑士。损上林池御之官，废骋望弋猎之事。数引公卿郎将，列于禁坐，广求民瘼（mò），观纳风谣。故能内外匪懈，百姓宽息。自临宰邦邑者，竞能其官。若杜诗守南阳，号为杜母，任延、锡光移变边俗，斯其绩用之最章章者也。又第五伦、宋均之徒，亦足有可称谈。然建武、永平之间，吏事刻深，亟以谣言单辞，转易守长，故朱浮数上谏书，箴切峻政，钟离意等亦规讽殷勤，以长者为言，而不能得也。所以中兴之美，盖未尽焉。

任延，字长孙，南阳人也。拜会稽都尉。时年十九，迎官惊其壮。及到，静泊无为，唯先遣馈祠延陵季子。聘请高行如董子仪、严子陵等，敬待以师友之礼。掾吏贫者，辄分奉禄，以赈给之。是以郡中贤士大夫，争往官焉。

建武初，延上书乞骸骨，归拜王庭。诏征为九真太守。九真俗以射猎为业，不知牛耕，民常告籴（dí）交阯，每致困乏。延乃铸作田器，教之垦辟，百姓充给。又骆越之民，无嫁娶礼法，各因淫好，不识父子之性、夫妇之道。延乃使男女皆以年齿相配。其贫无礼聘，令长吏以下，各省奉禄，以赈助之，同时相娶者二千余人。是岁风雨顺节，谷稼丰衍。其产子者，始知种姓。咸曰："使我有是子者，任君也。"多名子为任。于是徼外、蛮夷、夜郎等慕义保塞，延遂止罢侦候戍卒。

初，平帝时，汉中锡光为交阯太守，教导民夷，渐以礼义化，声侔于延。王莽末，闭境拒守。建武初，遣使贡献，封盐水侯。岭南革风，始于二守焉。

延视事四年，征诣洛阳，九真吏民，生为立祠。拜武威太守，帝亲见，戒之曰："善事上官，无失名誉。"延对曰："臣闻忠臣不私，私臣不忠。履正奉公，臣子之节。上下雷同，非陛下之福也。善事上官，臣不敢奉诏。"帝叹息曰："卿言是也。"

【重点句解读】

> 忠臣不私，私臣不忠。履正奉公，臣子之节。上下雷同，非陛下之福也。

忠臣没有私心，有私心的大臣不忠。奉公行事，是做臣子的节操。群臣上下随声附和，这不是陛下的福气啊。

忠诚的臣子没有私心，自私的臣子不忠诚。基于这样的认识，任延才当着刘秀的面，勇敢地提出了自己的观点：为官之时，如果是出于公心，抱着解决问题的态度，即便是面对皇帝的旨意，也会有不同意见；若是皇帝说什么，都一味称赞，那就意味着此人并非忠心：为了讨好皇帝，不惜放弃臣子应有的职责。

"心底无私天地宽"。一个人不计较个人的名利得失，而把国家和人民的利益放在首位，他才能做到忠于职守，秉公办事，不徇私情。

即便放在当下，我们对"上下雷同"仍需保持足够的警惕。从上到下千篇一律的赞同，并不意味着真正的意见统一，而往往是反对意见没有得到表达，奉承阿谀之辞充斥的结果。面对这样的情况，党员领导干部应该保持清醒的头脑，要反思此前的意见表达渠道是否畅通，自己听到、看到的是不是真实的情况。

·酷吏传·

董宣，字少平，陈留人也。为洛阳令。时湖阳公主苍头白日杀人，因匿主家，吏不能得。及主出行，而以奴骖（cān）乘，宣于夏门亭候之，乃驻车叩马，数主之失，叱奴下车，因格杀之。主即还宫诉帝，帝大怒，召宣，欲箠杀之。宣曰："陛下圣德中兴，而纵奴杀良民，将何以治天下乎？臣不须箠，请得自杀。"即以头击楹，流血被面。帝令小黄门持之，使宣叩头谢主，宣不从。帝强使顿之，宣两手据地，终不肯俯。主曰："文叔为白衣时，臧亡匿死，吏不敢至门。今为天子，威不能行一令乎？"帝笑曰："天子不与白衣同。"因敕强项令出，赐钱三十万。搏击豪强，莫不震栗。京师号为"卧虎"，歌之曰："枹鼓不鸣，董少平也！"

　　论曰：古者敦庞，善恶易分，至画衣冠、异服色，而莫之犯。叔世偷薄，上下相蒙，德义不足以相洽，化导不能惩违，乃严刑痛杀，以暴治奸，倚疾邪之公直，济忍苛之虐情。与夫断断守道之吏，何工否之殊乎？故严君蚩黄霸之术，密民笑卓茂之政，猛既穷矣，而犹或未胜。然朱邑不以笞辱加物，袁安未尝鞠（jú）人臧罪，而猾恶自禁，民不欺犯。何者？以为威辟既用，而苟免之行兴；仁信道孚，故感被之情著。苟免者，威隙则奸起；感被者，人亡而思存。由一邦以言天下，则刑讼繁措，可得而求矣！

【重点句解读】

枹鼓不鸣，董少平也！

　　没有冤假错案，这仰仗董少平啊！

　　枹，就是击鼓所用的槌。"枹鼓不鸣"，字面意思为没有人拿槌来击鼓，后来用以比喻政通人和，社会秩序安定，没有冤假错案。

　　董宣，字少平，董仲舒五代孙，为官公正廉明，执法不避权贵，在刘秀的支持下，秉公办事，雷厉风行，严厉打击了不法豪强，维护了京城的社会治安。老百姓唱歌表扬他说："董宣衙前无人击鼓鸣冤。"而董宣也以"强项令""卧虎令"名留青史。

　　古往今来，一个国家如果执法不严就会产生腐败，就会导致混乱，人民也会怨声载道。从而导致国家积贫积弱，外侮内乱乘虚而入。要想国家长治久安，人民安居乐业，必须要做到有法必依、执法必严、违法必究。

　　习近平总书记在中纪委二次全会讲话时强调："从严治党，惩治这一手决不能放松。要坚持'老虎''苍蝇'一起打，既坚决查处领导干部违纪违法案件，又切实解决发生在群众身边的不正之风和腐败问题。要坚持党纪国法面前没有例外，不管涉及到谁，都要一查到底，决不姑息。"

·宦者传·

周礼，阍者守中门之禁，寺人掌女宫之戒。然宦人之在王朝，其来旧矣。汉兴，仍袭秦制，置中常侍官，然亦引用士人，以参其选。及高后称制，乃以张卿为大谒者，出入卧内，受宣诏命。至于孝武，数宴后庭，潜游离宫，故请奏机事，多以宦人主之。元帝之世，史游为黄门令，勤心纳忠，有所补益。其后弘恭、石显以佞险自进，卒有萧、周之祸，损秽帝德焉。

中兴之初，宦官悉用阉人。自明帝以后，委用渐大，非复掖庭永巷之职、闺牖房闼之任也。其后孙程定立顺之功，曹腾参建桓之策，迹因公正，恩固主心。故中外服从，上下屏气，举动回山海，呼吸变霜露。阿旨曲求，则光宠三族；直情忤意，则参夷五宗。汉之纲纪大乱矣。若夫高冠长剑、纡朱怀金者，布满宫闱；苴茅分虎、南面臣民者，盖以十数。府署第馆，棋列于都鄙；子弟支附，过半于州国。南金和宝、冰纨雾縠之积，盈仞珍藏；嫱媛侍儿、歌童舞女之玩，充备绮室。狗马饰雕文，土木被缇绣。皆剥割萌黎，竞恣奢欲。构害明贤，专树党类。败国蠹政之事，不可单书。所以海内嗟毒，志士穷栖，寇剧缘间，摇乱区夏。虽忠良怀愤，时或奋发，而言出祸从，旋见孥戮。凡称善士，莫不离被灾毒。斯亦运之极乎！

单超，河南人；徐璜，下邳人；具瑗，魏郡人；左悺（guǎn），河南人；唐衡，颍川人也。桓帝初，超、璜、瑗为中常侍，悺、衡为小黄门史。

初，梁冀两妹为顺、桓二帝皇后，冀代父商为大将军，再世权戚，威振天下。冀自诛李固、杜乔等，骄横益甚。皇后乘势忌恣，多所鸩毒。上下钳口，莫有言者。帝逼畏久，恒怀不平。延熹二年，皇后崩，帝因如厕，独呼衡，问："左右与外舍不相得者皆谁乎？"衡对："单超、左悺、徐璜、具瑗，常私忿疾外舍放横，口不敢道。"于是帝呼超、悺、璜、瑗等五人，遂定其议。诏收冀及宗亲党与诛之；悺、衡迁中常侍；封超新丰侯，二万户；璜武原侯，瑗东武阳侯，各万五千户，赐钱各千五百万；悺上蔡侯、衡汝阳侯，各万三千户，赐钱各千三百万。五人同日封，故世谓之"五侯"。又封小黄门刘普、赵忠等八人为乡侯。自是权归宦官，朝廷日乱矣。

超疾病，帝遣使者就拜车骑将军。薨，赐东园秘器，棺中玉具，赠侯将军印绶，使者治丧。及葬，发五营骑士，侍御史护丧，将作大匠起冢茔。其后四侯转横，天下为之语曰："左回天，具独坐，徐卧虎，唐两堕。"皆竞起第宅，楼观壮丽，穷极伎巧；金银罽毦（ｊìěr），施于犬马；多取良人美女，以为姬妾，皆珍饰华侈，拟则宫人。其仆从皆乘牛车，而从列骑。又养其疏属，或乞嗣异姓，或买苍头为子，并以传国袭封。兄弟姻戚，皆宰州临郡，辜较百姓，与盗贼无异。五侯宗族宾客，虐遍天下，民不堪命，起为寇贼。衡卒，亦赠车骑将军，如超故事。司隶校尉韩演，奏悺罪恶，及其兄大仆南乡侯称，请托州郡，聚敛为奸，宾客放纵，侵犯吏民，悺、称皆自杀。演又奏瑗兄沛相恭赃罪，征诣廷尉。瑗诣狱谢，贬为都乡侯，卒于家。超及璜、衡袭封者，并降为乡侯，子弟分封者，悉夺爵土。刘普等贬为关内侯。

侯览，山阳人也。桓帝初，为中常侍，以佞猾进，倚势贪放，受纳货遗，以巨万计。爵关内侯。又托以与议诛梁冀功，进封高乡侯。览兄参，为益州刺史，民有丰富者，辄诬以大逆，皆诛灭之，没入财物，前后累亿计。太尉杨秉奏参，槛车征，于道自杀。参车重三百余两，皆金银锦帛珍玩，不可胜数。览坐免，旋复复官。

建宁二年，丧母还家，大起茔冢。督邮张俭，因举奏览贪侈奢纵，前后请夺人宅三百八十一所、田百一十八顷，起立第宅十有六区，皆有高楼池苑，堂阁相望，饰以绮画丹漆之属，制度深广，僭类宫省，又豫作寿冢，石椁双阙，高庑百尺，破人居室，发掘坟墓，虏夺良民，妻略妇子，及诸罪衅，请诛之。而览伺候遮截，章竟不上。俭遂破览冢宅，籍没资财，具言罪状，又奏览母生时，交通宾客，干乱郡国。复不得御。览遂诬俭为钩党，及故长乐少府李膺、太仆杜密等，皆夷灭之。遂领长乐太仆。熹平元年，有司举奏览专权骄奢，策收印绶，自杀。阿党者皆免。

曹节，字汉丰，南阳人也。建宁元年，持节将中黄门虎贲羽林千人，北迎灵帝，陪乘入宫。及即位，以定策封长安乡侯。时窦太后临朝，后父大将军武与太傅陈蕃，谋诛中官，节与长乐五官史朱瑀、从官史张亮、中黄门王尊等十七人，共矫诏以长乐食监王甫为黄门令，将兵诛武、蕃等。节迁长乐卫尉，封育阳侯；甫迁中常侍，黄门令如故；瑀封都乡侯；亮等五人各三百户；余十一人皆为关内侯，岁食租二千斛。赐瑀钱五千万，余各有差，后更封华容侯。二年，节病困，诏拜为车骑将军，有顷疾瘳，复为中常侍，位特进，秩中二千石，寻转大长秋。

熹平元年，窦太后崩，有何人书朱雀阙，言天下大乱，曹节、王甫幽杀太后，常侍侯览多杀党人，公卿皆尸禄，无有忠言者。于是诏司隶校尉刘猛逐捕。猛以诽书言直，不肯急捕，月余，主名不立。猛坐左转谏议大夫，以御史中丞段颎（jiǒng）代猛，乃四出逐捕，及太学游生，系者千余人。节等怨猛不已，使颎以他事奏猛抵罪，输左校。节遂与王甫等诬奏桓帝弟渤海王悝谋反，诛之，以功封者十二人。甫封冠军侯，节亦增邑四千六百户，父兄子弟，皆为公卿、列校、牧守、令长，布满天下也。

吕强，字汉盛，河南人也。少以宦者小黄门，迁中常侍。清忠奉公。灵帝时，例封宦者，以强为都乡侯。强辞让恳恻，帝乃听之。因上疏陈事曰："臣闻诸侯上象四七，下裂王土。高祖重约，非功臣不侯，所以重天爵、明劝戒也。伏闻中常侍曹节、王甫等，并为列侯。节等谗谄媚主，佞邪徼宠，放毒人物，嫉妒忠良，有赵高之祸，未被辕裂之诛，掩朝廷之明，成私树之党。而陛下不悟，妄授茅土，世为藩辅。受国重恩，不念尔祖，述修厥德，而交结邪党，下比群佞。陛下惑其琐才，特蒙恩泽。又授位乖越，阴阳乖剌，罔不由兹。臣诚知封事已行，言之无逮，所以冒死干触，陈愚忠者，实愿陛下捐改既谬，从此一止。又今外戚四姓贵幸之家，及中官公族无功德者，造起馆舍，凡有万数，雕刻之饰，不可单言；丧葬逾制，奢丽过礼，竞相放效，莫肯矫拂。上之化下，犹风之靡草。今上无去奢之俭，下有纵欲之弊，至使禽兽食民之甘，木土衣民之帛。昔师旷谏晋平公曰：'梁柱衣绣，民无褐衣；池有弃酒，士有渴死；厩马秣粟，民有饥色。近臣不敢谏，远臣不得畅。'此之谓也。又闻前召议郎蔡邕，对问于金商门，而令中常侍曹节、王甫，诏书喻旨，邕不敢怀道迷国，而切言极对，毁刺贵臣，讥呵竖宦。陛下不密其言，至令宣露，群邪竞欲咀嚼，造作飞条。陛下回受诽谤，致邕刑罪，室家徙放，老幼流离，岂不负忠臣哉！今群臣皆以邕为戒，上畏不测之难，下惧剑客之害，臣知朝廷不复得闻忠言矣。夫立言无显过之咎，明镜无见玼（cī）之尤。如恶立言以记过,则不当学也;不欲明镜之见玼,则不当照也。愿陛下详思臣言,不以记过见玼为责。"

张让,颍川人;赵忠,安平人也。少皆给事省中。灵帝时,让、忠并迁中常侍,封列侯,与曹节、王甫等,相为表里。节死后,忠领大长秋。让有监奴典任家事,交通货赂,威形喧赫。扶风人孟佗,资产饶赡,与奴朋结,倾竭馈问,无所遗爱。奴咸德之,问佗曰:"君何所欲?力能办也。"佗曰:"吾望汝曹为我一拜耳。"时宾客求谒让者,车恒数百千两,佗时诣让,后至,不得进,监奴乃率诸苍头迎拜于路,遂共舆车入门。宾客咸惊,谓佗善于让,皆争以珍玩赂之。佗分以遗让,让大喜,遂以佗为凉州刺史。

是时让、忠及夏恽、郭胜、孙璋、毕岚、栗嵩、段珪、高望、张恭、韩悝、宋典十二人,皆为中常侍,封侯贵宠,父兄子弟,布列州郡,所在贪残,为人蠹害。黄巾既作,盗贼麋沸,郎中中山张钧上书曰:"窃惟张角所以能兴兵作乱,万民所以乐附之者,其源皆由十常侍多放父兄、子弟、婚亲、宾客典据州郡,辜榷财利,侵掠百姓。百姓之冤,无所告诉,故谋议不轨,聚为盗贼。宜斩十常侍,悬头南郊,以谢百姓,又遣使者布告天下,可不须师旅,而大寇自消。"天子以钧章示让等,皆免冠徒跣顿首,乞自致洛阳诏狱,并出家财,以助军费。有诏皆冠履,视事如故。帝怒钧曰:"此真狂子也。"钧复重上,犹如前章,辄寝不报。诏使廷尉、侍御史,考为张角道者,御史承让等旨,遂诬奏钧学黄巾道,收掠死狱中。后中常侍封谞、徐奉事独发觉坐诛,帝因怒诘让等曰:"汝曹常言党人欲为不轨,皆令禁锢,或有伏诛。今党人更为国用,汝曹反与张角通,为可斩未?"皆叩头云:"故中常侍王甫、侯览所为。"帝乃止。

明年,南宫灾。让、忠等说帝,令敛天下田,亩税十钱,以修宫室。发太原、河东、狄道诸郡材木及文石,每州郡部送至京师。黄门、常侍辄令谴呵不中者,因强折贱买,十分雇一,因复货之于宦官,复不为,既受,材木遂至腐积,宫室连年不成。刺史、太守,复增私调,百姓呼嗟。凡诏所征求,皆令西园驺密约敕,号曰"中使",恐动州郡,多受赇(qiú)赂。刺史二千石,及茂才、孝廉迁除,皆责助军修宫钱,大郡至二三千万,余各有差。当之官者,皆先至西园谐价,然后得去。有钱不毕者,或至自杀。其守清者,乞不之官,皆迫遣之。时钜鹿太守河内司马直新除，以有清名，减责三百万。直被诏，怅然曰："为民父母，而反割剥百姓，以称时求，吾不忍也。"辞疾不听，行至孟津，上书极陈当世之失、古今祸败之戒，即吞药自杀。

书奏，帝为暂绝修宫钱。又造万金堂于西园，引司农金钱缯帛，仞积其中。又还河间，买田宅，起第观。帝本侯家，宿贫，每叹桓帝不能作家居，故聚为私藏，复寄小黄门常侍钱各数千万。常云："张常侍是我父，赵常侍是我母。"宦官得志，无所惮畏，并起第宅，拟则宫室。帝常登永安侯台，宦官恐其望见居处，乃使中大夫尚但谏曰："天子不当登高，登高则百姓虚散。"自是不敢复升台榭。复以忠为车骑将军。

帝崩。中军校尉袁绍，说大将军何进，令诛中官。谋泄，让、忠等因进入省，遂共杀进。而绍勒兵斩忠，捕宦官无少长悉斩之。让等数十人，劫质天子，走之河上。追急，皆投河而死也。

·儒林传序·

昔王莽、更始之际，天下散乱，礼乐分崩，典文残落。及光武中兴，爱好经术，未及下车，而先访儒雅，采求阙文，补缀漏逸。先是，四方学士，多怀挟图书，遁逃林薮。自是莫不抱负坟策，云会京师。于是立五经博士，各以家法教授，太常差次总领焉。建武五年，乃修起太学，稽式古典，笾豆干戚之容备之于其列，服方领、习矩步者委它乎其中。中元元年，初建三雍。明帝即位，亲行其礼。天子始冠通天，衣日月，备法物之驾，盛清道之仪，坐明堂而朝群后，登灵台以望云物，袒割辟雍之上，尊养三老五更。后复为功臣子孙、四姓末属，别立校舍，搜选高能，以授其业，自期门羽林之士，悉令通《孝经》章句，匈奴亦遣子入学。济济乎！洋洋乎！盛于永平矣！

建初中，大会诸儒于白虎观，考详同异，连月乃罢。肃宗亲临称制，如石渠故事。孝和亦数幸东观，览阅书林。及邓后称制，学者颇懈。安帝览政，薄于艺文，博士倚席不讲，朋徒相视怠散，学舍颓敝，鞠为园蔬，牧儿荛竖，至薪刈其下。顺帝感翟酺（pú）之言，乃更修黉（hóng）宇，试明经下第补弟子，除郡国耆儒，皆补郎、舍人。本初元年，诏曰："大将军下至六百石，悉遣子就学，每岁辄于乡射月一飨会之。"自是游学增盛，至三万余生，然章句渐疏，而多以浮华相尚，儒者之风盖衰矣。熹平四年，灵帝乃诏诸儒，正定五经，刊于石碑，为古文、篆、隶三体书法，以相参检，树之学门，使天下咸取则焉。

·逸民传·

周党，字伯况，太原人也。世祖引见，党伏而不谒，自陈愿守所志，帝乃许焉。博士范升奏毁党曰："臣闻尧不须许由、巢父而建号天下，周不待伯夷、叔齐而王道以成。伏见太原周党，陛见帝庭，不以礼屈，伏而不谒，偃蹇（jiǎn）骄悍，夸上求高，皆大不敬。"书奏，天子以示公卿。诏曰："自古明王圣主，必有不宾之士。伯夷、叔齐不食周粟，太原周党不受朕禄，亦各有志焉。"其赐帛四十匹。党遂隐居。

严光，字子陵，会稽人也。少有高名，与世祖同游学。及世祖即位，光乃变名姓，隐身不见。帝乃令以物色访之，至舍于北军，给床褥，大官朝夕进膳。车驾幸其馆，光卧不起，帝即其卧所，抚光腹曰："咄咄子陵，不可相助为治耶？"光眠不应，良久，乃张目熟视曰："昔唐尧著德，巢父洗耳。士故有志，何至相迫乎？"帝曰："子陵，我竟不能下汝耶？"于是升舆，叹息而去。

复引光入，论道旧故，相对累日，除为谏议大夫，不屈，乃耕于富春山。年八十，终于家。帝伤惜之，赐钱百万、谷千斛。

汉滨老父者，不知何许人也。桓帝延熹中，幸竟陵，过云梦，临沔水，百姓莫不观者，有老父独耕不辍。尚书郎南阳张温异之，使问曰："人皆来观，老父独不辍，何也？"父笑而不对。温自与言，老父曰："我野人耳，不达斯语。请问天下乱而立天子耶？理而立天子耶？立天子以父天下耶？役天下以奉天子耶？昔圣王宰世，茅茨采椽，而万民以宁。今子之君，劳民自纵，逸游无忌。吾为子羞之，子何忍欲人观之乎？"温大惭。问其名姓，不告而去。

·西羌·

建武九年，司徒掾班彪上言："今凉州部郡，皆有降羌。羌胡被发左衽，而与汉人杂处，习俗既异，言语不通，数为小吏黠民所侵夺，穷恚无聊，故悉致反叛。夫蛮夷寇乱，皆为此也，宜明威防。"世祖从之。十一年夏，先零种复寇临洮，陇西太守马援破降之，徙置天水、陇西、扶风三郡。明年，武都参狼羌反，援又破降之。永平元年，复遣捕虏将军马武等击滇吾，滇吾远去，余悉散降，徙七千口置三辅。章和十二年，金城太守侯霸与迷唐战，羌众折伤，种人瓦解。降者六千余口，分徙汉阳、安定、陇西。永初中，诸降羌布在郡县，皆为吏民豪右所徭役，积以愁怨，同时奔溃，大为寇掠，断陇道。

时羌归附既久，无复器甲，或持竹竿木枝以代戈矛，或负板案以为楯，或执铜镜以象兵。郡县不能制，遣车骑将军邓骘、征西校尉任尚、副将五营及三辅兵合五万人屯汉阳。骘使尚率诸郡兵与滇零等战于平襄，尚军大败，于是滇零自称天子于北地，招集武都参狼、上郡西河诸杂种，众遂大盛，东犯赵、魏，南入益州，寇抄三辅，断陇道，湟中诸县粟石万钱，百姓死亡，不可胜数。朝廷不能制，而转运难剧，遂诏骘还师，留任尚屯汉阳。复遣骑都尉任仁，督诸郡屯兵。仁战每不利，众羌乘胜，汉兵数挫，羌遂入寇河东，至河内。百姓相惊，多奔南渡河。使北军中侯朱宠，将五营士屯孟津，诏魏郡、赵国常山、中山，缮作坞候六百一十六所。

羌既转盛，而二千石令长并无守战意，皆争上徙郡县以避寇难。朝廷从之，遂移陇西徙襄武、安定徙美阳、北地徙池阳、上郡徙衙。百姓恋土，不乐去旧，遂乃刈其禾稼，发彻室屋，夷营壁，破积聚。时连旱蝗饥荒，而驱蹙劫略，流离分散，随道死亡，或弃捐老弱，或为人仆妾，丧其大半。自羌叛，十余年间，兵连师老，不暂宁息，军旅之费，转运委输，用二百四十余亿。府帑空竭，延及内郡。边民死者，不可胜数。并、凉二州，遂至虚耗。

论曰：中兴以后，边难渐大。朝规失绥御之和，戎帅骞然诺之信。其内属者，或倥偬于豪右之手，或屈折于奴仆之勤。塞候时清，则愤怒而思祸；桴（fú）革暂动，则属鞬（jiān）而鸟惊。故永初之间，群种蜂起，自西戎作逆，未有凌斥上国若斯其炽者也。呜呼！昔先王疆理九土，判别畿荒，知夷貊（mò）殊性，难以道御，故斥远诸华，薄其贡职，唯与辞要而已。若二汉御戎之方，失其本矣。何则？先零侵境，赵充国迁之内地；当煎作寇，马援徙之三辅。贪其暂安之势，信其驯服之情，计日用之权宜，忘经世之远略,岂夫识微者之为乎?故微子垂泣于象箸,辛有浩叹于伊川也。

·鲜卑·

熹平三年,夏育为护乌桓校尉。六年夏,鲜卑寇三边。秋,育上言,请征幽州诸郡兵出塞击之。帝乃拜田晏为破鲜卑中郎将,大臣多有不同,乃召百官议。议郎蔡邕议曰:"《书》戒猾夏,《易》伐鬼方,周有狁(xiǎn yǔn)、蛮荆之师,汉有阗颜、瀚海之事,征讨殊类,所由尚矣。然而时有同异,势有可否,故谋有得失,事有成败,不可齐也。武帝情存远略,志辟四方,南诛百越,北讨强胡,西征大宛,东并朝鲜。因文、景之蓄积,藉天下之余饶,数十年间,官民俱匮。既而觉悟,乃息兵罢役,封丞相为富民侯。故主父偃曰:'夫务战胜、穷武事,未有不悔者也。'夫以武帝神武,将帅良猛,财富充实,所拓广远,犹有悔焉,况今人财并乏,事劣昔时乎?昔段颎良将,习兵善战,有事西羌,犹十余年。今育、晏才策,未必过颎,鲜卑种众,不弱于前,而虚计二载,自许有成,若祸结兵连,岂得中休?当复征发众人,转运无已,是为耗竭诸夏,并力蛮夷。夫边垂之患,手足之蚧搔;中国之困,胸背之瘭疽(biāo jū)也。昔高祖忍平城之耻,吕后弃慢书之诟。方之于今,何者为甚?天设山河,秦筑长城,汉起塞垣,所以别内外、异殊俗也。苟无蹙国内侮之患,则可矣,岂与虫蚁狡寇计争往来哉!虽或破之,岂可殄尽?而方令本朝为之旰食乎?昔淮南王安谏伐越曰:'如使越人蒙死,以逆执事,厮舆之卒,有一不备而归者,虽得越王之首,犹为大汉羞之。'而欲以齐民易丑虏,皇威辱外夷,就如其言,犹已危矣,况乎得失不可量耶?昔珠崖郡反,孝元皇帝纳贾捐之言,而下诏罢珠崖郡,此元帝所以发德音也。夫恤人救急,虽成郡列县,尚犹弃之,况障塞之外,未曾为民居者乎?守边之术,李牧善其略;保塞之论,严尤申其要。遗业犹在,文章具存。循二子之策,守先帝之规,臣曰可矣。"帝不从,遂遣夏育出高柳、田晏出云中、匈奴中郎将臧旻率南单于出雁门,檀石槐命三部大人各帅众逆战。育等大败,丧其节传辎重,各将数千骑奔还,死者十七八,缘边莫不被毒也。

卷二十五 《魏志》治要（上）

【西晋】陈寿 撰

【导读】

陈寿（233—297），字承祚，巴西郡安汉县（今四川南充）人，三国时蜀汉及西晋时著名史学家。他历经十年艰辛，完成了纪传体史学巨著《三国志》。其中，《魏书》三十卷，《蜀书》十五卷，《吴书》二十卷。完整地记叙了自汉末至晋初近百年间中国由分裂走向统一的历史全貌。

陈寿是晋臣，晋承魏而有天下，故《三国志》尊魏为正统，对魏、蜀、吴三国的态度为：尊魏，恋蜀，远吴。在《魏书》中为曹操写了本纪，而《蜀书》记刘备则为《先主传》，《吴书》记孙权则为《吴主传》，这是《三国志》的一个特点。

陈寿虽然名义上尊魏为正统，实际上却是以魏、蜀、吴三国各自成书，如实地记录了三国鼎立的局势。表明了它们各自为政，互不统属，地位相同。

《三国志》，与前三史一样，也是私人修史。书成之后，就受到了当时人们的好评。陈寿叙事简略翔实，很少重复。在材料的取舍上也十分严谨慎重，为历代史学家所重视。史学界把《史记》《汉书》《后汉书》和《三国志》合称"前四史"，视为纪传体史学名著。然而，《三国志》也有其不足之处。全书只有纪、传，而无志、表，是一大欠缺。在叙事时，除了在某些人的纪、传中有矛盾之处外，对曹魏和司马氏多有回护、溢美之词，不能不说这是白璧微瑕。

魏徵等人编撰《群书治要》时，辑录《三国志·魏志》，《纪》有太祖、文帝、明帝、齐王芳、袁绍等五人，《后妃传》有卞、郭两皇后，《传》有夏侯尚、荀彧等三十六人。《蜀志》，《传》有刘璋、刘备、诸葛亮、关羽、张飞等十二人；《吴志》有孙权、孙休等二十三人事迹，侧重各国选贤任能、进谏纳谏以及治国策略等。

附录：裴松之注《三国志》简介

裴松之（372—451），南朝宋时史学家，闻喜（今属山西）人。元嘉六年（429），宋文帝命注《三国志》。他博采群书一百四十余种，以补缺、备异、惩妄、论辩为宗旨，开创了作注新例。注文丰富，字数几乎等同正文，保存了已佚史书的节录史料。《四库全书总目提要》说他注《三国志》的方法是："引诸家之记，以辨是非；参诸家之说，以核有论讹异。传所有之事，详其委曲；传所无之事，补其阙佚。传所有之人，详其生平；传所无之人，附以同类。"他的这种方法，也被后来司马贞的《史记索隐》所仿效。这一百四十余种古籍，今难知其名，幸而经裴注《三国志》引用，才得以保存一部分。正如《四库全书总目》所评述："凡六朝旧籍今所不传者，尚一一见其属略。"并非虚论。

·纪·

太祖武皇帝，沛国人，姓曹，讳操，字孟德。建安四年，袁绍将攻许。公进军黎阳，绍众大溃。公收绍书中，得许下及军中人书，皆焚之。〔《魏氏春秋》曰："公云：'当绍之强，孤犹不能自保，而况众人乎！'"〕七年，令曰："吾起义兵，为天下除暴乱。旧土人民，死丧略尽，国中终日行，不见所识，使吾凄怆伤怀。其举义兵已来，将士绝无后者，求其亲戚以后之，授土田，官给耕牛，置学师教之。为存者立庙，使祀其先人，魂而有灵，吾百年之后何恨哉！"

十二年，令曰："吾起义兵诛暴乱，于今十九年，所征必克，岂吾功哉？乃贤士大夫之力也。天下虽未悉定，吾当要与贤士大夫共定之。而专飨其劳，吾何以安焉！其促定功行封。"于是大封功臣二十余人，皆为列侯，其余各以次受封，及复死事之孤，轻重各有差。十九年，安定太守毌

（guàn）丘兴将之官，公戒之曰："羌、胡欲与中国通，自当遣人来，慎勿遣人往也。善人难得，必将教羌、胡妄有所请求，因欲以自利，不从便为失异俗意，从之则无益事。"兴至，遣校尉范陵至羌中，陵果教羌，使自请为属国都尉。公曰："吾预知当尔，非圣人也，但更事多耳。"二十五年卒。〔《魏书》曰："太祖自统御海内，芟夷群丑。御军三十余年，手不舍书，昼则讲军策，夜则思经传。雅性节俭，不好华丽。后宫衣不锦绣，侍御履不二采，帷帐屏风，坏则补缀，茵蓐取温，无有缘饰。攻城拔邑，得靡丽之物，则悉以赐有功。勋劳宜赏，不吝千金；无功望施，分毫不与。四方献御，与群下共之也。"〕

文皇帝讳丕，字子桓，武帝太子也。黄初二年，诏以议郎孔羡为宗圣侯，奉孔子祀，令鲁郡修起旧庙，置百户吏卒以守卫之。日有蚀之，有司奏免太尉，诏曰："灾异之作，以谴元首，而归过股肱，岂禹、汤罪己之义乎？其令百官各虔厥职，后有天地之眚，勿复劾三公。"

三年，表首阳山东为寿陵，作终制曰："礼，国君即位为椑，存不忘亡也。封树之制，非上古也，吾无取焉。寿陵因山为体，无为封树，无立寝殿，造园邑，通神道。夫葬者，藏也，欲人之不得见也。骨无痛痒之知，冢非栖神之宅，礼不墓祭，欲存亡之不黩也，为棺椁足以朽骨，衣衾足以朽肉而已。故吾营此丘墟不食之地，欲使易代之后不知其处。无施苇炭，无藏金银铜铁，一以瓦器，合古涂车、刍灵之义。饭含无以珠玉，无施珠襦（rú）玉柙（xiá），诸愚俗所为也。季孙以玙璠（yú fán）敛，孔子譬之暴骸中原。宋公厚葬，君子谓华元、乐莒不臣。汉文帝之不发霸陵，无求也；光武之掘原陵，封树也。霸陵之完，功在释之；原陵之掘，罪在明帝。是释之忠以利君，明帝爱以害亲也。忠臣孝子，宜思仲尼、丘明、释之之言，鉴华元、乐莒、明帝之戒，存于所以安君定亲，使魂灵万载无危，斯则贤圣之忠孝矣。自古及今，未有不亡之国，是无不掘之墓。丧乱以来，汉氏诸陵无不发掘，至乃烧取玉柙金缕，骸骨并尽，岂不重痛哉！其皇后及贵人以下，不随王之国者，有终没皆葬涧西。魂而有灵，无不之也，一涧之间，不足为远。若违诏，妄有所变改造施，吾为戮死地下，死而重死。臣子为蔑死君父，不忠不孝。其以此诏藏之宗庙，副在尚书、秘书、三府。"

五年，诏曰："先王制礼，所以昭孝事祖，大则郊社，其次宗庙。三辰五行，名山大川，非此族也，不在祀典。叔世衰乱，崇信巫史，至乃宫殿之内、户牖之间，无不沃酹(lèi)，甚矣其惑也。自今其敢设非祀之祭、巫祝之言，皆以执左道论。"

明皇帝讳睿，字元仲，文帝太子也。青龙元年，祀故大将军夏侯惇等于太祖庙庭。〔《魏书》载诏曰："昔先王之礼，于功臣存则显其爵禄，没则祭于大蒸，故汉氏功臣，祠于庙庭。大魏元功之臣，功勋优著、终始休明者，其皆依礼祀之。"于是以惇等配飨之。〕

三年。〔《魏略》曰：是年起大极诸殿，筑总章观。又于芳林园中起陂池，楫棹(zhào)越歌。又于列殿之北立八坊，诸才人以次序处其中，秩名拟百官之数。使博士马均作水转百戏，鱼龙蔓延，备如汉西京之制。筑阊阖诸门阙外罘罳(fú sī)。太子舍人张茂以吴、蜀数动，诸将出征，而帝盛兴宫室，留意于玩饰，赐与无度，帑藏(tǎng cáng)空竭，又录夺士女前已嫁为吏民妻者，还以配士，既听以生口自赎，又简选其有姿色者，内之掖庭，乃上书谏曰："臣伏见诏书，诸士女嫁非士者，一切录夺，以配战士，斯诚权时之宜，然非大化之善者也。臣请论之。陛下，天之子；百姓吏民，亦陛下之子也。今夺彼以与此，亦无以异于夺兄之妻妻弟也，于父母之恩偏矣。又诏书听得以生口代，故富者则倾家尽产，贫者举假贷贳，贵买生口以赎其妻。县官以配士为名，而实内之掖庭，其丑恶者乃出与士。得妇者未必有欢心，而失妻者必有忧色，或穷或愁，皆不得志。夫君有天下而不得万姓之欢心者，鲜不危殆。且军师在外数十万人，一日之费非徒千金，举天下之赋以奉此役，犹将不给，况复有宫庭非员无录之女、椒房母后之家，赏赐横兴，其费半军。昔汉武帝好神仙，信方士，掘地为海，封土为山，赖此时天下为一，莫敢与争者耳。自衰乱以来，四五十载，马不舍鞍，士不释甲，每一交战，血流丹野，疮痍号痛之声，于今未已。犹强寇在疆，图危魏室。陛下当兢兢业业，念崇节约，思所以安天下者，而乃奢靡是务，中尚方纯作玩弄之物，炫耀后园，建承露之盘。斯诚快耳目之观，然亦足以骋寇仇之心矣。惜乎！舍尧、舜之节俭，而为汉武之侈事，臣窃为陛下不取也。愿陛下霈然下诏，事无益而有损者，悉除去之，以所除无益之费，厚赐将士父母妻子之饥寒者，问民所疾而除其所恶，实仓廪，缮甲兵，恪恭以临天下。如是，吴贼面缚，蜀虏舆榇(chèn)，不待诛而自服，太平之路可计日而待也。臣年五十，常恐至死无以报国，是以

投躯没命，冒昧以闻，唯陛下裁察。"书通，上顾左右曰："张茂恃乡里故也。"以事付散骑而已。〕

景初元年。〔《魏略》曰：是岁，徙长安诸钟簴（虡）、骆驼、铜人、承露盘。盘折，铜人重不可致，留于霸城。大发铜铸作铜人二，号曰翁仲，列坐于司马门外。又铸黄龙、凤凰各一，置内殿前。起土山于芳林园，使公卿群僚负土成山，树松竹杂木善草于其上，捕山禽杂兽置其中。《魏略》载董寻上书曰："臣闻古之直士，尽言于国，不避死亡。故周昌比高祖于桀、纣，刘辅譬赵后于人婢。天生忠直，虽白刃沸汤，往而不顾者，诚为时主爱惜天下也。若今之宫室狭小，当广大之，犹宜随时，不妨农务，况乃作无益之物，黄龙、凤凰、九龙、承露盘，土山、渊池，其功三倍于殿舍。三公九卿、侍中尚书，天下至德，皆知非道而不敢言者，以陛下春秋方刚，心畏雷霆。今陛下既尊群臣，显以冠冕，被以文绣，载以华舆，所以异于小人，而使穿方举土，面目垢黑，沾体涂足，衣冠了鸟，毁国之光，以崇无益，甚非谓也。孔子曰：'君使臣以礼，臣事君以忠。'无礼无忠，国何以立！故有君不君，臣不臣，上下不通，心怀郁结，使阴阳不和，灾害屡降，凶恶之徒，因间而起，谁当为陛下尽言事者乎？又谁当千万乘以死为戏乎？臣知言出必死，而臣自比于牛之一毛，生既无益，死亦何损？秉笔流涕，心与世辞。"既通，帝曰："董寻不畏死耶！"主者奏收寻，有诏勿问之也。〕

齐王芳，字兰卿。正始八年，尚书何晏奏曰："善为国者必先治其身，治其身者慎其所习。所习正，则其身正，其身正，则不令而行。所习不正，则虽令不从。是故为人君者，<u>所与游必择正人</u>，所观览必察正象，放郑声而弗听，远佞人而弗近，然后邪心不生，而正道可弘也。季末暗主，不知损益，斥远君子，引近小人，忠良疏远，便辟褒狎，乱生近昵，譬之社鼠。考其昏明，所积以然，故圣贤谆谆，以为至虑。舜戒禹曰：'邻哉，邻哉！'言慎所近也。周公戒成王曰：'其朋，其朋！'言慎所与也。《诗》云：'一人有庆，兆民赖之。'自今以后，可御幸式乾殿，及游豫后园，皆大臣侍从，因从容戏晏，兼省文书，询谋政事，讲论经籍，为万世法。"

【重点句解读】

所与游必择正人。

所要交往的一定要挑选正派的人。

中国人历来就重视交友之道，就是结交朋友的原则。孔子说："益者三友，损者三友。"指出同正直的人交友，同诚信的人交友，同见闻广博的人交友，这是有益的。同惯于走邪道的人交朋友，同善于阿谀奉承的人交朋友，同惯于花言巧语的人交朋友，这是有害的。

古人认为一个人的为人处世与所处环境息息相关。孔子说："与善人居，如入芝兰之室，久而不闻其香，即与之化矣。与不善人居，如入鲍鱼之肆，久而不闻其臭，亦与之化矣。"

我们平时常说："近朱者赤，近墨者黑。"领导干部作为治国理政的"关键少数"，手握公权、肩负重任，交友不单纯是个人的私事，关乎能否秉公用权、廉洁用权、依法用权，也关乎领导干部的个人形象和"道德指数"。必须善于从中华优秀传统文化中汲取智慧，真正做到慎为先、善为要、德为本。

袁绍，字本初，汝南人也。领冀州牧，转为大将军。出长子谭为青州，沮授谏绍："必为祸始。"绍不听。〔《九州春秋》载授谏辞曰："世称一兔走，万人逐之，一人获之，贪者悉止，分定故也。且年均以贤，德均则卜，古之制也。愿上惟先代成败之戒，下思逐兔分定之义。"绍曰："孤欲令四儿各据一州，以观其能。"授出曰："祸其始此乎！"〕

绍进军黎阳，太祖击破之。初，绍之南也，田丰说绍曰："曹公善用兵，变化无方，众虽少，未可轻也，不如以久持之。将军据山河之固，拥四州之众，外结英雄，内修农战，然后简其精锐，分为奇兵，乘虚迭出，以扰河南，救右则击其左，救左则击其右，使敌疲于奔命，民不得安业。我未劳而彼已困，不及二年，可坐克也。今释庙胜之策，而决成败于一战，若不如志，悔无及也。"绍不从，丰恳谏，绍怒以为沮众，械系之。绍军既败，或谓丰曰："君必见重。"丰曰："若军有利，吾必全，今军败，吾其死矣。"绍还曰："吾不用田丰言，果为所笑。"遂杀之。

·后妃传·

《易》称："男正位于外，女正位于内。男女正，天地之大义也。"古先哲王，莫不明后妃之制，顺天地之德，故二妃嫔妫，虞道克隆，任、姒配姬，周室用熙，废兴存亡，恒此之由。《春秋说》云："天子十二女，诸侯九女。"考之情理，不易之典也。而末世奢纵，肆其侈欲，至使男女怨旷，感动和气，惟色是崇，不本淑懿。故风教陵迟，而大纲毁泯，岂不惜哉！呜乎！有国有家者，其可以永鉴矣！

武宣卞皇后，琅邪人，文帝母也。黄初中，文帝欲追封太后父母，尚书陈群奏曰："陛下应运受命，创业革制，当永为后式。案典籍之文，无妇人裂土，因夫爵。秦违古制，汉氏因之，非先王之令典也。"帝曰："此议是也，其勿施行。以作著，诏下，藏之台阁，永为后式。"

文德郭皇后，广宗人也。黄初三年，将登后位，中郎栈潜上疏曰："在昔帝王之有天下，不唯外辅，亦有内助，治乱所由，盛衰从之。故西陵配黄，英娥降妫，并以贤明，流芳上世。桀奔南巢，祸阶末喜；纣以炮烙，怡悦妲己。是以圣哲慎立元妃，必取先代世族之家，择其令淑，以统六宫，虔奉宗庙，阴教聿修。《易》曰：'家道正而天下定。'由内及外，先王之令典也。《春秋》书宗人衅夏云：'无以妾为夫人之礼。'齐桓誓命于葵丘，亦曰：'无以妾为妻。'今后宫嬖宠，常亚乘舆，若因爱登后，使贱人暴贵，臣恐后世下陵上替，开张非度，乱自上起也。"文帝不从。

·传·

夏侯尚，字伯仁。子玄，字太初，少知名，累迁散骑常侍中护军。司马宣王问以时事，玄议以为："夫官才用人，国之柄也。故铨衡专于台阁，上之分也；孝行存乎闾巷，优劣任之乡人，下之叙也。夫欲清教审选，在明其分叙，不使相涉而已。何者？上过其分，则恐所由之不本，而干势驰骛之路开；下逾其叙，则恐天爵之外通，而机权之门多矣。夫天爵下通，是庶人议柄也；机权多门，是纷乱之源也。自州郡中正品度官才之来，有年载矣，缅缅纷纷，未闻整齐，岂非分叙参错，各失其要之所由哉！若令中正但考行伦辈，辈当行均，斯可官矣。何者？夫孝行著于家门，岂不忠恪于在官乎？仁恕称于九族，岂不达于为政乎？义断行于乡党，岂不堪于事任乎？三者之类，取于中正，虽不处其官名，斯任官可知矣。行有大小，比有高下，则所任之流，亦焕然必明矣。奚必使中正干铨衡之机于下，而执机柄者有所委仗于上，上下交侵，以生纷错哉？且台阁临下，考功校否，众职之属，各有官长，旦夕相考，莫究于此。间阎之议，以意裁处，而使匠宰失位，众人驱骇，欲风俗清静，其可得乎？天台县远，众所绝意，所得至者，更在侧近，孰不修饰以要所求？所求有路，则修己家门者，不如自达于乡党矣；自达于乡党者，不如自求于州邦矣。苟开之有路，而患其饰真离本，虽复严责中正，督以刑罚，犹无益也。岂若使各帅其分，官长则各以其属能否，献之台阁，台阁则据官长能否之第，参以乡间德行之次，拟其伦比，勿使偏颇。中正则唯考其行迹，别其高下，审定辈类，勿使升降。台阁总之，官长所第，中正辈拟比，随次率而用之，如其不称，责负在外。然则内外相参，得失有所，互相形检，孰能相饰？斯则人心定而事理得，庶可以静风俗而审官才矣。"

　　荀彧，字文若，颍川人也。为侍中尚书令。〔《彧别传》曰："彧德行周备，非正道不用心，名重天下，莫不以为仪表，海内英俊咸宗焉。然前后所举，佐命大才，则荀攸、钟繇、陈群、司马宣王，及引致当世知名，郗虑、华歆、王朗、荀悦、杜袭、辛毗、赵俨之俦，终为卿相，以十数人。取士不以一揆，戏志才、郭嘉等有负俗之讥，杜畿简傲少文，皆以智策举之，终各显名。荀攸后为魏尚书令，推贤进士。太祖曰：'二荀令之论人也，久而益信，吾没世不忘也。'"〕

　　荀攸，字公达，彧从子也。太祖以为军师。每称曰："公达外愚内智、外怯内勇、外弱内强，不伐善，不施劳，智可及，愚不可及，虽颜子、宁武不能过也。"文帝在东宫，太祖谓曰："荀公达，人之师表也，汝当尽礼敬之。"〔《傅子》曰："太祖称'荀令君之进善，不进不休；荀军师之去恶，不去不止'也。"〕

　　贾诩，字文和，武威人也。为大中大夫。是时，文帝为五官将，而临菑侯植才名方盛，各有党与，有夺宗之议。太祖尝问诩，诩嘿然不对。太祖曰："与卿言而不答，何也？"诩曰："属适有所思，故不即对耳。"太祖曰："何思？"诩曰："思袁本初、刘景升父子。"太祖大笑，于是太子遂定。

文帝即位，以诩为太尉。〔《魏略》曰："文帝得诩之对太祖，故即位首登上司。"《荀勖别传》曰："晋司徒阙，武帝问其人于勖。勖答曰：'三公具瞻所归，不可用非其人。昔文帝用贾诩为三公，孙权笑之。'"〕

袁涣，字曜卿，陈郡人也。刘备之为豫州，举涣茂才，后为吕布所拘留。布初与刘备和亲，后离隙。布欲使涣作书骂辱备，涣不可，再三强之，不许。布大怒，以兵胁涣曰："为之则生，不为则死。"涣颜色不变，笑而应之曰："涣闻唯德可以辱人，不闻以骂。使彼固君子耶，且不耻将军之言，彼诚小人耶，将复将军之意，则辱在此不在于彼。且涣他日之事刘将军，犹今日之事将军也，如一旦去此，复骂将军，可乎？"布惭而止。

王修，字叔治，北海人也。年七岁丧母。母以社日亡，来岁邻里社，修感念母，哀甚。邻里闻之，为之罢社。袁谭在青州，辟修为治中从事，谭欲攻弟尚，修谏曰："夫兄弟者，左右手也。譬人将斗，而断其右手，而曰'我必胜'，若是者可乎？夫弃兄弟而不亲，天下其孰亲之？属有谗人，固将交斗其间，以求一朝之利，愿明使君塞耳勿听也。若斩佞臣数人，复相亲睦，以御四方，可以横行天下。"谭不听。

太祖遂引军，攻谭于南皮。修闻谭已死，号哭曰："无君焉归？"遂诣太祖，乞收谭尸。太祖不应。修复曰："受袁氏厚恩，若得收敛谭尸，然后就戮，无所恨。"太祖嘉其义，听之。太祖破南皮，阅修家谷不满十斛，有书数百卷。太祖叹曰："士不妄有名。"乃辟为司空掾。〔《魏略》曰：郭宪，字幼简，西平人也。韩约失众依宪。众人多欲取约以徼功，而宪皆责怒之，言："人穷来归我，云何欲危之？"后约病死，而阳逵等就斩约头，欲条疏宪名，宪言："我尚不忍生图之，岂忍取死人以要功乎？"逵等乃止。约首到。太祖宿闻宪名，及视疏，怪不在中，以问逵等，逵具以情对。太祖叹其志义，乃并表列，赐爵关内侯。〕

邴原，字根矩，北海朱虚人也。太祖辟为司空掾。原女早亡，时太祖爱子仓舒亦没，太祖欲求合葬，原辞曰："合葬，非礼也。原之所以自容于明公，公之所以待原者，以能守训典而不易也。若听明公之命，则是凡庸也，明公焉以为哉？"太祖乃止。〔《原别传》曰："魏太子为五官中郎将，天下向慕，宾客如云，而原独守道持顺，自非公事，不妄举动。太祖微使人从容问之，原曰：'吾闻国危不事冢宰，君老不奉世子，此典制也。'"〕

崔琰，字季珪，清河人也。太祖领冀州牧，辟琰为别驾从事。太祖征并州，留琰傅文帝于邺。世子仍出田猎，变易服乘，志在驱逐。琰书谏曰："盖闻盘于游田，《书》之所戒；鲁隐观鱼，《春秋》讥之。此周、孔之格言，二经之明义也。今邦国殄瘁，惠康未洽，士女企踵，所思者德。况公亲御戎马，上下劳惨，世子宜遵大路，慎以行正，思经国之高略，深惟储副，以身为宝。而猥袭虞旅之贱服，忽驰骛而陵险，志雉兔之小娱，忘社稷之为重，斯诚有识所以恻心也。唯世子燔翳（fán yì）捐褶，以塞众望，不令老臣获罪于天。"世子报曰："昨奉嘉命，惠示雅教，欲使燔翳捐褶，翳已坏矣，褶亦去焉。后有此比，蒙复诲诸。"

魏国初建，拜尚书。时未立太子，临菑侯植有才而爱。太祖狐疑，以函令密访于外。唯琰露板答曰："盖闻《春秋》之义，立子以长。加五官将，仁孝聪明，宜承正统，琰以死守之。"植，琰之兄女婿也。太祖贵其公亮，喟然叹息，迁中尉。琰甚有威重，朝士瞻望，而太祖亦敬惮焉。〔《先贤行状》曰："琰清忠高亮，雅识经远，推方直道，正色于朝。魏初载，委铨衡，总齐清议，十有余年。文武群才，多所明拔。朝廷归高，天下称平矣。"〕琰荐杨训。太祖为魏王，训发表褒述盛德。时人谓琰为失所举，琰与训书曰："省表，事佳耳！时乎时乎，会当有变。"时有白琰此书傲世怨谤者，太祖怒，罚琰为徒隶，使人视之，辞色无挠。太祖令曰："琰虽见刑，而通宾客，门若市人，对宾客，虬须直视，若有所瞋。"遂赐琰死。为世所痛惜，至今冤之。

毛玠，字孝先，陈留人也。为东曹掾，与崔琰并典选举。其所用皆清正之士，虽于时有盛名，而行不由本者，终莫得进。务以俭率人，由是天下之士莫不以廉节自厉，虽贵宠之臣，舆服不敢过度。太祖叹曰："用人如此，使天下人自治，吾复何为哉！"文帝为五官将，亲自诣玠，属所亲眷。玠答曰："老臣以能守职，幸得免戾。今所说人非迁次，是以不敢奉命。"魏国初建，为尚书仆射，复典选举。〔《先贤行状》曰："玠雅亮公正，在官清恪。其典选举，拔贞实，斥华伪，进逊行，抑党与。四海禽然，莫不厉行。贵者无秽欲之累，贱者绝奸货之求，吏洁于上，俗移于下，民到于今称之。"〕崔琰既死，玠内不悦。后有白玠者："出见黥面反者，妻子没为官奴婢，玠言曰：'使天不雨者，盖由此也。'"太祖大怒，收玠付狱。

大理钟繇诘玠，玠辞曰："臣闻萧生缢死，因于石显；贾子放外，逸在绛、灌。白起赐剑于杜邮，晁错致诛于东市，伍员绝命于吴都。斯数子者，或妒其前，或害其后。臣垂龆执简，累勤取官，职在机近，人事所窜。属臣以私，无势不绝；语臣以冤，无细不理。青蝇横生，为臣作谤，谤臣之人，势不在他。昔王叔、陈生争正王廷，宣子平理，命举其契，是非有宜，曲直有所，《春秋》嘉焉，是以书之。臣不言此，无有时人。说臣此言，必有征要。乞蒙宣子之辨，而求王叔之对。若臣以曲闻，即刑之日，方之安驷之赠；赐剑之来，比之重赏之惠。谨以状对。"时桓楷、和洽进言救玠，玠遂免黜，卒于家。〔孙盛曰："魏武于是失制刑矣。《易》称'明折庶狱'，传有'举直错枉'。庶狱明则国无冤民，枉直当则民无不服。未有征青蝇之浮声，信浸润之谮诉，可以允厘四海、惟清缉熙者也。昔汉高狱萧何，出复相之，玠之一责，永见摈放，二主度量，岂不殊哉！"〕

徐奕，字季才，东莞人也。太祖辟东曹属。丁仪等见宠于时，并害之，而奕终不为动。〔《傅子》曰：武皇帝，至明也。崔琰、徐奕，一时清贤，皆以忠信显于魏朝。丁仪间之，徐奕失位，而崔琰被诛。〕

鲍勋，字叔业，泰山人也。为中庶子。出为魏郡西部都尉。太子郭夫人弟，断盗官布，法应弃市。太子数手书为之请，勋不敢擅纵，具列上。勋前在东宫，守正不挠，太子固不能悦，及重此事，恚望滋甚。延康元年，勋兼侍中。文帝受禅，勋每陈："今之所急，唯在军农，宽惠百姓。台榭苑囿，宜以为后。"帝将出游猎，勋停车上疏曰："臣闻五帝三王，靡不明本立教，以孝治天下。陛下仁圣恻隐，有同古烈。臣冀当继踪前代，令万世可则也。如何在谅暗中，修驰骋之事乎？臣冒死以闻，唯陛下察焉。"帝手毁其表而竟行猎，中道顿息，问侍臣曰："猎之为乐，何如八音也？"侍中刘晔对曰："猎胜于乐。"勋抗辞曰："夫乐，上通神明，下和人理，隆治致化，万邦咸乂。故移风易俗，莫善于乐。况猎，暴华盖于原野，伤生育之至理，栉风沐雨，不以时隙哉？昔鲁隐观鱼于棠，《春秋》讥之。虽陛下以为务，愚臣所不愿也。"因奏："刘晔佞谀不忠，阿顺陛下过戏之言，昔梁丘据取媚于遄台，晔之谓也。请有司议罪，以清皇朝。"帝怒作色，还，即出勋为右中郎将。

黄初四年，尚书令陈群、仆射司马宣王并举勋为宫正。帝不得已而用之，百寮严惮，罔不肃然。六年，帝欲征吴，群臣大议，勋面谏以为不可。帝益忿之，左迁勋为治书执法。帝从寿春还，屯陈留郡界。太守孙邕见，出过勋。时营垒未成，但立标埒，邕邪行不从正道，军营令史刘曜欲推之，勋以堑垒未成，解止不举。大军还洛阳，曜有罪，勋奏绌遣，而曜密表勋私解邕事。诏曰："勋指鹿作马，收付廷尉。"廷尉法议："正刑五岁。"三官驳："依律罚金二斤。"帝大怒曰："勋无活分，而汝等敢纵之！收三官以下付刺奸，当令十鼠同穴。"大尉钟繇、司徒华歆等并表"勋父信有功于太祖"，求请勋罪。帝不许，遂诛勋。勋内行既修，廉而能施，死之日，家无余财。莫不为勋叹恨。

王朗，字景兴，东海人也。文帝即王位，迁御史大夫。上疏劝育民省刑曰："《易》称敕法，《书》著祥刑，慎法狱之谓也。昔曹相国以狱市为寄，路温舒疾治狱之吏。夫治狱者得其情，则无冤死之囚；丁壮者得尽地力，则无饥馑之民；穷老者得仰食仓廪，则无馁饿之殍；嫁娶以时，则男女无怨旷之恨；胎养必全，则孕者无自伤之哀；新生必复，则孩者无不育之累；壮而后役，则幼者无离家之思；二毛不戎，则老者无顿伏之患。医药以疗其疾，宽繇以乐其业，威罚以抑其强，恩仁以济其弱，赈贷以赡其乏。十年之后，既笄者必盈巷；二十年之后，胜兵者必满野矣。"文帝践祚，改为司空，时帝颇出游猎，或昏夜还宫，朗上疏曰："夫帝王之居，外则饰周卫，内则重禁门，将行则设兵而后登舆，清道而后奉引，遮列而后转毂，静室而后息驾，皆所以显至尊、务戒慎、垂法教也。近日车驾出临捕虎，日昃而行，及昏而反，违警跸之常法，非万乘之至慎也。"帝报曰："览表，虽魏绛称虞箴以讽晋悼，相如陈猛兽以戒汉武，未足以喻。方今二寇未殄，将帅远征，故时入原野以习戒备，至于夜还之戒，辄诏有司施行。"

子肃，字子雍，拜散骑常侍。上疏陈政本曰："夫除无事之位，损不急之禄，止浮食之费，并从容之官，使官必有职，职任其事，事必受禄，禄代其耕，乃往古之常式，当今之所宜也。官寡而禄厚，则公家之费鲜进士之志劝。各展才力，莫相倚杖，敷奏以言，明试以功，能之与否，简在帝心矣。"

景初间，宫室盛兴，民失农业，期信不敦，刑杀仓卒。肃上疏曰："大魏承百王之极，生民无几，干戈未戢，诚宜息民而惠之，以安静遐迩之时也。夫务蓄积而息疲民，在于省徭役而勤稼穑。今宫室未就，功业未讫，运漕调发，转相供奉，是以丁夫疲于力作，农者离于南亩。今见作者三四万人。九龙可以安圣体，其内足以列六宫，显阳之殿，又向将毕，惟太极已前，功夫尚大，方向盛寒，疾疢或作。诚愿陛下发德音，下明诏，深愍役夫之疲劳，厚矜兆民之不赡，取常食廪之士，非急要者之用，选其丁壮，择留万人，使一期而更之，咸知息代有日，则莫不悦以即事，劳而不怨矣。夫信之于民，国家大宝也。仲尼曰：'自古皆有死，民无信不立。'夫区区之晋国，微微之重耳，欲用其民，先示以信，用能一战而霸，于今见称。前车驾当幸洛阳，发民为营，有司命以营成而罢。既成，又利其功力，不以时遣。有司徒营其目前之利，而不顾经国之体。臣以为自今以后，傥复使民，宜明其令，使必如期。若有事以次，宁复更发，无或失信。凡陛下临时之所行刑，皆有罪之吏、宜死之人也。然众庶不知，谓为仓卒。故愿陛下下之于吏而暴其罪。钧其死也，无使污于宫掖而为远近所疑。且人命至重，难生易杀，气绝而不续者也，是以圣王重之。孟轲称，'杀一无辜以取天下，仁者不为也'。汉时有犯跸惊乘舆马者，廷尉张释之奏使罚金，文帝怪其轻，而释之曰：'方其时，上使诛之则已，今下廷尉。廷尉，天下之平也，一倾之，天下用法皆为轻重，民安所措手足哉？'臣以为大失其义，非忠臣所宜陈也。廷尉者，天子之吏也，犹不可以失平，而天子之身，反可以惑谬乎？斯重于为己，而轻于为君，不忠之甚也。周公曰：'天子无戏言。'言犹不戏，而况行之乎？故释之之言，不可不察；周公之戒，不可不法也。"

【重点句解读】

夫信之于民，国家大宝也。

取信于民，是一个国家最宝贵的财富。

"商鞅立木""曹操断发"都是为了取信于民。《论语·颜渊》："自古皆有死，民无信不立。"

周幽王"烽火戏诸侯"上演了一场令人啼笑皆非的闹剧。"朝令夕改""出尔反尔"的后果是自取其辱，身死国亡。

"信义"乃是立国的根基。不管做什么事都要一言九鼎、一诺千金，只有"承诺"和"行动"一致，才能取信于民。赢得人民的信任和支持，才能更好地为民服务，才能强国富民。

习近平同志指出，讲仁爱、重民本、守诚信等思想，不论过去还是现在，都有其永不褪色的价值。只有让人民来监督政府，政府才不敢松懈。只有相信群众，请群众来监督和评判，我们党的各项工作才能做到不虚不空不偏。

帝尝问曰："汉桓帝时，白马令李云上书言：'帝者，谛也。是帝欲不谛。'当何得不死？"肃对曰："但为言失逆顺之节，原其本意，皆欲尽心，念存补国。且帝者之威，过于雷霆，杀一匹夫，无异蝼蚁，宽而宥之，可以示容受切言，广德宇于天下。故臣以为杀之，未必为是也。"

程昱，字仲德，东郡人也。

孙晓，字季明，嘉平中，为黄门侍郎。时校事放横，晓上疏曰："《周礼》云：'设官分职，以为民极。'《春秋传》曰：'天有十日，人有十等。'愚不得临贤，贱不得临贵。于是并建圣哲，明试以功，各修厥业，思不出位。故栾书欲拯晋侯，其子不听；死人横于街路，邴吉不问。上不责非职之功，下不务分外之赏；吏无兼统之势，民无二事之役。斯诚为国要道，治乱所由也。远览典志，近观秦汉，虽官名改易，职司不同，至于崇上抑下，显明分例，其致一也，初无校事之官干与庶政者也。昔武皇帝大业草创，众官未备，而军旅勤苦，民心不安，乃有小罪，不可不察，故置校事，取其一切耳，然检御有方，不至纵恣也。此霸世之权宜，非帝王之正典。其后渐蒙见任，转相因仍，莫正其本。遂令上察宫庙，下摄众司，官无局业，职无分限，随意任情，唯心所适。法造于笔端，不依科条；诏狱成于门下，不顾覆讯。其选官属，以谨慎为粗疏，以偬侗（cǒng xiòng）为贤能。其治事，以刻暴为公严，以修理为怯弱。外托天威以为声势，内聚群奸以为腹心。大臣耻与分势，含忍而不言；小人畏其锋芒，郁结而无告。至使尹模公于目下，肆其奸慝，罪恶之著，行路皆知，纤恶之过，积年不闻。既非《周礼》设官之意，又非《春秋》十等之义也。今外有公卿将校总统诸署，内有侍中尚书综理万机，司隶校尉督察京辇，御史中丞董摄宫殿，皆高选贤才以充其职，申明科诏以督其违。若此诸贤犹不足任，校事小吏，益不可信。若此诸贤各思尽忠，校事区区，亦复无益。若更高选国士以为校事，则是中丞司隶重增一官；若如旧选，尹模之奸今复发矣。进退推算，无所用之。昔桑弘羊为汉求利，卜式以为独烹弘羊，天乃可雨。

若使政治得失必感天地，臣恐水旱之灾，未必非校事之由也。曹恭公远君子，近小人，《国风》托以为刺；卫献公舍大臣，与小臣谋，定姜谓之有罪。纵令校事有益于国，以礼义言之，尚伤大臣之心，况奸回暴露，而复不罢，是衮阙不补，迷而不反也。"于是遂罢校事。

刘晔，字子扬，淮南人也。为侍中。〔《傅子》曰：晔事明帝，大见亲重。帝将伐蜀，朝臣内外皆曰"不可"。晔入与帝议，因曰"可伐"；出与朝臣言，因曰"不可伐"。晔有胆智，言之皆有形。中领军杨暨，帝之亲臣，又重晔，持不可伐蜀之议最坚，每从内出，辄过晔，晔讲不可伐之意。后暨从驾行天渊池，帝论伐蜀事，暨切谏。帝曰："卿书生，焉知兵事！"暨曰："臣诚不足采，侍中刘晔，先帝谋臣，常曰蜀不可伐。"帝曰："晔与吾言蜀可伐。"暨曰："晔可召质也。"诏召晔，晔至，帝问之，晔终不言。后独见，晔责帝曰："伐国，大谋也，臣得与闻大谋，常恐昧梦漏泄以益臣罪，焉敢向人言之？夫兵，诡道也，军事未发，不厌其密。陛下显然露之，臣恐敌国已闻之矣。"于是帝谢之。晔出责暨曰："夫钓者中大鱼，则纵而随之，须可制而后牵，则无不得也。人主之威，岂徒大鱼而已！子诚直臣，然计不精思也。"暨亦谢之。晔能应变持两端如此。或恶晔于帝曰："晔不尽忠，善伺上意所趣而合之。陛下试言皆反意而问之，若皆与所问反者，是晔常与圣意合也。复每问皆同者，晔之情必无所复逃矣。"帝如言验之，果得其情，从此疏焉。晔遂狂，出为大鸿胪，以忧死。谚曰："巧诈不如拙诚。"信矣。〕

蒋济，字子通，楚国人也。文帝践祚，为散骑常侍。有诏，诏征南将军夏侯尚曰："卿腹心重将，特当任使。恩施足死，惠爱可怀。作威作福，杀人活人。"尚以示济。济既至，帝问曰："卿所闻见，天下风教何如？"济对曰："未有他善，但见亡国之语耳。"帝忿然作色，而问其故。济具以答，因曰："夫'作威作福'，《书》之明诫。'天子无戏言'，古人所慎。唯陛下察之！"于是帝意解，遣追取前诏。

苏则，字文师，扶风人也。为金城太守。文帝问则曰："前破酒泉、张掖，西域通使，敦煌献径寸之珠，可复求市益得不？"对曰："若陛下化洽中国，德流沙漠，即不求自至。求而得之，不足贵也。"帝嘿然。后从行猎，槎桎拔，失鹿，帝大怒，踞胡床拔刀，悉收督吏，将斩之。则稽首曰："臣闻古之圣王不以禽兽害人。今陛下方隆唐尧之化，而以猎戏多杀群吏，愚臣以为不可。敢以死请！"帝曰："卿，直臣也。"遂皆赦之。然以此见悼，左迁河东相。

杜畿，字伯侯，京兆人也。子恕，字务伯，为散骑黄门侍郎，每政有得失，常引纲维以正言。时又大议考课之制，以考内外众官。恕上疏曰："《书》称'明试以功，三考黜陟'，诚帝王之盛制。然历六代而考绩之法不著，关七圣而课试之文不垂，臣诚以为其法可粗依，其详难备举故也。语曰：'世有乱人，而无乱法。'若使法可专任，则唐、虞可不须稷、契之佐，殷、周无贵伊、吕之辅矣。今奏考功者，陈周、汉之法为缀，京房之本旨，可谓明考课之要矣。于以崇揖让之风，兴济济之治，臣以为未尽善也。其欲使州郡考士，必由四科者，皆有事效，然后察举，试辟公府，为亲民长吏，转以功次补郡守者，或就增秩赐爵，是最考课之急务也。至于公、卿及内职大臣，亦当俱以其职考课之也。古之三公，坐而论道，及内职大臣，纳言补阙，无善不纪，无过不举。且天下至大，万机至众，诚非一明所能遍照。故君为元首，臣为股肱，明其一体相须而成也。焉有大臣守职辨课，可以致雍熙者哉！且布衣之交，犹有务信誓而蹈水火，感知己而披肝胆，徇声名而立节义者。所务者非特匹夫之信，所感者非徒知己之惠，所徇者岂声名而已乎！诸蒙宠禄受重任者，不徒欲举明主于唐、虞之上而已，身亦欲厕稷、契之列。是以古人不患于念治之心不尽，患于自任之意不足，此诚人主使之然也。唐、虞之君，委任稷、契、夔、龙而责成功，及其罪也，殛鲧而放四凶。今大臣亲奉明诏，给事目下，其有夙夜在公，恪勤特立，当官不挠，不阿所私，危言行以处朝廷者，自明主所察也。若尸禄以为高，拱嘿以为智，当官苟在于免负，立朝不忘于容身者，亦明主所察也。诚使容身保位，无放退之辜，而尽节在公，抱见疑之势，公议不修，而私议成俗，虽仲尼为谋，犹不能尽一才，又况于世俗之人乎！今之学者，师商、韩而上法术，竞以儒家为迂阔不周，此最风俗之流弊，创业者之所致慎也。"后考课竟不行。

乐安廉昭以才能拔擢，颇好言事。恕上疏极谏曰："伏见尚书郎廉昭奏，左丞曹璠以罚当关不依诏，坐判问。又云诸当坐者别奏。尚书令陈矫自奏不敢辞罚，亦不敢以处重为恭，意至恳恻。臣窃为朝廷惜之。夫圣人不择世而兴，不易人而治，然而生必有贤智之佐者，盖进之以道、帅之以礼故也。古之帝王，所以能辅世长民者，莫不远得百姓之欢心，近尽群臣之智力。诚使今朝任职之臣,皆天下之选,而不能尽其力,不可谓能使人也。若非天下之选,亦不可谓能官人也。陛下忧劳万机,或亲灯火,而庶事不康,刑禁日弛,岂非股肱不称之明效与?原其所由,非独臣有不尽忠,亦主有不能使也。百里奚愚于虞而智于秦,豫让苟容中行而著节智伯,斯则古人之明验矣。若陛下以为今世无良才,朝廷乏贤佐,岂可追望稷、契之遐踪,坐待来世之俊乂乎!今之所谓贤者,尽有大官而享厚禄矣。然而奉上之节未立,向公之心不一者,委任之责不专,而俗多忌讳故也。陛下当阐广朝臣之心,笃厉有道之节,使之自同古人,望与竹帛耳。反使如廉昭者扰乱其间,臣惧大臣遂将容身保位,坐观得失,为来世戒也!昔周公戒鲁侯曰:'无使大臣怨乎不以。'[不]言贤、愚,明皆当世用也。尧数舜之功,称去四凶,不言大小,有罪则去也。陛下何不遵周公之所以用、大舜之所以去?使侍中、尚书坐则侍帷幄,行则从舆辇,亲对诏问,所陈必达,则群臣之行,能否皆可得而知。<u>忠能者进,暗劣者退,谁敢依违而不自尽?</u>以陛下之圣明,亲与群臣论议政事,使群臣人得自尽,人自以为亲,人思所以报,贤愚能否,在陛下之所用也。明主之用人也,使能者不敢遗其力,而不能者不得处非其任。选举非其人,未必为有罪也;举朝共容非其人,乃为怪耳。陛下又患台阁禁令之不密、人事请属之不绝,听伊尹作迎客出入之制,选司徒更恶吏以守寺门,威禁由之,实未得为禁之本也。陛下自不督必行之罚以绝阿党之原耳。伊尹之制,与恶吏守门,非治世之具也。使臣之言少蒙察纳,何患于奸不削灭,而养若廉昭等乎!夫纠摘奸宄,忠事也,然而世憎小人行之者,以其不顾道理而苟求容进也。若陛下不复考其终始,必以违众忤世为奉公、密行白人为尽节,焉有通人大才而更不能为此邪?诚顾道理而弗为耳。使天下皆背道而趋利,则人主之所最病者,陛下将何乐焉?胡不绝其萌乎?夫先意承旨以求容美,率皆天下浅薄无行义者,其意务在于适人主之心而已,非欲治天下、安百姓也。陛下何不试变业而示之,彼岂执其所守以违圣意哉?夫人臣得人主之心,安业也;处尊显之官,荣事也;食千钟之禄,厚实也。人臣虽愚,未有不乐此而喜于忤者也,迫于道,自强耳。诚以为陛下当怜而佑之,少委任焉,如何反录昭等倾侧之意,而忽若人者乎?"恕论议抗直,皆此类也。

【重点句解读】

忠能者进，暗劣者退，谁敢依违而不自尽？

忠诚而有才能的人就任用，昏庸无能的就斥退，那么，谁还敢办事敷衍而不竭尽自己的才力呢？

杜恕在这里提出人才的任用制度问题，主张量才使用，人人都能尽心竭力，充分调动人才的积极性。

选人用人问题是事业成败的关键问题。如果任由一些"懒官"和"庸官"抱着"干与不干一个样、干多干少一个样、干好干坏一个样"的念头，在领导岗位上熬日子、混饭吃，那么长此以往，必然造成"懒政""怠政"的氛围。

习近平总书记在《在第十八届中央纪律检查委员会第六次全体会议上的讲话》中说："要坚持正确用人导向，把好干部选出来、用起来，促进能者上、庸者下、劣者汰。"

暗劣者退，忠能者才能进。因此，要建立干部能上能下的用人机制，坚决调整工作上不作为、不担当、能力不够的领导干部。同时，及时把那些想干事、能干事、干成事的干部用起来。这样才能鞭策干部积极干事、认真干事，提升责任意识和担当意识，解决为官不正、为官不为、为官乱为等问题。

庞德，字令明，南安人也。拜立义将军。屯樊，讨关羽。樊下诸将以德兄在汉中，颇疑之。德常曰："我受国恩，义在效死。"会汉水暴溢，羽乘船攻之，矢尽，短兵接。德谓督将成何曰："吾闻良将不怯死以苟免，烈士不毁节以求生，今日，我死日也。"战益怒，气愈壮，而水浸盛，为羽所得，立而不跪。谓曰："卿兄在汉中，我以卿为将，不早降何为？"骂羽曰："竖子，何为降也！魏王带甲百万，威振天下，汝刘备庸才耳，岂能敌邪！我宁为国家鬼，不为贼将也。"遂为羽所杀。太祖闻而悲之，为流涕，封其二子为列侯。文帝即王位，乃遣使就德墓赐谥，策曰："昔先轸丧元，王蠋（zhú）绝脰（dòu），殒身殉节，前代美之。惟侯式昭果毅，蹈难成名，声益当时，义高在昔，寡人愍焉，谥曰壮侯。"又赐子会等四人爵关内侯，邑各百户。

【重点句解读】

良将不怯死以苟免，烈士不毁节以求生。

良将不会因畏惧死亡而苟且偷生，有气节壮志的人不会毁弃节操以求活命。

熟悉《三国演义》的人都知道庞德抬棺与关羽决战，宁死不降的故事，这句掷地有声的话就是他在出征之前所说。

这就是无论哪个时代都推崇的英雄精神。

英雄精神就是民族精神，就是视死如归、大义凛然的报国情怀。反抗外侮争取民族解放的过程中，多少仁人志士抛头颅，洒热血，舍生忘死。"人生自古谁无死，留取丹心照汗青"，"苟利国家生死以，岂因祸福避趋之"，这种精神被鲁迅称之为"民族的脊梁"。

英雄精神一直是习近平同志推崇和倡导的："党和人民需要我们献身的时候，我们都要毫不犹豫挺身而出，把个人生死置之度外。我们都做不到，让谁去做？"

阎温，字伯俭，天水人也。以凉州别驾守上邽令。马超围州所治冀城甚急，州乃遣温密出，告急。贼见，执还诣超。超解其缚，谓曰："今成败可见，足下为孤城求救而执于人手，义何所施？若从吾言，反谓城中，东方无救，此转祸为福之计也。不然，今为戮矣。"温伪许之，超乃载温诣城下。温向城大呼曰："大军不过三日至，勉之！"超怒数之，温不应。复谓温曰："城中故人，有欲与吾同者不？"温又不应。遂切责之，温曰："夫事君有死无二，而卿乃欲令长者出不义之言，吾岂苟生者乎？"超遂杀之。

卷二十六 《魏志》治要（下）

· 传 ·

陈思王植，字子建。每进见难问，应声而对，特见宠爱。既以才见异，而丁仪、丁廙（yì）、杨修等为之羽翼。太祖狐疑，几为太子者数矣。黄初三年，立为鄄（juàn）城王。太和元年，徙为雍丘王。三年，徙封东阿王。五年，上疏求存问亲戚，因致其意曰："臣闻天称其高，以无不覆；地称其广，以无不载；日月称其明，以无不照；江海称其大，以无不容。故孔子曰：'大哉尧之为君！唯天为大，唯尧则之。'夫天德之于万物，可谓弘广矣。盖尧之为教，先亲后疏，自近及远。周之文王亦崇厥化。昔周公吊管、蔡之不咸，广封懿亲以藩屏王室。传曰：'周之同盟，异姓为后。'诚骨肉之恩，爽而不离；亲亲之义，实在敦固。未有义而后其君、仁而遗其亲者也。臣伏惟陛下资帝唐钦明之德，体文王翼翼之仁，惠洽椒房，恩昭九亲，群后百寮，番休递上，执政不废于公朝，下情得展于私室，亲理之路通，庆吊之情展，诚可谓恕己治人、推惠施恩者矣。至于臣等，婚媾不通，兄弟乖绝，吉凶之问塞，庆吊之礼废，恩纪之违，甚于路人，隔阂之异，殊于胡越。以一切之制，无朝觐之望，至于注心皇极，结情紫闼，神明知之矣。愿陛下沛然垂诏，使诸国庆问得展，以叙骨肉之欢恩，全怡怡之笃义；妃妾之家，膏沐之遗，岁得再通。齐义于贵宗，等惠于百司，如此则《风》《雅》所咏，复存于圣世矣。臣伏自思惟，无锥刀之用。及观陛下之所拔授，若以臣为异姓，窃自料度，不后于朝士矣。若得辞远游，戴武弁（biàn），解朱组，佩青绂（fú），驸马、奉车，趣得一号，安宅京室，执鞭珥笔,出从华盖,入侍辇毂,承答圣问,拾遗左右,乃臣丹诚之至愿也。远慕《鹿鸣》君臣之宴,中咏《常棣》匪他之戒,下思《伐木》友生之义,终怀《蓼莪》罔极之哀。每四节之会,块然独处,左右唯仆隶,所对唯妻子,高谈无所与陈,发义无所与展,未尝不闻乐而拊心、临觞而叹息也。臣伏以为犬马之诚不能动人,譬人之诚不能动天。崩城陨霜,臣初信之,以臣心况,徒虚语耳。若葵藿之倾叶,太阳不为之回光,亦终向者诚也。窃自比葵藿,若降天地之施,垂三光之明者,实在陛下。今之否隔,友于同忧,而臣独倡言者,窃不愿于圣世使有不蒙施之物,必有惨毒之怀。故《柏舟》有'天只'之怨,《谷风》有'弃予'之叹。故伊尹耻其君不如尧舜。臣之愚蔽,欲使陛下崇光日月、被时雍之美者,是臣倦倦之诚也。"

诏报曰:"夫忠厚仁及草木,则《行苇》之诗作;恩泽衰薄,不亲九属,则《角弓》之章刺。今令诸国兄弟,情理简怠,妃妾之家,膏沐疏略,纵不能敦而睦之,王援古喻义,备矣悉矣,何言精诚不足以感通哉?夫明贵贱,崇亲亲,礼贤良,顺少长,国之纲纪,本无禁诸国通问之诏也。矫枉过正,下吏惧谴,以至于此耳。已敕有司,如王所诉。"植复上疏陈审举之义,曰:"臣闻天地协气而万物生,君臣合德而庶政成。<u>五帝之世非皆智,三季之末非皆愚,用与不用、知与不知也</u>。书曰:'有不世之君,必能用不世之臣。用不世之臣,必能立不世之功。'昔乐毅奔赵,心不忘燕,廉颇在楚,思为赵将。臣生乎乱,长乎军,又数承教于武皇帝,伏见行师用兵之要,不必取孙吴而暗与之合。窃揆之于心,常愿得一奉朝觐,排金门,蹈玉陛,列有职之臣,赐须臾之间,使臣得一散所怀,摅(shū)尽蕴积,死不恨矣。然天高听远,情不上通,徒独望青云而拊心、仰高天而叹息耳。屈平曰:'国有骥而不知乘焉,遑遑而更索!'昔管、蔡放诛,周、邵作弼;叔鱼陷刑,叔向匡国。三监之衅,臣自当之;二南之辅,求必不远。华宗贵族,藩王之中,必有应斯举者。故传曰:'无周公之亲,不得行周公之事。'唯陛下少留意焉。近者汉氏广建藩王,丰则连城数十,约则飨食祖祭而已,未若姬周之树国五等之品制也。若扶苏之谏始皇,淳于越之难周青臣,可谓知时变矣。能使天下倾耳注目者,当权者是矣,故谋能移主,威能慑下。豪右执政,不在亲戚。权之所在,虽疏必重;势之所去,虽亲必轻。盖取齐者田族,非吕宗也;分晋者赵、魏,非姬姓也。唯陛下察之。苟吉专其位、凶离其患者，异姓之臣也；欲国之安，祈家之贵，存共其荣，没同其祸者，公族之臣也。今反公族疏而异姓亲，臣窃惑焉。今臣与陛下践冰履炭，高下共之，岂得离陛下哉？不胜愤懑，拜表陈情，若有不合，乞且藏之书府，不便灭弃，臣死之后，事〔或〕可思。"

〔《魏略》曰：植以近前诸国士息已见发，其遗孤稚弱，在者无几，而复被取，乃上书曰："臣闻古之圣君，与日月齐其明，四时等其信，恩不中绝，教无二可，以此临朝，则臣不知所死矣。受任在万里之外，审主之所以授官，必己之可以投命，虽有构会之徒，泊然不以为惧者，盖君臣相信之明效也。臣初受封，策书曰：'植受兹青社，为魏藩辅。'而所得兵百五十人，皆年在耳顺，或不逾矩，虎贲官骑及亲事凡二百余人。皆使年壮，备有不虞，检校乘城，顾不足以自救，况皆复耄耋罢曳乎？而名为魏东藩，使屏翰王室，臣窃自羞矣。就之诸国，国有士子，合不过五百人，伏以为三军益损，不复赖此。方外定否，必当须办者，臣愿将部曲，倍道奔赴，夫妻负襁，子弟怀粮，蹈锋履刃，以殉国难，何但习业小儿哉？愚诚以挥涕增河，鼷(xī)鼠饮海，于朝万无损益，于臣家计甚有废损。又，臣士息前后三送，兼人已竭。唯尚有小儿，七八岁已上、十六七已还，三十余人。今部曲皆年耆，卧在床席，非糜不食，眼不能视，气息裁属者，凡三十七人；疲瘵风靡，疣盲聋聩者，二十三人。唯正须此小儿大者，可备宿卫，虽不足以御寇，粗可以警小盗。小者未堪大使，为可使耘锄秽草，驱护鸟雀。休候人则一事废，一日猎则众业散，不亲自经营则功不摄。常自躬亲，不委下吏而已。陛下圣仁，恩诏三至，士子给国，长不复发。明诏之下，有若曒日，保金石之恩，必明神之信，定习业者并复见送，暗若昼晦，怅然失图。伏以为陛下既爵臣百僚之右，居藩国之任，为置卿士，屋名为宫，冢名为陵，不使其危居独立，无异于凡庶。若陛下听臣，悉还部曲，罢官属，省监官，使解玺释绂，追柏成、子仲之业，营颜渊、原宪之事，居子臧之庐，宅延陵之室，如此，虽进无成功，退有可守节，身死之日，犹松、乔也。然伏度国朝，终未肯听臣之若是，固当羁绊于世绳，维系于禄位，怀屑屑之小忧，执无已之百念，安得荡然肆志，逍遥于宇宙之外哉？此愿未从，陛下必欲崇亲亲，笃骨肉，润白骨而荣枯木者，唯遂仁德，以副前恩。"有诏皆遂还之也。〕

【重点句解读】

五帝之世非皆智，三季之末非皆愚，用与不用、知与不知也。

（天下安定的）五帝时代的人，并不都是智者；（天下大乱的）夏、商、周三代末期的人，并不都是愚人。这都在于对贤才用与不用、了解与不了解。

五帝：上古传说中的五位帝王，说法不一。一般认为这一时期政治清明、任人唯贤。三季：指夏、商、周三代的末期，这是人们熟知的国君昏庸暴虐、谗臣当道的时代。

任何时代、任何地方都有人才，关键是要有用人的环境，有知人的眼光。这是曹植的用人观。

治国之要，首在用人。用人之要，重在知人。能做到选贤任能、知人善任、人尽其才，才能把人才及时发现出来、合理使用起来。

习近平同志指出，知人不深、识人不准，往往会出现用人不当、用人失误。"不知人之短，不知人之长，不知人长中之短，不知人短中之长，则不可以用人，不可以教人。"对干部的认识不能停留在感觉和印象上，必须健全考察机制和办法，多渠道、多层次、多侧面深入了解。

六年，封植为陈王。时法制，待藩国既自峻迫，寮属皆贾竖下才，兵人给其残老，大数不过二百人。十一年而三徙都，常汲汲无欢，遂发疾薨。〔孙盛曰：异哉，魏氏之封建也！不度先王之典，不思藩屏之术，违敦穆之风，背维城之义。汉初之封，或权侔人主，虽云不度，时势然也。魏氏诸侯，陋同匹夫，虽惩七国，矫枉过也。且魏之代汉，非积德之由，风泽既微，六合未一，而雕翦枝干，委权异族，势同瘣木，危若巢幕，不嗣忽诸，非天丧也。五等之制，万世不易之典。六代兴亡，曹冏论之详矣。〕

中山恭王衮，每兄弟游娱，衮独覃思经典。文学防辅遂共表称陈衮美。衮闻之，大惊惧，责让文学曰："修身自守，常人之行耳，而诸君乃以上闻，是适所以增其负累也。且如有善，何患不闻，而遽共如是，是非益我。"其诚慎如此。衮尚约俭,教敕妃妾纺绩织纴,习为家人之事。衮病困,令世子曰:"汝幼少,未闻义方,早为人君,但知乐,不知苦,必将以骄奢为失也。接大臣,务以礼。虽非大臣,老者犹宜答拜。事兄以敬,恤弟以慈。兄弟有不良之行,当造膝谏之。谏之不从,流涕喻之。喻之不改,乃白其母。若犹不改,当以奏闻,并辞国土。与其守宠罹祸,不若贫贱全身也。此亦谓大罪恶耳,其微过细愆,故当奄覆之。嗟乎小子,慎修乃身,奉圣朝以忠贞,事太妃以孝敬。闺闱之内,奉令于太妃;阃阈(kǔn yù)之外,受教于沛王。无恣乃心,以慰余灵。"诏使大鸿胪持节典护丧事,赠赗(fèng)甚厚。

评曰:魏氏王公,徒有国士之名,而无社稷之实,又禁防壅隔,同于囹圄。位号靡定,大小岁易。骨肉之恩乖,《棠棣》之义废。为法之弊,一至于此乎?〔《魏氏春秋》载宗室曹冏上书曰:"臣闻古之王者,必建同姓以明亲亲,必树异姓以明贤贤。故传曰:'庸勋亲亲,昵近尊贤。'《书》曰:'克明俊德,以亲九族。'《诗》云:'怀德惟宁,宗子维城。'由斯观之,非贤无与兴功,非亲无与辅治也。夫亲亲之道,专用则其渐也微弱;贤贤之道,偏任则其弊也劫夺。先圣知其然也,故博兼亲疏而并用之,近则有宗盟藩卫之固,远则有仁贤辅佐之助,兴则有与共其治,衰则有与守其土,安则有与享其福,危则有与同其祸。夫然,故能有其国家、本枝百世也。今魏尊尊之法虽明,亲亲之道未备。《诗》不云乎?'鹡鸰在原,兄弟急难。'以斯言之,明兄弟相救于丧乱之际,同心于忧祸之间,虽有阋墙之忿,不忘御侮之事。何则?忧患同也。今则不然,或任而不重,或释而不任,一旦疆场称警,关门反拒,股肱不扶,胸心无卫。臣窃惟此,寝不安席。谨撰合所闻,叙论成败。论曰:昔夏、殷、周历世数十,而秦二世而亡。何则?三代之君,与天下共其民,故天下同其忧也。秦王独制其民,故倾危莫救也。夫与人共其乐者,人必忧其忧。与人同其安者,人必拯其危。先王知独治之不能久也,故与人共治之;知独守之不能固也,故与人共守之。兼亲疏而两用,参同异而并建,是以轻重足以相镇,亲疏足以相卫,并兼路塞,逆节不生。及其衰也,桓、文帅礼,王纲弛而复张,诸侯傲而复肃。二霸之后,浸以陵迟。吴、楚凭江汉,负固方城,虽心希九鼎,而畏迫宗姬,奸情散于匈怀,逆谋消于唇吻。斯岂非信重亲戚,任用贤能,枝叶硕茂,本根赖之与?自此之后,转相攻伐,暨于战国,诸姬微矣。至于王赧,降为庶人,犹枝叶相持,得居虚位,海内无主,四十余年。秦据形胜之地,骋谲诈之术,至于始皇,乃定天位。旷日若彼,用力若此,岂非深固根蒂不拔之道乎?秦观周之弊,以为小弱见夺,于是废五等之爵,立郡县之官。子弟无尺寸之封,功臣无立锥之土。内无宗子以自毗辅,外无诸侯以为藩卫。仁心不加于亲戚,惠泽不流于枝叶。譬犹芟刈股肱,独任胸腹;浮舟江海,弃捐楫棹。观者为之寒心,而始皇晏然,自以为关中之固,金城千里,子孙帝王万世之业也,岂不悖哉!至于身死之日,无所寄付,委天下之重于凡人之手,托废立之命于奸臣之口,至令赵高之徒,诛锄宗室。胡亥少习刻薄之教,长遭凶父之业,不能改制易法,宠任兄弟,而乃师谭申、商,咨谋赵高。自幽深宫,委政逸贼,身残望夷,求为黔首,岂可得哉?遂乃郡国离心,众庶溃叛,胜、广倡之于前,刘、项弊之于后。向使始皇纳淳于之策,抑李斯之论,割裂州国,分王子弟,封三代之后,报功臣之劳,士有常君,人有定主,枝叶相扶,首尾为用,虽使子孙有失道之行,时人无汤、武之贤,奸谋未发,而身已屠戮,何区区之陈、项而得措其手足哉?故汉祖奋三尺之剑,驱乌集之众,五年之中,而成帝业。自开辟已来,其兴立功勋,未有若汉祖之易者也。夫伐深根者难为功,摧枯朽者易为力,理势然也。汉监秦之失,封殖子弟,及诸吕擅权,图危刘氏,而天下所以不倾动者、百姓所以不易心者,徒以诸侯强大,盘石胶固,东牟、朱虚受命于内,齐、代、吴、楚作卫于外也。向使高祖踵亡秦之法,忽先王之制,则天下已传,非刘氏有也。然高祖封建,地过古制,大者跨州兼郡,小者连城数十,上下无别,权侔京室,故有吴、楚七国之患。贾谊曰:'诸侯强盛,长乱起奸。莫若众建诸侯而少其力,则下无背叛之心,上无诛伐之事。'文帝不从。至于孝景,猥用晁错之计,削黜诸侯,亲者怨恨,疏者震恐,吴、越倡谋,五国从风。兆发高帝,衅钟文、景,由宽之过制、急之不渐故也。所谓末大必折,尾大难掉。尾同于体,犹或不从,况乎非体之尾,岂可掉哉?武帝从主父之策,下推恩之令,自是之后,齐分为七,赵分为六,淮南三割,梁、代五分,遂以陵迟,子孙微弱,衣食租税,不预政事,或以酎金免削,或以无后国除。至于成帝,王氏擅朝。刘向谏曰:'臣闻公族者,国之枝叶。枝叶落则本根无所庇荫。'其言深切,多所称引,成帝虽悲伤叹息而不能用。至于哀、平,异姓秉权,假周公之事,而为田常之乱,高拱而窃天位,一朝而臣四海。汉宗室王侯，解印释绶，贡奉社稷，犹惧不得为臣妾，或乃为之符命，颂莽恩德，岂不哀哉！由斯言之，非宗子独忠孝于惠、文之间，而叛逆于哀、平之际也，徒权轻势弱，不能有定耳。赖光武皇帝挺不世之姿，禽王莽于已成，绍汉嗣于既绝，斯岂非宗子之力也？而曾不监秦之失策，袭周之旧制，踵亡国之法，而侥幸无疆之期。至于桓、灵，阉竖执衡，朝无死难之臣，外无同忧之国，君孤立于上，臣弄权于下，本末不能相御，身首不能相使。由是天下鼎沸，奸凶并争，宗庙焚为灰烬，宫室变为榛薮，居九州之地，而身无所安处，悲夫！汉氏奉天，禅位于大魏。大魏之兴，于今二十四年矣，观五代之存亡而不用其长策，睹前车之倾覆而不改其辙迹，子弟王空虚之地，君不使之民，宗室窜于闾阎，不闻邦国之政，权均匹夫，势齐凡庶，内无深根不拔之固，外无盘石宗盟之助，非所以保安社稷，为万世之策。且今之州牧、郡守，古之方伯、诸侯，皆跨有千里之土，兼军武之任，或比国数人，或兄弟并据。而宗室子弟曾无一人间厕其间，非所以强干弱枝、备万一之虞也。今之用贤，或超为名都之主，或为偏师之帅，而宗室有文者必限小县之宰，有武者必置于百人之上，使夫廉高之士毕志于衡轭之内，才能之人耻于非类为伍，非所以劝进贤能、褒异宗室之礼。夫泉涸则流竭，根朽则叶枯。枝繁者荫根，条落者本孤。故语曰：'百足之虫，至死不僵。'扶之者众也。此言虽小，可以譬大。且堘基不可仓卒而成，威名不可一朝而立，皆为之有渐，建之有素。譬之种树，久则深固其根本，茂盛其枝叶，若造次徙于山林之中，植于宫阙之下，虽壅之以黑坟，暖之以春日，犹不救于枯槁，何暇蕃育哉？夫树犹亲戚，土犹士民，建置不久，则轻下慢上，平居犹惧其离叛，危急将如之何？是以圣王安而不逸，以虑危也；存而设备，以惧亡也。故疾风卒至而无摧拔之忧，天下有变而无倾危之患矣。"〕

王粲，字仲宣，山阳人也，拜侍中。始文帝为五官将，及平原侯植皆好文学。粲与徐幹、陈琳、阮瑀、应玚、刘桢并见友善。琳，字孔璋，避难冀州，袁绍使典文章。〔《魏氏春秋》载："绍使琳作檄文曰：'司空曹操祖父腾，故中常侍，与左悺、徐璜并作妖孽，饕餮放横，伤化虐民。父嵩，乞丐携养，因赃假位，舆金辇璧，输货权门，窃盗鼎司，倾覆重器。操赘阉遗丑，本无令德，剽狡锋侠，好乱乐祸。幕府昔遭董卓侵官暴国，方罗英雄，弃瑕录用，谓其鹰犬之才，爪牙可任。遂乘资跋扈，肆行酷裂，割剥元元，残贤害善，放志专行，威劫省禁，卑侮王官，败法乱纪，坐召三台，专制朝政，爵赏由心，刑罚由口，所爱光五宗，所恶灭三族，群谈者蒙显诛，腹议者蒙隐戮，道路以目，百寮钳口。梁孝王，先帝母弟，坟陵尊显。操率将士，亲临发掘，破棺裸尸，略取金宝。又署发丘中郎将摸金校尉，所过隳（huī）突，无骸不露。身处三公之官，而行桀虏之态，殄国虐民，毒流人鬼。加其细政苛惨，科防互设，缯缴充蹊，坑阱塞路。历观古今书籍所载，贪残虐烈，无道之臣，于操为甚。"〕袁氏败，琳归太祖。太祖谓曰："卿昔为本初移书，但可罪状孤而已，恶恶止其身，何乃上及父祖耶？"琳谢罪。〔《文士传》称："琳谢曰：'楚汉未分，蒯通进策于韩信；乾时之战，管仲肆力于子纠。唯欲效计其主，取祸一时。故跖之客可使刺由，桀之犬可使吠尧也。今明公必能进贤于怨后，弃愚于爱前，四方革命，而英豪托心矣，唯明公裁之。'"太祖爱才而不咎也。〕太祖以琳为军谋祭酒，管记室。

卫觊，字伯儒，河东人也，为尚书。明帝即位，百姓凋匮，而役务方殷，觊上疏曰："夫变情厉性，强所不能，人臣言之既不易，人主受之又艰难。且人之所乐者，富贵荣显也；所恶者，贫贱死亡也。然此四者，君上之所制，君爱之则富贵显荣，君恶之则贫贱死亡。顺指者，爱所由来也；逆意者，恶所从至也。故人臣皆争顺指而避逆意，非破家为国、杀身成君者，谁能犯颜色、触忌讳，建一言、开一说哉？陛下留意察之，则臣下之情可见矣。今议者多好悦耳。其言政治，则比陛下于尧舜；其言征伐，则比二虏于狸鼠。臣以为不然。汉文之时，诸侯强大，贾谊累息以为至危。况今四海之内，分而为三，群士陈力，各为其主。是与六国分治，无以为异也。当今千里无烟，遗民困苦，陛下不善留意，将遂凋弊难可复振。礼，天子之器必有金玉之饰，饮食之肴必有八珍之味，至于凶荒，则彻膳降服。然则<u>奢俭之节，必视世之丰约也</u>。武帝之时，后宫食不过一肉，衣不用锦绣，茵蓐不缘饰，器物无丹漆，用能平定天下，遗福子孙。此皆陛下之所亲览也。当今之务，宜君臣上下，量入为出。深思勾践滋民之术，由恐不及，而尚方所造金银之物，渐更增广，侈靡日崇，帑藏日竭。昔汉武信神仙之道，谓当得云表之露以餐玉屑，故立仙掌以承高露。陛下通明，每所非笑。汉武有求于露而由尚见非，陛下无求于露而空设之，不益于好而縻费功夫，诚皆圣虑所宜裁制也。"

【重点句解读】

奢俭之节，必视世之丰约也。

奢侈与节俭的调节，一定要根据当时国家的贫富情况来定。

节俭，是中华民族的传统美德，是提升道德素质的一个重要途径。

诸葛亮在《诫子书》中说："夫君子之行，静以修身，俭以养德。"清人朱柏庐在《朱子治家格言》中说："一粥一饭，当思来处不易；半丝半缕，恒念物力维艰。"都是在告诫后人，生活上要勤俭节约，从而养成良好的品德。

《左传》："俭，德之共也；侈，恶之大也。"古人把节俭提升到社会道德规范的高度来对待，认为俭可以养德养志，俭朴的德行有助于防止奢侈腐化的行为。

"历览前贤国与家，成由勤俭败由奢。"能否做到克勤克俭，是关系到国家兴亡、事业成败的大事。"奢靡之始，危亡之渐"。铺张浪费绝非小事，不仅因为它背离优良传统文化，还在于它会败坏社会风气。

刘廙，字恭嗣，南阳人也，为五官将文学。魏讽反，廙弟伟为讽所引，当相坐诛。太祖令曰："叔向不坐弟虎，古之制也。"特原不问。〔《廙别传》载廙表论治道，曰："昔周有乱臣十人，有妇人焉，孔子称：'才难，不其然乎！'明贤者难得也。况乱弊之后，百姓凋尽，士之存者，盖亦无几。其股肱大职，及至州郡督司，边方重任，虽备其官，亦未得其人也。此非选者之不用意，盖才匮使之然耳。况长吏已下，群职小任，能皆简练，备得其人乎？其计莫如督之以法也。不尔而数转易，往来不已，送迎之烦，不可胜计。转易之间，辄有奸巧，既于事不省，而为政者亦以其不得久安之故，知惠益不得成于己，而苟且之可免于患，皆将不念尽心于恤民，而梦想于声誉，此非所以为政之本意也。今之所以为黜陟者，近颇以州郡之毁誉，听往来之浮言耳，非皆得其事实而课其能否也。长吏之所以为佳者，奉法也、忧公也、恤民也。此三事者，或州郡有所不便，往来者有所不安，而长吏执之不已，于治虽得计，其声誉未为美。屈而从人，于治虽失计,其声誉必集也。长吏皆知黜陟之在于此也,亦何能不去本而就末哉?以为长吏皆宜使少久,足使自展岁课之能,三年总计,乃加黜陟。课之皆当以事,不得依名也。事者皆以其户口,率其垦田之多少,及盗贼发兴、民之亡叛者,为得负之计。如此行之,则<u>无能之吏,修名无益;有能之人,无名无损</u>。法之一行,虽无部司之监,奸誉妄毁,可得而尽也。"事上,太祖甚善之。]

【重点句解读】

无能之吏,修名无益;有能之人,无名无损。

那些没有能力的官吏,即使得到好的名声也没有益处;有能力的人才,即使没有好的名声也不会有损害。

中国人特别是读书人和做官的人,历来都对名声看得很重,非常在乎别人对自己的评价。所以孔子说:"君子疾没世而名不称焉。"积极的一面可以促使人们洁身自好、力求为国家为人民做出贡献,但消极的一面也可以让人用不正当的方法去博取名声,也就是"沽名钓誉""欺世盗名"。

在当代社会,这句话也是考核官员的标准之一。对于善做表面文章、作风浮夸的领导干部,坚决不予重用,对于在群众工作中踏实肯干、作风扎实的干部予以重用,形成向上的正能量,树立正确的用人导向。

习近平同志多次强调"实干兴邦"。与"实干兴邦"相对的就是"清谈误国",这也是一种"行"与"言"之间的对立关系。更准确地说,是实干精神与浮夸作风之间的对立。

陈群,字长文,颍川人也。为司空,录尚书事。青龙中,营治宫室,百姓失农时。群上疏曰:"禹承唐、虞之盛,犹卑宫室而恶衣服,况今丧乱之后,人民至少,吴、蜀未灭,社稷不安!今舍此急而先宫室,臣惧百姓遂困,将何以应敌?此安危之机也,唯陛下虑之。"帝答曰:"王者宫室,亦宜并立。灭贼之后,但当罢守耳,岂可复兴役耶?是故君之职,萧何之大略也。"群又曰:"昔汉祖唯与项羽争天下,羽已灭,宫室烧焚,是以萧何起武库、太仓,皆是要急,然犹非其壮丽。今二虏未平,诚不宜与古同也。夫人之所欲，莫不有辞，况乃天下莫之敢违。前欲坏武库，谓不可不坏也；后欲置之，谓不可不置也。若必作之，固非臣下辞言所屈。若少留神，卓然回意，亦非臣下之所及也。汉明帝欲起德阳殿，钟离意谏，即用其言。后乃复作之，殿成，谓群臣曰：'钟离尚书在，不得成此殿也。'夫王者岂惮一臣？盖为百姓也。今臣曾不能少凝圣听，不及意远矣。"帝于是有所减省。

陈矫，字季弼，广陵人也。迁尚书令。明帝尝卒至尚书门，矫跪问帝曰："陛下欲何之？"曰："欲案行文书耳。"矫曰："此自臣职分，非陛下所宜临也。若臣不称其职，则请就黜退。陛下宜还。"帝惭，回车而反。其亮直如此。

卢毓，字子家，涿郡人也。青龙中，入为侍中。侍中高堂隆，数以宫室事切谏，帝不悦，毓进曰："臣闻君明则臣直。古之圣王，恐不闻其过，故有敢谏之鼓。近臣尽规，此乃臣等所以不及隆。隆诸生，名为狂直，陛下宜容之。"为吏部尚书。前此诸葛诞等驰名誉，有四窗八达之诮，帝深疾之。时举中书郎，诏曰："得其人与否，在卢生耳。选举莫取有名，名如画地作饼，不可啖。"毓对曰："名不足以致异人，而可以得常士。常士畏教慕善，然后有名，非所当疾也。愚臣既不足以识异人，又主者正以循名案常为职，但当有以验其后。故古者敷奏以言，明试以功。"帝纳其言。

和洽，字阳士，汝南人也。为丞相掾属。时毛玠、崔琰并以忠清干事，其选用先尚俭节。洽言曰："天下大器，在位与人，不可以一节俭也。俭素过中，自以处身则可，以此格物，所失或多。今朝廷之仪，吏著新衣、乘好车者，谓之不清；形容不饰、衣裳弊坏者，谓之廉洁。至令士大夫故污辱其衣，藏其舆服；朝府大吏，或自挈壶餐以入官寺。夫立教观俗，贵处中庸，为可继也。今崇一概难堪之行以检殊途，勉而为之，必有疲瘁。古之大教，务在通人情。而凡激诡之行，则容隐伪矣。"〔孙盛曰："夫矫枉过正则巧伪滋生，以克训下则民志险隘，非圣王所以陶化万物、闲邪存诚之道。和洽之言，于是允矣。"〕魏国既建，为侍中。后有白毛玠谤毁太祖，太祖见近臣怒甚。洽陈玠素行有本，求案实其事。罢朝，太祖令曰："今言事者白玠，不但谤吾也，乃复为崔琰触望。此损君臣恩义，妄为死友怨叹，殆不可忍也。和侍中比求实之，所以不听，欲重参之耳。"洽对曰："如言玠罪过深重，非天地所覆载，臣非敢曲理玠以枉大伦也。以玠出群吏之中，特见拔擢，显在首职，历年荷宠，刚直忠公，为众所惮，不宜有此。然人情难保，要宜考核，两验其实。今圣恩垂含垢之仁，不忍致之于理，更使曲直之分不明，疑自近始。"太祖曰："所以不考，欲两全玠及言事者耳。"治对曰："玠信有谤上之言，当肆之市朝。若玠无此，言事者加诬大臣以误主听。二者不加检核，臣窃不安。"太祖曰："方有军事，安可受人言便考之耶？"转为太常，清贫守约，至卖田宅以自给。明帝闻之，加赐谷帛。

杜袭，字子绪，颍川人也。为侍中。将军许攸拥部曲，不附太祖而有谩言。太祖大怒，先欲讨之。群臣多谏："可招怀攸，共讨强敌。"太祖横刀于膝，作色不听。袭入欲谏，太祖逆谓之曰："吾计已定，卿勿复言之。"袭曰："若殿下计是耶，臣方助殿下成之。若殿下之计非耶，虽成宜改之。殿下逆臣令勿言，何待下之不阐乎？"太祖曰："许攸慢吾，如何可置乎？"袭曰："殿下谓许攸何如人耶？"太祖曰："凡人也。"袭曰："夫唯贤知贤，唯圣知圣，凡人安能知非凡人邪？方今豺狼当路而狐狸是先，人将谓殿下避强攻弱，进不为勇，退不为仁。臣闻千石之弩不为鼷鼠发机，万钧之钟不以莛（tíng）撞起音。今区区之许攸，何足以劳神武哉？"太祖曰："善。"遂厚抚攸，攸即归服。

高柔，字文慧，陈留人。拜丞相理曹掾。时置校事卢洪、赵达等，使察群下，柔谏曰："设官分职，各有所司。今置校事，既非居上信下之旨。又达等数以憎爱擅作威福，宜检治之。"太祖曰："卿知达等，恐不如吾也。要能刺举而辨众事，使贤人君子为之，则不能也。昔叔孙通用群盗，良有以也。"达等后奸利发，太祖杀之，以谢于柔。文帝践阼，转治书执法。时民间数有诽谤妖言，帝疾之，有妖言，辄杀而赏告者。柔上疏曰："今妖言者必戮，告之者辄赏。即使过误无反善之路，又将开凶狡之群，相诬罔之渐，诚非所以息奸省讼、缉熙治道也。昔周公作诰，称殷之祖宗，咸不顾小人之怨。在汉太宗，亦除妖言诽谤之令。臣愚以为宜除妖谤赏告之法，以隆天父养物之仁。"帝不即从，而相诬告者滋甚。帝乃下诏："敢以诽谤相告，以所告罪罪之。"于是遂绝。迁为廷尉。明帝即位。时猎法甚峻，而典农刘龟窃于禁内射兔，其功曹张京诣校事言之。帝匿京名，收龟付狱。柔表请告者名，大怒曰："刘龟当死，乃敢猎吾禁地。送龟廷尉，廷尉便当考掠，何复请告者主名，吾岂妄收龟邪？"柔曰："廷尉，天下之平也，安得以至尊喜怒而毁法乎？"重复为奏，辞指深切。帝意寤，乃下京名。即还讯，各当其罪。

辛毗，字佐治，颍川人也。文帝践阼，迁侍中。帝欲徙冀州士家十万户实河南。时连蝗民饥，群司以为不可，而帝意甚盛。毗与朝臣俱求见，帝知其欲谏，作色以见，皆莫敢言。毗曰："陛下欲徙士家，其计安出？"帝曰："卿谓我徙之非邪？"毗曰："诚以为非。"帝曰："吾不与卿共议。"毗曰："陛下不以臣不肖，置之左右，厕之谋议之官，安得不与臣议也？臣所云非私也，乃社稷之虑，安得怒臣！"帝不答，起入内。毗随而引其裾，帝遂奋衣不还，良久乃出，曰："佐治，卿持我何太急耶？"毗曰："今徙，既失人心，又无以食也。"帝遂徙其半。尝从帝射雉，帝曰："射雉乐哉！"毗曰："于陛下甚乐，于群下甚苦。"帝默然，后遂为之希出。

明帝即位，时中书监刘放，令孙资见信于主，制断时政，大臣莫不交好，而毗不与往来。毗子敞谏曰："今刘、孙用事，众皆影附，大人宜小降意，和光同尘，不然，必有谤言。"毗正色曰："主上虽未称聪明，不为暗劣。吾之立身，自有本末。就刘、孙不平，不过令吾不作三公而已，何危害之有？焉有大丈夫欲为公而毁其高节者耶？"冗从仆射毕轨表言："尚书仆射王思，精勤旧吏，忠亮计略，不如辛毗，毗宜代思。"帝以访放、资，放、资对曰："陛下用思者，诚欲取其效力，不贵虚名也。毗实亮直，然性刚而专，圣虑所当深察也。"遂不用，出为卫尉。

杨阜，字义山，天水人也。为将作大匠。时初治宫室，发美女充后庭，数出入弋猎。阜上疏曰："陛下奉武皇帝开拓之大业，守文皇帝克终之元绪，诚宜思齐往古圣贤之善治，总观季世放荡之恶政。所谓善治者，务俭约、重民力也；所谓恶政者，从心恣欲、触情而发也。惟陛下稽古，世代之初所以明赫，及季世所以衰弱，至于泯灭，近览汉末之变，足以动心诫惧矣。曩使桓、灵不废高祖之法、文景之恭俭，太祖虽有神武，于何所施其能耶？而陛下何由处斯尊哉？今吴、蜀未定，军旅在外，愿陛下动则三思，虑而后行，重慎出入，以往鉴来，言之若轻，成败甚重。"诏报曰："间得密表，先陈往古明王圣主，以讽暗政，切至之辞，款诚笃实，将顺匡救，备悉矣。览思苦言，吾甚嘉之。"迁少府。

后诏大议政治之不便于民者，阜议以为："致治在于任贤，兴国在于务农。若舍贤而任所私，此忘治之甚者也；广开宫馆，高为台榭，以妨民务，此害农之甚者也；百工不敦其器，而竞作奇巧，以合上欲，此伤本之甚者也。孔子曰：'苛政甚于猛虎。'今守功文俗之吏，为政不通治体，苟好烦苛，此乱民之甚者也。当今之急，宜去四甚。"

帝既新作许昌宫，又营洛阳宫殿观阁。阜上疏曰："古之圣帝明王，未有极宫室之高丽，以凋弊百姓之财力者也。桀作璇室、象廊，纣为倾宫、鹿台，以丧其社稷；楚灵以筑章华而身受其祸；秦始皇作阿房而殃及其子，二世而灭。夫不度万人之力，以从耳目之欲，未有不亡者。陛下当以尧、舜、禹、汤、文、武为法则，夏桀、殷纣、楚灵、秦皇为深诫。巍巍大业，犹恐失之。不夙夜敬止、允恭恤民而自逸，唯宫室是侈是饰，必有颠覆危亡之祸。方今二虏合从，谋危宗庙，十万之军，东西奔赴，边境无一日之娱。农夫废业，民有饥色。陛下不是为忧，而营作宫室，无有已时。君作元首，臣为股肱，存亡一体，得失同之。臣虽驽怯，敢忘争臣之义？言不切至，不足以感寤陛下。陛下不察臣言，恐皇祖烈考之祚，将坠于地。使臣身死有补万一，则死之日，犹生之年也。"奏御，天子感其忠言，手笔诏答。

高堂隆，字升平，泰山人也。为散骑常侍。青龙中，大治殿舍，西取长安大钟。隆上疏曰："昔周景王不仪刑文、武之明德，忽公旦之圣制，既铸大钱，又作大钟，单穆公谏而不听，泠州鸠对而不从，遂迷不反，周德以衰，良史记焉，以为永鉴。然今之小人，好说秦、汉之奢靡，以荡圣心，求取亡国不度之器，劳役费损，以伤德政，非所以兴礼乐之和、保神明之休也。"是日，帝幸上方，隆与卞兰从。帝以隆表授兰，使难隆曰："兴衰在政，乐何为也？化之不明，岂钟之罪？"隆对曰："夫礼乐者，为治之大本也。故箫韶九成，凤皇来仪；雷鼓六变，天神以降。政事以平，刑是以错，和之至也。新声发响，商辛以陨；大钟既铸，周景以弊。存亡之机，恒由此作，安在废兴之不阶也？君举必书，古之道也。作而不法，何以示后？"帝称善。迁侍中，犹领太史令。

崇华殿灾，诏问隆："此何咎？于礼宁有祈禳（ráng）之义乎？"对曰："夫灾变之发，皆所以明教戒也，惟率礼修德，可以胜之。《易传》曰：'上不俭，下不节，孽火烧其室。'又曰：'君高其台，天火为灾。'此人君苟饰宫室，不知百姓空竭，故天应之以旱，火从高殿起也。上天降鉴，故谴告陛下。陛下宜增崇人道，以答天意。"陵霄阙始构，有鹊巢其上，帝以问隆,对曰:"《诗》云:'惟鹊有巢,惟鸠居之。'今兴宫室,而鹊巢之,此宫室未成、身不得居之象也。夫天道无亲,唯与善人,不可不深虑。夏、商之季,皆继体也,不钦承上天之明命,惟逸诒是从,废德适欲,故其亡也忽焉。臣备腹心,苟可以繁祉圣躬,安存社稷,虽灭身破族,犹生之年也,岂惮忤逆之灾,而令陛下不闻至言乎?"于是帝改容动色。

帝愈增崇宫殿,雕饰观阁,凿太行之石英,采谷城之文石,起景阳山于芳林之园,建昭阳殿于太极之北,铸作黄龙凤鸟奇伟之兽,饰陵云台、陵霄阙。百役繁兴,作者万数,公卿以下至于学生,莫不展力,帝乃躬自掘土以率之。而辽东不朝,悼皇后崩,天作淫雨,冀州水出,漂没民物。

隆上疏切谏曰:"昔在伊唐,洪水滔天。灾眚之甚,莫过于彼;力役之兴,莫久于此。尧、舜君臣,南面而已。禹敷九州,庶士庸勋,各有等差;君子小人,物有服章。今无若时之急,而使公卿大夫并与斯徒共供事役,闻之四夷,非嘉声也;垂之竹帛,非令名也。是以古先哲王,畏上天之明命,矜矜业业,惟恐有违。灾异既发,惧而修政,未有不延期流祚者也。爰及末叶,暗君荒主,不崇先王之令轨,不纳正士之直言,以遂其情志,恬忽变戒,未有不至于颠覆者也。秦始皇不筑道德之基,而筑阿房之宫;不忧萧墙之变,而修长城之役。当其君臣为此计也,亦欲立万世之业,使子孙长有天下,岂意一朝匹夫大呼,而天下倾覆哉?故臣以为,使先代之君,知其所行必将至于败,则弗为之矣。是以亡国之主自谓不亡,然后至于亡;贤圣之君自谓将亡,然后至于不亡。昔汉文帝称为贤主,躬行约俭,惠下养民,而贾谊方之,以为天下倒县,可为痛哭者一,可为流涕者二,可为长叹息者三。况今天下凋弊,民无儋石之储,国无终年之蓄,外有强敌,六军暴边,内兴土功,州郡骚动,若有寇警,则臣惧板筑之士,不能投命虏庭矣。又,将吏奉禄,稍见折减,方之于昔,五分居一。夫禄赐谷帛,人主之所以惠养吏民,而为之司命者也。若今有废,是夺其命。既得之,而又失之,此生怨之府也。今陛下所与共坐廊庙治天下者,非三司九列,则台阁近臣,皆腹心造膝,宜在无讳。若见丰省而不敢以告,从命奔走,唯恐不胜,是则具臣,非鲠辅也。昔李斯教秦二世曰:'为人主而不恣睢,命之曰天下桎梏。'二世用之,秦国以覆,斯亦灭族。是以史迁议其不正谏,而为世诫。"

书奏,帝览焉,谓中书监、令曰:"观隆此奏,使朕惧哉!"隆疾笃,口占上疏曰："臣常疾世主，莫不思绍尧、舜、汤、武之治，而蹈踵桀、纣、幽、厉之迹；莫不蚩笑季世惑乱亡国之主，而不登践虞、夏、殷、周之轨。悲夫！寻观三代之有天下，圣贤相承，历载数百，尺土莫非其有，一民莫非其臣。癸、辛之徒，恃其旅力，知足以拒谏，才足以饰非，谄谀是尚，台观是崇，淫乐是好，倡优是悦，上天不蠲，眷然回顾，宗国为墟。天子之尊，汤、武有之，岂伊异人，皆明王之胄也。且当六国之时，天下殷炽，秦既兼之，不修圣道，乃构阿房之宫，筑长城之守，矜夸中国，威服百蛮，天下震悚，道路以目。自谓本枝百世，永垂洪晖，岂悟二世而灭，社稷崩圮（pǐ）哉？臣观黄初之际，异类之鸟，育长燕巢，口爪胸赤，此魏室之大异也。宜防鹰扬之臣于萧墙之内，可选诸王，使君国典兵，往往棋跱（zhì），镇抚皇畿，翼亮帝室。昔周之东迁，晋郑是依，汉吕之乱，实赖朱虚，盖前代之明鉴也。夫皇天无亲，唯德是辅。民咏德政，则延期过历；下有怨叹，则掇录授能。由此观之，则天下之天下也，非独陛下之天下也。臣百疾所钟，气力稍微，辄自舆出还舍，若遂沉沦，魂而有知，结草以报。"

田豫，字国让，渔阳人也。为护乌丸校尉。〔《魏略》曰："鲜卑、素利等，数来客见，多以牛马遗豫，豫转送官。胡乃密怀金三十斤，谓豫曰：'我见公贫，故前后遗公牛马，公辄送官，今密以此上公，可以为家资。'豫张袖受之，答其厚意。胡去之后，皆悉付外。于是诏褒之曰：'昔魏绛开怀以纳戎，今卿举袖以受狄金，朕甚嘉焉。'乃赐青缣（jiān）五百匹也。"〕

徐邈，字景山，燕国人也。为凉州刺史。西域流通，荒戎入贡，皆邈勋也。赏赐皆散与将士，无入家者，妻子衣食不充。天子闻而嘉之，随时供给其家。弹邪绳枉，州界肃清。嘉平六年，朝廷追思清节之士，诏曰："夫显贤表德，圣王所重；举善而教，仲尼所美。故司空徐邈、征东将军胡质、卫尉田豫，皆服职前朝，历事四世，出统戎马，入赞庶政，忠清在公，忧国忘私，不营产业，身没之后，家无余财，朕甚嘉之。其赐邈等家谷二千斛，钱三十万，布告天下。"

王昶，字文舒，太原人也。迁兖州刺史。为兄子及子作名字，皆依谦实，以见其意。故兄子默字处静，沉字处道；其子浑字玄冲，深字道冲。遂书戒之曰："夫人为子之道，莫大于宝身全行，以显父母。此三者，人知其善，而或危身破家、陷于灭亡之祸者，何也？由所祖习非其道也。夫孝敬仁义，百行之首，而立身之本也。孝敬则宗族安之，仁义则乡党重之，此行成于内、名著于外者矣。若不笃于至行，而背本逐末，以陷浮华焉，以成朋党焉。浮华则有虚伪之累，朋党则有彼此之患。此二者之戒，昭然著明，而循覆车滋众，逐末弥甚，皆由惑当时之誉，昧目前之利故也。夫富贵声名，人情所乐，而君子或得而不处，何也？恶不由其道耳。患人知进而不知退，知欲而不知足，故有困辱之累、悔吝之咎。语曰：'不知足则失所欲。'故知足之足，常足矣。览往事之成败，察将来之吉凶，未有干名要利，欲而不厌，而能保世持家、永全福禄者也。欲使汝曹立身行己，遵儒者之教，履道家之言，故以玄默冲虚为名，欲使汝曹顾名思义，不敢违越也。古者盘杅有铭，几杖有诫，俯仰察焉，用无过行，况在己名，可不戒之哉！夫物速成则疾亡，晚就则善终。朝华之草，夕而零落。松柏之茂，隆寒不衰。是以大雅君子，恶速成、戒阙党也。若范匄对秦客，至武子击之，折其委笄，恶其掩人也。夫人有善鲜不自伐，有能者寡不自矜。伐则掩人，矜则陵人。掩人者人亦掩之，陵人者人亦陵之。故三郤为戮于晋，王叔负罪于周，不唯矜善自伐好争之咎乎？故君子不自称，非以让人，恶其盖人也。夫能屈以为伸，让以为得，弱以为强，鲜不遂矣。夫毁誉，爱恶之原，而祸福之机也，是以圣人慎之。孔子曰：'吾之于人，谁毁谁誉？如有所誉，必有所试。'以圣人之德，犹尚如此，况庸庸之徒而轻毁誉哉？昔伏波将军马援戒其兄子，言：'闻人之恶，当如闻父母之名。耳可得闻，口不可得道也。'斯戒至矣。人或毁己，当退而求之于身。若己有可毁之行，则彼言当矣。若己无可毁之行，则彼言妄矣。当则无怨于彼，妄则无害于身，又何反报焉？且闻人毁己而怨者，恶丑声之加人也，人报者滋甚，不如默而自修也。谚曰：'<u>救寒莫如重裘，止谤莫如自修。</u>'斯言信矣。若与是非之士、凶险之人，近犹不可，况与对校乎？其害深矣。可不慎与！吾与时人从事，虽出处不同，然各有所取。颖川郭伯益，好尚通达，敏而有知。其为人弘旷不足，轻贵有余。得其人，重之如山；不得其人，急之如草。吾以所知，亲之昵之，不愿儿子为之。北海徐伟长，不治名高，不求苟得，澹然自守，唯道是务。其有所是非，则托古人以见其意，当时无所褒贬。吾敬之重之，愿儿子师之。乐安任昭先，淳粹履道，内敏外恕，处不避洿（wū），怯而义勇。吾友之善之，愿儿子遵之。若引而申之，触类而长之，汝其庶几举一隅耳。及其用财先九族，其施舍务周急,其出入存故老,其议论贵无贬,其进仕尚忠节,其取人务道实,其处世戒骄淫,其贫贱慎无戚,其进退念合宜,其行事加九思,如此而已,吾复何忧哉?"

【重点句解读】

救寒莫如重裘,止谤莫如自修。

要驱除严寒,没有比套上厚皮衣更好的办法;要制止别人的诽谤,没有比加强自身修养更好的办法。

王昶告诫他儿子、侄子说,要阻止他人对自己的诽谤,最好的方法莫过于修身,提高自己的品德。

别人如果诋毁你,应当退一步反省自己。如果自己有可以被人诋毁的行为,那么他所说的就是恰当的;如果自己没有可被诋毁的行为,那么他的话就是虚妄的。若所言恰当,就不能怨恨别人;若所言不实,对自己也没有损害,何必要与之争论呢?

百丈大智禅师《丛林要则二十条》中说:"烦恼以忍辱为菩提,是非以不辩为解脱。"

提高自身修养,放平心态,才能正确对待批评。反之一个人能正确对待批评,善于自我反省,善于从错误中总结经验吸取教训,也是自身修养的体现。

倘若一个人能够踏踏实实干事,老老实实做人,清清白白为官,诽谤又从何而来呢?

钟会,字士季,颍川人也。司马文王欲图蜀,以会为镇西将军,从骆谷入。姜维等悉降会。诏以会为司徒。会内有异志,因邓艾承制专事,密白艾有反状,〔《世语》曰:"会善效人书,于剑阁要艾章表白事,皆易其言,令辞指悖傲,多自矜伐也。"〕于是槛车征艾。艾既禽,而会独统大众,威震西土。自谓功名盖世,不可复为人下,遂谋反,诸军兵杀会。〔《汉晋春秋》曰:"文王闻钟会功曹向雄之收葬会也,召而责之曰:'往王经之死,卿哭于东市而我不问也,今钟会躬为叛逆而又辄收葬,若复相容,其如王法何！'雄曰：'昔先王掩骸埋胔（zì），仁流朽骨，当时岂先卜其功罪而后收葬哉？今王诛既加，于法已备，雄感义收葬，教亦无阙。法立于上，教弘于下，以此训物，雄曰可矣！何必使雄背死违生，以立于时。殿下雠对枯骨，捐之中野，百岁之后，为臧获所笑，岂仁贤所掩哉？'王悦之，与宴谈而遣之。习凿齿曰：'向伯茂可谓勇于蹈义也。哭王经而哀感市人，葬钟会而义动明主，彼皆忠烈奋劲，知死而往，非存生也。'寻其奉死之心，可以见事生之情；览其忠贞之节，足以愧背义之士矣。王加礼而遣，可谓明达矣。"]

[唐]魏徵等 原撰

群书治要

邹建平 主编

导读

[下]

红旗出版社

卷二十七 《蜀志》治要

刘璋，字季玉，江夏人也。为益州刺史。闻曹公征荆州，遣别驾张松诣曹公。曹公时已定荆州，走先主，不复存录松，松劝璋自绝。〔《汉晋春秋》曰："张松见曹公，曹公方自矜伐，不存录松。松归，乃劝璋自绝。习凿齿曰：'昔齐桓一矜其功而叛者九国，曹操暂自骄伐而天下三分，皆勤之于数十年之内而弃之于俯仰之顷，岂不惜乎！是以<u>君子劳谦日昃，虑以下人，功高而居之以让，势尊而守之以卑</u>。情近于物，故虽贵而人不厌其重；德洽群生，故业广而天下愈欣其庆。夫然，故能有其富贵，保其功业，隆显当时，传福百世，何骄矜之有哉！君子是以知曹操之不能遂兼天下者也。'"〕

【重点句解读】

君子劳谦日昃，虑以下人，功高而居之以让，势尊而守之以卑。

君子每天操劳到日落，还想着屈己尊人，功绩高远而自己却非常逊让，位势尊贵而自己却非常谦卑。

《尚书》："满招损，谦受益。"位高不自居，功高不自傲，高调做事，低调做人，是谦谦君子的气度和风范，是道德情操的追求，是为人处世的哲学。

在日常生活中学会尊重别人、谦让他人，可以建立和谐的人际关系。做领导工作的，只有做到谦虚谨慎，才能密切联系群众，踏踏实实地做好自己的工作，为群众解决实际困难。

毛泽东在七届二中全会上说："务必使同志们继续地保持谦虚、谨慎、不骄、不躁的作风，务必使同志们继续地保持艰苦奋斗的作风。"

习近平在全国组织工作会议上说："在工作中敢作敢为、锐意进取，在做人上谦虚谨慎、戒骄戒躁。"

先主姓刘，讳备，字玄德，涿郡人也。少语言，善下人，喜怒不形于色。为豫州牧。叛曹公，刘表郊迎，以上宾礼待之，益其兵，使屯新野。曹公南征表，会表卒，子琮请降。先主遂将其众去，与曹公战于赤壁，大破之。益州牧刘璋降。先主领益州牧，诸葛亮为股肱，法正为谋主，关羽、张飞、马超为爪牙，许靖、麋竺、简雍为宾友。及董和、黄权、李严等，本璋之所授用也；吴一、费观等，又璋之婚亲也；刘巴者，宿昔之所忌恨也。皆处之显任，尽其器能。有志之士，无不竞劝。魏文帝称尊号，传闻汉帝见害，先主乃发丧制服，即皇帝位于成都。章武三年，病笃，托孤于丞相亮，殂于永安宫。〔《诸葛亮集》载先主遗诏敕后主曰："朕疾殆不自济。人年五十不称夭，年已六十有余，何所复恨，不复自伤也。更以卿兄弟为念，勉之！<u>勿以恶小而为之，勿以善小而不为。</u>唯贤唯德，能服于人。汝父薄德，勿效之。吾终亡之后，汝兄弟父事丞相也。"〕

评曰：先主之弘毅宽厚，知人待士，盖有高祖之风，英雄之器焉。及其举国托孤于诸葛亮，而心神无二，诚君臣之至公、古今之盛轨也。

【重点句解读】

勿以恶小而为之，勿以善小而不为。

不要因为恶事很小就去做，不要因为善事很小就不去做。

这是刘备临终前给其子刘禅的遗诏中的话，劝勉他要进德修业，有所作为。凡事都要从小事做起，积小成大，也可成大事；坏事也要从小事开始防范，否则积少成多，也会坏大事。小善积多了就成为利天下的大善，而小恶积多了则"足以乱国家"。

道德的养成贵在坚持，它是日积月累的结果。

毛泽东同志说过，一个人做点好事并不难，难的是一辈子做好事，不做坏事。

习近平同志曾在《在第十八届中央纪律检查委员会第六次全体会议上的讲话》等文中引用。他强调指出，广大党员干部必须随时保持防微杜渐的自觉意识。一名干部不可能一夜之间成为腐败分子，走向腐化堕落几乎都从不注意的小事小节开始。在面对金钱与诱惑时，一定要谨小慎微，只有慎始，才能善终。

诸葛亮，字孔明，琅邪人也。每自比于管仲、乐毅，时人莫之许也。唯博陵崔州平、颍川徐庶元直与亮友善，谓为信然。时先主屯新野。徐庶见先主，先主器之，谓先主曰："诸葛孔明者，卧龙也，将军岂愿见之乎？"先主遂诣亮，凡三，于是与亮情好日密。关羽、张飞等不悦，先主解之曰："孤之有孔明，犹鱼之有水也，愿诸君勿复言。"羽、飞乃止。成都平，以亮为军师将军。先主外出，亮常镇守成都，足食足兵。先主即帝位，策亮为丞相，录尚书事。先主病笃，召亮，属以后事，谓亮曰："君才十倍曹丕，必能安国，终定大事。若嗣子可辅，辅之。如其不才，君可自取。"亮涕泣曰："臣敢竭股肱之力，效忠贞之节，继之以死！"先主又为诏敕后主曰："汝与丞相从事，事之如父。"

建兴十二年，亮悉大众由斜谷出，以流马运，据武功五丈原，与司马宣王对于渭南。分兵屯田，耕者杂于渭滨居民之间，而百姓安堵，军无私焉。相持百余日，亮病，卒于军。初，亮自表后主曰："成都有桑八百株、薄田十五顷，子弟衣食，自有余饶。至于臣，在外任，无别调度随身，衣食悉仰于官。若死之日，不使内有余帛，外有赢财，以负陛下。"及卒，如其所言。〔《汉晋春秋》曰："樊建为给事中，晋武帝问诸葛亮之治国，建对曰：'闻恶必改，而不矜过；赏罚之信，足感神明。'帝曰：'善哉！使我得此人以自补，岂有今日之劳乎！'建稽首曰：'臣窃闻天下之论，皆谓邓艾见枉，陛下知而不理，此岂冯唐所谓"虽得颇、牧而不能用"者乎！'帝笑曰：'吾乃欲明之，卿言起我意。'于是发诏理艾焉。"〕

【重点句解读】

闻恶必改，而不矜过；赏罚之信，足感神明。

知道了自己的缺点错误必定改正，而不坚持过错；奖赏惩罚严而有信，足以使神明感动。

闻过则喜，赏罚公平，体现了一个领导者的道德修养水平。诸葛亮的一生就是"修齐治平"的最好诠释。他在《诫子书》中说："夫君子之行，静以修身，俭以养德。"

诸葛亮被后世誉为杰出的政治家、军事家、外交家、文学家、书法家、发明家，但他最为人所钦敬的还是一生"鞠躬尽瘁，死而后已"的献身精神和高尚的道德风范。

从政者若想成就大业，必先修德；为官者想要成为好官，先要做人。

良好的政德是领导干部立身做人、为官从政的准则，是履职尽责、干好工作的基础，也是抗拒诱惑、抵制歪风、保持干净的法宝。故此，习近平总书记对领导干部立政德提出三个方面的明确要求：明大德、守公德、严私德。领导干部当谨记要求，保持公仆本色，厚植"政德"之风，才能利国利民，造福一方。

评曰：诸葛亮之为相国也，抚百姓，示义轨，约官职，从权制，开诚心，布公道。尽忠益时者虽仇必赏，犯法怠慢者虽亲必罚。服罪输情者虽重必释，游辞巧饰者虽轻必戮。善无微而不赏，恶无纤而不贬。庶事精练，物理其本，循名责实，虚伪不齿。终于邦域之内，咸畏而爱之，刑政虽峻而无怨者，以其用心平而劝戒明也。可谓识治之良才，管、萧之亚匹矣。

关羽，字云长，河东人也。先主合徒众，羽与张飞为之御侮。先主与二人寝则同床，恩若兄弟。而稠人广坐，侍立终日，随先主周旋，不避艰险。先主使羽守下邳，曹公东征，擒羽以归，拜为偏将军，礼之甚厚。袁绍遣大将军颜良攻东郡太守刘延于白马，曹公使张辽及羽为先锋击之。羽望见良麾盖，策马刺良于万众之中，斩其首还，绍诸将莫能当者，遂解白马围。曹公表封羽为汉寿亭侯。初，曹公壮羽为人，而察其心神无久留之意，谓张辽曰："卿试以情问之。"既而辽以问羽，羽叹曰："吾极知曹公待我厚，然吾受刘将军恩，誓以共死，不可背之。吾终不留，吾要当立效以报曹公，而后乃归。"辽以羽言报曹公，曹公义之。及羽杀颜良，曹公知其必去也，重加赏赐。羽尽封所赐，而奔先主。左右欲追之，曹公曰："彼各为其主，勿追之。"

张飞，字益德，涿郡人也。先主攻刘璋，飞分定郡县。至江州，破璋将严颜，生获颜。飞呵颜曰："大军至，何以不降而敢拒战？"颜答曰："卿等无状，侵夺我州，我州但有断头将军，无有降将军也。"飞怒，令左右牵去斫头，颜颜色不变，曰："斫头便斫头，何为怒耶！"飞壮而释之，引为宾客。章武元年，迁车骑将军。飞雄壮威猛，亚于关羽。魏谋臣程昱等咸称羽、飞万人之敌也。羽善待卒伍而骄于士大夫，飞爱敬君子而不恤小人。先主常戒之曰："卿刑杀既过差，又日鞭挝健儿而令在左右，此取祸之道也。"飞犹不悛。先主伐吴，飞当率兵万人，自阆中会江州。临发，其帐下将张达、范强杀飞。

庞统，字士元，襄阳人也。郡命为功曹，性好人伦，勤于长养。每所称述，多过其才。时人怪问之，统答曰："当今天下大乱，雅道陵迟，善人少而恶人多。方欲兴风俗、长道业，不美其谈，即声名不足慕企，不足慕企而为善者少矣。今拔十失五，犹得其半，而可以崇迈世教，使有志者自厉，不亦可乎？"守耒阳令，在县不治，免官。吴将鲁肃遗先主书曰："庞士元非百里才也，使处治中、别驾之任，始当展其骥足耳。"诸葛亮亦言之于先主，先主见，与善谈，大器之，以为治中从事，亲待亚诸葛亮。为流矢所中，卒。先主痛惜，言则流涕。

简雍，字宪和，涿郡人也。为昭德将军。时天旱禁酒，酿者有刑。吏于人家索得酿具，论者欲令与作酒者同罚。雍从先主游观，见一男子行道，谓先主曰："彼人欲行淫，何以不缚？"先主曰："卿何以知之？"雍对曰："彼有淫具，与欲酿者同。"先主大笑，而原欲酿者。

董和，字幼宰，南郡人也。先主定蜀，与诸葛亮并署大司马府事，献可替否，共为欢交。死之日，家无担石之贮。亮后为丞相，教与群下曰："夫参署者，集众思、广忠益也。若远小嫌，难相违覆，旷阙损矣。违覆而得中，犹弃弊跻而获珠玉也。然人心苦不能尽，唯徐元直处兹不惑，又董幼宰参署七年，事有不至，至于十反，来相启告。苟能慕元直之十一、幼宰之殷勤，有忠于国，则亮可少过矣。"又曰："昔初交州平，屡闻得失，后交元直，勤见启诲，前参事于幼宰，每言则尽，后从事于伟度，数有谏止。虽姿性鄙暗，不能悉纳，然与此四子终始好合，亦足以明其不疑于直言也。"其追思和如此。〔伟度者，姓胡，名济，义阳人也。为亮主簿，有忠荩之效，故见哀述。〕

董允，字休昭，和子也。迁为侍中，甚尽匡救之理，后主严惮之。后主渐长大，爱宦人黄皓，皓便辟佞谄，欲自容入。允常上则正色匡主，下则数责于皓。皓畏允，不敢为非。终允之世，皓位不过黄门丞。陈祗代允为侍中，与皓互相表里，皓始预政事。祗死后，皓从黄门令为中常侍、奉车都尉，操弄威柄，终至覆国。蜀人无不追思允。

张裔，字君嗣，蜀郡人也。丞相亮以为府长史。常称曰："公赏不遗远，罚不阿近，爵不可以无功取，刑不可以势贵免，此贤愚之所以佥忘其身者也。"

黄权，字公衡，巴西人也。州牧刘璋召为主簿。时别驾张松建议，宜迎先主，使伐张鲁。权谏曰："左将军有骁名，今请到，欲以部曲遇之，则不满其心；欲以宾客礼待之，则一国不容二君。若客有泰山之安，则主有累卵之危矣。"璋不听，出权为广汉长。先主遂袭取益州，诸县望风影附，权闭城门坚守，须刘璋稽服，乃诣先主。先主假权偏将军。先主将东伐吴，权谏曰："吴人捍战，又水军顺流，进易退难，臣请为先驱以尝寇，陛下宜为后镇。"先主不从，以权为镇北将军，督江北军。南军败绩，先主引退，而道隔绝，权不得还，故率将所领降于魏。有司执法，白收权妻子。先主曰："孤负黄权，权不负孤也。"待之如初。〔臣松之以为汉武用虚罔之言，灭李陵之家，刘主拒宪司所执，宥黄权之室，二主得失，县邈远矣。〕魏文帝谓权曰："君舍逆效顺，欲追踪陈、韩邪？"权对曰："臣过受刘主殊遇，降吴不可，还蜀无路，是以归命。且败军之将，免死为幸，何古人之可慕也！"文帝善之，拜为镇南将军，封育阳侯，加侍中，使之陪乘。蜀降人或云诛权妻子，权知其虚言，未便发丧，后得审问，果如所言。及先主薨，问至魏，群臣咸贺，而权独否。

蒋琬，字公琰，零陵人也。随先主入蜀，除广都长。先主尝因游观奄至广都，众事不理，时又沉醉，先主大怒，将加罪戮。诸葛亮请曰："蒋琬，社稷之器，非百里之才。其为政以安民为本，不以修饰为先。愿公重加察之。"先主雅敬亮，但免官而已。亮每言："公琰托志忠雅，当与吾共赞王业者也。"密表后主："臣若不幸，后事宜以付琬。"亮卒，琬为尚书令，迁大将军，录尚书事。时新丧元帅，远近危竦。琬出类拔萃，处群僚之右，既无戚容，又无喜色，神守举止，有如平日，由是众望渐服。加大司马。东曹掾杨戏素性简略，琬与言论，时不应答。或欲构戏于琬曰："公与戏语而不见应，戏之慢上，不亦甚乎！"琬曰："人心不同，各如其面。面从后言，古人之所诫也。戏欲赞吾是邪，则非其本心；欲反吾言，则显吾之非。是以默然，是戏之快也。"又督农杨敏曾毁琬曰："作事愦愦，诚非及前人。"或以白琬，主者请推治敏，琬曰："吾实不如前人，无可推也。"主者重据听不推，则乞问其愦愦之状。琬曰："苟其不如，则事不当理。事不当理，则愦愦矣。复何问邪？"后敏坐事系狱，众人犹惧其必死，琬心无适莫，得免重罪。

杨戏，字文然，犍为人也。为射声校尉。著《季汉辅臣赞》。〔其注载：诸葛亮与张裔、蒋琬书曰："掾属丧杨颙，为朝中多损益。"《襄阳记》曰："杨颙，字子昭，为丞相诸葛亮主簿。亮尝自校簿书，颙直入谏曰：'为治有体，上下不可相侵，请为明公以作家譬之。今有人于此，使奴执耕稼，婢典炊爨(cuàn)，鸡主司晨，犬主吠盗，牛负重载，马涉远路，私业无旷，所求皆足，雍容高枕，饮食而已。忽一旦尽欲以身亲其役，不复付任，劳其体力，为此碎务，形疲神困，终无一成。岂其智之不如奴婢鸡狗哉？失为家主之法也。是故古人称坐而论道谓之王公，作而行之谓之士大夫。邴吉不问横道死人而忧牛喘，陈平不肯知钱谷之数，云自有主者，彼诚达于位分之体也。今明公为治，乃躬自校簿书，流汗竟日，不亦劳乎！'亮谢之。又有"义阳傅肜(róng)，先主退军，断后拒战，兵人死尽。吴将语肜令降，肜骂曰：'吴狗！何有汉将军降者。'遂战死。子佥为关中都督，景耀六年，又临危授命"。《蜀纪》载，晋武帝诏曰："蜀将傅佥，前在关城，身拒官军，致死不顾。佥父肜为刘备战亡。天下之善一也，岂由彼此以为异？"佥息著、募，后没入奚官，免为庶人。〕

《吴志》治要（上）

　　孙权，字仲谋，吴郡人。策弟也。策薨，以事授权。权待张昭以师傅之礼，而周瑜、程普、吕范等为将率。招延俊秀，聘求名士，鲁肃、诸葛瑾等始为宾客。分部诸将，镇抚山越，讨不从命。赤乌元年，初，权信任校事吕壹，壹性苛惨，用法深刻。太子登数谏，权不纳，大臣由是莫敢言。后壹奸罪发露伏诛，权引咎责躬，乃使中书郎袁礼告谢诸将，因问时事所当损益。

　　孙休，字子烈，权第六子也。弟亮废，孙綝（chēn）使迎休。改元永安。以丞相濮阳兴及左将军张布有旧恩，委之以事，布典宫省，兴关军国。休锐意于典籍，欲与韦曜、盛冲讲论道艺。曜、冲素皆切直，布恐入侍，发其阴失，令己不得专，因妄饰说以拒遏之。休答曰："孤之涉学，所见不少，其明君暗主、奸臣贼子，成败之事，无不览也。今曜等入，但欲与讲论书耳，不为从曜等始更受学也。纵复如此，亦何所损？君特当以曜等恐道臣下奸变之事，以此不欲令入耳。"布得诏陈谢，重自序述，又言惧妨政事。休答曰："书籍之事，患人不好，好之无伤也。此无所为非，而君以为不宜，是以孤有所及耳。政务学业，其流各异，不相妨也。不图君今日在事，更行此于孤也，良所不取。"布拜表叩头，休答曰："聊相开悟耳，何至叩头乎！如君之忠诚，远近所知。《诗》云：'靡不有初，鲜克有终。'终之实难，君其终之。"初，休为王时，布为左右将督，素见信爱。及至践祚，厚加宠待，专擅国势，多行无礼。自嫌瑕短，惧曜、冲言之，故尤患忌。休虽解此旨，心不能悦，更恐其疑惧，竟如布意，废其讲业，不复使冲等人。

孙皓，字元宗，权孙也。休薨，迎立皓。〔《江表传》曰："皓初立，发优诏，恤士民，开仓廪，振贫乏，科出宫女以配无妻，禽兽扰于苑者放之。当时翕（xī）然称为明主矣。"〕皓既得志，粗暴骄盈，多忌讳，好酒色，大小失望。凤皇二年，皓爱妾或使人至市，劫夺百姓财物。司市中郎将陈声，素皓幸臣也，绳之以法。妾诉皓，皓大怒，假他事，烧锯断声头，投其身于四望之下。天玺元年，会稽太守车浚、湘东太守张泳不出算缗，就在所斩之，徇首诸郡。〔《江表传》曰：浚在公清忠，值郡荒旱，民无资粮，表求振贷。皓谓浚欲树私恩，遣人枭首。又尚书熊睦，见皓酷虐，微有所谏，皓使人以刀环撞杀之，身无完肌。〕天纪三年，晋命杜预向江陵，王濬、唐彬浮江东下。初，皓每宴会群臣，无不咸令沉醉。置黄门郎十人，特不与酒，侍立终日，为司过之吏，宴罢之后，各奏其阙失，迕视之咎，谬言之愆，罔有不举。大者即加威刑，小者辄以为罪。后宫数千，而采择无已。又激水入宫，宫人有不合意者，辄杀流之。或剥人之面，或凿人之眼。岑昏险谀贵幸，致位九列。好兴功役，众所患苦。是以上下离心，莫为尽力，盖积恶已极，不复堪命故也。四年，濬、彬所至，则土崩瓦解。皓奉书于濬。濬受皓之降。

张昭，字子布，彭城人也。孙策创业，命昭为长史，升堂拜母，如比肩之旧，文武之事，一以委昭。每得北方士大夫书疏，专归美于昭。昭欲嘿而不宣，则惧有私，宣之则恐非宜也，进退不安。策闻之，叹笑曰："昔管子相齐，一则仲父，二则仲父，而桓公为霸者宗。今子布贤，我能用之，其功名独不在我乎！"策临亡，以弟权托昭，昭率群僚立而辅之。权每田猎，常乘马射虎，虎常突前攀持马鞍。昭变色而前曰："将军何有当尔？夫为人君者，谓能驾御英雄，驱使群贤，岂谓驰逐于原野，校勇猛兽者乎？如有一旦之患，奈天下笑何？"权谢昭曰："年少虑事不远。"权于武昌，临钓台，饮酒大醉。权使人以水洒群臣曰："今日酣饮，惟醉堕台中，乃当止耳。"昭正色不言，出外车中坐。权遣人呼昭还，谓曰："为共作乐耳，公何为怒乎？"昭曰："昔纣为糟丘酒池长夜之饮，当时亦以为乐，不以为恶也。"权嘿然有惭色，遂罢酒。每朝见言论，辞气壮厉，义形于色。曾以直言逆旨，中不进见。后遣中使劳问，因请见昭，昭曰：

"昔太后、桓王不以老臣属陛下，而以陛下属老臣，是以思尽臣节，以报厚恩，使泯没之后，有可称述，而意虑浅短，违逆盛旨，自分幽沦，长弃沟壑，不图复蒙引见，得奉帷幄。然臣愚所以事国，志在忠益毕命而已。若乃变心易虑，以偷荣取容，此臣所不能也。"权辞谢焉。权以公孙渊称藩，遣张弥、许晏至辽东，拜渊为燕王，昭谏曰："渊背魏惧讨，远来求援，非本志也。若渊改图，欲自明于魏，两使不反，不亦取笑于天下乎？"权与相反覆，昭意弥切。权不能堪，案刀而怒曰："吴国士人，入宫则拜孤，出宫则拜君，孤之敬君，亦为至矣，而数于众中折孤，孤尝恐失计。"昭孰视权曰："臣虽知言不用，而每竭愚忠者，诚以太后临崩，呼老臣于床下，遗诏顾命之言故耳。"因涕泣横流。权掷刀致地，与昭对泣。昭容貌矜严，有威风。权常曰："孤与张公言，不敢妄也。"举邦惮之。

顾谭，字子默，吴郡人也。祖父雍卒，代雍平尚书事。是时鲁王霸有盛宠，与太子和齐衡。谭上疏曰："臣闻有国有家者，必明嫡庶之端，异尊卑之礼，高下有差，阶级逾邈。如此则骨肉之恩生，觊觎之望绝。昔贾谊陈治安之计，论诸侯之势，以为势重，虽亲必有逆节之累；势轻，虽疏必有保全之祚。故淮南亲弟，不终飨国，失之于势重也；吴芮疏臣，传祚长沙，得之于势轻也。今臣所陈，非有偏，诚欲以安太子而便鲁王也。"由是霸与谭有隙。

步骘，字子山，临淮人也。拜骠骑将军，都督西陵。中书吕一典校文书，多所纠举。骘上疏曰："伏闻诸典校，摘（tī）抉细微，吹毛求瑕，重案深诬，趣陷人以成威福。无罪无辜，横受大刑，是以吏民跼（jú）天蹐（jí）地，谁不战栗？昔之狱官，唯贤是任，故民无冤枉，升泰之祚，实由此兴。今之小臣，动与古异，狱以贿成，轻忽人命，归咎于上，为国速怨，甚可仇疾。<u>明德慎罚，哲人惟刑，书传所美。</u>自今蔽狱，都下则宜咨顾雍，武昌则陆逊、潘濬，平心专意，务在得情。骘党神明，受罪何恨？此三臣者，愚虑不至则已，岂敢专擅威福，欺其所天乎？"权亦觉寤，遂诛吕一。

【重点句解读】

明德慎罚，哲人惟刑，书传所美。

"彰明美德,慎用刑罚","制裁犯罪的人当依照刑律来审案",这都是古代典籍所赞美的。

明德慎罚,语出《尚书·康诰》:"惟乃丕显考文王,克明德慎罚。"哲人惟刑,语出《书·吕刑》:"哲人惟刑,无疆之辞属于五极。"哲(古通"折")人,谓制裁犯罪者。

"明德慎罚"思想是儒家传统思想的一部分,是几千年来沿用的治理国家的智慧。

历史上几个实行暴政苛刑的朝代的覆灭,说明单一依靠刑罚并不能有效地维护社会稳定,治理国家必须"为政以德"。历代思想家、政治家在不断总结历史上兴亡更替的经验和教训中,提炼和概括出"德治"和"法治"相结合的"明德慎罚"的法制思想。

"刑乃惩恶于已然,德乃禁恶于未然。""明德慎罚"用今天的话来说就是:"坚持依法治国与以德治国相结合,实现法律和道德相辅相成、法治和德治相得益彰"。在依法治国的同时加强公民道德建设、弘扬中华优秀传统文化,把核心价值观融入百姓日常生产生活中,提升国民素质和社会文明程度。

张纮,字子纲,广陵人也。权以为长史。病卒,临困留笺曰:"自古有国有家者,咸欲修德政以比隆盛世,至于其治,多不馨香。非无忠臣贤佐,暗于治体也,由主不胜其情,弗能用耳。<u>夫人情惮难而趣易,好同而恶异,与治道相反</u>。传曰:'从善如登,从恶如崩。'言善之难也。人君承奕世之基,据自然之势,操八柄之威,甘易同之欢,无假取于人。而忠臣挟难进之术,吐逆耳之言,其不合也,不亦宜乎!虽则有衅,巧辩缘间,眩于小忠,恋于恩爱,贤愚杂错,长幼失叙,其所由来,情乱之也。故明君悟之,求贤如饥渴,受谏而不厌,抑情损欲,以义割恩,上无偏谬之授,下无希冀之望。宜加三思,含垢藏疾,以成仁覆之大。"权省书流涕。

【重点句解读】

夫人情惮难而趣易,好同而恶异,与治道相反。传曰:"从善如登,从恶如崩。"言善之难也。

　　人之常情总是害怕困难而趋向容易，喜欢与自己相同的意见，而讨厌与自己不同的意见，这与治理国家的原则刚好相反。《国语》中说："为善如登山那样不易，而为恶却像山崩那样容易。"说的就是为善的不易。

　　"从善如登，从恶如崩"这句古谚非常形象地说明了从善之难、从恶之易，不论为人处世还是为官从政，都应该成为每个人牢记的箴言。

　　为官先做人，做人先修身。修身就是择善而从，约之以礼。自古以来从善如登山，因为人性特点尤其是弱点是"惮难而趣易，好同而恶异"。因此修身并不是一蹴而就的事，而是一个长期与自己的恶习和薄弱意志作斗争的过程。

　　从善如逆水行舟，不进则退。因此要时时检视自己的身心言行，"见贤思齐焉，见不贤而内自省也"，从一点一滴做起，防微杜渐，避免"雪崩"式的道德滑坡。

　　提升道德境界，追求高尚情操，管住自己的欲望，才能做到为官一任，造福一方。一个人放纵自己，随波逐流，好逸恶劳，不思进取，不可能做一个称职的官员。

　　习近平同志在《在同各界优秀青年代表座谈时的讲话》中说："要牢记'从善如登，从恶如崩'的道理，始终保持积极的人生态度、良好的道德品质、健康的生活情趣。"

　　吕蒙，字子明，汝南人也。拜虎威将军。关羽讨樊，权遣蒙到南郡，糜芳降。蒙入据城，尽得羽及将士家属，蒙皆抚慰过于平时，故羽吏士无斗心，皆委羽降，荆州遂定，以蒙为南郡守。蒙疾发，权时在公安，迎置内殿，所以治护者万方，募封内有能愈蒙疾者，赐千金。时有减加，权为之惨戚，欲数见其颜色，又恐其劳动，常穿壁瞻之，见其小能下食则喜，顾左右言笑，不然则咄唶（jiè），夜不能寐。病中瘳，为下赦令，令群臣毕贺。后更增笃，权自临视。卒，权哀痛甚。

　　吕范，字子衡，汝南人也。迁前将军。初，策使范典主财计，权时年少，私从有求，范必关白，不敢专许，当时以此见望。权守阳羡长，有所私用，策或料覆，功曹周谷辄为传著簿书，使无谴问，权临时悦之。及后统事，以范忠诚，厚见信任；以谷能欺更簿书，不用也。

虞翻，字仲翔，会稽人也。孙策命为功曹，待以交友之礼。孙权以为骑都尉。数犯颜谏争，权不能悦，又性不协俗，多见谤毁。权既为吴王，欢宴之末，自起行酒，翻伏地阳醉，不持。权去，翻起坐。权于是大怒，手剑欲击之，侍坐者莫不遑遽，惟大司农刘基起抱权谏曰："大王以三爵之后，手杀善士，虽翻有罪，天下孰知之？且大王以能容贤畜众，故海内望风，今一朝弃之，可乎？"权曰："曹孟德杀孔文举，孤于虞翻何有哉？"基曰："孟德轻害士人，天下非之。今大王躬行德义，欲与尧舜比隆，何得自喻于彼乎？"翻由是得免。权因敕左右，自今酒后言杀，皆不得杀。翻性疏直，数有酒失，权积怒非一，遂徙翻交州。

张温，字惠恕，吴人也。容貌奇伟。权延见，文辞占对，观者倾竦，权改容加礼。拜议郎、选曹尚书，以辅义中郎将使蜀。还，权既阴衔温称美蜀政，又嫌其声名太盛，众庶炫惑，恐终不为己用，思有以中伤之，会暨艳事起，遂因此发举。艳，字子休，亦吴郡人也，温引致之，以为选曹郎，至尚书。艳性狷厉，好为清议，见时郎署杂浊，多非其人，欲令臧否区别，贤愚异贯；弹射百僚，核选三署，率皆贬高就下，其居位贪鄙、志节污卑者，皆以为军吏，置营府以处之。而怨愤之声积，浸润之谮行矣，竞言艳及选曹郎徐彪，专用私情憎爱，不由公理。艳、彪皆坐自杀。温宿与艳、彪同意，数交书疏，闻问往还，即罪温。

权幽之有司，斥还本郡。骆统表理温曰："伏惟陛下，天生明德，神启圣心，招髦秀于四海，置俊乂于宫朝。多士既受普笃之恩，张温又蒙最隆之施。而温自招罪谴，孤负荣遇，念其如此，诚可悲疚。然臣周旋之间，为国观听，深知其状，故密陈其理。温实心无他情，事无逆迹，但年纪尚少，镇重尚浅，而戴赫烈之宠，体卓伟之才，亢臧否之谈，效褒贬之议。于是务势者妒其宠，争名者嫉其才，玄默者非其谈，瑕衅者讳其议。此臣下所当详辩，明朝所当究察也。在昔，贾谊至忠之臣也；汉文，大明之君也。然而绛、灌一言，贾谊远退。何者？疾之者深，谮之者巧也。然而误闻于天下，失彰于后世。故孔子曰：'为君难，为臣不易。'温虽智非从横，武非虓（xiāo）虎，然其弘雅之素，英秀之德，文章之采，论议之辩，卓跞（luò）冠群，炜晔曜世，世人未有及之者也。故论温才即可惜，言罪则可恕。若忍威烈以赦盛德，宥贤才以敦大业，固明朝之休光，四方之丽观也。<u>君臣之义，义之最重；朋友之交，交之最轻者。</u>国家不嫌与艳为最重之义，是以温亦不嫌与艳为最轻之交也。时世宠之于上，温窃亲之于下也。臣窃念人君虽有圣哲之姿，非常之智，然以一人之身，御兆民之众，从增宫之内，瞰四国之外，照群下之情，求万机之理，犹未易周也，固当听察群下之言，以广聪明之烈。今者人非温既殷勤，臣是温又契阔，辞则俱巧，意则俱至，各自言欲为国，谁其言欲为私？仓卒之间，犹难即别。然以殿下之聪睿，察讲论之曲直，若潜神留思，纤粗研核，情何嫌而不宣，事何昧而不昭哉？温非亲臣也，臣非爱温者也。昔之君子，皆抑私忿，以增君明。彼独行之于前，臣耻废之于后，故遂发宿怀于今日，纳愚言于圣听，实尽心于明朝，非有念于温身也。"权终不纳。

【重点句解读】

君臣之义，义之最重；朋友之交，交之最轻者。

　　君臣之间的恩义，是一切恩义中最重的；朋友之间的交往，是一切交往中最轻的。

　　在古代中国，义与忠、孝、仁并列，一直是中国传统美德的重要组成部分。古人之所以把君臣之义看得最重，因为它事关国家的成败兴衰。

　　君臣之义体现了封建时代君与臣之间的道德要求与行为约束。一方面为君要爱民、从谏、礼贤下士、赏罚分明；另一方面为臣要忠心、清廉、奉公守法、敢于直谏。

　　以此来看，朋友之交，即使是最为人推崇的生死之交，与君臣之义比起来，真是太轻了。

　　如果我们把"君"换成国家和人民，把"臣"换成各级领导干部，那这句话在今天还是有着很强的现实意义。那就是决不能让亲朋故旧、同乡、同学、同事等"小圈子"的利益损害党和人民的利益。

　　骆统，字公绪，会稽人也。权召为功曹。统志在补察，苟所闻见，夕不待旦。常劝权以尊贤接士，勤求损益，飨赐之日，可人人别进，问其燥湿，加以密意，诱谕使言，察其志趣，令皆感恩戴义，怀欲报之心。权纳用焉，出为建忠郎将。是时征役繁数，重以疫疠，民户损耗，统上疏曰："臣闻君国者，以据疆土为强富，制威福为尊贵，曜德义为荣显，永世胤为丰祚。然<u>财须民生，强赖民力，威恃民势，福由民殖，德俟民茂，义以民行。</u>六者既备，然后应天受祚，保族宜邦。《书》曰：'众非后无能胥以宁，后非众无以辟四方。'推是言之，则民以君安，君以民济，不易之道也。今强敌未殄，海内未乂，三军有无已之役，江境有不释之备，征赋调数，由来积纪；加以殃疫死丧之灾，郡县荒虚，田畴芜旷，听闻属城，民户浸寡，又多残老，少有丁夫。思寻所由，小民无知，既有安土重迁之性，且又前后出为兵者，生则困苦，无有温饱，死则委弃，骸骨不反。是以尤用恋本畏远，同之于死。每有征发，赢谨居家重累者，先见输送；小有财货，倾居行赂，不顾穷尽；轻剽者则迸入险阻，党就群恶。百姓虚竭，嗷然愁扰，愁扰则不营业，不营业则致穷困，致穷困则不乐生。故口腹急，则奸心动而携叛多也。夫国之有民，犹水之有舟，停则以安，扰则以危，愚而不可欺，弱而不可胜也。是以圣王重焉，祸福由之。故与人消息，观时制政。方今长吏亲民之职，惟以辨具为能，取过目前之急，少复以恩惠为治，副称陛下天覆之仁、勤恤之德者也。官民政俗，日以凋弊，渐以陵迟，势不可久。夫治疾及其未笃，除患贵其未深。愿陛下少以万机余闲，留神思省，补复荒虚，深图远计。臣统之大愿，足以死而不朽矣。"权感统言，深加意焉。迁偏将军。数陈便宜，前后书数十上，所言皆善。

【重点句解读】

财须民生，强赖民力，威恃民势，福由民殖，德俟民茂，义以民行。

　　财富要靠民众来创造，强盛要靠民众的力量来实现，威风要凭借民众的气势来烘托，福祉要由民众来增进，道德要由民众来兴盛，仁义要凭民众来推行。

　　民本思想是中华民族优秀传统治理理念。《尚书》中说："民惟邦本，本固邦宁。"贾谊说："民者，万世之本也。"都认为国家的安危、兴亡，决定于是否得到人民的拥护。

党的十八大以来，习近平总书记多次强调，要坚持以民为本、以人为本的执政理念，让改革发展成果更多更公平惠及全体人民。他在党的十九大报告中指出："必须坚持人民主体地位，坚持立党为公、执政为民，践行全心全意为人民服务的根本宗旨。""必须坚持以人民为中心的发展思想，不断促进人的全面发展、全体人民共同富裕"。

朱据，字子范，吴郡人也。拜左将军。嘉禾中，始铸大钱，一当五百。后据部曲应受三万缗，工王遂诈而受之。典校吕壹疑据实取，考问主者，死于杖下。据哀其无辜，以厚棺敛之。壹又表据吏为据隐，故厚其殡。权数责问据，据无以自明，藉草待罪数月。典军吏刘助觉，言王遂所取，权大感寤曰："朱据见枉，况吏民乎？"乃穷治壹罪，赏助百万。

卷二十八 《吴志》治要（下）

陆逊，字伯言，吴郡人也。为镇西将军。刘备大率众来，权命逊为大都督拒之。备众奔溃。拜上大将军、右都护。逊虽身在外，乃心于国，上疏陈时事曰："臣以为科法严峻，下犯者多。顷年以来，将吏罹罪，虽不慎可责，然天下未一，当图进取，小宜恩贷，以安下情。且世务日兴，良能为先，自不奸秽人身，难忍之过，乞复显用，展其力效，此乃圣王忘过记功，以成王业也。昔汉高舍陈平之愆，用其奇略，终建勋祚，功垂千载。夫峻法严刑，非帝王之隆业；有罚无恕，非怀远之弘规也。"

赤乌七年，为丞相。先是，二宫并阙，中外职司，多遣子弟给侍。全琮报逊，逊以为子弟苟有才，不忧不用，不宜私出以要荣利，若其不佳，终为取祸，且闻二宫势敌，必有彼此，此古人之厚忌也。琮子寄，果阿附鲁王，轻为交构。逊书于琮曰："卿不师日䃅，而宿留阿寄，终为足下门户致祸矣。"琮既不纳，更以致隙。及太子有不安之议，逊上疏陈："太子正统，宜有磐石之固；鲁王藩臣，当使宠秩有差。彼此得所，上下获安。谨叩头流血以闻。"书三四上，及求诣都，欲口论嫡庶之分，以匡得失。既不听许，而逊外甥顾谭、顾承、姚信，并以亲附太子，枉见流徙。太子太傅吾粲坐数与逊交书，下狱死。权累遣中使责让逊，逊愤恚致卒也。

子抗，字幼节，迁立节中郎将。权谓曰："吾前听用谗言，与汝父大义不笃，以此负汝。前后所问，一焚灭之，莫令人见也。"孙皓即位，加镇军大将军，督信陵等军事。抗闻都下政令多阙，时何定弄权，阉官与政。抗上疏曰："臣闻开国承家，小人勿用；靖谮庸回，唐书攸戒。是雅人所以怨刺，仲尼所为叹息也。春秋已来，爰及秦、汉，倾覆之衅，未有不由斯者也。小人所见既浅，虽使竭情尽节，犹不足任，况其奸心素笃，而憎爱移易哉？苟患失之，无所不至。今委以聪明之任，假以专制之威，而冀雍熙之声作，肃清之化立，不可得也。方今见吏，殊才虽少，然或冠冕之胄，少渐道教，或清苦自立，资能足用，自可随才授职，抑黜群小，然后俗化可清，庶政无秽。"闻薛莹征下狱，抗上疏曰："夫俊乂者，国家之良宝，社稷之贵资，庶政所以伦叙，四门所以穆清也。故大司农楼玄、散骑中常侍王蕃、少府李勖，皆当世秀颖，一时显器。既蒙初宠，从容列位，而并旋受诛殄，或圮族替祀，或投弃荒裔。盖《周礼》有赦贤之辟，《春秋》有宥善之义。《书》曰：'与其杀不辜，宁失不经。'而蕃等罪名未定，大辟以加，心经忠义，身被极刑，岂不痛哉！且已死之刑，固无所识，至乃焚烁流漂，弃之水滨，惧非先王之正典，或甫侯之所戒也。是以百姓哀耸，士民同戚。蕃、勖永已，悔亦靡及，诚望陛下赦召玄出，而顷闻薛莹卒见逮录。莹父综，纳言先帝，傅弼文皇，及莹承基，内厉名行，今之所坐，罪在可宥。臣惧有司未详其事，如复诛戮，益失民望，乞垂天恩，原赦莹罪，哀矜庶狱，清澄刑网，则天下幸甚！"

孙登，字子高，权长子也。权为吴王，立登为太子，选置师傅，铨简秀士，以为宾友。登或射猎，远避良田，不践苗稼，至所顿息，又择空闲之地，其不欲烦民如此。尝乘马出，有弹丸过，左右求之。有一人操弹佩丸，咸以为是，辞对不服，从者欲捶之。登不听，使求过丸，比之非类，乃见释。又失盛水金马盂，觉得其主，左右所为，不忍致罚，呼责数之，长遣归家，敕亲近勿言。

孙和，字子孝。立为太子。常言，当世士人宜讲修术学，校习射御，以周世务，而但交游博弈，以妨事业，非进取之谓。后群寮侍宴，言及博弈，以为妨事费日，而无益于用，劳精损思，而终无所成，非所以进德修业、积累功绪也。且志士爱日惜力，君子慕其大者。凡所患者，在于人情所不能绝，诚能<u>绝无益之欲，以奉德义之途；弃不急之务，以修功业之基</u>，其于名行，岂不善哉？夫人情犹不能无嬉娱，嬉娱之好，亦在于饮宴琴书射御之间，何必博弈以为欢。乃命侍坐者八人，各著论以矫之。于是中庶子韦曜，退而论奏，和以示宾客。时蔡颖好弈，直事在署者颇效焉，故以此讽之。是后王夫人与全公主有隙。权尝寝疾，和祠祭于庙，和妃叔父张休居近庙，邀和过所居。全公主使人觇，因言太子不在庙中，专就妃家计议。又言王夫人见上寝疾，有喜色。权由是发怒，夫人忧死，和宠稍损，惧于废黜。鲁王霸觊觎滋甚，陆逊、吾粲、顾谭等数陈嫡庶之义，理不可夺，全寄、杨竺等为霸支党，谮诉日兴。粲遂下狱诛，谭徙交州。权沉吟者历年，〔殷基《通语》曰："初权既立和为太子，而封霸为鲁王，初拜犹同宫室，礼秩未分，群公之议，以为太子、国王礼秩有异，于是分宫别僚，而隙端开矣。自侍御宾客，造为二端，仇党疑二。中外官僚将相大臣，举国中分。权患之，于是有改嗣之规矣。"〕后遂幽闭和。于是骠骑将军朱据、尚书仆射屈晃率诸将吏泥头自缚，连日诣阙请和。权甚恶之，无难督陈正、五营督陈象上书，称引晋献公杀申生，立奚齐，晋国扰乱，又据、晃固谏不止。权大怒，族诛正、象，牵晃入殿，杖一百，〔《吴历》曰："晃入，日谏曰：'太子仁明，显闻四海。今三方鼎峙，实不宜摇动太子，以生众心。愿陛下少垂圣虑，老臣虽死，犹生之年。'叩头流血，辞气不挠。讳晃言，斥还田里。"〕竟徙和于故鄣，群司坐谏诛放者十数。众咸冤之。〔《吴书》曰："权寝疾，意颇感寤，欲征和还立之，全公主及孙峻、孙弘固争之，乃止。"〕封和为南阳王，遣之长沙。诸葛恪被诛，孙峻遣使者赐死。举邦伤焉。

【重点句解读】

绝无益之欲，以奉德义之途；弃不急之务，以修功业之基。

断绝无益的欲望，来遵循仁德信义之道；放弃无关紧要的事情，来修习建功立业的根基。

这是孙权之子孙和针对当时一些官僚热衷交朋友、下围棋并因此而耽误公事有感而发。韩愈说："业精于勤，荒于嬉。"一个有理想、有抱负的人对自己的要求要更加严格，在人生的道路上要有更高的追求。

"文武之道，一张一弛"，正确处理学习和娱乐、工作和娱乐的关系，可以收到缓解工作压力、消除身心疲惫、陶冶性情、增强体质的效果。邓小平1952年就学会了打桥牌，有媒体称他为中国桥牌运动的创始人。习近平号召大家尤其是领导干部要"爱读书、读好书、善读书"，因为"读书可以让人保持思想活力，让人得到智慧启发，让人滋养浩然之气。"

孙霸，字子威，和弟也。和为太子，霸为鲁王，宠爱崇特，与和无殊。顷之，和、霸不穆之声闻于权耳，权禁断往来。时全寄、吴安、孙奇、杨竺等阴共附霸，图危太子。谮毁既行，太子以败，霸亦赐死。流竺尸于江，又诛寄、安、奇等，咸以党霸构和故也。

潘濬（jùn），字承明，武陵人也。权称尊号，拜为少府，〔《江表传》曰："权数射雉，濬谏权，权曰：'相与别后，时时暂出耳，不复如往日之时。'濬曰：'天下未定，万机务多，射雉非急，弦绝括破，皆能为害，乞特为臣故息置之。'濬出，见雉翳故在，乃手自撤坏之。权由是不复射雉。"〕迁太常。时校事吕壹，操弄威柄，奏按丞相顾雍、左将军朱据等，皆见禁止。濬求朝，欲尽辞极谏。至，闻太子登已数言之而不见从，濬乃大请百寮，欲因会手刃杀壹，以一身当之，为国除患。壹密闻知，称疾不行。濬每进见，无不陈壹之奸险也。由此壹宠渐衰，后遂诛戮。权引咎责躬也。

陆凯，字敬风，吴郡人也。孙皓立为左丞相。时徙都武昌，杨土百姓溯流供给，以为患苦，又政事多谬，黎元穷匮。凯上疏曰："臣闻<u>有道之君，以乐乐民；无道之君，以乐乐身。乐民者，其乐弥长；乐身者，不久而亡。</u>夫民者，国之根也，诚宜重其食，爱其命。民安则君安，民乐则君乐。自顷年以来，君威伤于桀、纣，君明暗于奸雄，君惠闭于群孽。无灾而民命尽，无为而国财空，辜无罪，赏无功，使君有谬误之愆，天为作妖。而诸公卿媚上以求爱，困民以求饶，导君于不义，败政于淫俗，臣窃为痛心。今邻国交好，四边无事，当务息役养士，实其府库，以待天时。而更倾动天心，摇扰万姓，使民不安，大小呼嗟，此实非保国养民之术也。

【重点句解读】

有道之君，以乐乐民；无道之君，以乐乐身。乐民者，其乐弥长；乐身者，不久而亡。

有道之君，用快乐的事使百姓快乐；无道之君，用快乐的事使自己快乐。使百姓快乐的君主,他的快乐将更加长久;只是使自己快乐的君主,不久便会灭亡。

"以乐乐民"与"以乐乐身",两种"乐乐"泾渭分明,迥然不同。与民同乐者,必然得到人民的拥护,其江山就会自然巩固。如果一味沉溺于自身安乐中,就会失去民心。其统治自然会被推翻。

这就是民本思想,是中华民族几千年来治理国家的基本国策,是我国优秀传统文化宝库中重要的思想资源。民本思想发端于商周时代,后经历代思想家不断地加以充实和丰富,提出了诸如"敬民""爱民""重民""尊民""亲民""富民""乐民"等观点,认为人民是国家的主体,君主要想保证邦固国宁,就必须得民心、顺民意,与民同乐,这样才能得到人民的爱戴拥护。

新时期的民本思想,就是要坚持发展为了人民,坚持发展成果由人民共享。切实解决民众最关心的教育、就业、养老、医疗卫生、社会保障等实际问题,逐步实现共同富裕。

"昔秦所以亡天下者,但坐赏轻而罚重,刑政错乱,民力尽于奢侈,目眩于美色,志浊于财宝,邪臣在位,贤哲隐藏,百姓业业,天下苦之,是以遂有覆巢破卵之忧。汉所以强者,躬行诚信,听谏纳贤,惠及负薪,躬请岩穴,广采博察,以成其谋。此往事之明证也。近者汉衰,三家鼎立,曹失纲纪,晋有其政。又益州危险,兵多精强,闭门固守,可保万世,而刘氏与夺乖错,赏罚失所,君恣意于奢侈,民力竭于不急,是以为晋所伐,君臣见虏。此目前之明验也。

"臣暗于大理,文不及义,智慧浅劣,无复冀望,窃为陛下惜天下耳。臣谨奏耳目所闻见,百姓所为烦苛,刑政所为错乱,愿陛下息大功,损百役,务宽荡,忽苛政。

"又武昌土地,实危险而塉埆(jí què),非王都安国养民之处。且童谣言:'宁饮建业水,不食武昌鱼;宁还建业死,不止武昌居。'臣闻童谣之言,生于天心,乃以安居而比死,足明天意,知民所苦也。臣闻:'国无三年之储,谓之非国。'而今无一年之畜,此臣下之责也。而诸公卿位处人上,禄延子孙,曾无致命之节、匡救之术,苟进小利于君,以求容媚,荼毒百姓,不为君计也。自从孙弘造义兵以来,耕种既空废,所在无复输入,而分一家,父子异役,廪食日张,畜积日耗,民力困穷,鬻卖儿子,调赋相仍,日以疲极。加有临官,务行威势,所在搔扰,更为烦苛。民苦二端,财力再耗,此为无益而有损也。愿陛下一息此辈,以镇抚百姓之心。此犹鱼鳖得免毒蜇之渊,鸟兽得离罗网之纲,四方之民襁负而至矣。如此,民可得保,先王之国存焉。

"臣闻:'明王圣主取士以贤,非求颜色而取好服、捷口、容悦者也。'臣伏见当今内宠之臣,位非其人,任非其量,不能辅国匡时,群党相扶,害忠隐贤。愿陛下简文武之臣,各尽其忠,拾遗万一,则康哉之歌作,刑错之理清。愿陛下留神,思臣愚言。"

时殿上列将何定,佞巧便僻,贵幸任事,凯面责定曰:"卿见前后事主不忠,倾乱国政,宁有得以寿终者?何以专心奸邪,秽尘天听?宜自改厉。不然,方见卿有不测之祸矣。"定大恨凯,思中伤之,凯终不以为意,乃心公家,义形于色。疾病,皓遣中书令董朝,问所欲言,凯陈:"何定不可任用,宜授外任,不宜干与事。姚信、楼玄、贺邵、张悌、郭逴(chuō)、薛莹,或清白忠勤,或姿才卓茂,皆社稷之桢干,国家之良辅,愿陛下重留神思,访以时务。"皓遣亲近赵钦,口诏报凯曰:"孤动遵先帝,有何不平?君所谏非也。又建业宫不利,故避之,而宫室衰耗,何以不可徙乎?"

凯上疏曰:"臣窃见陛下执政事以来,阴阳不调,五星失晷,职司不忠,奸党相扶,是陛下不遵先帝之所致也。夫王者之兴,受之于天,修之由德,岂在宫乎?而陛下不咨之公辅,便盛意驱驰,六军流离,就令陛下身得安,百姓愁劳,何以用治?此不遵先帝一也。臣闻有国以贤为本,夏杀龙逢,殷获伊挚,斯前世之明效,今日之师表也。中常侍王蕃,黄中通理,处朝忠謇,斯社稷之重镇、大吴之龙逢也。而陛下忿其苦辞,恶其直对,枭之殿堂,尸骸暴弃。邦内伤心,有识悲悼,咸以吴国夫差复存。先帝亲贤,陛下反之,是不遵先帝二也。臣闻宰相,国之柱也,不可不强,是故汉有萧、曹之佐,先帝有顾、步之相。而万彧琐才凡庸之质,昔从家隶,超步紫闼,于彧已丰,于器已溢,而陛下爱其细介,不访大趣,荣以尊辅,越尚旧臣,贤良愤惋,智士赫咤,是不遵先帝三也。先帝爱民过于婴孩,民无妻者以妾妻之,见单衣者以帛给之,枯骨不收而取埋之。而陛下反之,是不遵先帝四也。昔桀、纣灭由妖妇,幽、厉乱在嬖妾。先帝鉴之，以为身戒，故左右不置淫邪之色，后房无旷积之女。今中宫万数，不备嫔嫱，外多鳏夫，女吟于中，是不遵先帝五也。先帝忧劳万机，犹惧有失。陛下临祚以来，游戏后宫，眩惑妇女，乃令庶事多旷，下吏容奸欺，是不遵先帝六也。先帝笃尚朴素，服不纯丽，宫无高台，物无雕饰。而陛下征调州郡，竭民财力，土被玄黄，宫有朱紫，是不遵先帝七也。先帝外杖顾、陆、朱、张，内近胡综、薛莹，是以庶绩雍熙，邦内清肃。今者外非其任，内非其人，陈声、曹辅，斗筲小吏，先帝之所弃，而陛下幸之，是不遵先帝八也。先帝每宴见群臣，抑损醇酰，臣下终日无失慢之尤。而陛下拘以视瞻之敬，惧以不尽之酒，无异商辛长夜之饮，是不遵先帝九也。昔汉之桓、灵，亲近宦竖，大失民心。今高通、羊度，黄门小人，而陛下赏以重爵，权以戎兵。若江渚有难，则度等之武不能御侮明矣，是不遵先帝十也。今宫女旷积，而黄门复走州郡，条牒民女，有钱则舍，无钱则取，怨呼道路，母子死诀，是不遵先帝十一也。先帝在时，亦养诸王太子，若取乳母，其夫复役，赐与钱财，时遣归来，视其弱息。今则不然，夫妇生离，夫故作役，儿从后死，家为空户，是不遵先帝十二也。先帝叹曰：'国以民为本，民以食为天，衣其次也，三者，孤存之于心。'今则不然，农桑并废，是不遵先帝十三也。先帝简士，不拘贵贱，任之乡间，效之于事，举者不虚，受者不妄。今则不然，浮华者登，朋党者进，是不遵先帝十四也。先帝战士，不给他役，江渚有事，责其死效。今之战士，供给众役，廪赐不赡，是不遵先帝十五也。夫赏以劝功，罚以禁邪，赏罚不中，则士民散失。今江边将士，死不见哀，劳不见赏，是不遵先帝十六也。今在所监司，已为烦猥，兼有内使，扰乱其中，一民十吏，何以堪命？是不遵先帝十七也。夫校事，吏民之仇。先帝末年，虽有吕壹、钱钦等，皆诛夷以谢百姓。今复张立校曹，纵吏言事，是不遵先帝十八也。先帝时，居官者咸久于其位，然后考绩黜陟。今州郡职司，或莅政无几，便征召迁转，纷纭道路，伤财害民，于是为甚，是不遵先帝十九也。先帝每察竟解之奏，常留心推接，是以狱无冤囚，死者吞声。今则违之，是不遵先帝二十也。若臣言可录，藏之盟府。如其虚妄，治臣之罪。愿陛下留意。"

〔《江表传》曰："皓所行弥暴，凯知其将亡，上表曰：'臣闻<u>恶不可积，过不可长。</u>是以古人惧不闻非，立敢谏之鼓。武公九十，思闻警诫。臣察陛下，无思警诫之义，而有积恶之渐，臣深忧之，故略陈其要。陛下宜克己复礼，述履前德，不可捐弃臣言，而放奢意。意日奢，情日至；吏日欺，民日离。则上不信下，下当疑上，骨肉相刻，公子将奔。臣虽愚暗于天命，以心审之，败不过二十稔（rěn）也。臣常忿亡国之人夏桀、殷纣，亦不可使后人复忿陛下也。臣受国恩，奉朝三世，复以余年，值遇陛下，不能循俗，与众沉浮。若比干、伍员，以忠见戮，以正见疑，自谓毕足，无所余恨，灰身泉壤，无负先帝，愿陛下九思，社稷存焉。'初，皓始起宫，凯上表谏，不听。凯重表曰：'臣闻宫功当起，夙夜反侧，是以频烦上事，往往留中，不见省报，於邑叹息。昨食时，被诏曰：君所陈，诚是大趣，然未合鄙意，如何？此宫殿不利，宜当避之，乃可以妨劳役，长坐不利宫乎？父之不安，子亦何倚？臣伏读一周，不觉气结于胸，而涕泣雨集。臣年已六十九，荣禄已重，于臣过望，复何所冀？所以勤勤数进苦言者，臣伏念大皇帝创基立业，劳苦勤至。今强敌当涂，西州倾覆，孤疲之民，宜当畜养，广力肆业，以备有虞。且始徙都，属有军征，战士流离，州郡摇扰，而大功复起，征召四方，斯非保国致治之渐也。臣闻为人主者，禳灾以德，除咎以义。今宫室之不利，但当克己复礼，笃祖宗之至道，愍黎庶之困苦，何忧宫之不安、灾之不销乎？陛下不务修德而筑宫，若德之不修，行之不贵，虽殷辛之瑶台，秦始之阿房，何止而不丧身覆国，宗庙作墟乎？夫兴土功，高台榭，既致水旱，民又多疾，其不疑也。为父长安，使子无倚，此乃子离于父、臣离于陛下之象也。臣子一离，虽念刮骨肉，茅茨不剪，复何益焉？太皇帝之时，寇钞慑威，南州无事，尚犹冲让，未肯筑宫，况陛下危侧之世，乏太皇帝之德，可不思哉？可不虑哉？愿陛下留意，臣不虚言也。'"）

【重点句解读】

恶不可积，过不可长。

恶不可积累，过失不可增长。

善良与邪恶势如水火，绝不可和平共处，坏事不可积累，过错不应滋长。否则，积小恶为大罪，积小过成大错，最后必然会造成不可收拾的局面。因此，即使是小的错误，也要引起警惕，不可等闲视之。

道德的养成不是一朝一夕的事情，它是日积月累的结果。"勿以善小而不为，勿以恶小而为之"被很多人引为座右铭，因为下面还有一句话更发人深省："善不积不足以成名，恶不积不足以灭身。"

曾子曰："吾日三省吾身。"事物都有从量变到质变的过程，所以要防微杜渐，当错误的思想和行为刚有苗头或征兆时，就加以预防与制止，不让它继续发展。

楼玄，字承先，沛郡人也。孙皓即位，为大司农，主殿中事，应对切直，渐见责怒。后人诬白玄与贺邵相逢，驻共耳语大笑，谤讪政事，遂被诏诘责，送付广州。徙交趾，别敕令杀之。

贺邵，字兴伯，会稽人也。孙皓时，迁中书令。皓凶暴骄矜，政事日弊，邵上疏谏曰："古之圣王，所以潜处重闱之内而知万里之情，垂拱衽席之上而明照八极之际者，任贤之功也。陛下宜旌贤表善，以康庶政。自顷年以来，朝列纷错，真伪相贸，上下空任，文武旷位，外无山岳之镇，内无拾遗之臣。佞谀之徒抚翼天飞，干弄朝威，盗窃荣利，而忠良排坠，信臣被害。是以正士摧方，而庸臣苟媚，遂使清流变浊，忠臣结舌。陛下处九天之上，隐百重之室，言出风靡，令行景从，亲洽宠媚之臣，日闻顺意之辞，将谓此辈实贤，而天下已平也。臣心所不安，敢不以闻？

"臣闻兴国之君乐闻其过，荒乱之主乐闻其誉。闻其过者，过日消而福臻；闻其誉者，誉日损而祸至。是以古之人君，揖让以进贤，虚己以求过，譬天位于乘奔，以虎尾为警戒。至于陛下，严刑法以禁直辞，黜善士以逆谏臣，眩耀毁誉之实，沉沦近习之言。故常侍王蕃忠恪在公，才任辅弼，以酲(chéng)酒之间，加之大戮。近鸿胪葛奚，先帝旧臣，偶有逆迕昏醉之言耳，三爵之后，礼所不讳，陛下猥发雷霆，谓之轻慢，饮之醇酒，中毒殒命。自是之后，海内悼心，朝臣失图，仕者以退为幸，居者以出为福，诚非所以保光洪绪，熙隆道化也。

"又何定本趋走小人，仆隶之下，身无锱铢之行，能无鹰犬之用，而陛下爱其佞媚，假其威柄，使定恃宠放恣，自擅威福，口正国议，手弄天机，上亏日月之明，下塞君子之路。臣窃观天变，自比年已来，阴阳错谬，四时逆节，日蚀地震，中夏殒雹，参之典籍，皆阴气陵阳，小人弄势之所致也。臣尝览书传，验诸行事，灾祥之应，可为寒栗。昔高宗修己，以消鼎雉之异；宋景崇德，以退荧惑之变。愿陛下上惧皇天谴告之诮，下追二君禳灾之道，远览前代任贤之功，近寤今日谬授之失，清澄朝位，旌叙俊乂，放退佞邪，抑夺奸势，广延淹滞，容受直辞，祗承乾指，敬奉先业，则大化光敷，天人望塞矣。

"传曰：'国之兴也，视民如赤子；其亡也，以民为草芥。'陛下昔韬神光，潜德东夏，以圣哲茂姿，龙飞应天，四海延颈，八方拭目，以成、康之化，必隆于旦夕也。自登位已来，法禁转苛，赋调益繁。在所长吏，迫畏罪负，严法峻刑，蹙民求办。是以人力不堪，家户离散，呼嗟之声，感伤和气。又，江边成兵，宜时优育，以待有事，而征发赋调，烟至云集，衣不全短褐，食不赡朝夕，出当锋镝之难，入抱无聊之戚，是以父子相弃，叛者成行。愿陛下宽赋除烦，省诸不急。夫民者国之本也，食者民之命也。今国无一年之储，家无经月之畜，而后宫坐食万有余人，内有离旷之怨，外有损耗之费，使库廪空于无用，士民饥于糟糠。

"又，北敌注目，伺国盛衰，陛下不恃己之威德，而怙敌之不来，忽四海之困穷，而轻虏之不为难，诚非长策庙胜之要也。昔大皇帝创基南夏，割据江山，虽承天赞，实由人力，余庆遗祚，至于陛下。陛下宜勉崇德器，以光前烈，何可忽显祖之功勤，轻难得之大业哉？臣闻'否泰无常，吉凶由人'。长江之限不可久恃，苟我不守，一苇可航也。昔秦建皇帝之号，据殽函之阻，德化不修，法政苛酷，毒流生民，忠臣杜口，是以一夫大呼，社稷倾覆。近刘氏据三关之险，守重山之固，可谓金城石室，万世之业。任授失贤，一朝丧没，君臣系颈，共为羁仆。此当世之明鉴，目前之炯戒也。愿陛下远考前事，近鉴世变，丰基强本，割情从道，则成康之治兴，而圣祖之祚隆矣。"

书奏，皓深恨之。邵奉公贞正，亲近所惮。乃共谮邵与楼玄谤毁国事，俱被诘责。玄见送南州，邵原复职。后邵中恶风，口不能言，去职数月。皓疑其托疾，掠考千所，卒无一言，竟杀之，家属徙临海，并下诏，诛玄子孙。

韦曜，字弘嗣，吴郡人也。迁太子中庶子。时蔡颖亦在东宫，性好博弈，太子和以为无益，命曜论之。其辞曰："盖闻君子耻当年而功不立，疾没世而名不称，故曰'学如不及，犹恐失之'。是以古之志士，悼年齿之流迈，而惧名称之不建也，故勉精厉操，不遑宁息。且以西伯之圣、姬公之才，犹有日昃待旦之劳，故能隆王道，垂名亿载，况在臣庶，而可以已乎？历观古今功名之士，皆有积累殊异之迹，劳身苦体，契阔勤思，平居不惰其业，穷困不易其素。是以卜式立志于耕牧，而黄霸受道于囹圄，终有崇显之福，以成不朽之名。故山甫勤于夙夜，而吴汉不离公门，岂有游惰哉？

"而今之人，多不务经术，好玩博弈，废事弃业，忘寝与食，穷日尽明，继以脂烛。当其临局交争，雌雄未决，专精锐意，心劳体倦，人事旷而不修，宾旅阙而不接，虽有太牢之馈、韶夏之乐，不暇存也。或至赌及衣物，徙棋易行，廉耻之意弛，而忿戾之色发。其所志不出一枰之上，所务不过方罫（guǎi）之间，胜敌无封爵之赏，获地无兼土之实。技非六艺，用非经国，立身者不阶其术，征选者不由其道。求之于战陈，则非孙、吴之伦也；考之于道艺，则非孔氏之门也。以变诈为务，则非忠信之事也；以劫杀为名，则非仁者之意也。而空妨日废业，终无补益，是何异设木而击之、置石而投之哉！且君子之居室也，勤身以致养，其在朝也，竭命以纳忠，临事且犹旰食，而何博弈之足耽乎？夫然，故孝友之行立，贞纯之名彰也。

"方今大吴受命，海内未平，圣朝乾乾，务在得人。勇略之士则受熊虎之任，儒雅之徒则处龙凤之署。百行兼苞，文武并骛，博选良才，旌简髦俊，设程试之科，垂金爵之赏，诚千载之嘉会，百世之良遇也。当世之士，宜勉思至道，爱功惜力，以佐明时，使名书史籍，勋在盟府，乃君子之上务，当今之先急也。夫一木之枰，孰与方国之封？枯棋三百，孰与万人之将？衮龙之服，金石之乐，足以兼棋局而贸博弈矣。设令世士移博弈之力，而用之于诗书，是有颜、闵之志也；用之于智计，是有良、平之思也；用之于资货，是有猗顿之富也；用之于射御，是有将帅之备也。如此则功名立而鄙贱远矣。"

孙皓即位，为侍中，常领左国史。时在所承指，数言瑞应。皓以问曜，曜答曰："此人家笥箧中物耳。"又，皓欲为父和作纪，曜执以和不登帝位，宜名为传。如是者非一，渐见责怒。曜益忧惧，自陈衰老求去，皓终不听。皓每飨宴，无不竟日，坐席无能否，率以七升为限，虽不悉入口，皆浇灌取尽。曜素饮酒不过二升，初见礼时，常为裁减，或密赐茶荈

（chuǎn）以当酒。至于宠衰，更见逼强，辄以为罪。又于酒后使侍臣难折公卿，以嘲弄侵刻、发摘私短以为欢，时有忿过，或误犯皓讳，辄见收缚，至于诛戮。曜以为外相毁伤，内长尤恨，使不济济，非佳事也，故但示难问，经义言论而已。皓以为不承用诏命，意不忠尽，遂积前后嫌忿，收曜付狱。华覈（hé）连上疏救曜，皓不许，遂诛曜也。

华覈，字永先，吴郡人也。为中书丞。孙皓更营新宫，制度弘广，饰以珠玉，所费甚多。时盛夏兴功，农守并废，覈上谏疏曰："臣闻汉文之世，九州晏然，当此之时，皆以为泰山之安，无穷之基也。至于贾谊，独以为可痛哭及流涕者三，长大息者六，乃曰方今之势，何异抱火措之积薪之下而寝其上。窃以曩时之事，揆今之势。谊云：'复数年间，诸王方刚，欲以此为治，虽尧舜不能安。'而今大敌据九州之地，有大半之众，习攻战之余术，乘戎马之旧势，非徒汉之诸王淮南、济北而已。谊之所谓痛哭，比今为缓；抱火卧薪之喻，于今为急。诚宜住建立之役，先备豫之计，勉垦植之业，为饥乏之救。若舍此急，尽力功作，卒有风尘不虞之变，当委版筑之役，应烽燧之急，驱怨苦之众，赴白刃之难，此乃大敌所因为资也。如但固守，旷日持久，则军粮必乏，不待接刃，而战士已困矣。王者以九域为宅，天下为家，不与编户之民转徙同也。今之宫室，先帝所营，卜土立基，非为不祥。又杨市土地与宫连接，若大功毕竟，舆驾迁住，门行之神，皆当转移，犹恐长久未必胜旧。屡迁不可，留则有嫌，此乃愚臣所以夙夜为忧灼也。臣省《月令》：'季夏之月，不可以兴土功，不可以会诸侯，不可以起兵动众，举大事必有大凶。'六月戊己，土行正王，既不可犯，加又农月，时不可失。昔鲁隐夏城中丘，《春秋》书之，垂为后戒。今筑宫为长世之洪基，而犯天地之大禁，袭《春秋》之所书，废敬授之上务，臣以愚管，窃所不安。又恐所召离民，或有不至，讨之则废役兴事，不讨则日月滋蔓。若悉并到，大众聚会，希无疾病。且人心安则思善，苦则怨叛。今当角力中原，以定强弱，正于际会，彼益我损，此乃雄夫智士所以深忧也。臣闻先王治国，无三年之储，曰国非其国。安宁之世，戒备如此，况敌强大而忽农忘畜。若上下空乏，运漕不供，北敌犯疆，使周、邵更生，良、平复出，不能为陛下计明矣。"书奏，皓不纳。

后迁东观令，领右国史。时仓廪无储，世俗滋侈，覈上疏曰："今寇虏充斥，征伐未已，居无积年之储，出无应敌之畜，此乃有国者所宜深忧也。夫财谷所生，当出于民，趋时务农，国之上务。而都下诸官，所掌别异，各自下调，不计民力，辄与近期。长吏畏罪，昼夜催民，委舍田事，遑赴会日，定送到都，或蕴积不用，而徒使百姓消力失时。到秋收月，督其限入，夺其播殖之时，而责其今年之税，如有逋悬，则籍没财物，故家户贫困，衣食不足。宜暂息众役，一心农桑。古人称：'一夫不耕，或受其饥；一女不织，或受其寒。'是以先王治国，唯农是务。军兴已来，已向百载，农人废南亩之务，女工失机杼之业。推此揆之，则蔬食而长饥、薄衣而履冰者，固不少矣。臣闻主之所求于民者二，民之所望于主者三。二谓求其为己劳也，求其为己死也；三谓饥者能食之，劳者能息之，有功者能赏之。民已致其二事，而主失其三望者，则怨心生而功不建。今帑藏不实，民劳役猥，主之二求已备，民之三望未报。且饥者不待美馔备羞而后饱，寒者不俟狐貉而后温，为味者口之奇、文绣者身之饰也。今事多而役繁，民穷而俗奢，百工作无用之器，妇人为绮靡之饰，不勤麻枲（xǐ），并绣文黼黻（fǔ fú），转相仿效，耻独无有。兵民之家，犹复逐俗，内无担石之储，而出有绫绮之服。至于富贾商贩之家，奢恣尤甚。天下未平，百姓不赡，宜一生民之原，丰谷帛之业。而弃功于浮华之巧，妨日于侈靡之事，上无尊卑等级之差，下有耗财费力之损。且美貌者，不待华采以崇好；艳姿者，不待文绮以致爱。五色之饰，足以丽矣。若极粉黛，穷盛服，未必无丑妇；废华采，去文绣，未必无美人也。若实如所论，有之无益，废之无损者，何爱而不暂禁，以充府藏之急乎？此救乏之上务，富国之本业也，使管、晏复生，无以易此。汉之文、景，承平继统，天下已定，四方无虞，犹以雕文之伤农事，锦绣之害女工，开国家之利，杜饥寒之本。况今六合分乖，豺狼充路，兵不离疆，甲不解带，而可以不广生财之原，充府藏之积哉？"

卷二十九 《晋书》治要（上）

【唐】房玄龄等 撰

【导读】

房玄龄（579—648），名乔，字玄龄，齐州临淄（今山东淄博临淄区）人。唐初名相，政治家，凌烟阁二十四功臣之一。

《晋书》，房玄龄等二十一人合撰。记载上起三国时期司马懿，下至东晋恭帝元熙二年（420）刘裕废晋帝自立代晋的历史。该书同时还以"载记"形式，记述了十六国政权的状况。唐太宗也在宣帝（司马懿）、武帝（司马炎）二纪及陆机、王羲之两传写了四篇史论，题"御撰"。

原有叙例、目录各一卷，帝纪十卷，志二十卷，列传七十卷，载记三十卷，共一百三十二卷。后来叙例、目录失传，今存一百三十卷。

中国自唐太宗时开始设馆修史，修成六部正史，《晋书》便是其中的第一部。在唐以前，即有十八家晋史传世，而实际上则多达二十余家。唐太宗认为这些晋史有种种缺陷，"制作虽多，未能尽善"，于贞观二十年（646）下诏修《晋书》。

《晋书》以南朝齐人臧荣绪［（415—488），自号被褐先生，东莞莒（今山东莒县）人，南朝齐历史学家，不入官场，潜心著述］的《晋书》为蓝本，同时参考其他诸家晋史和有关著作，从贞观二十年（646）开始撰写，至贞观二十二年（648）写成。

《晋书》有四个特点：

第一是作者众多，而且都留下了姓名，这在历代皇朝修史中是不多见的。

第二是体例创新。《晋书》有"载记"三十卷，记匈奴、鲜卑、羯、氐、羌等少数民族政权即"十六国"史事，这是《晋书》在纪传体史书体例上的一个创造。

第三是补旧史之不足。补充了曹魏屯田、兴修水利、发展农业、经营西北等史实。《食货志》所记东汉、三国时代的经济发展，可补《后汉书》《三国志》之不足。

第四是记载完备。收录的大量诏令、奏疏、书札及文章，有重要史料价值。《晋书》问世后，"言晋史者，皆弃其旧本，竞从新撰"，说明它的影响。

《群书治要》所选分为《纪》《后妃传》《王侯传》《刑法志》《百官志》《传》六部分。《纪》中仅录武、惠、成、简文等四位皇帝；《后妃传》仅录杨、贾二位皇后；《王侯传》仅录琅耶王伷等十人；《刑法志》主要辑录刘颂关于刑法的表疏，《百官志》主要辑录中书郎李重关于精简机构、选用贤臣的论述，《传》内主要辑录刘毅、裴顾等十三位名臣传略与奏疏。在夹注中，大段辑录孙盛、干宝等家关于晋史的论述，保存了一些极其珍贵的史料，也体现了魏徵的政治思想和治国主张。

·纪·

武皇帝讳炎，字安世，文帝太子也。泰始五年，廷尉上西平民麹（qū）路，伐登闻鼓，言多妖妄毁谤。帝诏曰："<u>狂狷怨诽，亦朕之愆，勿罪也。</u>"〔孙盛《阳秋》云："泰始八年，帝问右将军皇甫陶论事，陶固执所论，与帝争言，散骑常侍郑徽表求治罪。诏曰：'謇言謇谔，直意尽辞，所望于左右也。人主常以阿媚为患，岂以争臣为损乎？陶所执不愆此义，而徽越职奏之，岂朕意乎？'乃免徽官也。"〕咸宁四年，太医司马程据献雉头裘。诏曰："异服奇技，典制所禁也。"其于殿前烧裘。甲申，敕内外敢有犯者，依礼治罪。太康元年，吴主孙皓降。有司奏："晋德隆茂，光被四表。吴会既平，六合为一。宜勒封东岳，以彰圣德。"帝曰："此盛德之事，所未议也。"群臣固请，弗听。〔干宝《纪》云："太康五年，侍御史郭钦上书曰：'戎狄强横，自古为患。魏初民寡，西北诸边郡，皆为戎居。今虽伏从，若百年之后，有风尘之警，胡骑自平阳、上党，不三日而至孟津。北地、西河失土,冯翊(yì)、太原、安定,裁居数县。其余及上郡,尽为狄庭,连接畿甸。宜及平吴之威,出北地、西河、安定,复上郡,实冯翊、平阳北统河诸县,募取死罪,徙三河三魏见士四万家以充之,使裔不乱华。渐徙平阳、弘农、魏郡、京兆、上党、太原杂胡,出于其表。峻四夷出入之防,明先王荒服之制,万世之长策也。'弗纳。"荀绰《略记》云:"世祖自平吴之后,天下无事,不能复孜孜于事物,始宠用后党。由此祖祢采择嫔媛,不拘拘华门。父兄以之罪衅,非正形之谓;扃禁以之攒聚,实耽秽之甚。昔武王伐纣,归倾宫之女,助纣为虐。而世祖平皓,纳吴姬五千,是同皓之弊也。"〕

【重点句解读】

狂狷怨诽,亦朕之愆,勿罪也。

虽然是狂妄偏激、埋怨诽谤的话,但也说明我存在过失,不要惩处上书人。

史称晋武帝司马炎气量宽仁大度,从这句话中可以得到印证。

纵览中国古代盛衰兴替的历史,广开言路,从谏如流,往往是良政善治的开端;壅蔽言路,闭目塞听,常常是政治衰败的前兆。所以历代的明君贤臣,都或多或少地或实际或口头地提倡广开言路,纳谏听议。

对一个位高权重的领导人来说,能够心平气和地面对尖锐的批评,也不是一件容易的事,要有极高的道德修养和宽宏的气量才能做到。

习近平同志在《之江新语》中说:"一把手"的领导艺术,就在于有容人之气度、纳谏之雅量,充分发挥党内民主,确保决策的民主化和科学化,确保党委班子认识上的统一和行动上的一致。

惠皇帝讳衷,字正度,武帝太子也。永平元年,迁皇太后于永宁宫。贾后讽群臣奏废皇太后为庶人,居于金墉城。九年,贾后诬奏皇太子有悖书,帝幸式乾殿,召公卿百官皆入,诏赐太子死,以所谤悖书及诏文,遍示诸王公。司空张华曰:"此国之大祸,自汉武以来,每废黜正嫡,恒至丧乱,且晋有天下日浅,愿陛下详之。"尚书仆射裴𫖮曰:"臣不识太子书,不审谁为通表、谁发此者。为是太子手书不？宜先捡校。"而王公百官竟无言。免太子为庶人，幽于金墉城。永康元年，前西夷校尉司马阎缵舆棺诣阙上书曰："伏见赦文及榜下前太子遹手疏，以为惊愕。自古已来，臣子悖逆，未有如此之甚者也。幸赖天慈，全其首领。臣伏念遹（yù）生于圣父，而至此者，由于长养深宫，沉沦富贵，受饶先帝，父母骄之。每见选师傅，下至群吏，率取膏粱击钟鼎食之家，稀有寒门儒素，如卫绾、周文、石奋、疏广者也，洗马、舍人，亦无汲黯、郑庄之比，遂使不见事父事君之道。臣案古典，太子居以士礼，与国人齿，以此明先王欲令知先贱然后乃贵。自顷东宫亦微太盛，所以致败也。非但东宫，历观诸王，师友文学，亦取豪族。为能得者，率非龚遂、王阳，能以道训。友无直亮三益之节，官以文学为名，实不读书。但共鲜衣怒马，纵酒高会，嬉游博弈，岂有切磋能相长益？臣常恐公族凌迟，以此叹息。今遹可以为戒，恐其被斥，弃逐远郊，始当悔过，无所复及。昔戾太子无状，称兵拒命，而壶关三老上书，犹曰子弄父兵，罪应笞。汉武感悟，筑思子之台。今遹无状，言语逆悖，受罪之日，不敢失道，犹为轻于戾太子。尚可禁持检著，目下重选师傅，为置文学，皆选以学行自立者，及取服勤更事、名行素闻者，使共与处；使严御史监护其家，绝贵戚子弟、轻薄宾客。如此左右前后，莫非正人，使共论议于前，但道古今孝子慈亲、忠臣事君，及思愆改过之比，日闻善道，庶几可全。昔太甲有罪，放之三年，思庸克复，为殷明王。又魏明帝因母得罪，废为平原侯，为置家臣庶子文学，皆取正人，共相匡矫，事父以孝，事母以谨，闻于天下，于今称之。李斯云：'<u>慈母多败子，严家无格虏</u>。'由陛下骄遹，使至于此。庶其受罪以来，足自思改。方今天下多虞，四夷未宁，将伺国隙，储副大事，不宜空虚，宜为大计，少复停留，先加严诲，若不悛改，弃之未晚也。臣素寒门，不经东宫，情不私遹也。臣尝备近职，情同阍（hūn）寺，悾悾之诚，皆为国事。臣以死献忠，辄具棺絮，伏须刑诛。"书御，不从。遣前将军司马送太子，幽于许昌宫，贾后使黄门孙虑贼太子于许昌。〔干宝《纪》云："史臣曰：世祖正位居体，重言慎法，仁以原下，宽而能断。故民咏惟新，四海欢悦矣。聿修祖宗之志，独纳羊祜之策，役不二时，江湖来同。夷吴蜀之垒垣，通二方之险塞，掩唐虞之旧域，班正朔于八荒。余量委亩，外关不闭，民相遇者如亲，其匮乏者，取资于道路，故于时有天下无穷人之言。虽太平未治，亦足以明，吏奉其法，民乐其生，百代之一时矣。武皇既崩，陵土未干，而杨骏被诛，母后废黜，朝士旧臣，夷灭者数十族。宗子无维城之助，而阏（yān）伯、实沈之隙岁构。师尹无具瞻之贵，而颠坠戮辱之祸日有。民不见德，唯乱是闻，内外混淆，名实反错。国政迭移于乱人，禁兵外散于四方。方岳无钧石之镇，门关无结草之固。李辰、石冰，倾之于荆、扬；刘渊、王弥，挠之于青、冀。二十余年，而河、洛为墟，戎、羯称制，二帝失尊，山陵无所。何哉？树立失权，托付非才，四维不张，而苟且之政多也。夫作法于治，其弊犹乱，作法于乱，谁能救之？于时天下非暂弱也，军旅非无素也。彼刘渊者，离石之将兵都尉；王弥者，青州之散吏也。盖皆弓马之士、驱走之人、凡庸之才，非有吴先主、诸葛孔明之能也；新起之寇，乌合之众，非吴、蜀之敌也；脱末为兵，裂衣为旗，非战国之器也；自下逆上，非邻国之势也。然而成败异效，扰天下如驱群羊，举二都如拾遗芥，将相侯王，连颈受戮，乞为奴仆，而犹不获，后嫔妃主，虏辱于戎卒，岂不哀哉！夫天下，大器也；群生，重畜也。爱恶相攻，利害相夺，其势若积水于防、燎火于原，未尝暂静也。器大者，不可以小道治；势重者，不可以争竞扰。古先哲王知利百姓，是以感而应之，悦而归之，如晨风之郁北林、龙鱼之趣渊泽也。然后设礼文以理之，断刑罚以威之，谨好恶以示之，审祸福以喻之，求明察以官之，笃慈爱以固之。故皆乐其生而哀其死，悦其教而安其俗。君子勤礼，小人尽力。廉耻笃于家间，邪僻消于胸怀。<u>故其民有见危以授命，而不求生以害义。</u>又况奋臂大呼聚之，以干纪作乱之事乎？基广则难倾，根深则难拔，理节则不乱，胶结则不迁。是以昔有天下者之所以长久也，夫岂无僻主？赖道德典刑，以维持之也。故延陵季子听乐，以知诸侯存亡之数、短长之期者，盖民情风教，国家安危之本也。晋之兴也，其创基立本，异于先代，又加之以朝寡纯德之士，乡乏不二之老，风俗淫僻，耻尚失所。学者以庄老为宗，而黜六经；谈者以虚荡为辩，而贱名检；行身者以放荡为通，而狭节操；进仕者以苟得为贵，而鄙居正；当官者以望空为高，而笑勤恪。刘颂屡言治道，傅咸每纠邪正，皆谓之俗吏。其倚仗虚旷，依阿无心者，皆名重海内。由是毁誉乱于善恶之实，情慝奔于货欲之涂，选者为人择官，官者为身择利。而秉钧当轴之士，身兼官以十数，大极其尊，小统其要，机事之失，十恒八九。而世族贵戚之子弟，凌迈超越，不拘资次。悠悠风尘，皆奔竞之士；列官千百，无让贤之举。子真著《崇让》，而莫之省；子雅制'九班'，而不得用；长虞直笔，而不能纠。其妇女庄饰织纴，皆取成于婢仆，未尝知女功丝枲之业、中馈酒食之事也。先时而婚，任情而动，故不耻淫逸之过，不拘妒忌之恶。有逆于舅姑，有反易刚柔，有杀戮妾媵，有渎乱上下，父兄弗之罪也，天下莫之非也，又况责之闻四教于古，修贞顺佐于今，以辅佐君子者哉！礼法刑政，于是大坏。如水斯积，而决其堤防；如火斯蓄，而离其薪燎也。国之将亡，本必先颠，其此之谓乎？故观阮籍之行，而觉礼教崩弛之所由；察庾纯、贾充之争，而见师尹之多僻；考平吴之功，而知将帅之不让；思郭钦之谋，而寤戎狄之有衅；览傅玄、刘毅之言，而得百官之邪；核傅咸之奏、钱神之论，而睹宠赂之彰。民风国势如此，虽以中庸之才、守文之主治之，辛有必见之于祭祀，季札必得之于声乐，范燮必为之请死，贾谊必为之痛哭。又况我惠帝，以放荡之德，而临之哉！故贾后肆虐于六宫，韩午助乱于内外，其所由来渐矣，岂特系一妇人之恶乎？"〕

【重点句解读】

慈母多败子，严家无格虏。

过于仁慈的母亲多教出败家子，家规严格的家庭不会有桀骜不驯的家丁。

这句话最早见于《韩非子·显学》："夫严家无悍虏，而慈母有败子。"一慈一严，结果却大相径庭，道出了传统的教育理念。

我们平时常说的："严是爱，宽是害""严师出高徒""棍棒底下出孝子"，就是这个意思。《资治通鉴》中说："爱之不以道，适所以害之也。"也是这个意思。

治家如此，治国亦然。对手中有权的领导干部来说，更要引以为戒。这是说此话的重点。对领导干部来说，在抓好自身修行的同时，还要管好家属和下属等"身边人"。习近平总书记多次谈道：各级领导干部特别是高级干部要自觉遵守廉政准则，既严于律己，又加强对亲属和身边工作人员的教育和约束，决不允许以权谋私，决不允许搞特权。对一切违反党纪国法的行为，都必须严惩不贷，决不能手软。

故其民有见危以授命，而不求生以害义。

所以民众见到国家有危难，能够献出生命去保护，决不会为了求生存而有损道义。

"见危以授命"出自《论语·宪问》："见利思义，见危授命，久要不忘平生之言，亦可以为成人矣。""求生以害义"，同"求生害仁"，语本《论语·卫灵公》："志士仁人，无求生以害仁，有杀身以成仁。"

社会风气良好，官吏清正廉洁，人民知书达礼，安居乐业，邻里和睦，家庭幸福，在这样的环境中生活，当国家有难时，就是献出生命去保护也在所不惜，又怎么会出现振臂一呼便群起作乱的事情呢？

这是古人理想中治理国家所达到的最高目标。其设定的前提是："设礼文以理之，断刑罚以威之，谨好恶以示之，审祸福以喻之，求明察以官之，笃慈爱以固之"。

当然，囿于当时的主客观条件，希望人民能"见危以授命，而不求生以害义"，这只是前人的一种理想追求。历史发展到今天，在我们建设公平正义、诚信友爱的社会主义和谐社会，弘扬社会主义核心价值观，实现中华民族伟大复兴的过程中，这一理想比历史上任何时期都更有可能实现。

成皇帝讳衍，字世根，明帝太子也。咸和七年，诏除诸养禽之属无益者。集书令史夏侯盛表曰："伏闻明诏悉除养熊虎之费，举朝增庆，咸称圣主。伏惟陛下，未观古今成败之戒，而卓尔玄览，明发自然，遣除无益，务在啬民，诚可谓性与天道，生而知之。孔子十五志学，四十不惑。陛下年在志学之后，而思洞不惑之前。三代之兴，无不抑损情欲；三季之衰，无不肆其侈靡。陛下不学其兴，而与兴者同功；不览其衰，已去衰者之弊。道侔上哲，德迈中古，吐丝发之言，著如纶之美。臣闻"将顺其美，匡救其恶"，故人主之言，则右史书之。陛下此诏，既当著之史籍，又宜宣布天下。自丧乱已来，四十余载，涂炭之余，思治久矣。陛下智成当年，而运值百六，德音之诏，发自圣德。愿复触类而长之，广求其比，无使朝有游食费禄之臣，野有逋窜不徭之民。使居官者，必有供时之赋，则何患仓廪之不实，下土之不均？凡修此术，易于反掌耳。臣诚总猥，官自朝末，不足对扬盛化，裨广大猷，然自睹圣美，心悦至教，自忘丛细，谨拜表以贺。"

简文皇帝讳昱，字道万，元帝少子也。咸安二年，诏曰："夫敦本息末，抑绝华竞，开忠信公坦之门，塞浮伪阿私之路，询名检实，致之以道，使清浊异流，能否殊贯，官无秕政，士无谤讟（dú），不有惩劝，则德礼焉施。且强寇未殄，劳役未息，每念民疲力单，则中夜忘寝。若不弘政以求民瘼，简除游烦以存俭约，将何以纾之耶？今自非军国戎祀之要，其华饰烦费之用，可除者皆除之，宜省者皆省之。其鳏、寡、穷、独、癃、残六疾，不能自存，皆生民之至艰，先王之所愍，宜加隐恤，各赈赐之。若或孝子贞妇，殊行异操之人，皆以状条列，当有以甄明其节。夫肥遁穷谷之贤、汩泥扬波之士，虽抗志于玄霄之表，潜默于幽岫之里，贪屈高尚之道，以隆协赞之美，使惠风流于天下，膏泽被于万物，孰与独足山水，栖迟丘壑，殉匹夫之洁，而忘兼济之大？古人不借贤于曩代，朕所以虚想于今日。内外百官，剖符亲民，各勤所司，使善无不达，恶无不闻。退食自公，平情以道，令诗人无素餐之刺，而吾获虚心之求，岂不善哉！其各宣摄，知朕意焉。"

·后妃传·

武元杨皇后，弘农华阴人也。初，贾充妻郭氏，使言于后，求以女为太子妃，兼有遗赂。及议太子婚，世祖欲娶卫瓘（guàn）女，后苦誉贾后有淑德，又密使太子太傅荀顗（yǐ）进言，上乃听之。遂成婚。

惠贾庶人，名南风，平阳人也。拜太子妃，性妒虐，尝手杀数人，或以戟掷孕妾，子乃坠地。惠帝即位，为皇后，虐诛三杨，逆弑太后，矫害二公。荒淫放恣，与太医程据等乱，彰于内外。诈有身为产，养妹夫韩寿儿，遂谋废太子，以所养代立。专为奸，诬害太子，众恶彰著。永康元年，为赵王伦所废，赐死。

·传·

琅耶王伷（zhòu），字子将，宣帝第五子。受诏征吴，孙皓请降，进拜大将军。伷既戚属尊重，加有平吴之功，而克己恭俭，无矜满之色，统御文武，各得其用。百姓悦仰，咸怀惠化。

扶风王骏，字子臧，宣帝第七子也。年五六岁，能书画，诵咏诗赋，秉德清贞，宗室之中，最为俊望。封汝阴王，迁镇西大将军，都督雍凉诸军事，大兴佃农。入朝，徙封扶风王。薨，西土氓黎，思慕悲哭，涕泣岐路，更树碑赞述德范。长老见碑者，无不拜之。其遗爱如此。

齐王攸，字大猷，文帝第二子也。力行敦善，甚有名誉。为侍中数年，授太子太傅，献箴于皇太子。每朝政大议，悉心陈之。且孝敬忠肃，至性过人。太康三年，为大司马，都督青州诸军事，薨。

子冏嗣，字景治，与赵王伦共废贾后。伦篡，迁冏镇东大将军、开府仪同三司。冏因民心怨望，移檄天下。破伦，帝反正，就拜大司马，加九锡辅政。大筑第馆，使大匠营，制与西宫等。后房施钟悬，前庭舞八佾，沉于酒色，不入朝见，坐拜百官，符敕三台，选举不均，唯宠亲昵。殿中御史桓豹奏事，不先经冏府，即考竟之。于是朝廷侧目，海内失望。冏骄乱日甚，终无悛志。长沙王发兵攻冏府，生禽冏，斩于阊阖门外，诸党属皆夷三族。

愍怀太子遹，字熙祖，惠帝长子也。谢才人所生，少而聪慧。惠帝即位，立为皇太子。年转长大，而不好学，喜与左右嬉戏，不能尊敬保傅，敬狎宾友。贾后素忌太子有佳誉，因此密敕诸黄门阉宦，媚谀于太子曰："殿下诚可及壮时极意所欲，何为恒自拘束？"每见喜怒之际，辄叹曰："殿下不知用威刑，天下那得畏服也。"太子于是慢弛益彰，或废朝侍，有过差之声。洗马江统等谏，太子不能用。贾后诈称上不和，呼太子入朝，后不见，置别屋中，遣婢赐酒枣，逼使饮尽，仍赍谤书，多未成字，称诏令太子写之，累续催促，醉不暇看，粗得迹，便足成悖辞。后以呈帝，帝即幸式乾殿，召公卿入，使黄门令董猛以太子书及青纸诏曰："遹书如此，今赐死。"遍示诸公王，而莫敢有言者。唯张华、裴頠证明太子，议至日西不决。后惧事变，乃表免太子为庶人。于是送幽于许昌宫，贾后矫诏害太子。赵王伦等废后于金墉城，赐死，册复太子，谥为愍怀。

安平王孚，字叔达，宣帝弟也。魏甘露元年，转太傅。高贵乡公卒，当时百官，莫敢奔赴。孚往，枕尸于股，号恸尽哀。奏治主者，会太后有令，使以庶人礼葬。孚与群公上表，乞以王礼葬之。世祖受禅，陈留王就金墉城。孚拜辞，执王手涕泣歔欷（xū xī），不能自胜，曰："臣死之日，固大魏之纯臣也。"临终曰："有魏贞士河内司马孚，不伊不周，不夷不惠，立身行道，始终若一。"遗令素棺单椁，敛以时服，所给器物，一不施用。

高密王泰，字子舒，宣帝弟馗之子也。封为陇西王，迁太尉。为人廉静，不近声色。身为宰辅，食大国之租，服饰粗素，肴膳疏俭，如布衣寒士。事亲恭谨，居丧哀戚，谦虚下物，为宗室仪表。

刘寔（shí），字子真，平原人也。太祖引参相国军事。寔以世俗进趣，廉谦道缺，乃著《崇让论》。其辞曰："古之圣王之治天下，所以贵让者，欲以出贤才、息争竞也。夫人情莫不皆欲己之贤也，故劝令让贤以自明也。贤岂假让不贤哉！故让道兴，贤能之人不求自出矣，至公之举自立矣，百官之副亦豫具矣。一官缺，择众官所让最多者而用之，审之道也。在朝之士，相让于上，草庐之人，咸皆化之。推能让贤之风，从此生矣。为一国所让，则一国士也；天下所共推，则天下士也。推让之风行，则贤与不肖，灼然殊矣。此道之行，在上者无所用其心，因成清议，随之而已。故曰：'荡荡乎尧之为君，莫之能名。'又曰：'舜禹之有天下，而不与焉。'贤人相让于朝，大才之人恒在大官，小人不争于野，天下无事矣。以贤才治无事，至道兴矣。已仰其成，复何与焉，故可以歌《南风》之诗、弹五弦之琴也。成此功者，非有他，崇让之所致耳。在朝之人，不务相让久矣，天下化之。自魏代已来，登进辟命之士，及在职之吏，临见受叙，虽自辞不能终，莫肯让有胜己者。夫推让之风息，争竞之心生矣。孔子曰：'上兴让，则下不争。'明让不兴，下必争也。推让之道兴，贤能之人日见推举；争竞之心生，贤能之人日见谤毁。夫争者之欲自先，甚恶能者之先，不能无毁也。孔、墨不能免世之谤己，况不及孔、墨者乎？议者佥言'世少高名之才，朝廷不有大才之人可以为大官者。'山泽人、小官吏亦复云：'朝廷之士，虽有大官名德，皆不及往时人也。'余以为此二言皆失之矣。非时独乏贤也，时不贵让，一人有先众之誉，毁必随之，名不得成，使之然也。虽令稷、契复存，亦不复能全其名矣。能否浑杂，优劣不分，士无素定之价，官职有缺，主选之吏不知所用，但案官次而举之。同才之人先用者，非势家之子，则必为有势者之所念也。因先用之资，而复迁之无已；迁之无已，不胜其任之病发矣。所以见用不息者，由让道废也。因资用人之有失久矣。故自汉魏以来，时开大举，令众官各举所知，唯才所任，不限阶次，如此者甚数矣。其所举必有当者，不闻时有擢用，不知何谁最贤故也；所举必有不当，而罪不加，不知何谁最不肖故也。所以不可得知，由当时之人莫肯相推，贤愚之名不别，令其如此。举者知在上者察不能审，故敢漫举而进之，或举所贤，因及所念，一顿而至，人数猥多。各言所举者贤，加之高状，相似如一，难得而分矣。虽举者不能尽忠之罪，亦由上开听察之路滥，令其尔也。昔齐王好听竽声，必令三百人合吹而后听之，廪以数人之俸。南郭先生不知吹竽者也，以三百人合吹，可以容其不知，因请为王吹竽，虚食数人之俸。嗣王觉而改之，难彰先王之过，乃下令曰：'吾之好闻竽声，有甚于先王，欲一一列而听之。'先生于此逃矣。推贤之风不立，滥举之法不改，则南郭先生之徒盈于朝矣。才高守道之士日退，驰走有势之门日多矣。虽国有典刑，弗能禁矣。让道不兴之弊，非徒贤人在下位，不得时进也，国之良臣，荷重任者，亦将以渐受罪退矣。何以知其然也？孔子以为颜氏之子不二过耳，明非圣人皆有过矣。宠贵之地，欲之者多，恶贤能者塞其路，其过而毁之者亦多矣。夫谤毁之生，非徒空设，必因人之微过而甚之者也。毁谤之言数闻，在上者虽欲弗纳，不能不杖所闻，因事之来，而微察之也。无以其验至矣，得其验安得不治其罪？若知而纵之，主之威日衰，令之不行，自此始矣。知而皆治之，受罪退者稍多，大臣有不自固之心矣。夫贤才不进，贵臣日疏，此有国者之深忧也。窃以为改此俗甚易矣。何以知之？夫一时在官之人，虽杂有凡猥之才，其中贤明者亦多矣，岂可谓皆不知让贤为贵耶？直以其时皆不让，习以成俗，故遂不为耳。人臣初除，皆通表上闻，名之谢章，所由来尚矣。原谢章之本意，欲进贤能以谢国恩也。昔舜以禹为司空，禹拜稽首，让于稷、契及皋繇。唐虞之时，众官初除，莫不皆让也。谢章之义，盖取于此也。《书》记之者，欲以示永世之则。季世所用，不贤不能让贤，虚谢见用之恩而已。相承不变，习俗之失也。夫叙用之官，通章表者，其让贤推能乃通；其不能有所让，徒费简纸者，皆绝不通。人臣初除，各思推贤能而让之矣。让之文，付主者掌之。三司有缺，择三司所让最多者而用之。此为一公缺，三公已豫选之矣，且主选之吏，不必任公而选三公，不如令三公自共选一公为详也。四征缺，择四征所让最多者而用之。此为一征缺，四征已豫选之矣，必详于停缺而令主者选四征也。尚书缺，择尚书所让最多者而用之。此为令八尚书共选一尚书，详于临缺，而令主者选八尚书也。郡守缺，择众郡所让最多者而用之。详于任主者，令选百郡守也。夫以众官百郡之让，与主者共相比，不可同岁而论也。贤愚皆让，百姓耳目尽为国耳目。夫人情，争则欲毁己所不如，让则竞推于胜己。故世争则毁誉交错，优劣不分，难得而让也；时让则贤智显出，能否之美，历历相次，不可得而乱也。当此时也，能退身修己者，让之者多矣，虽欲守贫贱，不可得也。驰鹜进趣，而欲人见让，犹却行而求前也。夫如是，愚智咸知进身求通，非修之于己，则无由矣。游外求者，于此相随而归矣。浮声虚论，不禁而自息矣。人人无所用其心，任众人之议，而天下自治矣。"元康中，迁司空。

阎缵，字续伯，巴西人也。杨骏为太傅，以缵补舍人，出为安复令。骏既被诛，莫敢收者。缵闻之，弃官免归，独以家财人力修墓，终成葬事。迁殿中将军，以疾不拜。愍怀太子之废，缵舆棺诣阙上书，理太子之冤。朝廷立太孙，缵复上疏陈："今相国虽已保傅东宫，至于旦夕训诲，辅导出入，动静劬劳，宜选寒苦之士，忠贞清正，老而不衰，以为师傅。其侍臣以下，文武将吏，且勿复取盛戚豪门子弟。魏文帝之在东宫，徐幹、刘桢为友，文学相接之道，并如气类。吴太子登，顾谭为友，诸葛恪为宾，卧同床帐，行则参乘，交如布衣，此则近代之明比也。天子之子，<u>不患不富贵，不患人不敬畏，患于骄盈不闻其过，不知稼穑之艰难耳</u>。至于甚者，乃不知名六畜，可不勉哉！今不忍小相维持，令至阙失，顿相罪责，不亦误哉！太孙幼冲，选置兵卫，宜得柱石之士如周昌者。"朝廷善其忠烈，擢为汉中太守。

【重点句解读】

> 不患不富贵，不患人不敬畏，患于骄盈不闻其过，不知稼穑之艰难耳。

不愁不富贵，不怕人不敬畏，所令人担心的在于骄傲自满，听不到（别人指出）自己的过失，不知道种植耕作的艰难。

这是每个人都应该牢记的人生箴言。生活在锦衣玉食中，不知六畜，不辨禾黍，不知何时播种，何时收获，又怎能懂得其他事务呢？这样的人做官就不识时务，治家就不治家产。这就是养尊处优带来的危害，所谓的"富贵"和"敬畏"也不会长久。

一个人要想有所作为，离不开艰苦环境的磨炼。所以孟子说"生于忧患，而死于安乐"。

这句话在今天依然具有警示意义。作为领导干部，要深入群众，了解群众疾苦，倾听民意、关注民生、沟通民心，想民众所想，急民众所急，俯下身来，贴近心去为民众办实事、办好事，必然会受到群众的称赞。切不可高高在上，养尊处优，自满疏忽，否则只会落得乐极生悲的下场。

段灼，字休然，敦煌人也。为邓艾镇西司马，征拜议郎。世祖即位，灼上疏追理艾曰："故征西将军邓艾诛，以性刚急，矜功伐善，而不能协同朋类，轻犯雅俗，失君子之心，故莫肯理之者。臣敢昧死，言艾不反之状。艾本屯田掌犊人，宣皇帝拔之于农吏之中，显之于宰府之职。先帝委艾以庙胜成图，指授长策。艾受命忘身，前无坚敌，军不逾时，而巴蜀荡定。艾功名已成，亦当书之竹帛，传祚万世，七十老公，复何所求哉！艾以刘禅初降，远郡未附，矫令承制，权安社稷。虽违常科，有合古义，原心定罪，事可详论。钟会有吞天下之心，恐艾威名，知必不同，因其疑似，构成其事。夫反非小事，若怀恶心，即当谋及豪桀，然后乃能兴动大众。不闻艾有腹心一人，临死口无恶言，而独受腹背之诛，岂不哀哉！故见之者垂涕，闻之者叹息。此贾谊所以忼忾于汉文。天下之事可为痛哭者，良有以也。昔秦民怜白起之无罪，吴人伤子胥之冤酷，皆为之立祠。天下之人，为艾悼心痛恨，亦由是也。谓可听艾门生故吏，收艾尸柩，归葬旧墓，以平蜀之功，继封其后，使艾阖棺定谥，死无所恨。赦冤魂于黄泉，收信义于后世，则天下殉名之士，立功之臣，必投汤火，乐为陛下死矣。"世祖得表省览，甚嘉其意。

虞悝（kuī），长沙人也。弟望，字子都。并有士操。闺门有孝悌之称，乡党有廉信之誉。谯王承临州，王敦作逆，遣使招承，承不应，与甘卓相结，起义赴都。承于是命悝为长史、望为司马。敦遣魏乂等，攻战转急，望临陈授首，悝为魏乂所害。临刑，乡人送以百数，与相酬酢，意气周洽，有如平日。子弟号泣，悝谓曰："人生有死，阖门为忠义鬼，亦何恨哉！"及敦被诛，诏书追述悝、望忠勋，赠悝襄阳太守、望荥阳太守，遣谒者至墓吊祭。

·刑法志·

侍中臣颁言：夫杀生赏罚，治乱所由兴也。人主所谓宜生，或不可生，则人臣当陈所以宜杀；人主所谓宜赏，或不应赏，则人臣当陈所以宜罚，然后治道耳。古之圣贤欲上尽理务，下收损益，莫不深闭慎密，以延良谟。兆庶内外咸知主如此，然后乃展布腹心，竭其忠诚耳。

廷尉刘颂表曰："臣昔上行肉刑，从来积年，遂寝不论。臣窃以为议者拘孝文之小仁，而轻违圣王之典刑，未详之甚，莫过于此。今死刑重，故非命者众；生刑轻，故罪不禁奸。所以然者，肉刑不用之所致也。今为徒者，类性元恶不轨之族也。去家悬远，无衣食之资，饥寒切身，志不聊生，廉士介节者，则皆为盗贼，岂况本性奸凶无赖之徒乎？是以徒亡日属，贼盗日繁，得辄加刑，日益一岁，此为终身之徒也。自顾反善无期，而灾困逼身，其志亡思盗，势不得息，事使之然也。古者用刑以止刑，今反于此，以刑生刑，以徒生徒。诸重犯亡者，发过三寸，辄重髡（kūn）之，此以刑生刑；加作一岁，此以徒生徒也。徒亡者积多，系狱猥蓄。议者曰：'囚不可不赦。'复从而赦之，此为刑不胜罪、法不胜奸。民知法之不胜，相聚而谋为不轨，月异而岁不同。故自顷年以来，奸恶凌暴，所在充斥，渐以滋漫，议者不深思此，故曰：'肉刑于名忤听。'忤听孰与盗贼不禁？圣王之制肉刑，远有深理，其事可得而言，非徒心惩其畏剥割之痛而不为也，去其为恶之具，使夫奸民无用复肆其志，止奸绝本，理之尽也。亡者刖其足，无所用复亡；盗者截其手，无所用复盗；淫者割其势，理亦如之。除恶塞源，莫善于此。今宜取死刑之限重，生刑之限轻，及三犯逃亡淫盗，悉以肉刑代之，其应四五岁刑者，皆髡笞，使各有差，悉不复居作，然后刑不复生刑，徒不复生徒，而残体为戮，终身作诚，民见其痛，畏而不犯，必数倍于今，岂与全其为奸之手足，而蹴居必死之穷地同哉！

而犹曰肉刑不可用，窃以为不识务之甚也。"

卫展，字道野，河东人也。迁大理，上书曰："今施行诏书，有考子正父死刑，或鞭父母问子所在。近主者所称庚寅诏书，举家逃亡，家长斩。若长是逃亡之主斩之，斩之虽重犹可也。设子孙犯事，将考父祖逃亡，逃亡是子孙，而父祖婴其酷，伤顺破教。如此者众，相隐之道离，则君臣之义废；君臣之义废，则犯上之奸生矣。秦网密文峻，汉兴，扫除烦苛，风移俗易，几于刑厝。大人革命，不得不荡其秽匿，通其圮滞。今诏书宜除者多，有便于当今，著为正条，则法差简易。"元帝令曰："自元康已来，事故荐臻，法禁滋漫，大理所上，宜朝堂会议，蠲除诏书不可用者，此孤所虚心者也。"转廷尉，又上言："古者肉刑，事经前圣，愚谓宜复古施行。"中宗诏曰："可内外通共议之。"于是骠骑将军王导等，议以"肉刑之典，由来尚矣。肇自古先，以及三代，圣哲明王，所未曾改。班固深论其事，以为外有轻刑之名，内实杀人，轻重失当，故刑政不中也。且原先王之造刑名也，非以过怒也，非以残民也，所以救奸、所以当罪也。今盗者窃人之财，淫者好人之色，亡者避叛之役，皆无杀害也。刖之以刑，刑之则止，而加之斩戮，戮过其罪，死不可生。纵虐于此，岁以巨计，此乃仁人君子所不忍闻，而况行之于政乎？若乃惑其名而不练其实，恶其生而趣其死，此畏水投舟、避坎陷井，愚夫之不若，何取于政哉"。

·百官志·

中书郎李重以为等级繁多，在职不得久，又外选轻而内官重，以使风俗大弊，宜厘改，重外选，简阶级，使官人。议曰："古之圣王，建官垂制，所以体国经治，而功在简易。自帝王而下，世有增损。舜命九官，周分六职，秦采古制。汉仍秦旧，倚丞相，任九卿，虽置五曹、尚书令、仆射之职，始于掌封奏，以宣外内，事任尚轻，而郡守牧民之官重。故汉宣称所与为治，唯良二千石。其有殊政者，或赐爵进秩，谅为治大体，所以远踪三代也。及至东京，尚书虽渐优显，然令仆出为郡守，便入为三公，虞延、第五伦、桓虞、鲍昱是也。近自魏朝名守杜畿、满宠、田豫、胡质等，居郡十余二十年，或秩中二千石假节，犹不去郡。此亦古人'苟善其事，虽没世，不徙官'之义也。汉魏以来，内官之贵，于今最隆，而百官等级遂多，迁补转徙如流，能不以著，黜陟不得彰，此为治之大弊也。夫阶级繁多而望官久，官不久而望治功成，不可得也。《虞书》云：'三考，黜陟幽明。'周官，三年大计群吏之治，而行其诛赏。汉法官人，或不直秩。魏初用轻资，亦先试守，不称，继以左迁。然则隽才登进，无能降退，此则所谓'有知必试，而使人以器'者也。臣以为今宜大并群官等级，使同班者不得复稍迁，又简法外议罪之制，明试守左迁之例，则官人理事，士必量能而受爵矣。居职者自久，则政绩可考，人心自定，务求诸己矣。"

裴頠以万机庶政，宜委宰辅，诏命不应数改，乃上疏曰："臣闻古之圣哲，深原治道，以为经理群务，非一才之任；照练万机，非一智所达。故设官建职，制其分局。分局既制，则轨体有断。事务不积，则其任易处，选贤举善，以守其位，委任责成。立相干之禁，侵官为曹，离局陷奸。犹惧此法未足制情，以义明防，曰：'君子思不出位。'夫然，故人知厥务，各守其所，下无越分之臣，然后治道可隆，颂声能举。故称尧舜劳于求贤，逸于使能。分业既辨，居任得人，无为而治，岂不宜哉！及其失也，官非其才，人不守分，越位干曹，竞达所怀，众言纷错。莅职者不得自治其事，非任者横干他分。主听眩，莫知所信，遂亲细事，躬自听断，所综遂密，所告弥众。功无所归，非无所责，群下弃职，得辞宜罚，以此望治，固其难也。昔杜蒉既数师旷，退而自酌，以罚干职之非，记称其善；陈平不知簿书之目，汉史美其守职。政不可多门，多门则民扰。于今之宜，选士既得其人，但当委责，若有不称，便加显戮，谁敢不尽心竭力？不当便有干职之臣，适不守局，则所豫必广；所豫适广，则人心赴之；人心通赴，则得作威福。臣作威福，朝之蠹也。帷幄张子房之谋者，不宜使多，外委群司，卑力所职，尊崇宰辅，动静咨度，保任其负。如此，诏书必不复数改。听闻风言，颇以诏命数移易，为不安静。臣不胜狂瞽，敢陈愚怀，乞陛下少垂省察。"

何曾，字颖孝，陈国人也。为司隶校尉，言于太祖曰："公方以孝治天下，而听阮籍以重哀饮酒食肉于公坐。宜摈四裔，无令污染华夏。"太祖曰："此子羸病若此，君不能为吾忍耶？"曾重引据，辞理甚切，朝廷惮焉。泰始九年为司徒，以疲疾求退。孙绥位至侍中，潘滔谮之于太傅越，遂被杀。初曾告老，时被召见，侍坐终日，世祖不论经国大事，但说平生常语。曾出每曰:"将恐身不免乱,能及嗣乎?"告其二子曰:"汝等犹可得没。"指诸孙曰:"此辈必遇乱死也。"及绥死,兄嵩曰:"我祖其神乎?"

羊祜(hù),字叔子,泰山人也。都督荆州诸军事,征南大将军。上疏平吴,世祖深纳之,吴军人前后至者,不可胜数。祜将入朝而有疾,至洛阳遂薨。南州市会闻丧,举市悲号而罢,于是传哭接音,邑里相达。百姓乃树碑岘峰,立庙祭祀。行人望碑,皆涕泗垂泣。杜预代镇,名为"堕泪碑"。吴灭,诏曰:"祜建平吴之规,其封祜夫人夏侯氏为万岁乡君,邑五千户,绢万匹。"吴平庆会,群臣上寿,世祖流涕曰:"此羊太傅之功,岂朕所能为也。"

秦秀,字玄良,新兴人也。少以学行忠直知名,迁补博士。群率伐吴,诏以贾充为大都督。秀性忌谗佞,疾之如仇,轻鄙贾充,闻其为大统,心所不平,遂欲哭师。及充卒议谥,秀请谥为荒公。初,何曾卒,秀议曰:"曾事亲有色养之名,在官奏科尹之模。此二者,实得臣子事上之概。然资性骄奢,不循轨则,朝野之论,不可具言。俭,德之恭也;侈,恶之大也。曾受宠二代,显赫累世,荷保傅之贵,秉司徒之均,而乃骄奢之名,被于九域,有生之民,咸怪其行,秽皇代之美,弃羔羊之节,示后生之傲,莫大于此。若生极其情,死又无贬,是则无正刑也。王公贵人,复何畏哉?谨案谥法,名与实爽曰缪,怙乱肆行曰丑。曾宜为缪丑公。古人阖棺之日,然后讳行,不以前善没后恶也。"秀性悻(xìng)直,与物多忤,为博士前后垂二十年,卒于官。

李憙,字季和,上党人也。累辟三府不就,宣帝复辟为太傅属,固辞。世宗辅政,命憙为大将军从事中郎。憙到,引见,谓憙曰:"昔先公辟君而不应,今孤命君而至,何也?"对曰:"先君以礼见待,憙得以礼进退;明公以法见绳,憙畏法而至。"帝甚敬重焉,迁太常司隶校尉。

卷三十 《晋书》治要（下）

·传·

　　刘毅，字仲雄，东莱人也。治身清高，厉志方直，为司隶校尉。皇太子鼓吹入东掖门，毅奏劾保傅以下。诏赦之，然后得入。世祖问毅曰："卿以吾可方汉何帝？"对曰："可方桓、灵。"世祖曰："吾虽德不及古人，犹克己为治，又平吴会，混一天下，方之桓、灵，其已甚乎？"对曰："桓、灵卖官钱入官库，陛下卖官钱入私门，以此言之，乃殆不如桓、灵也。〔习凿齿《阳秋》曰：毅答已，帝大笑曰："桓灵之朝，不闻此言，今有直臣，故不同乎？"散骑常侍邹湛进曰："世说以陛下比汉文帝，人心犹多不同。昔冯唐答文帝曰：'不能用颇、牧。'而文帝怒。今刘毅言犯顺，而陛下乐，以此相校，圣德乃过之也。"帝曰："我平天下，而不封禅，焚雉头裘，行布衣礼。今于小事，何见褒之甚耶？"湛曰："圣诏所及，皆可豫先算计，以长短相推，慕名者能力行为之。至如向诏，非明恕内充，苞之德度，不可为也。臣闻猛兽在田，荷戈而出，凡人能之，蜂虿（chài）起于怀袖，勇夫为之惊骇。非虎弱蜂虿强也，仓卒出于意外故也。夫君臣有自然之尊卑，辞语有自然之逆顺，向刘毅始言，臣等莫不变色易容而仰视陛下者。陛下发不世之诏，出思虑之外，臣之喜庆，不亦宜乎？"〕迁尚书左仆射。龙见武库井中，车驾亲观，有喜色，于是外内议当贺，毅独表曰："昔龙降郑时门之外，子产不贺。龙降夏廷，卜藏其漦（chí），至周幽王，祸衅乃发。证据旧典，无贺龙之礼。"诏报曰："政德未修，诚未有以膺受嘉祥，省来示，以为瞿然。贺庆之事，宜详依典义，动静数示。"

上疏陈九品之弊，曰："臣闻立政者，以官才为本。官才有三难，而兴替之所由也。人物难知，一也；爱憎难防，二也；情伪难明，三也。三者虽圣哲在上，严刑督之，犹不可治。故尧求俊义，而得四凶；三载考绩，而饕餮得成。使世主虽有上圣之明，而无考察之法，授凡庸之才，而去赏罚之劝，则为开奸，岂徒四族，侧陋何望于时哉！今立中正，定九品，高下任意，荣辱在手，操人主之威福，夺天朝之权势，爱憎决于心，情伪由于己，公无考校之负，私无告讦之忌，荣党横越，威福擅行，用心百态，求者万端，廉让之风灭，苟且之俗成。天下汹汹，但争品位，不闻推让。流俗之过，一至于此，窃为圣世耻之。愚心之所非者，不可以一概论，辄条列其事。

【重点句解读】

立政者，以官才为本。官才有三难，而兴替之所由也。人物难知，一也；爱憎难防，二也；情伪难明，三也。

确立为政之道以量才授官为本。任用有才能的人为官有三种困难，但关系到国家的盛衰兴亡：（候选人的）品格才干难以了解，这是第一难；（品评者）个人的爱憎（偏见）难以防备，这是第二难；（考察结果的）真假难以明辨，这是第三难。

刘毅在奏疏中指出了选人用人中最核心也是最容易出现的问题：对人才的考察制度、选人过程中的监督机制、考察结果的公开透明程度。即使在今天也有着积极的现实意义。

选贤任能，是历来统治阶层的第一要务。人们将能否任用贤才提升至国家存亡的高度来认识。白居易在《策林·辨兴亡之由》中说："邦之兴，由得人也；邦之亡，由失人也。"

对于干部的选拔任用，习近平同志指出，不了解一个人的短处，又不了解一个人的长处，不能发现一个人长处中的短处，也不能发现一个人短处中的长处，就无法合理用人、育人。我们要坚持德才兼备、以德为先，坚持五湖四海、任人唯贤，坚持事业为上、公道正派，坚决防止和纠正选人用人上的不正之风，把党和人民需要的好干部精心培养起来、及时发现出来、合理使用起来。

"夫名状以当才为清，品辈以得实为平。治乱之要，不可不允。清平者，治化之美；枉滥者，乱败之恶也。不可不察。然人才异能，备体者寡，器有大小，达有早晚，是以三仁殊途而同归，四子异行而钧义。陈平、韩信笑侮于邑里，而收功于帝王，屈原、伍胥不容于人主，而显名于竹帛，是笃论之所明也。

"今之中正，<u>不精才实，务依党利，不钧称尺，务随爱憎</u>。所欲举者，获虚以成誉；所欲下者，吹毛以求疵。前鄙后修者，则引古以病今；古贤今病者，则考虚以覆过。质直者，罪以违时；阿容者，善其得和；度远者，责以小检；才近者，美其合俗；齐量者，以己为限。高下逐强弱，是非随爱憎，凭权附党，毁平从亲，随世兴衰，不顾才实，衰则削下，兴则扶上，一人之身，旬日异状。或以货赂自通，或以计协登进，附托必达，守道困悴。无报于身，必见割夺；有私于己，必得其欲。凌弱党强，以植后利。是以上品无寒门，下品无势族。暨时有之，皆曲有故；慢主罔时，实为乱源。

【重点句解读】

不精才实，务依党利，不钧称尺，务随爱憎。

选用人不精察其真才实学，致力于依据私党之利取舍；不按同一标准衡量人才，而是随自己的主观爱憎来判断。

官员的选拔任用是国家的大事。倚仗权势，依附私党，毁损公平，任人唯亲的做法，只能使有德有才者得不到任用，南郭先生却滥竽充数，所谓选贤任能完全流为空谈。随之衍生出来徇私舞弊、以权谋私、贪赃受贿、买官卖官，对国家的治理、社会的安定、人民的生活都会带来严重的影响。

完善官员的考察和选拔机制，树立正确用人导向，提高选人用人质量，从来都是事关国家和人民利益的关键性、根本性问题。

习近平同志说："买官卖官为什么屡禁不止？一手交钱、一手交货，这多容易啊！一些德才平平、投机取巧的人屡屡得到提拔重用，踏实干事的干部却没有进步的机会。这是搞逆淘汰，伤害了多少好干部的心！"

"昔在前圣之世，欲敦风俗，镇静百姓，隆乡党之义，崇六亲之行，人道贤否，于是见矣。然乡老书其善，以献天子；司马论其能，以官于职；有司考绩，以明黜陟。故天下之人，退而修本，州党有德义，朝廷有公正，天下大治，浮华邪佞，无所容厝。今一国之士，多者千数，或流徙异邦，或给役殊方，面犹不识，况尽其才力？而中正知与不知，其当品状，采誉于台府，纳毁于流言。任己则有不识之蔽，听受则有彼此之偏。所知者，以爱憎夺其平；所不知者，以人事乱其度。既无乡老纪行之誉，又非朝廷考绩之课。遂使进官之人，弃近求远，背本逐末，位以求成，不由行立。故状无实事，谐文浮饰；品不校功，党誉虚妄。上夺天朝考绩之分，下长浮华朋党之事。凡官不同事，人不同能；得其能则成，失其能则败。今品不状才能之所宜，而以九等为例。以品取人，则非才能之所长；以状取人，则为本品之所限。若状得其实，犹品状相妨，所疏则削其长，所亲则饰其短，徒结白论，以为虚誉。以治风俗，则状无实行；以宰官职，则品不料能。百揆何以得理？万机何以得修？职名中正，实为奸府；事名九品，而有八损。自魏立以来，未见其得人之功，而生仇薄之累。愚臣以为宜罢中正，除九品，弃魏氏之弊法，更立一代之美制，愚臣以为便也。"

张华，字茂先，范阳人也。领中书令，名重一世。朝野拟为台辅，而荀勖、冯𬘘（dǎn）等深忌疾之。会世祖问华："谁可付以后事者？"对曰："明德至亲，莫如齐王攸。"既非上意所在，微为忤旨，间言得行，以华为都督幽州诸军事，领护乌桓校尉。于是远夷宾服，四境无虞。朝议欲征华入相。冯𬘘乾没苦陷，以华有震主之名，不可保必，遂征为太常，以小事免官。世祖崩，迁中书监，加侍中。遂尽忠救匡，弥缝补阙，虽当暗主虐后之朝，犹使海内晏然。迁司空，卓尔独立，无所阿比。赵王伦及孙秀等疾华如仇。伦、秀衅起，遂与裴𬱟俱被害，朝野之士，莫不悲酸。

裴𬱟，字逸民，河东人也。迁尚书左仆射侍中。元康七年，以陈准子匡、韩蔚子嵩并侍东宫。𬱟谏曰："东宫之建，以储皇极，其所与游接，必简英俊，宜用成德贤邵之才，匡嵩幼弱，未识人理立身之节，东宫实体夙成之表,而今有童子侍从之声,未是光阐遐风之弘理也。"颐深患时俗放荡,不尊儒术。魏末以来,转更增甚。何晏、阮籍,素有高名于世,口谈浮虚,不遵礼法,尸禄耽宠,仕不事事。至王衍之徒,声誉太盛,位高势重,不以物务自婴,遂相放效,风教陵迟。颐著《崇有》之论,以释其蔽。世虽知其言之益治,而莫能革也。朝廷之士,皆以遗事为高。四海尚宁,而有识者知其将乱矣。而夷狄遂沦中州者,其礼久亡故也。伦、秀之衅兴,颐、张华俱见害,朝纲倾弛,远近悼之。

　　傅玄,字休奕,北地人也。性刚直果劲,不能容人之非。世祖受禅,加驸马都尉,与皇甫陶俱掌谏职。玄志在拾遗,多所献替,上疏曰:"前皇甫陶上事,为政之要,计民而置官,分民而授事。陶之所上,义合古制。前春,乐平太守胄志上欲为博士置吏卒,此尊儒之一隅也,主者奏寝之,今志典千里,臣等并受殊宠,虽言辞不足以自申,意在有益,主者请寝,多不施用。臣恐草莱之士,虽怀一善,莫敢献之矣。"诏曰:"凡关言于人主,人臣之所至难。而人主苦不能虚心听纳,自古忠臣直士所慷慨也。其甚者,至使杜口结舌,每念于此,未尝不叹息也。故前诏,敢有直言,勿有所拒,庶几得以发蒙补过,获保高位。喉舌纳言诸贤,当深解此心,务使下情必尽。苟言有偏善,情在忠益,不可责备于一人。虽文辞有谬误,言语有得失,皆当旷然恕之。古人犹不拒诽谤,况皆善意,在可采录乎?近者孔晁、綦母和,皆案以轻慢之罪,所以皆原,欲使四海知区区之朝,无讳言之忌也。又每有陈事,辄出付主者。主者众事之本,故身而所处,当多从深刻,至乃云恩贷当由上出,出村外者,宁纵刻峻是信耶?故复因此喻意。"玄迁侍中。

　　任恺,字元褒,乐安人也。为侍中。恺性忠直,以社稷为己任。帝器而昵之,政事多咨焉。恺恶贾充之为人,不欲令久执政,每裁抑之。充病之,后承间,称恺忠公局正,宜在东宫,使保护太子。外假称扬,内斥远之。帝以为太子少傅,而侍中如故,充计画不行。会吏部尚书缺,好事者为充谋曰:"恺今总门下枢要,得与上亲接,宜启令典选,便得渐疏。此一都令史事耳,且九流难精,间隙易乘。"充即启,称恺才能宜在官人之职。世祖不疑充挟邪,而以选官势望,唯贤是任,即日用恺。恺既在尚书,侍觐转希。充与荀勖、冯纨,承间谮润,免官。恺受黜在家,充毁间得行,世祖情遂渐薄。然众论明恺为人,群共举恺为河南尹,甚得朝野称誉。而贾充朋党，日夜求恺小过，又讽有司，奏恺免官。后起为太常。不得志，遂以忧卒。

裴楷，字叔则，河东人也。为侍中。世祖尝问曰："朕应天顺民，海内更始。天下风声，何得何失？"对曰："陛下受命，四海承风，所以未比德于尧、舜者，贾充之徒犹在朝也。夫逆取而顺守，汤、武是也。今宜引天下贤人，与弘政道，不宜示之以私也。"

和峤，字长舆，汝南人也。迁侍中。峤见东宫不令，因侍坐曰："皇太子有淳古之风，而季世多伪，恐不了陛下家事。"世祖默然。后与荀顗、荀勖同侍，世祖曰："太子近入朝，差长进，卿可俱诣，粗及世事。"既奉诏而还，顗、勖并称皇太子明识弘雅，诚如明诏。峤曰："圣质如初耳。"帝不悦而起。峤以为国虽休明，终必丧乱。言及社稷，未尝不以储君为忧。或以告贾妃，妃衔之。愍怀建宫官，峤为太子少傅，太子朝西宫，峤从入。贾后使惠帝问峤曰："卿昔谓我不了家事，今日定云何？"峤曰："臣昔事先帝，有斯言。言之不效，国之福也。臣敢逃其罪乎？"

郄诜（qiè shēn），字广基，济阴人也。举贤良对策，曰："臣窃观乎古今，而考其美恶。古人相与求贤，今人相与求爵，此风俗所以异流也。古之官人，君责之于上，臣举之于下，得其人有赏，失其人有罚，安得不求贤乎？今之官者，父兄营之，亲戚助之，有人事则通，无人事则塞，安得不求爵乎？贤苟求达，达在修道，穷在失义，故静以待之也。爵苟可求，得在进取，失在后时，故动以要之也。天地不能顿为寒暑，人主亦不能顿为治乱，故寒暑渐于春秋，治乱起于得失。当今之世，官者无关梁，邪门启矣；朝廷不责贤，正路塞矣。所谓责贤，使之相举也；所谓关梁，使之相保也。贤不举则有咎，保不信亦有罚。有罚则有司莫不悚也，以求其才焉。今则不然。贪鄙窃位，不知谁升之者；虎兕出槛，不知谁可咎者。网漏吞舟，何以过此？虽圣思劳于夙夜，所使为政，恒得此属，欲化美俗平，亦俟河之清耳。"为左丞，劾奏吏部尚书崔洪，洪曰："我举郄丞而还奏我，此为挽弩自射。"诜闻曰："昔赵宣子任韩厥为司马，厥以军法戮宣子之仆，宣子谓诸大夫：可贺我矣，吾选厥也，任其事。崔侯为国举才，我以才见举，唯官是视，各明在公，何故私言乃至于此。"洪闻之惭服。

荀勖，字公曾，颍阴人也。为中书监，加侍中。勖才学博览，有可观采，而性邪佞，与贾充、冯纨共相朋党。朝廷贤臣，心不能悦。任恺因机举充镇关中，世祖即诏遣之。勖谓纯曰："贾公远放，吾等失势，太子婚尚未定，若使充女为妃，则不营留而自停矣。"勖与纯伺世祖间，并称充女淑令，风姿绝世，若纳东宫，必能辅佐君子，有《关雎》后妃之德。遂成婚焉。

冯纯，字少胄，安平人也。稍迁左卫将军，承颜悦色，宠爱日隆。贾充、荀勖并与之亲善。世祖诏治金墉，废贾妃，已定，纯与勖乾没救请，故得不废。转侍中，世祖笃病得愈，纯与勖乃言于世祖曰："陛下前者病若不差，太子其废矣。齐王为百姓所归，公卿所仰，虽欲高让，其得免乎？宜遣还藩，以安社稷。"世祖纳之。初谋伐吴，纯与充、勖共苦谏，世祖不纳，断从张华。吴平，纯内怀惭惧，疾华如仇。及华外镇，威德太著，朝论当征为尚书令。纯从容侍帝，论魏晋故事，因曰："臣常谓钟会之反，颇由太祖。"帝勃然曰："何言邪？"纯曰："臣以为，夫善御者，必识六辔盈缩之势；善治者，必审官方控带之宜。是故汉高八王，以宠过夷灭；光武诸将，以抑损克终。非上之人有仁暴之异，在下者有愚智之殊。盖抑扬与夺，使之然耳。钟会才具有限，而太祖奖诱太过，喜其谋猷，盛其名位，授以重势。故会自谓算无遗策，功在不赏，辄张跋扈，遂构凶逆耳。向令太祖录其小能，节以大礼，抑之以势，纳之以轨度，则逆心无由而生，乱事无阶而成。"世祖曰："然。"纯稽首曰："愚臣之言，宜思坚冰之道，无令如会之徒，复致覆丧。"世祖曰："当今岂有会乎？"纯曰："陛下谋谟之臣，著大功于天下，四海莫不闻知。据方镇、总戎马之任者，皆在陛下圣虑矣。"世祖默然。征张华为太常，寻免华官。

刘颂，字子雅，广陵人也。除淮南相，上疏曰："臣窃惟万载之事，理在二端。天下大器，一安难倾，一倾难正。故虑经后世者，必精目下之治，治安遗业，使数世赖之。若乃兼建诸侯而树藩屏，深根固蒂，则祚延无穷，可以比迹三代。如或当身之治，遗风余烈，不及后嗣，虽树亲戚，而成国之制不建。使夫后世独任智力，以安大业，若未尽其理，虽经异时，忧责犹追在陛下，将如之何？愿陛下善当今之治，树不拔势，则天下无遗忧矣。夫圣明不世及，后嗣不必贤，此天理之常也。故善为天下者，任势而不任人。任势者诸侯是也，任人者郡县是也。郡县之治，小政理而大势危；诸侯牧民，近多违而远虑固。圣王推终始之弊，权轻重之理，苞彼小违，以据大安，然后足以藩固内外，维镇九服。夫武王，圣主也；成王,贤嗣也。然武王不恃成王之贤,而广封建者,虑经无穷也。且善言今者,必有以验之于古。唐虞以前,书文残缺,其事难详。至于三代,则并建明德,及举王之显亲,开国承家,以藩屏帝室,延祚久长,近者五六百岁,远者延将千载。逮至秦氏,罢侯置守,子弟不分尺土,孤立无辅,二世而亡。汉承周秦之后,杂而用之,前后二代,各二百余年。揆其封建,虽制度舛错,不尽事中,然迹其衰亡,恒在同姓失职,诸侯微时,不在强盛也。昔吕氏作乱,幸赖齐代之援,以宁社稷;七国叛逆,梁王捍之,卒弭其难。自是之后,威权削夺,诸侯止食租俸,甚者至乘牛车,是以王莽得擅本朝,遂其奸谋,倾荡天下,毒流生灵。光武绍起,虽封树子弟,而不建成国之制,祚亦不延。魏氏承之,圈闭亲戚,幽囚子弟,是以神器速倾。天命移在陛下,长短之应,祸福之征,可见于此矣。然则建邦苟尽其理,则无向不可。故曰:'为社稷计,莫若建国。'夫邪正逆顺者,人心之所系服也。今之建置,审量事势,使君乐其国,臣荣其朝,各流福祚,传之无穷。上下一心,爱国如家,视人如子,然后能保荷天禄,兼翼王室。今诸王裂土,皆兼于古之诸侯,而君贱其爵,臣耻其位,莫有安志,其故何也?法同郡县,无成国之制故也。今之建置,宜使率由旧章,一如古典。然人心系常,不累十年,好恶未改,情愿未移。臣之愚虑,以为宜早创大制,迟回众望,犹在十年之外,然后能令君臣各安其位,荣其所蒙,上下相持,用成藩辅。如今之为,适足以亏天府之藏,徒弃谷帛之资,无补镇国卫土之势也。

"古者封建既定,各有其国。后虽王之子孙,无复尺土,此今事之必不行者也。若推亲疏,转有所废,以有所树,则是郡县之职,非建国之制也。今宜豫开此地,使亲疏远近,不错其制,然后可以永安。然于古典所应有者,悉立其制,然非急所须,渐而备之,不得顿设也。须车甲器械既具,其群臣乃服采章;仓廪已实,乃营宫室;百姓已足,乃备官司;境内充实,乃作礼乐。唯宗庙社稷则先建之。至境内之政,官人用才,自非内史国相,命于天子,其余众职及死生之断、谷帛资实、庆赏刑威,非封爵者,悉得专之。周之建侯,长享其国,与王者并,远者延将千载,近者犹数百年。汉之诸王,传祚暨至曾玄。人性不甚相远,古今一揆,而短长甚违,其故何邪?立意本殊,而制不同故也。周之封建,使国重于君,公侯之身,轻于社稷。故无道之君,不免诛放。敦兴灭继绝之义,故国祚不泯。不免诛放，则群后思惧，胤嗣必继，是无亡国也。诸侯思惧，然后轨道。下无亡国，天子乘之，理势自安，此周室所以长存也。汉之树置，君国轻重不殊，故诸王失度，陷于罪戮，国遂以亡；不崇兴灭继绝之序，故下无固国。天子居上，势孤无辅，故奸臣擅朝，易倾大业。今宜反汉之弊，修周旧迹，国君虽或失道，陷于诛绝，又无子应除，苟有始封支胤，不问远近，必绍其祚。若无遗类，则虚建之，须皇子生，以继其统，然后建国无灭。又班固称，诸侯失国，亦由网密。今又宜都宽其检。且建侯之理，本经盛衰。虑关强弱，则天下同忿，并力诛之。大制都邑，班之群后，著誓丹青，书之玉板，藏之金匮，置诸宗庙，副在有司。寡弱小国，犹不可危，岂况万乘之主？承难倾之邦，而加其上，则自然永久。故臣愿陛下置天下于自安之地，寄大业于固成之势，则可以无遗忧矣。

"今阎阊少名士，官司无高能，其故何也？清议不肃，人不立德，行在取容，故无名士；下不专局，又无考课，吏不竭节，故无高能。无高能，则有疾世事；少名士，则后进无准。故臣思立吏课而肃清议也。天下至大，万事至众，人君至少，同于天日，故非垂听所得周览。是以圣王之治，执要而已，委务于下，而不以事自婴也。分职既定，无所与焉。非惮日侧之勤，而牵于逸豫之虞，诚以治体宜然，事势致之也。何则？夫造创谋始，逆暗是非，以别能否，甚难察也；既以施行，因其成败，以分功罪，甚易识也。易识在考终，难察在造始。故人君恒居其易则治，人臣不处其难则乱。今人主恒能居易执要，以御其下，然后人臣功罪，形于成败之征，无所逃其诛赏，故罪不可蔽，功不可诬。功不可诬，则能者劝；罪不可蔽，则违慢日肃。此为治之大略也。天下至大，非垂听所周，又精始难校，考终易明。今人主不委事仰成，而与诸下共造事始，则功罪难分，能否不别。陛下纵未得尽仰成之理，都委务于下，至如令事应奏御者，蠲除不急，使要事得精，可三分之二。今亲掌者，受成于上，上之所失，不得复以罪下，岁终事功不建，不知所责也。夫监司以法举罪，狱官案劾尽实，法吏据辞守文，大较虽同，然至于施用，监司与夫法狱，体宜小异：狱官唯实，法吏唯文，监司则欲举大而略小。何则？夫细过微阙、谬妄之失，此人情之所必有，而悉纠以法，则朝野无全人。此所谓欲治而反乱者也。是以善为治者，纲举而网疏。纲举则所罗者广，网疏则小罪必漏。所罗者广，则大罪不纵，则甚泰必刑；微过必漏，则为政不苛。甚泰必刑,然后犯治必塞。此为治之要也。而自近世以来,为监司者,类大纲不振,而网甚密。网甚密,则微过必举。微过人情所必有,而不足以害治,举之则微而益乱。大纲不振,则豪强横肆,豪强横肆,则平民失职。此错所急,而倒所务之由也,非徒无益于治体,清议乃由此益伤。古人有言曰:'君子之过,如日之蚀焉。'又曰:'过而能改。'又曰:'不二过。'凡此数者,是贤人君子不能无过之言也。苟不至于害治,则皆天网之所漏也。所犯在甚泰,然后王诛所必加,此举罪浅深之大例也。故君子得全美以善事,不善者必夷戮警众,此为治诛赦之准式也。凡举过弹违,将以肃风论而整世教。今举小过,清议益颓。是以圣王深识人情而达治体,故其称曰:'不以一眚掩大德。'又曰:'赦小过,举贤才。'又曰:'无求备于一人。'故冕而前旒,充纩塞耳,意在去苛察、举甚泰。善恶之报,必取其尤,然后简而不漏。大罪必诛,法禁易全也。今则当小罪甚察,而时不加治者,明小罪非乱治之奸也。害治在犯尤,而谨搜微过,何异放兕豹于公路,而禁鼠盗于隅隙。时政所失,少有此类。陛下宜反而求之,乃得所务也。"

江统,字应元,陈留人也。除华阴令。时关陇屡为氐、羌所扰,牧守沦没,黎庶涂炭,孟观西讨,生禽齐万年,群氏死散。统深惟四夷乱华,宜杜其萌,乃作《徙戎论》,其辞曰:"夫蛮夷戎狄,谓之四夷。九服之制,地在要荒。《春秋》之义,内诸夏而外夷狄。以其言语不通,法俗诡异,或居绝域之外、山河之表,与中国壤断土隔,不相侵涉,赋役不及,正朔不加,其性气贪婪,凶悍不仁。四夷之中,戎狄为甚,弱则畏服,强则侵叛。虽有贤圣之世、大德之君,咸未能以道化率导,而以恩德柔怀也。当其强也,以殷之高宗,而急于鬼方;有周文王,而患昆夷猃狁;高祖困于白登,孝文军于霸上。及其弱也,周公来九译之贡;中宗纳单于之朝。以元、成之微,而犹四夷宾服,此其已然之效也。故匈奴求守边塞,而侯应陈其不可;单于屈膝未央,望之议以不臣。是以有道之君牧夷狄也,唯以待之有备,御之有常,虽稽颡(sǎng)执贽,而边城不弛固守。为寇贼强暴,而兵甲不加远征,期令境内获安、疆场不侵而已。及至周室失统,诸侯专征,以大兼小,转相残灭,封疆不固,而利害异心,戎狄乘间,得入中国。或招诱安抚,以为己用。故申、缯之祸,颠覆宗周;襄公要秦,遂兴姜戎;义渠、大荔,居秦、晋之域;陆浑、阴戎,据伊、洛之间;搜瞒之属，侵入齐宋，陵虐邢、卫。南夷与北夷，交侵中国，不绝若线。始皇之并天下也，南兼百越，北走匈奴，当时中国，无复四夷矣。

"汉兴而都长安，宗周丰、镐之旧也。及至莽之败，西都荒毁，百姓流亡。建武中，以马援领陇西太守，讨叛羌，徙其余种于关中，居冯翊、河东空地，而与齐民杂处。数岁之后，族类繁息，既恃其肥强，且苦汉民侵之。永初之元，骑都尉王弘使西域，发调羌氐，以为行卫。于是群羌奔骇，互相扇动，二州之戎，一时俱发，覆没将守，屠破城邑。诸戎遂炽，至于南入蜀、汉，东掠赵、魏，唐突轵关，侵及河内。十年之中，夷夏俱弊。此所以为害深重，累年不定者，虽由御者之无方，将非其才，亦岂不以寇发心腹，害起肘腋，疾笃难疗，疮大迟愈之故哉？自此之后，余烬不尽，小有际会，辄复侵叛。雍州之戎，常为国患，中世之寇，唯此为大。汉末之乱，关中残灭。魏兴之初，与蜀分隔，疆场之戎，一彼一此。魏武皇帝遂徙武都之种于秦川，欲以弱寇强国，扞御蜀虏，此盖权宜之计，一时之势，非所以保境安民，为万世之利也。今者当之，已受其弊矣。

"夫关中土沃物丰，厥田上上，帝王之都，未闻戎狄宜在此土也。非我族类，其心必异。戎狄志体，不与华同。而因其衰弊，迁之畿服，吏民玩习，侮其轻弱，使其怨恨之气，毒于骨髓。至于蕃育众盛，则坐生其心，以贪悍之性，挟愤怒之情，候隙乘便，辄为横逆。而居封域之内，无障塞之隔，掩不备之民，收散野之积，故能为祸滋蔓，暴害不测，此必然之势、已验之事也。当今之宜，宜及兵威方盛，众事未罢，徙冯翊、北地、新平、安定界内诸羌，著先零、罕𢽬、析支之地；徙扶风、始平、京兆之氐，出还陇右，著阴平、武都之界。各附本种，反其旧土，使属国抚夷，就安集之。戎晋不杂，并得其所，上合往古即叙之义，下为盛世永久之规。纵有猾夏之心，风尘之警，则绝远中国，隔阂山河，虽为寇暴，所害不广。是以充国、子明，能以数万之众，制群羌之命，有征无战，全军独克。虽有谋谟深计，庙胜远图，亦岂不以华夷异处，戎夏区别，要塞易守之故，得成其功哉！"

"难者曰：'方今关中之祸，暴兵二载，征戍之劳，老师十万，水旱之害，荐饥累荒。凶逆既戮，悔恶初附，且款且畏，咸怀危惧。百姓愁苦，异人同虑，望宁息之有期，若枯旱之思雨露。诚宜镇之以静默，而绥之以安豫。而子方欲作役起徒，兴功造事，使疲悴之众，徙自猜之寇，以无谷之民，迁乏食之虏，恐势尽力屈，绪业不卒，羌戎离散，心不可一，前害未及弭，而后变复横出矣。'答曰：'羌戎狡猾，伤害牧守，连兵聚众，载离寒暑。而今异类瓦解，同种土崩，老幼系虏，丁壮降散。子以此等，为尚挟余资，悔恶反善，怀我德惠，而来柔附乎？将势穷道尽，智力俱困，惧我兵诛，以至于此乎？'曰：'无有余力，势穷道尽故也。'然则我能制其短长之命，而令其进退由己矣。夫乐其业者，不易事；安其居者，无迁志。方其自疑危惧，畏怖促遽，可制以兵威，使之左右无违也。迨其死亡散流，故可遐迁远处，令其心不怀土也。夫圣贤之谋事，为之于未有，治之于未乱，道不著而平，德不显而成。其次则能转祸为福，因败为功，值困必济，遇否能通。今子遭弊事之终，而不图更制之始，爱易辙之勤，而得覆车之轨，何哉？且关中之民，百余万口，率其少多，戎狄居半，处之与迁，必须口实，若有穷乏，故当倾关中之谷，以全其生生之计，必无挤于沟壑，而不为侵掠之害也。今我迁之，传食而至，附其种族，自使相赡，而秦地之民得其半谷，此为济行者以廪粮，遗居者以积仓。宽关中之逼，去盗贼之原；除旦夕之损，建终年之益。若惮暂举之小劳，而遗累世之寇敌，非所谓能开物成务，创业垂统，崇基拓迹，谋及子孙者也。

"并州之胡，本实匈奴桀恶之寇也。汉宣之世，冻馁残破，国内五裂，后合为二。呼韩邪遂衰弱孤危，不能自存，依阻塞下，委质柔服。建武中，南单于复求降附。于弥扶罗值世丧乱，遂乘衅而作，虏掠赵、魏，寇至河南。建安中，又使右贤王去卑，诱质呼厨泉，听其部落散居六郡。咸熙之际，分为三率。泰始之初，又增为四。今五部之众，户至数万；人口之盛，过于西戎。然其天性骁勇，弓马便利，倍于氐羌，若有不虞风尘之虑，则并州之域，可为寒心。今晋民失职，犹或亡叛，犬马肥充，则有噬啮，况于夷狄，能不为变？但顾其微弱，势力不陈耳。夫为邦者，患不在贫，而在不均；忧不在寡，而在不安。以四海之广，士民之富，岂须夷虏在内，然后取足哉！此等皆可申喻发遣，还其本域，慰彼羁旅怀土之思，释我华夏纤介之忧，惠此中国，以绥四方，德施永世，于计为长。"

陆机，字士衡，吴郡人也。为著作郎。〔孙盛《阳秋》载机《五等论》曰："夫体国经野，先王所慎，创制垂基，思隆后业，然而经略不同，长短异术。五等之制，始于黄唐；郡县之治，创于秦汉。得失成败，备在典谟，是以其详可得而言。夫王者知帝业至重、天下至广。广不可以偏制，重不可以独任。任重必于借力，制广终乎因人。故设官分职，所以轻其任也；并建伍长，所以弘其制也。于是乎立其封疆之典，裁其亲疏之宜，使万国相维，以成盘石之固，宗庶杂居，以定维城之业。又有以见绥世之长御，识人情之大方，知其为人不如厚己，利物不如图身，安上在于悦下，为己在乎利人。是以分天下以厚乐，而己得与之同忧；飨天下以丰利，而己得与之共害。利博则恩笃，乐远则忧深，故诸侯享食土之实，万国受传世之祚。夫然，则南面之君，各务其治；九服之民，知有定主。上之子爱，于是乎生；下之礼信，于是乎结。世治足以敦风，道衰足以御暴。故强毅之国，不能擅一时之势；雄俊之民，无所寄霸王之志。然后国安由万邦之思治，主尊赖群后之图身。盖三代所以直道，四王所以垂业也。故世及之制，弊祸终乎七雄。昔者成汤亲照夏后之鉴，公旦目涉商人之式，文质相济，损益有物。然五等之礼，不革于时，封畛之制，有隆焉尔者，岂玩二王之祸，而暗经世之算乎？固知百世非可悬御，善制不能无弊，而侵弱之辱，愈于殄祀，土崩之困，痛于陵夷也。是以经始获其多福，虑终取其少祸，非谓侯伯无可乱之符，郡县非致治之基也。故国忧赖其释位，主弱凭于其翼戴。及其承微积弊，王室遂卑，犹保名位，祚遗后嗣，皇统幽而不辍，神器否而必存者，岂非事势使之然与？降及亡秦，弃道任术，惩周之失，自矜其得，寻斧始于所庇，制国昧于弱下。国庆独享其利，主忧莫与共害，虽速亡趋乱，不必一道，颠沛之衅，实由孤立，是盖思五等之小怨，忘万国之大德，知陵夷之可患，暗土崩之为痛也。周之不竞，有自来矣。国乏令主，十有余世，然片言勤王，诸侯必应，一朝震矜，远国先叛，故强晋收其请隧之图，暴楚顿其观鼎之志，岂刘、项之能窥关，胜、广之敢号泽哉！借使秦人因循周制，虽则无道，有共兴亡，其覆灭之祸，岂在曩日。汉矫秦枉，大启王侯，境土逾溢，不遵旧典，故贾生忧其危，晁错痛其乱。是以诸侯阻其国家之富，凭其土民之力，势足者反疾，土狭者逆迟，六臣犯其弱纲，七子冲其漏网，皇祖夷于黥徒，西京病于东帝，是盖过正之灾，而非建侯之累也。逮至中叶，忌其失节，割削宗子，有名无实，天下旷然，复袭亡秦之轨矣。是以五侯作威，不忌万邦，新都袭汉，易于拾遗也。光武中兴，纂隆皇统，而犹遵覆车之遗辙，养丧家之宿疾，仅及数世，奸宄充斥，卒有强臣专朝，则天下风靡，一夫纵横，而城地自夷，岂不危哉！在周之衰，难兴王室，放命者七臣，干位者三子，嗣王委其九鼎，凶族据其天邑，钲鼙震于阃宇，锋镝流乎绛阙，然祸止畿甸，害不覃（qín）及，天下晏然，以治待乱，是以宣王兴于共和，襄、惠振于晋、郑，岂若二汉陛闼暂扰，而四海已沸，孽臣朝入，而九服夕乱哉！远惟王莽篡逆之事，近览董卓擅权之际，亿兆悼心，愚智同痛，然周以之存，汉以之亡，夫何故哉！岂世乏曩时之臣，士无匡合之志欤！盖远绩屈于时异，雄心挫于卑势耳。故烈士扼腕，终委寇仇之手，忠臣变节，以助虐国之桀，虽复时有鸠合同志，以谋王室，然上非奥主，下皆市人，师旅无先定之班，君臣无相保之志，是以义兵云合，无救劫杀之祸，众望未改，而已见大汉之灭矣。或以诸侯世位，不必常全，昏主暴君，有时比迹，故五等所以多乱；今之牧守，皆官方庸能，虽或失之，其得固多，故郡县易以为政治。夫德之休明，黜陟日用，长率连属，咸述其职，而淫昏之君，无所容过，何则不治哉！故先代有以之兴矣。苟或衰陵，百度自悖，鬻官之吏，以货准才，则贪残之萌，皆群后也，安在其不乱哉！故后王有以之废矣。且要而言之，五等之君，为己思治；郡县之长，为利图物。何以征之？盖企及进取，仕子之常志；修己安民，良士之所希及。夫进取之情锐，安民之誉迟，是故侵百姓以利己者，在位所不惮，损实事以养名者，官长所凤夜也。君无卒岁之图，臣挟一时之志。五等则不然，知国为己土，众皆我民，民安己受其利，国伤家婴其病，故前人欲以垂后，后嗣思其堂构，为上无苟且之心，群下知胶固之义。使其并贤居政，则功有厚薄，而两愚处乱，则过有深浅。然则八代之制，几可以一理贯，秦汉之典，殆可以一言蔽也。"]

　　胡威，字伯武，淮南人也。父质，字文德，清廉洁白。质之为荆州刺史也，威自京都定省。家贫，每至客舍，自放驴取樵。既至见父，停厩中十余日，告归。临辞，赐绢一匹，为道中资。威跪曰："大人清高，不审于何得此绢。"质曰："是吾奉禄之余，故以为汝粮耳。"威受之辞归。荆州帐下都督，闻威将去，请假还家，持资粮于路要威，因与为伴，每事佐助，又进饭食。威疑而诱问之，既知，乃取所赐绢与都督，谢而遣之。后因他信以白质，质杖都督一百，除吏名。父子清慎如此，于是名誉著闻。为安丰太守、徐州刺史，政化大行。后入朝，世祖因言次谓威曰："卿清孰如父清？"对曰："臣不如也。"世祖曰："以何为胜邪？"对曰：<u>"臣父清恐人知，臣清恐人不知，是臣不及远也。"</u>世祖以威言直而婉、谦而顺，累迁豫州刺史。入为尚书。

【重点句解读】

臣父清恐人知，臣清恐人不知，是臣不及远也。

臣父亲的清白唯恐别人知道，而臣的清白却唯恐别人不知道，这是臣远远不如父亲的地方。

胡威与其父胡质都以廉洁慎重而闻名于世，当晋武帝问他"卿孰与父清"时，胡威的回答是很有艺术性的：父亲的清廉不声不响，而自己的清廉则到处嚷嚷。

胡威在这里有自谦的成分，但这句话很值得回味。"恐人知"与"恐人不知"，一字之差，高下立判。正如《朱子家训》中说："善欲人见，不是真善。"

严格地说，清廉乃为官的起码要求，委实不值得张扬，本该如此的事有什么可夸耀的呢？但这种境界并非人人都能做得到。

清正廉洁是中华民族的传统美德，是我们立身处世的根本。然而，一些人以此作为沽名钓誉的手段，大肆宣扬，唯恐人不知。其背后的动机很难不让人怀疑。

周顗，字伯仁，汝南人也。为尚书左仆射。王敦作逆石头，既王师败绩。顗奉诏往诣敦，敦曰："伯仁，卿负我。"顗曰："公戎车犯顺，下官亲率六军，不能其事，使王旅奔败，以此负公。"敦惮其辞正，不知所答。左右文武，劝顗避敦，曰："吾备位大臣，朝廷丧破，宁可复草间求活，外投胡越者邪？"俄而被收，于石头害之。

陶侃，字士行，庐江人也。为荆州刺史。政刑清明，惠施均洽，故楚郢士女，莫不相庆。引接疏远，门无停客，常语人曰："大禹圣者，乃惜寸阴；至于众人，当惜分阴，岂可逸游荒醉？生无益于时，死无闻于后，是自弃也。"诸参佐或以谈戏废事者，乃命取蒱（pú）博之具，悉投之于江。吏将则加鞭朴，曰："樗蒱者，牧奴戏耳。老庄浮华，非先王之法言，不可行也。君子当正其衣冠，摄其威仪，何有乱头养望，自谓宏达邪？"于是朝野用命，移风易俗。

高崧，字茂琰，广陵人也。累转侍中。哀帝雅好服食，崧谏，以为非万乘所宜，陛下此事，实是日月之一蚀也。帝欲修鸿宝礼，崧反复表谏，事遂不行。

何充，字次道，庐江人也。为护军中书令。显宗初崩，充建议曰："父子相传，先王旧典，忽妄改易，惧非长计。"庾冰等不从，故康帝遂立。帝临轩，冰、充侍坐。帝曰："朕嗣洪业，二君之力也。"对曰："陛下龙飞，臣冰之力也，若如臣议，不睹升平之世。"康帝崩，充奉遗旨，便立孝宗，加录尚书事侍中，临朝正色，以社稷为己任。凡所选用，皆以功臣为先，不以私恩树用亲戚。谈者以此重之。

吴隐之，字处默，濮阳人也。早孤，事母孝谨，爱敬著于色养，几灭性于执丧。居近韩康伯家。康伯母，贤明妇人，每闻隐之哭，临馔辍餐，当织投杼，为之悲泣。如此终其丧。谓伯曰："汝若得在官人之任，当举如此之徒。"及伯为吏部，超选隐之，遂阶清级，为龙骧将军、广州刺史。州之北界有水，名曰"贪泉"，父老云："饮此水者，使廉士变节。"隐之始践境，先至水所，酌而饮之，因赋诗曰："古人云此水，一歃怀千金。试使夷齐饮，终当不易心。"在州清操愈厉，化被幽荒。诏曰："广州刺史吴隐之，孝友过人，禄均九族，处可欲之地，而能不改其操，飨惟错之富，而家人不易其服，革奢务啬，南域改观，朕有嘉焉，可进号前将军，赐钱五十万、谷千斛。"

【重点句解读】

古人云此水，一歃怀千金。试使夷齐饮，终当不易心。

人们都说饮了"贪泉"水，就会产生贪婪之心。可是如果让伯夷、叔齐那样品行高洁的人喝了，我想绝不会改变那颗清廉的初心。

伯夷、叔齐耻食周粟，采薇而食，饿死于首阳山，是抱节守志的典范。

吴隐之饮"贪泉"而不贪的故事，一直被传为佳话。《晋书·良吏传论》说："邓攸赢粮以述职，吴隐酌水以厉清，晋代良能，此焉为最。"吴隐之以诗言志，表达了自己清廉为政的决心，也表明了自己和伯夷、叔齐一样有着高尚的气节。饮"贪泉"而不贪，关键在于其意志坚强，能洁身自好，能坚守内心道德底线，自然能抵挡住外界的诱惑和影响。

党员干部，不管职位高低、权力大小，只要在工作和生活中时刻保持"慎独、慎微、慎始、慎初"的清醒，保持如履薄冰、如临深渊的自觉，就能做到"富贵不能淫，贫贱不能移，威武不能屈"，做到"拒腐蚀，永不沾"。

子部

卷三十一 《六韬》治要

【西周】 相传为姜尚撰,具体作者不详

【导读】

《六韬》,又称《太公六韬》《太公兵法》,全书有六卷,共六十篇。是道家典籍《太公》的兵法部分,《武经七书》之一。其内容博大精深,缜密严谨,是中国古代军事理论著作的精华。最早收录在《隋书·经籍志》内,题为"周文王师姜望撰"。姜望,即姜太公吕望。姜望(约公元前1156—约前1017),著名历史人物,商末周初人。姜姓,吕氏,一名望,字子牙,别号飞熊,因其先祖辅佐大禹平水土有功被封于吕,故以吕为氏,也称吕尚。

该书评价兵书说:"兵者,所以禁暴靖乱者也。《易》曰:'古者弦木为弧,剡木为矢,弧矢之利,以威天下。'孔子曰:'不教人战,是谓弃之。'《周官》大司马'掌九法九伐,以正邦国'是也。然皆动之以仁,行之以义,故能诛暴靖乱,以济百姓。下至三季,恣情逞欲,争伐寻常,不抚其人,设变诈而无仁义。至乃百姓离叛,以致于乱。"这个观点与论述,可谓放之四海皆准的普遍真理。

《六韬》分别以文、武、龙、虎、豹、犬为标题,各为一卷,共六十篇,近二万字。

《文韬》十二篇,主要论述作战前如何充实国家的实力,以克敌制胜;《武韬》五篇,论述战争策略;《龙韬》十三篇,论述军事指挥和兵力部署艺术;《虎韬》十二篇,论述在宽阔地区作战中的战术;《豹韬》八篇,论述在各种特殊的地形作战中的战术;《犬韬》十篇,论述教练与编选士卒以及各种兵种如

何协同作战等事项。

上述军事思想和原则，对后代有很大的影响，被誉为兵家权谋始祖。司马迁《史记·齐太公世家》："后世之言兵及周之阴权，皆宗太公为本谋。"此书在十六世纪传入日本，十八世纪传入欧洲。现今已翻译成日、法、朝、越、英、俄等多种文字。

《六韬》也是一部提出安邦定国方略的政治著作，明确提出君主要通过使用贤能之人治国，克制私欲，勤勉理政，顺应民心，清静无为而平治天下，创造出"万民富乐而无饥寒之色，其君如日月，亲其君如父母"的盛世。

魏徵等人在《群书治要》中辑录《六韬》二十六篇，主要内容是如何治国理政，国君如何以身作则，选择官吏。而有关军事战略战术的内容未予采录。

魏徵从《六韬》中吸收了不少营养充实了他的谏言理论。

·序·

文王田乎渭之阳，见太公坐茅而钓，问之曰："子乐得鱼耶？"太公曰："夫钓以求得也。其情深，可以观大矣。"文王曰："愿闻其情。"太公曰："夫鱼食其饵，乃牵于缗；人食其禄，乃服于君。故以饵取鱼，鱼可杀；以禄取人，人可竭；以家取国，国可拔；以国取天下，天下可毕也。天下者非一人之天下，天下之天下也。与天下同利者，则得天下；擅天下之利者，失天下。天有时，地有财，能与人共之者，仁也。仁之所在，天下归之。免人之死，解人之难，救人之患，济人之急者，德也。德之所在，天下归之。与人同忧同乐，同好同恶者，义也。义之所在，天下归之。凡人恶死而乐生，好得而归利。能生利者，道也。道之所在，天下归之。"

【重点句解读】

天下者非一人之天下，天下之天下也。与天下同利者，则得天下；擅天下之利者，失天下。

世界上所有的东西不是一个人能独占的，而是天下人所共有的。能和天下人共享利益的，就得到天下人的拥护；想独占天下利益的，就会失掉天下人的支持。

人类历史的发展，中外社会的进程有力地证明了这条颠扑不破的真理。百余年来，自辛亥革命始，袁世凯欲独得革命的胜利果实，恢复帝制，它的王朝寿命不过八十三天，为举世所唾弃；而为中国广大人民谋福利的中国共产党，受到了人民的广泛拥护，从1921年建党之始的几十个人，历经二十八年的奋斗，建立了与全国人民共享盛世的新政权，党员人数达到八千九百多万，成为世界第一大党。

习近平总书记审时度势，根据国内外发展的新形势，创立了新时期中国特色社会主义思想体系，积极倡导和推动构建"人类命运共同体"，无限量地放大了"天下人之天下"这一理念。

·文 韬·

文王问太公曰："天下一乱一治，其所以然者何？天时变化自有之乎？"太公曰："君不肖，则国危而民乱；君贤圣，则国家安而天下治。祸福在君，不在天时。"文王曰："古之贤君可得闻乎？"太公曰："昔帝尧，上世之所谓贤君也。尧王天下之时，金银珠玉弗服，锦绣文绮弗衣，奇怪异物弗视，玩好之器弗宝，淫佚之乐弗听，宫垣室屋弗崇，茅茨之盖不剪，衣履不敝尽不更为，滋味重累不食，不以役作之故，留耕种之时，削心约志，从事乎无为，其自奉也甚薄，役赋也甚寡。故万民富乐，而无饥寒之色。百姓戴其君如日月，视其君如父母。"文王曰："大哉贤君之德矣。"

文王问太公曰："愿闻为国之道。"太公曰："爱民。"文王曰："爱民奈何？"太公曰："<u>利而勿害，成而勿败，生而勿杀，与而勿夺，乐而勿苦，喜而勿怒。</u>"文王曰："奈何？"太公曰："民不失其所务，则利之也；农不失其时业，则成之也；省刑罚，则生之也；薄赋敛，则与之也；无多宫室台池，则乐之也；吏清不苛，则喜之也。民失其务，则害之也；农失其时，则败之也；无罪而罚，则杀之也；重赋敛，则夺之也；多营宫室游观以疲民，则苦之也；吏为苛扰，则怒之也。<u>故善为国者，御民如父母之爱子，如兄之慈弟也。见之饥寒，则为之哀；见之劳苦，则为之悲。</u>"文王曰："善哉！"

【重点句解读】

利而勿害,成而勿败,生而勿杀,与而勿夺,乐而勿苦,喜而勿怒。

故善为国者,御民如父母之爱子,如兄之慈弟也。见之饥寒,则为之哀;见之劳苦,则为之悲。

(好的国家执政者)做到不去损害人民的利益;促进而不破坏人民的生产;要珍惜人民的生命而不滥用刑罚;要给予人民实惠而不搜刮掠夺;要使人民安乐而不使他们受苦;要使人民喜悦而不使他们怨怒。

所以善于领导国家的执政者,对人民要像父母庇护子女、兄长爱护弟弟那样,见其饥寒就为他忧虑,见其劳苦就为他悲痛。

清初名臣汤斌,一生廉洁自守,爱民如子。任浙江嘉兴县令时,轻刑薄罚。民有过者,首在教化,使嘉兴民风大变,县狱为之一空。当时的县官,一项重要工作是为国家收税,名曰"完国课"。百姓如不按时足额完成"国课",县官便派人追缴,仍不能完成者要受到一定的刑事处罚。这是通常的做法,而汤斌不然,对不能按时完"国课"者,一定要调查清楚原因才决定行止。有一农户家因遭灾祸,连欠三年"国课",汤斌把他找来,他答应三日内缴清三年积欠。到时,他果然兑现了诺言。这一来,汤斌大疑,怀疑他非偷即盗,进行了深入调查,发现这农户为了交清欠税,卖了女儿给一木匠做老婆。对这一惨事,汤斌深深自责。他为了怕这小女子到男家受到歧视,便要夫人认此女为义女,赎回卖身契,陪了价虽低但情极重的一份嫁妆,仍嫁给了汤斌认为这个人品不错、还算匹配的小木匠。

汤斌调任时,万民阻道,哭声震天。为何如此?爱民使然。

习近平同志从任职基层到担任党和国家领导人,一直信守"爱民""民惟邦本"的理念,在《携手消除贫困,促进共同发展——在2015年减贫与发展高峰论坛上的讲话》等著作中引用了《六韬》上的这段话。党的十八大、十九大将其付诸实施,拟定了精准扶贫,实现全民小康的宏伟规划。

文王问于太公曰:"贤君治国何如?"对曰:"贤君之治国,其政平,吏不苟；其赋敛节，其自奉薄；<u>不以私善害公法，赏赐不加于无功，刑罚不施于无罪；不因喜以赏，不因怒以诛；害民者有罪，进贤者有赏</u>；后宫不荒，女谒不听；上无淫匿，下无阴害；不供宫室以费财，不多游观台池以罢民，不雕文刻镂以逞耳目；官无腐蠹之藏，国无流饿之民也。"文王曰："善哉！"

【重点句解读】

> 不以私善害公法，赏赐不加于无功，刑罚不施于无罪；不因喜以赏，不因怒以诛；害民者有罪，进贤者有赏。

不以私利违法，赏罚分明，不以个人好恶代之；危害人民者加罪；荐贤利民者给予奖励。

赏功罚罪，除害用贤，是国家的大事。史载，商鞅佐秦孝公，立法度，平地权，一量衡，务耕织，选贤能任县官。赏不分贵贱，立功授爵；罚不避权贵，虽公族亦不免。太子犯过，责在师傅教导欠缺，于是便割了身为孝公长兄、太子右师傅公子虔的鼻子（劓刑），在左师傅亦为贵族出身的公孙贾额上刺了墨迹（黥刑），"于是秦人拱手而取西河之外"，打败了当时第一强国魏国，收复了失地，受到周天子赐胙（祭祀用肉）的嘉奖，为秦以后统一六国奠定了基础。

类似例子，所在多有，史不绝书，有力地证明了主政者如能大公无私地执行国家法律，赏罚分明，国家就一定会强盛。

文王问师尚父曰："王人者，何上何下？何取何去？何禁何止？"尚父曰："上贤下不肖，取诚信，去诈伪，禁暴乱，止奢侈。故王人者，有六贼七害。六贼者，一曰大作宫殿台池游观，淫乐歌舞，伤王之德；二曰不事农桑，任气作业，游侠犯历法禁，不从吏教，伤王之化；三曰结连朋党，比周为权，以蔽贤智，伤王之权；四曰抗智高节，以为气势，伤王之威；五曰轻爵位，贱有司，羞为上犯难，伤功臣之劳；六曰强宗侵夺，凌侮贫弱，伤庶民矣。七害者，一曰无智略大谋，而以重赏尊爵之故，强勇轻战，侥幸于外，王者慎勿使将；二曰有名而无用，出入异言，掩善扬恶，进退为巧，王者慎勿与谋；三曰朴其身躬，恶其衣服，语无为以求名，言无欲以求得，此伪人也。王者慎勿近；四曰博文辨辞，高行论议，而非时俗，此奸人也，王者慎勿宠；五曰果敢轻死，苟以贪得尊爵重禄，不图大事，待利而动，王者慎勿使；六曰为雕文刻镂，技巧华饰，以伤农事，王者必禁之；七曰为方伎咒诅，作蛊道鬼神不验之物、不详之言，欺诈良民，王者必禁止之。故民不尽其力，非吾民；士不诚信而巧伪，非吾士；臣不忠谏，非吾臣；吏不平洁爱人，非吾吏；相不能富国强兵，调和阴阳，以安万乘之主，简练群臣，定名实，明赏罚，令百姓富乐，非吾相也。故王人之道，如龙之首，高居而远望，徐视而审听，神其形，散其精，若天之高不可极，若川之深不可测也。"

文王问太公曰："君务举贤，而不获其功，世乱愈甚，以致危亡者，何也？"太公曰："举贤而不用，是有举贤之名也，无得贤之实也。"文王曰："其失安在？"太公曰："其失在好用世俗之所誉，不得其真贤。"文王曰："好用世俗之所誉者何也？"太公曰："好听世俗之所誉者，或以非贤为贤，或以非智为智，或以非忠为忠，或以非信为信。君以世俗之所誉者为贤智，以世俗之所毁者为不肖，则多党者进，少党者退，是以群邪比周而蔽贤，忠臣死于无罪，邪臣以虚誉取爵位，是以世乱愈甚，故其国不免于危亡。"文王曰："举贤奈何？"太公曰："将相分职，而各以官举人，案名察实，选才考能；令能当其名，名得其实，则得贤人之道。"文王曰："善哉。"

文王问太公曰："愿闻治国之所贵。"太公曰："贵法令之必行，必行则治道通；通则民大利，大利则君德彰矣。君不法天地，而随世俗之所善以为法，故令出必乱，乱则复更为法。是以法令数变，则群邪成俗，而君沉于世，是以国不免危亡矣。"

文王问太公曰："愿闻为国之大失。"太公曰："为国之大失，作而不法法，国君不悟，是为大失。"文王曰："愿闻不法法，国君不悟。"太公曰："不法法，则令不行，令不行，则主威伤；不法法，则邪不止，邪不止，则祸乱起矣；不法法，则刑妄行，刑妄行，则赏无功；不法法，则国昏乱，国昏乱，则臣为变；不法法，则水旱发，水旱发，则万民病。君不悟，则兵革起，兵革起，则失天下也。"

文王问太公曰："人主动作举事，善恶有福殃之应。鬼神之福无？"太公曰："有之。主动作举事，恶则天应之以刑，善则地应之以德；逆则人备之以力，顺则神授之以职。故人主好重赋敛，大宫室，多游台，则民多病瘟，霜露杀五谷，丝麻不成。人主好田猎毕弋，不避时禁，则岁多大风，禾谷不实。人主好破坏名山，壅塞大川，决通名水，则岁多大水，伤民五谷不滋。人主好武事，兵革不息，则日月薄蚀，太白失行。故人主动作举事，善则天应之以德，恶则人备之以力。神夺之以职，如响之应声，如影之随形。"文王曰："诚哉。"

文王问太公曰："君国主民者，其所以失之者，何也？"太公曰："不慎所与也。人君有六守三宝。六守者，一曰仁，二曰义，三曰忠，四曰信，五曰勇，六曰谋。是谓六守。"文王曰："慎择此六者，奈何？"太公曰："富之而观其无犯，贵之而观其无骄，付之而观其无专，使之而观其无隐，危之而观其无恐，事之而观其无穷。富之而不犯者，仁也；贵之而不骄者，义也；付之而不专者，忠也；使之而不隐者，信也；危之而不恐者，勇也；事之而不穷者，谋也。人君慎此六者以为君用。君无以三宝借人。以三宝借人，则君将失其威。大农大工大商，谓之三宝。六守长则国昌，三宝完则国安。"

文王问太公曰："先圣之道可得闻乎？"太公曰："义胜欲则昌，欲胜义则亡；敬胜怠则吉，怠胜敬则灭。故义胜怠者王，怠胜敬者亡。"

武王问太公曰："桀、纣之时，独无忠臣良士乎？"太公曰："忠臣良士，天地之所生，何为无有？"武王曰："为人臣而令其主残虐，为后世笑。可谓忠臣良士乎？"太公曰："是谏者不必听，贤者不必用。"武王曰："谏不听，是不忠；贤而不用，是不贤也。"太公曰："不然。谏有六不听；强谏有四必亡；贤者有七不用。"武王曰："愿闻六不听，四必亡，七不用。"太公曰："主好作宫室台池，谏者不听；主好忿怒，妄诛杀人，谏者不听；主好所爱无功德而富贵者，谏者不听；主好财利，巧夺万民，谏者不听；主好珠玉奇怪异物，谏者不听。是谓六不听。四必亡：一曰强谏不可止，必亡；二曰强谏知而不肯用，必亡；三曰以寡正强、正众邪，必亡；四曰以寡直强、正众曲，必亡。七不用：一曰主弱亲强，贤者不用；二曰主不明，正者少，邪者众，贤者不用；三曰贼臣在外，奸臣在内，贤者不用；四曰法政阿宗族，贤者不用；五曰以欺为忠，贤者不用；六曰忠谏者死，贤者不用；七曰货财上流，贤者不用。"

武王伐殷，得二丈夫而问之曰："殷之将亡，亦有妖乎？"其一人对曰："有。殷国尝雨血、雨灰、雨石，小者如椎，大者如箕，六月雨雪深尺余。"其一人曰："是非国之大妖也。殷君喜以人喂虎，喜割人心，喜杀孕妇，喜杀人之父，孤人之子，喜夺喜诬，以信为期。欺者为真，以忠为不忠；忠谏者死，阿谀者赏；以君子为下，急令暴取，好田猎，出入不时，喜治宫室修台池，日夜无已；喜为酒池肉林糟丘，而牛饮者三千；饮人无长幼之序、贵贱之礼；喜听逸用举，无功者赏，无德者富；所爱专制而擅令，无礼义，无忠信，无圣人，无贤士，无法度，无升斛，无尺丈，无称衡。此殷国之大妖也。"

·武　韬·

文王在酆，召太公曰："商王罪杀不辜，汝尚助余忧民，今我何如？"太公曰："王其修身下贤，惠民以观天道。天道无殃，不可以先唱；人道无灾，不可以先谋；必见天殃，又见人灾，乃可以谋。与民同利，同病相救，同情相成，同恶相助，同好相趣，无甲兵而胜，无冲机而攻，无渠堑而守。利人者天下启之，害人者天下闭之。天下非一人之天下也，取天下若逐野兽，得之而天下皆有分肉；若同舟而济，济则皆同其利，舟败皆同其害。然则皆有启之，无有闭之矣。无取于民者，取民者也；无取于国者，取国者也；无取于天下者，取天下者也。取民者民利之，取国者国利之，取天下者天下利之。故道在不可见，事在不可闻，胜在不可知，微哉微哉！鸷鸟将击，卑飞翕翼；猛兽将击，弭耳俯伏；圣人将动，必有愚色；唯文唯德，谁为之惑；弗观弗视，安知其极。今彼殷商，众口相惑。吾观其野，草茅胜谷；吾观其群，众曲胜直；吾观其吏，暴虐残贼。败法乱刑而上下不觉，此亡国之时也。夫上好货，群臣好得，而贤者逃伏，其乱至矣。"太公曰："天下之人如流水，鄣之则止，启之则行，动之则浊，静之则清。呜呼神哉！圣人见其所始，则知其所终矣。"文王曰："静之奈何？"太公曰："夫天有常形，民有常生。与天下共其生，而天下静矣。"

文王在岐周，召太公曰："争权于天下者，何先？"太公曰："先人。人与地称，则万物备矣。今君之位尊矣，待天下之贤士，勿臣而友之，则君以得天下矣。"文王曰："吾地小而民寡，将何以得之？"太公曰："可。天下有地，贤者得之；天下有粟，贤者食之；天下有民，贤者收之。天下者非一人之天下也，莫常有之，唯贤者取之。夫以贤而为人下，何人不与？以贵从人曲直，何人不得？屈一人之下，则申万人之上者，唯圣人而后能为之。"文王曰："善。请著之金板。"于是文王所就而见者六人，所求而见者七十人，所呼而友者千人。

文王曰："何如而可以为天下？"太公对曰："大盖天下，然后能容天下；信盖天下，然后可约天下；仁盖天下，然后可以求天下；恩盖天下，然后王天下；权盖天下，然后可以不失天下；事而不疑，然后天下恃。此六者备，然后可以为天下政。故利天下者，天下启之；害天下者，天下闭之；生天下者，天下德之；杀天下者，天下贼之；彻天下者，天下通之；穷天下者，天下仇之；安天下者，天下恃之；危天下者，天下灾之。天下者非一人之天下，唯有道者得天下也。"

武王问太公曰："论将之道奈何？"太公曰："将有五才十过。所谓五才者，勇、智、仁、信、忠也。勇则不可犯，智则不可乱，仁则爱人，信则不欺人，忠则无二心。所谓十过者，将有勇而轻死者，有急而心速者，有贪而喜利者，有仁而不忍于人者，有智而心怯者，有信而喜信于人者，有廉洁而不爱民者，有智而心缓者，有刚毅而自任者，有懧（nuò）心而喜用人者。勇而轻死者，可暴也；急而心速者，可久也；贪而喜利者，可遗也；仁而不忍于人者，可劳也；智而心怯者，可窘也；信而喜信于人者，可诳也；廉洁而不爱人者，可侮也；智而心缓者，可袭也；刚毅而自任者，可事也；懧心而喜用人者，可欺也。故兵者国之大器，存亡之事，命在于将也。先王之所重，故置将不可不审察也。"武王问太公曰："王者举兵，欲简练英雄，知士之高下，为之奈何？"太公曰："知之有八征：一曰问之以言，以观其辞；二曰穷之以辞，以观其变；三曰与之间谍，以观其诚；四曰明白显问，以观其德；五曰使之以财，以观其廉；六曰试之以色，以观其贞；七曰告之以难，以观其勇；八曰醉之以酒，以观其态。八征皆备，则贤不肖别矣。"

· 龙　韬 ·

武王曰："士高下岂有差乎？"太公曰："有九差。"武王曰："愿闻之。"

太公曰："人才参差大小，犹斗不以盛石，满则弃矣，非其人而使之，安得不殆？多言多语，恶口恶舌，终日言恶，寝卧不绝，为众所憎，为人所疾，此可使要问闾里。察奸伺猾，权数好事，夜卧早起，虽遽不悔，此妻子将也。先语察事，实长希言，赋物平均，此十人之将也。切切截截，不用谏言，数行刑戮，不避亲戚，此百人之将也。讼辩好胜，疾贼侵陵，斥人以刑，欲正一众，此千人之将也。外貌咋咋，言语切切，知人饥饱，习人剧易，此万人之将也。战战栗栗，日慎一日，近贤进谋，使人以节，言语不慢，忠心诚必，此十万之将也。温良实长，用心无两，见贤进之，行法不枉，此百万之将也。动动纷纷，邻国皆闻，出入居处，百姓所亲，诚信缓大，明于领世，能教成事，又能救败，上知天文，下知地理，四海之内，皆如妻子，此英雄之率，乃天下之主也。"

武王问太公曰："立将之道奈何？"太公曰："凡国有难，君避正殿，召将而诏之曰：'社稷安危，一在将军。'将军受命，乃斋于太庙，择日授斧钺。君入庙西面而立，将军入北面立。君亲操钺，持其首授将其柄，曰：'从此以往，上至于天，将军制之。'乃复操斧，持柄授将其刃，曰：'从此以下至于泉，将军制之。'既受命曰：'臣闻国不可从外治，军不可从中御；二心不可以事君，疑志不可以应敌。臣既受命，专斧钺之威，不敢还请，愿君亦垂一言之命于臣。君不许臣，臣不敢将；君许之，乃辞而行。军中之事，不可闻君命，皆由将出，临敌决战，无有二心。若此无天于上，无地于下，无敌于前，无主于后。是故智者为之虑，勇者为之斗；气厉青云，疾若驰骛，兵不接刃，而敌降服。"

武王问太公曰："将何以为威？何以为明？何以为禁止而令行？"太公曰："以诛大为威，以赏小为明，以罚审为禁止而令行。故杀一人而三军振者，杀之；赏一人而万人悦者，赏之。故杀贵大，赏贵小。杀及贵重当路之臣，是刑上极也；赏及牛马厮养，是赏下通也。刑上极，赏下通，是将威之所行也。夫杀一人而三军不闻，杀一人而万民不知，杀一人而千万人不恐，虽多杀之，其将不重；封一人而三军不悦，爵一人而万人不劝，赏一人而万人不欣，是为赏无功、贵无能也。若此则三军不为使，是失众之纪也。"

武王问太公曰："吾欲令三军之众，亲其将如父母，攻城争先登，野战争先赴，闻金声而怒，闻鼓音而喜，为之奈何？"太公曰："将有三礼。冬日不服裘，夏日不操扇，天雨不张盖幕，名曰三礼也。将身不服礼，无以知士卒之寒暑。出隘塞犯泥涂，将必下步，名曰力将。将身不服力，无以知士卒之劳苦。士卒军皆定次，将乃就舍。炊者皆熟，将乃敢食。军不举火，将亦不火食，名曰止欲。将不身服止欲，无以知士卒之饥饱，故上将与士卒共寒暑，共饥饱勤苦。故三军之众，闻鼓音而喜，闻金声而怒矣。高城深池，矢石繁下，士争先登；白刃始合，士争先赴；非好死而乐伤，为其将念其寒苦之极，知其饥饱之审，而见其劳苦之明也。"

武王问太公曰："攻伐之道，奈何？"太公曰："势因敌家之动，变生于两阵之间，奇正传于无穷之源。故至事不语，用兵不言。其事之成者，其言不足听。兵之用者，其状不足见。倏然而往，忽然而来，能独专而不制者也。善战者，不待张军；善除患者，理其未生；善胜敌者，胜于无形；上战无与战矣。故争于白刃之前者，非良将也；备于已失之后者，非上圣也；智与众同，非国师也；伎与众同，非国工也。事莫大于必克，用莫贵于玄眇，动莫神于不意，胜莫大于不识。夫必胜者，先见弱于敌而后战者也，故事半而功自倍。兵之害，犹豫最大；兵之灾，莫大于狐疑。善者见利不失，遇时不疑。失利后时，反受其灾。智者从而不失，巧者一决而不犹豫，故疾雷不及掩耳，卒电不及瞬目，赴之若惊，用之若狂，当之者破，近之者亡，孰能待之？"武王曰："善。"

武王问太公曰："凡用兵之极，天道、地利、人事，三者孰先？"太公曰："天道难见，地利人事易得。天道在上，地道在下，人事以饥饱劳逸文武也。故顺天道不必有吉，违之不必有害。失地之利，则士卒迷惑；人事不和，则不可以战矣。故战不必任天道，饥饱劳逸文武最急，地利为宝。"王曰："天道鬼神，顺之者存，逆之者亡，何以独不贵天道？"太公曰："此圣人之所生也。欲以止后世，故作为谲书，而寄胜于天道，无益于兵胜，而众将所拘者九。"王曰："敢问九者奈何？"太公曰："法令不行而任侵诛；无德厚而用日月之数；不顺敌之强弱，幸于天道；无智虑而候氛气；少勇力而望天福；不知地形而归过；敌人怯弗敢击而待龟筮；士卒不募而法鬼神；设伏不巧，而任背向之道。凡天道鬼神，视之不见，听之不闻，索之不得，不可以治胜败，不能制死生，故明将不法也。"

太公曰："天下有粟，圣人食之；天下有民，圣人收之；天下有物，圣人裁之。利天下者取天下，安天下者有天下，爱天下者久天下，仁天下者化天下。"

·虎韬·

武王胜殷，召太公问曰："今殷民不安其处，奈何使天下安乎？"太公曰："夫民之所利，譬之如冬日之阳、夏日之阴。冬日之从阳，夏日之从阴，不召自来。故生民之道，先定其所利，而民自至。民有三几，不可数动，动之有凶。明赏则不足，不足则民怨生；明罚则民慑畏，民慑畏则变。故出明察则民扰，民扰则不安其处，易以成变。故明王之民，不知所好，不知所恶，不知所从，不知所去。使民各安其所生，而天下静矣。乐哉，圣人与天下之人，皆安乐也。"武王曰："为之奈何？"太公曰："圣人守无穷之府，用无穷之财，而天下仰之。天下仰之，而天下治矣。神农之禁，春夏之所生，不伤不害，谨修地利，以成万物，无夺民之所利，而农顺其时矣。任贤使能，而官有材，而贤者归之矣。故赏在于成民之生，罚在于使人无罪。是以赏罚施民，而天下化矣。"

·犬韬·

武王至殷将战，纣之卒握炭流汤者十八人，以牛为礼以朝者三千人，举百石重沙者二十四人，趋行五百里而矫矛杀百步之外者五千人，介士亿有八万。武王惧曰："夫天下以纣为大，以周为细；以纣为众，以周为寡；以周为弱，以纣为强；以周为危，以纣为安；以周为诸侯，以纣为天子。今日之事，以诸侯击天子，以细击大，以少击多，以弱击强，以危击安，以此五短，击此五长，其可以济功成事乎？"太公曰："审天子不可击，审大不可击，审众不可击，审强不可击，审安不可击。"王大恐以惧。太公曰："王无恐且惧。所谓大者，尽得天下之民；所谓众者，尽得天下之众；所谓强者，尽用天下之力；所谓安者，能得天下之所欲。所谓天子者，天下相爱如父子，此之谓天子。今日之事，为天下除残去贼也。周虽细，曾残贼一人之不当乎？"王大喜曰："何谓残贼？"太公曰："所谓残者，收天下珠玉美女金钱彩帛狗马谷粟，藏之不休，此谓残也。所谓贼者，收暴虐之吏，杀天下之民，无贵无贱，非以法度，此谓贼也。"

武王问太公曰:"欲与兵深谋,进必斩敌,退必克全,其略云何?"太公曰:"主以礼使将,将以忠受命。国有难,君召将而诏曰:'见其虚则进,见其实则避;勿以三军为贵而轻敌,勿以授命为重而苟进;勿以贵而贱人,勿以独见而违众,勿以辩士为必然;勿以谋简于人,勿以谋后于人;士未坐勿坐,士未食勿食;寒暑必同,敌可胜也。'"

《阴谋》治要

【战国】相传为姜尚撰,具体作者不详

【导读】

《太公阴谋》传为西周的姜尚(姜太公)所著。《太公阴谋》又称《太公阴谋三十六用》,为中国先秦时期著名的黄老道家典籍《太公》的谋略部分。与《太公金匮》《太公兵法》合称《太公》。《太公》一书多佚,仅存《六韬》传世,即《太公兵法》。

《战国策》卷三《秦策》:"(苏秦)得太公阴符之谋,伏而诵之,简练以为揣摩"。"太公阴符之谋"即《太公阴谋》,成就了这位名震千古的纵横家。

《史记·齐太公世家》:"周西伯昌之脱羑里,归与吕尚阴谋修德以倾商政,其事多兵权与奇计,故后世之言兵及周之阴权皆宗太公为本谋。"

《汉书·艺文志》道家类曾有著录曰:"《太公》二百三十七篇,《谋》八十一篇,《言》七十一篇,《兵》八十五篇。"《谋》即太公之《阴谋》,《言》即太公之《金匮》,《兵》即《太公兵法》。

《隋书·经籍志》:"《太公阴谋》一卷……梁又有《太公阴谋》三卷,魏武帝解。"

在魏徵等人编撰的《群书治要》里,辑录《阴谋》中有关太公与武王论贤君治国之要道,教民之大法。指出欲使国家强盛的目的,在于君主做到赏罚分明,公正无私,廉洁自律:"贤君治国,不以私官公,赏不加于无功,罚不加于无罪,法不废于仇雠,不避于所爱,不因怒以诛,不因喜以赏,不高台深池以役下，不雕文刻画以害农，不极耳目之欲以乱政。"虽不足千字，但涉及治国教民之法、赏罚奖惩之道，是魏徵向唐太宗进谏数十万言中的核心内容。这也当是今天各级官员治理政务、实现中华民族伟大复兴的重要行为准则。

　　武王问太公曰："贤君治国教民，其法何如？"太公对曰："<u>贤君治国，不以私害公；赏不加于无功，罚不加于无罪，法不废于仇雠，不避于所爱；不因怒以诛，不因喜以赏；不高台深池以役下，不雕文刻画以害农，不极耳目之欲以乱政；是贤君之治国也。</u>不好生而好杀，不好成而好败，不好利而好害，不好与而好夺，不好赏而好罚，妾孕为政，使内外相疑，君臣不和；拓人田宅以为台观，发人丘墓以为苑囿，仆媵（yìng）衣文绣，禽兽犬马与人同食，而万民糟糠不厌，裘褐不完；其上不知而重敛，夺民财物藏之府库；贤人逃隐于山林，小人任大职，无功而爵，无德而贵；专恣倡乐，男女昏乱，不恤万民，违阴阳之气；忠谏不听，信用邪佞；此亡国之君治国也。"

【重点句解读】

> **贤君治国，不以私害公；赏不加于无功，罚不加于无罪，法不废于仇雠，不避于所爱；不因怒以诛，不因喜以赏；不高台深池以役下，不雕文刻画以害农，不极耳目之欲以乱政；是贤君之治国也。**

　　其意为圣明君主治理国家，不因个人利益而妨害人民利益；对无功的人不予奖赏，对无罪的人不可处罚；对仇人依法行事，对所爱者也依法行事，不因一时恼怒而滥杀人，也不因一时喜爱便奖赏人；不筑高台、挖深池以役使百姓；不因雕刻图饰绘画宫殿而妨害农事；不极力追求听觉视觉的享受扰乱政务。这就是圣明君主治理国家之法。

　　说到底，就是公正地依法治国，不以一己之喜好而乱政，不以一己之享受而苦害百姓。这就是汉文帝、汉景帝、唐太宗能使天下大治（文景之治、贞观之治），而夏桀、商纣、隋炀帝身死国灭的原因所在。

武王问太公曰："吾欲轻罚而重威，少其赏而劝善多，简其令而众皆化，为之何如？"太公曰："杀一人千人惧者，杀之；杀二人而万人惧者，杀之；杀三人三军振者，杀之。赏一人而千人喜者，赏之；赏二人而万人喜者，赏之；赏三人三军喜者，赏之。令一人千人得者，令之；禁二人而万人止者，禁之；教三人而三军正者，教之。杀一以惩万，赏一而劝众，此明君之威福也。"

武王问太公曰："吾欲以一言与身相终，再言与天地相永，三言为诸侯雄，四言为海内宗，五言传之天下无穷，可得闻乎？"太公曰："<u>一言与身相终者，内宽而外仁也；再言与天地相永者，是言行相副，若天地无私也；三言为诸侯雄者，是敬贤用谏，谦下于士也；四言为海内宗者，敬接不肖，无贫富，无贵贱，无善恶，无憎爱也；五言传之天下无穷者，通于否泰，顺时容养也。</u>"

【重点句解读】

> 一言与身相终者，内宽而外仁也；再言与天地相永者，是言行相副，若天地无私也；三言为诸侯雄者，是敬贤用谏，谦下于士也；四言为海内宗者，敬接不肖，无贫富，无贵贱，无善恶，无憎爱也；五言传之天下无穷者，通于否泰，顺时容养也。

可作为终生座右铭的话是内心忠厚，外施仁政；能与天地长存的话是言行一致，公正无私；能成为诸侯尊贤纳谏，平等待人；能被天下人尊奉的话是慎重对待有缺点的人，不分贫富、贵贱、善恶、憎爱；能流传于天下而没有穷尽的话是通晓命运的好坏顺逆，顺应时势，宽容他人，加强自身修养。

如果能够像黄帝、尧、舜、禹、汤那样谨慎治国——"如临深川""如履薄冰"，天下即可太平。

习近平同志《在中央民族工作会议上的讲话》等文章中谆谆教导广大党员、干部要"变化因时"（贾谊《过秦论·下》），敦品砺行，励精图治，纳谏任贤，率先垂范，不要贪图逸乐，不要倒行逆施，才能得到人民衷心的拥护。

武王问尚父曰："五帝之戒可闻乎？"尚父曰："黄帝之时戒曰：吾之居民上也，摇摇恐夕不至朝；尧之居民上，振振如临深川；舜之居民上，兢兢如履薄冰；禹之居民上，栗栗恐不满日；汤之居民上，战战恐不见旦。"王曰："寡人今新并殷，居民上，翼翼惧不敢怠。"

《鬻子》治要

【商末周初】 相传为鬻熊 撰

【导读】

鬻熊，商末周初人，生卒年无从考，又称鬻熊子、鬻子。《鬻子》相传为其所撰。周成王感念鬻熊的功劳，封鬻熊的曾孙熊绎为子爵，楚始建国。

《汉书·艺文志》记载"道家有《鬻子》二十二篇，小说家类有《鬻子说》十九篇"。今传《鬻子》仅二卷。

《鬻子》一书较为完整地表述了鬻熊的思想体系和政治主张。该书认为执政者在治国上要选贤任能、身正行端、赏罚分明；思想上要遵"道"。这样才能君臣际会，互信互靠，共同完成大业。他说："故君子之谋，能必用道，而不能必见受；能必忠，而不能必入；能必信，而不能必见信。"只有君明臣贤，互信不疑，"道"才能得到推行。鬻子释"道"之义为："发政施令，为天下福者谓之道。"他这种为天下人谋福祉的政治思想，无疑是进步的。在古代文献中，《鬻子》最早论及宇宙生成问题和宇宙永恒运动问题，确立了对立统一的辩证法思想，提出君主守柔贵弱的政治主张。

《鬻子》因成书较早，它的思想被后人认为是诸子百家的源头，对于儒家、道家、法家、墨家、兵家等思想的形成都产生了一定的影响。其中所阐释的有关"道""仁""信""和"的理念，直到今天，也有一定的现实意义。故《鬻子序》中说："王者览之，可以理国；吏者遵之，可以从政。足使贤者励志，不肖者涤心。"很有道理。

魏徵等人在《群书治要》中辑录《鬻子》不足千字，多是治国之道，贯穿了仁政、王道精神和以民为本思想，济世之术。其目的在于告诫太宗要内而修法治身，外而励精图治，尤要以仁为本，知善而行，才能达到国家长治久安的目的。

君子不与人之谋则已矣，若与人谋之，则非道无由也。故君子之谋，能必用道，而不能必见受也；能必忠，而不能必入也；能必信，而不能必见信也。<u>君子非仁者，不出之于辞，而施之于行，故非非者行是，而恶恶者行善，而道谕矣。</u>

【重点句解读】

君子非仁者，不出之于辞，而施之于行。故非非者行是，而恶恶者行善，而道谕矣。

凡是君子，一言一行，都能以身作则，符合道德规范。如果一时不能被别人理解，那也不必去争辩，用自己的行动来证明所行所为的正确，不做空谈家。空谈误国。所以，矫枉过正就是正确的，极力反对丑恶的就是做好事。这样，"道"的内涵就为大家所明白了。

266年晋代魏立，280年统一中国，但仅历武、惠、怀、愍四帝共五十二年而亡，还导致了历时二百多年的中原大乱。当时，晋非不强，政非残酷，除八王内乱外，以王衍为首的士族大阀，崇尚玄学而推空谈，难辞其咎。《世说新语·轻诋》记载："桓公入洛，过淮泗，践北境，与诸僚属登平乘楼，眺瞩中原，慨然曰：'遂使神州陆沉，百年丘虚，王夷甫（王衍，字夷甫）诸人不得不任其责！'"在桓温看来，王衍作为当时庙堂之上乃至天下时望最高之人，崇尚清谈，不以国事为务，需负亡国的（神州陆沉）的主要责任。

文王问于鬻子曰："敢问人有大忌乎？"对曰："有。"文王曰："敢问大忌奈何？"鬻子对曰："大忌知身之恶而不改也，以贼其身，乃丧其躯，有行如此之谓大忌也。昔之帝王其所以为明者，以其吏也；<u>昔之君子其所以</u>

为功者，以其民也。力生于民，而功最于吏，福归于君。民者至卑也，而使之取吏焉，必取所爱。故十人爱之，则十人之吏也；百人爱之，则百人之吏也；千人爱之，则千人之吏也；万人爱之，则万人之吏也。周公曰：吾闻之于政也，知善不行者，则谓之狂，知恶不改者，则谓之惑。夫狂与惑者，圣人之戒也。不肖者不自谓不肖，而不肖见于行，不肖者虽自谓贤，人犹皆谓之不肖也；愚者不自谓愚，而愚见于言，愚者虽自谓智，人犹皆谓之愚也。禹之治天下也，以五声听，门悬钟鼓铎磬，而置鼗（táo）以待四海之士，为铭于笋簴（sǔn jù）曰：'教寡人以道者击鼓，教寡人以义者击钟，教寡人以事者振铎，告寡人以忧者击磬，语寡人以讼狱者挥鼗。'此之谓五声。是以禹尝据一馈而七起，日中而不暇饱食，曰：吾不恐四海之士留于道路，吾恐其留吾门廷也。是以四海之士皆至，是以禹朝廷间可以罗雀。"

【重点句解读】

昔之君子其所以为功者，以其民也。力生于民，而功最于吏，福归于君。

历史进步、社会发展，一切力量的源泉皆来自人民。执政者之所以能功成名就，是他依靠了人民。"民者，君之本也。"（《谷梁传》）

中国共产党作为领导我们事业的核心力量，它来自人民群众，植根于人民群众，服务于人民群众，是广大人民群众根本利益的忠实代表。习近平总书记念兹在兹，一直把人民的福祉挂在心上，多次强调、号召全党和全体干部要自觉地做人民的公仆，坚持立党为公、执政为民，坚持全心全意为人民服务，在任何时候任何情况下，都要相信人民群众、依靠人民群众、为了人民群众，始终保持党同人民群众的血肉联系。自觉地做人民的公仆，坚决克服旧社会遗留下来的"官本位"思想，反对工作中的官僚主义、形式主义、命令主义。对于我们党来说，这是件生死攸关的大事，千万不能忽视。

夫卿相无世，贤者有之；国无因治，智者理之。智者非一日之志也，治者非一日之谋也，治志治谋，在于帝王，然后民知所保，而知所避。<u>发政施令，为天下福者谓之道，上下相亲谓之和，民不求而得所欲谓之信，除天下之害谓之仁。</u>仁与信，和与道，帝王之器也。凡万物皆有器，故欲有为而不行其器者，不成也。欲王者亦然，不用帝王之器者，亦不成也。

【重点句解读】

> 发政施令，为天下福者谓之道，上下相亲谓之和，民不求而得所欲谓之信，除天下之害谓之仁。

国家的政策、法令能造福于天下百姓的，就是有"道"；领导能和下属、官员能与大众不分贵贱，打成一片犹似家人，融融泄泄，这才能叫"和"；能兑现承诺，主动给人民所需要的物质、精神财富的即为"信"；"仁"的根本是为民除害。除自然之害、除人为之害。

目前的"打黑除恶"就是"仁"的具体体现。

昔者鲁周公，使卫康叔往守于殷，戒之曰："与杀不辜，宁失有罪；无有无罪而见诛，无有有功而不赏；戒之，封、诛、赏之慎焉！"

卷三十二 《管子》治要

【春秋】相传为管仲 撰

【导读】

管仲（？—前645），即管敬仲，名夷吾，字仲，颍上（今属安徽阜阳）人，齐桓公尊称其为"仲父"。中国古代杰出的政治家、军事家、改革家。实行著名的"尊王攘夷"国策，使齐桓公成为春秋五霸之首。

《管子》一书，博大精深，思想丰富。约于春秋战国至秦汉时期成书。《汉书·艺文志》录有《管子》八十五篇，汉初有八十六篇，归入道家。今存七十六篇，其余十篇仅有目录，是研究我国古代特别是先秦学术文化思想的重要典籍。

《管子》推行政治体制改革，"叁其国而伍其鄙"。将国（都）划分为二十一个乡，士居十五个乡，工居三个乡，商居三个乡和将鄙野（国都之外的地区）分为五属，均设司官管理。以士乡的乡里组织为军事编制。确立选拔人才制度，士经三次审选，可选为"上卿之赞"。而对官吏的选拔使用应避免"不能知人""知而不能任""任而不能信""既信而又使小人参之"的弊病，对于今天的组织人事部门发现人才、使用人才仍有现实意义。

管仲在外交上主张"尊王攘夷"，使齐桓公霸业更加合法合理，保护了中原经济和文化，为华夏文明的存续作出了巨大贡献。孔子指出："微管仲，吾其被发左衽矣。"（《论语·宪问篇》）

所创立的军事制度是"作内政而寄军令"，采用社会与军事相结合的战斗体制，"守则同固，战则同强"。

经济政策是"遂滋民，与无财"（《国语·齐语》），"轻重鱼盐之利，以赡贫穷"（《史记·齐太公世家》）。主张按土地好坏分等征税，适当征发力役，禁止掠夺家畜。并用官府力量发展盐铁业，铸造和管理货币，调剂物价，以至"通货积财，富国强兵"（《史记·管晏列传》）。

魏徵等人编撰的《群书治要》从《管子》中节录其《牧民》《治国》等二十二篇，作为他进谏的理论依据。如《牧民》篇的核心内容是强调治国应遵循的基本原则，以及这些原则在实施过程中已取得的经验、教训。其中提出的"仓廪实则知礼节，衣食足则知荣辱"以及"上有所行，下必效之"等观点，至今仍有很强的现实意义。

·牧 民·

凡有地牧民者，务在四时，守在仓廪。仓廪实则知礼节，衣食足则知荣辱；上服度则六亲固，四维张则君令行。四维不张，国乃灭亡。国有四维。一维绝则倾，二维绝则危，三维绝则覆，四维绝则灭。倾可正也，危可安也，覆可起也，灭不可复错也。

【重点句解读】

> 凡有地牧民者，务在四时，守在仓廪。仓廪实则知礼节，衣食足则知荣辱。

管理国家和人民，必须按照社会发展的规律，顺应时节时令的形势变化，充实国库，增加民众收入，使他们生活富足，便可知礼义，守法度，国家就可以长治久安。

中国历史上秦、隋两朝是最短命的大一统王朝，均历二世而亡。究其原因，两朝开国虽异，但灭亡的原因则一：无限制的徭役害农，使天下骚然；建宫殿、修陵墓、开驰道、凿运河，赋税繁苛，民不聊生，国库空而天下穷，终于爆发了全国性的"起义"。历史的教训，务须牢记，引以为戒，否则，"后人哀之而不鉴之，亦复使后人而复哀后人也"（杜牧《阿房宫赋》)。

习近平总书记多次告诫全党和全国人民，把民生放在第一位，把精准扶贫当作中华民族伟大复兴的一项重要工作抓紧抓好，是实现"两个一百年"的中国梦目标的根本。这是习近平新时代中国特色社会主义思想的一个重要组成部分，党员领导干部就是使这一新思想在中华大地上生根、发芽、开花、结果的实行者和责任人。

四维：一曰礼，二曰义，三曰廉，四曰耻。政之所行，在顺民心；政之所废，在逆民心。民恶忧劳，我逸乐之；民恶贫贱，我富贵之；民恶危坠，我存安之；民恶灭绝，我生育之。能逸乐之，则民为之忧劳；能富贵之，则民为之贫贱；能存安之，则民为之危坠；能生育之，则民为之灭绝。故刑罚不足以恐其意，杀戮不足以服其心。故刑罚繁而意不恐，则令不行矣；杀戮众而心不服，则上位危矣。故从其四欲，则远者自亲；行其四恶，则近者叛之。故知与之为取者，政之宝也。

措国于不倾之地，积于不涸之仓，藏于不竭之府，下令于流水之原，使民于不争之官，明必死之路，开必得之门。不为不可成，不求不可得，不处不可久，不行不可复。

措国于不倾之地，授有德也；积于不涸之仓，务五谷也；藏于不竭之府，养桑麻育六畜也；下令于流水之原，令顺民心也；使民于不争之官，使民各为其所长也；明必死之路，严刑罚也；开必得之门，信庆赏也；不为不可成，量民力也；不求不可得，不强民以其所恶也；不处不可久，不偷取一世也；不行不可复，不欺其民也。

如地如天，何私何亲？如月如日，维君之节。御人之辔，在上之所贵；导民之门，在上之所先；召民之路，在上之所好恶。故君求之，则臣得之；君嗜之，则臣食之；君好之，则臣服之。无蔽汝恶，无异汝度，贤者将不汝助。言室满室，言堂满堂，是谓圣王。城郭沟渠，不足以固守；兵甲勇力，不足以应敌；博地多财，不足以有众；唯有道者，能备患于未形也。天下不患无臣，患无君以使人；天下不患无财，患无人以分之。<u>故知时者，可立以为长；无私者，可置以为政。审于时而察于用，而能备官者，可奉以为君也。</u>缓者后于事，吝于财者失所亲，信小人者失士。

【重点句解读】

> 故知时者，可立以为长；无私者，可置以为政。审于时而察于用，而能备官者，可奉以为君也。

知晓天时的人，可以任用为长官；大公无私的人，可以处理政务；明白天下时势、了解国家财用，又能选拔各级合适的官吏的人，可以为一方的主政者。

这种选人标准，对于当今的组织人事部门依然有着现实的借鉴意义。

·形 势·

言而不可复者，君不言也；行而不可再者，君不行也。凡言而不可复，行而不可再者，有国者之大禁也。

·权 修·

万乘之国，兵不可以无主；土地博大，野不可以无吏；百姓殷众，官不可以无长；操民命，朝不可以无政。地博而国贫者，野不辟也；民众而兵弱者，民无取也。故末产不禁，则野不辟；赏罚不信，则民无取。野不辟，民无取，外不可以应敌，内不可以固守。地辟而国贫者，舟与饰、台榭广也；赏罚信而兵弱者，轻用众、使民劳也。民劳则力竭，赋敛厚则下怨上，民力竭则令不行。下怨上，令不行，而求敌勿谋己，不可得也。欲为天下者，必重用其国；欲为其国者，必重用其民；欲为其民者，必重尽其力。无以畜之，则往而不可止也；无以牧之，则处而不可使也。远人至而不去，则有以畜之也；民众而可一，则有以牧之也。见其可也，喜之有征；见其不可也，恶之有刑。赏罚信于其所见，虽其所不见，其敢为之乎？见其可也，喜之无征；见其不可也，恶之无刑。赏罚不信于其所见，而求其所不见之为之化，不可得也。地之生财有时，民之用力有倦，而人君之欲无穷。以有时与有倦，养无穷之君，而度量不生于其间，则上下相疾矣。故取于民有度，用之有止，国虽小必安；取于民无度，用之无正，国虽大必危。身者，治之本也。故上不好本事，则末产不禁；末产不禁，则民缓于时事而轻地利；轻地利，而求田野之辟，仓廪之实，不可得也。商贾在朝，则货财上流；妇言人事，则赏罚不信；男女无别，则民无廉耻，而求百姓之安难、士之死节，不可得也。朝廷不肃，贵贱不明，长幼不分，度量不审，衣服无等，上下凌节，而求百姓之尊主政令，不可得也。上好诈谋间欺，臣下赋敛竞得，使民偷壹，则百姓疾怨，而求下之亲上，不可得也。有地不务本事，君国不能壹民，而求宗庙社稷之无危，不可得也。<u>一年之计，莫如树谷；十年之计，莫如树木；终身之计，莫如树人。</u>

【重点句解读】

一年之计，莫如树谷；十年之计，莫如树木；终身之计，莫如树人。

做一年的打算，没有比种谷更有利的了；做十年的打算，没有比栽树更有利的了；做一生的打算，没有比育人更有利的了。

百年大计，教育为本。习近平同志自主政地方始，就积极倡导尊师重教，教育兴邦。他在《做党和人民满意的好老师——同北京师范大学师生代表座谈时的讲话》等文章中，多次提到教育与治国的关系，明确指出国家要长治久安，培养好接班人尤为国本，才是永保红色江山不变色的唯一途径。

·立 政·

君之所审者三：一曰德不当其位，二曰功不当其禄，三曰能不当其官。此三本者，治乱之原也。故国有德义未明于朝者，则不可加于尊位；功力未见于国者，则不可与重禄；临事不信于民者，则不可使任大官。故德厚而位卑者，谓之过；德薄而位尊者，谓之失。宁过于君子，而无失于小人。过于君子，其为怨浅矣；失于小人，其为祸深矣。君之所慎者四：一曰大德不至仁，不可授国柄；二曰见贤不能让，不可与尊位；三曰罚避亲贵，不可使主兵；四曰不好本事，不务地利，而轻赋敛，不可与都邑。此四务者，安危之本也。故曰：卿相不得众，国之危也；大臣不和同，国之危也；兵主不足畏，国之危也；民不怀其产，国之危也。故大德至仁，则操国得众；见贤能让，则大臣和同；罚不避亲贵，则威行于邻敌；好本事务地利，则民怀其产矣。

·七 法·

言是而不能立，言非而不能废，有功而不能赏，有罪而不能诛，若是而能理民者，未之有也。<u>是必立，非必废，有功必赏，有罪必诛。</u>若是，治安矣。

【重点句解读】

是必立，非必废，有功必赏，有罪必诛。

正确的一定要坚持，错误的一定要改正；做出贡献的一定要奖励，有罪的一定要惩罚。

当然，还要不拘一格使用人才，才能贯彻执行正确的路线、方针、政策。要有周文王渭水请姜子牙，刘玄德三顾茅庐请诸葛亮，祁黄羊内举（推荐）不避亲，外举不避仇的境界（见《吕氏春秋·去私》）。

·五 辅·

古之圣王，所以取明名广誉、厚功大业、显于天下、不忘于后世，非得人者，未之尝闻也。暴主之所以失国家、危社稷、覆宗庙、灭于天下，非失人者，未之尝闻也。今有土之君，皆处欲安，动欲威，战欲胜，守欲固；大者欲王天下，小者欲霸诸侯，而不务得人，是以小者兵挫而地削，大者身死而国亡。故曰：人不可不务也，此天下之极也。曰：然则得人之道，莫如利之；利之道，莫如教之。故善为政者，田畴垦而国邑实，朝廷闲而官府治，公法行而私曲止，仓廪实而囹圄空，贤人进而奸民退。其君子上忠正而下谄谀，其士民贵武勇而贱得利，其庶人好耕农而恶饮食，于是财用足而食饮薪菜饶。是故上必宽裕而有解舍，下必听从而不疾怨，上下和同而有礼义，故处安而动威，战胜而守固。不能为政者，田畴荒而国邑虚，朝廷凶而官府乱，公法废而私曲行，仓廪虚而囹圄实，贤人退而奸民进，其君子上谄谀而下忠正，其士民贵得利而贱武勇，其庶人好饮食而恶耕农，于是财用匮，而食饮薪菜乏。上弥残苟而无解舍，下愈覆鸷而不听从，上下交引而不和同，故处不安而动不威，战不胜而守不固，是以小者兵挫而地削，大者身死而国亡。以此观之，则政不可不慎也。

·法 法·

闻贤而不举，殆也；闻善而不索，殆也；见能而不使，殆也；亲仁而不固，殆也；同谋而离，殆也。人主不周密，则正言直行之士危。正言直行之士危，则人主孤而无内；人主孤而无内，则人臣党而成群。使人主孤而无内、人臣党而成群者，此非人臣之罪也，人主之过也。号令已出又易之，礼义已行又止之，度量已制又迁之，刑法已措又移之，如是则赏庆虽重，民不劝也；杀戮虽繁，民不畏也。使贤者食于能，斗士食于功。贤者食于能，则上尊而民从；斗士食于功，则卒轻患而傲敌。二者设于国，则天下治而主安矣。

【重点句解读】

闻贤而不举，殆也；闻善而不索，殆也；见能而不使，殆也；亲仁而不固，殆也；同谋而离，殆也。

知道有德才兼备的人却不推荐，事业就不会成功；听说有能把事做好的人却不去寻找，事业就不会成功；见到有能力的人而不任用，事业就不会成功；亲近贤能而意志不坚定，事业就不会成功；同做一事业而又互不信任，彼此猜忌，事业就不会成功。

因此，要有科学的考察人才机制，使德才兼备的人在恰当的位置上，国家就会兴旺发达。

凡赦者，小利而大害者也，故久而不胜其祸；无赦者，小害而大利者也，故久而不胜其福。故赦者，奔马之委辔也；无赦者，痤疽之砭石也。先王制轩冕，足以著贵贱，不求其观也。使君子食于道，小人食于力。君子食于道，则上尊而民顺；小人食于力，则财厚而养足。

凡人君之所以为君者，势也。势在下，则君制于臣；势在上，则臣制于君。故君臣之易位，势在下也。故曰：堂上远于百里，堂下远于千里，门廷远于万里。今步者一日，百里之情通矣。堂上有事，十日而君不闻，此所谓远于百里也。步者十日，千里之情通矣。堂下有事，一月而君不闻，此所谓远于千里也。步者百日，万里之情通矣。门廷有事，期年而君不闻，此所谓远于万里也。故请入而不出，谓之灭；出而不入，谓之绝；入而不至，谓之侵；出而道止，谓之壅。灭绝侵壅之君者，非杜其门而守其户也，为政之有所不行也。政者，正也。圣人明正以治国。故正者，所以止过而逮不及也。过与不及，皆非正也。非正则伤国一也。勇而不义伤兵，仁而不法伤正。故军之败也，生于不义；法之侵也，生于不正。故言有辩而非务者，行有难而非善者。故言必中务，不苟为辩；行必思善，不苟为难。

规矩者，方圆之正也。虽有巧目利手，不如拙规矩之正方圆也。故巧者能生规矩，不能废规矩而正方圆；圣人能生法，不能废法而治国。故虽有明智高行，背法而治，是废规矩而正方圆也。贤人不用，谓之蔽；忠臣不用，谓之塞；令之不行，谓之障；禁而不止，谓之逆。蔽塞障逆之君者，不杜其门而守其户也，为贤者之不用，令之不行也。凡民从上也，不从口之所言，从情之所好也。上好勇则民轻死，上好仁则人轻财。故上之所好，民必甚焉。是故明君知民之必以上为心也，故置法以自治，立仪以自正也。故上不行则民不从。是以有道之君，行法修制，公国一民，以听于世；忠臣直进，以论其能。明君不以禄爵私所爱，忠臣不诬能以干爵禄，君不私国，臣不诬能。行此道者，虽未大治，正民之径也。

· 中匡 ·

管仲朝，公曰："寡人愿闻国君之信。"对曰："民爱之，邻国亲之，天下信之，此国君之信。"公曰："善。请问信安始而可？"对曰："始于为身，中于为国，成于为天下。"公曰："请问为身？"对曰："道血气以求长年、长心、长德，此为身也；远举贤人，慈爱百姓，此为国也；法行而不苟，刑廉而不赦，此为天下也。"

·小 匡·

桓公自莒反于齐，使鲍叔牙为宰，辞曰："君有加惠于其臣，使臣不冻馁，则是君之赐也；若必治国家，则非臣之所能也。其唯管夷吾乎？臣之所不如管夷吾者五：宽惠爱民，臣不如也；治国不失柄，臣不如也；忠信可结于诸侯，臣不如也；制礼义可法于四方，臣不如也；介胄执枹，立于军门，使百姓皆加勇，臣不如也。夫管子，民之父母也。将欲治其子，不可以弃其父母。"公曰："管夷吾亲射寡人，中钩殆于死，今乃用之，可乎？"鲍叔曰："彼为其君也。君若宥而反之，其为君亦犹是也。"公使人请之。鲁囚管仲以与齐，桓公亲迎之郊，遂与归，礼之于庙，而问为政焉。管仲相三月，请论百官。公曰："诺。"管仲曰："升降揖让，进退闲习，臣不如隰（xí）朋，请立以为大行；辟土聚粟，尽地之利，臣不如宁戚，请立以为司田；平原广牧，车不结辙，士不旋踵，鼓之而三军之士视死如归，臣不如王子城父，请立以为大司马；决狱折中，不杀不辜，不诬无罪，臣不如宾胥无，请立以为大司理；犯君颜色，进谏必忠，不避死亡，不挠贵富，臣不如东郭牙，请立以为大谏之官。此五子者，夷吾一不如。然君若欲治国强兵，则五子者存。若欲霸王，夷吾在此。"桓公曰："善。"

·霸 形·

桓公在位，管仲、隰朋见。立有间，有二鸿飞而过之。桓公叹曰："今彼鸿鹄有时而南，有时而北，四方无远，所欲至焉。寡人之有仲父，犹飞鸿之有羽翼也，若济大水有舟楫也。仲父不一言教寡人乎？"管子对曰："君若将欲霸王举大事乎？则必从其本事矣。"桓公曰："敢问何谓其本？"管子对曰："齐国百姓，公之本也。民甚忧饥，而税敛重；民甚惧死，而刑政险；民甚伤劳，而上举事不时。轻其税敛，则民不忧饥；缓其刑政，则民不惧死；举事以时，则民不伤劳。"桓公曰："寡人闻命矣。"

·霸 言·

夫明王之所轻者马与玉，其所重者政与军。然轻与人政，而重与人马；轻与人军，而重与人玉；重宫门之营，而轻四境之守，其所以削也。圣人能辅时，不能违时；智者善谋，不如当时。精时者，日少而功多。夫谋无主则困，事无备则废。是以圣王务具其备，而慎守其时，以备待时，以时兴事；德利百姓，威振天下，令行而不咈，近无不服，远无不听。

·戒·

管仲复于桓公曰："任之重者莫如身，涂之畏者莫如口，期之远者莫如年。以重任行畏涂至远期，唯君子为能及矣。"

·君 臣·

国之所以乱者四：内有疑妻之妾，此宫乱也；庶有疑嫡之子，此家乱也；朝有疑相之臣，此国乱也；任官无能，此众乱也。四者无别，主失其体，群官朋党，以怀其私，则失族矣。故妻必定，子必正，相必直立以听，官必忠信以敬。

·小 称·

管子曰："身不善之患，无患人莫己知。民之观也察矣，不可遁逃。故我有善则立誉我，我有过则立毁我。当人之毁誉也，则莫归问于家矣。故明王有过则反之于身，有善则归之于民。有过而反之身则身惧，有善而归之民则民喜。往喜民，来惧身，此明王之所以治民也。今夫桀、纣则不然，有善则反之于身，有过则归之于民。有过而归之于民则民怒，有善而反之于身则身骄。往怒民，来骄身，此其所以失身也。可无慎乎？"

管仲有病，桓公往问之曰："仲父之病病矣！若不可讳，将何以诏寡人？"管仲对曰："臣愿君之远易牙、竖刁、堂巫、公子开方。夫易牙以调味事公，公曰：'唯蒸婴儿之未尝也。'于是蒸其首子而献之公。人情非不爱其子也，于子之不爱，将何有于公？公喜宫而妒，竖刁自刑而为公治内。人情非不爱其身也。于身之不爱，将何有于公？公子开方事公十五年，不归视其亲。于亲之不爱，焉能有于公？"桓公曰："善。"管仲死，已葬，公召四子者废之。逐堂巫而苛病起，逐易牙而味不至，逐竖刁而宫中乱，逐公子开方而朝不治。桓公曰："嗟！圣人固有悖乎？"乃复四子者。处期年，四人作难，围公一室，十日不通。公曰："嗟！死者无知则已，若有知，吾何面目以见仲父于地下？"乃援素幭（miè）以裹首而绝。死十一日，虫出于户，葬以扬门之扇，以不终用贤也。

桓公、管仲、鲍叔牙、宁戚四人饮。饮酣，桓公谓叔牙曰："盍不起为寡人寿乎？"叔牙奉杯而起曰："使公无忘出而在于莒也，使管仲无忘束缚在于鲁也，使宁戚无忘饭牛车下也。"桓公避席再拜曰："寡人与二大夫，能无忘夫子之言，则国之社稷必不危矣。"

·治 国·

凡治国之道，必先富民。民富则易治也，民贫则难治。奚以知其然也？民富则安乡重家，安乡重家则敬上畏罪，敬上畏罪则易治也。民贫则危乡轻家，危乡轻家则敢凌上犯禁，凌上犯禁则难治也。故曰：治国常富，而乱国常贫。是以善为国者，必先富民，然后治之。昔者七十九代之君，法制不一，号令不同，然俱王天下者，何也？必国富而粟多也。夫富国多粟生于农，故先王贵之。凡为国之急者，必先禁末作文巧。末作文巧禁，则民无所游食；民无所游食，则必农，民事农则富。先王者，善为民除害兴利，故天下之民归之。所谓兴利者，利农事也。所谓除害者，禁害农事也。国富则安乡重家，安乡重家则虽变俗易习，驱众移民，至于杀之，而不怨也。民贫则轻家易去，轻家易去，则上令不能必行；上令不能必行，则禁不能必止；禁不能必止，则战不必胜、守不必固矣。夫令不必行，禁不必止；战不必胜，守不必固；命之曰"寄生之君"。此由不利农、少粟之害也。粟者，王者之本事也，人主之大务，治国之道也。

·桓公问·

齐桓公问管子曰:"吾念有而勿失、得而勿忘,为之有道乎?"对曰:"勿创勿作,时至而随,无以私好恶害公正,察民所恶,以自为戒。黄帝立明台之议,尧有衢室之问,舜有告善之旌,禹立谏鼓于朝,汤有总街之庭,以观民诽也。此古圣帝明王所以有而勿失、得而勿忘者也。"

·形势解·

人主之所以令则行、禁则止者,必令于民之所好,而禁于民之所恶也。民之情莫不欲生而恶死,莫不欲利而恶害也。故上令于生利人,则令行;禁于杀害人,则禁止矣。令之所以行者,必民乐其政也,而令乃行。故曰:"贵有以行令也。"

人主之所以使下尽力而亲上者,必为天下致利除害也。故德泽加于天下,惠施厚于万物,父子得以安,群生得以育。故万民欢尽其力,而乐为上用;入则务本疾作,以实仓廪;出则尽节死敌,以安社稷;虽劳苦卑辱,而不敢告也。民利之则来,害之则去。民之从利也,如水之走下,于四旁无择也。故欲来民者,先起其利,虽不召而民自至;设其所恶,虽召之而民不可来也。莅民如父母,则民亲爱之。导民纯厚,遇之有实,虽不言曰"吾亲民",而民亲矣;莅民如仇雠,则民疏之。导之不厚,遇之无实,虽言曰"吾亲民",民不亲也。

圣人择可言而后言,择可行而后行。偷得利而后有害,偷得乐而后有忧者,圣人不为也。故圣人择言必顾其累,择行必顾其忧。

圣人之求事也,先论其理义,计其可否。故义则求之,不义则止;可则求之,不可则止。故其所得事者,常为身宝。小人求事也,不论其理义,不计其可否;不义亦求之,不可亦求之。故其所得事者,未尝为赖也。故曰:"必得之事,不足赖也。"

人主者,温良宽厚,则民爱之;整齐严庄,则民畏之。故民爱之则亲,畏之则用。夫民亲而为用,主之所急也。故曰:"且怀且威,则君道备矣。"

人主能安其民,则民事其主如事其父母。故主有忧则忧之,有难则死之。人主视民如土,则民不为用,主有忧则不忧,有难则不死。故曰:"莫乐之,则莫哀之;莫生之,则莫死之。"

民之所以守战至死而不衰者,上之所以加施于民者厚也。故上施厚,则民之报上亦厚;上施薄,则民之报上亦薄。故薄施而厚责,君不能得于臣,父不能得于子。

民之从有道也,如饥之先食也,如寒之先衣也,如暑之先阴也。故有道则民归之,无道则民去之。故道在身,则言自顺,行自正,事君自忠,事父自孝,遇人自理。天之道,满而不溢,盛而不衰。明主法象天道,故贵而不骄,富而不奢;故能长守富贵,久有天下而不失也。故曰:"持满者与天。"

明主救天下之祸,安天下之危者,必待万民之为用也,而后能为之。故曰:"安危者与人。"地大国富,民众兵强,此盛满之国也。虽已盛满,无德厚以安之,无度数以治之,则国非其国,而民非其民也。故曰:"失天之度,虽满必涸。"臣不亲其主,百姓不信其吏,上下离而不和,故虽自安,必且危之。故曰:"上下不和,虽安必危。"

古者三王、五伯,皆人主之利天下者也。故身贵显,而子孙被其泽。桀、纣、幽、厉,皆人主之害天下者也。故身困伤,而子孙蒙其祸。故曰:"疑今者察之古,不知来者视之往。"

古者,武王地方不过百里,战卒之众不过万人,然能战胜攻取,立为天子,而世谓之圣王者,知为之术也。桀、纣贵为天子,富有海内,地方甚大,战卒甚众,然而身死国亡,为天下戮者,不知为之术也。故能为之,则小可以为大,贱可以为贵;不能为之,则虽为天子,人犹夺之。

明主度量人力之所能为,而后使焉。故令于人之所能为,则令行;使于人之所能为,则事成。乱主不量人力,令于人之所不能为,故其令废;使于人之所不能为,故其事败。夫令出而废,举事而败,此强不能之罪也。

明主不用其智,而任圣人之智;不用其力,而任众人之力。故以圣人之智思虑者,无不知也;以众人之力起事者,无不成也。能自去而因天下之智力起,则身逸而福多。乱主独用其智,而不任圣人之智;独用其力,而不任众人之力。故其身劳而祸多。故曰:"独任之国,劳而多祸。"

明主者，人未之见，而皆有亲心焉者，有使民亲之之道也。故其位安而民往之。故曰："未之见而亲焉，可以往矣。"

　　人主出言不逆于民心，不悖于理义，其所言足以安天下者也，人唯恐其不复言也。出言而离父子之亲，疏君臣之道，害天下之众，此言之不可复者也，故明君不言也。

　　人主身行方正，使人有理，遇人有礼，行发于身而为天下法式，人唯恐其不复行也。身行不正，使人暴虐，遇人不信，行发于身而为天下笑者，此不可复之行也。故曰："行而不可再者，君不行也。"

　　言之不可复者，其言不信也；行之不可再者，其行暴贼也。故言而不信，则民不附；行而暴贼，则天下怨。民不附，天下怨，此灭亡之所从生也。故明主禁之。故曰："凡言行之不可复者，有国者之大禁也。"

·板法解·

　　治国有三器，乱国有六攻。明君能胜六攻而立三器，故国治；不肖君不能胜六攻而立三器，故国不治。三器者何也？曰：号令也，斧钺也，禄赏也。六攻者何也？曰：亲也，贵也，货也，色也，巧佞也，玩好也。三器之用何也？曰：非号令无以使下，非斧钺无以威众，非禄赏无以劝民。六攻之败何也？曰：虽不听而可以得存，虽犯禁而可以得免，虽无功而可以得富。夫国有不听而可以得存者，则号令不足以使下；有犯禁而可以得免者，则斧钺不足以威众；有无功而可以得富者，则禄赏不足以劝民。号令不足以使下，斧钺不足以威众，禄赏不足以劝民，则人君无以自守也。

·明法解·

　　明主者，审于法禁而不可犯也，察于分职而不可乱也。故群臣不敢行其私，贵臣不得蔽贱，近者不得塞远，孤寡老弱不失其职。此之谓治国。故曰："所谓治国者，主道明也。"

　　法度者，主之所以制天下而禁奸邪也；私意者，所以生乱长奸而害公正也。故法度行则国治，私意行则国乱。明主虽心之所爱，而无功者弗赏也；虽心之所憎，而无罪者弗罚也。案法式而验得失，非法度不留意焉。

故曰："先王之治国也，不淫意于法之外。"

明主之治国也，案其当宜，行其正理。其当赏者，群臣不得辞也；其当罚者，群臣弗敢避也。夫赏功诛罪者，所以为天下致利除害也。草茅弗去，则害禾谷；盗贼弗诛，则伤良民。夫舍公法而行私惠，则是利奸邪而长暴乱也；行私惠而赏无功，则是使民偷幸而望于上也。行私惠而赦有罪，则是使民轻上而易为非也。夫舍公法用私惠，明主弗为也。故曰："不为惠于法之内。"

权衡者，所以起轻重之数也。然而人弗事者，非心恶利也，权不能为之多少其数，而衡不能为之轻重其量也。人知事权衡之无益，故弗事也。故明主在上位，则官不得枉法，吏不得为私。民知事吏之无益，故货财不行于吏；权衡平正而待物，故奸诈之人不得行其私。故曰："有权衡之称者，不可欺以轻重也。"

尺寸寻丈者，所以得短长之情也。故以尺寸量短长，则万举而万不失矣。是故尺寸之度，虽富贵众强，不为益长；虽卑辱贫贱，弗为损短。公平而无所偏，故奸诈之人弗能误也。故曰："有寻丈之数者，不可差以长短。"

凡所谓忠臣者，务明法术，日夜佐主，明于度数之理，以治天下者也。奸邪之臣，知法术明之必治也，治则奸臣困，而法术之士显。是故奸邪之所务事者，使法无明、主无窹，而己得所欲也。故方正之臣得用，则奸邪之臣困伤矣。是方正之与奸邪，不两进之势也。奸邪之在主之侧者，不能勿恶之；惟恶之，则必候主间而日夜危之。人主弗察而用其言，则忠臣无罪而困死，奸臣无功而富贵。故曰："忠臣死于非罪，而邪臣起于非功。"

富贵尊显，久有天下，人主莫弗欲也；令行禁止，海内无敌，人主莫弗欲也；蔽欺侵陵，人主莫不恶也；失天下，灭宗庙，人主莫不恶也。忠臣之欲明法术，以致主之所欲，而除主之所恶者也。奸臣之擅主也，有以私危之，则忠臣无从进其公正之数矣。故曰："所死者非罪，所起者非功，然则为人臣者，重私而轻公矣。"

明主之择贤人也，言勇者试之以军，言智者试之以官。试于军而有功者则举之，试于官而事治者则用之。故以战攻之事定勇怯，以官职之治定愚智。故勇怯愚智之见也，如白黑之分。乱主则不然。听言而不试，故妄言者得用；任人而不课，故不肖者不困。故明主以法案其言而求其实，以官任其身而课其功，专任法不自举焉。故曰："先王之治国也，使法择人，弗自举也。"

凡所谓功者，安主上、利万民者也。夫破军杀弱，战胜攻取，使主无危亡之忧，而百姓无死虏之患，此军士之所以为功者也。奉主法治境内，使强不凌弱，众不暴寡，万民欢尽其力，而奉养其主，此吏之所以为功也。匡主之过，救主之失，明理义以导其主；主无邪僻之行，蔽欺之患，此臣之所以为功也。故明主之治也，明分职而课功劳，有功者赏，乱治者诛；诛赏之所加，各得其宜，而主不自与焉。故曰："使法量功，不自度也。"

明主之治也，审是非，察事情，以度量案之；合于法则行，不合于法则止；功充其言则赏，不充则诛。故言智能者，必有见功而后举之；言恶败者，必有见过而后废之。如此则士上通而莫之能妒，不肖者困废而莫之能举。故曰："能不可蔽，而败不可饰也。"

·轻 重·

管子入复桓公曰："终岁之租金，四万二千金，请以一朝素赏军士。"桓公曰："诺。"期于泰舟之野，朝军士，桓公即坛而立。管子执枹而揖军士曰："谁能陷阵破众者，赐之百金。"三问不对。有一人秉剑而前，问曰："几何人之众也？"管子曰："千人之众。"曰："千人之众，臣能陷之。"赐之百金。管子又曰："兵接弩张，谁能得卒长者，赐之百金。"问曰："几何人卒之长也？"管子曰："千人之长。""千人之长，臣能得之。"赐之百金。管子又曰："谁能听旌旗之所指，而得执将首者，赐之千金。"言能得者累十人，赐之人千金。其余言能外斩首者，赐之人十金。一朝素赏四万二千金，廓然虚。桓公惕然太息曰："吾曷以识子？"管子曰："君勿患，且使外为名于其内，乡为功于其亲，家为德于其妻子。若此则士必争名报德，无北之意矣。吾举兵而攻，破其军，并其地，则非特四万二千金之利也。"公曰："诺。"乃戒大将曰："百人之长，必为之朝礼；千人之长，必拜而送之，降两级；其有亲戚者，必遗之酒四石，肉四鼎；其无亲戚者，必遗其妻子酒三石，肉三鼎。"行教半岁，父教其子，兄教其弟，妻谏其夫，曰：

"见礼若此,不死列阵,可以反于乡乎?"桓公终举兵攻莱,战于莒,鼓旗未相望,而莱人大遁。故遂破其军,兼其地,而虏其将。故未列地而封,未出金而赏,破莱军,并其地,禽其君。此素赏之计也。

卷三十三 《晏子》治要

【春秋】 相传为晏婴 撰

【导读】

晏子（？—前500），名婴，字仲，谥号"平"，习惯上多称平仲，夷维（今山东省高密市）人，春秋时期齐国杰出的政治家、思想家、外交家。

《晏子春秋》是记载晏婴言行的一部历史典籍，以史料和民间传说汇编而成，多是晏婴劝告君主勤政、爱护百姓、任用贤能和虚心纳谏、不要贪图享乐的事例。

《晏子春秋》经过刘向（见后《〈新序〉导读》）的整理，共有内、外八篇，二百一十五章。内篇分《谏上》《谏下》《问上》《问下》《杂上》《杂下》六篇，外篇分上、下二篇。《谏上》《谏下》主要记叙晏婴劝谏齐君的言行；《问上》《问下》主要记叙君臣之间、卿士之间以及外交活动中的问答；《杂上》《杂下》主要记叙晏婴其他各种各样的事件。外篇两篇内容较为驳杂，与内篇六篇相通而又相别。各篇之间的内容既有相对的独立性，又互有联系，个别的还有互相矛盾之处。但其行文隽永幽默，叙事迭宕抑扬，有明显的短篇小说特色。

《晏子春秋》有强烈的儒家思想倾向，突出地表现在晏子对礼的重视："礼者，所以御民也……无礼而能治国家者，婴未之闻也。"把礼看作是治国的根本；《内谏》："禽兽以力为政，强者犯弱，故曰易主。今群去礼，则是禽兽也。""凡人之所以贵于禽兽者，以有礼也。"《内篇·杂下》记载了齐景公看到晏子的妻子老而丑，要把年轻漂亮的女儿嫁给晏子，晏子严词拒绝了。晏子的这种坚守爱情、不背叛老妻的行为与品德，不仅在封建时代殊为难得，就是在今天，也是一种十分可贵的美德。另《杂下》所载的"晏子使楚"的故事，表现了他灵活机智、反应敏捷、不辱使命、善于应对的外交家才能。

晏婴自奉非常节俭，备受后世崇敬。

魏徵等人编撰的《群书治要》于《晏子》一书中辑录了四十段文字，有篇名，无标题，亦无夹注。内容突出节俭力行、尽忠极谏的行为。以"礼"来保障政权稳定。反对对人民掠夺和榨取，主张省刑薄赋，节俭廉政、仁爱惠人，彰显了魏徵等人治国安邦的政治取向。

·谏 上·

景公饮酒数日，去冠披裳，自鼓盆瓮，问于左右曰："仁人亦乐此乐乎？"梁丘据对曰："仁人之耳目犹人也，夫何为独不乐此乐也！"公令趋驾迎晏子，晏子朝服以至。公曰："寡人甚乐，欲与夫子同此乐，请去礼。"对曰："群臣皆欲去礼以事君，婴恐君之不欲也。今齐国小童，自中以上，力皆过婴，又能胜君，然而不敢者，畏礼义也。君若无礼，无以使下；下若无礼，无以事上。夫人之所以贵于禽兽者，以有礼也。婴闻之，人君无礼，无以临其邦；大夫无礼，官吏不恭；父子无礼，其家必凶。《诗》曰：'人而无礼，胡不遄（chuán）死。'故礼不可去也。"公曰："寡人不敏无良，左右淫蛊寡人，以至于此，请杀之。"晏子曰："左右无罪。君若无礼，则好礼者去，无礼者至；君若好礼，则有礼者至，无礼者去矣。"公曰："善。"请易衣冠，粪洒改席。召晏子。晏子入门，三让升阶，用三献礼焉；再拜而出。公下拜，送之，彻酒去乐，曰："吾以章晏子之教也。"

景公之时，雨雪三日而不霁。公被狐白之裘，坐于堂侧阶。晏子入见，立有间，公曰："怪哉，雨雪三日而天不寒。"晏子对曰："天不寒乎？"公笑。晏子曰："婴闻古之贤君，饱而知人之饥，温而知人之寒，逸而知人之劳，今君不知也。"公曰："善！寡人闻命矣。"乃命出裘发粟，以与饥寒。孔子闻之曰："晏子能明其所欲，景公能行其所善。"

淳于人纳女于景公，生孺子荼，景公爱之。诸臣谋欲废公子阳生而立荼，公以告晏子。晏子曰："不可。夫以贱匹贵，国之害也；置大立少，乱之本也。夫阳生长而国人戴之，君其勿易！夫服位有等，故贱不陵贵；立子有礼，故孽不乱宗。废长立少，不可以教下；尊孽卑宗，不可以利所爱。长少无等，宗孽无别，是设贼树奸之本也。君其图之！古之明君，非不知繁乐也，以为乐淫则哀；非不知立爱也，以为义失而忧。是故制乐以节，立子以道。若夫恃谗谀以事君者，不足以责信。今君用谗人之谋，乱夫之言，废长立少，臣恐后人之有因君之过以资其邪，废少而立长以成其利者。君其图之！"公不听。景公没，田氏杀荼立阳生；杀阳生立简公；杀简公而取齐国。

景公燕赏于国内，万钟者三，千钟者五，命三出而职计莫之从。公怒，令之免职计，命三出，而士师莫之从。公不悦。晏子见，公谓晏子曰："寡人闻君国者，爱人则能利之，恶人则能疏之。今寡人爱人不能利，恶人不能疏，失君道矣。"晏子曰："婴闻之，君正臣从谓之顺，君僻臣从谓之逆。今君赏谗谀之臣，而令吏必从，则是使君失其道，臣失其守也。先王之立爱以亲善也，其去恶以禁暴也。<u>昔者三代之兴也，利于国者爱之，害于国者恶之。</u>故明所爱而贤良众，明所恶而邪僻灭，是以天下平治，百姓和集。及其衰也，行安简易，身安逸乐，顺于己者爱之，逆于己者恶之。故明所爱而邪僻繁，明所恶而贤良灭，离散百姓，危覆社稷。君上不度圣王之兴，而下不观惰君之衰，逆政之行，有司不敢争，以覆社稷，危宗庙矣。"公曰："寡人不知也，请从士师之策。"

【重点句解读】

昔者三代之兴也，利于国者爱之，害于国者恶之。

  过去夏、商、周三代兴盛的原因是，对国家有利的人和事，就要爱护、支持；对国家有害的人和事，要坚决反对。

  执政者要及时消除祸患，这样社会便可和谐，百姓即能团结，国家于是长治久安。

  景公观于淄上，喟然而曰："呜呼！使国可长保而传子孙，岂不乐哉？"晏子对曰："婴闻之，明王不徒立，百姓不虚至。今君以政乱国，以行弃民久矣，而欲保之，不亦难乎！婴闻之，能长保国者，能终善者也。诸侯并立，能终善者为长；列士并立，能终善者为师。昔先君桓公，方任贤而赞德之时，亡国恃以存，危国仰以安，是以民乐其政而世高其德，行远征暴，劳者不疾，驱海内使朝天子，诸侯不怨。当是时，盛君之行不能进焉。及其卒而衰，怠于德而并于乐，身溺于妇侍而谋因于竖刁。是以民苦其政，而世非其行，故身死胡宫而不举，虫出而不收。当是时也，桀、纣之卒不能恶焉。《诗》曰：'靡不有初，鲜克有终。'不能终善者，不遂其国。今君临民若寇仇，见善若避热，乱政而危贤，必逆于众，肆欲于民，而虐诛其下，恐及于身矣。婴之年老，不能待君使矣，行不能革，则持节以没世矣。"

　　景公出游，北面望睹齐国，曰："呜呼！使古而无死，如何？"晏子曰："昔上帝以人之没为善，仁者息焉，不仁者伏焉。若使古而无死，丁公、太公将有齐国，桓、襄、文、武将皆相之，吾君将戴笠衣褐，执铫耨，以蹲行畎（quǎn）亩之中，孰暇患死！"公不悦。无几何，梁丘据御六马而来，公曰："据与我和者夫！"晏子曰："此所谓同也。所谓和者，君甘则臣酸，君淡则臣咸。今据也，君甘亦甘，所谓同也，安得为和！"公不悦。无几何，公西北望睹彗星，召伯常骞，使攘而去之。晏子曰："不可！此天教也，以诫不敬。今君若设文而受谏，虽不去，彗星将自亡。今君嗜酒而并于乐，政不饰而宽于小人，近谗好优，何暇在彗！茀（fú）又将见矣。"公不悦。无几何，晏子卒，公出屏而立，曰："呜呼！昔者从夫子而游，夫子一日而三责我，今孰责寡人哉！"

　　景公射鸟，野人骇之，公令吏诛之。晏子曰："野人不知也。臣闻之，赏无功谓之乱，罪不知谓之虐，两者，先王之禁也。以飞鸟犯先王之禁，不可！今君不明先王之制，而无仁义之心，是以从欲而轻诛也。夫鸟兽固人之养也，野人骇之，不亦宜乎！"公曰："善！自今以来，弛鸟兽之禁，无以苛民。"

·谏下·

　　景公筑路寝之台，三年未息；而又为长庲（lái）之役，二年未息；又为邹之长途。晏子谏曰："百姓之力勤矣，君不息乎！"公曰："途将成矣，请成而息之。"对曰："君屈民财者，不得其利；穷民力者，不得其乐。昔者楚灵王作为顷宫，三年未息也；又为章华之台，五年未息也；而又为乾溪之役八年，百姓之力不足而自息也。灵王死乾溪，而民不与归。今君不道明君之义，而修灵王之迹，婴惧君之有暴民之行，而不睹长庲之乐也，不若息之。"公曰："善！非夫子，寡人不知得罪于百姓深也。"于是令勿收斩板而去之。

景公成路寝之台，逢于何遭晏子于涂，再拜于马前曰："于何之母死，兆在路寝之台牖下，愿请合骨。"晏子曰："嘻！难矣！虽然，婴将为子复之。"遂入见公曰："有逢于何者，母死，兆在路寝，当牖下，愿请合骨。"公作色不悦，曰："自古及今，子亦尝闻请葬人主宫者乎？"晏子对曰："古之君治其宫室节，不侵生人之居；其台榭俭，不残死人之墓，未尝闻请葬人主宫者也。今君侈为宫室，夺人之居，广为台榭，残人之墓，是生者愁忧，不得安处，死者离析，不得合骨。丰乐侈游，兼傲死生，非仁君之行也；遂欲满求，不顾细民，非存之道也。且婴闻之，生者不得安，命之曰蓄忧；死者不得葬，命之曰蓄哀。蓄忧者怨，蓄哀者危，君不如许之。"公曰："诺。"晏子出，梁丘据曰："自古及今，未尝闻求葬公宫者也，若何许之？"公曰："削人之居，残人之墓，凌人之丧，而禁其葬，是于生者无施，于死者无礼也。且《诗》曰：'谷则异室，死则同穴。'吾敢不许乎？"逢于何遂葬路寝台之牖下，解衰去绖（dié），布衣玄冠，踊而不哭，擗而不拜，已乃涕洟而去之。

梁丘据死，景公召晏子而告之曰："据忠且爱我，我欲丰厚其葬，高大其垅。"晏子曰："敢问据之所以忠爱君者，可得闻乎？"公曰："吾有喜于玩好，有司未能我供也，则据以其财供我，吾是以知其忠也；每有风雨，暮夜求之必存，吾是以知其爱也。"晏子曰："婴对则为罪，不对则无以事君，敢不对乎！婴闻之，臣专其君，谓之不忠；子专其父，谓之不孝；妻专其夫，谓之嫉妒。事君之道道君，亲于父兄，有礼于群臣，有惠于百姓，有义于诸侯，谓之忠也；为子之道道父，以钟爱其兄弟，施行于诸父，以慈惠于众子，诚信于朋友，谓之孝也；为妻之道，使众妾皆得欢欣于夫，谓之不妒也。今四封之民，皆君之臣也，而唯据尽力以爱君，何爱者之少耶？四封之货，皆君之有也，而唯据也以其私财忠于君，何忠者之寡也？据之防塞群臣，壅蔽君，无乃甚乎？"公曰："善哉！微子，寡人不知据之至于是也。"遂罢为垅之役，废厚葬之令，令有司据法而责，群臣陈过而谏。故官无废法，臣无隐忠，而百姓大悦。

·问 上·

景公问晏子曰："君子常行曷若？"对曰："衣冠不中，不敢以入朝；所言不义，不敢以要君；身行不顺，治事不公，不敢以莅众。衣冠中，故朝无奇僻之服；所言义，故下无伪上之报；身行顺，治事公，故国无阿党之义。三者，君子常行也。"

景公问晏子曰："请问臣道？"对曰："见善必通，不私其利，荐善而不有其名。称身居位，不为苟进；称事受禄，不为苟得。君用其言，人得其利，不伐其功，此臣道也。"

景公问晏子曰："明王之教民何若？"对曰："明其教令，而先之以行；养民不苛，而防之以刑；所求于下者，不务于上；所禁于民者，不行于身，故下从其教也。称事以任民，中听以禁邪，不穷之以劳，不害之以罚，<u>上以爱民为法，下以相亲为义</u>，是以天下不相违也。此明王之教民也。"

【重点句解读】

上以爱民为法，下以相亲为义。

执政者立法要以爱民为出发点，省财节俭以用之于民生。

晏子在多篇中表达了爱民才能使天下大治的思想。执政者不仅在立法中要以爱民为出发点，而且在司法中要体现公平正义，持执于"中"，"利于国者爱之，害于国者恶之"（见《谏上》），要及时消除祸患，建设和谐社会，使国家长治久安。

当今建设和谐社会的思想，跟晏子以上的这些行为表现一脉相承。

景公问晏子曰："忠臣之事君何若？"对曰："有难不死，出亡不送。"公不悦，曰："君裂地而封之，疏爵而贵之，有难不死，出亡不送，其说何也？"对曰："言而见用，终身无难，臣何死焉？谋而见从，终身不出，臣何送焉？若言不用，有难而死，是妄死也；谋而不从，出亡而送，是诈伪也。忠臣也者，能纳善于君，而不与君陷于难者也。"

景公问晏子曰："忠臣之行何如？"对曰："选贤进能，不私乎内；称身就位，计能受禄；睹贤不居其上，受禄不过其量；不权君以为行，不称位以为忠；不掩贤以隐长，不刻下以谀上；顺即进，否即退，不与君行邪。"

景公问晏子曰："临国莅民，所患何也？"对曰："所患者三：忠臣不信，一患也；信臣不忠，二患也；君臣异心，三患也。是以明君居上，无忠而不信，无信而不忠者，是故君臣同欲，而百姓无怨也。"

庄公问晏子曰："威当世而服天下，时耶？"对曰："行也。"公曰："何行？"对曰："能爱邦内之民者，能服境外之不善；重士民之死力者，能禁暴国之邪[逆]；中听任圣者，能威诸侯；安仁义而乐利世者，能服天下。不能爱邦内之民者，不能服境外之不善；轻士民之死力者，不能禁暴国之邪逆；[愎]谏傲贤者，不能威诸侯；背仁义而贪名实者，不能威当世。而服天下者。此其道也。"公不用，任勇力之士，而轻臣仆之死，用兵无休，国疲民害。期年，百姓大乱，而身及崔氏祸。

景公问晏子曰："圣人之不得意也何如？"晏子对曰："上作事反天时，从政逆鬼神，藉敛殚百姓；四时易序，神祇并怨；道忠者不听，荐善者不行；谀过者有赏，救失者有罪。故圣人伏匿隐处，不干长上，洁身守道，不与世陷于邪，是以卑而不失义，瘁而不失廉。此圣人之不得意也。"公曰："圣人之得意何如？"晏子对曰："世治政平，举事调乎天，藉敛和乎民，百姓乐其政，远者怀其德；四时不失序，风雨不降虐；天明象而致赞，地育长而具物；神降福而不靡，民服教而不伪；治无怨业，居无废民。此圣人之得意也。"

景公问求贤，晏子对曰："通则视其所举，穷则视其所不为，富则视其所分，贫则视其所不取。夫上，难进而易退也；其次，易进而易退也；其下，易进而难退也。以此数物者取人，其可乎？"

景公问晏子曰："古之莅国治民者，其任人何如？"对曰："地不同生，而任之以一种，责其俱生不可得也；人不同能，而任之以一事，不可责遍成焉。责焉无已，知者有不能给矣；求焉无厌，天地有不能赡矣。故明王之任人，谄谀不迩乎左右，阿党不治乎本朝；任人之长，不强其短；任人之工，不强其拙。此任人之大略也。"

景公问晏子曰:"富民安众难乎?"对曰:"易。节欲则民富,中听则民安。行此两者而已矣。"

景公问晏子曰:"古者离散其民,而陨失其国者,其常行何如?"对曰:"国贫而好大,智薄而好专;尚谀谄而贱贤人,乐简慢而轻百姓;国无常法,民无经纪;好辨以为智,刻民以为忠;流湎而忘国,好兵而忘民;肃于罪诛,而慢于庆赏;乐人之哀,利人之害;德不足以怀人,政不足以匡民;赏不足以劝善,刑不足以防非。此亡国之行也。今民闻公令如寇仇,此古之离其民、陨其国常行也。"

景公问晏子曰:"谋必得,事必成,有术乎?"对曰:"有。"公曰:"其术何如?"晏子曰:"谋度于义者必得,事因于民者必成。反义而谋,背民而动,未闻存者也。昔三代之兴也,谋必度于义,事必因于民;及其衰也,谋者反义,兴事伤民。故度义因民,谋事之术也。"

景公问晏子曰:"治国之患,亦有常乎?"对曰:"谗夫佞人之在君侧者,好恶良臣,而行与小人,此治国之常患也。"公曰:"谗佞之人,则亦诚不善矣;虽然,则奚曾为国常患乎?"晏子曰:"君以为耳目而好谋事,则是君之耳目缪也。夫上乱君之耳目,而下使群臣皆失其职,岂不诚足患哉!"公曰:"如是乎!寡人将去之。"晏子曰:"公不能去也。"公不悦,曰:"夫子何少寡人之甚也!"对曰:"臣非敢矫也!夫能自用于君者,材能皆非常也。夫藏大不诚于中者,必谨小诚于外,以成其大不诚。入则求君之嗜欲能顺之,君怨良臣,则具其往失而益之,出则行威以取富。夫可密近,不为大利变,而务与君至义者,此难得而其难知也。"公曰:"然则先圣奈何?"对曰:"先圣之治也,审见宾客,听治不留,患日不足,群臣皆得毕其诚,谗谀安得容其私?"公曰:"然则夫子助寡人止之,寡人亦事勿用矣。"对曰:"谗夫佞人之在君侧者,若社之有鼠也,不可熏去。谗佞之人,隐君之威以自守也,是故难去也。"

景公问晏子曰:"古之盛君,其行何如?"对曰:"薄于身而厚于民,约于身而广于世;其处上也,足以明政行教,而不以威下;其取财也,权有无,均贫富,不以养嗜欲;诛不避贵,赏不遗贱;不淫于乐,不遁于哀;尽智道民而不伐焉,劳力岁事而不责焉;政尚相利,故下不以相害为行;教尚相爱,故民不以相恶为名;刑罚中于法,废罪顺于民。是以贤者处上而不华,不肖者处下而不怨;四海之内,一意同欲;生有厚利,死有遗教。此盛君之行也。"

·问 下·

景公出游，问于晏子曰："吾欲循海而南至于琅琊，寡人何修以则夫先王之游也？"晏子曰："婴闻之，天子之诸侯为巡狩，诸侯之天子为述职。故春省耕而补不足者，谓之游；秋省实而助不给者，谓之豫。夏谚曰：'吾君不游，我曷以休；吾君不豫，我曷以助。一游一豫，为诸侯度。'今君之游不然。师行而粮食，贫苦不补，劳者不息。夫从高历时而不反谓之流，从下历时而不反谓之连，从兽而不归谓之荒，从乐而忘归谓之亡。古者圣王无流连之游，无荒亡之行。"公曰："善。"令吏出粟以与贫者三千钟，公所身见老者七十人，然后归。

景公问晏子曰："寡人意气衰，身甚病。今吾欲具圭璧牺牲，令祝宗荐之乎上帝宗庙，意者礼可以干福乎？"晏子对曰："婴闻之，古者先君之干福也，政必合乎民，行必顺乎神；节宫室，不敢大斩伐，以无逼山林；节饮食，无多田渔，以无逼川泽；祝宗用事，辞罪而不敢有祈求也。是以神民俱顺，而山川纳禄。今君政反于民，而行悖乎神，大宫室，多斩伐，以逼山林；羡饭食，多田渔，以逼川泽。是以神民俱怨，而山川收禄。司过荐罪而祝宗祈福，意者逆乎！"公曰："寡人非夫子，无所闻此，请革心易行。"于是废公阜之游，止海食之献，斩伐者以时，田渔者有数；居处饮食，节之勿羡，祝宗用事，辞罪而不敢有祈求焉。

景公问晏子曰："寡人欲从夫子而善齐国之政，可乎？"对曰："婴闻之，国有具官，然后其政可善。"公作色不悦，曰："齐国虽小，则可谓官不具乎？"对曰："昔吾先君桓公，身体惰解，辞令不给，则隰朋昵侍；左右多过，狱谳（yàn）不中，则弦宁昵侍；田野不修，民萌不安，则宁戚昵侍；军士惰，戎士肆，则王子城甫昵侍；居处逸怠，左右慑畏，则东郭牙昵侍；德义不中，意行衰怠，则管子昵侍；先君能以人之长续其短，以人之厚补其薄，是故诸侯朝其德，而天子致胙焉。今君之过失多矣，未有一士以闻者也。故曰：官不具。"公曰："善。"

景公问晏子曰："昔吾先君桓公，从车三百乘，九合诸侯，一匡天下。今吾从车千乘，可以逮先君桓公之后乎？"对曰："桓公从车三百乘，九合诸侯，一匡天下者，左有鲍叔，右有仲父。今君左为倡，右为优，逸人在前，谀人在后，又焉可逮先君桓公之后乎？"

高子问晏子曰："子事灵公、庄公、景公，皆敬子。三君一心耶？夫子之心三耶？"对曰："婴闻一心可以事百君，三心不可以事一君。故三君之心非一心也，而婴之心非三心也。"

· 杂 上 ·

景公使晏子为阿宰，三年而毁闻于国。公不悦，召而免之。晏子谢曰："婴知婴之过矣，请复治阿，三年而誉必闻于国。"公复使治阿，三年而誉闻于国。公悦，召而赏之，辞而不受。公问其故，对曰："昔者婴之治阿也，筑蹊径，急门闾之政，而淫民恶之；举俭力孝悌，罚偷窳（yǔ），而惰民恶之；决狱不避贵强，贵强恶之；左右之所求，法则与，非法则否，而左右恶之；事贵人，体不过礼，而贵人恶之。是以三邪毁乎外，二逸毁乎内，三年而毁闻乎君也。今臣更之，不筑蹊径，而缓门闾之政，而淫民悦；不举俭力孝悌，不罚偷窳，而惰民悦；决狱阿贵强，而贵强悦；左右所求言诺，而左右悦；事贵人体过礼，而贵人悦。是以三邪誉于外，二逸誉乎内，三年而誉闻于君也。<u>昔者婴之所以当诛者宜赏，而今之所以当赏者宜诛，是故不敢受。</u>"景公乃任以国政焉。

【重点句解读】

<u>昔者婴之所以当诛者宜赏，而今之所以当赏者宜诛，是故不敢受。</u>

过去我被惩罚的其实应该获得奖赏，现在我获得奖赏的其实应该被惩罚，所以我不敢接受奖赏。

晏子是历史上著名的齐国国相，既能干，又廉洁，极为难得。据《史记·管晏列传》记载："事齐灵公、庄公、景公，以节俭力行重于齐。既相齐，食不重肉，妾不衣帛。"晏子一生辅佐齐国三代君主，以节俭为齐国上下所敬重。他吃饭没有两样以上的肉，妻妾没有丝绸的服装，拒六十邑之封和千金、车马、豪宅之赏（事见《晏子春秋·杂上》），自甘淡泊。辅政五十多年，不置家产，两袖清风，千古表率。

　　景公正昼被发，乘六马御妇人以出正门，刖跪击马而反之，曰："尔非吾君也。"公惭而不朝。晏子入见，景公曰："昔者寡人有罪，被发乘六马以出正门，刖跪击马而反之，曰：'尔非吾君也。'寡人以子大夫之赐，得率百姓以守宗庙，今见戮于刖跪，以羞社稷，吾犹可以齐于诸侯乎？"晏子对曰："君勿恶焉！臣闻之，下无直辞，上有惰君；民多讳言，君有骄行。古者明君在上，下多直辞；君上好善，民无讳言。今君有失行，而刖跪禁之，是君之福也，故臣来庆。请赏之，以明君之好善；礼之，以明君之受谏。"公笑曰："可乎？"晏子曰："可。"于是令刖跪倍资无征，时朝无事。

　　景公饮酒，夜移于晏子，前驱款门曰："君至。"晏子被玄端，立于门曰："诸侯得微有故乎？国家得微有事乎？君何为非时而夜辱？"公曰："酒醴之味，金石之声，愿与夫子乐之。"晏子曰："夫布荐席，陈簠簋者有人，臣不敢与焉。"公移于司马穰苴之家，前驱款门曰："君至。"穰苴介胄操戟立于门，曰："诸侯得微有兵乎？大臣得微有叛者乎？大臣得微有不服乎？君何为非时而来？"公曰："酒醴之味，金石之声，愿与将军乐之。"穰苴对曰："夫布荐席，陈簠簋者有人，臣不敢与焉。"公移于梁丘据之家，前驱款门曰："君至。"梁丘据左拥琴，右挈竽，行歌而出。公曰："乐哉！今夕吾饮也。微彼二子者，何以治吾国；微此一臣者，何以乐吾身。"

　　景公探雀鷇（kòu），鷇弱而反之。晏子闻之，不时而入见，北面再拜贺曰："吾君有圣王之道矣！"公曰："寡人探雀鷇，鷇弱故反之，其当圣王之道者何也？"晏子曰："君探雀鷇，鷇弱故反之，是长幼也。君曾禽兽之加焉，而况于人乎！此圣王之道也。"

　　景公使养所爱马暴病死，公命人操刀解养马者。是时晏子侍前，左右执刀而进，晏子止之而问于公曰："敢问古时尧舜支解人，从何躯始？"公惧焉，遂止，曰："以属狱。"晏子曰："请数之，使自知其罪，然后致之狱。"公曰："可。"晏子数之曰："尔有三罪：公使汝养马杀之，当死罪一也。又杀公之所最善马，当死罪二也。使公以一马之故杀人，百姓闻之，必怨吾君；诸侯闻之，必轻吾国；汝杀公马，使怨积于百姓，兵弱于邻国，汝当死罪三也。今以属狱。"公喟然曰："赦之。"

鲁昭公失国走齐，齐景公问焉，曰："子之迁位新，奚道至于此乎？"昭公对曰："吾少之时，人多爱我者，吾体不能亲；人多谏我者，吾志不能用。是以内无弼，外无辅，辅弼无一人，谄谀我者甚众。譬之犹秋蓬也，孤其根荄，密其枝叶，春气至偾以揭也。"景公以其言语晏子，曰："使是人反其国，岂不为古之贤君乎？"晏子曰："不然。夫愚者多悔，不肖者自贤；溺者不问隧，迷者不问路。譬之犹临难而遽铸兵，噎而遽掘井，虽速亦无及。"

景公游于麦丘，问其封人曰："年几何？"对曰："鄙人之年八十五矣。"公曰："寿哉！子其祝我。"封人曰："使君之年长于国家。"公曰："善哉！子其复之。"封人曰："使君之嗣寿，皆若鄙人之年。"公曰："善哉！子其复之。"封人曰："使君无得罪于民。"公曰："诚有鄙民得罪于君则可，安有君得罪于民者乎？"晏子对曰："君过矣！敢问：桀、纣，君诛乎？民诛乎？"公曰："寡人过矣。"于是赐封人麦丘以为邑。

晏子侍于景公，朝寒，曰："请进暖食。"对曰："婴非君奉馈之臣也，敢辞。"公曰："请进服裘。"对曰："婴非君茵席之臣也，敢辞。"公曰："然夫子之于寡人，何为者也？"对曰："社稷之臣。"公问："社稷之臣若何？"对曰："能立社稷，别上下之义，使当其理；制百官之序，使得其所；作为辞令，可布于四方也。"自是之后，君不以礼，不见晏子。

· 杂 下 ·

晏子朝，乘弊车驽马。景公见之曰："嘻！夫子之禄寡耶？何乘不任之甚也？"晏子出，公使梁丘据遗之辂车乘马，三反不受。公不悦，趋召晏子。晏子至，公曰："夫子不受，寡人亦不乘。"对曰："君使臣监百官之吏，臣节其衣服食饮之养，以先齐国之民，然犹恐侈靡而不顾行也。今辂车乘马，君乘之上，而臣亦乘之下，民之无义，侈其衣食，而多不顾其行者，臣无以禁之。"遂不受。

晏子相景公，其论人也，见贤即进之，不同君所欲；见不善则废之，不避君所爱；行己而无私，直言而无讳。

景公游淄，闻晏子卒，公乘而驱。自以为迟，下车而趋；知不若车之速，则又乘；比至于国者，四下而趋，行哭而往，至伏尸而号曰："子大夫日夜责寡人，不遗尺寸，寡人犹且淫逸而不收，怨罪重积于百姓。今天降祸于齐国，不加寡人，而加之夫子。齐国之社稷危矣，百姓将谁告乎！"

晏子没十有七年，景公饮诸大夫酒。公射，出质，堂上唱善，若出一口。公作色太息，播弓矢。弦章入，公曰："章！自吾失晏子，于今十有七年矣，未尝闻吾不善。今射出质，唱善者如出一口。"弦章对曰："此诸臣之不肖也。智不足以知君不善，勇不足以犯君之颜，然而有一焉。臣闻君好之则臣服之，君嗜之则臣食之。尺蠖（huò）食黄其身黄，食苍其身苍，君其犹有食谄人之言乎？"公曰："善。"

《司马法》治要

【西周】 相传为姜尚撰,具体作者不详

【导读】

司马迁在《史记·太史公自序》中记载:"《司马法》所从来尚矣,太公、孙、吴、王子(成父)能绍而明之",指出《司马法》非一人所撰。这里的"司马"非具体个人,应是指军事指挥人员。该书是现存最古老的军事著作,流传至今已两千多年,亡佚很多,仅残存五篇(后世司马穰苴所写兵书名为《司马穰苴书》,并非《司马法》)。它保存着春秋前期的军事作战原则。

在唐代,《司马法》的篇章已由一百五十五篇减至数十篇。入宋以后,更减至五篇,即今传本《司马法》。其中:

《仁本》篇,主要论述以仁为本的战争观。把战争看成是政治的组成部分,战争观是:"以仁为本,以义治之";"杀人而安人,杀之可也";"以战止战,战之可也"。强调以"仁"为战争之本。

《天子之义》篇,综论军事教育的各种法则。提出凡贤明的君主,不使用未经军事教育的士卒作战。

《定爵》篇,统论为进行战争而进行的政治、思想、物资、军事和利用自然条件等各种准备以及阵法运用的原则等。

《严位》篇,论述阵法的构成及如何利用各种阵式作战,士气要深静,意志要统一等。

《用众》篇,论述临阵待敌、用众用寡、避实击虚的战略、策略原则等。

《司马法》不愧为我国古代的一部优秀兵书。它所提出的许多战略战术原则，对于今天来说，仍有强烈的现实意义。

《群书治要》所录的是《仁本》《天子之义》两篇的部分内容，主要阐述以仁义为宗旨的战争观。突出即便是战争，也要"古者以仁为本，以义治之，治之谓正。是故杀人安人，杀之可也；攻其国，爱其民，攻之可也；以战去战，虽战可也"；"故战道：不违时，不历民病，所以爱吾民也"；"故国虽大，好战必亡；天下虽平，忘战必危。"显示了魏徵等人编撰《群书治要》一以贯之的规劝君主以仁爱治天下的思想。

<u>古者以仁为本，以义治之，治之谓正。</u>〔治民用兵，平乱讨暴，必以义。〕是故杀人安人，杀之可也；〔以杀止杀，杀可以生也。〕攻其国，爱其民，攻之可也；〔除民害，去乱君也。〕以战去战，虽战可也。故仁见亲，义见悦，智见恃，勇见方，信见信。〔将有五材，则民亲、悦、恃、方而信之也。〕故内得爱焉，所以守也；外得威焉，所以战也。〔利加于民，则守固；威加敌民，则战胜。〕故战道：不违时，不历民病，所以爱吾民也；〔春秋兴师为违时，饥疲不行，所以爱民也。〕不加丧，不因凶，所以爱其民也。〔敌有丧、饥疲，不加兵，爱彼民也。〕冬夏不兴师，所以兼爱民也。〔大寒、甚暑，吏士懈倦，难以警戒。大寒以露，则生外疾；甚暑以暴，则生内疾。故不出师，爱己彼之民也。〕故国虽大，好战必亡；天下虽平，忘战必危。天下既平，春蒐秋狝（xiǎn），振旅治兵，所以不忘战也。

【重点句解读】

古者以仁为本，以义治之，治之谓正。

古代圣明的执政者以仁爱为立政的根本，以义理为立法依据，这样管理国家才是正确的。

习近平主席在《共同开创中阿关系的美好未来——在阿拉伯联盟总部的演讲》等文章中，多次强调我国的立国原则是站在人类最正确的立场，在人类最文明的事业中以大国的担当为己任，促进世界和平，构建人类命运共同体。"立天下之正位，行天下之大道"（《孟子·滕文公下》），做到仁、义、智、勇、信，不扩张、不称霸，地不分东西，国不论大小，人不分种族，一律平等。牢记"故国虽大，好战必亡；天下虽平，忘战必危"，以正义的国防，保护国家安全。

古者逐奔不远，从绥不过三舍，不穷不能，而哀怜伤病，是以明其仁也；成列而鼓，是以明其信也；争义不争利，是以明其义也；又能舍服，是以明其勇也；知始知终，是以明其知也。五德以时合散，以为民纪，古之道也。〔仁义勇智信，民之本，随时而施舍，为民纲纪，古之所传政道也。〕

先王之治，顺天之道，设地之宜，官人之德，而正名治物。〔正者，正官名也，名正则可法。〕立国辨职，〔立国治民，分守境界，各治其职。〕诸侯悦怀，海外来服，〔服从己也。〕狱弭而兵寝，圣德之至也。其次，贤王制礼乐法度，乃作五刑；兴甲兵，以讨不义；巡狩省方，会诸侯，考不同。其有失命，乱常妃德，逆天之时，遍告于诸侯，章明有罪，天子正刑。〔刑者，正天子之法也。刑以征不义，伐不从王者之法也。〕冢宰与百官布命于军曰："入罪国之地，无暴神祇，无行田猎，无有暴虐，无毁土功，无燔(fán)墙屋，无伐树木，无取六畜，无取禾粟，无取器械。见其老幼，奉归勿伤。虽遇壮者，不校勿敌，敌若伤之，医药归之。既诛有罪，王及诸侯，修正其国，举贤更立，明正复职。"〔王者与四方诸侯，伐无道之国，整顿其民人，举贤良，更立为君，奉尊王法，复五官之职事也。〕

【重点句解读】

先王之治，顺天之道，设地之宜，官人之德，而正名治物。

过去圣人治理国家，不违反自然规律，因地制宜，用德才兼备的人从事管理工作，以恰当、合理的方式利用资源。

中国人一贯倡导"天人合一"，是以天心即人心。顺人心即合天道，设地宜即不违自然规律，用有能力、品行高尚的贤人治理国家。而事业成功的基础是既得人心必得民力。

古者逐奔不远，从绥不及，所以示君子且有礼。不远则难诱，不及则难陷。以礼为固，以仁为胜，既胜之后，其教可复，是以君子贵之也。故礼与法，表里也；文与武，左右也。古者贤王明民之德，尽民之善，故无废德、无简民，赏无所生，罚无所诫也。〔民有一善，处一事，故能尽民之善，无损德弃民也；能堪其事，故赏罚无所施也。〕有虞氏不赏不罚，而民可用，至德也；夏赏而不罚，至教也；殷罚而不赏，至威也；周以赏罚，德衰也。<u>赏不逾时，欲民速得为善之利也；罚不迁列，欲民速睹为不善之害也。</u>〔赏功不移时，罚恶不转列，所以劝善惩恶，欲速疾也。〕大捷不赏，上下皆不伐善也。〔一军皆胜，上下俱不取功也。〕上苟不伐善，则不骄矣；下苟不伐善，必亡登矣。上下不伐善若此，让之至也。大败不诛，上下皆不善在己也。〔一军奔北，人皆有罪，故不诛，上下俱有过失也。〕上苟以不善在己，必悔其过；下苟以不善在己，必远其罪。上下分恶若此，让之至也。〔上下不取其善，君不骄下，下不求进也。〕

【重点句解读】

> 赏不逾时，欲民速得为善之利也；罚不迁列，欲民速得睹为不善之害也。

奖赏不要拖延过时，为的是使民众迅速得到做好事的利益。惩罚要立即就地执行，为的是使民众迅速看到做坏事的恶果。

赏罚制度是否严明，是关系到事业成败的关键。这就是以法治国。法之功用，惩恶扬善。习近平总书记一以贯之地提倡依法治国，把权力装进笼子里，在《摆脱贫困·从政杂谈》《在第十八届三中全会第二次全体会议上的讲话》等诸多文章中多次论及法不阿贵、奖不废下这一兴国之至理。

《孙子兵法》治要

【春秋末】孙武 撰

【导读】

孙武（约公元前545—约前470），字长卿，齐国乐安（今山东省北部）人，后世尊为"兵圣""百世兵家之师""东方兵学的鼻祖"。

《孙子兵法》亦称《孙子》，是中国古代军事理论的代表性著作和现存最早的兵书，也是世界上最早的军事专著。历来被称为"兵经"，受到广泛的推崇，有日、法、英、俄、德、捷等众多译本。

《史记·孙子吴起列传》载，孙武以兵法十三篇见吴王阖闾。《汉书·艺文志》著录《吴起孙子兵法》为八十二篇，图九卷。该书总结了春秋末期及其以前战争经验，揭示了一些重要战争规律，如"知己知彼，百战不殆""攻其无备，出其不意"等。曹操："圣人之用兵，戢而时动，不得已而用之。吾观兵书战策多矣，孙武所著深矣。"

魏徵等人以曹操注《孙子兵法》为底本，于《群书治要》中选录了《孙子兵法》中七个篇段。魏徵向唐太宗进谏不仅限于治军方面，更重要的是要唐太宗知道"偃武修文"、治国安民的重大意义。他没有直接节录在具体战役中如何用兵的战略、战术，而是在宏观上论述战争的性质、目的及意义。开宗明义节录孙子曰："凡用兵之法，全国为上，破国次之；全军为上，破军次之；全卒为上，破卒次之。"主张"不战而屈人之兵"；指挥作战的将领，应该是"进不求名，退不避罪，唯民是保……视卒如婴儿，故可与之赴深溪；视卒如爱子，故可与之俱死"。魏徵的这种战争观，在他所著《隋书·经籍志》表现得尤为突出："兵者，所以禁暴静乱者也。《易》曰：'古者弦木为弧，剡木为矢，弧矢之利，以威天下。'孔子曰：'不教人战，是谓弃之。'《周官》大司马'掌九法九伐，以正邦国'是也。然皆动之以仁，行之以义，故能诛暴静乱，以济百姓。下至三季，恣情逞欲，争伐寻常，不抚其人，设变诈而灭仁义，至乃百姓离叛，以致于乱。"指出仁义之师如能做到"诛暴静乱，以济百姓"，国家便可长治久安。

孙子曰：凡用兵之法，全国为上，破国次之；〔兴兵深入长驱，据其都邑，绝其外内，敌举国来服为上；以兵击破，服得之，为次也。〕全军为上，破军次之；全卒为上，破卒次之。是故百战百胜，非善之善者也；不战而屈人之兵，善之善者也。〔未战而敌自屈服也。〕故上兵伐谋，〔敌始有谋，伐之易也。〕其次伐交，〔交，将合也。〕其次伐兵，〔兵形已成。〕下攻攻城。〔敌国已收其外粮城守，攻之为下。〕故善用兵者，屈人之兵而非战也，拔人之城而非攻也，毁人之国而不久也，必以全争于天下，故兵不钝而利可全也。

兵形象水。水行避高而就下，兵之形避实而击虚。故水因地而制行，兵因敌而制胜。故<u>兵无定势，水无常形，能与敌变化而取胜者，谓之神。</u>

【重点句解读】

兵无定势，水无常形。能与敌变化而取胜者，谓之神。

用兵作战没有固定不变的方式方法，就像水流没有固定的形状一样，能依据敌情的变化而取胜的，就称得上用兵如神了。

不论是战场、政场、商场的形势总是在不断变化中的。"无常形"是一切事物发展的形态，犹如流动之水，随地形之不同而宽、窄、缓、急。同一条长江，虎跳峡波翻浪涌，下游段静如匹练；壶口为黄河瀑布，东营段却波澜不惊。所以，做任何事情，都要随机应变，因时异势变而调整自己的策略。抱残守缺不可，刻舟求剑亦败。

习近平新时代中国特色社会主义思想正是因应国内外两大形势的变

化,"两个一百年"的目标、"人类命运共同体"的需求和必将实现的中华民族伟大复兴的中国梦的历史趋势而产生的。

孙子曰:凡用兵之法,君命有所不受。〔苟便于事,不拘于君命也。〕无恃其不来,恃吾有以能待之也;无恃其不攻,恃吾之不可攻也。

夫唯无虑而易于敌者,必禽于人。故卒未附亲而罚之,即不服,不服即难用也。卒已附亲而罚不行者,即不可用矣。故令之以文,齐之以武,是谓必取。令素行则民服。令素行者,与众相得也。

战道必胜,主曰无战,必战;战道不胜,主曰必战,无战。故进不求名,退不避罪,唯民是保,而利全于主,国之宝也。视卒如婴儿,故可与之赴深溪;视卒如爱子,故可与之俱死。厚而不能使,爱而不能全,乱而不能治,譬若骄子,不可用也。〔恩不可专用,罚不可专任。〕知吾卒之可以击,而不知敌之不可击,胜之半也;知敌之可击,而不知吾卒之不可以击,胜之半也;知敌之可击,知吾卒之可以击,而不知地形之不可以战,胜之半也。〔胜之半者,未可知也。〕故曰:<u>知彼知己,胜乃不殆;知天知地,胜乃可全。</u>

【重点句解读】

知彼知己,胜乃不殆;知天知地,胜乃可全。

了解敌我情况,就做到了"知人";了解天气、地理情况,就做到了"知天""知地"。依据这几方面的情况制订作战计划,就有把握取得战争的胜利。

其实,不论做什么事情,应该全面了解、研究及掌握各种有利因素和不利因素,特点、能力、资源、优势、劣势、机遇、挑战、路线、方案、阶段、措施等等,研究透彻,方能无往而不利。现代经济学领域中常用的波特五力模型和态势分析法(SWOT)在经济发展和企业成长过程中,就是为了"知彼知己"而立于不败之地。

明主虑之,良将修之。非利不赴,非得不用,非危不战。〔不得已而用兵。〕主不可以怒而兴军，将不可以愠而致战。合于利而用，不合于利而止。怒可复喜，愠可复悦，亡国不可复存，死者不可复生也。故曰：明王慎之，良将敬之，此安国之道也。

兴师十万，出征千里，百姓之费，公家之奉，日千金；内外骚动，不得操事者，七十万家。〔古者八家为邻，一家从军，七家奉之。言十万之师举，不事耕稼者凡七十万家也。〕相守数年，以争一日之胜，而爱爵禄百金，不知敌之情者，不仁之至也，非民之将也，非主之佐也，非胜之主也。故明王圣主、贤君胜将，所以动而胜人，成功出于众者，先知也。先知者，不可取于鬼神，〔不可祷祀以求也。〕不可象于事也，〔不可以事类求也。〕不可验于度。〔不可以度数推。〕必取于人，知敌之情者也。

卷三十四 《老子》治要

【春秋】李耳 撰

【导读】

老子，姓李名耳，字聃，或曰伯阳。春秋末期人，生卒年不详，出生于陈国苦县（今河南省鹿邑县）。中国古代伟大思想家、哲学家、文学家和史学家，道家学派创始人和主要代表人物。

老子被汉桓帝奉为仙道之祖；唐代皇帝尊其为太上玄元皇帝，追认为李姓始祖；宋代加封号称太上老君混元上德皇帝；道教尊其为始祖，称为"太上老君"，亦被称为"混元皇帝"，是三清道祖中的道德天尊。

老子与后世的庄子并称"老庄"。《老子》一书，又名《道德经》或《道德真经》。初无后二者之名，传为后世张道陵所加。《道德经》《易经》和《论语》是对中国人影响最深远的三部思想巨著。《道德经》分为上、下两篇，共八十一章，前三十七章为上篇道经，第三十八章以下属下篇德经，认为道是德"体"，德为道"用"。

《老子》以"道"解释宇宙万物的演变，"道生一，一生二，二生三，三生万物"，而"人法地，地法天，天法道，道法自然"。认为一切事物均具有正、反两面，"反者道之动"，并能由对立而转化，所有的变化都是有和无的统一。"有、无相生"，而"无"为基础，"天下万物生于有，有生于无"，此外，书中也有强烈的民本思想："天之道，损有余而补不足，人之道则不然，损不足以奉有余"；"民之饥，以其上食税之多"；"民之轻死，以其上求生之厚"；"民不畏死，奈何以死惧之"。

老子所提倡的"无为而治"，实质上以"无"而达到"治"。无者，非无所作为，而是反对骄奢淫逸，提倡与民休养生息。还认为符合于道就是真、善、美，违背了道就是假、恶、丑，提出"大音希声""大象无形"等美学观点。

老子的学说对后世有很大影响。魏徵辅佐唐太宗主张教化的思想，就是从《老子》中吸取了营养。《群书治要》中节录了河上公（河上公亦称"河上丈人""河上真人"，齐地琅琊一带的隐士、方士，黄老哲学的集大成者，方仙道的开山祖师。其为老子作注的《河上公章句》成书最早、流传最广、影响最大）注本《老子》的五十段，成为魏徵进谏唐太宗"偃武修文""居安思危"的理论依据。

·道 经·

圣人处无为之事，〔以道治也。〕行不言之教，〔以身帅道之也。〕万物作焉〔各自动作。〕而不辞，〔不辞谢而逆止之也。〕生而不有，〔元气生万物而不有。〕为而不恃。〔道所施为，不恃望其报也。〕

不尚贤，〔贤，谓世俗之贤者，不贵之也。〕使民不争；〔不争功名，反自然也。〕不贵难得之货，使民不为盗；〔上化清静，下无贪人。〕不见可欲，〔放郑声，远美人。〕使心不乱。〔不邪淫也。〕是以圣人之治，〔谓圣人治国，犹治身也。〕常使民无知无欲，〔反朴守淳。〕使夫知者不敢为也。〔思虑深，不轻言。〕为无为，〔不造作，动因循。〕则无不治。〔德化厚，百姓安也。〕

天地不仁，〔天施地化，不以仁恩，任自然也。〕以万物为刍狗。〔天地生万物，视之如刍草狗畜，不责望其报。〕圣人不仁，〔圣人爱养万民，不以仁恩，法天地，行自然。〕以百姓为刍狗。

金玉满堂，莫之能守。〔嗜欲伤神，财多累身。〕富贵而骄，还自遗咎。〔夫富当振贫，贵当怜贱，而反骄恣，必被祸患也。〕功成、名遂、身退，天之道也。〔言人所为，功成事立，名迹称遂，不退身避位，则遇于害，此乃天之常道。譬如日中则移、月满则亏、物盛则衰、乐极则哀也。〕

五色令人目盲，〔贪淫好色，则伤精失明。〕五音令人耳聋，〔好听五音，则和气去心也。〕五味令人口爽。〔爽，妄也。人嗜于五味，则口妄，言失于道。〕驰骋田猎，令人心发狂。〔人精神好安静。驰骋呼吸，精神散亡，故发狂也。〕难得之货，令人行妨。〔妨，伤也。难得之货，谓金、银、珠、玉。心贪意欲，则行伤身辱也。〕

太上，下知有之；〔太上，谓太古无名之君也。下知有之者，下知上有君，而不臣事，质朴淳也。〕其次，亲之誉之；〔其德可见，恩惠可称，故亲爱而誉之。〕其次，畏之；〔设刑法以治之。〕其次，侮之。〔禁多令烦，不可归诚，故欺侮之也。〕信不足焉，有不信焉。〔君信不足于下，下则应之以不信，而欺其君也。〕

绝巧〔绝巧诈也。〕弃利，〔塞贪路也。〕盗贼无有。〔上化公正，无邪私也。〕以为文，不足。〔文不足以教民也。〕见素抱朴，〔见素守真，抱其质朴。〕少私寡欲。

曲则全，〔曲己从众，不自专，则全也。〕枉则直，洼则盈，〔地洼下，水流之；人谦下，德归之。〕弊则新，〔自受弊薄，后己先人，天下敬之，久久自新。〕少则得，〔自受少，则得多。〕多则惑。〔财多者惑于守身，学多者惑于所闻也。〕是以圣人抱一为天下式。〔抱，守也。式，法也。圣人守一，乃知万事，故能为天下法式也。〕不自见，故明；〔圣人因天下之目以视，故能明达。〕不自是，故彰；〔圣人不自为是而非人，故能彰显于世。〕不自伐，故有功；〔圣人德化流行，不自取其美，故有功于天下也。〕不自矜，故长。〔圣人不自贵大，故能长久不危也。〕夫唯不争，故天下莫能与之争。〔此言天下贤与不肖，无能与不争者争。〕

飘风不终朝，骤雨不终日。〔飘风，疾风也。骤雨，暴雨也。言疾不能长，暴不能久也。〕孰为此者？天地也。〔孰，谁也。〕天地尚不能久，而况于人乎？〔天地至神，合为飘风暴雨，尚不能使终朝至暮，况人欲为暴卒者乎。〕故从事于道。〔人为事，当如道安静，不当如飘风骤雨也。〕

自见者不明，〔人自见其形容，以为好，自见所行，以为应道，不自知其形丑、操行之鄙也。〕自是者不彰，〔自以为是而非人，众人共蔽之，使不得彰明也。〕自伐者无功，〔所为辄自伐，即失有功也。〕自矜者不长。〔好自矜者，不以久长。〕故有道者不处。

道大，〔道大者，无不容也。〕天大，地大，王亦大。〔天大者，无不盖；地大者，无不载；王大者，无不制。〕域中有四大，而王居其一焉。〔八极之内有四大，王居其一也。〕人法地，〔人当法地，安静和柔也，劳而不怨，有功而不宣。〕地法天,〔施而不求报,生长万物,无所收取。〕天法道,〔清静不言,万物自成。〕道法自然。〔道性自然,无所法也。〕

重为轻根,〔人君不重则不尊,治身不重则失神。〕静为躁君。〔人君不静则失威,治身不静则身危。〕奈何万乘之主,〔奈何者,疾时主,伤痛之也。〕而以身轻天下。〔疾时王奢恣轻淫也。〕轻则失臣,〔王者轻淫则失其臣,治身轻淫则失其精。〕躁则失君。〔王者行躁疾,则失其君位;治身躁疾,则失其精神也。〕

圣人常善救人,〔圣人所以常教人忠孝者,欲以救人性命也。〕故无弃人;〔使贵贱各得其所也。〕常善救物,〔圣人所以常教民顺四时者,以救万物之残伤也。〕故无弃物。〔不贱石而贵玉。〕

善人者,不善人之师也;〔人之行善者,圣人即以为人师也。〕不善人者,善人之资也。〔资,用也。人行不善,圣人教道使为善,得以为给用。〕不贵其师,不爱其资,〔无所使也。〕虽智大迷。〔虽自以为智,言此人乃大迷惑。〕是谓要妙。〔能通此意,是谓知微妙要道。〕

知其雄,守其雌,为天下溪;〔雄以喻尊,雌以喻卑。人虽自知尊显,当复守之以卑微,去雄之强梁,就雌之柔和,如是,则天下归之,如水之流入深溪。〕为天下溪,常德不离。〔人能谦下如深溪,则德常在,不复离己。〕知其白,守其黑,为天下式。〔白以喻昭昭,黑以喻默默。人虽自知昭昭明达,当复守之以默默,如暗昧无所见,如是,则可为天下法式也。〕为天下式,常德不忒。〔人能为天下法式,则德常在于己,不复差忒也。〕知其荣,守其辱,为天下谷。〔知己之有荣贵,当守之以污浊,如是,则天下归之,如水流入深谷也。〕

将欲取天下〔欲为天下主也。〕而为之,〔欲以有为治民也。〕吾见其不得已。〔我见其不得天道人心已明矣。天道恶烦浊,人心恶多欲。〕天下神器,不可为也。〔器,物也。人乃天下之神物也。神物好安静,不可以有为治也。〕为者败之,〔以有为治之,则败其质性也。〕执者失也。〔强执教之,则失其情实,生于诈伪也。〕是以圣人去甚、去奢、去泰。〔"甚"谓贪淫、声色也,"奢"谓服饰、饮食也,"泰"谓宫室、台榭也。去此三者,处中和,行无为,则天下自化也。〕

以道佐人主,〔谓人主能以道自辅佐。〕不以兵强于天下。〔顺天任德,敌人自服也。〕师之所处,荆棘生焉。〔农事废,田不修。〕大军之后,必有凶年。〔天应之以恶气,即害五谷也。〕善者果而已,〔行善者,当果敢而已,不休也。〕不敢以取强焉。〔不敢以果敢取强大之名。〕果而勿矜,〔当果敢、谦卑,勿自矜大。〕果而勿伐,〔当果敢、推让,勿自伐也。〕果而勿骄,〔骄,欺。勿以骄欺也。〕果而勿强。〔果敢,勿以为强,以侵凌人也。〕

兵者,不祥之器,〔兵革者,不善之器也。〕非君子之器,不得已而用之,〔谓遭衰逢乱,乃用之以自守也。〕恬惔为上,〔不贪土地,利人财宝。〕胜而不美,〔虽得胜,不以为利美。〕而美之者,是乐杀人也。〔美得胜者,是为乐杀人也。〕夫乐杀人者,则不可以得志于天下矣。吉事尚左,〔左,生位。〕凶事尚右。〔阴道,杀也。〕偏将军处左,〔偏将军卑而居左者,以其不专杀也。〕上将军处右,〔上将军尊而居右者,以其主杀也。〕言以丧礼处之。〔丧礼尚右。〕杀人众多,以悲哀泣之。〔伤己德薄,不能以道化人,而害无辜之民。〕战胜,则以丧礼处之。〔古者,战胜,将军居丧主之位,素服而哭之,明君子贵德而贱兵,不得已,诛不祥,心不乐之,比于丧也。〕

知人者智,〔能知人好恶是智。〕自知者明。〔人能自知贤不肖,是为反听无声,内视无形,故为明也。〕胜人者有力,〔能胜人者,不过以威力也。〕自胜者强。〔人能自胜己情欲,则天下无有能与己争者,故为强也。〕知足者富,〔人能知足,则保福禄,故为富也。〕强行者则有志。〔人能强力行善,则为有意于道。〕不失其所者久,〔人能自节养,不失其所,则可以久也。〕死而不妄者寿。〔目不妄视,耳不妄听,口不妄语,则无怨恶于天下,故长寿也。〕道常无为,而无不为。〔道以无为为常也。〕侯王若能守之,万物将自化。〔言侯王而能守道,万物将自化,效于己也。〕

·德经·

上德不德,〔上德谓太古无名号之君,德大无名,故言上德也。因循自然,养人性命,其德不见,故言不德也。〕是以有德;〔言其德合于天地,和气流行,民得以全也。〕下德不失德,〔下德谓号谥之君。德不及上德,故言下德也。不失德者,其德可见,其功可称也。〕是以无德。〔以有名号及其身故也。〕上德无为,〔言法道安静,无所改为也。〕而无以为;〔言无以名号为也。〕下德为之,〔言为教令,施政事也。〕而有以为。〔言以为己

取名号。〕

前识者，道之华，〔不知而言知，为前识也。此人失道之实，得道之华。〕而愚之始也。〔言前识之人，愚暗之唱始也。〕是以大丈夫处其厚，〔大丈夫，谓道德之君也。处其厚者，处身于敦朴。〕不处其薄；〔不处身违道，为世烦乱也。〕处其实，〔处忠信也。〕不处其华。〔不尚言也。〕

昔之得一者，〔昔，往也，一，无为。〕天得一以清，地得一以宁，〔言天得一，故能垂象清明；地得一，故能安静不动摇。〕神得一以灵，〔言神得一，故能变化无形。〕谷得一以盈，〔言谷得一，故能盈满而不绝。〕万物得一以生，〔言万物皆须道生成也。〕侯王得一以为天下贞。〔言侯王得一，故能为天下平正也。〕天无以清，将恐裂；〔言天当有阴阳、昼夜，不可但欲清明无已时，恐将分裂不为天也。〕地无以宁，将恐发；〔言地当有高下、刚柔，不可但欲安静无已时，将恐发泄不为地。〕神无以灵，将恐歇；〔言神当有王相休废，不可但欲灵满无已时，将恐虚歇不为神。〕谷无以盈，将恐竭；〔言谷当有盈缩虚实，不可但欲盈满无已时，将恐枯竭不为谷。〕万物无以生，将恐灭；〔言万物当随时死生，不可但欲常生无已时，将恐灭亡不为物也。〕侯王无以贵高，将恐蹶。〔言侯王当屈己下人，汲汲求贤，不可但欲贵高于人，将恐颠、蹶失其位也。〕故贵必以贱为本，〔言必欲尊贵，当以薄贱为本，若禹稷躬稼、舜陶河滨、周公下白屋也。〕高必以下为基。〔言必欲尊贵，当以下为本。〕是以侯王自称孤、寡、不穀，〔孤、寡，喻孤独。不穀，喻不能如车毂，为众辐所凑也。〕此非以贱为本邪？〔侯王至尊贵，能以孤寡自称，此非以贱为本乎？〕

人之所恶，唯孤、寡、不穀，而王公以为称。〔孤、寡、不穀，不祥之名。而王公以为称者，处谦，法空虚，和柔。〕故物或损之而益，〔引之不得，推让必还。〕或益之而损。〔夫增高者崩，贪富者得患。〕人之所教，〔谓众人所以教，去弱为强、去柔为刚也。〕我亦教人。〔言我教众人，使去强为弱、去刚为柔也。〕强梁者不致其死，〔强梁者，尚势、任力，为天所绝，兵刃所伐，不得以命死也。〕吾将以为教父。〔父，始也。老子以强梁之人为教戒之始。〕

天下之至柔，驰骋天下之至坚。〔至柔者，水也；至坚者，金石也。水能贯坚入刚，无所不通也。〕无有入于无间。〔无有，谓道也。道无形质，故能出入无间，通神群生。〕不言之教，〔法道不言，帅之以身也。〕无为之益,〔法道无为,治身则有益精神,治国则有益万民,不劳烦。〕天下希及之。〔天下,谓人主也。希能有及,道无为之治。无为之治,治身、治国也。〕

甚爱必大费,〔甚爱色者费精神,甚爱财者遇祸患。所爱者少,所亡者多,故言大费。〕多藏必厚亡。〔生多藏于府库,死多藏于丘墓。生有攻劫之忧,死有发掘之患也。〕知足不辱,〔知足之人,绝利去欲,不辱于身也。〕知止不殆,〔知可止则止,财利不累于身,声色不乱于耳目,则终身不危殆。〕可以长久。〔人能知止、足,则福禄在己,治身者神不劳,治国者人不扰,故可长久也。〕

大成若缺,〔谓道德大成之君也,如缺者。灭名藏誉,如毁缺不备。〕其用不弊。〔其用心如是,则无弊尽时也。〕大盈若冲,〔谓道德大盈满之君也。如冲者,贵不敢骄,富不敢奢也。〕其用不穷。〔其用心如是,则无穷尽。〕大直若屈,〔大直,谓修道法度正直如一也。如屈者,不与俗人争,如可屈折也。〕大巧若拙,〔大巧,谓多才术也。如拙者,亦不敢见其能也。〕大辩若讷。〔大辩,知无疑也。如讷者,无口辞也。〕清静以为天下正。〔能清能静,则为天下长持正,则无终已时也。〕

天下有道,〔谓人主有道也。〕却走马以粪。〔粪者,治田也。兵甲不用,却走马以治农田也。〕天下无道,〔谓人主无道也。〕戎马生于郊。〔战伐不止,戎马生于郊境之上,久不还也。〕罪莫大于可欲,〔好淫色也。〕祸莫大于不知足,〔富贵不能自禁止也。〕咎莫大于欲得。〔欲得人物,利且贪。〕故知足之足,常足矣。〔无欲心也。〕

不出户,以知天下;〔圣人不出户以知天下者,以己身知人身,以己家知人家,所以见天下矣。〕不窥牖,以见天道。〔天道与人道同。人君清静,天气自正;人君多欲,天气烦浊。吉凶利害,皆由于己也。〕其出弥远,其知弥少。〔谓去其家,观人家;去其身,观人身。所观益远,所知益少也。〕是以圣人不行而知,不见而名,〔上好道,下好德;上好武,下好力。圣人原小知大,察内知外也。〕不为而成。〔上无所为,则下无事。家给人足,物自化也。〕

损之又损之,〔损情欲,又损之,所以渐去之。〕以至于无为,无为而无不为。〔情欲断绝,德与道合,则无所不施,无所不为。〕取天下常以无事,〔取,治也。治天下常当以无事,不当劳烦民也。〕及其有事,不足以

取天下。〔及其好有事，则政教烦，民不安，故不足以治天下也。〕

圣人无常心，〔圣人重改更，贵因循，若自无心也。〕以百姓心为心。〔百姓心之所便，因而从之。〕善者，吾善之；〔百姓为善，圣人因而善之。〕不善者，吾亦善之。〔百姓为不善，圣人化之使善。〕信者，吾信之；〔百姓为信，圣人因而信之。〕不信者，吾亦信之。〔百姓为不信，圣人化之使信也。〕

生而不有，〔道生万物，不有取以为利。〕为而不恃，〔道所施为，不恃望其报也。〕长而不宰，〔道长养万物，不宰割以为利用也。〕是谓玄德。〔道之所行，恩德玄暗，不可得见也。〕

大道甚夷，〔夷，平易也。〕而民好径。〔径，邪不平也。大道甚平易，而人好从邪，不平正。〕朝甚除，〔高台榭，宫室修。〕田甚芜，〔农事废，不耕治。〕仓甚虚；〔五谷伤害，国无储也。〕服文采，〔好饰伪，贵外华。〕带利剑，〔尚刚强，武且奢。〕厌饮食，财货有余。〔多嗜欲，无足时。〕是谓盗夸，〔百姓不足，而君有余者，是犹劫盗以为服饰，持行夸人，不知身死家破，亲戚并随之也。〕非道也哉！〔人君所行如是，此非道也。〕

善建者不拔。〔建，立也。善以道立身立国者，不可得引而拔也。〕修之于身，其德乃真；〔修道于身，爱气养神。其德如是，乃为真人。〕修之于家，其德乃余；〔修道于家，父慈子孝，兄友弟顺，夫信妻贞。其德如是，乃有余庆。〕修之于乡，其德乃长；〔修道于乡，尊敬长老，爱养幼少。其德如是，乃无不覆及。〕修之于国，其德乃丰；〔修道于国，则君信臣忠，政平无私。其德如是，乃为丰厚。〕修之于天下，其德乃普。〔人主修道于天下，不言而化，不教而治，下之应上，信如影响。其德如是，乃为普博。〕

天下多忌讳，而民弥贫。〔天下，谓人主也。忌讳者，防禁也。令烦则奸生，禁多则下诈。相殆，故贫也。〕民多利器，国家滋昏。〔利器者，权也。民多权则视者眩于目，听者惑于耳，上下不亲，故国家昏乱也。〕人多伎巧，奇物滋起。〔人，谓人君也。多伎巧，刻画宫观、雕琢章服，下则化上，日以滋起也。〕法物滋彰，盗贼多有。〔法，好也。珍好之物滋生彰著，则农事废，饥寒并至，故盗贼多有。〕我无为，而民自化；〔无所改作，而民自化成。〕我好静，而民自正；〔我不言不教，民皆自忠正也。〕我无事，而民自富；〔我无徭役，故皆自富。〕我无欲，而民自朴。〔我去华

文，民则随我为质朴。〕

其政闷闷，〔其政教宽大，闷闷昧昧，似若不明也。〕其民醇醇；〔政教宽大，故民醇醇，富厚，相亲睦也。〕其政察察，〔其政教急疾，言决于口，听决于耳。〕其民缺缺。〔民不聊生，故缺缺，日以疏薄。〕<u>祸兮，福之所倚</u>；〔倚，因。夫福因祸而生，人遭祸而能悔过责己，修善行道，则祸去福来。〕<u>福兮，祸之所伏</u>。〔祸伏匿于福中，人得福而为骄恣，则福去祸来。〕孰知其极？〔祸福更相生，无知其穷极时也。〕

【重点句解读】

祸兮，福之所倚；福兮，祸之所伏。

祸患中潜伏着福禄；福禄中潜伏着祸患。

一个人如果在挫折、失败、灾难面前，不退缩、不灰心，百折不挠，这祸患也许是兴旺、成功的前奏。一个人如果玩物丧志，花天酒地，骄奢淫逸，这福禄也许就是他衰弱、失败的序幕。祸与福并不是绝对的，它们相互依存，相互转化。

一个人是这样，一个民族也是如此。中华民族经过第一次鸦片战争及后来无数次的失败，终于挺直了腰杆，屹立于世界的东方。现在，举世谁还敢冒天下之大不韪挂出"华人与狗不得进入"的牌子？当然，我们更加要奋发图强，知难而上，不忘初心，戒骄戒躁，自力更生，把控好祸与福、难与易之间的辩证关系，在取得胜利、成功之时，不能忘乎所以，在胜利中找差距，在成功中寻不足。只有这样，我们才能完成中华民族的伟大复兴。

治大国若烹小鲜。〔鲜，鱼也。烹小鱼，不敢挠，恐其糜也。治国烦则下乱，治身烦则精去也。〕以道莅天下者，其鬼不神。〔以道德居位治天下，则鬼不敢见其精神以犯人也。〕非其鬼不神，其神不伤人。〔其鬼非无精神，邪不入正，不能伤自然之民也。〕非其神不伤人，圣人亦不伤人。〔非鬼神不能伤害人，以圣人在位，不伤害人，故鬼不敢干也。〕

道者，万物之奥，〔奥，藏也。道为万物之藏，无所不容。〕善人之宝也，〔善人以道为身宝，不敢违。〕不善人之所保，〔道者，不善人之所保倚也，遭患逢急，犹知自悔卑下。〕故为天下贵。〔无不覆济，恬然无为，故可为天下贵。〕

为无为，〔无所造作。〕事无事，〔除烦省事。〕味无味。〔深思远虑，味道意也。〕报怨以德。〔修道行善，绝祸于未生也。〕图难于其易，〔欲图难事，当于易时，未及成也。〕为大于其细。〔欲为大事，必作于小，祸乱从小来也。〕天下难事，必作于易；天下大事，必作于细。是以圣人终不为大，〔处谦虚也。〕故能成其大。〔天下共归之也。〕夫轻诺必寡信，〔不重言也。〕多易必多难，〔不慎患也。〕是以圣人犹难之，〔圣人动作举事，犹进退，重难之，欲塞其源也。〕故终无难。〔圣人终身无患难之事，由避害深也。〕

其安易持，〔治身、治国，安静者易守持也。〕其未兆易谋，〔情欲祸患，未有形兆，时易谋正。〕其脆易破，〔祸乱未动于朝，情欲未见于色，如脆弱易破除也。〕其微易散。〔其未彰著，微小，易散去也。〕为之于未有，〔欲有所为，当以未有萌芽之时，塞其端也。〕治之于未乱。〔治身、治国于未乱之时，当豫闭其门也。〕<u>合抱之木，生于毫末</u>；〔从小成大也。〕<u>九层之台，起于累土</u>；〔从卑至高。〕<u>千里之行，始于足下</u>。〔从近至远。〕为者败之，〔有为于事，废于自然。〕执者失之。〔执利遇患，坚持不得，推让反还。〕圣人无为故无败。〔圣人不为华文，不为利色，故无败坏也。〕民之从事，常于几成而败之。〔从，为也。民人为事，常于其功德几成，而贪位好名，奢泰盈满，而败之也。〕慎终如始，则无败事。〔终当如始，不当懈怠。〕是以圣人欲不欲，〔圣人欲人所不欲。人欲文饰，圣人欲质朴；人欲于色，圣人欲于德。〕不贵难得之货；〔圣人不贱石而贵玉也。〕学不学，〔圣人学人所不能学。人学智诈，圣人学自然；人学治世，圣人学治身。〕复众人之所过。〔众人学问反，过本为末，过实为华。复之者，使反本。〕以辅万物之自然，〔教人反本实者，欲以辅万物自然之性也。〕而不敢为焉。〔圣人动作因循，不敢有所造为，恐远本。〕

【重点句解读】

合抱之木，生于毫末；九层之台，起于累土；千里之行，始于足下。

粗大的树木，都是由细小的树苗长成的；九层的高台，都是从一筐筐泥土累积起来的；千里的远行，是从抬脚的第一步开始的。

我们步武前贤，跟着中国共产党建设现代化中国，就是要脚踏实地、一步一印、戒骄戒躁，真抓实干，遵照以习近平同志为核心的党中央的指示，按照党的路线、方针、政策，以习近平新时代中国特色社会主义思想为指针做好本职工作。

古之善为道者，〔说古之善以道治身及治国者。〕非以明民，〔非以道教民明知奸巧。〕将以愚之。〔将以道德教民，使质朴，不诈伪也。〕民之难治，以其智多。〔以其智太多而为巧伪也。〕以智治国，国之贼。〔使智惠之人治国，必远道德，妄作威福，为国之贼。〕不以智治国，国之福。〔不使智惠之人，知国之政事，则民守正直，上下相亲，故为国之福也。〕

江海所以能为百谷王，以其善下之。〔江海以卑下故，众流归之，若民归就王者。〕是以圣人欲上人，〔欲在民之上也。〕必以言下之；〔法江海，处谦虚。〕欲先民，〔欲在民之前也。〕必以身后之。〔先人而后己也。〕是以圣人处上而民不重，〔圣人在民上为主，不以尊贵虐下，故民戴仰，不以为重也。〕处前而民不害。〔圣人在民前，不以光明蔽后，亲之若父母，无有欲害之者。〕

<u>我有三宝，持而保之：</u>〔老子言：我有三宝，抱持而保倚之。〕<u>一曰慈</u>，〔爱百姓若赤子。〕<u>二曰俭</u>，〔赋敛若取之于己。〕<u>三曰不敢为天下先。</u>〔执谦退，不为唱也。〕慈，故能勇；〔以慈仁，故能勇于忠孝。〕俭，故能广；〔身能节俭，故民日用宽广也。〕不敢为天下先，故能成器长。〔成器长，谓得道人也。我能为道人之长也。〕今舍慈且勇，〔今世人舍慈仁，但为勇武。〕舍俭且广，〔舍其俭约，但为奢泰。〕舍后且先，〔舍其后己，但为人先。〕死矣！〔所行如此，动入死道。〕夫慈，以战则胜，以守则固。〔夫慈仁者，百姓亲附，故战则胜敌，以守卫则坚固也。〕用兵有言：〔陈用兵之道。老子疾时用兵，故托己设其义也。〕"吾不敢为主〔主，先也。不敢先举兵也。〕而为客，〔客者，和而不唱。用兵当承天而后动也。〕不敢进寸而退尺。"〔侵人境界、利人财宝为进，闭门守城为退也。〕祸莫大于轻敌，〔夫祸乱之害，莫大于欺轻敌家、侵取不休、轻战贪财也。〕轻敌几丧吾

宝。〔几，近也。宝，身也。欺轻敌家，近丧身也。〕故抗兵相加，哀者胜矣。〔哀者慈仁士卒，不远于死也。〕

【重点句解读】

我有三宝，持而保之：一曰慈，二曰俭，三曰不敢为天下先。

我有三宝，一直坚守不移：一是仁爱，二是节俭，三是不出风头。

对于新时代的人们来说，就是要做到以下三点：

一是爱祖国、爱人民、爱事业，为社会作出无私奉献。这才是真爱、大爱，是最高境界的"慈"。

二是节俭。中华民族这一传统美德，在以习近平同志为核心的党中央的"八项规定"中达到了极致。有的人对这"八项规定"的理解仅停留在不准用公款吃喝玩乐的肤浅层面上。实质上，"八项规定"不仅仅是党员、干部的行为准则，也指出了个人提高素质情操的途径，其中还包括了极其深刻的新时代每个人应遵守的伦理、道德、思想、方法和行为规范，集中地反映了党中央治国理政的新思维、新方法。

三是不争名、不争利、不作非分之求、不出风头，老老实实做人，踏踏实实干事。要想先，在事业上争先，"先天下之忧而忧"。

吾言甚易知，甚易行，〔老子言：吾所言，省而易知，约而易行。〕天下莫能知、莫能行。〔人恶柔弱，好刚强也。〕夫唯无知，是以不我知。〔夫唯，世人也。是我德之暗，不见于外，穷微极妙，故无知也。〕知我者稀，则我贵矣。〔稀，少也。唯达道乃能知我，故为贵也。〕是以圣人被褐怀玉。〔被褐者，薄外；怀玉者，厚内也。匿宝藏德为贵也。〕

天道不争而善胜，〔天不与人争贵贱，而人畏之也。〕不言而善应，〔天不言，万物自动以应时。〕不召而自来，〔天不呼召，万物皆负阴而向阳也。〕繟（chǎn）然而善谋。〔繟，宽也。天道虽宽博，善谋虑人事。修善行恶，各蒙其报。〕天网恢恢，疏而不失。〔天所罗网，恢恢甚大。虽疏远，司察人善恶，无有所失。〕

民不畏死，〔治国者刑罚酷深，民不聊生，故不畏死也。治身者嗜欲伤神，贪财杀身，不知畏之。〕奈何以死惧之？〔人君不宽其刑罚，教人去情欲，奈何设刑罚法，以死惧之。〕若使民常畏死，〔当除己之所残刻，教民去利欲。〕而为奇者，吾得执而杀之，孰敢矣？〔以道教化，而民不从，反为奇巧，乃应王法，执而杀之，谁敢有犯者？老子伤时主不先道德化之，而先刑罚也。〕

民之饥，以其上食税之多，〔人民所以饥寒者，以其君上税食下太多。〕是以饥。民之难治，以其上之有为，〔人民不可治者，以其君上多欲，好有为。〕是以难治。〔其民化上有为，情伪难治也。〕人之轻死，以其求生之厚，〔人民所以轻犯死者，以其求生活之道太厚，贪利以自危也。〕是以轻死。〔以求生太厚之故，轻入死地。〕夫唯无以生为者，是贤于贵生也。〔夫唯独无以生为务者，爵禄不干于意，财利不入于身，天子不得臣，诸侯不得使，则贤于贵生者也。〕

圣人执左契，〔古者，圣人无文书法律，刻契合符，以为信也。〕而不责于人。〔但执刻契信，不责人以他事也。〕有德司契，〔有德之君，司察契信而已。〕无德司彻。〔无德之君，背其契信，司人所失也。〕天道无亲，常与善人。〔天道无有亲疏，唯与善人，则与司契者也。〕

小国寡民，〔圣人虽治大国，犹以为小。俭约不奢泰，民虽众，犹若寡乏，不敢劳也。〕使民重死，〔君能为人兴利除害，各得其所，则民重死而贪生也。〕而不远徙。〔政令不烦，则民安其业，故不远迁，离其常处也。〕虽有舟舆，无所乘之；〔清静无为，不好出入。〕虽有甲兵，无所陈之。〔无怨恶于天下。〕甘其食，〔甘其蔬食，不渔食百姓也。〕美其衣，〔美其恶衣，不贵五色。〕安其居，〔安其茅茨，不好文饰之屋。〕乐其俗。〔乐其质朴之俗。〕邻国相望，鸡狗之声相闻，〔相去近也。〕民至老死，不相往来。〔无情欲也。〕

圣人不积，〔圣人积德不积财，有德以教愚，有财以与贫。〕既以为人己愈有。〔既以财贿布施于人，财益多如日月之光，无有尽时。〕天之道，利而不害。〔天生万物，爱育之，令长大，无所害也。〕圣人之道，为而不争。〔圣人法天所施为，化成事就，不与下争功名，故能全其圣功也。〕

《鹖冠子》治要

【春秋】 相传为鹖冠子 撰

【导读】

鹖（hé）冠子，原姓名、生平及生卒年均不详。《汉书·艺文志》称其是"楚人""居深山，以鹖为冠"。鹖，即褐马鸡。《说文》："鹖，鹖鸟也。似雉，出上党。"应劭《风俗通义》："鹖冠氏，楚贤人，以鹖为冠，因氏焉。"《鹖冠子》一书《汉书·艺文志》录有一篇，列于道家；《隋书·经籍志》则作三卷，唐韩愈《读鹖冠子》云十六篇，宋代陆佃[（1042—1102），字农师，号陶山，越州山阴（今浙江绍兴）人，陆游祖父。著有《陶山集》十四卷，及《埤雅》《礼象》《春秋后传》《鹖冠子注》等，共二百四十二卷]作注，序云十九篇，今传陆注本即为三卷十九篇。

鹖冠子的治国理念是要"举贤任能""废私立功"。他继承了道家的社会批判精神，指责战国末年的社会是"浊世""过生于上，罪死于下"。"过生于上"是"主知不明，以贵为道，以意为法，牵时谁世，造下蔽上"，使"百姓家困人怨"。社会应是："化立而世无邪，化立俗成，少则同济，长则同友，游敖同品，祭祀同福，死生同爱，祸灾同忧，居处同乐，行作同和，吊贺同杂，哭泣同哀，欢欣足以相助，怪谍足以相止。"人与人之间无倾轧，同呼吸共命运，互助互爱。而"君者，端神明者也；神明者，以人为本；人者，以贤圣为本；贤圣者，以博选为本；博选者，以五至为本。故北面事之，则百己者至；先趋而后息，先问而后默，则十己者至；人趋己趋，则若己者至；冯几据杖，指麾而使，则厮役者至；乐嗟苦咄，则徒隶人至矣。故帝者与师处，王者与友处，亡主与役处。"这种强调以人为本，强调尊重人才，礼贤下士，提倡博选的用人思想，时至今日依然闪烁着智慧的光芒，有着较强的现实意义。

《鹖冠子》学宗黄老，杂以法家、兵家，对天文、历法亦有论述。

《鹖冠子》把天地看作衡量、规范人事的准则。通过取法天理、参酌自然，阐述了许多治国的"奇言奥旨"，加之"末流迪于刑名"，尤为后来的政治家所欣赏。韩愈尤其重视该书中务实治世、兴邦济时的言论，给予了极高的评价："其人遇时，援其道而施于国，功德岂少哉。"魏徵等人出于同样目的，编撰《群书治要》时从中选辑了《博选》《著希》《世贤》数节的精华，作为治国者的借鉴。

·博 选·

博选者，序德程俊也。道凡四稽：一曰天，二曰地，三曰人，四曰命。权人有五至：一曰百己，二曰十己，三曰若己，四曰厮役，五曰徒隶。所谓天者，理物情者也；所谓地者，常弗去者也；所谓人者，恶死乐生者也；所谓命者，靡不在君者也。君者，端神明者也。神明者，以人为本；人者，以贤圣为本；贤圣者，以博选为本；博选者，以五至为本。故北面事之，则百己者至；先趋而后息，先问而后默，则十己者至；人趋己趋，则若己者至；冯几据杖，指麾而使，则厮役者至；乐嗟苦咄，则徒隶人至矣。故帝者与师处，王者与友处，亡主与役处。

【重点句解读】

君者，端神明者也。神明者，以人为本；人者，以贤圣为本。

君主不仅是国家的政治领袖，也是全国人民的精神领袖。这种精神，体现在以人民的愿望、要求为依据；而人民的愿望、要求，要以贤者、圣人的思想、行为为标准，敦品励行，做一个高尚的人，有远大理想的人，脱离了低级趣味的人，对他人、对社会有用的人。

当然，我们现在所说的圣人、贤者，他们的标准是什么？习近平同志在《滴水穿石的启示》一文中给出了明确的答案："前仆后继，甘于为总体成功牺牲的完美人格……胸有宏图，扎扎实实，持之以恒，至死不渝的精神。"

帝者与师处，王者与友处，亡主与役处。

德合天地的领袖式的人物跟品行高尚、可为榜样的人相处，大公无私的领导人跟知识广博的人相处，国灭家败的人跟低贱的奴仆相处。

历史上，宦寺太监，至低至贱，执国者一旦与其亲近，未有不亡国破家的。秦亡，赵高不得辞其咎；汉灭，十常侍祸国是引发天下大乱的起因；李辅国、田令孜等乱唐，刘瑾、王振、魏忠贤等祸明，等等，都是活生生的例子。当然，现在宦官早就没有了，但领导干部身边多有秘书、司机及其他公务人员，如果不处理好跟他们的关系，不管教、约束他们，有些人狐假虎威、为非作歹而不知收敛，从而祸及领导干部自身，则悔之晚矣。这些惨痛的教训，应该引起我们足够警惕。

·著希·

夫君子者，易亲而难狎，畏祸而难劫，嗜利而不为非，时动静而不苟作。体虽安之而弗敢处，然后礼生焉；心虽欲之而弗敢信，然后义生焉。<u>夫义节欲而治，礼反情而辨者也。</u>

【重点句解读】

夫义节欲而治，礼反情而辨者也。

用与人民同甘共苦的行为节制私欲，就可使社会安定；用道德礼仪节制私欲，就可以明白人民之所喜所恶、国家之所利、社会之所害。

用以治事，则无事不成；用以治国，则无国不兴。

· 世 贤 ·

悼襄王问庞暖曰:"夫君人者,亦有为其国乎?"庞暖曰:"王独不闻俞拊之为医乎?已识必治,神避之。昔尧之任人也,不用亲戚,而必使能。其治病也,不任所爱,必使旧医。"襄王曰:"善。"庞暖曰:"王其忘之乎?昔伊尹医殷,太公医周,百里医秦,申麃(biāo)医郢,原季医晋,范蠡医越,管仲医齐,而立五国霸。其善一也,然道不同数。"襄王曰:"愿闻其数。"暖曰:"王独不闻魏文侯之问扁鹊耶?曰:'子昆弟三人,其孰最善为医?'扁鹊曰:'长兄最善,中兄次之,扁鹊最为下也。'文侯曰:'可得闻耶?'扁鹊曰:'长兄于病视神,未有形而除之,故名不出于家。中兄治病,其在毫毛,故名不出于闾。若扁鹊者,镵(chán)血脉,投毒药,割肌肤,而名出闻于诸侯。'文侯曰:'善。'使管子行政以扁鹊之道,则桓公几能成其霸乎!"

【重点句解读】

昔尧之任人也,不用亲戚,而必使能。

以前尧帝任用大臣,不用自己的亲戚,而用那些能干的人。

诸葛亮在《出师表》中说:"亲贤臣,远小人,此前汉之所以兴隆也;亲小人,远贤臣,此后汉之所以倾颓也。"这为鹖冠子的观点作了清楚的注释。洪秀全如果不用洪仁达、洪仁发这两个愚不可及的兄弟,太平天国恐怕也不会那么快灭亡。

"前事不忘,后事之师。"历史的经验教训,我们应牢牢记取。

《列子》治要

【战国】 相传为列御寇 撰

【导读】

列御寇（约公元前450—前375），名寇，又名御寇，郑国圃田（今河南郑州）人。道家学派的杰出代表，道学家、思想家、哲学家、文学家、教育家。他创立了贵虚学派列子学。主张循名责实，无为而治。

先秦的道家始创于老子，发展于列子，而大成于庄子。列子是介于老子与庄子之间的道家学派重要的传承人物。

《列子》全书，始以《天瑞》，终以《说符》，首尾呼应，自成一体。其中"道"与人事的相互应验，对"久利"与"暂得"、"持身"与"治国"等多种关系进行了不同角度的论述。认为为人处世应当要"恃道化而不恃智巧"，要有"授隙抵时，应事无方"的智慧，领会"先迕后合"的圣人之言。然而世人多纵欲迷性，重利轻道，贪图一时所获，不思长久之积，所以才会闹出"宋人拾契""齐人攫金"那样的笑话。唯有舍末趋本，"归同反一"，因名求实，才能探索出天道与人事之间的绝妙玄机。

列子最早提出宇宙生成四阶段思想。其中的"天体运动说""地动说""宇宙无限说"等学说，都远远早于西方的同类学说。

列子一生安贫乐道，不求名利，不进官场，不事张扬，真正达到了老子所说的"和光同尘"的境界，故而列子的事迹在历史上少有记载。他所悉心著述《列子》的一书，共载富有哲理的散文、寓言、神话、历史故事等一百三十四章。众多脍炙人口的故事，可谓家喻户晓。如"愚公移山"的寓言故事，还被毛泽东同志用来作为党的七大闭幕词《愚公移山》的核心内容，不怕困难成为各级领导干部不可或缺的精神品质。

《列子》一书可谓发天地之玄微，宣道义之蕴奥，继往圣之绝学，启后觉之良心。辞旨隽永，义理深邃，为道家的重要经典，后学必读之文章，是以为除了儒学之外唯一被定为官学的学说。

魏徵等编撰《群书治要》时，从《列子》的《天瑞》《汤问》《力命》《说符》诸篇中精选了六段，留有原标题。着眼于兴邦治国，或论刚柔之理，或辨用人之道。选文独具慧眼，今天读来仍感豁然有悟，受益匪浅。

·天 瑞·

子列子曰："天地无全功，圣人无全能，万物无全用。〔全，犹备也。〕故天职生覆，地职形载，圣职教化，物职所宜。〔职，主也。生各有性，性各有宜。〕然则天有所短，地有所长，圣有所否，物有所通。〔夫职适于一方者，余涂则阂矣。形必有所分，声必有所属。若温也，则不能凉；若宫也，则不能商。〕何则？生覆者，不能形载；形载者，不能教化；教化者，不能违所宜；宜定者，不出所位。〔皆有素分，不可逆也。〕故<u>天地之道，非阴则阳；圣人之教，非仁则义；万物之宜，非刚则柔。</u>此皆随所宜而不能出所位者也。"〔方圆靖躁，理不得兼。〕

【重点句解读】

天地之道，非阴则阳；圣人之教，非仁则义；万物之宜，非刚则柔。

自然的法则，不是阴就是阳；圣人的教化，不是仁便是义；天下万物的兴衰，都有自己的特点和规律，出现的形态刚柔相对又相生相克。

阴阳轮替，寒暑更迭，日夜相继，万物才能生长。

何谓仁？孔子说："克己复礼为仁。一日克己复礼，天下归仁焉！"（《论语·颜渊》）克己者，就是要战胜私欲，心存大公，不可率性任意，更不能胡作非为。要牺牲小我，顾全大局。蔺相如为国家利益，不顾个人安危，深入虎狼之秦；郭子仪为平定国家西北动乱，单人匹马会回鹘叛军；周恩来为了抗日救国，身入危机四伏的重庆。这才是国家、民族的大义，这是最大的仁。朱熹指出，"仁"就是人内心的完美道德境界，其实也无非是天理。能战胜自己的私欲，自然就达到了仁的境界。

木刚绳柔，水柔石刚，绳锯可断木，水滴可穿石；而木中纤维可结绳，水中钙质可积成钟乳。这都是随顺各自的属性而不断成长发展，我们的世界才能生生不息。

·殷汤问·

大禹曰："六合之间，四海之内，照之以日月，经之以星辰，纪之以四时，要之以太岁。神灵所生，其物异形，或夭或寿，唯圣人能通其道。"〔圣人顺天地之道，因万物之性，任其所适，通其所逆，使群异各得其方，寿夭尽其分。〕

·力 命·

管夷吾有病，小白问之曰："仲父之病病矣，至于大病，则寡人恶乎属国而可？"夷吾曰："公谁欲欤？"小白曰："鲍叔牙可。"曰："不可。其为人，洁廉善士。〔清己而已。〕其于不己若者，不比之人；〔欲以己善齐物也。〕一闻人之过，终身不忘。〔不能弃瑕录善。〕使之治国，上且钩乎君，下且逆乎民。〔必引君令其道不弘。道苟不弘，则逆民而不能纳矣。〕其得罪于君，将弗久矣。"小白曰："然则孰可？"对曰："勿已，则隰(xí)朋可。其为人也，愧不若黄帝，而哀不己若者。〔惭其道之不及圣，矜其民不以逮己，故能无弃人也。〕以德分人，谓之圣人；〔化之使合道，而不宰割。〕以财分人，谓之贤人。〔既以与人，己愈有也。〕以贤临人者，未有得人者也；〔求备于人，则物所不与也。〕以贤下人者，未有不得人者也。〔与物升降者，物必归之也。〕其于国有不闻也，其于家有不见也。〔道行则不赖闻见。故曰：不瞽不聋，不能成功。〕勿已，则隰朋可。"〔若有闻见，则事钟于己，而群生无所措手足，故遗之可。未能尽道，故仅可耳。〕然则管夷吾非薄鲍叔也，不得不薄；非厚隰朋也，不得不厚。厚薄之去来，弗由

我也。〔皆天理也。〕

·说 符·

晋国苦盗。有郄(xì)雍者，能视盗之貌，察其眉睫之间，而得其情。晋侯使视盗，千百无遗一焉。晋侯大喜，告赵文子曰："吾得一人，而一国盗为尽，奚用多为？"文子曰："吾君恃伺察而得盗，盗不尽矣，且郄雍必不得其死焉。"俄而群盗谋曰："吾所穷者郄雍也。"遂共盗而戕。〔杀之也。〕晋侯闻而大骇，召文子而告之曰："果如子言，郄雍死！然取盗何方？"文子曰："周谚有言：察见渊鱼者不祥，智料隐匿者有殃。且君欲无盗，莫若举贤而任之，<u>使教明于上，化行于下</u>。人有耻心，则何盗之为？"于是用随会知政，而群盗奔秦焉。〔用聪明以察是非者，群诈之所逃；用先识以摘(tī)奸伏者，众恶之所疾。智之为患，岂虚也哉。〕

【重点句解读】

使教明于上，化行于下。

使上面的统治者做到政教清明，使好的社会风气在下面的黎民百姓中流行。

正确指导思想下创新理论和政策法规，政府一定要讲清它的背景、原委、作用、目的，以及对人民的好处和人民应做之事，这样才能使大众理解、接受、适应和改变，使自己的行为有所规范而符合政府新的要求。但是，政府要求人民大众做到的事，自己首先要做到、做好，率先垂范，做出榜样。这样，人民才能安居乐业，国家才能长治久安。

孔子自卫反鲁，息驾乎河梁而观焉。有悬水三十仞，圜流九十里，鱼鳖弗能游，鼋鼍弗能居。有丈夫方将厉之。孔子使人止之曰："此悬水三十仞，圜流九十里，鱼鳖鼋鼍弗能居也，意者难可以济乎？"丈夫不以错意，遂度而出。孔子问之曰："巧乎？有道术乎？所以能入而出者，何也？"丈夫对曰："始吾之入也，先以忠信；吾之出也，又从以忠信。措吾躯于波流，而吾不敢用私。所以能入而复出者，以此也。"孔子谓弟子曰："二三子识之！水且犹可以忠信亲之，而况人乎？"

楚庄王问詹何曰："治国奈何？"〔詹何，盖隐者也。〕詹何对曰："何明于治身，而不明治国也。"楚王曰："寡人得奉宗庙社稷，愿学所以守之。"詹何对曰："臣<u>未尝闻身治而国乱者也，又未尝闻身乱而国治者也。故本在身</u>，不敢对以末。"楚王曰："善。"

【重点句解读】

未尝闻身治而国乱者也，又未尝闻身乱而国治者也。故本在身。

不曾听说过君主自身修养做得很好，适应形势，赶上潮流，符合民意而其国家动乱的，也不曾听说过君主自身修养不好，骄奢淫逸，贪污腐化，罔顾百姓饥寒生死而其国家却安定的。所以，事情的根本在于国家执政者自身。

夏桀王、商纣王、隋炀帝，荒淫无度，过分耗费民力，天下焉得不乱？汉文帝、汉景帝实行道家的"无为而治"，与民休养生息，从而开创了"文景之治"之盛世；唐太宗虚心纳谏，效仿前贤修齐治平，从而开创了"贞观之治"之盛世。所以，事情的根本就在于执政者自身的行为，是不是能做到"天下为公"。

习近平同志不论是当年在梁家河还是现在，一以贯之地以身垂范，身为党和国家领导人，与普通群众一样排队买饭就餐，为广大党员干部做出了榜样。

《墨子》治要

【战国】墨翟 撰

【导读】

墨子，生卒年不详，约为春秋末期、战国初期人，名翟。其出生地有三种说法：宋国（今河南商丘）人，鲁国（今山东滕州）人，鲁阳（今河南鲁山）人。

墨子是墨家学派的创始人，是中国古代著名的思想家、教育家、科学家、军事家。其学说对我国的思想理论、道德规范影响很大，与儒家并称为"显学"。他提倡兼爱、节用、尚贤等为主体的墨家学派；创立了以几何学、物理学、光学等科学理论，多为当时学者所宗，有"非儒即墨"之说。墨子死后，墨家分为相里氏之墨、相夫氏之墨、邓陵氏之墨三个学派。其弟子根据墨子生平事迹，收集其语录，完成了《墨子》一书。

在《墨子·鲁问》中，提出了墨家的十大主张。即"兼爱""非攻""尚贤""尚同""尊天""事鬼""非乐""非命""节用""节葬"。指出根据不同国家的不同情况，有针对性地选择十大主张中最适合的方案。如"国家昏乱"，就选用"尚贤""尚同"；国家贫弱，就选用"节用""节葬"，等等。

墨子的治国政治方略是"兼爱""非攻"，举贤任能，赏善罚恶，上下一心，实行义政；在哲学上，倡导以"耳目之实"的直接感觉、经验为认识的唯一来源；所建立的墨辩与因明学、古希腊逻辑学并称为世界三大逻辑学。他的身体力行，崇尚勤俭的思想、行为方式以及宇宙理论、军事理论和涉及多个领域的科学理论,对后世都有很大影响。

魏徵等人在《群书治要》中辑录了《墨子》的《所染》《法仪》《七患》《尚贤》《贵义》《非命》诸篇,强调"尚贤""尚同",使"饥者得食,寒者得衣,劳者得息,礼者得治"。这些不仅是他向唐太宗进谏的重要理论根据,也是我们今天所从事的伟大事业题中应有之义。

·所 染·

子墨子见染丝者而叹曰:"染于苍则苍,染于黄则黄。所入者变,其色亦变,故染可不慎耶!非独染丝然也,国亦有染。舜染于许由、伯阳,禹染于皋陶、伯益,汤染于伊尹、仲虺,武王染于太公、周公。此四王者所染当,故王天下,立为天子,功名蔽天地。举天下之仁义显人,必称此四王者。夏桀染于干辛、推哆,殷纣染于崇侯、恶来,厉王染于厉公长文、荣夷终,幽王染于傅公夷、蔡公谷。此四王者所染不当,故国残身死,为天下僇。举天下不义辱人,必称此四王者。齐桓公染于管仲,晋文公染于咎犯,楚庄染于孙叔,吴阖庐染于伍员,越勾践染于范蠡。此五君者所染当,故霸诸侯,名传于后世。范吉射染于张柳朔,中行寅染于籍秦,吴夫差染于宰嚭;知伯瑶染于智国,中山尚染于魏义,宋康染于唐鞅。此六君者所染不当,故国家残亡,身为刑戮,宗庙破灭,绝无后类,君臣离散,民人流亡。举天下之贪暴苛扰者,必称此六君也。凡君之所以安者何也?其行理生于染当。故善为君者,劳于论人而逸于治官;不能为君者,伤形费神,愁心劳意,然国愈危,身愈辱。此六君者,非不重其国、爱其身也,以不知要故也。不知要者,所染不当也。"

·法 仪·

子墨子曰:"天下从事者,不可以无法仪。无法仪而其事能成者,无有也。故百工从事,皆有法度。今大者治天下,其次治大国,而无法度,此不若百工也。然则奚以为治法而可?莫若法天。天之行广而无私,其施厚而不德,其明久而不衰,故圣王法之。既以天为法,动作有为,必度于天,天之所欲则为之,天所不欲则止。然而天何欲何恶也?<u>天必欲人之相</u>

爱相利，而不欲人之相恶相贼也，以其兼而爱之、兼而利之也。奚以知天之兼而爱之、兼而利之也？今天下无小大国，皆天之邑也；人无幼长贵贱，皆天之臣也。故曰：爱人利人者，天必福之；恶人贼人者，天必祸之。是以天欲人相爱相利，而不欲人相恶相贼也。昔之圣王禹、汤、文、武，兼爱天下之百姓，率以尊天事鬼。其利人多，故天福之，使立为天子，天下诸侯，皆宾事之。暴王桀、纣、幽、厉，兼恶天下之百姓，率以诟天侮鬼。其贼人多，故天祸之，使遂失其国家，身死为僇于天下，后世子孙毁之，至今不息。故为不善以得祸者，桀、纣、幽、厉是也；爱人利人以得福者，禹、汤、文、武是也。"

【重点句解读】

天必欲人之相爱相利，而不欲人之相恶相贼也，以其兼而爱之、兼而利之也。

天意肯定要求人们相互友爱、互助互利，而不希望人们相互憎恨、相互残害，因为苍天对所有人都很爱护、都给予好处。

这段话反映了墨子"兼爱"的思想，是他的理论体系三大支柱的第一大支柱，也是中华民族"天下大同"美好愿望的具体体现。习近平主席倡导的"构筑人类命运共同体"之所以深得举世拥护，就是把这种大爱无疆的思想发挥到了极致。人不分种族，地不分国别，生活不分习惯，制度不分东西，强大提携弱小，富裕帮助贫穷，融融泄泄，共建人类美好的新家园。世界再无战争、难民，人类再无贫穷、饥荒。共同进步，共享幸福，这就是越来越多的国家加入"一带一路"建设的原因所在。

爱人利人者，天必福之；恶人贼人者，天必祸之。

爱他人、为他人做好事的人，上苍必定赐福给他；憎恨他人、残害他人的人，上苍必定降祸于他。

以此可见，上苍希望人们相互友爱、相互帮助，而不希望人们相互憎恨、相互残害。事实证明，这是社会发展的规律。"一带一路"的建设不仅为沿途国家和地区的发展带来好处，也为我国扩大改革开放开创了更广阔的空间；进口物资博览会不仅为外商打开中国巨大的市场，也使我们开阔眼界，瞄准世界技术前沿，更好地与世界经济接轨，进一步发展我国的经济，提升人民的生活质量设立了一个窗口。是互利共赢的实际举措。

相反，基地、塔利班、ISIS 等黑恶势力则受到举世讨伐，始终没有好果子吃。

·七 患·

子墨子曰："国有七患。七患者何？城郭沟池不可守而治宫室，一患也；边国至境，四邻莫救，二患也；先尽民力无用之功，赏赐无能之人，三患也；仕者持禄，游者忧佼，君修法讨臣，臣慑而不敢咈，四患也；君自以为圣智而不问事，自以为安强而无守备，五患也；所信者不忠，所忠者不信，六患也；蓄种菽粟不足以食之，大臣不足以事之，赏赐不能喜，诛罚不能威，七患也。以七患居国，必无社稷；以七患守城，敌至国倾。七患之所当，国必有殃。"

·辞 过·

墨子曰："古之民未知为宫室时，就陵阜而居，穴而处下，润湿伤民，故圣王作为宫室。为宫室之法曰：室高足以避润湿，边足以圉风寒，上足以待雪霜雨露，宫墙之高足以别男女之礼，谨此则止。凡费财劳力，不加利者不为也。是故圣王作为宫室，使上不以为观乐也；作为衣服带履，使身不以为辟怪也。故节于身，诲于民，是以天下之民可得而治，财用可得而足。当今之主，其为宫室，则与此异矣。必厚敛于百姓，暴夺民衣食之财，以为宫室台榭曲直之望、青黄刻镂之饰。为宫室若此，故左右皆法象之。是以其财不足以待凶饥振孤寡，故国贫而民难治也。君诚欲天下之治，而恶其乱也，当为宫室不可不节。

"古之民未知为衣服时，衣皮带茭，冬则不轻而温，夏则不轻而清（qīng）。圣王以为不中人之温清，故作诲妇人，以为民衣。为衣服之法：冬则练帛之中足以为轻且暖，夏则绤绤（chī xì）之中足以为轻且清，谨此则止。故圣人之为衣服，适身体、和肌肤而足矣，非荣耳目而观愚民也。当是之时，坚车良马，不知贵也；刻镂文采，不知喜也。得其所以自养之情，而不感于外，是以其民俭而易治，其君用财节而易赡也。府库实满，足以待不然；兵革不顿，士民不劳，足以征不服。故霸王之业，可行于天下矣。当今之主，其为衣服，则与此异矣。冬则轻暖，夏则轻清。皆已具矣，必厚作敛于百姓，暴夺民衣食之财，以为锦绣文采靡曼之衣，铸金以为钩，珠玉以为佩，女工作文采，男工作刻镂，以身服之，此非云益暖之情也。单财劳力，毕归之于无用也。以此观之，其为衣服，非为身体，皆为观好。是以其民淫僻而难治，其君奢侈而难谏也。夫以奢侈之君，御淫僻之民，欲国无乱，不可得也。君诚欲天下之治，而恶其乱，当为衣服不可不节。

"古之民未知为饮食，故圣人作诲男耕稼树艺，以为民食也，足以增气充虚、强体适腹而已矣。<u>其用财节，其自养俭，故民富国治。</u>今则不然，厚敛于百姓，以为美食刍豢蒸炙。大国累百器，小国累十器。前方丈，目不能遍视，手不能遍操，口不能遍味。冬则冻冰，夏则饐餲(jùn yì)。人君为饮食如此，故左右象之。是以富贵者奢侈，孤寡者冻馁，欲无乱不可得。君诚欲天下治，而恶其乱，当为食饮不可不节。

【重点句解读】

> **其用财节，其自养俭，故民富国治。**

他们用财节省，自养俭朴，因而民众富足，国家长治久安。

节俭是墨子思想中的三大支柱之一。他在这一章里对人生活必需的衣、食、住、行均要节俭进行了全面深刻的论证。他倡导衣不必文绣，食不必异味，住的目的是遮风挡雨，以防敌害，而行要在快捷、便利、安全。不必在这些方面去刻意追求高档，奢靡浪费是更不应该的。节俭，是中华民族传统的美德，也是习近平总书记一贯倡导的。那些贪官污吏，要不是追求奢侈淫靡的生活，恐怕也不会落得遭万人唾骂、被钉在历史耻辱柱上的罪人。

"古之民未知为舟车时，重任不移，远道不至。故圣王作为舟车，以便民之事。其为舟车也，完固轻利，可以任重致远，用财少而为利多，是以民乐而利之。法禁不急而行，民不劳而上足以用，故民归之。当今之主，其为舟车与此异矣。完固轻利皆已具矣，必厚敛于百姓，以为舟车饰，饰车以文采，饰舟以刻镂。女子废其纺织而修文采，故民寒；男子离其耕稼而修刻镂，故民饥。人君为舟车若此，故左右象之。是以其民饥寒并至，故为奸邪。奸邪多则刑罚深，刑罚深则国乱。君诚欲天下之治，而恶其乱，当为舟车不可不节。"

·尚 贤·

子墨子曰："今者王公大人为政于国家者，皆欲国家之富、人民之众、刑政之治。然而不得，是其故何也？是在王公大人为政于国家者，不能以尚贤事能为政也。是故国有贤良之士众，则国家之治厚。故大人之务，将在于众贤而已。然则众贤之术将奈何哉？譬若欲众其国之善射御之士者，必将富之、贵之、敬之、誉之，然后国之善射御之士将可得而众也。况又有贤良之士，厚乎德行、辨乎言谈、博乎道术者乎？此固国家之珍，而社稷之佐也，亦必且富之、贵之、敬之、誉之，然后国之良士亦将可得而众也。是故古者圣王之为政也，言曰：不富不义，不贵不义，不亲不义，不近不义。是以国之富贵人闻之，皆退而谋曰：'始我所恃者富贵也。今上举义不避贫贱，然则我不可不为义。'亲者闻之，亦退而谋曰：'始我所恃者亲也。今上举义不避亲疏，然则我不可不为义。'近者闻之，亦退而谋曰：'始我所恃者近也。今上举义不避远近，然则我不可不为义。'远者闻之，亦退而谋曰：'我始以远无恃。今上举义不避远，然则我不可不为义。'人闻之皆竞为义，是其故何也？曰：上之所以使下者，一物也；下之所以事上者，一术也。故古者<u>圣王之为政，列德而尚贤，虽在农与工肆之人，有能则举之，高与之爵，重与之禄，任之以事。非为贤赐也，欲其事之成。故当以德就列，以官服事，以劳受赏，量功而分禄。故官无常贵而民无恒贱，有能则举之，无能则下之，举公义，避私怨，故得士。得士则谋不困，体不劳，名立而功成，美章而恶不生。故尚贤者，政之本也。</u>"

【重点句解读】

> 圣王之为政，列德而尚贤，虽在农与工肆之人，有能则举之，高与之爵，重与之禄，任之以事。非为贤赐也，欲其事之成。故当以德就列，以官服事，以劳受赏，量功而分禄。故官无常贵而民无恒贱，有能则举之，无能则下之，举公义，避私怨，故得士。得士则谋不困，体不劳，名立而功成，美章而恶不生。故尚贤者，政之本也。

圣明之君施政，使有德者列于其位，使贤能者得到尊重；不拘一格选拔人才，根除出身门阀等级之限，即使是农民和工匠、商人，有才能者就可任用，特殊才能的就任以重要职务、给予优厚报酬，委以政事。这并不是因为其贤能便赏赐，而是通过他们成就事业。所以，应当凭德行归其位次，以官职为国家服务，论业绩进行奖赏，按功劳颁给俸禄。所以官吏不会始终富贵，而百姓也不会终生贫贱，有才能就会得到选拔荐举，无才能就会被免职。崇尚公义，消除私怨，所以能获得贤才。得到贤才则计谋不会穷尽，身体不会疲劳，名声树立且成就功业，善美更加彰显而邪恶不会产生。因此说，尊重贤才，是为政的根本。

古人的这种不拘一格选拔人才、任用人才和官员能上能下的做法，应该能给当今组织人事部门的领导以有益的启示。

子墨子言曰："天下之王公大人，皆欲其国家之富也，人民之众也，刑法之治也，然而莫知尚贤而使能。我以此知天下之士君子，明于小而不明于大也。何以知其然也？今王公大人，有一牛羊不能杀，必索良宰；有一衣裳不能制，必索良工；有一疲马不能治，必索良医；有一危弓不能张，必索良工。虽有骨肉之亲、无故富贵、面目美好者，诚知其不能也，必不使。是何故？恐其败财也。当王公大人之于此也，则不失尚贤而使能，逮至其国家则不然。王公大人骨肉之亲、无故富贵、面目美好者，则举之。则王公大人之亲其国家也，不若其亲一危弓、疲马、衣裳、牛羊之财欤？我以此知天下之士君子，皆明于小而不明于大也。古之圣王之治天下也，其所贵未必王公大人骨肉之亲、无故富贵、面目美好者也。是故昔者尧之举舜也，汤之举伊尹也，武丁之举傅说也，岂以为骨肉之亲、无故富贵、面目美好者哉？唯法其言，用其谋，行其道，上可而利天，中可而利鬼，下可而利人。是故尚贤之为说，不可不察也。尚贤者，天、鬼、百姓之利，而政事之本也。"

·非 命·

古之圣王，举孝子而劝之事亲，尊贤良而劝之为善，发宪布令以教诲，赏罚以劝沮，若此则乱者可使治，而危者可使安矣。若以为不然，昔者桀之所乱，汤治之；纣之所乱，武王治之。此世不渝而民不改，上变政而民易教。其在汤、武则治，其在桀、纣则乱。安危治乱，在上之发政也，则岂可谓有命哉？昔者三代之暴王，不缪其耳目之淫，不慎其心志之僻，外之驱骋田猎毕弋，内沉于酒乐，不肯曰"我为刑政不善"，必曰"我命故且亡"。虽昔也三代之伪民，亦犹此也，繁饰有命，以教众愚。昔者禹、汤、文、武方为政乎天下之时，曰："必使饥者得食，寒者得衣，劳者得息，乱者得治。"遂得光誉令闻于天下，夫岂可以为命哉？故以为其力也。今贤良之人，尊贤而好蓄道术，故上得其王公大人之赏，下得其万民之誉，遂得光誉令闻于天下，岂以为其命哉？

·贵 义·

子墨子曰："世之君子，使之一犬一彘之宰，不能则辞之；使为一国之相，不能而为之。岂不悖哉！世之君子，欲其义之成，而助之修其身则愠。是犹欲其墙之成，而人助之筑则愠也，岂不悖哉！"

卷三十五 《文子》治要

【春秋】相传为文子 撰

【导读】

文子，姓辛氏，名文子、倪、计研，号计然、渔父，宋国葵丘濮上（今河南商丘民权县）人。生卒年不详，传与孔子为同时期人。中国古代著名谋士、经济学家。博学无所不通，尤善计算，为范蠡之师。著作有《文子》《通玄真经》。《史记·货殖列传》："昔者越王勾践困于会稽之上，乃用范蠡、计然。"裴骃［（字龙驹，生卒年不详，南朝刘宋时在世，河东闻喜（今属山西）人。南朝史学家，与父裴松之、孙子野，并称"史学三裴"。其著作《史记集解》是现存最早的《史记》注本］《史记集解》引徐广［（352—425），字野民，东莞姑幕（今山东省莒县）人，有《晋记》《车服仪注》等著作］曰："计然者，范蠡之师也，名研。"

《汉书·艺文志》录《文子》九篇，归道家。班固在其条文下注明："老子弟子，与孔子同时。"

文子在政治上善于从经济学的角度来谈论治国方略。《史记·货殖列传》："计然曰：'知斗则修备，时用则知物，二者形则万货之情可见矣。故旱则资舟，水则资车，物之理也。'推此类而修之，二年国富，厚贿战士，遂破强吴，刷会稽之耻。"

文子在哲学理论上继承和发展了老子道家学说，又有所创见，更多地把"道"释为"气"和"理"，强调实体与规律的合一；《老子》讲道德而排斥仁义，

《文子》则主张"持以道德，辅以仁义"，把道德与仁义相统一;《老子》诽毁礼法，《文子》则肯定礼法的作用，主张"法者，天下之准绳"，二者只有本末主次之分，无水火冲突之义。

魏徵等人编撰《群书治要》，从《文子》中选录了《道原》《精诚》《九守》《符言》《道德》《上德》《微明》《道自然》《下德》《上仁》《上义》《上礼》等章节，涉及修身养性之法、治国理政之道等方面，突出了"仁义""礼法本末相兼""贵柔""守雌""不为天下先"等修身治国的伦理道德原则，反对片面"法古""循俗"，其目的有着鲜明的倾向性和针对性。

·道 原·

夫至人之治也，弃其聪明，灭其文章，依道废智，与民同出乎公；约其所守，寡其所求，去其诱慕，除其嗜欲，损其思虑。约其所守即察矣，寡其所求即得矣。

水之性欲清，沙石秽之；人之性欲平，嗜欲害之；唯圣人能遗物反己。不以智役物，不以欲滑和，是以高而不危，安而不倾也。故听善言便计，虽愚者知悦之；称圣德高行，虽不肖者知慕之。悦之者众，而用之者寡，慕之者多，而行之者少。

·精 诚·

夫水浊者鱼唫，政苛即民乱。上多欲即下多诈，上烦扰即下不定，上多求即下交争。不治其本，而救之于末，无以异于凿渠而止水，抱薪而救火也。圣人事省而治，求寡而赡，不施而仁，不言而信，不求而得，不为而成；怀自然，保至真，抱道推诚，天下从之，如响之应声，影之象形，所修者本也。

【重点句解读】

水浊者鱼唫，政苛即民乱。上多欲即下多诈，上烦扰即下不定，上多求即下交争。不治其本，而救之于末，无以异于凿渠而止水，

抱薪而救火也。

鱼在混水里就会上浮,百姓在残暴的统治下就会反抗。执政者的私欲过强,百姓就会隐藏自己的真实想法,口是心非,用表面现象掩盖真实意图;执政者做事朝令夕改,政策多变,要求过多,百姓就不能安居乐业,社会就不会稳定;执政者贪污腐败,手伸得太长,百姓就会发动骚乱。如果不从根本上治理,而只从细枝末节上去挽救,那就无异于挖渠而阻止洪水,抱薪而扑救大火。

如何不让这些灾难性的局面出现?领导干部首先要明白这样一个道理:"所谓得天下者,非谓其履势位称尊号也,言其运天下心,得天下力也。"(《下德》)也就是说,能得到天下的人并不是因为他有崇高地位和受人尊奉的名号,而是他的思想、政策深得民心,他的事业得到全民拥护而积极参加。

要做到这一点,领导干部要在"修身"。

冬日之阳,夏日之阴,万物归之,而莫之使也。至精之感,弗召自来,不去自往,不知所为者,而功自成;待目而照见,待言而使令,其于以治难矣。皋陶喑而为大理,天下无虐刑;师旷瞽而为大宰,晋国无乱政;不言之令,不视之见,圣人所以为师也。民之化上,不从其言,从其所行也。故人君好勇,而国家多难;人君好色,而国多昏乱。故圣人精诚形于内,好憎明于外,出言以副情,发号以明旨。是故刑罚不足以移风,杀戮不足以禁奸,唯神化为贵也。夫至精为神,精之所动,若春气之生,秋气之杀也。故治人者,慎所以感也。圣人之从事也,所由异路而同归,其存亡定倾若一,志不忘乎欲利人也。故秦、楚、燕、魏之歌,异转而皆乐,九夷八狄之哭,异声而皆哀。夫歌者,乐之征也;哭者,哀之效也。愔愔于中,而应于外,故在所以感之矣。圣人之心,日夜不忘乎欲利人,其泽之所及亦远也。

夫至人精诚内形,德流四方,见天下有利,喜而不忘;见天下有害,忧若有丧。夫忧民之忧者,民亦忧其忧;乐人之乐者,人亦乐其乐。故乐以天下,忧以天下,然而不王者,未之有也。大人行可悦之政,而人莫不顺其令；令顺即从，小而致大；令逆即以善为害，以成为败。

·九 守·

神者智之渊也，神清则智明；智者心之符也，智公即心平。人莫鉴于流水，而鉴于澄水者，以其清且静也，故神清意平，乃能形物之情也。

天道极即反，盈则损；物盛则衰，日中而移；月满则亏，乐终而悲。是故聪明广智，守以愚；多闻博辨，守以俭；武力勇毅，守以畏；富贵广大，守以狭；德施天下，守以让。此五者，先王所以守天下也。

·符 言·

人之情，服于德不服于力。故古之圣王，以其言下人，以其身后人，即天下推而不厌，戴而不重，此德有余而气顺也。故知与之为取，知后之为先，即几道矣。

·道 德·

文子问道，老子曰："夫道者，小行之小得福，大行之大得福，尽行之天下服。"

文子问德仁义礼，老子曰："德者民之所贵也，仁者人之所怀也，义者民之所畏也，礼者民之所敬也。此四者，圣人之所以御万物也。君子无德即下怨，无仁即下争，无义即下暴，无礼即下乱。四经不立，谓之无道。无道而不亡者，未之有也。

"心之精者，可以神化，而不可以说道。故同言而信，信在言前；同令而行，行在令外。圣人在上，民化如神，情以先之也，动于上不应于下者，情令殊也。三月婴儿，未知利害，而慈母爱之逾笃者，情也。故言之用者小，不言之用者大矣。夫信，君子之言也；忠，君子之意也。忠信形于内，感动应乎外，贤圣之化也。

"能成霸王者，必得胜者也；能胜敌者，必强者也；能强者，必用人力者也；能用人力者，必得人心者也；能得人心者，必自得者也；能自得者，必柔弱者也。"

· 上　德 ·

日月欲明，浮云盖之；河水欲清，沙土秽之；丛兰欲修，秋风败之；人性欲平，嗜欲害之。蒙尘而欲无眯，不可得也。

山致其高，而云雨起焉；水致其深，而蛟龙生焉；君子致其道，而德泽流焉。夫有阴德者，必有阳报；有隐行者，必有昭名。

· 微　明 ·

相坐之法立，即百姓怨；减爵之令张，即功臣叛。故察于刀笔之迹者，即不知治乱之本；习于行陈之事者，即不知庙战之权。圣人先见福于重关之内，虑患于冥冥之外；愚者惑于小利而忘大害。故事有利于小而害于大，得于此而亡于彼。故仁莫大于爱人也，智莫大于知人也；爱人即无怨刑，知人即无乱政。

见本而知末，执一而应万，谓之术；居知所为，行知所之，事知所乘，动知所止，谓之道。言出于口，不可止于人；行发于近，不可禁于远。事者难成易败，名者难立易废。凡人皆以轻小害、易微事，以至于大患也。

夫积爱成福，积憎成祸，人皆知救患，莫知使患无生；夫使患无生，易于救患。今人不务使患无生，而务于救之，虽神圣人不能为谋也。患祸之所由来，万万无方。故圣人深居以避害，静默以待时；小人不知祸福之门，动作而陷于刑，虽曲为之备，不足以全身。故上士先避患，而后就利；先远辱，而后求名。故圣人常从事于无形之外，而不留心尽虑于已成之内，是以患祸无由至，非誉不能尘垢也。

凡人之道，心欲小，志欲大；智欲圆，行欲方；能欲多，事欲少。所谓心小者，虑患未生，戒祸慎微，不敢纵其欲者也；志大者，兼包万国，一齐殊俗，是非辐凑，中为之毂也；智圆者，终始无端，方流四远，深泉而不竭也；行方者，直立而不挠，素白而不污，穷不易操，达不肆志也；能多者，文武备具，动静中仪也；事少者，执约以治广，处静以持躁也。

故心小者，禁于微也；志大者，无不怀也；智圆者，无不知也；行方者，有不为也；能多者，无不治也；事少者，约所持也。故圣人之于善也，无小而不行；其于过也，无微而不改。行不用巫祝，而鬼神不敢先，可谓至贵矣。然而战战栗栗，日慎一日，是以无为而有成。

【重点句解读】

心欲小，志欲大；智欲圆，行欲方；能欲多，事欲少。

心思要缜密，志向要远大；智谋要圆通，品行要端庄；本领要多些，事情要少些。

总的来说，为人处世应该三思而后行，但不可瞻前顾后，影响远大志向的实现。行事可以动用计谋，多做筹划，但不可以降低品行，做损人利己的小人。

心小者，乃寡欲，"非淡漠（泊）无以明德，非宁静无以致远，非宽大无以并覆，非平正无以制断。"（《上仁》）自甘淡泊，廉洁自律，政清刑简，这样才能显示自己的高尚品德和远大的境界。就会有包容的胸襟，不断学习进取，掌握广博的知识和丰富的工作经验，公平、正确地处理政务。志大者，把国家治理成繁荣昌盛、人民幸福、不断发展壮大的太平盛世。这样，就要全面考虑问题，实施能为民拥护的政策，"使之以时而敬慎之，如临深渊，如履薄冰"（《上仁》），勤勉谨慎、不骄不躁，少做不利于发展的事。

其要旨是在以民为本，百姓才能为你所用。"故仁莫大于爱人也，智莫大于知人也；爱人即无怨刑，知人即无乱政。"（《微明》）仁爱的所有体现，以热爱人民为最大举措，最高的智慧是知道人民需要什么、反对什么。爱人民的人不会制造冤、假、错案，知道百姓的需求就不会有不适合国情的路线、方针、政策。因为"人之情，服于德不服于力"（《符言》）。只有"夫忧己民之忧者，民亦忧其忧；乐人之乐者，人亦乐其乐"（《道原》）。因有"至精之感"，才能使人民"弗召自来，不去自往"，"故用众人之所爱，即得众人之力；举众人之所善，即得众人之心。"（《微明》）有了最诚实的态度，国家有事，人民便会不待号召，自觉地踊跃参加。

爱民，以民为本，是习近平思想中的一个重要部分。这种思想已体现在国法之内，植根于民众之中，为实现伟大的中国梦奠定了广泛的思想、理论和社会基础。

有功离仁义者，即见疑；有罪不失仁心者，必见信。故仁义者，事之常顺也，天下之尊爵也。虽谋得计当，虑患而患解，图国而国存，其事有离仁义者，其功必不遂矣。言虽无中于策，其计无益于国，而心周于君，合于仁义者，身必存矣。故曰：百言百当，不若舍趣而审仁义也。

教本乎君子，小人被其泽；利本乎小人，君子享其功。使君子小人各得其宜，即通功易食而道达矣。人多欲即伤义，多忧即害智，故治国乐其所以存，亡国乐其所以亡。水下流而广大，君下臣而聪明，君不与臣争功，而治道通。故君，根本也；臣，枝叶也。根本不美，而枝叶茂者，未之有也。

慈父之爱子也，非求报也，不可内解于心；圣人之养民，非求为己用也，性不能已也；及恃其力、赖其功勋而必穷矣，有以为即恩不接矣。故用众人之所爱，即得众人之力；举众人之所善，即得众人之心；见所始，即知所终矣。

人之将疾也，必先不甘鱼肉之味；国之将亡也，必先恶忠臣之语。故疾之将死者，不可为良医；国之将亡者，不可为忠谋。古者亲近不以言，来远不以言，使近者悦，远者来。与民同欲即和，与民同守即固，与民同念即智；得民力者富，得民誉者显；行有召寇，言有致祸。

·自 然·

昔者尧之治天下，其导民也，水处者渔，山处者木，谷处者牧，陆处者田，地宜其事，事宜其械，械便其人，如是则民得以所有易所无，以所巧易所拙也。是以离叛者寡，听从者众，若风之过箫，忽然感之，各以清浊应矣，物莫不就其所利，避其所害。是以邻国相望，鸡狗之音相闻，而足迹不接于诸侯之境，车轨不结于千里之外，皆安其居也。夫乱国若盛，治国若虚，亡国若不足，存国若有余。虚者非无人，各守其职也；盛者非多人，皆徼于末也。有余者非多财，欲节事寡也；不足者非无货，民躁而费多也。故先王之法，非所作也，所因也；其禁诛，非所为也，所守也。上德之道也。

以道治天下，非易民性也，因其有而条畅之。故渎水者，因水之流；产稼者，因地之宜；征伐者，因民之欲，能因即无敌于天下矣。故先王之制法，因民之性而为之节文；无其性，无其养，不可使遵道也。人之性有仁义之资，非圣王为之法度，不可使向方也。因其所恶以禁奸，故刑罚不用，威行如神矣。因其性，即天下听从；咈其性，即法度张而不用。

帝者贵其德也，王者尚其义也，霸者通于理也。道狭然后任智，德薄然后任刑，明浅然后任察。

王道者，处无为之事，行不言之教，因循任下，责成不劳，谋无失策，举无过事，进退应时，动静循理，美丑弗好憎，赏罚不喜怒。其听治也，虚心弱志，是故群臣辐凑并进，无愚智不肖，莫不尽其能。君得所以制臣，臣得所以事君，即治国之道明矣。

智而好问者圣，勇而好同者胜。乘众人之知，即无不任也；用众人之力，即无不胜也。用众人之力，乌获不足恃也；乘众人之势，天下不足用也。故圣人举事，未尝不因其资而用之也。有一功者处一位，有一能者服一事；力胜其任，即举者不重也，能胜其事，即为者弗难也。圣人兼而用之，故人无弃人，物无弃财矣。

所谓无为者，非谓其引之不来，推之不往，迫而不应，感而不动，坚滞而不流，卷握而不散也，谓其私志不入公道，嗜欲不枉正术，循理而举事，因资而立功，推自然之势也。圣人不耻身之贱，恶道之不行；不忧命之短，忧百姓之穷也。故常虚而无为，抱素见朴，不与物杂。

古之立帝王者，非以奉养其欲也。圣人之践位者，非以逸乐其身也，为天下之民，强掩弱，众暴寡，诈者欺愚，勇者侵怯；又为其怀智诈不以相教，积财货不以相分，故立天子以齐一之。为一人明，不能遍照海内，故立三公九卿以辅翼之；为绝国殊俗，不得被泽，故立诸侯以教诲之。是以地无不任，时无不应，官无隐事，国无遗利，所以衣寒食饥，养老弱，息劳倦，无不以也。神农形悴，尧瘦癯，舜黧黑，禹胼胝，伊尹负鼎而干汤，吕望鼓刀而入周，百里奚传卖，管仲束缚，孔子无黔突，墨子无暖席，非以贪禄慕位，将欲起天下之利，除万民之害也。自天子至于庶人，四体不勤，思虑不用，于事赡者，未之闻也。

·下 德·

治身,太上养神,其次养形,神清意平,百节皆宁,养生之本也;肥肌肤,充腹肠,开嗜欲,养生之末也。治国,太上养化,其次正法,民交让争处卑,财利争受少,事力争就劳,日化上而迁善,不知其所以然,治之本也;利赏而劝善,畏刑而不敢为非,法令正于上,百姓服于下,治之末也。上世养本,而下世事末。

欲治之主不世出,可与治之臣不万一,以不世出求不万一,此至治所以千岁不一至,霸王之功不世立也。顺其善意,防其邪心,与民同出一道,即民性可善,风俗可美矣。所贵圣人者,非贵其随罪而作刑也,贵其知乱之所生也。若纵之放僻淫逸,而禁之以法,随之以刑,虽残天下不能禁其奸矣。

目悦五色,口欲滋味,耳淫五声,七窍交争,以害一性,日引邪欲,竭其天和,身且不能治,奈天下何!所谓得天下者,非谓其履势位称尊号也,言其运天下心,得天下力也。有南面之名,无一人之誉,此失天下者也。故桀、纣不为王,汤、武不为放也。天下得道,守在四夷;天下失道,守在左右。故曰:"无恃其不吾夺,恃吾不可夺也;行可夺之道,而非篡杀之行,无益于持天下矣。"

治世之职易守也,其事易为也,其礼易行也,其责易偿也。是以人不兼官,官不兼事,农士商工,乡别州异。故农与农言藏,士与士言行,工与工言巧,商与商言数。是以士无遗行,工无苦事,农无废功,商无折货,各安其性也。夫先知远见,人材之盛也,而治世不以责于民;博闻强志,口辨辞给,人智之溢也,而明主不以求于下;傲世贱物,不污于俗,士之伉行也,而治世不以为民化。故高不可及者,不以为人量;行不可逮者,不以为国俗。故人材不可专用,而度量道术可世传也。故国治可与愚守,而军旅可与性同,不待古之英俊,而人自足者,所有而并用之也。末世之法,高为量而罪不及;重为任而罚不胜;危为难而诛不敢。民困于三责,即饰智而诈上,犯邪而行危,虽峻法严刑,不能禁其奸。兽穷即触,鸟穷即啄,人穷即诈,此之谓也。

国有亡主,世无亡道,人有穷,而理无不通也。故不因道理之数,而专己之能，其穷不远矣。夫君人者不出户以知天下者，因物以识物，因人以知人也。故积力之所举，即无不胜也；众智之所为，即无不成也。工无二技，士不兼官，人得所宜，物得所安，是以器械不恶，而职事不慢也。夫责小易偿也，职寡易守也，任轻易劝也。上操约少之分，下效易为之功，是以君臣久而不相厌也。

地广民众，不足以为强也；甲坚兵利，不足以恃胜也；高城深池，不足以为固也；严刑利杀，不足以为威也。为存政者，无小必存；为亡政者，无大必亡。故善守者无与御，善战者无与斗，乘时势因民欲，而取天下也。故善为政者，积其德；善用兵者，蓄其怒。德积而民可用也，怒蓄而威可立也。故材之所加者浅，即权之所服者大；德之所施者博，即威之所制者广；广即我强而敌弱矣。善用兵者，先弱敌而后战，费不半而功十倍。故千乘之国，行文德者王；万乘之国，好用兵者亡。王兵先胜而后战，败兵先战而后求胜，此不明于兵道也。

·上仁·

非淡漠无以明德，非宁静无以致远；非宽大无以并覆，非平正无以制断。以天下之目视，以天下之耳听，以天下之智虑，以天下之力争，故号令能下究，而臣情得上闻，百官修通，群臣辐凑。喜不以赏赐，怒不以罪诛，法令察而不苛，耳目通而不暗，善否之情，日陈于前而不逆，贤者尽其智，不肖者竭其力，近者安其性，远者怀其德，用人之道也。夫乘舆马者，不劳而致千里；乘舟楫者，不能游而济江海。使言之而是，虽在匹夫刍荛，犹不可弃也；言之而非，虽在人君卿相，不可用也；是非之处，不可以贵贱尊卑论也。其计可用，不羞其位矣；其言可行，不贵其辩矣。

文子问曰："何行而民亲其上？"老子曰："使之以时而敬慎之，如临深渊，如履薄冰。天地之间，善即吾畜也，不善即吾仇也。昔日夏、商之臣，反仇桀、纣而臣汤、武；宿沙氏之民，自攻其君而归神农氏。故曰：'人之所畏，亦不可以不畏。'"

治大者，道不可以小；地广者，制不可以狭；位高者，事不可以烦；民众者，教不可以苛。事烦难治，法苛难行，求多难赡。寸而度之，至丈必差；铢而称之，至石必过；石称丈量，径而寡失；大较易为智，曲辨难为惠。故无益于治,有益于乱者,圣人不为也;无益于用,有益于费者,智者不行也。故功不厌约,事不厌寡,功约易成,事省易治,求寡易赡。夫调音者,小弦急,大弦缓;立事者,贱者劳,贵者逸。道之言曰:"芒芒昧昧,与天同气;同气者帝,同义者王,同功者霸,无一焉者亡。"故不言而信,不施而仁,不怒而威,是以天心动化者也。施而仁,言而信,怒而威,是以精诚为之者也。施而不仁,言而不信,怒而不威,是以外貌为之者也。故有道以理之,法虽少,足以治矣;无道以临之,命虽众,足以乱矣。

鲸鱼失水,而制于蝼蚁;人君舍其所守,而与民争事,则制于有司;以无为持位,守职者以听从取容,臣下藏智而弗用,反以事专其上。君人者,不任能而好自为,则智日困;而数穷于下,智不足以为治,威不足以行刑,即无以与下交矣。喜怒形于心,嗜欲见于外,即守职者,离正而阿上,有司枉法而从风矣;赏不当功,诛不应罪,即上下乖心,群臣相怨矣。百官烦乱,而智不能解;非誉萌生,而明弗能照;非己之失,而反自责;即人主愈劳,人臣愈逸矣,是"代大匠斫者,希不伤其手也"。与马逐远,筋绝不能及也;上车摄舆,马服衡下,伯乐相之,王良御之,明主乘之,无御相之劳而致千里,善乘人之资也。

国之所以存者,得道也;所以亡者,理塞也。故得生道者,虽小必大;有亡征者,虽成必败。国之亡也,大不足恃;道之行也,小不可轻。故存在得道,不在于小;亡在失道,不在于大。故乱国之主,务于广地,而不务于仁义;务于高位,而不务于道德;是舍其所以存,而造其所以亡也。

主与之以时,民报之以财;主遇之以礼,民报之以死。生而贵者骄,生而富者奢,故富贵不以明道自鉴,而能无为非者寡矣。

·上 义·

凡学者,能明于天人之分,通于治乱之本,见其终始,可谓达矣。治之本,仁义也;其末,法度也。先本后末,谓之君子;先末后本,谓之小人。法之生也,以辅义;重法弃义,是贵其冠履而忘其头足也。仁义者,广崇也,不益其厚而张其广者毁,不广其基而增其高者覆。故不大其栋,不能任重；重莫若国，栋莫若德。人主之有民，犹城之有基，木之有根。根深即本固，基厚即上安。故事不本于道德者，不可以为经；言不合于先王者，不可以为道。

治人之道，其犹造父之御马也。内得于中心，外合乎马志，故能取道致远，气力有余，进退还曲，莫不如意，诚得其术也。今夫权势者，人主之车舆也；大臣者，人主之驷马也。身不可以离车舆之安，手不可以失驷马之心，故舆马不调，造父不能以取道；君臣不和，圣人不能以为治。执道以御之，中材可尽；明分以示之，奸邪可止。物至而观其变，事来而应其化，近者不乱则远者治矣；不用适然之教，而行自然之道，万举而无失矣。

治国有常，而利民为本；政教有道，而令行为右；苟利于民，不必法古苟周于事，不必循俗。故圣人法与时变，礼与俗化；衣服器械，各便其用；法度制令，各因其宜，故变古未可非，循俗未足多。诵先王之书，不若闻其言；闻其言，不若得其所以言；得其所以言者，言弗能言也。故"道可道者，非常道也；名可名者，非常名也。"故圣人所由曰道，所为曰事。道由金石，一调不可更；事犹琴瑟，每终改调。故法制礼乐者，治之具也，非所以为治也。

法非从天下，非从地出，发于人间，反己自正也。诚达其本，不乱于末；知其要，不惑于疑；有诸己，不非诸人；无诸己，不责于下；所禁于民者，不行于身。故人主之制法也，先以自为检戒，故禁胜于身，即令行于民矣。夫法者，天下之准绳也，人主之度量也。悬法者，法不法也。法定之后，中绳者赏，缺绳者诛；虽尊贵者，不轻其赏；卑贱者，不重其刑。犯法者，虽贤必诛；中度者，虽不肖者无罪。是故公道行而私欲塞也。古之置有司也，所以禁民使不得恣也；其立君也，所以制有司使不得专行也；法度道术，所以禁君使无得横断也。人莫得恣，即道胜而理得矣，故反于无为。无为者，非谓其不动也，言其莫从己出也。

善赏者，费少而劝多；善罚者，刑省而奸禁；善与者，用约而为德；善取者，入多而无怨。故圣人因民之所善以劝善，因民之所憎以禁奸；赏一人而天下趣之，罚一人而天下畏之；至赏不费，至刑不滥，圣人守约而治广，此之谓也。

君臣异道即治，同道即乱，各得其宜，处其当，即上下有以相使也。

故枝不得大于干，末不得强于本，言轻重大小有以相制也。夫得威势者，所持甚小，所任甚大，所守甚约，所制甚广。十围之木，持千钧之屋，得势也；五寸之关，能制开阖，所居要也。下必行之令，从之者利，逆之者害，天下莫不听从者，顺也。义者，非能尽利天下之民也，利一人而天下从；暴者，非能尽害海内也，害一人而天下叛，故举措废置，不可不审也。

屈寸而伸尺，小枉而大直，圣人为之。今人君之论臣也，不计其大功，总其细行，而求其不善，即失贤之道也。故人有厚德，无问其小节；人有大誉，无疵其小故。夫人情莫不有所短，诚其大略是也，虽有小过，不足以为累；诚其大略非也，闾里之行，未足多也。

自古及今，未有能全其行者也，故君子不责备于一人。夫夏后氏之璜不能无瑕，明月之珠不能无秽，然天下宝之者，不以小恶妨大美也。今志人之所短，而忘人之所长，而欲求贤于天下，即难矣。夫众人见位卑贱，事之涝辱，而不知其大略也。故论人之道，贵即观其所举，富即观其所施，穷则观其所不受，贱即观其所不为。视其所患难，以知其勇；动以喜乐，以观其守；委以货财，以观其仁；振以恐惧，以观其节。如此，即人情得矣。

圣人以仁义为准绳，中绳者谓之君子，弗中者谓之小人。君子虽死亡，其名不灭；小人虽得势，其罪不除。左手据天下之图，而右手刎其喉，愚者不为，身贵乎天下也。死君亲之难者，视死若归，义重于身故也。天下大利，比身即小；身所重也，比义即轻。此以仁义为准绳者也。

地广民众，主贤将良，国富兵强，约束信，号令明，两敌相当，未接刃而敌人奔亡，此其次也。知土地之宜，习险隘之利，明奇正之变，察行阵之事，白刃合，流矢接，舆死扶伤，流血千里，暴骸盈野，义之下也。

国之所以强者，必死也；所以必死者，义也。义之所以行者，威也；威义并行，是谓必强。白刃交接，矢石若雨，而士争先者，赏信而罚明也。上视下如子，下事上如父；上视下如弟，下视上如兄。上视下如子，必王四海；下视上如父，必正天下；上视下如弟，即不难为之死；下视上如兄，即不难为之亡。故子父兄弟之寇，不可与斗。是故义君内修其政，以积其德，外塞其邪，以明其势，察其劳逸以知饥饱，战期有日，视死如归，恩之加也。

·上礼·

昔之圣王，仰取象于天，俯取度于地，中取法于人，调阴阳之气，和四时之节，察高下之宜，除饥寒之患，行仁义之道，以治人伦。列地而州之，分职而治之，立大学而教之，此其治之纲纪也。得道即举，失道即废。夫物未尝有张而不弛、盛而不败者也，唯圣人可盛而不衰。圣人初作乐也，以归神杜淫，反其天心；至其衰也，流而不反，淫而好色，至以亡国。其作书也，以领理百事，愚者以不忘，智者以记事；及其衰也，为奸伪，以解有罪而杀不辜。其作囿也，以奉宗庙之具，简士卒，戒不虞；及其衰也，驰骋弋猎，以夺民时。其上贤也，以平教化，正狱讼，贤者在位，能者在职，泽施于下，万民怀德；至其衰也，朋党比周，各推其与，废公趋私，外内相举，奸人在位，贤者隐处。天地之道，极即反，益即损，故圣人治弊而改制，事终而更为矣。圣人之道，非修礼义，廉耻不立；民无廉耻，不可治也；不知礼义，不可以行法。法能教不孝，不能使人孝；能刑盗者，不能使人廉耻。圣王在上，明好恶以示人，经非誉以导之，亲贤而进之，贱不肖而退之，刑措而不用，礼义修而任贤德也。

夫使天下畏刑，而不敢盗窃，岂若使无有盗心哉！故知其无所用，虽贪者皆辞之；不知其无所用，廉者不能让。夫人之所以亡社稷，身死人手，为天下笑者，未尝非欲也。知冬日之扇，夏日之裘，无用于己，则万物之变为尘垢！故以汤止沸，沸乃益甚；知其本者，去火而已。

夫有余则让，不足则争；让则礼义生，争则暴乱起，故物多则欲省，求赡则争止。故世治则小人守正，而利不能动也；世乱则君子为奸，而法不能禁也。

酆水之深十仞，而不受尘垢，金石在中，形见于外，非不深且清也，鱼鳖莫之归。石上不生五谷，秃山不游麋鹿，无所荫蔽也。故为政以苛为察，以切为明，以刻下为忠，以计多为功，如此者，譬犹广革者也，大即大矣，裂之道也。

《曾子》治要

【春秋末】 曾参及其门人 撰

【导读】

曾子（公元前505—前435），名参，字子舆，春秋鲁国南武城（今山东嘉祥县）人。是中国古代著名思想家，孔子晚期的弟子之一。参与编辑《论语》，并著有《大学》《孝经》《曾子十篇》等作品，在儒学发展史上占有重要地位，为儒家学派的重要代表人物之一，被后世尊奉为"宗圣"，是配享孔庙的四配之一。

曾子的修、齐、治、平的政治观，内省、慎独的修养观，以孝为本、诚信忠义的行为观，至今仍具有极其宝贵的社会意义和实用价值。

曾子的主要思想体现在他所著的《大学》中。《大学》开宗明义便提出了修、齐、治、平的"三纲"：明明德、亲民、止于至善；"八目"：格物、致知、诚意、正心、修身、齐家、治国、平天下。提出的修养路线是"古之欲明明德于天下者，先治其国；欲治其国者，先齐其家；欲齐其家者，先修其身；欲修其身者，先正其心；欲正其心者，先诚其意；欲诚其意者，先致其知。致知在格物，格物而后知至，知至而后意诚，意诚而后心正，心正而后身修，身修而后家齐，家齐而后国治，国治而后天下平。"构成了一整套理想的道德哲学体系。

此外，曾子思想理论中一个特别重要点是以人为贵。《曾子·大孝》："天之所生，地之所养，人为大矣。"认为人是天地间最重要的；人不应屈从于自然，而是要能动地改造自然。"从天而倾之，孰与制天命而用之？"发现并重视人的作用，这是曾子及儒家思想的核心价值之一。

魏徵等人在《群书治要》中辑录《曾子》四篇段，计有《修身》《立孝》《制言》《疾病》等。文不多而涉及广，涵盖了人生修养的诸多方面：学行并重、成人之美、知错即改、孝亲忠君、敬老爱幼、互帮互助、亲贤远佞，等等，对如今提高个人和全社会的道德品行、素质修养、行为情操水平，有着现实的重要意义。

·修 身·

曾子曰："君子攻其恶，求其过，强其所不能；去私欲，从事于义，可谓学矣。君子爱日以学，及时以行，难者弗避，易者弗从，唯义所在，日旦就业，夕而自省，思以没其身，亦可谓守业矣。君子学必由其业，问必以其序，问而不决，承间观色而复之。君子既学之，患其不博也；既博之，患其不习也；既习之，患其不知也；既知之，患其不能行也；既能行之，患其不能以让也。君子之学，致此五者而已矣。君子博学而浅守之，微言而笃行之，行欲先人，言欲后人，见利思辱，见难思诉，嗜欲思耻，忿怒思患。君子终身守此战战也。君子己善，亦乐人之善也；己能，亦乐人之能也。君子好人之为善而弗趋也，恶人之为不善而弗疾也。不先人以恶，不疑人以不信，不说人之过，而成人之美。朝有过，夕改则与之；夕有过，朝改则与之。君子终日言，不在尤之中。小人一言，终身为罪矣。君子之于不善也，身勿为，可能也；色勿为，不可能也；心勿为，不可能也。太上乐善，其次安之，其下亦能自强也。太上不生恶，其次生而能夙绝之，其下复而能改，复而不改，陨身覆家，大者倾社稷。是故君子出言愕愕，行身战战，亦殆免于罪矣。昔者，天子日旦思其四海之内，战战唯恐不能义也。诸侯日旦思其四封之内，战战唯恐失损之也。大夫日旦思其官，战战唯恐不能胜也。庶人日旦思其事，战战唯恐刑罚之至也。是故临事而栗者，鲜不济矣。"

· 立 孝 ·

曾子曰："君子立孝，其忠之用也，礼之贵也。故为人子而不能孝其父者，不敢言人父不能畜其子者；为人弟而不能承其兄者，不敢言人兄不能顺其弟者；为人臣而不能事其君者，不敢言人君不能使其臣者。故与父言，言畜子；与子言，言孝父；与兄言，言顺弟；与弟言，言承兄；与君言，言使臣；与臣言，言事君。君子之孝也，忠爱以敬，反是乱也；尽力而有礼，庄敬而安之；微谏不倦，听从不怠，欢欣忠信，咎故不生，可谓孝矣。尽力而无礼，则小人也；致敬而不忠，则不入也。是故礼以将其力，敬以入其忠。《诗》言：'夙兴夜寐，毋忝尔所生。'不耻其亲，君子之孝也。是故未有君，而忠臣可知者，孝子之谓也；未有长，而顺下可知者，悌弟之谓也；未有治，而能仕可知者，先修之谓也。故孝子善事君，悌弟善事长，君子一孝一悌，可谓知终矣。"

· 制 言 ·

曾子曰："夫行也者，行礼之谓也。夫礼，贵者敬焉，老者孝焉，幼者慈焉，小者友焉，贱者惠焉，此礼也。弟子毋曰不我知也。鄙夫鄙妇，相会于墙阴，可谓密矣，明日则或扬其言者。故士执仁与义而不闻，行之未笃也；故蓬生麻中，不扶乃直；白沙在泥，与之皆黑。是故人之相与也，譬如舟车然，相济达也，己先则援之，彼先则推之。是故人非人不济，马非马不走，土非土不高，水非水不流。"弟子问于曾子曰："夫士何如则可为达矣？"曾子曰："不能则学，疑则问，欲行则比贤；虽有险道，循行达矣。今之弟子病下人，不知事贤，耻不知而又不问，是以惑暗终其世而已矣。是谓穷民。"

· 疾 病 ·

曾子曰："君子之务盖有矣。夫华繁而实寡者，天也；言多而行寡者，人也。鹰隼以山为庳，而巢其上；鱼鳖鼋鼍以川为浅，而窟穴其中，卒其所以得者，饵也。是故君子苟毋以利害义，则辱何由至哉？亲戚不悦，不敢外交；近者不亲，不敢求远；小者不审，不敢言大。故人之生也，百岁之中，有疾病焉。故君子思其不可复者，而先施焉。亲戚既没，虽欲孝，谁为孝乎？年既耆艾，虽欲悌，谁为悌乎？故孝有不及，悌有不时，其此之谓与！言不远身，言之主也；行不远身，行之本也。言有主，行有本，谓之有闻也。君子尊其所闻，则高明矣；行其所闻，则广大矣。高明广大，不在于他，在加之志而已矣。与君子游，苾乎如入兰芷之室，久而不闻，则与之化矣。与小人游，贷乎如入鲍鱼之次，久而不闻，则与之化矣。是故<u>君子慎其所去就</u>。与君子游，如长日，加益而不自知也；与小人游，如履薄冰，每履而下，几何而不陷乎哉！"

【重点句解读】

> 君子攻其恶，求其过，强其所不能。去私欲，从事于义，可谓学矣。君子爱日以学，及时以行，难者弗避，易者弗从，唯义所在，日旦就业，夕而自省，思以没其身，亦可谓守业矣。君子学必由其业，问必以其序，问而不决，承间观色而复之。

《曾子》思想的核心是修身，而方法是"自省"，以学而成，有五个层次：

第一层次是"思过"。"君子攻其恶，求其过，强其所不能"（《修身》）。君子是自省过错，检查缺点，弥补不足。

第二层次是"去欲"。"去私欲，从事于义"（《修身》）。（君子）除掉私欲，做事要多为别人着想。

第三层次是"坚持"。"君子爱日以学，及时以行，难者弗避，易者弗从，唯义所在，日旦就业，夕而自省，思以没其身，亦可谓守业矣"（《修身》）。君子珍惜学习时间，及时实践，不畏艰难，不拈轻怕重，只要是于国于民有利的事，白天努力去做，到夜晚检讨一天所为，坚持终身不懈，这样就可称得上坚守学业了。

第四层次是"去疑"。"君子学必由其业，问必以其序，问而不决，承间观色而复之"（《修身》）。君子学习要有以致用，不懂的要由浅入深请教别人，问后仍有不明白的地方，要反复地观察、探究、试验、实践。

第五层次是"知行合一"。习近平总书记多次教导广大党员、干部，要知行合一。在2013年《在中央政治局第二十次集体学习时的讲话》等文章中，他多次强调"知行相知以为用"（王夫之《礼记章句·中庸衍》），这是我们每个人做好本职工作的根本所在。

君子慎其所去就。

要做一个有教养、有才能、为他人所敬重的人，必须要有所为，有所不为。为与不为，要慎重选择。

三国时郭嘉为何弃袁绍而投曹操？原因就在于"君子慎其所去就"。在过去的革命战争年代，中国共产党人为了国家和人民的利益，有多少志士仁人甘愿牺牲生命也不为敌人高官厚禄所引诱。一百多年前的戊戌之变，谭嗣同完全有机会一走了之，但他选择了留在国内，以自己的生命和鲜血唤起民众的觉醒。钱学森放弃优厚的待遇历尽千辛万苦，毅然返回当时一穷二白、百废待兴的祖国，为我国的社会主义事业作出了炳耀千古的贡献。这是什么精神？这就是崇高的君子精神，是我们中华民族得以不断前进、发展、壮大的精髓和脊梁。

卷三十六 《吴子》治要

【战国】吴起 撰

【导读】

吴起（公元前440—前381），卫国左氏（今山东曹县）人，通晓兵家、法家、儒家等，军事、政治才能卓越，是中国古代著名政治改革家、军事家。著有《吴子》，又称《吴起兵法》《吴子兵法》；《吴子》与《孙子》又合称《孙吴兵法》，被历代军事家奉为圭臬。

吴起是继孙武之后，善于用兵又具有高深军事理论的第一人。历史上，吴起作为军事家与孙武齐名，后世论兵，皆称"孙吴"；作为政治家、改革家，他与商鞅齐名。吴起一生在鲁、魏、楚三国出将入相，显示了卓越的军事、治国才能。他治军严明，能与士卒同甘共苦，深得部众之心，为历代军事家所推崇。

《汉书·艺文志》录《吴子》四十八篇，已佚。今本《吴子》六篇系后人伪作。《隋书·经籍志》载《吴起兵法》一卷。魏徵等人在其《群书治要》中所摘录的《吴子》四篇内容，大体与今本《吴子》相同。

今本《吴子》分《图国》《料敌》《治兵》《论将》《应变》《励士》六篇。尽管这是后人所托，但并不损害其存在的价值和发挥的重要作用。宋神宗将其列入《武经七书》，现有英、日、法、俄等诸多译本。

《吴子》的主要治国方略是"内修文德，外治武备"。两者并重，不可偏废。在此前提下，要注重教化，用道、义、礼、仁治理军队和民众，实现国家和军队协调统一，才能对外用兵。

吴起继承了孙武的"知己知彼，百战不殆"的军事思想，强调了解和分析敌情的重要意义。

他的治军思想，认为克敌制胜不完全取决于军队人数的优势，重要的是军队的素质；将帅要有较高的政治、军事素养，多谋善断，统一号令，赏罚严明，体恤部下，爱护士兵，才能指挥军队，克敌制胜。

魏徵等人编撰《群书治要》，辑录了《吴子》中的《图国》《论将》《治兵》《励士》四篇，要言不烦地记录了吴起与魏文侯、魏武侯讨论图国治军的一些精辟见解。

·图 国·

吴子曰："古之图国家者，必先教百姓而亲万民。民有四不和：不和于国，不可以出军；不和于军，不可以出阵；不和于阵，不可以进战；不和于战，不可以决胜。"

"凡兵所起者五：一曰争名，二曰争利，三曰积恶，四曰内乱，五曰困饥。其名又五：一曰义兵，二曰强兵，三曰刚兵，四曰暴兵，五曰逆兵。禁暴救乱曰义；恃众以伐曰强；因怒兴师曰刚；弃礼贪利曰暴；国危民疲，举事动众曰逆。五者之服，各有其道：义必以礼服，强必以谦服，刚必以辞服，暴必以诈服，逆必以权服。此其势也。"

【重点句解读】

古之图国家者，必先教百姓而亲万民。

前人为了使国家强盛，首先是教育人民、爱护人民。

历时十四年的中国抗日战争，中国共产党领导的抗日民族统一战线，教育了海内外的华夏子孙，使他们能万众一心，同仇敌忾，前仆后继，以数千万人的牺牲，取得了抗日战争的伟大胜利，一洗百余年饱受外敌任意欺凌的耻辱。我们在抗击外寇侵略时是如此，在做其他工作时也是如此。现在，习近平总书记提出的"两个一百年"的中华民族伟大复兴的中国梦，已为举国上下一致拥护，戮力以赴，取得胜利是毋庸置疑的必然结果。

·论 将·

夫总文武者，军之将也；兼刚柔者，兵之事也。凡人之论将，恒观之于勇；勇之于将，乃数分之一耳。夫勇者轻命而不知利，未可也。故将之所慎者五：一曰理，二曰备，三曰果，四曰戒，五曰约。理者，治众如治寡；备者，出门如见敌；果者，迎敌不怀生；戒者，虽克如始战；约者，法令省而不烦。受命而不辞家，敌破而后言反，将之礼也。故师出之日，有死而荣，无生而辱也。

凡制国治军，必设之以礼，厉之以义，在大足以战，在小足以守矣。然战胜易，守胜难。是故，以胜得天下者稀，以亡者众。

武侯曰："愿闻阵必定，战必胜，守必固之道。"对曰："<u>君使贤者居上，不肖处下，则阵已定矣；民安其田宅，亲其有司，则守已固矣；百姓皆是君而非邻国，则战已胜矣。</u>"

【重点句解读】

君使贤者居上，不肖处下，则阵已定矣；民安其田宅，亲其有司，则守已固矣；百姓皆是君而非邻国，则战已胜矣。

重用有才能、品行高尚、操守清廉的人才，能力欠缺的人安排职务低一点的工作，那么形势就稳定了。使民众安居乐业，敬爱其上级，那么防守已经巩固了。如果百姓都认为自己国君的行为正确而错在敌方，那么战争就可以说已经胜利了。

历史上，汉、隋、唐、宋四代消灭地方割据势力，就是这一理论的最佳注释。军事如此，国事亦是如此，事殊而理同。选贤用能，得到下级拥护，人民拥护，是任何事业得以胜利的不二法则。习近平同志不论是在基层，还是担任党和国家领导人，一直把选贤用能放在极其重要的位置上，这就是"一带一路"倡议和中国梦的伟大战略深受世人拥护并得以顺利实施的重要原因。

·治兵·

武侯问曰："兵以何为胜？"吴子曰："兵以治为胜。"又问："不在众乎？"对曰："若法令不明，赏罚不信，金之不止，鼓之不进，虽有百万之师，何益于用？所谓治者，居则有礼，动则有威，进不可当，退不可追，前却如节，左右应麾。投之所往，天下莫当，名曰父子之兵也。"

·励士·

武侯曰："严刑明赏，足以胜敌乎？"吴子曰："严明之事，非所恃也。发号布令而民乐闻，兴师动众而民乐战，交兵接刃而民安死。此三者，人之所恃也。"武侯曰："致之奈何？"对曰："君举有功而进飨之，无功而厉之。"于是武侯设坐庙庭，为三行，飨士大夫。上功坐前行，肴席有重器、上牢。次功坐中行，肴席器差减。无功坐后行，肴席无重。飨毕而出，乃又班赐有功者之父母妻子于庙门之外，亦以功为差数。唯无功者不得耳。死事之家，岁使使者劳赐其父母。行之三年，秦人兴师，临于西河，魏士闻之，介胄不待吏令，奋击之者以万数。吴子曰："臣闻之，人有短长，气有盛衰。君试发无功者五万人，臣请率以当之。其可乎？今使一死贼伏于旷野，千人追之，莫不枭视狼顾。何者？恐其暴起而害己也。是以一人投命，足惧千夫。今臣以五万之众，而为一死贼，以率讨之，固难当矣。"武侯从之，兼车五百乘，骑三千匹，而以破秦五十万众，此励士之功也。

魏武侯尝谋事，群臣莫能及，罢朝而有喜色。吴起进曰："昔楚庄王谋事，群臣莫能及，罢朝而有忧色。曰：'寡人闻之，<u>世不绝圣，国不乏贤，能得其师者王，能得其友者霸。</u>今寡人不才，而群臣莫之过，国其殆矣！'庄王所忧，而君悦之，臣窃惧矣。"于是武侯乃惭。

【重点句解读】

世不绝圣，国不乏贤，能得其师者王，能得其友者霸。

世上不会没有圣人，国家也不缺乏品行高洁有才能的人。能虚心拜他们做老师的领导人就能很好地管理国家，能和他们做朋友的人就能使国家强盛。

姜子牙为周文王、周武王两代君主的国师而灭商；齐桓公以管仲为"尚父"而强齐。这一理论，用之于国则国兴，用之于事则事成，已为无数的历史事例所证明。

《商君子》治要

【战国】 公孙鞅及后学 编撰

【导读】

公孙鞅（公元前390—前338），卫国（今河南安阳）人，复姓公孙，名鞅。战国中期著名政治家、军事家。早年做魏相公叔痤的家臣，于公元前361年入秦，得到秦孝公重用，《史记·秦本纪》："变法修刑，内务耕稼，外劝战死之赏罚。"公孙鞅在秦国执政近二十年，使秦国一跃成为当时首屈一指的强国，为其后来统一中国奠定了坚实的基础。公孙鞅因功被封于商邑，故称商君，又称商鞅。秦孝公死，惠文王立，商鞅被诬谋反遇害，其尸遭车裂，全家被灭。

《商君书》也称《商子》，是战国时期法家学派的代表作之一。《汉书·艺文志》著录《商君》二十九篇，《诸葛武侯集》中始有《商君书》之名，又称《商子》。现有二十六篇，其中第十六篇、二十一篇存目无文，实存二十四篇。加上《群书治要》引《商君书·六法》中一段，实际只有二十四篇多点。

该书解决了在当时条件下实行变法的基础理论问题，提出了变法的几大原则，既有宏观方面的阐述，也有具体的政策措施。主要有：

在政治上提出战争是关系到国家生死存亡的大事，肯定了战争的合理性和必要性。"以战去战，虽战可也"，不兴无名之师。

在治国上要农、战并重。《商君书》中有关重农重战的论述最多。"国之所以兴者，农战也。"这一观点为后世所继承。

立法上重刑少赏。"重罚轻赏，则上爱民，民死上；重赏轻罚，则上不爱民，民不死上。兴国行罚，民利且畏；行赏，民利且爱。"

政策上重本抑末，反对空谈。

批判地吸收法家思想积极的部分，具有相当重要的意义。

魏徵等人编撰《群书治要》所引《六法》《修权》《定分》的部分，提出"不法古，不循今"，"当时而立法，度务而制事"；强调"立法明分，而不以私害法"。这些观点，对于我们现在建设法治国家应是有所帮助的。

·六 法·

先王当时而立法，度务而制事。<u>法宜其时则治，事适其务故有功。</u>然则，法有时而治，事有当而功。今时移而法不变，务易而事以古，是法与时诡，而事与务易也。故法立而乱益，务为而事废。<u>故圣人之治国也，不法古，不循今，当时而立功，在难而能免。</u>今民能变俗矣，而法不易；国形更势矣，而务以古。夫法者，民之治也；务者，事之用也。国失法则危，事失用则不成。故法不当时，而务不适用，而不危者，未之有也。

【重点句解读】

法宜其时则治，事适其务故有功。

实行适合时代、潮流、经济、社会和民心的法律，国家就会安定、巩固、发展、强大；所做之事，符合国家利益、人民需要的就是功绩。

刘邦入关，采萧何之意见，废秦苛法，与民约法三章，受秦人拥戴，天下仰望，终于战胜了强大的项羽而建立汉朝；汉武帝接受主父偃的建议，颁"推恩令"。自此以后，终有汉一代，再无侯王大规模叛乱而危及中央政权的事发生。

故圣人之治国也，不法古，不循今，当时而立功，在难而能免。

所以圣人治理国家，不墨守成规，不抱残守缺，以适合新形势、新要求、新法规办事，就会有丰硕成果，避免遇到大的灾难。

我国宪法前后数次修改，就是因应时代变迁、社会发展的不同阶段、世界政治格局变化和人民新的需求而修改。每次修改，都能得到人民衷心拥护，促进国民经济和社会事业持续、均衡、稳健、高效地发展，使国基更加坚固，实力更加强大，人民生活更加富裕。

·修 权·

国之所以治者三：一曰法，二曰信，三曰权。法者，君臣之所共操也；信者，君臣之所共立也；权者，君之所独制也。人主失守则危，君臣释法任私则乱。故立法明分，而不以私害法，则治；权制独断于君，则威。民信其赏，则事功；不信其刑，则奸无端矣。唯明主爱权、重信，而不以私害法也。故上多惠言，而不克其赏，则下不用；数加严命，而不致其刑，则民傲罪。凡赏者，文也；刑者，武也；文武者，法之约也。故明主慎法。不蔽之谓明，不欺之谓察。故赏厚而信，刑重而必，不失疏远，不私亲近，故臣不蔽主，而下不欺上。

【重点句解读】

国之所以治者三：一曰法，二曰信，三曰权。

治理好国家有三个要素：一是法治，二是政府要有高度的诚信，三是权力。

人的一切行为要符合法律的要求，不能违法；习近平主席多次强调要把权力装进法律的笼子，任何人不得超越宪法；要把我国建设成中国特色社会主义法治国家。这就是我国逐渐进入风清弊绝之境、为举世瞩目的根本原因。第二是国家要有高度的诚信。商鞅立木取信的故事为众所周知，取得民众信任后颁布法律，民众恪守不疑而致秦国大治，国力逐步强大，为以后统一中国奠定了基础。我们国家现亦如此，如在现阶段实施的改革开放、建设小康社会的政策，有诸多法律、法规保证这政策能够贯彻执行。以外汇储备论，是改革开放前的上千倍；中国人不再为吃饭、穿衣发愁，数亿人摆脱了贫困，中国人的恩格尔系数实际已超过小康标准。这完全是党和国家最高领导层信守使人民过上好日子诺言的结果。第三是政权。我国现在实行的是在中国共产党领导下的以工农联盟为基础、多党合作、共商国是的无产阶级政权。这是全中国人民一百多年来的探索、寻求、牺牲、艰苦奋斗和历经失败、斗争、再失败、再斗争的选择。有了这样的政权，我们才能得享今天的富裕成果。

世之为治者，多释法而任私议，此国之所以乱也。先王悬权衡，立尺寸，而至今法之，其分明也。夫释权衡而断轻重，废尺寸而意长短，虽察，商贾不用，为其不必也。故法者，国之权衡也。夫背法度而任私议，皆不知类者也。故立法明分，中程者赏，毁公者诛。赏诛之法，不失其议，故民不争；不以爵禄便近亲，则劳臣不怨。不以刑罚隐疏远，则下亲上。故官贤选能，不以其劳，则忠臣不进；行赏赋禄，不称其功，则战士不用。

凡人臣之事君也，多以主所好事君。君好法，则臣以法事君；君好言，则臣以言事君。君好法，则端直之士在前；君好言，则毁誉之臣在侧。公私之分明，则小人不嫉贤，而不肖者不妒功。故三王以义亲，五伯以法正诸侯，皆非私天下之利也。今乱世之君臣，区区然皆欲擅一国之利，而荒一官之重，以便其私，此国之所以危也。

夫废法度而好私议，则奸臣鬻权以约禄，秩官之吏，隐下而渔民。谚曰："蠹众而木折，隙大而墙坏。"故大臣争于私而不顾其民，则下离上。下离上者，国之隙也。秩官之吏隐下以渔百姓，此民之蠹也。故国有隙蠹而不亡者，天下鲜矣。故明主任法去私，而国无隙蠹矣。

·定 分·

法令者，民之命也，为治之本也，所以备民也。智者不得过，愚者不得不及。名分不定，而欲天下之治，是犹欲无饥而去食，欲无寒而去衣也，其不几亦明矣。一兔走，而百人追之，非以兔为可分以为百，由名之未定也。夫卖兔者满市，盗不敢取，由名分之定也。故名分未定，尧、舜、禹、汤且皆加务而逐之；名分已定，贪盗不取。今法令不明，其名不定,天下之人得议之。此所谓名分不定也。夫名分不定,尧、舜犹将皆折而奸之,而况众人乎?故圣人必为法令,置官也,置吏也,为天下师,所以定名分也。名分定,则大诈贞信,巨盗愿悫,而各自治也。故夫名分定,势治之道也;名分不定,势乱之道也。故势治者不可乱也,势乱者不可治也。夫势乱而欲治之,愈乱矣;势治而治之,则治矣。故圣人治治,不治乱也。

圣人为民法,必使之明白易知,愚智遍能知之,万民无陷于险危也。故圣人立天下,而天下无刑死者,非可刑杀而不刑杀也,万民皆知所以避祸就福,而皆自治也。明主因治而治之,故天下大治也。

《尸子》治要

【战国】尸佼 撰

【导读】

尸佼（约公元前390—前330），魏国曲沃（今山西曲沃）人（亦有鲁人、楚人之说），中国古代政治家、思想家。

《汉书·艺文志》：“《尸子》二十篇。名佼，鲁人，秦相商君师之，鞅死，佼逃入蜀。”到了宋代，《尸子》亡佚，只存二篇，合为一卷。所幸者魏徵等人在其编撰的《群书治要》中，辑录了其中的《劝学》《贵言》《四仪》《明堂》《分》《发蒙》《恕》《治天下》《仁意》《广》《绰子》《处道》《神明》等十三篇，使得今人尚能窥其大概。唐代李贤［（655—684），字明允，唐高宗李治第六子，武则天次子，高宗朝所立的第三位太子，遭废杀。后唐睿宗追封李贤为皇太子，谥号"章怀"。著有《君臣相起发事》《春宫要录》《修身要览》等书，今已佚失］等在注《后汉书》中说："尸子，晋人也，名佼，秦相卫鞅客也，鞅谋计，未尝不与佼规也。商君被刑，恐并诛，乃亡逃入蜀，作书二十篇，十九篇陈道德仁义之纪，一篇言九州险阻，水泉所起也。"使人得知其二十篇的内容中，有十九篇是论述社会思想文化的，一篇是论述自然界的。今本文字虽少，多为至理名言，用世警句，也能窥视出作者的思想梗概和精神面貌。其主要特点有：

宇宙论发扬了道家理论，建立在唯物论与辩证法基础上，为进一步探讨这个问题奠定了基石。

"草木无大小，必待春而后生。人待义而成"的论断，指出人不仅具有自然属性，更有社会属性；

认为学问之道在于创造。"生积成岳，则梗楠豫章生焉，生积成川，则吞舟之鱼生焉；夫学之积也，亦有所生焉。""学积有生"的思想，为后世学人之圭臬。《劝学篇》《文选》《说苑》《太平御览》中都引用了这句话，文虽略异，其义则一；

尸子认为民为邦本。他说："天子忘民则灭，诸侯忘民则亡。""民者，水也。""百姓若流"。他认为民之犹如水，假如不以如水的习性进行疏导，它必然会冲决一切障碍，是他的"忘民则亡"观点的一个形象的比喻，也是魏徵一贯的思想。《贞观政要·论政体》："臣又闻古语云：'君，舟也；人，水也。水能载舟，亦能覆舟。'"《谏太宗十思疏》："怨不在大，可畏惟人；载舟覆舟，所宜深慎。"这一论断，成为千古不易、放之四海而皆准的至理。

·劝 学·

学不倦，所以治己也；教不厌，所以治人也。是故子路卞之野人，子贡卫之贾人，颜涿聚盗也，颛孙师驵（zǎng）也，孔子教之，皆为显士。夫学，譬之犹砺也。夫昆吾之金，而铢父之锡，使于越之工，铸之以为剑，而勿加砥砺，则以刺不入，以击不断。磨之硙砺，加之以黄砥，则其刺也无前，其击也无下。自是观之，砺之与弗砺，其相去远矣。今人皆知砺其剑，而弗知砺其身。夫学，身之砺砥也。

夫子曰："车唯恐地之不坚也，舟唯恐水之不深也。"有其器，则以人之难为易。夫道以人之难为易也。是故曾子曰："父母爱之，喜而不忘；父母恶之，惧而无怨。"然则爱与恶，其于成孝无择也。史鲻（qiū）曰："君亲而近之，至敬以逊；貌而疏之，敬无怨。"然则亲与疏，其于成忠无择也。孔子曰："自娱于檃（yǐn）括之中，直己而不直人，以善废而不邑邑，蘧（qú）伯玉之行也。"然则兴与废，其于成善无择也。屈侯附曰："贤者易知也，观其富之所分，达之所进，穷之所不取。"然则穷与达，其于成贤无择也。是故爱恶亲疏，废兴穷达，皆可以成义，有其器也。

桓公之举管仲，穆公之举百里，比其德也。此所以国甚僻小，身至秽污，而为政于天下也。今非比志意也，比容貌，非比德行也，而论爵列，亦可以却敌服远矣。农夫比粟，商贾比财，烈士比义，是故监门逆旅，农夫陶人，皆得与焉。爵列私贵也，德行公贵也，奚以知其然也？司城子罕遇乘封人而下，其仆曰："乘封人也，奚为下之？"子罕曰："古之所谓良人者，良其行也；贵人者，贵其心也。今天爵而人，良其行而贵其心，吾敢弗敬乎？"以是观之，古之所谓贵，非爵列也；所谓良，非先故也。人君贵于一国，而不达于天下；天子贵于一世，而不达于后世，唯德行与天地相弊也。爵列者，德行之舍也，其所息也。《诗》曰："蔽芾甘棠，勿剪勿败，召伯所憩。"仁者之所息，人不敢败也。天子、诸侯，人之所以贵也，桀、纣处之则贱矣。是故曰："爵列非贵也。"今天下贵爵列而贱德行，是贵甘棠而贱召伯也，亦反矣。夫德义也者，视之弗见，听之弗闻，天地以正，万物以遍，无爵而贵，不禄而尊也。

·贵 言·

范献子游于河，大夫皆存，君曰："孰知栾氏之子？"大夫莫答。舟人清涓舍楫而答曰："君奚问栾氏之子为？"君曰："自吾亡栾氏也，其老者未死，而少者壮矣。吾是以问之。"清涓曰："君善修晋国之政，内得大夫，而外不失百姓，虽栾氏之子，其若君何？君若不修晋国之政，内不得大夫，而外失百姓，则舟中之人，皆栾氏之子也。"君曰："善哉言。"明日朝，令赐舟人清涓田万亩，清涓辞。君曰："以此田也，易彼言也。子尚丧，寡人犹得也。"古之贵言也若此。

臣天下，一天下也。一天下者，令于天下则行，禁焉则止。桀、纣令天下而不行，禁焉而不止，故不得臣也。目之所美，心以为不义，弗敢视也；口之所甘，心以为非义，弗敢食也；耳之所乐，心以为不义，不敢听也；身之所安，心以为不义，弗敢服也。然则令于天下而行，禁焉而止者，心也。故曰："心者，身之君也。"天子以天下受令于心，心不当，则天下祸；诸侯以国受令于心，心不当，则国亡；匹夫以身受令于心，心不当，则身为戮矣。祸之始也易除，其除之不可者避之；及其成也，欲除之不可，欲避之不可。治于神者，其事少而功多。干霄之木，始若蘖（niè）足，易去也；及其成达也，百人用斧斤，弗能偾（fèn）也。熛（biāo）火始起易息也，及其焚云梦、孟诸，虽以天下之役，抒江、汉之水，弗能救也。

夫祸之始也，犹熛火蘖足也，易止也；及其措于大事，虽孔子、墨翟之贤，弗能救也。屋焚而人救之，则知德之。年老者，使涂隙戒突，故终身无失火之患，而不知德也；入于囹圄，解于患难者，则三族德之，教之以仁义慈悌，则终身无患而莫之德。夫祸亦有突，贤者行天下，而务塞之，则天下无兵患矣，而莫之知德也。故曰："圣人治于神，愚人争于神也。"

天地之道，莫见其所以长物而物长；莫见其所以亡物而物亡。圣人之道亦然。其兴福也，人莫之见而福兴矣；其除祸也，人莫之知而祸除矣。故曰："神人益天下以财为仁，劳天下以力为义，分天下以生为神。"修先王之术，除祸难之本，使天下丈夫耕而食、妇人织而衣，皆得戴其首。父子相保，此其分万物以生，盈天下以财，不可胜计也。神也者，万物之始，万事之纪也。

·四 仪·

行有四仪：一曰志动不忘仁；二曰智用不忘义；三曰力事不忘忠；四曰口言不忘信。慎守四仪，以终其身，名功之从之也，犹形之有影，声之有响也。是故志不忘仁，则中能宽裕；智不忘义，则行有文理；力不忘忠，则动无废功；口不忘信，则言若符节。若中宽裕而行文理，动有功而言可信也，虽古之有厚功大名，见于四海之外，知万世之后者，其行身也，无以加于此矣。

·明 堂·

夫高显尊贵，利天下之径也，非仁者之所以轻也。何以知其然耶？日之能烛远，势高也，使日在井中，则不能烛十步矣。舜之方陶也，不能利其巷下；南面而君天下，蛮夷、戎狄，皆被其福。目在足下，则不可以视矣。天高明，然后能烛临万物；地广大，然后能载任群体。其本不美，则其枝叶、茎心，不得美矣，此古今之大径也。是故圣王谨修其身，以君天下，则天道至焉，地道稽焉，万物度焉。古者明王之求贤也，不避远近，不论贵贱；卑爵以下贤，轻身以先士。故尧从舜于畎亩之中，北面而见之，不争礼貌，此先王之所以能正天地、利万物之故也。今诸侯之君，广其土地之富，而奋其兵革之强以骄士；士亦务其德行，美其道术以轻上，此仁者之所非也。曾子曰："取人者必畏，与人者必骄。"今说者怀畏，而听者怀骄，以此行义，不亦难乎？非求贤务士，而能致大名于天下者，未之尝闻也。

夫士不可妄致也。覆巢破卵，则凤皇不至焉；刳胎焚夭，则骐麟不往焉；竭泽漉鱼，则神龙不下焉。夫禽兽之愚，而不可妄致也，而况于火食之民乎？是故曰："待士不敬，举士不信，则善士不往焉；听言，耳目不瞿，视听不深，则善言不往焉。"孔子曰："大哉河海乎！下之也。"夫河下天下之川，故广；人下天下之士，故大。故曰："下士者得贤，下敌者得友，下众者得誉。"故度于往古，观于先王，非求贤务士，而能立功于天下，成名于后世者，未之尝有也；夫求士不遵其道，而能致士者，未之尝见也。然则先王之道可知已，务行之而已矣。

·分·

天地生万物，圣人裁之；裁物以制分，便事以立官。君臣父子，上下长幼，贵贱亲疏，皆得其分曰治。爱得分曰仁，施得分曰义，虑得分曰智，动得分曰适，言得分曰信。皆得其分而后为成人。明王之治民也，事少而功立，身逸而国治，言寡而令行。事少而功多，守要也；身逸而国治，用贤也；言寡而令行，正名也。君人者，苟能正名，愚智尽情，执一以静，令名自正，令事自定。赏罚随名，民莫不敬，周公之治天下也。酒肉不彻于前，钟鼓不解于悬。听乐而国治，劳无事焉；饮酒而贤举，智无事焉；自为而民富，仁无事焉。知此道也者，众贤为役，愚智尽情矣。

明王之道易行也，劳不进一步，听狱不后皋陶，食不损一味，富民不后虞舜，乐不损一日，用兵不后汤、武，书之不盈尺简，南面而立，一言而国治，尧、舜复生，弗能更也；身无变而治，国无变而王，汤、武复生，弗能更也。执一之道，去智与巧。有虞之君天下也，使天下贡善；殷、周之君天下也，使天下贡才。夫至众贤而能用之，此有虞之盛德也。

三人之所废，天下弗能兴也；三人之所兴，天下弗能废也。亲曰不孝，君曰不忠，友曰不信，天下弗能兴也。亲言其孝，君言其忠，友言其信，天下弗能废也。夫符节合之，则是非自见，行亦有符，三者合，则行自见矣，此所以观行也。诸治官临众者，上比度以观其贤，案法以观其罪，吏虽有邪僻，无所逃之，所以观胜任也。群臣之愚智，日劾于前，择其知事者而令之谋；群臣之所举，日劾于前，择其知人者而令之举；群臣之治乱，日劾于前，择其胜任者而令之治；群臣之所行，可得而察也。择其贤者而举之，则民竞于行；胜任者治，则百官不乱；知人者举，则贤者不隐；知事者谋，则大举不失；圣王正言于朝，而四方治矣。是故曰："正名去伪，事成若化；以实覆名，百事皆成。"夫用贤使能，不劳而治；正名覆实，不罚而威。达情见素，则是非不蔽；复本原始，则言若符节。良工之马易御也，圣王之民易治也，其此之谓乎？

·发 蒙·

若夫名分，圣之所审也。造父之所以与交者少，操辔，马之百节皆兴；明王之所以与臣下交者少，审名分，群臣莫敢不尽力竭智矣。天下之可治，分成也；是非之可辨，名定也。无过其实，罪也；弗及，愚也。是故情尽而不伪，质素而无巧。故有道之君，其无易听，此名分之所审也。若夫临官治事者，案其法，则民敬事；任士进贤者，保其后，则民慎举；议国亲事者，尽其实，则民敬言。孔子曰："临事而惧，希不济。"《易》曰："若履虎尾，终之吉。"若群臣之众，皆戒慎恐惧，若履虎尾，则何不济之有乎？君明则臣少罪。夫使众者诏作则迟，分地则速，是何也？无所逃其罪也。言亦有地，不可不分也。

君臣同地，则臣有所逃其罪矣。故陈绳则木之枉者有罪；措准则地之险者有罪；审名分则群臣之不审者有罪。夫爱民且利之也，爱而不利，则非慈母之德也；好士且知之也，好而弗知，则众而无用也；力于朝且治之也，力而弗治，则劳而无功矣。三者虽异，道一也。是故曰：审一之经，百事乃成；审一之纪，百事乃理；名实判为两，合为一。是非随名实，赏罚随是非，是则有赏，非则有罚，人君之所独断也。明君之立也正，其貌壮，其心虚，其视不躁，其听不淫，审分应辞，以立于廷，则隐匿疏远，虽有非焉，必不多矣。明君不用长耳目，不行间谍，不强闻见，形至而观，声至而听，事至而应。近者不过，则远者治矣；明者不失，则微者敬矣。家人子侄和，臣妾力，则家富，丈人虽厚衣食，无伤也；子侄不和，臣妾不力，家贫，丈人虽薄衣食，无益也，而况于万乘之君乎？国之所以不治者三：不知用贤，此其一也；虽知用贤，求不能得，此其二也；虽得贤不能尽，此其三也。正名以御之，则尧、舜之智必尽矣；明分以示之，则桀、纣之暴必止矣。贤者尽，暴者止，则治民之道不可以加矣。听朝之道，使人有分。有大善者，必问孰进之；有大过者，必云孰任之，而行赏罚焉，且以观贤不肖也。今有大善者，不问孰进之；有大过者，不问孰任之，则有分无益已。问孰任之，而不行赏罚，则问之无益已。是非不得尽见，谓之蔽；见而弗能知，谓之虚；知而弗能赏，谓之纵，三者乱之本也。明分则不蔽，正名则不虚，赏贤罚暴则不纵，三者治之道也。于群臣之中，贤则贵之，不肖则贱之；治则使之，不治则爱之，不忠则罪之。贤不肖，治不治，忠不忠，由是观之，犹白黑也。陈绳而斫之，则巧拙易知也。夫观群臣亦有绳，以名引之，则虽尧舜不服矣。虑事而当，不若进贤；进贤而当，不若知贤；知贤又能用之，备矣。<u>治天下之要，在于正名，正名去伪，事成若化。</u>苟能正名，天成地平，为人臣者，以进贤为功；为人君者，以用贤为功。为人臣者进贤，是自为置上也；自为置上而无赏，是故不为也。进不肖者，是自为置下也；自为置下而无罪，是故为之也。使进贤者必有赏；进不肖者必有罪；无敢进也者为无能之人。若此，则必多进贤矣。

【重点句解读】

治天下之要，在于正名，正名去伪，事成若化。

治理天下的关键就在于正确地分工、确定各阶层人的职责和权利、义务。职、责、权、利、事都划分清楚，去掉虚假无用的东西，事业成功就是很自然的了。

历朝历代，无不以建立好政权结构为治国之首要大事。秦汉以降，中央集权，丞相、三公、六部、九卿、州、郡、县、乡长官属吏各有职、责、权、利。丞相之制虽至明朱元璋戛然而止；清承明制，雍正增设军机处，皇帝不假手他人，通过军机处直接处理军国重务。但各级政府机构及人员，职责权利均有明确标准，内阁、军机处仍有丞相职责的影子，六部、九卿等及地方官吏所受职责,一仍其旧。而其盛极而衰,非关政权架构,而在官员腐败、政令混乱、奸人当道、庸才掌国。

所以,为官作吏之人,要明白"高显尊贵,利天下之径也"(《明堂》),意为尊贵的地位、显赫的职务,是为天下百姓谋福利的通道,而不是贪污受贿的本钱。

·恕·

恕者,以身为度者也。己所不欲,毋加诸人。恶诸人,则去诸己;欲诸人,则求诸己,此恕也。农夫之耨,去害苗者也;贤者之治,去害义者也。虑之无益于义而虑之,此心之秽也;道之无益于义而道之,此言之秽也;为之无益于义而为之,此行之秽也。虑中义,则智为上;言中义,则言为师;事中义,则行为法。射不善而欲教人,人不学也;行不修而欲谈人,人不听也。夫骥唯伯乐独知之,不害其为良马也。行亦然,唯贤者独知之,不害其为善士也。

·治天下·

治天下有四术:一曰忠爱,二曰无私,三曰用贤,四曰度量。度量通则财足矣,用贤则多功矣;无私百智之宗也,忠爱父母之行也。奚以知其然?父母之所畜子者,非贤强也,非聪明也,非俊智也。爱之忧之,欲其贤己也,人利之与我利之,无择也,此父母所以畜子也。然则爱天下,欲其贤己也,人利之与我利之,无择也,则天下之畜亦然矣,此尧之所以畜天下也。有虞氏盛德,见人有善,如己有善;见人有过,如己有过。天无私于物,地无私于物,袭此行者,谓之天子。诚爱天下者得贤。奚以知其然也?弱子有疾,慈母之见秦医也,不争礼貌;在囹圄,其走大吏也,不爱资财。视天下若子,是故其见医者,不争礼貌,其奉养也,不爱资财。故文王之见太公望也,一日五反;桓公之奉管仲也,列城有数。此所以其僻小,身至秽污,而为正于天下也。郑简公谓子产曰:"饮酒之不乐,钟鼓之不鸣,寡人之任也;国家之不入,朝廷之不治,与诸侯交之不得志,子之任也。"子产治郑,国无盗贼,道无饿人。孔子曰:"若郑简公之好乐,虽抱钟而朝可也。"夫用贤，身乐而名附，事少而功多，国治而能逸。

凡治之道，莫如因智；智之道，莫如因贤。譬之犹相马而借伯乐也，相玉而借猗顿也，亦必不过矣。今有人于此，尽力以为舟，济大水而不用也；尽力以为车，行远而不乘也，则人必以为无慧。今人尽力以学，谋事则不借智，处行则不因贤，舍其学不用也。此其无慧也，有甚于舍舟而涉，舍车而走者矣。

·仁 意·

治水潦者，禹也；播五种者，后稷也；听狱折衷者，皋陶也。舜无为也，而天下以为父母，爱天下莫甚焉。天下之善者，唯仁也。夫丧其子者，苟可以得之，无择人也。仁者之于善也亦然。是故尧举舜于畎亩，汤举伊尹于雍人。内举不避亲，外举不避仇，仁者之于善也，无择也，无恶也，唯善之所在。尧问于舜曰："何事？"舜曰："事天，平地而注水，水流湿；均薪而施火，火从燥，召之类也。"是故尧为善而众美至焉，桀为非而众恶至焉。

·广·

因井中视星，所视不过数星；自丘上以视，则见其始出，又见其入。非明益也，势使然也。夫私心，井中也；公心，丘上也。故智载于私，则所知少；载于公，则所知多矣。何以知其然？夫吴、越之国，以臣妾为殉，中国闻而非之；恕，则以亲戚殉一言。夫智在公，则爱吴、越之臣妾；在私，则忘其亲戚，非智损也，恕弇（yǎn）之也。好亦然。语曰："莫知其子之恶也"，非智损也，爱弇之也。是故夫论贵贱，辨是非者，必且自公心言之，自公心听之，而后可知也。匹夫爱其宅，不爱其邻；诸侯爱其国，不爱其敌；天子兼天下而爱之，大也。

·绰 子·

尧养无告，禹爱辜人，汤、武及禽兽，此先王之所以安危而怀远也。

圣人于大私之中也，为无私；其于大好恶之中也，为无好恶。舜曰："南风之薰兮，可以解吾民之愠兮。"舜不歌禽兽而歌民。汤曰："朕身有罪，无及万方，万方有罪，朕身受之。"汤不私其身而私万方。文王曰："苟有仁人，何必周亲？"不私其亲而私万国，先王非无私也，所私者与人不同也。

· 处 道 ·

孔子曰："欲知则问，欲能则学，欲给则豫，欲善则肆。"国乱，则择其邪人去之，则国治矣。胸中乱，则择其邪欲而去之，则德正矣。天下非无盲者也，美人之贵，明目者众也；天下非无聋者也，辨士之贵，聪耳者众也；天下非无乱人也，尧、舜之贵，可教者众也。孔子曰："君子者盂也，民者水也。盂方则水方，盂圆则水圆。"上何好而民不从？昔者勾践好勇，而民轻死；灵王好细腰，而民多饿夫。死与饿，民之所恶也，君诚好之，百姓自然，而况仁义乎？桀、纣之有天下也，四海之内皆乱，而关龙逢、王子比干不与焉。而谓之皆乱，其乱者众也。尧、舜之有天下也，四海之内皆治，而丹朱、商均不与焉。而谓之皆治，其治者众也。故曰：君诚服之，百姓自然；卿大夫服之，百姓若逸；官长服之，百姓若流。夫民之可教者众。故曰犹水也。

【重点句解读】

勾践好勇，而民轻死；灵王好细腰，而民多饿夫。

越王勾践因复仇卧薪尝胆，鼓励战斗精神，越国人在对吴战争中就不怕死；楚灵王喜欢腰细的人，楚国就有很多忍饿节食减肥的人。

"上有所好，下必甚焉。"执政者行正言直，百事皆通，廉洁自律，社会上就会风清气正。反之，社会风气就会浑浊不堪。

习近平总书记在党的十八大、十九大及有关会议、文章中，反复强调全党和各级领导干部"牢记使命，不忘初心"，廉洁自律，为民表率。这些都是步武前贤，结合马列主义、毛泽东思想和中国特色社会主义新阶段新形势，为实现伟大的中国梦而建立的思想理论体系和提出的具体要求。

德者，天地万物得也；义者，天地万物宜也；礼者，天地万物体也。使天地万物，皆得其宜，当其体者，谓之大仁。食所以为肥也，一饭而问人曰："奚若？"则皆笑之。夫治天下大事也，今人皆一饭而问"奚若"者也。善人以治天地则可矣，我奚为而人善。仲尼曰："得之身者得之民，失之身者失之民，不出于户而知天下，不下其堂而治四方。"知反之于己者也。以是观之，治己则人治矣。

·神 明·

仁义圣智参天地，天若不覆，民将何恃何望？地若不载，民将安居安行？圣人若弗治，民将安率安将？是故天覆之，地载之，圣人治之。圣人之身犹日也，夫日圆尺，光盈天地。圣人之身小，其所烛远。圣人正己，而四方治矣。上纲苟直，百目皆开；德行苟直，群物皆正。正也者，正人者也。身不正，则人不从。是故不言而信，不怒而威，不施而仁。有诸心而彼正，谓之至政。今人曰："天乱矣，难以为善。"此不然也。夫饥者易食，寒者易衣，此乱而后易为德也。

《申子》治要

【战国】申不害 撰

【导读】

申不害（约公元前395—前337），郑国京邑（今河南荥阳东南）人，著名思想家和改革家，法家创始人之一，以"术"著称于世。《史记·老子韩非列传》称"申子之学本于黄老而主刑名。著书二篇，号曰《申子》。"《汉书·艺文志》中说是六篇。现只有《群书治要》所引《大体篇》和一些佚文。

申不害的学术思想，明显地受到道家的影响，哲学思想与慎到（见后《慎子》导读）有极相似之处，遵循了老子的大统一学说，但倡导"权""术"。

对于"权"，申不害说："君之所以尊者，令也，令之不行，是无君也，故明君慎之。"令是权力的表现，是君主的本钱。

对于"术"，申不害继承了道家的学说，把道家的"清静无为"的哲学思想用于"君人南面之术"，以此来加强法家当时所主张的中央集权制度，是"权术"的思想基础。他主张君主"无为"，即不从事任何具体的工作，不动声色地用"术"去驾驭臣子。《韩非子·定法篇》解释"术"的意思是君主要按照大臣们的才干授予官职，对他们进行督促和考核，根据政绩决定赏罚。

申不害主张的"术"，君主"藏于无事，示天下无为"的行为方式，是驾驭大臣的最有效的手段。要求君主"去听""去视""去智"，使臣子们无法掩盖自己的缺陷。而君主则可以看得清楚，辨别出忠臣和奸佞。

韩非和申不害虽同为法家，但因所宗有异，侧重不同，他批评申不害是只懂得"术"而无法，改革成效不大。认为"术"是必要的，但只讲术而忽视法，会导致法令前后矛盾，给人可利用的机会。

魏徵在给唐太宗的奏疏中说："威怒所至，则取法于申、韩。"《隋书·经籍志》评论申不害、韩非的学说："法者，人君所以禁淫慝，齐不轨，而辅于治者也。《易》著'先王明罚饬法'；《书》美'明于五刑，以弼五教'。《周官》司寇'掌建国之三典，以佐王刑邦国，诘四方'；司刑以五刑之法，丽万民之罪；是也。刻者为之，则杜哀矜，绝仁爱，欲以威劫为化，残忍为治，用至伤恩害亲。"这也是魏徵等人编撰《群书治要》引用《申子》的目的。

·大 体·

夫一妇擅夫，众妇皆乱。一臣专君，群臣皆蔽。故妒妻不难破家也，乱臣不难破国也。是以明君使其臣并进辐凑，莫得专君。

今人君之所以高为城郭，而谨门闾之闭者，为寇戎盗贼之至也。今夫弑君而取国者，非必逾城郭之险，而犯门闾之闭也。蔽君之明，塞君之听，夺之政而专其令，有其民而取其国矣。

今使乌获、彭祖负千钧之重，而怀琬琰（wǎn yǎn）之美；令孟贲、成荆带干将之剑卫之，行乎幽道，则盗犹偷之矣。今人君之力，非贤乎乌获、彭祖，而勇非贤乎孟贲、成荆也。其所守者，非特琬琰之美、千金之重也，而欲勿失，其可得耶？

明君如身，臣如手；君若号，臣如响；君设其本，臣操其末；君治其要，臣行其详；君操其柄，臣事其常。<u>为人臣者，操契以责其名。名者，天地之纲，圣人之符。张天地之纲，用圣人之符，则万物之情，无所逃之矣。</u>

【重点句解读】

> 为人臣者，操契以责其名。名者，天地之纲，圣人之符。张天地之纲，用圣人之符，则万物之情，无所逃之矣。

做下级的人，拿着上级给予的任命证书，明白知道自己所处的地位，要承担的职责，要完成的任务。名分，天地万物的纲领，圣人掌握的凭证。以此为笼罩天地的纲领，用圣人给予的凭证来履行职责，天地万物的发展规律、变化趋势、所处位置、发生的情况，无不一一掌握在手中。

古代如此，现代仍然如此，中外一辙，概莫能外。古代任命官员，自行报到。因技术落后，信息闭塞，交通不便，为资勘验，预防假冒，在任职的"告身"（即任命书）上，要载明此人的年龄、面貌、身体特征；而国有大事，则颁有一定标记的"符"或"节"，亦合称"符节"给执行者。历史上著名的"信陵君窃符救赵"故事，信陵君所"窃"的"虎符"（虎形的符）是当时魏国调动军队的凭证；西汉苏武为出使匈奴的大使，被扣留迫使牧羊北海十九年，他始终未丢掉表明为国家大使身份的"节"这个凭证。因此，符是名的实物体现，而名则需符证明其真伪。

故善为主者，倚于愚，立于不盈，设于不敢，藏于无事，窜端匿疏，示天下无为。是以近者亲之，远者怀之。示人有余者，人夺之；示人不足者，人与之。刚者折，危者覆，动者摇，静者安，名自正也，事自定也。是以有道者，自名而正之，随事而定之也。鼓不与于五音，而为五音主；有道者，不为五官之事，而为治主；君知其道也，官人知其事也。十言十当，百为百当者，人臣之事，非君人之道也。

昔者尧之治天下也以名，其名正，则天下治；桀之治天下也亦以名，其名倚而天下乱。是以圣人贵名之正也。主处其大，臣处其细，以其名听之，以其名视之，以其名命之。镜设精无为，而美恶自备；衡设平无为，而轻重自得。凡因之道，身与公无事，无事而天下自极也。

【重点句解读】

> **昔者尧之治天下也以名，其名正，则天下治；桀之治天下也亦以名，其名倚而天下乱。是以圣人贵名之正也。主处其大，臣处其细，以其名听之，以其名视之，以其名命之。**

过去尧管理天下时，用的就是"名分"。其名分正，才使天下安定；夏桀管理天下，也是用"名分"，其名分不正，于是天下大乱。因此，圣人看重名分的端正。君主居于高位，臣子处于下位，各自以其名分听受，以其名分办事，以其名分下令。

孔子曰"唯器与名，不可以假人"(《孔子家语·正论解》)之"名"与申子同义。这就需要我们在选拔任用干部时要慎重行事，一秉大公，才能使真正的人才为国所用。

卷三十七 《孟子》治要

【战国】 孟子及其弟子 编撰

【导读】

孟子（约公元前372—前289），姬姓，孟氏，名轲，邹国（今山东邹城市）人。伟大的思想家、教育家，儒家学派的代表人物。孟子与孔子合称"孔孟"，其学说合称为"孔孟之道"。韩愈将孟子列为继承孔子"道统"的人物，朱熹把《孟子》和《大学》《中庸》《论语》合为"四书"。元朝追封孟子为"亚圣公"，尊称为"亚圣"。

《孟子》一书，是孟子的言论汇编，由孟子及其弟子共同编写完成。《史记》说孟子有著述七篇传世，《汉书·艺文志》说有十一篇。流传至今的《孟子》全书虽非孟子手笔，但应为孟子言行无疑。

《孟子》的思想：

在人性方面，主张性善论。"恻隐之心，人皆有之；羞恶之心，人皆有之；恭敬之心，人皆有之；是非之心，人皆有之。恻隐之心，仁也；羞恶之心，义也；恭敬之心，礼也；是非之心，智也。仁、义、礼、智，非由外铄我也，我固有之也。"以为人生来就具备仁、义、礼、智四种品德，这是其思想体系的核心。

在政治观点方面，突出仁政。仁政就是对人民"省刑罚，薄税敛"。强调发展农业，体恤民众，关注民生。提出"民为贵，社稷次之，君为轻"民贵君轻的思想；治国者要"亲亲而仁民""老吾老以及人之老，幼吾幼以及人之幼""与百姓同之""与民同乐";用贤良,杀无道,谴责一切残民以逞的暴君污吏。

在价值观方面,强调舍生取义。"生,亦我所欲也;义,亦我所欲也。二者不可得兼,舍生而取义者也。"强调要以"礼义"来约束自己的一言一行,不能为优越的物质条件而放弃礼义,"万钟则不辨礼义而受之,万钟于我何加焉。"

在哲学思想方面,继承了孔子的天命思想。"诚者,天之道也。"把"诚"这个道德概念规定为天的本质属性,是人性固有的道德观念的本原。孟子的思想体系,都是以这个范畴为基石的。

魏徵等人在其编撰的《群书治要》中,选录了《孟子》中的六段,突出了治国者要施仁政才能使政权稳固,有十多处涉及此事。还在不多的夹注中强调:"仁心,性仁也;仁闻,仁声远闻也。虽然,犹须行先王之道,使百姓被泽,乃可为后世法也。"这清楚地表明其治国施政的理念。

•梁惠王•

孟子见于梁惠王。王曰:"叟不远千里而来,亦将有以利吾国乎?"孟子对曰:"王何必曰利?亦曰仁义而已矣。〔王何必以利为名乎?亦惟有仁义之道可以为名耳。以利为名,则有不利之患矣!〕王曰'何以利吾国'?大夫曰'何以利吾家'?士庶人曰'何以利吾身'?<u>上下交征利,而国危矣。</u>〔征,取也。从王至庶人,各欲取利,必至于篡弑。〕未有仁而遗其亲者也,未有义而后其君者也。"梁惠王曰:"寡人愿安承教"。〔愿安,意承受孟子之教命。〕孟子对曰:"杀人也,以梃与刃,有以异乎?"〔梃,杖也。〕曰:"无以异也。""以刃与政,有以异乎?"曰:"无以异也。"〔以刃与政杀人无异也。〕"庖有肥肉,厩有肥马,民有饥色,野有饿殍(piǎo),此率兽而食人也。兽相食,且人恶之,为民父母行政,不免率兽而食人,恶在其为民父母也。"〔为政乃若率禽兽食人,安在其为民父母之道。〕

【重点句解读】

上下交征利，而国危矣。

如果举国上下都在争权夺利，这个国家就危险了。

比如汉、唐末期，卖官鬻爵，贪腐成风；军阀割据，攻城略地，扩大势力；天下大乱，民不聊生，各地民众起义，真个是"你方唱罢我登场"。又如北洋政府，在短命的十多年中，竟有包括摄政和自称大元帅的张作霖在内十七人（不包括孙中山的临时大总统）任国家元首。"城头变幻大王旗"（鲁迅诗句），政权更迭的频繁，打得一塌糊涂的军阀争权夺利之战，中外罕见。之所以这样，皆是罔顾国家、人民的倒悬之苦而争一派一己之私利。面对此情此景，当时国共合作，为民请命，北伐之战，使北洋政权轰然倒台，军阀割据大体终结。但在民族稍有喘息之机，国民党背信弃义，先后发动了两次反革命政变，实行"一个国家、一个政党、一个领袖"的独裁统治。但是，这种逆历史潮流而动并未实现他们的如意算盘。代表全中国人民根本利益的中国共产党在血泊中站了起来，领导人民建立了人民当家做主的中华人民共和国。七十年来，我们虽在探索的路上有挫折、有弯道，但由于目标、利益的高度一致，全国人民在中国共产党的领导之下，万众一心、披荆斩棘，以一往无前的磅礴之势，踏平坎坷，冲破险阻，终于自立于世界民族之林，成为任何人都不敢轻视的大国。"前事不忘，后事之师"，现在我们在以习近平同志为核心的党中央领导下，为实现中华民族伟大复兴的中国梦，团结一致，艰苦奋斗，就一定会实现举世华人一致要达到的目标。

齐宣王问曰："文王之囿，方七十里，有诸？"孟子曰："有之。"曰："若是其大乎？"〔王怪其大。〕曰："民犹以为小也。"曰："寡人之囿，方四十里，民犹以为大，何也？"曰："文王之囿，方七十里，刍荛（ráo）者往焉，雉兔（tù）者往焉。与民同之，民以为小，不亦宜乎？臣闻郊关之内，有囿方四十里，杀其麋鹿者如杀人之罪，〔郊关，齐四境之郊皆有关也。〕则是方四十里为阱于国中也。民以为大，不亦宜乎？"〔设陷阱者，丈尺之间耳，今陷阱乃方四十里，民患其大，不亦宜乎。〕

· 公孙丑 ·

孟子曰："人皆有不忍人之心。〔言人人皆有不忍加恶于人之心也。〕先王有不忍人之心，斯有不忍人之政矣。以不忍人之心，行不忍人之政，治天下可运之于掌上。〔先王推不忍害人之心，以行不忍伤民之政，以是治天下，亦易于转丸于掌上也。〕所以谓'人皆有不忍人之心'者，今人乍见孺子将入于井，则皆有怵惕、恻隐之心。由此观之，无恻隐之心，非人也；无羞恶之心，非人也；无辞让之心，非人也；无是非之心，非人也。〔言无此四者，当若禽兽，非人之心也。〕恻隐之心，仁之端也；羞恶之心，义之端也；辞让之心，礼之端也；是非之心，智之端也。〔端者，首也。〕人之有是四端也，犹其有四体也。有是四端而自谓不能者，自贼者也；〔自贼害其性，使为不善。〕谓其君不能者，贼其君者也。"〔谓其君不能为善而不匡正者，贼其君使陷恶者也。〕

孟子曰："矢人岂不仁于函人哉？矢人唯恐不伤人，函人唯恐伤人，巫、匠亦然。故术不可不慎也。"〔矢，箭也。函，铠也。作箭之人其性非独不仁于作铠之人也，术使之然。巫欲祝活人，匠作棺欲其早售，利在人死也。故治术不可不慎修其善者也。〕

孟子曰："<u>子路，人告之以有过则喜；禹闻善言则拜；大舜又甚焉。善与人同，舍己从人，乐取于人以为善。自耕稼、陶渔以至为帝，无非取于人者。取诸人以为善，是与人为善也，故君子莫大乎与人为善。</u>"〔舜从耕于历山及陶渔，皆取人之善谋而从之，故曰"莫大乎与人为善也"。〕

【重点句解读】

子路，人告之以有过则喜；禹闻善言则拜；大舜又甚焉。善与人同，舍己从人，乐取于人以为善。自耕稼、陶渔以至为帝，无非取于人者。取诸人以为善，是与人为善也，故君子莫大乎与人为善。

子路，听到别人说他不对的地方或做事有偏差，他便高兴；禹听到富有哲理、有益于大众的话，就拜谢说这话的人；圣明的舜就更为突出了。

他善于与别人统一意见，达成共识，能放弃自己有偏差的观点，采纳别人正确的意见，乐于吸取别人的优点来做好事。他种过庄稼、制过陶器、当过渔夫，直到成为群众的领袖，没有一项长处不是从别人那儿吸取的。吸取他人之长来做好事，这就是与人为善。所以，对君子来说，最重要的莫过于与人为善。

能否闻过则喜，见善则拜，舍己从人、与人为善，是一个人品德、修养、素质的具体体现。兼听则明，偏信则暗，史上之所以能出现"贞观之治"，与唐太宗虚心纳谏、纠偏正误密不可分。

·滕文公·

陈相见孟子，道许行之言曰："贤者与民并耕而食。"孟子曰："治天下，有大人之事，有小人之事；或劳心，或劳力。劳心者治人，劳力者治于人。故治于人者食人，不能治人者食于人，天下之通义也。"〔劳心者，君也；劳力者，民也。君施教以治之，民竭力治公田以奉养其上，天下通义所常行也。〕当尧之时，洪水横流，泛滥于天下，尧独忧之，举舜而治焉。舜使禹疏九河，决汝、汉。八年于外，三过其门而不入，虽欲耕，得乎？尧以不得舜为己忧，舜以不得禹、皋陶为己忧。分人以财谓之惠；教人以善谓之忠；为天下得人谓之仁。是故以天下与人易，为天下得人难。

【重点句解读】

治天下，有大人之事，有小人之事；或劳心，或劳力。劳心者治人，劳力者治于人。故治于人者食人，不能治人者食于人，天下之通义也。

治理一个国家，有有学问、可为楷模、善于管理的人做事，也有百姓应做的事。管理者的劳动是脑力劳动，教导人民做事，把握社会发展方向，是精神创造者；从事体力劳动的是物质生产者；精神创造者的责任是管理，从事体力劳动者是把所生产的物质供给管理者以维持他们的生计，管理者接受别人的供给。这是普天之下通行的道理。

先秦时期的"大人""小人"的概念与现在理解的不同。当时的"大人"称谓不是下级官吏对上级领导的尊称,而是指有教养、德行高尚的人。三国时魏阮籍《大人先生传》:"夫大人者,乃与造物同体,天下并生,逍遥浮世,与道俱成。"《荀子·解蔽》:"明参日月,大满八极,夫是之谓大人。"为修、齐、治、平而作的《大学》可不是今天的"大学",是一个人受教育的程度,而其义是为"大人之学"。而小人则指的是平民百姓,非指卑鄙无耻、肮脏龌龊的人。《尚书·无逸》:"生则逸,不知稼穑之艰难,不闻小人之劳,惟耽乐之从。"

·离 娄·

孟子曰:"离娄之明,公输子之巧,不以规矩,不能成方圆;师旷之聪,不以六律,不能正五音;尧、舜之道,不以仁政,不能平治天下。〔言当行仁恩之政,天下乃可平。〕今有仁心仁闻,而民不被泽,不可法于后世者,不行先王之道也。〔仁心,性仁也;仁闻,仁声远闻也。虽然,犹须行先王之道,使百姓被泽,乃可为后世法也。〕故曰:徒善不足以为政,徒法不能以自行。〔但有善心而不行之,不足以为政;但有善法度而不施之,法度亦不能独自行。〕圣人既竭目力焉,继之以规矩准绳,以为方圆;既竭耳力焉,继之以六律,正五音;既竭心思焉,继之以不忍人之政,而仁覆天下也。故为高必因丘陵,为下必因川泽,为政不因先王之法,可谓智乎?〔言因自然,则用力少而成功多。〕是以惟仁者宜在高位。不仁而在高位,是播恶于众也。"〔仁者,能由先王之道;不仁者逆道,则播扬其恶于众人也。〕

孟子曰:"三代之得天下也以仁,其失天下也以不仁;国家之所以废兴存亡者亦然。天子不仁,不保四海之内;诸侯不仁,不保社稷;卿大夫不仁,不保宗庙;士庶人不仁,不保四体。今恶死亡而乐不仁,犹恶醉而强酒。"

孟子告齐宣王曰:"君之视臣如手足,则臣之视君如腹心。君之视臣如犬马,则臣之视君如国人。君之视臣如土芥,则臣之视君如寇仇。"〔芥,草芥也。臣缘君恩以为差等。〕

·告 子·

孟子曰:"今有无名之指,屈而不申,非疾痛害事。如有能申之者,则不远秦、楚之路,为指之不若人也。〔无名之指,手第四指也。余指皆有名,无名指,非手之用指也。〕指不若人,则知恶之;心不若人,则不知恶。此之谓不知类。"〔心不若人,可恶之大者也。而反恶指,故曰不知类。类,事也。〕

孟子曰:"仁之胜不仁也,犹水之胜火也。今之为仁者,犹以一杯水救一车薪之火也,不息,则谓水不胜火者。此与于不仁之甚者也。"

孟子曰:"五谷,种之美者也。苟为不熟,不如荑稗。夫仁,亦在熟之而已矣。"〔熟,成也。〕

·尽 心·

孟子曰:"以佚道使民,虽劳不怨;〔谓教民趣农,役有常时,不使失业,当时虽劳,后获其利则逸矣。〕以生道杀民,虽死不怨杀者。"〔杀此罪人者,其意欲生人也,故虽伏罪而死,不怨杀者也。〕

《慎子》治要

【战国】相传为慎到 撰

【导读】

慎到（约公元前390—前315），赵国人，其学说由道入法。齐宣王、齐湣王时，慎到游学稷下，在稷下学宫讲学多年，有很多学生，传播了法家思想，为法家成为一学术流派作出了贡献。

《史记·孟子荀卿列传》中介绍《慎子》说有"十二论"，《汉书·艺文志》著录为四十二篇。现仅存七篇，其他皆佚失。

在先秦的法家代表人物中，慎到重"势"，与申不害和商鞅重"术""法"侧重不同。观点虽异，重法则一。慎到认为，君主如果要实行法治，就须重权重势，做到言出法随，令行禁止。

慎到主张立法权集于君主，且须完全依法行事。各级官吏只能严格地遵守法律和执行法律，即"以死守法"；百姓则要接受法令的规定，按法做事，即"以力役法"。慎到提倡法治，立法为公，反对立法为私，反对人治，做到公平执法："官不私亲，法不遗爱，上下无事，唯法所在。"

提倡重"势"是为了重视法律。君主只有掌握了权势，才能保证法律的执行。《韩非子·难势》中引慎到的话："飞龙乘云，腾蛇游雾。云罢雾霁，而龙蛇与螾蚁同矣，则失其所乘也。……尧为匹夫不能治三人，而桀为天子能乱天下，吾从此知势位之足恃，而贤智之不足慕也。"赞同了慎到的理论。

由于《慎子》提倡重法轻贤，史上多被诟病。《四库全书总目提要》评论较为客观公正:"今考其书大旨,欲因物理之当然,各定一法而守之。不求于法之外,亦不宽于法之中,则上下相安,可以清静而治。然法所不行,势必刑以齐之,道德之为刑名,此其转关,所以申、韩多称之也。"

魏徵等人在《群书治要》中所收录的《慎子》为节选。除第一段未冠题目外,其余按段皆标有篇目。

以魏徵的思想、行为论,他赞同慎到提出的:"立天子以为天下也,非立天下以为天子也。立国君以为国也,非立国以为君也,法虽不善,犹愈于无法"的观点。而这种思想,在今天仍有一定的现实意义。

·威 德·

天有明,不忧人之暗也。地有财,不忧人之贫也。圣人有德,而不忧人之危也。天虽不忧人之暗也,辟户牖必取己明焉,则天无事也。地虽不忧人之贫也,伐木刈草,必取己富焉,则地无事矣。圣人虽不忧人之危也,百姓准上,而比于其下,必取己安焉,则圣人无事矣。故圣人处上,能无害人,不能使人无己害也,则百姓除其害矣。圣人之有天下也,受之也,非取之也。〔有光明之德,故百姓推而与之耳,岂其心哉。〕百姓之于圣人也,养之也,非使圣人养己也,则圣人无事矣。

毛嫱、西施,天下之至姣也,衣之以皮倛,则见之者皆走。〔荀卿曰:"仲尼之状,面若蒙倛(qī)。"〕易之以玄绤(xī),则行者皆止。〔绤,谓细布。〕由是观之,则玄绤色之助也,姣者辞之则色厌矣。走背跋逾穷谷,野走千里,药也,走背辞药则足废。〔理有相须而作,事有待具而成。故虽资倾城之观,必俟衣裳之饰;虽挺越常之足,必假药物而疾。故有才无势,将颠坠于沟壑,有势无才,亦腾乎风云,万动云云,咸皆然耳。〕故腾蛇游雾,飞龙乘云,云罢雾霁,与蚯蚓同,则失其所乘也。故贤而屈于不肖者,权轻也;不肖而服于贤者,位尊也。

尧为匹夫,不能使其邻家,至南面而王,则令行禁止。由此观之,贤不足以服不肖,而势位足以服不肖,而势位足以屈贤矣。故无名而断者,权重也。弩弱而矰(zēng)高者,乘于风也;身不肖而令行者,得助于众也。故举重越高者,不慢于药;爱赤子者,不慢于保;绝险历远者,不慢于御。此得助则成,释助则废矣。夫三王五伯之德,参于天地,通于鬼神，周于生物者，其得助博也。

古者工不兼事，士不兼官。工不兼事则事省，事省则易胜。士不兼官则职寡，职寡则易守。故士位可世，工事可常。〔古之宰物，皆用其一能，以成其一事。是以用无弃人，使无弃才，若乃任使于过分之中，役物于异便之地，则上下颠倒，事能淆乱矣。〕百工之子，不学而能者，非生巧也，言有其常事也。今也国无常道，官无常法，是以国家日缪，教虽成，官不足；官不足，则道理匮；道理匮，则慕贤智；慕贤智，则国家之政要，在一人之心矣。〔人之情也，莫不自贤，则不相推，政要在一人，从一人之所欲，不必善，则政教陵迟矣。〕

<u>古者立天子而贵之者，非以利一人也。</u>曰：<u>天下无一贵，理无由通，通理以为天下也。故立天子以为天下也，非立天下以为天子也；立国君以为国也，非立国以为君也；立官长以为官也，非立官以为长也。法虽不善，犹愈于无法。</u>〔所以一人心也。〕夫投钩分财，投策分马，非钩策为均也，使得美者不知所以赐，得恶者不知所以怨，此所以塞怨望，使不上也。明君动事必由惠，定罪分财必由法，行德制中必由礼。〔法者所以爱民，礼者所以便事。〕故欲不得干时，〔必于农隙也。〕爱不得犯法，〔当官而行。〕贵不得逾规，禄不得逾位，士不得兼官，工不得兼事；以能受事，以事受利。若是者，上无羡赏，民无羡财。〔羡犹益也。〕

【重点句解读】

古者立天子而贵之者，非以利一人也。曰：天下无一贵，理无由通，通理以为天下也。故立天子以为天下也，非立天下以为天子也；立国君以为国也，非立国以为君也；立官长以为官也，非立官以为长也。法虽不善，犹愈于无法。

古时候，拥立管理全部疆域和人民的人为上天之子即"天子"而使他尊贵，并不是让天子一个人得到利益（古代有"君权神授"之说，故臣民尊称共主即帝王为天子）。为了治理好国家，并不是建立国家来为天子一个人服务；设置官长是为了办好国家的事、天下百姓的事，设置官职并不是为长官个人谋私利。国家的法规即使不完善，但还是胜过没有法规。

《史记·五帝本纪》："于是帝尧老，命舜摄行天子之政，以观天命"。这是说，天下没有集中统一的领导，国家的法令就无法贯彻执行。让法令得以贯彻执行是为了天下人的福祉，让百姓过上太平美好的日子。所以，拥立天子是为了天下安定，人民幸福，并不是设立天下来为天子一个人享受。

·因　循·

天道因则大，〔因百姓之情，遂自然之性，则其功至高，其道至大也。〕化则细。〔化使从我，物所乐，其理祸狭，其德细小也。〕因也者，因人之情也。人莫不自为也，化而使之为我，则莫可得而用矣。〔违性矫情，引彼就我，则忿戾乖违，莫有从之者矣。〕是故先王不受禄者不臣，禄不厚者，不与入难。人不得其所以自为也，则上不取用焉。〔夫君上取用，必须天机之动，性分之通，然后上下交泰，经世可久耳。故放使自为，则无不得；仕而使之，则无不失矣。〕故用人之自为，不用人之为我，则莫不可得而用矣，此之谓因。

·民　杂·

民杂处而各有所能，所能者不同，此民之情也。〔故圣人，不求备于一人也。〕大君者大上也，兼畜下者也；下之所能不同，而皆上之用也。是以大君因民之能为资，尽苞而畜之，无能去取焉。〔夫人君之御世也，皆曲尽百姓之能，兼罗万物之分，因其长短，就而用之，使能文者为文，能武者为武，聋者使其视，盲者使其听，故理有尽用，物无弃财。〕是故不设一方以求于人，故所求者无不足也。大君不择其下，故足也；不择其下，则易为下矣；易为下，则下莫不容；莫不容，故多下，多下之谓大上。〔其下既多，故在上者大。〕君臣之道，臣事事，〔言事其所事。〕而君无事；〔百官之属，各有所司。〕君逸乐而臣任劳；臣尽智力以善其事，而君无与焉；仰成而已，故事无不治。人君自任而务为善以先下，则是代下负任蒙劳也，臣反逸矣。故曰：君人者，好为善以先下，则下不敢与君争为善以先君矣。〔君好见其善，则群下皆淫善于君矣。上以一方之善，而施于众方之中，求其为赡，偏已多矣。君偏既多，而臣韬其善，则天下乱矣。〕皆私其所知，以自覆掩，有过则臣反责君，逆乱之道。〔夫所以置三公，而列百官者，将使群臣各进所知，以康庶绩耳，若乃君显其善，而臣藏其能，百事从君而出，众端自上而下，则臣善不用，而归恶有在矣。〕君之智，未必最贤于众也，以未最贤，而欲以善尽被下，则不赡矣。〔假使其贤，犹不可推一已之智，以察群下，而况不最贤。〕若使君之智最贤，以一君而尽赡下则劳，劳则有倦，倦则衰，衰则复反于不赡之道也。是以人君自任而躬事，则臣不事事矣，〔言君之专荷其事，则臣下不复以事为事矣。〕是君臣易位也，谓之倒逆，倒逆则乱矣。人君任臣而勿自躬，则臣事事矣。是君臣之顺，治乱之分，不可不察。〔所谓任人者逸，自任者劳也。〕

·知 忠·

乱世之中，亡国之臣，非独无忠臣也。治国之中，显君之臣，非独能尽忠也。治国之人，忠不偏于其君；乱世之人，道不偏于其臣。然而治乱之世，同世有忠道之人。臣之欲忠者不绝世，而君未得宁其上。〔夫灭亡之国，皆有忠臣耳，然贤君千载一会，忠臣世世有之，值其一隆之时，则相与而交兴矣；遇其昏乱之主，则相与而俱已矣。〕无遇比干、子胥之忠，而毁瘁主君于暗墨之中，遂染溺灭名而死。由是观之，忠未足以救乱世，而适足以重非。何以识其然也？曰："父有良子，而舜放瞽叟；桀有忠臣，而过盈天下。然则孝子不生慈父之义，〔六亲不和，有孝慈也。〕而忠臣不生圣君之下。〔国家昏乱，有贞臣也。〕故明主之使其臣也，忠不得过职，而职不得过官，是以过修于身，而下不敢以善骄矜。守职之吏，人务其治，而莫敢淫偷其事。官正以敬，其业和，吏人务其治，而莫敢淫偷其事。官正以顺，以事其上，如此则至治已。〔此五帝三王之业也。〕亡国之君，非一人之罪也；〔恶不众，则不足以亡其国也。〕治国之君，非一人之力也。〔善不多，则不足兴治也。〕将治乱在乎贤使任职，而不在于忠也。故智盈天下，泽及其君；忠盈天下，害及其国。故桀之所以亡，尧不能以为存。然而尧有不胜之善，〔言其善道不可胜言也。〕而桀有运非之名，〔天下之恶皆归之也。〕则得人与失人也。故廊庙之材，盖非一木之枝也；

狐白之裘，盖非一狐之皮也。治乱安危、存亡荣辱之施，非一人之力也。

【重点句解读】

> 廊庙之材，盖非一木之枝也；狐白之裘，盖非一狐之皮也。治乱安危、存亡荣辱之施，非一人之力也。

修建一幢大厦、宫殿所用的木材，不可能是一棵树上的；一件白狐裘皮大衣，不可能是一只狐狸的皮；国家能平息祸乱、安定危局、救亡图存，洗涤屈辱，繁荣昌盛，也绝不是一个人的力量就能做到的。

习近平主席在《在中国科学院第十七次院士大会、中国工程院第十二次院士大会上的讲话》等文章中多次强调，任何事业成败的关键是在于能否集全体之力，用众人的智慧，走正确的路线。

·德 立·

立天子者，不使诸侯疑焉；立诸侯者，不使大夫疑焉；立正妻者，不使嬖妾疑焉；立嫡子者，不使庶孽疑焉。疑则动，两则争，杂则相伤。害在有与，不在独也。故臣有两位者，国必乱；臣两位而国不乱者，君犹在也。恃君而不乱，失君必乱。子有两位者，家必乱；子有两位，而家不乱者，亲犹在也。恃亲而不乱，失亲必乱。臣疑其君，无不危之国；孽疑其宗，无不危之家。

·君 人·

君人者，舍法而以身治，则诛赏夺与，从君心出矣。然则受赏者虽当，望多无穷；受罚者虽当，望轻无已。〔民之所信者法也，今在赏者欲多，在罚者欲少，无法以限之，则不知所论矣。虽极聪明以穷轻重，尽心以班夺与，夫何解于怨望哉。〕君舍法而以心裁轻重，则是同功而殊罚也，怨之所由生也。是以分马者之用策，分田者之用钩也，非以钩策为过人智也，所以去私塞怨也。故曰："大君任法而弗躬为，则事断于法矣。法之所加，各以其分；蒙其赏罚，而无望于君也。是以怨不生，而上下和矣。"

【重点句解读】

> 大君任法而弗躬为，则事断于法矣。法之所加，各以其分；蒙其赏罚，而无望于君也。是以怨不生，而上下和矣。

领导人要以法治国，而不凭个人的意志行事，一切事情都依法决断。依法决定赏罚的轻重，无论受赏受罚，都不依靠领导人的个人意志。这样，怨恨就不会发生，社会就能和睦，上下才能一心。

这也是习近平总书记建设法治社会、一切要依法办事思想的体现。

·君 臣·

为人君者，不多听，〔物有本，事有原。〕据法倚数，以观得失。无法之言，不听于耳；无法之劳，不图于功；无劳之亲，不任于官。官不私亲，法不遗爱；上下无事，唯法所在。〔法令者，生民之命，至治之令，天下之程式，万事之仪表。智者不得过，愚者不得不及焉。〕

《尹文子》治要

【战国】尹文 撰

【导读】

尹文（约公元前360—前280），齐国人，生平不详，大致活动在齐宣王、愍王之际。齐宣王时居住在稷下，是当时有名的学者。与宋钘（宋尹学派创始人及代表人物）齐名，宋尹学派的代表人物。

流传于世的《尹文子》一书，是先秦论法术和形名的名著。

《汉书·艺文志》著录《尹文子》一卷，列为"名家"，已佚。今本《尹文子》分《大道上》和《大道下》两篇，其思想特征以名家为主，综合道、法，亦不排斥儒、墨。自道以至名，由名而至法，上承老子，下启荀子、韩非。

《尹文子》指出："仁、义、礼、乐、名、法、刑、赏，凡此八者，五帝三王治世之术也。故仁以导之，义以宜之，礼以行之，乐以和之，名以正之，法以齐之，刑以威之，赏以劝之。"然而"用得其道则天下治，失其道则天下乱"。如何能得其道？尹文认为须立之以法，而立法的前提是正名："名正而法顺。"对于名、法之间的关系，《尹文子》中说："名有三科，法有四程。一曰命物之名，方圆白黑是也；二曰毁誉之名，善恶贵贱是也；三曰况谓之名，贤愚爱憎是也。一曰不变之法，君臣上下是也；二曰齐俗之法，能鄙同异是也；三曰治众之法，庆赏刑罚是也；四曰平准之法，律度权量是也。"名法并提，是形名学的主要特点，也是其哲学语言逻辑关系的体现，颇值得重视。

《尹文子》善于运用寓言说理。如庄里有丈人，名其长子曰盗，少子曰殴。

长子外出，他在后追呼其名，吏闻而遽捕盗；他又急呼少子，吏遂殴盗几致死。此则笑话生动地说明了正名的重要性。

魏徵在《群书治要》中辑录《尹文子》两篇，上篇冠名《大道》，下篇冠名《圣人》，其目的可能与庄子评价此书大致一致："不累于物，不苟于人，不忮于众，愿天下之安宁，以活于民命。"

·大 道·

古人以度审长短，以量受少多，以衡平轻重，以律均清浊，以名稽虚实，以法定治乱，以简制烦惑，以易御险难。万事皆归于一，百度皆准于法。归一者简之至，准法者易之极。如此，则顽、嚚、聋、瞽可与察、慧、聪、明同治矣。天下万事不可备能，责其备能于一人，则贤圣其犹病诸。设一人能备天下之事，则左右前后之宜，远近迟疾之间，必有不兼者焉。苟有不兼，于治阙矣。全治而无阙者，大小多少，各当其分。农商工仕，不易其业，则处上有何事哉？故有理而无益于治者，君子不言；有能而无益于事者，君子弗为。君子非乐有言，有益于治，不得不言；君子非乐有为，有益于事，不得不为。故所言者，不出于名、法、权、术；所为者，不出于农稼、军阵，周务而已，故明主任之。治外之理，小人之所必言；事外之能，小人之所必为。小人亦知言有损于治，而不能不言；小人亦知能有损于治，而不能不为。故所言者，极于儒、墨是非之辨；所为者，极于坚伪偏抗之行，求名而已。故明主诛之。故古语曰："不知无害为君子，知之无损为小人。工匠不能，无害于巧；君子不知，无害于治。"此言信矣。为善使人不能得从，为巧使人不能得为，此独善独巧者也。未尽巧、善之理，为善与众行之，为巧与众能之，此善之善者，巧之巧者也。故所贵圣人之治，不贵其独治，贵其能与众共治也；所贵工倕之巧，不贵其独巧，贵其与众共巧也。今世之人，行欲独贤，事欲独能，辨欲出群，勇欲绝众。独行之贤，不足以成化；独能之事，不足以周务；出群之辨，不可为户说；绝众之勇，不可与征阵。凡此四者，乱之所由生。是以圣人任道以通其险，立法以理其差，使贤愚不相弃，能鄙不相遗。能鄙不相遗，则能鄙齐功；贤愚不相弃，则贤愚等虑。此至治之术也。名定，则物不竞；分明，则私不行。物不竞，非无心，由名定，故无所厝其心；私不行，非无欲，由分明，故无所厝其欲。然则心、欲人人有之，而得同于无心无欲者，制之有道也。彭蒙曰："雉、菟在野，众人逐之，分未定也。鸡、豕满市，莫有志者，分定故也。"圆者之转，非能转而转，不得不转也；方者之止，非能止而止，不得不止也。因圆者之自转，使不得止；因方者之自止，使不得转，何苦物之失分？故因贤者之有用，使不得不用；因愚者之无用，使不得用；用与不用，皆非我也。因彼可用与不可用，而自得其用也；自得其用，奚患物之乱也？道行于世，则贫贱者不怨，富贵者不骄，愚弱者不慑，智勇者不矜，足于分也。法行于世，则贫贱者不敢怨富贵，富贵者不敢凌贫贱，愚弱者不敢冀智勇，智勇者不敢鄙愚弱，此法之不及道也。世之所贵，同而贵之谓之俗；世之所用，同而用之谓之物。苟违于人，俗所不与；苟忮于众，俗所共去。故人心皆殊，而为行若一；所好各异，而资用必同。此俗之所齐，物之所饰。故所齐不可不慎，所饰不可不择。昔齐桓好衣紫，合境不鬻异彩；楚庄爱细腰，一国皆有饥色。上之所以率下，乃治乱之所由也。<u>国乱有三事：年饥民散，无食以聚之，则乱；治国无法，则乱；有法而不能用，则乱。有食以聚民，有法而能行，国不治，未之有也。</u>

【重点句解读】

> 为善与众行之，为巧与众能之，此善之善者，巧之巧者也。故所贵圣人之治，不贵其独治，贵其能与众共治也；所贵工倕之巧，不贵其独巧，贵其与众共巧也。

自己做利国利民的好事时能带领大家一起做好事，自己做的事情很巧妙也能使众人做事很巧妙，这才是好事中的好事、巧妙中的巧妙。所以圣人治理国家的可贵之处，不在圣人能独立治理国家，而贵在圣人能与众人共同治理国家。倕（传说中帝尧时的能工巧匠）的可贵之处，不在他个人制作的东西精巧，而在他能带领众人共同做出精巧之物。

习近平主席在十三届全国人大一次会议上的讲话和《携手开创中越关系美好的明天》等文章中提出，集中华民族巨大的凝聚力和向心力，与世界各国和衷共济，守望相助，携手前行，才能共同面对全球挑战，缔结成真正的"命运共同体"。

> 圣人任道以通其险，立法以理其差，使贤愚不相弃，能鄙不相遗。能鄙不相遗，则能鄙齐功；贤愚不相弃，则贤愚等虑。此至治之术也。

圣人用真理、掌握的客观规律、有效的政策及措施来克服各种艰难险阻，制定法律来理顺、协调各种关系；使有才能的人和一般人不互相抛弃，使有技能的人与普通人互相配合。有技能的人与普通人不互相舍弃，这样，有技能的人与普通人就会共建奇功；有才能的人与一般人互相配合，那么有才能的人就会与一般人共同考虑国家大事。这是极好的治国方法。

有才能的人也有不足，普通人也有长处，如何激发人的潜能，并使大家和衷共济，一同把事情办好，这是人力资源管理的一门学问。

> 国乱有三事：年饥民散，无食以聚之，则乱；治国无法，则乱；有法而不能用，则乱。有食以聚民，有法而能行，国不治，未之有也。

造成国家动乱的有三件事：遭受饥荒，人民流离失所，没有粮食来安抚人民，使人民仍团结在一起，国家就会动乱；治理国家没有法律可依，国家就会动乱；有法不依，国家也会发生动乱。有能够聚集百姓的食物，依法治国，而国家还不能治理好的从未有过。

西晋末年的"乞活"军、明末的"流寇"产生的原因，就是民无食而流离，国有法而不依，致天下大乱，政权更迭。历史的教训值得汲取。

·圣 人·

仁、义、礼、乐、名、法、刑、赏，凡此八者，五帝、三王治世之术也。故仁以导之，义以宜之，礼以行之，乐以和之，名以正之，法以齐之，刑以威之，赏以劝之。故仁者所以博施于物，亦所以生偏私；义者所以立节行，亦所以成华伪；礼者所以行谨敬，亦所以生惰慢；乐者所以和情志，亦所以生淫放；名者所以正尊卑，亦所以生矜篡；法者所以齐众异，亦所以生乖分；刑者所以威不服，亦所以生陵暴；赏者所以劝忠能，亦所以生鄙争。凡此八术，无隐于人而常存于世，非自显于尧、汤之时，非故逃于桀、纣之朝。用得其道，则天下治；用失其道，则天下乱。过此而往，虽弥纶天地，缠络万品，治道之外，非群生所餐挹，圣人措而不言也。

凡国之将存亡有六征：有衰国，有乱国，有亡国，有昌国，有强国，有治国。所谓乱、亡之国者，凶虐残暴不与焉；所谓强、治之国者，威力仁义不与焉。君年长，多妾媵，少子孙，疏宗强，衰国也；君宠臣，臣爱君，公法废，私欲行，乱国也；国贫小，家富大，君权轻，臣势重，亡国也。凡此三征，不待凶虐残暴而后弱也，虽曰见存，吾必谓之亡者也。内无专宠，外无近习，支庶繁息，长幼不乱，昌国也；农桑以时，仓廪充实，兵甲劲利，封疆修理，强国也；上不能胜其下，下不能犯其上，上下不相胜犯，故禁令行，人人无私，虽经险易，而国不可侵，治国也。凡此三征，不待威力仁义而后强，虽曰见弱，吾必谓之存者也。语曰："佞辨可以荧惑鬼神。"探人之心，度人之欲，顺人于嗜好而弗敢逆，纳人于邪恶而求利人。喜闻己之美也，善能扬之；恶闻己之过也，而善能饰之。得之于眉睫之间，承之于言行之先。世俗之人，闻誉则悦，闻毁则戚，此众人之大情。有同己则喜，异己则怒，此人之大情。故佞人善为誉者也，善顺从者也。人言是，亦是之；人言非，亦非之。从人之所爱，随人之所憎，故明君虽能纳正直，未必亲正直；虽能远佞人，未必能疏佞人。故舜、禹者，以能不用佞人，亦未必憎佞人。语曰："佞辨惑物，舜、禹不能得憎。"不可不察乎！

《老子》曰："民不畏死，如之何其以死惧之！"凡人之不畏死，由刑罚过。刑罚过，则民不赖其生；生无所赖，视君之威未如也。刑罚中，则民畏死；畏死，由生之可乐，故可以死惧矣。此人君之所宜执，臣下之所宜惧之。

田子曰："人皆自为，而不能为人。故君人者之使人，使其自为用，而不使为我用。"魏下先生曰："善哉，田子之言！古者君之使臣，求不私爱于己，求显忠于己；而居官者必能，临阵者必勇；禄赏之所劝，名法之所齐，不出于己心，不利于己身。语曰：'禄薄者，不可与经乱；赏轻者，不可与入难。'此处上者所宜慎者也。"父之于子也，令有必行者，有不必行者。去贵妻，卖爱妾，此令必行者也；因曰："汝无敢恨！汝无敢思！"令必不行者也。故为人上者，必慎所令焉。人贫则怨人，富则骄人。怨人者，苦人之不禄施于己也，起于情所难安而不能安，犹可恕也；骄人者无所苦，而无故骄人，此情所易制弗能制，不可恕矣。贫贱之望富贵甚微，而富贵不能酬其甚微之望。夫富者之所恶，贫者之所美；贵者之所轻，贱者之所荣。然而弗酬，不与同苦乐故也。虽不酬之，于我弗伤。今万民之望人君，亦如贫贱者之望富贵。其所望者，盖欲料长幼，平赋敛，时其饥寒，省其疾痛，赏罚不滥，使役以时，如此而已，则于人君弗损也。然而弗酬，弗与同劳逸故也。故为人君，不可不与人同劳逸焉。故<u>富贵者不可不酬贫贱，而人君不可不酬万民，则万民之所不愿戴。所不愿戴，君位替矣，危莫甚焉！祸莫大焉</u>！

【重点句解读】

> 富贵者不可不酬贫贱，而人君不可不酬万民，则万民之所不愿戴。所不愿戴，君位替矣，危莫甚焉！祸莫大焉。

富贵之人不可以不回馈社会，扶贫济困，而国家领导人不能不满足百姓的愿望，否则百姓就不会拥戴他。百姓不拥戴，他的地位就不保了。没有比这更危险的事了，没有比这更大的灾祸了。

习近平总书记在《在党的十八届五中全会第二次全体会议上的讲话》等文章中提出，中国特色社会主义就是要体现全社会的公平正义，"共享发展"，逐步解决"富者累巨万，而贫者食糟糠"（语出《汉书·食货志》）的问题，让人民有所获得，不断增强幸福感。

《庄子》治要

【战国】 庄周及其弟子 编撰

【导读】

庄周（约公元前369—前286），字子休，宋国蒙（今河南商丘）人，先秦著名思想家、哲学家和文学家，创立了重要的庄学学派。是继老子之后，道家学派的主要代表人物。《史记·老庄列传》："其学无所不窥，然其要本归于老子之言。"庄子"内圣外王"的思想对儒家理论的传承与发展影响至巨；他与老子齐名，合称"老庄"，并称为"道家之祖"。《庄子》和《周易》《老子》为道家"三玄"。唐玄宗封庄周为南华真人，称其著书为《南华真经》。

《汉书·艺文志》著录《庄子》五十二篇，今本三十三篇。其中内篇七，外篇十五，杂篇十一。

《庄子》视"道"为宇宙万物的本源，"天"与"人"相对立。"天"代表着自然，而"人"指的是"人为"。"人为"两字合起来，就是一个"伪"字。人应顺从"天道"，摒弃人性中"伪"的杂质。

《庄子》反对推崇圣贤，"世俗之所谓智者，有不为大盗积者乎？所谓圣者，有不为大盗守者乎？""圣人生而大盗起"；反对儒家"君君臣臣父父子子"的等级观念，认为"道通为一""万物平等"。

《庄子》的文章如高山流瀑，奔涌泉水，随意流出，汪洋恣肆，具有浓厚的浪漫色彩。中有大量寓言故事，想象奇特，"意出尘外，怪生笔端"（刘熙载《艺概·文概》），形象生动，活泼风趣，睿智深刻，是为先秦散文的最高成就，对后世文学有深远影响。

庄子的"我宁游戏污渎之中自快，无为有国者所羁，终身不仕，以快吾志焉"的"逍遥处世"的人生境界，最为潇洒。

《庄子》无论是在哲学方面，还是在文学方面，都对后世有着深刻、巨大的影响。

魏徵的思想倾向和唐王室的崇奉均有道家因素，他从《庄子》中节选了《胠箧》《天地》《天道》《知北游》《徐无鬼》等五篇编入《群书治要》，目的很明显，以"天下有道，则万物皆与""至人无为""好智而无道，天下大乱"等理论，来劝谏唐太宗，从而影响唐太宗的思想和行为。

·胠 箧·

昔者容成氏、大庭氏、伯皇氏、中央氏、栗陆氏、骊畜氏、轩辕氏、赫胥氏、尊卢氏、祝融氏、伏羲氏、神农氏，当是之时，民结绳而用之；〔足以纪要而已。〕甘其食，美其服，〔适故常甘，当故常美，若思夫侈靡则无时慊（qiè）意矣。〕乐其俗，安其居；邻国相望，鸡犬之音相闻，人至老死而不相往来。〔无求之至。〕若此之时，则至治已。今遂至使民延颈举踵，曰"某所有贤者"，赢粮而趣之，则内弃其亲，而外弃其主之事，足迹接乎诸侯之境，车轨结乎千里之外，〔至治之迹，犹致斯弊。〕则是上好智之过也。〔上谓至治之君，智而好之，则有斯过矣。〕上诚好智而无道，天下大乱矣！何以知其然耶？夫弓弩毕弋机变之智多，则鸟乱于上矣；钩饵罔（gǔ）罛（gū）罾笱之智多，则鱼乱于水矣；削格罗落罝罘之智多，则兽乱于泽矣；〔攻之逾密，避之逾巧，则虽禽兽，犹不可图之以智，而况人哉？故治天下者，唯不任知，任知则无妙也。〕智诈同异之变多，则俗惑于辨矣。〔上之所多者，下不能安其少也，性少而以逐多则迷矣。〕

·天 地·

尧观乎华，华封人曰："嘻！圣人。请祝圣人，使圣人寿。"尧曰："辞。""使圣人富。"尧曰："辞。""使圣人多男子。"尧曰："辞。"封人曰："寿、富、多男子，人之所欲也。汝独不用何？"尧曰："多男子则多惧；

富则多事；寿则多辱。是三者，皆非所以养意，故辞。"封人曰："始也以汝为圣人也，今然君子也。天生烝民，必授之职。多男子而授之职，则何惧之有？〔物皆得所而志定。〕富而使分之，则何事之有？〔寄之天下，故无事也。〕圣人鹑居〔无事而斯安也。〕而鷇食，〔仰物而足。〕鸟行而无章。〔率性而动，无常迹也。〕天下有道，则与物皆昌；天下无道，则修德就间。〔虽汤、武之事，苟顺天应人，未为不间。故无为而无不为者，非不间也。〕千岁厌世，去而上仙，〔夫至人极寿命之长，任穷通之变，其生也天行，其死也物化。故云"厌世而上仙"。〕乘彼白云，至于帝乡。〔气之散，无不至之。〕三患莫至，身常无殃，则何辱之有？"

尧治天下，伯成子高立为诸侯。尧授舜，舜授禹，伯成子高辞为诸侯而耕。禹往见之，则耕在野。禹趋就下风，立而问焉，曰："昔尧治天下，吾子立为诸侯。尧授舜，舜授予，而吾子辞为诸侯而耕。敢问其故何也？"子高曰："昔尧治天下，不赏而民劝，不罚而民畏。今子赏罚而民且不仁，德自此衰，刑自此立，后世之乱，自此始矣！"

·天 道·

夫帝王之德，以天地为宗，以道德为主，以无为为常。无为也，则用天下而有余；〔有余者，闲暇之谓也。〕有为也，则为天下用而不足；〔不足者，汲汲然欲为物用者也，欲为物用，故可得而臣也。〕故古之人贵夫无为也。上无为也，下亦无为也，是下与上同德也；下与上同德，则不臣。下有为也，上亦有为也，是上与下同道也；上与下同道，则不主。〔夫工人无为于刻木，而有为于用斧。主上无为于亲事，而有为于用臣。臣能亲事，主能用臣。斧能刻木，而工能用斧，各当其能，则天理自然，非有为也。若乃主代臣事，则非主矣；臣秉主用，则非臣也。故各司其任，则上下咸得，而无为之理至矣。〕上必无为而用天下，下必有为，为天下用。此不易之道也。故古之王天下者，智虽落天地，不自虑也；辨虽雕万物，而不自说也；能虽穷海内，不自为也。〔夫在上者，患于不能无为也。而代人臣之所司，使咎繇不得行其明断，后稷不得施其播殖，则群才失其任，而主上困于役矣。冕旒垂目而付之天下，天下皆得其自为。斯乃无为而无不为者也。故上下皆无为矣。但上之无为则用下，下之无为则自用矣。〕天不产而万物化，地不长而万物育，〔所谓自尔。〕帝王无为而天下功成。〔功自彼成。〕故曰：莫神于天，莫富于地，莫大于帝王。故曰：帝王之德配天地。〔同乎天地之无为也。〕此乘天地、驰万物，而用人群之道也。本在于上，末在于下；要在于主，详在于臣。三军五兵之运，德之末也；赏罚利害，五刑之辟，教之末也；礼法数度，刑名比详，治之末也；钟鼓之音，羽旄之容，乐之末也；哭泣衰绖（dié），降杀之服，哀之末也。此五末者，须精神之运，心术之动，然后从者也。〔夫精神心术者，五末之本也，任自然而运动，则五事之末，不振而自举也。〕末学者，古之人有之，而非所以先也。〔所先者本也。〕君先而臣从，长先而少从，男先而女从。夫尊卑先后，天地之行也，故圣人取象焉。〔言此先后，虽是人事，然皆在至理中来，非圣人之所作也。〕天尊地卑，神明之位也；春夏秋冬，四时之序也；万物化作，盛衰之杀，变化之流也。夫天地至神也，而有尊、卑、先、后之序，而况人道乎？〔明夫尊卑先后之序，固有物之所不能无也。〕宗庙尚亲，朝廷尚尊，乡党尚齿，行事尚贤，大道之序也。〔言非但人伦之所尚也。〕愚智处宜，贵贱履位，〔官各当其才也。〕必分其能，〔无相易业。〕必由其名。〔名当其实，故由名而实不滥也。〕以此事上，以此畜下，以此治物，以此修身，智谋不用，必归其天。此之谓太平，治之至也。礼法数度，刑名比详，古之人有之。此下之所以事上，非上之所以畜下也。〔寄此事于群下，斯乃畜下者也。〕昔者舜问于尧曰："天王之用心何如？"尧曰："吾不傲无告，〔无告者，所谓顽民也。〕不废穷民，〔恒加恩也。〕苦死者，嘉孺子而哀妇人，此吾所以用心已。"舜曰："美则美矣，而未大也。"尧曰："然则何如？"舜曰："天德而出宁，〔与天合德，则虽出而静也。〕日月照而四时行，若昼夜之有经，云行雨施矣！"〔此皆不为而自然者也。〕尧曰："子，天之合也；我，人之合也。"夫天地者，古之所大也，而黄帝、尧、舜之所共美也。故古之王天下者，奚为哉？天地而已矣！

【重点句解读】

昔者舜问于尧曰："天王之用心何如？"尧曰："吾不傲无告，不废穷民，苦死者，嘉孺子而哀妇人，此吾所以用心已。"舜曰：

> "美则美矣，而未大也。"尧曰："然则何如？"舜曰："天德而出宁，日月照而四时行，若昼夜之有经，云行雨施矣！"尧曰："子，天之合也；我，人之合也。"夫天地者，古之所大也，而黄帝、尧、舜之所共美也。故古之王天下者，奚为哉？天地而已矣。

过去舜问尧："作为天子应有怎样的用心？"尧说："我从不怠慢有冤苦诉告无门的人，不遗弃走投无路的穷苦百姓，哀悼死去的人，优待他的子女，怜悯他的遗孀，这些就是我的用心。"舜说："这样做好是好，不过还算不上最好。"尧说："那么该怎么办呢？"舜说："做事符合自然规律，天下就安宁，社会就稳定，好像日月照耀，四季交替，像昼夜那样有其常规，好似云的流动、雨的散布那样自然。"尧说："你，与天道相合；我，与人事相合。"天和地，自古以来都被认为是伟大的，黄帝、尧、舜都共同敬仰效仿它。所以，古时管理天下的人怎么做呢？学习自然法则、掌握其变化规律而已。

这则小故事反映出尧的德行高于舜。尧是现实主义者，以爱民为治国理政的基础，让百姓得到实实在在的好处。而舜却谈些太过空泛的大道理。所以尧不无讥讽地说舜"与天合"。

·知北游·

圣人行不言之教。〔任其自行，斯不言之教也。〕道不可致也。〔道在自然，非可言致也。〕失道而后德，失德而后仁，失仁而后义，失义而后礼。礼者，道之华，乱之首也。〔礼有常则，故矫效之所由生也。〕故曰：<u>为道者日损</u>，〔损华伪也。〕<u>损之又损，以至于无为，无为而无不为也</u>。〔华去而朴全，则虽为而非为也。〕天地有大美而不言，四时有明法而不议，万物有成理而不说。〔此孔子之所云"予欲无言"。〕<u>至人无为</u>，〔任其自为而已。〕<u>大圣不作</u>，〔唯因在也。〕观于天地之谓也。〔观其形容，象其物宜，与天地无异者。〕

【重点句解读】

> 为道者日损，损之又损之，以至于无为，无为而无不为也。……至人无为，大圣不作。

以符合天理人情的方法治理国家的人，害民误国的事务日渐减少，不断地减少，以至于达到没有害民误国的事务的境界。"无为"实际上是"无所不为"，就是再也没有那些害民误国的事了……最好的人，能清除有害的事，再也没有有害的事发生，大圣人是不会不依此办事的。这就叫取法乎天地自然。

西汉初年，社会经济衰弱，朝廷推崇黄老"无为而治"之术，采取"轻徭薄赋""与民休养生息"的政策，最终使得经济发展，社会安定，迎来了"文景之治"之盛世。

·徐无鬼·

黄帝将见太隗乎具茨之山，方明为御，昌寓骖（cān）乘，张若、谐（xí）明前马，昆阍、滑稽后车。至襄城之野，七圣皆迷，无所问涂。适遇牧马童子，问涂焉，曰："若知具茨之山乎？"曰："然。"曰："知大隗之存乎？"曰："然。"黄帝曰："异哉小童！非徒知具茨之山，又知大隗所存。请问为天下。"小童曰："<u>夫为天下者，亦何以异乎牧马者哉？亦去其害马者而已矣。</u>"〔马既过分为害。〕黄帝再拜稽首，称天师而退。

【重点句解读】

> 夫为天下者，亦何以异乎牧马者哉？亦去其害马者而已矣。

治理天下者，跟牧马者又有什么区别呢？只不过也是清除害群之马罢了。

习近平同志自成为党和国家最高领导人以来，以前所未有的雷霆万钧之势,"打虎拍蝇"、反腐倡廉,那些国之奸蠹、民之蟊贼,纷纷落马。害群之马既除,政治清明,上下同心,"两个一百年"的目标就一定能够实现。

《尉缭子》治要

【战国】尉缭 撰

【导读】

尉缭，一般称魏缭。生卒年不详，战国兵家人物，魏国大梁（今河南开封）人。不知姓，名缭，秦王政十年（公元前237）入秦游说，被任为国尉后，改称尉缭。

《汉书·艺文志》兵形势家类著录有《尉缭》三十一篇。今本为五卷二十四篇。为军事学名著，受到历代兵家推崇，与《孙子》《吴子》《司马法》等在宋代并称为《武经七书》。

尉缭反对杀人越货的非正义战争，支持"诛暴乱、禁不义"的正义战争。主张："凡兵，不攻无过之城，不杀无罪之人。夫杀人之父兄，利人之货财，臣妾人之子女，此皆盗也。"尉缭把军事与政治的关系比喻成植物的躯干同种子的关系，所谓"兵者，以武为植，以文为种，武为表，文为里，能审此二者，知胜负矣。"还明确指出没有良好的政治，就不能有强大的军事力量，而军事又是解决政治问题的手段。同时反复强调发展生产对于军事的重要意义，民富国强，本固兵坚，方能守必固，攻必克，战必取。

《尉缭子》所谈的战略战术等问题，虽然不如孙、吴《兵法》深刻，但在军事理论上还是有所发展的，保存了战国时期许多重要军事条令，这是为其他兵书所少见的。

《尉缭子》问世后，受到历代兵家重视，很早就传到日本，朝鲜亦有刊本。

魏徵等人编撰的《群书治要》辑录了其中的《天官》《兵谈》《战威》《兵令》等四篇。论证了人心向背在战争中的决定作用；选贤任能，爱护百姓，发展生产，民富才能使国家强盛的根本方针；军令严明，上下一心，同仇敌忾，才可立于不败之地的基本原则。这些理论与魏徵进谏唐太宗的目的相一致。

·天 官·

梁惠王问尉缭子曰："吾闻黄帝有刑德，可以百战百胜，其有之乎？"尉缭曰："不然，黄帝所谓刑德者，以刑伐之，以德守之，非世之所谓刑德也。世之所谓刑德者，天官时日、阴阳向背者也。黄帝者，人事而已矣。何以言之？今有城于此，从其东西攻之不能取，从其南北攻之不能取，此四者岂不得顺时乘利者哉？然不能取者何？城高池深，兵战备具，谋而守之也。若乃城下、池浅、守弱，可取也。由是观之，<u>天官时日，不若人事也</u>。故按刑德天官之陈曰：'背水陈者为绝地，向坂陈者为废军。'武王之伐纣也，背济水，向山之阪，以万二千人击纣之亿有八万人，断纣头悬之白旗，纣岂不得天官之陈哉？然不得胜者何？人事不得也。黄帝曰：'先稽己智者，谓之天官。'以是观之，人事而已矣。"

【重点句解读】

天官时日，不若人事也。

选择"天官"这样吉利的时候做事，不如发挥人的作用效果好。

"天官"，古代有两种含义：一是星象命理学中的紫微乙级星，预兆好运气等；道教有术语"天官赐福"，后为成语。本段语境，即是此意。二是官职。《周礼》中记载：中央分设六官为办事机构。与其他五官地、春、夏、秋、冬相比，以天官冢宰居首，总御百官。至唐代武则天以周代唐，改吏部为天官，职责不变。后李唐重掌政权，恢复旧称，但"天官"一词仍被书牍称谓沿用。

·兵谈·

王者，民望之如日月，归之如父母，归之如流水。故曰："明乎禁舍开塞，其取天下若化。"故曰："国贫者能富之，地不任者任之，四时不应者能应之。故夫土广而任，则其国不得无富。民众而制，则其国不得无治。且富治之国，兵不发刃，甲不出暴，而威服天下矣。故曰：兵胜于朝廷，胜于丧绖，胜于土功，胜于市井。暴甲而胜，将胜也；战而胜，臣胜也。战再胜，当一败。十万之师出，费日千金，<u>故百战百胜，非善之善者也；不战而胜，善之善者也</u>。

【重点句解读】

故百战百胜，非善之善者也；不战而胜，善之善者也。

所以即便百次战役都能打败敌人，效果却不是好中最好的；效果最好的是，不用发动战役、战斗就能取得战争胜利。

这与《孙子·谋攻》所载"不战而屈人之兵，善之善者也"的理论完全一致。三国时诸葛亮用"空城计"，不战而退司马懿的挟街亭战役胜利之威、士气正旺的大军，即是著名例证。

·战威·

令所以一众心也，不审所出则数变，数变则令虽出，众不信也。出令之法，虽有小过毋更，小疑毋申。事所以待众力也。不审所动则数变，数变则事虽起，众不安也。动事之法，虽有小过毋更，小难毋戚。故上无疑令，则众不二听；动无疑事，则众不二志。古率民者，未有不能得其心而能得力者也；未有不能得其力而能致其死者也。故国必有礼信亲爱之义，而后民以饥易饱；国必有孝慈廉耻之俗，而后民以死易生。故古率民者，必先礼信而后爵禄，先廉耻而后刑罚，先亲爱而后托其身焉。民死其上如其亲，而后申之以制。古为战者，必本气以厉志，厉志以使四枝，四枝以使五兵。故志不厉，则士不死节；士不死节，虽众不武。厉士之道，民之所以生，不可不厚也；爵列之等，死丧之礼，民之所以营也，不可不显也。必因民之所生以制之，因其所营以显之，因其所归以固之。田禄之实，饮食之粮，亲戚同乡，乡里相劝，死丧相救，兵役相从，民之所以归，不可不速也。如此，故什伍如亲戚，阡陌如朋友，故止如堵墙，动如风雨。车不结轨，士不旋踵，此本战之道也。地所以养民也，城所以守地也，战所以守城也。故务耕者其民不饥，务守者其地不危，务战者其城不围。三者先王之本务也，而兵最急矣，故先王务尊于兵。尊于兵其本有五：委积不多，则事不行；赏禄不厚，则民不劝；武士不选，则士不强；备用不便，则士横；刑诛不必，则士不畏。先王务此五者，故静能守其所有，动能成其所欲。王国富民，霸国富士，仅存之国富大夫，亡国富仓府。是谓上溢而下漏，故患无所救。故曰："举贤用能，不时日而事利；明法审令，不卜筮而事吉；贵政养劳，不祷祠而得福。"故曰："天时不如地利，地利不如人事。"圣人所贵，人事而已矣。勤劳之事，将必从己先。故暑不张盖，寒不重裘；有登降之险，将必下步；军井成而后饮，军食熟而后食，垒成而后舍；军不毕食，亦不火食；饥饱、劳逸、寒暑必身度之。如此，则师虽久不老，虽老不弊。故军无损卒，将无惰志。

·兵 令·

<u>兵者凶器也，战者逆德也，争者事之末也。</u>王者所以伐暴乱而定仁义也，战国所以立威侵敌也，弱国所以不能废。兵者，以武为植，以文为种；以武为表，以文为里；以武为外，以文为内。能审此二者，知所以胜败矣。武者所以凌敌分死生也，文者所以视利害观安危；武者所以犯敌也，文者所以守之也。兵用文武也，如响之应声也，如影之随身也。将有威则生，无威则死；有威则胜，无威则败。卒有将则斗，无将则北；有将则死，无将则辱。威者，赏罚之谓也。卒畏将甚于敌者战胜，卒畏敌甚于将者战北。夫战而知所以胜败者，固称将于敌也。敌之与将也，犹权衡也。将之于卒也，非有父母之恻，血肤之属，六亲之私，然而见敌走之如归；前虽有千仞之溪，不测之渊，见入汤火如蹈者，前见全明之赏，后见必死之刑也。将之能制士卒，其在军营之内，行阵之间，明庆赏，严刑罚，陈斧钺，饰章旗，有功必赏，犯令必死。及至两敌相至，行阵薄近，

将提枹而鼓之，存亡生死，存枹之端矣。虽有天下善兵者，不能图大鼓之后矣。

【重点句解读】

兵者凶器也，战者逆德也，争者事之末也。

　　武器，是伤人的凶器；战争，是违背道德仁爱的行为；争夺，是最下等的行动。

　　我国一直实行的是和平外交政策，与世界各国友好相处，共谋发展。这一良好的愿望，未必为举世各国都能接受，世界上战争的因素还始终存在；各种争斗远未平息，局部战争仍在进行。所以，我们建立强大的武备系统是完全必要的。习近平主席在《在纪念中国人民抗日战争暨世界反法西斯战争胜利七十周年大会上的讲话》《在纪念长征胜利八十周年大会上的讲话》等文章中，反复强调安不忘危，我们不要战争，不扩张侵略，但也不惧怕战争。在积极防御战略方针指引下，把我国建成世界一流的军事强国，以应对外部威胁。

卷三十八 《孙卿子》治要

【战国】 荀况 撰

【导读】

荀子（约公元前313—前238），名况，字卿，赵国人。著名思想家、文学家、政治家，时人尊称"荀卿"。西汉时因避汉宣帝刘询讳，因"荀"与"孙"二字古音相通，故称孙卿，其著作亦多命名为《孙卿子》。荀子对儒家思想有所发展，主张人性有恶，其学说常被后人拿来跟孟子的"性善论"比较。荀子对重新整理儒家典籍也有相当显著的贡献。

《汉书·艺文志》："《孙卿子》三十三篇。"传世本三十二篇。保存了先秦时期许多珍贵资料，不但是研究荀子思想的重要依据，也有助于了解先秦社会历史的状况。

因韩非、李斯都是他的入室弟子，为法家代表人物，使他无辜遭池鱼之殃，受到许多学者抨击。苏轼在《荀卿论》中说："荀卿明王道，述礼乐，而李斯以其学乱天下。"谭嗣同在《仁学》中评价："（中国）二千年来之学，荀学也，皆乡愿也。"

在继承儒家学说中，《荀子》合众家之长，发微探幽，建立起自己的思想体系。他反对信仰天命鬼神："天行有常，不为尧存，不为桀亡。"在人性上，提出"性恶论"，否认人天赋的道德观念；在政治思想上，坚持儒家的礼治原则，重视人的物质需求，主张发展经济和礼治法治相结合；在《劝学篇》中，论述了他对学习的见解，深入论证了学习必须精诚专一，坚持不懈，联系实际,学以致用才能达到目的的观点。

荀子文章的语言丰富多彩,善于比喻,排比偶句很多,是第一个使用赋的名称和用问答体写赋的人,同屈原一起被称为"辞赋之祖"。并将当时流行的语录体发展成为标题论文,标志着中国古代说理文趋于成熟,对后世文章有很大的影响。

魏徵等人编撰《群书治要》所节录的《荀子》均无篇名。从内容来看,偏重于《荀子》中的政治思想和为君治国之道;"法后王"的进化理论;"强本节用"、开源节流的经济理论;君主应"兼听"纳谏、使贤任能的政治理论;君轻民重,"水则载舟,水则覆舟"的理论。这些理论与魏徵本人的政治主张高度一致,使他从中吸取了不少营养。

君子曰:"<u>学不可以已。青,取之蓝而青于蓝;冰,水为之而寒于水。</u>"<u>故木受绳则直,金就砺则利。君子博学而日三省乎己,则知明而行无过矣。</u>故不登高山,不知天之高也;不临深溪,不知地之厚也;不闻先王之遗言,不知学问之大也。于越、夷貊(mò)之子,生而同声,长而异俗,教使之然也。吾尝终日而思矣,不如须臾之所学;吾尝跂而望矣,不如登高之博见也。登高而招,臂非加长也,而见者远;顺风而呼,声非加疾也,而闻者彰;假舆马者,非利足也,而致千里;假舟楫者,非能水也,而绝江河。君子生非异也,善假于物也。故君子居必择乡,游必就士,所以防邪僻而近中正也。积土成山,风雨兴焉;积水成渊,蛟龙生焉;积善成德,圣心备焉。故不积跬步,无以至千里;不积小流,无以成河海。故声无小而不闻,行无隐而不形。玉在山而木草润,渊生珠而崖不枯。为善积也,安有不闻者乎。

【重点句解读】

> "学不可以已。青,取之蓝而青于蓝;冰,水为之而寒于水。"故木受绳则直,金就砺则利。君子博学而日三省乎己,则知明而行无过矣。

学无止境,要持之以恒,不能中断。如青色染料是从蓼蓝里提炼出来的，但其颜色比蓼蓝更深；冰是由水凝固成的，但比水还冷；木材经过绳墨画线后再加工才能挺直；刀剑经过磨砺才会锋利。君子广博地学习，每天要在三个方面（曾子的一日三省："为人谋而不忠乎？与朋友交而不信乎？传不习乎？"）检查自己一天的行为，就会明白道理、不犯错误。

习近平同志教导全党、全军、全国人民要不断学习。他在《领导干部要爱读书读好书善读书——在中央党校2009年春季学期第二批进修班暨专题研讨班开学典礼上的讲话》中，引用了《荀子》本章中的"不积跬步，无以至千里；不积小流，无以成江海"来告诫领导干部，要养成坚持不懈的学习习惯。书读百遍，其义自见。无论学习还是做事，要有一股韧劲，百折不挠，日积月累，自可达千里之远，成为江海之大。

<u>见善，必以自存也；见不善，必以自省也。故非我而当者，吾师也；是我而当者，吾友也；谄谀我者，吾贼也。</u>故君子隆师而亲友，以致恶其贼。好善无厌，受谏而能诫，虽欲无进，得乎哉？小人反是。致乱，而恶人之非己；致不肖，而欲人之贤己；心如虎狼，行如禽兽，而又怨人之贼己。谄谀者亲，谏争者疏；修正为笑，至忠为贼；虽欲无灭亡，得乎哉？

【重点句解读】

见善，必以自存也；见不善，必以自省也。故非我而当者，吾师也；是我而当者，吾友也；谄谀我者，吾贼也。

见贤思齐，找出自己的差距，努力赶上；见不良的现象、不好的行为，作为一面镜子，对照自己，随时警醒自己。所以，那些能恰当地指出我的缺点、批评我错误的人，就是我的老师；恰当地肯定我做了正确的事、当面鼓励我的人，就是我的朋友；阿谀奉承、拍我马屁的人，是小人，是想害我的人。

齐桓公有一次说他吃遍天下美味，就是不知道人肉是什么味道。他也不过就这么一说而已。不料，他的厨师易牙把自己的儿子杀了蒸给他吃。这马屁是拍得登峰造极了吧？结果，易牙和另外两个平时也一起大拍齐桓公马屁的卫国公子开方和宦官竖刁，趁齐桓公老病侵寻时发动政变，把齐桓公关在一间空屋子里活活饿死。齐桓公的尸体在床上停放了六十七天，因尸体腐败而滋生的蛆虫以至爬出了门窗之外！

处于"春秋五霸"之首的齐桓公就这么窝窝囊囊、凄凄惨惨地死在了大拍自己马屁的小人之手。如果你身边整天有这种谄媚之徒围着转，"领导高明"不绝于口，你能不心惊肉跳而提高警惕？！

夫骥一日而千里，驽马十驾则亦及之矣。或迟、或速、或先、或后耳，胡为乎其不可相为也？跬步而不休，跛鳖千里；累土而不辍，丘山崇成。彼人之才性之相悬也，岂若跛鳖之与六骥足哉？然而跛鳖致之，六骥不致，是无他故焉，或为之或不为耳！

君子易知而难狎，易惧而难胁，畏患而不避义死，欲利而不为所非，交亲而不比，言辨而不辞。荡荡乎！其有以殊于世也。君子能亦好，不能亦好；小人能亦丑，不能亦丑。君子能则宽容直易以开导人，不能则恭敬撙（zǔn）绌以畏事人；小人能则倨傲僻违以骄溢人，不能则妒嫉怨诽以倾覆人。故曰：君子能则人荣学焉，不能则人乐告之；小人能则人贱学焉，不能则人羞告之。是君子、小人之分也。

<u>君子养心，莫善于诚；致诚无他，唯仁之守，唯义之行。</u>诚心守仁则能化；诚心行义则能变。变化代兴，谓之天德。天不言而人推高焉，地不言而人推厚焉，四时不言而百姓期焉。夫此有常，以至其诚者也。君子至德，默然而喻，未施而亲，不怒而威。天地为大矣，不诚则不能化万物；圣人为智矣，不诚则不能化万民；父子为亲矣，不诚则疏；君上为尊矣，不诚则卑。夫诚者，君子之守，而政事之本也。君子位尊而志恭，心小而道大；所听视者近，而所闻见者远。是何耶？则操术然也。君子审后王之道，而论于百王之前；推礼义之统，分是非之分；总天下之要，治海内之众，若使一人。故操弥约，而事弥大。五寸之矩，尽天下之方。故君子不下室堂而海内之情举，积此者，则操术然也。

【重点句解读】

君子养心，莫善于诚；致诚无他，唯仁之守，唯义之行。

君子修身养性，没有比真诚更好的了。要想做到真诚，没有别的方法，只有保持仁爱，力行正义。

一个人诚心保持仁爱则能感化万民，诚心施行正义则能改变风俗。

好荣恶辱，好利恶害，是君子、小人所同也，若其所以求之道则异。小人疾为诞而欲人之信己，疾为诈而欲人之亲己，禽兽行而欲人之善己；虑之难知也，行之难安也，持之难立也，成则必不得其所好，必遇其所恶焉。故君子者，信矣，而亦欲人之信己；忠矣，而亦欲人之亲己；修正治辨矣，而亦欲人之善己；虑之易知也，行之易安也，持之易立也，成则必得其所好，必不遇其所恶焉，是故穷则不隐，通则大明，身死而名弥白。

兼服天下之心：高上尊贵，不以骄人；聪明圣智，不以穷人；齐给速通，不争先人；刚毅勇敢，不以伤人；不知则问，不能则学，虽能必让。君子能为可贵，不能使人必贵己；能为可信，不能使人必信己；能为可用，不能使人必用己。故君子耻不修，不耻见污；耻不信，不耻不见信；耻不能，不耻不见用。是以不诱于誉，不恐于诽，率道而行，端然正己，不为物倾侧，夫是之谓诚君子。

仲尼之门人，五尺之竖子，言羞称乎五伯。是何也？曰："然，彼非本政教也，非致隆高也，非綦（qí）文理也，非服人心也。向方略，审劳逸，畜积修斗，而能颠倒其敌者也，诈心已胜矣。彼以让饰争，依乎仁而蹈利者也，小人之杰也。彼固曷足称乎大君子之门哉！彼王者不然，致贤而能以救不肖，致强而能以宽弱，战必能殆之，而羞与之斗，委然成文以示之，天下自化矣；有灾缪者然后诛之，故圣王之诛，甚省矣。"

秦昭王问孙卿曰："儒无益于人之国？"孙卿曰："儒者法先王，隆礼义，谨乎臣子而致贵其上者也。虽穷困冻馁，必不以邪道为贪；无置锥之地，而明于持社稷之大义。势在人上，则王公之材也；在人下，则社稷之臣，国君之宝也。虽隐于穷闾陋屋，人莫不贵之，贵道诚存也。在本朝则美政，在下位则美俗。儒之为人下如是矣。其为人上也，广大矣！志意定乎内，礼节修乎朝，法则、度量正乎官，忠、信、爱、利形乎下。故近者歌讴而乐之，远者竭蹶而趋之。四海之内若一家，通达之属，莫不从服。夫其为人下也如彼，其为人上也如此，何为其无益于人之国乎？"昭王曰："善！"君子之所谓贤者，非能遍能人之所能之谓也；君子之所谓知者，非能遍知人之所知之谓也；君子之所谓辨者，非能遍辨人之所辨之谓也；君子之所谓察者，非能遍察人之所察之谓也；有所止矣。相高下，序五种，君子不如农人；通财货，辨贵贱，君子不如贾人；设规矩，便备用，君子不如工人。若夫论德而定次，量能而授官，使贤不肖皆得其位，能不能皆得其官，万物得宜，事变得应，言必当理，事必当务，然后君子之所长也。君子无爵而贵，无禄而富，不言而信，不怒而威，穷处而荣，独居而乐，岂不至尊、至富、至重、至严哉！

请问为政？曰：听政之大分，以善至者待之以礼，以不善至者待之以刑。两者分别，则贤不肖不杂，是非不乱。贤不肖不杂则英杰至，是非不乱则国家治。若是，令行禁止，王者之事毕矣。公平者，职之衡也，中和者，听之绳也。其有法者以法行，其无法者以类举，听之尽也；偏党而无经，听之辟也。故有良法而乱者，有之矣；有君子而乱者，自古及今，未尝闻也。《传》曰："治生乎君子，而乱生乎小人。"此之谓也。

马骇舆，则君子不安舆；庶人骇政，则君子不安位。马骇舆，则莫若静之；庶人骇政，则莫若惠之。选贤良，举笃敬，兴孝悌，收孤寡，如是，则庶人安政，然后君子安位矣。传曰："君者，舟也；庶人者，水也。水则载舟，水则覆舟。"此之谓也。故君人者欲安，则莫若平政爱民矣；欲荣，则莫若隆礼敬士矣；欲立功名，则莫若尚贤使能矣；是君人者之大节也。三节者当，则其余莫不当矣；三节者不当，则其余虽曲当，由将无益也。成侯、嗣公，聚敛计数之君也，未及取民也；郑子产取民者也，未及为政也；管仲为政者也，未及修礼也。故修礼者王，为政者强，取民者安，聚敛者亡。故王者富民，霸者富士，仅存之国富大夫，亡国富筐箧、实府库。筐箧已富，府库已实，而百姓贫，夫是之谓上溢而下漏；入不可以守，出不可以战，则倾覆灭亡可立而待也。故我聚之以亡，敌得之以强。聚敛者，召寇、肥敌、亡国、危身之道也，故明君不蹈也。

足国之道，节用裕民，而善藏其余也。节用以礼，裕民以政。彼裕民则民富，出实百倍。上以法取焉，而下以礼节用之，余若丘山，夫君子奚患乎无余也！故知节用裕民，则必有仁义圣良之名，而且有富厚丘山之积矣。不知节用裕民则民贫，出实不半，上虽好取侵夺，犹将寡获也；而或以无礼节用之，则必有贪利之名，而且有空虚穷乏之实矣。礼者，贵贱有等，长幼有差，贫富轻重皆有称者也。德必称位，位必称禄，禄必称用。由士以上，则必以礼乐节之，众庶百姓，则必以法数制之。轻田野之税，平关市之征，省商贾之数，罕兴力役，无夺农时，如是则国富矣。夫是谓以政裕民也。人之生不能无群，群而无分则争，争则乱，乱则穷矣。故无分者，人之大害也；有分者，天下之本利也。古者，先王分割而等异之也，故使或美、或恶，或厚、或薄，或逸乐，或劬劳，非特以为淫夸之声，将以明仁之文、通仁之顺也。故为雕琢刻镂，黼黻文章，使之以辨贵贱而已，不求其观；为钟鼓管磬、琴瑟竽笙，使之以辨吉凶，合欢定和而已，不求其余；为宫室台榭，使以避燥湿、辨轻重而已，不求其外。若夫重色而衣之，重味而食之，重财物而制之，合天下而君之，非特以为淫泰也。以为王天下，理万变，裁万物，养万民，兼制天下者，为莫若仁人之善也夫！故其知虑足以治之，其仁厚足以安之，其德音足以化之，得之则治，失之则乱。百姓诚赖其智也，故相率而为之劳苦，以务逸之，以养其智也；诚美其厚也，故为之出死断亡，以覆救之，以养其厚也；诚美其德也，故为雕琢刻镂，黼黻文章，以藩饰之，以养其德也。故仁人在上，百姓贵之如帝，亲之如父母，为之出死断亡者，无他故焉，其所是焉诚美，其所得焉诚大，其所利焉诚多也。故曰："君子以德，小人以力也。"百姓之力，待之而后功；百姓之群，待之而后和；百姓之财，待之而后聚；百姓之势，待之而后安；百姓之寿，待之而后长。父子不得不亲，兄弟不得不顺，男女不得不欢，少者以长，老者以养。故曰："天地生之，圣人成之。"此之谓也。今之世不然：厚刀布之敛以夺之财，重田野之税以夺之食，苛关市之征以难其事。权谋倾覆，以靡弊之，百姓晓然，皆知其将大危亡也。是以臣背其节，而不死其事者，无他故焉，人主自取之也。不教而诛，则刑繁而邪不胜；教而不诛，则奸民不惩；诛而不赏，则勤励之民不劝；诛赏而不类，则下疑，俗险而百姓不一。故先王明礼义以一之；致忠信以爱之；尚贤使能以次之；爵服赏庆以申重之；时其事，轻其任，以调齐之；兼覆之，养长之，如保赤子。若是，故奸邪不作，盗贼不起，而化善者劝勉矣。是何？则其道易，其塞固，其政令一，其防表明也。故曰："上一则下一矣，上二则下二矣。"

国者，天下之制利用也；人主者，天下之利势也。得道以持之，则大安也，大荣也；不得道以持之，则大危矣，大累矣。故用国者，义立而王,信立而霸,权谋立而亡。三者明主之所谨择也,仁人之所务白也。汤以亳,武王以镐,皆百里之地也,天下为一,诸侯为臣,通达之属,莫不从服,无他故焉,以济义矣。是所谓义立而王也。齐桓、晋文、楚庄、吴阖庐、越勾践,是皆僻陋之国也,威动天下,强殆中国,无他故焉,信也。是所谓信立而霸也。不务张其义,济其信,唯利之求,内则不惮诈其民而求小利焉,外则不惮诈其与而求大利焉,内不修正其所以有,然常欲人之有。如是,则臣下百姓莫不以诈心待其上矣。上诈其下,下诈其上,则是上下析也。如是,则敌国轻之,与国疑之,权谋日行,而国不免危亡。齐闵、薛公是也。是无他故焉,唯其不由礼义而由权谋也。三者明主之所谨择也,而仁人之所务白也。善择者制人,不善择者人制之。

国者,天下之大器也,重任也,不可不善为择所而后措之,措险则危;不可不善为择道然后道之,涂秽则塞,危塞则亡。故道王者之法,与王者之人为之,则亦王矣;道霸者之法,与霸者之人为之,则亦霸矣;道亡国之法,与亡国之人为之,则亦亡矣。故国者,世以新者也,改玉改行也。一朝之日也,一日之人也,然而有千岁之国,何也?曰:援夫千岁之信法以持之也,安与夫千岁之信士为之也。人无百岁之寿,而有千岁之信士,何也?曰:以夫千岁之法自持者,是乃千岁之信士矣。故与积礼义之君子为之,则王;与端诚信全之士为之,则霸;与权谋倾覆之人为之,则亡。三者,明主之所谨择也。国危则无乐君,国安则无忧民。乱则国危,治则国安。今君人者,急逐乐而缓治国,岂不过甚哉!譬之是由好声色而恬无耳目也,岂不哀哉!故百乐者,生于治国者也;忧患者,生于乱国者也。急逐乐而缓治国,非知乐者也。故明君者,必将先治其国,然后百乐得其中;暗君者,必将荒逐乐,而缓治国,故忧患不可胜校也,必至于身死国亡,然后止也,岂不哀哉!将以为乐,乃得忧焉;将以为安,乃得危焉;将以为福,乃得死亡焉;岂不哀哉。呜呼!君人者,亦可以察若言矣!故治国有道,人主有职。若夫论一相以兼率之,使臣下百吏莫不宿道向方而务,是夫人主之职也。若是,则名配尧、禹。人主者,守至约而详,事至逸而功,垂衣裳不下簟席之上,而海内之人,莫不愿得以为帝王。夫是之谓至约,乐莫大焉。人主者,以官人为能者也;匹夫者,以自能为能者也。人主得使人为之,匹夫则无所移之。今以一人兼听天下,必自为之然后可,则劳苦耗萃莫甚焉。如是,则虽臧获不肯与天子易势业。

以是悬天下，一四海，役夫之道也。

《传》曰："士大夫分职而听，诸侯之君分土而守，三公总方而议，则天子拱已止矣！"故人主欲得善射，射远中微，则莫若使羿、逄门矣；欲得善驭，及速致远，则莫若使王良、造父矣；欲调一天下，制秦、楚，则莫若聪明君子矣。其用智甚简，其为事不劳，而功名致大，甚易处，而甚可乐矣。夫贵为天子，富有天下，名为圣王，兼制人，人莫得而制也，是人情之所同欲也。欲是之主并肩而存，能建是之士不世绝，千岁而不合，何也？曰："人主不公，人臣不忠也。"人主则外贤而偏举，人臣则争职而妒贤，是其所以不合之故也。人主胡不广焉，无恤亲疏，无偏贵贱，唯诚能之求？人臣轻职让贤，而安随其后矣。如是，则功一天下，名配禹、舜，物由有可乐，如是其美者乎！呜呼！君人者亦可以察若言矣！治国者分已定，则主相臣下百吏，各谨其所闻，不务听其所不闻；各谨其所见，不务视其所不见。则虽幽闲静僻，百姓莫不敬分安制，以化其上，是治国之征也。主道，治近不治远，治明不治幽，治一不治二。主能治近，则远者理；主能治明，则幽者化；主能当一，则百事正。夫兼听天下，日有余而治不足者，如此也，是治之极也。既能治近，又务治远；既能治明，又务治幽；既能当一，又务正百，是过者也，过犹不及也。不能治近，又务治远；不能察明，又务见幽；不能当一，又务正百，是悖者也，故明主好要，而暗主好详。主好要则百事详，主好详则百事荒矣。

国得百姓之力者富，得百姓之死者强，得百姓之誉者荣。三得者具，而天下归之；三得者亡，而天下去之。汤、武兴天下同利，除天下同害；政令制度，所以接百姓者，有非理如豪末，必不加焉。故百姓亲之如父母，为之死亡而不偷也。乱世不然。使愚诏智，不肖临贤；生民则致贫隘，使民则甚劳苦；又望百姓为之死，不可得也。孔子曰："审吾所以适人，人之所以来我也。"大国之主，好见小利，又好以权谋倾覆之人断事，社稷必危，是伤国者也。大国之主好诈，群臣亦从而成俗；群臣若是，则众庶亦不隆礼义，而好贪利矣。君臣上下之俗，莫不若是，则地虽广，权必轻；人虽众，兵必弱；刑虽繁，令不下通。是之谓伤国。

有乱君，无乱国；有治人，无治法。羿之法非亡也，而羿不世中；禹之法犹存，而夏不世王。故法不能独立，得其人则存，失其人则亡。法者，治之端也；君子者，法之源也。故有君子，则法虽省，足以遍矣；

无君子，则法虽具，足以乱矣。故明主急得其人，而暗主急得其势。急得其人，则身逸而国治，功大而名美；急得其势，则身劳而国乱，功废而名辱。故君人者，劳于索之，而休于使之。械数者，治之流也，非治之源也；君子者，治之源也。官人守数，君子养源。故上好礼义，尚贤使能，而无贪利之心，则下亦将綦辞让，致忠信，而谨于臣子矣。故赏不治，政令不烦而俗美；百姓莫敢不顺上之法，象上之志，而劝上之事，而安乐之矣。

君者，民之源也。源清则流清，源浊则流浊。故有社稷而不能爱民，不能利民，而求民之亲爱己，不可得也；民不亲不爱，而求其为己用，为己死，不可得也；民不为己用，不为己死，而求兵之劲、城之固，不可得也；兵不劲、城不固，而求敌之不至，不可得也；敌至而求无危削，不灭亡，不可得也。故人主欲强固安乐，则莫若反之民；欲附下一民，则莫若反之政；欲修政美国，则莫若求其人。故君人者，爱民而安，好士而荣，两者无一焉而亡也。明分职，序事业，拔材官能，莫不治理，则公道达而私门塞矣，公义明而私事息矣。如是，则德厚者进，而佞悦者止；贪利者退，而廉节者起；兼听齐明，而百事不留。故天子不视而见，不听而聪，不虑而知，不动而功，块然独坐，而天下从之，如四支之从心也。

人主有六患：使贤者为之，则与不肖者规之；使智者虑之，则与愚者论之；使修士行之，则与奸邪之人疑之；虽欲成功，得乎哉？譬之是犹立直木而恐其影之枉也，惑莫大焉！《语》曰："公正之士，众人之痤也；循道之人，奸邪之贼也。"今使奸邪之人，论其怨贼，而求其无偏，得乎哉！譬之是犹立枉木而求其影之直也，乱莫大焉！故古之人为之不然。其取人有道，其用人有法。取人以道，参之以礼；用人之法，禁之以等；行义动静，度之以礼；智虑取舍，稽之以成；日月积久，校之以功。故卑不得临尊，轻不得悬重，愚不得谋智，是以万举不过也。

人主欲得善射，射远中微者，欲得善驭，及速致远者，悬贵爵重赏，以招致之。内不可阿子弟，外不可隐远人，能致是者取之，是岂不必得之之道哉！虽圣人不能易也。欲治国驭民，调一上下，将内以固城，外以拒难；治则制人，人不能制也；乱则危辱灭亡，可立而待也。而求卿相辅佐，则独不若是其公也。唯便辟亲比己者之用也，岂不过甚哉？故有社稷者，莫不欲强，俄则弱矣；莫不欲安，俄则危矣；莫不欲存，俄则亡矣。

故明主有私人以金石珠玉，无私人以官职事业，是何也？曰：本不利于所私也。彼不能而主使之，则是主暗也；臣不能而诬能，则是臣诈也。主暗于上，臣诈于下，灭亡无日，俱害之道也。夫文王非无贵戚也，非无子弟也，非无便僻也，乃举太公而用之，兼制天下，立七十一国，姬姓独居五十三人，周之子孙，莫不为显诸侯，如是者能爱人也。故举天下之大道，立天下之大功，然后隐其所怜所爱。故曰："唯明主为能爱其所爱，暗主则必危其所爱。"此之谓也。

从命而利君谓之顺，从命而不利君谓之谄；逆命而利君谓之忠，逆命而不利君谓之篡；不恤君之荣辱，不恤国之臧否，偷合苟容，以持禄养交而已，谓之国贼。君有过谋过事，将危国家、陨社稷之具也，大臣、父兄，有能进言于君，用则可，不用则去，谓之谏；有能进言于君，用则可，不用则死，谓之争；有能比智同力，率群臣百吏，而相与强君矫君，以解国之大患，除国之大害，成于尊君安国，谓之辅；有能抗君之命，窃君之重，反君之事，以安国之危，除君之辱，谓之弼。故谏、争、辅、弼之人，社稷之臣也，国君之宝也，明君之所尊所厚也，而暗主惑君为己贼也。故明君之所赏，暗君之所罚也；暗君之所赏，明君之所杀也。《传》曰："从道不从君。"正义之臣设，则朝廷不颇；谏争辅弼之人信，则君过不远；爪牙之士施，则仇雠不作；边境之臣处，则界垂不丧。故明主好同，暗主好独；明主尚贤使能而飨其盛，暗主妒贤畏能而灭其功。罚其忠，赏其贼，夫是之谓至暗。有大忠者，有次忠者，有下忠者，有国贼者。以德覆君而化之，大忠也；以德调君而补之，次忠也；以是谏非而怒之，下忠也；不恤君之荣辱，不恤国之臧否，偷合苟容，以持禄养交而已，国贼也。

人主之患，不在乎不言，而在乎不诚。夫言用贤者，口也；却贤者，行也；口行相反，而欲贤者之至，不肖者之退，不亦难乎！夫曜蝉者，务在明其火，振其树而已，火不明，虽振其树，无益也。今人主有能明其德，则天下归之，若蝉之归明火也。

临武君与荀卿议兵于赵孝成王前，王曰："请问兵要。"临武君曰："上得天时，下得地利，观敌之变动，后之发，先之至，此用兵之要术也。"荀卿曰："不然。所闻古之道，凡用兵战攻之本，在乎一民也。弓矢不调，则羿不能以中微；六马不和，则造父不能以致远；士民不亲附，则汤、武不能以必胜也。故善附民者，是乃善用兵者也。故兵要在乎善附民而已。"临武君曰："不然。兵之所贵者势利也，所行者变诈也。善用之者，莫知其所从出，孙、吴用之无敌于天下，岂必待附民乎？"荀卿曰："不然。臣之所道，仁人之兵，王者之志也。君之所贵，权谋势利，攻夺变诈也。仁人之兵，不可诈也；彼可诈者，怠慢者也。故以桀诈桀，犹有幸焉；以桀诈尧，譬之若以卵投石，若以指挠沸；若赴水火，入焉焦没耳！故仁人上下一心，三军同力；臣之于君，下之于上，若子之事父，弟之事兄；若手臂之扞头目，而覆胸腹也。诈而袭之，与先惊而后击之一也。"临武君曰："善！"陈嚣问荀卿曰："先生议兵，常以仁义为本。仁者爱人，义者循理，然则又何以兵为？凡所为有兵者，为争夺也。"荀卿曰："非汝所知也。彼仁者爱人，爱人故恶人之害之也；义者循理，循理故恶人之乱之也。彼兵者，所以禁暴除害也，非争夺也。故仁人之兵，所存者神，所过者化，若时雨之降，莫不悦喜。故近者亲其善，远方慕其德；兵不血刃，远迩来服，德盛于此，施及四极。"

<u>天行有常，不为尧存，不为桀亡。应之以治则吉，应之以乱则凶。强本而节用，则天不能贫；养备而动时，则天不能病；循道而不忒，则天不能祸。</u>故水旱不能使之饥，寒暑不能使之疾，妖怪不能使之凶。背道而妄行，则天不能吉。故水旱未至而饥，寒暑未薄而疾，妖怪未生而凶。受时与治世同，而殃祸与治世异，不可以怨天，其道然也。故明于天人之分，则可谓至人矣。

【重点句解读】

天行有常，不为尧存，不为桀亡。应之以治则吉，应之以乱则凶。强本而节用，则天不能贫；养备而动时，则天不能病；循道而不忒，则天不能祸。

　　天地阴阳的运行有固定规律，不因为尧而存在，也不因为夏桀而灭亡。顺应社会发展规律治理国家，国家就繁荣昌盛。违反社会发展规律办事，国家就会动乱、衰亡。巩国国本，开源节流，上天便不能使人贫穷；衣食充足而让百姓按季节劳作，上天便不能使他困苦；不违背自然规律做事,上天就降不了灾祸。

在我们中国特色社会主义的建设史上,既有深刻的教训,也有丰富的经验。20世纪50年代末期,由于不顾社会发展规律和经济规律而急躁冒进,"大跃进"遗患无穷;70年代末期,党中央顺应社会发展规律和人民的意愿,进行拨乱反正,搞改革开放,则为中国人民迎来了一片充满无限生机的天地。

天不为人之恶寒辍冬,地不为人之恶辽远辍广,君子不为小人之匈匈辍行。天有常道,地有常数,君子有常体,君子道其常,小人计其功。星坠木鸣,国人皆恐。是天地之变,阴阳之化,物之罕至者也。怪之可也,而畏之非也。夫日月之有食,风雨之不时,怪异之傥见,是无世而不尝有之。上明而政平,则是虽并世起,无伤也;上暗而政险,则是虽无一至者,无益也。若夫天地之变,畏之非也,人妖则可畏也。政险失民,田芜稼恶,籴贵民饥,道路有死人,夫是之谓人妖也;政令不明,举措不时,本事不理,夫是之谓人妖也;礼义不修,外内无别,男女淫乱,父子相疑,上下乖离,寇难日至,夫是之谓人妖也。三者错,无安国矣。其说甚迩,其灾甚惨。《传》曰:"万物之怪,书不说,无用之辩,不急之察,弃而不治也。"若夫君臣之义,父子之亲,夫妇之别,则日切磋而不舍也。在天者莫明于日月,在人者莫明于礼义。故人之命在天,国之命在礼。君人者,隆礼、尊贤而王,重法、爱民而霸,好利、多诈而危,权谋、倾覆而亡矣。

主道明则下安,主道幽则下危。故下安则贵上,下危则贱上。故上易知,则下亲上矣,上难知,则下畏上矣;下亲上则上安,下畏上则上危。故主道莫恶乎难知,莫危乎使下畏己。《传》曰:"恶之者众,则危矣。"

入孝出悌,人之小行也;上顺下笃,人之中行也;从道不从君,从义不从父,人之大行也。孝子所以不从命有三:从命则亲危,不从命则亲安,孝子不从命,乃衷也;从命则亲辱,不从命则亲荣,孝子不从命乃义也;从命则禽兽,不从命则修饰,孝子不从命,乃敬也。故可以从而不从,是不子也;未可以从而从,是不衷也;明于从不从之义,而能致恭敬、忠信、端悫,以慎行之,则可谓大孝矣。《传》曰:"从道不从君,从义不从父。"此之谓也。

繁弱、钜黍，古之良弓也，然而不得排檠则不能自正。干将、莫耶，古之良剑也，然而不加砥砺则不能利，不得人力，则不能断。骅骝、骒骊（lǜ ěr），古之良马也，然而必前有衔辔之制，后有鞭策之威，加之以造父之驭，然后一日致千里也。夫人虽有性质美，而心辨智，必求贤师而事之，择贤友而友之。得贤师而事之，则所闻者尧、舜、禹、汤之道也；得良友而友之，则所见者忠信敬让之行也。身日进于仁义而不自知者，靡使然也。今与不善人处，则所闻者欺诬、诈伪也，所见者污漫、淫邪、贪利之行也，身且加于刑戮而不自知者，靡使然也。《传》曰："不知其子，视其友；不知其君，视其左右。"靡而已矣！

桓公用其贼，文公用其盗，故明主任计不信怒，暗主信怒不任计。计胜怒则强，怒胜计则亡。

天子即位，上卿进曰："如之何忧长也？能除患则为福，不能则为贼。"授天子一策。中卿进曰："配天而有下土者，先事虑事，先患虑患；先事虑事谓之接，接则事优成。先患虑患谓之豫，豫则祸不生；事至而后虑者谓之后，后则事不举。患至而后虑者谓之困，困则祸不可御。"授天子二策。下卿进曰："敬戒无怠，庆者在堂，吊者在闾。祸与福邻，莫知其门。务哉！务哉！万民望之。"授天子三策。口能言之，身能行之，国宝也；口不能言，身能行之，国器也；口能言之，身不能行，国用也；口言善，身行恶，国妖也。治国者敬其宝，爱其器，任其用，除其妖。义与利者，人之所两有也。虽尧、舜不能去民之欲利，然而能使其欲利，不克其好义也；虽桀、纣亦不能去民之好义，然而能使其好义，不胜其欲利也。故义胜利者为治世，利克义者为乱世。上重义则义克利，上重利则利克义。故天子不言多少，诸侯不言利害，大夫不言得丧，士不能通货财；从士以上，皆羞利而不与民争业，乐分施而耻积藏，然后民不困则，贫窭（jù）者有所窜其中矣。仁义礼善之于人也，譬之若货财粟米之于家也，多有之者富，少有之者贫，至无有者穷。

圣王在上，分义行乎下，则士大夫无沉淫之行，百吏官人无怠慢之事，众庶百姓无奸怪之俗，无盗贼之罪，莫敢犯上之禁。天下晓然，皆知夫盗窃之不可以为富也，皆知夫贼害之不可以为寿也，皆知夫犯上之禁不可以为安也。由其道，则人得其所好焉，不由其道，则必遇其所恶焉。是故刑罚甚省，而威行如流也。故刑当罪则威，不当罪则侮；爵当贤则贵，不当贤则贱。古者刑不过罪，爵不逾德。故杀其父而臣其子，杀其兄而臣其弟。刑罚不怒罪，爵赏不逾德。是以为善者劝，为不善者沮；威行如流，化易如神。乱世不然。刑罚怒罪，爵赏逾德，以族论罪，以世举贤。故一人有罪，而三族皆夷，德虽如舜，不免刑均，是以族论罪也。先祖贤，子孙必显，行虽如桀，列从必尊，此以世举贤也。以族论罪，以世举贤，欲无乱，得乎？尊圣者王，贵贤者霸，敬贤者存，嫚（màn）贤者亡，古今一也。故尚贤使能，等贵贱，分亲疏，序长幼，此先王之道也。故尚贤使能，则主尊下安；贵贱有等，则令行而不留；亲疏有分，则施行而不悖；长幼有序，则事业捷成，而有所休。故仁者，仁此者也；义者，分此者也；节者，死生此者也；忠者，惇慎于此者也。兼此而能之，备矣。

卷三十九 《吕氏春秋》治要

【秦】 吕不韦 编撰

【导读】

吕不韦（？—约前235），卫国濮阳（今河南安阳市滑县）人，原籍阳翟（今河南禹州）。原是大商人，因散尽家财帮助在赵国为人质的嬴异人立嫡有大功劳，在异人继位为秦王后，任秦国丞相。他广招门客，凡能撰文者，皆要写作。故其书内容庞杂，古往今来、天地万物、兴废治乱、士农工商、三教九流，无所不有。在精心筛选、归类、删定后综合成书，取名《吕氏春秋》，完成于秦国统一六国的前夕。

《吕氏春秋》别名《吕览》，此书以儒家学说为主干，以道家理论为基础，以名、法、墨、农、兵、阴阳家学说为素材，融诸子百家学说为一炉。全书二十六卷，分十二纪、八览、六论。另有《序意》一篇，共有文章一百六十篇。

《汉书·艺文志》等将其列入杂家。

《吕氏春秋》是中国历史上第一部有组织按计划编写的文集，形成一套完整的国家治理学说。十二纪论天时，八览论人事，六论阐释地理。按照天、地、人三个层次展开论述，可见它的编撰有着严密的计划。

《吕氏春秋》的自然主义倾向、养生理论，既是对庄子学派的继承，又是对庄子学派的修正。

《吕氏春秋》的治国方略吸收了儒家的仁义学说、孝悌之道、君圣臣贤之理。

《吕氏春秋》对墨家思想较为排斥，但对尚贤、兼爱之说，则有所吸收。

《吕氏春秋》肯定法家变法、改革的重要性和必要性，但反对法家"惨礉少恩"和阴谋权术。

《吕氏春秋》倡导重农，但并不排商，主张先农后商，农商共进。

《吕氏春秋》对于用兵作战，总结出了"义务必胜"的规律，批评了不讲道义只讲强国的霸道思想。

《吕氏春秋》荟萃了先秦诸子百家学说的精华，是一个知识宝库。魏徵等人编撰《群书治要》时，于全书一百六十篇中辑录了四十六段。每段虽无标题又未注明出处，但皆能浑然成体，突出"惟主治要，不事修辞"，惩恶劝善的思想倾向，是书中精华。

<u>先圣王之治天下也，必先公，公则天下平</u>。〔平，和。〕尝观于上志，〔上志，古记。〕有得天下者众矣，其得之必以公，其失之必以偏。〔偏私不正。〕凡主之立也，生于公。故《洪范》曰："无偏无党，王道荡荡。"〔荡荡，平易。〕阴阳之和，不长一类；甘露时雨，不私一物；万民之主，不阿一人。桓公行公去私恶，用管子而为五伯长；行私阿所爱，用竖刁而虫出于户。〔五子争立，无主丧，六十日乃殡，至使虫流出户也。〕人之少也愚，其长也智，故智而用私，不若愚而用公〔用私以败，用公则齐。〕

【重点句解读】

先圣王之治天下也，必先公，公则天下平。

从前圣王治理天下，必定先讲求公正无私，公正无私天下就安定了。

习近平总书记在《在中央政法工作会议上的讲话》等多篇文章中，提出建立现代化的法治中国，体现在建立社会的公平、正义上。公权为民，一心为公，才能公私分明，襟怀坦荡，处事公道，执法廉明，"始终做到秉公用权、不以权谋私，依法用权、不假公济私，廉洁用权、不贪污腐败，始终保持共产党人的政治本色。"党员干部只要按习近平总书记的这一要求，用人行政，一秉大公，就会得到广大人民群众的衷心拥护，社会便一片安定、祥和、繁盛，中国梦就一定会实现。

天无私覆也，地无私载也，日月无私烛也，四时无私为也，行其德而万物得遂长焉。〔遂，成。〕庖人调和而不敢食，故可以为庖。若使庖人调和而食之，则不可以为庖矣。王伯之君亦然，诛暴而不私，以封天下之贤者，故可以为王伯。若使王伯之君，诛暴而私之，则亦不可以为王伯矣。〔诛暴有所私枉，则不可以为王伯。〕

水泉深，则鱼鳖归之；树木盛，则飞鸟归之；庶草茂，则禽兽归之；人主贤，则豪杰归之。故圣王不务归之者，而务其所归。〔务人使归之，末也；务其所行可归，本也。〕强令之笑不乐，强令之哭不悲。〔皆无其中心也。〕强令之为道也，可以成小，而不可以成大。大寒既至，民暖是利；大热在上，民清是走。故民无常处，见利之聚，无利之去。欲为天子，民之所走，不可不察。

凡论人，通则观其所礼，〔通，达。〕贵则观其所进，富则观其所养，听则观其所行，〔养则养贤也，行则行仁也。〕近则观其所好，习则观其所言，〔好则好义也，言则言道也。〕穷则观其所不受，贱则观其所不为。喜之以验其守，〔守，情守也。〕乐之以验其僻，〔僻，邪。〕怒之以验其节，〔节，性。〕惧之以验其特，〔特，独也，虽独不恐也。〕哀之以验其仁，〔仁人见可哀者，则不忍之也。〕苦之以验其志。八观六验，此贤主之所以论人也。论人，必以六戚四隐。〔六戚，六亲也；四隐，相匿扬长蔽短也。〕何谓六戚？父、母、兄、弟、妻、子。何谓四隐？交友、故旧、邑里、门廊。内则用六戚四隐，外则以八观六验，人之情伪，贪鄙美恶，无所失矣，〔言尽知之。〕此先圣王之所以知人也。

先王之教，莫荣于孝，莫显于忠。忠孝，人君、人亲之所甚欲也；显荣，人臣、人子之所甚愿也。然而，人君、人亲不得所欲，人臣、人子不得所愿，此生于不知理义。〔不知理义，在君父则不仁不慈，在臣子则不忠不孝。〕不知理义，生于不学。〔生，犹出也。〕是故古之圣王，未有不尊师也。尊师，则不论贵贱贫富矣。神农师悉诸，黄帝师大桡，〔悉，姓。诸，名也。大桡，作甲子者也。〕帝颛顼师伯夷父，帝喾师伯招，帝尧师子州支父，帝舜师许由，禹师大成挚，汤师小臣。〔小臣，谓伊尹。〕文王、武王师吕望、周公旦，齐桓公师管夷吾，晋文公师咎犯、随会，秦穆公师百里奚、公孙枝，楚庄王师孙叔敖、沈尹巫，〔沈县大夫。〕吴王阖闾师伍子胥、文之仪,〔文,氏。仪,名。〕越王勾践师范蠡、大夫种。此十圣六贤者,未有不尊师者也。今尊不至于帝,智不至于圣,而欲无尊师,奚由至哉?〔至于道也。〕此五帝之所以绝,三代之所以灭。〔言五帝三代之后,不复重道尊师,故以绝灭也。〕

【重点句解读】

古之圣王,未有不尊师也。尊师,则不论贵贱贫富矣。

在古代,上至圣人、国家领袖,没有不尊敬老师的。尊敬老师,是不问老师的贵贱贫富的。

《资治通鉴·汉明帝永平二年》记载,汉明帝刘庄做了皇帝第二年,仍率百官和一些读书人到老师桓荣的办公场所,请老师上座,他和众大臣人等坐在下首,仍行学生见老师礼,请老师再次授课;孔子学生子贡名震天下,为当时首富,但在孔子去世后,丢下家业,为孔子守墓六年,比孝子守父母陵墓的时间还多了三年;抗战名将、国民政府四川省政府主席、第七战区司令长官刘湘衣锦还乡时,特意穿了全套礼服,一人不带,步行三里多路去拜谒他的启蒙老师,三鞠躬后立正站着,请老师再给教诲。

今尊不至于帝,智不至于圣,而欲无尊师,奚由至哉?此五帝之所以绝,三代之所以灭。

现在的人,地位不如帝王,智慧不如圣人,却不想尊师,能有什么办法实现人生目标呢?这就是五帝及夏、商、周三代之后尊师重道风气消失的原因。

习近平总书记在《做党和人民满意的好老师——同北京师范大学师生代表座谈时的讲话》等文章中,引用了"国将兴,必贵师而重傅;贵师而重傅,则法度存"(《荀子·大略》),来教育全党、全军、全国人民尊师重傅。他在《在知识分子、劳动模范、青年代表座谈会上的讲话》中,引用了宋代大儒张载的名言:"为天地立心,为生民立命,为往圣继绝学,为万世开太平"(《张子语录》)。

音乐之所由来远矣！天下太平，万民安宁，皆化其上，〔化，犹随也。〕乐乃可成。故唯得道之人，其可与言乐乎！〔言，说。〕亡国戮民，非无乐也，其乐不乐。〔不和于雅，故不乐也。〕溺者非不笑也，〔溺人必笑，虽笑不欢。〕罪人非不歌也，〔当死者，虽歌不乐也。〕狂者非不舞也，〔虽舞不能中节。〕乱世之乐，有似于此。君臣失位，父子失处，夫妇失宜，民人呻吟，其以为乐，若之何哉？〔以民人呻吟叹戚，不可为乐也，故曰"若之何"也。〕

乱世之乐，为木革之声，则若雷；为金石之声，则若霆；为丝竹歌舞之声，则若噪。〔噪，叫。〕以此骇心气，动耳目，摇荡生则可矣，〔生，性。〕以此为乐则不乐。〔不乐，不和。〕故乐愈侈，而民愈郁；〔侈，淫也。郁，怨也。〕国愈乱，主愈卑，则亦失乐之情矣。凡古圣王之所为贵乐者，为其乐也。夏桀、殷纣作为侈乐大鼓、钟、磬、管、箫之音，以巨为美，〔巨，大。〕俶诡殊瑰，耳所未尝闻，目所未尝见，〔俶，始也。始作诡异瑰奇之乐，故耳未尝闻，目未尝见。〕务以相过，不用度量。〔不用乐之法制。〕侈则侈矣，失乐之情。失乐之情，其乐不乐。〔非正乐也，故曰"不乐"。〕乐不乐者，其民必怨，其主必伤。〔怨，悲也。伤，病也。〕此生乎不知乐之情，而以侈为务故也。

耳之情欲声，心不乐，五音在前弗听；目之情欲色，心弗乐，五色在前弗视；鼻之情欲香，心弗乐，芬香在前弗臭；口之情欲味，心弗乐，五味在前弗食。欲之者，耳目鼻口也；乐之者不乐者，心也。心必和平然后乐，心乐然后耳目鼻口有以欲之。故乐之务在于和心，和心在于行适。〔适，中适也。〕夫乐有适，心亦有适。人之情欲寿而恶夭，欲安而恶危，欲荣而恶辱，欲逸而恶劳。四欲得，四恶除，则心适矣。四欲之得也，在于胜理。胜理以治身，则生全矣，生全则寿长矣。胜理以治国，则法立矣，法立则天下服。〔服于理也。〕故适心之务，在胜理。凡音乐，通乎政，而风乎俗者也，〔风，犹化也。〕俗定而乐化之矣。故有道之世，观其音而知其俗，观其俗而知其政矣，观其政而知其主矣。故先王必托于音乐，以论其教。〔论，明。〕故先王之制乐也，非特以欢耳目、极口腹之欲也，〔特，止也。〕将以教民平好恶、行理义也。〔平，正也。行，犹通。〕

黄钟之月，土事毋作，慎毋发盖，以固天闭地。〔十一月也。〕大吕之月,数将几终,〔十二月也。几,近也。终,尽也。〕岁且更起,而农民毋有所使。〔使,役。〕大蔟之月,阳气始至,〔正月。〕草木繁动,〔动,生。〕令农发土,毋或失时。〔发土而耕。〕夹钟之月,宽裕和平,行德去刑,〔夹钟,二月。〕毋或作事,以害群生。〔事兵戎事。〕姑洗之月,达通道路,沟渎修利。〔三月也,时雨将降,故修利沟渎。〕中吕之月,毋聚大众,巡劝农事,〔四月也,大众,谓军旅兴功筑宜。〕草木方长,毋携民心。〔民当务农,长育谷木;徭役聚,则心携离逆上命也。〕蕤宾之月,阳气在上,安壮养孩,〔五月也,壮,盛也;孩,少。〕本朝不静,草木早槁。〔静,安也;朝政不宁,故草木变动堕落,早枯槁也。〕林钟之月,草木盛满,阴将始刑,〔六月也。立秋则行戮,故曰阴气将始杀也。〕毋发大事,以将阳气。〔发,起也。将,犹养。〕夷则之月,修法饬刑,选士厉兵,〔七月也。饬,正也。〕诘诛不义,以怀远方。〔怀,柔。〕南吕之月,〔八月。〕趣农收聚,毋敢懈怠。无射之月,疾断有罪,当法勿赦。〔九月也。有罪,当断杀勿赦。〕应钟之月,阴阳不通,闭而为冬,〔十月也。阳伏在下,阴闭于上,故不通。〕修辨丧纪,审民所终。〔审,慎也。终,卒也。修别丧服,亲疏轻重,服制之纪也。〕

周文王立国八年,寝疾五日,而地动东西南北,不出周郊。百吏皆请曰:"臣闻地之动也,为人主也。今王寝疾,请移之。"文王曰:"若何其移之也?"对曰:"兴事动众,以增国城,其可以移之乎!"文王曰:"天之见妖,以罚有罪也。我必有罪,故天以此罚我也。今兴事动众,以增国城,是重吾罪也。不可。〔重,犹益也。移咎征于他人,是益吾咎。〕昌也请改行重善以移之,其可以免乎!"于是谨其礼秩、皮革,以交诸侯;饬其辞令、币帛,以礼豪士。无几何,疾乃止。〔止,除。〕立国五十一年而终。

宋景公之时,荧惑在心,公惧,召子韦而问之,曰:"荧惑在心,何也?"〔子韦,宋之太史。〕子韦曰:"荧惑者,天罚也;心者,宋分野也。祸当君。虽然,可移于宰相。"公曰:"宰相所与治国家也,而移死焉,不祥。"曰:"可移于民。"公曰:"民死,寡人将谁为君乎?"曰:"可移于岁。"公曰:"岁饥,民必饿死。为人君而杀其民以自活,其谁以我为君乎?是寡人之命固尽已,子无复言矣。"子韦再拜曰:"臣敢贺君。天之处高而听卑,君有至德之言三,天必三赏君命,今昔荧惑必徙三舍,君延年二十一岁。"是昔也,荧惑果徙三舍。

兵之所自来者上矣。〔自，从也。上，久也。〕家无怒笞，则竖子婴儿之有过也立见；国无刑罚，则百姓之相侵也立见；天下无诛伐，则诸侯之相暴也立见。故怒笞不可偃于家，刑罚不可偃于国，诛伐不可偃于天下，有巧有拙而已矣。〔巧者以治，拙者以乱。〕故古之圣王，有义兵而无偃兵。夫有以噎死者，欲禁天下之食，悖矣；有以乘舟死者，欲禁天下之船，悖矣；有以用兵丧其国者，欲偃天下之兵，悖矣。兵之不可偃也，譬之若水火然，〔水以疗渴，火以熟食，不可乏也；兵以除乱，亦不可偃。〕善用之则为福，不善用之则为祸。〔能者养之取福，不能者败之以取祸也。〕善用药者亦然，得良药则活人，得恶药则杀人。义兵之为天下良药也，亦大矣。〔义兵除天下之凶残，解百姓之倒悬，故方之于良药。〕故兵诚义，以诛暴君，而振苦民，民之悦之也，若孝子之见慈亲也，若饥者之见美食也；民之号呼而走之，〔走，归。〕若强弩之射于深溪也。义兵至，邻国之民归之若流水，诛国之民望之若父母，行地滋远，得民滋众，兵不接刃，而民服若化。〔若，顺。〕

义也者，万事之纪也，君臣上下亲疏之所由起也，治乱安危之所在也。勿求于他，必反于己。人情欲生而恶死，欲荣而恶辱。死生荣辱之道一，则三军之士可使一心矣。

衣，人以其寒；食，人以其饥。饥寒，人之大害也；救之，大义也。人之困穷多如饥寒，故贤主必怜人之困也，必哀人之穷也。如此则名号显矣、国土得矣。〔得国土也。〕人主其胡可以无务行德爱人乎？行德爱人，则民亲其上。民亲其上，则皆乐为其君死矣。赵简子有两白骡而甚爱之。阳城胥渠，〔阳城，姓。胥渠，名。〕广门之官，夜款门而谒曰："主君之臣胥渠有疾，〔广门，邑名。官，小臣也。款，叩也。〕医教之曰：'得白骡之肝病则止，不得则死。'"谒者通。简子曰："夫杀畜以活人，不亦仁乎？"于是召庖人杀白骡，取肝以与之。无几何，赵兴兵而攻翟，广门之官，左七百人、右七百人，皆先登而获甲首。〔获衣甲者之首也。〕人主其胡可以不好士也？

孝子之重其亲，慈亲之爱其子也，痛于肌骨，性也。所重所爱，死而弃之沟壑，人之情不忍为，故有葬死之义。葬者，藏也，慈亲孝子之所慎也。〔慎，重。〕慎之者，以生人之心虑也。〔虑，计。〕以生人之心为死者虑，莫如无动，莫如无发；无发无动，莫如无有可利。无有可利，此之谓重闭。〔人不发掘，不见动摇，谓之重闭。〕葬，不可不藏也，葬浅则狐狸掘之，深则及于水泉。故凡葬必于高陵之上，以避狐狸之患、水泉之湿。此则善矣，而忘奸邪盗贼寇乱之难，岂不惑哉？〔厚葬人利之，必有此难，故谓之惑也。〕慈亲孝子备之者，得葬之情矣。今世俗大乱，人主愈侈，非葬之心也，非为死者虑也，生者以相矜也。侈靡者以为荣，俭节者以为辱，不以便死为故，〔故，事。〕而徒以生者之诽誉为务，此非慈亲孝子之心也。父虽死，孝子之重之不怠；〔重，尊也。怠，懈也。〕子虽死，慈亲之爱之不懈。夫葬所爱重，而以生者之所甚欲，其以安之，若之何哉？〔厚葬必发掘，故曰：其以安之也。若之何，言不安。〕

世之为丘垄也，其高大若山，其树之若林，其设阙庭为宫室若都邑。以此观世示富则可矣，以此为死者则不可。夫死者其视万岁，犹一瞚(shùn)也。人之寿，久不过百，中寿不过六十。以百与六十为无穷者虑，其情必不相当矣；以无穷为死者虑，则得之矣。今有人于此，为石铭，置之垄上曰："此其中珠玉玩好、财物宝器甚多，不可不掘，掘之必大富。"人必相与笑之，以为大惑。〔惑，悖。〕世之厚葬也，有似于此。自古及今，未有不亡之国也。无不亡之国者，是无不掘之墓也。以耳目所闻见，齐、荆、燕尝亡矣，宋、中山已亡矣，赵、魏、韩皆失其故国矣。自此以上者，亡国不可胜数。〔上，犹前也。〕是故古大墓无不掘者也，而世皆争为之，岂不悲哉？尧葬于谷，林通树之；〔通林以为树也。〕舜葬于纪，市不变其肆；〔市肆如故，言不烦民。〕禹葬于会稽，不变人徒。〔变，动也。言无所兴造，不扰民也。〕是故先王以俭节葬死也，非爱其费，非恶其劳，以为死者虑也。〔为，犹便也。〕先王之所恶，惟死者之辱也。发则必辱，俭则不发，故先王之葬必俭也。谓爱人者众，知爱人者寡。〔谓凡爱死人者众，多厚葬之也，知所以爱之者寡，能俭葬者少也。〕故宋未亡而东冢掘，〔文公冢也。〕齐未亡而庄公冢掘。〔以葬厚，冢见发。〕国安宁而犹若此，又况百世之后，而国已亡乎？故孝子忠臣，亲父交友，不可不察也。夫爱之而反害之，安之而反危之，其此之谓乎？

至忠逆于耳、倒于心，〔倒，亦逆也。〕非贤主其孰能听之？〔听，受。〕故贤主之所悦，不肖主之所诛也。〔贤主悦忠言，不肖主反之。〕今有树于此，而欲其美也，人时灌之，则恶之，〔恶其灌之者也。〕而日伐其根，则必无活树矣。夫恶闻忠言，自伐之精者也。〔精，犹甚，甚于自伐其根也。〕

贤主必自知士，故士尽力竭智，直言交争，而不辞其患，〔士为知己者死，故尽力竭智，何患之辞也。〕豫让、公孙弘是矣。当是时也，智伯、孟尝君知之矣。〔智伯知豫让，故为之报仇；孟尝君知公孙弘，故为之不受折于秦也。〕世之人主，得地百里则喜，四境皆贺，得士则不喜，不知相贺，不通乎轻重也。汤、武，千乘也，而士皆归之；桀、纣，天子也，而士皆去之。孔、墨，布衣之士也，万乘之主，千乘之君，不能与之争士也。〔士不归之，而归孔、墨，故曰不能与之争士。〕自此观之，尊贵富大，不足以来士矣，〔来，犹致也。〕必自知之，然后可。〔可者，可至。〕豫让之友谓豫让曰："子尝事范氏、中行氏，诸侯尽灭之，而子不为报，至于智氏，而子必为之报，何故？"豫让曰："范氏、中行氏，我寒而不我衣，我饥而不我食，而时使我与千人共其养，是众人畜我也。夫众人畜我者，我亦众人事之。至于智氏则不然，出则乘我以车，入则足我以养，众人广朝，而必加礼于吾，所谓国士畜我也。夫国士畜我者，我亦国士事之。"豫让，国士也，而犹以人于己也，〔于，犹厚也。〕又况于中人乎？孟尝君为从，〔关东曰从。〕公孙弘谓孟尝君曰："不若使人西观秦，意者秦王帝王之主也，君恐不得为臣，何暇从以难之？〔言不能成从以难秦。〕意者秦王不肖主也，君从以难之，未晚也。"孟尝君曰："善，愿因请公往矣。"公孙弘见昭王，昭王曰："薛之地小大几何？"公孙弘对曰："百里。"昭王笑而曰："寡人之国，地数千里，犹未敢以有难也，今孟尝君之地方百里，而欲以难寡人，犹可乎？"公孙弘对曰："孟尝君好士，大王不好士也。"昭王曰："孟尝君之好士何如？"对曰："义不臣乎天子、不友乎诸侯，得意憼为人君，不得意不肯为人臣，如此者三人；能治可为管、商之师，〔管，管仲。商，商鞅。〕能致其主霸王，如此者五人；万乘之严主，辱其使者，退而自刎，必以其血污其衣，有如臣者七人。"昭王笑而谢焉。

世之听者，多有所尤，多有所尤，则听必悖矣。〔尤，过。〕人有亡铁者，意其邻之子，视其色、言语、动作、态度，无为而不窃铁。〔窃，盗。〕掘其谷得其铁，〔谷，坑。〕他日复见其邻之子，动作态度，无似窃铁者。其邻之子非变也，已则变之。变之者无他，有所尤也。郑(zhū)之故法，为甲裳以帛。〔以帛缀甲。〕公息忌谓郑君曰："不若以组。"郑君曰："将何所得组？"公息忌对曰："上用之，则民为之矣。"郑君曰："善。"下令，令官为甲必以组。公息忌因令其家皆为组。人有伤之者曰："公息忌之所以欲用组者，其家多为组也。"〔伤，败。〕邾君不悦，于是乎止无以组。〔以，用。〕邾君有所尤也。为甲以组而便，公息忌虽多为组，何伤？以组不便，公息忌虽无为组，亦何益！为组与不为组，不足以累公息忌之说。〔累，犹辱也。〕凡听言不可不察，〔察者，详也。〕不察则善不善不分。善不善不分，乱莫大焉！

昔禹一沐而三捉发，一食而三起，以礼有道之士，通乎己之不足。〔欲以闻所不闻、知所不知故也。〕通乎己之不足，则不与物争矣。〔情欲之物不争。〕愉易平静以待之，使夫自以之；〔以，用。〕因然而然之，使夫自言之。亡国之主反此，自贤而少人。少人，则说者持容而不极，〔极，至。〕听者自多而不得。〔自多，自贤。〕

三王之佐，皆能以公及其私矣。俗主之佐，其欲名实也，与三王之佐同，其名无不辱者，其实无不危者，无功故也。皆患其身之不贵于国也，而不患其主之不贵于天下也；皆患其家之不富也，而不患其国之不大也。此所以欲荣而愈辱，欲安而愈危。故荣富非自至，缘功伐也。今功伐甚薄，而所望厚，诬也；〔以薄获厚为诬。〕无功伐而求荣富，诈也。〔以虚取之为诈。〕诈诬之道，君子不由。〔由，用。〕

凡为天下、治国家，必务其本也。务本莫贵于孝。人主孝，则名章荣，天下誉；〔誉，乐。〕人臣孝，则事君忠，处官廉，临难死；士民孝，则耕芸疾，守战固，不疲北。夫执一术而百喜至、百邪去，天下从者，其唯孝乎！故论人必以所亲，而后及所疏；必以所重，而后及所轻。曾子曰："先王之所以治天下者五：贵贵，贵德，贵老，敬长，慈幼。此五者，先王之所以定天下也。〔定，安。〕所为贵贵，为其近于君也；所为贵德，为其近于圣也；所为贵老，为其近于亲也；所为敬长，为其近于兄也；所为慈幼，为其近于弟也。"

昔晋文公将与楚人战于城濮，召咎犯而问曰："楚众我寡，奈何而可？"咎犯对曰："臣闻繁礼之君，不足于文；繁战之君，不足于诈。〔足，犹厌也。〕君亦诈之而已。"文公以咎犯言告雍季，雍季曰："竭泽而渔，岂不获得？而明年无鱼。焚薮而田，岂不获得？而明年无兽。〔言尽其类。〕诈伪之为道，虽今偷可，后将无复，〔不可复行。〕非长术也。"文公用咎犯之言，而败楚人于城濮。反而为赏，雍季在上。左右谏曰："城濮之功，咎犯之谋也。君用其言，而后其身，或者不可乎？"公曰："雍季之言，百世之利也；咎犯之言，一时之务也。〔务，犹事也。〕焉有以一时之务，先百世之利者乎？"孔子闻之曰："临难用诈，足以却敌；返而尊贤，足以报德。文公虽不终始焉，足以霸矣。"

贤主，愈大愈惧，愈强愈恐。〔愈，益。〕凡大者，小邻国也；强者，胜其敌也。〔大者，侵削邻国使小。〕胜其敌则多怨，小邻国则多患。多怨，国虽大，恶得不惧？恶得不恐？〔恶，安。〕故贤主于安思危、〔安不忘危。〕于达思穷、〔显不忘约。〕于得思丧。〔丧，亡也。有得必有失，故思之也。〕

惠盎见宋康王，康王曰："寡人之所悦者，勇有力也，不悦为仁义者，客将何以教寡人？"惠盎对曰："臣有道于此，〔有道于此，勇有力也。〕使人虽勇，刺之不入；虽有力，击之弗中。夫刺之不入，击之不中，此犹辱也。臣有道于此，使人虽有勇弗敢刺，虽有力弗敢击。夫弗敢，非无其志也。臣有道于此，使人本无其志。〔本无有击刺之志也。〕夫无其志，未有爱利之心也。臣有道于此，使天下丈夫女子，莫不欢然皆欲爱利之，此其贤于勇有力也。〔言以仁义之德，使民皆欲爱利之，故贤于勇有力也。〕大王独无意耶？"宋王曰："此寡人之所欲得也。"曰："孔、墨是也。〔言当为孔丘、墨翟之德，则得所欲也。〕孔丘、墨翟，无地为君，〔以德见尊也。〕无官为长，〔以道见敬。〕天下丈夫女子，莫不延颈举踵，而愿安利之。〔愿其尊高而利己也。〕今大王万乘之主也，诚有其志，〔孔、墨之志。〕则四境之内，皆得其利矣，其贤于孔、墨也远矣。"〔得贤名过于孔、墨。〕

武王使人候殷，反报曰："殷乱矣。"武王曰："其乱焉至？"对曰："谗匿胜忠良。"武王曰："尚未也。"又往，反报曰："贤者出走矣。"武王曰："尚未也。"又往，反报曰："其乱甚矣，百姓不敢诽怨矣。"武王遽告太公，太公曰："其乱至矣，不可以驾矣。"〔驾，加也。〕

凡国之亡也，有道者必先去，古今一也。〔君子见机而作，不待终日，故必先去。〕天下虽有有道之士，固犹少。千里而有一士，比肩也；累世而有一圣人，继踵也。士与圣人之所自来，若此其难也，而治必待之，治奚由至乎？虽幸而有，未必知也，不知则与无同。〔不知其贤而用之，故不治；不治，则与无贤同。〕此治世之所以短，而乱世之所以长也。〔短，少也。长，多也。〕故亡国相望。〔言不绝也。〕贤主知其若此也，故日慎一日，以终其世。譬之若登山者，处已高矣，左右视，尚巍巍焉，山在其上矣。贤者之所与处，有似于此。身已贤矣，行已高矣，左右视，尚尽贤于己也。故周公曰："与我齐者，吾不与处，无益我者也。"〔齐，等也。等则不能胜己，故曰"无益我者也"。〕以为贤者必与贤于己者处。贤者之可得与处也，礼之。诸众齐民，不待知而使，不待礼而令。〔令，亦使也。〕若夫有道之士，必礼必知，然后其智能可尽也。〔可尽得而用也。〕

凡人主必审分，然后治可以至。〔分，谓仁义、礼律、杀生、与夺之分。至，至于治也。〕凡为善难，任善易。奚以知之？今与骥俱走，则人不胜骥矣；居于车上而任骥，则骥不胜人矣。人主好人官，〔好为臣之官事。〕则是与骥俱走也，必多所不及矣。〔言力不赡也。〕夫人主，亦有车，无去其车，则众善皆尽力竭能矣。人主之车，所以乘物也。不知乘物，而自怙恃，奋其智能，多其教诏，而好自以，〔诏，亦教也。以，用。〕则百官恫扰，〔恫，动。扰，乱。〕少长相越，万邪并起，权威分移，〔政在家门。〕此亡国之风。〔风，化。〕王良之所以使马者约，审握其辔，而四马莫敢不尽力。有道之主，其所以使群臣者，亦有辔。正名审分，是治之辔也。故案其实，审其名，以求其情；听其言，察其类，毋使放悖。〔放，纷也。悖，乱也。〕尧、舜之民不独义，禹、汤之臣不独忠，得其数也；〔御之得其术也。〕桀、纣之民不独鄙，幽、厉之臣不独僻，失其理也。今有人于此，求牛则名马，求马则名牛，所求必不得矣。〔失其名，故不得。〕而因用威怒，有司必诽怨矣，牛马必扰乱矣。百官，众有司也；万物，群牛马也。不正其名，不分其职，而数用刑罚，乱莫大焉。

昊天无形，而万物以成；〔天无所制作物形，而物自成也。〕大圣无事，而千官尽能。〔官得其人，其人任其职，故尽能也。〕此之谓不教之教、无言之诏。故有以知君之狂，以其言之当；〔君狂言，臣下不敢谏止，而喜轻言，自以其言为当，是以知其言之当。〕有以知君之惑，以其言之得。〔狂言而得，所以知其惑也。〕君也者，以无当为当、以无得为得者也。当得不在于君，而在于臣。〔待臣匡之。〕今之为车者，数官然后成。〔轮舆辕轴，各自有材，故曰"数官然后成"也。〕夫国岂特为车哉？众智众能之所持也，不可以一物一方安也。〔方，道也。〕思虑自伤也，〔思虑，劳精神也。〕智差自亡也，〔用智过差，极其情欲，以自消亡。〕奋能自殃也。〔奋，强。〕凡奸邪险诐之人也，必有因。何因？因主之为。〔因，犹随也。〕

人主好以己为，〔己所好，情欲则为也。〕则守职者，舍职而阿主之为，有过则主无以责之，则人主日侵，而人臣日得。〔得其阿主之心。〕是宜动者静，宜静者动，尊之为卑，卑之为尊，从此生矣。此国之所以衰，而敌之所以攻也。

凡官者，以治为任，以乱为罪。今乱而无责，则乱愈长矣。人主以好为示能，〔以能示众。〕以好唱自奋；〔奋，强。〕人臣以不争持位，以听从取容。是君代有司为有司也，〔大臣匡君，进思尽忠，退思补过。此以听从取容，无有正君者，君当自正耳，是为代有司为有司。〕是臣得后随以进其业也。〔后随，随后也。其业，不争取容之业也。〕君臣不定。〔君不君，臣不臣，故不定也。〕

【重点句解读】

凡官者，以治为任，以乱为罪。

凡是做官的，要以处理好政务，使人民得到好处，作为自己的首要任务，违法乱纪、贪污腐化就是罪过。

自党的十八大中央公布"八项规定"以来，中央所开展的大规模的反腐倡廉就是这一标准的实施。

人主自智而愚人，自巧而拙人，若此，则愚拙者请矣，〔君自谓智而巧，故愚拙者从之请也。〕巧智者诏矣。诏多则请者愈多矣，请者愈多，且无不请也。主虽巧智，未无不知也。〔未能尽无所不知也。〕以未无不知，应无不请，其道固穷。〔固，必。〕穷而不知其穷，其患又将反以自多，是之谓重塞之主，无存国矣。故有道之主，因而不为，〔因循旧法，不改为也。〕责而不诏，〔责臣成功，不妄有所教诏。〕不伐之言，不夺之事，督名审实，官使自司，以不知为道，以奈何为实。〔以不知为道，道尚因循长养，不违戾自然之性，故以不可奈何为实也。〕绝江者托于船，致远者托于骥，霸王者托于贤。伊尹、吕尚、管夷吾、百里奚，此霸王之船骥也。释父兄与子弟，非疏之也；任庖人、钓者，与仇人、仆虏，非阿之也。用持社稷，立功名之道，不得不然也。〔庖人即伊尹，钓者即吕尚，仇人即管夷吾，仆虏即百里奚也。非阿私近之也，用其以持社稷，立功名之道

也,故曰不得不然。〕

三代之道无二,以信为管。〔管,准法也。〕宋人有取道者,其马不进,到而投之溪水。〔到,杀也。投,弃。〕又复取道,其马不进,又到而投之溪水。如此者三。虽造父之所以威马,不过此矣。不得造父之道,而徒得其威,无益于御。人主之不肖者,有似于此。不得其道,而徒多其威,威愈多,民愈不用。〔民不为之用也。〕亡国之主,多以威使其民矣。故威不可无有,而不足专恃。譬之若盐之于味,凡盐之用,有所托也,不适则败所托而不可食。威亦然矣。恶乎托?托于爱利。〔爱则利民。〕爱利之心息,而徒疾行威,身必咎矣。

古之君民者,仁义以治之,爱利以安之,忠信以导之,务除其灾、致其福。故民之于上也,若玺之于涂。此五帝三王之所以无敌也。

东野稷以御见庄公,庄公以为造父不过也。颜阖曰:"其马将败。"少顷,东野稷之马败而至。庄公召颜阖而问之曰:"子何以知其败也?"对曰:"夫进退中绳,左右旋中规,造父之御,无以过焉,犹求其马。臣是以知其败也。"故乱国之使其民,不论人之性,不反人之情,烦为教而过不识,〔过,责也。识,知也。〕重为任而罪不胜。〔不能胜其所任者而罚。〕民进则欲其赏,退则畏其罪。知其能力之不足也,则以伪继矣。知,则上又从而罪之。〔罪其伪也。〕是以罪召罪也。〔召,致。〕故礼烦则不庄,业众则无功,令苛则不听,禁多则不行。桀、纣之禁,不可胜数,故民不用而身为戮。

凡使贤不肖异。使不肖以赏罚,〔不肖者喜生恶死,则可使也矣。〕使贤以义。〔唯义所在,死生一也。〕故贤主之使其下也,必以义,必审赏罚,然后贤不肖尽为用也。

凡人筋骨欲其固也,心志欲其和也,精气欲其行也。若此,则病无所居,而恶无由生矣。病之留,恶之生,精气郁也。〔郁滞不通。〕故水郁则为污,〔水浅不流曰污。〕树郁则为蠹,〔蠹,蝎。〕草郁则为蒉(kuì)。〔蒉,秽。〕国亦有郁:主德不通,民欲不达,此国之郁也。国之郁处久,则百恶并起,而万灾丛生矣。〔丛,聚。〕故圣人贵豪士与忠臣也,为其敢直言,而决郁塞也。

赵简子曰:"厥也爱我,铎也不我爱也。〔厥,简子家臣也。铎,尹铎,亦家臣。〕厥之谏我也,必于无人之所;铎之谏我也,喜质我于人中,〔质,正。〕必使我丑。"尹铎对曰："厥也,爱君之丑,〔爱,惜。〕而不爱君之过也;铎也,爱君之过,而不爱君之丑也。"不质君于人中,恐君之不变也。〔变,改。〕此简子之贤也。人主贤,则人臣之言刻。〔刻,尽。〕人主执民之命。执民之命,重任也,不得以快志。

亡国之主必自骄,必自智,必轻物。〔自谓有过人智,故轻物。物,人也。〕自骄则简士,〔简,贱。〕自智则专独,〔不咨忠良。〕轻物则无备。〔《传》曰:无备而官辩者,犹拾渖(shěn)。〕无备召祸,专独位危,简士雍塞。〔士不尽规,故雍塞无闻知。〕欲无雍塞必礼士,欲位无危必得众,欲无召祸必完备。三者,君人之大经也。〔经,道。〕

赵简子沉栾徼于河,曰:"吾尝好声色矣,而栾徼致之;吾尝好宫室台榭矣,而栾徼为之;吾尝好良马善御矣,而栾徼来之。今吾好士六年矣,而栾徼未尝进一人,是长吾过而绌吾善也。"〔所得者皆过也,所不进乃善,故曰长吾过而绌吾善也。〕故若简子,能以理督责于其臣矣。以理督责于其臣,则人主可与为善,而不可与为非;可与为直,而不可与为枉。此三代之盛教也。

吴起行,魏武侯自送之,曰:"先生将何以治西河?"对曰:"以忠以信,以勇以敢。"武侯曰:"安忠?"曰:"忠君。"〔尽忠于君。〕"安信?"曰:"信民。"〔施信于民。〕"安勇?"曰:"勇去不肖。"〔勇于去不肖也。〕"安敢?"曰:"敢用贤。"〔用贤无疑。〕武侯曰:"四者足矣。"

使人大迷惑者,必物之相似者也。玉人之所患,患石之似玉者;贤主之所患,患人博闻辩言而似通者。〔通,达。〕亡国之主似智,亡国之臣似忠。似之物,此愚者之所大惑,而圣人之所加虑也。〔思则知之。〕

贤主所贵莫如士。所以贵士,直言也。言直则枉者见矣。人主之患,欲闻枉而恶直言,是障其源而欲其水也,水奚自至?〔自,从。〕是贱其所欲,而贵其所恶也,所欲奚自来?〔所欲,欲闻己枉。所恶,恶闻直言也,直言何从来至。〕

能意见齐宣王,宣王曰:"寡人闻子好直,有之乎?"〔能,姓也;意,名也。〕对曰:"意恶能直?意闻好直之士,家不处乱国,身不见污君。今身得见王,而家宅乎齐,意恶能直?"〔宅,居也。恶,安也。〕若能意者,使谨乎论主之侧,亦必不阿主。〔阿,曲。〕不阿主,主之所得岂少哉?此贤主之所求,而不肖主之所恶也。

荆文王得茹黄之狗、宛路之矰，〔矰，弋射短矢也。〕以田于云梦，〔田，猎也。云梦，楚泽也。〕三月不反；得丹之姬，淫，期年不听朝。〔淫，惑。〕保申曰："先王卜以臣为保，吉。〔保，大保官。申，名。〕今王之罪当笞。"王曰："愿请变更而无笞。"保申曰："臣承先王之令，不敢废也。王不受笞，是废先王之令也。臣宁抵罪于王，毋抵罪于先王。"王曰："诺。"引席王伏，保申束细荆五十，跪而加之于背，如此者再，谓"王起矣"。王曰："有笞之名一也。遂致之。"〔遂痛致之。〕保申曰："臣闻君子耻之，小人痛之，耻之不变，痛之何益？"保申起，出请死。文王曰："此不穀之过也，保申何罪？"王乃变，更召保申，杀茹黄之狗，折宛路之矰，放丹之姬。务治荆国，兼国三十九。令荆国广大，至于此者，保申之力也，极言之功也。

齐宣王好射，悦人之谓己能用强弓。〔示有力也。〕其尝所用不过三石，以示左右。左右皆试引之，中关而止，〔关，开弓弦至半而止。〕皆曰："此不下九石，非王，其孰能用是？"宣王终身自以为用九石，岂不悲哉？〔伤其自诬而不知实。〕非直士其孰不阿主？故乱国之主，患在乎用三石为九石。〔力不足，而自以为有余也。其功德，其治理，皆亦如之。〕

<u>欲知平直，则必准绳；欲知方圆，则必规矩。</u>人主欲自知，则必直士。〔唯直士能正言。〕故天子立辅弼，设师保，所以举过也，〔举犹正也。〕务在自知。尧有欲谏之鼓，舜有诽谤之木，汤有司过之士，武有戒慎之鞀，〔欲戒者，摇其鞀鼓也。〕犹恐不能自知。今贤非尧、舜、汤、武也，而有掩蔽之道，奚由自知哉？荆成、齐庄，不自知而杀；吴王、智伯，不自知而亡。故败莫大于不自知。范氏之亡也，〔范氏，晋卿。〕百姓有得其钟者，欲负而走，则钟大不可负，以椎毁之，钟况然有音，恐人之闻之而夺己也，遽掩其耳。恶人之闻之可也，恶己自闻之悖矣。为人主而恶闻其过，亦由此。〔此自掩其耳之类也。〕

【重点句解读】

欲知平直，则必准绳；欲知方圆，则必规矩。

想要知道物体是否平直，就必须依靠水准仪和墨绳；想要知道物体是否方圆，就必须依靠圆规矩尺。

习近平总书记在《在党的十八届纪律检查委员会第五次会议上的讲话》中引用了这句话，指出党的党章、党纲、方向、立场、传统、作风、言论、行动规定、规范以及国家法律等都是准绳、规矩，任何人都没有不遵守的特权。

荆有善相人者，所言无遗策。〔遗，失。〕庄王见而问焉，对曰："臣非能相人也，能观人之友也。布衣也，其友皆孝悌，纯谨畏令，如此者，家必日益，身必日安，此所谓吉人也；事君也，其友皆诚信有行好善，如此者，事君日益，官职日进，此所谓吉臣也；人主也，朝臣多贤，左右多忠，主有失，敢交争正谏，〔交，俱。〕如此者，国日安，主日尊，天下日服，此所谓吉主也。臣非能相人也，能观人之友也。"庄王善之，于是疾收士，日夜不懈，遂霸天下。

先王用非其有，如己有之，通乎君道者也。为宫室，必任巧匠，奚故？〔奚，何。〕曰："匠不巧则宫室不善也。"夫国，重物也，其不善也，岂特宫室哉？〔特，犹直也。〕巧匠为宫室，为圆必以规，为方必以矩，为平直必以准绳。功已就，〔就，成。〕不知规矩准绳，而赏巧匠。宫室已成，不知巧匠，而皆曰："此某君某王之宫室也。"人主之不通乎主道则不然，自为之则不能，任贤者恶之，与不肖者议之，此功名之所以伤，〔伤，败。〕国家之所以危。〔危，亡。〕汤、武一日而尽夏、商之民，尽有夏、商之地，尽有夏、商之财。以其民安，而天下莫敢危之；以其地封，而天下莫不悦；以其财赏，而天下皆竞劝。〔劝，进。〕通乎用非其有也。

卫灵公天寒凿池。宛春谏曰："天寒起役，恐伤民。"〔伤，病。〕公曰："天寒乎哉？"宛春曰："公衣狐裘，坐熊席，是以不寒。今民衣弊不补，履决不组。君则不寒，民则寒矣。"公曰："善。"令罢役。左右以谏曰："君凿池，不知天之寒也，而春也知之。以春之知也，而令罢之，福将归于春也，而怨将归于君。"公曰："不然。夫春也，鲁国之匹夫也，而我举之，〔举，用。〕夫民未有见焉，〔未见其德。〕今将令人以此见之。且春也有善，如寡人有春之善，非寡人之善欤？"灵公之论宛春也，可谓知君道矣。

卷四十 《韩子》治要

【战国】 韩非 撰

【导读】

韩非（约公元前280—前233），韩国新郑（今河南新郑）人，中国古代杰出的思想家、哲学家和散文家。荀子的学生，李斯的师兄。其作品《韩子》唐以后名为《韩非子》，以有别于韩愈。

韩非子创立的法家学说，积极提倡君主专制，为中国第一个统一专制的中央集权制国家的诞生提供了理论依据。他集商鞅的"法"、申不害的"术"和慎到的"势"于一体，是法家思想的集大成者。《韩非子》共五十五篇，十万多字。

韩非主张"事在四方，要在中央；圣人执要，四方来效"。国家的大权，要集中在君主（"圣人"）一人手里。同时选拔一批经过实践锻炼的官吏，贯彻中央政策，"废先王之教"，"以法为教"，达到进行改革和实行法治的目的，实行"法不阿贵"，"刑过不避大臣，赏善不遗匹夫"公平执法政策。

韩非子吸收了其老师荀子的"性本恶"理论，认为民众的本性是"恶劳而好逸"，要以法来约束民众，才可"禁奸于为萌"。要去"五蠹"，防"八奸"。五蠹是指：学者（儒）、言谈者（游说）、带剑者（侠）、患御者（逃避兵役的人）、商工之民；"八奸"是："同床"（妻妾）、"在旁"（弄臣）、"父兄"（亲属）、"养殃"（拍马者）、"民萌"（乱撒公财者）、"流行"（妄议政者）、"威强"（豢养亡命之徒）、"四方"（培养个人势力）。提出重赏、重罚、重农、重战政策，强调"以刑止刑""严刑"和"重罚"。只有这样，国家才能稳定，政权才能巩固。中国历代封建王朝的治国理念或多或少受到了韩非子学说的影响。

《群书治要》摘录了《韩非子》一书的《十过》《说难》《解老》《说林上》《观行》《用人》《功名》《大体》《外储说左上》《外储说左下》《难势》《奸劫弑臣》等篇的部分内容，都是魏徵向唐太宗进谏的理论依据。如《十过》，就是向唐太宗说明人主有十事之失，足以危身亡国。只有避免这些过失，才能使政权稳固，国运长久。

·十过·

十过：一曰行小忠，则大忠之贼也；二曰顾小利，则大利之残也；三曰行僻自用，无礼诸侯，则亡身之至也；四曰不务听治，而好五音，则穷身之事也；五曰贪愎喜利，则灭国杀身之本也；六曰耽于女乐，不顾国政，则亡国之祸也；七曰离内远游，忽于谏士，则危身之道也；八曰过而不听于忠臣，而独行其意，则灭高名，为人笑之始也；九曰内不量力，外恃诸侯，则削国之患也；十曰国小无礼，不用谏臣，则绝世之势也。

·说难·

昔者，弥子瑕有宠于卫君。卫国之法，窃驾君车者罪刖。弥子母病，人闻有夜告弥子，弥子矫驾君车以归。君曰："孝哉，为母故犯刖罪。"异日，与君游于果园，食桃而甘，不尽，以其半啖君。君曰："爱我哉，忘其口而啖寡人。"及弥子色衰爱弛，得罪于君，君曰："是故尝矫驾吾车，又尝啖我以余桃。"故弥子之行，未移于初也。而前所以见贤，后获罪者，人主爱憎之变也。故有爱于主，则智当而加亲；有憎于主，则智不当而加疏。

·解老·

工人数变业，则失其功；作者数摇徙，则亡其功。一人之作，日亡半日，十日则亡五人之功；万人之作，日亡半日，十日则亡五万人之功。然则数变业，其民弥众，其亏弥大矣。凡法令更，则利害易；利害易，则民务变。民务变，谓之变业。故以理观之，事大众而数摇之，则少成功；藏大器而数徙之，则多败伤；烹小鲜而数挠之，则贼其宰；治大国而数变法，则民苦之。是以有道之君，贵虚静而重变法。故曰："治大国者，若烹小鲜。"

· 说林上 ·

乐羊为魏将，攻中山。其子在中山，中山之君烹其子而遗之，乐羊尽一杯。文侯谓堵师赞曰："乐羊以我故食其子之肉！"答曰："其子而食之，且谁不食？"乐羊罢中山，文侯赏其功而疑其心。孟孙猎得麑，使秦西巴持之以归，其母随而呼，秦西巴以不忍而与之。孟孙大怒，逐之。居三月，复召为其子傅。其御曰："曩将罪之，今使傅子，何也？"孟孙曰："夫不忍麑，又且忍吾子乎？"故曰："巧诈不如拙诚。"乐羊以有功见疑，秦西巴以有罪益信。

· 观 行 ·

古之人目短于自见，故以镜观面；智短于自知，故以道正己。目失镜，则无以正须眉；身失道，则无以知迷惑。西门豹之性急，故佩韦以缓己；董阏于之心缓，故佩弦以自急。故以有余补不足、以长续短之谓明主。

天下有信数三：一曰智有所不能立，二曰力有所不能举，三曰强有所不能胜。故虽有尧之智，而无众人之助，大功不立；有乌获之劲，而不得人助，不能自举；有贲育之强，而无术法，不得长生。故势有不可得，事有不可成。故乌获轻千钧，而重其身，非其身重于千钧也，势不便也；离娄易百步而难眉睫，非百步近而眉睫远也，道不可也。故明主不穷乌获，以其不能自举；不困离娄，以其不能自见。因可势，求易道，故用力寡而功名立。

·用 人·

释法术而心治，尧不能正一国；去规矩而妄意，奚仲不能成一轮。使中主守法术，拙匠执规矩，则万不失也。君人者，能去贤巧之所不能，而守中拙之所万不失，则人力尽而功名立。

·功 名·

明君之所以立功成名者四：一曰天时，二曰人心，三曰伎能，四曰势位。非天时，虽十尧不能冬生一穗；逆人心，虽贲育不能尽人力。故得天时，则不务而自生；得人心，则不趣而自劝；因伎能，则不急而自疾；得势位，则不进而成名。若水之流，若船之浮，守自然之道，行毋穷之令，故曰明主。

·大 体·

古之全大体者，望天地，观江海，因山谷，日月照，四时行，云布风动。不以智累心，不以心累己。寄治乱于法术，托是非于赏罚，属轻重于权衡。不逆天理，不伤情性；不吹毛而求小疵，不洗垢而察难知。守成理，因自然。<u>荣辱之责，在乎己，而不在乎人。</u>上不天，则下不遍覆；心不地，则物不毕载。太山不立好恶，故能成其高；江海不择小助，故能成其富。故大人寄形于天地，而万物备；措心于山海，而国家富。上无忿怒之毒，下无伏怨之患。故长利积、大功立。名成于前，德垂于后，治之至也。

【重点句解读】

荣辱之责，在乎己，而不在乎人。

受人敬仰和遭人唾弃的根本原因，在于自己做得好坏，而不在别的人身上。

我们的一些英雄人物，如雷锋、王杰等在军中其职务仅为班长，而受举世尊崇、全国学习，是他们纯粹的为共产主义奋斗终身的信念和无私奉献的精神走在了时代的前列，成为时代楷模；而那些贪官巨蠹，如周永康、薄熙来、孙政才、令计划之流，身处重要领导岗位，但欲壑难填，奸贪不已，犯下了祸国殃民的滔天大罪，成为万人唾弃的奸贼。两个极端对照，人之功过是非完全是自己造成的，种瓜得瓜，岂有它哉！

习近平总书记在《在网络安全和信息化工作座谈会上的讲话》中，引用了《逸周书·谥法解》中的"行生于己，名生于人"这句话即与此同义。教导大家承担社会责任，获得社会认可，争取得到社会好的评价，社会一定会给予相应的荣誉。

·外储说左上·

文公反国至河，令："笾豆捐之，席蓐捐之，手足胼胝、面目黧黑者后之。"咎犯闻之而夜哭。文公曰："咎氏不欲寡人之反国耶？"对曰："笾豆，所以食也，而君捐之；席蓐，所以卧也，而君弃之；手足胼胝、面目黧黑，劳有功者也，而君后之。今臣与在后中，不胜其哀，故哭也。且臣为君行诈伪以反国者众矣，臣尚自恶也，而况于君乎！"再拜而辞。文公止之，乃解左骖而盟于河。

魏文侯与虞人期猎，明日会疾风，左右止，文侯不听，曰："可以疾风之故而失信？吾不为也。"遂自驱车往，犯风而罢虞人。

曾子妻之市，其子随而泣。其母曰："汝还顾反，为汝杀彘。"妻适市来，曾子欲捕彘杀之，其妻止之曰："特与婴儿戏也。"曾子曰："<u>婴儿者非有知也，待父母而学之者也。今子欺之，是教子欺也。母欺子，子而不信其母，非所以成教也。</u>"遂杀彘。

【重点句解读】

> 婴儿者非有知也，待父母而学之者也。今子欺之，是教子欺也。母欺子，子而不信其母，非所以成教也。

一个幼儿，没有分辨是非好坏的能力。这些能力是在逐步成长中通过学习、模仿，日积月累中形成的。而父母则是人生第一老师。如今你欺骗他，就是教孩子学欺骗。母亲欺骗孩子，孩子就不相信他的母亲，这不是实现教化的办法。

《三字经》上说，人之初生"性相近"，而在成长过程中因环境、教育的不同导致"习相远"而成为不同的性格。《韩诗外传》记载，孟子母亲"买肉啖子"的故事：孟子年幼时，有一次问他母亲邻居家为何要杀猪，他母亲说是给他吃的。说后很后悔，说我怀孕时就对他进行胎教：没有摆正的席子不坐，不切成方形的肉不吃。现在我骗他说这家杀猪是给他吃肉的，是教他不诚实。于是就到邻居家买了肉给孟子吃。孟母对孟子自胎儿时就言传身教，终于把他培养成名垂千古的圣贤。这则故事告诉我们，教育要从娃娃抓起。设若咱们父母自孩子出世起就教他成为一个"四有"新人，那么，中华民族还能不复兴吗？

·外储说左下·

文王伐崇，至黄凤墟，而袜系解，左右顾无可令结系，文王自结之。太公曰："君何为自结系？"文王曰："吾闻上君之所与处者，尽其师也；中君之所与处者，尽其友也；下君之所与处者，尽其使也。今寡人虽不肖，所与处者，皆先君之人也，故无可令结之者也。"

解狐与邢伯柳为怨，赵简主问于解狐曰："孰可为上党守？"对曰："邢伯柳可。"简主曰："非子之仇乎？"对曰："臣闻<u>忠臣之举贤也，不避仇雠；其废不肖也，不阿亲近</u>。"简主曰："善。"遂以为守。邢伯柳闻之，乃见解狐谢，解狐曰："举子，公也；怨子，私也。往矣，怨子如异日。"

【重点句解读】

忠臣之举贤也，不避仇雠；其废不肖也，不阿亲近。

忠臣举荐贤能，不避仇怨；罢免无能之辈，不袒护亲近的人。

这是当时赵国大臣解狐举荐他的仇人邢伯柳担任上党太守的故事。这个解狐，也曾经历过被仇家祁黄羊举荐过的经历。《吕氏春秋·去私》里记载了此事。孔子听说后大赞："善哉，祁黄羊之论也。外举不避仇，内举不避子，祁黄羊可谓公矣。"这才是选拔贤才、为国为民的恢宏心胸和崇高境界。史载，通过这样选拔人才，赵国终成战国七雄之一。

今天我们要实现中华民族伟大复兴的中国梦，也应该遵照习近平总书记在《在河北参加省委班子专题民主生活会时的讲话》等文章中的有关教导，重用贤才。

·难 势·

夫良马固车，使臧获御之，则为人笑；王良御之，而日取千里。车马非异也，或至乎千里，或为人笑，则巧拙相去远矣。今以国为车，以势为马，以号令为辔衔，以刑罚为鞭策，尧、舜御之则天下治，桀、纣御之则天下乱，则贤不肖相去远矣。夫欲追远致速，不如任王良；欲进利除害，不如任贤能。此则不知类之患也。夫尧、舜亦民之王良也。

明主之治国也，适其时事，以致财物；论其税赋，以均贫富；厚其爵禄，以尽贤能；重其刑罚，以禁奸邪。使民以力得富，以事致贵，以过受罪，以功置赏，而不望慈惠之赐，此帝王之政也。

·奸劫弑臣·

凡奸臣者，皆欲顺人主之心，以取信幸之势者也。是以主有所善，臣从而誉之；主有所憎，臣因而毁之。凡人之大体，取舍同则相是也，取舍异则相非也。今人臣之所誉者，人主之所是也，此之谓同取；人臣之所毁者，人主之所非也，此之谓同舍。夫取舍合同，而相与逆者，未尝闻也。此人臣之所取信幸之道也。夫奸臣，得乘信幸之势，以毁誉进退群臣者也。人主非有术数以御之，非有参验以审之，必将以曩之合己，信今之言。此幸臣之所以得欺主成私者也。故主必蔽于上，臣必重于下矣，此之谓擅主之臣。国有擅主之臣，则群下不得尽智力以陈其忠，百官之吏不得奉令以致其力矣。何以明之？夫安利者就之，危害者去之，此人之情也。人主者，非目若离娄乃为明也，非耳若师旷乃为聪也。不任其数，而待目以为明，所见者少矣，非不蔽之术也；不因其势，而待耳以为聪，所闻者寡矣，非不欺之道也。明主者，使天下不得不为己视，使天下不得不为己听。故身在深宫之中，明烛四海之内，而天下弗能蔽、弗能欺也。

《三略》治要

【秦】相传为黄石公 撰

【导读】

黄石公（约公元前292—前195），别称圯上老人、下邳神人，秦汉时道家著名人物，与鬼谷子齐名，被道教纳入神谱。《史记·留侯世家》称其避秦世之乱，隐居东海下邳。张良因刺秦不果，逃匿于此，于下邳圯桥上遇到黄石公。黄石公三试张良，授与《太公兵法》。三国西晋时期学者、医学家、史学家皇甫谧《高士传》所记黄石公事，与《史记·留侯世家》所记基本相同，可见历史上确有黄石公其人。后世流传有黄石公《素书》和《黄石公三略》等著作。

《三略》之名，始见于《隋书·经籍志》。后有人认为此系伪书，《史记·留侯世家》所记有误。但此书不论真伪，无害于它存在的价值、作用和影响。它兼采众家之长，而又自成体系，民间称之为"天书"，是《武经七书》之一，为中国古代第一部专门从战略上论兵的兵书。

《三略》分《上略》《中略》《下略》。《上略》主要是通过对"设礼常，别奸雄，著成败"的分析，论述以"柔弱胜刚强"为指导、以收揽人心为中心、以"任贤擒敌"为宗旨的治国统军的战略思想及其实现的方法。《中略》主要通过"差德行，审权变"，论述驭将统众的谋略。《下略》主要是"陈道德，察安危，明贼贤之咎"。要重视人民在战争中的作用，"以弱胜强者，民也"；要重视对战略要地的控制；将帅要爱护士卒，与士卒同甘共苦和有优良的品质及广博的知识。反对任人唯亲，因人而致用，"贤人所归，则其国强；圣人所归，则六合同。"对战争不能超越客观条件的许可，"造作过制，虽成必败"。

魏徵等人在编撰《群书治要》时，根据政治与军事和选贤任能、安邦定国的需要，或选录，或剪裁，或嫁接，或组合所选之书籍，《三略》当然亦不例外。其中《上略》取九段，《中略》取一段，《下略》取十一段，目的是使"人主深晓《上略》，则能任贤擒敌；深晓《中略》，则能御将统众；深晓《下略》，则能明盛衰之源、审治国之纪。"

夫主将之法，务在于揽英雄之心，〔揽，结也。〕赏禄有功，通志于众。〔凡为人主，患在骄志，盈不通下，故诫也。〕故与众同好，靡不成；与众同恶，靡不倾。治国安家，得人者也；〔人谓贤人也，伊尹赴而汤隆，宁戚到而齐兴。〕亡国破家，失人者也。〔微子去而殷灭，伍员奔而楚亡。〕是以明君贤臣，屈己而申人。

【重点句解读】

治国安家，得人者也。

要使国家安定，人民乐业，首要的是在于得到人才。

周得姜子牙而灭商，汉得三杰而灭楚，项羽不能用一范增最后自刎于乌江。这种得人才而兴、失人才而亡的事例史不绝书，可以说是汗牛充栋，满目皆是。

夫用兵之要，在于崇礼而重禄。礼崇则智士至，禄重则义士轻其死。故禄贤不爱财，赏功不逾时，则下力并而敌国削矣。用人之道：尊之以爵，赡之以财，则士自来；〔《易》曰：何以聚人？曰：财。〕；接之以礼，厉之以辞，〔崇接士之礼，厉士以见危授命之辞。〕则士死之。

【重点句解读】

用人之道：尊之以爵，赡之以财，则士自来。

用人的最好方法，是给他以崇高的地位、优厚的待遇，那么人才自然会从四面八方而来。

战国时代，燕昭王筑黄金台，"剧辛乐毅感恩分，输肝剖胆效英才"（李白《行路难》），使弱燕一举而攻下强大齐国七十余座城池，几乎灭了这个强邻。汉高祖拜韩信为大将，高居于百战功高的樊哙、夏侯婴等人之上而得其死力。在韩信灭齐后，他已成为当时举足轻重的人物：向楚则楚胜、保刘则刘存，自立则刘、项皆可灭。但韩信深感刘邦厚恩而拒绝了谋士蒯彻"天下三分"的建议，帮助刘邦建立了汉王朝。

夫将帅者，必与士卒同滋味而共安危，敌乃可加。〔养士如此，乃可加兵于敌也。〕昔者良将之用兵也，人有馈一箪醪者，使投诸河，与士卒逆流而饮之。夫一箪之醪，不能味一河之水，而三军之士思为致死者，以滋味之及己也。

军井未达，将不言渴；〔达，彻也。〕军幕未办，将不言倦；冬不服裘，夏不操扇。〔与众同也。〕是谓礼将。〔是谓达礼之将。〕与之安，与之危，故其众可合而不可离，〔将与士同祸福、共安危，众如一体，而不可离也。〕可用而不可疲。〔不疲者，以主恩养素积，策谋和同也。〕故曰：畜恩不倦，以一取万。〔夫恩以接下，则士归之。养一人，可以致万人。燕养郭隗以致乐毅是也。〕良将之统军也，恕己而治人，推惠施恩，士力日新，〔推此之乐惠，而施恩于人，皆忠恕之道。将士用力，故日益新。〕战如风发，攻如河决。故其众可望而不可当，可下而不可胜。以身先人，故兵为天下雄。赏罚明，则将威行；官人得，则士卒服；所任贤，则敌国振。〔所得贤，则敌国畏威而振怖也。〕贤者所适，其前无敌。故士可下而不可骄。将者国之命，将能制胜，国家安定。将拒谏，则英雄散；策不从，则谋士叛；善恶同，则功臣倦；将专己，则下归咎；将自臧，则下少功；〔臧，善也。〕将受谗，则下有离心；将贪财，则奸不禁；〔上贪则下盗也。〕将内顾，则士卒慕。〔内顾，思妻妾也。〕将有一，则众不服；〔自拒谏以下，将犯此一条，则众不服，以其违主道。〕有二，则军无式；〔式，法也。〕有三，则军乖背；有四，则祸及国。〔众乖散则国亡，故曰祸及国也。〕军无财，则士不来；军无赏，则士不往。香饵之下，必有悬鱼；重赏之下，必有勇夫。故礼者，士之所归；赏者，士之所死。招其所归，示其所死，则所求者至。〔求贤，材士至；求战，则致死。故曰所求者至。〕故礼而后悔者，则士不止；赏而后悔者，则士不使。礼赏不倦，则士争死矣。

奸雄相称，鄣蔽主明；毁誉并兴，雍塞主听；各阿所私，令主失忠。故主察异言，乃睹其萌；主聘儒贤，奸雄乃遁；主任旧齿，万事乃理；主聘岩穴，士乃得实。〔故傅说陟而殷道兴，四皓至而汉祚长，得治之实也。〕

《军势》曰："出军行师，将在自专进退。由内御之，则功难成。"〔凡师出专制，不禀命于内。禀命则无威，无威则士不用命，士不用命则功不成。〕

夫能扶天下之危者，则据天下之安；〔能持天下之危，故天下乐安之。〕能除天下之忧者，则享天下之乐；〔天下愿奉而安乐之。〕能救天下之祸者，则得天下之福。〔除天下祸，故天下乐福之。〕故泽及人民，则贤归之；〔恩泽洽，人民和，则贤者至。〕泽及昆虫，则圣归之。〔万物得其所，则圣人至也。〕贤人所归，则其国强；圣人所归，则六合同。贤者之政，降人以礼；〔礼服道化，揖让恭谨，故曰降人以礼者也。〕圣人之政，降人以心。〔心服教令，故降人以心也。〕礼降可以图始，〔礼服道化者，可与谋始也。〕心降可以保终。〔心服道化，天下和亲，故可保终也。〕降礼以礼，降心以心。

【重点句解读】

> 故泽及人民，则贤归之；泽及昆虫，则圣归之。贤人所归，则其国强；圣人所归，则六合同。

恩泽及于民众，贤人就会归向他；恩泽及于万物，圣人就会归向他。贤人归向的国家，国家就会强盛；圣人归附，天下一统。

汉初三杰和陈平、周勃等人之所以要协助文化不高、品德欠缺、有点流氓习气的刘邦与项羽进行殊死博弈，关键在于刘邦能除秦苛法，与民休养生息、众望所归，终于取得胜利；周勃等人平定内乱，巩固了汉王朝政权。

习近平总书记在《在全国组织工作会议上的讲话》中强调，"为政之要，莫先于用人"(《资治通鉴·魏纪五》);他在《在庆祝中国人民政治协商会议成立六十五周年大会上的讲话》中指出,"政之所兴在顺民心,政之所废在逆民心"(《管子·牧民》)。这才是立国之道、行政之本,各级领导干部岂可掉以轻心!

释近而谋远者,劳而无功;释远而谋近者,逸而有终。逸政多忠臣,劳政多怨民。故曰:务广地者荒,〔不修德政而务广地,荒之道。〕务广德者强也。〔务崇节俭,广其德教,强之道也。〕荒国者无善政,广德者其下正。〔君德广于上,则兆庶正于下也。〕废一善,则众善衰;赏一恶,则众恶归。善者得其佑,恶者受其诛,则国安而众善到矣。一令逆者,则百令失;〔君令一逆,民不从,故百令皆废也。〕一恶施者,则百恶结。〔一恶得施,则百恶结而相从也。〕故令施于顺民,恶加于凶人,〔教令施于顺化之民,刑恶加于凶逆之人。〕则令行而不怨,群下附亲矣。〔教令当,刑法值,百姓悦之,亲附之也。〕

有清白之志者,不可以爵禄得;〔四皓是也。〕有守节之志者,不可以威刑胁。〔晏婴、季子是也。〕故明君求臣,必视其所以为人者而致焉。〔视其为人所执之志而求之也。〕致清白之士,修其礼;〔四皓亢志,不屈于革命之主;太子修礼卑辞,而降其节焉。〕致守节之士,修其道。〔不可以非道屈也。〕而后士可致,而名可保。〔保,犹全也。〕

圣王之用兵也,非好乐之,将以诛暴讨乱。夫以义而诛不义,若决江河而溉荧火,临不测而挤欲坠,其克之必也。所以必优游恬淡者何?重伤人物,〔兵者凶器,战者危事,相杀伤之道,故不果为也。〕是天道也。〔天道乐生也。〕夫人之有道者,若鱼之有水,得水而生,失水而死。〔人失道而亡,得道而存也。〕故君人者,畏惧而不敢失道。

贤臣内,则邪臣外;〔舜举皋陶,汤举伊尹,不仁者远矣。随会在朝,则奸邪外奔矣。〕邪臣内,则贤臣毙。〔恶来任而比干死,无忌用而伍奢戮,故曰毙。〕内外失宜,祸乱传世。〔苟失内外之宜,为子孙之祸,故曰传世也。〕伤贤者,殃及三世;蔽贤者,身受其害;进贤者,德流子孙;〔昔鲍叔进管仲,以身下之,子孙世禄于齐,有封邑者十余世,常为名大夫。故曰德流子孙也。〕妒贤者,名不全。〔昔庞涓妒孙膑,身死于白木,故曰名不全也。〕故君子急于进贤,而美名章矣。

利一害百,民去城郭;利一害万,国乃思散。去一利百,民乃慕泽;〔慕思君子之恩泽也。〕去一利万,政乃不乱。〔刑以止刑,杀以止杀,政得其所,乱无由生也。〕

《新语》治要

【西汉】陆贾 撰

【导读】

陆贾（约公元前240—前170），楚国人，思想家、政治家、外交家，是汉代第一位力倡儒学的人。他针对汉初特定情况，提出"行仁义、法先圣，礼法结合、无为而治"的政治主张。在高祖和文帝时，两次出使南越，说服赵佗臣服汉朝；吕后时，说服陈平、周勃等同诛诸吕，对安定汉初局势作出极大的贡献。

《汉书·艺文志》载"陆贾二十三篇"，今传《新语》十二篇。其他著作包括三篇赋，均已失传。

《史记·郦生陆贾列传》："陆生时时前说称《诗》《书》。高帝骂之曰：'乃公居马上而得之，安事《诗》《书》！'陆生曰：'居马上得之，宁可以马上治之乎？且汤、武逆取而以顺守之，文武并用，长久之术也。昔者吴王夫差、智伯极武而亡；秦任刑法不变，卒灭赵氏。乡使秦已并天下，行仁义，法先圣，陛下安得而有之？'高帝不怿而有惭色，乃谓陆生曰：'试为我著秦所以失天下，吾所以得之者何，及古成败之国。'陆生乃祖述存亡之徵，凡著十二篇。每奏一篇，高帝未尝不称善，左右呼万岁，号其书曰《新语》。"

《新语》的治国理念：

行仁义、法先圣，力倡"行仁义而轻刑罚；闭利门而尚德义；锄佞臣而求贤圣"，带有强烈儒学色彩的三大为政原则；

无为而治、不废有为。陆贾认为"夫道莫大于无为",以有为求无为。君主应积极有为,制礼定乐,教化天下,制定出一套社会秩序,然后落实在实际生活中,这才是无为的最高境界。

"文武并用、德刑相济"。"法治"不是治国之本,而是治国之末。要让利于民,不干民,不扰民,不加赋,少征役,做到"国不兴无事之功,家不藏无用之器,稀力役而省贡献"。

陆贾以天人相分要求君主依道循德,修身治国。天变为示警,应罪己而正失,达到国基永固的目的。

魏徵等人所编撰的《群书治要》,从《新语》中辑录了十七段,段无标题、出处。但从所选内容看,突出了其无为、爱民、薄赋、少役、轻刑的核心价值观和政治主张。

<u>夫居高者,自处不可以不安;履危者,任杖不可以不固。</u>自处不安则坠,任杖不固则仆。是以圣人居高处上,则以仁义为巢;乘危履倾,则以圣贤为杖。故高而不坠,危而不仆。昔者尧以仁义为巢,舜以稷、契为杖,故高而益安,动而益固。处宴安之台,承克让之涂,德配天地,光被八极,功垂于无穷,名传于不朽,盖自处得其巢、任杖得其人也。秦以刑罚为巢,故有覆巢破卵之患;以李斯、赵高为杖,故有顿仆跌伤之祸。何者?所任者非也。故杖圣者帝,杖贤者王,杖仁者霸,杖义者强,杖谗者灭,杖贼者亡。《诗》云:"谗人罔极,交乱四国。"众邪合心,以倾一君,国危民失,不亦宜乎?

【重点句解读】

夫居高者,自处不可以不安;履危者,任杖不可以不固。

身处高处的人,不能不注意自己的安全;走在危险地方的人,用于平衡身体、探测危险的手杖不能不牢固。

有权位的人,若不兢兢业业、洁身自好、廉政勤政、为民造福,终有一天会坠入深渊。西汉主父偃为汉武帝谋划了削弱诸侯王势力的办法,使汉武帝颁布了影响深远的"推恩令",消除了社会的一大乱源,巩固了国家政权,为社会长治久安立下了不朽功勋。汉武帝对他在一年中四次提拔,把他从一个穷困潦倒、生活无以为继的穷游学士提拔到中大夫(职掌评议国政的官员),后又任命为齐国国相,成为封疆大吏。但这人自身处高位以后,不自检点,骄横跋扈,贪污受贿,劣迹昭彰,为人告发,最后被灭了三族。

这个事例给我们现代人提供了这样的借鉴:越是有权的人越要洁身自好,加强自身修养,正确、公平、慎重地处理政务。

道莫大于无为,行莫大于谨敬。何以言之?昔舜治天下也,弹五弦之琴,歌《南风》之诗,寂若无治国之意,漠若无忧天下之心,然而天下大治。故无为者,乃有为者也。秦始皇设刑法,为车裂之诛,筑长城以备胡越;蒙恬讨乱于外,李斯治法于内。事愈烦,下愈乱;法愈众,奸愈纵。秦非不欲治也,然失之者,举措太众、刑罚太极故也。

君子尚宽舒以褒其身,行身中和以致疏远。民畏其威而从其化,怀其德而归其境,美其治而不敢违其政。民不罚而畏,不赏而劝,渐渍于道德而被中和之所致也。

夫法令所以诛暴也。故曾、闵之孝,夷、齐之廉,此宁畏法教而为之者哉?故尧、舜之民,可比屋而封;桀、纣之民,可比屋而诛。何者?化使其然也。故近河之地湿而近山之土燥者,以类相及也;高山出云,丘阜生气,四渎东流,百川无西行者,小象大而少从多也。

夫南面之君,乃百姓之所取法则者也,举措动作,不可以失法度。故上之化下,由风之靡草也。王者尚武于朝,则农夫缮甲兵于田。故君子之御下也,民奢应之以俭,骄淫者统之以理。未有上仁而下贼、让行而争路者也。故孔子曰:"移风易俗。"岂家至人视之哉?亦先之于身而已矣。众口毁誉,浮石沉木;群邪所抑,以直为曲,以白为黑。曲直之异形,白黑之殊色,天下之易见也。然而目缪心惑者,众邪误之。

秦二世之时,赵高驾鹿而从行。王曰:"丞相何为驾鹿?"高曰:"马也。"于是乃问群臣,群臣半言马、半言鹿。当此时,秦王不敢信其直目,而从邪臣之言。鹿与马之异形,乃众人之所知也,然不能别其是非,况于暗昧之事乎?

人有与曾子同姓名者杀人,有人告曾子母曰:"参乃杀人。"母方织如故。有顷，人复告之。若是者三，曾子母投杼逾垣而去。夫流言之并至，众人之所是非，虽贤智不敢自安，况凡人乎？

质美者，以通为贵；才良者，以显为大。楩（pián）梓豫章，天下之名木也。生深山之中、溪谷之旁，立则为众木之宗，仆则为世用。因江河之道，而达于京师；因斧斤之功，得舒其文色。上则备帝王御物，下则赐公卿，庶贱不得以备器械。及其隘于山陵之阻，隔于九派之间，仆于块礌（lěi）之津，顿于窈窕之溪，广者无舟车之道，狭者无徒步之蹊，知者所不见，见者所不知。当斯之时，尚不如道傍之枯杨，生于大都之广地，近于大匠之名工，材器制断，规矩度量，坚者补朽，短者接长，大者治樽，小者治觞。彼则枯槁而远弃，此则为宗庙之瑚琏者，通与不通也。人亦犹此。

夫穷泽之民、据犁接耜之士，或怀不羁之能，有禹、皋陶之美，然身不容于世，无绍介通之者也。公卿之子弟，贵戚之党友，虽无过人之能，然身在尊重之处，辅之者强而饰之众也。

夫欲富国强威、辟地服远者，必得之于民；欲建功兴誉、垂名列流荣华者，必取之于身。故据千乘之众，持百姓之命，苞山泽之饶，主士众之力，而功不存乎身、名不显于世者，统理之非也。

天地之性，万物之类，怀德者众归之，恃刑者民畏之。归之则充其侧，畏之则去其域。故设刑者不厌轻，为德者不厌重，行罚不患薄，布赏不患厚，所以亲近而致远也。

夫刑重者则心烦，事众者则身劳。心烦者，则刑罚纵横而无所立；身劳者，则百端回邪而无所就。是以君子之为治也，混然无事，寂然无声，官府若无人，亭落若无吏。邮无夜行之卒，乡无夜召之征，犬不夜吠，鸟不夜鸣，耆老甘味于堂，丁男耕耘于野，在朝忠于君，在家孝于亲。于是虽不言而信诚，不怒而威行，岂待坚甲利兵、深刑刻令、朝夕切切而后行哉？

昔者，晋厉、齐庄、楚灵、宋襄，秉大国之权，杖众民之威，军师横出，凌铄诸侯，外骄敌国，内刻百姓。邻国之仇结于外，群臣之怨积于内，而欲建金石之统、继不绝之世，岂不难哉？故宋襄死于泓之战，三君杀于臣之手。皆轻师尚威，以致于斯。故《春秋》重而书之，嗟叹而伤之。三君强其威而失其国，急其刑而自贼，斯乃去事之戒、来事之师也。

鲁庄公一年之中以三时兴筑作之役，规虞山林草泽之利，与民争田渔薪采之饶；刻桷（jué）丹楹，眩曜靡丽，收民十二之税，不用之以供邪曲之欲；缮不用之好，以快妇人之目；财尽于骄淫，力疲于不急；上困于用，下饥于食。于是为齐、卫、陈、宋所伐。贤臣出，邪臣乱，子般杀，鲁国危也。故为威不强还自亡，立法不明还自伤，庄公之谓也。

<u>治以道德为上，行以仁义为本。</u>故尊于位而无德者绌，富于财而无义者刑；贱而好道者尊，贫而有义者荣。夫酒池可以运舟，糟丘可以远望，岂贫于财哉？统四海之权，主九州之众，岂弱于武力哉？然功不能自存，而威不能自守，非贫弱也，乃道德不存乎身，仁义不加于下也。故察于利而惛于道者，众之所谋也；果于力而寡于义者，兵之所图也。君子笃于义而薄于利，敏于行而慎于言，所广功德也。故曰："不义而富且贵，于我如浮云。"夫怀璧玉，要环佩，服名宝，藏珍怪，玉斗酌酒，金罍（léi）刻镂，所以夸小人之目者也；高台百仞，金城文画，所以疲百姓之力者也。故圣人卑宫室而高道德，恶衣服而勤仁义；不损其行以好其容，不亏其德以饰其身。国不兴不事之功，家不藏不用之器，所以稀力役而省贡献也。璧玉珠玑不御于上，则玩好之物弃于下；雕琢刻画之类不纳于君，则淫伎曲巧绝于下。夫释农桑之事，入山海，采珠玑，捕豹翠，消筋力，散布帛，以极耳目之好，快淫佚之心，岂不谬哉！

【重点句解读】

治以道德为上，行以仁义为本。

治理国家以道德为上策，处身行事以仁义为根本。

顺应潮流、符合形势、大公无私、造福人民、和睦四邻是治国理政的最高境界，而自己行为的标准是爱国爱民，公正民主、勤政自律、扶危济困、宽容大度。以习近平同志为核心的党中央所实行的"精准扶贫"政策和"构建人类命运共同体"就是这一理念的升华。

君明于德，可以及于远；臣笃于义，可以至于大。何以言之？昔汤以七十里之封，升帝王之位；周公自立三公之官，比德于五帝三王。斯乃口出善言、身行善道之所致也。故安危之效，吉凶之符，一出于身；存亡之道，成败之事，一起于善行。尧、舜不易日月而兴，桀、纣不易星辰而亡，天道不改，而人道易也。

夫持天地之政，操四海之纲，屈申不可以失法，动作不可以离度。谬误出口，则乱及万里之外，何况刑无罪于狱，而诛无辜于市哉？故世衰道失，非天之所为也，乃君国者有以取之。恶政生恶气，恶气生灾异。螟虫之类，随气而生；虹霓之属，因政而见。治道失于下，则天文变于上；恶政流于民，则螟虫生于野。

夫善道存乎心，无远而不至也；恶行著乎己，无近而不去也。周公躬行礼义，郊祀后稷，越裳奉贡而至，麟凤白雉草泽而应。殷纣无道，微子弃骨肉而亡。行善者则百姓悦，行恶者则子孙怨。是以明者可以致远，否者以失近。

夫长于变者，不可穷以诈；通于道者，不可惊以怪；审于辞者，不可惑以言；达于义者，不可动以利。是以君子博思而广听，进退顺法，动作合度；闻见欲众，而采择欲谨，学问欲博，而行己欲敦；见邪而知其直，见华而知其实；目不淫于炫耀之色，耳不乱于阿谀之辞；虽利之以齐、鲁之富，而志不移，谈之以王乔、赤松之寿，而行不易。然后能一其道而定其操，致其事而立其功也。凡人则不然，目放于富贵之荣，耳乱于不死之道，故多弃其所长，而求其所短，不得其所无，而失其所有。是以吴王夫差知艾陵之可以取胜，而不知樵（zuī）李之可以破亡也。

【重点句解读】

长于变者，不可穷以诈；通于道者，不可惊以怪；审于辞者，不可惑以言；达于义者，不可动以利。

对于擅长变通的人，不可用欺诈的手段来对付他；对于通晓自然现象和法则的人，不可用荒诞不经之事来惊吓他；对于善于言辞的人，不可用言语来迷惑他；对于身怀正义的人，不可用利益来引诱他。

换句话说，用欺诈、怪诞、狡辩、利益去对付多智、知事、善辞、正直的人是没有用的。

故事或见一利而丧万机，取一福而致百祸。圣人因变而立功，由异而致太平。尧、舜承蚩尤之失，而思钦明之道。君子见恶于外，则知变于内矣。今之为君者则不然，治不以五帝之术，则曰今之世不可以道治也；为臣者不师稷、契，则曰今之民不可以仁义正也；为子者不执曾、闵之贤，朝夕不休，而曰家人不和也；学者不操回、赐之精，昼夜不懈，而曰世所不行也。自人君至于庶人，未有不法圣道而师贤者也。《易》曰："丰其屋，蔀（bù）其家，窥其户，阒（qù）其无人。"无人者，非无人也，言无圣贤以治之也。故仁者在位而仁人来，义者在朝而义士至。是以墨子之门多勇士，仲尼之门多道德，文王之朝多贤良，秦王之庭多不祥。故善者必有所主而至，恶者必有所因而来。夫善恶不空作，祸福不滥生，唯心之所向、志之所行而已矣。

《贾子》治要

【西汉】 贾谊 撰

【导读】

贾谊（公元前200—前168），洛阳（今属河南）人，汉初著名政论家、文学家，世称贾生。以善文为人称道。司马迁在《史记》中为屈原、贾谊写了一篇合传，后世因而把贾谊与屈原并称为"屈贾"。

《贾子》亦名《新书》。《汉书·艺文志》记载贾谊散文共五十八篇，收录于《新书》。其作品大体可分为三类：一类是专题政论文，如《过秦论》；一类是就具体问题所写的疏牍杂论，如《陈政事疏》；一类是辞赋。其辞赋皆为骚体，形式趋于散体化，是汉赋发展的先声，代表作有《吊屈原赋》《鵩鸟赋》等。

贾谊的思想基础是儒家为体，黄、老为用，认为秦亡在于"仁义不施"，要使国家长治久安，必须施仁义、行仁政。以民为本，"故夫民者，弗爱则弗附"。总结出"自古至于今，与民为雠者，有迟有速，而民必胜之"的历史发展规律；而叔孙通[秦末汉初人，生卒年不可考，薛县（今山东省滕州市官桥镇）人，皇朝君臣之礼制定者]等人倡导的制礼仪、明尊卑、以礼治国的主张，也成了贾谊政治思想的重要内容。但他并不排斥法家，"仁义恩厚，此人主之芒刃也；权势法制，此人主之斤斧也。势已定、权已足矣，乃以仁义恩厚因而泽之。"由此而制定了仁与礼相结合的政治蓝图，得到了汉文帝的重视，对历史产生了深刻的影响。

贾谊的哲学思想尊奉黄、老，认为道是宇宙万物的最终本源，德则道的直接体现。他用黄、老的道德说深入论证儒家的道德伦理说。认为阴阳、天地、人与万物有六理：道、德、性、神、明、命；六美：有道、有仁、有义、有忠、有信、有密。为后来董仲舒全面吸收道家学说、重构儒家思想体系，提供了重要的理论支持。

魏徵等人编撰《群书治要》时，从《贾子》五十八篇中节录了十三段。魏徵认为"任善人则国治，用恶人则国乱"，而贾谊也认为"吏贤而民治"，"君能为善，则吏必能为善矣；吏能为善，则民必能为善矣。故民之不善，吏之罪也；吏之不善，君之过也"。魏徵与贾谊的思想观点有高度的相似之处。

梁尝有疑狱，群臣半以为当罪，半以为无罪。梁王曰："陶之朱叟，以布衣而富侔（móu）国，是必有奇智。"乃召朱公而问之。朱公曰："臣鄙民也，不知当狱。虽然，臣之家有二白璧，其色相如也，其径相如也，其泽相如也，然其价，一者千金，一者五百金。"王曰："径与色泽皆相如也，一者千金，一者五百金，何也？"朱公曰："侧而视之，其一者厚倍之，是以千金。"梁王曰："善！"故狱疑则从去，赏疑则从与，梁国大悦。墙薄亟坏，缯薄亟裂，器薄亟毁，酒薄亟酸。夫薄而可以旷日持久者，殆未有也。故有国畜民施政教也，臣窃以为厚之而可耳。

楚惠王食寒菹而得蛭，因遂吞之，腹有疾而不能食。令尹入问曰："王安得此疾也？"王曰："我食寒菹而得蛭，念谴之而不行其罪，是法废而威不立也；谴而行其诛，则庖宰监食者，法皆当死，心又不忍也。故吾恐蛭之见也，因遂吞之。"令尹避席再拜而贺曰："臣闻天道无亲，唯德是辅。王有仁德，天之所奉也，病不为伤。"是昔也，惠王之后而蛭出，心腹之积皆愈。

邹穆公食不众味，衣不杂采，自刻以广民，亲贤以定国，亲民犹子，臣下顺从，若手之投心也。故以邹之细，鲁、卫不敢轻，齐、楚不能胁。穆公死，邹之百姓，若失慈父，四境之邻于邹者，士民向方而道哭，琴瑟无音，期年而后始复。故爱出者爱反，福往者福来。

宋康王之时，有雀生鹯（zhān）于城之陬（zōu），使史占之，曰："小而生大，必霸天下。"康王大喜。于是灭滕，伐诸侯，取淮北之地。乃愈自信，欲霸之亟成，射天笞地，斩社稷而焚之，骂国老之谏者，为无头之冠，以示有勇，国人大骇。齐王闻而伐之，民散城不守，王乃逃而死。故见祥而为不可，祥必为祸！

怀王问于贾君曰："人之谓知道者为'先生'，何也？"对曰："此博号也。大者在人主，中者在卿大夫，下者在布衣之士。乃其正名，非为'先生'也，为'先醒'也。"彼世主未学道理，则嘿然惛（hūn）于得失，不知治乱存亡之所以然，忙忙犹醉也。而贤主者学问不倦，好道不厌，慧然先达于道理矣。故未治也，知所以治；未乱也，知所以乱；未安也，知所以安；未危也，知所以危。故昭然先寤乎所以存亡矣，故曰"先醒"，譬犹俱醉而独先发也。故世主有先醒者，有后醒者，有不醒者。昔楚庄王与晋人战，大克，归过申侯之邑，申侯进饭，日中而王不食，申侯请罪。王喟然叹曰："非子之罪也。吾闻之曰：'其君贤君也，而又有师者，王；其君中君也，而有师者，霸；其君下君也，而群臣又莫若者，亡。'今我下君也，而群臣又莫若也。吾闻之，世不绝贤。天下有贤，而我独不得，若吾生者，何以食为？"故庄王战服大国，义从诸侯，思得贤佐，日中忘饭，可谓明君矣。此之谓先寤所以存亡，此先醒者也。

昔宋昭公出亡至乎境，喟然叹曰："呜呼，吾知所以亡失矣。被服而立，侍御者数百人，无不曰吾君圣者，内外不闻吾过，吾是以至此，吾困宜矣。"于是革心易行，昼学道而昔讲之，二年而美闻。宋人迎而复之，卒为贤君，谥为昭公。既亡矣，而乃寤所以存亡，此后醒者也。

昔者虢（guó）君骄恣自伐，谄谀亲贵，谏臣诛逐，政治踳（chuǎn）乱，国人不服。晋师伐之，虢君出走，至于泽中曰："吾渴而欲饮。"其御乃进清酒。曰："吾饥而欲食。"御进腶（duàn）脯粱糗。虢君喜曰："何给也？"御曰："储之久矣！"曰："何故储之？"对曰："为君出亡而道饥渴也。"君曰："子知寡人之亡也？"对曰："知之。"曰："知之，何以不谏？"对曰："君好谄谀而恶至言，臣愿谏，恐先亡！"虢君作色而怒。御谢曰："臣之言过也。"君曰："吾所以亡者，诚何也？"其御曰："君不知也，君之所亡者，以大贤也。"虢君曰："贤，人之所以存也，乃亡，何也？"对曰："天下之君皆不肖，疾君之独贤也，故亡。"虢君喜笑曰："嗟！贤故若是苦耶？"遂徒行而逃于山中。饥倦，枕御膝而卧，御以块自代而去。君遂饿死，为禽兽食。此已亡矣，犹不寤所以存亡，此不醒者也。

梁大夫有宋就者，为边县令，与楚邻界。梁之边亭，与楚之边亭皆种瓜。梁之边亭，劬（qú）力而数灌其瓜，瓜美。楚人窳（yǔ）而希灌其瓜，瓜恶。楚令怒其亭瓜之恶也，楚亭恶梁亭之贤己，因往夜窃搔梁亭之瓜，皆有死焦者矣。宋就令人往窃为楚亭，夜善灌其瓜，其瓜日以美。楚亭怪而察之，而乃梁亭也。楚王闻之，悦梁之阴让也，乃谢以重币，而请交于梁王。故梁楚之欢，由宋就始。语曰："转败而为功，因祸而为福。"老子曰："报怨以德。"此之谓也。

翟王使者之楚，王欲夸之，故飨客于章华之台，上者三休乃至其上。楚王曰："翟国亦有此台乎？"使者对曰："不。翟，窭（lóu）国也，恶见此台？翟王之自为室也，堂高三尺，茅茨弗剪，采椽不刮，然且翟王犹以为作之者大苦，居之者大逸。翟国恶见此台也。"楚王愧焉。

王者官人有六等：一曰师，二曰友，三曰大臣，四曰左右，五曰侍御，六曰厮役。智足以为原泉，行足以为表仪，问焉则应，求焉则得，入人之家，足以重人之家，入人之国，足以重人之国者，谓之师。智足以为砻厉，行足以为辅助，明于进贤，敢于退不肖，内相匡正，外相扬美，谓之友。智足以谋国事，行足以为民率，仁足以合上下之欢，国有法则退而守之，君有难则能死之，职之所守，君不以阿私托者，大臣也。修身正行，不怍于乡曲，道路谈说，不怍于朝廷，执戟居前，能举君之失过，不难以死持之者，左右也。不贪于财，不淫于色，事君不敢有二心，君有失过，虽不能正谏、以死持之，愁悴有忧色，不劝听从者，侍御也。柔色伛偻，唯谀之行，唯言之听，以睚眦之间事君者，厮役也。故与师为国者，帝；与友为国者，王；与大臣为国者，霸；与左右为国者，强；与侍御为国者，若存若亡；与厮役为国者，亡可立而待。

闻之，<u>于政也，民无不为本也。</u>国以为本，君以为本，吏以为本。故国以民为安危，君以民为威侮，吏以民为贵贱，此之谓民无不为本也。民无不为命也。国以为命，君以为命，吏以为命。故国以民为存亡，君以民为盲明，吏以民为贤不肖，此之谓民无不为命也。民无不为功也。故国以为功，君以为功，吏以为功。故国以民为兴坏，君以民为强弱，吏以民为能否，此之谓民无不为功也。故夫民者，至贱而不可简也，至愚而不可欺也。<u>故自古而至于今，与民为仇者，有迟有速，而民必胜之矣。</u>道也者，福之本也；祥也者，福之荣也。无道者，必祸之本；不祥者，必失福之荣矣。故行而不缘道者，其言也必不顾义矣。故纣自谓天王也，而桀自谓天子也，已灭之后，民以骂也。以此观之，则位不足以为尊，而号不足以为荣矣。故君子之贵也，士民贵之，故谓之贵；故君子之富也，士民乐之，故谓之富。故君子之贵也，与民以福，故士民贵之；故君子之富也，与民以财，故士民乐之。

【重点句解读】

> 于政也，民无不为本也。……故自古而至于今，与民为仇者，有迟有速，而民必胜之矣。

对于国家的所有大政方针，没有不以人民福祉为根本的。……所以，从古到今，凡是与人民为敌的，不论迟早，最后人民总是胜利者。

强如统一六国结束中国三百多年混乱的秦朝，盛如平定南北二百多年的分裂之争、实现中华民族大一统的隋朝。但他们刮尽天下人民膏脂，供其挥霍，致天下骚然，民不聊生，结果都是二世而亡。

习近平总书记一再强调，以百姓之心为心，切身体会民心所向，民瘼所在、民间疾苦、世上疮痍。他在《摆脱贫困，干部的基本功——密切联系群众》一文中，引用明代张居正《请蠲积逋以安民生疏》中"政之所兴在顺民心，政之所废在逆民心"时指出，民心与治国之间是相辅相成关系，面对人民对美好的物质、文化有新的要求，共产党人要千方百计惠及全体人民，让人民过上更加富裕、美好的生活。

君能为善，则吏必能为善矣；吏能为善，则民必能为善矣。故民之不善，吏之罪也；吏之不善，君之过也。呜呼！戒之戒之！故夫士民者，率之以道，然后士民道也；率之以义，然后士民义也；率之以忠，然后士民忠也；率之以信，然后士民信也。故为人君者，出其令也，其如声；士民学之，其如响；曲折而从君，其如影。

渚泽有枯水，而国无枯士矣。故有不能求士之君，而无不可得之士。故有不能治民之吏，而无不可治之人。故君明而吏贤矣，吏贤而民治矣。故见其民而知其君矣。故君功见于选士，吏功见于治民。<u>王者有易政而无易国，有易吏而无易民。故因是国也而为安，因是民也而为治。是以汤以桀之乱民为治，武王以纣之北卒为强。</u>

【重点句解读】

> 王者有易政而无易国，有易吏而无易民。故因是国也而为安，因是民也而为治。是以汤以桀之乱民为治，武王以纣之北卒为强。

执政者有顺应潮流改变方针、政策而不可能改变国土的；有经常更换的官吏，所谓"铁打的衙门流水的官"，而不能更换此地的民众；所以国家政权也因此得到巩固，人民也因此得到太平。这就是商汤能管理好夏桀时造反的乱民使天下得到安定，周武王能指挥被打败而投降的商纣军队成为战无不胜的强大军队。

这些史实又一次证明："天道无亲，唯德是辅。"（《问教》）即历史是公正的，没有亲疏之分，只帮助那些品行高尚为民办实事的人。

周武王问鬻子曰："寡人愿守而必存、攻而必得、战而必胜，则吾为此奈何？"鬻子对曰："攻守战胜同道，而和与严其备也。故曰：和可以守，而严可以守，严不若和之固也；和可以攻，而严可以攻，严不若和之得也；和可以战，而严可以战，严不若和之胜也。则唯由和而可也。故诸侯发政施令，政平于人者，谓之文政矣；诸侯接士，而使吏礼恭于人者，谓之文礼矣；诸侯听狱断治，刑仁于人者，谓之文诛矣。故三文行于政、立于治、陈于行，其由此守而不存、攻而不得、战而不胜者，自古而至于今，未之尝闻也。今也，君王欲守而必存、攻而必得、战而必胜，则唯由此为可也。"武王曰："受命矣。"

周成王曰："寡人闻之，圣在上位，使民富且寿云。若夫富则可为也，寿则不在天乎？"鬻子对曰："圣人在上位，则天下无军兵之事，民不私相杀，则民免于一死，而得一生矣。君积于道，而吏积于德，而民积于用力，故妇人为其所衣，丈夫为其所食，则民无冻饿，则民免于二死，而得二生矣。君积于仁，而吏积于爱，而民积于顺，刑罚废矣，而民无大过之诛，则民免于三死，而得三生矣。使民有时，而用之有节，则民无厉疾，则民免于四死，而得四生矣。兴贤良以禁邪恶，贤人必用，不肖人不作，则民得其命矣。故夫富且寿者，圣王之功也。"王曰："受命矣。"

殷汤放桀，武王杀纣，此天下之所同闻也。为人臣而放其君，为人下而杀其上，天下之至逆也，而所以长有天下者，以其为天下开利除害，以义继之也，故声名称于天下，而传于后世。以其后世之隐其恶，而扬其德美，立其功烈，而传于久远，故天下皆称圣帝至治，其道之也当矣。

卷四十一 《淮南子》治要

【西汉】 刘安及门客 编撰

【导读】

刘安（公元前179—前122），沛郡丰县（今属江苏）人，生于淮南（今属安徽）。汉高祖刘邦之孙，因叛乱自杀。西汉时期思想家、道学家、文学家。是世界上最早尝试热气球升空者，也是豆腐的发明人。

《淮南子》，又名《淮南鸿烈》《刘安子》，是西汉淮南王刘安及其门客集体编写的一部哲学著作。"作《内篇》二十一篇，《外书》甚众，又为《中篇》八卷，言神仙黄白之术，亦二十余万言"（《汉书·淮南厉王刘长传》）。

从其序言《要略》看，全书写作有统一的计划和安排。内容并不统一，思想以道家为主，夹杂着先秦各家的学说。集哲学、政治学、史学、伦理学、科学、经济学、军事学等于一书。《汉书·艺文志》将之列为杂家。

然而，这部涉及范围十分广泛的著作，留传下来的只有《内篇》二十一篇，是中国古代思想史上一部兼收并蓄各学派理论的巨著，有很高的学术价值。

书中多处引用《老子》，提倡"无为"并加以阐述，继承发扬了先秦道家的思想；其阴阳五行学说认为："阴阳承天地之和，形万殊之体……终始虚满，转于无原。"包括了万事万物的发生、发展和变化；强调天人相应："天地宇宙，一人之身也；六合之内，一人之制也。"

该书继承并发挥了先秦儒家"仁者爱人"的思想："国之所以存者，仁义是也。"主张以民为本："食者，民之本也；民者，国之本也；国者，君之本也。"

该书也继承了商鞅、韩非的法制思想："法生于义，义生于众适，众适合于人心，此治之要也。"

书中还收录了当时一些医学和养生知识。

魏徵等人编撰《群书治要》，于《淮南子》二十一篇中摘选十一篇的部分段落和原注释，多是君主治国平天下的内容。目的很明显，就是为唐太宗量身定制的治国参考文献。选文言简意赅，博洽精严，颇具说服力。

·原 道·

夫道者，覆天地而和阴阳，节四时而调五行。故达于道者，处上而民弗重也，居前而众不害也，天下归之，奸邪畏之。以其无争于万物也，故莫能与之争。故体道者，逸而不穷；任数者，劳而无功。夫峭法刻诛者，非霸王之业也；〔峭，峻。〕棰策繁用者，非致远之御也。离朱之明，察针末于百步之外，而不能见渊中之鱼；师旷之聪，合八风之调，而不能听十里之外。故任一人之能，不足以治三亩之宅；修道理之数，因天地之自然，则六合不足均也。

·本 经·

凡人之性，心和欲得则乐，歌舞节则禽兽跳矣；有忧则悲哀，有所侵犯则怒，怒则有所释憾矣。故钟鼓管箫，所以饰喜也；衰绖苴杖，〔苴，麻。〕所以饰哀也；金鼓铁钺，所以饰怒也，必有其质，乃为之文。古者圣王在上，上下同心，君臣辑睦，衣食有余，家足人给，父慈子孝，兄良弟顺，天下和洽，人得其愿。故圣人为之作礼乐，以和节之。末世之政，田渔重税，关市急征；民力竭于徭役，财用殚于会赋；〔会，计。〕居者无食，行者无粮；老者不养，死者不葬；赘妻鬻子，以给上求，犹不能赡其用。愚夫蠢妇，皆有流连之心、凄怆之意，乃始为之撞大钟，击鸣鼓，吹竽笙，弹琴瑟，则失乐之本矣。

古者，上求薄而民用给，君施其德，臣尽其忠，父行其慈，子竭其孝，各致其爱，而无憾恨其间矣。夫三年之丧，非强引而致之也，听乐不乐，食旨不甘，思慕之心未能弛。晚世风流俗败，嗜欲多而礼义废，君臣相欺，父子相疑，怨尤充胸，思心尽亡，被衰戴绖，戏笑其中，虽致之三年，失丧之本矣。古者天子一畿，〔千里为畿。〕诸侯一同，〔百里为同也。〕各守其分地，不得相侵。有不行王道、暴虐万民、乱政犯禁者，乃举兵而伐之，戮其君，易其党，卜其子孙以代之。〔天子不灭同姓，诸侯不灭国，自古之政也。〕晚世务广地侵壤，并兼无已，举不义之兵而伐无罪之国，杀不辜之民而绝先圣之后，大国出攻，小国城守，驱人之马牛，系人之子女，毁人之宗庙，徙人之重宝，流血千里，暴骸满野，以赡贪主之欲，非兵之所为主也。故兵者所以讨暴也，非所以为暴也；乐者所以致和也，非所以为淫也；丧者所以尽哀也，非所以为伪也。故事亲有道矣，而爱为务；朝廷有容矣，而敬为上；处丧有礼矣，而哀为主；用兵有术矣，而义为本。本立而道行，本伤而道废矣。

·主 术·

人主之术，处无为之事，行不言之教；清静而不动，一度而不摇；因循而任下，责成而不劳。是故心知规而师傅喻道，口能言而行人称辞，足能行而相者前导，耳能听而执正者进谏。是故虑无失策，举无过事，言成文章，而行为仪表于天下，进退应时，动静循理，不为丑美好憎，不为赏罚喜怒，事由自然，莫出于己。故古之王者，冕而前旒，所以蔽明；〔冕，冠也。前旒，冕前珠饰也。〕黈纩（tǒu kuàng）充耳，所以掩聪；〔黈纩，所以塞耳。〕天子外屏，所以自障也。故所理者远，则所在者近；所治者大，则所守者小。目妄视则淫，耳妄听则惑，口妄言则乱。三关者，不可不慎守也。

夫明主之听于群臣，其计可用也，不羞其位；其言可行也，不责其辩。暗主则不然，信所爱习亲近者，虽邪枉不正，不能见也；疏远卑贱者，虽竭力尽忠，不能知也；有言者穷之以辞，有谏者诛之以罪。如此而欲照海内、存万方，是犹塞耳而听清浊、掩目而视青黄也，其离聪明亦远矣。汤、武圣主也，而不能与越人乘舻（qióng）舟、浮江湖；伊尹贤相也，而不能与胡人骑原马、服駼駼（táo tú）；〔原，国名，在益州西南，出千里马。駼駼，野马。〕孔、墨博通，而不能与山居者入榛薄、出险阻。由此观之，则人智之于物浅矣。而欲以照海内、存万方，不因道理之数，而专己之能，则其穷不达矣。故智不足以为治，勇不足以为强，则人才不足以任明矣。然而君人者不下庙堂之上，而知四海之外者，因物以识物，因人以知人也。故人主深居隐处，以避燥湿，闺门重袭，以避奸贼，内不知闾里之情，外不知山泽之形，帷幕之外，目不能见十里之前，耳不能闻百步之外，然天下之物，无所不通者，其灌输者大而斟酌者众也。是故不出户知天下，不窥牖知天道。乘众人之智，则天下不足有也；专用其心，则独身不能保也。

主道圆者，运转而无端，化育如神，虚无因循，常后而不先者也。臣道方者，论是处当，为事先唱，守职分明，以立成功者也。是故君臣异道则治，同道则乱。各得其宜，处得其当，则上下有以相使也。夫载重而马羸，虽造父不能以致远；车轻而马良，中工可以追速。是故圣人之举事也，岂能咈道理之数，诡自然之性，以曲为直，以诎（qū）为伸哉？未尝不因其资而用之也。是以积力之所举，则无不胜也；众智之所为，则无不成也。贤主之用人，犹巧匠制木，大小修短，皆得所宜，规矩方圆，各有所施，殊形异材，莫不可得而用也。天下之物，莫凶于奚毒，〔奚毒，附子。〕然而良医橐而藏之，有所用也。是故竹木草莽之材，犹有不弃者，而又况人乎？

今夫朝廷之所不举，而乡邑之所不誉，非其人不肖，其所以官之者，非其职也。麋之上山也，大獐不能跂也，及其下也，牧竖能追之，才有修短也。是故有大略者，不可责以捷巧；有小智者，不可任以大功。人有其才，物有其形，有任一而大重，有任百而尚轻。是故审于毫厘之计者，必遗天下之大数；不失小物之选者，惑于大事之举。犹狸之不可使搏牛，虎之不可使捕鼠也。今人之才，或欲平九州、并方外、存危国，而乃责之以闺阁之礼、奥窔（yào）之间；或佞巧小具，修乡曲之俗，卑下众人之耳目，而乃任之以天下之权、治乱之机。是犹以斧翦（jiǎn）毛，而以刀伐木也，皆失其宜矣。

人主之赋敛于人也，必先计岁收，量民积聚，知饶馑有余不足之数，然后取车舆衣食，供养其欲。高台层榭，非不丽也，然民无窟室狭庐，〔窟室，土室。〕则明主不乐也；肥酞甘肥，非不美也，然民无糟糠菽粟，则明主不甘也；匡床衽席，非不宁也，然而民有处边城、犯危难、泽死暴骸者，则明主不安也。故古之君人者，甚憯怛于民也。国有饥者，食不重味；民有寒者，而冬不被裘。岁丰谷登，乃始悬钟鼓、陈干戚，君臣上下同心而乐之，国无哀人。故古之为金石管弦者，所以宣乐也；兵革斧钺，所以饰怒也；觞酌俎豆，所以效喜也；衰绖菅屦，所以喻哀也。此皆有充于内，而成象于外者也。及至乱主，取民则不裁其力，求下则不量其积，男女不得事耕织之业以供上之求，力勤财匮，君臣相疾。而乃始撞大钟，击鸣鼓，吹竽笙，弹琴瑟。是由贯介胄而入庙、被绮罗而从军也，失乐之所由生矣。

食者，民之本也；民者，国之本也；国者，君之本也。是故君人者，上因天时，下尽地财，中用人力。是以群生遂长，五谷蕃殖，各因其宜。所以应时修备，富利国民，实旷来远者，其道备矣。非能目见而足行之也，欲利之也，不忘于心，则官自备矣。心之于九窍四支也，不能一事焉。然而动静听视，皆以为主者，不忘乎欲利之也。故尧为善而众善至，桀为非而众非来矣。

凡人之论，心欲小而志欲大，智欲圆而行欲方，能欲多而事欲鲜。尧置敢谏之鼓，舜立诽谤之木，汤有司直之人，武王有戒慎之韬（táo），过若毫厘，而既已备之矣。夫圣人之于善也，无小而不举；于过也，无微而不改。战战栗栗，日慎一日。由此观之，则圣人之心小矣。武王克殷，发巨桥之粟，散鹿台之钱，封比干之墓，解箕子之囚，无故无新，唯贤之亲，用非其有，使非其人，晏然若其故有之。由此观之，则圣人之志大矣。文王周观得失，遍览是非，尧、舜所以昌，桀、纣所以亡者，皆著之于明堂。由是观之，则圣人之智圆矣。成、康继文、武之业，守明堂之制，观存亡之迹，见成败之变，非道不言，非义不行，言不苟出，行不苟为，择善而后从事焉。由此观之，则圣人之行方矣。孔子之通，智过苌弘，〔苌弘，周景王之史臣，通天下鬼方之术也。〕勇服孟贲，〔孟贲，卫人。〕能亦多矣。然而勇力不闻，伎巧不知，专行孝道，以成素王，事亦鲜矣。夫圣人之智固已多矣，其所守者约，故举而必荣；愚人之智固以少矣，其所事者又多，故动而必穷矣。

·缪 称·

主者，国之心也。心治则百节皆安，心扰则百节皆乱。〔治，犹理也。节，犹事也。以体喻也。〕故其心治者，枝体相遗；〔遗，忘。〕其国治者，君臣相忘也。〔各得其所，无所思念。〕

君子非义无以生，失义则失其所以生；小人非嗜欲无以活，失嗜欲则失其所以活。故君子惧失义，小人惧失利。观其所惧，知各殊矣。

凡人各贤其所悦，而悦其所快。世莫不举贤，〔贤其所悦者，而悦其所行之快性，人无不举与己同者，以为贤也。〕或以治，或以乱，非自遁也，求同于己者。〔遁，失。〕己未必贤，而求与己同者也，而欲得贤，亦不几矣。〔几，近也。〕

·齐 俗·

子路拯溺，而受牛谢，〔拯，举也。〕孔子曰："鲁国必好救人于患矣！"子贡赎人，而不受金于府，〔鲁国之法，赎人于他国者，受金于府。〕孔子曰："鲁国不复赎人矣！"子路受而劝德，子贡让而止善。孔子之明，以小知大，以近知远，通于论者也。由此观之，廉有所在，而不可公行也。故行齐于俗可随也，事周于能易为也。矜伪以惑世，伉行以违众，圣人不以为民俗也。

日月欲明，浮云盖之；河水欲清，沙石秽之；人性欲平，嗜欲害之。夫纵欲而失性，动未尝正也，以治身则危，以治国则败。是故不闻道者，无以反性。故古之圣王，能得诸己，故令行禁止，名传后世，德施四海。是故凡将举事，必先平意清神。神清意平，物乃可正。

【重点句解读】

纵欲而失性，动未尝正也，以治身则危，以治国则败。

贪图奢侈享受无节制的人，他的举动是自私自利，不会造福于他人的。以此作为人生标准，他就不会有好结果。用这种思想治理国家，国家就会衰败。

一部"二十四史"所载的王朝更替,不大多是因此而国亡身灭的吗?那些落马的贪官,不就是一个个活生生的例子吗?

夫载哀者,闻歌声而泣;载乐者,闻哭者而笑。何者?载使然也。是故贵虚。〔虚者,无所载于哀乐。〕故水激则波兴,气乱则智昏。智昏不可以为政,波水不可以为平。故圣王执一而勿失,万物之情既矣,四夷九州服矣!

天下是非无所定。世各是其所是,非其所非,所谓是与所谓非各异,皆自是而非人。今吾欲择是而居之,择非而去之,不知世之所谓是非者,孰是孰非?客有见人于宓子者。〔宓子,子贱也。〕客出,宓子曰:"子之所见客,独有三过:望我而笑,是僭(jiǎn)也;〔僭,慢。〕谈语而不称师,是反也;交浅而言深,是乱也。"客曰:"望君而笑,是公也;谈语而不称师,是通也;交浅而言深,是忠也。"故客之容一体也,或以为君子,或以为小人,所自见之异也。故趣舍合,则言忠而益亲,身疏则谋当,而见疑也。亲母为其子治扢秃,血流至耳,见者以为爱之至也;使在于继母,则过者以为嫉也。事之情一也,所从观者异也。从城上视牛如羊,视羊如豚,所居高也。窥面于盘水则圆,于杯水即椭,面形不变其故,有所圆、有所椭者,所自窥之异也。

今吾虽欲正身而待物,庸遽知世之所自窥我者乎?治世之体易守也,其事易为也。是以人不兼官,官不兼事,各安其性,不得相干。故伊尹之兴土功也,修胫者使之踏锸,〔长胫以踏插者,使入深。〕强脊者使之负土,〔脊强者,任重也。〕眇者使之准,伛者使之涂,〔伛人涂地,因其俛也。〕各有所宜,而人性齐矣。胡人便于马,越人便于舟,异形殊类,易事而悖,失处而贱,得势而贵,圣人总而用之,其数一也。夫挈轻重不失铢两,圣人弗用,而悬之乎权衡;视高下不差尺寸,明主弗任,而求之乎浣准。〔浣准,水望之平。〕何则?人材不可专用,而度量可世传也。夫待要褭(niǎo)、飞兔而驾之,〔要褭、飞兔,皆一日万里也。〕则世莫乘车;待西施、毛嫱而为妃,〔西施、毛嫱,古好女也。〕则终身不家矣。然不待古之英俊,而人自足者,因其所有,而遂用之也。

治国之道,上无苛令,官无烦治;士无伪行,工无淫巧;其事任而不扰，其器完而不饰。乱世则不然，为行者相揭以高，〔揭，举。〕为礼者相矜以伪；车舆极于雕琢，器用逐于刻镂；求货者争难得以为宝，诋文者处于烦挠以为慧；争为诡辩，久稽而不决，无益于治；工为奇器，历岁而后成，不周于用。故神农之法曰："丈夫丁壮而不耕，天下有受其饥者；妇人当年而不织，天下有受其寒者。"故身自耕，妻亲织，以为天下先。其道民也，不贵难得之货，不器无用之物。是故其耕不强者，无以养生；其织不力者，无以掩形。有余不足，各归其身；衣食饶溢，奸邪不生；安乐无事，而天下均平。故孔丘、曾参，无所施其善；孟贲、成荆，无所行其威。〔成荆，古勇士也。〕衰世之俗，以其智巧诈伪，饰众无用，贵远方之货，珍难得之财，不积于养生之具，浇天下之淳，以清为浊，人失其情。

故其为编户齐民无以异，然贫富之相去也，犹人君与仆虏，不足伦之。夫乘奇伎为邪施者，自足乎一世之间；守正修理，不为苟得者，不免乎饥寒之患。而欲民之去末反本，是犹发其源而壅其流也。且夫雕文刻镂，伤农事者也；锦绣纂组，害女功者也。农事废业，饥之本也；女功不继，寒之源也。饥寒并至，而能无犯令干诛者，古今未之闻也。故江河决流，一乡父子兄弟相遗而走，争升陵阪上高丘，轻足者先，不能相顾也。世乐志平，见邻国人溺，尚犹哀之，况亲戚乎？而人不能解也。游者不能拯溺，手足有所急也；灼者不能救火，身体有所痛也。夫民有余即让，不足即争。让则礼义生，争则暴乱起。扣门求火水，莫不与者，所饶足也；林中不卖薪，湖上不鬻鱼，所有余也。故物丰则欲省，求赡则争止。故世治则小人守正，而利不能诱也；世乱则君子为奸，而法不能禁也。

·道 应·

惠子为惠王为国法。〔惠王，魏惠王。惠子，惠施也。〕已成，王甚悦之，以示翟煎。翟煎曰："善。"王曰："可行耶？"煎曰："不可。"王曰："善而不可行，何也？"对曰："今举大木者，前呼'邪许'，后亦应之，此举重劝力之歌也。岂无郑卫激楚之音哉？然而不用者，不若此其宜也。治国在礼，不在文辩。"故老子曰："法令滋彰，盗贼多有。"此之谓也。

赵襄子使攻翟而胜之，襄子方将食而有忧色。左右曰："一朝而两城下，此人之所喜也。今君有忧色，何也？"襄子曰："江河之大也，不过三日;〔三日而减。〕飘风暴雨,日中不须臾。〔言其不能终日。〕今赵氏之德行无积,一朝而两城下,亡其及我乎?"孔子闻之曰:"赵氏其昌乎!"夫忧所以为昌也,而喜所以为亡也;胜非其难者也,持之其难者也。贤主以此持胜,故其福及后世。齐、楚、吴、越皆尝胜矣,然而卒取亡焉,不通乎持胜也。唯有道之主能持胜。

齐王后死,欲置后而未定,使群臣议。薛公欲中王之意,〔薛公,田婴。〕因献十珥而美其一。旦日,因问美珥之所在,因劝立以为王后。齐王大悦,遂重薛公。故人主之嗜欲见于外,则为人臣之所制。故老子曰:"塞其兑,闭其门,终身不勤。"

宓子治单父三年,〔宓子,子贱也。〕而巫马期〔巫马期,孔子弟子也〕往观化焉。〔微视之。〕见夜渔者,得鱼则释之,问焉。渔者对曰:"宓子不欲人之取小鱼也,所得者小鱼,是以释之。"巫马期归,以报孔子曰:"宓子之德至矣!使人暗行,若有严刑在其侧者。宓子何以至于此?"孔子曰:"丘尝问之以治,言曰'诚于此者形于彼'。宓子必行此术也。"

·氾论·

天下岂有常法哉?当于世事,得于人理,顺于天地,则可以正治矣。夫神农、伏羲,不施赏罚而民不为非,然立政者不能废法而治民;舜执干戚而服有苗,然征伐者不能释甲兵而制强暴。由此观之,法度者,所以论民俗而节缓急也;器械者,因时变而制宜适也。圣人作法而万民制焉,贤者立礼而不肖者拘焉。制法之民,不可与远举;拘礼之人,不可以应变。耳不知清浊之分者,不可令调音;心不知治乱之源者,不可令制法度。必有独闻之听,独见之明,然后能擅道而行也。夫殷变夏,周变殷,春秋变周,三代之礼不同,何古之从?今儒墨称三代文武,而不行也,是言其所不行也;〔儒墨之所言,今皆不行也。〕非今时之世而不改,是行其所非也。称其所是,行其所非,是以尽日极虑而无益于治,劳形竭精而无补于主。今夫图工好画鬼魅而憎图狗马,鬼魅无信验,而狗马切于前也。夫存危治乱,非智不能,而道先称古,虽愚有余。故不用之法,圣主不行;不验之言,明主不听也。

今谓强者胜,则度地计众;富者利,则量粟称金。如此,则千乘之君无不霸王，万乘之国无破亡者矣。国之亡也，大不足恃；道之行也，小不可轻。由此观之，存在得道，而不在于大；亡在失道，而不在于小也。乱国之君，务广其地而不务仁义，务高其位而不务道德，是释其所以存而就其所以亡也。故桀囚于焦门而不能自非其所行，而悔不杀汤于夏台；纣拘于宣室而不反其过，而悔其不杀文王于牖里。二君处强大之势，而修道德之论，汤武救罪之不给，何谋之敢虑乎？若上乱三光之明，下失万民之心，虽微汤、武，孰弗能夺？今不审其在己者，而反备诸乎人。天下非一汤、武也，杀一人即必或继之者矣！且汤、武之所以处小弱而能以王者，以其有道也；桀、纣之所以处强大而终见夺者，以其无道也。今不行人之所以王，而反益己之所以夺者，趋亡之道也。

事有可行而不可言者，有可言而不可行者；或易为而难成者，或难成而易败者。所谓可行而不可言者，趣舍也；可言而不可行者，伪诈也；易为而难成者，事也；难成而易败者，名也。此四策者，圣人之所独视而留志也。

未有功而知其贤者，唯尧之知舜也；功成事立而知其贤者，市人之知舜也。夫物之相类者，世主之所乱惑也；嫌疑肖象者，众人之所眩耀也。故狼者类智，而非智也；〔狼，慢也。〕愚者类仁，而非仁也；戆者类勇，而非勇也。使人之相去也，若玉之与石也、葵之与苋也，则论人易矣。

天下莫易于为善，而莫难于为不善。所谓为善者，静而无为也；所谓为不善者，躁而多欲也。适情辞余，无所诱慕；修性保真，无变于己。故曰："为善者易也。"越城郭，逾险塞，篡杀矫诬，非人之性也。故曰："为不善难也。"今人之所以犯囹圄之罪，而陷于刑戮之患者，由嗜欲无厌，不修度量之故也。何以知其然？今夫陈卒设兵而相当，将施令曰："斩首者拜爵，而曲桡者要斩。"然而队阶之卒，皆不能前遂斩首之功，而后被要斩之罪，是去恐死而就必死也。故事或欲之，适足以失之；或避之，适足以就之。有人乘船而遇大风者，波至而恐，自投水中。非不贪生而畏死，惑于恐死而反忘生也。故人之嗜欲，亦犹此也。故达道之人，不苟得，不让福；其有不弃，非其有不索也；恒盈而不溢，常虚而易足。今夫溜水足以溢壶榼，而江河不能实漏卮，故人心犹此也。自当以道术度量，食充虚，衣御寒，则足以养七尺之形矣。若无道术度量，则万乘之势不足以为尊，天下之富不足以为乐矣。

·诠 言·

　　为治之本务，在于安民；安民之本，在于足用；足用之本，在于勿夺时；勿夺时之本，在于省事；省事之本，在于节欲；节欲之本，在于反性。释道而任智者必危，弃数而用材者必困。有以欲多亡者，未有以无欲危者也；有以欲治而乱者，未有以守常失者也。故智不足以免患，愚不足以至于失宁。守其分，循其理，失之不忧，得之不喜。因春而生，因秋而杀，所生者不德，所杀者不怨，则近于道矣！圣人守其所以有，不求其所未得。求其所未得，则所有者亡矣；修其所有，则所欲者至矣。故用兵者，先为不可胜，以待敌之可胜也；治国者，先为不可夺也，以待敌之可夺也。舜修之历山，而海内从；文王修之岐周，而天下移。使舜趋天下之利，而忘修己之道，身犹弗能保，何尺地之有乎？故福莫大无祸，利莫美不丧。动之为物，不损则益，〔动，有为也。〕不成则毁，不利则病，皆险也，〔险，言危难不可行。〕道之者危。

【重点句解读】

> 为治之本务，在于安民；安民之本，在于足用；足用之本，在于勿夺时；勿夺时之本，在于省事；省事之本，在于节欲；节欲之本，在于反性。释道而任智者必危，弃数而用材者必困。

　　治理国家的根本要务，在于使百姓安定；安定百姓的根本，在于使他们丰衣足食；使他们丰衣足食的根本，在于不误农时；不误农时的根本，在于减少徭役；减少徭役的根本，在于执政者节制奢侈享乐的欲望；节制奢侈享乐欲望的根本，在于执政者返归其淳朴的本性。放弃大道，不尊重自然规律，而单凭小聪明行事，是很危险的；不量力而行、不计划使用资源，一定会遇到困难。

　　习近平总书记在《干在实处，走在前列——在检查节日市场供应和物价情况时的讲话》等文章中，再三强调我们共产党人一切行为都是为人民的利益着想，人民的利益是我国政治的核心。是以我们要认识到"食者，民之本也；民者，国之本也"(《主术》)，"民惟邦本，本固邦宁"(《尚书·五子之歌》)，始终把人民利益放在首位，做好精准扶贫工作，使全国人民共同过上富裕生活。

·说 山·

上求材，臣残木；上求鱼，臣干谷；上求楫，而下致船。上言若丝，下言若纶；上有一善，下有二誉；上有三衰，下有九杀。〔衰、杀，皆逾俭也。传曰："上之所好，下尤甚焉。"故有九杀也。〕

·人 间·

夫言出于口者，不可止于人；行发于迩者，不可禁于远。事者难成而易败也，名者难立而易废也。<u>千里之堤，以蝼蚁之穴漏；百寻之屋，以突隙之烟焚。</u>〔突，灶突也。〕《尧戒》曰："战战栗栗，日慎一日。莫蹎（diān）于山，而蹎于垤（dié）。"〔蹎，蹶。垤，蚁封也。〕是故人者，皆轻小害，易微事，是以多悔。患至而后忧之，是犹病者已倦（juàn）〔倦，剧。〕而索良医也，虽有扁鹊、俞夫之巧，犹不能生也。〔俞夫，黄帝时医。〕

【重点句解读】

千里之堤，以蝼蚁之穴漏；百寻之屋，以突隙之烟焚。

千里长的大堤，会因小蚂蚁打的洞而渗漏崩塌；百寻（古制八尺为一寻）的高楼，会因烟囱缝隙冒出的火星而焚毁。

风起于萍末，那些落马贪官不是一开始就大肆贪污受贿的，是由于禁不住诱惑，"目妄视则淫，耳妄听则惑，口妄言则乱。"(《主术》)这些例子，是党员干部工作、生活中的镜子，是不可替代的鉴戒。

天下有三危：少德而多宠，一危也；材下而位高，二危也；身无大功而有厚禄，三危也。贤主不苟得，忠臣不苟利。何以明之？中行缪伯攻鼓弗能下,〔中行缪伯,晋大夫。鼓,北翟。〕馈闲伦曰:"鼓之啬夫,闲伦知之。〔馈闲伦,晋大夫。〕请无疲武丈夫,而鼓可得也。"缪伯弗应。左右曰:"不折一戟,不伤一卒,而鼓可得也,君奚为弗取?"缪伯曰:"闲伦为人,佞而不仁。若使闲伦下之,吾可以勿赏乎?若赏之,是赏佞人。佞人得志,是使晋国之武舍仁而为佞,虽得鼓,将何所用之?"

·泰 族·

圣王在上位,廓然无形,寂然无声,官府若无事,朝廷若无人,无隐士,无逸民,无劳役,无冤刑。四海之内,莫不仰上之德,象主之指;夷狄之国,重译而至。非户辨而家说之也,推其诚心,施之天下而已矣。《诗》曰:"惠此中国,以绥四方。"内顺外宁矣。大王亶父处邠,狄人攻之,杖策而去,百姓携幼扶老,而国乎岐周,非令之所能召也;秦穆公为食骏马之伤也,饮之美酒,以其死力报,非券之所责也;〔券,契也。〕宓子治单父,夜渔者得小即释之,非刑之所能禁也;孔子为鲁司寇,田渔皆让长,〔长者得多。〕而斑白不负载,〔斑白,头有白发。〕非法之所能致也。夫矢之所以射远贯坚者,弩力也;其所以中的剖微者,人心也。赏善罚暴者,政令也;其所以行者,精诚也。故弩虽强,不能独中,令虽明,不能独行,必有精气所与之。故总道以被民,而民不从,诚心弗施也。

天地四时,非生万物者。神明接,阴阳和,而万物生之。圣人之治天下,非易民性也,拊循其所有,而涤荡之。故因则大,化则细矣。〔能因循则大矣,化而欲作则小。〕先王之制法也,因民之所好,而为之节文者也。因其好色,而制婚姻之礼,故男女有班;因其好音,而正雅颂之声,故风俗不流;因其宁室家,乐妻子,教之以顺,故父子有亲;因其喜朋友,而教之以悌,故长幼有序。然后修朝聘,以明贵贱;乡饮习射,以明长幼;时搜振旅,以习用兵;〔搜,简车马也。〕入学庠序,以修人伦。此皆人所有于性,而圣人所匠成也。

民无廉耻,不可治也。非修礼义,廉耻不立。民不知礼义,法弗能正也。非崇善废丑,不向礼义。无法不可以为治也,不知礼义不可以行法。法能杀不孝者,而不能使人为孔、墨之行;法能刑窃盗者,而不能使人为伯夷之廉。孔子养徒三千人,皆入孝出悌,言为文章,行为仪表,教之所成也。墨子服役百八十人，皆可使赴火蹈刃，死不还踵，化之所致也。夫刻肌肤，镵（chán）皮革，被创流血，至难也，然越人为之，以求荣也。〔越人以箴刺其皮，为龙文。〕圣王在位，明好憎以示之，经诽誉以导之，亲贤而进之，贱不肖而退之，无被疮流血之患，而有高世尊显之名，民孰不从？古者法设而不犯，刑措而不用，非可刑而不刑也。百工维时，庶绩咸熙，礼义修而任贤得也。故举天下之高，以为三公；一国之高，以为九卿；一县之高，以为二十七大夫；一乡之高，以为八十一元士。各以小大之材处其位、得其宜，由本流末，以重制轻，上唱而民和，上动而下随，四海之内，一心同归，背贪鄙而向义理。于其以化民也，若风之摇草木，无之而不靡。今使愚教智，使不肖临贤，虽严刑罚，民弗从者，小不能制大、弱不能使强也。故圣主者，举贤以立功，不肖主举其所与同。文王举太公望、召公奭（shì）而王，桓公任管仲、隰（xí）朋而霸，此举贤以立功也；夫差用大宰嚭而灭，秦任李斯、赵高而亡，此举所与同也。

故观其所举，而治乱可见也；察其党与，而贤不肖可论也。夫圣人之屈者，以求申也，枉者以求直也。故虽出邪僻之道，行幽昧之途，将欲以兴大道、成大功，犹出林之中，不得直道，拯溺之人，不得不濡足。夫观逐者于其反也，观行者于其终也。故百川并流，不注海者，不为川谷；趋行踏驰，不归善者，不为君子。故善言归乎可行，善行归乎仁义。君子之过也，犹日月之蚀也，何害于明？小人之可也，犹狗之昼吠、鸱之夜见，何益于善？夫智者不妄为，勇者不妄发，择善而为之，计义而行之。故事成而功足赖也，身死而名足称也。虽有智能，必以仁义为之本，而后可立也。智能踏驰，百事并作，圣人一以仁义为之准绳。中之者谓之君子，不中者谓之小人。人莫不知学之有益于己也，然而不能者，嬉戏害之也。人皆多以无用害有用，故知不博而日不足。以凿观池之力耕，则田野必辟矣；以积土山之高修堤防，则水用必足矣；以食狗马鸿雁之费养士，则名誉必荣矣；以弋猎博奕之日诵《诗》《书》，则闻识必博矣。故上下异道则治，同道则乱。

位高而道大者从，事大而道小者凶。故小快害义，小惠害道，小辩害治，苛峭伤德。大政不险，故民易遵；至治宽裕，故下不相贼；至德朴素，故民无魇。原蚕一岁再收，非不利也，然而王法禁之者，为其残桑也；家老异粮而食之，殊器而烹之，子妇跣而上堂，跪而酳羹，非不费也，然而不可省者，为其害义也；待媒而结言，聘纳而取妇，绂冕而亲迎，非不烦也，然而不可易者，可以防淫也；使民居处相司，有罪相告，于以禁奸，非不辍也，然而不可行者，为伤和睦之心，而构仇雠之怨也。故事有凿一孔而生百隙、树一物而生万叶者，所凿不足以为便，而所开足以为败；所树不足以为利，而所生足以为秽。愚者惑于小利，而忘其大害，不可以为法也。故仁、智，人材之美者也。所谓仁者，爱人也；所谓智者，知人也。爱人则无虐刑矣，知人则无乱政矣，三代之所以昌也。智伯有五过人之材，〔智伯，美鬓长大，一材也；射御足力，二材也；伎艺毕极，三材也；巧文辩惠，四材也；强毅果敢，五材也。〕而不免于身死人手者，不爱人也；齐王建有三过人之巧，〔力能引强，走先驰马，超能越高。〕而身虏于秦者，不知贤也。〔齐王建任用后胜之计，不用淳于越之言。〕<u>故仁莫大于爱人，智莫大于知人。</u>二者不立，虽察惠捷巧，不免于乱矣。

【重点句解读】

故仁莫大于爱人，智莫大于知人。

所以"仁"没有比爱人民更重要的，"智"没有比了解人民的需求更重要的。

热爱人民是最大的仁爱。历朝历代贤明君主深知百姓要求，洞悉民间疾苦，大政方针、法律法规皆以此为旨归，这才是最大的治国智慧。

习近平同志当年曾在《之江新语·主仆关系不容颠倒》等文章中引用《晏子·问下》中的"德莫高于爱民，行莫贱于害民"等经典语录，教导广大党员干部摆正自己的位置，破除"官本位"的思想，坚持党的根本宗旨和群众工作路线，始终和人民群众保持血肉联系。

卷四十二 《盐铁论》治要

【西汉】桓宽 编撰

【导读】

桓宽，生卒年不详，字次公，汝南（今河南上蔡西南）人，西汉后期散文家。汉宣帝时被举为郎，后任庐江太守丞。

汉武帝时为了增强国力，遏制边患，在市场流通上加强中央集权，推行了以桑弘羊为主制定的盐铁官营、酒类专卖政策，奠定了良好的经济基础，支持了反击匈奴侵略的战争，但也给农业生产、工商业和人民生活带来了严重的不良后果，社会矛盾尖锐突出。如何解决这一严峻问题，汉昭帝于始元六年（公元前81）从全国各地召集贤良、文学六十多人到京城长安，参加朝廷的"盐铁会议"进行讨论。

这是中国古代历史上第一次规模较大的关于国家大政方针的辩论会。

在"盐铁会议"上，以贤良、文学为一方，以御史大夫桑弘羊为首的政府官员为另一方，就盐铁、酒类专营专卖和平准均输等问题进行辩论。贤良、文学全面抨击了汉武帝时制定的政治、经济政策，指出桑弘羊的主张，实质是饮鸩止渴。朝廷实行垄断经营，不利于经济的长期发展，要求"罢盐铁、酒榷、均输"，取消限制。桓宽根据当时的会议记录，加上与会儒生朱子伯的介绍（《四库全书》提要），将其整理改编，撰成《盐铁论》。《盐铁论》十卷六十篇。第一篇至第四十一篇，记述了会议正式辩论的经过及双方的主要观点。第四十二篇至第五十九篇写会后双方对匈奴的外交策略、法制等问题的争论要点。最后一篇是后序。所记议论，是当时汉武帝时期的政治、经济、军事、外交、文化的实况。书中内容从实际出发，针砭时弊，切中要害；但美中不足的是，作者桓宽偏向儒家思想，对官员们多有偏颇贬抑之辞，非实录者所宜。但所论事实、所辩理论，在中国经济思想史上具有重要影响，并极具现实意义。

魏徵等人编撰的《群书治要》，从《盐铁论》中的十二篇里，辑录了十二段。所选内容皆出自"文学"与"贤良"之口，论述了明君与诤臣、德教与刑治、居安与思危等君主关心的问题。其立场、作用、目的是十分显明的。

行远道者假于车，济江海者因于舟。故贤士之立功成名，因于资而假物者也。公输子能因人主之材木，以构宫室台榭，而不能自为专屋狭庐，材不足也。欧冶能因君之铜铁，以为金炉大钟，而不能自为壶鼎盘杅，无其用也。君子能因人主之正朝，以和百姓、润众庶，而不能自饶其家，势不便也。故舜耕于历山，恩不及州里；太公屠牛于朝歌，利不及妻子。及其见用，恩流八荒，德溢四海。故舜假之尧，太公因之周。君子能修身以假道者，不能枉道而假财也。

扁鹊不能治不受针药之疾，圣贤不能正不食善言之君。故桀有关龙逢而夏亡，纣有三仁而商灭。故不患无夷吾、由余之论，患无桓、穆之听耳。是以孔子东西无所遇，屈原放逐于楚国也。故曰："直道而事人，焉往而不三黜。枉道而事人，何必去父母之邦？"此所以言而不见从、行而不合者也。

古者笃教以导民，明辟以正刑。刑之于治，犹策之于御也。良工不能无策而御，有策而勿用也。圣人假法以成教，教成而刑不施，故威厉而不杀，刑设而不犯。今废其纪纲而不能张，坏其礼义而不能防，民陷于罪，从而猎之以刑，是犹开其阑牢，发以毒矢也，不尽不止矣。曾子曰："上失其道，民散久矣。如得其情，则哀矜而勿喜。"夫不伤民之不治，而伐己之能得奸，犹弋者睹鸟兽挂罻（wèi）罗而喜也。今天下之被诛者，不必有管蔡之邪、邓晳之伪也。孔子曰："人而不仁，疾之以甚，乱也。"故民乱反之政，政乱反之身，身正而天下定。是以君子嘉善而矜不能，恩及刑人，德润穷夫，施惠悦尔，行刑不乐也。

周公之相成王也，百姓饶乐，国无穷人，非代之耕织也，易其田畴，薄其税敛,则民富矣。上以奉君亲,下无饥寒之忧,则教可成也。语曰:"既富矣,又何加焉?"曰:"教之。"教之以德,齐之以礼,则民徙义而从善,莫不入孝出悌,夫何奢侈暴慢之有乎?管子曰:"仓廪实而知礼节,衣食足而知荣辱。"故富民易与适礼。

古者政有德则阴阳调、星辰理、风雨时。故行修于内,声闻于外;为善于下,福应于天。周公在上,而天下太平,国无夭伤,岁无荒年。当此时,雨不破块,风不鸣条,旬而一雨,必以夜,无丘陵高下皆孰。今不省其所以然,而曰阴阳之运也,非所闻也。孟子曰:"野有饿殍,不知收也;狗彘食人食,不知检也;为民父母见饥而死,则曰'非我,岁也'。何异乎以刃杀之,则曰'非我,兵也'。"方今之务,在除饥寒之患、罢盐铁、退权利、分土地、趣本业、养桑麻,尽地力也。寡功节用,则民自富。如是,则水旱不能忧、凶年不能累也。

王者崇礼施德,尚仁义而贱怪力,故圣人绝而不言。孔子曰:"言忠信,行笃敬,虽之蛮貊,不可弃也。"今万方绝国之君,奉赘献见者,怀天子之威德,而欲观中国之礼仪,宜设明堂辟雍以示之,扬干戚、昭雅颂以风之。今乃以玩好不用之器、奇虫不畜之兽、角抵之戏、炫耀之物陈夸之,殆与周公之待远方殊也。昔周公处谦让以交卑士,执礼德以治天下。故辞越裳之贽,见恭敬之礼也。既与入文王之庙,是见大孝之礼也。目睹威仪干戚之容,耳听声歌雅颂之声,心充以至德,欣然以归,此四夷所以慕义内附,非重译狄鞮(dī)来观猛兽熊罴也。夫犀象兕虎,南夷之所多也;驴骡驮驼,北狄之常畜也。中国所鲜,外国贱之。南越以孔雀珥门户,昆山之旁以玉璞抵乌鹊。今贵人之所贱,珍人之所饶,非所以厚中国而明盛德也。隋、和,世之名宝也,而不能安危存亡。故喻德示威,唯贤臣良相,不在戎马珍怪也。是以圣王以贤为宝,不以珠玉为宝。昔晏子修之樽俎之间,而折冲乎千里。不能者,虽隋、和满箧,无益于存亡矣。

卫灵公当隆冬兴众穿池。海春以谏曰:"天寒百姓冻馁,愿公之罢役也。"公曰:"天寒乎哉?我何不寒哉?"海春曰:"人之言曰:'安者不能恤危,饱者不能食饥。'故余梁肉者,难为言隐约;处逸乐者,难为言勤苦。夫高堂邃宇、广厦洞房者,不知专屋狭庐、上漏下湿者之痛也;系马百驷、货财充内、储陈纳新者,不知有旦无暮、称贷者之急也;乘坚驱良、列骑成行者,不知负担步行者之劳也;匡床荐席、侍御满侧者,不知服辂(ㄌㄨˋ)挽船、登高绝流者之难也；衣轻暖、处温室、载安车者，不知乘长城、眺胡代、向清风者之危寒也；妻子好合、子孙保之者，不知老母之憔悴、匹妇之悲恨也；耳听五音、目视弄优者，不知蒙流矢、距敌方外之死亡也；东向仗几、振笔而调文者，不知木索之急、棰楚之痛也。昔商鞅之任秦也，刑人若刈菅茅，用师若弹丸，从军旅者暴骨长城，戍漕者辎车相望，生而往，死而还，彼独非人子耶？<u>故君子仁以恕，义以度，所好恶与天下共之。</u>"

【重点句解读】

故君子仁以恕，义以度，所好恶与天下共之。

所以君子有仁爱、宽恕之心，以正义为尺度，他的所爱和厌恶都和天下人保持一致。

一个社会正人君子多了，社会必然风清气正。反之，势必浑浊不堪。

<u>地广而不德者国危，兵强而凌敌者身亡。</u>虎兕相搏，而蝼蚁得志；两敌相抗，而匹夫乘闲。是以圣王见利虑害，见远存近。

【重点句解读】

地广而不德者国危，兵强而凌敌者身亡。

国土辽阔，但不实行德政者，国家就危险；倚仗兵力强大来侵略别国者，自己也会灭亡。

秦代、隋代皆二世而亡，就是因为执政者倒行逆施，徭役及苛捐杂税繁重，人民不堪重负，忍无可忍，便揭竿而起，从而使得这些不能实行德政的执政者落得个国灭身亡的悲惨下场。

道径众，民不知所由也；法令众，人不知所避也。故王者之制法也，昭乎如日月，故民不迷；旷乎若大路，故民不惑。幽隐远方，折乎知之；

愚妇童妇，咸知所避。是故法令不犯，而狱犴不用也。昔秦法繁于秋荼，而网密于凝脂，然而上下相遁，奸伪萌生，有司治之，若救烂捌焦。不能禁，非网疏而罪漏，礼义废而刑罚任也。方今律令百有余篇，文章繁，罪名重，群国用之，疑惑或浅或深，自吏明习者，不知所处，而况愚民乎？律令尘蠹于栈阁，吏不能遍睹，而况愚民乎？此断狱所以滋众，而民犯禁滋多也。亲服之属甚众，上附下附，而服不过五；五刑之属三千，上杀下杀，而罪不过五。故治民之道，务笃于教也。

　　法能刑人，而不能使人廉；能杀人，而不能使人仁。所贵良医者，贵其审消息，而退邪气也，非贵其下针石，而钻肌肤也；所贵良吏者，贵其绝恶于未萌，使之不为非，非贵其拘之图圄，而刑杀之也。今之所谓良吏者，文察则以祸其民，强力则以厉其下，不本法之所由生，而专己之残心，文诛假法，以陷不辜，累无罪，以子及父，以弟及兄，一人有罪，州里惊骇，十家奔亡，若痛疽之相漫、色淫之相连，一节动而百枝摇。《诗》云："舍彼有罪，既伏其辜。若此无罪，沦胥以铺。"伤无罪而累也。非患铫锄之不利，患其舍草而芸苗也；非患无准平，患其舍枉而绳直也。故亲近为过不必诛，是锄不用也；疏远有功不必赏，是苗不养也。<u>故世不患无法，而患无必行之法也。</u>

【重点句解读】

> 故世不患无法，而患无必行之法也。

　　所以国家不愁没有法律，就怕有法不依，执法不严。

　　有法不依，执法不严，会造成极其严重的恶果，法律的权威性和震慑性会荡然无存，黑恶分子会铤而走险，违法犯罪现象会愈演愈烈。严重之时，社会会陷入动荡之中。所以，那些手握权柄者不能不加以警惕。

　　古者周其礼而明其教，礼周教明，不从者，然后等之以刑，刑罚中，民不怨矣。故舜施四罪，而天下咸服，诛不仁也。轻重各伏其诛，刑必加而无赦，赦维疑者。若此，则世安得不轨之人而罪之乎？今废其德教，而责之礼义，是虐民也。《春秋传》曰："子有罪执其父，臣有罪执其君，听失之大者也。"今以子诛父,以弟诛兄,亲戚相坐,什伍相连,若引根本而及华叶,伤小指而累四体也。如此,则以有罪反诛无罪。反诛无罪,则天下之无罪者寡矣。故吏不以多断为良,医不以多刺为工。子产杀一人、刑二人,道不拾遗,而民无诬心。故为民父母,以养疾子,长恩厚而已。自首匿,相坐之法立,骨肉之恩废,而刑罪多矣。闻父母之于子,虽有罪犹匿之,其不欲服罪尔。子为父隐,父为子隐,未闻父子之相坐也。闻兄弟能缓追以免贼,未闻兄弟之相坐也。闻恶恶止其人,疾始而诛首恶,未闻什伍而相坐也。

纣为炮烙之刑,而秦有收孥之法。赵高以峻文决罪于内,百官以峭法断割于外,死者相枕席,刑者相望,百姓侧目重足,不寒而栗。方此之时,岂特冒火蹈刃哉?然父子相背,兄弟相嫚,至于骨肉相残,上下相杀,非刑轻而罚不必,令太严而仁恩不施也。故政宽则下亲其上,政严则臣谋其主。晋厉以幽,二世以弑,恶在峻法之不犯,严家之无悍虏也。圣人知之,是以务恩而不务威。故高皇帝约秦苛法,以慰怨毒之人,而长和睦之心,唯恐刑之重而德之薄也,是以恩施无穷,泽流后世。商鞅、吴起以秦、楚之法为轻而累之,上危其主,下没其身,或非特慈母乎?

民之仰法,犹鱼之仰水。水清则静,浊则扰。扰则不安其居,静则乐其业。乐其业则富,富则仁生,赡则争止。是以成、康之世,赏无所施,法无所加。非可刑而不刑,民莫犯禁也;非可赏而不赏,民莫不仁也。若斯则吏何事而可理乎?今之治民者,若拙御之御马也,行则顿之,止则击之,身创于棰,吻伤于衔,而求其无失,何可得也。故疲马不畏鞭棰,疲民不畏刑法。虽增而累之,其有益乎?

古者明其仁义之誓,使民不逾。不教而杀,是虐民也。与其刑不可逾,不若义之不可逾也。闻礼义行而刑罚中,未闻刑罚行而孝悌兴也。高墙狭基,不可立也;严刑峻法,不可久也。二世信赵高之计,深督责而任诛断,刑者半道,死者日积,杀人多者为忠,敛民悉者为能,百姓不胜其求,黔首不胜其刑,海内同忧,而俱不聊生。故过任之事,父不得于子;无已之求,君不得于臣。知死不再,穷鼠啮狸,匹夫奔万乘,舍人折弓,陈胜、吴广是也。闻不一期而社稷为虚,恶在其能长制群下,而久守其国也?

《新序》治要

【西汉】刘向 编撰

【导读】

刘向（约公元前77—前6），又名更生，字子政，沛县（今属江苏徐州）人。西汉经学家、目录学家、文学家。所撰《别录》，为中国最早的图书类目录。他著有《九叹》等辞赋三十三篇，多散佚。今存《新序》《说苑》《列女传》等书。《汉书·刘向传》："采传记行事，著《新序》《说苑》凡五十篇奏之。"

《新序》是一部以讽谏为政治目的的历史故事类编，采集舜、禹时代至汉代史事和传说，分类编纂，所记史事与《左传》《战国策》《史记》等颇有出入。原本三十卷，现存十卷：《杂事》五卷，《刺奢》一卷，《节士》一卷，《义勇》一卷，《善谋》二卷。

刘向的思想，主要是德治仁政、贤人治国、以民为本、从善纳谏的儒家思想。宋代学者高似孙［字续古，号疏寮，鄞县（今浙江宁波）人］在其《子略》中说："先秦古书，甫脱烬劫，一入向笔，采撷不遗。至其正纪纲，迪教化，辨邪正，黜异端，以为汉规监者，尽在此书，固未免推崇已甚。要其推明古训，以衷之于道德仁义，在诸子中犹不失为儒者之言也。"

书中前九卷故事主要是春秋间事，最后一卷所记是汉代事。

书中前五卷冠以"杂事"之名。虽然这些卷的标题中有"杂"字，但是通过一系列的范例，说明一个好的政府的基本因素，名杂而实不杂。其他各卷中，卷六贬斥当国者的淫奢，卷七赞扬臣节和忠诚，卷八赞扬义勇之士，卷九和卷十讲述能臣的谋国为民的故事。

魏徵等人编撰的《群书治要》从中节录了三十章，包括了民本思想、轻徭薄赋、禁欲戒奢、辨别忠奸、尊贤礼士等内容。借此谏谕唐太宗与臣民应如何各守本分，各尽其责，才能使国基坚固，社会稳定，人民安居乐业。所选章节，皆有明显的针对性。

楚恭王有疾，召令尹曰："常侍管苏与我处，常劝我以义。吾与处不安也，不见不思也。虽然，吾有得也。其功不细，必厚爵之。申侯伯与我处，常纵恣吾。吾所乐者，劝吾为之；吾所好者，先吾服之。吾与处欢乐之，不见则戚。虽然，吾终无得也，其过不细，必亟遣之。"令尹曰："诺。"明日王薨，令尹即拜管苏为上卿，而逐申侯伯出之境。曾子曰："人之将死，其言也善。"恭王之谓也。孔子曰："朝闻道，夕死可矣。"于是以开后嗣，觉来世，犹愈没身不寤者也。

赵简子上羊肠之坂，群臣皆偏袒推车，而虎会独担戟行歌，不推车。简子曰："群臣皆推车，会独担戟行歌，是会为人臣侮其主。为人臣侮其主者，其罪何若？"对曰："为人臣而侮其主者，死而又死。"简子曰："何谓死而又死？"会曰："身死妻子为徒，若是谓死而又死也。君既已闻为人臣而侮其主者之罪矣，君亦闻为人君而侮其臣者乎？"简子曰："何若？"会曰："为人君而侮其臣者，智者不为谋，辨者不为使，勇者不为斗。智者不为谋，则社稷危；辨者不为使，则使不通；勇者不为斗，则边境侵。"简子曰："善！"乃以会为上客。

魏文侯与大夫坐，问曰："寡人何如君也？"群臣皆曰："君仁君也。"次至翟黄，曰："君非仁君也。"曰："子何以言之？"对曰："君伐中山，不以封君之弟，而以封君之长子，臣以此知君之非仁君也。"文侯怒而出之。次至任座，文侯问曰："寡人何如君也？"任座对曰："君仁君也。"曰："子何以言之？"对曰："臣闻之，其君仁者其臣直，向翟黄之言直，臣是以知君仁君也。"文侯曰："善！"复召翟黄。

中行寅将亡，乃召其大祝，而欲加罪焉，曰："子为我祝，牺牲不肥泽耶？且斋戒不敬耶？使国亡，何也？"祝简对曰："昔者吾先君中行穆子，皮车十乘，不忧其薄也，忧德义之不足也。今主君有革车百乘，不忧德义之薄，唯患车之不足也。夫船车饰则赋敛厚，赋敛厚则民怨谤诅矣。且君苟以为祝有益于国乎？则诅亦将为损世亡矣。一人祝之，一国诅之，一祝不胜万诅，国亡不亦宜乎？祝其何罪？"中行子乃惭。

秦欲伐楚，使使者往观楚之宝器。楚王闻之，召令尹子西而问焉，曰："秦欲观楚之宝器，吾和氏之璧、随侯之珠，可以示诸？"令尹子西对曰："不知也。"召昭奚恤而问焉，昭奚恤曰："此欲观吾国得失而图之。宝器在贤臣，珠玉玩好之物，非宝之重者也。"王遂使昭奚恤应之。昭奚恤为东面之坛一，为南面之坛四，为西面之坛一。秦使者至，昭奚恤曰："君客也，请就上位东面，令尹子西南面，太宗子敖次之，叶公子高次之，司马子反次之。"昭奚恤自居西面之坛，称曰："客欲观楚之宝器，楚国之宝者，贤臣也。理百姓，实仓廪，使民各得其所，令尹子西在此；奉珪璧使诸侯，解忿悁之难，交两国之欢，使无兵革之忧，太宗子敖在此；守封疆，谨境界，不侵邻国，邻国亦不见侵，叶公子高在此；理师旅，整兵戎，以当强敌，提枹鼓以动百万之众，所使皆趣汤火、蹈白刃，出万死不顾一生，司马子反在此；怀霸王之余议，摄治乱之遗风，昭奚恤在此。唯大国之所观。"秦使者瞿然无以对。使者反，言于秦君曰："楚多贤臣，未可谋也。"遂不伐楚。

昔者唐虞崇举九贤，布之于位，而海内大康，要荒来宾，麟凤在郊。商汤用伊尹，而文、武用太公、闳夭，成王任周、邵，而海内大治，越裳重译，祥瑞并降，遂安千载。皆由任贤之功也。无贤臣，虽五帝三王，不能以兴。齐桓得管仲，有霸诸侯之荣；失管仲，而有乱危之辱。虞不用百里奚而亡，秦穆用之而霸。楚不用子胥而破，吴王阖庐用之而霸。夫差非徒不用子胥也，又杀之，而卒以亡。燕昭王用乐毅，推弱燕之兵，破强齐之仇，屠七十城，而惠王废乐毅，更代以骑劫，兵立破，亡七十城。此父用之，子不用，其事可见也。故阖庐用子胥而兴，夫差杀之而以亡；昭王用乐毅以胜，惠王逐之而以败，此的的然若白黑也。秦不用叔孙通，项王不用陈平、韩信，而皆灭，汉用之而大兴，此未远也。夫失贤者其祸如彼，用贤者其福如此。人君莫不求贤以自辅，然而国以乱亡者，所谓贤者不贤也。或使贤者为之，与不肖者议之，使智者图之，与愚者谋之。不肖嫉贤，愚者妒智，是贤者之所以隔蔽也，所以千岁不合者也。或不肯用贤，或用贤而不能久也，或久而不能终也。或不肖子，废贤父之忠臣，其祸败难一二录也。然其要在于己不明，而听众口也。故谮诉不行，斯为明矣。

魏庞共与太子质于邯郸，谓魏王曰："今一人言市中有虎，王信乎?"王曰:"不信也。"曰:"二人言,王信之乎?"曰:"寡人疑矣。"曰:"三人言,王信之乎?"曰:"寡人信之矣。"庞共曰:"夫市之无虎明矣,三人言而成有虎。今邯郸去魏远于市,议臣者过三人,愿王察之也。"魏王曰:"寡人知之矣。"及庞共自邯郸反,谗口果至矣,遂不得见。

昔者邹忌以鼓琴见齐宣王,宣王善之,与语三日,遂拜以为相。有稷下先生淳于髡(kūn)之属,七十二人,乃相与俱行,见邹忌曰:"狐白之裘,补之以弊羊皮,何如?"忌曰:"诺,请不敢杂贤以不肖。"髡曰:"方内而圜缸,何如?"忌曰:"诺,请谨门户,不敢留客。"髡等曰:"三人共牧一羊,羊不得食,人不得息,何如?"忌曰:"诺,请减吏省员,使无扰民。"淳于髡等三称,邹忌三知之,如应响。淳于髡等辞屈,辞而去。

梁君出猎,见白雁群,梁君下车,彀弩欲射之。道有行者,梁君谓行者止,行者不止,白雁群骇。梁君怒,欲射行者。其御公孙龙下车抚矢曰:"君止。"梁君忿然作色而怒曰:"龙不与其君,而顾与他人,何也?"公孙龙对曰:"昔者齐景公之时,大旱三年,卜之曰:'必以人祠,乃雨。'景公曰:'凡吾所以求雨者,为吾民也。今必使吾以人祠,乃且雨,寡人将自当之。'言未卒,而天大雨,方千里。何也?为有德于天,而惠于民也。今主君以白雁之故,而欲射杀之,无异于虎狼矣。"梁君援其手与上车,归入郭门,呼万年,曰:"幸哉今日也!人猎皆得兽,吾猎得善言而归。"

晋文公出田,逐兽,砀入大泽,迷不知所出。其中有渔者,文公谓曰:"我若君也,道安从出?"渔者曰:"臣愿有献。"文公曰:"出泽而受之。"于是送出泽。渔者曰:"鸿鹄保河海之中,厌而欲移,徙之小泽,则必有丸矰之忧;鼋鼍保深渊,厌而出之浅渚,则必有罗网钓射之忧。今君逐兽,砀入至此,何行之太远也!"文公曰:"善哉!"谓从者记渔者名。渔者曰:"君何以名为?君其尊天事地,敬社稷,固四国,慈爱万民,薄赋敛,轻租税者,臣亦与焉。君不敬社稷,不固四国,外失礼于诸侯,内逆民心,一国流亡,渔者虽有厚赐,不得保也。"遂辞不受,曰:"君亟归国,臣亦反渔所。"

晋文公逐麋而失之,问农夫老古曰:"吾麋何在?"老古以足指曰:"如是往矣。"文公曰:"寡人问子,子以足指,何也?"老古振衣而起曰:"一不意人君之如此也。虎豹之居也,厌闲而近人,故得;鱼鳖之居也,厌深而之浅,故得。诸侯厌众,而亡其国。《诗》曰:'维鹊有巢,维鸠居之。'

君放不归，人将居之矣。"于是文公恐。归遇栾武子，栾武子曰："猎得兽乎？而有悦色。"文公曰："吾逐麋而失之，得善言，故有悦色。"武子曰："其人安在？"曰："吾未与来。"武子曰："处上位而不恤其下，骄也；缓令急诛，暴也；取人言而弃其身，盗也。"文公曰："善。"还车载老古，与俱归。

魏文侯出游，见路人反裘而负刍。文侯曰："胡为反裘而负刍？"对曰："臣爱其毛。"文侯曰："若不知其里尽，而毛无所恃矣。"明年，东阳上计，钱布十倍，大夫毕贺，文侯曰："<u>此非所以贺我也。譬无异夫路人反裘而负刍也，将爱其毛，不知其里尽，毛无所恃也。今吾田地不加广，士民不加众，而钱十倍，必取之士大夫也。吾闻之，下不安者，其上不可居，此非所以贺我也。</u>"

【重点句解读】

> 此非所以贺我也。譬无异夫路人反裘而负刍也，将爱其毛，不知其里尽，毛无所恃也。今吾田地不加广，士民不加众，而钱十倍，必取之士大夫也。吾闻之，下不安者，其上不可居，此非所以贺我也。

这不是所应该祝贺的事。这犹如路上那个反穿皮袄背草的人一样，是怕损坏了裘皮衣的毛。可是他不懂得如皮板子磨破了，毛也没地方依附了。现在我国的耕地没有扩大，人民没有增多，而税收却增加了十倍，这一定是官员增加百姓的负担收来的。这样做就会使百姓人心不稳。我听说如果下层不安定，那么在上位的人也就不会安稳。这不是应向我道贺的事啊！

战国时的魏文侯对自己属国中的东阳上缴的税、赋是上一年的十倍，并不高兴。认为人未增多、地未增广，而国家收入一下子增加了十倍，肯定是增加了基层的负担，使人民生活受到影响而波及人心不稳。他对祝贺此事的大臣们说：这就是"皮之不存，毛将焉附"的道理。魏文侯把百姓比为皮衣的皮板，而执政者仅是附着在皮板上的毛，皮坏了，毛也就没了。这一故事是不是可以给那些抱着"官出数字、数字出官"理念的人一些警醒？

齐有妇人，极丑，号曰无盐女。臼头深目，长壮大节，仰鼻结喉，肥项少发，折腰出胸，皮肤若漆。行年三十，无所容入。于是乃自诣宣王曰："妾，齐之不售女也，闻君王之圣德，愿备后宫之扫除。"谒者以闻。宣王方置酒于渐台，左右闻之，莫不掩口而笑，曰："此天下强颜女子也。"于是宣王乃召而见之。但扬目衔齿，举手拊肘，曰："殆哉殆哉。"如此者四。宣王曰："愿遂闻命。"对曰："今大王之君国也，西有衡秦之患，南有强楚之仇，外有二国之难；内聚奸臣，众人不附；春秋四十，壮男不立，故不务众子而务众妇，尊所好而忽所恃。一旦山陵崩阤（tuó），社稷不定，此一殆也。渐台五重，黄金白玉，翡翠珠玑，莫落连饰，万民疲极，此二殆也。贤者伏匿于山林，谄谀强进于左右，邪伪立于本朝，谏者不得通入，此三殆也。酒浆沉湎，以夜续朝，女乐俳优，从横大笑，外不修诸侯之礼，内不秉国家之治，此四殆也。故曰'殆哉殆哉'。"于是宣王掩然无声，喟然而叹曰："痛乎无盐君之言，今乃一闻，寡人之殆，几不全也。"<u>于是立毁渐台，罢女乐，退谄谀，去雕琢，选兵马，实府库，招进直言，延及侧陋。择吉日立太子，拜无盐君以为王后。</u>而齐国大安，丑女之功也。

【重点句解读】

> 于是立毁渐台，罢女乐，退谄谀，去雕琢，选兵马，实府库，招进直言，延及侧陋。择吉日立太子，拜无盐君以为王后。

于是立刻停止渐台宴乐，解散歌伎舞女，罢免谄媚阿谀之人，去除精美雕饰之物。挑选精兵良马，充实国库的储备，招纳直言进谏的人，身处偏僻之乡的贤良之士也得到选用。挑选良辰吉日册立太子，拜封无盐女为王后。

无盐女极丑，三十岁还嫁不出去。于是，她毛遂自荐，跑到齐王宫里当着文武百官，严厉批评了齐宣王诸多错误：不立太子使国基不稳，贪图享受使民穷财尽，奸慝小人不离左右而能规劝者却不得进言，夜以继日地沉湎酒色而不理内政外交等四项使国家处于极其危险的境地。齐宣王听了无盐女这一番暴风骤雨式的批评，不仅未"龙颜大怒"，还立即改弦易辙，纠正错误。

作者刘向用一个"拜"字来记录无盐自此而为齐国王后值得玩味。古代帝王封后一般叫"立"后，而鲜有用"拜"字者，只有从师学习、选丞相或统率大军征伐的将军叫"拜师""拜相"或"拜为大将军"。"拜"之一字，饱含敬意，从而证明无盐与齐宣王的关系虽是夫妻，但已有以之为师和托以国政的意思在内了。所以，齐宣王纳谏的结果是"齐国大安"。

这则故事，对我们当下的治国理政当有一定的现实意义。

有司请事于桓公，桓公曰："以告仲父。"有司又请，桓公曰："以告仲父。"若是者三。在侧者曰："一则告仲父，二则告仲父，易哉为君。"桓公曰："吾未得仲父则难，已得仲父之后，则曷为其不易也。故王者劳于求贤，逸于得人。舜举众贤在位，垂衣裳，恭己无为，而天下治；汤文用伊吕，成王任周、邵，刑措不用，用众贤故也。"

公季成谓魏文侯曰："田子方虽贤人，然而非有土君也。君常与之齐礼，假有贤于子方者，君又何以加之？"文侯曰："如子方者，非成所得议也。子方，仁人也。仁人也者，国之宝也；智士也者，国之器也；博通之士也者，国之尊也。故国有仁人，则群臣不争；国有智士，则无四邻诸侯之患；国有博通之士，则人主尊。固非成之所得议也。"公季成自退于郊。

孟尝君问于白圭曰："魏文侯名过于齐桓，而功不及五伯者何？"白圭对曰："文侯师子夏，友田子方，敬段干木，此名之所以过于桓公也。卜相则曰：'成与黄孰可'，此功之所以不及五伯也。以私爱妨公举，在职者不堪其事，故功废也。然而名号显荣者，三士翊之也。如相三士，则王功成，岂特霸哉！"

晋平公问于叔向曰："昔齐桓公，九合诸侯，一匡天下，不识其君之力乎？其臣之力乎？"叔向对曰："管仲善制割，隰朋善削缝，宾胥无善纯缘，桓公知衣而已，亦其臣之力也。"师旷侍曰："臣请譬之以五味。管仲善断割之，隰朋善煎熬之，宾胥无善齐和之。羹已熟矣，奉而进之，而君不食，谁能强之？亦其君之力也。"

晋文公田于虢，遇一老夫而问曰："子处此故也，虢亡其有说乎？"对曰："虢君断则不能，谏则不与也。不能断，又不能用人，此虢之所以亡也。"文公辍田而归，遇赵衰而告之，衰曰："古之君子，听其言而用其身；今之君子，听其言而弃其身。哀哉！晋国之忧也。"文公乃召赏之。于是晋国乐纳善言，文公卒以霸也。

晋平公过九原而叹曰："嗟乎！此地之蕴吾良臣多矣，若使死者可起也，吾将谁与归乎？"叔向对曰："赵武乎？"公曰："子党于子之师也。"对曰："臣敢言赵武之为人也，立若不胜衣，言若不出口，然其身所举士于白屋下者四十六人，是其无私德也。臣故以为贤也。"平公曰："善。"

周文王作灵台，及为池沼，掘地得死人之骨，吏以闻于文王。文王曰："更葬之。"吏曰："此无主矣。"文王曰："有天下者，天下之主也；有一国者，一国之主也。寡人固其主，又安求主。"遂令吏以衣棺更葬之。天下闻之，皆曰："文王贤矣，泽及朽骨，又况于人乎？"或得宝以危国，文王得朽骨以喻其意，而天下归心焉。

宁戚欲干齐桓公，穷困无以自进，于是为商旅赁车以适齐，暮宿于郭门之外。桓公郊迎客，夜开门，辟赁车。宁戚饭牛于车下，击牛角，疾商歌。桓公闻之，曰："异哉此歌者，非常人也。"命后车载之。桓公反，宁戚见，说桓公以全境内。明日复见，说桓公以为天下。桓公大悦，将任之，而群臣争之，曰："客卫人，去齐不远，不若使人问之，而贤也，用之未晚也。"桓公曰："不然。问之恐有小恶，以其小恶，忘人之大美，此人主之所以失天下之士也。且人固难全，权用其长者。"遂举而授之以为卿。当此举也，桓公得之矣，所以成霸也。

齐桓公见小臣稷，一日三至，不得见。从者曰："万乘之主，见布衣士，一日三至而不得见，亦可以止矣。"桓公曰："不然。士之傲爵禄者，固轻其主；其主傲霸王者，亦轻其士。纵夫子傲爵禄，吾庸敢傲霸王乎？"五往而后得见。天下闻之，皆曰："桓公犹下布衣之士，而况国君乎？"于是相率而朝，靡有不至。

魏文侯过段干木之闾而轼，其仆曰："君何为轼？"曰："此非段干木之闾与？段干木盖贤者也，吾安敢不轼。且段干木光于德，寡人光于地；段干木富乎义，寡人富乎财。地不如德，财不如义。寡人当事之者也。"遂致禄百万，而时间之，国人皆喜。居无几何，秦兴兵而欲攻魏。司马唐且谏秦君曰："段干木，贤者也，而魏礼之，天下莫不闻，无乃不可加乎兵？"秦君以为然，乃案兵而辍，不攻魏。文侯可谓善用兵矣。夫君子之用兵也，莫见其形而功已成，此之谓也。野人之用兵也，鼓声则似雷，号呼则动地，尘气充天，流矢如雨，扶伤举死，履肠涉血，无罪之民，其死者已量于泽矣，而国之存亡、主之死生，犹未知也，其离仁义亦远矣。

晋平公问于叔向曰："国家之患孰为大？"对曰："大臣重禄而不极谏，近臣畏罪而不敢言，下情不上通，此患之大者也。"公曰："善。"

子张见鲁哀公，见七日，哀公不礼，托仆夫去，曰："臣闻君好士，故不远千里之外，百舍重趼，不敢休息以见君，见七日，而君不礼。君之好士也，有似叶公子高之好龙也。叶公子高好龙，钩以写龙，凿以写龙，屋室雕文以写龙。于是也，天龙闻而下之，窥头于牖，拖尾于堂，叶公见之，弃而还走，失其魂魄。是叶公非好龙也，好夫似龙而非龙者也。今臣闻君好士，故不远千里之外以见君，七日不礼。君非好士也，好夫似士而非士者也。《诗》曰：'中心藏之，何日忘之。'敢托而去。"

孟子见齐宣王于雪宫，王左右顾曰："贤者亦有此乐耶？"孟子对曰："有。人不得则非其上矣。不得而非其上者，非也；<u>为人之上者，而不与民同乐者，亦非也。乐民之乐者，人亦乐其乐；忧人之忧者，民亦忧其忧。乐以天下，忧以天下，然而不王者，未之有也。</u>"

【重点句解读】

> 为人之上者，而不与民同乐者，亦非也。乐民之乐者，人亦乐其乐；忧人之忧者，民亦忧其忧。乐以天下，忧以天下，然而不王者，未之有也。

做国君却不能与老百姓同乐，是错误的。以老百姓的快乐作为自己的快乐，老百姓也就把国君的快乐当作他们自己的快乐；以老百姓的忧虑为自己的忧虑，老百姓也就会以国君的忧虑为他们自己的忧虑。与天下人同乐，与天下人同忧，却不能称王于天下，这样的情形是没有过的。

习近平同志在《之江新语·为民办实事成于务实》等文章中引用了这句话，论证了中国共产党人始终把人民放在心上，以人为本，执政为民。近百年来，一以贯之，植根于人民，与人民永葆鱼水相亲、血肉相连的关系。

邹穆公有令，食凫雁者必以秕，无以粟。于是仓秕尽，而求易于民，二石粟而得一石秕。吏以为费，请以粟食之。穆公曰："去！非汝所知也。夫百姓暴背而耕，勤而不敢惰者，岂为鸟兽也哉！米粟，人之上食也，奈何其以养鸟？且汝知小计，而不知大会也。周谚曰：'囊漏贮中。'汝独不闻耶？夫君者，人之父母也，取仓之粟，移之于民，此非吾粟耶？鸟食邹之秕，不害邹之粟而已。粟之在仓与在民，于我何择耶？"民闻之，皆知其私积之与公家为一体也。此之谓知富国矣。

齐有田巴先生者，行修于内，智明于外。齐王闻其贤，聘而将问政焉。田巴先生改制新衣，鬋（jiǎn）饰冠带，顾谓其妾曰："何若？"其妾曰："佼。"将出门，问其从者曰："何若？"从者曰："佼。"过于淄水自窥，丑恶甚矣。遂见齐王，齐王问政焉，对曰："政在正身。正身之本，在于群臣。今者大王召臣，臣改制鬋饰，将造公门，问于妾，妾爱臣，谀臣曰'佼'；将出门，问从者，从者畏臣，曰'佼'。臣临淄水而观影，然后自知丑恶也。今齐之臣妾谀王者，非特二人也。王能临淄水，见己之恶，过而自改，斯齐国治矣。"

臧孙行猛政，子贡非之。臧孙召子贡而问曰："我不法耶？"曰："法矣。""我不廉耶？"曰："廉矣。""我不能事耶？"曰："能事矣。"臧孙曰："三者吾唯恐不能，今尽能之，子尚何非耶？"子贡曰："子法矣，好以害人；子廉矣，好以骄上；子能事矣，好以陵下。夫政者犹张琴瑟也，大弦急则小弦绝矣。是以位尊者，德不可以薄；官大者，治不可以小；地广者，制不可以狭；民众者，法不可以苛。天性然也。故曰：'罚得则奸邪止矣，赏得则下欢悦矣。'由此观之，子之贼心已见矣。独不闻夫子产之相郑乎？其论材推贤举能也，抑恶而扬善。故有大略者，不问其所短；有德厚者，不问其小疵；有大功者，宿恶灭息。成人之美，不成人之恶也。其牧民之道，养之以仁，教之以礼，使之以义，修法练教，必遵民所乐。故从其所便而处之，因其所欲而与之，顺其所好而劝之。赏之疑者从重，罚之疑者从轻。其罚审，其赏明，其刑省，其德纯，其治约，而教化行矣。治郑七年，而风俗和平，灾害不生，国无刑人，囹圄空虚。及死，国人闻之，皆叩心流涕，曰：'子产已死，吾将安归？夫使子产命可易，吾不爱家一人。'其生也，则见爱；其死也，而可悲。仕者哭于廷，商人哭于市，农人哭于野，处女哭于室，良人绝琴瑟，大夫解佩玦，妇人脱簪珥，皆巷哭。然则恩者仁恕之道也。君子之治，始于不足见，而终于不可及，此之谓也。盖德厚者报美，怨大者祸深。故曰：'德莫大于仁，而祸莫大于刻。'夫善不可以为求，而恶不可以乱去。今子方病，民喜而相贺曰：'臧孙子已病，幸其将死。'子之病少愈，而民以相惧，曰：'臧孙子病又愈矣，何吾命之不幸也，臧孙子又不死矣。'子之病也，人以相喜；生也，人以相骇。子之贼心亦甚深矣。为政若此，如之何不非也。"于是臧孙子惭焉，退而避位。

子路治蒲三年，孔子过之。入其境，曰："善哉由乎，恭敬以信矣。"入其邑，曰："善哉由乎，忠信以宽矣。"至于其廷，曰："善哉由乎，明察以断矣。"子贡执辔而问曰："夫子未见由，而三称其善，可得闻乎？"孔子曰："我入其境，田畴尽易，草莱甚辟，沟洫甚深，此其恭敬以信，故其民尽力也；入其邑，墙屋甚崇，树木甚茂，此忠信以宽，故其民不偷也；入其廷，廷甚闲，此明察以断，故其民不扰也。"

卷四十三 《说苑》治要

【西汉】刘向 撰

【导读】

《说苑》又名《新苑》(刘向简介见《新序》导读),古代杂史小说集,原二十卷,大部分已经散佚,仅存五卷。后经宋代曾巩[(1019—1083),字子固,南丰(今江西省南丰县)人,后居临川,唐宋八大家之一,史学家、政治家]搜集编撰,复为二十卷,每卷各有标目。

《说苑》记述春秋战国至汉代的遗闻逸事,每类之前列总说,事后加按语,以记述诸子言行为主,多有治国安民、家国兴亡的哲理格言。体现了儒家的哲学思想、政治理想以及伦理观念。

书中引用了大量历史资料,保存了一些散佚的文献。如《君道篇》载师旷言云:"人君之道,清净无为,务在博爱,趋在任贤,广开耳目,以察万方,不固溺于流欲,不拘系于左右,廓然远见,踔然独立,屡省考绩,以临臣下。此人君之操也。"《汉书·艺文志》有《师旷》六篇,早散佚。这段议论,疑出自《师旷》这六篇中。此类例子,还可找到不少。

《说苑》是一部富有文学特色的重要文献。除卷十六《谈丛》外,各卷的多数是独立成篇的小故事,有情节,有对话。文字清新隽永,有较高的文学价值,对魏晋乃至明清的笔记小说有一定的影响。

魏徵等人在《群书治要》中所节录的内容,均是与唐内政外交应有之举之事相似的史例。魏徵上疏说:"故《说苑》曰:'人臣之行,有六正六邪,行六正则荣，犯六邪则辱。"其所指六正、六邪有明确的标准。六正的标准是：居安思危是圣臣，匡扶时恶是良臣，悉心为国是忠臣，防患未然是智臣，廉洁奉公是贞臣，犯颜直谏是直臣；六邪的标准是：具臣贪腐害公，谀臣逢君之恶，奸臣妒贤嫉能，谗臣文过饰非，贼臣结党弄权，亡国之臣欺上瞒下，颠倒黑白。魏徵进而提出辨识人才的方法和原则，对于我们今天识别和选拔使用干部有一定的参考价值。

·君 道·

河间献王曰："尧存心于天下，加志于穷民，痛万姓之罹罪，忧众生之不遂也。有一民饥，则曰：'此我饥之也。'有一民寒，则曰：'此我寒之也。'一民有罪，则曰：'此我陷之也。'仁昭而义立，德博而化广，故不赏而民劝，不罚而民治。先恕而后教，是尧道也。"

河间献王曰："禹称'民无食，则我不能使也；功成而不利于民，则我不能劝也'。故疏河而道之，凿江通于九派，洒五湖而定东海。民亦劳矣，然而不怨苦者，利归于民也。"

禹出见罪人，下车问而泣之。左右曰："罪人不顺道使然，君王何为痛之至于此也？"禹曰："尧、舜之民，皆以尧、舜之心为心。今寡人为君也，百姓各自以其心为心，是以痛之也。"

当尧之时，舜为司徒，契为司马，禹为司空，后稷为田畴，夔为乐正，倕为工师，伯夷为秩宗，皋陶为大理，益掌驱禽，尧不能为一焉。尧为君，而九子者为臣，其何故也？尧知九职之事，使九子各受其事，皆胜其任以成功，尧遂成厥功以王天下。是故知人者主道也，知事者臣道也。主道知人，臣道知事。毋乱旧法，而天下治矣。

明主者有三惧：一曰处尊位而恐不闻其过，二曰得意而恐骄，三曰闻天下之至言而恐不能行。

师经鼓琴，魏文侯起舞，赋曰："使我言而无见违。"师经援琴而撞文侯，不中，中旒溃之。文侯顾谓左右曰："为人臣而撞其君，其罪何如？"左右曰："罪当烹。"提师经下堂一等。师经曰："臣可得一言而死乎？"文侯曰："可。"师经曰："昔尧、舜之为君也，唯恐言而人不违；桀、纣之为君也，唯恐言而人违之。臣撞桀、纣，非撞吾君也。"文侯曰："释之，是寡人之过也。悬琴于城门，以为寡人符；不补旒，以为寡人戒。"

·臣 术·

人臣之行，行六正则荣，犯六邪则辱。何谓六正？一曰萌牙未动，形兆未见，昭然独见存亡之机、得失之要，豫禁乎不然之前，使主超然立乎显荣之处。如此者，圣臣也。二曰虚心白意，进善通道，勉主以礼义，谕主以长策，将顺其美，匡救其恶。如此者，良臣也。三曰夙兴夜寐，进贤不懈，数称于往古之行事，以厉主意。如此者，忠臣也。四曰明察极，见成败，早防而救之，塞其间，绝其源，转祸以为福，使君终以无忧。如此者，智臣也。五曰守文奉法，任官职事，不受赠遗，衣服端齐，食饮节俭。如此者，贞臣也。六曰国家昏乱，所为不谀，敢犯主之严颜，面言主之过失。如此者，直臣也。是谓六正也。

【重点句解读】

> 何谓六正？一曰萌牙未动……圣臣也；二曰虚心白意……良臣也；三曰夙兴夜寐，进贤不懈……忠臣也；四曰明察极，见成败……智臣也；五曰守文奉法，任官职事……贞臣也；六曰国家昏乱，所为不谀……直臣也。是谓六正也。

什么叫作"六正"？一是事物的萌芽未发，迹象征兆还未显现，只有他能洞烛先机，在事态恶化之前预先制止，就是圣臣；二是纠正补救君王不良行为的人，就是良臣；三是勤于举贤荐能的人，就是忠臣；四是能明察事理、预见最终的成败，转祸为福的人，就是智臣；五是能遵纪守法、廉洁奉公、称职的人就是贞臣；六是敢于犯颜直谏，直言执政者过失的人，就是直臣。这就是六正。

现在的组织人事部门如果能将以上的这六类人才选拔到各级领导岗位上，必然功莫大焉、善莫大焉。

何谓六邪？一曰安官贪禄，不务公事，与世沉浮，左右观望。如此者，具臣也。二曰主所言皆曰善，主所为皆曰可，隐而求主之所好而进之，以快主之耳目，偷合苟容，与主为乐，不顾其后害。如此者，谀臣也。三曰中实险诐，外貌小谨，巧言令色，又心疾贤，所欲进则明其美、隐其恶，所欲退则明其过、匿其美，使主赏罚不当，号令不行。如此者，奸臣也。四曰智足以饰非，辩足以行说，内离骨肉之亲，外妒乱朝廷。如此者，谗臣也。五曰专权擅势，以为轻重；私门成党，以富其家；擅矫主命，以自显贵。如此者，贼臣也。六曰谄主以邪，坠主于不义，朋党比周，以蔽主明，使白黑无别，是非无闻，使主恶布于境内，闻于四邻。如此者，亡国之臣也。是谓六邪。

【重点句解读】

> 何谓六邪？一曰安官贪禄，不务公事……具臣也；二曰主所言皆曰善，隐而求主之所好而进之……谀臣也；三曰中实险诐，外貌小谨……奸臣也；四曰智足以饰非，辩足以行说……谗臣也；五曰专权擅势，以为轻重……贼臣也；六曰谄主以邪，坠主于不义……亡国之臣也。是谓六邪。

什么叫作"六邪"？一是安享官爵，贪求俸禄，不致力于公务的人就是具臣；二是暗中窥伺君王的嗜好，苟且迎合以求安身，一味与君王寻欢作乐，全不考虑后患的人，就是谀臣；三是内心邪僻险恶，外表谨小慎微，花言巧语，伪装和善，又嫉贤妒能的人，就是奸臣；四是机智足以掩错为正，辩才又能兜售歪理邪说的人，就是谗臣；五是专权霸道，结党营私的人，就是贼臣；六是用邪僻之事来谄媚君王，使君王陷入不义，拉帮结派，颠倒黑白，混淆是非的人，就是亡国之臣。这就是六种邪恶。

现在的组织人事部门如果能将以上这六类邪恶的人逐渐淘汰掉，也必然功莫大焉、善莫大焉。

贤臣处六正之道，不行六邪之术，故上安而下治，生则见乐，死则见思，此人臣之术也。

汤问伊尹曰："三公九卿，大夫列士，其相去何如？"对曰："智通于大道，应变而不穷，辨于万物之情，其言足以调阴阳、正四时、节风雨，如是者，举以为三公。故三公之事，常在于道也。不失四时，通于地理；能通不通，能利不利，如此者，举以为九卿。九卿之事，常在于德也。通于人事，行猷举绳，通于关梁，实于府库，如是者，举以为大夫。大夫之事，常在于仁也。忠正强谏，而无有奸诈，去私立公，而言有法度，如是者，举以为列士。列士之事，常在于义也。故道德仁义定，而天下正。凡此四者，明王臣而不臣。"汤曰："何谓臣而不臣？"对曰："君之所不名臣者四：诸父，臣而不名；诸兄，臣而不名；先王之臣，臣而不名；盛德之士，臣而不名。是谓大顺也。"

·贵德·

圣人之于天下也，譬犹一堂之上也。今有满堂饮酒者，有一人独索然向隅而泣，则一堂之人皆不乐矣。圣人之于天下也，譬犹一堂之上也。有一人不得其所者，则孝子不敢以其物荐进也。

·复恩·

晋文公亡时，陶叔狐从。文公反国，三行赏而不及。见咎犯曰："吾从君而亡，十有三年，颜色黧黑，手足胼胝。今君反国，三行赏而不及我，意者君忘我与？我有大故与？"咎犯言之文公，文公曰："噫，我岂忘是子哉！夫耽我以道，说我以仁，昭明我名，使我为成人者，吾以为上赏；防我以礼，谏我以义，使不得为非者，吾以为次赏；勇壮强御，难在前则居前，难在后则居后，免我于患难中者，吾复以为次赏。且子独不闻乎？死人者，不如存人之身；亡人者，不如存人之国。三行赏之后，而劳苦之士次之。劳苦之士，子固为首矣。吾岂敢忘子哉！"周内史叔兴闻之曰："文公其霸乎？昔者圣王先德后力，文公其当之矣。"

楚庄王赐群臣酒，日暮，酒酣，灯烛灭，乃有引美人衣者。美人援绝其冠缨，告王曰："今烛灭，有引妾衣者，援得其缨，持之矣。"促上火，视绝缨者。王曰："赐人酒，使醉失礼，奈何欲显妇人节，而辱士乎？"乃命左右："今与寡人饮，不绝冠缨者不欢。"群臣皆绝缨而上火，尽欢而罢。

居三年，晋与楚战，有一臣常在前，五合五获首而却敌，卒得胜之。庄王怪而问之，对曰："臣往者醉失礼，王隐忍不暴而诛，常愿肝脑涂地，用颈血湔（jiān）敌久矣。臣乃夜绝缨者也。"

阳虎得罪，北见简子曰："自今以来，不复树人矣。"简子曰："何哉？"对曰："夫堂上之人，臣所树者过半矣；朝廷之吏，臣所立者亦过半矣；边境之士，臣所立者亦过半矣。今夫堂上之人，亲却臣于君；朝廷之吏，亲危臣于法；边境之士，亲劫臣于兵。"简子曰："唯贤者为能复恩，不肖者不能。夫树桃李者，夏得休息，秋得食焉；树蒺藜者，夏不得休息，秋得其刺焉。今子之所树者，蒺藜也，非桃李也。自今已来，择人而树之，毋已树而择之也。"

·政 理·

政有三品：王者之政化之，霸者之政威之，强国之政胁之。夫此三者，各有所施，而化之为贵矣。夫化之不变，而后威之；威之不变，而后胁之；胁之不变，而后刑之。夫至于刑者，则非王者之所贵也。是以圣王先德教而后刑罚，立荣耻而明防禁，崇礼义之节以示之，贱货利之弊以变之，则下莫不慕义礼之荣，而恶贪乱之耻。其所由致之者，化使然也。

治国有二机，刑、德是也。王者尚其德而稀其刑，霸者刑德并凑，强国先其刑而后其德。夫刑德者，化之所由兴也。德者，养善而进阙者也；刑者，惩恶而禁后者也。故德化之崇者至于赏，刑罚之甚者至于诛。夫诛赏者，所以别贤不肖，而列有功与无功也。诛赏缪，则善恶乱矣。夫有功而不赏，则善不劝矣；有过而不诛，则恶不惧矣。善不劝，而能以行化乎天下者，未尝闻也。

齐桓公逐鹿而远，入山谷之中，见一老。公问之曰："是为何谷？"对曰："为愚公之谷也。"公曰："何故？"对曰："以臣名之。"公曰："何为以公名之？"对曰："臣故畜牸（zì）牛，子大，卖之而买驹。少年曰：'牛不能生马。'遂持驹去。傍邻闻之，以臣为愚。故名此谷为愚公之谷。"桓公曰："诚愚矣，夫何为而与之。"桓公遂归，以告管仲。管仲曰："此夷吾之过也！使尧在上，咎繇为理，安有取人之驹，见暴如此叟者也。是公知狱讼不正，故与之耳。请退而修政。"孔子曰："弟子记之，桓公，霸君也，管仲，贤佐也，犹有以智为愚者，况不及桓公、管仲者乎！"

宓子贱治单父，弹鸣琴，身不下堂，而单父治。巫马期亦治单父，以星出，以星入，日夜不处，以身亲之，而单父亦治。巫马期问其故于子贱，子贱曰："我之谓任人，子之谓任力。任力者固劳，任人者固逸也。"人曰："宓子贱则君子矣！逸四支，全耳目，平心气，而百官治。巫马期则不然，弊性事情，劳烦教诏，虽治，犹未至也。"

孔子谓宓子贱曰："子治单父而众悦，语丘所以为之者。"曰："不齐父其父，子其子，恤诸孤而哀丧纪。"孔子曰："善，小节也。小人附矣，犹未足也。"曰："不齐所父事者三人，所兄事者五人，所友者十一人。"孔子曰："父事三人，可以教孝矣；兄事五人，可以教悌矣；友十一人，可以教学矣。中节也，中民附矣，犹未足也。"曰："民有贤于不齐者五人，不齐事之，皆教不齐所以治之术。"孔子曰："欲其大者，乃于此在矣。昔者尧、舜清微其身，务来贤人。夫举贤者，百福之宗也，而神明之主也。惜也不齐之所治者小，所治者大，其与尧、舜继矣。"

齐桓公问于管仲曰："国何患？"对曰："患夫社鼠。"桓公曰："何谓也？"对曰："夫社，束木而涂之，鼠因往托焉。熏之则恐烧其木，灌之则恐坏其涂。此鼠所以不可得杀者，以社故也。夫国亦有社鼠，人主左右是也。内则蔽善恶于君上，外则卖权重于百姓。不诛之则为乱，诛之则为人主所案，据腹有之，此亦国之社鼠也。人有酤酒者，为器甚洁清，置表甚长，而酒酸不售。问之里人其故，里人曰：'公之狗猛，人挈器而入，且酤公酒，狗迎而噬之，此酒所以酸不售之故也。'夫国亦有猛狗，用事者也。有道术之士，欲明万乘之主，而用事者迎而龁之，此亦国之猛狗也。左右为社鼠，用事者为猛狗，则道术之士不得用矣，此治国之所患也。"

齐侯问于晏子曰："为政何患？"对曰："患善恶之不分。"公曰："何以察之？"对曰："审择左右，左右善则百僚各获其所宜，而善恶分矣。"孔子闻之曰："此言信矣！善进则不善无由入矣，不善进则善亦无由入矣。"

·尊 贤·

人君之欲平治天下而垂荣名者，必尊贤而下士。《易》曰："自上下下，其道大光。"又曰："以贵下贱，大得民。"夫明王之施德而下下，将怀远而致近也。朝无贤人，犹鸿鹄之无羽翼，虽有千里之望，犹不能致其意之所欲至矣。是故绝江海者，托于船；致远道者，托于乘；欲霸王者，托于贤。非其人而欲有功，若夏至之日，而欲夜之长也；射鱼指天，而欲发之当也。虽舜禹犹亦困，而又况乎俗主哉！

禹以夏王，桀以夏亡。汤以殷王，纣以殷亡。阖庐以吴战胜，无敌于天下，而夫差以见禽于越。穆公以秦显名尊号，而二世以劫于望夷。其所以君王者同，而功迹不等者，所任异也。是故成王处襁褓而朝诸侯，周公用事也。赵武灵王年五十而饿于沙丘，任李兑故也。桓公得管仲，九合诸侯，一匡天下；失管仲，任竖刁、易牙，而身死不葬，为天下笑。一人之身，荣辱俱施焉，在所任也。故魏有公子无忌，削地复得；赵任蔺相如，秦兵不敢出；楚有申包胥，而昭王反位；齐有田单，襄王得国。由此观之，国无贤佐俊士，而能以成功立名、安危继绝者，未尝有也。故国不务大，而务得民心；佐不务多，而务得贤俊。得民心者，民往之；有贤佐者，士归之。文王请除炮烙之刑，而殷民从；汤去张网之三面，而夏民从。以其所为顺于民心也。故声同则处异而相应，德合则未见而相亲。贤者立于本朝，则天下之豪相率而趋之矣。故无常安之国，无恒治之民，得贤者则安昌，失之者则危亡。自古及今，未有不然者也。

周公摄天子位七年，布衣之士，执贽而所师见者十人，所友见者十二人；穷巷白屋，所先见者四十九人，进善者百人，教士者千人，官朝者万人。当此之时，诚使周公骄而且吝，则天下贤士至者寡矣。苟有至者，则必贪而尸禄者也。尸禄之臣，不能存君也。

齐桓公设庭燎，期年而士不至。于是有以九九之术见者，公曰："九九足以见乎？"对曰："臣非以九九为足以见。臣闻主君待士，期年而士不至。夫士之所以不至者，君天下之贤君也，四方之士，皆自以不及，故不至也。夫九九薄能耳，而君犹礼之，况贤于九九者乎？"公曰："善。"乃因礼之。期月，四方之士相携而并至。

齐宣王坐，淳于髡侍。王曰："先生论寡人何好？"髡曰："古者所好四，王所好三焉。"王曰："可得闻乎？"髡曰："古者好马，王亦好马；古者好味，王亦好味；古者好色，王亦好色；古者好士，王独不好士。"王曰："国无士耳，有则寡人亦悦之矣。"髡曰："古者有骅骝騏驥，今无有，王选于众，王好马矣。古者有豹象之胎，今无有，王选于众，王好味矣。

古者有毛嫱、西施，今无有，王选于众，王好色矣。王必将待尧、舜、禹、汤之士而后好之，则禹、汤之士亦不好王矣。"宣王默然无以应。

卫君问于田让曰："寡人封侯尽千里之地，赏赐尽御府缯帛，而士不至，何也？"对曰："君之赏赐，不可以功及；君之诛罚，不可以理避。犹举杖而呼狗，张弓而祝鸡矣。虽有香饵，而不能致者，害之必也。"

魏文侯从中山奔命安邑，田子方后。太子击遇之，下车而趋，子方坐乘如故，告太子曰："为我请君，待我朝歌。"太子不悦，谓子方曰："不识贫穷者骄人乎？富贵者骄人乎？"子方曰："贫穷者骄人。富贵者安敢骄人？人主骄人，而亡其国；大夫骄人，而亡其家。贫穷者若不得意，纳履而去，安往而不得贫穷乎？"太子及文侯，道子方之语，文侯叹曰："微吾子之故，吾安得闻贤人之言。吾下子方以行，得而友之。自吾友子方也，君臣益亲，百姓益附，吾是以得友士之功。我欲伐中山，吾以武下乐羊，三年而中山为献于我，我是以得友武之功。吾所以不少进于此者，吾未见以智骄我者也。若得以智骄我者，岂不及古之人乎？"

齐桓公使管仲治国，对曰："贱不能临贵。"桓公以为上卿，而国不治。公曰："何故？"对曰："贫不能使富。"公赐之齐国之市租一年，而国不治。公曰："何故？"对曰："疏不能制亲。"公立以为仲父，齐国大安，而遂霸天下。孔子曰："管仲之贤，不得此三权者，亦不能使其君南面而霸矣。"

桓公问于管仲曰："吾欲使爵腐于酒、肉腐于俎，得毋害于霸乎？"管仲对曰："此极非其贵者耳，然亦无害于霸也。"桓公曰："何如而害霸乎？"对曰："不知贤，害霸也；知而不用，害霸也；用而不任，害霸也；任而不信，害霸也；信而复使小人参之，害霸也。"桓公曰："善。"

田忌去齐奔楚，楚王问曰："楚齐常欲相并，为之奈何？"对曰："齐使申孺将，则楚发五万人，使上将军将之，至禽将军首而反耳。齐使眄子将，则楚悉发四封之内，王自出将，仅存耳。"于是齐使申孺将，楚发五万人，使上将军将，斩其首而反。于是齐王更使眄子将，楚悉发四境之内，王自出将，仅而得免。至舍，王曰："先生何知之早耶？"忌曰："申孺为人，侮贤者而轻不肖者，贤不肖俱不为用，是以亡也。眄子之为人也，尊贤者而爱不肖者，贤不肖俱负任，是以王仅得存耳。"

·正谏·

《易》曰："王臣蹇蹇，匪躬之故。"人臣之所以蹇蹇为难，而谏其君者，非为身也，将欲以匡君之过、矫君之失也。君有过失，危亡之萌也。见君之过失而不谏，是轻君之危亡也。夫轻君之危亡者，忠臣不忍为也。

·敬慎·

昔成王封伯禽于鲁，将辞去。周公戒之曰："往矣，子其无以鲁国骄士也。我文王之子、武王之弟、今王之叔父也，又相天子，吾于天下不轻矣。然尝一沐而三捉发，一食而三吐哺，犹恐失天下之士。吾闻之曰：'德行广大，而守以恭者荣；土地博裕，而守以俭者安；禄位尊盛，而守以卑者贵；人众兵强，而守以畏者胜；聪明睿智，而守以愚者益；博闻多记，而守以浅者广。'此六守者，皆谦德也。贵为天子，富有四海，德不谦者，失天下亡其身，桀、纣是也，可不慎乎！故《易》曰：'有一道，大足以守天下，中足以守国家，小足以守其身，谦之谓也。'夫天道毁满而益谦，地道变满而流谦，鬼神害满而福谦，人道恶满而好谦。《易》曰：'谦，亨，君子有终，吉。'子其无以鲁国骄士矣。"

【重点句解读】

> 德行广大，而守以恭者荣；土地博裕，而守以俭者安；禄位尊盛，而守以卑者贵；人众兵强，而守以畏者胜；聪明睿智，而守以愚者益；博闻多记，而守以浅者广。此六守者，皆谦德也。贵为天子，富有四海，德不谦者，失天下亡其身，桀、纣是也，可不慎乎！

道德品行宽广博大却又坚持恭谨的人才会荣耀；土地广阔富饶却又坚持节俭的人才会平安；禄多位高却又谦虚的人才会尊贵；兵多将强却又谨慎的人才会获胜；聪明机智却又厚道的人才会受益；博闻强记却不自满的人知识才会更加广博。这六种行为，都是谦虚的美德。贵为天子，富有天下，品行不谦逊的，会失去天下、国亡身灭。桀、纣就是这样的人，能不谨慎吗？

习近平总书记在他的若干文章中谆谆教导广大党员干部要"牢记使命，不忘初心"，敦品励行，修身立德，廉洁坦荡，大公无私。以上的"六守"可以为我们为人行事的借鉴。

孙叔敖为楚令尹，一国吏民皆来贺。有一老父后来吊，叔敖曰："楚王不知臣不肖，使臣受吏民之垢，人尽来贺，子独后来吊，岂有说乎？"父曰："有。身已贵而骄人者，民去之；位已高而擅权者，君恶之；禄已厚而不知足者，患处之。"叔敖再拜曰："敬受命，愿闻余教。"父曰："位已高而意益下，官益大而心益小，禄已厚而慎不敢取。君谨守此三者，足以治楚矣。"

魏公子牟东行，穰侯送之曰："先生独无一言以教冉乎？"公之牟曰："夫官不与势期，而势自至；势不与富期，而富自至；富不与贵期，而贵自至；贵不与骄期，而骄自至；骄不与罪期，而罪自至；罪不与死期，而死自至。"穰侯曰："善。"

· 善 说 ·

齐宣王出猎于社山，父老相与劳王。王曰："父老苦矣！赐父老田不租。"父老皆拜，闾丘先生独不拜。王曰："父老以为少耶？赐父老无徭役。"先生又不拜。王曰："父老皆拜，先生独不拜，寡人得无有过乎？"闾丘先生对曰："闻大王来游，所以为劳大王，望得寿于大王，望得富于大王，望得贵于大王。"王曰："天杀生有时，非寡人所得与也，无以寿先生；仓廪虽实，以备灾害，无以富先生；大官无缺，小官卑贱，无以贵先生。"先生对曰："此非人臣所敢望也。愿大王选有修行者以为吏，平其法度，如此，臣少可以得寿焉；振之以时，无烦扰百姓，如是，臣可少得以富焉；愿大王出令，令少者敬老，如是，臣可少得以贵焉。今大王幸赐臣田不租，然则仓廪将虚也；赐臣无徭役，然则官府无使焉。此固非臣之所敢望也。"齐王曰："善。"

·修文·

成王将冠，周公使祝雍祝王曰："达而勿多。"祝雍曰："使王近于仁，远于佞，啬于时，惠于财，任贤使能。"

·反质·

秦始皇帝既兼天下，侈靡奢泰。有方士韩客侯生、齐客卢生相与谋曰："当今时，不可以居。上乐以刑杀为威，下畏罪持禄，莫敢尽忠。上不闻过而日骄，下慑服以慢欺而取容，谏者不用，而失道滋甚，吾党久居，且为所害。"乃亡去。始皇闻之，大怒曰："吾闻诸生多为妖言，以乱黔首。"乃使御史悉上诸生。诸生四百余人，皆坑之。侯生后得，始皇召而见之。侯生曰："陛下肯听臣一言乎？"始皇曰："若欲何言？"侯生曰："今陛下奢侈失本，淫佚趣末。宫室台阁，连属增累；珠玉重宝，积袭成山；妇女倡优，数巨万人；钟鼓之乐，流漫无穷；舆马文饰，所以自奉，丽靡烂漫，不可胜极。黔首匮竭，民力殚尽，尚不自知，又急诽谤，严威刻下，下喑上聋，臣等故去。臣等不惜臣之身，惜陛下国之亡耳。今陛下之淫，万丹朱而千昆吾、桀、纣。臣恐陛下之十亡，曾不一存。"始皇默然久之，曰："汝何不早言？"侯生曰："陛下自贤自健，上侮五帝，下凌三王，弃素朴就末技，陛下亡征久见矣。臣等恐言之无益，而自为取死，故逃而不敢言。今臣以必死，故为陛下陈之。虽不能使陛下不亡，欲使陛下自知也。"始皇曰："吾可以变乎？"侯生曰："形已成矣，陛下坐而待亡耳。若陛下欲更之，能若尧与禹乎？不然，无冀也。"始皇喟然而叹，遂释不诛。

魏文侯问李克曰："刑罚之源安生？"对曰："生于奸邪淫佚之行也。凡奸邪之心，饥寒而起。淫佚者，文饰之耗。雕文刻镂，害农事者也；文绣纂组，伤女功者也。农事害则饥之本，女功伤则寒之源也。饥寒并至，而能不为奸邪者，未之有也。男女饰美以相矜，而能无淫佚者，未尝有也。故上不禁技巧，则国贫民侈；国贫民侈，则贫穷者为奸邪，而富足者为淫佚，则驱民而为邪也。民已为邪，因以法随而诛之，则是为民设陷也。刑罚之起有源，人主不塞其本，而督其末，伤国之道也。"文侯曰："善。"

季文子相鲁,妾不衣帛,马不食粟。仲孙忌谏曰:"子为鲁上卿,妾不衣帛,马不食粟,人其以子为爱,且不华国也。"文子曰:"然!吾观人之父母,衣粗食蔬,吾是以不敢。且吾闻君子以德华国,不闻以妾与马。夫德者,得于我,又得于彼,故可行。若淫于奢侈,沉于文章,不能自反,何以守国?"仲孙忌惭而退。

卷四十四 《桓子新论》治要

【东汉】桓谭 撰

【导读】

桓谭（公元前23—公元50），字君山，沛国相（今安徽濉溪县西北）人。好音律，善鼓琴，博学多才，遍习五经，为东汉哲学家、经学家、音乐家。喜非俗毁儒。

《新论》共二十九篇，早亡佚。钱锺书在他所著《管锥编》中给《新论》以极高评价，认为此书若全，堪与《论衡》相伯仲。《弘明集》中录有《新论·形神》一文。今存《桓子新论》以清代严可均［字景文，号铁桥。乌程（今浙江吴兴）人，嘉庆五年举人，清代文献学家、藏书家，精考据］《全后汉文》辑本较为完备。

《后汉书·桓谭传》："谭著书言当世行事二十九篇，号曰《新论》，上书献之，世祖（东汉光武帝刘秀）善焉"。《观东记》曰："光武读之，敕言卷大，令皆别为上下，凡二十九篇。"《隋书·经籍志》《旧唐书·经籍志》及《新唐书·艺文志》皆著录为十七卷，入儒家。今本四卷为清人严可均从《群书治要》《意林》诸书中辑出。此书主要以儒家思想探讨治国安邦之策，批判了谶纬迷信，反对神仙之说。指出"灾异变怪者，天下所有，无世而不然"。强调只有通过人事，才能使"咎殃消亡而祸转为福""无仙道，好奇者为之"；反对人死神在的学说，认为人的形、神关系是烛与火的关系。指出"精神居形体，犹火之然（燃）烛"，"烛无，火亦不能独行于虚空"。形体死亡精神亦随之消失的理论，与南北朝时范缜[（约450—515），字子真，南乡舞阴（今河南省泌阳县羊册镇古城一带）人。南北朝时期著名唯物主义思想家、道家代表人物、杰出的无神论者]的《神灭论》有异曲同工之妙，对后世的无神论思想发展有很大影响。

魏徵等人编撰的《群书治要》中节录《新论》十四段，成为向唐太宗进谏的理论依据的组成部分。要求唐太宗在治国理政上要"曲突徙薪，防患于未然"（《新论·见征》）。

昔秦王见周室之失统，丧权于诸侯，故遂自恃，不任人、封立诸侯。及陈胜、楚、汉，咸由布衣，非封君有土，而并共灭秦。高帝既定天下，念项王从函谷入，而己由武关到，推却关，修强守御，内充实三军，外多发屯戍，设穷治党与之法，重悬告反之赏。及王翁之夺取，乃不犯关梁厄塞，而坐得其处。王翁自见以专国秉政得之，即抑重臣，收下权，使事无大小深浅，皆断决于己身。及其失之，人不从，大臣生怨。更始帝见王翁以失百姓心亡天下，既西到京师，恃民悦喜，则自安乐，不听纳谏臣谋士，赤眉围其外，而近臣反，城遂以破败。由是观之，夫患害奇邪不一，何可胜为设防量备哉？防备之善者，则唯量贤智大材，然后先见豫图，将遏救之耳！

维针艾方药者，已病之具也，非良医不能以愈人；材能德行者，治国之器也，非明君不能以立功。医无针药，可作为求买，以行术伎，不须必自有也；君无材德，可选任明辅，不待必躬能也。由是察焉，则材能德行，国之针药也，其得立功效，乃在君辅。传曰："得十良马，不如得一伯乐；得十利剑，不如得一欧冶。"<u>多得善物，不如少得能知物。</u>知物者之致善珍，珍益广，非特止于十也。

【重点句解读】

多得善物，不如少得能知物。

多得到美好的东西，不如少得到能够知道物品好坏的人。

伯乐只有一人，能区别成千上万匹马的优劣；我国现在的大学不过两三千所，能培养出千千万万个国家需要的人才；各级党委组织部只有一个，能选拔出众多的为国为民作出无私奉献的精英。

　　言求取辅佐之术，既得之，又有大难三，而止善二。为世之事，中庸多，大材少，少不胜众。一口不能与一国讼，持孤特之论干雷同之计，以疏贱之处逆贵近之心，则万不合，此一难也。夫建踔（chuō）殊，为非常，乃世俗所不能见也，又使明智图事，而与众平之，亦必不足，此二难也。既听纳有所施行，而事未及成，谗人随而恶之，即中道狐疑，或使言者还受其尤，此三难也。智者尽心竭言，以为国造事，众间之则反见疑，一不当合，遂被谮诉，虽有十善，隔以一恶去，此一止善也。材能之士，世所嫉妒，遭遇明君，乃一兴起，既幸得之，又复随众弗与知者，虽有若仲尼，犹且出走，此二止善也。

　　是故非君臣致密坚固，割心相信，动无间疑，若伊、吕之见用，傅说通梦，管、鲍之信任，则难以遂功竟意矣。又说之言，亦甚多端。其欲观使者，则以古之贤辅厉主；欲间疏别离，则以专权危国者论之。盖父子至亲，而人主有高宗、孝己之谗，及景、武时栗、卫太子之事；忠臣高节，时有龙逢、比干、伍员、晁错之变。比类众多，不可尽记，则事曷可为邪？庸易知邪？虽然，察前世已然之效，可以观览，亦可以为戒。惟诸高妙大材之人，重时遇合，皆欲上与贤侔，而垂荣历载，安肯毁名废义，而为不轨恶行乎？若夫鲁连解齐、赵之金封，虞卿捐万户与国相，乃乐以成名肆志，岂复干求便辟趋利耶？览诸邪背叛之臣，皆小辨贪饕之人也，大材者莫有焉。由是观之，世间高士材能绝异者，其行亲任亦明矣。不主乃意疑之也，如不能听纳施行其策，虽广知得，亦终无益也。

　　凡人耳目所闻见，心意所知识，性情所好恶，利害所去就，亦皆同务焉。若材能有大小，智略有深浅，听明有暗照，质行有薄厚，亦则异度焉。非有大材深智，则不能见其大体。大体者，皆是当之事也。夫言是而计当，遭变而用权，常守正，见事不惑，内有度量，不可倾移，而诳以谲异，为知大体矣。如无大材，则虽威权如王翁，察慧如公孙龙，敏给如东方朔，言灾异如京君明，及博见多闻，书至万篇，为儒教授数百千人，只益不知大体焉。维王翁之过绝世人有三焉：其智足以饰非夺是，辨能穷诘说士，威则震惧群下。又数阴中不快己者。故群臣莫能抗答其论，莫敢干犯匡谏，卒以致亡败，其不知大体之祸也。

夫帝王之知大体者，则高帝是矣。高帝曰："张良、萧何、韩信，此三子者，皆人杰也，吾能用之，故得天下。"此其知大体之效也。

王翁始秉国政，自以通明贤圣，而谓群下才智莫能出其上。是故举措兴事，辄欲自信任，不肯与诸明习者通共，苟直意而发，得之而用，是以稀获其功效焉。故卒遇破亡，此不知大体者也。高帝怀大智略，能自揆度，群臣制事定法，常谓曰："庳而勿高也，度吾所能行为之。"宪度内疏，政合于时，故民臣乐悦，为世所思，此知大体者也。

王翁嘉慕前圣之治，而简薄汉家法令，故多所变更，欲事事效古，美先圣制度，而不知己之不能行其事。释近趋远，所尚非务，故以高义退致废乱，此不知大体者也。高祖欲攻魏，乃使人窥视其国相，及诸将率左右用事者，知其主名，乃曰："此皆不如吾萧何、曹参、韩信、樊哙等，亦易与耳。"遂往击破之。此知大体者也。

王翁前欲北伐匈奴，及后东击青、徐众郡赤眉之徒，皆不择良将，而但以世姓及信谨文吏，或遣亲属子孙，素所爱好，咸无权智将帅之用，猥使据军持众，当赴强敌，是以军合则损，士众散走。咎在不择将，将与主俱不知大体者也。

夫<u>言行在于美善，不在于众多</u>。出一美言善行，而天下从之，或见一恶意丑事，而万民违，可不慎乎？故《易》曰："言行，君子之枢机。枢机之发，荣辱之主，所以动天地者也。"

【重点句解读】

言行在于美善，不在于众多。

人的言语行为在于美好，不在于众多。

人的一言一行，在于要有利于国家、民族、社会的发展和进步。身为党员干部，其影响巨大；即便是普通群众，他的言论和行为也要有益于他人，对社会发展也能增添助力。当然，不是每个人的所有言行都要符合这一要求，生活琐事就不在其内。西晋王衍整天高谈阔论，口吐万言，但终致国破身亡；曾国藩湖口败后的奏章上曾写"屡战屡败"四字，他一幕友认为此言不妥而将其颠倒了一下，成为"屡败屡战"。字和字数皆同，其意则完全相反。因此，曾国藩的失败非但没有受到处分，反而得到鼓励和褒奖，最终取得了对太平天国战争的胜利。我们姑且不论曾国藩的历史功过是非，但仅此四个字，它改写了中国的近代史。

　　王翁刑杀人，又复加毒害焉，至生烧人，以醯(xī)五毒灌死者肌肉，及埋之，复荐覆以荆棘。人既死，与木土等，虽重加创毒，亦何损益？成汤之省纳，无补于士民，士民向之者，嘉其有德惠也；齐宣之活牛，无益于贤人，贤人善之者，贵其有仁心也；文王葬枯骨，无益于众庶，众庶悦之者，其恩义动之也；王翁之残死人，无损于生人，生人恶之者，以残酷示之也。维此四事，忽微而显著，纤细而犹大。故二圣以兴，一君用称，王翁以亡，知大体与不知者远矣。

　　圣王治国，崇礼让，显仁义，以尊贤爱民为务，是为卜筮维寡，祭祀用稀。王翁好卜筮，信时日，而笃于事鬼神，多作庙兆，洁斋祀祭，牺牲肴膳之费，吏卒辨治之苦，不可称道。为政不善，见叛天下。及难作兵起，无权策以自救解，乃驰之南郊告祷，搏心言冤，号兴流涕，叩头请命，幸天哀助之也。当兵入宫日，射矢交集，燔火大起，逃渐台下，尚抱其符命书及所作威斗，可谓蔽惑至甚矣。

　　淳于髡至邻家，见其灶突之直，而积薪在旁，曰："此且有火灾。"即教使更为曲突，而徙远其薪。灶家不听。后灾，火果及积薪，而燔其屋，邻里并救击。及灭止，而烹羊具酒，以劳谢救火者，曲突远薪，固不肯呼淳于髡饮饭。智者讥之云："<u>教人曲突远薪，固无恩泽；焦头烂额，反为上客。</u>"盖伤其贱本而贵末。岂夫独突薪可以除害哉？而人病国乱，亦皆如斯。是故良医医其未发，而明君绝其本谋。后世多损于杜塞未萌，而勤于攻击已成，谋臣稀赏，而斗士常荣，犹彼人殆失事之重轻。察淳于髡之预言，可以无不通，此见微之类也。

【重点句解读】

教人曲突远薪，固无恩泽；焦头烂额，反为上客。

教你将直烟道改为弯烟道、将柴草放在远离锅灶的地方、防范火灾建议的人却得不到应有的感谢和待遇，反而那些帮助救火被烧得焦头烂额的人成了座上宾。

这是著名的"曲突远薪"的故事。这完全是本末颠倒的愚蠢行为。这一故事后演化为"防患于未然"之意，也是一个很出名的成语。

王者初兴，皆先建根本，广立藩屏，以自树党，而强固国基焉。是以周武王克殷，未下舆而封黄帝、尧、舜、夏、殷之后，及同姓亲属、功臣德行，以为羽翼，佐助鸿业，永垂统于后嗣。乃者强秦罢去诸侯，而独自恃任一身，子弟无所封，孤弱无与，是以为帝十四岁而亡。汉高祖始定天下，背亡秦之短计，遵殷、周之长道，褒显功德，多封子弟，后虽多以骄佚败亡，然汉之基本，得以定成，而异姓强臣，不能复倾；至景、武之世，见诸王数作乱，因抑夺其权势，而王但得虚尊，坐食租税，故汉朝遂弱，孤单特立。是以王翁不兴兵领士，而径取天下，又怀贪功独专之利，不肯封建子孙及同姓戚属，为藩辅之固，故兵起莫之救助也。传曰："与死人同病者，不可为医；与亡国同政者，不可为谋。"王翁行甚类暴秦，故亦十五岁而亡。失猎射禽兽者，始欲中之，恐其创不大也；既已得之，又恶其伤肉多也。鄙人有得鲢(shān)酱而美之，及饭，恶与人共食，即小唾其中，共者怒，因涕其酱，遂弃而俱不得食焉。彼亡秦、王翁，欲取天下时，乃乐与人分之；及已得而重爱不肯与，是惜肉嗜鲢之类也。

昔齐桓公出，见一故墟而问之。或对曰："郭氏之墟也。"复问郭氏曷为墟，曰："善善而恶恶焉。"桓公曰："善善恶恶，乃所以为存，而反为墟，何也？"曰："善善而不能用，恶恶而不能去。彼善人知其贵己而不用，则怨之；恶人见其贱己而不好，则仇之。夫与善人为怨，恶人为仇，欲毋亡，得乎？"乃者王翁善天下贤智才能之士，皆征聚而不肯用，使人怀诽谤而怨之。更始帝恶诸王假号无义之人，而不能去，令各心恨而仇之。是以王翁见攻而身死，宫室烧尽；更始帝为诸王假号而出走，令城郭残。二王皆有善善恶恶之费，故不免于祸难大灾，卒使长安大都，坏败为墟，此大非之行也。

北蛮之先，与中国并，历年兹多，不可记也。仁者不能以德来，强者不能以力并也。其性忿鸷，兽聚而鸟散，其强难屈，而和难得，是以圣王羁縻而不专制也。昔周室衰微，夷狄交侵，中国不绝如线。于是宣王中兴，仅得复其侵地。夫以秦始皇之强，带甲四十万，不敢窥河西，乃筑长城以分之。

汉兴，高祖见围于平城，吕后时为不轨之言。文帝时，匈奴大入，烽火候骑，至雍甘泉。景、武之间，兵出数困，卒不能禽制，即与之结和亲，然后边民得安，中国以宁。其后匈奴内乱，分为五单于，甘延寿得承其弊，以深德呼韩耶单于，故肯委质称臣，来入朝见汉家。汉家得以宣德广之隆，而威示四海，莫不率服，历世无寇。安危尚未可知，而猥复侵刻匈奴，往攻夺其玺绶，而贬损其大臣号位，变易旧常，分单于为十五，是以恨恚大怒，事相攻拒。王翁不自非悔，反遂持屈强无理，多拜将率，调发兵马，运徙粮食财物，以殚索天下，天下愁恨怨苦，因大扰乱，竟不能挫伤一胡虏，徒自穷极竭尽而已。《书》曰："天孽可避，自作孽，不可活。"其斯之谓矣。夫高帝之见围，十日不食，及得免脱，遂无愠色，诚知其往攻非务，而怨之无益也。今匈奴负于王翁，王翁就往侵削扰之，故使事至于斯，岂所谓肉自生虫，而人自生祸者耶！其为不急，乃剧如此，自作之甚者也。

夫灾异变怪者，天下所常有，无世而不然。逢明主贤臣，智士仁人，则修德善政，省职慎行以应之，故咎殃消亡，而祸转为福焉。昔大戊遭桑谷生朝之怪，获中宗之号；武丁有雊（gòu）雉升鼎之异，身享百年之寿；周成王遇雷风折木之变，而获反风岁熟之报；宋景公有荧惑守心之忧，星为徙三舍。由是观之，则莫善于以德义精诚报塞之矣。故《周书》曰："天子见怪则修德，诸侯见怪则修政，大夫见怪则修职，士庶见怪则修身。"神不能伤道，妖亦不能害德。及衰世薄俗，君臣多淫骄失政，士庶多邪心恶行，是以数有灾异变怪。又不能内自省视，畏天戒，而反外考谤议，求问厥故，惑于佞愚，而以自诖误，而令患祸得就，皆违天逆道者也。

或言："往者公卿重臣缺，而众人咸豫部署，云甲乙当为之，后果然。彼何以处知而又能与上同意乎？孔子谓子贡'亿则屡中'，令众人能与子贡等乎？"余应曰："世之在位人，率同辈，相去不甚胶著，其修善少愈者，固上下所昔闻知也。夫明殊者视异，智均者虑侔。故群下之隐，常与上同度也。如昔汤、武之用伊、吕，高宗之取傅说，桓、穆之授管、宁、由、奚，岂众人所识知哉？彼群下虽好意措，亦焉能真？斯以可居大臣辅相者乎？"

国家设理官，制刑辟，所以定奸邪，又内置中丞、御史，以正齐縠下。故常用明习者，始于欲分正法，而终乎侵轻深刻，皆务酷虐过度，欲见尽力而求获功赏。或著能立事，而恐劣弱之谤，是以役以棰楚，舞文成恶。及事成狱毕，虽使皋陶听之，犹不能闻也。至以言语小故，陷致人于族灭，事诚可悼痛焉！渐至乎朝廷，时有忿悁，闻恶弗原，故令天下相放，俱成惑，讥有司之行深刻，云下尚执重，而令上得施恩泽。此言甚非也。夫贤吏正士，为上处事持法，宜如丹青矣，是故言之当必可行也，罪之当必可刑也，如何苟欲阿指乎？如遭上忽略不宿留，而听行其事，则当受强死也。哀帝时，待诏伍客以知星好方道，数召，后坐帝事下狱，狱穷讯，得其宿与人言，"汉朝当生勇怒子如武帝者"。刻暴以为先帝为"怒子"，非所宜言，大不敬。夫言语之时，过差失误，乃不足被以刑诛，及讥欺事，可无不至罪。《易》言："大人虎变，君子豹变。"即以是论谕，人主宁可谓曰："何为比我禽兽乎？"如称君之圣明与尧、舜同，或可怒曰："何故比我于死人乎？"世主既不通，而辅佐执事者，复随而听之、顺成之，不亦重为蒙蒙乎！

《潜夫论》治要

【东汉】王符 撰

【导读】

王符,生卒年不详,字节信,安定临泾(今甘肃镇原县)人。少好学,有志操,性耿介,不苟同于世俗,终身不仕,隐居著书,取名为《潜夫论》。

《潜夫论》凡十卷三十六篇,内容多数讨论治国安民之术。涉及哲学、政治、经济、法律、军事、教育、历史、思想、文化等多个领域,堪称"东汉小百科全书"。其中引用了大量的史料,与其他史书可互证互补,为《后汉书》的写作提供了史料素材。

《潜夫论》作为中国哲学史上一部重要的政论专著,是非明确,内容切实,说理透辟,指斥尖锐。

汉代辞赋盛行,《潜夫论》也因此表现出了一种语言骈俪化的倾向,有骈散结合的特点,体现出东汉后期政论散文的骈化趋势,渐启建安盛行的华丽之风。

《潜夫论》对东汉后期政治社会提出广泛尖锐的批判,深刻揭露了社会上本末倒置、名实相违的黑暗情形,认为这些皆出于"衰世之务",并引经据典,用历史教训对统治者加以劝诫。把社会祸乱的根源归于统治者的昏暗不明,把治理乱世的希望寄托在明君和贤臣身上。他希望明君尊贤任能,信忠纳谏,认为只有这样才能使天下太平;强调"国以民为基,贵以贱为本"。 这是对先秦时期"民本"思想的继承和发扬;他的世界观高度强调了"和",提倡"兴道而致和"。国君如能"和德气以化民心，正表仪以率群下"，可以开创出理想的盛世局面。

因此，韩愈给予《潜夫论》极高的评价："今以三家之书相较，符书洞悉政体似《昌言》，而明切过之；辨别是非若《论衡》，而醇正过之。前史列之儒家，斯为不愧"。魏徵也极赞赏其思想，在《群书治要》中选录了《潜夫论》十个段落，第二段指出："国之所以治者君明也，其所以乱者君暗也；君之所以明者兼听也，其所以暗者偏信也。是故人君通心兼听，则圣日广矣；庸说偏信，则愚日甚矣。"魏徵对唐太宗提出的"兼听则明，偏信则暗"的谏言，与其所论毫无二致，对后世有极其深刻的影响。

天地之所贵者，人也；圣人之所尚者，义也；德义之所成者，智也；明智之所求者，学问也。虽有至圣，不生而智；虽有至材，不生而能。故志曰：黄帝师风后，颛顼师老彭，帝喾师祝融，尧师务成，舜师纪后，禹师墨如，汤师伊尹，文、武师姜尚，周公师庶秀，孔子师老聃。夫此十一君者，皆上圣也，由待学问，其智乃博，其德乃硕，而况于凡人乎？是故<u>工欲善其事，必先利其器；士欲宣其义，必先读其书</u>。《易》曰："君子以多志前言往行，以畜其德。"是以人之有学也，犹物之有治也。故夏后之璜，楚和之璧，不琢不错，不离砺石。夫瑚簋之器，朝祭之服，其始也，乃山野之木、蚕茧之丝耳。使巧倕加绳墨而制之以斤斧，女工加五色而制之以机杼，则皆成宗庙之器、黼黻之章，可羞于鬼神，可御于王公。而况君子敦贞之质、察敏之才，摄之以良朋，教之以明师，文之以《礼》《乐》，导之以《诗》《书》，幽赞之以《周易》，明之以《春秋》，其有不济乎？

【重点句解读】

工欲善其事，必先利其器；士欲宣其义，必先读其书。

工匠要想干好工作，一定要先磨利所适合使用的工具；读书人想要传播他的理想，一定要先读好书。

鲁班无利斧锛斤，不能做卯榫；司马迁不博览群籍，写不出《史记》；习近平总书记因熟读中外名著、马列经典，才得以熟练驾驭世纪大势，规划出实现中华民族伟大复兴的中国梦。

凡为治之大体，莫善于抑末而务本，莫不善于离本而饰末。夫<u>为国者以富民为本，以正学为基。</u>民富乃可教，学正乃得义；民贫则背善，学淫则诈伪；入学则不乱，得义则忠孝。故明君之法，务此二者，以为太平基也。

【重点句解读】

为国者以富民为本，以正学为基。

治理国家的人以富民为根本，以端正学风为基础。

习近平主席在《发挥亚太引领作用，应对世界经济挑战——在亚太经合组织工商领导人峰会上的主旨讲话》中所提四点倡议，最终目标是造福人民。这是任何国家、地区稳定和谐、繁荣进步的前提。他在这个讲话中引用了《管子·治国》中的一句话："凡治国之道，必先富民"，希望与各国携手合作，打造"人类命运共同体"。

夫富民者，以农桑为本，以游业为末；百工者，以致用为本，以巧饰为末；商贾者，以通货为本，以鬻奇为末。三者守本离末则民富，离本守末则民贫。贫则厄而忘善，富则乐而可教。教训者，以道义为本，以巧辨为末；辞语者，以信顺为本，以诡丽为末；列士者，以孝悌为本，以交游为末；孝悌者，以致养为本，以华观为末；人臣者，以忠正为本，以媚爱为末。五者守本离末则仁义兴，离本守末则道德崩。慎本略末犹可也，舍本务末则恶矣。夫用天之道，分地之利，六畜生于时，百物取于野，此富国之本也；游业末事，以收民利，此贫邦之源也。忠信谨慎，此德义之基也；虚无谲诡，此乱道之根也。故力田所以富国也。今民去农桑，赴游业，披采众利，聚之一门，虽于私家有富，然公计愈贫矣。百工者，所使备器也。器以便事为善，以胶固为上。今工好造雕琢之器，伪饰之巧，以欺民取贿，虽于奸工有利，而国计愈病矣。商贾者，所以通物也。物以任用为要，以坚牢为资。今竞鬻无用之货，淫侈之弊，以惑民取产，虽于淫商有得，然国计愈失矣。此三者，外虽有勤力富家之私名，然内有损民贫国之公实。故为政者，明督工商，勿使淫伪，困辱游业，勿使擅利，宽假本农，而宠遂学士，则民富而国平矣。夫教训者，所以遂道术而崇德义也。今学问之士，好语虚无之事，争著雕丽之文，以求见异于世，品人鲜识，从而尚之，此伤道德之实，而惑蒙夫之失者也。诗赋者，所以颂善丑之德，泄哀乐之情也，故温雅以广文，兴喻以尽意。今赋颂之徒，苟为饶辨屈蹇之辞，竞陈诬罔无然之事，以索见怪于世，愚夫戆士从而奇之，此悖孩童之思，而长不诚之言者也。尽孝悌于父母，正操行于闺门，所以为列士也。今多务交游以结党，偷势窃名，以取济渡，夸末之徒，从而尚之，此逼贞士之节，而眩世俗之心者也。养生顺志，所以为孝也。今多违志以俭养，约生以待终，终没之后，乃崇饰丧纪以言孝，盛飨宾旅以求名，诬善之徒，从而称之，此乱孝悌之真行，而误后生之痛者也。忠正以事君，信法以理下，所以居官也。今多奸谀以取媚，玩法以便己，苟得之徒，从而贤之，此灭贞良之行，开乱危之源者也。五者，外虽有贤才之虚誉，内有伤道德之至实。凡此八者，皆衰世之务，而暗君之所固也。

国之所以治者，君明也；其所以乱者，君暗也。君之所以明者，兼听也；其所以暗者，偏信也。是故人君通心兼听，则圣日广矣；庸说偏信，则愚日甚矣。《诗》云："先民有言，询于刍荛。"夫尧、舜之治，辟四门，明四目，通四聪，是以天下辐凑，而圣无不照。故共、鲧之徒弗能塞也，靖言庸回弗能惑也。秦之二世，务隐藏己，而断百僚，隔捐疏贱，而信赵高，是以听塞于贵重之臣，明蔽于骄妒之人，故天下溃叛，弗得闻也，皆知高杀，莫敢言之。周章至戏乃始骇，阎乐进劝乃后悔，不亦晚乎！故人君兼听纳下，则贵臣不得诬，而远人不得欺也。是故明君莅众，务下之言，以昭外也；敬纳卑贱，以诱贤也。其无拒言，未必言者之尽用也，乃惧拒无用而让有用也；其无慢贱也，未必其人尽贤也，乃惧慢不肖而绝贤圣也。是故圣王表小以厉大，赏鄙以招贤，然后良士集于朝，下情达于君也。故上无遗失之策，官无乱法之臣。此君民之所利，而奸佞之所患也。舜曰："予违汝弼，汝无面从，退有后言。"故治国之道，劝之使谏，宣之使言，然后君明察，而治情通矣。且凡骄臣之好隐贤也，既患其正义以绳己矣，又耻居上位而明不及下，尹居其职而策不出于己。是以却宛得众而子常杀之；屈原得君而椒兰构谗；耿寿建常平而严延妒其谋；陈汤杀郅支而匡衡校其功。由此观之，处位卑贱而欲效善于君，则必先与宠人为雠矣。乘旧宠沮之于内，而己接贱欲自信于外，此思善之君，愿忠之士，所以虽并生一世，而终不得遇者也。

国之所以存者，治也；其所以亡者，乱也。人君莫不好治而恶乱，乐存而畏亡。然尝观上记，近古已来，亡代有三，秽国不数，夫何故哉？察其败，皆由君常好其所以乱，而恶其所以治；憎其所以存，而爱其所以亡。是故虽相去百世，殊俗千里，然其亡征败迹，若重规袭矩，稽节合符。故曰："殷鉴不远，在夏后之世。"夫与死人同病者，不可生也；与亡国同行者，不可存也。岂虚言哉！何以知人且病？以其不嗜食也。何以知国之将乱？以其不嗜贤也。是故病家之厨，非无嘉馔，乃其人弗之能食，故遂死也；乱国之官，非无贤人，其君弗之能任，故遂亡也。故养寿之士，先病服药；养世之君，先乱任贤。是以身常安而国脉永也。身之病待医而愈，国之乱待贤而治。治身有黄帝之术，理世有孔子之经，然病不愈而乱不治者，非针石之法误而五经之言诬也，乃因之者非其人。苟非其人，则规不圆而矩不方，绳不直而准不平，钻燧不得火，鼓石不下金，驱马不可以追速，进舟不可以涉水也。凡此八者，有形见物，苟非其人，犹尚无功，则又况乎怀道术以抚民氓，乘六龙以御天心者哉？夫理世不得真贤，譬由治病不得真药也。是故先王为官择人，必得其材，功加于民，德称其位；此三代开国建侯，所以能传嗣百世，历载千数者也。

凡有国之君，未尝不欲治也，而治不世见者，所任不贤也。世未尝无贤也，而贤不得用者，群臣妒也。主有索贤之心，而无得贤之术；臣有进贤之名，而无进贤之实。此所以人君孤危于上，而道独抑于下也。夫国君之所以致治者，公也，公法行则寇乱绝；佞臣之所以便身者，私也，私术用则公法夺；列士之所以建节者，义也，正节立则丑类代。此奸臣乱吏思私之徒，所以为日夜杜塞贤君义士之间，咸使不相得者也。

夫贤者之为人臣，不损君以奉佞，不阿众以取容，不堕公以听私，不挠法以吐刚，其明能照奸，而义不比党。是以范武归晋而国奸逃，华元反朝而鱼氏亡。故正义之士与邪枉之人不两立。而人君之取士也，不能参听民氓，断之聪明，反徒信乱臣之说，独用污吏之言，此所谓与仇选使、令囚择吏者也。《书》云："谋及乃心，谋及庶人。"孔子曰："众好之，必察焉；众恶之，必察焉。"故圣人之施舍也，不必任众，亦不必专己，必察彼己之为，而度之以义。故举无遗失而政无废灭也。惑君则不然，己有所爱，则因以断正，不稽于众，不谋于心，苟眩于爱，唯言是从，此政之所以败乱，而士之所以放佚者也。故有周之制，天子听政，使三公至于列士献诗，庶人传语，近臣尽规，亲戚补察，瞽史教诲，耆艾修之，而后王斟酌焉，是以事行而无败也。末世则不然，徒信贵人骄妒之议，独用苟媚蛊惑之言，行丰礼者蒙愆咎，论德义者见尤恶，于是谀臣佞人从以訾謷(zǐ)之法，被以议上之刑，此贤士之姤困也。夫訾謷之法者，伐贤之斧也，而骄妒之臣，噬贤之狗也。人君内秉伐贤之斧而外招噬贤之狗，欲其至理也，不亦悲乎！

兵之设也久矣。涉历五代，以迄于今，国未尝不以德昌而以兵强也。今兵巧之械，盈乎府库；孙、吴之言，聒乎将耳。然诸将用之，进战则兵败，退守则城亡，是何也哉？彼此之情不闻乎主上，胜负之数不明乎将心，士卒进无利而退无畏，此所以然也。夫服重上阪，步骤千里，马之祸也，然骐骥乐之者，以御者良，足为尽力也。先登陷阵，赴死严敌，民之祸也，然节士乐之者，以明君可为效死也。凡人所以肯赴死亡而不辞者，非为趋利，则因以避害也。无贤鄙愚智皆然，顾其所利害有异耳。不利显名，则利厚赏也；不避耻辱，则避祸乱也。非此四者，虽圣王不能以要其臣，慈父不能以必其子。明主深知之，故崇利显害，以与下市，使亲疏贵贱愚智，必顺我令，乃得其欲。是以一旦军鼓雷震，旌旗并发，士皆奋激，竞于死敌者，岂其情厌久生，而乐空死哉？乃义士且以徼其名，贪夫且以求其赏尔。今吏从军败没，死公事者，以十万数，上不闻吊唁嗟叹之荣名，下又无禄赏之厚实，节士无所劝慕，庸夫无所贪利。此其所以人怀阻解，不肯复死者也。军起以来，暴师五年，典兵之吏将以千数，大小之战，岁十百合，而希有功。历察其败，无他故焉，皆将不明于变势，而士不劝于死敌也。其士之不能死也，乃其将不能效也。言赏则不与，言罚则不行，士进有独死之祸，退蒙众生之福，此其所以临阵忘战，而竞思奔北者也。今观诸将，既无料敌合变之奇，复无明赏必罚之信。然其士又甚贫困，器械不简习，将恩不素结。卒然有急，则吏以暴发虐其士，士以所拙遇敌巧。此为将吏驱怨以御雠，士卒缚手以待寇也。夫将不能劝其士，士不能用其兵，此二者与无兵等。无士无兵，而欲合战，其败负也，理数也然。故曰：其败者，非天之所灾，将之过也。

人君之称，莫大于明；人臣之誉，莫美于忠。此二德者，古来君臣所共愿也。然明不继踵、忠不万全者，非必愚暗不逮而恶名扬也，所以求之非道耳。夫<u>明据下起，忠依上成，二人同心，则其利断金</u>。能如此者，要在于明操法术而已矣。夫帝王者，其利重矣，其威大矣。徒悬重利，足以劝善；徒设严威，可以惩奸。乃张重利以诱民，操大威以驱民，则举世之人，可令冒白刃而不恨，赴汤火而不难，岂云但率之以共治而不宜哉？若鹰，野鸟也，然猎夫御之，犹使终日奋击而不敢怠，岂有人臣而不可使尽力者哉？故进忠扶危者，贤不肖之所共愿也。诚皆愿之而行违者，常苦其道不利而有害，言未得信而身败。广观古来爱君忧主敢言之臣，忠信未达，而为左右所鞫案，更为愚恶无状之臣者，岂可胜数哉？孝成终没之日，不知王章之直；孝哀终没之日，不知王嘉之忠也。后贤虽有忧君哀主之情，忠诚正直之节，然犹且沉吟观听。是以忠臣必待明君，乃能显其节；良吏必得察主，乃能成其功。故圣人求之于己，不以责下也。凡为人上，法术明而赏罚必者，虽无言语，而势自治；法术不明而赏罚不必者，虽日号令，然势自乱。是故势治者，虽委之不乱；势乱者，虽勤之不治也。尧、舜拱己无为而有余，势治也；胡亥、王莽驰骛而不足，势乱也。故曰："善者求之于势，弗责于人。"是以明王审法度而布教令，不行私以欺法，不黩教以辱命。故臣下敬其言而奉其禁，竭其心而称其职。此由法术明也。

【重点句解读】

明据下起，忠依上成，二人同心，则其利断金。

　　领导人的英明是依靠部下而建立的，部下的忠诚是依靠领导人而成就的。两个人同心同德，其锋利可以截断任何金属。

　　上级的正确决策来源于基层的实际情况和要求，基层的群体能忠实地履行自己的职责，承担相应义务，做好该做的工作，要依靠上级的具体指导。这样上下团结一致，共同拼搏，什么困难都可克服，什么目标都可达到。

是故圣人显诸仁,藏诸用,神而化之,使民宜之,然后致其治而成其功。功业效于民,美誉传于世,然后君乃得称明,臣乃得称忠。此所谓"明据下作,忠依上成;二人同心,其利断金"者也。

人君之治,莫大于道,莫盛于德,莫美于教,莫神于化。道者所以持之也,德者所以苞之也,教者所以知之也,化者所以致之也。民有性有情,有化有俗。情性者,心也、本也;化俗者,行也、末也。上君抚世,先其本而后其末,顺其心而理其行。心情苟正,则奸慝无所生,邪意无所载矣。是故上圣不务治民事,而务治民心。故曰:"听讼,吾犹人也,必也使无讼乎!"导之以德,齐之以礼,民亲爱则无相害伤之意,动思义则无奸邪之心。夫若此者,非法律之所使也,非威刑之所强也,此乃教化之所致也。圣人甚尊德礼而卑刑罚,故舜先敕契以敬敷五教,而后命皋陶以五刑三居。是故凡立法者,非以司民短而诛过误,乃以防奸恶而救祸败、检淫邪而内正道耳。民蒙善化,则人有士君子之心;被恶政,则人有怀奸乱之虑。故善者之养天民也,由良工之为曲豉也,起居以其时,寒温得其适,则一荫之曲豉,尽美而多量。其遇拙工,则一荫之曲豉,皆臭败而弃捐。今六合亦由一荫也,黔首之属犹豆麦也,变化云为,在将者耳。遭良吏,则皆怀忠信而履仁厚;遇恶吏,则皆怀奸邪而行浅薄。忠厚积则致太平,奸薄积则致危亡。是以圣帝明王,皆敦德化而薄威刑。德者所以修己也,威者所以治人也。民之生世也,犹铄金之在炉,方圆薄厚,随熔制耳。是故世之善恶,俗之薄厚,皆在于君主。诚能使六合之内,举世之人,咸怀方厚之情,而无浅薄之恶,各奉公正之心,而无奸险之虑,则羲、农之俗,复见于兹,麟龙鸾凤,复畜于郊矣。

卷四十五 《崔寔政论》治要

【东汉】崔寔 撰

【导读】

崔寔（约103—约170），冀州安平（今属河北衡水）人，东汉农学家、文学家。文学家崔骃之孙，崔瑗之子。崔寔一生著作碑、论、箴、铭、答、七言、祠文、表、记、书等十类十五篇，以《政论》和《四民月令》为代表。《四民月令》，为农家一年十二个月的事务计划安排，对后代农事活动有着重要的指导意义。

《政论》专论当世之事，《隋书·经籍志》归入法家，著录有六卷，《旧唐书·经籍志》作五卷，宋时已散佚。《后汉书·崔骃传》附崔寔传中收录了其中一部分，仅为《群书治要》收录内容的六分之一，文字亦略有差异。

崔寔少时沉静，爱好典籍。父亲崔瑗去世，变卖田产，修起冢茔，建立碑颂，用尽资产，以贩酒勉维生计，为俗士所笑。后被朝廷征召而一任郎中、两任郡守，为官清廉，有惠政。约于建宁三年（170）病故，家徒四壁，无殡敛费。友人光禄勋杨赐、太仆袁逢、少府段颎赞助了棺椁葬具，大鸿胪袁隗为之树碑颂德。

崔寔《政论》提倡节俭，禁止奢靡，反对贪污压榨，主张提高官吏待遇以养廉；在法制上，主张"刑罚者，治乱之药石也；德教者，兴平之粱肉也"，"德""刑"的用途，因时而异；反对赦免："赦以趣奸，奸以趣赦""轻为奸非""犯恶尤多"。

此外，崔寔有明显的民本思想："国以民为根，民以谷为命，命尽则根拔，根拔则本颠，此最国家之毒忧"。这些思想，至今仍显耀其熠熠光辉。

魏徵等人编撰的《群书治要》所收的《政论》，指出了为政者须居安思危，励精图治，明辨忠奸，重贤用能；严明法度，赏功罚过，以民为本；而官吏俸禄菲薄，是贪赃枉法的一个重要诱因；对罪犯大赦泛滥而致犯罪愈加猖獗（与今严格罪犯保外就医和减刑条件的指导思想相类似）。对这些问题，对策是要重爱臣属、厚俸养廉、慎言赦免、根治犯罪等。这些政治主张，为魏徵谏言中常被引用。范晔在《后汉书》中称赞是文"指切时要，言辨而确""言当世理乱，虽晁错之徒，不能过也"。崔寔提出的"厚俸养廉"，可谓远见卓识，有重要的现实意义和借鉴的价值。

自尧、舜之帝，汤、武之王，皆赖明哲之佐、博物之臣。故皋陶陈谟，而唐虞以兴；伊、箕作训，而殷周用隆。及继体之君，欲立中兴之功者，曷尝不赖贤哲之谋乎？凡天下之所以不治者，常由人主承平日久，俗渐弊而不寤，政浸衰而不改，习乱安危，逸不自睹。或荒耽嗜欲，不恤万机；或耳蔽箴诲，厌伪忽真；或犹豫歧路，莫适所从；或见信之佐，括囊守禄；或疏远之臣，言之贱废。是以王纲纵弛于上，智士郁伊于下，悲夫！且守文之君，继陵迟之绪，譬诸乘弊车矣，当求巧工，使辑治之，折则接之，缓则契之，补琢换易，可复为新，新不已，用之无穷。若遂不治，因而乘之，摧拉捌裂，亦无可奈何矣。若武丁之获傅说，宣王之得申甫，是则其巧工也。今朝廷以圣哲之姿，龙飞天衢，大臣辅政，将成断金。诚宜有以满天下望，称兆民之心，年谷丰稔，风俗未乂。夫风俗者，国之脉诊也，不和，诚未足为休。《书》曰："虽休勿休。"况不休而可休乎？且济时救世之术，岂必体尧蹈舜，然后乃治哉？期于补绽决坏，枝拄邪倾，随形裁割，取时君所能行，要厝斯世于安宁之域而已。故圣人执权，遭时定制，步骤之差，各有云施。不强人以不能，背所急而慕所闻也。

昔孝武皇帝策书曰："三代不同法，所由殊路，而建德一也。"盖孔子对叶公以来远、哀公以临民、景公以节礼，非其不同，所急异务也。俗人拘文牵古，不达权制，奇玮所闻，简忽所见，策不见珍，计不见信。夫人既不知善之为善，又将不知不善之为不善，恶足与论家国之大事哉？故每有言事，颇合圣德者，或下群臣，令集议之，虽有可采，辄见掎夺。何者？其顽士暗于时权，安习所见，殆不知乐成，况可与虑始乎？心闪意舛，不知所云，则苟云"率由旧章"而已。其达者，或矜名嫉能，耻善策不从己出，则舞笔奋辞，以破其义。寡不胜众，遂见屏弃。虽稷、契复存，由将困焉。斯实贾生之所以排于绛、灌，吊屈子以舒愤者也。夫以文帝之明，贾生之贤，绛、灌之忠，而有此患，况其余哉！况其余哉！且世主莫不愿得尼、轲之伦以为辅佐，卒然获之，未必珍也。自非题榜其面曰"鲁孔丘""邹孟轲"，殆必不见敬信。何以明其然也？此二者，善已存于上矣，当时皆见薄贱，而莫能任用，困厄削逐，待放不追，劳辱勤瘁，为竖子所议，笑其故获也。夫淳淑之士，固不曲道以媚时，不诡行以徼名，耻乡原之誉、比周之党。而世主凡君，明不能别异量之士，而适足受谮润之愬。前君既失之于古，后君又蹈之于今。是以命世之士，常抑于当时，而见思于后人。以往揆来，亦何容易？向使贤不肖相去如泰山之与蚁垤，策谋得失相觉如日月之与萤火，虽顽嚚之人，犹能察焉。常患贤佞难别，是非倒纷，始相去如毫厘，而祸福差以千里。故圣君明主，其犹慎之。

夫人之情，莫不乐富贵荣华、美服丽饰、铿锵眩耀、芬芳嘉味者也。昼则思之，夜则梦焉，唯斯之务，无须臾不存于心，犹急水之归下，下川之赴壑。不厚为之制度，则皆侯服王食，僭至尊，逾天制矣。是故先王之御世也，必明法度，以闭民欲，崇堤防以御水害。法度替而民散乱，堤防堕而水泛溢。顷者，法度颇不稽古，而旧号网漏吞舟。故庸夫设藻棁（zhuó）之饰，匹竖享方丈之馔，下僭其上，尊卑无别，礼坏而莫救，法堕而不恒。斯盖有识之士所为於邑而增叹者也。律令虽有舆服制度，然断之不自其源，禁之又不密。今使列肆卖侈功、商贾鬻僭服、百工作淫器，民见可欲，不能不买，贾人之列，户蹈逾侈矣。故王政一倾，普天率土，莫不奢僭者，非家至人告，乃时势驱之使然。此则天下之患一也。且世奢服僭，则无用之器贵，本务之业贱矣。农桑勤而利薄，工商逸而入厚，故农夫辍耒而雕镂，工女投杼而刺文。躬耕者少，末作者众，生土虽皆垦矣，故地功不致，苟无力稿，焉得有年？财郁蓄而不尽出，百姓穷匮而为奸寇，是以仓廪空而图固实。一谷不登，则饥馁流死，上下俱匮，无以相济。<u>国以民为根，民以谷为命。命尽则根拔，根拔则本颠。</u>此最国家之毒忧，可为热心者也。斯则天下之患二也。

【重点句解读】

国以民为根，民以谷为命。命尽则根拔，根拔则本颠。

国家以人民为根基，人民以粮食为生命。粮食没有了，根基就会动摇，根基动摇国家就会危亡。

习近平总书记在《干在实处 走在前列——在检查节日市场供应和物价情况时的讲话》中，引用明代于谦《咏煤炭》诗中"但愿苍生俱饱暖，不辞辛苦出山林"一联，既说明了食饱衣暖对民众的重要性，也体现了党的总书记亲民、爱民的博大胸怀。以此治国，何国不盛；以此理政，何政不谐！

法度既堕，舆服无限，婢妾皆戴瑱（tiàn）䌁（dì）之饰而被织文之衣。乃送终之家，亦无法度，至用輀（ér）梓黄肠，多藏宝货，亨牛作倡，高坟大寝。是可忍也，孰不可忍！而俗人多之，咸曰"健子"。天下跂慕，耻不相逮，念亲将终，无以奉遣，乃约其供养，豫修亡殁之备。老亲之饥寒，以事淫法之华称，竭家尽业，甘心而不恨。穷厄既迫，起为盗贼，拘执陷罪，为世大戮。痛乎！化俗之刑陷愚民也。且橘柚之贡，尧、舜所不尝御；山龙华虫，帝王不以为亵服。今之臣妾，皆余黄甘而厌文绣者，盖以万数矣。其余称此，不可胜记。古者墓而不坟，文、武之兆与平地齐。今豪民之坟，已千坊矣。欲民不匮，诚亦难矣。是以天戚戚，人汲汲，外溺奢风，内忧穷竭。故在位者则犯王法以聚敛，愚民则冒罪戮以为健。俗之坏败，乃至于斯。此天下之患三也。承三患之弊，继荒顿之绪，而徒欲修旧修故而无匡改，虽唐、虞复存，无益于治乱也。昔圣王远虑深思，患民情之难防，忧奢淫之害政，乃塞其源以绝其末，深其刑而重其罚。<u>夫善堙川者，必杜其源；善防奸者，必绝其萌。</u>昔子产相郑，殊尊卑，异章服，而国用治。岂大汉之明主，曾不如小藩之陪臣？在修之与不耳。

【重点句解读】

夫善堙川者，必杜其源；善防奸者，必绝其萌。

善于堵水的人，一定会先堵源头；善于防止奸邪的人，一定会消灭祸乱于萌芽状态。

不论什么时候对于什么问题，在起始萌芽时都易于解决。坏事堵在源头，灭于萌芽，能造成的灾害最小；好事发现于源头引以为利，培养于萌芽、因势利导可堪大用。

《易》曰："言行，君子所以动天地也。"仲尼曰："人而无信，不知其可。"今官之接民，甚多违理，苟解面前，不顾先哲。作使百工，及从民市，辄设计加以诱来之，器成之后，更不与直。老弱冻饿，痛号道路，守阙告哀，终不见省。历年累岁，乃才给之，又云"逋直，请十与三"，此逋直岂物主之罪耶？不自咎责，反复灭之，冤抑酷痛，足感和气。既尔复平弊败之物与之，至有车舆、故谒者冠，卖之则莫取，服之则不可。其余杂物，略皆此辈。是以百姓创艾，咸以官为忌讳，遁逃鼠窜，莫肯应募。因乃捕之，劫以威势。心苟不乐，则器械行沽，虚费财用，不周于事。故曰：上为下效，然后谓之教。上下相效殆如此，将何以防？罚则不恕，不罚则不治。是以风移于诈，俗易于欺，狱讼繁多，民好残伪。为政如此，未睹其利。斯皆起于典藏之吏，不明为国之体。苟割胫以肥头，不知胫弱亦将颠仆也。《礼》讥"聚敛之臣"，《诗》曰"贪人败类"，盖伤之也。

传曰："工欲善其事，必先利其器。"旧时永平、建初之际，去战攻未久，朝廷留意于武备，财用优饶，主者躬亲，故官兵常牢劲精利。谢蔡太仆之弩及龙亭九年之剑，至今擅名天下。顷主者既不敕慎，而诏书又误进入之宾。贪饕之吏，竟约其财用。狡猾之工，复盗窃之。至以麻枲（xǐ）被弓弩、米粥杂漆，烧铠铁焠醯中，令脆易冶，孔又褊小，刀牟悉钝。故边民敢斗健士，皆自作私兵，不肯用官器。凡汉所以能制胡者，徒擅铠弩之利也。铠则不坚，弩则不劲，永失所恃矣。且夫士之身，苟兵钝甲软，不可依怙，虽孟贲、卞庄，由有犹豫。推此论之，以小况大，使三军器械，皆可依阻，则胆强势盛，各有赴敌不旋之虑。若皆弊败不足任用，亦竟奋皆不避水火矣。三军皆奋，则何敌不克？诚宜复申明巧工旧令，除进入之课，复故财用，虽颇为吏工所中，尚胜于自中也。

苟以牟利任用为故，无问其他。《月令》曰："物刻工名，以覆其诚。

功有不当，必行其罪，以穷其情。"今虽刻名之，而赏罚不能，又数有赦赎，主者轻玩，无所惩畏。夫兵革，国之大事，宜特留意，重其法罚。敢有巧诈辄行之辈，罪勿以赦赎除，则吏敬其职、工慎其业矣。昔圣王之治天下，咸建诸侯，以临其民。国有常君，君有定臣，上下相安，政如一家。秦兼天下，罢侯置县，于是君臣始有不亲之衅矣。我文、景患其如此，故令长视事。至十余年，居位或长子孙，永久则相习，上下无所宿情。加以心坚意专，安官乐职，图虑久长，而无苟且之政；吏民供奉，亦竭忠尽节而无一切之计。故能君臣和睦，百姓康乐。苟有康乐之心充于中，则和气应于外。是以灾害不生，祸乱不作。

自顷以来，政教稍改，重刑阙于大臣，而密罔刻于下职。鼎辅不思在宽之德，牧牧守守逐之，各竞摘（tī）微短，吹毛求疵，重案深诋，以中伤贞良。长吏或实清廉；心平行洁，内省不疚，不肯媚灶，曲礼不行于所属，私敬无废于府。州郡侧目，以为负折，乃选巧文猾吏，向壁作条，诬覆阖门，摄捕妻子。人情耻令妻子就逮，则不迫自去。且人主莫不欲豹、产之臣，然西门豹治邺一年，民欲杀之；子产相郑，初亦见诅，三载之后，德化乃洽。今长吏下车百日，无他异观，则州郡睥睨，待以恶意，满岁寂漠，便见驱逐。正使豹、产复在，方见怨诅，应时奔驰，何缘得成易歌之勋，垂不朽之名者哉？犹冯唐评文帝之不能用李牧矣。近汉世所谓良吏，黄侯、召父之治郡视事，皆且十年，然后功业乃著。且以仲尼之圣，由曰"三年有成"，况凡庸之士，而责以造次之效哉？故夫卒成之政，必有横暴酷烈之失，而世俗归称，谓之办治。故绌已复进，弃已复用，横迁超取，不由次第。是以残猛之人，遂奋其毒；仁贤之士，劫俗为虐。本操虽异，驱出一揆。故朝廷不获温良之用，兆民不蒙宽惠之德，则百姓之命，委于酷吏之手，嗷嗷之怨，咎归于上。

夫民善之则畜，恶之则仇。仇满天下，可不惧哉？是以有国有家者，甚畏其民，既畏其怨，又畏其罚。故养之如伤病，爱之如赤子，兢兢业业，惧以终始，恐失群臣之和，以堕先王之轨也。今朝廷虽屡下恩泽之诏，垂恤民之言，而法度制令，甚失养民之道，劳思而无功，华繁而实寡。必欲求利民之术，则宜沛然改法，有以安固长吏，原其小罪，阔略微过，取其大较，惠下而已。昔唐、虞之制，三载考绩，三考黜陟，所以表善而简恶，尽臣力也。汉法亦三年一察治状，举孝廉尤异。宣帝时，王成为胶东相，黄霸为颍川太守，皆且十年，但就增秩赐金，封关内侯，以次入为公卿。然后政化大行，勋垂竹帛，皆先帝旧法，所宜因循。及中兴后，上官象为并州刺史，祭肜为辽东太守，视事各十八年，皆增秩中二千石。近日所见，或一期之中，郡主易数补，二千石云扰波转，溃溃纷纷，吏民疑惑，不知所谓。及公卿、尚书，亦复如此。且台阁之职，尤宜简习。先帝时尚书，但厚加赏赐，希得外，是以机事周密，莫有漏泄。昔舜命九官，自受终于文祖，以至陟方五十年，不闻复有改易也。圣人行之于古，以致时雍；文、宣拟式，亦至隆平。若不克从，是羞效唐、虞而耻遵先帝也。

昔明王之统黎元，盖济其欲而为之节度者也。凡人情之所通好，则恕己而足之。因民有乐生之性，故分禄以颐其士，制庐井以养其萌，然后上下交足，厥心乃静。人非食不活，衣食足然后可教以礼义，威以刑罚。苟其不足，慈亲不能畜其子，况君能检其臣乎？故古记曰："仓廪实而知礼节，衣食足而知荣辱。"今所使分威权、御民人、理狱讼、干府库者，皆群臣之所为，而其奉禄甚薄，仰不足以养父母，俯不足以活妻子。父母者，性所爱也；妻子者，性所亲也。所爱所亲，方将冻馁，虽冒刃求利，尚犹不避，况可令临财御众乎？是所谓渴马守水，饿犬护肉，欲其不侵，亦不几矣。夫事有不疑，势有不然，盖此之类。虽时有素富骨清者，未能百一，不可为天下通率。圣王知其如此，故重其禄以防其贪欲，使之取足于奉，不与百姓争利。故其为士者，习推让之风，耻言十五之计，而拔葵去织之义形矣。故三代之赋也，足以代其耕。故晏平仲，诸侯之大夫耳，禄足赡五百，斯非优衍之故耶？昔在暴秦，反道违圣，厚自封宠，而虏遇臣下。汉兴因循，未改其制。夫百里长吏，荷诸侯之任，而食监门之禄。请举一隅，以率其余。一月之禄，得粟二十斛、钱二千。长吏虽欲崇约，犹当有从者一人，假令无奴，当复取客。客庸一月千，刍膏肉五百，薪炭盐菜又五百，二人食粟六斛，其余财足给马，岂能供冬夏衣被、四时祠祀、宾客升酒之费乎？况复迎父母、致妻子哉？不迎父母，则违定省；不致妻子，则继嗣绝。迎之不足相赡，自非夷、齐，孰能饿死？于是则有卖官鬻狱、盗贼主守之奸生矣。孝宣皇帝悼其如此，乃诏曰："吏不平则治道衰。今小吏皆勤事，奉之薄，欲其不侵渔百姓，难矣！"其益吏奉百石以下什五。然尚俭陋，又不上逮。古赋禄虽不可悉遵，宜少增益，以赒其匮，使足代耕自供，以绝其内顾念奸之心。然后重其受取之罚，则吏内足于财，外惮严刑，人怀羔羊之洁，民无侵枉之性矣。昔周之衰也，大夫无禄，诗人刺之；暴秦之政，始建薄奉；亡新之乱，不与吏除。三亡之失，异世同术，我无所鉴？夏后及商，覆车之轨，宜以为戒。

大赦之造，乃圣王受命而兴，讨乱除残，诛其鲸鲵，赦其臣民渐染化者耳。及战国之时，犯罪者辄亡奔邻国，遂赦之以诱还其逋逃之民。汉承秦制，遵而不越。孝文皇帝即位二十三年乃赦，示不废旧章而已。近永平、建初之际，亦六七年乃一赦命，子皆老于草野，穷困惩艾，比之于死。顷间以来，岁且一赦，百姓怞忕，轻为奸非，每迫春节侥幸之会，犯恶尤多。近前年一期之中，大小四赦。谚曰："一岁再赦，奴儿喑噁。"况不轨之民，孰不肆意？遂以赦为常俗。初期望之，过期不至，亡命蓄积，群辈屯聚，为朝廷忧。如是则劫不得不赦。<u>赦以趣奸，奸以趣赦，转相驱踧，两不得息，虽日赦之，乱甫繁耳。由坐饮多发消渴，而水更不得去口，其归亦无终矣。</u>又践祚改元际未尝不赦，每其令曰："荡涤旧恶，将与士大夫更始。"是褒已薄先，且违无改之义，非所以明孝抑邪之道也。昔管子有云："赦者，奔马之委辔；不赦者，痤疽之砭石。"及匡衡、吴汉，将相之隽，而皆建言不当数赦。今如欲遵先王之制，宜旷然更下大赦令，因明谕使知永不复赦，则群下震栗，莫轻犯罪。纵不能然，宜十岁以上，乃时一赦。

【重点句解读】

赦以趣奸，奸以趣赦，转相驱踧，两不得息，虽日赦之，乱甫繁耳。由坐饮多发消渴，而水更不得去口，其归亦无终矣。

赦免促使犯罪，犯罪成风又促使赦免，互相促使，以致犯罪、赦免两方面恶性循环，即使每天赦免，犯罪的事也会越来越多。好像人患了消渴病一样，坐着只想喝水，水更不能离口，结果是越喝水越感到口渴。

过去一段时间，我国存在一些有法不依、执法不严，甚至徇私枉法的问题。一些罪犯逃避了应有的惩罚，致使他们更加嚣张，"二进宫""三进宫"甚至"多进宫"，把坐牢当成危害社会、欺凌百姓的资本。习近平总书记主政以来，严肃法纪，纯洁了司法队伍，严格减刑、缓刑、保外就医等措施，震慑了大多数犯罪分子，使他们不敢再为害社会。

《昌言》治要

【东汉】 相传为仲长统 撰

【导读】

仲长统（180—220），字公理，山阳郡高平（今属山东邹城）人。东汉末年哲学家、政论家。他聪颖好学，博览群书，长于文辞，才华过人，卓异豪爽，不拘小节，敢直言，默语无常，时人称为狂生。

《昌言》又称《仲长子昌言》。"昌言"者，兴旺之言，即是好话。唐李贤注："昌言，谠言。"谠言就是好话、正当的话。《后汉书·仲长统传》："尚书令荀彧闻统名，奇之，举为尚书郎，后参丞相曹操军事。每论说古今及时俗行事，恒发愤叹息。因著论名曰《昌言》，凡三十四篇，十余万言。""管视好偏，群言难一。救朴虽文，矫迟必疾。举端自理，滞阳则失。详观时蠹，成昭政术。"给予了很高的评价。《三国志·魏书·刘劭传》注引缪袭[（186—245），字熙伯。东海兰陵（今山东苍山兰陵镇）人。三国时曹魏文学家。著有《列女传赞》一卷、《集》五卷）]《昌言表》谓为二十四篇。《隋书·经籍志》作十二卷，归入杂家。全书宋时尚在，今已不存。《后汉书》本传中载其《理乱篇》《损益篇》《法诫篇》三篇。

《昌言》针对东汉末年的社会弊病，主张"限夫田以断并兼，急农桑以丰委积，严禁令以阶僭差，察苛刻以绝烦暴"，"政不分于外戚之家，权不入于宦竖之门"。反对"选士而论族姓阀阅"，主张"核才艺以叙官宜"。在哲学上，提出"人事为本，天道为末"的观点，反对迷信天道而背人事。

《群书治要》所选，皆为重视道德教化，提倡礼义廉耻，劝谏君王重贤任能，严明法度，杜绝外戚宦官祸乱朝政的内容。这些和魏徵在《群书治要·序》中提出的"大奸巨猾，转日回天，社鼠城狐，反白仰黑，忠良由其放逐，邦国因以危亡"，以及"至于母仪嫔则，懿后良妃，参徽猷于十乱，著深诫于辞辇，或倾城哲妇、亡国艳妻，候晨鸡以先鸣，待举烽而后笑者，时有所存，以备劝戒"的治国主张，和仲长统防母妻之党及宦官祸乱朝政的政见完全相同。

德教者，人君之常任也，而刑罚为之佐助焉。古之圣帝明王，所以能亲百姓、训五品、和万邦、蕃黎民，召天地之嘉应，降鬼神之吉灵者，实德是为，而非刑之攸致也。至于革命之期运，非征伐用兵，则不能定其业；奸宄之成群，非严刑峻法，则不能破其党。时势不同，所用之数，亦宜异也。教化以礼义为宗，礼义以典籍为本。常道行于百世，权宜用于一时，所不可得而易者也。故制不足，则引之无所至；礼无等，则用之不可依；法无常，则网罗当道路；教不明，则士民无所信。引之无所至，则难以致治；用之不可依，则无所取正；罗网当道路，则不可得而避；士民无所信，则其志不知所定，非治理之道也。诚令方来之作，礼简而易用，仪省而易行，法明而易知，教约而易从。篇章既著，勿复刊刻；仪故既定，勿复变易。而人主临之以至公，行之以忠仁，壹德于恒久，先之用己身。又使通治乱之大体者，总纲纪而为辅佐；知稼穑之艰难者，亲民事而布惠利。政不分于外戚之家，权不入于宦竖之门。下无侵民之吏，京师无佞邪之臣。则天神可降，地祇可出。

大治之后，有易乱之民者，安宁无故，邪心起也；大乱之后，有易治之势者，创艾祸灾，乐生全也。刑繁而乱益甚者，法难胜避，苟免而无耻也；教兴而罚罕用者，仁义相厉，廉耻成也。任循吏于大乱之会，必有恃仁恩之败；用酷吏于清治之世，必有杀良民之残。此其大数也。我有公心焉，则士民不敢念其私矣；我有平心焉，则士民不敢行其险矣；我有俭心焉，则士民不敢放其奢矣。此躬行之所征者也。开道涂焉，起堤防焉，舍我涂而不由，逾堤防而横行，逆我政者也。诰之而知罪，可使悔遏于后矣；诰之而不知罪，明刑之所取者也。教有道，禁不义，而身以先之，令德者也；身不能先，而总略能行之，严明者也。忠仁为上，勤以守之，其成虽迟，君子之德也。谲诈以御其下，欺其民而取其心，虽有立成之功，至德之所不贵也。

廉隅贞洁者，德之令也；流逸奔随者，行之污也。风有所从来，俗有所由起。疾其末者刈其本，恶其流者塞其源。夫男女之际，明别其外内，远绝其声音，激厉其廉耻，涂塞其亏隙，由尚有胸心之逸念，睇盼之过视，而况开其门、导其径者乎？今嫁娶之会，捶杖以督之戏谑，酒醴以趣情欲，宣淫佚于广众之中，显阴私于族亲之间。污风诡俗，生淫长奸，莫此之甚，不可不断者也。

汉兴以来，皆引母妻之党为上将，谓之辅政，而所赖以治理者甚少，而所坐以危乱者甚众。妙采于万夫之望，其良犹未可得而遇也，况欲求之妃妾之党，取之于骄盈之家，侥天幸以自获其人者哉？夫以丈夫之智，犹不能久处公正，长思利害，耽荣乐宠，死而后已。又况妇人之愚，而望其遵巡正路，谦虚节俭，深图远虑，为国家校计者乎？故其欲关豫朝政，惬快私愿，是乃理之自然也。昔赵绾白不奏事于都太后，而受不测之罪；王章陈日蚀之变，而取背叛之诛。夫二后不甚名为无道之妇人，犹尚若此，又况吕后、飞燕、傅昭仪之等乎？夫母之于我，尊且亲，于其私亲，亦若我父之欲厚其父兄子弟也；妻之于我，爱且媟（xiè），于其私亲，亦若我之欲厚我父兄子弟也。我之欲尽孝顺于慈母，无所择事矣；我之欲效恩情于爱妻妾，亦无所择力矣。而所求于我者，非使我有四体之劳苦、肌肤之疾病也。夫以此咳唾盼睇之间至易也，谁能违此者乎？唯不世之主，抱独断绝异之明，有坚刚不移之气，然后可庶几其不陷没流沦耳。

宦竖者，传言给使之臣也。拚扫是为，趋走是供。传延房卧之内，交错妇人之间，又亦实刑者之所宜也。孝宣之世，则以弘恭为中书令、石显为仆射。中宗严明，二竖不敢容错其奸心也。后暨孝元，常抱病而留好于音乐，悉以枢机委之石显，则昏迷雾乱之政起，而仇忠害正之祸成矣。呜呼！父子之间，相监至近，而明暗之分若此，岂不良足悲耶？孝桓皇帝起自蠡吾而登至尊。侯览、张让之等以乱承乱，政令多门，权利并作，迷荒帝主，浊乱海内。高命士恶其如此，直言正谕，与相摩切，被诬见陷，谓之党人。灵皇帝登自解犊，以继孝桓。中常侍曹节、侯览等，造为维纲，帝终不寤，宠之日隆，唯其所言，无求不得。凡贪淫放纵、僭凌横恣、挠乱内外、螫噬民化，隆自顺、桓之时，盛极孝灵之世，前后五十余年。天下亦何缘得不破坏耶？古之圣人，立礼垂典，使子孙少在师保，不令处于妇女小人之间，盖犹见此之良审也。

和神气，惩思虑，避风湿，节饮食，适嗜欲，此寿考之方也。不幸而有疾，则针石汤药之所去也。肃礼容，居中正，康道德，履仁义，敬天地，恪宗庙，此吉祥之术也。不幸而有灾，则克己责躬之所复也。然而有祷祈之礼、史巫之事者，尽中正、竭精诚也。下世其本而为奸邪之阶，于是淫厉乱神之礼兴焉，侜（zhōu）张变怪之言起焉，丹书厌胜之物作焉。故常俗忌讳可笑事，时世之所遂往，而通人所深疾也。且夫堀地九仞以取水，凿山百步以攻金。入林伐木不卜日，适野刈草不择时。及其构而居之，制而用之，则疑其吉凶，不亦迷乎？简郊社，慢祖祢，逆时令，背大顺，而反求福佑于不祥之物，取信诚于愚惑之人，不亦误乎？彼图家画舍、转局指天者，不能自使室家滑利、子孙贵富，而望其能致之于我，不亦惑乎？今有严禁于下而上不去，非教化之法也。诸厌胜之物、非礼之祭，皆所宜急除者也。情无所止，礼为之俭；欲无所齐，法为之防。越礼宜贬，逾法宜刑，先王之所以纪纲人物也。若不制此二者，人情之纵横驰骋，谁能度其所极者哉？表正则影直，范端则器良。行之于上，禁之于下，非元首之教也。君臣士民，并顺私心，又大乱之道也。顷皇子皇女有夭折，年未及殇，爵加王主之号，葬从成人之礼，非也。及下殇以上，已有国邑之名，虽不合古制，行之可也。王侯者，所与共受气于祖考，干合而支分者也。性类纯美，臭味芬香，孰有加此乎？然而生长于骄溢之处，自恣于色乐之中，不闻典籍之法言，不因师傅之良教，故使其心同于夷狄，其行比于禽兽也。长幼相效，子孙相袭，家以为风，世以为俗。故姓族之门，不与王侯婚者，不以其五品不和睦、闺门不洁盛耶？所贵于善者，以其有礼义也；所贱于恶者，以其有罪过也。今以所贵者教民，以所贱者教亲，不亦悖乎？可令王侯子弟，悉入大学，广之以他山，肃之以二物，则腥臊之污可除，而芬芳之风可发矣。

有天下者，莫不君之以王，而治之以道。道有大中，所以为贵也，又何慕于空言高论、难行之术？而台榭则高数十百尺，璧带加珠玉之物，木土被绨锦之饰。不见夫之女子成市于宫中；未曾御之妇人生幽于山陵。继体之君，诚欲行道，虽父之所兴，可有所坏者也；虽父之美人，可有所嫁者也。至若门庭，足以容朝贺之会同；公堂，足以陈千人之坐席；台榭，足以览都民之有无；防闲，足以殊五等之尊卑。宇殿高显敞，而不加以雕采之巧、错涂之饰，是自其中也。苑囿池沼，百里而还，使刍荛雉菟者得时往焉。随农隙而讲事，因田狩以教战，上虔郊庙，下虞宾客，是又自其中也。嫡庶之数，使从周制；妾之无子与希幸者，以时出之，均齐恩施，以广子姓。使令之人，取足相供，时其上下，通其隔旷，是又自然其中也。

在位之人，有乘柴马弊车者矣，有食菽藿者矣，有亲饮食之蒸烹者矣，有过客不敢沽酒市脯者矣，有妻子不到官舍者矣，有还奉禄者矣，有辞爵赏者矣，莫不称述以为清劭。非不清劭，而不可以言中也。好节之士，有遇君子而不食其食者矣，有妻子冻馁而不纳善人之施者矣，有茅茨蒿屏而上漏下湿者矣，有穷居僻处求而不可得见者矣，莫不叹美以为高洁。此非不高洁，而不可以言中也。

夫世之所以高此者，亦有由然。先古之制休废，时王之政不平，直正不行，诈伪独售。于是世俗同共知节义之难复持也，乃舍正从邪，背道而驰奸。彼独能介然不为，故见贵也。如使王度昭明，禄除从古，服章不中法，则诘之以典制；货财不及礼，则间之以志故。向所称以清邵者，将欲何矫哉？向所叹云高洁者，欲以何厉哉？故人主能使违时诡俗之行，无所复剀摩；困苦难为之约，无所复激切。步骤乎平夷之涂，偃息乎大中之居，人享其宜，物安其所，然后足以称贤圣之王公、中和之君子矣。

古者，君之于臣，无不答拜也。虽王者有变，不必相因，犹宜存其大者。御史大夫，三公之列也。今不为起，非也。为太子时太傅，即位之后，宜常答其拜。少傅可比三公为之起。《周礼》，王为三公六卿锡衰，为诸侯缌（sī）衰，为大夫士疑衰。及于其病时，皆自问焉。古礼虽难悉奉行，师傅三公所不宜阙者也。凡在京师，大夫以上疾者，可遣使修赐问之恩；州牧郡守远者，其死，然后有吊赠之礼也。坐而论道，谓之三公；作而行之，谓士大夫。<u>论道必求高明之士，干事必使良能之人。</u>非独三太、三少可与言也，凡在列位者，皆宜及焉。故士不与其言，何知其术之浅深？不试之事，何以知其能之高下？与群臣言议者，又非但用观彼之志行、察彼之才能也，乃所以自弘天德、益圣性也。圣人犹十五志学，朋友讲习，自强不息，德与年进，至于七十，然后从心而不逾矩，况于不及中规者乎？而不自勉也。

【重点句解读】

论道必求高明之士，干事必使良能之人。

出谋划策要选用有远见卓识的人，具体做事要选任有才干、能力强的人。

历史上，如果秦孝公不听商鞅"三策"之议，那么秦国就不会强大；刘备不听诸葛亮隆中之对，就无立足之地，也不会有后来"天下三分"的局面。

习近平总书记在《在中国科学院第十七次院士大会、中国工程院第十二次院士大会上的讲话》中，也阐明了"有非常之功，必待非常之人"（《汉书·武帝纪第六》）的道理。我们在研究形势、明确目标、制定政策、设计规划、实施战略、落实措施等，要请知识广博、见识卓越的人参与讨论、分析，汲取他们的真知灼见；而具体落实、执行这些大政方针时，一定要任用那些有才干、能力强的人，这样，必然会事半功倍。

公卿、列校、侍中、尚书，皆九州之选也。而不与之从容言议，咨论古事，访国家正事，问四海豪英，琢磨珪璧，染练金锡，何以昭仁心于民物，广令闻于天下哉？人主有常不可谏者五焉：一曰废后黜正，二曰不节情欲，三曰专爱一人，四曰宠幸佞谄，五曰骄贵外戚。废后黜正，覆其国家者也；不节情欲，伐其性命者也；专爱一人，绝其继嗣者也；宠幸佞谄，壅蔽忠正者也；骄贵外戚，淆乱政治者也。此为疾痛在于膏肓，此为倾危比于累卵者也。然而人臣破首分形，所不能救止也。不忘初故，仁也；以计御情，智也；以严专制，礼也。丰之以财，而勿与之位，亦足以为恩也；封之以土，而勿与之权，亦足以为厚也。何必友年弥世，惑贤乱国，然后于我心乃快哉？

人之事亲也，不去乎父母之侧，不倦乎劳辱之事，唯父母之所言也，唯父母之所欲也。于其体之不安，则不能寝；于其餐之不饱，则不能食。孜孜为此，以没其身，恶有为此人父母而憎之者也？人之事君也，言无小大，无所愆也；事无劳逸，无所避也。其见识知也，则不恃恩宠而加敬；

其见遗忘也，则不怀怨恨而加勤。安危不贰其志，险易不革其心。孜孜为此，以没其身，恶有为此人君长而憎之者也？人之交士也，仁爱笃恕，谦逊敬让，忠诚发乎内，信效著乎外，流言无所受，爱憎无所偏，幽闲攻人之短，会友述人之长。有负我者，我又加厚焉；有疑我者，我又加信焉。患难必相及，行潜德而不有，立潜功而不名。孜孜为此，以没其身，恶有与此人交而憎之者也？故事亲而不为亲所知，是孝未至者也；事君而不为君所知，是忠未至者也；与人交而不为人所知，是信义未至者也。父母怨咎人不以正，已审其不然，可违而不报也；父母欲与人以官位爵禄，而才实不可，可违而不从也；父母欲为奢泰侈靡，以适心快意，可违而不许也；父母不好学问，疾子孙之为之，可违而学也；父母不好善士，恶子孙交之，可违而友也；士友有患故，待己而济，父母不欲其行，可违而往也。故不可违而违，非孝也；可违而不违，亦非孝也。好不违，非孝也；好违，亦非孝也。其得义而已也。

【重点句解读】

安危不贰其志，险易不革其心。

无论自身处于安全或危险境地都不更改志向，无论形势险恶或顺畅都不改变诚心。

关羽身陷曹营，官拜将军、爵封亭侯，赏赐丰厚，但他仍不忘颠沛流离、朝不保夕的故主刘备，弃富贵如敝屣；方志敏被俘后，拒绝高官厚禄、金钱美女的诱惑，在狱中写下了《可爱的中国》等十六篇十四万多字的文章，明示自己永远是个共产党人的崇高志向。这些志士仁人，才是我们中华民族真正的脊梁和灵魂。

昔高祖诛秦、项，而陟天子之位；光武讨篡臣，而复已亡之汉。皆受命之圣主也。萧、曹、丙、魏、平、勃、霍光之等，夷诸吕，尊太宗，废昌邑而立孝宣，经纬国家，镇安社稷，一代之名臣也。二主数子之所以震威四海，布德生民，建功立业，流名百世者，唯人事之尽耳，无天道之学焉。然则王天下、作大臣者，不待于知天道矣。所贵乎用天之道者，则指星辰以授民事，顺四时而兴功业。其大略吉凶之祥，又何取焉？故知天道而无人略者，是巫医、卜祝之伍，下愚不齿之民也；信天道而背人事者，是昏乱迷惑之主、覆国亡家之臣也。问者曰："治天下者，一之乎人事，抑亦有取诸天道也？"曰："所取于天道者，谓四时之宜也；所一于人事者，谓治乱之实也。"曰："《周礼》之冯相保章，其无所用耶？"曰："大备于天人之道耳，是非治天下之本也，是非理生民之要也。"曰："然则本与要奚所存耶？"曰："<u>王者官人无私，唯贤是亲，勤恤政事，屡省功臣，赏赐期于功劳，刑罚归乎罪恶，政平民安，各得其所</u>，则天地将自从我而正矣，休祥将自应我而集矣，恶物将自舍我而亡矣。求其不然，乃不可得也。"

【重点句解读】

> 王者官人无私，唯贤是亲，勤恤政事，屡省功臣，赏赐期于功劳，刑罚归乎罪恶，政平民安，各得其所。

国家用人行政，一秉大公，不徇私情。只使用品端行方有才能的人，勤勤恳恳做好工作；尊崇对国家、人民有贡献的人，奖励仅限于有功劳的人，刑罚只加于有罪恶的人。这样，政治就清明，人民就安乐，事业就顺利。

《昌言》作者列举了用外戚、宦官等皇帝近侍而使国乱的这些反面例子，有力地论证了"亲贤臣，远小人，此前汉之所以兴隆也；亲小人，远贤臣，此后汉之所以倾颓也"（诸葛亮《出师表》）这一亘古不变的历史规律。

王者所官者，非亲属则宠幸也；所爱者，非美色则巧佞也。以同异为善恶，以喜怒为赏罚。取乎丽女，怠乎万机，黎民冤枉类残贼。虽五方之兆，不失四时之礼，断狱之政，不违冬日之期，蓍龟积于庙门之中，牺牲群于丽碑之间，冯相坐台上而不下，祝史伏坛旁而不去，犹无益于败亡也。从此言之，<u>人事为本，天道为末</u>，不其然与？故审我已善，而不复恃乎天道，上也；疑我未善，引天道以自济者，其次也；不求诸己，而求诸天者，下愚之主也。今夫王者，诚忠心于自省，专思虑于治道，自省无愆，治道不谬，则彼嘉物之生、休祥之来，是我汲井而水出、爨（cuàn）灶而火燃者耳，何足以为贺者耶？故欢于报应，喜于珍祥，是劣者之私情，未可谓太上之公德也。

【重点句解读】

人事为本，天道为末。

　　国家制定大政方针的出发点是人民的愿望、需求，而祭祀、祈祷等尊天敬神活动是末等的事。

　　"人事为本"是习近平主席在中外各种会议、场合上常常提到的大事。他不仅一贯把人民的福祉牢记心中，一切以满足人民的物质、文化需要为根本奋斗目标，还要求全党、全体干部处处事事为人民谋福利，形成上下一致努力使人民过上幸福美满生活的局面。

卷四十六 《申鉴》治要

【东汉】 荀悦 撰

【导读】

荀悦(148—209)，字仲豫，颍川颍阴(今河南许昌)人。东汉史学家、政论家、思想家。献帝时，他应曹操之召入朝，累迁至侍中。侍讲于献帝左右，日夕谈论，深为献帝嘉许。后奉献帝命以《左传》体裁为班固《汉书》作《汉纪》，写成《汉纪》三十篇。

荀悦的《申鉴》五篇，主张为政者要兴农桑，正风俗，宣教化，立武备，明赏罚，体现了他的政治思想。他提出的理想的君、臣、民关系，是以君主为主导的三者统一体："君臣互为依存""上下有交"的社会局面；而当"君"与"道"发生冲突时，"从道不从君"，以道义制约君权；至于君民之间的定位是君为元首，民为手足。"爱民如子"和"爱民如身"都不能算作"仁之至"之君，只有与民同乐、与民同忧才是真正的爱民圣君。

《申鉴》抨击谶讳符瑞，反对土地兼并，都切中时弊。明代何孟春[(1474—1536)，字子元，郴州(今湖南郴州)人，明朝文学家，一生有三十多部(篇)著作]称"其论政体，无贾谊之经制而近于醇，无刘向之愤激而长于讽"(《申鉴注序》)，从中可以窥见荀悦政治思想的特点。

荀悦提出了性以辅命、性情相应、法教成性等人性思想，在中国哲学史上有着承前启后的作用，是其政治见解的哲学基础。他认为政治可以影响人性，二者是相辅相成的统一关系。

荀悦还认为情恶之说不合理。人性的善质，教而可现；人性的恶质，法治可抑。与今之对犯罪分子进行劳动改造的指导思想吻合。

纵观荀悦的一生，其著作虽对道、名、法、墨等诸派学说有所吸收，但其儒家思想倾向十分明显。《申鉴》开宗明义就说"道之大本，仁义而已"。撰写《申鉴》的用意是"前鉴既明，后复申之，故古之圣王其于仁义也，申重无已，笃厚无疆，谓之'申鉴'。"魏徵正是为了"鉴前申后"，在《群书治要》中节选了《申鉴》的有关章节，以期君主能做到"先丰民财以定其志"，建设"国无游民，野无荒业，财不虚用，力不妄加"理想的社会。

夫道之大本，仁义而已。《五典》以经之，群籍以纬之。前鉴既明，后复申之。故古之圣王，其于仁义也，申重无已，笃序无疆，谓之"申鉴"。天作道，皇作极，臣作辅，民作基；制度以纲之，事业以纪之。先王之政：一曰承天，二曰正身，三曰任贤，四曰恤民，五曰明制，六曰立业。承天惟允，正身惟恒，任贤惟固，恤民惟勤，明制惟典，立业惟敦，是谓政体。

致治之术，先屏四患，乃崇五政。一曰伪；二曰私；三曰放；四曰奢。伪乱俗，私坏法，放越轨，奢败制。四者不除，则政无由行矣。俗乱则道荒，虽天地不得保其性矣；法坏则世倾，虽人主不得守其度矣；轨越则礼亡，虽圣人不得全其行矣；制败则欲肆，虽四表不能充其求矣。是谓四患。兴农桑以养其生，审好恶以正其俗，宣文教以章其化，立武备以秉其威，明赏罚以统其法，是谓五政。

民不畏死，不可惧以罪；民不乐生，不可劝以善；虽使契布五教、咎繇作士，政不行焉。故在上者，先丰民财以定其志，帝耕籍田，后桑蚕宫。国无游民，野无荒业，财不虚用，力不妄加，以周民事，是谓养生。

君子之所以动天地、应神明、正万物而成王治者，必本乎真实而已。故在上者，审则仪道，以定好恶。善恶要于功罪，毁誉效于准验。听言责事，举名察实，无或诈伪淫巧以荡众心。故事无不核，物无不功，善无不显，恶无不彰，俗无奸怪，民无淫风。百姓上下，睹利害之存乎己也，故肃恭其心，慎修其行。有罪恶者无侥幸，无罪过者不忧惧，请谒无所行，货赂无所用，则民志平矣，是谓正俗。

君子以情用，小人以刑用。荣辱者，赏罚之精华也。故礼教荣辱，以加君子，治其情也；桎梏鞭扑，以加小人，治其刑也。君子不犯辱，况于刑乎？小人不忌刑，况于辱乎？若夫中人之伦，则刑礼兼焉。教化之废，推中人而坠于小人之域；教化之行，引中人而纳于君子之途，是谓彰化。

小人之情，缓则骄，骄则恣；急则叛，叛则谋乱；安则思欲，非威强无以惩之。故在上者，必有武备，以戒不虞，以遏寇虐，安居则寄之内政，有事则用之军旅，是谓秉威。

赏罚，政之柄也。明赏必罚，审信慎令，赏以劝善，罚以惩恶。人主不妄赏，非徒爱其财也，赏妄行则善不劝矣；不妄罚，非徒矜其人也，罚妄行则恶不惩矣。赏不劝，谓之止善；罚不惩，谓之纵恶。在上者，能不止下为善，不纵下为恶，则国治矣。是谓统法。

四患既蠲，五政既立，行之以诚，守之以固，简而不怠，疏而不失；无为为之，使自施之，无事事之，使自交之；不肃而成，不严而治，垂拱揖让，而海内平矣，是谓为政之方。

惟恤十难以任贤能：一曰不知，二曰不进，三曰不任，四曰不终，五曰以小怨弃大德，六曰以小过黜大功，七曰以小失掩大美，八曰以干讦伤忠正，九曰以邪说乱正度，十曰以谗嫉废贤能。是谓十难。十难不除，则贤臣不用；贤臣不用，则国非其国也。

惟审九风以定国常：一曰治，二曰衰，三曰弱，四曰乖，五曰乱，六曰荒，七曰叛，八曰危，九曰亡。<u>君臣亲而有礼，百僚和而不同，让而不争，勤而不怨，无事惟职是司，此治国之风也。</u>礼俗不一，职位不重，小臣逸嫉，庶人作议，此衰国之风也。君好让，臣好逸，士好游，民好流，此弱国之风也。君臣争明，朝廷争功，士大夫争名，庶人争利，此乖国之风也。上多欲，下多端，法不定，政多门，此乱国之风也。以侈为博，以伉为高，以滥为通，遵礼谓之劬，守法谓之固，此荒国之风也。以苛为察，以利为公，以割下为能，以附上为忠，此叛国之风也。上下相疏，内外相疑蒙，小臣争宠，大臣争权，此危国之风也。上不访下，下不谏上，妇言用，私政行，此亡国之风也。

【重点句解读】

君臣亲而有礼，百僚和而不同；让而不争，勤而不怨，无事惟

> 职是司；此治国之风也。

上下级之间配合密切而又能恪守法度、规矩；部门之间工作不同、职责任务相异的干部能团结一致，相互配合、支持；人人都能谦让而不争权夺利，勤劳敬业作出奉献而没有怨言；不节外生枝一心做好本职工作；这就是使国家、人民得享太平盛世的政治风气。

习近平同志在《摆脱贫困·从政杂谈》等文章中提出，搞好我国的深化改革要上情下达，有条不紊，每个领域的改革不能孤军奋战，都要和其他领域中的改革相呼应、配合。既要敢闯敢干，又要审时度势，谋定后动，稳扎稳打，循序渐进，做到"蹄疾而步稳"，达到实现中国梦的崇高境界。

惟稽五赦以绥民中：一曰原心，二曰明德，三曰劝功，四曰褒化，五曰权计。凡先王之攸赦，必是族也。非是族焉，刑兹无赦。

<u>有一言而可常行者，恕也；一行而可常履者，正也。恕者，仁之术也；正者，义之要也。</u>至矣哉。

【重点句解读】

> 有一言而可常行者，恕也；一行而可常履者，正也。恕者，仁之术也；正者，义之要也。

如果有一个字可以奉行终生的，那就是"恕"；如果有一种品行定要保持终身的，那就是"正"。"恕"就是宽恕，是"仁爱"的表现；"正"是道义的要点。

"正"就是"仁义忠信，乐善不倦"，这是道德规范的要点。

或曰：圣王以天下为乐乎？曰：否。圣王以天下为忧，天下以圣王为乐。凡主以天下为乐，天下以凡主为忧。圣王屈己以申天下之乐，凡主申己以屈天下之忧。申天下之乐，故乐亦报之；屈天下之忧，故忧亦及之。天之道也。

治世之臣，所贵乎顺者三：一曰心顺，二曰职顺，三曰道顺。衰世之臣，所贵乎顺者三：一曰体顺，二曰辞顺，三曰事顺。治世之顺，则真顺也；衰世之顺，则生逆也。体苟顺则逆节，辞苟顺则逆忠，事苟顺则逆道。下有忧民，则上不尽乐；下有饥民，则上不备膳；下有寒民，则上不具服。故足寒伤心，民忧伤国。

　　或曰：三皇之民至敦也，其治至清也，天性乎？曰：皇民敦，秦民弊，时也；山民朴，市民玩，处也。<u>桀、纣不易民而乱，汤、武不易民而治，政也。</u>皇民寡，寡斯敦；皇治纯，纯斯清矣。唯性不求无益之物，不畜难得之货；节华丽之饰，退利进之路，则民俗清矣。简小忌，去淫祀，绝奇怪，则妖伪息矣；致精诚，求诸己，正大事，则神明应矣。放邪说，绝淫智，抑百家，崇圣典，则道义定矣；去浮华，举功实，绝末伎，周本务，则事业修矣。

【重点句解读】

桀、纣不易民而乱，汤、武不易民而治，政也。

　　夏桀、商纣时，百姓还是原来的百姓，但天下大乱；商汤、周武王时，百姓也是原来的百姓，却天下大治，这是治国理政措施不同的结果。

　　有何不同？桀、纣残民以逞，失尽人心，致国破身亡，遗臭万年；而汤、武则爱民有加，得到广泛拥护，成为天下的领袖而千古流芳。探究历史上政权更替的原因，莫不如此。

　　因此，习近平总书记总结了这些历史经验教训，他在《在庆祝中国共产党成立九十五周年大会上的讲话》等文章中，再三强调"人民立场"始终是中国共产党的根本政治立场，与广大人民风雨同舟，生死与共，血肉相连，坚定不移地为人民群众谋取最大的福祉。所以，中国亿万人民才一心一意紧跟以习近平同志为核心的党中央披荆斩棘，克艰攻难，为实现伟大的中国梦而努力奋斗。

　　尚主之制非古也。厘降二女，陶唐之典；归妹元吉，帝乙之训；王姬归齐，宗周之礼也。以阴乘阳，违天也；以妇凌夫，违人也。违天不祥，违人不义。

古者天子诸侯有事，必告于庙。朝有二史，右史记事，左史记言。事为《春秋》，言为《尚书》。君举必记，臧否成败，无不存焉。下及士庶，苟有茂异，咸在载籍。或欲显而不得，欲隐而名章，得失一朝，荣辱千载。善人劝焉，淫人惧焉。故先王重之，以副赏罚，以辅法教。宜于今者，官以其方各书其事，岁尽则集之于《尚书》。各备史官，使掌其典。

君子有三鉴：鉴乎前，鉴乎人，鉴乎镜。前惟训，人惟贤，镜惟明。夏、商之衰，不鉴于禹、汤也；周、秦之弊，不鉴于群下也；侧弁垢颜，不鉴于明镜也。故君子惟鉴之务焉。

不任所爱之谓公，惟公是从之谓明。齐桓公中材也，夫能成功业，由有异焉者矣。妾媵盈宫，非无爱幸也；群臣盈朝，非无亲近也；然外则管仲射己。卫姬色衰，非爱也，任之也，然后知非贤不可任，非智不可从也，夫此之举宏矣哉。

膏肓纯白，二竖不生，兹谓心宁；省闼清静，孽孽不作，兹谓政平。夫膏肓近心而处厄，针之不逮，药之不中，攻之不可，二竖藏焉，是谓笃患。故治身治国者，唯是之畏。

或曰：爱民如子，仁之至乎？曰：未也。爱民如身，仁之至乎？曰：未也。汤祷桑林，郏迁于绎，景祀于旱，可谓爱民矣。曰：何重民而轻身也？曰：人主承天命以养民者也。<u>民存则社稷存，人亡则社稷亡。</u>故重民者，所以重社稷而承天命也。

【重点句解读】

民存则社稷存，人亡则社稷亡。

有了人民，国家就存在；丧失民心，这国家必亡。

这里的"亡"字是失去之意。"人亡"之意就是丧失民心。习近平总书记在《在庆祝中国共产党成立九十五周年大会上的讲话》中，引用了《礼记·大学》中的"得众则得国，失众则失国"一句话，告诫全党，心中要始终装着广大人民群众。权为民所用，利为民所谋，才能得到广大人民群众的拥护，社会才能长治久安。

或问曰：孟轲称人皆可以为尧、舜，其信矣乎？曰：人非下愚，则可以为尧、舜矣；写尧、舜貌，同尧之性，则否；服尧之制，行尧之道，则可矣；行之于前，则古之尧、舜也；行之于后，则今之尧、舜也。或曰：人皆可以为桀、纣乎？曰：行桀、纣之事，是桀、纣也。尧、舜、桀、纣之事，常并存于世，唯人所用而已。

人主之患，常立于二难之间：在上而国家不治，是难也；治国家则必勤身苦思，矫情以从道，是难也。有难之难，暗主取之；无难之难，明主居之。

人臣之患，常立于二罪之间：在职而不尽忠直之道，罪也；尽忠直之道焉，则必矫上拂下，罪也。有罪之罪，邪臣由之；无罪之罪，忠臣致之。

人臣有三罪：一曰导非，二曰阿失，三曰尸宠。以非先上，谓之导；从上之非，谓之阿；见非不言，谓之尸。导臣诛，阿臣刑，尸臣绌。

忠有三术：一曰防，二曰救，三曰戒。先其未然，谓之防也；发而进谏，谓之救也；行而责之，谓之戒也。防为上，救次之，戒为下。

或问：天子守在四夷，有诸？曰：此外守也，天子之内守在身。曰：何谓也？曰：至尊者，其攻之者众焉，故便嬖御侍，攻人主而夺其财；近幸妻妾，攻人主而夺其宠；逸游伎艺，攻人主而夺其志；左右小臣，攻人主而夺其行；不令之臣，攻人主而夺其事。是谓内寇。自古失道之君，其见攻者众矣，小者危身，大者亡国。鲧、共工之徒攻尧，仪狄攻禹，弗能克，故唐、夏平；南之威攻文公，申侯伯攻恭王，不能克，故晋、楚兴。万众之寇凌疆场，非患也；一言之寇袭于膝下，患之甚矣！八域重译而献珍，非宝也；腹心之人，匍匐而献善，宝之至矣。故明主慎内守，除内寇，而重内宝。

君子所恶乎异者三：好生事也，好生奇也，好变常也。好生事，则多端而动众；好生奇，则离道而惑俗；好变常，则轻法而乱度。故名不贵苟传，行不贵苟难。纯德无慝，其上也；伏而不动，其次也；动而不行，行而不远，远而能复，又其次也。其下，远而不近也。

《中论》治要

【东汉】徐幹 撰

【导读】

徐幹（170—217），字伟长，北海（今山东潍坊）人。汉末文学家、哲学家、诗人，"建安七子"之一，以诗、辞赋、政论著称。代表作有《中论》《答刘桢》《玄猿赋》等。

徐幹的作品有"清玄体道"的特色，但诗的成就不高，被钟嵘[（约468—约518），字仲伟。颍川长社（今河南许昌长葛市）人，文学批评家，著有诗歌评论专著《诗品》。全书将两汉至梁作家分为上、中、下三品进行评论]《诗品》列入下品。今存十首（《先秦汉魏晋南北朝诗》）。

徐幹的辞赋成就颇高。有《玄猿赋》《漏卮赋》《橘赋》（以上皆佚）及《圆扇赋》等，曹丕赞其"虽张（衡）、蔡（邕）不过也"（《典论·论文》）。今存作品不足十篇，而且多有残缺。

徐幹的文集《中论》，比较全面地反映了他的政治立场。阐发儒家经义，提出"大义为先，物名为后，名系于实"，反对"矜于古训，摘其章句，而不能统其大义之所极"。做到"欲损世之有余，益俗之不足"，"上求圣人之中，下救流俗之昏者"。曹丕称赞此书"成一家之言，辞义典雅，足传于后"（《与吴质书》）。"故废诗、赋、颂、铭、赞之文，著《中论》之书二十二篇"（《中论序》）。

今存辑本两卷，上、下卷各十篇。上卷多论述处世原则和品德修养，下卷多论述君臣关系和政治机微。内容大体上遵奉儒家理论，也受道家、法家的一些影响。

《中论》对时弊有所针砭，持论比较中庸，一般不指斥时事，较少锋芒。语言平实，讲求逻辑、条理贯通，是一部较好的论说文专著。它是"建安七子"中唯一存世的专著。

魏徵在《群书治要》中选录了久已失传的《复三年丧》《制役》两篇文章，使这一史料得以保留下来。此外，《群书治要》还选录了《中论》中的《法象》《条本》《虚道》《贵验》《核辨》《爵录》《务本》《审大臣》《亡国》《赏罚》等十二篇的片段，在一定程度上显示了魏徵的政治思想倾向。

慌其瞻视，轻其辞令，而望民之则我者，未之有也；莫之则者，必慢之者至矣。小人见慢，而致怨乎人，患己之卑，而不思其所以然，哀哉！是故君子敬孤独而慎幽微，虽在隐翳，鬼神不得见其隙，况于游宴乎？<u>君子口无戏谑之言，言必有防；身无戏谑之行，行必有检。</u>言必有防，行必有检，虽妻妾不可得而默也，虽朋友不可得而狎也。是以不愠怒，而教行于闺门；不谏谕，而风声化乎乡党。《传》称"大人正己而物正"者，盖此之谓也。徒以匹夫之居犹然，况得志而行于天下乎。故唐帝允恭克让，光被四表；成汤不敢怠遑，而掩有九域；文王祗畏，而造彼区夏也。

【重点句解读】

君子口无戏谑之言，言必有防；身无戏谑之行，行必有检。

君子不说调戏和伤害别人的话，凡说的话都要小心谨慎；身上没有荒诞不经的不道德行为，处处事事一定要注意自己的行为。

我们中华民族传统的伦理道德要求我们循礼义之规，蹈诚信之矩。东方朔、淳于髡之流，语言虽涉滑稽，但均不失为国为民的要旨。

民心莫不有治道，至于用之则异矣。或用乎人，或用乎己。用乎己者谓之务本，用乎人者谓之近末。君子之治之也，先务其本，故德建而怨寡；小人之治之也，先追其末，故功废而仇多。夫见人而不自见者谓之矇；闻人而不自闻者谓之聩；虑人而不自虑者谓之瞀（mào）。<u>故明莫大于</u>

自见，聪莫大于自闻，睿莫大于自虑。此三者举之甚轻，行之甚迩，而人莫之知也。故知者，举甚轻之事，以任天下之重；行甚迩之路，以穷天下之远。故德弥高，基弥固；胜弥众，爱弥广。君子之于己也，无事而不惧焉。我之有善，惧人之未吾好也；我之有不善，惧人之必吾恶也；见人之善，惧我之不能修也；见人之不善，惧我之必若彼也。故君子不恤年之将衰，而忧志之有倦，不寝道焉，不宿义焉。言而不行，斯寝道矣；行而不时，斯宿义矣。是故君子之务，以行前言也。民之过在于哀死而不爱生，悔往而不慎来；善语乎已然，好争乎遂事；堕于今日，而懈于后旬；如斯以及于老。故孔子谓子张曰："师，吾欲闻彼，将以改此也。闻彼而不以改此，虽闻何益？"小人朝为而夕求其成，坐施而立望其反；行一日之善，而问终身之誉，誉不至，则曰善无益矣；遂疑圣人之言，背先王之教，存其旧术，顺其常好。是以身辱名贱，而不免为人役也。

【重点句解读】

故明莫大于自见，聪莫大于自闻，睿莫大于自虑。

能看清自己的人是最明智的，能听到别人评论自己优劣的人是明察而有才智的，能够剖析自己的人是最通达有智慧的。

习近平总书记在《在全国党校工作会议上的讲话》等文章中，引用王安石《老子注》中"视而使之明，听而使之聪，思而使之正"，与上面这句话正好匹配，内外相维，使我们能正确了解当世大势及应采取的正确举措，既不骄狂自大，也不妄自菲薄，而是脚踏实地地为中华民族伟大复兴作出应有的贡献。

人之为德，其犹虚器欤！器虚则物注，满则止焉。故君子常虚其心志，恭其容貌，不以逸群之才，加乎众人之上；视彼犹贤，自视犹不肖也。故人愿告之而不厌，诲之而不倦。君子之于善道也，大则大识之，小则小识之；善无大小，咸载于心，然后举而行之。我之所有，既不可夺，而我之所无，又取于人，是以功常前人，而人后之也。故夫才敏过人，未足贵也；博辨过人，未足贵也；勇决过人，未足贵也。君子之所贵者，迁善惧其不及，改恶恐其有余。故孔子曰："颜氏之子，其殆庶几乎？有不善未尝不知，知之未尝复行。"夫恶犹疾也，攻之则日益悛，不攻则日甚。故君子之相求也，非特与善也，将以攻恶也；恶不废则善不兴，自然之道也。先民有言，人之所难者二：乐攻其恶者难；以恶告人者难。夫唯君子，然后能为己之所难，能致人之所难也。夫酒食人之所爱也，而人相见莫不进焉；不吝于所爱者，以彼之嗜之也。使嗜忠言甚于酒食，人岂其爱之乎？故忠言之不出，以未有嗜之者也。《诗》云："匪言不能，胡其畏忌。"

目也者，远察天际而不能近见其眦，心亦如之。君子诚知心之似目也，是以务鉴于人以观得失，故视不过垣墙之里而见邦国之表；听不过阈梲（niè）之内而闻千里之外，因人之耳目也。人之耳目尽为我用，则我之聪明无敌于天下矣。是谓人一之，我万之；人塞之，我通之，故其高不可为员，其广不可为方。

先王之礼，左史记事，右史记言；师瞽诵诗，庶僚箴诲；器用载铭，筵席书戒；月考其为，岁会其行。所以自供正也。昔卫武公年过九十，犹夙夜不怠，思闻训道，命其群臣曰："无谓我老耄而舍我，必朝夕交戒我。"凡兴国之君，未有不然者也。下愚反此道，以为己既仁矣、知矣、神明矣，何求乎众人？是以辜罪昭著，腥德发闻，百姓伤心，鬼神怨痛。若有告之者，则曰："斯事也，徒生乎予心，出乎子口。"于是刑焉、戮焉、辱焉。不然则曰："与我异德故也，未达我道故也，又安足责？"是己之非，遂初之谬，至于身危国亡，可痛已矣！

事莫贵乎有验，言莫弃乎无征。言之未有益也，不言未有损也。水之寒也，火之热也，金石之坚刚也，此数物未尝有言，而人莫不知其然者，信著乎其体也。使吾所行之信，若彼数物，谁其疑我哉？今不信吾所行，而怨人之不信己，犹教人执鬼缚魅，而怨人之不得也，惑亦甚矣。孔子曰："欲人之信己，则微言而笃行之；笃行之，则用日久；用日久，则事著明；事著明，则有目者莫不见也，有耳者莫不闻也，其可诬乎？"故根深而枝叶茂，行久而名誉远。

人情也，莫不恶谤，而卒不免乎谤，其故何也？非爱致力而不已之也，已之之术反也。谤之为名也，逃之而愈至，拒之而愈来，讼之而愈多。明乎此，则君子不足为也；暗乎此，则小人不足得也。帝舜屡省，禹拜昌言，明乎此者也；厉王加戮，吴起刺之，暗乎此者也。夫人也，皆书名前策，著形列图，或为世法，或为世戒，可不慎欤！夫闻过而不改，谓之丧心；思过而不改，谓之失体。失体丧心之人，祸乱之所及也，君子舍旃。君子不友不如己者，非羞彼而大我也。不如己者，须己植者也。然则扶人不暇，将谁相我哉？吾之偾也，亦无日矣。故坟庳则水纵，友邪则己僻，是以君子慎取友也。孔子曰："居而得贤友，福之次也。"夫贤者，言足听，貌足象，行足法，加乎善奖人之美，而好摄人之过，其不隐也如影，其不讳也如响。故我之惮之，若严君在堂，而神明处室矣，虽欲为不善，其敢乎？

夫利口者，心足以见小数，言足以尽巧辞，给足以应切问，难足以断俗疑，然而好说不倦，谍谍如也。夫类族辨物之士者寡，而愚暗不达之人者多，孰知其非乎？此其所以无用而不见废也，至贱而不见遗也。先王之法：析言破律，乱名改作，行僻而坚，言伪而辨者杀之。为其疑众惑民，而溃乱至道也。

古之制爵禄也，爵以居有德，禄以养有功。功大者其禄厚，德远者其爵尊；功小者其禄薄，德近者其爵卑。是故观其爵，则别其人之德；见其禄，则知其人之功，不待问之也。古之君子贵爵禄者，盖以此也。爵禄者，先王所重也。爵禄之贱也，由处之者不宜也；贱其人，斯贱其位矣。其贵也，由处之者宜之也；贵其人，斯贵其位矣。黻衣绣裳，君子之所服，爱其德，故美其服也。暴乱之君，非无此服，民弗美也。

位也者，立德之机也；势也者，行义之杼也。圣人蹈机握杼，织成天地之化，使万物顺焉，人伦正焉。六合之内，各竟其愿，其为大宝，不亦宜乎？夫登高而建旌，则所视者广矣；顺风而奋铎，则所闻者远矣。非旌色之益明，非铎声之益长，所托者然也。况居富贵之地，而行其政令者也。

人君之大患也，莫大乎详于小事，而略于大道；察于近物，而暗于远图。自古及今，未有如此而不亡也。详于小事，察于近物者，谓耳听于丝竹歌谣之和，目明乎雕琢采色之章；口给乎辨慧切对之辞，心通乎短言小说之文；手习乎射御书数之功，体比乎俯仰折旋之容。凡此数者，观之足以尽人之心，学之足以动人之志。且先王之末教也，非有小才智，则亦不能为也。是故能之者，莫不自悦乎其事，而无取于人，以人皆为不能故也。夫君居南面之尊，秉杀生之权者，其势固足以胜人矣，而加之以胜人之能，怀足己之心，谁敢犯之者乎？以匹夫行之，犹莫敢规也，而况于人君哉？故罪恶若山而己不见，谤声若雷而己不闻，岂不甚乎？夫小事者味甘，而大道者醇淡；而近物者易验，而远数者难效；非大明君子则不能兼通也。故皆惑于所甘，而不能至乎所淡；眩于所易，而不能及于所难。是以治君世寡而乱君世多也。故人君之所务者，其在大道远数乎？大道远数者，谓仁足以覆焘群生，惠足以抚养百姓，明足以照见四方，智足以统理万物，权足以应变无端，义足以阜生财用，威足以禁遏奸非，武足以平定祸乱；详于听受而审于官人，达于废兴之源，通于安危之分。如此则君道毕矣。

今使人君视如离娄，听如师旷，御如王良，射如夷羿，书如史籀（zhòu），计如隶首，走追驷马，力折门键。有此六者，可谓善于有司之职，何益于治乎？无此六者，可谓乏于有司之职，何增于乱乎？必以废仁义、妨道德矣。何则？小器不能兼容，治乱又不系于此，而中才之人所好也。昔潞丰舒、晋智伯瑶之亡，皆怙其三才，恃其五贤，而以不仁之故也。故人君多伎艺、好小智而不通于大道者，只足以拒谏者之说，而钳忠直之口也；只足以追亡国之迹，而背安家之轨也。不其然耶！不其然耶！

帝者昧旦而视朝，南面而听天下，将与谁为之，岂非群公卿士欤？故大臣不可以不得其人也。大臣者，君股肱耳目也，所以视听也，所以行事也。先王知其如是，故博求聪明睿哲君子，措诸上位，使执邦之政令焉。执政聪明睿哲，则其事举；其事举，则百僚莫不任其职；百僚莫不任其职，则庶事莫不致其治；庶事莫不致其治，则九牧之人莫不得其所。故《书》曰："元首明哉，股肱良哉，庶事康哉。"

凡亡国之君，其朝未尝无致治之臣也，其府未尝无先王之书也。然而不免乎亡者，何也？其贤不用，其法不行。苟书法而不行其事，爵贤而不用其道，则法无异于路说，而贤无异于木主也。昔桀奔南巢，纣踣于京，厉流于彘，幽灭于戏。当是时也，三后之典尚在，而良谋之臣犹存也。下及春秋之世，楚有伍举，左史倚相，右尹子革，而灵王丧师；卫有大叔仪，公子鱄、蘧伯玉，而献公出奔；晋有赵宣孟、范武子，而灵公被弑；鲁有子家羁、叔孙婼（chuò），而昭公野死；齐有晏平仲、南史氏，而庄公不免弑；虞、虢有宫之奇、舟之侨，而二公绝祀。由是观之，苟不用贤，虽有无益也。然彼亦知有马必待乘之，然后远行；有医必待使之，而后愈疾。至于有贤，则不知必待用之而后兴治也。且六国之君，虽不用贤，及其致人也，犹修礼尽意，不敢侮慢也。至于王莽，既不能用，及其致之也，尚不能言。莽之为人，内实奸邪，外慕古义。亦聘求名儒，征命术士，政烦教虐，无以致之，于是胁之以峻刑，威之以重戮。贤者恐惧，莫敢不至，徒张设虚名，以夸海内，莽亦卒以灭亡。且莽之爵人也，其实囚之也。囚人者，非必著桎梏，置之囹圄之谓也，拘系之，愁忧之之谓也。使在朝之人，欲进则不得陈其谋，欲退则不得安其身，是则以纶组为绳索，以印佩为钳钛（dì）也。小人虽乐之，君子则以为辱矣。

　　故明主之得贤也，得其心也，非谓得其躯也。苟得其躯而不论其心，斯与笼鸟槛兽，未有异也。则贤者之于我也，亦犹怨仇，岂为我用哉？虽曰班万钟之禄，将何益欤！故苟得其心，万里犹近；苟失其心，同衾为远。今不修所以得贤者之心，而务修所以执贤者之身，至于社稷颠覆，宗庙废绝，岂不哀哉！孙子曰："人主之患，不在于言不用贤，而在于诚不用贤。言用贤者口也，却贤者行也；口行反，而欲贤者之进，不肖之退，不亦难乎？"善哉言也！故人君苟修其道义，昭其德音，慎其威仪，审其教令，刑无颇僻，惠泽播流，百官乐职，万民得所，则贤者仰之如天地，爱之如亲戚，乐之如埙篪（xūn chí），歆之如兰芳。故其归我也，犹决壅导滞，注之大壑，何不至之有乎？苟粗秽暴虐，香馨不登，逸邪在侧，杀戮不辜，宫馆崇侈，妻妾无度，淫乐日纵，征税繁多，财力匮竭，死莩盈野，矜己自得，谏者被诛，内外震骚，远近怨悲，则贤者之视我容貌如魍魉，台殿如狴牢，采服如衰绖，歌乐如号哭，酒醴如滫（xiǔ）涤，肴馔如粪土。众事举措，每无一善，彼之恶我也如是，其肯至哉？今不务明其义，而徒设其禄，可以获小人，难以得君子。君子者，行不苟合，立不易方，不以天下枉道，不以乐生害仁，安可以禄诱哉？虽强搏执之，而不获已，亦杜口佯愚，苟免不暇，国之安危将何赖焉！

　　<u>政之大纲有二，赏、罚之谓也。</u>人君明乎赏罚之道，则治不难矣。赏罚者，不在于必重，而在于必行；必行则虽不重而民肃，必不行也，则虽重而民怠。故先王务赏罚之必行也。夫当赏者不赏，则为善者失其本望，而疑其所行；当罚者不罚，则为恶者轻其国法，而怙其所守。苟如是也，虽日用斧钺于市，而民不去恶矣；日赐爵禄于朝，而民不兴善矣。是以圣人不敢以亲戚之恩而废刑罚，不敢以怨仇之忿而留庆赏。夫何故哉，将以

有救也。故司马法曰："赏罚不逾时，欲使民速见善恶之报也。"逾时且犹不可，而况废之者乎？赏罚不可以疏，亦不可以数；数则所及者多，疏则所漏者多。赏罚不可以重，亦不可以轻；赏轻则民不劝，罚轻则民不惧；赏重则民侥幸，罚重则民无聊。故先王明恕以听之，思中以平之，而不失其节也。夫赏罚之于万人，犹辔策之于驷马也。辔策之不调，非徒迟速之分也，至于覆车而摧辕。赏罚之不明，非徒治乱之分也，至于灭国而丧身。可不慎乎？可不慎乎？

【重点句解读】

政之大纲有二，赏、罚之谓也。

治国理政的事虽千头万绪，但有两个总纲，那就是奖励和惩罚。

奖励，不仅仅是物质上的，也是精神和地位上的。品行、才能、业绩、功劳是奖励的标准；恶行、错误、荒唐、贪赃是惩罚的依据。所以，执政者要明白和掌握奖、惩的道理和要点，国家就不难治理。但是，奖惩不在于重，在于公平而及时兑现。能够公平及时兑现应奖应罚的，虽然不重，但人民是服从的；如果应当奖励的而不奖励，人民就会失去一心向善、为国效力的愿望，怀疑所做的好事是否得当；应当惩罚的而未受到惩罚，做坏事的人就会藐视国法，仍然去为非作歹。

天地之间，含气而生者，莫知乎人；人情之至痛，莫过乎丧亲。夫创巨者其日久，痛甚者其愈迟。故圣王制三年之服，所以称情而立文，为至痛极也。自天子至于庶人，莫不由之；帝王相传，未有知其所从来者。及孝文皇帝，天姿谦让，务崇简易，其将弃万国，乃顾臣子，令勿行久丧，已葬则除之，将以省烦劳而宽群下也。观其诏文，唯欲施乎己而已，非为汉室创制丧礼，而传之于来世也。后人遂奉而行焉，莫之分理。至乎显宗，圣德钦明，深照孝文一时之制，又惟先王之礼，不可以久违，是以世祖祖崩，则斩衰三年。孝明既没，朝之大臣，徒以己之私意，忖度嗣君之必贪速除也，检之以太宗遗诏，不唯孝子之心，哀慕未歇，故令圣王之迹，陵迟而莫遵，短丧之制，遂行而不除，斯诚可悼之甚者也。滕文公小国之君耳，加之生周之末世，礼教不行，犹能改前之失，咨问于孟轲，而服丧三年，岂况大汉配天之主，而废三年之丧，岂不惜哉！且作法于仁，其弊犹薄；道隆于己，历世则废，况以不仁之作，宣之于海内，而望家有慈孝，民德归厚，不亦难乎。《诗》曰："尔之教矣，民胥放矣。"圣主若以游宴之闲，超然远思，览周公之旧章，咨显宗之故事，感蓼莪之笃行，恶素冠之所刺，发复古之德音，改太宗之权令，事行之后，永为典式，传示万代，不刊之道也。

昔之圣王，制为礼法，贵有常尊，贱有等差，君子小人，各司分职。故下无僭上之愆，而人役财力，能相供足也。往昔，海内富民及工商之家，资财巨万，役使奴婢，多者以百数，少者以十数，斯岂先王制礼之意哉？夫国有四民，不相干默，士者劳心，工农商者劳力。劳心之谓君子，劳力之谓小人。君子者治人，小人者治于人。治于人者食人，治人者食于人，百王之达义也。今夫无德而居富之民，宜治于人，且食人者也，役使奴婢，不劳筋力，目喻颐指，从容垂拱，虽怀忠信之士，读圣哲之书，端委执笏，列在朝位者，何以加之。且今之君子，尚多贫匮，家无奴婢，既其有者，不足供事，妻子勤劳，躬自爨烹。其故何也？皆由罔利之人与之竞逐，又有纡青拖紫并兼之门使之然也。

<u>夫物有所盈，则有所缩。圣人知其如此，故哀多益寡，称物平施，动为之防，不使过度，是以治可致也。</u>为国而令廉让君子不足如此，而使贪人有余如彼，非所以辨尊卑，等贵贱，贱财利，尚道德也。今太守令长得称君者，以庆赏刑威咸自己出也。民畜奴婢，或至数百，庆赏刑威，亦自己出，则与郡县长史又何以异？夫奴婢虽贱，俱含五常，本帝王良民，而使编户小人为己役，哀穷失所，犹无告诉，岂不枉哉！今自斗食佐吏以上，至诸侯王，皆治民人者也，宜畜奴婢；农工商及给趋走使令者，皆劳力躬作，治于人者也，宜不得畜。昔孝哀皇帝即位，师丹辅政，建议令畜田宅奴婢者有限，时丁傅用事，董贤贵宠，皆不乐之，事遂废覆。夫师丹之徒，皆前朝知名大臣，患疾并兼之家，建纳忠信，为国设禁，然为邪臣所抑，卒不施行，岂况布衣之士，而欲唱议立制，不亦远乎！

【重点句解读】

> 夫物有所盈，则有所缩。圣人知其如此，故衰多益寡，称物平施，动为之防，不使过度，是以治可致也。

社会财富，有多占的，必有少占的。圣人知道会是这样，所以，设法减少多占的，补给少占的，权衡财物的社会公平分配，经常提防不使有人超过限度。因此，能够实现社会安定。

党的十八届五中全会提出了"共享发展"新的发展理论，在制度上缩小贫富、城乡差距，使全体人民共享发展成果，才能进一步调动人民的积极性、主动性和创造性。习近平总书记在这次会议上引用《汉书·食货志第四上》中"富者累巨万，而贫者食糟糠"来警醒全党，要认真对待这种发展中产生的贫富差距，努力提高低收入群体的生活质量，才能使我国的社会主义各项事业稳定、持续的发展。

《典论》治要

【三国】曹丕 撰

【导读】

曹丕（187—226），字子桓，豫州沛国谯县（今安徽亳州）人，曹操次子，三国时期著名政治家、文学家，曹魏开国皇帝（220—226在位）。他自幼文武双全，博览群籍，与其父曹操和弟曹植，并称"三曹"。汉建安二十五年（220），曹操逝世，曹丕继任，受禅登基，以魏代汉，建立了魏国。在位期间，对内改官制为九品中正制，用人权从地方收归了中央，成为魏晋南北朝时期主要的选官制度；下令妇人不准干政，后族之家不得当辅政之任和受茅土之封；严禁宦官参政；发展屯田，奖农重商，推行自由贸易，减轻税负，与民休息；恢复太学，建立儒家思想教育机构。对外平定边患，统一了北方。魏黄初七年（226），病逝于洛阳，年四十岁，谥号"文帝"。

今存《魏文帝集》二卷。所著《典论》中的《论文》是中国文学史上第一部系统性的文学批评专著。

《隋书·经籍志》："《典论》五卷，曹丕著。"但此书《宋史》未录，说明已久佚。惟《典论》中的《自叙》篇在裴松之注《文帝纪》中和《论文》一篇为《文选》所收录，故全。此足证魏徵编撰《群书治要》时所辑录的亦早失佚。

《群书治要》所选《典论》两章节，总结了历史上一些亡国破家、身败名裂案例的历史教训。《奸谗》中突出奸佞误国、宦寺败政的教训，《内诫》则指出内宫干政的严重后果。他总结的"古之有国有家者，无不患贵臣擅朝，宠妻专室"的历史教训，在任何封建朝代都有一定的借鉴价值，这就是魏徵在编撰《群书治要》时选录这两节目的之所在。

何进灭于吴匡、张璋；袁绍亡于审配、郭图；刘表昏于蔡瑁、张允。孔子曰："佞人殆。"信矣。古事已列于载籍，聊复论此数子，以为后之监诫，作《奸谗》。

中平之初，大将军何进，弟车骑苗，并开府。近士吴匡、张璋，各以异端有宠于进，而苗恶其为人。匡、璋毁苗而称进，进闻而嘉之，以为一于己。后灵帝崩，进为宦者韩悝等所害。匡、璋忌苗，遂劫进之众，杀苗于北阙，而何氏灭矣。昔郑昭公杀于渠弥，鲁隐公死于羽父，苗也，能无及此乎。夫忠臣之事主也，尊其父以重其子，奉其兄以敬其弟，故曰："爱其人者，及其屋乌。"况乎骨肉之间哉？而进独何嘉焉？

【重点句解读】

> 夫忠臣之事主也，尊其父以重其子，奉其兄以敬其弟，故曰："爱其人者，及其屋乌。"况乎骨肉之间哉？

下级对待上级的态度，往往是尊敬他的父亲，也尊重他的儿子；帮助他的兄长，也尊重他的兄弟，这就是因爱他的人，也爱他家的房子和落在这房子上的乌鸦，何况兄弟之间的骨肉关系比上下级关系更加亲密。

不明白这个道理而相信一些心怀诡诈的人，一定会破家亡身。东汉末，大将军何进执掌政权，他不信任共同掌权的弟弟车骑将军何苗而信任他身边的吴匡、张璋，吴、张在奉承何进的同时贬低何苗，挑拨他们兄弟之间的关系。后何进为宦官所害，而吴、张统率了何进的部下杀了何苗，何氏一族至此冰消瓦解。而且由此引起天下大乱、三国鼎立。袁绍为三国早期势力最强的地方诸侯，但他内宠后妻刘氏而喜相貌娇好的小儿子袁尚，信任骄奢淫逸的审配、逢纪。与他们有矛盾的郭图、辛评则拥护其长子袁谭而导致袁氏集团内乱，兄弟攻伐，使曹操坐收渔利，灭掉了袁氏势力。袁绍如此，同期的刘表也相类似，喜内宠而外信奸佞，前后妻之子刘琦、刘琮势同水火，亦为曹操所收拾。

有鉴于此，曹丕在本文开头便说："何进灭于吴匡、张璋；袁绍亡于审配、郭图；刘表昏于蔡瑁、张允。孔子曰：'佞人殆。'信矣。古事已列于载籍，聊复论此数子，以为后之监诫。"意为何进的灭亡，是因为任用了吴匡和张璋；袁绍的灭亡，是因为任用了审配和郭图；刘表昏庸地任用了蔡瑁和张允。孔子曾说："任用奸佞之人危险。"的确是这样的。过去的事已记载于史书之上，这里姑且再对这几个人加以评论，以作为后人之借鉴。

袁绍之子，谭长而慧，尚少而美。绍妻爱尚，数称其才，绍亦雅奇其貌，欲以为后。未显而绍死，别驾审配、护军逢纪，宿以骄侈，不为谭所善。于是外顺绍妻，内虑私害，矫绍之遗命，奉尚为嗣。颍川郭图、辛评，与配、纪有隙，惧有后患，相与依谭，盛陈嫡长之义，激以绌降之辱，劝其为乱。而谭亦素有意焉，与尚亲振干戈，欲相屠裂。王师承天人之符应，以席卷乎河朔，遂走尚枭谭，擒配馘（guó）图。二子既灭，臣无余。

绍遇因运，得收英雄之谋，假士民之力，东苞巨海之实，西举全晋之地，南阻白渠黄河，北有劲弓胡马，地方二千里，众数十万，可谓威矣。当此之时，无敌于天下，视霸王易于覆手，而不能抑遏愚妻，显别嫡庶，婉恋私爱，宠子以貌；其后败绩丧师，身以疾死，邪臣饰奸，二子相屠，坟土未干，而宗庙为墟，其误至矣。

刘表长子曰琦，表始爱之，称其类己。久之为少子琮，纳后妻蔡氏之侄。至蔡氏有宠，其弟蔡瑁，表甥张允，并幸于表，惮琦之长，欲图毁之。而琮日睦于蔡氏，允、瑁为之先后。琮之有善，虽小各闻；有过，虽大必蔽。蔡氏称美于内，瑁、允叹德于外，表日然之，而琦益疏矣。出为江夏太守，监兵于外，瑁、允阴司其过阙，随而毁之。美无显而不掩，阙无微而不露，于是表忿怒之色日发，诮让之书日至，而琮坚为嗣矣。故曰："容刀生于身疏，积爱出于近习。"岂谓是耶？昔泄柳申详，无人乎穆公之侧，则不能安其身。君臣则然，父子亦犹是乎！后表疾病，琦归省疾。琦素慈孝，瑁、允恐其见表，父子相感，更有托后之意，谓曰："将军命君抚临江夏，为国东藩，其任至重。今释众而来，必见谴怒，伤亲之欢心，以增其疾，非孝敬也。"遂遏于户外，使不得见，琦流涕而去。士民闻而伤焉，虽易牙杜宫、竖牛虚器，何以加此。琦岂忌晨凫北犬之献乎？隔户牖而不达，何言千里之中山。嗟乎！父子之间，可至是也。表卒，琮竟嗣立，以侯与琦。琦怒投印，伪辞奔丧，内有讨瑁、允之意。会王师已临其郊，琮举州请罪，琦遂奔于江南。昔伊戾、费忌以无宠而作谗；江充、焚丰以负罪而造蛊；高、斯之诈也贪权；躬宠之罔也欲贵，皆近取乎骨肉之间，以成其凶逆。悲夫！匡、璋、配、图、瑁、允之徒，固未足多怪，以后监前，无不烹菹夷灭，为百世戮訑。然犹昧于一往者，奸利之心笃也。其谁离父子，隔昆弟，成奸于朝，制事于须臾，皆缘崖隙以措意，托气应以发事。挟宜恤之成画，投必忿之常心，势如憝（duì）怒，应若发机，虽在圣智，不能自免，况乎中材之人。若夫爰盎之谏淮南，田叔之救梁孝，杜邺之绐（dài）二王，安国之和两主，仓唐之称诗，史丹之引过，周昌犯色以廷争，叔孙切谏以陈诚，三老抗疏以理冤，千秋托灵以寤主。彼数公者，或显德于前朝，或扬声于上世；或累迁而登相，或受金于帝室；其言既酬，福亦随之。斯可谓善处骨肉之间矣。

三代之亡，由乎妇人。故《诗》刺艳女，《书》诫哲妇，斯已著在篇籍矣。近世之若此者众，或在布衣细人，其失不足以败政乱俗。至于二袁，过窃声名，一世豪士，而术以之失，绍以之灭，斯有国者所宜慎也。是以录之，庶以为诫于后，作《内诫》。古之有国有家者，无不患贵臣擅朝，宠妻专室。故女无美恶，入宫见妒；士无贤愚，入朝见嫉。夫宠幸之欲专爱擅权，其来尚矣。然莫不恭慎于明世，而恣睢于暗时者，度主以行志也。故龙阳临钓而泣，以塞美人之路；郑袖伪隆其爱，以残魏女之貌。司隶冯方女，国色也，世乱避地扬州，袁术登城见而悦之，遂纳焉，甚爱幸之。诸妇害其宠，绐言将军贵人有志节，当时涕泣示忧愁，必长见敬重。冯氏女以为然，后见术辄垂涕，术果以为有心志，益哀之。诸妇因是共绞，悬之庙梁，言自杀。术诚以为不得志而死，厚加殡殓。袁绍妻刘氏甚妒忌，绍死僵尸未殡，宠妾五人，妻尽杀之；以为死者有知，当复见绍，乃髡头墨面，以毁其形。追妒亡魂，戮及死人，恶妇之为，一至是哉！其少子尚又为尽杀死者之家，媚说恶母，蔑死先父，行暴逆，忘大义，灭其宜矣。绍听顺妻意，欲以尚为嗣，又不时决定，身死而二子争国，举宗涂地，社稷为墟。

【重点句解读】

故女无美恶，入宫见妒；士无贤愚，入朝见嫉。

女子不管是美是丑，进宫就被妒忌；士人不管是品行端方而有能力的还是能力欠缺的人，一进朝廷任职就被嫉妒。

本篇又是列举袁绍及其弟袁术内惑于女子而败亡的例子。实际上，这类事史上多有。"屈贾谊于长沙，非无圣主；窜梁鸿于海曲，岂乏明时？"（王勃《滕王阁序》）现在，有些贪官，外用为其作伥的奸佞，内倚狼狼贪的内助，使其身败名裂。前车已覆，后车能不戒慎？

上定冀州屯邺，舍绍之第，余亲涉其庭，登其堂、游其阁、寝其房，栋宇未堕，陛除自若，忽然而他姓处之。绍虽蔽乎，亦由恶妇。

卷四十七 《刘廙政论》治要

【三国】旧题刘廙撰,为后人辑录

【导读】

刘廙(180—221),字恭嗣,南阳(今河南南阳市)人,汉末魏初名士。始从荆州刘表,后投曹操,颇受器重,任黄门侍郎。曹丕受禅,擢为侍中,赐爵关内侯。刘廙为政主张先刑后礼,且通天文历数之术。魏黄初二年(221)卒。著书数十篇,皆失传。

《刘廙政论》,又名《刘廙别传》。《三国志·魏书》刘廙本传记载:"著书数十篇,及与丁仪共论刑礼,皆传于世。"世已久佚,原貌已无从稽考,惟魏徵所编《群书治要》辑录《刘廙政论》中的一些章节,尚可窥其政治思想之大概。

魏徵所辑录的《刘廙政论》中的章节,核心内容是君主要识人、用人、信人。他指出用人大忌在于"择贤而疑",其弊病在于"自古人君,莫不愿得忠贤而用之也;既得之,莫不访之于众人也。忠于君者,岂能必利于人?苟无利于人,又何能保誉于人哉?"用人行政,应一秉大公。察事应并听,治国需兼众。勿以细故而远贤臣,勿以私爱而亲小人。这个观点,为魏徵谏言所常引。如《下视》篇:"夫自足者不足,自明者不明。日月至光至大,而有所不遍者,以其高于众之上也;灯烛至微至小,而无不可之者,以其明之下,能照日月之所蔽也。圣人能睹往知来,不下堂而知四方。萧墙之表,有所不喻焉!诚无所以知之也。夫有所以知之,无远而不睹;无所以知之,近不如童昏之履之也。人岂逾于日月，而皆贤于圣哉！故高于人之上者，必有以应于人；其察之也视下，视下者见之详矣。人君诚能知所不知，不遗灯烛童昏之见，故无不可知而不知也。何幽冥之不尽，况人情之足蔽哉！"魏徵将这一论述作为他进谏的理论依据。即便是在今天，领导者能以此为借鉴，结合实际，采用《刘廙政论》中的一些观点，也会收到很大的社会效果。

·备 政·

夫为政者，譬犹工匠之造屋也。广厦既成，众榱不安，则梁栋为之断折；一物不备，则千柱为之并废。善为屋者，知梁桡之不可以不安，故栋梁常存；知一物之不可以不备，故众榱与之共成也。善为政者，知一事之不可阙也，故无物而不备；知一是之不可失也，故众非与之共得。其不然者，轻一事之为小，忽而阙焉，不知众物与之共多也；睹一非之为小也，轻而蹈焉，不知众是与之共失也。

夫政之相须，犹辌辖之在车，无辌辖犹可以小进也，谓之历远而不顿踬者，未之有也。夫为政者，轻一失而矜之，犹乘无辖之车，安其少进，而不睹其顿踬之患也。夫车之患近，故无不睹焉；国之患远，故无不忽焉。知其体者，夕惕若厉，慎其愆矣。夫为政者，莫善于清其吏也。故选托于由、夷，而又威之以笃罚，欲其贪之必惩、令之必从也，而奸益多、巧弥大，何也？知清之为清，而不知所以清之，故免而无耻也。日欲其清，而薄其禄，禄薄所以不得成其清。夫饥寒切于肌肤，固人情之所难也，其甚又将使其父不父、子不子、兄不兄、弟不弟、夫不夫、妇不妇矣。贫则仁义之事狭，而怨望之心笃。从政者捐私门，而委身于公朝，荣不足以光室族，禄不足以代其身，骨肉饥寒，离怨于内，朋友离叛，弃捐于外，亏仁孝，损名誉，能守之而不易者，万无一也。不能原其所以然，又将佐其室族之不和、合门之不登也。疑其名，必将忘其实。因而下之，不移之士，虽苦身于内，冒谤于外，捐私门之患，毕死力于国，然犹未获见信之衷，不免黜放之罪。故守清者，死于沟壑，而犹有遗谤于世也。为之至难，其罚至重，谁能为之哉！人知守清之必困于终也，违清而又惧卒罚之及其身也，故不为昭昭之行，而咸思暗昧之利，奸巧机于内，而虚名逸于外。

【重点句解读】

> 夫为政者，莫善于清其吏也。故选托于由、夷，而又威之以笃罚，欲其贪之必惩、令之必从也，而奸益多、巧弥大，何也？知清之为清，而不知所以清之，故免而无耻也。

执掌政权，最好莫过于使官吏廉洁清正。所以，选拔并委托政事于许由（传为尧时的贤人）和伯夷（为历代儒家称颂的谦让贤人）这样的人，且又以重罚加以威慑，希望实现有贪必惩、有令必从。但伪诈之举却日益增多，虚浮不实之风却越来越严重，这是什么原因？是因为知道怎样算是清廉，却不知道怎样才能实现清廉，所以，人们只求逃避惩罚而并无廉耻之心。

朱元璋惩治贪腐可以说是中国历史上最严厉的，所处刑罚可能是最残忍的。但有明一代却是贪腐之风盛行的一代。这就说明他们知腐败而不知为何腐败。

习近平总书记在《在十八届中央纪委第二次全体会议上的讲话》等文章中，提出了反腐倡廉的一系列措施，从理论的高度，指出腐败产生的社会、思想根源，为建设一个风清弊绝的社会奠定了基础、指明了方向。

人主贵其虚名，而不知贱其所以为名也。虚名彰于世，奸实隐于身，人主眩其虚，必有以暗其实矣，故因而贵之，敬而用之，此所谓恶贪而罚于由、夷、好清而赏于盗跖也。名实相违，好恶相错，此欲清而不知重其禄之故也。不知重其禄，非徒失于清也，又将使清分于私，而知周于欺。推此一失，以至于欺，苟欺之行，何事而不乱哉！故知清而不知所以重其禄者，则欺而浊；知重其禄而不知所以少其吏者，则竭而不足；知少其吏而不知所以尽其力者，则事繁而职阙。凡此数事，相须而成，偏废则有者不为用矣。其余放欺，无事而不若此者也，不可得一二而载之耳。故明君必须良佐而后致治，非良佐能独治也。〔必须善法有以用之。夫君犹医也，臣犹针也，法，阴阳补泻也。针非人不入，人非针不彻于病。二者既备，而不知阴阳补泻，则无益于疾也，又况逆失之哉？今用针而不存于善术，

使所针必死。夫然也,欲其疾之疗亦远。良医急于速疗,而不恃针入之无恙也;明君急于治平,而不恃亡失之不便亡也。〕

·正 名·

夫名不正,则其事错矣;物无制,则其用淫矣。错则无以知其实,淫则无以禁其非。故王者必正名以督其实,制物以息其非。名其何以正之哉?曰:"行不美则名不得称,称必实所以然,效其所以成。故实无不称于名,名无不当于实也。"曰:"物又何以制之哉?"曰:"物可以养生,而不可废之于民者,富之备之;无益于养生,而可以宝于世者,则随尊卑而为之制,使不为此官,不得服此服,不得备此饰。故其物甚可欲,民不得服,虽捐之旷野,而民不敢取也;虽简于禁,而民皆无欲也。是以民一于业,本务而末息,有益之物阜而贱,无益之宝省而贵矣。所谓贵者,民贵愿之也,匪谓贾贵于市也。故其政惠,其民洁,其法易,其业大。"昔人曰:"唯器与名,不可以假人。"其此之谓与!

·慎 爱·

夫人主莫不爱爱己,而莫知爱己者之不足爱也。故惑小臣之佞,而不能废也;忌违己之益己,而不能用也。夫犬之为猛也,莫不爱其主矣,见其主,则腾踊而不能自禁,此欢爱之甚也。有非则鸣吠,而不遑于夙夜,此自效之至也。昔宋人有沽酒者,酒酸而不售,何也?以其有猛犬之故也。夫犬知爱其主,而不能为其主虑酒酸之患者不噬也。夫小臣之欲忠其主也,知爱之而不能去其嫉妒之心,又安能敬有道,为己愿稷、契之佐哉!此养犬以求不贫,爱小臣以丧良贤也。悲夫!为国者之不可不察也。

·审 爱·

为人君者,莫不利小人以广其视听,谓视听之可以益于己也。今彼有恶而己不见,无善而己爱之者,何也?智不周其恶,而义不能割其情也。己不能割情于所爱,虑不能睹其得失之机,彼亦能见己成败于所暗,割私情以事其上哉？其势适足以厚奸人之资。此朋党者之所以日固，独善之所以孤弃也。故视听日多，而暗蔽日甚，岂不诡哉！

·欲失·

夫人君莫不愿众心之一于己也，而疾奸党之比于人也。欲得之而不知所以得之，故欲之益甚，而不可得亦甚；疾之益力，而为之者亦益勤矣。何也？彼将恐其党也，任之而不知所以信之，朝任其身，夕访于恶，恶无毁实，善无赏分，事无小大，访而后知。彼众之不必同于道也，又知访之不能于己也，虽至诚至忠，俾曾参以事其亲，借龙逢以贯其忠，犹将屈于私交，况世俗之庸臣哉！<u>故为君而欲使其臣之无党者，得其人也。得其人而使必尽节于国者，信之于己也。</u>

【重点句解读】

> 故为君而欲使其臣之无党者，得其人也。得其人而使必尽节于国者，信之于己也。

执政者要使部下不结党营私，关键在于得人。得人有二：人心、人才。得人心，政权稳固；得人才，国家强盛。二者缺一不可。而要得到部下的心，使他们奉献才华，为国家尽忠尽节，就一定要信任他们。

习近平总书记在《在河北参加省委班子专题民主生活会上的讲话》等文章中，引用白居易的话指出："邦之兴，由得人也；邦之亡，由失人也。得其人，失其人，非一朝一夕之故，其所由来者渐矣。"（白居易《策林·辩兴亡之由》）与之是一个道理。

·疑贤·

自古人君莫不愿得忠贤而用之也，既得之，莫不访之于众人也。忠于君者，岂能必利于人？苟无利于人，又何能保誉于人哉！故常愿之于心，而常失之于人也。非愿之之不笃而失之也，所以定之之术非也。故为忠者获小赏，而大乖违于人，恃人君之独知之耳，而获访之于人，此为忠者福无几，而祸不测于身也。得于君不过斯须之欢，失于君而终身之故患，苟赏名而实穷于罚也。是以忠者逝而遂，智者虑而不为。为忠者不利，则其为不忠者利矣。凡利之所在，人无不欲；人无不欲，故无不为不忠矣。为君者，以一人而独虑于众奸之上，虽至明而犹困于见暗，又况庸君之能睹之哉！庸人知忠之无益于己，而私名之可以得于人，得于人可以重于君也，故笃私交，薄公义，为己者殖而长之，为国也抑而割之。是以真实之人黜于国，阿欲之人盈于朝矣。由是田、季之恩隆，而齐、鲁之政衰也。虽威之市朝，示之刀锯，私欲益盛，齐、鲁日困。何也？诚威之以言，而赏之以实也。好恶相错，政令日弊。昔人曰："为君难。"不其然哉！

·任 臣·

人君所以尊敬人臣者，以其知任人臣，委所信，而保治于己也。是以其听察，其明昭，身日高而视日下，事日远而听日近，业至难而身至易，功至多而勤至少也。若多疑而自任也，则其臣不思其所以为国，而思其所以得于君，深其计而浅其事，以求其指㧑（huī）。人主浅之，则不陷于之难；人主深之，则进而顺之，以取其心。所阙者忠于国而难明于君者也；所修者不必忠于国而易行于时者也。因其所贵者贵之，故能同其贵；因其所贱者贱之，故能殊于贱。其所贵者不必贤，所贱者不必愚也。家怀因循之术，人为悦心易见之行。夫美大者，深而难明；利长者，不可以仓卒形也。故难明长利之事废于世，阿易见之行塞于侧，为非不知其过，知困不知其乏，此为天下共一人之智，以一人而独治于四海之内也。其业大，其智寡，岂不蔽哉！以一蔽主，而临不量之阿，欲能不惑其功者，未之有也。苟惑之，则人得其志矣；人得其志，则君之志失矣。君劳臣逸，上下易所，是一君为臣，而万臣为君也。以一臣而事万君，鲜不用矣；有不用人之名，而终为人所用也。是以明主慎之，不贵知所用于己，而贵知所用于人，能用人，故人无不为己用也。昔舜恭己正南面而已，天下不多皋陶、稷、契之数，而贵圣舜独治之功。故曰："为之者，不必名其功；获其业者，不必勤其身也。"其舜之谓与？

· 下 视 ·

夫<u>自足者不足，自明者不明。</u>日月至光至大，而有所不遍者，以其高于众之上也；灯烛至微至小，而无不可之者，以其明之下，能照日月之所蔽也。圣人能睹往知来，不下堂而知四方，萧墙之表，有所不喻焉，诚无所以知之也。夫有所以知之，无远而不睹；无所以知之，虽近，不如童昏之履之也。人岂逾于日月，而皆贤于圣哉！故高于人之上者，必有以应于人，其察之也视下，视下者见之详矣。人君诚能知所不知，不遗灯烛童昏之见，故无不可知而不知也，何幽冥之不尽，况人情之足蔽哉！

【重点句解读】

自足者不足，自明者不明。

　　自以为是十全十美的人其实并不十全十美，自以为很聪明的人其实并不聪明。

　　一个人要有自知之明，而不能自以为是，更不能刚愎自用。历史上不知有多少自以为是、刚愎自用的人最后落得国破身亡的悲惨下场。这些历史教训，警醒我们在工作、社会活动和生活中一定要谦虚谨慎，戒骄戒躁，做到曾子提倡的"吾日三省吾身"以规避错误。

《蒋子万机论》治要

【三国】 蒋济 撰

【导读】

蒋济（188—249），字子通，楚国平阿（今安徽怀远县）人。三国后期曹魏名臣，历仕曹操、曹丕、曹睿、曹芳四朝。在著名的"高平陵之变"（司马懿军事政变）中，蒋济为司马懿致书曹爽劝罢兵，以"免官勿治罪"为条件。曹爽因此释兵而全家、亲信皆被杀。济自伤失信，发病而卒。

《万机论》是蒋济上给魏文帝曹丕的一篇疏文。《三国志·魏书》："济上《万机论》，帝善之。入为散骑常侍。"

《蒋子万机论》原书传为八卷，"纯以推极利弊为主，不尚华词"。《新唐书·艺文志》作十卷，《直斋书录解题》作二卷，《称馆阁书目》："十卷五十五篇，今惟十五篇，非完书也。"至明而二卷本亦亡。《国史经籍志》以八卷入儒家，以二卷入杂家，虚列书名，又误分为两种，不足据。

魏徵等人编撰的《群书治要》收录《万机论》三篇（疑是三节），名为"政略""刑论""用奇"。分别论证治国之要点是："一曰'择人'，二曰'因民'，三曰'从时'。时移而不移，违天之祥也；民望而不因，违人之咎也；好善而不能择人，败官之患也。三者失，则天人之事悖矣。夫人乖则时逆，时逆则天违。天违而望国安，未有也"；治国之重点是"患之巨者，狡猾之狱焉。……夫妄造诽谤，虚书叛逆，狡黠之民也，而诈忠者知而族之，此国之大残，不可不察也"。要做到以上两点，应不次第地选拔使用奇才异能之士，"是以高世之主，成功之臣，张法以御常人，厚礼以延奇逸，求之若不及，索之若骨肉，故能消灾除难，君臣同烈也"；"故明君良臣，垂意于奇异，诚欲济其事也。使奇异填于沟壑，有国者将不兴其治矣"。蒋济在总结历史上的一些经验教训提出的上述观点，不仅为魏徵采纳，对今天的治国理政亦有一定的现实意义。

· 政　略 ·

夫君王之治，必须贤佐，然后为泰。故君称元首，臣为股肱，譬之一体相须而行也。是以陶唐钦明，羲氏平秩，有虞明目，元恺敷教，皆此君唱臣和，同亮天功，故能天成地平，咸熙于和穆，盛德之治也。夫<u>随俗树化，因世建业，慎在务三而已：一曰"择人"，二曰"因民"，三曰"从时"</u>。时移而不移，违天之祥也；民望而不因，违人之咎也；好善而不能择人，败官之患也。三者失，则天人之事悖矣。夫人乖则时逆，时逆则天违。天违而望国安，未有也。

【重点句解读】

> 随俗树化，因世建业，慎在务三而已：一曰"择人"，二曰"因民"，三曰"从时"。

如何顺应风俗民情来对人民进行教育，按照历史潮流的趋势来建功立业，只需要慎重地做好三件事：一是挑选人才，二是顺从民意，三是跟上潮流趋势。

在选择人才上，习近平总书记多次强调："为政之要，莫先于用人"（《在全国组织工作会议上的讲话》中引用《资治通鉴·魏纪五》中语），指出要在我国取得社会主义事业胜利，关键在党，要确保党在发展社会主义事业的历史进程中，始终处于核心领导地位。实现这一点的关键又在于选拔人才。人才的标准是大公无私，清正廉洁，权为民所用，利为民所谋的有知识、有理想，一心为我国社会主义事业奉献一生的人；对待人民要时时想到"政之所兴在顺民心，政之所废在逆民心"（《在中国人民政治协商会议成立六十五周年大会上的讲话》中引用《管子·牧民·四顺》中语）。而我们的事业要想从胜利走向胜利，应以此为前提条件，以敏锐的政治眼光，看清世界历史发展的潮流就是"建立人类命运共同体"，建设好"一带一路"，使各国人民共享我国发展成果。

·刑 论·

<u>患之巨者，狡猾之狱焉。</u>狡黠之民，不事家事，烦贷乡党，以见厌贱，因反忿恨，看国家忌讳，造诽谤，崇饰戏言，以成丑语，被以叛逆，告白长吏。长吏或内利疾恶尽节之名，外以为功，遂使无罪并门灭族，父子孩耄，肝脑涂地，岂不剧哉！求媚之臣，侧人取舍，虽烝子啖君，孤己悦主，而不惮也。况因捕叛之时，无悦亲之民，必获尽节之称乎？夫妄造诽谤，虚书叛逆，狡黠之民也，而诈忠者知而族之，此国之大残，不可不察也。

【重点句解读】

患之巨者，狡猾之狱焉。

一个国家最大的祸害是诡诈刁钻的诉讼。

执法不公，民生怨恨；有法不依，执法不严，易生坏事；如与坏人沆瀣一气，那就是罪恶了。近来，我国开展的"打黑除恶"就是消除社会乱源的重要举措。正如习近平总书记在《在第十八届中央纪律检查委员会第六次全体会议上的讲话》中所说的那样："锄一害而众苗成，刑一恶而万民悦。"（引用《盐铁论·后刑第三十四》中语）

·用 奇·

或曰："官人用士，累功积效，以次相叙，明主之法、忠臣之节尽矣。若拔奇求异，超等逾第，非臣之事也。"应之曰："顾当忧世无奇人，倘有又不能识耳。明法忠节，未必已尽也。"自昔五帝之冠，固有黜陟之谟矣，复勤扬侧陋；殷有考诚之诰矣，复力索岩穴；西伯有呈效之誓矣，复旁求鱼钓；小伯有督课之法矣，复遽求囚俘；汉祖有赏爵之约矣，复急追亡信。若修叙为明法，拔奇为非事，是两帝三君非圣哲，而鲍、萧非忠吏也。然则考功案第，守成之法也；拔奇取异，定社稷之事也。当多事之世，而论无事之法，处用奇之时，而必效一官之智，此所以上古多无严之国也。是以高世之主，成功之臣，张法以御常人，厚礼以延奇逸，求之若不及，索之若骨肉，故能消灾除难，君臣同烈也。曩使五主二臣，牵于有司，束于修常，不念畴咨，则唐民"康哉"之歌不作，殷无高宗之号，周无殪（yì）商《雅》《颂》之美，齐无九合之功，汉奸于京索而不帝矣。故明君良臣，垂意于奇异，诚欲济其事也。使奇异填于沟壑，有国者将不兴其治矣。

汉元帝为太子时，谏持法泰深，求用儒生，宣帝作色怒之云："俗儒不达不足任，乱吾家者太子也。"据如斯言，汉之中灭，职由宣帝，非太子也。乃知班固步骤盛衰，发明是非之理，弗逮古史远矣。昔秦穆公近纳英儒，招致智辩，知富国强兵。至于始皇，乘历世余，灭吞六国，建帝号而坑儒任刑，疏扶苏之谏，外蒙恬之直，受胡亥之曲，信赵高之诿，身没三岁，秦无噍类矣。前史书二世之祸，始皇所起也。夫汉祖初以三章，结黔首之心，并任儒辩，以并诸侯，然后罔漏吞舟之鱼，烝民朴谨，天下大治。宣帝受六世之洪业，继武、昭之成法，四夷怖征伐之威，生民厌兵革之苦，海内归势，适当安乐时也，而以峻法绳下，贱儒贵刑名。是时名则石显、弘恭之徒，便僻危险，杜塞公论，专制于事，使其君负无穷之谤也。如此，谁果乱宣帝家哉？向使宣帝豫料柱石之士、骨鲠之臣，属之社稷，不令宦竖秉持天机，岂近于元世栋桡榱崩，三十年间，汉为新家哉？推计之，始皇任刑，祸近及身；宣帝好刑，短丧天下，不同于秦祸少者耳。

《政要论》治要

【三国】桓范 撰

【导读】

桓范（？—249），字元则，沛国龙亢（今安徽怀远）人。齐王曹芳正始年中，拜大司农。生平事迹见《三国志·魏书·曹爽传》裴松之注引《魏略》。因高平陵之变（见《〈蒋子万机论治要〉导读》），坐党曹爽被杀。

《隋书·经籍志》将《世要论》归入法家类："《世要论》十二卷，魏大司农桓范撰。梁有二十卷。"《旧唐书·经籍志》作"《桓氏代要论》十卷"（避太宗世民讳）。《新唐书·艺文志》作"《桓氏世要论》十二卷"。《宋史·艺文志》无著录，显见已散佚。

魏徵等人在《群书治要》中辑录桓范的《政要论》（为避唐太宗李世民的名讳，魏徵将《世要论》改成《政要论》），计有《为君难》《臣不易》《政务》《节欲》《详刑》《兵要》《辨能》《尊嫡》《谏争》《决壅》《赞象》《铭诔》《序作》等十三篇。提出了能使国家长治久安的为君之道是首要"识正"。而"识正"是：任用贤人时要有包容雅量，不计细故，不怕犯颜直谏，重在业绩气节、爱民廉政等七个方面；同时还要做到"防邪"，防范那些表里不一、心怀叵测、欺上瞒下、以权谋私、妒贤忌能、阿谀逢迎等九种小人参政害国。指出"此九虑者，所以防恶也"。提出"长民治国之本在身"的以身作则的原则，做到节制私欲。"故修身治国也，要莫大于节欲。《传》曰：欲不可纵。历观有家有国，其得之也，莫不阶于俭约；其失之也，莫不由于奢侈。俭者节欲，奢者放情。

放情者危,节欲者安","正身于庙堂之上,而化应于千里之外","至德加于天下,惠厚施于百姓。故民仰之如天地,爱之如父母,敬之如神明,畏之如雷霆"。而为臣事君之道则"莫过于谏"。"子从令者不得为孝,臣苟顺者不得为忠","国之将兴,贵在谏臣";指出古今国破家亡的教训大多在于"壅蔽于帷幄之内,沉溺于谄谀之言",不能采纳逆耳忠言所致。

魏徵所选,目的显而易见。他希望唐太宗能成为"员首之民,有不沾濡于惠者,君以为耻。是以在上者,体人君之大德,怀恤下之小心;阐化立教,必以其道;发言则通四海,行政则动万物"的一代圣君;而他本人则言而有信,身体力行,忠于职守,成为千古传颂的直臣。

·为君难·

或曰:"仲尼称为君难。夫人君者,处尊高之位,执赏罚之柄,用人之才,因人之力,何为不成,何求不得?功立则受其功,治成则厚其福。故官人舜也,治水禹也,稼穑弃也,理讼皋陶也。尧无事焉,而由之圣治,何为君难耶?"曰:此其所以为难也。夫日月照于昼夜,风雨动润于万物,阴阳代以生杀,四时迭以成岁,不见天事,而犹贵之者,其所以运气陶演,协和施化,皆天之为也。是以天,万物之覆;君,万物之焘也。怀生之类,有不浸润于泽者,天以为负;员首之民,有不沾濡于惠者,君以为耻。是以在上者,体人君之大德,怀恤下之小心;阐化立教,必以其道;发言则通四海,行政则动万物;虑之于心,思之于内,布之于天下;正身于庙堂之上,而化应于千里之外;虽黈纩塞耳,隐屏而居,照幽达情,烛于宇宙;动作周旋,无事不虑。服一彩,则念女功之劳;御一谷,则恤农夫之勤;决不听之狱,则惧刑之不中;进一士之爵,则恐官之失贤。<u>赏氂厘之善,必有所劝;罚纤芥之恶,必有所阻。</u>使化若春气,泽如时雨,消凋污之人,移薄伪之俗,救衰世之弊,反之于上古之朴。至德加于天下,惠厚施于百姓。故民仰之如天地,爱之如父母,敬之如神明,畏之如雷霆。

【重点句解读】

赏氂厘之善，必有所劝；罚纤芥之恶，必有所阻。

奖励微小的善行，也一定有勉励的作用；惩罚轻微的坏事，也一定有警示的作用。

习近平总书记常用"开弓没有回头箭"这一比喻，表明我们在反腐倡廉过程中，不论是"打虎"还是"拍蝇"都要持之以恒，产生一定的警示和震慑作用。他在《在党的十八届五中全会第二次全体会议上的讲话》中，引用《资治通鉴·陈纪三》中的"有功必赏，有罪必罚，则为善者日进，为恶者日止"，来表明反腐倡廉的决心和可以起到的作用。

"且佐治之臣，历世难遇，庸人众而贤才寡。是故君人者，不能皆得稷、契之干，伊、吕之辅，犹造父不能皆得骐骥之乘、追风之匹也。御蹏（dí）啮必烦辔衔，统庸臣必劳智虑。是以人君其所以济辅群下，均养小大，审核真伪，考察变态，在于幽冥窈妙之中，割毫折芒纤微之间。非天下之至精，孰能尽于此哉！

"故臣有立小忠，以售大不忠，效小信，以成大不信，可不虑之以诈乎？臣有貌厉而内荏，色取仁而行违，可不虑之以虚乎？臣有害同侪以专朝，塞下情以壅上，可不虑之以嫉乎？臣有进邪说以乱是，因似然以伤贤，可不虑之以奸乎？臣有因赏以恩，因罚以佐威，可不虑之以奸乎？臣有外显相荐，内阴相谋，事托公而实挟私，可不虑之以欺乎？臣有事左右以求进，托重臣以自结，可不虑之以伪乎？臣有和同以取谐，苟合以求荐，可不虑之以祸乎？臣有悦君意以求亲，悦主言以取容，可不虑之以佞乎？此九虑者，所以防恶也。

"臣有辞拙而意工，言逆而事顺，可不恕之以直乎？臣有朴骏而辞讷，外疏而内敏，可不恕之以质乎？臣有犯难以为士，离谤以为国，可不恕之以忠乎？臣有守正以逆众意，执法而违私志，可不恕之以公乎？臣有不曲己以求合，不耦世以取容，可不恕之以贞乎！臣有从侧陋而进显言，由卑贱而陈国事，可不恕之以难乎？臣有孤特而执节，分立而见毁，可不恕之以劲乎？此七恕者，所以进善接下之理也。御臣之道，岂徒七恕九虑而已哉！"

·臣不易·

昔孔子言为臣不易，或人以为易，言臣之事君，供职奉命，敕身恭己，忠顺而已。忠则获宠安之福，顺则无危辱之忧，曷为不易哉！此言似易，论之甚难。夫君臣之接，以愚奉智不易，以明事暗为难，唯以贤事圣，以圣事贤为可。然贤圣相遭既稀，又周公之于成王，犹未能得，斯诚不易也。且父子以恩亲，君臣以义固，恩有所为亏，况义能无所为缺哉！苟有亏缺，亦何容易？且夫事君者，竭忠义之道，尽忠义之节，服劳辱之事；当危之难，肝脑涂地膏液润草而不辞者，以安上治民，宣化成德，使君为一代之圣明，己为一世之良辅。辅千乘则念过管、晏，佐天下则思丑稷、禹。岂为七尺之躯，宠一官之贵，贪充家之禄，荣华嚣之观哉！以忠臣之事主，投命委身，期于成功立事，便国利民，故不为难易变节、安危革行也。然为大臣者，或仍旧德、藉故势，或见拔擢重任。其所以保宠成功，承上安下，则当远威权之地，避嫌疑之分，知亏盈之数，达止足之义，动依典礼，事念忠笃。乃当匡上之行，谏主之非，献可济否，匪躬之故；刚亦不吐，柔亦不茹；所谓大臣以道事君也。然当托于幽微，当行于隐密；使怨咎从己身，而众善自君发，为群僚之表式，作万官之仪范。岂得偷乐容悦而已哉！然或为邪臣所谮，幸臣所乱，听一疑而不见信，事似然而不可释，忠诡计而为非，善事变而为恶，罪结于天，无所祷请，激直言而无所诉，深者即时伏剑赐死，浅者以渐斥逐放弃。盖比干、龙逄，所以见害于飞廉、恶来；孔子、周公，所以见毁于管、蔡、季孙也。斯则大臣所以不易也。

为小臣者，得任则治其职，受事则修其业，思不出其位，虑不过其责，竭力致诚，忠信而已。然或困辱而不均，厌抑而失所。是以贤者或非其议，预非其事，不著其陋，不嫌其卑，庶贯一言而利一事。然以至轻至微，至疏至贱，干万乘之主，约以礼义之度，匡以行事之非；忤执政之臣，暴其所短。说合则裁自若，不当则离祸害，或计不欲人知，事不从人豫，而己策谋适合，陈偶同上者，或显戮其身以神其计，在下者或妒其人而夺其策。盖关思见杀于郑，韩非受诛于秦，庞涓刖孙膑之足，魏齐折应侯之胁。斯又孤宦小臣所以为难也。为小臣者，一当恪恭职司，出内惟允，造膝诡辞，执心审密，忠上爱主，媚不求奥灶而已。若为苟若此，患为外人所弹，邪臣所嫉。以职近而言易，身亲而见信，奉公侠私之吏，求害之以见直，怀奸抱邪之臣，欲除之以示忠。言有若是，事有似然，虽父子之间，犹不能明，况臣之于君而得之乎？故上官毁屈平，爰盎谮晁错，公孙排主父，张汤陷严助。夫数子者，虽示纯德，亦亲近之臣，所以为难也。

为外臣者，尽力致死，其义一也。不以远而自外、疏而自简，亲涉其事而掌其任，苟有可以兴利除害、安危定乱，虽违本朝之议，诡常法之道，陈之于主，行之于身；志于忠上济事，忧公无私，善否之间，在己与主可也。然患为左右所轻重、贵臣所壅制，或逆而毁之，使不得用；或用而害之，使不得成；或成而谮之，使不得其所。吴起见毁于魏，李牧见杀于赵，乐毅被逸于燕，章邯畏诛于秦，斯又外臣所以为危也。此举梗概耳，曲折纤妙，岂可得备论之哉！

夫治国之本有二：刑也，德也。二者相须而行，相待而成矣！天以阴阳成岁，人以刑德成治，故虽圣人为政，不能偏用也。故任德多，用刑少者，五帝也；刑德相半者，三王也；杖刑多，任德少者，五霸也；纯用刑，强而亡者，秦也。夫人君欲治者，既达专持刑德之柄矣，位必使当其德，禄必使当其功，官必使当其能。此三者，治乱之本也。位当其德，则贤者居上，不肖者居下；禄当其功，则有劳者劝，无劳者慕。未之有也。

凡国无常治，亦无常乱，欲治者治，不欲治者乱。后之国士人民亦前之有也，前之有亦后之有也，而禹独以安，幽、厉独以危，斯不易天地、异人民，欲与不欲也。吴坂之马，庸夫统衔则为弊乘，伯乐执辔即为良骥。非马更异，教民亦然也。故遇禹、汤，则为良民；遭桀、纣，则为凶顽。治使然也。故善治国者，不尤斯民，而罪诸己；不责诸下，而求诸身。《传》曰："禹、汤罪己，其兴也勃焉；桀、纣罪人，其亡也忽焉。"由是言之，长民治国之本在身。故詹何曰："未闻身治而国乱者也。"若詹者，可谓知治本矣。

·政 务·

凡吏之于君，民之于吏，莫不听其言，而则其行。故<u>为政之务，务在</u>

正身，身正于此，而民应于彼。《诗》云："尔之教矣，民胥效矣。"是以叶公问政，孔子对曰："子帅而正，孰敢不正。"又曰："苟正其身，于从政乎何有？不能正其身，如正人何？"故君子为政，以正己为先，教禁为次。若君正于上，则吏不敢邪于下；吏正于下，则民不敢僻于野。国无倾君，朝无邪吏，野无僻民，而政之不善者，未之有也。凡政之务，务在节事。事节于上，则民有余力于下。下有余力，则无争讼之有乎民。民无争讼，则政无为而治，教不言而行矣。

【重点句解读】

为政之务，务在正身，身正于此，而民应于彼。

执政者最重要的就是自身端正。你在这里端正自己的行为，人民就会向你学习，遵纪守法。

习近平同志在《之江新语·要用人格魅力管好自己》等文章中强调："政者，正也。其身正，不令而行；其身不正，虽令不从。"（《论语》）那些贪官污吏不知"政者"为何物，贪图奢靡腐烂的享受而被钉在了历史的耻辱柱上！

·节 欲·

夫人生而有情，情发而为欲。物见于外，情动于中。物之感人也无穷，而情之所欲也无极，是物至而人化也。人化也者，灭天理矣。夫欲至无极，以寻难穷之物，虽有贤圣之姿，鲜不衰败。故修身治国也，要莫大于节欲。《传》曰："欲不可纵。"历观有家有国，其得之也，莫不阶于俭约；其失之也，莫不由于奢侈。俭者节欲，奢者放情。放情者危，节欲者安。尧舜之居，土阶三等，夏日衣葛，冬日鹿裘；禹卑宫室，而菲饮食。此数帝者，非其情之不好，乃节俭之至也。故其所取民赋也薄，而使民力也寡；其育物也广，而兴利也厚。故家给人足，国积饶而群生遂，仁义兴而四海安。孔子曰："以约失之者鲜矣。"且夫闭情无欲者上也，怫心消除者次也。昔帝舜藏黄金于崭岩之山，抵珠玉于深川之底。及仪狄献旨酒，而禹甘之，于是疏远仪狄，绝上旨酒。此能闭情于无欲者也。楚文王悦妇人而废朝政，好獠猎而忘归，于是放逐丹姬，断杀如黄，及庄王破陈而得夏姬，艳其国色，王纳之宫，从巫臣之谏，坏后垣而出之。此能咈心消除之也。既不能闭情欲，能抑除之，斯可矣。故舜、禹之德，巍巍称圣；楚文用朝邻国，恭王终谥为"恭"也。

·详 刑·

夫刑辟之作，所从尚矣！圣人以治，乱人以亡。故古今帝王莫不详慎之者，以为人命至重，一死不生、一断不属故也。夫尧、舜之明，犹惟刑之恤也。是以后圣制法，设三槐九棘之吏，肺石嘉石之讯，然犹复三判，佥曰可杀，然后杀之，罚若有疑，即从其轻，此盖详慎之至也。故苟详则死者不恨、生者不忿；忿恨不作，则灾害不生；灾害不生，太平之治也。是以圣主用其刑也，详而行之，必欲民犯之者寡，而畏之者众。"明刑至于无刑，善杀至于无杀。"此之谓矣。夫暗乱之主，用刑弥繁，而犯之者益多，而杀之者弥众，而慢之者尤甚者何？由用之不详，而行之不必也。不详则罪不值，所罪不值，则当死反生；不必则令有所亏，令有所亏，则刑罚不齐矣。失此二者，虽日用五刑，而民犹轻犯之。故乱刑之刑，刑以生刑；恶杀之杀，杀以致杀，此之谓也。

·兵 要·

圣人之用兵也，将以利物，不以害物也。将以救亡，非以危存也。故不得已而用之耳。然以战者危事，兵者凶器，不欲人之好用之。故制法遗后，命将出师，虽胜敌而反，犹以丧礼处之，明弗乐也。故曰："好战者亡，忘战者危。不好不忘，天下之王也。"

夫兵之要，在于修政；修政之要，在于得民心。得民心在于利之。利之之要，在于仁以爱之、义以理之也。故六马不和，造父不能以致远；臣民不附，汤、武不能以立功。故兵之要，在得众者，善政之谓也。善政者，恤民之患，除民之害也。故政善于内，兵强于外。历观古今，用兵之败，非鼓之日也，民心离散，素行豫败也；用兵之胜，非阵之朝也，民心亲附，素行豫胜也。故法天之道，履地之德，尽人之和，君臣辑穆，上下一心，盟誓不用，赏罚未施，消奸慝于未萌，折凶邪于殊俗，此帝者之兵也。德以为卒，威以为辅，修仁义之行，行恺悌之令，辟地殖谷，国富民丰，赏罚明，约誓信，民乐为之死，将乐为之亡，师不越境，旅不涉场，而敌人稽颡（sǎng），此王者之兵也。

· 辨 能 ·

夫商鞅、申、韩之徒，其能也，贵尚谲诈，务行苛克，则伊尹、周、邵之罪人也。然其尊君卑臣，富国强兵，有可取焉。宁成、郅都辈，放商、韩之治，专以残暴为能。然其抑强抚弱，背私立公，尚有可取焉。其晚世之所谓能者，乃犯公家之法，赴私门之势，废百姓之务，趣人间之事，决烦理务，临时苟辨，但使官无谴负之累，不省下民吁嗟之冤，复是申、韩、宁、郅之罪人也。而俗犹共言其能，执政者选用不废者，何也？为贵势之所持，人间之士所称，听声用名者众，察实审能者寡，故使能否之分不定也。夫定令长之能者，守相也；定守相之能者，州牧刺史也。然刺史之徒，未必能考论能否也，未必能端平也。或委任下吏，听浮游之誉；或受其戚党贵势之托，整顿其传舍，待望迎宾，听其请谒，供其私求，则行道之人，言其能也；治政以威严为先，行事务邀时取辨，悕望上官之指，敬顺监司之教，期会之命，无不降身以接士之来，违法以供其求欲；人间之事无不循，言说之谈无不用，则寄寓游行幅巾之士，言其能也。有此三者为之谈，听声誉者之所以可惑、能否之所以不定也。

· 尊 嫡 ·

凡光祖祢、安宗庙、传国土、利民人者，在于立嗣继世。继世之道，莫重于尊嫡别庶也。故圣人之制礼贵嫡，异其服数，殊其宠秩，所以一群下之望，塞变争之路，杜邪防萌，深根固本之虑。历观前代，后妻贱而侄媵贵，太子卑而庶子尊，莫不争乱以至危亡。是以周有子带之难，齐有无知之祸，晋有庄伯之患，卫有州吁之篡。故《传》曰："并后匹嫡，两政耦国，乱之本也。"

·谏 争·

夫谏争者,所以纳君于道,矫枉正非,救上之谬也。上苟有谬而无救焉,则害于事,害于事则危道也。故曰:"危而不持,颠而不扶,则将焉用彼相?"扶之之道,莫过于谏矣。故子从命者,不得为孝;臣苟顺者,不得为忠。是以国之将兴,贵在谏臣;家之将盛,贵在谏子。若托物以风喻,微生而不切,不切则不改,唯正谏直谏可以补缺也。《诗》云:"衮职有缺,仲山甫补之;柔亦不茹,刚亦不吐。"正谏者也。《易》曰:"王臣謇謇。"《传》曰:"谔谔者昌。"直谏者也。然则咈人之耳,逆人之意,变人之情,抑人之欲,不尔不为谏也。虽有父子兄弟,犹用生怨隙焉。况臣于君,有天壤之殊,无亲戚之属,以至贱干至贵,以至稀间至亲,何庸易耶?恶死亡而乐生存,耻困辱而乐荣宠,虽甚愚人犹知之也,况士君子乎?今正言直谏,则近死辱而远荣宠,人情何好焉?此乃欲忠于主耳。夫不能谏则君危,固谏则身殆。贤人君子,不忍观上之危,而不爱身之殆。故蒙危辱之灾,逆人主之鳞,及罪而弗避者,忠也、义也。深思谏士之事,知进谏之难矣。

·决 壅·

夫人君为左右所壅制,此有目而无见,有耳而无闻。积无闻见,必至乱正。故国有壅臣,祸速近邻。人臣之欲壅其主者,无国无之。何也?利在于壅也。壅则擅宠于身,威权独于己,此人臣日夜所祷祝而求也。人臣之壅其君,微妙工巧,见壅之时不知也,率至亡败然后悔焉。为人君之务,在于决壅;决壅之务,在于进下;进下之道,在于博听;博听之义,无贵贱同异,隶竖牧圉皆得达焉。若此则所闻见者广,所闻见者广,则虽欲求壅,弗得也。

人主之好恶,不可见于外也;所好恶见于外,则臣妾乘其所好恶,以行壅制焉。故曰:人君无见其意,将为下饵。昔晋公好色,骊女乘色以壅之;吴王好广地,太宰陈伐以壅之;桓公好味,易牙烝首子以壅之。及薛公进美珥以劝立后,龙阳临钓鱼行微巧之诈,以壅制其主,沉寡无端,甚可畏矣。古今亡国多矣，皆由壅蔽于帷幄之内，沉溺于谄谀之言也，而秦二世独甚。赵高见二世好淫游之乐，遗于政，因曰："帝王贵有天下者，贵得纵欲恣意，尊严若神，固可得闻，而不可得睹。"高遂专权欺内，二世见杀望夷，临死乃知见之祸，悔复无及，岂不哀哉！

· 赞 象 ·

夫赞象之所作，所以昭述勋德，思咏政惠，此盖诗颂之末流矣。宜由上而兴，非专下而作也。世考之导之，实有勋绩，惠利加于百姓，遗爱留于民庶，宜请于国，当录于史官，载于竹帛，上章君将之德，下宣臣吏之忠。若言不足纪，事不足述，虚而为盈，亡而为有，此圣人之所疾，庶几之所耻也。

· 铭 诔 ·

夫渝世富贵，乘时要世，爵以赂至，官以贿成。视常侍黄门宾客，假其气势，以致公卿牧守，所在宰莅，无清惠之政，而有饕餮之害，为臣无忠诚之行，而有奸欺之罪，背正向邪，附下内上，此乃绳墨之所加，流放之所弃。而门生故吏，合集财货，刊石纪功，称述勋德，高邈伊、周，下凌管、晏，远追豹、产，近逾黄、邵，势重者称美，财富者文丽。后人相踵，称以为义，外若赞善，内为己发，上下相效，竞以为荣。其流之弊，乃至于此，欺曜当时，疑误后世，罪莫大焉。且夫赏生以爵禄，荣死以诔谥，是人主权柄。而汉世不禁，使私称与王命争流，臣子与君上俱用；善恶无章，得失无效，岂不误哉！

· 序 作 ·

夫著作书论者，乃欲阐弘大道，述明圣教，推演事义，尽极情类，记是贬非，以为法式；当时可行，后世可修。且古者富贵而名贱废灭，不可胜记。唯篇论俶傥之人，为不朽耳。夫奋名于百代之前，而流誉于千载之后；以其览之者益，闻之者有觉故也。岂徒转相放效，名作书论，浮辞谈说而无损益哉!而世俗之人,不解作体,而务泛溢之言,不存有益之义,非也。故作者不尚其辞丽,而贵其存道也;不好其巧慧,而恶其伤义也。故夫小辩破道,狂简之徒,斐然成文,皆圣人之所疾矣。

卷四十八 《体论》治要

【三国】杜恕 撰

【导读】

杜恕（198—252），字务伯，京兆杜陵（今陕西长安县）人，太和中为散骑黄门侍郎，专心向公，论议亢直。在朝八年，不结党援。后出为幽州刺史，为程喜所劾，迁章武郡守。

《隋书·经籍志》将《体论》归入儒家类，《三国志·魏书》："杜恕《体论》八篇。"分为四卷，每卷两篇，已久佚。《群书治要》所录未著篇名。

杜恕反对当时"以儒家为迂阔"的社会思潮。在《体论》中，抨击了重法的狭隘弊端："今之为法者，不平公私之分，而辩轻重之文；不本百姓之心，而谨奏当之书。"揭露了他们徇私枉法的丑恶行径："是以为法参之人情也……而世俗拘愚苛刻之吏，以为情也者，取货赂者也，立爱憎者也，视亲戚者也，陷怨仇者也。何世俗小吏之情，与夫古人之悬远乎。"他还认为当时兴起的考课法不利于官员发挥个人的主观能动性，无益于"崇揖让之风，兴济济之治"，是一种实用主义、功利主义的价值导向。上书："若使法可专任，则唐、虞可不须稷、契之佐，殷、周无贵伊、吕之辅矣。"欲国泰民安，须移风易俗、以礼治国才是根本的原则和规矩。他的礼治主张切中曹魏时的流弊。倡导"帝王之道，莫尚乎安民；安民之术，在于丰财。丰财者，务本而节用也"。只有这样才能达到国基稳固、社会繁荣的目的。

杜恕的这些思想、理论，为魏徵所全盘接受。他在给唐太宗的谏言中，多次引用《体论》中语。他的《理狱听谏疏》认为，治国不能单靠"严刑峻法"。引用了《体论》"夫淫欲盗窃，百姓之所恶也，我从而刑罚之，虽过乎当，百姓不以我为暴者，公也；怨旷饥寒，亦百姓之所恶也，遁而陷之法，我从而宽宥之，百姓不以我为偏者，公也。我之所重，百姓之所憎也；我之所轻，百姓之所怜也。是故赏轻而劝善，刑省而禁奸"，提出了"凡立法者，非以司民短，而诛过误也"的方针。认为量刑必须心存公正，"群私于上，吏奸于下"，要想达到"人和讼息"是不可能的，国基亦不会稳固。

人主之大患，莫大乎好名。人主好名，则群臣知所要矣。<u>夫名所以名善者也，善修而名自随之，非好之之所能得也。</u>苟好之甚，则必伪行要名，而奸臣以伪事应之。一人而受其庆，则举天下应之矣。君以伪化天下，欲贞信敦朴，诚难矣。虽有至聪至达之主，由无缘见其非而知其伪，况庸主乎？人主之高而处隩（ào），譬犹游云梦而迷惑，当借左右以正东西者也。左曰："功巍巍矣！"右曰："名赫赫乎！"今日闻斯论，明日闻斯论，苟不校之以事类，则人主嚣然自以为名齐乎尧舜，而化洽乎泰平也，群臣琐琐，皆不足任也。尧、舜之臣，宜独断者也。不足任之臣，当受成者也。以独断之君，与受成之臣，帅讹伪之俗，而天下治者，未之有也。

【重点句解读】

夫名所以名善者也，善修而名自随之，非好之之所能得也。

荣誉是为了褒扬优秀者的。做了好事，荣誉自然会随之而来，并非因为你喜好它就可得到。

"桃李无言，下自成蹊"，领导干部向焦裕禄学习，是他坚持不懈、始终如一地为民做好事，才成为时代的标杆的。史上王莽匿情求名、杨广沽名钓誉，到头来身死家破，遗臭千古。

夫圣人之修其身，所以御群臣也；御群臣也，所以化万民也。其法轻而易守，其礼简而易持；其求诸己也诚，其化诸人也深。苟非其人，道不虚行；苟非其道，治不虚应。

是以古之圣君之于其臣也，疾则视之无数，死则临其大敛小敛，为彻膳不举乐，岂徒色取仁而实违之者哉？乃惨怛之心，出于自然，形于颜色。世未有不自然，而能得人自然者也。色取仁而实违之者，谓之虚；不以诚待其臣，而望其臣以诚事己，谓之愚。虚愚之君，未有能得人之死力者也。故《书》称"君为元首，臣为股肱"，期其一体相须而成也。而俭伪浅薄之士，有商鞅、韩非、申不害者，专饰巧辩邪伪之术，以荧惑诸侯，著法术之书，其言云："尊君而卑臣。"上以尊君，取容于人主；下以卑臣，得售其奸说。此听受之端，参言之要，不可不慎。元首已尊矣，而复云尊之，是以君过乎头也；股肱已卑矣，而复曰卑之，是使其臣不及乎手足也。君过乎头，而臣不及乎手足，是离其体也。君臣体离，而望治化之洽，未之前闻也。

且夫术家说又云："明主之道，当外御群臣，内疑妻子。"其引证连类，非不辩且悦也，然不免于利口之覆国家也。何以言之？夫善进，不善无由入；不善进，善亦无由入。故汤举伊尹而不仁者远，何畏乎驩兜？何迁乎有苗？夫奸臣贼子、下愚不移之人，自古及今，未尝不有也。百岁一人，是为继踵；千里一人，是为比肩。而举以为戒，是犹一噎而禁食也。噎者虽少，饿者必多，未知奸臣贼子处之云何？且令人主魁然独立，是无臣子也，又谁为君父乎？是犹髡其枝而欲根之荫，掩其目而欲视之明，袭独立之迹而愿其扶疏也。

夫徇名好术之主，又有惑焉，皆曰："为君之道，凡事当密。人主苟密，则群臣无所容其巧，而不敢怠于职。"此即赵高之教二世不当听朝之类也，是好乘高履危，而笑先僵者也。《易》曰："机事不密则害成。"《易》称"机事"，不谓凡事也，不谓宜共而独之也，不谓释公而行私也。人主欲以之匿病饰非，而人臣反以之窃宠擅权。疑似之间，可不察欤！夫设官分职，君之体也；委任责成，君之体也；好谋无倦，君之体也；宽以得众，君之体也；含垢藏疾，君之体也；不动如山，君之体也；难知如渊，君之体也。君有君人之体，其臣畏而爱之，此文王所以戒百辟也，夫何法术之有哉？

故善为政者，务在于择人而已。及其求人也，总其大略，不具其小善，则不失贤矣。故曰："记人之功，忘人之过，宜为君者也。"人有厚德，无问其小节；人有大誉，无訾（zǐ）其小故。自古及今，未有能全其行者也。和氏之璧，不能无瑕；隋侯之珠，不能无颣。然天下宝之者，不以小故妨大美也。不以小故妨大美，故能成大功。夫成大功在己而已，何具之于人也？今之从政者，称贤圣，则先乎商、韩；言治道，则师乎法术。法术之御世，有似铁錾之御马，非必能制马也，适所以梏其手也。

【重点句解读】

> 和氏之璧，不能无瑕；隋侯之珠，不能无颣。然天下宝之者，不以小故妨大美也。不以小故妨大美，故能成大功。

和氏璧，不会没有瑕疵；隋侯珠，不会没有缺点。但天下人仍认为它们是宝贝，原因就是不以小疵而妨害它们的大美。正因为不因小疵而妨害大美，所以能成就大业。

《墨子》《庄子》等典籍都提到隋侯珠（"隋珠弹雀"成语出于《庄子》）。晋干宝的《搜神记》所载甚详：隋侯救伤蛇而蛇报之以径寸大的夜明珠。此珠传为与和氏璧同为无价之宝。

汉初陈平品行有瑕疵，汉高祖用之不疑，用陈平奇计而巩固了西汉政权。陈平终为一代名相。

人君之数至少，而人臣之数至众，以至少御至众，其势不胜也。人主任术而欲御其臣，无术其势不禁也，俱任术则至少者不便也。故君使臣以礼，则臣事君以忠。晏平仲对齐景公曰："君若弃礼，则齐国五尺之童，皆能胜婴，又能胜君。所以服者，以有礼也。"今末世弃礼任术之君之于其身也，得无所不能胜五尺之童子乎？三代之亡，非其法亡也，御法者非其人也。苟得其人，王良、造父能以腐索御奔驷，伊尹、太公能以败法御悍民。苟非其人，不由其道，索虽坚，马必败；法虽明，民必叛。奈何乎万乘之主，释人而任法哉！且世未尝无贤也，求贤之务非其道，故常不遇之也。除去汤、武圣人之君，任贤之功，近观齐桓，中才之主耳，犹知劳于索人，逸于任之，不疑子纠之亲，不忘射钩之怨，荡然而委政焉，不已明乎？九合诸侯，一匡天下，不已荣乎？一曰仲父，二曰仲父，不已优乎？孰与秦二世悬石程书，愈密愈乱，为之愈勤，而天下愈叛，至于弑死。以斯二者观之，优劣之相悬，存亡之相背，不亦昭昭乎？

夫人生莫不欲安存而恶危亡，莫不欲荣乐而恶劳辱也。终恒不得其所欲，而不免乎所恶者何？诚失道也。欲宫室之崇丽也，必悬重赏而求良匠，内不以阿亲戚，外不以遗疏远，必得其人然后授之，故宫室崇丽，而处之逸乐。至于求其辅佐，独不若是之公也，唯便辟亲近者之用。故图国不如图舍，是人主之大患也。使贤者为之，与不肖者议之；使智者虑之，与愚者断之；使修士履之，与邪人疑之，此又人主之所患也。夫赏贤使能，则民知其方；赏罚明必，则民不偷；兼聪齐明，则天下归之。然后明分职序事业，公道开而私门塞矣。如此，则忠公者进而佞悦者止，虚伪者退而贞实者起，自群臣以下至乎庶人，莫不修己而后敢安其职业，变心易虑，反其端悫。此之谓政化之极。审斯论者，明君之体毕矣。

凡人臣之于其君也，犹四支之戴元首、耳目之为心使也，皆相须而成为体、相得而后为治者也。故《虞书》曰："臣作股肱耳目。"而屠、蒯亦云："汝为君目，将司明也；汝为君耳，将司聪也。"然则君人者，安可以斯须无臣；臣人者，安可以斯须无君。斯须无君，斯须无臣，是斯须无身也。故臣之事君，犹子之事父，而加敬焉。父子至亲矣，然其相须尚不及乎身之与手足也。身之于手足，可谓无间矣，然而圣人犹复督而致之。故其化益淳，其恩益密，自然不觉教化之移也。奸人离而间之，故使其臣自疑于下，而令其君孤立乎上。君臣相疑，上下离心，乃奸人之所以为劫杀之资也。然夫中才之主，明不及乎治化之原，而感于伪术似是之说，故备之愈密，而奸人愈甚。譬犹登高者，愈惧愈危，愈危愈坠，孰如早去邪径而就夫大道乎？

凡士之结发束修，立志于家门，欲以事君也，宗族称孝焉，乡党称悌焉。及志乎学，自托于师友，师贵其义，而友安其信。孝悌以笃，信义又著，以此立身，以此事君，何待乎法然后为安？及其为人臣也，称才居位，称能受禄；不面誉以求亲，不偷悦以苟合；公家之利，知无不为也；上足以尊主安国，下足以丰财阜民；谋事不忘其君，图身不忘其国；内匡其过，外扬其义；不下比以暗上，不上同以病下；见善行之如不及，见贤举之如不容；内举不避亲戚，外举不避仇雠；程功积事而不望其报，进贤达能而不求其赏；道途不争险易之利，见难而无苟免之心；其身可杀，而其守不可夺。此直道之臣，所以佐贤明之主，致治平之功者也。

若夫主明而臣暗、主暗而臣伪，有尽忠不见信、有见信而不尽忠。溷（hùn）淆于臣主之分，出入于治乱之间，或被褐怀玉以待时，或巧言令色以容身，又可胜尽哉！是以古之全其道者，进则正，退则曲；正则与世乐其业，曲则全身归于道；不傲世以华众，不立高以为名；不为苟得以偷安，不为苟免而无耻。夫修之于乡闾，坏之于朝廷，可惜也；修之于己立，坏之于阍楹，可惜也！君子惜兹二者，是以有杀身以成仁，无求生以害仁，况害仁以求宠乎？故孔子曰："不义而富且贵，于我如浮云。"若夫智虑足以图国，忠贞足以悟主，公平足以怀众，温柔足以服人，不诽毁以取进，不刻人以自入，不苟容以隐忠，不耽禄以伤高，通则使上恤其下，穷则教下顺其上，故用于上则民安，行于下则君尊，可谓<u>进不失忠，退不失行</u>。此正士之义，为臣之体也。

【重点句解读】

进不失忠，退不失行。

一个人在被提拔时不要失去对国家、事业的忠诚，即便是被降职也不要失去自己的操守。

苏东坡被贬儋州，仍关心国家安危、民间疾苦；王阳明被发配到贵州任龙场驿丞，不改初衷，乐天知命，讲学不辍。这些前贤的经历举措，不正是我们学习的榜样吗？

凡趣舍之患，在于见可欲而不虑其败，见可利而不虑其害，故动近于危辱。昔孙叔敖三相楚国，而其心愈卑，每益禄而其施愈博，位滋高而其礼愈恭。正考父伛偻而走；晏平仲辞其赐邑。此皆守满以冲，为臣之体也。

夫不忧主之不尊于天下，而唯忧己之不富贵，此古之所谓庸人，而今之所谓显士；小人之所荣慕，而君子之所以为耻也。

凡人臣之论，所以事君者有四：有贤主之臣，有明主之臣，有中主之臣，有庸主之臣。上能尊主，下能一民，物至能应，事起能辨，教化流于下，如影响之应形声，此贤主之臣也。内足以一民，外足以拒难，民亲而士信之，身之所长不以怫君，身之所短不以取功，此明主之臣也。君有过事，能一心同力，相与谏而正之，以解国之大患，成君之大荣，此中主之臣也。端悫而守法，一心以事君，君有过事，虽不能正谏，其忧见于颜色，此庸主之臣也。以庸主之臣也，事贤主则从；以贤主之臣，事庸主则凶。古之所以成其名者，皆度主而行者也。修之在己，而遭遇有时，是以古人抱麟而泣也。

夫名不可以虚伪取也，不可以比周争也。故君子务修诸内而让之于外，务积于身而处之以不足。夫为人臣，其犹土乎！万物载焉，而不辞其重；水渎污焉，而不辞其下；草木殖焉，而不有其功。此成功而不处，为臣之体也。若夫处大位，任大事，荷重权于万乘之国，必无后患者，其上莫如推贤让能，而安随其后，不为管仲，即为鲍叔耳。其次莫如广树而并进之，不为魏成子，即为翟黄耳。安有壅君蔽主、专权之害哉！此事君之道，为臣之体也。

夫行也者，举趾所由之径路也，东西南北之趣舍也，君子小人之分界也，吉凶荣辱之皂白也。由南则失北也，由东则失西矣；由乎利则失为君子，由乎义则失为小人。吉凶荣辱之所由生，义利为之本母也，是以君子慎趣舍焉。夫君子直道以耦世，小人枉行以取容；君子掩人之过以长善，小人毁人之善以为功；君子宽贤容众以为道，小人徼讦怀诈以为智；君子下学而无常师，小人耻学而羞不能。此又君子小人之分界也。

君子心有所定，计有所守。智不务多，务行其所知；行不务多，务审其所由。安之若性，行之如不及。小人则不然，心不在乎道义之经，口不吐乎训诰之言，不择贤以托身，不力行以自定，随转如流，不知所执。此又君子小人之分界也。

君子之养其心，莫善于诚。夫诚，君子所以怀万物也。天不言而人推高焉，地不言而人推厚焉，四时不言而人期焉，此以至诚者也。诚者，天地之大定，而君子之所守也。天地有纪矣，不诚则不能化育；君臣有义矣，不诚则不能相临；父子有礼矣，不诚则疏；夫妇有恩矣，不诚则离；交接有分矣，不诚则绝。以义应当，曲得其情，其唯诚乎！

孔子曰："为政以德。"又曰："导之以德，齐之以礼，有耻且格。"然则德之为政大矣，而礼次之也。夫德礼也者，其导民之具欤。太上养化，使民日迁善，而不知其所以然，此治之上也；其次使民交让，处劳而不怨，此治之次也；其下正法，使民利赏而欢善，畏刑而不敢为非，此治之下也。

夫善御民者，其犹御马乎？正其衔勒，齐其辔策，均马力，和马心，故能不劳而极千里。善御民者，一其德礼，正其百官，齐民力，和民心，是故令不再而民从，刑不用而天下化治。

所贵圣人者，非贵其随罪而作刑也，贵其防乱之所生也。是以至人之为治也：民有小罪，必求其善以赦其过；民有大罪，必原其故以仁辅化。是故上下亲而不离，道化流而不蕴。

夫君子欲政之速行，莫如以道御之也。皋繇喑而为大理，有不贵乎言也；师旷盲而为太宰，有不贵乎见也。唯神化之为贵。是故圣王冕而前旒，所以蔽明；黈纩充耳，所以掩聪也。观夫弊俗偷薄之政，耳目以效聪明，设倚伏以探民情，是为以军政疛其民也，而望民之信向之，可谓不识乎分者矣，难哉为君也！

夫君，尊严而威，高远而危。民者，卑贱而恭，愚弱而神，恶之则国亡，爱之则国存。御民者必明此要，故南面而临官，不敢以其富贵骄人。有诸中而能图外，取诸身而能畅远，观一物而贯乎万者，以身为本也。夫欲知天之终始也，今日是也；欲知千万之情，一人情是也。故为政者，不可以不知民之情，知民情然后民乃从令。己所不欲，不施之于人，令安得不从乎？故善政者，简而易行，则民不变；法存身而民象之，则民不怨。近臣便嬖，百官因之而后达，则群臣自污也。是以为政者，必慎择其左右，左右正则人主正矣。人主正，则夫号令安得曲耶！

天下大恶有五，而盗窃不豫焉：一曰心达而性险，二曰行僻而志坚，三曰言伪而辞辩，四曰记丑而喻博，五曰循非而言泽。此五者有一于人，则不可以不诛，况兼而有之，置之左右，访之以事，而人主能立其身者，未之有也。

夫淫逸盗窃，百姓之所恶也。我从而刑之、残之、刻剥之，虽过乎当，百姓不以为暴者，公也。怨旷饥寒，亦百姓之所恶也。遁而陷于法，我从而宽宥之，虽及于刑，必加隐恻焉，百姓不以我为偏者，公也。我之所重，百姓之所憎也；我之所轻，百姓之所怜也。是故赏约而劝善，刑省而禁奸。由此言之，公之于法，无不可也，过轻亦可，过重亦可。私之于法，无可也，过轻则纵奸，过重则伤善。今之为法者，不平公私之分，而辩轻重之文，不本百姓之心，而谨奏当之书，是治化在身而走求之也。

圣人之于法也，已公矣，然犹身惧其未也。故曰："与其害善，宁其利淫。"知刑当之难必也，从而救之以化，此上古之所务也。后之治狱者则不然，未讯罪人，则驱而致之，意谓之能。下不探狱之所由生为之分，而上求人主之微旨以为制，谓之忠。其当官也能，其事上也忠，则名利随而与之。驱世而陷此，以望道化之隆，亦不几矣。

凡听讼决狱，必原父子之亲，立君臣之义，权轻重之叙，测浅深之量，悉其聪明，致其忠爱，然后察之，疑则与众共之。众疑则从轻者，所以重之也。非为法不具也，以为法不独立，当须贤明共听断之也。故舜命皋繇曰："汝作士，惟刑之恤。"又复加之以三讯，众所谓善，然后断之。是以为法，参之人情也。故《春秋左传》曰："小大之狱，虽不能察，必以情。"而世俗拘愚苛刻之吏，以为情也者，取货赂者也，立爱憎者也，佑亲戚者也，陷怨仇者也。何世俗小吏之情，与夫古人之悬远乎！无乃风化使之然邪？有司以此情疑之群吏，人主以此情疑之有司，是君臣上下不通相疑也。不通相疑，欲其尽忠立节，亦难矣。苟非忠节，免而无耻。免而无耻，以民安所厝其手足乎？

春秋之时，王道浸坏，教化不行。子产相郑而铸刑书，偷薄之政自此始矣。逮至战国，韩任申子，秦用商鞅，连相坐之法，造参夷之诛。至于始皇，兼吞六国，遂灭礼义之官，专任刑罚，而奸邪并生，天下叛之。高祖约法三章，而天下大悦。及孝文即位，躬修玄默，论议务在宽厚，天下化之，有刑厝之风。至于孝武，征发烦数，百姓虚耗，穷民犯法，酷吏击断，奸宄不胜。于是张汤、赵禹之属，条定法令，转相比况，禁罔积密，文书盈于机格，典者不能遍睹，奸吏因缘为市，议者咸怨伤之。凡治狱之情，必本所犯之事以为之主，不放讯，不旁求，不贵多端以见聪明也。故律正其举效之法，参伍其辞，以求实也，非所以饰实也。但当参伍聪明之耳目，不使狱吏断练饰法成辞于手也。孔子曰："古之听狱，求所以生之也；今之听狱，求所以杀之也。"故斥言以破律，诋案以成法，执左道以乱政，皆王诛之所必加也。

夫听察者，乃存亡之门户、安危之机要也。若人主听察不博，偏受所信，则谋有所漏，不尽良策。若博其观听，纳受无方，考察不精，则数有所乱矣。人主以独听之聪，考察成败之数、利害之说，杂而并至，以干窥听。如此，诚至精之难，在于人主耳，不在竭诚纳谋、尽己之策者也。若人主听察不差，纳受不谬，则计济事全，利倍功大，治隆而国富，民强而敌灭矣。若过听不精，纳受不审，则计困事败，利丧功亏，国贫而兵弱，治乱而势危矣。听察之所考，不可不精、不可不审者，如此急也。

凡有国之主，不可谓举国无深谋之臣、阖朝无智策之士也，在听察所考精与不精、审与不审耳。何以验其然乎？在昔汉祖者，聪听之主也，纳陈恢之谋则下南阳，不用娄敬之计则困平城。广武君者，策谋之士也，韩信纳其计则燕、齐举，陈余不用其谋则泜水败。由此观之，汉祖之听，未必一暗一聪也，在于精与不精耳；广武之谋，非为一拙一工也，在用与不用耳。不可谓事济者有计策之士，覆败者无深谋之臣也。吴王夫差，拒子胥之谋，纳宰嚭之说，国灭身亡者，不可谓无深谋之臣也。楚怀王拒屈原之计，纳靳尚之策，没秦而不反者，不可谓无计画之士也。虞公不用宫奇之谋灭于晋，仇由不听赤章之言亡于智氏。蹇叔之哭，不能济崤、渑之覆；赵括之母，不能救长平之败。此皆人主之听，不精不审耳。由此观之，天下之国，莫不皆有忠臣谋士也，或丧师败军、危身亡国者，诚在人主之听不精不审。取忠臣、谋博士，将何国无之乎？

臣以为忠良虑治益国之臣，必竭诚纳谋恳恻而不隐者，欲以究尽治乱之数，舒展安危之策耳。故准圣主明君，莫不皆有献可退否纳忠之臣也。昔者，帝舜大圣之君也，犹有咎繇献谟、夏禹纳戒。暨至殷之成汤、周之文、武，皆亦至圣之君也，然必俟伊尹为辅、吕尚为师，然后乃能兴功济业、混一天下者，诚视听之聪察，须忠良为耳目也。由此观之，忠良虑治益国之臣者，得不师踪往古，袭迹前圣，投命自尽，以辅佐视听乎？

夫人君者，以至尊之聪听，总万机而监之，以至贵之明察，料治乱而考焉，将当能皆穷究其孔要、料尽其门户乎？其数必用有所遗漏。不有忠臣良谋辅佐视听者，则凡百机微有所不闻矣。何以论其然乎？夫人君所以尊异于人者，顺志养真也。欢康之虞，则严乐盈耳，玩好足目，美色充欲，丽服适体。远眺迥望，则登云表之崇台；逍遥容豫，则历飞阁之高观。嬉乎绿水之清池，游乎桂林之芳园。弋凫与雁，从禽逐兽。行与毛嫱俱，入与西施处。将当何从体觉穷愁之戚悴、识鳏独之难堪乎？食则膳鼎几俎，庶羞兼品，酸甘盈备，珍馔充庭，奏乐而进，鸣钟而彻，间馈代至，口不绝味，将当何从觉饥馁之厄艰、识困饿之难堪乎？暑则被雾縠，袭纤绤，处华屋之大厦，居重荫之玄堂，褰罗帷以来清风，裂凝冰以遏微暑，侍者御粉扇，典衣易轻裳，飘飘焉有秋日之凉，将当何从体觉炎夏之郁赫、识毒热之难堪乎？寒则服绵袍，袭轻裘，绵衾貂蓐，叠茵累席，居隩密之深室，处复帘之重幄，炽猛炭于室隅以起温，御玉卮之旨酒以御寒，炎炎焉有夏日之热，将当何从体觉隆冬之惨烈、识毒寒之难堪乎？此数者，诚无从得而知之者也。凡百机微，如此比类者，必用遗漏，有所未详也。如此，则至忠之臣者，得不辅佐视听，以起寤遗忘乎？

《典语》治要

【三国】陆景 撰

【导读】

陆景（250—280），字士仁，吴郡吴县（今属江苏苏州）人，东吴丞相陆逊之孙，大司马陆抗次子，陆机、陆云之仲兄。尚公主，拜为骑都尉，封毗陵侯。在父亲陆抗去世后，陆景与兄长陆晏、弟弟陆玄、陆机、陆云分领其父军队，又被封为偏将军、中夏督。在晋灭吴之战中阵亡。

陆景洁身好学，著书数十篇。《隋书·经籍志》注有《陆景集》一卷，归入儒家类，已亡佚，唯《群书治要》存其大概。

《群书治要》节录了《典语》七节，从道德层面对执政者提出的治国方略，要旨在于"本求治要"。他主张对官吏实行高薪制，"爵禄不可不重"，但提出"制爵必俟有德，班禄必施有功"。其重要性体现在："重之则居之者贵，轻之则处之者贱。居之者贵，则君子慕义；取之者贱，则小人觊觎。君子慕义，治道之兆；小人觊觎，乱政之渐也"。《典语》引经据典，用历史经验反复论证，高薪养廉是国家长治久安的一个不可或缺的制度。今有人论证，新加坡政界之所以风清弊绝，受到举世赞誉，当与其实行高薪养廉的制度有极大关系，是为中华民族这种古已有之的优秀的治国伦理思想，在该国收到良好效果的有力验证。

《典语》还要求执政者做到"敬贤""诛恶""选才""恤民"。乃是由于"俊乂在官，则治道清；奸佞干政，则祸乱作"，"敬一贤则众贤悦，诛一恶则众恶惧","用之当今，足以鉴览前古；传之来叶，可以贻厥孙谋"；同时还要认识到"料才核能，治世之要也"的至理。在选拔使用人才方面要德、才、能兼顾，按其特长和能力，管理国家各种、各级事务。"若任得其才，才堪其任，而国不治者，未之有也"。此外，还须认识到，君主的"宫室壮观，出于民力；器服珍玩，生于民财；千乘万骑，由于民众"。如不"恤民"，则"虽百舜不能杜其怨声，千尧不能成其治迹"。

《典语》这些治国理论有明确的针对性，不论是过去、现在和未来，也不论中外国情，都有借鉴、指导意义。

爵禄赏罚，人主之威柄，帝王之所以为尊者也。故爵禄不可不重。重之则居之者贵，轻之则处之者贱。居之者贵，则君子慕义；取之者贱，则小人觊觎。君子慕义，治道之兆；小人觊觎，乱政之渐也。《易》曰："圣人之大宝曰位，何以守位，曰人。"故先王重于爵位，慎于官人；制爵必俟有德，班禄必施有功。是以见其爵者昭其德，闻其禄者知其功。然犹诫以威罚，劝以黜陟；显以锡命，耀以车服。故朝无旷官之讥，士无尸禄之责矣。夫<u>无功而受禄，君子犹不可，况小人乎？</u>孔子所以耻禀丘之封，而恶季氏之富也。故曰：富与贵是人之所欲，不以其道得之不处。苟得其志，执鞭可为；苟非其道，卿相犹避。明君不可以虚授，人臣亦不可以苟受也。《书》曰："天工人其代之。"是以圣帝明王，重器与名，尤慎官人。故周褒申伯，吉甫著诵；祈父失职，诗人作刺；王商为宰，单于震畏；千秋登相，匈奴轻汉。推此言之，官人封爵，不可不慎也。官得其人，方类相求，虽在下位，士以为荣也。俗以货成，位失其守，虽则三公，士以为辱也。故王阳在位，贡公弹冠；王、许并立，班伯耻之。

【重点句解读】

无功而受禄，君子犹不可，况小人乎？

对国家没有贡献而得到报酬，即便是品行端方的人也不可以，更何况那些蝇营狗苟、行为卑劣的人呢？

"无功不受禄"，天下通理，古今皆然，世上没有能完全坐享其成的好事。

天子据率土之资，总三才之任，以制御六合，统理群生，固未易为也。是以圣帝明王，忧劳待旦，勤于日昃，未有不汲汲于求贤，勤勤于远恶者也。故大舜招二八于唐朝，投四凶于荒裔。殛鲧不嫌登禹，亲仁也；举子不为宥父，远恶也。以能昭德立化，为百王之命也。

　　夫世之治乱，国之安危，非由他也。俊乂在官，则治道清；奸佞干政，则祸乱作。故王者任人，不可不慎也。得人之道，盖在于敬贤而诛恶也。<u>敬一贤则众贤悦，诛一恶则众恶惧</u>。昔鲁诛少正，佞人变行；燕礼郭隗，群士向至。此非其效与！然人主处于深宫之中，生于禁闼之内，眼不亲见臣下之得失，耳不亲闻贤愚之否臧，焉知臣下谁忠谁否、谁是谁非？须当留意隐括，听言观行，验之以实，效之以事。能推事效实，则贤愚明而治道清矣。

【重点句解读】

敬一贤则众贤悦，诛一恶则众恶惧。

　　尊重一位德高望重、才能卓越的人，则所有这类人都高兴向往；诛杀一个恶人，则众多邪恶者都感到害怕而逃之夭夭。

　　习近平总书记在《在十八届中央纪律委员会第五次全体会议上的讲话》中引用了陆景的这句话，表明党中央反腐败的坚定决心。一人被查，全党警示，不存在"打狠了""反多了"的问题。惩治腐败，要除恶务尽，"永远在路上"。

　　王者所以称天子者，以其号令政治，法天而行故也。夫天之育万物也，耀之以日月，纪之以星辰，运之以阴阳，成之以寒暑，震之以雷霆，润之以云雨。天不亲事，而万事归功者，以所任者得其宜也。然握璇玑，御七辰，调四时，制五行，此盖天子之所为任者也。孔子曰："唯天为大，唯尧则之。"帝王之盛莫过虞。昔帝尧之末，洪水有滔天之灾，烝民有昏垫之忧。于是咨嗟四岳，举及侧陋。虞舜既登，百揆时叙，二八龙腾，并于唐朝。故能扬严亿载，冠德百王。舜既受终，并简俊德，咸列庶官，从容垂拱，身无一劳，而庶事归功、光炎百世者，所任得其人也。

天子所以立公卿、大夫、列士之官者，非但欲备员数、设虚位而已也。以天下至广，庶事总猥，非一人之身所能周理，故分官别职，各守其位。事有大小，故官有尊卑；人有优劣，故爵有等级。三公者，帝王之所杖也。自非天下之俊德，当世之良材，即不得而处其任。<u>处其任者，必荷其责；在其任者，必知所职。</u>夫匡辅社稷，佐日扬光，协齐七政，宣化四方，此三公之职。笾豆之事，则有司存。大臣不亲细事，犹周鼎不调小味也。故《书》曰："元首丛脞（cuǒ）哉，股肱惰哉，庶事堕哉。"此之谓也。陈平曰："宰相者，上佐天子，下理阴阳，外抚四夷诸侯，内亲附百姓，使卿大夫各得其任其职也。"可谓知其任者也。

【重点句解读】

处其任者，必荷其责；在其任者，必知所职。

任什么职务，就一定要承担这个职务应有的责任；在具体位置上，就一定要知道自己的职责。

习近平同志一贯强调每个领导干部都要有敢于担当的精神。他在任中央党校校长时就要求各级领导干部："看一个领导干部，很重要的是看有没有责任感，有没有担当精神。"在《在全国组织工作会议上的讲话》中又提出："敢于担当是党的干部必须具备的基本原则。"他引用了曾国藩《治心经·诚心篇》中"为官避事平生耻"这句话，勉励各级干部勇于任事，敢于担当。

天下至广，万机至繁。人主以一人之身，处重闼之内，而御至广之士，听至繁之政，安知万国之声息、民俗之动静乎？故古之圣帝立辅弼之臣，列官司之守，劝之以爵赏，诫之以刑罚。故明诚以效其功，考绩以核其能，德高者位尊，才优者任重。人主总君谟以观众智，杖忠贤而布政化，明耳目以来风声，进直言以求得失。夫如是，虽广必周，虽繁必理。何则？御之有此具也。夫君称元首，臣云股肱，明大臣与人主一体者也。尧明俊德，守位以人，所以强四支而辅体也，其为己用岂细也哉！苟非其选，器不虚假；苟得其人，委之无疑。君之任臣，如身之信手，臣之事君，亦宜如手之击身，安则共乐，痛则同忧。其上下协心，以治世事，不俟命而自勤，不求容而自亲。何则？相信之忠著也。是以天子改容于大臣，所以重之也；人臣尽命于君上，所以报德也。宠之以爵级，而天下莫不尊其位；任之以重器，天下莫不敬其人；显之以车服，天下莫不瞻其荣者，以其荷光景于辰耀，登阶于天路也。若此之人，进退必足以动天地而应列宿也。故选不可以不精，任之不可以不信，进不可以不礼，退之不可以权辱。昔贾生尝陈阶级，而文帝加重。大臣每贤其遗言，博引古今，文辞雅伟，真君人之至道、王臣之硕谟也。

夫料才核能，治世之要也。凡人之才，用有所周，能有偏达，自非圣人，谁兼资百行、备贯众理乎？故明君圣主，裁而用焉。昔舜命群司，随才守位；汉述功臣，三杰异称。况非此俦，而可备责乎？且造父善御，师旷知音，皆古之至奇也。使其探事易伎，则彼此俱屈。何则？才有偏达也。人之才能，率皆此类，不可不料也。若任得其才，才堪其任，而国不治者，未之有也。或有用士而不能以治者，既任之，不尽其才，不核其能，故功难成而世不治也。马无辇重之任，牛无千里之迹。违其本性，责其效事，岂可得哉！使韩信下帷，仲舒当戎，于公驰说，陆贾听讼，必无曩时之勋，而显今日之名也。何则？素非才之所长也。推此论之，何可不料哉！

政有宜于古而不利于今，有长于彼而不行于此者。<u>风移俗易，每世则变。故结绳之治，五帝不行；三代损益，政法不同；随时改制，所以救弊也</u>。《易》曰："随时之义大矣哉！"孔子曰："不教民战，是谓弃之。"《司马法》曰："国虽大，好战必亡；天下虽安，忘战必危。"明用武有时。昔秦杖威用武，卒成王业，吞灭六国，帝有天下，而不斟酌唐虞以美其治，损益三代以御其世，尔乃废先圣之教，任残酷之政，阻兵行威，暴虐海内，故百姓怨毒，雄桀奋起，至于二世，社稷湮灭。非武不能取，而所守之者非也。《传》曰："夫兵犹火也，不戢将自焚。"秦无戢兵之虑，故有自焚之祸。"好战必亡"，此之谓也。徐偃王好行仁义，不修武备；楚人伐之，身死国灭。天下虽安，武不可废。况以区区之徐，处争战之世乎！"忘战必危"，此之谓也。汉高帝发迹泗水，龙起丰、沛；仁以怀远，武以弭难，任奇纳策，遂扫秦、项，被以惠泽，饰以文德，文武并作，祚流世长。此高帝之举也。

【重点句解读】

> 风移俗易，每世则变。故结绳之治，五帝不行；三代损益，政法不同；随时改制，所以救弊也。

社会风气的演化，人们习惯的改变，随着历史的发展而不同。所以，结绳记事时期的治理之道，五帝不推行；夏、商、周三代也是对政令法规有增有减，不尽相同，随时代的变化而改变。这是为了适应潮流，改变一些不符合新的时代要求的东西。

别的姑且不论，就以陶渊明的《桃花源记》里所说，那个误入桃源的砍柴人，在桃源里见到的人所穿的衣服就和他穿的不一样。我们现在恐怕没有人穿着长袍马褂在街上大摇大摆地晃荡。因此，我们做事，也要与时俱进，刻舟求剑不可，抱残守缺更错。现在，我们就是要以习近平新时代中国特色社会主义理论作为一切工作的指导方针，做好为实现中华民族伟大复兴的所有事情。

秦、汉俱杖兵用武，以取天下，汉何以昌？秦何以亡？秦知取而不知守，汉取守之具备矣乎！中世孝武以武功恢帝纲，元、成以儒术失皇纲，德不堪也。王莽之世，内尚文章，外缮师旅，立明堂之制，修辟雍之礼；招集儒学，思遵古道；文武之事备矣。然而命绝于渐台，支解于汉刃者，岂文武之不能治世哉？而用之者拙也。班输骋功于利器，拙夫操刀而伤手，非利器有害于工匠。而夫膏粱旨馔，时或生疾；针艾药石，时或疗疾。故体病则攻之以针艾，疾瘳（chōu）则养之以膏粱。文武之道亦犹是矣，世乱则威之以师旅，道治则被之以文德。

天生烝民，授之以君，所以综理四海、收养品庶也。王者据天位，御万国，临兆民之众，有率土之资，此所以尊者也。然宫室壮观，出于民力；器服珍玩，生于民财；千乘万骑，由于民众。无此三者，则天子魁然独在，无所为尊者也。<u>明主智君，阶民以为尊，国须政而后治。其恤民也，忧劳待旦，日侧忘餐；恕己及下，务在博爱。</u>临御华殿，轩槛华美，则欲民皆有容身之宅、庐室之居；窈窕盈堂，美女侍侧，则欲民皆有配匹之偶、室家之好；肥肉淳酒，珠膳玉食，则欲民皆有余粮之资、充饥之饴；轻裘累暖，衣裳重茧，则欲民皆有温身之服，御寒之备。凡四者，生民之本性，人情所共有。故明主乐之于上，亦欲士女欢之于下，是以仁惠广洽，家安厥所，临军则士忘其死，御政则民戴其化。此先王之所以丰动祚、享长期者也。若居无庇首之庐，家无配匹之偶，口无充饥之食，身无蔽形之衣，婚姻无以致娉，死葬无以相恤，饥寒入于肠骨，悲愁出于肝心，虽百舜不能杜其怨声，千尧不能成其治迹。是以明主御世，恤民养士，恕下以身，自近及远，化通宇宙，丕惧民之不安，故能康厥世治，播其德教焉。

【重点句解读】

> 明主智君，阶民以为尊，国须政而后治。其恤民也，忧劳待旦，日侧忘餐；恕己及下，务在博爱。

明智的领导人，能有崇高的声望是依靠民众得来的，国家要有好的政策才能稳定。关心民众的疾苦，忧虑劳累而起五更、睡半夜，日已西斜犹忘记进餐；以自己之所想来推想民众的心愿，致力于博爱大众。

习近平总书记在《在中央党的群团工作会议上的讲话》等文章中，引用《抱朴子·外篇·广譬》中"常制不可以待变化，一途不可以应无方，刻船不可以索遗剑"的话，号召全党、全军、全国人民面对新形势，明确新要求，运用新思想，抓住新机遇，应对新挑战，采取新措施，解决新问题，取得新胜利。

卷四十九 《傅子》治要

【西晋】傅玄 撰

【导读】

傅玄（217—278），字休奕，北地郡泥阳县（今陕西铜川耀州区东南）人。西晋时期著名哲学家、文学家、思想家。傅玄幼年专心经学，于诗擅长乐府，学问渊博，精通音律。后官至司隶校尉。任内颇为称职，提出了有名的兴农治水的"五条政见"。

《隋书·经籍志》《新唐书·艺文志》皆载有《傅子》一百二十卷，至宋代大部分已散佚。《晋书·傅玄传》："撰论经国九流及三史故事，评断得失，各为区例。"《新唐书·艺文志》将其归于杂家类。

魏徵等人所编撰《群书治要》，从傅玄所著中辑录二十六段，未冠题目。

傅玄的哲学思想，有认识论上的朴素唯物主义因素。认为"元气"是构成事物的基本元素，自然界的生成不是靠"造物主""神""天"等神秘力量，而是按照"气"的自然之理而运动的。气的自然之理是"时至自生，非德之力"。人的"德行"不能代替自然规律的作用，并说"人之性如水焉，置之圆则圆，置之方则方"，指出了人的可塑性。

傅玄在政治上积极倡导"国以民为本"，总结出民安则国安，民危则国危的历史规律。指出"民富则安乡重家，敬上而从教；贫则危乡轻家，相聚而犯上，饥寒切身，而不行非者寡矣。"做到分民定业、兴修水利、减轻役赋、"官民同耕"、裁汰冗员；反对腐化奢侈，严肃吏治，注重德治，充分体现了他的民本思想。

在选人用人上,他指出每个时代都有自己的人才:"圣人者,不世而出者也。贤能之士,何世无之。""天下之不乏贤才""欲王则王佐至,欲霸则霸臣出,欲富国强兵,则富国强兵之人往。"关键是"求与不求耳,何忧天下之无人乎"。那些"称古多贤,患世无人"的人是"不自三省而坐诬一世"的国贼。这种人才观,对我们今天选拔人才仍有一定的参考价值。

据史籍记载判断,魏徵等人在编撰《群书治要》时,《傅子》全书尚存,而他仅节选其中二十六段,字不过万余,但每一段都论证了一种治国理政的理念、原则和方法,其用意之深、涵盖之广与其他所选内容相比,毫不逊色,反映了魏徵等人的治国理念、处世原则及其希望。

治国有二柄:一曰赏,二曰罚。赏者,政之大德也;罚者,政之大威也。人所以畏天地者,以其能生而杀之也。为治审持二柄,能使杀生不妄,则其威德与天地并矣。信顺者,天地之正道也;诈逆者,天地之邪路也。民之所好莫甚于生,所恶莫甚于死。善治民者,开其正道,因所好而赏之,则民乐其德也;塞其邪路,因所恶而罚之,则民畏其威矣。善赏者,赏一善而天下之善皆劝;善罚者,罚一恶而天下之恶皆惧者何?赏公而罚不二也。有善,虽疏贱必赏;有恶,虽贵近必诛。可不谓公而不二乎?若赏一无功,则天下饰诈矣;罚一无罪,则天下怀疑矣。是以明德慎赏,而不肯轻之;明德慎罚,而不肯忍之。夫威德者,相须而济者也。故独任威刑而无德惠,则民不乐生;独任德惠而无威刑,则民不畏死。民不乐生,不可得而教也;民不畏死,不可得而制也。有国立政,能使其民可教可制者,其唯威德足以相济者乎!

贤者,圣人所与共治天下者也。故先王以举贤为急。举贤之本,莫大乎正身而一其听。身不正、听不一,则贤者不至,虽至,不为之用矣。古之明君,简天下之良财,举天下之贤人,岂家至而户阅之乎?开至公之路,秉至平之心,执大象而致之,亦云诚而已矣。夫任诚,天地可感,而况于人乎?傅说,岩下之筑夫也,高宗引而相之;吕尚,屠钓之贱老也,文、武尊而宗之;陈平,项氏之亡臣也,高祖以为腹心。四君不以小疵忘大德,三臣不以疏贱而自疑,其建帝王之业,不亦宜乎!文王内举周公旦,天下不以为私其子;外举太公望,天下称其公。周公诛弟而典刑立,桓公任仇而齐国治。苟其无私，他人之与骨肉，其于诛赏，岂二法哉？唯至公然后可以举贤也。夏禹有言："知人则哲，惟帝其难之。"因斯以谈，君莫贤于高祖，臣莫奇于韩信。高祖在巴汉，困矣；韩信去楚而亡，穷矣。夫以高祖之明，困而思士；信之奇材，穷而愿进。其相遭也，宜万里响应，不移景而将相可取矣。然信归汉，历时而不见知，非徒不见知而已，又将案法而诛之。向不遇滕公，则身不免于戮死；不值萧何，则终不离于亡命。幸而得存，固水滨之饿夫、市中之怯子也，又安得市人可驱而立乎天下之功也哉？萧何一言，而不世之交合，定倾之功立。岂萧何知人之明绝于高祖，而韩信求进之意曲于萧何乎？尊卑之势异，而高下之处殊也。高祖势尊而处高，故思进者难；萧何势卑而处下，故自纳者易。然则居尊高之位者，其接人之道固难，而在卑下之地者，其相知之道固易矣。

昔人知居上取士之难，故虚心而下听；知在下相接之易，故因人以致人。舜之举咎陶难，得咎陶致天下之士易；汤之举伊尹难，得伊尹致天下之士易。故举一人而听之者，王道也；举二人而听之者，霸道也；举三人而听之者，仅存之道也。听一人何以王也？任明而致信也。听二人何以霸也？任术而设疑也。听三人何以仅存也？从二而求一也。明主任人之道专，致人之道博。任人道专，故邪不得间；致人之道博，故下无所壅。任人之道不专，则逸说起而异心生；致人之道不博，则殊涂塞而良材屈。使舜未得咎陶、汤未得伊尹，而不求贤，则上下不交，而大业废矣。既得咎陶，既得伊尹，而又人人自用，是代大匠斫也。君臣易位，劳神之道也。

今之人或抵掌而言，称古多贤，患世无人，退不自三省，而坐诬一世，岂不甚耶！夫圣人者，不世而出者也。贤能之士，何世无之。何以知其然？舜兴而五臣显，武王兴而九贤进；齐桓之霸，管仲为之谋；秦孝之强，商君佐之以法。欲王则王佐至，欲霸则霸臣出，欲富国强兵，则富国强兵之人往。求无不得，唱无不和，是以天下之不乏贤也，顾求与不求耳，何忧天下之无人乎！

夫裁径尺之帛，刊方寸之木，不任左右，必求良工者，裁帛刊木，非左右之所能故也。径尺之帛，方寸之木，薄物也，非良工不能裁之，况帝王之佐，经国之任，可不审择其人乎！故构大厦者，先择匠然后简材；治国家者，先择佐然后定民。大匠构屋，必大材为栋梁，小材为榱橑。苟有所中，尺寸之木无弃也。非独屋有栋梁，国家亦然。大德为宰相，此国之栋梁也。审其栋梁，则经国之本立矣。经国之本立，则庶官无旷，而天工时叙矣。

天下之害，莫甚于女饰。上之人不节其耳目之欲，殚生民之巧，以极天下之变。一首之饰，盈千金之资；婢妾之服，兼四海之珍。纵欲者无穷，用力者有尽。用有尽之力，逞无穷之欲，此汉灵之所以失其民也。上欲无节，众下肆情，淫夸并兴，而百姓受其殃毒矣。尝见汉末一笔之柙，雕以黄金，饰以和璧，缀以隋珠，发以翠羽。此笔非文犀之植，必象齿之管、丰狐之柱、秋兔之翰。用之者，必被珠绣之衣，践雕玉之履。由是推之，其极靡不至矣。然公卿大夫，刻石为碑，镌石为虎，碑虎崇伪，陈于三衢，妨功丧德，异端并起。众邪之乱正若此，岂不哀哉！夫经国立功之道有二：一曰息欲，二曰明制。欲息制明，而天下定矣。

夫商贾者，所以伸盈虚而获天地之利，通有无而一四海之财。其人可甚贱，而其业不可废。盖众利之所充，而积伪之所生，不可不审察也。古者民朴而化淳，上少欲而下尟（xiǎn）伪；衣足以暖身，食足以充口；器足以给用，居足以避风雨；养以大道，而民乐其生；敦以大质，而下无逸心；日中为市，民交易而退，各得其所，盖化淳也。暨周世殷盛，承变极文，而重为之防。国有定制，下供常事；役赋有恒，而业不废。君臣相与，一体上下，譬之形影；官恕民忠，而恩侔父子。上不征非常之物，下不供非常之求；君不索无用之宝，民不鬻无用之货。自公侯至于皂隶仆妾，尊卑殊礼，贵贱异等，万机运于上，百事动于下，而六合晏如者，分数定也。夫神农正其纲，先之以无欲，而咸安其道；周综其目，一之以中正，而民不越法。及秦乱四民而废常贱，竞逐末利而弃本业，苟合一切之风起矣。于是士树奸于朝，贾穷伪于市；臣挟邪以罔其君，子怀利以诈其父。一人唱欲而亿兆和。上逞无厌之欲，下充无极之求，都有专市之贾，邑有倾世之商，商贾富乎公室，农夫伏于陇亩而堕沟壑。上愈增无常之好以征下，下穷死而不知所归，哀夫！

且末流滥溢而本源竭，纤靡盈市而谷帛罄，其势然也。古言非典义，学士不以经心；事非田桑，农夫不以乱业；器非时用，工人不以措手；物非世资，商贾不以适市。士思其训，农思其务，工思其用，贾思其常，是以上用足而下不匮。故一野不如一市，一市不如一朝，一朝不如一用，一用不如上息欲，上息欲而下反真矣。不息欲于上，而欲于下之安静，此犹纵火焚林，而索原野之不凋瘁，难矣！故明君止欲而宽下，急商而缓农，贵本而贱末；朝无蔽贤之臣，市无专利之贾，国无擅山泽之民。一臣蔽贤，则上下之道壅；商贾专利，则四方之资困；民擅山泽，则兼并之路开；兼并之路开，而上以无常役。下赋一物，非民所生，而请于商贾，则民财暴贱；民财暴贱，而非常暴贵；非常暴贵，则本竭而末盈。末盈本竭而国富民安，未之有矣。

昔者圣人之崇仁也，将以兴天下之利也。利或不兴，须仁以济天下，有不得其所，若己推而委之于沟壑然。夫仁者，盖推己以及人也。故己所不欲，无施于人；推己所欲，以及天下。推己心孝于父母，以及天下，则天下之为人子者，不失其事亲之道矣；推己心有乐于妻子，以及天下，则天下之为人父者，不失其室家之欢矣；推己之不忍于饥寒，以及天下之心，含生无冻馁之忧矣。此三者，非难见之理，非难行之事，唯不内推其心，以恕乎人，未之思耳，夫何远之有哉！古之仁人，推所好以训天下，而民莫不尚德；推所恶以诫天下，而民莫不知耻。孔子曰："仁远乎哉？我欲仁，斯仁至矣。"此之谓也。若子方惠及于老马，西巴不忍而放麑，皆仁之端也。推而广之，可以及乎远矣。

盖天地著信，而四时不悖；日月著信，而昏明有常；王者体信，而万国以安；诸侯秉信，而境内以和；君子履信，而厥身以立。古之圣君贤佐，将化世美俗，去信须臾，而能安上治民者，未之有也。夫象天则地，履信思顺，以一天下，此王者之信也；据法持正，行以不二，此诸侯之信也；言出乎口，结乎心，守以不移，以立其身，此君子之信也。讲信修义，而人道定矣。若君不信以御臣，臣不信以奉君，父不信以教子，子不信以事父，夫不信以遇妇，妇不信以承夫，则君臣相疑于朝，父子相疑于家，夫妇相疑于室矣。小大混然而怀奸心，上下纷然而竞相欺，人伦于是亡矣。

夫信由上而结者也。故君以信训其臣，则臣以信忠其君；父以信诲其子，则子以信孝其父；夫以信先其妇，则妇以信顺其夫。上秉常以化下，下服常而应上，其不化者，百未有一也。夫为人上，竭至诚开信以待下，则怀信者欢然而乐进，不信者赧然而回意矣。老子不云乎："信不足焉，有不信。"故以信待人，不信思信；不信待人，信斯不信。况本无信者乎！先王欲下之信也，故示之以款诚，而民莫欺其上；申之以礼教，而民笃于义矣。夫以上接下,而以不信随之,是亦日夜见灾也。周幽以诡烽灭国,齐襄以瓜时致杀,非其显乎?故祸莫大于无信,无信则不知所亲,不知所亲,则左右书己之所疑,况天下乎?信者亦疑,不信亦疑,则忠诚者丧心而结舌,怀奸者饰邪以自纳,此无信之祸也。

傅子曰:能以礼教兴天下者,其知大本之所立乎!夫大本者,与天地并存,与人道俱设,虽蔽天地,不可以质文损益变也。大本有三:一曰君臣,以立邦国;二曰父子,以定家室;三曰夫妇,以别内外。三本者立,则天下正。三本不立,则天下不可得而正。天下不可得而正,则有国有家者亟亡,而立人之道废矣。礼之大本存乎三者,可不谓之近乎?用之而蔽天地,可不谓之远乎?由近以知远,推己以况人,此礼之情也。

商君始残礼乐,至乎始皇,遂灭其制,贼九族、破五教,独任其威刑酷暴之政。内去礼义之教,外无列国之辅。日纵桀、纣之淫乐,君臣竞留意于刑书。虽荷戟百万,石城造天,威凌沧海,胡越不动,身死未收,奸谋内发,而太子已死于外矣。胡亥不觉,二年而灭。曾无尽忠效节之臣,以救其难。岂非敬义不立、和爱先亡之祸也哉!礼义者,先王之藩卫也。秦废礼义,是去其藩卫也。夫赍不訾之宝,独宿于野,其为危败,甚于累卵,方之于秦,犹有泰山之安。《易》曰:"上慢下暴,盗思伐之。"其秦之谓与!

立善防恶谓之礼,禁非立是谓之法。<u>法者,所以正不法也。</u>明书禁令曰法,诛杀威罚曰刑。治世之民,从善者多,上立德而下服其化,故先礼而后刑也。乱世之民,从善者少,上不能以德化之,故先刑而后礼也。《周书》曰:"小乃不可不杀,乃有大罪,非终,乃惟眚(shěng)灾。"然则心恶者,虽小必诛;意善过误,虽大必赦。此先王所以立刑法之本也。礼、法殊途而同归,赏、刑递用而相济矣。是故圣帝明王,惟刑之恤,惟敬五刑,以成三德。若乃暴君昏主,刑残法酷,作五虐之刑,设炮烙之辟,而天下之民,无所措其手足矣。故圣人伤之,乃建三典,殊其轻重,以定厥中。司寇行刑,君为之不举乐,哀矜之心至也;八辟议其故而宥之,仁爱之情笃也。

【重点句解读】

法者，所以正不法也。

国家的法律，是为纠正不法行为的。

习近平总书记在《在省部级主要领导干部学习贯彻党的十八届四中全会精神，全面推进依法治国专题研讨班上的讲话》中，引用了《淮南子·泰族训》中"有道以统之，法虽少，足以化矣"这句话，说明国家法律的作用，而我国的法律是以党领导人民和提取人民愿望的精华，保护人民的一切利益，反对和惩治那些害国害民的罪行。

柔愿之主，闻先王之有哀矜仁爱、议狱缓死也，则妄轻其刑，而赦元恶。刑妄轻，则威政堕而法易犯；元恶赦，则奸人兴而善人困。刚猛之主，闻先王之以五刑纠万民、舜诛四凶而天下服也，于是峻法酷刑以侮天下，罪连三族，戮及善民，无辜而死者过半矣。下民怨而思叛，诸侯乘其弊而起，万乘之主死于人手者，失其道也。齐、秦之君，所以威制天下，而或不能自保其身，何也？法峻而教不设也。末儒见峻法之生叛，则去法而纯仁；偏法见弱法之失政，则去仁而法刑。此法所以世轻世重，而恒失其中也。

爵禄者，国柄之本，而贵富之所由，不可以不重也。然则爵非德不授，禄非功不与。二教既立，则良士不敢以贱德受贵爵，劳臣不敢以微功受重禄，况无德无功，而敢虚干爵禄之制乎！然则先王之用爵禄，不可谓轻矣。夫爵者位之级，而禄者官之实也。级有等而称其位，实足利而周其官，此立爵禄之分也。爵禄之分定，必明选其人而重用之。德贵功多者，受重爵大位、厚禄尊官；德浅功寡者，受轻爵小位、薄禄卑官。厚足以卫宗党，薄足以代其耕。居官奉职者，坐而食于人。既食于人，不敢以私利经心。既受禄于官，而或营私利，则公法绳之于上，而显议废之于下。是以仁让之教存，廉耻之化行，贪鄙之路塞，嗜欲之情灭。百官各敬其职，大臣论道于朝，公议日兴，而私利日废矣。明君必顺善制而后致治，非善制之能独治也，必须良佐有以行之也。

欲治其民，而不省其事，则事繁而职乱。知省其职，而不知节其利、厚其禄也，则下力既竭，而上犹未供。薄其禄也，则吏竞背公义、营私利，此教之所以必废而不行也。凡欲为治者，无不欲其吏之清也。不知所以致清而求其清，此犹滑其源，而望其流之洁也。知所以致清，则虽举盗跖，不敢为非；不知所以致清，则虽举夷、叔，必犯其制矣。夫授夷、叔以事，而薄其禄，近不足以济其身，远不足以及室家，父母饿于前，妻子馁于后。不营则骨肉之道亏，营之则奉公之制犯。骨肉之道亏，则怨毒之心生；怨毒之心生，则仁义之理衰矣。使夷、叔有父母存，无以致养，必不采薇于首阳、顾公制而守死矣！由此言之，吏禄不重，则夷、叔必犯矣。夫弃家门，委身于公朝，荣不足以庇宗人，禄不足以济家室，骨肉怨于内，交党离于外，仁孝之道亏，名誉之利损，能守志而不移者鲜矣。人主不详察，闻其怨兴于内，而交离于外，薄其名，必时黜其身矣。家困而身黜，不移之士，不顾私门之怨，不惮远近之谪，死而后已，不改其行，上不见信于君，下不见明于俗，遂委死沟壑，而莫之能知也，岂不悲夫！天下知为清之若此，则改行而从俗矣。清者化而为浊，善者变而陷于非，若此而能以致治者，未之闻也。

昔先王之兴役赋，所以安上济下，尽利用之宜，是故随时质文，不过其节，计民丰约而平均之，使力足以供事、财足以周用。乃立一定之制，以为常典。甸都有常分，诸侯有常职焉。万国致其贡，器用殊其物。上不兴非常之赋，下不进非常之贡。上下同心，以奉常教。民虽输力致财，而莫怨其上者，所务公而制有常也。战国之际，弃德任威，竞相吞代，而天下之民困矣。秦并海内，遂灭先王之制，行其暴政。内造阿房之宫，继以骊山之役；外筑长城之限，重以百越之戍。赋过太半，倾天下之财，不足以盈其欲；役及闾左，竭天下之力，不足以周其事。于是蓄怨积愤，同声而起。陈涉、项梁之畴，奋剑大呼，而天下之民，响应以从之。骊山之墓未闭，而敌国已收其图籍矣。昔者东野毕御，尽其马之力，而颜回知其必败。况御天下，而可尽人之力也哉！夫用人之力，岁不过三日者，谓治平无事之世，故周之典制载焉。

若黄帝之时，外有赤帝、蚩尤之难，内设舟车、门卫、甲兵之备，六兴大役，再行天诛。居无安处，即天下之民，亦不得不劳也；劳而不怨，用之至平也。禹凿龙门，辟伊阙，筑九山，涤百川，过门不入，薄饮食，卑宫室，以率先天下，天下乐尽其力，而不敢辞劳者，俭而有节，所趣公也。故世有事，即役烦而赋重；世无事，即役简而赋轻。役简赋轻，则奉上之礼宜崇，国家之制宜备，此周公所以定六典也。役烦赋重，即上宜损制以恤其下，事宜从省以致其用，此黄帝、夏禹之所以成其功也。后之为政，思黄帝之至平、夏禹之积俭、周制之有常，随时益损而息耗之，庶几虽劳而不怨矣。

虎至猛也，可威而服；鹿至粗也，可教而使；木至劲也，可柔而屈；石至坚也，可消而用。况人含五常之性，有善可因，有恶可改者乎！人之所重，莫重乎身。贵教之道行，士有伏节成义、死而不顾者矣。此先王因善教义，因义而立礼者也。因善教义，故义成而教行；因义立礼，故礼设而义通。若夫商、韩、孙、吴，知人性之贪得乐进，而不知兼济其善，于是束之以法，要之以功，使天下唯力是恃，唯争是务。恃力务争，至有探汤赴火而忘其身者，好利之心独用也。人怀好利之心，则善端没矣。中国所以常制四夷者，礼义之教行也。失其所以教，则同乎夷狄矣。其所以同，则同乎禽兽矣。不唯同乎禽兽，乱将甚焉！何者？禽兽保其性然者也，人以智役力者也。智役力而无教节，是智巧日用，而相残无极也。相残无极，乱孰大焉！不济其善，而唯力是恃，其不大乱几稀耳！人之性，避害从利。故利出于礼让，即修礼让；利出于力争，则任力争。修礼让，则上安下顺而无侵夺；任力争，则父子几乎相危，而况于悠悠者乎！

<u>上好德则下修行，上好言则下饰辩。</u>修行则仁义兴焉，饰辩则大伪起焉，此必然之征也。德者难成而难见者也，言者易撰而易悦者也。先王知言之易，而悦之者众，故不尚焉。不尊贤尚德、举善以教，而以一言之悦取人，则天下之弃德饰辩，以要其上者不鲜矣。何者？德难为而言易饰也。夫贪荣重利，常人之性也。上之所好，荣利存焉。故上好之，下必趣之，趣之不已，虽死不避也。先王知人有好善尚德之性，而又贪荣而重利，故贵其所尚，而抑其所贪。贵其所尚，故礼让兴；抑其所贪，故廉耻存。夫荣利者可抑，而不可绝也，故明为显名高位、丰禄厚赏，使天下希而慕之。不修行崇德，则不得此名；不居此位，不食此禄，不获此赏。此先王立教之大体也。夫德修之难，不积其实，不成其名。夫言撰之易，合所悦而大用，修之不久，所悦无常，故君子不贵也。

【重点句解读】

> 上好德则下修行，上好言则下饰辩。

上级重视正当的行为，下级就乐于敦品砺行；上级喜好不切实际的空谈，下级就热衷虚言诡辩。

"楚王好细腰，宫中多饿死"；杨贵妃虽胖，但"三千宠爱在一身"而使天下女子皆欲胖。敦煌壁画中的飞天都生得胖乎乎的，哪有今天俊男靓女拼命减肥要的丁点"骨感"？"上有所好，下必甚焉"，党员干部应该有所警惕。

立德之本，莫尚乎正心。心正而后身正，身正而后左右正，左右正而后朝廷正，朝廷正而后国家正，国家正而后天下正。故天下不正，修之国家；国家不正，修之朝廷；朝廷不正，修之左右；左右不正，修之身；身不正，修之心。所修弥近，而所济弥远。禹、汤罪己，其兴也勃焉，正心之谓也。心者，神明之主，万理之统。动而不失正，天地可感，而况于人乎？况于万物乎？夫有正心，必有正德。以正德临民，犹树表望影，不令而行。《大雅》云："仪形文王，万邦作孚。"此之谓也。有邪心必有枉行。以枉行临民，犹树曲表，而望其影之直。若乃身坐廊庙之内，意驰云梦之野，临朝宰事，情系曲房之娱，心与体离，情与志乖，形神且不相保，孰左右之能正乎哉！忠正仁理存乎心，则万品不失其伦矣。礼度仪法存乎体，则远迩内外，咸知所象矣。古之大君子，修身治人，先正其心，自得而已矣。能自得则无不得矣，苟自失则无不失矣。无不得者，治天下有余，故否则保身居正，终年不失其和，达则兼善天下，物无不得其所。无不失者，营妻子不足，故否则是己非人，而祸逮乎其身，达则纵情用物，而殃及乎天下。

【重点句解读】

> 立德之本，莫尚乎正心。心正而后身正。

立德的根本是正心，心正之后才能身正。

习近平同志在《之江新语·做人与做官》中，深刻地论证了新时期我们广大党员干部"修、齐、治、平"的标准和要求，把修心治身外溢为经世治国的大事业。在这篇文章中，习近平同志引用王安石《洪范传》中"修其心治其身，而后可以为政于天下"的话来教导广大干部立德、修身而为民、务实、清廉，把做官和做人统一起来，才能成为一个真正的受到人民爱戴的好干部。

昔者有虞氏弹五弦之琴，而天下乐其和者，自得也；秦始皇筑长城之塞以为固，祸机发于左右者，自失也。夫推心以及人，而四海蒙其佑，则文王其人也；不推心虑用天下，则左右不可保，亡秦是也。秦之虣（bào）君目玩倾城之色，天下男女怨旷而不肯恤也；耳淫亡国之声，天下小大哀怨而不知抚也。意盈四海之外，口穷天下之味，宫室造天而起，万国为之憔瘁，犹未足以逞其欲。唯不推心以况人，故视用人如用草芥。使用人如用己，恶有不得其性者乎？古之达治者，知心为万事主，动而无节则乱，故先正其心。其心正于内，而后动静不妄，以率先天下，而后天下履正，而咸保其性也。斯远乎哉？求之心而已矣。

夫能通天下之志者，莫大乎至公。能行至公者，莫要乎无忌心。唯至公，故近者安焉，远者归焉，枉直取正，而天下信之。唯无忌心，故进者自尽，而退不怀疑，其道泰然，浸润之谮，不敢干也。《虞书》曰："辟四门，则天下之人辐凑其庭矣。明四目，则天下之人乐为之视矣。达四聪，则天下之人乐为之听矣。"江海所以能为百谷王者，以其不逆之也。苟有所逆，众流之不至者多矣。众流不至者多，则无以成其深矣。夫有公心，必有公道；有公道，必有公制。丹朱、商均，子也，不肖，尧舜黜之；管叔、蔡叔，弟也，为恶，周公诛之。苟不善，虽子弟不赦，则于天下无所私矣。鲧乱政，舜殛之；禹圣明，举用之；戮其父而授其子，则于天下无所忌矣。石厚，子也，石碏诛之；冀缺，仇也，晋侯举之。是之谓公道。夫在人上，天下皆乐为之用。无远无近，苟所怀得达，死命可致也。唯患众流异源，清浊不同，爱恶相攻，而亲疏党别。上之人或有所好，所好之流独进，而所不好之流退矣。通者一而塞者万，则公道废而利道行矣，于是天下之志塞而不通。欲自纳者，因左右而达，则权移左右，而上势分矣。昧于利者，知趣左右之必通，必变业以求进矣。昧利者变业而觉成，正士守志而日否，则虽见者盈庭，而上之所开实寡。外倦于人，而内寡间，此自闭之道也。故先王之教，进贤者为上赏，蔽贤者为上戮；顺礼者进，逆法者诛；设诽谤之木，容狂狷之人；任公而去私，内恕而无忌。是之谓公制也。公道行则天下之志通，公制立则私曲之情塞矣。

凡有血气，苟不相顺，皆有争心。隐而难分、微而害深者，莫甚于言矣。君人者，将和众定民，而殊其善恶，以通天下之志者也，闻言不可不审也。闻言未审，而以定善恶，则是非有错，而饰辩巧言之流起矣。故听言不如观事，观事不如观行。听言必审其本，观事必校其实，观行必考其迹。参三者而详之，近少失矣。问曰："汉之官制，皆用秦法。秦不二世而灭，汉二十余世而后亡者，何也？"答曰：其制则同，用之则异。秦任私而有忌心，法峻而恶闻其失。任私者则天下怨，有忌心则天下疑，法峻则民不顺之，恶闻其失则过不上闻，此秦之所以不二世而灭也。

"汉初入秦，约法三章；论功定赏，先封所憎。约法三章，公而简也；先封所憎，无忌也。虽网漏吞舟，而百姓安之者，能通天下之志，得其略也。世尚宽简，尊儒贵学；政虽有失，能容直臣。简则不苟，宽则众归之；尊儒贵学，则民笃于义；能容直臣，则上之失不害于下，而民之所患上闻矣。自非圣人，焉无失！失而能改，则所失少矣。心以为是，故言行由之。其或不是，不自知也。先王患人之不自知其失，而处尊者天下之命在焉。顺之则生，逆之则死。顺而无节，则谄谀进；逆而畏死，则直道屈。明主患谀己者众，而无由闻失也，故开敢谏之路，纳逆己之言。苟所言出于忠诚，虽事不尽是，犹欢然受之。所通直言之途，引而致之，非为名也，以为直言不闻，则己之耳目塞。耳目塞于内，谀者顺之于外，此三季所以至亡，而不自知也。周昌比高祖于桀、纣，而高祖托以爱子；周亚夫申军令，而太宗为之不驱；朱云折槛，辛庆忌叩头流血。斯乃宽简之风，汉所以历年四百也。"

天下之福，莫大于无欲；天下之祸，莫大于不知足。无欲则无求；无求者，所以成其俭也。不知足，则物莫能盈其欲矣；莫能盈其欲，则虽有天下，所求无已、所欲无极矣。海内之物不益，万民之力有尽。纵无已之求，以灭不益之物；逞无极之欲，而役有尽之力。此殷士所以倒戈于牧野，秦民所以不期而同叛。曲论之，好奢而不足者，岂非天下之大祸耶！

【重点句解读】

天下之福，莫大于无欲；天下之祸，莫大于不知足。

天下最大的福祉就是无欲，天下最大的灾祸就是不知足。

习近平总书记在《领导干部要认认真真学习，老老实实做人，干干净净干事》等文章中，引用《老子·第四十章》中"祸莫大于不知足，咎莫大于欲得"这句话（与上面《傅子》中的话同义），要求每个干部抑制贪欲，洁身自好，不要做出违法违纪以权谋私的蠢事。

民富则安，贫则危。明主之治也，分其业而一其事。业分则不相乱，事一则各尽其力。而不相乱，则民必安矣。重亲民之吏而不数迁。重则乐其职，不数迁则志不流于他官。乐其职，而志不流于他官，则尽心恤其下。尽心以恤其下，则民必安矣。附法以宽民者赏，克法以要名者诛。宽民者赏，则法不亏于下；克民者诛，而名不乱于上，则民必安矣。量时而置官，则吏省而民供。吏省则精，精则当才而不遗力；民则供顺，供顺则思义而不背上。上爱其下，下乐其上，则民必安矣。笃乡闾之教，则民存知相恤，而亡知相救。存相恤而亡相救，则邻居相恃，怀土而无迁志。邻居相恃，怀土无迁志，则民必安矣。度时宜而立制，量民力以役赋。役赋有常，上无横求，则事事有储，而并兼之隙塞。事有储，并兼之隙塞，则民必安矣。图远必验之近，兴事必度之民。知稼穑之艰难，重用其民，如保赤子，则民必安矣。

职业无分，事务不一，职荒事废，相督不已，若是者民危。亲民之吏不重，有资者无劳而数迁，竞营私以害公、饰虚以求进，仕宦如寄，视用其民，如用路人，若是者民危。以法宽民者不赏，克民为能者必进，下力尽矣，而用之不已，若是者民危。吏多而民不能供，上下不相乐，若是者民危。乡闾无教，存不相恤，而亡不相救，若是者民危。不度时而立制，不量民而役赋无常，横求相仍，弱穷迫不堪其命，若是者民危。视远而忘近，兴事不度于民，不知稼穑艰难，而转用之，如是者民危。安民而上危，民危而上安者，未之有也。《虞书》曰："安民则惠，黎民怀之。"其为治之要乎！今之刺史，古之牧伯也；今之郡县，古之诸侯也。州总其统，郡举其纲，县理其目，各职守不得相干，治之经也。夫弹枉正邪，纠其不法，击一以警百者，刺史之职也。比物校成，考定能否，均其劳逸，同其得失，有大不可，而后举之者，太守之职也。亲民授业，平理百事，猛以威吏，宽以容民者，令长之职也。然则令长者，最亲民之吏，百姓之命也。国以民为本，亲民之吏，不可以不留意也。

傅子曰："利天下者，天下亦利之；害天下者，天下亦害之。利则利，害则害，无有幽深隐微，无不报也。仁人在位，常为天下所归者，无他也，善为天下兴利而已矣。"

刘子问政。傅子曰："政在去私。私不去，则公道亡；公道亡，则礼教无所立；礼教无所立，则刑赏不用情。刑赏不用情，而下从之者，未之有也。夫去私者，所以立公道也，唯公然后可正天下。"傅子曰："善为政者，天地不能害也，而况于人乎！尧水汤旱，而人无菜色，犹太平也，不亦美乎！晋饥矣，懈而为秦所禽。人且害之，而况于天地乎！"

傅子曰："秦始皇之无道，岂不甚哉！视杀人如杀狗彘。狗彘，仁人用之犹有节；始皇之杀人，触情而已，其不以道如是。而李斯又深刑峻法，随其指而妄杀人。秦不二世而灭，李斯无遗类。以不道遇人，人亦以不道报之。人仇之，天绝之，行无道未有不亡者也。"或曰："汉太宗除肉刑，可谓仁乎？"傅子曰："匹夫之仁，非王天下之仁也。夫王天下者，大有济者也，非小不忍之谓也。先王之制，杀人者死，故生者惧；伤人者残其体，故终身惩。所刑者寡，而所济者众，故天下称仁焉。今不忍残人之体，而忍杀之，既不类，伤人刑轻，是失其所以惩也。失其所以惩，则易伤人。人易相伤，乱之渐也。犹有不忍人心，故曰匹夫之仁也。"

傅子曰："古之贤君，乐闻其过，故直言得至，以补其阙。古之忠臣，不敢隐君之过，故有过者，知所以改。其戒不改，以死继之，不亦至直乎！"

傅子曰："至哉，季文子之事君也！使恶人不得行其境内，况在其君之侧乎？推公心而行直道，有臣若此，其君稀陷乎不义矣。"

傅子曰："正道之不行，常由佞人乱之也。故桀信其佞臣推侈，以杀其正臣关龙逄，而夏以亡。纣信其佞臣恶来，以剖其正臣王子比干之心，而殷以亡。"曰："惑佞之不可用如此，何惑者之不息也？"傅子曰："佞人善养人私欲也，故多私欲者悦之。唯圣人无私欲，贤者能去私欲也。有见人之私欲，必以正道矫之者，正人之徒也；违正而从之者，佞人之徒也。自察其心，斯知佞正之分矣。"

或问："佞孰为大？"傅子曰："行足以服俗，辨足以惑众，言必称乎仁义，隐其恶心而不可卒见，伺主之欲微合之，得其志敢以非道陷善人，称之有术，饰之有利，非圣人不能别，此大佞也。其次，心不欲为仁义，言亦必称之，行无大可非，动不违乎俗，合主所欲而不敢正也，有害之者然后陷之。最下佞者，行不顾乎天下，唯求主心，使文巧辞，自利而已，显然害善，行之不怍。若四凶，可谓大佞者也；若安昌侯张禹，可谓次佞也；若赵高、石显，可谓最下佞者也。大佞形隐为害深，下佞形露为害浅。形露犹不别之，可谓至暗也已。"

治人之谓治，正己之谓正。人不能自治，故设法以一之。身不正，虽有明法，即民或不从，故必正己以先之也。然即明法者，所以齐众也；正己者，所以率人也。夫法设而民从之者，得所故也。法独设而无主，即不行；有主而不一，则势分。一则顺，分则争，此自然之理也。

天地至神，不能同道而生万物；圣人至明，不能一检而治百姓。故以异致同者，天地之道也；因物制宜者，圣人之治也。既得其道，虽有诡常之变，相害之物，不伤乎治体矣。水火之性相灭也，善用之者，陈釜鼎乎其间，爨之煮之，而能两尽其用，不相害也，五味以调，百品以成。天下之物，为火水者多矣，若施釜鼎乎其间，则何忧乎相害，何患乎不尽其用也。

卷五十 《袁子正书》治要

【晋】袁准 撰

【导读】

袁准,字孝尼,陈郡扶乐(今河南太康西北)人。生平史籍无载,晋时拜给事中。有《仪礼丧服经》注一卷,《袁子正论》十九卷,《正书》二十五卷,《集》二卷。

《袁子正书》在《隋书·经籍志》《旧唐书·经籍志》《新唐书·艺文志》中均有著录,后亡佚。

魏徵在《群书治要》的《序》中宣示了编撰的目的是"务乎政术,存乎劝戒",因而所收录《正书》十七篇章节,体现了袁准与魏徵的治国理念基本上是一致的。

仁义为先,以礼治国。"治国之大体有四:一曰仁义,二曰礼制,三曰法令,四曰刑罚。"故"本之以仁,成之以法,使两通而无偏重,则治之至也"。

设官辨能,因事设官。"明主设官,使人当于事","人当于事,则吏少而民多。民多则归农者众,吏少则所奉者寡。使吏禄厚则养足,则无求于民;无求于民,奸宄息矣。禄足以代耕,则壹心于职,壹心于职则政理,政理则民不扰,民不扰则不乱其农矣。"我国今天正在推行的行政体制改革,其中不就有合并重叠机构、裁减机关冗员的举措吗?

选拔贤能、使用人才。"故明王之使人有五:一曰以大体期之,二曰要其成功,三曰忠信不疑,四曰至公无私,五曰与天下同忧。以大体期之,则臣自重；要其成功，则臣勤惧；忠信不疑，则臣尽节；至公无私，则臣尽情；与天下同忧，则臣尽死。"

民为国本，民富国富。"夫民者，君之所求用也。民富则所求尽得，民贫则所求尽失。""富国有八政：一曰俭以足用，二曰时以生利，三曰贵农贱商，四曰常民之业，五曰出入有度，六曰以货均财，七曰抑谈说之士，八曰塞朋党之门。"

修齐之道，公心为贵。"治国之道万端，所以行之在一。一者何？曰公而已矣。""唯公心而后可以有国，唯公心可以有家，唯公心可以有身。"

然而，袁准的有关封建诸侯的观点，不能令人苟同。揆诸历史，诸侯弱则国安，强则国乱。汉武帝实行"推恩令"后，有汉一代，再无侯王叛乱。不过，瑕不掩瑜，袁准很多治国理念、方略，至今仍有很强的现实意义。

·礼 政·

治国之大体有四：一曰仁义，二曰礼制，三曰法令，四曰刑罚。四本者具，则帝王之功立矣。所谓仁者，爱人者也。爱人，父母之行也。为民父母，故能兴天下之利也。所谓义者，能辨物理者也。物得理，故能除天下之害也。兴利除害者，则贤人之业也。<u>夫仁义礼制者，治之本也；法令刑罚者，治之末也。无本者不立，无末者不成。</u>夫礼教之治，先之以仁义，示之以敬让，使民迁善日用而不知也。儒者见其如此，因谓治国不须刑法，不知刑法承其下，而后仁义兴于上也。法令者赏善禁淫，居治之要会。商、韩见其如此，因曰治国不待仁义，不知仁义为之体，故法令行于下也。是故导之以德，齐之以礼，则民有耻；导之以政，齐之以刑，则民苟免，是治之贵贱者也。先仁而后法，先教而后刑，是治之先后者也。夫远物难明，而近理易知，故礼让缓而刑罚急，是治之缓急也。夫仁者使人有德，不能使人知禁；礼者使人知禁，不能使人必仁。故本之者仁，明之者礼也，必行之者刑罚也。先王为礼，以达人之性理，刑以承礼之所不足。故以仁义为不足以治者，不知人性者也，是故失教，失教者无本也。以刑法为不可用者，是不知情伪者也，是故失威，失威者不禁也。故有刑法而无仁义，久则民忽，民忽则怒也；有仁义而无刑法，则民慢，民慢则奸起也。故曰："本之以仁，成之以法，使两通而无偏重，则治之至也。"

夫仁义虽弱而持久，刑杀虽强而速亡，自然之治也。

【重点句解读】

仁义礼制者，治之本也；法令刑罚者，治之末也。无本者不立，无末者不成。

爱民、解难、尊上、守纪，是治国的根本；法律、命令、刑措、惩罚，是治理国家的枝叶。没有根本就不能使国家长治久安，没有枝叶国家的事业也不能成功。

"故有刑法而无仁义，久则民忽，民忽则怒也；有仁义而无刑法，则民慢，民慢则奸起也。故曰：'本之以仁，成之以法，使两通而无偏重，则治之至也'。"意思是说，偏重刑法而丢掉了仁义，时间长了人民就会忘记自己应遵守的社会规范；只有仁义而无刑法，人民就会不听指令，人民不听指令，奸邪之事就会发生。所以说，根本是仁义，再结合推行必要的法令，国家的治理才能达到稳固安定的最高境界。

·经 国·

先王之制，立爵五等，所以立蕃屏、利后嗣者也，是故国治而万世安。秦以列国之势而并天下，于是去五等之爵而置郡县，虽有亲子、母弟，皆为匹夫。及其衰，一夫大呼而天下去。及至汉家，见亡秦之以孤特亡也，于是大封子弟。或连城数十，廓地千里，自关已东皆为王国，力多而权重，故亦有七国之难。魏兴，以新承大乱之后，民人损减，不可则以古治，于是封建侯王，皆使寄地，空名而无其实。王国使有老兵百余人，以卫其国。虽有王侯之号，而力侪于匹夫。县隔千里之外，无朝聘之仪，邻国无会同之制。诸侯游猎，不得过三十里。又为设防辅监国之官，以司察之。王侯皆思为布衣不能得，既违宗国蕃屏之义，又亏亲戚骨肉之恩。

昔武王既克殷，下车而封子弟，同姓之国五十余，然亦卜世三十，卜年七百。至乎王赧之后，海内无主三十余年。故诸侯之治，则辅车相持，翼戴天子，以礼征伐。虽有乱君暴主，若吴楚之君者，不过恣睢其国，恶能为天下害乎！周以千乘之赋封诸侯，今也曾无一城之田。何周室之奢泰，而今日之俭少也？岂古今之道不同，而今日之势然哉？未之思耳。夫物莫不有弊，圣人者岂能无衰？能审终始之道，取其长者而已。今虽不能尽建五等，犹宜封诸亲戚，使少有土地；制朝聘会同之义，以合亲戚之恩；讲礼以明其职业，黜陟以讨其不然。如是则国有常守，兵有常强，保世延祚，长久而有家矣。

·设 官·

古者三公论王职，六卿典事业。事大者官大，事小者官小。今三公之官，或无事，或职小。又有贵重之官，无治事之实。此官虚设者也。秦汉置丞相九卿之官，以治万机。其后天子不能与公卿造事，外之而置尚书，又外之而置中书，转相重累，稍执机事，制百官之本，公卿之职遂轻，则失体矣。又有兵士而封侯者。古之尊贵者，以职大故贵。今列侯无事，未有无职而空贵者也。世衰礼废，五等散亡，故有赐爵封侯之赏。既公且侯，失其制。今有卿相之才，居三公之位，修其治政，以安宁国家，未必封侯也。而今军政之法，斩一牙门将者封侯。夫斩一将之功，孰与安宁天下也？安宁天下者不爵，斩一将之功者封侯，失封赏之意矣。夫离古意制，外内不一，小大错贸，转相重累，是以人执异端，窥欲无极，此治道之所患也。先王置官，各有分职，使各以其属，达之于王。自己职事，则是非精练，百官奏，则下情不塞，先王之道也。

·政 略·

夫有不急之官，则有不急之禄，国之蜂贼也。明主设官，使人当于事。人当于事，则吏少而民多。民多则归农者众，吏少则所奉者寡。使吏禄厚则养足，养足则无求于民。无求于民，奸宄息矣。禄足以代耕则一心于职，一心于职则政理，政理则民不扰，民不扰则不乱其农矣。养生有制，送终有度；嫁娶宴享，皆有分节；衣服食味，皆有品帙；明设其礼，而严其禁。如是，则国无违法之民，财无无用之费矣。此富民之大略也。非先王之法行不得行，非先王之法言不得道，名不可以虚求，贵不可以伪得，有天下坦然知所去就矣；本行而不本名，责义而不责功，行莫大于孝敬，义莫大于忠信，则天下之人知所以措身矣。此教之大略也。夫礼设则民贵行，分明则事不错。民贵行则所治寡，事不错则下静一。此富民致治之道也。礼重而刑轻则士劝，爱施而罚必则民服。士劝则忠信之人至，民服则犯法者寡。德全则教诫，教诫则感神。行深则著厚，著厚则流远。尚义则同利者相覆，尚法则贵公者相刻；相刻则无亲，相覆则无疏。措礼则政平，政平则民诚；设术则政险，政险则民伪。此礼义法术之情也。

【重点句解读】

有不急之官，则有不急之禄，国之蟊贼也。

国家如设立冗官赘职，就必须开支本可不开支的薪俸，这是国家的害虫。

中国共产党在延安时期实行了"精兵简政"，既减轻了人民的负担，又提高了效率，为后来革命取得胜利奠定了基础。我们现在实行的机构改革，简政放权，正是发扬光大了延安精神。

·论 兵·

夫为政失道，可思而更也，兵者存亡之机，一死不可复生也。故曰："天下难事在于兵。"今有人于此，力举重鼎，气盖三军，一怒而三军之士皆震。世俗见若人者，谓之能用兵矣。然以吾观之，此亡国之兵也。夫有气者，志先其谋，无策而径往，怒心一奋，天下若无人焉，不量其力，而轻天下之物，偏遇可以幸胜，有数者御之，则必死矣。凡用兵，正体不备，不可以全胜。故善用兵者，我谓之死，则民尽死；我谓之生，则民尽生；我使之勇，则民尽勇；我使之怯，则民尽怯。能死而不能生，能勇而不能怯，此兵之半，非全胜者也。夫用战有四：有大体者，难与持久；有威刑者，难与争险；善柔者，待之以重；善任势者，御之以坚。用兵能使民坚重者，则可与之赴汤火，可与之避患难，进不可诡，退不可追，所在而民安，尽地而守固，疑间不能入，权谲不能设也。

坚重者，备物者也。备物者无偏形；无偏形，故其变无不之也。故礼与法，首尾也；文与武，本末也。故礼正而后法明，文用而后武法。故用兵不知先为政，则亡国之兵。用人有四：一曰以功业期之，二曰与天下同利，三曰乐人之胜己，四曰因才而处任。以功业期之，则人尽其能；与天下同利，则民乐其业；乐人胜己，则下无隐情；因才择任，则众物备举。人各有能有不能也，是以智者不以一能求众善，不以一过掩众美。不遗小类，不弃小力，故能有为也。夫治天下者，其所以行之在一。一者何也？曰公而已矣。故公者，所以攻天下之邪，屏谗慝之萌。兵者倾危之物，死生之机，一物不至，则众乱兴矣。故以仁聚天下之心，以公塞天下之隙，心公而隙塞，则民专而可用矣。公心明，故贤才至。<u>一公则万事通，一私则万事闭。</u>兵者死生之机也，是故贵公。

【重点句解读】

一公则万事通，一私则万事闭。

一心为公，办事公平，做一切事情就会顺利；自私自利、以权谋私，不论做什么事情都不会成功。

习近平总书记在《在十八届中央纪委第三次全体会议上的讲话》中指出："衡量党性强弱的根本尺子是公、私二字。"他引用了《二程集·河南程氏遗书卷十一》中的"一心可以丧邦，一心可以兴邦，只在公私之间尔"这一警句，告诫全党手握公权力的领导干部，要立党为公，一心为民，公私分明，公而忘私，秉公用权，才能得到广大人民的拥戴，新时期的社会主义事业才能得以成功。

·王子主失·

有王子者，著《主失》之书，子张甚善之，为袁子称之曰："夫人之所以贵于大人者，非为其官爵也，以其言忠信，行笃敬，人主授之不虚，人臣受之不妄也。若居其位不论其能，赏其身不议其功，则私门之路通，而公正之道塞矣。"凡世之所患，非患人主之有过失也，患有过欲改而不能得也。是何也？夫奸臣之事君，固欲苟悦其心。夫物未尝无似象，似象之言，浸润之谮，非明者不能察也。奸臣因以似象之言，而为之容说，人主不能别也，是而悦之，惑乱其心，举动日缪，而常自以为得道。此有国之常患也。夫佞邪之言，柔顺而有文；忠正之言，简直而多逆。使忠臣之言是也，人主固弗快之矣。今奸臣之言，已掩于人主，不自以为非，忠臣以逆迕之言说之，人主方以为诬妄，何其言之见听哉？是以大者刳腹，小者见奴。忠臣涉危死而言不见听，奸臣飨荣利而言见悦，则天下奚蹈夫危死而不用、去夫荣乐而见听哉？故有被发而为狂，有窜伏于窟穴，此古今之常也。凡奸臣者，好为难成之事，以侥幸成功之利，而能先得人主之心。上之人不能审察，而悦其巧言，则见其赏而不见其罚矣。

为人臣，有礼未必尊，无礼未必卑，则奸臣知所以事主矣。虽有今日之失，必知明日所以复之涂也。故人主赏罚一不当，则邪人为巧滋生，其为奸滋甚。知者虽见其非，而不敢言，为将不用也。夫先王之道，远而难明；当世之法，近而易知。凡人莫不违其疏而从其亲，见其小而暗其大。今贤者固远主矣，而执远而难明之物；奸人固近主矣，而执近而易知之理。则忠正之言，奚时而得达哉？故主蔽于上，奸成于下，国亡而家破。伍子胥为吴破楚，令阖闾霸，及夫差立，鸱夷而浮之江。乐毅为燕王破强齐、报大耻，及惠王立而驱逐之。夫二子之于国家，可谓有功矣，夫差、惠王足以知之矣，然犹不免于危死者，人主不能常明，而忠邪之道异故也。又况于草茅孤远之臣，而无二子之功，涉奸邪之门，经倾险之涂，欲其身达，不亦难哉！今人虽有子产之贤而无子皮之举，有解狐之德而无祁奚之直，亦何由得达而进用哉？故有祁奚之直，而无宣子之听，有子皮之贤，而无当国之权，则虽荆山之璞，犹且见瓦耳。故有管仲之贤，有鲍叔之友，必遇桓公而后达；有陈平之智，有无知之友，必遇高祖而后听。桓公、高祖不可遇，虽有二子之才，夫奚得用哉？

·厚 德·

恃门户之闭以禁盗者，不如明其刑也；明其刑，不如厚其德也。故有教禁，有刑禁，有物禁，圣人者兼而用之，故民知耻而无过行也。不能止民恶心，而欲以刀锯禁其外，虽日刑人于市，不能制也。明者知制之在于本，故退而修德。为男女之礼、妃匹之合，则不淫矣；为廉耻之教、知足之分，则不盗矣；以贤制爵，令民德厚矣。故圣人贵恒，恒者德之固也。圣人久于其道，而天下化成，未有不恒而可以成德、无德而可以持久者也。

·用贤·

治国有四：一曰尚德，二曰考能，三曰赏功，四曰罚罪。四者明则国治矣。夫论士不以其德，而以其旧，考能不以其才而以其久，而求下之贵上，不可得也。赏可以势求，罚可以力避，而求下之无奸，不可得也。为官长非苟相君也，治天下也；用贤非以役之，尚德也。行之以公，故天下归之。故明王之使人有五：一曰以大体期之，二曰要其成功，三曰忠信不疑，四曰至公无私，五曰与天下同忧。以大体期之，则臣自重；要其成功，则臣勤惧；忠信不疑，则臣尽节；至公无私，则臣尽情；与天下同忧，则臣尽死。夫唯信而后可以使人。昔者齐威王使章子将而伐魏，人言其反者三，威王不应也。自是之后，为齐将者，无有自疑之心，是以兵强于终始也。唯君子为能信，一不信则终身之行废矣。故君子重之。汉高祖，山东之匹夫也，无有咫尺之土、十室之聚，能任天下之智力，举大体而不苛，故王天下，莫之能御也。项籍，楚之世将，有重于民，横行天下，然而卒死东城者，何也？有一范增不能用，意忌多疑，不信大臣故也。宽则得众，用贤则多功，信则人归之。

·悦近·

孔子曰："为上不宽，吾何以观之？""苛政甚于猛虎。"诗人疾掊（póu）克在位。是以圣人体德居简，而以虚受人。夫有德则谦，谦则能让；虚则宽，宽则爱物。世俗以公刻为能，以苛察为明，以忌讳为深。三物具，则国危矣。故礼法欲其简，禁令欲其约，事业欲其希。简则易明，约则易从，希则有功。此圣贤之务也。汉高祖，山东之匹夫也，起兵之日，天下英贤奔走而归之，贤士辐凑而乐为之用，是以王天下，而莫之能御，唯其以简节宽大，受天下之物故也。是故宽则得众，虚则受物，信则不疑，不忌讳则下情达而人心安。夫高祖非能举必当也，唯以其心旷，故人不疑。况乎以至公处物，而以聪明治人乎？尧先亲九族，文王刑于寡妻。物莫不由内及外，由大信而结，由易简而上安，由仁厚而下亲。今诸侯王国之制，无一成之田、一旅之众，独坐空宫之中，民莫见其面。其所以防御之备，甚于仇雠。内无公族之辅，外无藩屏之援。是以兄弟无睦亲之教，百姓无光明之德，弊薄之俗兴，忠厚之礼衰，近者不亲，远者不附。人主孤立于上，而本根无庇荫之助，此天下之大患也。圣人者，以仁义为本，以大信持之，根深而基厚，故风雨不愆伏也。

·贵 公·

治国之道万端，所以行之在一。一者何？曰：公而已矣。唯公心而后可以有国，唯公心可以有家，唯公心可以有身。身也者，为国之本也；公也者，为身之本也。夫私人之所欲，而治之所甚恶也，欲为国者一，不欲为国者万。凡有国而以私临之，则国分为万矣。故立天子，所以治天下也；置三公，所以佐其王也。观事故而立制，瞻民心而立法。制不可以轻重，轻重即颇邪；法不可以私倚，私倚即奸起。古之人有当市繁之时，而窃人金者，人问其故，曰："吾徒见金，不见人也。"故其爱者必有大迷。宋人有子甚丑，而以胜曾上之美。故心倚于私者，即所知少也。乱于色者，即目不别精粗；沉于声者，则耳不别清浊；偏于爱者，即心不别是非。是以圣人节欲去私，故能与物无尤，与人无争也。明主知其然也，虽有天下之大、四海之富，而不敢私其亲，故百姓超然，背私而向公。公道行，即邪利无所隐矣。向公即百姓之所道者一，向私即百姓之所道者万。一向公，则明不劳而奸自息；一向私，则繁刑罚而奸不禁。故公之为道，言甚约，而用之甚博。

·治 乱·

治国之要有三：一曰食，二曰兵，三曰信。三者国之急务，存亡之机，明主之所重也。民之所恶者莫如死，岂独百姓之心然，虽尧、舜亦然。民因衣食将死亡，而望其奉法从教，不可得也。夫唯君子而后能固穷，故有国而不务食，是责天下之人而为君子之行也。伯夷饿死于首阳之山，伤性也；管仲分财自取多，伤义也。夫有伯夷之节，故可以不食而死；有管仲之才，故可以不让而取。然死不如生，争不如让。故有民而国贫者，则君子伤道，小人伤行矣。君子伤道则教亏，小人伤行则奸起。夫民者，君之所求用也。民富则所求尽得，民贫则所求尽失。用而不得，故无强兵；求而皆失，故无兴国。明主知为国之不可以不富也，故率民于农。

富国有八政：一曰俭以足用，二曰时以生利，三曰贵农贱商，四曰常民之业，五曰出入有度，六曰以货均财，七曰抑谈说之士，八曰塞朋党之门。夫俭则能广，时则农修，贵农则谷重，贱商则货轻，有常则民一，有度则不散，货布则并兼塞，抑谈说之士则百姓不淫，塞朋党之门则天下归本。知此八者，国虽小必王；不知此八者，国虽大必亡。

凡上之所以能制其下者，以有利权也。贫者能富之之谓利，有罪者能罚之之谓权。今为国不明其威禁，使刑赏利禄一出于己，则国贫而家富，离上而趣下矣。夫处至贵之上，有一国之富，不可以不明其威刑，而纳公实之言。此国之所以治乱也。至贵者人夺之，至富者人取之。是以明君不敢恃其尊，以道为尊；不敢恃其强，以法为强。亲道不亲人，故天下皆亲也；爱义不爱近，故万里为近也。天下同道，万里一心，是故以人治人，以国治国，以天下治天下，圣王之道也。凡有国者，患在壅塞，故不可以不公；患在虚巧，故不可以不实；患在诈伪，故不可以不信。三者明则国安，三者不明则国危。苟功之所在，虽疏远必赏；苟罪之所在，虽亲近必罚。辨智无所横其辞，左右无所开其说。君子卿大夫，其敬惧如布衣之虑。故百姓蹈法，而无侥幸之心。君制而臣从，令行而禁止，壅塞之路闭，而人主安太山矣。

夫礼者所以正君子也，法者所以治小人也。治在于君子，功在于小人。故为国而不以礼，则君子不让；制民而不以法，则小人不惧。君子不让，则治不立；小人不惧，则功不成。是以圣人之法，使贵贱不同礼，贤愚不同法。毁法者诛，有罪者罚。爵位以其才行，不计本末；刑赏以其功过，不计轻重。言必出于公实，行必落于法理。是以百姓乐义，不敢为非也。太上使民知道，其次使民知心，其下使民不得为非。使民知道者，德也；使民知心者，义也；使民不得为非者，威禁也。威禁者，赏必行、刑必断之谓也。此三道者，治天下之具也。欲王而王，欲霸而霸，欲强而强，在人主所志也。

·损 益·

夫服物不称，则贵贱无等。于是富者逾侈，贫者不及。小人乘君子之器，贾竖袭卿士之服。被文绣，佩银黄，重门而玉食其中，左右叱咄，颐指而使。是故有财者光荣，无财者卑辱。上接卿相，下雄齐民，珍宝旁流，而刑放于贿，下而法侵，能无亏乎？

·世 治·

天地之道贵大，圣人之道贵宽。无分寸之曲，至直也，以是绳之，则工不足于材矣；无纤分之短，至善也，以是规之，则人主不足于人矣。故凡用人者，不求备于一人。桓公之于宁戚也，知之矣。夫有近会者无远期。今之为法曰："选举之官，不得见人。"曰以绝奸私也。夫处深宫之中，而选天下之人以为明，奚从而知之？夫交接人之道，不可绝也。故圣人求所以治交，而不求绝交。人莫问不交，以人禁人，是以私禁私也。先王之用人不然，不论贵贱，不禁交游，以德底爵，以能底官，以功底禄。具赏罚以待其归，虽使之游，谁敢离道哉！

·刑 法·

礼法明则民无私虑，事业专则民无邪伪，百官具则民不要功。故有国者，为法欲其正也，事业欲其久也，百官欲其常也。天下之事以次为，爵禄以次进，士君子以精德显。夫德有次则行修，官有次则人静，事有次则民安。农夫思其疆畔，百工思其规矩，士君子思其德行，群臣百官思其分职，上之人思其一道，侵官无所由，离业无所至。夫然，故天下之道正而民一。夫变化者，圣人之事也；非常者，上智之任也。此入于权道，非贤者之所窥也。才智至明，而好为异事者，乱之端也。是以圣人甚恶奇功。天下有可赦之心，而有可赦之罪；无可赦之心，而无可赦之罪。明王之不赦罪，非乐杀而恶生也，以为乐生之实，在于此物也。夫思可赦之法，则法出入；法出入，则奸邪得容其议；奸邪得容其议，则法日乱。犯罪者多，而私议并兴，则虽欲无赦不可已。夫数赏则贤能不劝，数赦则罪人侥幸。明主知之，故不为也。夫可赦之罪，千百之一也。得之于一，而伤之于万，治道不取也。故先王知赦罪不可为也，故所俘虏，一断之于法，务求所以立法，而不求可赦之法也。

法立令行，则民不犯法；法不立令不行，则民多触死。故曰：能杀而后能生，能断而后仁立。国之治乱，在于定法。定法则民心定，移法则民心移。法者，所以正之事者也，一出而正，再出而邪，三出而乱。法出而不正，是无法也；法正而不行，是无君也。是以明君将有行也，必先求之于心，虑先定而后书之于策，言出而不可易也，令下而不反也。如阴阳之动，如四时之行，如风雨之施，所至而化，所育而长。夫天之不可逆者时也，君之不可逆者法也。使四时而可逆，则非天也；法令而可违，是非君也。今有十人，弨弩于百万之众，未有不震怖者也。夫十矢之不能杀百万人可知也，然一军皆震者，以为唯无向则已，所中必死也。明君正其礼，明其法，严其刑，持满不发，以牧万民，犯礼者死，逆法者诛，赏无不信，刑无不必，则暴乱之人莫敢试矣。故中人必死，一矢可以惧万人；有罪必诛，一刑可以禁天下。是以明君重法慎令。

·人主·

人主莫不欲得贤而用之，而所用者不免于不肖；莫不欲得奸而除之，而所除者不免于罚贤。若是者，赏罚之不当，任使之所由也。人主之所赏，非谓其不可赏也，必以为当矣；人主之所罪，非以为不可罚也，必以为信矣。智不能见是非之理，明不能察浸润之言，所任者不必智，所用者不必忠，故有赏贤罚暴之名，而有戮能养奸之实。此天下之大患也。

·致贤·

虽有离娄之目，不能两视而明；夔、旷之耳，不能两听而聪；仲尼之智，不能两虑而察。夫以天下之至明至智，犹不能参听而俱存之，而况于凡人乎！故以目，虽至明，有所不知；以因，虽凡人，无所不得。故善学者，假先王以论道；善因者，借外智以接物。故假人之目以视，奚适夫两见；假人之耳以听，奚适夫两闻；假人之智以虑，奚适夫两察。故夫处天下之大道而智不穷，兴天下之大业而虑不竭，统齐群言之类而口不劳，兼听古今之辨而志不倦者，其唯用贤乎？

·明赏罚·

夫干禄者唯利所在，智足以取当世，而不能日月不违仁。当其用智以御世，贤者有不如也。圣人明于此道，故张仁义以开天下之门，抑情伪以塞天下之户，相赏罚以随之，赏足荣而罚可畏。智者知荣辱之必至，是故劝善之心生，而不轨之奸息。赏一人而天下知所从，罚一人而天下知所避。明开塞之路，使百姓晓然，知轨疏之所由。是以贤者不忧，知者不惧，干禄者不邪。是故仁者安仁，智者利仁，畏罪者强仁。天下尽为仁，明法之谓。死者人之所甚恶也，杀人者仁人之所不忍也。人之于利欲，有犯死罪而为之。先王制肉刑，断人之体，彻膳去乐，咨嗟而行之者，不得已也。刑不断则不威，避亲贵则法日弊。如是则奸不禁，而犯罪者多。惠施一人之身，而伤天下生也。圣人计之于利害，故行之不疑。是故刑杀者，乃爱人之心也。涕泣而行之，故天下明其仁也；虽贵重不得免，故天下知其断也。仁见故民不怨，立断下不犯，圣王之所以禁奸也。先王制为八议赦宥之差，断之以三槐九棘之听，服念五六日，至于旬时，全正义也，而后断之。仁心如此之厚，故至刑可为也。

《抱朴子》治要

【东晋】葛洪 撰

【导读】

葛洪（284—364），字稚川，自号抱朴子，东晋著名道学家、文学家、医药学家，晋丹阳郡（今江苏句容）人，世称小仙翁。曾受封为关内侯，后隐居罗浮山炼丹。

葛洪一生著作宏富，自谓有《内篇》二十卷，《外篇》五十卷，《碑颂诗赋》百卷，《军书檄移章表笺记》三十卷，《神仙传》十卷，《隐逸传》十卷；又抄五经七史百家之言、兵事方技短杂奇要三百一十卷。另有《金匮药方》百卷、《肘后备急方》四卷，多亡佚。《抱朴子》为其主要著作，由《抱朴子内篇》和《抱朴子外篇》两部书组成。

据《晋书·葛洪传》记载：《抱朴子》内、外篇原共有一百一十六篇。今本亡佚四十余篇。《隋书·经籍志》记有《内篇》二十一卷，入"道家"。《旧唐书·经籍志·道家》记有《内篇》十卷。《外篇》后有葛洪《自叙》，称著"《外篇》五十卷"。《隋书·经籍志》记有《外篇》三十卷，入"杂家"。《旧唐书·经籍志·杂家》《外篇》记有二十卷。

《抱朴子》对后世影响至巨。诺贝尔生理学或医学奖得主屠呦呦所发明的治疟圣药青蒿素，就是受了《抱朴子》的启迪。

《抱朴子·内篇》主要讲述神仙方药、鬼怪变化、养生延年、禳灾却病，属于道家。《抱朴子·外篇》主要谈论社会，臧否世事，主张藏器待时，克己思君；劝谏君主任贤用能，爱民节欲，立德修身，属于儒家。《抱朴子》将儒学与玄学、神仙等纳为一体，从而确立了他不同于一般的神仙理论体系。

魏徵等人编撰《群书治要》，仅辑录了《抱朴子外篇》的《酒诫》《疾谬》《刺骄》《博喻》《广譬》等五篇的部分内容，作为向唐太宗进谏的理论依据，未辑录其中的神仙养生之术。

所辑录的内容，仍突出编撰《群书治要》的宗旨：为政者要谨言慎行，崇俭节欲，博施爱民："目之所好，不可从也；耳之所乐，不可顺也；鼻之所喜，不可任也；口之所嗜，不可随也；心之所欲，不可恣也。"

·酒 诫·

抱朴子曰：目之所好，不可从也；耳之所乐，不可顺也；鼻之所喜，不可任也；口之所嗜，不可随也；心之所欲，不可恣也。故惑目者，必逸容鲜藻也；惑耳者，必妍音淫声也；惑鼻者，必芷蕙芬馥也；惑口者，必珍羞嘉旨也；惑心者，必势利功名也。五者毕惑，则或承之祸。为身患者，不亦信哉！是以其抑情也，剧乎堤防之备决；其御性也，过乎腐辔之乘奔。故能内保永年，外免衅累也。夫酒醴之近味，生病之毒物，无豪锋之细益，有丘山之巨损。君子以之败德，小人以之速罪。耽之惑之，鲜不及祸。世之士人，亦知其然，既莫能绝，又不肯节，纵口心之近欲，轻召灾之根原，似热肠之恣冷，虽适己而身危。小大乱丧，亦罔非酒，然而俗人是酣是湎。其初筵也，抑抑济济，言希容整，咏《湛露》之"厌厌"，歌"在镐"之"恺乐"，举"万寿"之觞，诵"温克"之义。日未移晷，体轻耳热，琉璃海螺之器并用，满酌罚余之令遂急，醉而不出，拔辖投井。于是口涌鼻溢，濡首及乱，屡舞仙仙，舍其座迁。载号载呶（náo），如沸如羹。

【重点句解读】

目之所好，不可从也；耳之所乐，不可顺也；鼻之所喜，不可任也；口之所嗜，不可随也；心之所欲，不可恣也。

眼睛看到美色，不能不约束自己的行为。耳朵听到自己喜欢的音乐，不可沉迷；鼻子闻到好的味道，不能无休止地去嗅它；嘴里喜欢吃的美味佳肴，不能随心所欲；心里想得到的，不能放肆。

从，通"纵"，意即放纵，不约束自己的行为。《书·太甲中》："欲败度，纵败礼。"孔传："言己放纵情欲，毁败礼仪法度。"

人人都有爱好，但一个人的爱好要有度。有度，是可以为人表率的君子；无度，桀、纣、隋炀国灭身死，遗臭万年。那些贪官污吏，不就是不能自觉地约束自己，贪婪成性，到头来糜烂在历史的垃圾堆里吗！

或争辞尚胜，或哑哑独笑，或无对而谈，或呕吐几筵，或颠蹶良倡，或冠脱带解。贞良者，流华督之顾盼；怯懦者，效庆忌之蕃捷；迟重者，蓬转而波扰；整肃者，鹿踊而鱼跃。口讷于寒暑者，皆抚掌以谐声；谦卑而不竞者，悉裨瞻以高交。廉耻之仪毁，而荒错之疚发；阘（tà）茸之性露，而傲狠之态出。精浊神乱，臧否颠倒。或奔车走马，赴坑谷而不惮，以九折之坂为蚁封也；或登危蹋颓，虽堕坠而不觉，以吕梁之渊为牛迹也。或肆忿于器物，或酗詟（yòng）于妻子。加柱酷于臣仆，用剡（yǎn）锋乎六畜；炽火烈于室庐，迁威怒于路人，加暴害于士友。袭严主以夷戮者有矣，犯凶人而受困者有矣。言虽尚辞，烦而叛理；拜伏徒多，劳而非敬。臣子失礼于君亲之前，幼贱悖慢于耆宿之座。谓清谈为诋訾，以忠告为侵己。于是白刃抽而忘思难之虑，棒杖奋而罔顾乎先后。构洒血之仇，招大辟之祸。以少凌长，则邻党加重责矣；辱人父兄，则子弟将推刃矣；发人所讳，则壮士不能堪矣；计数深刻，则醒者不能恕矣。起众患于须臾，结百痾（ē）于膏肓。奔驷不能追既往之悔，思改而无自反之蹊。盖知者所深防，而庸人所不免也。其为祸败，不可胜载，然而欢集，莫之或释。举白盈耳，不论能否。料沥雷于小余，以稽迟为轻己。倾筐注于所敬，殷勤变而成薄。劝之不持，督之不尽，恶色丑音，所由而发也。

夫风经府藏，使人忽恍，或遇斯疾，莫不忧惧，吞苦忍痛，欲其速愈。至于醉之病性，何异于兹？而独居密以逃风，不能割情以节酒。若畏酒如畏风，憎醉如憎病，则荒沉之咎塞，而流连之失止矣。夫风之为病，犹展攻治，酒之为变，在乎呼噏（xī）。及其闷乱，若存若亡，视泰山如弹丸，见沧海如盘盂，仰哗天堕，俯呼地陷，卧待虎狼，投井赴火，而不谓恶也。夫用身之如此，亦安能惜敬恭之礼、护喜怒之失哉！昔仪狄既疏，大禹以兴；糟丘酒池，辛癸以亡。丰侯得罪，以戴樽衔杯；景升荒坏，以三雅之爵。赵武之失众，子反之诛戮，灌夫之灭族，季布之疏斥，子建之免退，徐邈之禁言，皆是物也。世人之好之乐之者甚多，而戒之畏之者至少。彼众我寡，良箴安施？且愿君子节之而已。

·疾谬·

抱朴子曰：世故继有，礼教斯颓，敬让莫崇，傲慢成俗。俦类饮会，或蹲或踞；暑夏之月，露首袒体。盛务唯在樗蒲弹棋，所论极于声色之间。举足不离绮襦纨袴之侧，游步不去势利酒客之门。不闻清言讲道之言，专以丑辞嘲弄为先。以如此者为高远，以不尔者为骇野。于是驰逐之庸民、偶俗之近人，慕之者，犹宵虫之赴明烛；学之者，犹轻毛之应飙风。嘲戏之言，或上及祖考，或下逮妇女。往者务其深焉，报者恐不重焉。唱之者不虑见答之后患，和之者耻于言轻之不塞。以不应者为拙劣，以先止者为负败。如此交恶之辞，焉得嘿哉！其有才思者之为之也，犹善于依因机会，言微理举，雅而可笑，中而不伤。若夫疏拙者之为之也，则枉曲直凑，使人愕然。妍之与蚩，其于宜绝，岂唯无益而已哉！乃有使酒之客，及于难侵之性，不能堪之，拂衣拔棘，而手足相及。丑言加于所尊，欢心变而成仇，绝交坏厚，构隙致祸。以杯螺相掷者有矣，以阴私相讦者有矣。昔陈灵之被矢，灌夫之泯族，匪降自天，口实为之。枢机之发，荣辱之主。三缄之戒，岂欺我哉！

激电不能追既往之失辞，班输不能磨斯言之既玷。虽不能三思而吐清谈，犹可息谑调以杜祸萌也。然而迷谬者，无自见之明；触情者，讳逆耳之规。疾美而无直亮之针艾，群惑而无指南以自反。谄媚小人，欢笑以赞善；面从之徒，拊节以称功。益使惑者不觉其非，自谓有端晏之捷、过人之辩而不寤。斯乃招患之旌、召害之符也，岂徒减其方策之令问、亏其没世之德音而已哉！

然敢为此者，非必笃为也，率多冠盖之后、势援之门，素颜力行善事，以窃虚名，名既粗立，本性便放。或假财色以交权豪，或因时运以叨荣位，或以婚姻而成贵戚，故弄毁誉以合威柄。器盈志溢，态发病出；党成交广，道通步高。清论所不能复制，绳墨所不能复弹，遂成鹰头之蝇、庙垣之鼠。所未及者，则低眉扫地以奉望之；其下者，作威作福以鞿御之。故胜己者，则不得闻，闻亦阳不知也；减己者，则不敢言，言亦不能禁也。

·刺骄·

<u>盖劳谦虚己，则附之者众；骄慢倨傲，则去之者多矣。</u>附之者众，则安之征也；去之者多，则危之诊也。存亡之机，于是乎在。轻而为之，不亦蔽哉！自尊重之道，乃在乎以贵下贱，卑以自牧也。非此之谓也，乃衰薄之弊俗、膏肓之废疾，安共为之？可悲者也。不修善事，即为恶人；无事于大，则为小人。纣为无道，见称独夫；仲尼陪臣，谓为素王。即君子不在乎富贵矣。今为犯礼之行，而不喜闻遄死之讥，是负豕而憎人说其臭，投泥而讳人言其污也。夫节士不能使人敬之，而志不可夺也；不能使人不憎之，而道不可屈也；不能令人不辱之，而荣在我也；不能令人不摈之，而操之不可改也。

【重点句解读】

盖劳谦虚己，则附之者众；骄慢倨傲，则去之者多矣。

任劳任怨，为国为民作出了无私奉献而又虚怀若谷，拥护他、追随他的人就多；骄傲倨慢，则离开他的人就多。

习近平同志在《之江新语·多读书，修政德》一文中，引用了《论语·为政》中"为政以德。譬如北辰，居其所而众星拱之"来教导每个干部要自律自省，心修身正，善待民众，才能得到民众衷心的拥护。

故分定计决，劝沮不能干；乐天知命，忧惧不能入。困瘁而益坚，穷否而不悔。诚能用心如此者，亦安肯草靡萍浮，效礼之所弃者之所为哉？

俗之伤破人伦，剧于寇贼之来，不能经久，其所损坏一时而已。若夫贵门子孙，及在位之士，不惜典刑，而皆科头袒体，踞见宾客，毁辱天官，又移染庸民。后生晚出，见彼或已经清资，或叨窃虚名，而躬自为之，则凡夫便谓立身当世，莫此之为美也。夫守礼防者，苦且难，而其人多穷贱焉；恣骄放者，乐且易，而为者皆速达焉。于是俗人莫不委此而就彼矣。世间或有少无清白之操业，长以买官而富贵，或亦其所知足以自饰也，其党与足以相引也。而无行之子，便指以为证，曰彼纵情恣欲，而不妨其赫奕矣；此整身履道，而不免于贫贱矣。而不知荣显者有幸，而顿沦者不遇，皆不由其行也。

·博 喻·

抱朴子曰：民财匮矣，而求不已；下力极矣，而役不休。欲怨叹之不生，规其宁之惟永，犹断根以续枝，剸背以裨腹，刻目以广明，割耳以开聪也。

抱朴子曰：法无一定，而慕权宜之随时；功不倍前，而好屡变以偶俗。犹剬（tuán）高马以适卑车、削跗踝以就褊履、断长剑以赴短鞞（bǐng）、剖尺璧以纳促匣也。

抱朴子曰：禁令不明，而严刑以静乱；庙算不精，而穷兵以侵邻。犹钐（shān）禾以讨蝗虫、伐木以杀蠹蝎、食毒以中蚤虱、撤舍以逐雀鼠也。

·广 譬·

抱朴子曰：三辰蔽于天，则清景暗于地；根荄蹶于此，则柯条瘁于彼。道失于近，则祸及于远；政缪于上，而民困于下。

抱朴子曰：贵远而贱近者，常人之用情也；信耳而疑目者，古今之所患也。是以秦王叹息于韩非之书，而想其为人；汉武慷慨于相如之文，而恨不同世。及既得之，终不能拔，或纳谗而诛之，或放之乎冗散。此盖叶公之好伪形，见真龙而失色也。